Hamilton Novo Lucena Júnior

Pós-graduado em Direito e Processo do Trabalho pela Universidade Cândido Mendes – RJ. Graduado pela Universidade Nilton Lins. Advogado militante há 15 anos na seara trabalhista e empresarial. Ex-conselheiro Estadual da Ordem dos Advogados do Brasil – Seccional Amazonas. Professor convidado das matérias Legislação Social Trabalhista e Direito do Trabalho na Universidade do Estado do Amazonas – UEA. Professor de Direito do Trabalho na Pós-graduação de Direito e Processo do Trabalho na Universidade do Estado do Amazonas – UEA. Professor de Direito e Processo do Trabalho no Curso Preparatório do Amazonas - CPA. Sócio-fundador do Curso Preparatório do Amazonas – CPA. Vice-Presidente da Associação Amazonense de Advogados Trabalhistas (AAMAT) no biênio de 2013 e 2014. Autor dos livros: *Cálculo trabalhista em perguntas e respostas para elaboração de petição inicial – Dos conceitos à elaboração dos cálculos. Responsabilidade Civil no Direito do Trabalho - Análise de Casos Práticos; Iniciação à Prática Trabalhista. Comentários às Principais Decisões Trabalhistas de 2018.*

Diálogos sobre o Processo do Trabalho

HAMILTON LUCENA

Coordenador:
MOZART BORBA

Diálogos sobre o Processo do Trabalho

2021

EDITORA JusPODIVM
www.editorajuspodivm.com.br

EDITORA *Jus*PODIVM
www.editorajuspodivm.com.br

Rua Canuto Saraiva, 131 – Mooca – CEP: 03113-010 – São Paulo – São Paulo
Tel: (11) 3582.5757
• Contato: https://www.editorajuspodivm.com.br/sac

Diagramação: Maitê Coelho *(maitescoelho@yahoo.com.br)* e Cendi Coelho *(cendicoelho@gmail.com)*

Capa: Ana Caquetti

D536 Diálogos sobre o Processo do Trabalho / Hamilton Lucena – São Paulo: Editora JusPodivm, 2021.
1456 p. (Diálogos / coordenador Mozart Borba)

Inclui bibliografia.
ISBN 978-65-5680-274-9.

1. Direito do Trabaho. 2. Direito Processual. I. Lucena, Hamilton. II. Borba, Mozart. III. Título.

CDD 342.6

Apresentação

Essa obra tem como finalidade fazer com que o leitor entenda de forma fácil o Direito Processual do Trabalho, sem deixar de se aprofundar nos temas.

O Livro está dividido em muitos capítulos, que abordam o estudo dos princípios aplicados ao Processo do Trabalho, a jurisdição e a competência, os atos, os termos, os prazos e as nulidades processuais, as partes, a ação trabalhista, a justiça gratuita, a petição inicial trabalhista, a defesa do reclamado, a audiência trabalhista, o poder de polícia, o protesto judicial antipreclusivo, os meios de provas, a sentença, a coisa julgada, a teoria geral dos recursos, os recursos em espécie e a execução no Processo do Trabalho. Em resumo, a obra abrange os temas mais importantes do Processo do Trabalho, da forma mais didática possível e tendo por base os precedentes dos tribunais superiores.

A linguagem utilizada foi leve e divertida, na forma de diálogos, como se fosse uma conversa entre o professor e o aluno leitor.

Espero que gostem.

Sumário

Capítulo 4

Capítulo 5

Capítulo 6

Capítulo 7

Capítulo 8

CAPÍTULO 1

Princípios

1. PRINCÍPIOS APLICADOS AO PROCESSO DO TRABALHO

– Quais os principais princípios aplicados ao Processo do Trabalho, Hamilton?

Primeiro vou lhe explicar o que significa princípio.

– Ok, Professor!

Então, princípio é um norte do sistema jurídico, é um rumo apontado para ser seguido por todo o sistema, sendo um verdadeiro alicerce, ou seja, é a base do sistema, que se propaga sobre a legislação.

– Hamilton, o princípio é uma norma?

Sim!

Os princípios são normas jurídicas que servem de base para o sistema e ainda, para solução de conflitos entre as leis, para resolver lacunas existentes no ordenamento jurídico e para solução de um caso concreto, isto é, possuem força normativa.

Os princípios possuem 3 funções:

(1) Função interpretativa

Auxiliam os operadores do direito na exata compreensão e aplicação do sistema jurídica.

(2) Função informadora

Servem de inspiração ao legislador na elaboração das Leis.

(3) Função integrativa

Completam as lacunas deixadas pelo legislador.

– Mas qual a diferença entre princípios e regras? Estou confuso...

Deixa eu te explicar bem rápido.

As regras possuem relatos objetivos, descritivos de determinadas condutas e aplicáveis a um conjunto delimitado de situações. Assim, ocorrendo a hipótese prevista em seu texto, a regra incide pelo tradicional método da subsunção. Já os princípios contêm relatos com maior grau de abstração, não especificando a conduta a ser seguida e se aplicando a um conjunto amplo e indeterminado de situações.

Um sistema jurídico ideal, citando Luiz Roberto Barroso[1] se consubstancia em uma distribuição equilibrada de regras e princípios, nos quais as regras desempenham o papel referente à segurança jurídica – previsibilidade e objetividade das condutas – e os princípios, com sua flexibilidade, dão margem à realização da justiça do caso concreto.

– Entendi tudo, Hamilton.

Maravilha.

Agora vamos aos princípios.

1.1. Princípio do devido processo legal

– Professor, o que seria o princípio do devido processo legal?

Princípio norteador de todos os demais princípios a serem observados no processo judicial. Este princípio determina que NINGUÉM

1. A Nova Interpretação Constitucional, p. 340.

SERÁ PRIVADO DA LIBERDADE OU DE SEUS BENS SEM O DEVIDO PROCESSO LEGAL. Tem previsão constitucional e está previsto no art. 5º, inciso LIV.

Com base nesse princípio, todos têm direito de serem processados pelas regras já existentes no ordenamento jurídico. Tal princípio deve ser compreendido em duas extensões.

– Quais, Hamilton?

A dimensão formal, que garante às partes o direito a um processo que observe as demais garantias estabelecidas na Constituição ou em leis infraconstitucionais. Assim, o processo deve respeitar o contraditório e a ampla defesa, o tratamento sem diferenciações entre as partes do processo, a publicidade, etc.

Já a dimensão material, que também é conhecida como dimensão substancial, garante que a sociedade só seja submetida a leis razoáveis, as quais devem atender aos anseios da sociedade, demonstrando assim sua finalidade social.

– Eu já li algo parecido no CPC sobre razoabilidade, Hamilton... Será que eu li certo?

Leu sim, o art. 8° do CPC determina de forma expressa, o dever de observância da razoabilidade na aplicação do direito, senão vejamos:

> CPC, Art. 8º Ao aplicar o ordenamento jurídico, o juiz atenderá aos fins sociais e às exigências do bem comum, resguardando e promovendo a dignidade da pessoa humana e observando a proporcionalidade, a RAZOABILIDADE, a legalidade, a publicidade e a eficiência.

Viu?

– Sim! Entendi que o devido processo legal é um princípio basilar para os demais e que ele implica diretamente na obediência ao ordenamento jurídico para que se tenha um deslinde processual justo.

Isso mesmo! Então vamos seguindo...

– Qual o próximo princípio?

Agora vamos estudar o princípio da igualdade.

1.2. Princípio da igualdade

– Esse princípio não é aquele que determina que o juiz deve tratar as partes com igualdade de tratamento?

Isso. Esse mesmo, pois durante a condução do processo, o juiz deve ser imparcial devendo ser assegurado às partes igualdade de tratamento em relação ao exercício de direitos e faculdades processuais, aos meios de defesa, aos ônus, aos deveres e à aplicação de sanções processuais, competindo ao juiz zelar pelo efetivo contraditório.

– Mas Hamilton, por que os particulares têm prazo de 8 dias para recorrer e a Fazenda Pública em juízo tem prazo em dobro, ou seja, 16 dias? Isso não é isonômico!

É isonômico sim! Deixa eu te explicar, quando falamos em igualdade, ela deve ser substancial (real), ou melhor, o juiz deve tratar igualmente os iguais e desigualmente os desiguais, na exata medida de suas desigualdades. Assim, não fere o princípio da igualdade, a prerrogativa de prazos processuais diferenciados concedidos à Fazenda Pública.

Avante!

1.3. Princípio do contraditório e da ampla defesa

– Contraditório é a chance que o réu / reclamado tem de se defender no processo?

O art. 5.º, inciso LV, da CF, determina que "aos litigantes, em processo judicial ou administrativo, e aos acusados em geral SÃO ASSEGURADOS O CONTRADITÓRIO E AMPLA DEFESA, com os meios e recursos a ela inerentes".

Viu?

– Vi sim, Professor!

Então, hoje o contraditório não é só a chance que o réu / reclamado tem para apresentar defesa. Esse princípio é aplicado a todos que participam do processo, sendo um trinômio, isto é, informação + possibilidade de reação + poder de influenciar o julgador.

Assim, quando o reclamado recorre de uma sentença, o juiz respeitando o contraditório, deve dar oportunidade para o reclamante / recorrido se manifestar (apresentar contrarrazões no mesmo prazo do recurso – CLT, art. 900). Ainda, essa manifestação deve ser feita antes da decisão judicial que vai julgar o recurso, a fim de que possa influenciar o convencimento do julgador.

– Saquei, então o juiz não pode decidir sem deixar a parte se manifestar nos autos, não é isso?

Em regra, sim, o juiz não pode decidir, em grau algum de jurisdição, com base em fundamento a respeito do qual não se tenha dado às partes oportunidade de se manifestar, ainda que se trate de matéria sobre a qual deva decidir de ofício. Desta forma, antes de decidir contra uma das partes, o juiz deve oportunizar a manifestação da parte.

– Temos exceção?

Via de regra, no processo o contraditório é prévio, dessa forma, primeiro o juiz ouve as partes para tão só depois decidir. Contudo, pode ocorrer de o órgão jurisdicional ter que decidir antes de ouvir as partes em determinada questão ao longo do processo. O art. 9º, parágrafo único do CPC determina que o juiz pode decidir antes da manifestação das partes nos casos de:

(1) Tutela provisória de urgência (cautelar ou antecipada);

> A tutela de urgência será concedida quando houver elementos que evidenciem a probabilidade do direito e o perigo de dano ou o risco ao resultado útil do processo.

(2) Hipóteses de tutela da evidência;

> A tutela da evidência será concedida, independentemente da demonstração de perigo de dano ou de risco ao resultado útil do processo, quando as alegações de fato puderem ser comprovadas apenas documentalmente e houver tese firmada em julgamento de casos repetitivos ou em súmula vinculante e

(3) Na ação monitória nos termos do art. 701 do CPC;

> Sendo evidente o direito do autor, o juiz deferirá a expedição de mandado de pagamento, de entrega de coisa ou para execução de obrigação de fazer ou de não fazer, concedendo ao réu prazo de 15 (quinze) dias para o cumprimento e o pagamento de honorários advocatícios de cinco por cento do valor atribuído à causa.

Nesses casos, o contraditório fica para depois da concessão da tutela jurisdicional. É o que chamamos de contraditório postergado ou diferido.

E aí, entendeu o princípio do contraditório?

– Entendi, Professor!

Então me explique o que você entendeu!

– Eu entendi que o contraditório é princípio que deve ser respeitado em todas as manifestações do Poder Judiciário, que deve zelar pela sua observância, inclusive nas hipóteses de matérias que pode declarar de ofício.

Uau... fiquei contente com a explicação.

> – Hamilton, me empolguei. Qual o próximo princípio que vamos estudar?

Princípio da publicidade.

Então, sigamos!

1.4. Princípio da publicidade

Esse princípio é de suma importância para o contraditório, pois permite que os litigantes tenham ciência dos atos processuais e possam, a partir disso, apresentar suas manifestações.

O art. 93, inciso IX da CF, dispõe que "todos os julgamentos dos órgãos do Poder Judiciário serão públicos".

Lembre-se da regra vista acima.

"Informação + possibilidade de reação + poder de influenciar o julgador"

Tal princípio permite, por exemplo, a presença do público em audiências e sessões de julgamento, o exame de autos de processos, a leitura do diário oficial (inclusive eletrônico), a veiculação de julgamentos do TST e STF na televisão, etc.

> – Entendi, Hamilton. Então esse princípio determina que os atos processuais devem ser públicos para evitar decisões secretas no processo, certo?

Sim. Lembra que falamos ainda pouco que:

> "O juiz não pode decidir, em grau algum de jurisdição, com base em fundamento a respeito do qual não se tenha dado às partes oportunidade de se manifestar, ainda que se trate de matéria sobre a qual deva decidir de ofício".

– Lembro, mas temos exceção?

Temos sim, porque esse princípio não é absoluto, podendo ser afastado quando for exigido pelo interesse da intimidade ou da sociedade.

Olha o que diz o art. 5º, inciso LX da CF:

> CF, Art. 5º, LX – a lei só poderá restringir a publicidade dos atos processuais quando a defesa da intimidade ou o interesse social o exigirem.

A CLT no art. 770 tratou do tema estabelecendo que:

> CLT, art. 770 – Os atos processuais serão públicos salvo quando o contrário determinar o interesse social, e realizar-se-ão nos dias úteis das 6 (seis) às 20 (vinte) horas.

– Professor, percebi que a CLT não disse quando os atos serão restringidos/sigilosos, e agora?

Calma, pois usaremos o CPC supletivamente no Processo do Trabalho, o art. 189 dispõe que:

> CPC, Art. 189. Os atos processuais são públicos, todavia tramitam em segredo de justiça os processos:
>
> I – em que o exija o interesse público ou social;
>
> II – que versem sobre casamento, separação de corpos, divórcio, separação, união estável, filiação, alimentos e guarda de crianças e adolescentes;
>
> III – em que constem dados protegidos pelo direito constitucional à intimidade;
>
> IV – que versem sobre arbitragem, inclusive sobre cumprimento de carta arbitral, desde que a confidencialidade estipulada na arbitragem seja comprovada perante o juízo.

– E como fica o acesso aos autos nesses casos de sigilo?

Nesses casos o direito de consultar os autos de processo e de pedir certidões de seus atos é restrito às partes e aos seus procuradores.

– Hum, mas estou com uma dúvida...

Qual?

– O terceiro, pode ter acesso ao processo?

O terceiro deve demonstrar interesse jurídico em requerimento feito ao juiz da causa, que após análise, pode deferir para ele ter acesso apenas a certidão do dispositivo da sentença.

Aprendeu?

– Sim.

Então faça o nosso resumo.

– Vamos lá! Todos os atos do processo devem ser de conhecimento das partes, sendo direito delas ter ciência dos atos processuais para que possam, a partir disso, apresentar suas manifestações. O sigilo dos atos somente é permitido nos casos em que o interesse público ou social exigir ou quando no processo constar dados protegidos pelo direito constitucional à intimidade.

Boa, garoto! Vamos ao próximo princípio.

1.5. Princípio da duração razoável do processo

Como já disse Rui Barbosa[2];

> "a Justiça atrasada não é justiça, senão injustiça qualificada"

2. BARBOSA, Rui. Oração aos Moços. São Paulo: Martin Claret, 2003. p. 53.

A duração razoável do processo está prevista na Convenção Americana de Direitos Humanos (Pacto San José da Costa Rica), da qual o Brasil é signatário desde 1992 dispondo, em seu art. 8°, 1., que:

> Toda pessoa terá o direito de ser ouvida, COM AS DEVIDAS GARANTIAS E DENTRO DE UM PRAZO RAZOÁVEL, por um juiz ou Tribunal competente, independente e imparcial, estabelecido anteriormente por lei, na apuração de qualquer acusação penal formulada contra ela, ou na determinação de seus direitos e obrigações de caráter civil, TRABALHISTA, fiscal ou de qualquer outra natureza.

A EC 45, acrescentou no art. 5º da CF o inciso LXXVIII que determina:

> CF, Art. 5º, LXXVIII – a todos, no âmbito judicial e administrativo, são assegurados a razoável duração do processo e os meios que garantam a celeridade de sua tramitação.

Ainda, a doutrina de José Roberto dos Santos Bedaque[3] destaca que:

> "Processo efetivo é aquele que, observado o equilíbrio entre os valores segurança e celeridade, proporciona às partes o resultado desejado pelo direito material. Pretende-se aprimorar o instrumento estatal destinado a fornecer a tutela jurisdicional. Mas constitui perigosa ilusão pensar que simplesmente conferir-lhe celeridade é suficiente para alcançar a tão almejada efetividade. Não se nega a necessidade de reduzir a demora, mas não se pode fazê-lo em detrimento do mínimo de segurança, valor também essencial ao processo justo. Em princípio, não há efetividade sem contraditório e ampla defesa. A celeridade é apenas mais uma das garantias que compõem a ideia do devido processo legal, não a única. A morosidade excessiva não pode servir de desculpa para o sacrifício de valores também fundamentais, pois ligados à segurança do processo".

---

3. BEDAQUE, José Roberto dos Santos. Efetividade do Processo e Técnica Processual. São Paulo: Malheiros, 2007.

O processo deve ter um equilíbrio, devendo o judiciário reduzir a demora e respeitar o contraditório, pois não se pode dar celeridade ao processo em prejuízo ao contraditório, atropelando etapas do processo, visto que este também é um princípio essencial de todo processo.

Lembre-se:

"Não há efetividade sem contraditório e ampla defesa"

– Hamilton, temos algum dispositivo na CLT sobre o tema?

Tem sim, olha o que diz o art. 765 da CLT:

> CLT, Art. 765 – Os Juízos e Tribunais do Trabalho terão ampla liberdade na direção do processo e VELARÃO PELO ANDAMENTO RÁPIDO DAS CAUSAS, podendo determinar qualquer diligência necessária ao esclarecimento delas.

Usamos ainda, supletivamente[4] os dispositivos do CPC, que em seu art. 4º determina que "As partes têm direito de obter em PRAZO RAZOÁVEL A SOLUÇÃO INTEGRAL DO MÉRITO, incluída a atividade satisfativa". Já o art. 139, II, do CPC, determina que incumbe ao magistrado "velar pela duração razoável do processo".

– E na legislação, temos mecanismos para a efetivação desse princípio?

No processo existem técnicas que viabilizam a prestação da tutela jurisdicional dos direitos em prazo razoável. Deixa eu te apresentar duas técnicas:

4. CPC, Art. 15. Na ausência de normas que regulem processos eleitorais, trabalhistas ou administrativos, as disposições deste Código lhes serão aplicadas supletiva e subsidiariamente. CLT, Art. 769 – Nos casos omissos, o direito processual comum será fonte subsidiária do direito processual do trabalho, exceto naquilo em que for incompatível com as normas deste Título.

(1) **Tutela da evidência:**

A tutela da evidência é uma espécie da tutela provisória, podendo ser deferida independentemente da existência do fundamento urgência, conforme 311 do CPC. O art. 311, inciso I, prevê que será concedida a tutela da evidência quando ficar caracterizado o abuso do direito de defesa ou o manifesto propósito protelatório da parte. Estamos tratando de decisão satisfativa, em que o juiz pune o abuso praticado pela parte contrária e defere, desde já, a providência requerida.

(2) **Julgamento parcial de mérito:**

O juiz pode resolver parcialmente o mérito quando um ou mais dos pedidos formulados ou parcela deles mostrar-se incontroverso ou estiver em condições de imediato julgamento, não houver necessidade de produção de outras provas ou réu for revel, conforme mandamentos do art. 356 do CPC.

– Existe algum tipo de processo que exige uma celeridade extra no Processo do Trabalho?

Alguns processos têm prioridades sobre os demais, deixa eu te mostrar:

(1) **Processos em que a reclamada é uma empresa falida;**

> CLT, Art. 768 – Terá preferência em todas as fases processuais o dissídio cuja decisão tiver de ser executada perante o Juízo da falência.

(2) **Processos em que a parte é pessoa idosa – idade igual ou superior a 60 anos;**

> CPC, Art. 1.048. Terão prioridade de tramitação, em qualquer juízo ou tribunal, os procedimentos judiciais:
>
> I – em que figure como parte ou interessado pessoa com idade igual ou superior a 60 (sessenta) anos ou portadora de doença

grave, assim compreendida qualquer das enumeradas no art. 6º, inciso XIV, da Lei nº 7.713, de 22 de dezembro de 1988;

(3) Processos em que a parte é portadora de uma doença grave;

CPC, Art. 1.048. Terão prioridade de tramitação, em qualquer juízo ou tribunal, os procedimentos judiciais:

I – em que figure como parte ou interessado pessoa com idade igual ou superior a 60 (sessenta) anos ou portadora de doença grave, assim compreendida qualquer das enumeradas no art. 6º, inciso XIV, da Lei nº 7.713, de 22 de dezembro de 1988;

Lei n. 7.713 art. 6º, XIV – os proventos de aposentadoria ou reforma motivada por acidente em serviço e os percebidos pelos portadores de moléstia profissional, tuberculose ativa, alienação mental, esclerose múltipla, neoplasia maligna, cegueira, hanseníase, paralisia irreversível e incapacitante, cardiopatia grave, doença de Parkinson, espondiloartrose anquilosante, nefropatia grave, hepatopatia grave, estados avançados da doença de Paget (osteíte deformante), contaminação por radiação, síndrome da imunodeficiência adquirida, com base em conclusão da medicina especializada, mesmo que a doença tenha sido contraída depois da aposentadoria ou reforma;

(4) Processos em que a parte sofreu acidente de trabalho.

Recomendação Conjunta nº 1 / GP. CGJT, de 3 de maio de 2011 TST e CGJT. RECOMENDAR aos Desembargadores dos Tribunais Regionais do Trabalho e aos Juízes do Trabalho que confiram prioridade à tramitação e ao julgamento das reclamações trabalhistas que envolvam acidente de trabalho.

Vamos de resumo?

– Sim!! O princípio da duração razoável do processo significa que as partes têm direito à razoável duração do processo e os meios que garantam a celeridade de sua tramitação.

1.6. Princípio da primazia da decisão de mérito

– Primar pelo julgamento de mérito? Como é isso, Professor?

Com esse princípio o órgão julgador deverá sempre ter como objetivo a decisão de mérito, devendo dar prioridade para as decisões que julgam o mérito, deixando as decisões meramente processuais que extinguem o processo sem resolução do mérito em segundo plano.

O princípio da primazia da decisão de mérito está consagrado no art. 4º do CPC, sendo um princípio fundamental do processo. Vejamos o que diz esse dispositivo do CPC:

> CPC, Art. 4º. As partes têm o direito de obter em prazo razoável a SOLUÇÃO INTEGRAL DO MÉRITO, incluída a atividade satisfativa

– Escutei que esse princípio mudou muitos entendimentos do TST, isso é verdade? A pessoa que me contou só sabe que algumas coisas mudaram, mas não sabe ao certo o que mudou.

Esse princípio fez o TST alterar vários entendimentos, sempre dando preferência para o julgamento do mérito da causa. Deixa eu te dar alguns exemplos.

(1) **O TST passou a admitir a parte que apresentou recurso sem assinatura total, possa sanar o vício em 5 dias. Caso não corrija o erro, o recurso será reputado inadmissível.**

> TST, OJ – 120 da SDI-1 – RECURSO. ASSINATURA DA PETIÇÃO OU DAS RAZÕES RECURSAIS. ART. 932, PARÁGRAFO ÚNICO, DO CPC DE 2015.
>
> I – Verificada a total ausência de assinatura no recurso, o juiz ou o relator concederá prazo de 5 (cinco) dias para que seja sanado o vício. Descumprida a determinação, o recurso será reputado inadmissível (art. 932, parágrafo único, do CPC de 2015).
>
> II – É válido o recurso assinado, ao menos, na petição de apresentação ou nas razões recursais.

(2) O TST passou a admitir a parte que apresentou recurso com o preparo insuficiente, possa sanar o vício em 5 dias. Caso não corrija o erro, o recurso será reputado deserto.

TST, OJ – 140 da SDI-1 – DEPÓSITO RECURSAL E CUSTAS PROCESSUAIS. RECOLHIMENTO INSUFICIENTE. DESERÇÃO – Em caso de recolhimento insuficiente das custas processuais ou do depósito recursal, somente haverá deserção do recurso se, concedido o prazo de 5 (cinco) dias previsto no § 2º do art. 1.007 do CPC de 2015, o recorrente não complementar e comprovar o valor devido.

(3) O TST passou a admitir a parte que teve indeferido o requerimento de justiça gratuita formulado na fase recursal, pague o preparo no prazo estipulado pelo relator.

TST, OJ – 269 da SDI-1 – JUSTIÇA GRATUITA. REQUERIMENTO DE ISENÇÃO DE DESPESAS PROCESSUAIS. MOMENTO OPORTUNO

I – O benefício da justiça gratuita pode ser requerido em qualquer tempo ou grau de jurisdição, desde que, na fase recursal, seja o requerimento formulado no prazo alusivo ao recurso;

II – Indeferido o requerimento de justiça gratuita formulado na fase recursal, cumpre ao relator fixar prazo para que o recorrente efetue o preparo (art. 99, § 7º, do CPC de 2015).

(4) O TST passou a admitir a juntada de procuração após o protocolo do recurso antes de julgar não admitido o recurso.

TST, SUM 383 – RECURSO. MANDATO. IRREGULARIDADE DE REPRESENTAÇÃO. CPC DE 2015, ARTS. 104 E 76, § 2º

I – É inadmissível recurso firmado por advogado sem procuração juntada aos autos até o momento da sua interposição, salvo mandato tácito. Em caráter excepcional (art. 104 do CPC de 2015), admite-se que o advogado, independentemente de intimação, exiba a procuração no prazo de 5 (cinco) dias após a interposição do recurso, prorrogável por igual período mediante despacho do juiz. Caso não a exiba, considera-se ineficaz o ato praticado e não se conhece do recurso.

(5) O TST passou a admitir que a parte na fase recursal, corrija o erro na procuração ou no substabelecimento.

TST, SUM 383 – RECURSO. MANDATO. IRREGULARIDADE DE REPRESENTAÇÃO. CPC DE 2015, ARTS. 104 E 76, § 2º

II – Verificada a irregularidade de representação da parte em fase recursal, em procuração ou substabelecimento já constante dos autos, o relator ou o órgão competente para julgamento do recurso designará prazo de 5 (cinco) dias para que seja sanado o vício. Descumprida a determinação, o relator não conhecerá do recurso, se a providência couber ao recorrente, ou determinará o desentranhamento das contrarrazões, se a providência couber ao recorrido (art. 76, § 2º, do CPC de 2015).

TST, SUM 395 – MANDATO E SUBSTABELECIMENTO. CONDIÇÕES DE VALIDADE

V – Verificada a irregularidade de representação nas hipóteses dos itens II e IV, deve o juiz suspender o processo e designar prazo razoável para que seja sanado o vício, ainda que em instância recursal (art. 76 do CPC de 2015).

TST, SUM 456 -REPRESENTAÇÃO. PESSOA JURÍDICA. PROCURAÇÃO. INVALIDADE. IDENTIFICAÇÃO DO OUTORGANTE E DE SEU REPRESENTANTE

III – Caso a irregularidade de representação da parte seja constatada em fase recursal, o relator designará prazo de 5 (cinco) dias para que seja sanado o vício. Descumprida a determinação, o relator não conhecerá do recurso, se a providência couber ao recorrente, ou determinará o desentranhamento das contrarrazões, se a providência couber ao recorrido (art. 76, § 2º, do CPC de2015).

– Mas isso não ajudaria os "maus advogados"? Não abriria margem para o advogado usar essa técnica do processo para "ganhar tempo"?

Em tese, essa regra de dar preferência pelo julgamento de mérito evita uma grande chance de uma injustiça por formalismo processual, onde a parte até tinha razão, mas por um erro processual, acabou perdendo o seu direito.

Quando for observado no processo que a parte está agindo de "má-fé" para ganhar tempo, o julgador não deve deixar a parte sanar o vício, pois, é uma norma fundamental do processo, as partes agirem de BOA-FÉ, senão vejamos, o que diz o art. 5º do CPC:

> CPC, Art. 5º. Aquele que de qualquer forma participa do processo deve COMPORTAR-SE DE ACORDO COM A BOA-FÉ.

Dessa forma, o princípio da primazia do julgamento de mérito não é absoluto. Muito pelo contrário, deverá ser aplicado em conjunto com o princípio da boa-fé objetiva. Assim, todos os participantes do processo (partes, advogados, membro do Ministério Público, da Defensoria Pública e juiz) devem comportar-se de acordo com a boa-fé, agindo pautado pela lealdade.

– Posso resumir o princípio da primazia do julgamento do mérito, Professor?

Pode sim!

– Então deixa eu resumir. Com esse princípio, o processo não vai se sobrepor ao direito material. Antes de encerrar o processo por um erro processual, o julgador dará prazo para que a parte sane o vício. Caso não seja sanado o erro processual no prazo estipulado, o julgador deverá decidir sobre o erro processual.

1.7. Princípio dispositivo / inércia da jurisdição

Esse princípio consiste na liberdade da parte de provocar o judiciário quando tiver interesse, ou seja, a parte tem faculdade de provocar o juízo.

– Bacana, Professor, mas esse é o princípio que impede o juiz iniciar de ofício o processo, certo?

Esse mesmo! O princípio dispositivo impede que o magistrado instaure de ofício o processo trabalhista, assim, o judiciário não deve intervir, em regra, nas relações jurídicas privadas, a menos que haja provocação dos interessados, através de uma petição inicial. Nessa petição, a parte informa ao juízo suas pretensões. Nesse sentido:

> CPC, Art. 2º. O processo começa por iniciativa da parte e se desenvolve por impulso oficial, salvo as exceções previstas em lei.

A inércia da jurisdição é uma garantia da imparcialidade do órgão julgador.

– Depois de provocado, o juiz fica limitado ao que foi pedido pelas partes ou pode julgar tudo sobre o contrato de trabalho?

O juiz fica limitado aos pedidos feitos em juízo pelas partes. O CPC possui determinação expressa para que o juiz da causa, não conheça de pretensões não suscitadas a cujo respeito a lei exige iniciativa da parte. Assim, ao proferir a sua sentença, o juiz não pode se afastar do pedido, nem dos fatos descritos na inicial, sob pena de a sua sentença ser considerado como julgamento extra petita e, portanto, nulo.

> CPC, Art. 141. O juiz decidirá o mérito nos limites propostos pelas partes, sendo-lhe vedado conhecer de questões não suscitadas a cujo respeito a lei exige iniciativa da parte.
>
> CPC, Art. 492. É vedado ao juiz proferir decisão de natureza diversa da pedida, bem como condenar a parte em quantidade superior ou em objeto diverso do que lhe foi demandado.

Com esses dispositivos, fica evidenciado que a regra no processo é que a sentença seja conforme os pedidos das partes, sendo vedada a sentença extra petita e ultra petita.

– O que seriam essas sentenças, Hamilton?

A sentença extra petita é a que julga fora do pedido do autor (Exemplo: Na petição inicial o reclamante pede somente horas extras e o juiz, além de condenar a reclamada em horas extras, condena também em hora intrajornada, por observar que o reclamante não teve intervalo para refeição durante o contrato de trabalho, contudo, esse pedido não foi feito na peça inicial).

A sentença ultra petita é aquela em que o órgão jurisdicional vai além dos limites daquilo que foi pedido pelo autor. (Exemplo: Na petição inicial o reclamante pede que a reclamada seja condenada a pagar uma indenização por danos morais no valor de cinco mil reais, e o juiz ao sentenciar, condena a reclamada a pagar uma indenização por danos morais no valor de vinte mil).

– Professor, não temos nenhuma exceção no Processo do Trabalho?

Em alguns casos, o TST vem permitindo o juiz conhecer determinadas questões independentemente de requerimento da parte, isto é, mesmo que a parte não tenha solicitado, o juiz condena a reclamada.

– Sério? Me mostre alguns exemplos.

Seríssimo... Vamos aos exemplos:

(1) Juros e correção monetária não pedidos na petição inicial.

> TST, SUM 211 – JUROS DE MORA E CORREÇÃO MONETÁRIA. INDEPENDÊNCIA DO PEDIDO INICIAL E DO TÍTULO EXECUTIVO JUDICIAL – Os juros de mora e a correção monetária incluem-se na liquidação, ainda que omisso o pedido inicial ou a condenação.

(2) Conversão da estabilidade provisória em indenização substitutiva quando o prazo da estabilidade esgotou no curso do processo trabalhista.

> TST, SUM 396 – ESTABILIDADE PROVISÓRIA. PEDIDO DE REINTEGRAÇÃO. CONCESSÃO DO SALÁRIO RELATIVO AO PERÍODO DE ESTABILIDADE JÁ EXAURIDO. INEXISTÊNCIA DE JULGAMENTO "EXTRA PETITA"

I - EXAURIDO O PERÍODO DE ESTABILIDADE, SÃO DEVIDOS AO EMPREGADO APENAS OS SALÁRIOS do período compreendido entre a data da despedida e o final do período de estabilidade, não lhe sendo assegurada a reintegração no emprego.

TST, SUM 244 - GESTANTE. ESTABILIDADE PROVISÓRIA

II - A garantia de emprego à gestante só autoriza a reintegração se esta se der durante o período de estabilidade. Do contrário, a garantia restringe-se aos salários e demais direitos correspondentes ao período de estabilidade.

(3) Conversão da estabilidade provisória em indenização substitutiva quando o juiz verificar que o retorno a atividade é incompatível, mesmo que ainda não tenha sido esgotado o prazo da estabilidade.

TST, SUM 396 - ESTABILIDADE PROVISÓRIA. PEDIDO DE REINTEGRAÇÃO. CONCESSÃO DO SALÁRIO RELATIVO AO PERÍODO DE ESTABILIDADE JÁ EXAURIDO. INEXISTÊNCIA DE

JULGAMENTO "EXTRA PETITA"

II - Não há nulidade por julgamento "extra petita" da decisão que deferir salário quando o pedido for de reintegração, dados os termos do art. 496 da CLT.

- Acabaram as exceções?

Não, pois o juiz possui poderes instrutórios para que dentro dos limites da ação proposta, ele possa investigar os fatos narrados, determinando as provas que sejam necessárias para a formação do seu convencimento. O art. 370 do CPC que trata do tema, determina:

CPC, Art. 370. Caberá ao juiz, de ofício ou a requerimento da parte, determinar as provas necessárias ao julgamento do mérito.

Parágrafo único. O juiz indeferirá, em decisão fundamentada, as diligências inúteis ou meramente protelatórias.

A iniciativa probatória do juiz, em busca da verdade real, com realização de provas de ofício, é amplíssima, porque é feita no interesse público de efetividade da Justiça[5]. Assim, dentro dos limites da lide, cumpre ao magistrado tentar descobrir a verdade dos fatos alegados, apurando o que efetivamente ocorreu.

– Hamilton, esse poder instrutório não quebraria a imparcialidade do magistrado?

Veja bem, meu caro, a imparcialidade judicial não é empecilho para que o juiz possa determinara produção de provas de ofício. Nesse sentido, o TST fixou entendimento por meio do item III da Súmula 74, de seguinte teor:

> TST, SUM 74 – CONFISSÃO.
>
> III- A vedação à produção de prova posterior pela parte confessa somente a ela se aplica, não afetando o exercício, pelo magistrado, do poder/dever de conduzir o processo.

A decisão que determina prova de ofício tem de ser motivada.

– Professor, uma última dúvida sobre o princípio do dispositivo.

Diga!

– É possível o ajuizamento de reclamação trabalhista mesmo que não se tenha tentado acordo na Comissão de Conciliação Prévia?

Olha o que diz o art. 5.º, XXXV, da CF/88:

> CF, Art. 5º, XXXV – A lei não excluirá da apreciação do Poder Judiciário lesão ou ameaça a direito.

5. (STJ, REsp 1.012.306/PR, 3.ª T., j. 28.04.2009, rel. Min. Nancy Andrighi; no mesmo sentido, STJ, REsp 906794/CE, rel. Min. Luis Felipe Salomão, 4.ª T., j. 07.10.2010).

O STF já decidiu[6] que a Comissão de Conciliação Prévia constitui meio legítimo de solução de conflitos, MAS NÃO OBRIGATÓRIO. Desta forma, violaria o art. 5º, inciso XXXV, da CF/88, exigir primeiro que o autor da ação passe pela Comissão de Conciliação Prévia para só depois, ajuizar a reclamação trabalhista.

Assim, é permitido que o empregado ingresse diretamente com a reclamação na Justiça do Trabalho, mesmo que não tenha buscado previamente a Comissão de Conciliação Prévia.

– Deixa eu resumir, Hamilton. Com base nesse princípio, o processo em regra, só terá início com a provocação das partes. Também, não será permitido que o magistrado ultrapasse os limites da ação, examinando pedido que não se encontra nos limites dos pleitos.

Bacana! Vamos seguindo.

1.8. Princípio do impulso oficial / inquisitivo

Após o início do processo com a apresentação da petição inicial pela parte, o juiz passa a agir de ofício e em colaboração com as partes, para poder o processo tramitar de forma eficiente.

Assim, uma vez instaurado o processo por iniciativa do interessado, o desenvolvimento da marcha processual acontece mesmo com a inércia das partes.

– Por qual razão o juiz age de ofício, Professor?

O juiz, ao se deparar com um processo, sempre deve buscar a pacificação da lide com a extinção do processo com o julgamento do mérito, em razão do princípio da primazia do julgamento do mérito, já estudado anteriormente. Há assim, um interesse público na

6. ADI 2139/DF, ADI 2160/DF e ADI 2237/DF.

pacificação da lide e na extinção do processo. Esse interesse público, autoriza o juiz agir de ofício.

> – Esse princípio sofreu limitações com a reforma trabalhista do ano de 2017 (Lei nº 13.467/2017) não foi, Hamilton?

Sim!

No direito processual do trabalho, era comum o juiz começar de ofício a execução trabalhista, dessa maneira, após o trânsito em julgado, o juiz de ofício já iniciava a fase de execução sem, ao menos, o exequente peticionar solicitando o início de tal fase.

Com a reforma trabalhista do ano de 2017 (Lei nº. 13.467/2017), o art. 878 da CLT que permitia o início da fase de execução de ofício, sofreu modificações, para somente permitir o início por iniciativa do juiz, se a parte estiver sem advogado constituído nos autos do processo, senão vejamos:

> CLT, Art. 878. A execução será promovida pelas partes, PERMITIDA A EXECUÇÃO DE OFÍCIO pelo juiz ou pelo Presidente do Tribunal apenas NOS CASOS EM QUE AS PARTES NÃO ESTIVEREM REPRESENTADAS POR ADVOGADO.

> – Mas existem atos processuais que precisam ser praticados pelas partes. Caso a parte não pratique o ato o que acontece?

O Juiz pode entender que a parte abandonou o processo.

> – E o que acontece se a parte abandonar o processo?

O art. 485, inciso III do CPC/2015, determina a extinção da ação sem julgamento do mérito, na fase de conhecimento, quando o reclamante abandonar a causa por mais de 30 (trinta) dias, por não promover os atos e as diligências que lhe incumbir.

Contudo, para o magistrado extinguir o processo sem resolução do mérito, por abandono da causa, a parte que abandonou o processo, deve ser intimada, pessoalmente, para dar andamento ao feito. Se o magistrado extinguir o processo sem resolução do mérito, por abandono da causa, sem intimar pessoalmente o reclamante, a sentença será nula, conforme determinado pelo § 1º do art. 485 do CPC.

> CPC. Art. 485, § 1º Nas hipóteses descritas nos incisos II e III, a parte será intimada pessoalmente para suprir a falta no prazo de 5 (cinco) dias.

É importante saber que, ainda oferecida a contestação, a prolação da sentença sem resolução de mérito, depende de requerimento do réu, conforme § 6º do art. 485 do CPC.

– Hamilton, quando eu fiz estágio no TRT, verifiquei muitas vezes que na fase de execução, as partes ficavam omissa por mais de 30 dias, após ordem do juiz. Essa omissão da parte exequente na fase de execução também ocasiona a extinção do processo por abandono da causa?

A extinção do processo por abandono da causa, previsto no artigo 485, III, do CPC, é inaplicável na fase de execução. Na fase de execução, tem incidência o disposto no artigo 924 do CPC, que não incluiu o abandono da ação como hipótese de extinção da execução.

– Já posso resumir, Hamilton?

Sim, sim!

– Após o início do processo, o juiz passa a agir de ofício e em colaboração com as partes, determinando algumas diligências, para poder o processo tramitar de forma eficiente.

1.9. Princípio da instrumentalidade das formas

Os atos e os termos processuais independem de forma determinada, salvo quando a lei expressamente a exigir, considerando-se válidos os que, realizados de outro modo, lhe preencham a finalidade essencial.

– Então Hamilton, se a lei determinar a forma e a parte não cumprir, já temos uma nulidade do ato configurada?

Nada, precisamos fazer uma avaliação.

– Qual?

Se o ato foi praticado sem respeitar a forma determinada, contudo, alcançou a finalidade sem dar prejuízo para nenhuma das partes no processo.

– O que acontece, Hamilton?

O juiz considerará válido o ato. Nesse sentido:

> CPC, Art. 277 – Quando a lei prescrever determinada forma, o JUIZ CONSIDERARÁ VÁLIDO O ATO SE, REALIZADO DE OUTRO MODO, LHE ALCANÇAR A FINALIDADE.
>
> CLT, Art. 794 – Nos processos sujeitos à apreciação da Justiça do Trabalho SÓ HAVERÁ NULIDADE QUANDO RESULTAR DOS ATOS INQUINADOS MANIFESTO PREJUÍZO ÀS PARTES LITIGANTES.

Assim, não se deve decretar nenhuma invalidade quando o objetivo do ato foi alcançado sem prejuízo para as partes. Esse princípio determina que a forma não pode ser vista como um fim em si mesmo, mas como meio para se alcançar o objetivo do ato processual.

– Professor, fiquei com uma dúvida...

Diga!

– Se a parte pratica o ato sem a forma determinada pela Lei para, no futuro, alegar a nulidade e se beneficiar dela, isso seria possível?

Jamais!

Lembra que já vimos anteriormente que a parte deve atuar no processo com boa-fé?

– Lembro, Professor!

Pois então, no direito temos a proibição de "venire contra factum proprium".

– O que significa isso, Hamilton?

Isso significa a "proibição de comportamento contraditório", ou seja, é proibido o exercício de uma posição jurídica em contradição com o comportamento assumido anteriormente pela parte.

Cito novamente o art. 5º do CPC:

> CPC, Art. 5º. Aquele que de qualquer forma participa do processo deve COMPORTAR-SE DE ACORDO COM A BOA-FÉ.

Vamos de resumo?

– Segue... Os atos processuais não dependem de forma determinada senão quando a lei expressamente exigir, reputando-se válidos os que, realizados de outro modo, lhe preencham a finalidade essencial, sem causar prejuízo para nenhum litigante.

É isso aí!

1.10. Princípio da preclusão

– Eu lembro muito bem desse princípio, pois estudei no período passado da faculdade, Hamilton.

Sério?

– Seríssimo!

Então me explique!

– A preclusão consiste na impossibilidade da parte de praticar um ato processual por ter deixado escoar o prazo para realizá-la – preclusão temporal; por já ter praticado o ato – preclusão consumativa; ou por ter praticado um ato incompatível com outro ato que pretende praticar – preclusão lógica.

Perfeito! Deixa só eu complementar algumas coisas.

A preclusão é um instituto muito importante para o processo, pois para que o processo chegue ao seu fim, é necessário a superação de algumas fases processuais, prestigiando a segurança jurídica, a boa-fé e a duração razoável do processo.

Sob o ponto de vista objetivo, a preclusão é um fato impeditivo, destina do a garantir o avanço progressivo da relação processual e a obstar o seu retorno para fases anteriores do procedimento. Do ponto de vista subjetivo, é a perda de uma faculdade ou direito processual que, por se haver esgotado ou por não ter sido exercido em tempo e momento oportuno, fica praticamente extinto[7].

Resumindo:

"A preclusão ocorre quando a parte perde a faculdade de praticar um ato processual."

2. PRINCÍPIOS DO PROCESSO DO TRABALHO

– Professor, todos esses princípios estudados até agora não são específicos do Processo do Trabalho, certo?

7. MARQUES, José Frederico. Instituições de direito processual civil. v. II. Campinas: Millennium, 2000. p. 347.

Isso mesmo, esses princípios estudados, são princípios aplicados ao Processo do Trabalho. Agora, vamos estudar alguns princípios específicos do Processo do Trabalho.

2.1. Princípio da proteção

– Esse princípio não é específico do Direito do Trabalho?

Esse princípio é a própria razão de ser do Direito do Trabalho, já que tem como base, a proteção do empregado, determinando um tratamento favorável e preferencial, ante a desigualdade existente entre ele e o empregador.

Ele está consubstanciado no princípio da igualdade/isonomia (CF, art. 5°, caput), no caso, a igualdade em sentido material, visto que esta norma permite que pessoas desiguais sejam tratadas de maneira desigual, na justa medida de sua desigualdade.

No entanto, não é um princípio exclusivo do Direito do Trabalho.

Segundo a doutrina[8] o princípio da proteção deve ser aplicado de modo compatível com o princípio constitucional da igualdade, devendo o julgador simplesmente corrigir o desequilíbrio processual entre reclamante e reclamado, assegurando ao primeiro algumas prerrogativas processuais que compensem sua hipossuficiência econômica.

– Ainda não visualizei a aplicação dele no Processo do Trabalho, Hamilton. Cite alguns exemplos!

Antes dos exemplos, preciso explicar que esse princípio não pode criar desigualdades entre as partes. Certo?

8. MIESSA, Élisson. Processo do Trabalho. Coleção concurso público. 5ª ed. Juspodivm, Salvador, 2018.

– Certo!

Então vamos aos exemplos:

(1) Ausência das partes na audiência inaugural

Se o empregado faltar a audiência inaugural, o processo será arquivado. Assim, respeitado o prazo prescricional, ele pode perfeitamente ajuizar novamente a demanda. Agora, se o reclamado falta a audiência inaugural, será decretada a revelia e sua confissão quanto a matéria fática. Nesse sentido:

> CLT, Art. 844 – O não-comparecimento do reclamante à audiência importa o arquivamento da reclamação, e o NÃO-COMPARECIMENTO DO RECLAMADO IMPORTA REVELIA, ALÉM DE CONFISSÃO QUANTO À MATÉRIA DE FATO.

(2) Início da execução de ofício

Se o exequente não tiver advogado constituído nos autos, o juiz pode iniciar de ofício da execução. Nesse sentido:

> CLT, Art. 878. A execução será promovida pelas partes, PERMITIDA A EXECUÇÃO DE OFÍCIO PELO JUIZ ou pelo Presidente do Tribunal apenas nos casos em que as PARTES NÃO ESTIVEREM REPRESENTADAS POR ADVOGADO.

(3) Dever da empresa executada de pagar as custas dos cálculos complexos

Tratando-se de cálculos complexos, o juiz não determina rateamento do pagamento do calculista, e sim imputa seu pagamento integralmente ao reclamado executado. Nesse sentido:

> CLT, Art. 879 – § 6º – Tratando-se de cálculos de liquidação complexos, o juiz poderá nomear perito para a elaboração e fixará, depois da conclusão do trabalho, o valor dos respectivos honorários com observância, entre outros, dos critérios de razoabilidade e proporcionalidade.

– Mais alguma coisa que eu preciso saber sobre esse princípio?

Sim. Esse princípio foi severamente violado pela reforma trabalhista.

– Como assim, Hamilton?

Lembra o que estudamos no início desse livro?

– O quê?

Que o princípio tinha 3 funções.

– Lembro. A função interpretativa que auxilia os operadores do direito na exata compreensão e aplicação do sistema jurídica, a função informadora que serve de inspiração ao legislador na elaboração das Leis e a função integrativa completa as lacunas deixadas pelo legislador.

Isso mesmo.

– E onde está a violação, Professor?

Quando o legislador foi criar as normas processuais da reforma trabalhista, ele deveria ter utilizado o princípio da proteção para se inspirar na elaboração dos dispositivos da Lei nº. 13.467/2017, o seja, deveria ter criado normas que fossem benéficas aos empregados, aplicando a função informadora. No entanto, foram criadas diversas normas que prejudicam e até inibem o empregado de buscar o judiciário trabalhista.

– Inibir?

Isso mesmo! Deixa eu te dar alguns exemplos:

(1) Pagamento de custas do processo em caso de arquivamento

O empregado, autor da ação trabalhista que faltar a audiência inaugural, ainda que beneficiário da justiça gratuita, será condenado a pagar custas no percentual de 2% em regra, sobre o valor dado a causa, se não comprovar no prazo de 15 dias, que sua ausência foi por motivo legalmente justificado. Nesse sentido:

> CLT, Art. 844 – O não-comparecimento do reclamante à audiência importa o arquivamento da reclamação, e o não-comparecimento do reclamado importa revelia, além de confissão quanto à matéria de fato.
>
> § 2º – Na hipótese de AUSÊNCIA DO RECLAMANTE, ESTE SERÁ CONDENADO AO PAGAMENTO DAS CUSTAS CALCULADAS na forma do art. 789 desta Consolidação, AINDA QUE BENEFICIÁRIO DA JUSTIÇA GRATUITA, salvo se comprovar, no prazo de quinze dias, que a ausência ocorreu por motivo legalmente justificável.
>
> § 3º – O pagamento das custas a que se refere o § 2º é condição para a propositura de nova demanda.

– Qual o posicionamento do TST sobre esse tema, Hamilton?

O TST vem entendendo ser aplicável aos processos ajuizados após a vigência da Lei nº. 13.467/2017, o disposto no § 2º do art. 844 da CLT, ou seja, se o empregado faltar a audiência inaugural e comprovar que a sua ausência se deu por motivo legalmente justificável, prestigiando, de um lado, o processo responsável e desestimulando, de outro, a litigância descompromissada.

Nesse sentido:

> [...] a Reforma Trabalhista, promovida pela Lei 13.467/17, ensejou diversas alterações no campo do Direito Processual do Trabalho, a fim de tornar o processo laboral mais racional, simplificado, célere e, principalmente, responsável, sendo essa última característica marcante, visando coibir as denominadas "aventuras judiciais", calcadas na facilidade de se acionar a Justiça, sem qualquer ônus ou responsabilização por postulações carentes de embasamento fático.

Nesse contexto foram inseridos os §§ 2º e 3º no art. 844 da CLT pela Lei 13.467/17, responsabilizando-se o empregado, ainda que beneficiário da justiça gratuita, por acionar a máquina judicial de forma irresponsável, até porque, no atual cenário de crise econômica, por vezes a reclamada é hipossuficiente, assumindo despesas não só com advogado, mas também com deslocamento inútil, para ver a sua audiência frustrada pela ausência injustificada do autor. Percebe-se, portanto, que o art. 844, §§ 2º, da CLT não colide com o art. 5º, XXXV, LV e LXXIV, da CF, ao revés, busca preservar a jurisdição em sua essência, como instrumento responsável e consciente de tutela de direitos elementares do ser humano trabalhador, indispensáveis à sua sobrevivência e à da família. Ainda, convém ressaltar não ser verdadeira a assertiva de que a imposição de pagamento de custas processuais, inclusive como condição para ajuizamento de nova ação, prevista nos §§ 2º e 3º do art. 844 da CLT, obsta o trabalhador de ter acesso ao Poder Judiciário, até porque a própria lei excepciona da obrigação de recolher as referidas custas aquele que comprovar que a sua ausência se deu por motivo legalmente justificável, prestigiando, de um lado, o processo responsável, e desestimulando, de outro, a litigância descompromissada. Assim, em que pese reconhecida a transcendência jurídica da questão, não conheço da revista obreira, por não vislumbrar violação do art. 5º, XXXV, LV e LXXIV, da CF. Recurso de revista não conhecido. (RR-1000602-84.2018.5.02.0511, 4ª Turma, Relator Ministro Ives Gandra Martins Filho, DEJT 13/12/2019).

Cinge-se a controvérsia em saber se, diante da ausência da reclamante à audiência e do consequente arquivamento da reclamação, é devida, ou não, a sua condenação ao pagamento de custas processuais, mesmo diante da sua condição de beneficiária da justiça gratuita, considerando a nova redação do artigo 844, § 2º, da CLT, conferida pela Lei nº 13.467/2017. Dispõe o aludido preceito legal, em sua atual redação, que o não comparecimento do reclamante à audiência importa no arquivamento da reclamação, sendo devido o pagamento de custas processuais, ainda que a parte seja beneficiária da justiça gratuita, salvo se comprovado nos autos que a ausência ocorreu por motivo legalmente justificável. Precedentes. Vale ressaltar, ainda, que a Instrução Normativa nº 41/2018 desta colenda Corte, ao dispor acerca da aplicação das normas processuais da Consolidação das Leis do Trabalho, alteradas pela Lei nº 13.467/2017, determina, em seu artigo 1º, que a nova redação do artigo 844 da CLT, e seus parágrafos, deve ser aplicada, tão somente, aos processos iniciados após 11/11/2017. Na hipótese, verifica-se que a ação foi ajuizada em 27/07/2018 e, portanto, sob a égide da Lei nº 13.467/2017. O Tribunal Regional registrou que a reclamante não compareceu à audiência e não apresentou qualquer motivo para justificar a sua ausência, razão pela qual manteve a sua condenação ao pagamento de custas processuais, mesmo diante da sua condição de beneficiária da justiça gratuita. Ao assim decidir, a egrégia Corte Regional proferiu acórdão em conformidade com a nova redação do artigo 844, § 2º, da CLT, alterada pela Lei nº 13.467/2017. Por tal razão, não há falar em ofensa aos artigos 844, §2º, da CLT e 5º, XXXV, LXXIV, da Constituição Federal. Recurso de revista de que não se conhece " (RR-1000912-26.2018.5.02.0015, 4ª Turma, Relator Ministro Guilherme Augusto Caputo Bastos, DEJT 06/12/2019).

(2) Pagamento de honorários periciais

O empregado autor da ação trabalhista passa a ter de pagar honorários periciais no caso de sucumbência no objeto de perícia ainda que beneficiário da justiça gratuita. Foi autorizado a compensação do débito de honorários com créditos que tenha a receber no processo. Nesse sentido:

CLT, Art. 790-B. A responsabilidade pelo pagamento dos honorários periciais é da parte sucumbente na pretensão objeto da perícia, ainda que beneficiária da justiça gratuita.

§ 1º Ao fixar o valor dos honorários periciais, o juízo deverá respeitar o limite máximo estabelecido pelo Conselho Superior da Justiça do Trabalho.

§ 2º O juízo poderá deferir parcelamento dos honorários periciais.

§ 3º O juízo não poderá exigir adiantamento de valores para realização de perícias.

§ 4º Somente no caso em que o beneficiário da justiça gratuita não tenha obtido em juízo créditos capazes de suportar a despesa referida no caput, ainda que em outro processo, a União responderá pelo encargo.

– Nossa, Hamilton! Tem mais? Agora perdi até o sono!

Deixa eu te mostrar mais uma modificação.

(3) Pagamento de honorários sucumbenciais

O empregado autor da ação trabalhista terá que pagar o advogado da parte contrária se perder algum pedido postulado, no percentual entre 5% a 15% arbitrado pelo magistrado. Nesse sentido:

> Art. 791-A. Ao advogado, ainda que atue em causa própria, serão devidos honorários de sucumbência, fixados entre o mínimo de 5% (cinco por cento) e o máximo de 15% (quinze por cento) sobre o valor que resultar da liquidação da sentença, do proveito econômico obtido ou, não sendo possível mensurá-lo, sobre o valor atualizado da causa.
>
> § 1º Os honorários são devidos também nas ações contra a Fazenda Pública e nas ações em que a parte estiver assistida ou substituída pelo sindicato de sua categoria.
>
> § 2º Ao fixar os honorários, o juízo observará:
>
> I – o grau de zelo do profissional;
>
> II – o lugar de prestação do serviço;
>
> III – a natureza e a importância da causa;
>
> IV – o trabalho realizado pelo advogado e o tempo exigido para o seu serviço.
>
> § 3º Na hipótese de procedência parcial, o juízo arbitrará honorários de sucumbência recíproca, vedada a compensação entre os honorários.
>
> § 4º Vencido o beneficiário da justiça gratuita, desde que não tenha obtido em juízo, ainda que em outro processo, créditos capazes de suportar a despesa, as obrigações decorrentes de sua sucumbência ficarão sob condição suspensiva de exigibilidade e somente poderão ser executadas se, nos dois anos subsequentes ao trânsito em julgado da decisão que as certificou, o credor demonstrar que deixou de existir a situação de insuficiência de recursos que justificou a concessão de gratuidade, extinguindo-se, passado esse prazo, tais obrigações do beneficiário.
>
> § 5º São devidos honorários de sucumbência na reconvenção.

– Muitas novidades, Professor! Isso faz com que o empregado seja mais cauteloso ao postular em juízo!

É verdade, temos muitas novidades no Processo do Trabalho que foram acrescentadas pela reforma trabalhista do ano de 2017, mas fique tranquilo, vamos estudar todas nesse livro, basta você acompanhar.

2.2. Princípio da conciliação

Segundo o dicionário, conciliar consiste no ato ou efeito de pôr (ou porem-se) de acordo litigantes, ou de harmonizar (ou harmonizarem-se) pessoas desavindas ou discordantes.

A conciliação é uma das melhores formas de ser resolvido o litígio e, o Processo do Trabalho dá destaque à solução do conflito por meio da conciliação. Diz o art. 764 da CLT:

> CLT, Art. 764 – Os dissídios individuais ou coletivos submetidos à apreciação da Justiça do Trabalho serão sempre sujeitos à conciliação.

A Justiça do Trabalho, historicamente, é a Justiça da Conciliação.

– Qual o momento que as partes podem conciliar?

As partes podem conciliar a qualquer momento no processo, ou seja, na fase cognitiva, na fase recursal e na fase executória.

> CLT, Art. 764, § 3º – É lícito às partes celebrar acordo que ponha termo ao processo, ainda mesmo depois de encerrado o juízo conciliatório.

Contudo, quando o acordo for feito na fase de execução, o TST por meio da OJ 376 da SDI-1, entende que é devida a contribuição previdenciária sobre o valor do acordo celebrado e homologado após o trânsito em julgado de decisão judicial, respeitada a proporcionalidade de valores entre as parcelas de natureza salarial e indenizatória deferidas na decisão condenatória e as parcelas objeto do acordo.

– Não entendi muito bem essa parte do INSS, Hamilton! Consegue exemplificar na prática?

Caso as partes (exequente e executado) celebrem um acordo na fase de execução, elas devem respeitar o percentual do INSS já determinado pelo juiz, calculados sobre as parcelas tributáveis, ou seja, sobre as parcelas remuneratórias.

> Por exemplo: Em sentença a empresa Tubarão Petiscos LTDA foi condenada a pagar 20 mil reais, sendo desses 20 mil, 70% (14 mil) são de parcelas indenizatórias (Ex.: Férias indenizadas, FGTS, Multa de 40% do FGTS, prêmio, diárias para viagens, danos morais, etc.) e os outros 30% (6 mil) são de parcelas remuneratórias (Ex.: Diferença de salários, 13º salários, gratificações legais, etc.). Na fase de execução (o processo já transitou em julgado), as partes resolveram fazer um acordo, no valor de 12mil reais. Nesse caso, as partes devem respeitar a percentual de 30% declarado na decisão, ou seja, sobre 30% do valor do acordo de 12 mil, as partes ainda vão recolher a tributação para a Previdência Social.

– As partes podem fazer acordo extrajudicial?

Até antes da reforma trabalhista, o acordo extrajudicial não era permitido pelo ordenamento jurídico trabalhista. O que era permitido, era o acordo firmado na comissão de conciliação prévia ou o acordo feito com o Ministério Público do Trabalho – Termo de Ajuste de Conduta (TAC), nos termos do art. 876 da CLT. Contudo, a partir de 11.11.2017, com a vigência da Lei nº. 13.467/2017 (Lei da Reforma Trabalhista), foi acrescentado no art. 652 da CLT, a alínea "f", determinado que compete às Varas do Trabalho, decidir quanto à homologação de acordo extrajudicial em matéria de competência da Justiça do Trabalho.

– Qual o procedimento para homologação do acordo extrajudicial pela Justiça do Trabalho?

As partes devem seguir o seguinte procedimento:

(1) Petição feita por advogados de forma conjunta.

> CLT, Art. 855-B. O processo de homologação de acordo extrajudicial terá início por petição conjunta, sendo obrigatória a representação das partes por advogado.

(2) Advogado das partes devem ser diferentes.

> CLT, Art. 855-B – [...]
>
> § 1º As partes não poderão ser representadas por advogado comum.

(3) Juiz terá o prazo de 15 dias para analisar o acordo ou designar audiência.

> CLT, Art. 855-D. No prazo de quinze dias a contar da distribuição da petição, o juiz analisará o acordo, designará audiência se entender necessário e proferirá sentença.

(4) Suspensão do prazo prescricional quanto aos direitos especificados no acordo.

> CLT, Art. 855-E. A petição de homologação de acordo extrajudicial suspende o prazo prescricional da ação quanto aos direitos nela especificados.
>
> Parágrafo único. O prazo prescricional voltará a fluir no dia útil seguinte ao do trânsito em julgado da decisão que negar a homologação do acordo.

– E o juiz, é obrigado a homologar acordo?

O TST entende que o juiz não é obrigado a homologar acordo. Olha o que diz a súmula 418 do TST:

> TST, SUM, 418 – MANDADO DE SEGURANÇA VISANDO À HOMOLOGAÇÃO DE ACORDO – A homologação de acordo constitui faculdade do juiz, inexistindo direito líquido e certo tutelável pela via do mandado de segurança.

– Entendi, Professor!

2.3. Princípio da oralidade

Apesar de não ser um princípio próprio do Processo do Trabalho ele tem muita incidência na prática trabalhista, pois, esse princípio determina que, em regra, os atos processuais realizados pelas partes e pelo magistrado no processo, serão verbais/orais.

– Temos exemplos, Hamilton?

Abaixo passo a citar alguns atos que vão ser praticados no processo de forma verbal:

(1) Apresentação de ação trabalhista verbal.

> CLT, Art. 840 – A reclamação poderá ser escrita ou verbal.

Com a reforma trabalhista do ano de 2017 (Lei nº. 13.467/2017), foi mantida a possibilidade de a parte apresentar a reclamação na forma verbal, porém ficou estabelecido que o pedido deverá ser certo, determinado e com indicação de seu valor, sob pena de o pedido ser julgado extinto sem resolução do mérito, conforme determinado nos parágrafos 2º e 3º do art. 840 da CLT.

> CLT, Art. 840 – [...]
>
> § 1° Sendo escrita, a reclamação deverá conter a designação do juízo, a qualificação das partes, a breve exposição dos fatos de que resulte o dissídio, o pedido, que deverá ser certo, determinado e com indicação de seu valor, a data e a assinatura do reclamante ou de seu representante.
>
> § 2° Se verbal, a reclamação será reduzida a termo, em duas vias datadas e assinadas pelo escrivão ou secretário, observado, no que couber, o disposto no § 1° deste artigo.
>
> § 3° Os pedidos que não atendam ao disposto no § 1° deste artigo serão julgados extintos sem resolução do mérito.

(2) Defesa oral em 20 min.

> CLT, Art. 847 – Não havendo acordo, o reclamado terá vinte minutos para aduzir sua defesa, após a leitura da reclamação, quando esta não for dispensada por ambas as partes.
>
> Parágrafo único. A parte poderá apresentar defesa escrita pelo sistema de processo judicial eletrônico até a audiência.

(3) Tentativas de conciliação obrigatórias:

(3.1) Primeira tentativa de conciliação obrigatória:

CLT, Art. 846 – Aberta a audiência, o juiz ou presidente proporá a conciliação.

(3.2) Segunda tentativa de conciliação obrigatória:

CLT, Art. 850 – Terminada a instrução, poderão as partes aduzir razões finais, em prazo não excedente de 10 (dez) minutos para cada uma. Em seguida, o juiz ou presidente renovará a proposta de conciliação, e não se realizando esta, será proferida a decisão.

(4) Depoimento das partes e testemunhas em audiência.

CLT, Art. 820 – As partes e testemunhas serão inquiridas pelo juiz ou presidente, podendo ser reinquiridas, por seu intermédio, a requerimento dos vogais, das partes, seus representantes ou advogados.

– O art. 459 do CPC determina que as perguntas serão formuladas pelas partes diretamente à testemunha. Esse dispositivo é aplicado ao Processo do Trabalho?

Na Justiça do Trabalho, ainda é utilizado o sistema presidencialista, ou seja, as perguntas são feitas ao juízo que repassará a testemunha, conforme determinado pelo artigo 820 da CLT, acima escrito, logo, é inaplicável o art. 459 do CPC no Processo do Trabalho. Nesse sentido o TST:

TST, Instrução Normativa n. 39 / 2016 – Art. 11. Não se aplica ao Processo do Trabalho a norma do art. 459 do CPC no que permite a inquirição direta das testemunhas pela parte (CLT, art. 820).

(5) Protesto em audiência.

CLT, Art. 795 – As nulidades não serão declaradas senão mediante provocação das partes, as quais deverão argui-las à primeira vez em que tiverem de falar em audiência ou nos autos.

(6) Razões finais em 10 min.

CLT, Art. 850 – Terminada a instrução, poderão as partes aduzir razões finais, em prazo não excedente de 10 (dez) minutos para

> cada uma. Em seguida, o juiz ou presidente renovará a proposta de conciliação, e não se realizando esta, será proferida a decisão.

2.4. Princípio do *jus postulandi*

Segundo o art. 791 da CLT, no Processo do Trabalho admite-se que tanto o empregado quanto o empregador postulem em juízo pessoalmente, ou seja, sem estar acompanhado de advogado.

> – Então, Hamilton, as partes podem litigar na justiça do trabalho sem advogado em qualquer processo trabalhista?

O TST, por meio do enunciado da Súmula 425, limitou a utilização do *jus postulandi* na Justiça do Trabalho, ou seja, as partes devem contratar advogado para apresentar uma ação rescisória, uma ação cautelar, impetrar mandado de segurança e para interpor recursos de competência do Tribunal Superior do Trabalho (Exemplos: Recurso de Revista e Recurso de Embargos de Divergência).

Ainda, com a Reforma Trabalhista, não se aplica a capacidade postulatória prevista no art. 791 da CLT, para os processos de homologação de acordo extrajudicial. Nesse sentido:

> CLT, Art. 855-B. O processo de homologação de acordo extrajudicial terá início por petição conjunta, sendo obrigatória a representação das partes por advogado.

2.5. Princípio da irrecorribilidade de imediato das decisões interlocutórias

As decisões interlocutórias segundo o § 1º do art. 893 da CLT, somente serão questionadas em sede de recurso, nas decisões definitivas, ou seja, quando a parte for recorrer da sentença do processo. Veja bem, isso não significa que não cabe recurso das decisões interlocutórias, o que eu disse foi que, tais decisões são irrecorríveis de imediato, mas em contrapartida, é possível questioná-las no momento do recurso da decisão definitiva ou terminativa.

– Temos exceções, Professor?

A Súmula 214 do TST, apresenta 3 exceções, senão vejamos:

> TST, SUM 214 - DECISÃO INTERLOCUTÓRIA. IRRECORRIBILIDADE – Na Justiça do Trabalho, nos termos do art. 893, § 1º, da CLT, as decisões interlocutórias não ensejam recurso imediato, salvo nas hipóteses de decisão:
>
> a) de Tribunal Regional do Trabalho contrária à Súmula ou Orientação Jurisprudencial do Tribunal Superior do Trabalho;
>
> b) suscetível de impugnação mediante recurso para o mesmo Tribunal;
>
> c) que acolhe exceção de incompetência territorial, com a remessa dos autos para Tribunal Regional distinto

Uma 4ª possibilidade de recurso de decisão interlocutória, foi criada com a entrada em vigor do novo CPC, ou seja, nos casos de julgamento parcial do mérito, previsto no do art. 356, que diz que:

> CPC, Art. 356. O juiz decidirá parcialmente o mérito quando um ou mais dos pedidos formulados ou parcela deles:
>
> I – mostrar-se incontroverso;
>
> II – estiver em condições de imediato julgamento, nos termos do art. 355.
>
> § 1º A decisão que julgar parcialmente o mérito poderá reconhecer a existência de obrigação líquida ou ilíquida.
>
> § 2º A parte poderá liquidar ou executar, desde logo, a obrigação reconhecida na decisão que julgar parcialmente o mérito, independentemente de caução, ainda que haja recurso contra essa interposto.
>
> § 3º Na hipótese do § 2º, se houver trânsito em julgado da decisão, a execução será definitiva.
>
> § 4º A liquidação e o cumprimento da decisão que julgar parcialmente o mérito poderão ser processados em autos suplementares, a requerimento da parte ou a critério do juiz.
>
> § 5º A decisão proferida com base neste artigo é impugnável por agravo de instrumento.

O TST determina que se apliquem ao Processo do Trabalho as normas do art. 356, §§ 1º a 4º do CPC, que regem o julgamento antecipado parcial do mérito, cabendo recurso ordinário de imediato da decisão que julga parcialmente o mérito da causa, conforme determinado pelo art. 5º da instrução normativa de número 39 do TST.

> TST, Instrução Normativa n. 39 / 2016 – Art. 5º Aplicam-se ao Processo do Trabalho as normas do art. 356, §§ 1º a 4º, do CPC que regem o julgamento antecipado parcial do mérito, cabendo recurso ordinário de imediato da sentença.

A 5ª exceção foi prevista após a entrada em vigor da reforma trabalhista do ano de 2017 (Lei nº. 13.467/2017), quando passou-se permitir o recurso de agravo de petição da decisão interlocutória que acolher ou rejeitar o incidente de desconsideração da personalidade jurídica previsto nos arts. 133 a 137 do CPC, conforme determina o art. 855-A da CLT, de seguinte teor:

> CLT, Art. 855-A – Aplica-se ao processo do trabalho o incidente de desconsideração da personalidade jurídica previsto nos arts. 133 a 137 da Lei nº 13.105, de 16 de março de 2015 – Código de Processo Civil.
>
> § 1º Da decisão interlocutória que acolher ou rejeitar o incidente:
>
> I – na fase de cognição, não cabe recurso de imediato, na forma do § 1º do art. 893 desta Consolidação;
>
> II – na fase de execução, cabe agravo de petição, independentemente de garantia do juízo;
>
> III – cabe agravo interno se proferida pelo relator em incidente instaurado originariamente no tribunal.
>
> § 2º A instauração do incidente suspenderá o processo, sem prejuízo de concessão da tutela de urgência de natureza cautelar de que trata o art. 301 da Lei nº 13.105, de 16 de março de 2015 (Código de Processo Civil)

O art. 799 da CLT prevê a 6ª exceção quando determina que nas declarações de incompetência em razão da matéria, onde na decisão, o juiz determina que o processo seja enviado para outra Justiça, como por exemplo, determina o encaminhamento para a Justiça Federal ou Estadual, é cabível o recurso ordinário de imediato dessa decisão terminativa.

CAPÍTULO 2

Jurisdição e Competência

1. PARTE GERAL

Imagine que você foi demitido do emprego sem receber suas verbas rescisórias e que ao chegar no RH da empresa, descobre que eles não vão pagar sua rescisão. O que você faz?

– Agarro a chefe do RH pelo pescoço e faço ela pagar!

Sei que essa é a vontade de muitos, mas isso não pode ser feito. E por que não pode?

– Porque o Estado proíbe o uso da força.

Isso mesmo, inclusive entende que isso é crime.

– Crime?

Isso. O CP, em seu art. 345, tipifica como crime fazer justiça pelas próprias mãos, para satisfazer pretensão, embora legítima, salvo quando a lei permite.

A autotutela somente é permitida no nosso ordenamento jurídico em raríssimas exceções.

– Hamilton, eu sempre faço confusão entre os termos "autotutela" x "autocomposição" x "heterocomposição". Você pode me explicar melhor? E onde entra a "jurisdição"?

Lógico.

A autotutela ocorre quando para a solução do conflito, uma parte impõe a sua vontade, seja pela força física ou econômica, em detrimento da outra. Em regra, no Brasil esse tipo de solução de conflito é proibido, pois como vimos, é proibido o exercício arbitrário das próprias razões (CP, art. 345). No Direito do Trabalho, a Greve[1] é uma autotutela admitida.

A autocomposição ocorre quando, para a solução do conflito, as partes envolvidas no litígio, sem a participação de um terceiro e espontaneamente, sacrificam interesse próprio em favor de interesse alheio. A título de exemplo, podemos citar a transação no processo – o famoso acordo trabalhista; o reconhecimento pelo reclamado do pedido formulado pelo autor. No Direito do Trabalho, também podemos citar como exemplo o acordo firmado na Comissão de Conciliação Prévia – CCP.

Já a heterocomposição, ocorre quando para a solução do conflito, um terceiro imparcial (juiz ou árbitro[2]) determina qual será a solução do conflito. Tal conceito está intimamente ligado à jurisdição, vez que esta determina quem "diz o direito", isto é, quem resolve o desacordo.

Agora, deixa eu te explicar melhor a jurisdição.

2. JURISDIÇÃO

2.1. Conceito

A jurisdição é uma das funções do Estado, mediante a qual este se substitui aos titulares dos interesses em conflito para, imparcialmente, buscar a pacificação do conflito que os envolve, com justiça. Essa

1. Greve é a paralisação coletiva, pacífica e temporária da prestação de serviços por parte dos empregados visando a melhoria das suas condições de trabalho. Sobre greve, ler a Lei 7.783/89.
2. CLT, Art. 507-A – Nos contratos individuais de trabalho cuja remuneração seja superior a duas vezes o limite máximo estabelecido para os benefícios do Regime Geral de Previdência Social, poderá ser pactuada cláusula compromissória de arbitragem, desde que por iniciativa do empregado ou mediante a sua concordância expressa, nos termos previstos na Lei nº 9.307, de 23 de setembro de 1996.

pacificação é feita mediante a atuação da vontade do direito objetivo que rege o caso apresentado em concreto para ser solucionado; e o Estado desempenha essa função sempre mediante o processo, seja expressando imperativamente o preceito (através de uma sentença de mérito), seja realizando no mundo das coisas o que o preceito estabelece (através da execução forçada)[3].

– Certo, Professor. Agora fale sobre as características da jurisdição.

2.2. Características

2.2.1. Inércia

A jurisdição é definida tipicamente por provocação, ou seja, o Judiciário só age mediante provocação das partes. Assim, a jurisdição não se define senão mediante provocação do interessado.

– Então é preciso que um dos envolvidos no conflito leve a questão à apreciação do Judiciário, para que ele possa aplicar a lei, apresentando a solução adequada?

Isso mesmo. Veja o que diz o art. 2º do CPC:

> Art. 2º O processo COMEÇA POR INICIATIVA DA PARTE e se desenvolve por impulso oficial, salvo as exceções previstas em lei.

Compreendeu?

– Sim!

Vejamos agora, outra característica da jurisdição.

3. CINTRA, Antônio Carlos de Araújo; GRINOVER, Ada Pellegrini; DINAMARCO, Cândido Rangel. Teoria geral do processo. 12ª ed. São Paulo: Malheiros, 1996. p. 129.

2.2.2. *Imparcialidade*

A atividade jurisdicional deve ser prestada por um órgão imparcial, logo, se o juiz por exemplo, for impedido (CPC, art. 144), ou suspeito (CPC, art. 145), ele deve ser afastado.

– Entendi, Hamilton. Isso quer dizer que se um juiz for parente próximo de uma das partes ele está impedido de julgar o processo?

Exato. Se o juiz for impedido (interesse objetivo) ou suspeito (interesse subjetivo), ele não poderá atuar na causa, pois a jurisdição deve ser exercida por quem seja estranho ao litígio e desinteressado dele. Vamos a próxima característica.

2.2.3. *Substitutividade*

Diferente da autotutela e da autocomposição, onde a vontade das partes soluciona o conflito, na jurisdição, um terceiro (no caso um juiz ou um arbitro), determinam qual deve ser a solução para o problema apresentado, substituindo assim, a vontade das partes.

– Ok, Professor.

Vamos então, as últimas características da jurisdição.

2.2.4. *Definitividade*

A definitividade evita que os conflitos já decididos possam ser novamente discutidos. Assim, a decisão jurisdicional tem que se tornar imutável e indiscutível. Os atos jurisdicionais tornam-se imutáveis e não podem mais ser discutidos em juízo ou fora dele.

2.2.5. *Unicidade*

A jurisdição é indivisível e exercida em todo o território nacional. No entanto, para que ela possa ser exercida com efetividade é necessário racionalizar os trabalhos e organizar as tarefas, o que dá origem à competência, que é a delimitação do exercício legítimo da jurisdição.

2.3. Princípios da Jurisdição

2.3.1. Inafastabilidade

Segundo o art. 3º do CPC, não se excluirá da apreciação jurisdicional ameaça ou lesão a direito. Nesse mesmo sentido, dispõe o art. 5º inciso XXXV da CF/88.

– Então qualquer pessoa pode apresentar uma ação trabalhista?

Pode sim. Porém se ela vai ganhar a ação, aí já não posso lhe dizer. Mas que a ação será analisada por um juiz, isso vai!

– Não entendi, Hamilton.

Veja, um trabalhador faz horas extras todos os dias sem receber por isso. A sua esposa incomodada com a situação, apresenta ação trabalhista cobrando as horas extras com adicional de 50% devidas. A ação foi distribuída para a 1ª Vara do Trabalho do Rio de Janeiro.

O juiz da causa percebe que ela é parte ilegítima para requerer as horas extras. Agora me diga, o que o juiz deve fazer com essa ação?

– Extingue sem julgamento do mérito, por ser a esposa parte ilegítima?

Isso mesmo. A ação será extinta sem mérito conforme preconiza o art. 485, VI do CPC. Mas percebeu que a jurisdição foi provocada e que houve um processo?

– Sim, percebi.

Mas também perceba que o juiz não analisou o mérito da causa.

Então quer dizer que, nenhuma alegação de lesão deixará de ser analisada pelo Poder Judiciário, mas isso não quer dizer que todas as causas terão analise de mérito, pois os processos devem preencher as condições da ação, que estudaremos mais a frente.

– Entendi, Hamilton.

Ótimo. Então vamos avançando.

2.3.2. *Indelegabilidade*

A atividade jurisdicional só pode ser exercida pelo Poder Judiciário, não podendo haver delegação de competência, sob pena de ofensa ao princípio do juiz natural.

2.3.3. *Indeclinabilidade*

O juiz não pode deixar de julgar uma ação, ainda que haja lacuna na lei, pois o juiz não pode declinar a sua responsabilidade. Veja o que diz o art. 140 do CPC:

> CPC, Art. 140. O juiz não se exime de decidir sob a alegação de lacuna ou obscuridade do ordenamento jurídico.

– Ok, Hamilton!

2.3.4. *Inevitabilidade*

Segundo o art. 503 do CPC, a decisão que julgar total ou parcialmente o mérito tem força de lei nos limites da questão principal expressamente decidida.

– Como assim, Professor?

O que o juiz decidir virará lei entre as partes no limite em que foi decidido e o derrotado não pode evitar a incidência da decisão.

2.3.5. *Territoriedade*

Os magistrados só têm autoridade nos limites territoriais da sua jurisdição. Portanto, um juiz de 5ª Vara de Manaus-AM, não tem autoridade numa Vara Cível do Rio de Janeiro-RJ. Em resumo, o juiz só tem o poder para decidir na sua jurisdição, mas a sua decisão, gera efeitos fora desse limite.

– Então depois de proferida a decisão, ela vale em qualquer lugar do país?

Isso mesmo.

– Essa era uma dúvida que eu sempre tive.

Dúvida sanada, então vamos ao próximo tópico.

2.3.6. *Juiz natural*

O inciso XXXVII do art. 5º da CF, determina que não haverá juízo ou tribunal de exceção. Assim, o juiz natural é aquele cuja competência é determinada de acordo com regras previamente existentes no ordenamento jurídico e que não pode ser modificada posteriormente.

Assim, todos têm direito de ser processados e julgados senão pela autoridade competente.

Agora, vamos estudar a classificação da Jurisdição.

2.4. Classificação

A jurisdição apesar de ser una e indivisível, costuma ser dividida por critérios pedagógicos em:

2.4.1. Jurisdição contenciosa

É contenciosa a jurisdição quando houver uma lide (pretensão resistida pelo conflito de interesses).

2.4.2. Jurisdição voluntária

Quando não houver lide, estamos diante de uma jurisdição voluntária. A jurisdição voluntária não serve para que o juiz diga quem tem razão, como nos processos de conhecimento de jurisdição contenciosa.

– Hamilton, na jurisdição voluntária a atividade do juiz como não tem lide é mais "administrativa" do que jurisdicional?

Isso mesmo, pois a jurisdição consiste na administração pública de interesses privados, pelo Poder Judiciário, ou seja, o juiz não é chamado para solucionar um conflito de interesses.

– Perfeito. Mas temos exemplo de processos tramitando em jurisdição voluntária?

Temos sim. O processo de homologação de acordo extrajudicial, é um processo de jurisdição voluntária.

– Eita. Esse processo de homologação de acordo extrajudicial é competência da Justiça do Trabalho?

É sim. A reforma trabalhista do ano de 2017 (Lei 13.467/2017) acrescentou no art. 652 da CLT, a alínea "f" que determina a competência da justiça do trabalho para decidir quanto à homologação de acordo extrajudicial, desde que em matéria de competência da Justiça do Trabalho.

– Temos mais exemplos, Professor?

Temos sim, veja:

(1) Enunciado 63, da 1 ª Jornada de Direito Material e Processual da Justiça do Trabalho – Compete à Justiça do Trabalho, em procedimento de jurisdição voluntária, apreciar pedido de expedição de alvará para liberação do FGTS e de ordem judicial para pagamento do seguro-desemprego, ainda que figurem como interessados os dependentes de ex-empregado falecido.

(2) Pedido de demissão do empregado estável, cuja homologação deve ser feita pela Justiça do Trabalho, conforme art. 500, da CLT que diz que *"O pedido de demissão do empregado estável só será válido quando feito com a assistência do respectivo Sindicato e, se não o houver, perante autoridade local competente do Ministério do Trabalho e Previdência Social ou da Justiça do Trabalho".*

2.4.2.1. Homologação de acordo extrajudicial – Art. 855-B da CLT

– Explica melhor o procedimento dessa homologação de acordo extrajudicial, Hamilton?

Lógico. Vamos lá:

1. **Petição inicial conjunta.**

A petição de homologação de acordo extrajudicial deve ser feita de firma conjunta, onde o empregado e o empregador **devem estar acompanhados de advogado distintos,** isto é, de escritórios jurídicos distintos.

– Hamilton, na Justiça do Trabalho as partes não podem atuar sem advogados?

Podem sim! Contudo, nesse caso, a lei exige a presença do advogado, excepcionando a regra do art. 791 da CLT[4]. Veja o que diz o art. 855-B da CLT:

4. CLT, Art. 791 – Os empregados e os empregadores poderão reclamar pessoalmente perante a Justiça do Trabalho e acompanhar as suas reclamações até o final.

> CLT, Art. 855-B. O processo de homologação de acordo extrajudicial terá início por petição conjunta, sendo obrigatória a representação das partes por advogado. (Reforma Trabalhista)
>
> § 1º – As partes não poderão ser representadas por advogado comum. (Reforma Trabalhista)
>
> § 2º Faculta-se ao trabalhador ser assistido pelo advogado do sindicato de sua categoria.

– Agora entendi.

2. Prazo de 10 dias para pagamento da rescisão.

A disposição do art. 855-C evita que a Justiça do Trabalho se converta em órgão de homologação de rescisões contratuais após a alteração do art. 477 da CLT, que suprimiu a obrigatoriedade de homologação da rescisão contratual pelo sindicato para empregados que possuíam mais de um ano de empresa. Veja:

> CLT, Art. 855-C. O disposto neste Capítulo não prejudica o prazo estabelecido no § 6º do art. 477 desta Consolidação e não afasta a aplicação da multa prevista no § 8º art. 477 desta Consolidação.

3. Prazo de 15 dias para o juiz analisar o acordo.

A CLT determinou um prazo de 15 dias para análise do pedido pelo juiz. Esse prazo é impróprio, ou seja, a sua inobservância, via de regra, não acarreta nenhum efeito processual.

> CLT, Art. 855-D. No prazo de quinze dias a contar da distribuição da petição, o juiz analisará o acordo, designará audiência se entender necessário e proferirá sentença.

4. Suspensão do prazo prescricional para ajuizar a ação trabalhista

Com o ajuizamento da ação de homologação de acordo extrajudicial, o prazo da prescrição fica suspenso[5] quanto aos direitos que são objetos do acordo, conforme art. 855-E da CLT:

5. Lembro que, na suspensão, o prazo da prescrição para de contar e quando acabar o motivo da suspensão, o prazo volta a contar de onde parou.

> CLT, Art. 855-E. A petição de homologação de acordo extrajudicial suspende o prazo prescricional da ação quanto aos direitos nela especificados.
>
> Parágrafo único. O prazo prescricional voltará a fluir no dia útil seguinte ao do trânsito em julgado da decisão que negar a homologação do acordo.

É importante alertar, que o TST entendeu ao julgar o processo 1000013-78.2018.5.02.0063, que não é possível homologação parcial de acordo extrajudicial, veja:

> "RECURSO DE REVISTA - ACORDO EXTRAJUDICIAL HOMOLOGADO EM JUÍZO - PROCEDIMENTO DE JURISDIÇÃO VOLUNTÁRIA - ARTS. 855-B A 855-E DA CLT - QUITAÇÃO - TRANSCENDÊNCIA JURÍDICA. 1. Problema que sempre atormentou o empregador foi o relativo à rescisão do contrato de trabalho e da quitação dos haveres trabalhistas, de modo a não permanecer com a espada de Dâmocles sobre sua cabeça. 2. A ineficácia prática da homologação da rescisão contratual do sindicato, em face do teor da Súmula 330 do TST, dada a não quitação integral do contrato de trabalho, levou a SBDI-2 desta Corte a não reputar simulada a lide visando a homologação de acordo pela Justiça do Trabalho, pois só assim se conseguiria colocar fim ao conflito laboral e dar segurança jurídica às partes do distrato (cfr. TST-ROAR-103900-90.2005.5.04.0000, Rel. Min. Ives Gandra Martins Filho, DEJT de 12/09/08). 3. Para resolver tal problema, a Lei 13.467/17, em vigor desde 11/11/17, instituiu o procedimento de jurisdição voluntária na Justiça do Trabalho atinente à homologação, em juízo, de acordo extrajudicial, nos termos dos arts. 855-B a 855-E da CLT, juntamente com o fito de colocar termo ao contrato de trabalho. 4. Da simples leitura dos novos comandos de lei, notadamente do art. 855-C da CLT, extrai-se a vocação prioritária dos acordos extrajudiciais para regular a rescisão contratual e, portanto, o fim da relação contratual de trabalho. Não fosse a possibilidade da quitação do contrato de trabalho com a chancela do Judiciário e o Capítulo III-A não teria sido acrescido ao Título X da CLT, que trata do Processo Judiciário do Trabalho. 5. Curial, ainda, trazer à baila, que a ideia que indelevelmente adere ao acordo extrajudicial é a de que, retirada uma das cláusulas que o compõem, a parte a quem ela favoreceria

não faria o acordo. A alternativa que caberia ao Judiciário, portanto, seria a homologação integral ou a rejeição da proposta, se eivada de vícios. Tal entendimento resta corroborado pelo STF quanto à circunstância de a validade do acordo depender da homologação integral ou de sua rejeição total, não podendo ser balanceado pelo Poder Judiciário (Voto do Min. Teori Zavascki no leading case STF-RE 590.715/SC, Rel. Min. Roberto Barroso, DJe de 29/05/15). 6. Nesse sentido, o art. 855-B, §§ 1º e 2º, da CLT, que trata da apresentação do acordo extrajudicial à Justiça, a par dos requisitos gerais de validade dos negócios jurídicos que se aplicam ao direito do trabalho, nos termos do art. 8º, § 1º, da Lei Consolidada e que perfazem o ato jurídico perfeito (CC, art. 104 – agente capaz, objeto lícito e forma prescrita ou não vedada por lei), traçou as balizas para a apresentação do acordo extrajudicial apto à homologação judicial: petição conjunta dos interessados e advogados distintos, podendo haver assistência sindical para o trabalhador. 7. A petição conjuntamente assinada para a apresentação do requerimento de homologação ao juiz de piso serve à demonstração da anuência mútua dos interessados em por fim ao contratado, e, os advogados distintos, à garantia de que as pretensões estarão sendo individualmente respeitadas. Assim, a atuação do Judiciário Laboral na tarefa de jurisdição voluntária é binária: homologar, ou não, o acordo. Não lhe é dado substituir-se às partes e homologar parcialmente o acordo, se este tinha por finalidade quitar integralmente o contrato de trabalho extinto. Sem quitação geral, o Empregador não proporia o acordo, nem se disporia a manter todas as vantagens nele contida. 8. No caso concreto, o Regional, mantendo a sentença, assentou a falta de evidenciação de concessões mútuas entre os Acordantes, bem como a ausência de discriminação das parcelas às quais ambos conferiam quitação geral e irrestrita, registrando, todavia, o cumprimento dos requisitos do art. 855-B da CLT e daqueles gerais estatuídos pela lei civil para a celebração de negócios em geral. 9. Nesse sentido, a conclusão acerca da invalidade, total ou parcial, do pacto extrajudicial, por ausência de verificação de concessões mútuas e discriminação de parcelas diz menos com a validação extrínseca do negócio jurídico do que com a razoabilidade intrínseca do acordo, cujo questionamento não cabe ao Judiciário nesse procedimento, pois lhe esvazia o sentido e estabelece limites e discussões não queridos pelos Requerentes ao ajuizar o procedimento. 10. Ora, estando presentes os requisitos gerais do negócio jurídico e os específicos preconizados pela lei trabalhista (CLT, art. 855-B), não há de se questionar a vontade das partes envolvidas e do mérito do acordado, notadamente quando a lei requer a presença de advogado para o empregado, rechaçando, nesta situação, o uso do jus postulandi do art. 791 da CLT, como se depreende do art. 855-B, § 1º, da CLT. 11. Assim sendo, é válido o termo de transação extrajudicial apresentado pelas Interessadas, com quitação geral e irrestrita do contrato havido, nessas condições, que deve ser homologado. Recurso de revista provido" (RR-1000013-78.2018.5.02.0063, 4ª Turma, Relator Ministro Ives Gandra Martins Filho, DEJT 20/09/2019).

2.4.3. *Jurisdição comum*

A jurisdição comum se divide em Justiça Estadual (arts. 125 a 110 da CF) e Justiça Federal (arts. 106 a 110 da CF).

2.4.4. *Jurisdição especial*

A jurisdição especial se divide em Justiça do Trabalho (arts. 111 a 116), Justiça Eleitoral (arts. 118 a 121) e Justiça Militar (arts. 122 a 124).

– Ufa, entendi tudo.

Perfeito. Agora vamos de competência.

3. COMPETÊNCIA

3.1. Introdução

Veja, todo juiz tem jurisdição, correto?

– Sim.

Mas me responda, o juiz possui jurisdição para julgar tudo que aparece na sua frente?

– Não, Hamilton!

A competência é o critério utilizado para distribuir entre os vários órgãos do judiciário as atribuições relativas ao desempenho da jurisdição.

– Então posso dizer que a jurisdição é limitada pela competência?

Isso. A competência é a medida da jurisdição.

Veja o que diz Luiz Rodrigues Wambier[6] no seu livro:

> "as regras de competência são aquelas segundo as quais há uma espécie de divisão de trabalho entre os órgãos de um mesmo Poder Judiciário. Todos têm jurisdição: o que as normas de competência fazem é determinar em que momento e sob quais circunstâncias devem exercê-la".

Assim, todo juiz competente possui jurisdição, mas nem todo juiz que possui jurisdição possui competência.

3.2. Classificação da competência

Lendo a boa doutrina é possível formular inúmeros critérios para determinar a competência, como o critério da matéria, da qualidade das partes, da função, da hierarquia do órgão julgador, do lugar e do valor da causa.

A competência em razão da matéria e pessoa, estão previstas no art. 114 da CF. Já as competências em razão da função e em razão do território dos órgãos da Justiça do Trabalho, são fixadas pela lei, e não pela CF.

6. WAMBIER, Luiz Rodrigues. TALAMINI, Eduardo. Curso avançado de processo civil. 14. ed. São Paulo: RT, 2014.

– Quais são de competência absoluta e relativa?

A competência em razão da matéria, pessoa e hierarquia (função), são absolutas e a competência em razão do lugar e do valor da causa são relativas.

– E qual a diferença entre absoluta ou relativa na prática, Hamilton?

Veja o quadro abaixo:

ABSOLUTA	RELATIVA
Matéria de ordem pública – interesse público	Matéria de interesse das partes
Juiz ou TRT podem conhecer de ofício (CPC, art. 64, § 1º)	Juiz não pode conhecer de ofício (TST, OJ 149, SDI-2)
Pode ser alegada em qualquer tempo a instância ordinária (Vara e TRT). Não pode ser alegada pela primeira vez nas instancias extraordinárias (TST e STF) por falta de prequestionamento (TST, OJ 62 da SDI-1)	A parte tem 5 dias a contar do recebimento da notificação da ação trabalhista para apresentar a exceção de incompetência em razão do lugar (CLT, art. 800)
Não pode ser modificada	Pode ser modificada pela prorrogação / conexão / continência
Gera nulidade absoluta	Gera nulidade relativa
Pode ser alegada na ação rescisória (CPC, art. 966, II)	Não pode ser alegada na ação rescisória

Veja, quando a alegação de incompetência for acolhida, os autos serão remetidos ao juízo competente.

– Perfeito. Agora eu entendi bem a diferença.

Então vamos seguindo.

3.3. Competência em razão da matéria e pessoa

A competência em razão da matéria leva em consideração a natureza da relação jurídica controvertida, definida pelo fato jurídico que lhe dá causa. Já a competência em razão da pessoa, leva em consideração as partes envolvidas na demanda.

O fundamento constitucional da competência em razão da matéria e da pessoa, na Justiça do Trabalho, está no art. 114 da CF. Assim, para facilitar o estudo, leia o art. 114 da CF abaixo escrito:

> Art. 114. Compete à Justiça do Trabalho processar e julgar:
>
> I – as ações oriundas da relação de trabalho, abrangidos os entes de direito público externo e da administração pública direta e indireta da União, dos Estados, do Distrito Federal e dos Municípios;
>
> II – as ações que envolvam exercício do direito de greve;
>
> III – as ações sobre representação sindical, entre sindicatos, entre sindicatos e trabalhadores, e entre sindicatos e empregadores;
>
> IV – os mandados de segurança, habeas corpus e habeas data, quando o ato questionado envolver matéria sujeita à sua jurisdição;
>
> V – os conflitos de competência entre órgãos com jurisdição trabalhista, ressalvado o disposto no art. 102, I, o;
>
> VI – as ações de indenização por dano moral ou patrimonial, decorrentes da relação de trabalho;
>
> VII – as ações relativas às penalidades administrativas impostas aos empregadores pelos órgãos de fiscalização das relações de trabalho;
>
> VIII – a execução, de ofício, das contribuições sociais previstas no art. 195, I, a, e II, e seus acréscimos legais, decorrentes das sentenças que proferir;
>
> IX – outras controvérsias decorrentes da relação de trabalho, na forma da lei.
>
> § 1º Frustrada a negociação coletiva, as partes poderão eleger árbitros.
>
> § 2º Recusando-se qualquer das partes à negociação coletiva ou à arbitragem, é facultado às mesmas, de comum acordo, ajuizar

> dissídio coletivo de natureza econômica, podendo a Justiça do Trabalho decidir o conflito, respeitadas as disposições mínimas legais de proteção ao trabalho, bem como as convencionadas anteriormente.
>
> § 3º Em caso de greve em atividade essencial, com possibilidade de lesão do interesse público, o Ministério Público do Trabalho poderá ajuizar dissídio coletivo, competindo à Justiça do Trabalho decidir o conflito.

– Já, Professor. E, agora?

Agora vamos estudar cada item individualizado.

3.3.1. *Relação de trabalho*

Com a EC 45/2004, a competência material original da Justiça do Trabalho foi ampliada para processar e julgar, não apenas as ações referentes à "relação de emprego", mas, também, "as ações oriundas da relação de trabalho", conforme determina o art. 114, I da CF.

Assim, qualquer demanda desse tipo, deve ser levada ao Judiciário Trabalhista.

– Professor, o que seria uma relação de trabalho?

Relação de trabalho é qualquer atividade humana em que haja prestação de trabalho, sem vínculo empregatício, ou seja, quando faltar um dos elementos que geram o vínculo de emprego.

– Quer dizer que quando o trabalho for prestado sem pessoalidade, ou sem onerosidade, ou de forma eventual ou ainda, sem subordinação estamos diante de uma relação de trabalho?

Isso mesmo. Quando faltar um desses elementos que estão previstos no arts. 2º e 3º da CLT, a relação deixa de ser de emprego e passa a ser de trabalho. São exemplos de relação de trabalho, o autônomo, eventual, de empreitada, avulso, cooperado, o de representação comercial, o de estágio, etc.

– Então posso concluir que a relação de trabalho é gênero que tem na relação de emprego uma de suas espécies?

Perfeito.

3.3.1.1. Avulso

Segundo o § 3º do art. 643 da CLT, a Justiça do Trabalho é competente para processar e julgar as ações entre trabalhadores avulsos contra o Órgão Gestor de Mão de Obra – OGMO decorrentes da relação de trabalho. Tem competência ainda, nas demandas do trabalhador avulso contra o Sindicato, nos casos de trabalho não portuário.

– Hamilton, me explica o que seria trabalhador avulso?

Trabalhador avulso aquele que, sindicalizado ou não, presta serviços de natureza urbana ou rural, sem vínculo empregatício, a diversas empresas, com intermediação obrigatória do sindicato da categoria ou, quando se tratar de atividade portuária, do OGMO.

Veja, o trabalhador avulso pode ser portuário ou não portuário. O trabalhador avulso portuário é aquele que presta serviços de capatazia, estiva, conferência de carga, conserto de carga, bloco e vigilância de embarcações na área dos portos organizados e de instalações portuárias de uso privativo, com intermediação obrigatória do OGMO.

A Lei 12.023/2009, dispõe sobre as atividades de movimentação de mercadorias em geral e sobre o trabalho avulso não portuário, veja o que diz o art. 1º e 11:

> Art. 1º – As atividades de movimentação de mercadorias em geral exercidas por trabalhadores avulsos, para os fins desta Lei, são aquelas desenvolvidas em áreas urbanas ou rurais sem vínculo empregatício, mediante intermediação obrigatória do sindicato

> da categoria, por meio de Acordo ou Convenção Coletiva de Trabalho para execução das atividades.
>
> Art. 11. Esta Lei não se aplica às relações de trabalho regidas pela Lei nº 8.630, de 25 de fevereiro de 1993, e pela Lei nº 9.719, de 27 de novembro de 1998.

– Quais os direitos dele, Professor?

O art. 7º, XXXIV da CF determinou igualdade de direitos entre o trabalhador avulso e o empregado contratado por tempo indeterminado. Assim, embora não tenha vínculo de emprego, o avulso, passa a ter direito a FGTS, 13º Salários, Férias, etc.

– Entendi. Assim, qualquer demanda do trabalhador avulso contra o OGMO ou o Sindicato, deve ser levada ao Judiciário Trabalhista.

Perfeito.

3.3.1.2. Trabalho eventual

– Hamilton, me explica o que seria trabalhado eventual?

Trabalho eventual seria o trabalho que não se insere ordem normal das atividades econômicas do empregador. Exemplo seria o trabalhador contratado para um evento.

Por não ser empregado, o trabalhador eventual não é regido pelo Direito Trabalho, não fazendo jus aos diversos direitos trabalhistas, ele recebe apenas o valor pactuado pelo serviço a ser prestado.

– Entendi. É a Justiça Comum que julga essa lide?

Não. A Justiça do Trabalho é a justiça competente para processar e julgar as ações dos trabalhadores eventuais por força do inciso I, do art. 114 da CF.

Assim, por exemplo, o pedido de danos morais feito pelo trabalhador eventual em decorrência de um acidente do trabalho sofrido nas dependências da tomadora do serviço, deve ser feito em ação protocolizada na Justiça do Trabalho.

3.3.1.3. *Trabalho autônomo*

A Justiça do Trabalho que é competente para processar e julgar as ações dos trabalhadores autônomos por força do inciso I, do art. 114 da CF. Assim, por exemplo, se o autônomo ajusta um valor para executar um serviço e o tomador dos serviços não pagar ou pagar a menor, a Justiça do Trabalho vai ser competente para analisar o caso.

– Hamilton, me explica o que seria trabalhado autônomo?

O trabalhador autônomo é aquele que trabalha por conta própria, ou seja, é aquele que não transfere para terceiro o poder de organização de sua atividade, trabalhando sem subordinação. O art. 442-B da CLT, acrescentado pela reforma trabalhista do ano de 2017, passou regulamentar o trabalho autônomo. Vejamos:

> CLT, art. 442B – A contratação do autônomo, cumpridas por este todas as formalidades legais, com ou sem exclusividade, de forma contínua ou não, afasta a qualidade de empregado prevista no art. 3º desta Consolidação.

Não restando presentes os requisitos elencados pelos artigos 2º e 3º da Consolidação das Leis do Trabalho, sobretudo a subordinação jurídica, o prestador de serviço será um trabalhador autônomo.

Veja o que diz a Portaria nº 349, de 23 de maio de 2018, do Ministério do Trabalho:

> Art. 1º A contratação do autônomo, cumpridas por este todas as formalidades legais, com ou sem exclusividade, de forma contínua ou não, afasta a qualidade de empregado prevista no art. 3º do Decreto-Lei nº 5.452, de 1º de maio de 1943, que aprova a Consolidação das Leis do Trabalho.

> § 1º Não caracteriza a qualidade de empregado prevista no art. 3º da Consolidação das Leis do Trabalho o fato de o autônomo prestar serviços a apenas um tomador de serviços.
>
> § 2º O autônomo poderá prestar serviços de qualquer natureza a outros tomadores de serviços que exerçam ou não a mesma atividade econômica, sob qualquer modalidade de contrato de trabalho, inclusive como autônomo.
>
> § 3º Fica garantida ao autônomo a possibilidade de recusa de realizar atividade demandada pelo contratante, garantida a aplicação de cláusula de penalidade, caso prevista em contrato.
>
> § 4º Motoristas, representantes comerciais, corretores de imóveis, parceiros, e trabalhadores de outras categorias profissionais reguladas por leis específicas relacionadas a atividades compatíveis com o contrato autônomo, desde que cumpridos os requisitos do caput, não possuirão a qualidade de empregado prevista o art. 3º da Consolidação das Leis do Trabalho.
>
> § 5º Presente a subordinação jurídica, será reconhecido vínculo empregatício.

3.3.1.3.1. Trabalho autônomo – UBER

– Então, em regra o motorista de aplicativo seria um trabalhador autônomo?

Isso mesmo, pois nesse caso os Tribunais do Trabalho e o TST vêm entendendo que na relação havida entre as partes empregado motorista cadastrado em plataforma digital x empresa, não estão presentes os elementos indispensáveis ao contrato de trabalho, consoante os termos dos arts. 2º e 3º da CLT, não havendo como ser reconhecido vínculo de emprego.

As decisões atestam que:

(1) Não existe subordinação jurídica do reclamante;

(2) O trabalhador aufere 75% do total bruto arrecadado como remuneração, enquanto a quantia equivalente a 25% é destinada a empresa de aplicativo.

Nesse sentido:

> "AGRAVO DE INSTRUMENTO EM RECURSO DE REVISTA. ACÓRDÃO PUBLICADO NA VIGÊNCIA DA LEI Nº 13.015/2014. VÍNCULO DE EMPREGO. MOTORISTA. UBER. AUSÊNCIA DE SUBORDINAÇÃO. Em razão de provável caracterização de ofensa ao art. 3º, da CLT, dá-se provimento ao agravo de instrumento para determinar o prosseguimento do recurso de revista. Agravo de instrumento provido. RECURSO DE REVISTA. ACÓRDÃO PUBLICADO NA VIGÊNCIA DA LEI Nº 13.015/2014. VÍNCULO DE EMPREGO. MOTORISTA. UBER. AUSÊNCIA DE SUBORDINAÇÃO. TRANSCENDÊNCIA JURÍDICA RECONHECIDA. Destaque-se, de início, que o reexame do caso não demanda o revolvimento de fatos e provas dos autos, isso porque a transcrição do depoimento pessoal do autor no acórdão recorrido contempla elemento fático hábil ao reconhecimento da confissão quanto à autonomia na prestação de serviços. Com efeito, o reclamante admite expressamente a possibilidade de ficar " off line", sem delimitação de tempo, circunstância que indica a ausência completa e voluntária da prestação dos serviços em exame, que só ocorre em ambiente virtual. Tal fato traduz, na prática, a ampla flexibilidade do autor em determinar sua rotina, seus horários de trabalho, locais que deseja atuar e quantidade de clientes que pretende atender por dia. Tal auto-determinação é incompatível com o reconhecimento da relação de emprego, que tem como pressuposto básico a subordinação, elemento no qual se funda a distinção com o trabalho autônomo. Não bastasse a confissão do reclamante quanto à autonomia para o desempenho de suas atividades, é fato incontroverso nos autos que o reclamante aderiu aos serviços de intermediação digital prestados pela reclamada, utilizando-se de aplicativo que oferece interface entre motoristas previamente cadastrados e usuários dos serviços. Dentre os termos e condições relacionados aos referidos serviços, está a reserva ao motorista do equivalente a 75% a 80% do valor pago pelo usuário, conforme consignado pelo e. TRT. O referido percentual revela-se superior ao que esta Corte vem admitindo como bastante à caracterização da relação de parceria entre os envolvidos, uma vez que o rateio do valor do serviço em alto percentual a uma das partes evidencia vantagem remuneratória

não condizente com o liame de emprego. Precedentes. Recurso de revista conhecido e provido" (RR-1000123-89.2017.5.02.0038, 5ª Turma, Relator Ministro Breno Medeiros, DEJT 07/02/2020).

"AGRAVO DE INSTRUMENTO EM RECURSO DE REVISTA. MOTORISTA DE APLICATIVO. AUTONOMIA NA PRESTAÇÃO DOS SERVIÇOS. VÍNCULO EMPREGATÍCIO NÃO CONFIGURADO. O Tribunal Regional consignou que os elementos dos autos demonstram autonomia do reclamante na prestação dos serviços, especialmente pela ausência de prova robusta acerca da subordinação jurídica. Ademais, restando incontroverso nos autos que, " pelos serviços prestados aos usuários, o motorista do UBER, como o reclamante aufere 75% do total bruto arrecadado como remuneração, enquanto que a quantia equivalente a 25% era destinada à reclamada (petição inicial - item 27 - id. 47af69d), como pagamento pelo fornecimento do aplicativo ", ressaltou o Tribunal Regional que, " pelo critério utilizado na divisão dos valores arrecadados, a situação se aproxima mais de um regime de parceria, mediante o qual o reclamante utilizava a plataforma digital disponibilizada pela reclamada, em troca da destinação de um percentual relevante, calculado sobre a quantia efetivamente auferida com os serviços prestados ". Óbice da Súmula nº 126 do TST. Incólumes os artigos 1º, III e IV, da Constituição Federal e 2º, 3º e 6º, parágrafo único, da CLT. Agravo de instrumento conhecido e não provido" (AIRR-11199-47.2017.5.03.0185, 8ª Turma, Relatora Ministra Dora Maria da Costa, DEJT 31/01/2019).

3.3.1.4. *Honorários dos profissionais liberais*

– Hamilton, será da Justiça do Trabalho a competência para processar e julgar as ações de profissionais liberas cobrando seus honorários?

Vamos por parte.

– Tudo bem!

3.3.1.4.1. Honorários profissionais dos corretores de imóveis

A Justiça do Trabalho terá competência para julgar os litígios relativos ao recebimento, pelo corretor de imóveis, dos honorários a que tem direito por força de sua atuação profissional. Nesse sentido:

> "AGRAVO DE INSTRUMENTO EM RECURSO DE REVISTA EM FACE DE DECISÃO PUBLICADA NA VIGÊNCIA DA LEI Nº 13.015/2014. COMPETÊNCIA DA JUSTIÇA DO TRABALHO. HONORÁRIOS PROFISSIONAIS DE CORRETAGEM. AÇÃO DE COBRANÇA. RELAÇÃO DE TRABALHO. Agravo de instrumento a que se dá provimento para determinar o processamento do recurso de revista, em face de haver sido demonstrada possível afronta ao artigo 114, I e IX, da Constituição Federal. RECURSO DE REVISTA EM FACE DE DECISÃO PUBLICADA NA VIGÊNCIA DA LEI Nº 13.015/2014. COMPETÊNCIA DA JUSTIÇA DO TRABALHO. HONORÁRIOS PROFISSIONAIS DE CORRETAGEM. AÇÃO DE COBRANÇA. RELAÇÃO DE TRABALHO. A partir da Emenda Constitucional nº 45/04, é competente a Justiça do Trabalho para julgar os litígios relativos ao recebimento, pelo corretor de imóveis, dos honorários a que tem direito por força de sua atuação profissional. Com a edição da mencionada Emenda, a Justiça Especializada deixa de ser a "justiça do trabalho" na adjetivação que tradicionalmente se lhe dava, no sentido de corresponder à justiça que envolve o labor de natureza subordinada, para significar, desta feita, a "justiça dos trabalhos", isto é, das variadas formas de trabalho independentemente do direito material aplicável. Patente, portanto, a competência desta Justiça Especializada. Recurso de revista conhecido e provido" (RR-10937-83.2016.5.03.0007, 7ª Turma, Relator Ministro Cláudio Mascarenhas Brandão, DEJT 07/12/2018).

> "AGRAVO DE INSTRUMENTO EM RECURSO DE REVISTA EM FACE DE DECISÃO PUBLICADA ANTES DA VIGÊNCIA DA LEI Nº 13.015/2014. NEGATIVA DE PRESTAÇÃO JURISDICIONAL. O exame dos autos revela que a Corte a quo proferiu decisão completa, válida e devidamente fundamentada, razão pela qual não prospera a alegada negativa de prestação jurisdicional. Agravo de instrumento a que se nega provimento. COMPETÊNCIA DA JUSTIÇA DO TRABALHO. HONORÁRIOS PROFISSIONAIS DE CORRETAGEM. AÇÃO DE COBRANÇA.

RELAÇÃO DE TRABALHO. A partir da Emenda Constitucional nº 45/04, é competente a Justiça do Trabalho para julgar os litígios relativos ao recebimento, pelo corretor de imóveis, dos honorários a que tem direito por força de sua atuação profissional. Com a edição da mencionada Emenda, a Justiça Especializada deixa de ser a "justiça do trabalho" na adjetivação que tradicionalmente se lhe dava, no sentido de corresponder à justiça que envolve o labor de natureza subordinada, para significar, desta feita, a "justiça dos trabalhos", isto é, das variadas formas de trabalho independentemente do direito material aplicável. Patente, portanto, a competência desta Justiça Especializada. Agravo de instrumento a que se nega provimento. (AIRR-866-27.2011.5.18.0121, 7ª Turma, Relator Ministro Cláudio Mascarenhas Brandão, DEJT 12/02/2016).

3.3.1.4.2. Honorários contratuais dos advogados

– Esse assunto me interessa muito (risos).

Assunto que interessa todos nos advogados, rs. Vamos ver primeiro quais honorários o advogado pode ganhar.

A Lei 8.906/94 em seu art. 22, apresenta três tipos de honorários advocatícios: convencionados, arbitrados judicialmente e sucumbenciais.

Nos CONVENCIONADOS / CONTRATUAIS, o advogado e o cliente combinam um valor. Se nada for combinado entre advogado e o cliente sobre o valor dos honorários, os mesmos serão arbitrados pelo juiz, ou seja, serão fixados por ARBITRAMENTO JUDICIAL, com remuneração compatível com o trabalho e o valor econômico da questão.

Já os HONORÁRIOS SUCUMBENCIAIS são aqueles pagos pela parte vencida (parte sucumbente) ao advogado da parte vencedora.

– Perfeito. Todos eu posso executar na Justiça do Trabalho?

Não.

A Justiça do Trabalho não terá competência para julgar os litígios relativos ao recebimento, pelo advogado, dos honorários contratuais ajustados entre advogado e cliente. A jurisprudência do TST e do STJ, é no sentido de que a competência para processar e julgar ação de cobrança de honorários contratuais de advogado é da Justiça Estadual.

Nesse sentido a Súmula 363 do STJ e ainda, a jurisprudência do TST, senão vejamos:

> Súmula 363/STJ – Compete à Justiça estadual processar e julgar a ação de cobrança ajuizada por profissional liberal contra cliente.
>
> "RECURSO DE EMBARGOS EM RECURSO DE REVISTA. ACÓRDÃO EMBARGADO PUBLICADO SOB A ÉGIDE DA LEI 11.496/2007. CONTRATO DE HONORÁRIOS ADVOCATÍCIOS ENTRE TRABALHADOR E SEU PATRONO. AÇÃO DE EXECUÇÃO. INCOMPETÊNCIA DA JUSTIÇA DO TRABALHO. 1. O enfrentamento da matéria pela Turma, ao julgamento do mérito do recurso de revista da trabalhadora – conhecido por violação do artigo 114 da Constituição da República-, se limitou à adoção da tese de que -o contrato de prestação de serviços advocatícios possui natureza eminentemente civil, não se incluindo no conceito de 'relação de trabalho', constante do art. 114, I, da CF, razão porque a Justiça Obreira não possuiria competência para julgar o tipo de demanda aqui tratada, mas sim a Justiça Comum-, com respaldo na Súmula 363/STJ (compete à Justiça estadual processar e julgar a ação de cobrança ajuizada por profissional liberal contra cliente). E dado provimento ao recurso de revista para -declarar a incompetência da Justiça do Trabalho para determinar a retenção dos honorários advocatícios estabelecidos em contrato extrajudicial-. 2. Esta Seção de Dissídios Individuais firmou o entendimento de que incompetente a Justiça do Trabalho para o julgamento de questões atinentes ao contrato de prestação de serviços advocatícios por profissional autônomo: -A competência da Justiça do Trabalho, ampliada pela Emenda Constitucional nº 45/2004 (art. 114, inciso I, Constituição da República), abrange as relações de emprego e também as de trabalho, com suas lides conexas (art. 114, incisos I a IX, da Constituição da República). A lide envolvendo honorários advocatícios refoge à competência ampliada do art. 114 da Constituição da República, pois a competência ratione materiae se define pela natureza jurídica da questão controvertida, delimitada pelo pedido

> e pela causa de pedir. Se a ação proposta objetiva o pagamento dos honorários de sucumbência, em razão de vínculo contratual (contrato de assessoria jurídica), a competência para processar e julgar a causa é da Justiça Comum Estadual. Isso porque tal demanda refere-se a contrato de prestação de serviços advocatícios, envolvendo relação de índole eminentemente civil, não guardando nenhuma pertinência com relação de trabalho. O Superior Tribunal de Justiça, que detém a competência constitucional para julgar conflito de competência (art. 105, I, -d-), firmou o entendimento, por meio da Súmula nº 363, de que compete à Justiça estadual processar e julgar a ação de cobrança ajuizada por profissional liberal contra cliente-. (E-RR-75500-03.2005.5.04.0021, Rel. Min. Luiz Philippe Vieira de Mello Filho, DEJT 28/6/2010). 3. Considerada a uniformização da jurisprudência desta Corte Superior como a finalidade precípua dos embargos a esta Subseção I Especializada em Dissídios Individuais – só embargos de divergência subsistem após a Lei 11.496/2007, não mais os embargos infringentes-, a análise do recurso de embargos há de ser balizada pelos limites delineados no acórdão turmário, a saber, a questão da incompetência da Justiça do Trabalho para o julgamento de questões atinentes ao contrato de prestação de serviços advocatícios efetuados por profissional autônomo. E, sob esse único enfoque, na esteira da jurisprudência do TST e do STJ, inviável a reforma pretendida. Recurso de embargos conhecido e não provido. (E-ED-RR-246800-65.1998.5.05.0016, Relatora Ministra Rosa Maria Weber, Subseção I Especializada em Dissídios Individuais, DEJT 25/03/2011)"

Contudo, a execução dos honorários sucumbenciais é da Justiça do Trabalho, ocorrendo nos próprios autos que a parte foi vencida. Veja o que diz o art. 791-A da CLT:

> Art. 791-A – Ao advogado, ainda que atue em causa própria, serão devidos honorários de sucumbência, fixados entre o mínimo de 5% (cinco por cento) e o máximo de 15% (quinze por cento) sobre o valor que resultar da liquidação da sentença, do proveito econômico obtido ou, não sendo possível mensurá-lo, sobre o valor atualizado da causa.
>
> § 1º Os honorários são devidos também nas ações contra a Fazenda Pública e nas ações em que a parte estiver assistida ou substituída pelo sindicato de sua categoria.

§ 2º Ao fixar os honorários, o juízo observará:

I – o grau de zelo do profissional;

II – o lugar de prestação do serviço;

III – a natureza e a importância da causa;

IV – o trabalho realizado pelo advogado e o tempo exigido para o seu serviço.

§ 3º Na hipótese de procedência parcial, o juízo arbitrará honorários de sucumbência recíproca, vedada a compensação entre os honorários.

§ 4º Vencido o beneficiário da justiça gratuita, desde que não tenha obtido em juízo, ainda que em outro processo, créditos capazes de suportar a despesa, as obrigações decorrentes de sua sucumbência ficarão sob condição suspensiva de exigibilidade e somente poderão ser executadas se, nos dois anos subsequentes ao trânsito em julgado da decisão que as certificou, o credor demonstrar que deixou de existir a situação de insuficiência de recursos que justificou a concessão de gratuidade, extinguindo-se, passado esse prazo, tais obrigações do beneficiário.

§ 5º São devidos honorários de sucumbência na reconvenção.

3.3.1.5. Contratos de empreitada

O contrato de empreita tem previsão no art. 610 do CC/02 que diz que *"empreiteiro de uma obra pode contribuir para ela só com seu trabalho ou com ele e os materiais"*

– Então se está previsto no CC/02, a competência será da Justiça Comum, Hamilton?

Calma. Os casos de pequena empreitada em que o empreiteiro seja operário ou artífice, a competência será da competência da Justiça do Trabalho. Leia o art. 652, alínea "a", inciso III, da CLT:

Art. 652. Compete às Varas do Trabalho:

a) conciliar e julgar:

III – os dissídios resultantes de contratos de empreitadas em que o empreiteiro seja operário ou artífice;

Logo, a Justiça do Trabalho é a justiça competente para processar e julgar as ações dos trabalhadores eventuais por força do inciso I, do art. 114 da CF.

– Hamilton, o que seria pequena empreitada?

O conceito de pequena empreitada previsto no art. 652 da CLT se refere ao trabalhador pessoa física. Esta modalidade contratual não se reporta ao vulto econômico da empreitada, pois o referido inciso III não vincula a empreitada ao valor do serviço, tampouco à sua duração, e sim ao fato do empreiteiro ser operário ou artífice[7].

Assim, a Justiça do Trabalho é a justiça competente para processar e julgar a ação do empreiteiro que seja operário ou artífice por força do inciso I, do art. 114 da CF e art. 652, alínea "a", inciso III, da CLT

Veja um julgado sobre o tema:

> CONTRATO DE PEQUENA EMPREITADA. COMPETÊNCIA DA JUSTIÇA DO TRABALHO. ARTIGO 652, "A", III DA CLT. Compete às Varas do Trabalho conciliar e julgar as reclamatórias resultantes de contrato de empreitada em que o empreiteiro seja operário ou artífice, nos termos do art. 652, "a", III da CLT. De outro turno, à luz da ampliação da competência da Justiça do Trabalho, advinda da EC nº 45/2004, esta Justiça Especial detém a competência para apreciar e julgar o feito, nos termos do artigo 114, inciso I, da Constituição Federal, uma vez que se trata de relação de trabalho inserida na competência material da Justiça do Trabalho. Recurso Ordinário provido. (Recurso Ordinário nº 0100095-91.2017.5.01.0033, TRT da 1ª Região, Rel. Maria Aparecida Coutinho Magalhães. DOERJ 02.04.2019).

– Então quando o empreiteiro não for um operário ou artífice a Justiça do Trabalho não terá competência?

7. SCHIAVI, Mauro. Manual de direito processual do trabalho. 2. ed. São Paulo: LTr, 2009. p. 179.

Isso mesmo. Veja essa decisão do TRT da 3º Região sobre o tema:

> EMPREITADA. OBRA CIVIL DE VULTO. EXERCÍCIO DE ATIVIDADE ECONÔMICA ORGANIZADA. INCOMPETÊNCIA DA JUSTIÇA DO TRABALHO. Como se sabe, o disposto no art. 652, "a", inc. III, da CLT, atrai para a competência desta Especializada os dissídios resultantes de contratos por empreitada em que o empreiteiro seja operário ou artífice, eis que aí se trata do empreiteiro pessoa física que, como profissional autônomo, executa, pessoalmente (e no máximo, com alguns auxiliares), a empreitada, de valor econômico não elevado, que não seja de grande vulto. Logo, não se insere nessa hipótese legal o empreiteiro pessoa jurídica, ou aquele que, sendo pessoa física, conta com uma organização composta de distintos auxiliares ou empregados – atuando como um empresário do ramo da construção. Na hipótese, quatro circunstâncias afastam as características de obra de "pequena empreitada": o objeto da obra, construir uma farmácia e também junto um apartamento; a duração do serviço contratado, no prazo de dois anos; o valor do contrato, que atingiu a cifra de R$ 174.360,00 (cento e setenta e quatro mil, trezentos e sessenta reais), e o aspecto empreendedor do Reclamante, na medida em que buscou até financiamento bancário para tocar o negócio contratado com o Réu. (RO nº 0010880-10.2016.5.03.0090, 8ª Turma do TRT da 3ª Região/MG, Rel. Márcio Ribeiro do Valle. j. 27.06.2018).

3.3.1.6. Residência médica

O que seria a residência médica?

> – Hamilton, seria uma especialização feita pelo médico para poder atuar em determinada área da medicina.

Isso mesmo. A residência médica é uma modalidade de ensino de pós-graduação destinada aos médicos, em que ele alia conhecimentos teóricos com experiência prática da medicina sob responsabilidade de instituição de saúde e orientação de professores. Nesse sentido, o art. 1º da Lei n. 6.932, de 1981.

> Art. 1º -A residência médica constitui modalidade de ensino de pós-graduação, sob a forma de curso de especialização. Caracteriza-se por treinamento em serviço e funciona sob a responsabilidade de instituição de saúde, universitária ou não, sujeita a orientação de médicos de elevada qualificação ética e profissional.

Agora me responda. Você sendo um médico residente, por que procuraria a Justiça do Trabalho?

– Para pedir a bolsa-auxílio que foi prometida e não foi paga pela instituição ou para pedir um vínculo de emprego se eu entender que a residência foi desvirtuada (fraude).

Muito bem! E você acha que nos dois casos a Justiça do Trabalho teria competência para apreciar as demandas?

– Eu acho que sim!

Veja, se a ação for para o médico pleitear o pedido de bolsa-auxílio sem descaracterização da residência médica, a Justiça do Trabalho será incompetente. Observe o julgado abaixo:

> "RECURSO DE REVISTA. RESIDÊNCIA MÉDICA. INCOMPETÊNCIA DA JUSTIÇA DO TRABALHO. 1. Ação em que se pleiteia o pagamento de bolsa-auxílio, sem descaracterização da residência médica. 2. Na lição de Alice Monteiro de Barros, "a residência médica constitui modalidade de ensino de pós-graduação, sob a forma de curso de especialização. Caracteriza-se por treinamento em serviço e funciona sob a responsabilidade de instituição de saúde, universitária ou não, sujeita a orientação de médicos de elevada qualificação ética e profissional (art. 1º da Lei n. 6.932, de 1981)". 3. A espécie, enquanto atividade vinculada ao ensino, não reúne trabalhador a pessoa física ou jurídica que o remunere, essencialmente, pelo serviço prestado, assim recusando a qualificação de relação de trabalho, segundo a vocação do art. 114 da Constituição Federal. 4. Incompetência da Justiça do Trabalho reconhecida, com invalidação dos atos decisórios e remessa dos autos à Justiça Comum do Estado de origem. Recurso de revista

conhecido e provido (TST-RR 29500-53.2008.5.15.0046, j. 25-5-2011, Rel. Min. Alberto Luiz Bresciani de Fontan Pereira, 3ª T., DEJT 3-6-2011).

Porém, quando o médico alegar desvirtuamento da residência e pleitear o vínculo de emprego e o pagamento das verbas trabalhistas (FGTS, 13º Salários, Férias, etc.) a competência é da Justiça do Trabalho.

– Perfeito.

3.3.2. Relação de emprego

Relação de emprego é qualquer atividade humana em que haja prestação de trabalho, com vínculo empregatício, ou seja, quando o empregado for pessoa física, trabalhar de forma não eventual, onerosa, com pessoalidade e subordinada, conforme arts. 2º e 3º da CLT.

– Essa é competência material original da Justiça do Trabalho?

Isso mesmo, a Justiça do Trabalho foi criada originariamente para processar e julgar as lides decorrentes da relação de emprego. Essas lides nascem das relações entre empregados e empregadores, decorrendo assim, das relações que surgem do contrato individual de trabalho.

– Então, será competente a Justiça do Trabalho, para processar e julgar as lides entre empregador e empregado, quando este buscar, o reconhecimento de vínculo de emprego, verbas trabalhistas (FGTS, 13º Salários, Férias, etc.), insalubridade, periculosidade, horas extras, horas noturnas, acúmulo de função, desvio de função, equiparação salarial, etc...

Isso mesmo. Vamos de Justiça do Trabalho, pois ela é a justiça competente para processar e julgar essas ações dos empregados em face dos empregadores, por força do inciso I, do art. 114 da CF.

3.3.3. Empregado público

A relação de trabalho do servidor público pode ser dar das seguintes formas:

(1) Relação de emprego regista pela CLT;

(2) Relação estatutária regida por Lei própria; e

(3) Temporários;

(3.1) Temporários regidos por Lei própria; e

(3.2) Temporários regidos pela CLT;

(4) Cargo em comissão.

Vejamos:

3.3.3.1. Relação de emprego regida pela CLT

Compete à Justiça do Trabalho processar e julgar demandas visando obter prestações de natureza trabalhista, ajuizadas contra órgãos da Administração Pública por servidores que ingressaram em seus quadros por meio de concurso público, para serem regidos pela CLT.

– Hamilton, tenho duas dúvidas.

Manda.

– Primeira, quando o empregado é concursado e regido pela CLT, só que, depois de algum tempo, ocorre a mudança de regime jurídico de celetista para estatutário. Onde o empregado deve processar a Administração Pública?

Vamos lá. Veja o que diz o STF:

> Competência da Justiça do Trabalho. Mudança de regime jurídico. Transposição para o regime estatutário. Verbas trabalhistas

> concernentes ao período anterior. Compete à Justiça do Trabalho processar e julgar ações relativas às verbas trabalhistas referentes ao período em que o servidor mantinha vínculo celetista com a administração, antes da transposição para o regime estatutário. [ARE 1.001.075 RG, rel. min. Gilmar Mendes, j. 8-12-2016, P, DJE de 1º-2-2017, Tema 928.] – Vide AI 609.855 AgR-ED, rel. min. Sepúlveda Pertence, j. 25-6-2007, 1ª T, DJ de 31-8-2007

– A segunda dúvida é em relação aos empregados que ingressaram na administração pública antes da CF de 1988, de quem será a competência para julgar essas demandas que são regidos pela CLT?

O STF ao julgar o ARE – 906.491, decidiu que competência é competência da Justiça do Trabalho processar e julgar demandas visando a obter prestações de natureza trabalhista. Veja:

> Em regime de repercussão geral, fica reafirmada a jurisprudência do STF no sentido de ser da competência da Justiça do Trabalho processar e julgar demandas visando a obter prestações de natureza trabalhista, ajuizadas contra órgãos da administração pública por servidores que ingressaram em seus quadros, sem concurso público, antes do advento da CF/1988, sob regime da CLT. [ARE 906.491 RG, rel. min. Teori Zavascki, j. 1º-10-2015, P, DJE de 7-10-2015, Tema 853.]

3.3.3.2. Relação estatutária regida por Lei própria

Compete à Justiça do Comum (Estadual ou Federal) processar e julgar demandas, ajuizadas contra órgãos da Administração Pública por servidores que ingressaram em seus quadros por meio de concurso público, para serem regidos por Lei própria, como por exemplo, a Lei 8.112/90, Lei que institui o Regime Jurídico dos Servidores Públicos Civis da União das autarquias, inclusive as em regime especial, e das fundações públicas federais.

Nesse sentido, decidiu o STF:

Competência. Justiça do Trabalho. Incompetência reconhecida. Causas entre o poder público e seus servidores estatutários. Ações que não se reputam oriundas de relação de trabalho. Conceito estrito dessa relação. Feitos da competência da Justiça comum. Interpretação do art. 114, I, da CF, introduzido pela EC 45/2004. Precedentes. Liminar deferida para excluir outra interpretação. (...) O disposto no art. 114, I, da CF não abrange as causas instauradas entre o poder público e servidor que lhe seja vinculado por relação jurídico-estatutária. [ADI 3.395 MC, rel. min. Cezar Peluso, j. 5-4-2006, P, DJ de 10-11-2006.]

Ao reconhecer a competência da Justiça do Trabalho para processar e julgar a reclamação trabalhista, o acórdão recorrido divergiu de pacífica orientação jurisprudencial deste STF. Compete à Justiça comum processar e julgar causas instauradas entre o poder público e seus servidores submetidos a regime especial disciplinado por lei local editada antes da Constituição Republicana de 1988, com fundamento no art. 106 da Constituição de 1967, na redação que lhe deu a EC 1/1969, ou no art. 37, IX, da Constituição de 1988. [RE 573.202, rel. min. Ricardo Lewandowski, j. 21-8-2008, P, DJE de 5-12-2008, Tema 43.]

3.3.3.3. Temporários

A Constituição admite contrato por tempo determinado para atender a necessidade temporária de excepcional interesse público (art. 37, IX).

Esse contrato poderá ser feito de 3 formas:

– Quais?

(1) Por contrato de trabalho temporário sem Lei autorizando a contratação – Nesse caso a competência será da Justiça do Trabalho e o empregado terá direito de pleitear o FGTS não depositado e saldo de salário, conforme Súmula 363 do TST;

(2) Por Lei, contudo essa Lei manda ser feito um contrato por prazo determinado nos moldes da CLT – Nesse caso a competência será da Justiça do Trabalho e o empregado terá direito de pleitear o FGTS não depositado e saldo de salário, conforme Súmula 363 do TST. Veja:

> (...) compete à Justiça do Trabalho dirimir as controvérsias instauradas entre pessoas jurídicas de direito privado integrantes da administração indireta e seus empregados, cuja relação é regida pela CLT, compreendendo, inclusive, a fase pré-contratual. [RE 1.015.362 AgR, rel. min. Edson Fachin, j. 12-5-2017, P, DJE de 29-5-2017.]
>
> Contrato por tempo determinado para atender a necessidade temporária de excepcional interesse público. Típica demanda trabalhista contra pessoa jurídica de direito público. Competência da Justiça do Trabalho. Art. 114 da Constituição. Precedentes. [CC 7.128, rel. min. Gilmar Mendes, j. 2-2-2005, P, DJ de 1º-4-2005.]

(3) Por Lei, e essa Lei regulamenta o trabalho temporário – Nesse caso a competência será da Justiça do Comum (Estadual ou Federal). Veja:

> Servidores públicos. Regime temporário. Justiça do Trabalho. Incompetência. No julgamento da ADI 3.395 MC/DF, este Supremo Tribunal suspendeu toda e qualquer interpretação do inciso I do art. 114 da CF (na redação da EC 45/2004) que inserisse, na competência da Justiça do Trabalho, a apreciação de causas instauradas entre o poder público e seus servidores, a ele vinculados por típica relação de ordem estatutária ou de caráter jurídico-administrativo. As contratações temporárias para suprir os serviços públicos estão no âmbito de relação jurídico-administrativa, sendo competente para dirimir os conflitos a Justiça comum e não a Justiça especializada. [Rcl 4.872, rel. p/ o ac. min. Menezes Direito, j. 21-8-2008, P, DJE de 7-11-2008.] = Rcl 7.126 AgR, rel. min. Joaquim Barbosa, j. 20-6-2012, P, DJE de 1º-8-2012 – Vide Rcl 5.954, rel. min. Dias Toffoli, j. 2-6-2010, P, DJE de 22-10-2010 – Vide Rcl 7.039 AgR, rel. min. Cármen Lúcia, j. 2-4-2009, P, DJE de 8-5-2009

Então, concluímos que:

(1) Período celetista – Compete a Justiça do Trabalho processar tais demandas. O TST, por meio da Súmula 382, entende que a transferência do regime jurídico de celetista para estatutário implica extinção do contrato de trabalho, fluindo o prazo da prescrição bienal a partir da mudança de regime.

(2) Período estatutário após a mudança de regime – Compete a Justiça Comum processar e julgar as demandas.

3.3.3.4. Cargos em comissão

Para saber de quem será a competência para apreciar as demandas dos empregados em cargos em comissão, devemos saber qual a forma de contratação:

(1) Contratado pelo regime celetista – Compete a Justiça do Trabalho processar e julgar essas demandas. Nesse sentido:

> "RECURSO DE REVISTA REGIDO PELA LEI 13.467/2017. TRANSCENDÊNCIA SOCIAL RECONHECIDA. COMPETÊNCIA DA JUSTIÇA DO TRABALHO. MUNICÍPIO. SERVIDOR PÚBLICO CONTRATADO PELO REGIME CELETISTA PARA O EXERCÍCIO DE CARGO EM COMISSÃO. O Pleno do STF referendou liminar concedida pelo Ministro Nelson Jobim no julgamento da Medida Cautelar na ADI 3.395-6/DF, no sentido de que, mesmo após a EC 45/2004, a Justiça do Trabalho não possui competência para processar e julgar causas instauradas entre o Poder Público e o servidor que a ele seja vinculado por relação jurídico-administrativa. Todavia, somente serão submetidas à apreciação da Justiça Comum relações estabelecidas entre trabalhador e Administração Pública Direta tipicamente jurídico-administrativa, mantendo-se a competência desta Justiça Especializada para processar e julgar controvérsia envolvendo pessoal contratado por ente público sob o regime celetista. Por restar caracterizada relação jurídica de natureza contratual celetista, em que o reclamante subordina-se à regência da CLT, não incide o entendimento consubstanciado pelo STF no julgamento da ADI 3.395-6/DF. A competência para processar e julgar demanda entre ente público e servidor regido pela CLT é da Justiça do Trabalho, nos termos do art. 114,

I, da Constituição Federal. Ao manter a declaração de incompetência da Justiça do Trabalho para apreciar e julgar o presente feito, o Tribunal Regional decidiu em dissonância com iterativa, notória e atual jurisprudência desta Corte. Precedentes. Recurso de revista conhecido e provido" (RR-211-25.2018.5.12.0041, 2ª Turma, Relatora Ministra Delaíde Miranda Arantes, DEJT 13/12/2019).

"RECURSO DE EMBARGOS EM AGRAVO INTERNO EM RECURSO DE REVISTA REGIDO PELA LEI Nº 13.015/2014. ADMINISTRAÇÃO PÚBLICA INDIRETA. CONTRATAÇÃO DE EMPREGADO PARA CARGO EM COMISSÃO DE LIVRE NOMEAÇÃO E EXONERAÇÃO. RELAÇÃO REGIDA PELA CLT. COMPETÊNCIA DA JUSTIÇA DO TRABALHO. Ao contratar com o particular, as empresas públicas e sociedades de economia mista, sejam da esfera federal, estadual ou municipal, equiparam-se às empresas privadas, inclusive no que tange aos direitos e obrigações civis, comerciais, trabalhistas e tributários, consoante exegese do artigo 173, § 1º, II, da Constituição Federal. Nesse contexto, permanece no âmbito da competência desta Justiça Especializada a apreciação de demandas envolvendo tais entidades integrantes da Administração Pública Indireta, quando se discutem eventuais créditos trabalhistas de empregado contratado, sem concurso público, para o exercício de cargo em comissão de livre nomeação e exoneração. Com efeito, referidas situações não guardam identidade material com a decisão proferida pelo Supremo Tribunal Federal no julgamento da ADI nº 3.395/DF, pois, naquela ocasião, a análise foi restrita à típica relação de ordem estatutária e de caráter jurídico-administrativo, estabelecida entre entes da Administração Pública Direta, suas autarquias e fundações públicas e respectivos servidores. Precedentes do STF e desta Corte. Recurso de embargos conhecido e provido " (E-Ag-RR-1046-82.2016.5.20.0001, Subseção I Especializada em Dissídios Individuais, Relator Ministro Cláudio Mascarenhas Brandão, DEJT 13/12/2019).

(2) Contratado pelo regime estatutário – Compete a Justiça Comum processar e julgar essas demandas, conforme Súmula 218 do STJ:

STJ, SUM 218 – Compete à Justiça dos Estados processar e julgar ação de servidor estadual decorrente de direitos e vantagens estatutárias no exercício de cargo em comissão.

– Muito obrigado, Professor.

Vamos ao próximo item do art. 114 da CF.

3.3.4. Ações que envolvam exercício do direito de greve

A Justiça do Trabalho é competente para processar e julgar ações que envolvam exercício do direito de greve, por força do inciso II, do art. 114 da CF.

> Art. 114. Compete à Justiça do Trabalho processar e julgar:
>
> [...]
>
> II – as ações que envolvam exercício do direito de greve;

Nesse sentido ainda, o art. 8º da Lei 7.783/89.

> Art. 8º A Justiça do Trabalho, por iniciativa de qualquer das partes ou do Ministério Público do Trabalho, decidirá sobre a procedência, total ou parcial, ou improcedência das reivindicações, cumprindo ao Tribunal publicar, de imediato, o competente acórdão.

– Hamilton, greve é a paralisação do trabalho?

Quase isso. Greve é um direito constitucional apenas dos trabalhadores, conforme determinado pelo art. 9º da CF. Veja:

> Art. 9º É assegurado o direito de greve, COMPETINDO AOS TRABALHADORES decidir sobre a oportunidade de exercê-lo e sobre os interesses que devam por meio dele defender.

– Eita. Eu pensava Hamilton, que os empregadores também poderiam fazer greve.

O art. 9º da CF, foi regulamentado pela Lei 7.783/89 e nessa lei, no art. 17, foi vedado expressamente o empregador fazer greve.

> Art. 17. Fica VEDADA A PARALISAÇÃO DAS ATIVIDADES, POR INICIATIVA DO EMPREGADOR, com o objetivo de frustrar negociação ou dificultar o atendimento de reivindicações dos respectivos empregados (lockout).

Então a greve seria uma paralisação total ou parcial coletiva, temporária e pacífica, de prestação pessoal de serviço pelos empregados ao empregador. Nesse sentido, o art. 2º da Lei 7.783/89.

> Art. 2º Para os fins desta lei, considera-se legítimo exercício do direito de greve a suspensão coletiva, temporária e pacífica, total ou parcial, de prestação pessoal de serviço a empregador.

– Professor, me dê exemplos de demandas que envolvam o exercício do direito de greve.

Vamos lá:

(1) Ações de indenização por danos materiais apresentadas pela empresa por danos causados no curso da greve pelos grevistas.

(2) Ação buscando a declaração de abusividade da greve.

> TST, SUM 189. GREVE. COMPETÊNCIA DA JUSTIÇA DO TRABALHO. ABUSIVIDADE – A Justiça do Trabalho é competente para declarar a abusividade, ou não, da greve.

– Abusividade, Hamilton? A greve não é um direito dos empregados?

Sim, a greve é um direito dos empregados. Contudo, lembra que eu falei ainda pouco que a greve é regida pela Lei 7.783/89?

– Sim!

Então, essa Lei traz muitas regras para os grevistas cumprirem, deixa eu te mostrar algumas:

a. É necessária uma tentativa de negociação antes da greve (art. 3º da Lei 7.783/89).

b. É necessário, antes da greve, a realização de uma assembleia geral, para a definição das reivindicações (art. 4º da Lei 7.783/89).

c. O empregador deve ser comunicado da greve com 48 horas de antecedência (art. 3º, parágrafo único da Lei 7.783/89). Contudo, se a greve for em atividade essencial (art. 10 da Lei 7.783/89), o prazo de 48 horas muda para 72 horas e não só o empregador deve ser comunicado com antecedência, nesses casos, os usuários também devem ser comunicados da paralisação. (art. 13 da Lei 7.783/89)

d. Nas atividades essenciais, não pode ocorrer a paralisação total do serviço (art. 11 da Lei 7.783/89).

e. Em nenhuma hipótese, os meios adotados por empregados e empregadores poderão violar ou constranger os direitos e garantias fundamentais de outrem (art. 6º, § 1º da Lei 7.783/89). É vedado às empresas adotar meios para constranger o empregado ao comparecimento ao trabalho, bem como capazes de frustrar a divulgação do movimento (art. 6º, § 2º da Lei 7.783/89). As manifestações e atos de persuasão utilizados pelos grevistas não poderão impedir o acesso ao trabalho nem causar ameaça ou dano à propriedade ou pessoa (art. 6º, § 3º da Lei 7.783/89).

Desta forma, a greve por se tratar de meio de pressão máximo para obter do empregador a satisfação das reivindicações da categoria profissional, esse direito submete-se aos limites descritos na Lei de Greve para que não se configure abusivo.

Veja o que diz o *caput* do art. 14 da Lei 7.783/89.

> Art. 14 Constitui abuso do direito de greve a inobservância das normas contidas na presente Lei, bem como a manutenção da paralisação após a celebração de acordo, convenção ou decisão da Justiça do Trabalho.

(3) Ações possessórias

> STF, Súmula Vinculante nº 23 – A Justiça do Trabalho é competente para processar e julgar ação possessória ajuizada em decorrência do exercício do direito de greve pelos trabalhadores da iniciativa privada.

As ações possessórias de esbulho ou turbação, estão previstas no art. 567 do CPC, de seguinte teor:

> Art. 567. O possuidor direto ou indireto que tenha justo receio de ser molestado na posse poderá requerer ao juiz que o segure da turbação ou esbulho iminente, mediante mandado proibitório em que se comine ao réu determinada pena pecuniária caso transgrida o preceito.

Existem três ações possessórias.

– Quais?

A ação de reintegração de posse, a ação de manutenção de posse e de interdito proibitório.

– Quando que eu vou usar cada uma dessas ações, Hamilton?

A ação de reintegração de posse deverá ser proposta pela pessoa que sofreu um esbulho, ou seja, perdeu a posse.

Já a ação de manutenção de posse deverá ser proposta pela pessoa que está sofrendo uma turbação, isto é, quando estão sendo praticados contra ela atos materiais concretos de agressão à posse, sem que ela tenha sido ainda desapossada integralmente.

E por fim, a ação de interdito proibitório deverá ser proposta pela pessoa que estiver sofrendo ameaças de efetiva ofensa à posse, sem que tenha havido, contudo, um ato material concreto.

– Ótimo.

Agora leia esse julgado do STF:

> A Justiça Comum Federal ou Estadual é competente para julgar a abusividade de greve de servidores públicos celetistas da administração direta, autarquias e fundações de direito público. [RE 846.854, rel. p/ o ac. min. Alexandre de Moraes, j. 1º-8-2017, P, DJE de 7-2-2018, Tema 544.]

– O STF entende que a Justiça do Trabalho não tem competência para julgar a abusividade de greve de servidores públicos celetistas?

Você generalizou. O julgado fala apenas de celetistas da administração direta, autarquias e fundações de direito público.

Percebeu?

– Sim!

Então a Justiça do Trabalho ainda tem competência para julgar a abusividade de greve de servidores públicos celetistas das empresas públicas (Exemplo: Correios, Caixa Econômica Federal) e sociedade de economia mista (Exemplo: Banco do Brasil).

A Justiça Comum terá competência para julgar a abusividade de greve de servidores públicos estatutários e dos servidores públicos celetistas da administração direta, autarquias e fundações de direito público.

– Nem tinha percebido. Imaginei que tudo ia para a Justiça Comum.

Não. Podemos ir para o próximo tema?

– Sim.

3.3.5. *Ações sindicais*

A Justiça do Trabalho é competente para processar e julgar ações sindicais, por força do inciso III, do art. 114 da CF.

> Art. 114. Compete à Justiça do Trabalho processar e julgar:
>
> [...]
>
> III – as ações sobre representação sindical, entre sindicatos, entre sindicatos e trabalhadores, e entre sindicatos e empregadores;

Assim, a Justiça do Trabalho será competente para processar e julgar quatro demandas sobre esse tema.

– Quais?

São elas:

(1) as ações que tenham por objeto a disputa sobre representação sindical;

(2) as ações entre sindicatos;

(3) as ações entre sindicatos e trabalhadores;

(4) as ações entre sindicatos e empregadores.

A primeira, trata-se de competência em razão da matéria e as demais, trata-se de competência em razão da pessoa.

3.3.5.1. *Ação de representação sindical*

– Já ouvi muito sobre essa ação de representação sindical, você pode me explicar do que se trata esse tipo de ação.

Posso sim.

Leia o art. 8º, II da CF:

> Art. 8º É livre a associação profissional ou sindical, observado o seguinte:

> [...]
>
> II – é vedada a criação de mais de uma organização sindical, em qualquer grau, representativa de categoria profissional ou econômica, na mesma base territorial, que será definida pelos trabalhadores ou empregadores interessados, não podendo ser inferior à área de um Município;

– Já.

Agora me responda, quantos sindicatos podem ter por base territorial?

– Um, Hamilton.

E qual a base territorial mínima?

– Não pode ser inferior à área de um Município.

Perfeito, trata-se do princípio da unicidade sindical. Esse princípio exige que apenas um sindicato seja representativo de determinada categoria, em certo espaço territorial.

Desta forma, a Justiça do Trabalho será competente para processar e julgar as ações propostas por sindicatos visando a declaração de sua legitimidade para representar as referidas categorias ou a declaração de ilegitimidade de outro sindicato para tal representação. Perceba que nas ações de representação sindical, o sindicato não está lutando por interesse da categoria, e sim defendendo o próprio sindicato.

Esclareço que sobre o tema de representação sindical, ainda que vigore a regra da unicidade, é permitido por lei[8] o desmembramento

8. CLT, Art. 571. Qualquer das atividades ou profissões concentradas na forma do parágrafo único do artigo anterior poderá dissociar-se do sindicato principal, formando um sindicato específico, desde que o novo sindicato, a juízo da Comissão do Enquadramento Sindical, ofereça possibilidade de vida associativa regular e de ação sindical eficiente.

ou dissociação da categoria, dando origem a categorias específicas, seja quanto à atividade econômica, seja quanto à área territorial de atuação.

3.3.6. Mandados de segurança, habeas corpus e habeas data

A Justiça do Trabalho é competente para processar e julgar os mandados de segurança, habeas corpus e habeas data, quando o ato questionado envolver matéria sujeita à sua jurisdição, por força do inciso IV, do art. 114 da CF.

> Art. 114. Compete à Justiça do Trabalho processar e julgar:
>
> [...]
>
> IV – os mandados de segurança, habeas corpus e habeas data, quando o ato questionado envolver matéria sujeita à sua jurisdição;

– Qual a diferença entre essas ações, Hamilton?

Deixa-me explicar brevemente cada uma dessas ações.

3.3.6.1. Mandados de segurança

O mandado de segurança será utilizado para proteção de direito individual ou coletivo, líquido e certo, já lesado ou ameaçado de lesão, por ato de autoridade praticado com ilegalidade ou abuso de poder, que não seja amparado por habeas corpus ou habeas data.

O mandado de segurança individual, tem previsão constitucional no Art. 5º da CF, inciso LXIX:

> LXIX – conceder-se-á mandado de segurança para proteger direito líquido e certo, não amparado por "habeas-corpus" ou "habeas-data", quando o responsável pela ilegalidade ou abuso de poder for autoridade pública ou agente de pessoa jurídica no exercício de atribuições do Poder Público;

Já o mandado de segurança coletivo, tem previsão constitucional no Art. 5º da CF, inciso LXX:

> LXX – O mandado de segurança coletivo pode ser impetrado por: a) partido político com representação no Congresso acional; b) organização sindical, entidade de classe ou associação legalmente constituída e em funcionamento há pelo menos um ano, em defesa dos interesses de seus membros ou associados;

O mandado de segurança foi regulamentado pela Lei 12.016/ 2009. O Art. 1º dessa lei, diz que será concedido mandado de segurança para proteger *"direito líquido e certo, não amparado por habeas corpus ou habeas data, sempre que, ilegalmente ou com abuso de poder, qualquer pessoa física ou jurídica sofrer violação ou houver justo receio de sofrê-la por parte de autoridade, seja de que categoria for e sejam quais forem as funções que exerça"*.

– Hamilton, percebi que tanto a CF quanto a Lei 12.016/2009 falam que o direito líquido e certo não pode estar amparado por *habeas corpus* ou *habeas data*.

Perfeito. Isso significa que o direito violado que enseja o ajuizamento do mandado de segurança não se refere ao direito de liberdade ou ao direito de informação (conhecimento e retificação de dados).

– E o que seria esse direito líquido e certo?

No mandado de segurança você pode pedir a oitiva da autoridade coatora pela produção de prova testemunhal ou pericial, etc.?

– Não, Hamilton.

Por que?

– Porque eu já tenho que juntar toda a documentação na petição inicial do mandado de segurança.

Muito bem, isso é direito líquido e certo.

– Sério?

Sim, o fato alegado pelo impetrante na petição do mandado de segurança deve ser comprovado no ato da interposição da ação, ou seja, direito líquido e certo é direito comprovado de plano. Se depender de comprovação posterior não é líquido, nem certo, para fins de segurança.

Essa prova pré-constituída deve ao menos ter a assinatura da autoridade coatora, sob pena de não ser aceito o mandado de segurança. Nesse sentido:

> Mandado de segurança. Documentos digitalizados. E-DOC. Dispensa de autenticação. Lei n. 11.419/06. Ausência de assinatura e da data no ato impugnado original. Extinção sem resolução de mérito. A presunção de autenticidade de que gozam os documentos digitalizados, juntados por meio de e-DOC (Lei nº 11.419/06), não afasta o defeito presente originariamente no ato impugnado, acostado aos autos sem a assinatura da autoridade coatora e sem a data em que prolatado. Assim, ausente prova documental pré-constituída, conforme exige o mandado de segurança, a SBDI-II, à unanimidade, decidiu conhecer do recurso ordinário e extinguir o processo, sem resolução de mérito, nos moldes dos arts. 267, I, e 295, I, ambos do CPC. Ressalvou entendimento o Ministro Cláudio Mascarenhas Brandão. TST-RO-100-35.2011.5.22.0000, SBDI-II, rel. Min. Emmanoel Pereira, 12.8.2014 – Informativo 86 do TST.

Mas fique atento para um detalhe.

– Qual?

Os documentos juntados com a peça do mandado de segurança, devem estar autenticados ou declarados autênticos pelo próprio advogado, conforme determinado pela Súmula 415 do TST.

> TST, SUM 415 – Exigindo o mandado de segurança prova documental pré-constituída, inaplicável o art. 321 do CPC de 2015

(art. 284 do CPC de 1973) quando verificada, na petição inicial do "mandamus", a ausência de documento indispensável ou de sua autenticação.

– Não sabia que o advogado pode autenticar os documentos. Isso está na Lei?

Sim, veja o que diz o art. 830 da CLT:

> Art. 830. O documento em cópia oferecido para prova poderá ser declarado autêntico pelo próprio advogado, sob sua responsabilidade pessoal.

– Essa declaração de autenticidade pode ser firmada na própria peça do mandado de segurança?

O TST ao julgar o recurso ordinário do processo n. 12126-94.2010.5.15.0000 entendeu que seria um excesso de formalismo e também, violaria o princípio da instrumentalidade das formas se não for aceita a declaração de autenticidade firmada pelo impetrante na petição inicial. Veja:

> Mandado de segurança. Cópias não autenticadas. Declaração de autenticidade firmada na petição inicial não reconhecida pela Corte de origem. Excesso de formalismo. Aplicação do princípio da instrumentalidade das formas. Verifica-se excesso de formalismo quando o TRT despreza a declaração de autenticidade firmada pelo impetrante na petição inicial em razão de conter uma impropriedade ao mencionar que "as peças trasladadas são cópias fiéis do original dos presentes autos" ao invés de se referir às cópias juntadas com a exordial. No caso, aplica-se o princípio da instrumentalidade das formas, podendo-se considerar, portanto, que a declaração de autenticidade abrange todas as peças que instruíram o mandado de segurança, restando atendidas, por analogia, as exigências do art. 830 da CLT. Sob esse fundamento, a SBDI-II, por unanimidade, conheceu do recurso ordinário, e, no mérito, por maioria, deu-lhe provimento para, afastando a extinção do feito sem resolução do mérito, determinar o retorno dos autos ao

> Tribunal Regional de origem, a fim de que julgue o mandado de segurança, como entender de direito. Vencido o Ministro Renato de Lacerda Paiva. TST-RO-12126-94.2010.5.15.0000, SBDI-II, rel. Min. Delaíde Miranda Arantes, 5.12.2017 - Informativo 170 do TST.

Logo, é possível declarar na petição do mandado de segurança a autenticidade dos documentos.

– Hamilton, mesmo no processo eletrônico eu tenho que autenticar as peças para impetrar o mandado de segurança?

Você não precisa autenticar as peças quando se tratar de mandado de segurança impetrado na forma da Lei 11.419/06, ou seja, na forma eletrônica via sistema PJe. Veja o que diz o art. 11 da Lei 11.419/06.

> Art. 11. Os documentos produzidos eletronicamente e juntados aos processos eletrônicos com garantia da origem e de seu signatário, na forma estabelecida nesta Lei, serão considerados originais para todos os efeitos legais.
>
> § 1º – Os extratos digitais e os documentos digitalizados e juntados aos autos pelos órgãos da Justiça e seus auxiliares, pelo Ministério Público e seus auxiliares, pelas procuradorias, pelas autoridades policiais, pelas repartições públicas em geral e por advogados públicos e privados têm a mesma força probante dos originais, ressalvada a alegação motivada e fundamentada de adulteração antes ou durante o processo de digitalização.

Nesse sentido, vem decidindo o TST:

> "RECURSO ORDINÁRIO EM MANDADO DE SEGURANÇA - PROCESSO JUDICIAL ELETRÔNICO - AUTENTICAÇÃO DAS PEÇAS APRESENTADAS - DESNECESSIDADE - ART. 11 DA LEI Nº 11.419/2006. Conforme o determinado no art. 11, caput e § 1º, da Lei nº 11.419/2006, que dispõe sobre a informatização do processo judicial, os documentos produzidos eletronicamente e juntados aos processos eletrônicos com garantia da origem e de seu signatário serão considerados originais para

todos os efeitos legais. Dessa forma, tratando-se, in casu, de mandado de segurança impetrado como processo judicial eletrônico, é dispensável a autenticação dos documentos apresentados com a inicial ou a declaração de sua autenticidade. Precedente desta Subseção. Recurso ordinário conhecido e provido" (RO-5359-35.2013.5.15.0000, Subseção II Especializada em Dissídios Individuais, Relator Ministro Luiz Philippe Vieira de Mello Filho, DEJT 31/03/2015).

RECURSO ORDINÁRIO EM MANDADO DE SEGURANÇA. PRESSUPOSTOS. REGULARIDADE DE REPRESENTAÇÃO. INSTRUMENTO DE PROCURAÇÃO COM PODERES GERAIS PARA O FORO. PROCESSO JUDICIAL ELETRÔNICO. DESNECESSÁRIA AUTENTICAÇÃO DAS PEÇAS APRESENTADAS. 1. Na forma da Orientação Jurisprudencial 151 da SBDI-1 do TST, -a procuração outorgada com poderes específicos para ajuizamento de reclamação trabalhista não autoriza a propositura de ação rescisória e mandado de segurança, bem como não se admite sua regularização quando verificado o defeito de representação processual na fase recursal, nos termos da Súmula nº 383, item II, do TST-. O citado verbete não prevê a necessidade de apresentação de procuração com poderes específicos para a propositura da ação mandamental. Assim, à evidencia de que o instrumento de procuração colacionado outorga poderes gerais para o foro, sem os limitar ao ajuizamento da reclamação trabalhista, não há como se afastar a regularidade da representação processual. 2. Por outro lado, a Lei nº 11.419/06, ao dispor sobre a informatização do processo judicial, prevê, em seu art. 11, que -os documentos produzidos eletronicamente e juntados aos processos eletrônicos com garantia da origem e de seu signatário, na forma estabelecida nesta Lei, serão considerados originais para todos os efeitos legais-. O mesmo entendimento também encontra destaque no art. 25 da Instrução Normativa nº 30 do Tribunal Superior do Trabalho. Nessa esteira, tratando-se de processo judicial eletrônico, mostra-se desnecessária a emissão de declaração a fim de comprovar a autenticidade dos documentos apresentados com a petição inicial. 3. Assim, afastados os óbices impostos pela Corte de origem, que extinguiu o processo sem resolução de mérito, merece processamento o mandado de segurança. Recurso ordinário conhecido e provido. (RO-11104-29.2013.5.03.0000, Relator Ministro Alberto Luiz Bresciani de Fontan Pereira, Subseção II Especializada em Dissídios Individuais, DEJT de 19/12/2014)

– Perfeito, Professor.

Então vamos seguindo.

3.3.6.1.1. Cabimento do mandado de segurança

No Processo do Trabalho, o mandado de segurança é muito utilizado para combater decisões interlocutórias (TST, Sum 414, II), pois o art. 893, §1º da CLT, determina que não cabe recurso de imediato de tais decisões, visto que, vigora o princípio da irrecorribilidade imediata das decisões interlocutórias (art. 893, § 1º, da CLT)

– Mas o que seria decisão interlocutória?

O conceito de decisão interlocutória, está previsto no art. 203, §2º do CPC, que diz que *"decisão interlocutória é todo pronunciamento judicial de natureza decisória que não se enquadre no § 1º"*. O parágrafo primeiro, conceitua sentença como sendo um "*pronunciamento por meio do qual o juiz, com fundamento nos arts. 485 e 487, põe fim à fase cognitiva do procedimento comum, bem como extingue a execução.*"

Agora me responda, se o juiz decide no processo, contudo ainda não findou a fase cognitiva do procedimento comum, que decisão é essa?

– Interlocutória?

Isso. Decisão interlocutória é o ato pelo qual o juiz, no curso do processo, resolve questão incidente, ou seja, decisão com conteúdo decisório antes da sentença.

– Então quando o juiz agir ilegalmente (violar a lei) ou com abuso de poder em decisão interlocutória, eu posso utilizar o mandado de segurança, Hamilton?

Isso mesmo. Veja alguns exemplos práticos de cabimento de mandado de segurança:

(1) De exigência de depósito prévio de honorários periciais.

> TST, OJ 98 SDI-2 – É ilegal a exigência de depósito prévio para custeio dos honorários periciais, dada a incompatibilidade com o processo do trabalho, sendo cabível o mandado de segurança visando à realização da perícia, independentemente do depósito.

– Não é possível exigir a antecipação dos honorários periciais, Hamilton?

Não, veja o que diz o caput do art. 790-B da CLT:

> Art. 790-B. A responsabilidade pelo pagamento dos honorários periciais é da parte sucumbente na pretensão objeto da perícia, ainda que beneficiária da justiça gratuita.

– Já.

Percebeu que quem paga é a parte que perdeu a perícia?

– Sim, Hamilton! Então o juiz só vai saber quem perdeu o objeto da perícia após a realização da mesma, logo ele não pode exigir de forma antecipada.

Isso mesmo. Ainda, a reforma trabalhista do ano de 2017 (Lei 13.467/17) acrescentou o § 3º ao art. 790-B da CLT, proibindo agora, expressamente a exigência dos honorários de forma antecipada. Veja:

> § 3º – O juízo NÃO PODERÁ EXIGIR adiantamento de valores para realização de perícias.

– Perfeito.

Então me diga, por que cabe o mandado de segurança nesses casos?

– Cabe mandado de segurança porque a decisão interlocutória viola o art. 790-B caput e seu § 3º.

É isso aí. Vamos ao próximo exemplo.

(2) De decisão liminar determinando a reintegração de empregado sem estabilidade antes da sentença.

– Hamilton?

Diga.

– Como assim cabe mandado de segurança de liminar que determina reintegração de um empregado sem estabilidade?

Me responda o seguinte. Todo sindicalista possui estabilidade do art. 8º, VIII da CF[9]?

– Não. Cito como exemplo o delegado sindical (TST, OJ 369 da SDI-1) e ainda o membro do conselho fiscal do sindicato (TST, OJ 365 da SDI-1).

Perfeito. Agora, imagina seguinte situação hipotética:

Um empregado que é membro do conselho fiscal foi demitido sem justa causa do emprego. Ele procura um advogado para solicitar sua imediata reintegração. O advogado apresenta uma ação trabalhista com pedido de liminar (Art. 659, X da CLT). O juiz ao analisar o pedido, entende que o empregado merece ser reintegrado

9. CF, Art. 8º, VIII – é vedada a dispensa do empregado sindicalizado a partir do registro da candidatura a cargo de direção ou representação sindical e, se eleito, ainda que suplente, até um ano após o final do mandato, salvo se cometer falta grave nos termos da lei.

imediatamente e defere a liminar, determinando multa diária de 10 mil reais ao empregador caso este não cumpra a decisão de imediato.

E aí, o que você faria?

– Solicitava um UBER para ir buscar o empregado na casa dele e leva-lo ao trabalho, só para não pagar essa multa.

Só isso?

– Entraria também com um mandado de segurança para o TRT para "derrubar" essa liminar do juiz, visto que o empregado não possui essa estabilidade.

Entendeu, agora o por que é necessário o uso do mandado de segurança para afastar a liminar concedida antes da sentença equivocadamente?

– Sim!

(3) De decisão interlocutória que indefere pedido de liminar solicitando a reintegração de empregado com estabilidade.

Veja o que diz o item II do da súmula 414 do TST:

> II – No caso de a tutela provisória haver sido concedida ou indeferida antes da sentença, cabe mandado de segurança, em face da inexistência de recurso próprio.

Perceba que a súmula fala de liminar concedida ou indeferida antes da sentença?

– Percebi.

Então, quando o juiz errar determinando a reintegração liminarmente de quem não tem estabilidade, cabe mandado de segurança, certo?

– Certo, vimos ainda pouco essa situação.

Cabe ainda, mandado de segurança quando o juiz indeferir o pedido de liminar de quem tem direito a reintegrar de mediato. Para ilustrar, imagine a seguinte situação hipotética:

Uma empregada gestante foi demitida sem justa causa. Após a demissão, procura um advogado para apresentar reclamação trabalhista com pedido de liminar, entregando para ele, o seu TRCT – Termo de Rescisão do Contrato de Trabalho, que comprova a dispensa sem justa causa e um exame de gravidez, que comprova que ela já estava grávida no ato de sua demissão. O juiz, ao analisar o pedido de liminar, constata que realmente a empregada está grávida, contudo, indefere o pedido, pois entendeu que o empregador não agiu de má-fé na demissão, visto que, ele não conhecia o estado gravídico da empregada.

Agora pergunto, o juiz agiu certo?

– Não sei, acho que sim, porque o juiz mesmo falou que empregador não agiu com má-fé.

Veja o que diz o item I da Súmula 244 do TST:

> I – O desconhecimento do estado gravídico pelo empregador não afasta o direito ao pagamento da indenização decorrente da estabilidade (art. 10, II, "b" do ADCT).

Ainda sobre o tema o STF em repercussão geral, que:

> A incidência da estabilidade prevista no art. 10, II, do Ato das Disposições Constitucionais Transitórias (ADCT) somente exige a anterioridade da gravidez à dispensa sem justa causa. STF. Plenário. RE 629053/SP, Rel. Min. Marco Aurélio, red. p/ ac. Min. Alexandre de Moraes, julgado em 10/10/2018 (repercussão geral) (Info 919)[10].

10. EMENTA: DIREITO À MATERNIDADE. PROTEÇÃO CONSTITUCIONAL CONTRA DISPENSA ARBITRÁRIA DA GESTANTE. EXIGÊNCIA UNICAMENTE DA PRESENÇA DO REQUISITO BIOLÓGICO. GRAVIDEZ PREEXISTENTE À DISPENSA ARBITRÁRIA. MELHORIA DAS CONDIÇÕES DE VIDA AOS HIPOSSUFICIENTES, VISANDO À CONCRETIZAÇÃO DA IGUALDADE SOCIAL. DIREITO À

E aí, mudou de ideia?

– Sim, Hamilton, percebi que o juiz errou, visto que não há necessidade de o empregador ter conhecimento do estado gravídico da empregada, basta que esta comprove que estava grávida no ato da sua dispensa.

E agora, o que você faz para reverter aquela decisão interlocutória de indeferimento da liminar?

– Apresentaria um mandado de segurança para o TRT, para determinar a reintegração de imediato da empregada.

Agora sim!

Deixa eu te mostrar mais alguns exemplos:

(4) De decisão interlocutória que contraria a jurisprudência pacífica, reiterada e notória do TST.

Cabe mandado de segurança para impugnar decisão interlocutória que contraria a jurisprudência pacífica, reiterada e notória do

---

INDENIZAÇÃO. RECURSO EXTRAORDINÁRIO DESPROVIDO. 1. O conjunto dos Direitos sociais foi consagrado constitucionalmente como uma das espécies de direitos fundamentais, se caracterizando como verdadeiras liberdades positivas, de observância obrigatória em um Estado Social de Direito, tendo por finalidade a melhoria das condições de vida aos hipossuficientes, visando à concretização da igualdade social, e são consagrados como fundamentos do Estado democrático, pelo art. 1º, IV, da Constituição Federal. 2. A Constituição Federal proclama importantes direitos em seu artigo 6º, entre eles a proteção à maternidade, que é a ratio para inúmeros outros direitos sociais instrumentais, tais como a licença-gestante e, nos termos do inciso I do artigo 7º, o direito à segurança no emprego, que compreende a proteção da relação de emprego contra despedida arbitrária ou sem justa causa da gestante. 3. A proteção constitucional somente exige a presença do requisito biológico: gravidez preexistente a dispensa arbitrária, independentemente de prévio conhecimento ou comprovação. 4. A proteção contra dispensa arbitrária da gestante caracteriza-se como importante direito social instrumental protetivo tanto da mulher, ao assegurar-lhe o gozo de outros preceitos constitucionais – licença maternidade remunerada, princípio da paternidade responsável –; quanto da criança, permitindo a efetiva e integral proteção ao recém-nascido, possibilitando sua convivência integral com a mãe, nos primeiros meses de vida, de maneira harmônica e segura – econômica e psicologicamente, em face da garantia de estabilidade no emprego –, consagrada com absoluta prioridade, no artigo 227 do texto constitucional, como dever inclusive da sociedade (empregador). 5. Recurso Extraordinário a que se nega provimento com a fixação da seguinte tese: A incidência da estabilidade prevista no art. 10, inc. II, do ADCT, somente exige a anterioridade da gravidez à dispensa sem justa causa.

TST – Cabe mandado de segurança contra decisão que, embora ostente caráter interlocutório, contraria a jurisprudência pacífica, reiterada e notória do TST. Na espécie, o writ foi impetrado pelo Ministério Público do Trabalho contra acórdão proferido em recurso ordinário pelo TRT da 5ª Região, que anulou de ofício sentença prolatada em ação civil pública e determinou o retorno dos autos à Vara de origem para que fossem chamados à lide os litisconsortes passivos necessários (empregados ocupantes de funções de confiança potencialmente atingidos pelo pedido de declaração de nulidade dos contratos firmados com ente público sem prévia aprovação em concurso público). Ocorre que, conforme entendimento firmado pelo TST, não há litisconsórcio passivo necessário entre a pessoa natural ou jurídica demandada e os sujeitos que possam ser atingidos pelos efeitos da decisão proferida em ação civil pública voltada à defesa de direitos e interesses difusos e coletivos. O litisconsórcio na ação civil pública apenas se viabiliza em relação aos demais legitimados ativos para o debate coletivo (art. 5º, §§ 1º e 5º, da Lei nº 7.347/1985). Processo: RO – 144-28.2011.5.05.0000 Data de Julgamento: 06/11/2018, Relator Ministro: Douglas Alencar Rodrigues, Subseção II Especializada em Dissídios Individuais, Data de Publicação: DEJT 09/11/2018 – Informativo 186 do TST.

(5) De decisão interlocutória abusiva ou teratológicos.

Cabe mandado de segurança contra atos que se afigurem abusivos ou teratológicos – É cabível mandado de segurança contra atos que se afigurem abusivos ou teratológicos, quando a medida processual específica prevista no ordenamento jurídico não seja capaz de fazer cessar, de imediato, o prejuízo que possa ser causado. Na espécie, comprovado que o relatório da Seção de Pesquisa Patrimonial do Núcleo de Centralização de Execução do TRT da 1ª Região não é ato simplesmente opinativo, mas tem aptidão para autorizar a penhora imediata de numerário em conta bancária da impetrante em processos nos quais ela não figura como executada, é evidente a ocorrência de lesão patrimonial cuja reparação não pode aguardar o julgamento de eventuais embargos à execução ou embargos de terceiro. Ademais, o ato extrapolou os limites previstos na Resolução nº 138 do CSJT (que disciplina os Núcleos de Pesquisa Patrimonial no âmbito dos Tribunais

Regionais), além de violar o direito líquido e certo da impetrante ao contraditório e ao devido processo legal. Processo: ReeNec e RO – 884-55.2015.5.01.0000 Data de Julgamento: 12/06/2018, Redator Ministro: Luiz Philippe Vieira de Mello Filho, Subseção II Especializada em Dissídios Individuais, Data de Publicação: DEJT 17/08/2018 – Informativo 180 do TST.

Mandado de segurança. Cabimento. Ação coletiva. Determinação de emenda à petição inicial, sob pena de indeferimento. Ato teratológico. Exigência de requisitos não previstos em lei. Orientação Jurisprudencial nº 92 da SBDI-II. Não incidência. Cabe mandado de segurança contra decisão que nos autos de ação coletiva determinou a emenda da petição inicial, sob pena de indeferimento, para que fossem identificados os setores e os cargos dos substituídos, os locais de trabalho dos substituídos expostos a agentes perigosos, quais recebiam adicional de insalubridade e a que agentes insalubres estavam submetidos. Trata-se de ato de nítido caráter teratológico, que causou prejuízos imediatos ao sindicato impetrante, pois exigidos requisitos não previstos em lei para o ajuizamento da ação coletiva, em flagrante desrespeito ao art. 8º, III, da CF (ampla legitimidade sindical) e aos arts. 95 e 98 do CDC, os quais autorizam a condenação genérica nas ações coletivas, com posterior liquidação individualizada na fase de cumprimento da sentença. Assim, faz-se necessário afastar, de forma excepcional, a aplicação da Orientação Jurisprudencial nº 92 da SBDI-II para permitir o manejo imediato do writ e assegurar ao impetrante o direito ao prosseguimento da ação coletiva na forma como proposta. Sob esse entendimento, a SBDI-II, por unanimidade, conheceu do recurso ordinário e, no mérito, deu-lhes provimento para conceder a segurança, cassar a ordem de emenda à inicial e determinar o prosseguimento do feito. TST-RO-155-18.2018.5.12.0000, SBDI-II, rel. Min. Luiz José Dezena da Silva, 11.6.2019 – Informativo 197 do TST.

Mandado de segurança. Cabimento. Determinação judicial de emenda da petição inicial para juntar planilha contábil. Art. 840, § 1º da CLT. Ato teratológico. Não incidência da Orientação Jurisprudencial nº 92 da SBDI-II. Cabe, excepcionalmente, mandado de segurança para impugnar decisão que determinou a emenda à petição inicial de reclamação trabalhista para que o autor juntasse planilha contábil, sob pena de extinção do processo sem resolução de mérito. Trata-se de decisão teratológica, a afastar a incidência da Orientação Jurisprudencial nº 92 da SBDI-II, pois impõe ônus ilegal ao exercício do direito de ação, visto que a planilha contábil não é documento indispensável à propositura da reclamação, nos termos do art. 840, § 1º, da CLT e dos arts. 319, IV e V; 320; 322, caput, § 2º e 324, todos do CPC de 2015. Ademais, exigir que o reclamante aguardasse a prolação da sentença de extinção do processo, sem julgamento do mérito, para só então se valer da medida processual cabível atenta contra a celeridade da prestação jurisdicional. Sob esses fundamentos, a SBDI-II, por maioria, deu provimento ao recurso ordinário para conceder a segurança e determinar o prosseguimento da reclamação trabalhista em questão, independentemente da juntada da planilha contábil. Vencidos os Ministros Renato de Lacerda Paiva, Luiz José Dezena da Silva e Evandro Valadão. TST-RO-368-24.2018.5.12.0000, SBDI-II, rel. Min. Maria Helena Mallmann, 1º.10.2019 – Informativo 207 do TST.

Mandado de segurança. Cabimento. Relatório da Seção de Pesquisa Patrimonial do Núcleo de Centralização de Execução do TRT da 1ª Região. Ato abusivo. É cabível mandado de segurança contra atos que se afigurem abusivos ou teratológicos, quando a medida processual específica prevista no ordenamento jurídico não seja capaz de fazer cessar, de imediato, o prejuízo que possa ser causado. Na espécie, comprovado que o relatório da Seção de Pesquisa Patrimonial do Núcleo de Centralização de Execução do TRT da 1ª Região não é ato simplesmente opinativo, mas tem aptidão para autorizar a penhora imediata de numerário em conta bancária da impetrante em processos nos quais ela não figura como executada, é evidente a ocorrência de lesão patrimonial cuja reparação não pode aguardar o julgamento de eventuais embargos à execução ou embargos de terceiro. Ademais, o ato extrapolou os limites previstos na Resolução nº 138 do CSJT (que disciplina os Núcleos de Pesquisa Patrimonial no âmbito dos Tribunais Regionais), além de violar o direito líquido e certo da impetrante ao contraditório e ao devido processo legal. Sob esse entendimento, a SBDI-II, por unanimidade, conheceu do recurso ordinário e do reexame necessário, e, no mérito, por maioria negou-lhes provimento para manter a decisão do Tribunal Regional que suspendera as recomendações do relatório impugnado. Vencida a Ministra

Maria Helena Mallmann, relatora, que extinguia o feito sem resolução de mérito, sob o fundamento de que é incabível mandado de segurança contra ato administrativo meramente opinativo. TST-ReeNec e RO-884-55.2015.5.01.0000, SBDI-II, rel. Min. Maria Helena Mallmann, red. p/ acórdão Min. Luiz Philippe Vieira de Mello Filho, 12.6.2018 – Informativo 180 do TST.

(6) De forma excepcional, da decisão interlocutória que acolhe a exceção de incompetência relativa em razão do lugar face a inescusável ilegalidade, com evidentes prejuízos ao empregado de acessar o judiciário, já que está impossibilitado de ir até o local da prestação de serviços e ainda, a empresa possui atuação na cidade em que foi proposta a reclamatória trabalhista.

Mandado de segurança. Excepcional cabimento. Ato coator que acolheu exceção de incompetência territorial e determinou a remessa dos autos a uma das Varas do local da prestação de serviços. Empresa com atuação na cidade em que proposta a reclamatória. Ausência de óbice ao exercício da ampla defesa e do contraditório. Empregado impossibilitado de se locomover até o local da prestação de serviços. Ordem concedida para manter o foro do domicílio do reclamante. A decisão de acolhimento de exceção de incompetência territorial, com determinação de remessa do feito a Vara do Trabalho integrante da jurisdição do mesmo TRT a que vinculado o Juízo excepcionado, detém natureza jurídica interlocutória e não enseja a interposição de recurso imediato. Todavia, ante a aptidão para gerar danos manifestos, admite-se, de forma excepcional, o ajuizamento de mandado de segurança, afastando-se a incidência da Orientação Jurisprudencial nº 92 da SBDI-II. De outra sorte, na hipótese em que a empresa reclamada atua em local situado na mesma região geográfica da residência do empregado, é possível o ajuizamento da ação no foro do domicílio do reclamante, e não no local da contratação e prestação de serviços, pois não há óbice ao exercício da ampla defesa e do contraditório. No caso concreto, o reclamante prestou serviços na cidade de Valença/BA, mas ajuizou a reclamatória em Salvador/BA, local de seu domicílio. Tal circunstância não causou qualquer prejuízo à reclamada, pois se trata de empresa baiana, sediada em Salvador/BA, com filiais em outras cidades do Estado e em outras

> unidades da federação. Ademais, o empregado, por meio de relatório médico, comprovou sua impossibilidade de deslocamento até o município em que os serviços foram prestados, o que reforça a desnecessidade de retificação do foro eleito, sob pena de ofensa ao art. 5º, XXXV, da CF. Sob esses fundamentos, a SBDI-II, por unanimidade, conheceu do recurso ordinário e, no mérito, deu-lhe provimento para, concedendo a segurança pleiteada, cassar a decisão que acolhera a exceção de incompetência territorial para ordenar a remessa dos autos a uma das Varas do Trabalho de Valença/BA, e determinar o prosseguimento do feito perante o Juízo da 21ª Vara do Trabalho de Salvador/BA, domicílio do reclamante. TST-RO-679-10.2018.5.05.0000, SBDI-II, rel. Min. Douglas Alencar Rodrigues, 24.9.2019 – Informativo 206 do TST.

– Como assim excepcional, Hamilton?

Veja o item "c" da Súmula 214 do TST:

> TST, SUM 214 – Na Justiça do Trabalho, nos termos do art. 893, § 1º, da CLT, as decisões interlocutórias não ensejam recurso imediato, SALVO NAS HIPÓTESES DE DECISÃO:
>
> [...]
>
> c) que ACOLHE EXCEÇÃO DE INCOMPETÊNCIA TERRITORIAL, com a remessa dos autos para Tribunal Regional distinto daquele a que se vincula o juízo excepcionado, consoante o disposto no art. 799, § 2º, da CLT.

– Saquei, então dessa decisão que acolhe a exceção de incompetência territorial cabe recurso?

Sim, cabe recurso ordinário na forma do art. 895, I da CLT.

– Mas por que o TST entendeu que cabe mandado de segurança de forma excepcional?

Leia o que foi dito pelo TST ao julgar o referido processo:

[...]

Com o objetivo de assegurar o exercício efetivo do direito fundamental de acesso à Justiça (artigo 5º, XXXV, da CF), com respostas em tempo razoável, incluída a atividade satisfativa (CF, artigo 5º, LXXVIII), o sistema processual brasileiro vem recebendo alterações significativas nas últimas décadas, com especial destaque para o CPC de 2015.

No sistema processual em vigor, deve o juiz interpretar as novas regras conforme os valores e as normas fundamentais estabelecidos na CF (artigo 1º), atendendo aos fins sociais e às exigências do bem comum, resguardando e promovendo a dignidade da pessoa humana e observando a proporcionalidade, a razoabilidade, a legalidade, a publicidade e a eficiência (artigo 8º do CPC).

A jurisprudência desta Corte, atenta às normas sediadas no artigo 893, § 1º, da CLT e no artigo 5º, II, da Lei 12.016/2009, consagrou a tese do não cabimento do mandado de segurança contra decisões interlocutórias que, não detendo aptidão para gerar danos imediatos irreparáveis ou de difícil reparação, poderiam ser reexaminadas e, eventualmente, retificadas posteriormente, com a interposição do recurso cabível contra a decisão definitiva (OJ 92 da SBDI-2).

No entanto, também atenta a valores de ordem lógico-sistêmica, esta Corte consagrou situações de exceção à regra da irrecorribilidade imediata, inscritas na Súmula 214 do TST, às quais foi adicionada recentemente uma nova situação (artigo 6º da IN 39/TST), envolvendo decisão proferida em Incidente de Desconsideração de Personalidade Jurídica – IDPJ (atual artigo 855-A, § 1º, da CLT).

Mas a necessidade de compatibilização da garantia de amplo acesso à Justiça (CF, artigo 5º, XXXV) e da regra da irrecorribilidade imediata das interlocutórias (CLT, artigo 893, § 1º) acabou impondo a admissão excepcional do mandado de segurança contra decisões interlocutórias insuscetíveis de recurso imediato, mas que assumem, em tese, aptidão para gerar danos manifestos, na linha prescrita na Súmula 414 do TST.

Assim, em situações absolutamente excepcionais, caracterizadas por inescusável ilegalidade, com evidentes prejuízos, o mandado de segurança tem sido admitido contra decisões de natureza interlocutória, afastando-se a incidência da OJ 92 desta SBDI-II do TST.

Essa linha de exceção, adotada com cautela por esta Subseção, tem se prestado à correção de desvios manifestos na compreensão e aplicação das normas jurídicas, com graves prejuízos ao próprio Poder Judiciário, apenas convocado a examinar, pelas vias ordinárias de impugnação e de forma diferida no tempo, situações inusitadas e antijurídicas que consolidam efeitos lesivos aos cidadãos, em nítida afronta aos escopos maiores da jurisdição.

Ainda que passíveis de correção futura pelas vias ordinárias de impugnação, as decisões interlocutórias com conteúdo manifestamente ilegal não devem subsistir, pois, além de gerar insegurança aos jurisdicionados, obrigam a parte sucumbente a interpor recursos sucessivos que apenas consomem tempo das partes e do próprio Estado. Nesses casos excepcionais, o mandado de segurança deve ser admitido, recompondo-se a eficácia das regras jurídicas afrontadas pela decisão judicial censurada.

[...]

– Já, Professor.

Percebeu nas razões acima que esse mandado de segurança foi uma exceção?

– Sim.

Por qual motivo?

– Para privilegiar o acesso de imediato ao judiciário.

Certo. Vamos seguindo.

(7) Da decisão que não recebe o recurso protocolizado via e-doc.

Mandado de segurança. Cabimento. Não recebimento de recurso via e-DOC porque não enviados os originais posteriormente. Ato nº 52/2016 do TRT da 1ª Região. Ausência de certificação nos autos. Impossibilidade de recorrer. Desnecessidade de envio de petição por meio físico. Cabe mandado de segurança para impugnar a decisão que além de manter o não recebimento do agravo de instrumento em recurso de revista interposto pela impetrante/reclamada via e-DOC, ante o descumprimento do Ato nº 52/2016 do TRT da 1ª Região, não certificou nos autos a não juntada do apelo, impedindo a parte de recorrer. O referido ato dispunha acerca da adoção de medidas visando à redução de despesas com o sistema e-DOC, dentre as quais estava a determinação de envio da petição por meio físico, sob pena de preclusão, em afronta à lei que dispensa a juntada posterior dos originais no caso de interposição de recurso por e-DOC. Sob esses fundamentos, a SBDI-II, por maioria, deu provimento ao recurso ordinário para conceder a segurança e determinar a imediata juntada do agravo de instrumento em recurso de revista da impetrante e a certificação da tempestividade da contraminuta apresentada. Vencida a Ministra Delaíde Miranda Arantes, relatora. TST-RO-102397-95.2017.5.01.0000, SBDI-II, rel. Delaíde Miranda Arantes, red. p/ acórdão Min. Alexandre de Souza Agra Belmonte, 14.5.2019 – Informativo 195 do TST.

(8) De decisão interlocutória que determina o redirecionamento da execução ao sócio da executada sem observar o incidente de desconsideração da personalidade jurídica.

Cabe mandado de segurança para impugnar decisão interlocutória que redireciona a execução contra sócio sem observar o incidente de desconsideração da personalidade jurídica – O art. 6º da IN nº 39/2016 do TST e o art. 855-A da CLT (incluído pela Lei nº 13.467/2017) estabelecem a aplicação do incidente de desconsideração da personalidade jurídica (arts. 133 a 137 do CPC de 2015) ao Processo do Trabalho. Assim, se na vigência do CPC de 2015 a execução provisória é redirecionada contra a representante legal da pessoa jurídica sem a observância do referido incidente, cabe mandado de segurança para discutir a extensão dos efeitos da obrigação contida no título executivo aos bens particulares da administradora da empresa. Processo: RO – 406-27.2017.5.10.0000 Data de Julgamento: 06/11/2018, Relator Ministro: Douglas Alencar Rodrigues, Subseção II Especializada em Dissídios Individuais, Data de Publicação: DEJT 09/11/2018 – Informativo 186 do TST.

(9) De decisão interlocutória ao mesmo tempo determina a citação do executado e o bloqueio de valores via Bacen-Jud.

Cabe mandado de segurança para atacar decisão que ao mesmo tempo determina a citação do executado e o bloqueio de valores via Bacen-Jud – Ofende direito líquido e certo do devedor a decisão judicial que determina a citação para pagamento ou garantia da execução em 48 horas e, ao mesmo tempo, ordena o imediato bloqueio de valores via Bacen-Jud, com base no poder geral de cautela previsto no art. 927 do CPC de 2015. No caso, houve cumulação de ordens judiciais incompatíveis, pois o bloqueio suprimiu da parte a possibilidade de indicação de bens à penhora em 48 horas, sem qualquer lastro fático que autorizasse o procedimento adotado pelo Juízo coator. Processo: RO – 11374-14.2017.5.03.0000 Data de Julgamento: 27/11/2018, Redator Ministro: Douglas Alencar Rodrigues, Subseção II Especializada em Dissídios Individuais, Data de Publicação: DEJT 19/12/2018 – Informativo 188 do TST.

(10) De decisão interlocutória que determina o bloqueio de contas e aplicações financeiras do cônjuge do executado, quando inexistente o proveito econômico do casal advindo da atividade exercida pelo sócio da executada.

Mandado de segurança. Execução. Bloqueio de conta-salário, conta poupança e aplicações financeiras do cônjuge do executado. Ilegalidade. Ausência de proveito comum do casal advindo da atividade exercida pelo sócio da cooperativa executada. Demonstração da incomunicabilidade de valores oriundos de salário. A SBDI-II, por unanimidade, conheceu do recurso ordinário e, no mérito, deu-lhe provimento para conceder a segurança, a fim de liberar integralmente a penhora que recaiu sobre a conta-salário, a conta poupança e aplicações financeiras da impetrante, esposa de sócio-presidente de cooperativa, cujo patrimônio pessoal fora atingido após a desconsideração da personalidade jurídica da entidade. No caso, ante a insuficiência de bens do sócio, o ato coator determinou a constrição do patrimônio da esposa do executado com base na suposição de que a atividade exercida pelo presidente da cooperativa reverteu em proveito comum para o casal. Todavia, restou configurada a absoluta ilegalidade da apreensão levada a efeito pelo Juízo condutor da execução, visto que a prova documental pré-constituída pela impetrante demonstrou que os valores constritos eram incomunicáveis, pois oriundos dos salários por ela recebidos. TST-RO-80085-43.2017.5.22.0000, SBDI-II, rel. Min. Delaíde Miranda Arantes, 26.3.2019 - Informativo 193 do TST.

(11) De decisão interlocutória que rejeita remição de dívida mesmo havendo pagamento em momento anterior à lavratura de arrematação.

Mandado de segurança. Cabimento. Ato coator que rejeita remição de dívida mesmo havendo pagamento em momento anterior à lavratura do auto de arrematação. Interpretação sistemática dos arts. 304 e 305 do CC e 903 do CPC de 2015. Direito líquido e certo à remição. Configuração. Orientação Jurisprudencial nº 92 da SBDI-II. Não incidência. Cabe mandado de segurança para impugnar decisão que indeferiu o pedido de remição de dívida formulado por terceiro juridicamente interessado. A interpretação sistemática dos arts. 304 e 305 do CC e 826 e 903 do CPC de 2015, que disciplinam a remição de dívida, evidencia que qualquer pessoa pode pagá-la, seja ela juridicamente interessada ou não, desde que efetue o pagamento ou a consignação antes da lavratura do auto de arrematação pelo magistrado. Na espécie, o indeferimento do pedido de remição ocorreu porque o Juízo da execução entendeu que a impetrante seria parte ilegítima para remir a dívida, tendo em vista a improcedência dos embargos de terceiros pela ausência de comprovação da propriedade do bem arrematado. Todavia, revelou-se evidente a condição de terceiro interessado da impetrante por ser a legitima possuidora do imóvel há mais de dezesseis anos, nele desenvolvendo diversas atividades comerciais. Ademais, a discussão em torno da propriedade do bem e da legitimidade no feito não alcança a remição de dívida, para a qual não se exige nenhuma outra condição além do pagamento antes da assinatura do auto de arrematação, hipótese dos autos. Assim, a certeza e a liquidez do direito da impetrante à quitação da dívida e a iminente possibilidade de perda da posse do imóvel, resultando em incontestável prejuízo à atividade econômica nele desenvolvida, autorizam o ajuizamento do mandado de segurança sem o exaurimento das vias processuais próprias. Sob esses fundamentos, e afastando a incidência da Orientação Jurisprudencial nº 92 da SBDI-II ao caso, a SBDI-II, por unanimidade, conheceu do recurso ordinário e, no mérito, por maioria, negou-lhe provimento para manter a decisão do Tribunal Regional que concedera a segurança para suspender os efeitos da decisão que indeferiu a remição da dívida trabalhista e reconhecer a empresa impetrante como terceira legitimamente interessada. Vencido o Ministro Renato de Lacerda Paiva. TST-RO-24089-40.2016.5.24.0000, SBDI-II, rel. Min. Alexandre de Souza Agra Belmonte, 9.4.2019 – Informativo 194 do TST.

(12) De decisão interlocutória que rejeita a exceção de pré-executividade em execução iniciada sem juntada do título executivo e sem prévio debate sobre os cálculos de liquidação.

Mandado de segurança. Cabimento. Inaplicabilidade da Orientação Jurisprudencial nº 92 da SBDI-II. Rejeição da exceção de pré-executividade. Ação autônoma de cumprimento de sentença condenatória proferida em ação civil pública. Ausência do título executivo judicial e de prévio debate sobre os cálculos de liquidação. Bloqueio de contas bancárias. Cabe mandado de segurança contra decisão que rejeita exceção de pré-executividade proposta em face de ação executiva autônoma, relativa ao cumprimento de sentença proferida em ação civil pública, iniciada sem a juntada do provimento condenatório expedido no processo principal e sem o cumprimento do disposto no art. 879, § 2º, da CLT, que impõe ao Juízo que preside a execução o dever de permitir que as partes impugnem itens e valores na conta de liquidação. Na espécie, concluiu-se não ser aplicável o entendimento consubstanciado na Orientação Jurisprudencial nº 92 da SBDI-II, pois à luz dos princípios do devido processo legal, do contraditório e da ampla defesa, não é razoável que a parte que nega o descumprimento das obrigações contidas no título executivo judicial e impugna a imposição das sanções nele previstas tenha que primeiro suportar a apreensão de seu patrimônio (bloqueio de contas bancárias) para depois ter a possibilidade de discutir a licitude da execução e o acerto da conta confeccionada pela parte exequente. Sob esse fundamento, a SBDI-II, por unanimidade, conheceu e deu provimento ao recurso ordinário para afirmar o cabimento do writ e determinar que o TRT de origem prossiga no processamento e julgamento, com notificação da autoridade tida como coatora e do litisconsorte passivo, deferindo a liminar postulada para suspender a execução em curso na ação de cumprimento originária até o trânsito em julgado do mandado de segurança, com a imediata devolução dos valores já apreendidos à impetrante. TST-RO-515-18.2018.5.06.0000, SBDI-II, rel. Min. Douglas Alencar Rodrigues, 5.11.2019 – Informativo 211 do TST.

(13) De decisão que indefere liberação dos honorários advocatícios ao advogado em execução mesmo enquanto não individualizado e quantificado o crédito de cada um dos substituídos.

Mandado de segurança. Decisão que indefere liberação dos honorários advocatícios enquanto não individualizado e quitado o crédito de cada um dos substituídos. Direito líquido e certo do advogado. Fere direito líquido e certo da advogada do sindicato a decisão proferida em sede de execução definitiva que indeferiu o pedido de expedição de guia para liberação dos honorários advocatícios enquanto não individualizado e quitado o crédito de cada um dos 2.200 substituídos. Entendeu o redator que os referidos honorários, por possuírem natureza alimentar, são parcelas autônomas que não precisam aguardar o pagamento de todos os substituídos para serem liberados. Com esse entendimento, a SBDI-II, por maioria, conheceu do recurso ordinário e, no mérito, deu-lhe provimento para conceder a segurança. Vencida a Juíza Convocada Maria Doralice Novaes, relatora, e a Ministra Maria Cristina Peduzzi. TST-RO-575-85.2010.5.09.0000, SBDI-II, rel. Juíza Convocada Maria Doralice Novaes, red. p/ acórdão Min. Luiz Philippe Vieira de Mello Filho, 29.5.2012 – Informativo 11 do TST.

(14) De decisão que determina bloqueio via sistema BacenJud de instituição financeira que não é parte do processo por descumprimento de ordem judicial de bloqueio de valores da empresa executada.

Mandado de segurança. Cabimento. Ordem de bloqueio. Sistema BacenJud. Descumprimento. Responsabilização solidária da instituição bancária. É cabível mandado de segurança na hipótese em que há a responsabilização solidária da instituição bancária por suposto descumprimento de ordem de bloqueio, via Bacen-Jud, expedida em reclamação trabalhista da qual não é parte. Nessa hipótese, não prevalece o óbice da Orientação Jurisprudencial nº 92 da SBDI-II, porquanto o ato tido por abusivo e ilegal não poderia ser atacado por embargos de terceiro, visto não se enquadrar no disposto no art. 1.046 do CPC, nem por agravo de petição, uma vez que o banco impetrante não é parte na reclamação trabalhista. Com esse entendimento, a SBDI-II, por unanimidade, conheceu do recurso ordinário e, no mérito, deu-lhe provimento para determinar o retorno dos autos ao TRT da 6ª Região, para que prossiga no julgamento do writ como entender de direito. TST-RO-2575-42.2010.5.06.0000, SBDI-II, rel. Min. Emmanoel Pereira, 21.8.2012 – Informativo 19 do TST.

(15) De decisão que deixa de analisar a existência ou não dos requisitos da tutela provisória de urgência de natureza antecipada.

Mandado de segurança. Pedido de antecipação de tutela. Reintegração com base em estabilidade acidentária. Indeferimento sem o exame da existência ou não dos requisitos previstos no art. 273 do CPC. (art. 294 e seguintes no CPC/2015). Violação de direito líquido e certo. Não incidência da Súmula nº 418 do TST. O ato judicial que indefere antecipação de tutela para reintegração de empregado, requerida com base em estabilidade acidentária, sem examinar os requisitos previstos no art. 273 do CPC, mas ao fundamento de que não se aplica o instituto da tutela antecipada nas causas que envolvam doença ocupacional, por ser indispensável a realização de perícia médica, viola direito líquido e certo tutelável pela via de mandado de segurança, justificando-se a não incidência, nessa hipótese, da Súmula nº 418 do TST. No caso concreto, o Juízo de primeiro grau assentou que qualquer reclamação trabalhista envolvendo alegação de doença ocupacional demanda perícia médica e que, por isso, a análise de pedido de tutela antecipada só poderia ocorrer após a instrução. Assim, deixou de verificar se havia ou não a verossimilhança da alegação da reclamante acerca da existência de doença ocupacional, e se, de fato, houve concessão do auxílio-doença acidentário e se ele estava em curso no momento da cessação das atividades laborais, violando, portanto, o direito do impetrante de ter o pedido de antecipação de tutela deferido ou indeferido a partir da análise das provas apresentadas na reclamação trabalhista. Nesse contexto, a SBDI-II, à unanimidade, conheceu do recurso ordinário do litisconsorte passivo, e, no mérito, deu-lhe provimento parcial para conceder parcialmente a segurança, a fim de determinar à autoridade coatora que examine as provas até então produzidas na reclamação trabalhista e se pronuncie sobre a concessão ou não da tutela antecipada, fundamentando ostensivamente os fatos e as razões de direito que embasam seu livre convencimento motivado acerca da demonstração, ou não, pela reclamante, da verossimilhança da alegação. TST-RO-779-09.2011.5.05.0000, SBDI-II, rel. Min. Emmanoel Pereira, 18.3.2014 – Informativo 76 do TST.

(16) De decisão que determina suspensão do processo trabalhista em prazo superior ao do § 5º art. 313 do CPC/2015, o seja, superior a 1 ano, para aguardar decisão proferida em outro processo.

Mandado de segurança. Ato coator que determinou o sobrestamento da reclamação trabalhista originária. Prazo legal extrapolado. A suspensão de reclamação trabalhista para além do prazo de um ano previsto no artigo 265, § 5º, do Código de Processo Civil (hoje, art. 313 do CPC/2015) fere direito líquido e certo da parte de ver entregue a prestação jurisdicional. Manutenção de suspensão de reclamação trabalhista que ultrapassa o prazo de um ano, para aguardar decisão a ser proferida em outro processo (art. 265, § 5º, do Código de Processo Civil) fere direito líquido e certo da parte de ver entregue a prestação jurisdicional pleiteada. No caso concreto, o ato impugnado determinou a suspensão da reclamação trabalhista originária até o trânsito em julgado de reclamação trabalhista que guardaria nexo de dependência. Porém, já ultrapassado o prazo de um ano sem que tivesse ocorrido o trânsito em julgado da ação. Sob esses fundamentos, a SBDI-II, por maioria, rejeitou as preliminares arguidas em contrarrazões, conheceu do recurso ordinário e, no mérito, deu-lhe provimento para conceder a segurança, a fim de determinar o regular prosseguimento da reclamação trabalhista originária, em trâmite perante a 10.ª Vara do Trabalho de Vitória/ES. Vencido o Ministro Douglas Alencar Rodrigues. TST- RO-185-54.2014.5.17.0000, SBDI-II, rel. Min. Delaíde Miranda Arantes, 1.9.2015 – Informativo 116 do TST.

(17) De decisão do juiz que determina a liberação de honorários advocatícios contratuais deduzidos do precatório expedido em favor dos substituídos, sem que haja autorização destes substituídos, visto que é necessária autorização expressa deles.

Mandado de segurança. Ato coator que determina a dedução de honorários advocatícios do precatório expedido em favor dos substituídos. Violação de direito líquido e certo. Contrato firmado exclusivamente entre sindicato e advogado. Ausência de autorização expressa. Viola direito líquido e certo o ato coator que determina a liberação de honorários advocatícios contratuais deduzidos do precatório expedido em favor dos substituídos, sem que haja autorização destes. Apesar de a legitimação do sindicato para a defesa de interesses da categoria ser ampla, a retenção de honorários contratuais incidentes sobre o montante da condenação só é permitida se o contrato de honorários for celebrado com cada um dos substituídos (art. 22, § 4º da Lei nº 8.906/94) ou se houver autorização expressa de cada um deles. Desse modo, a pactuação exclusiva entre sindicato e advogado não vincula os substituídos, visto não haver relação jurídica contratual. Sob esse fundamento, a SBDI-II, por unanimidade, conheceu do recurso ordinário e, por maioria, deu-lhe provimento para conceder o mandado de segurança e cassar a decisão que determinara a dedução dos honorários advocatícios contratuais dos créditos dos substituídos, além de determinar a suspensão de qualquer ato que implique a liberação de valores atinentes a honorários advocatícios contratuais sem a expressa autorização de todos os substituídos na ação principal. Vencidos os Ministros Delaíde Miranda Arantes, Maria Helena Mallmann e Emmanoel Pereira. TST-RO-373-20.2011.5.11.0000, SBDI-II, rel. Min Luiz Philippe Vieira de Mello Filho, 23.2.2016 – Informativo 116 do TST.

(18) De decisão que indefere a remessa de valores depositados a título de depósito recursal ao juízo universal da falência, quando esses depósitos foram feitos antes do deferimento do processo de recuperação judicial.

Mandado de Segurança. Empresa em recuperação judicial. Depósito recursal anterior ao processamento da recuperação judicial. Integração ao Juízo universal da falência. Embora o depósito recursal fique à disposição do Juízo trabalhista, ele não integra o patrimônio do reclamante, ainda que realizado antes do processamento da recuperação judicial ou da decretação da falência da empresa, de modo que todos os atos de execução referentes às reclamações trabalhistas movidas contra a recuperanda são de competência do Juízo universal, consoante jurisprudência reiterada do STJ. Sob esse fundamento, a SBDI-II, por maioria, vencidos os Ministros Maria Helena Mallmann, relatora, Emmanoel Pereira e Delaíde Miranda Arantes, deu provimento ao recurso ordinário interposto pela empresa para denegar a segurança pretendida. TST-RO-348-74.2016.5.13.0000, SBDI-II, rel. Min. Maria Helena Mallmann, red. p/ acórdão Min. Renato de Lacerda Paiva, 15.5.2018. (*Cf., em sentido contrário, Informativo TST nº 177) - Informativo 178 do TST.

"AGRAVO DE INSTRUMENTO. LEI 13.467/2017. EXECUÇÃO. LIBERAÇÃO DE DEPÓSITO RECURSAL REALIZADO ANTERIORMENTE À DECRETAÇÃO DA RECUPERAÇÃO JUDICIAL. TRANSCENDÊNCIA. O processamento do recurso de revista na vigência da Lei 13.467/2017 exige que a causa ofereça transcendência com relação aos reflexos gerais de natureza econômica, política, social ou jurídica, a qual deve ser analisada de ofício e previamente pelo Relator (artigos 896-A, da CLT, 246 e 247 do RITST). O art. 896-A, § 1º, II, da CLT prevê como indicação de transcendência política, entre outros, "o desrespeito da instância recorrida à jurisprudência sumulada do Tribunal Superior do Trabalho ou do Supremo Tribunal Federal". Como o dispositivo não é taxativo, deve ser reconhecida a transcendência política quando há desrespeito à jurisprudência reiterada do Tribunal Superior do Trabalho ou do Supremo Tribunal Federal, ainda que o entendimento não tenha sido objeto de súmula. A causa oferece transcendência política, uma vez que o eg. Tribunal Regional, ao suspender o envio dos depósitos recursais ao Juízo da Recuperação Judicial, e liberar em favor da reclamante os referidos valores por meio de alvará judicial, respeitando o limite de seu crédito, pois, anteriores ao deferimento da recuperação judicial, decidiu em contrariedade a jurisprudência do c. TST , no sentido de que todos os atos de execução referentes às reclamações trabalhistas cuja executada tenha a recuperação judicial declarada somente podem ser executados perante o Juízo Universal, ainda que o depósito constrição tenha ocorrido em momento anterior à mencionada declaração. Contudo, não demonstrada nenhuma das hipóteses do art. 896, §2º, da CLT, não há como reformar o r. despacho agravado. Agravo de Instrumento de que se conhece e a que se nega provimento" (AIRR-754-09.2016.5.08.0009, 6ª Turma, Relatora Desembargadora Convocada Cilene Ferreira Amaro Santos, DEJT 21/06/2019).

RECURSO ORDINÁRIO EM MANDADO DE SEGURANÇA. DEPÓSITO RECURSAL. RECUPERAÇÃO JUDICIAL DECLARADA POSTERIORMENTE. EXECUÇÃO PROCESSADA NO JUÍZO DA RECUPERAÇÃO JUDICIAL. IMPOSSIBILIDADE DE LIBERAÇÃO DE VALORES DEPOSITADOS ANTERIORMENTE NO ÂMBITO DA JUSTIÇA DO TRABALHO. Declarada a recuperação judicial da reclamada, a competência da Justiça do Trabalho fica adstrita à formação do título executivo até momento da liquidação. Nos termos da jurisprudência da SBDI-2 desta Corte, à Consolidação dos Provimentos da CGJT, e aos precedentes do STJ e STF, firmou-se o entendimento de que todos os atos de execução referentes às reclamações trabalhistas cuja executada tenha a recuperação judicial declarada somente podem ser executados perante o Juízo Universal, ainda que o depósito/constrição tenha ocorrido em momento anterior à mencionada declaração, sendo do Juízo Universal a competência para a prática de quaisquer atos de execução referentes a reclamações trabalhistas movidas contra a Empresa Recuperanda. Processo: (RO – 348-74.2016.5.13.0000, Redator Ministro: Renato de Lacerda Paiva, Subseção II Especializada em Dissídios Individuais, DEJT 08/06/2018.)

Nesse caso, preciso alertar que o TST no Informativo 177, firmou entendimento contrário, vejamos:

Mandado de segurança. Empresa em recuperação judicial. Depósito judicial anterior ao processamento da recuperação judicial. Não integração ao Juízo universal de falência. Valores à disposição do Juízo trabalhista. O depósito judicial efetuado antes do deferimento do processo de recuperação judicial desliga-se do patrimônio da empresa e assume o papel de garantia de uma futura execução, razão pela qual não está à disposição do Juízo falimentar, mas do Juízo trabalhista. Sob esse entendimento, a SBDI-II, por maioria, deu provimento a recurso ordinário para denegar a segurança. Na espécie, não se vislumbrou direito líquido e certo da empresa em recuperação judicial a ver cassada ou suspensa a decisão que indeferiu a suspensão da reclamação trabalhista matriz, bem como a remessa dos valores depositados nos autos para a conta do Juízo da recuperação judicial. Vencidos os Ministros Renato de Lacerda Paiva, Alexandre Agra Belmonte e Douglas Alencar Rodrigues. TST-RO-94-09.2016.5.20.0000, SBDI-II, rel. Min. Breno Medeiros, 24.4.2018 – Informativo 177 do TST.

(19) **De decisão administrativa que não recebe defesa ou recurso administrativo por falta de depósito prévio da multa.**

TST, SUM 424 – RECURSO ADMINISTRATIVO. PRESSUPOSTO DE ADMISSIBILIDADE. DEPÓSITO PRÉVIO DA MULTA ADMINISTRATIVA. NÃO RECEPÇÃO PELA CONSTITUIÇÃO FEDERAL DO § 1º DO ART. 636 DA CLT. O § 1º do art. 636 da CLT, que estabelece a exigência de prova do depósito prévio do valor da multa cominada em razão de autuação administrativa como pressuposto de admissibilidade de recurso administrativo, não foi recepcionado pela Constituição Federal de 1988, ante a sua incompatibilidade com o inciso LV do art. 5º.

3.3.6.1.2. Não cabimento do mandado de segurança

O art. 5º da Lei 12.016/2009, entende que não se concederá mandado de segurança quando se tratar:

(1) de ato do qual caiba recurso administrativo com efeito suspensivo, independentemente de caução;

– Quer dizer que se cabe recurso administrativo do ato da autoridade coatora, não cabe mandado de segurança?

Veja, não é qualquer recurso administrativo. O recurso que impede a impetração do mandado de segurança é somente o recurso administrativo com efeito suspensivo que independe de caução.

Nesse sentido ainda, os seguintes julgados:

AGRAVO REGIMENTAL. MANDADO DE SEGURANÇA X RECURSO ADMINISTRATIVO. A inda que a decisão impugnada possa ser passível de recurso administrativo, este não é dotado de efeito suspensivo. Logo, cabível o mandado de segurança. (Processo nº 0000150-25.2017.5.05.0000, Órgão Especial do TRT da 5ª Região/BA, Rel. Marizete Menezes. DJ 16.03.2018).

"MANDADO DE SEGURANÇA: O referido remédio constitucional não se presta para casos em que se necessita de dilação probatória, uma vez que direito líquido e certo é aquele delimitado em sua extensão, certo em sua existência e apto para ser exercido de plano, o que não se verifica no presente caso. Inteligência dos artigos 5º, LXIX, da CF e Lei 12.016/2009. Ainda que assim não fosse, a Lei 12.016/09 dispõe em seu artigo 5º sobre as hipóteses de descabimento do mandado de segurança, a saber: de ato do qual caiba recurso administrativo com efeito suspensivo, independentemente da caução, de decisão judicial da qual caiba recurso com efeito suspensivo, de decisão judicial transitada em julgado. Ou seja, o mandado de segurança não substitui e nem pode substituir recurso taxativamente previsto pelo sistema jurídico pátrio. Mandado de segurança denegado, ratificando a r. decisão que indeferiu a liminar". (Processo nº 01815-09.2018.5.02.0000, SDI do TRT da 2ª Região/SP, Rel. Ricardo Verta Luduvice. DJe 18.09.2018).

– Então, desde que o impetrante possa recorrer administrativamente, impugnando eficazmente o ato ou o fato que entende ilegal ou abusivo, não há interesse jurídico na impetração do mandado de segurança?

Isso. Se o impetrante puder recorrer administrativamente sem qualquer espécie de ônus ou gravame ("caução") e desde que seu recurso administrativo seja processado com efeito suspensivo, a necessidade da impetração fica afastada.

Nesse sentido, a OJ 92 da SDI-2 do TST:

TST, OJ n.º 92, da SDI-2 – Mandado de Segurança. Existência de recurso próprio. Não cabe mandado de segurança contra decisão judicial passível de reforma mediante recurso próprio, ainda que com efeito diferido.

– Hamilton, o que se entende por efeito suspensivo?

Efeito suspensivo deve ser entendido como o efeito que tem a aptidão de suspender a eficácia do ato administrativo com o mero fato objetivo de sua interposição ou de impedir o início da produção dos efeitos do ato que se pretende ilegal ou abusivo.

Saiba ainda que, o efeito suspensivo pode ser atribuído diretamente pela lei, sendo um direito subjetivo da parte ao gozo do referido efeito com a consequente suspensão do procedimento até julgamento final do recurso. Pode ainda, ser atribuído de ofício pela autoridade administrativa competente se presentes razões de interesse público, as quais deverão obrigatoriamente ser fundamentadas.

Perceba que não é o recurso que suspende a eficácia da decisão, mas sim sua recorribilidade, ou seja, a mera previsão de um recurso que tenha como regra efeito suspensivo.

O recurso, prolonga o estado inicial de ineficácia da decisão até seu julgamento final, o que significa dizer que, mesmo antes de sua apresentação, o impetrante não vai ter interesse de agir para impetrar o mandado de segurança, porque a decisão que lhe é prejudicial é nesse momento ineficaz.

– Entendi.

Vamos ao próximo item:

(2) de decisão judicial da qual caiba recurso com efeito suspensivo;

Nesse mesmo sentido, a Súmula 267 do STF e a jurisprudência do TST:

> STF Súmula nº 267 – Não cabe mandado de segurança contra ato judicial passível de recurso ou correição.
>
> Mandado de segurança. Não cabimento. Ressarcimento de despesas do leiloeiro e depositário judicial. Existência de recurso próprio. Incidência da Orientação Jurisprudencial nº 92 da SBDI-II. Não cabe mandado de segurança para impugnar decisões relacionadas ao reembolso de despesas do leiloeiro/depositário proferidas na fase de execução, quando não há dúvidas de que o tribunal

de origem admite o cabimento de agravo de petição. Embora haja controvérsia a respeito da possibilidade de o leiloeiro ou o depositário judicial interpor recurso nos autos em que oficiou como auxiliar do juízo, no caso concreto, o impetrante trouxe aos autos ementas de julgados em que o TRT de origem analisou agravo de petição envolvendo a mesma matéria. Em alguns deles, inclusive, ele próprio figurou como agravante. Sob esse entendimento, e aplicando ao caso a diretriz da Orientação Jurisprudencial nº 92 da SBDI-II, a referida Subseção, por maioria, negou provimento ao recurso ordinário. Vencidos os Ministros Delaíde Miranda Arantes, relatora, e Douglas Alencar Rodrigues. TST-RO-164-09.2017.5.05.0000, SBDI-II, rel. Min. Delaíde Miranda Arantes, red. p/ acórdão Min. Renato de Lacerda Paiva, 4.12.2018 – Informativo 188 do TST.

Mandado de segurança. Execução de honorários contratuais fixados em sentença transitada em julgado. Homologação de acordo que indiretamente reduz o crédito atribuído ao patrono. Existência de recurso próprio. Extinção do processo sem resolução do mérito. Não cabe mandado de segurança para impugnar decisão que, ao homologar transação em que o empregado acordou receber valor inferior ao crédito apurado no processo de execução, reduziu, indiretamente, o valor referente aos honorários contratuais devidos ao impetrante. Havendo sentença transitada em julgado e estando o processo em fase de execução, passa o advogado a ser titular do crédito deferido na coisa julgada, qualificando-se, portanto, como parte legítima para interpor recurso próprio e específico, conforme dispõe o art. 499, "caput", do CPC, e questionar a extensão dos efeitos da conciliação celebrada na fase de execução. Ainda que assim não fosse, a condição de terceiro prejudicado não retiraria a legitimidade para recorrer do impetrante, uma vez presente o nexo de interdependência entre o interesse de intervir e a relação jurídica em apreciação, exigido pelo § 1º do art. 499 do CPC. Assim, a SBDI-II, por maioria, julgou extinto o "mandamus" sem resolução do mérito, na forma do art. 267, VI, do CPC. Vencida a Ministra Maria Cristina Irigoyen Peduzzi. TST-RO-946-26.2011.5.05.0000, SBDI-II, rel. Min. Alexandre Agra Belmonte, 2.4.2013 – Informativo 41 do TST.

Mandado de segurança. Renúncia. Empresa prestadora de serviços. Decisão monocrática. Extinção do processo com resolução de mérito. Impugnação via recurso próprio. Não cabimento. Não cabe mandado de segurança quando o ato apontado como coator

> for decisão judicial da qual caiba recurso com efeito suspensivo, ou seja, passível de reforma via recurso próprio, consoante art. 5º da Lei nº 12.016/2009 e Orientação Jurisprudencial nº 92 da SBDI-2 do TST. No caso, a decisão monocrática, apontada como ato coator, que extinguiu o processo, com resolução do mérito, com base no art. 487, III, c, do CPC de 2015, em face da homologação da renúncia exclusivamente em relação à empresa prestadora de serviços, não constitui decisão irrecorrível, sendo suscetível de impugnação por meio do agravo. Trata-se de decisão de mérito, atraindo a incidência dos citados artigos 203, §1º, do CPC de 2015 e 265, caput, do Regimento Interno do TST. A nomenclatura utilizada pelo juiz é irrelevante para determinar a natureza jurídica do pronunciamento judicial, importando o seu conteúdo material. A decisão que homologa a renúncia, por tratar-se de litisconsórcio passivo meramente facultativo, e transcorrer o prazo para interposição de agravo, enseja o manejo da via adequada, ação rescisória, prevista no art. 966 do CPC de 2015. Assim, merece ser mantida a denegação do mandado de segurança em virtude do seu não cabimento, nos termos do art. 6º, § 5º, da Lei nº 12.016/2009. Sob esses fundamentos, o Órgão Especial, por unânime, negou provimento ao agravo para manter a denegação do mandado de segurança em virtude do seu não cabimento, nos termos do art. 6º, § 5º, da Lei nº 12.016/2009. TST- Ag-MS-1000121-25.2019.5.00.0000, Órgão Especial, rel. Min. José Roberto Freire Pimenta, 2.9.2019 – Informativo 203 do TST.

Perceba que o recurso munido de efeito suspensivo tem aptidão para evitar lesão ou ameaça a direito do impetrante. Assim, não cabe ação de mandado de segurança contra ato judicial de que caiba recurso ao qual seja possível, nos termos dos arts. 995, parágrafo único, do CPC/2015, agregar efeito suspensivo.

– Não entendi, Hamilton!

O que você não entendeu?

– A lei não fala que somente de recurso com efeito suspensivo?

Sim.

– Mas você falou que também não cabe mandado de segurança quando o recurso pode ter efeito suspensivo. Ou tem ou não tem o efeito suspensivo. Esse "pode" aí me deixou confuso.

Veja, no sistema processual trabalhista, não vamos ter recursos com efeito suspensivo, conforme entende o *caput* do art. 899 da CLT[11], sendo assim, não temos os recursos com efeito suspensivo *ope legis* (isto é, por determinação legal), contudo, quando o efeito suspensivo do recurso não é atribuído automaticamente por lei, mas pode ser deferido por decisão judicial, nos quais haverá efeito suspensivo *ope iudicis*, isto é, por determinação judicial, o mero fato de ser possível a atribuição de efeito suspensivo ao recurso já é suficiente para afastar o cabimento do mandado de segurança.

Nesse sentido, o item I da Súmula 414 do TST:

> I – A tutela provisória concedida na sentença não comporta impugnação pela via do mandado de segurança, por ser impugnável mediante recurso ordinário. É admissível a obtenção de efeito suspensivo ao recurso ordinário mediante requerimento dirigido ao tribunal, ao relator ou ao presidente ou ao vice-presidente do tribunal recorrido, por aplicação subsidiária ao processo do trabalho do artigo 1.029, § 5º, do CPC de 2015.

O mandado de segurança não se presta a substituir recurso previsto no ordenamento jurídico, tampouco pode ser utilizado como sucedâneo de ação rescisória (Súmulas 267 e 268 do Supremo Tribunal Federal)[12].

Percebeu que nos casos de tutela provisória concedida na sentença a parte prejudicada não pode fazer a impugnação pela via do mandado de segurança?

---

11. CLT, Art. 899 – Os recursos serão interpostos por simples petição e terão efeito meramente devolutivo, salvo as exceções previstas neste Título, permitida a execução provisória até a penhora.
12. STF, RMS 29222/MT, rei. Min. Cármen Lúcia, j. em 15.9.2011.

– Sim, ela deve apresentar um recurso ordinário e tentar buscar, junto ao Tribunal, um efeito suspensivo *ope iudicis* apresentando um requerimento comprovando a probabilidade do direito (chances reais de provimento do recurso) e o perigo da demora ou de dano irreversível.

Sensacional. Vamos seguindo.

(3) de decisão judicial transitada em julgado.

O TST, por meio da Súmula 33, também entende que não cabe mandado de segurança de decisão judicial transitada em julgado, visto que a coisa julgada é fixada, na Constituição Federal de 1988, como uma garantia de direitos fundamentais, mais especificamente uma garantia do direito fundamental à segurança jurídica.

– Então, Hamilton, só se admite o afastamento da ação rescisória através da coisa julgada?

Isso mesmo, e nos casos previsto em lei, ou seja, no art. 966 do CPC.

– Somente esses casos, Professor?

Não, deixa eu te mostrar mais alguns entendimentos do TST sobre os casos que não cabem mandado de segurança:

(1) Quando a tutela provisória for concedida na sentença.

> TST, SUM 414 – I – A tutela provisória concedida na sentença não comporta impugnação pela via do mandado de segurança, por ser impugnável mediante recurso ordinário. É admissível a obtenção de efeito suspensivo ao recurso ordinário mediante requerimento dirigido ao tribunal, ao relator ou ao presidente ou ao vice-presidente do tribunal recorrido, por aplicação subsidiária ao processo do trabalho do artigo 1.029, § 5º, do CPC de 2015.

(2) De decisão que determina a reintegração liminarmente de empregado estável por ser dirigente sindical, mesmo

estando suspenso de suas funções até o julgamento final da ação de inquérito judicial para apuração de falta grave, se o juiz ficar convencido que estão presentes os pressupostos do art. 300 do CPC.

Mandado de segurança. Dirigente sindical detentor de estabilidade provisória. Suspensão após o ajuizamento de inquérito judicial para apuração de falta grave. Reintegração determinada em sede de cognição sumária. Presença dos pressupostos do art. 300 do CPC de 2015. Ausência de direito líquido e certo à suspensão do empregado até a decisão final do inquérito. Não configura ato ilícito do empregador, capaz de ensejar imediata reintegração, a mera suspensão do empregado detentor de estabilidade por ocupar cargo em direção em sindicato, após o ajuizamento do inquérito judicial para apuração de falta grave, na forma do art. 494 da CLT. Isso não impede, todavia, que, durante o procedimento investigativo, e com base nas provas ali produzidas, o magistrado se convença da probabilidade do direito defendido pelo detentor da estabilidade provisória e, assim, determine o seu retorno ao trabalho em sede de cognição sumária (tutela de urgência). A prerrogativa contida no art. 494 da CLT não é infensa ao controle jurisdicional, de modo que, se no caso em apreço, o magistrado, com base na documentação juntada aos autos, convenceu-se de que havia respaldo fático-jurídico a embasar o pedido de reintegração, afigura-se presente a probabilidade do direito a que se refere o art. 300 do CPC de 2015, não havendo falar em ilegalidade ou abuso de direito. Sob esses fundamentos, a SBDI-II, por unanimidade, negou provimento ao recurso ordinário interposto contra acórdão do Tribunal Regional em que se denegara a segurança pleiteada pelo empregador que alegava ter direito líquido e certo de suspender o empregado até a decisão final do inquérito. TST-RO-101134-62.2016.5.01.0000, SBDI-II, rel. Min. Maria Helena Mallmann, 5.6.2018 – Informativo 180 do TST.

(3) De decisão que determina a penhora de percentual de salários ou aposentadorias, após a vigência do CPC de 2015 para pagamento de créditos trabalhistas.

Mandado de segurança. Ato coator proferido na vigência do CPC de 2015. Determinação de penhora incidente sobre percentual da aposentadoria. Legalidade. Ausência de ofensa a direito líquido e certo dos impetrantes. Art. 833, § 2º, do CPC de 2015. Não aplicação da Orientação Jurisprudencial nº 153 da SBDI-II. Na hipótese em que o ato impugnado foi proferido na vigência do CPC de 2015, não ofende direito líquido e certo dos impetrantes a penhora de 15% dos proventos de aposentadoria para pagamento de créditos trabalhistas efetuada nos termos do art. 833, § 2º, do CPC de 2015. O entendimento consagrado na Orientação Jurisprudencial nº 153 da SBDI-II não se aplica ao caso em concreto porque a diretriz ali definida restringe-se às penhoras efetuadas quando em vigor o CPC de 1973. Sob esse fundamento, a SBDI-II, à unanimidade, conheceu do recurso ordinário dos impetrantes, e, no mérito, negou-lhe provimento. TST-RO-20605-38.2017.5.04.0000, SBDI-II, rel. Min. Delaíde Miranda Arantes, 17.10.2017 – Informativo 168 do TST.

(4) De decisão que determina liminarmente a reintegração de trabalhador dependente químico.

Mandado de segurança. Demissão apresentada por trabalhador dependente químico. Recusa do sindicato à homologação do pedido de desligamento. Antecipação de tutela para reintegração ao emprego. Ausência de ilegalidade ou arbitrariedade. De acordo com o art. 4º, II, do Código Civil, são relativamente incapazes, entre outros, os ébrios habituais e os viciados em tóxico, razão pela qual os negócios jurídicos por eles celebrados estão sujeitos à anulação (art. 171, I, do CC). Ademais, a validade do ato jurídico exige a demonstração da capacidade do agente, bem assim a observância das formas e demais solenidades legais (arts. 104 e 107 do CC). No caso, o banco empregador impetrou mandado de segurança contra decisão que, antecipando os efeitos da tutela nos autos de reclamação trabalhista, determinou a reintegração do reclamante ao emprego. Com base na prova documental produzida, concluiu a autoridade coatora que o trabalhador sofre sérios problemas psiquiátricos decorrentes de sua dependência em substâncias químicas. Ressaltou que há parecer médico conclusivo no sentido de que o empregado não apresentava condições psíquicas para se demitir, e que houve requerimento de reconsideração do pedido de demissão, não admitido pelo banco. Registrou, outrossim, a ineficácia da demissão ante a recusa do sindicato da categoria em homologar a rescisão. Diante de tais premissas, a SBDI-II, por unanimidade, conheceu e negou provimento ao recurso ordinário por entender que, à luz do art. 5º, XXXV, da CF, e a partir da razoabilidade do direito material afirmado na reclamação trabalhista, a tutela à saúde do trabalhador deve prevalecer em face dos interesses meramente patrimoniais do impetrante, não havendo qualquer ilegalidade ou arbitrariedade no deferimento da tutela antecipada de reintegração no emprego que justifique a concessão da segurança. TST-RO-665-20.2015.5.09.0000, SBDI-II, rel. Min. Douglas Alencar Rodrigues, 26.4.2016 – Informativo 134 do TST.

(5) De decisão que determina liminarmente a reintegração de trabalhador dirigente sindical, mesmo que o sindicato ainda não tenha registro no Ministério do Trabalho e Emprego.

Mandado de segurança. Antecipação de tutela. Reintegração. Dirigente sindical. Registro do sindicato no Ministério do Trabalho e Emprego. Desnecessidade. Orientação Jurisprudencial nº 142 da SBDI-II. Incidência. A SBDI-II, por maioria, fazendo incidir o disposto em sua Orientação Jurisprudencial nº 142, deu provimento a recurso ordinário para, reformando a decisão recorrida, denegar a segurança que fora inicialmente concedida para tornar sem efeito a antecipação dos efeitos da tutela por meio da qual se ordenou a imediata reintegração do reclamante ao emprego, em razão de sua condição de dirigente sindical. Na hipótese, verificou-se que o deferimento da antecipação de tutela ocorreu nos estritos termos do art. 273 do CPC, pois o reclamante juntou aos autos do processo originário documentos comprobatórios da sua dispensa sem justa causa em data posterior à sua eleição para ocupar o cargo de segundo tesoureiro de sindicato recém-criado. Houve, ainda, registro de que, quando da dispensa do autor, os atos constitutivos do sindicato para o qual fora eleito já se encontravam depositados no cartório pertinente, em conformidade com os arts. 8º, VIII, da CF e 543, § 3º, da CLT. Ressaltou-se, por fim, que não subsiste a fundamentação adotada no acórdão recorrido, no sentido de que o prévio registro do sindicato no Ministério do Trabalho e Emprego é indispensável ao reconhecimento da garantia de emprego, pois se trata de entendimento superado pela atual jurisprudência do TST e do STF. Vencido o Ministro Douglas Alencar Rodrigues. TST-RO-540-39.2013.5.12.0000, SBDI-II, rel. Min. Antonio José de Barros Levenhagen, 10.5.2016 – Informativo 136 do TST.

Mandado de segurança. Antecipação de tutela. Dirigente sindical. Estabilidade provisória. Processo de registro sindical no Ministério do Trabalho e Emprego. Pendência. Reintegração. A pendência de registro de entidade sindical junto ao Ministério do Trabalho e Emprego não afasta a garantia da estabilidade provisória de dirigente sindical, consoante atual jurisprudência do STF. No caso concreto, não obstante o pedido de registro tenha sido indeferido pelo Ministério do Trabalho, a entidade sindical interpôs recurso administrativo, o qual está pendente de apreciação. Assim, à luz da interpretação conferida pelo Supremo Tribunal Federal ao art. 8º, VIII, da CF, o empregado eleito dirigente sindical somente não goza da estabilidade provisória a partir do momento em que a solicitação de registro seja definitivamente negada pelo órgão ministerial. Sob esse fundamento, a SBDI-II, por unanimidade, negou provimento ao recurso ordinário interposto pelo impetrante, mantendo incólume a decisão que, ao denegar a segurança, ratificou o deferimento do pedido de antecipação de tutela que determinou a reintegração do dirigente sindical. TST-RO-21386-31.2015.5.04.0000, SBDI-II, rel. Min. Douglas Alencar Rodrigues, 7.6.2016 – Informativo 139 do TST.

(6) De decisão que determina liminarmente a reintegração de empregados dispensado por justa causa que aderiram à greve sob alegação de desídia e mau procedimento, sem provas de tais atos na ação de mandado de segurança.

Mandado de segurança. Despedida por justa causa de grupo de empregados. Alegação de desídia e mau procedimento. Ausência de provas pré-constituídas. Deferimento da tutela antecipada. Reintegração. Manutenção. A sonegação de trabalho junto ao tomador, com adoção de meios de coação contra empregados que intentavam trabalhar, não justifica, por si só, o despedimento de vinte e um trabalhadores por justa causa, sob a alegação de mau procedimento e desídia. Nos termos da Súmula nº 316 do STF, a simples adesão a greve não constitui falta grave. Ademais, nos autos do mandado de segurança, não vieram provas pré-constituídas de que, quanto à desídia, todos os empregados foram anteriormente punidos com sanções mais brandas, conforme exigido pela jurisprudência do TST. Outrossim, quanto ao mau procedimento, também não houve manifestação sobre o conteúdo da referida conduta. Desse modo, ausentes maiores especificações a respeito do comportamento coletivo que culminou na despedida dos empregados por justa causa, sobressai a verossimilhança da tese de que as despedidas constituíram tão somente reprimenda à ação coletiva dos trabalhadores, o que justifica o deferimento da antecipação da tutela nos autos da reclamação trabalhista. Sob esses fundamentos, a SBDI-II, por unanimidade, conheceu do recurso ordinário e, no mérito, por maioria, negou-lhe provimento, mantendo a decisão que, ao denegar a segurança, rejeitou o pedido de suspensão da antecipação da tutela por meio da qual se determinou a reintegração dos vinte e um empregados. Vencido o Ministro Antonio José de Barros Levenhagen. TST--RO-5107-61.2015.5.15.0000, SBDI-II, rel. Min. Alberto Luiz Bresciani de Fontan Pereira, 28.6.2016- Informativo 140 do TST.

(7) De decisão que determina a transferência de saldo remanescente para a satisfação de execução pendente em outro juízo.

Mandado de segurança. Execução. Ato judicial que determina a transferência de saldo remanescente para a satisfação de execução pendente em outro juízo. Violação de direito líquido e certo. Excesso de penhora. Não configuração. É legal o ato judicial que determina a transferência de numerário excedente ao valor da condenação para satisfação de outra execução pendente em juízo diverso do executante. No caso, prevaleceu o entendimento de que é dever do magistrado velar pelo rápido andamento das causas e pela efetividade da decisão judicial (art. 125, II, do CPC/73), bem assim colaborar com as demais autoridades judiciárias a fim de viabilizar o atendimento do princípio constitucional da razoável duração do processo. Ademais, não há direito líquido e certo da impetrante em se eximir do cumprimento de obrigação imposta por sentença transitada em julgado, quando verificada a existência de quantia disponível à constrição. De outra sorte, não restou configurado excesso de penhora, visto que o saldo remanescente não fora retido pelo juiz executante, mas transferido para satisfazer execução pendente em outra unidade judiciária, não tendo a executada impugnado o valor da penhora em momento oportuno. Nesse contexto, a SBDI--II, à unanimidade, conheceu do recurso ordinário e, no mérito, por maioria, negou-lhe provimento. Vencidos os Ministros Emmanoel Pereira, relator, Hugo Carlos Scheuermann e Ives Gandra da

Silva Martins Filho, que davam provimento ao recurso ordinário para conceder a segurança pretendida, determinando a devolução dos valores constritos em excesso de penhora pela autoridade coatora. TST-RO-23100-50.2010.5.13.0000, SBDI-II, rel. Min. Emmanoel Pereira, red. p/ acórdão Min. Cláudio Mascarenhas Brandão, 25.3.2013- Informativo 77 do TST.

(8) Da decisão liminar que determina o pagamento dos salários e manutenção do plano de saúde nos casos de alta previdenciária e declaração de inaptidão pelo serviço médico da empresa.

Mandado de segurança. Antecipação dos efeitos da tutela. Art. 273 do CPC (art. 294 e seguintes no CPC/2015). Possibilidade. Cessação de benefício previdenciário. Retorno ao trabalho obstado pelo empregador. Restabelecimento dos salários. Manutenção do plano de saúde. Valor social do trabalho. Princípio da dignidade da pessoa humana. Constatada a aptidão para o trabalho, ante a cessação de benefício previdenciário em virtude de recuperação da capacidade laboral atestada por perícia médica do INSS, compete ao empregador, enquanto responsável pelo risco da atividade empresarial, receber o trabalhador, ofertando-lhe as funções antes executadas ou outras compatíveis com as limitações adquiridas. Com esses fundamentos, a SBDI-II, concluindo que a decisão que antecipou os efeitos da tutela para obrigar a reclamada a restabelecer o pagamento dos salários, bem como manter o plano de saúde do empregado, está, de fato, amparada nos pressupostos que autorizam o deferimento das medidas liminares inaudita altera pars, consoante o art. 273 do CPC, conheceu do recurso ordinário em mandado de segurança e, no mérito, negou-lhe provimento. No caso, ressaltou-se que a concessão da tutela antecipada é medida que se impõe como forma de garantir o valor social do trabalho e a dignidade da pessoa humana, pois o empregado, já sem a percepção do auxílio-doença, ficaria também sem os salários, ante a tentativa da empresa de, mediante a emissão do Atestado de Saúde Ocupacional (ASO) declarando-o inapto para as atividades que desempenhava, obstar o seu retorno ao serviço. TST-RO-33-65.2011.5.15.0000, SBDI-II, rel. Min. Alberto Luiz Bresciani de Fontan Pereira, 3.4.2012 – Informativo 04 do TST.

(9) Da decisão do TRT em incidente de uniformização de jurisprudência.

Mandado de segurança. Acórdão do TRT proferido em sede de incidente de uniformização de jurisprudência. Não cabimento. Ausência de interesse concreto a ser apreciado. Não cabe mandado de segurança contra acórdão do Tribunal Regional proferido em sede de incidente de uniformização de jurisprudência, gerador de edição de súmula, porque não há interesse concreto a ser apreciado. In casu, impetrou-se mandado de segurança coletivo, com pedido liminar, para suspender os efeitos da Súmula n.º 18 do TRT da 18ª Região, cuja edição decorreu do julgamento do incidente de uniformização da jurisprudência suscitado durante a apreciação de recurso ordinário em sede de ação civil pública. O Juízo a quo indeferiu liminarmente a petição inicial do writ e o TRT negou provimento ao agravo regimental interposto dessa decisão, por entender incabível a sua impetração na hipótese, ainda que não passível de recurso o acórdão proferido pelo Pleno. Entendeu que caberia recurso para o TST da decisão proferida no processo principal, a ação civil pública, cujo julgamento se encontra suspenso, em face da instauração do incidente de uniformização de jurisprudência. Assim, o Órgão Especial negou provimento ao recurso ordinário em agravo regimental por reputar incabível o mandado de segurança, mantendo o acórdão do Regional por seus fundamentos, vencidos os Ministros Renato de Lacerda Paiva, relator, João Oreste Dalazen e Maria Cristina Irigoyen Peduzzi. TST-RO-361-11.2011.5.18.0000, Órgão Especial, rel. Min. Renato de Lacerda Paiva, red. p/ acórdão Min. Luiz Philippe Vieira de Mello Filho, 3.9.2012 – Informativo 20 do TST.

(10) De atos judiciais praticados em processos diferentes, com distinto teor e autoridades coatoras diversas.

Mandado de segurança. Atos judiciais praticados em processos diferentes, com distinto teor e autoridades coatoras diversas. Incabível. Dada a natureza especial do mandado de segurança, que requer apreciação individualizada do ato coator, é incabível a impetração de um único mandamus para atacar atos judiciais praticados em processos diferentes, com distinto teor e autoridades coatoras diversas. No caso, a ação mandamental fora ajuizada por Guardiões Vigilância Ltda. e Linaldo Pereira contra decisões da 1ª, 2ª, 3ª, 5ª,

7ª, 9ª, 11ª, 12ª, 13ª, 14ª Varas do Trabalho do Recife/PE e da 1ª Vara do Trabalho de Ipojuca/PE, proferidas nos autos de diversas reclamações trabalhistas em que consta como parte a empresa Rio Forte Serviços Técnicos S.A., e que incluíram os impetrantes no cadastro do Banco Nacional de Devedores Trabalhistas – BNDT. Com esse entendimento, a SBDI-II, por unanimidade, de ofício, extinguiu o processo, sem resolução do mérito, com fundamento no inciso IV do art. 267 do CPC. TST-RO-395-82.2012.5.06.0000, SBDI-II, rel. Min. Hugo Carlos Scheuermann, 25.2.2014 – Informativo 74 do TST – Informativo 20 do TST.

(11) De decisão que determina a quebra de sigilo bancário em decorrência da presença de indícios de que os impetrantes se utilizaram de manobras bancárias para impedir que valores fossem localizados e constritos pela Justiça do Trabalho.

Mandado de segurança. Quebra de sigilo bancário. Indícios de utilização de manobras para impedir a constrição de valores pela Justiça do Trabalho. Ausência de direito líquido e certo. Não se vislumbra violação a direito líquido e certo na hipótese em que a quebra de sigilo bancário, autorizada judicialmente, decorreu da presença de indícios de que os impetrantes utilizaram-se de manobras bancárias para impedir que valores fossem localizados e constritos pela Justiça do Trabalho. A natureza alimentar dos valores devidos pelos impetrantes aos ex-empregados que não receberam o salário do último mês trabalhado, aliado ao amplo poder de direção do julgador conferido pelo art. 795 da CLT impedem a constatação de ofensa à inviolabilidade do sigilo de dados no caso concreto. Sob esse fundamento, a SBDI-II, à unanimidade, conheceu do recurso ordinário e, no mérito negou-lhe provimento para manter a decisão do Regional que denegara a segurança pleiteada. TST-RO-20033-19.2016.5.04.0000, SBDI-II, rel. Min. Alberto Luiz Bresciani de Fontan Pereira, 23.5.2017- Informativo 159 do TST.

(12) De decisão que determina a reclamada de se abster de praticar atos retaliatórios contra os empregados que ajuizaram ações trabalhistas no curso do contrato de trabalho.

Mandado de segurança. Concessão de tutela inibitória fundada na existência de ações que revelam a prática reiterada da empresa em retaliar os empregados que ajuízam reclamação trabalhista.

Possibilidade. A existência de ações que retratam casos similares e revelam a prática reiterada da empresa em retaliar os empregados que ajuízam reclamação trabalhista é suficiente à concessão de tutela inibitória. Na espécie, o TRT denegou a segurança, mantendo a decisão do juiz de primeiro grau que, vislumbrando a verossimilhança da alegação e o perigo da demora (art. 461, § 3º, do CPC), deferiu a antecipação de tutela para determinar à reclamada que se abstenha de praticar atos retaliatórios contra o empregado que ajuizou reclamação trabalhista no curso do contrato de trabalho. Ressaltou-se que a prática de condutas retaliatórias é plenamente possível na vigência do pacto laboral e que a empresa já tinha ciência do ajuizamento da ação, pois havia sido notificada da audiência inicial. Ademais, o recente registro de caso similar envolvendo a mesma empregadora corroboraria a possibilidade do dano. Sob esses fundamentos, a SBDI-II, por unanimidade, conheceu de recurso ordinário interposto pela empresa, e, no mérito, por maioria, negou-lhe provimento. Vencido o Ministro Emmanoel Pereira. TST-RO-32-46.2012.5.15.0000, SBDI-II, rel. Min. Emmanoel Pereira, red. p/ acórdão Min. Luiz Philippe Vieira de Mello Filho, 1º.12.2015 – Informativo 125 do TST.

(13) De decisão que determina a reintegração liminarmente em face da dispensa discriminatória.

Recurso ordinário em mandado de segurança. Antecipação de tutela. Reintegração ao emprego. Trabalhadora dispensada logo após retornar de afastamento previdenciário. Ato da empresa tido como tratamento discriminatório. Exercício abusivo do direito. Inexistência de direito líquido e certo à cassação da decisão antecipatória. Recurso ordinário em mandado de segurança impetrado contra decisão interlocutória de antecipação dos efeitos da tutela, na qual determinada a reintegração de empregada dispensada sem justa causa vinte e um dias após retornar de licença para tratamento de saúde. O ato tido como coator foi exarado com fundamento na possível conduta discriminatória da empresa, que rompeu o vínculo empregatício tão logo a empregada recebeu alta do INSS, após recuperação de suposto acidente sofrido nas dependências da empresa. A ideia central da dignidade da pessoa humana, tal como referida no Texto Constitucional, não se compadece com tratamentos discriminatórios.

O exercício abusivo do direito de rescisão do contrato de trabalho, porque ilícito, não pode produzir efeitos válidos. Ademais, não obstante a empresa tenha de suportar as despesas com o pagamento dos salários até o julgamento final da causa, é certo que se beneficiará da prestação de serviços da empregada durante o período. Ressalte-se que a ruptura do vínculo de emprego traduz dano de difícil reparação para a trabalhadora, na medida em que o prejuízo financeiro sofrido renova-se e é agravado mês a mês, atingindo a subsistência da empregada e de sua família. Não há falar, portanto, em ofensa a direito líquido e certo da empresa à cassação da decisão antecipatória. Sob esse entendimento, a SBDI-II decidiu, por maioria, vencido o Ministro Antonio José de Barros Levenhagen, conhecer do recurso ordinário e, no mérito, negar-lhe provimento. TST-RO-5588-92.2013.5.15.0000, SBDI-II, rel. Min. Douglas Alencar Rodrigues, 25.8.2015 – Informativo 115 do TST.

(14) De decisão que em reclamação trabalhista proposta na vigência da Lei nº 13.467/2017, que determina a emenda à inicial para a indicação dos valores correspondentes a cada parcela vindicada (art. 840, § 1º, da CLT), sob pena de extinção do feito sem resolução de mérito.

Mandado de segurança. Determinação de emenda à inicial de reclamação trabalhista proposta na vigência da Lei nº 13.467/2017 (Reforma Trabalhista). Adequação aos termos do art. 840, § 1º, da CLT. Existência de recurso próprio. Orientação Jurisprudencial nº 92 da SBDI-II. Incidência. Não cabe mandado de segurança contra ato que, em reclamação trabalhista proposta na vigência da Lei nº 13.467/2017, determina a emenda à inicial para a indicação dos valores correspondentes a cada parcela vindicada (art. 840, § 1º, da CLT), sob pena de extinção do feito sem resolução de mérito. Na hipótese, além de não haver teratologia, pode a parte valer-se do recurso ordinário para discutir eventual nulidade do processo por cerceamento do direito de defesa, razão pela qual incide óbice da Orientação Jurisprudencial nº 92 da SBDI-II. Sob esse entendimento, a SBDI-II, por unanimidade, conheceu do recurso ordinário e, no mérito, negou-lhe provimento para manter a decisão do Tribunal Regional que denegara a segurança na forma do art. 6º, § 5º, da Lei nº 12.016/2009. TST-RO-101364-36.2018.5.01.0000,

SBDI-II, rel. Min. Emmanoel Pereira, 28.5.2019 - Informativo 197 do TST.

(15) De decisão que indefere a liminar quando o juiz entender que o caso necessita de dilação probatória.

Mandado de segurança. Supressão da gratificação de função recebida por mais de 10 anos. Descomissionamento por insuficiência de desempenho. Configuração de justo motivo. Necessidade de dilação probatória. Indeferimento da tutela de urgência. A SBDI-II, por unanimidade, conheceu do recurso ordinário do Banco do Brasil S.A. e deu-lhe provimento para afastar a tutela de urgência deferida pela Corte Regional. No caso, o reclamante impetrou mandado de segurança, com pedido liminar, contra ato de juiz de primeiro grau que, nos autos de reclamação trabalhista, indeferiu o pedido de tutela de urgência antecipatória que visava o restabelecimento do pagamento da gratificação de função suprimida. A liminar foi concedida e o TRT deferiu parcialmente a segurança para determinar o retorno do pagamento do valor equivalente à gratificação pleiteada, considerando a média das parcelas recebidas nos últimos dez anos. Todavia, as circunstâncias evidenciadas nos autos revelam que o regulamento da empresa e o acordo coletivo de trabalho da categoria autorizavam o descomissionamento por insuficiência de desempenho, e há documentos que aparentemente confirmam a performance insatisfatória do impetrante. Ademais, o justo motivo apto a gerar a perda da comissão sem a incorporação da gratificação exercida por mais de dez anos não se confunde com a prática de atos capazes de ensejar a ruptura do contrato de trabalho por justa causa (art. 482 da CLT), pois esta é a mais severa punição aplicável ao empregado, ao passo que aquela não pode ser enquadrada como sanção. Assim, concluiu-se que, no caso em análise, a manutenção da estabilidade financeira, com a incorporação da gratificação de função exercida por mais de dez anos, depende de dilação probatória, estando ausente, portanto, a probabilidade do direito exigida pelo art. 300 do CPC de 2015 para o deferimento da tutela de urgência. TST-RO-22682-83.2018.5.04.0000, SBDI-II, rel. Min. Douglas Alencar Rodrigues, 8.10.2019 - Informativo 208 do TST.

(16)De decisão que indefere o pedido de obtenção de dados da pessoa que fez a denúncia que ensejou a instauração de procedimentos administrativos no âmbito do Ministério Público do Trabalho.

> "(...)MANDADO DE SEGURANÇA. DENÚNCIA QUE ORIGINOU DIVERSAS REPRESENTAÇÕES CONTRA A EMPRESA IMPETRANTE. SIGILO DO DENUNCIANTE NO CURSO DO PROCEDIMENTO INVESTIGATÓRIO. INOCORRÊNCIA DE VIOLAÇÃO A DIREITO LÍQUIDO E CERTO DO IMPETRANTE. Cinge-se a controvérsia em se verificar a existência de violação a direito líquido e certo do impetrante, que teve negado o pedido de obtenção de dados da pessoa que fez a denúncia que ensejou a instauração de procedimentos administrativos no âmbito do Ministério Público do Trabalho. Destaca-se, inicialmente, que a Constituição Federal, no seu inciso III do artigo 129, legitimou o Ministério Público do Trabalho para promover o inquérito civil, in verbis: "III – promover o inquérito civil e a ação civil pública, para a proteção do patrimônio público e social, do meio ambiente e de outros interesses difusos e coletivos". Por sua vez, a Lei Complementar nº 75/93 trouxe, em seu artigo 83, inciso III, uma das maneiras de exercer a referida proteção, qual seja a ação civil pública. Assim, a Constituição da República estabeleceu a importante proteção, e a lei veio trazer os meios necessários para exercitá-la. Registre-se que se trata o inquérito civil de procedimento administrativo, de natureza inquisitiva e informativa, destinado à formação da convicção do Ministério Público a respeito de fatos determinados, com vistas à propositura, ou não, de ações civis públicas ou à celebração de termo de ajustamento de conduta. Portanto, em face de seu caráter meramente instrutório, não se admite contraditório, por não produzir prova absoluta, mas apenas valor probante relativo. Com efeito, diante de denúncia de irregularidades trabalhistas, que pode ser até anônima, desde que acompanhada de elementos suficientes para a instauração do procedimento investigatório, o Ministério Público do Trabalho tem o dever de agir, de forma independente. Nesse cenário, no caso em apreço, não se verifica a presença dos requisitos ensejadores da concessão da medida mandamental, pois a decisão do Ministério Público de manter sob sigilo dados do inquérito civil, incluindo a identidade do denunciante, não foi abusiva ou violadora de direito

líquido e certo, mas, sim, encontra-se plenamente justificada e respaldada pelo ordenamento jurídico. Nesse contexto, o ato do representante do Ministério Público do Trabalho de resguardar, no curso do inquérito civil público, a identidade do denunciante não importou em violação do artigo 5º, inciso IV, da Constituição Federal, não havendo falar em afronta a direito líquido e certo da empresa impetrante. Recurso de revista conhecido e provido." (TST-RR-1747-80.2012.5.02.0002, 2ª Turma, rel. Min. José Roberto Freire Pimenta, julgado em 7.8.2019)

(17) De decisão do juiz que determina o arquivamento do processo em face da ausência do empregado na audiência inaugural e, após a apresentação de atestado médico, determina o desarquivamento do processo e remarca a audiência, pois tal nulidade deve ser arguida em preliminar de contestação ou preliminar de recurso ordinário.

Mandado de segurança. Não cabimento. Arquivamento de reclamação trabalhista por ausência do reclamante. Apresentação de atestado médico. Reconsideração com posterior determinação de desarquivamento do processo e reinclusão em pauta. Existência de medida processual idônea para corrigir a suposta ilegalidade. Aplicação da Orientação Jurisprudencial nº 92 da SBDI-II. Não cabe mandado de segurança contra decisão que, ao acolher pedido de reconsideração, desarquiva e reinclui em pauta ação trabalhista arquivada por ausência de reclamante na audiência de julgamento. No caso concreto, o reclamante esteve ausente à audiência inaugural, o que resultou no arquivamento da reclamação, nos termos do art. 844 da CLT. Posteriormente, ele apresentou pedido de reconsideração acompanhado de atestado médico, o qual foi acolhido pelo juízo com a determinação de desarquivamento e de reinclusão do processo em pauta. Nesse contexto, incide a Orientação Jurisprudencial nº 92 da SBDI-II, pois o inconformismo da impetrante/reclamada deveria ter sido externado na própria reclamação trabalhista, por meio da arguição de nulidade em contestação, ou como matéria preliminar em recurso ordinário, caso não acolhida a arguição de nulidade na sentença. Havendo, portanto, medida processual idônea para corrigir a suposta ilegalidade cometida pela autoridade coatora, afasta-se o cabimento do mandado de segurança na hipótese. Sob esse entendimento, a SBDI-II, por unanimidade, conheceu do recurso ordinário e, no mérito, deu-lhe provimento para denegar a segurança inicialmente concedida pelo TRT de origem por violação do art. 494 do CPC, que consagra a preclusão pro judicato. TST-RO-602-71.2018.5.06.0000, SBDI-II, rel. Min. Douglas Alencar Rodrigues 12.11.2019 – Informativo 212 do TST.

(18) Quando ocorrer o esgotamento das vias processuais existentes.

TST, OJ 99, SDI-2 – Esgotadas as vias recursais existentes, não cabe mandado de segurança.

Mandado de segurança. Não cabimento. Decisão monocrática do relator que nega seguimento ao agravo de instrumento em recurso de revista por ausência de transcendência da causa. Irrecorribilidade. Esgotamento das vias processuais existentes. Proposta de instauração de incidente de arguição de inconstitucionalidade do § 5º do art. 896-A da CLT. Rejeição. Não cabe mandado de segurança contra decisão monocrática que nega provimento ao agravo de instrumento em recurso de revista por ausência de transcendência da causa, pois, consoante o teor do art. 896-A, § 5º, da CLT, trata-se de decisão irrecorrível. Ademais, aplica-se ao caso a Orientação Jurisprudencial nº 99 da SBDI-II, que não admite o cabimento do mandamus após esgotadas as vias recursais. Com esses fundamentos, o Órgão Especial, por maioria, vencidos os Ministros José Roberto Freire Pimenta e Cláudio Mascarenhas Brandão, negou provimento ao agravo. Na mesma ocasião, o Órgão Especial, também por maioria, rejeitou a questão de ordem suscitada pelo Ministro Cláudio Mascarenhas Brandão, no sentido da instauração de incidente de arguição de inconstitucionalidade do inteiro teor do § 5º do art. 896-A da CLT. Prevaleceu o entendimento de que a declaração de inconstitucionalidade do referido artigo não foi deduzida como causa de pedir, mas como pedido autônomo, referente a lei em tese, sem conexão com o objeto do mandado de segurança (reconhecimento da transcendência política da matéria e julgamento do mérito do recurso de revista), o que configura o manejo do writ como sucedâneo de ação direta de inconstitucionalidade. Vencidos os Ministros Brito Pereira, Renato de Lacerda Paiva, José Roberto Freire Pimenta, Cláudio Mascarenhas Brandão e Alexandre Luiz Ramos.

TST-Ag-MS-1000354-22.2019.5.00.0000, Órgão Especial, rel. Min. Breno Medeiros, 2.12.2019 – Informativo 214 do TST.

(19)Quando já ajuizados embargos de terceiro para pleitear a desconstituição da penhora.

TST, OJ 54, SDI-2 – Ajuizados embargos de terceiro (art. 674 do CPC de 2015 – art. 1.046 do CPC de 1973) para pleitear a desconstituição da penhora, é incabível mandado de segurança com a mesma finalidade.

(20)De sentença homologatória de adjudicação.

TST, OJ 66, SDI-2 – II – Na vigência do CPC de 2015 também não cabe mandado de segurança, pois o ato judicial pode ser impugnado por simples petição, na forma do artigo 877, caput, do CPC de 2015.

(21)De decisão que acolheu ou indeferiu liminar em outro mandado de segurança.

TST, OJ 140, SDI -2 – Não cabe mandado de segurança para impugnar despacho que acolheu ou indeferiu liminar em outro mandado de segurança.

(22)De decisão que homologa acordo judicial.

TST, SUM 418 – A homologação de acordo constitui faculdade do juiz, inexistindo direito líquido e certo tutelável pela via do mandado de segurança.

(23)Para obtenção de uma sentença genérica, aplicável a eventos futuros, cuja ocorrência é incerta.

TST, OJ 144, SDI-2 – O mandado de segurança não se presta à obtenção de uma sentença genérica, aplicável a eventos futuros, cuja ocorrência é incerta.

(24)De decisão que homologa acordo judicial.

TST, SUM 418 – A homologação de acordo constitui faculdade do juiz, inexistindo direito líquido e certo tutelável pela via do mandado de segurança.

(25) **Para obtenção de uma sentença genérica, aplicável a eventos futuros, cuja ocorrência é incerta.**

TST, OJ 144, SDI-2 – O mandado de segurança não se presta à obtenção de uma sentença genérica, aplicável a eventos futuros, cuja ocorrência é incerta.

(26) **De decisão que determina acertadamente a reintegração de empregado portador de estabilidade em tutela provisória de urgência de natureza antecipada.**

TST, OJ 64, SDI-2 – Não fere direito líquido e certo a concessão de tutela antecipada para reintegração de empregado protegido por estabilidade provisória decorrente de lei ou norma coletiva.

TST, OJ 65, SDI-2 – Ressalvada a hipótese do art. 494 da CLT, não fere direito líquido e certo a determinação liminar de reintegração no emprego de dirigente sindical, em face da previsão do inciso X do art. 659 da CLT.

TST, OJ 142, SDI-2 – Inexiste direito líquido e certo a ser oposto contra ato de Juiz que, antecipando a tutela jurisdicional, determina a reintegração do empregado até a decisão final do processo, quando demonstrada a razoabilidade do direito subjetivo material, como nos casos de anistiado pela Lei nº 8.878/94, aposentado, integrante de comissão de fábrica, dirigente sindical, portador de doença profissional, portador de vírus HIV ou detentor de estabilidade provisória prevista em norma coletiva.

(27) **De decisão que determina acertadamente em tutela provisória de urgência de natureza antecipada a limitar impedindo a transferência do empregado.**

TST, OJ 67, SDI-2 – Não fere direito líquido e certo a concessão de liminar obstativa de transferência de empregado, em face da previsão do inciso IX do art. 659 da CLT.

3.3.6.1.3. Competência funcional

3.3.6.1.3.1. Competência do TST

O órgão especial do TST terá competência para apreciar e julgar o mandado de segurança quando a autoridade coatora for o Presidente ou de qualquer Ministro do Tribunal, ressalvada a competência das Seções Especializadas, conforme determinado pelo Regimento Interno em seu art. 69, I.

Segundo o art. 2°, I, "d", da Lei nº 7.701/88, compete à seção especializada em dissídios coletivos, ou seção normativa: I – originariamente: d) julgar os mandados de segurança contra os atos praticados pelo Presidente do Tribunal ou por qualquer dos Ministros integrantes da seção especializada em processo de dissídio coletivo.

Já o art. 3º, I, "b" da Lei nº 7.701/88, determina que compete à Seção de Dissídios Individuais julgar, originariamente, os mandados de segurança de sua competência originária, na forma da lei.

– E quando vou apresentar o mandado de segurança no TRT, Professor?

3.3.6.1.3.2. Competência do TRT

Primeiro, aconselho você a ler o regimento interno do Tribunal Regional de onde vai ser impetrado o mandado de segurança.

– Regimento Interno?

Sim, é esse instrumento quem determina a competência originária dos Tribunais Regionais do Trabalho para apreciar e julgar mandado de segurança.

– Entendi.

Em tese, o TRT vai ter competência quando a autoridade coatora for o Juiz do Trabalho, Juiz de Direito investido na jurisdição trabalhista ou o próprio TRT.

> – Caramba, eu tinha certeza que o mandado de segurança quando o TRT fosse a autoridade coatora, seria para o TST.

Esse erro é comum. Já vi muitos advogados errando. Veja a OJ 4 do Tribunal Pleno do TST:

> TST, OJ do TP – Ao Tribunal Superior do Trabalho não compete apreciar, originariamente, mandado de segurança impetrado em face de decisão de TRT.

3.3.6.1.3.3. Competência do Juiz do Trabalho

O juiz do trabalho terá competência para apreciar e julgar o mandado de segurança quando a autoridade coatora for autoridade do Ministério do Trabalho e Emprego (Exemplo: nas aplicações de multas pelo descumprimento da legislação trabalhista, quando exigirem caução para receber recursos administrativos [TST, SUM 424]), ou nos casos de atuação extrajudicial do representante do Ministério Público do Trabalho (Exemplo: ato coator na condução do inquérito civil público).

3.3.6.1.4. Prazo do mandado de segurança

> – Qual o prazo que a parte tem para impetrar o mandado de segurança, Professor?

A parte tem o prazo decadencial de 120 dias para impetrar o mandado de segurança, conforme determinado pelo art. 23 da Lei 12.016/09. Tal prazo, se inicia na ciência da lesão ou violação do direito líquido e certo. Veja:

> Art. 23. O direito de requerer mandado de segurança extinguir-se-á decorridos 120 (cento e vinte) dias, contados da ciência, pelo interessado, do ato impugnado.

– Uma dúvida, Hamilton.

Diga.

– Nas lesões de trato sucessivo, como fica esse prazo?

Nas relações de trato sucessivo, a contagem do prazo decadencial para o ajuizamento do mandado de segurança, se renova mês a mês.

Contudo, o TST entende que nos casos de penhora de parte da aposentadoria, a ciência do suposto ato coator, se inicia com a ciência da determinação da penhora, que ocorre com a intimação e não com o bloqueio mensal de parte dos proventos de aposentadoria, pois estes constituem meros atos de execução do ato coator. Nesse sentido:

> A impetrante parte de premissa equivocada quando sustenta, como referência do prazo inicial de decadência, a existência de ato coator de trato sucessivo. Isso porque a ciência do ato impugnado se deu com a intimação do mandado de bloqueio e penhora, não com o bloqueio mensal de parte dos proventos de aposentadoria da impetrante, pois estes constituem meros atos de execução do ato coator. Assim, deve ser mantida a decisão do Regional que pronunciou a decadência do direito da impetrante em atacar o ato coator pela via do mandado de segurança, pelo decurso do prazo previsto no art. 23 da Lei nº 12.016/09. Mesma linha de raciocínio que culminou com a edição da Orientação Jurisprudencial nº 127 da SBDI-2. Recurso Ordinário conhecido e não provido. (RO nº 1207-78.2017.5.05.0000, SBDI-2 do TST, Rel. Luiz José Dezena da Silva. j. 26.03.2019, Publ. 29.03.2019).
>
> Nos termos da Orientação Jurisprudencial nº 127 da SBDI-2, "Na contagem do prazo decadencial para ajuizamento de mandado de segurança, o efetivo ato coator é o primeiro em que se firmou a tese hostilizada e não aquele que a ratificou". Na hipótese, o ato judicial em que primeiro se fixou a tese hostilizada, consubstanciado na

determinação de penhora de parcela dos proventos da Impetrante, foi proferido em 09.03.2013, sendo o ato subsequente, proferido em 27.11.2013, mera ratificação do ato original. O presente mandado de segurança, no entanto, foi impetrado apenas em 28.01.2014, quando já ultrapassado o prazo decadencial previsto no art. 23 da Lei 12.016/2009. Ademais, a prova documental pré-constituída colacionada aos autos não permite deduzir que a ordem de penhora se efetivou de forma sucessiva e ininterrupta, o que afasta a aplicação, ao caso, do entendimento jurisprudencial, fixado pelo Supremo Tribunal Federal, de que "o prazo para ajuizar mandado de segurança, em se tratando de prestações de trato sucessivo, renova-se a cada ato" (cf. RMS 24250, Rel. Min. Cezar Peluso, Segunda Turma, DJ de 05.03.2010). Segurança denegada. (RO nº 0000050-75.2014.5.05.0000, SBDI-2 do TST, Rel. Douglas Alencar Rodrigues. unânime, DEJT 05.02.2015).

O termo inicial da contagem do prazo decadencial para se impetrar mandado de segurança contra ato judicial que determina o bloqueio incidente sobre o salário de benefício do impetrante é a data em que teve ciência inequívoca do ato impugnado, e não a cada desconto procedido. Assim, afastando o entendimento quanto à renovação mês a mês do termo a quo do prazo decadencial, pela permanência dos efeitos da decisão jurisdicional a cada liquidação de proventos, a SBDI-II, à unanimidade, conheceu do recurso ordinário, e, no mérito, por maioria, negou-lhe provimento. Vencidos os Ministros Alberto Luiz Bresciani de Fontan Pereira, relator, Maria de Assis Calsing e Pedro Paulo Manus. TST RO-10-38.2011.5.18.0000, SBDI-II, rel. Min. Alberto Luiz Bresciani de Fontan Pereira, red. p/ acórdão Min. Ives Gandra da Silva Martins Filho, 29.5.2012.

– E se eu fizer um pedido de reconsideração, isso interrompe o prazo para impetração do mandado de segurança?

Leia a OJ 127 da SDI-1 do TST:

TST, OJ 127 da SDI-1 – Na contagem do prazo decadencial para ajuizamento de mandado de segurança, o efetivo ato coator é o primeiro em que se firmou a tese hostilizada e não aquele que a ratificou.

– Poxa, pensei que ganharia mais um tempo para impetrar meu mandado de segurança.

Não mesmo, o pedido não interrompe o prazo para o mandado de segurança.

– Entendi.

3.3.6.1.5. Necessidade de contratação de um advogado

Para o ajuizamento do mandado de segurança, a parte deve contratar um advogado.

– Isso significa que eu não posso exercer o *jus postulandi*?

Não. Para ajuizamento do mandado de segurança, não é aplicado o art. 791 da CLT. Esse é o entendimento do TST por meio da Súmula 425, de seguinte teor:

> TST, SUM 425 – O jus postulandi das partes, estabelecido no art. 791 da CLT, limita-se às Varas do Trabalho e aos Tribunais Regionais do Trabalho, NÃO ALCANÇANDO a ação rescisória, a ação cautelar, O MANDADO DE SEGURANÇA e os recursos de competência do Tribunal Superior do Trabalho.

3.3.6.1.5.1. Procuração específica

É importante você saber ainda, que para o ajuizamento do mandado de segurança, o advogado deve ter procuração com poderes específicos, segundo a OJ 151 da SDI-2 do TST. Veja:

> TST, OJ 151 da SDI-2 – A procuração outorgada com poderes específicos para ajuizamento de reclamação trabalhista NÃO AUTORIZA A PROPOSITURA DE AÇÃO RESCISÓRIA E

MANDADO DE SEGURANÇA. Constatado, todavia, o defeito de representação processual na fase recursal, cumpre ao relator ou ao tribunal conceder prazo de 5 (cinco) dias para a regularização, nos termos da Súmula nº 383, item II, do TST.

– Que bom que o TST ajuda os advogados esquecidos, deixando regularizar o erro na procuração no prazo de 5 dias, porque isso eu também não sabia.

Sim, isso é algo bem específico, mas é bom sempre ficar atento para não retardar o trâmite processual.

3.3.6.1.6. Pedido de liminar

A liminar no mandado de segurança é um importante diferencial, que lhe garante muita efetividade.

Desta forma, o impetrante deve solicitar em sua inicial, o pedido de liminar demonstrando o fundamento relevante (elevada probabilidade de êxito) e do ato impugnado puder resultar a ineficácia da medida (lesão irreparável), conforme o inciso III do art. 7º da Lei 12.106/2009.

– Eu posso pedir a liminar em qualquer mandado de segurança?

Não. A própria Lei 12.106/2009 determina que não será concedida medida liminar que tenha por objeto a compensação de créditos tributários, a entrega de mercadorias e bens provenientes do exterior, a reclassificação ou equiparação de servidores públicos e a concessão de aumento ou a extensão de vantagens ou pagamento de qualquer natureza (art. 7º, § 2º).

– O que mais eu preciso saber sobre as liminares?

Sobre as liminares, você precisa saber que:

(1) Os efeitos da medida liminar, salvo se revogada ou cassada, persistirão até a prolação da sentença. Nesse sentido:

> STF, SUM 405 – Denegado o mandado de segurança pela sentença, ou no julgamento do agravo, dela interposto, fica sem efeito a liminar concedida, retroagindo os efeitos da decisão contrária.

(2) Deferida a medida liminar, o processo terá prioridade para julgamento.

(3) No mandado de segurança coletivo, a liminar só poderá ser concedida após a audiência do representante judicial da pessoa jurídica de direito público, que deverá se pronunciar no prazo de setenta e duas horas (art. 22, § 2°, da Lei n. 12.016/09).

3.3.6.1.7. Honorários de sucumbência

– Cabe honorários de sucumbência no mandado de segurança?

O art. 25 da Lei n. 12.016/09 determinou que não cabe o pagamento de honorários sucumbenciais. Sendo assim, é razoável que o advogado cobre seus honorários do impetrante, pois não haverá honorários sucumbenciais no mandado de segurança.

– Valeu, Hamilton. Eu já vou ficar atento para cobrar antes de impetrar a ação e retirar a cláusula quota litis do meu contrato de honorários nessas ações.

3.3.6.1.8. Recursos nas ações de mandado de segurança

– Professor, qual recurso apresento das decisões do mandado de segurança?

Vamos por parte:

(1) Decisões do juiz do trabalho.

a. Liminar em mandado de segurança deferida pelo juiz do trabalho, cabe outro mandado de segurança, agora impetrado no TRT.

– Por que outro mandado de segurança se o art. 7º, § 1º fala sobre o recurso de agravo de instrumento da decisão do juiz de primeiro grau que conceder ou denegar a liminar?

Não cabe recurso no Processo do Trabalho de decisão interlocutória, em razão do princípio da irrecorribilidade imediata das decisões interlocutórias, conforme § 1º do art. 893 da CLT. Assim, como dito, cabe outro mandado de segurança.

– Entendi.

Ótimo, vamos adiante.

b. Decisão de indeferimento liminar do mandado de segurança proferida pelo juiz do trabalho, cabe recurso ordinário para o TRT.

c. Decisão de mérito proferida pelo juiz do trabalho, cabe recurso ordinário para o TRT.

(2) Decisões do TRT.

a. Liminar em mandado de segurança deferida pelo TRT, cabe agravo regimental para o próprio TRT.

b. Decisão de indeferimento liminar do mandado de segurança proferida pelo relator, cabe agravo regimental para o próprio TRT.

c. Decisão de mérito proferida pelo TRT, cabe recurso ordinário para o TST.

(3) Decisões do TST.

a. Liminar em mandado de segurança deferida pelo TST, cabe agravo regimental para o próprio TST.

b. Decisão de indeferimento liminar do mandado de segurança proferida pelo relator, cabe agravo regimental para o próprio TST.

c. Decisão de mérito proferida pelo TST, cabe recurso extraordinário (CF, art. 102, III) ou ordinário (CF, art. 102, II) para o STF somente podem ocorrer nos processos de competência originária do TST.

3.3.6.2. Habeas data

– Professor, quando vai ser utilizado na Justiça do Trabalho o habeas data?

O art. 5º, inciso LXXII da CF, prevê o cabimento do habeas data:

a) para assegurar o conhecimento de informações relativas à pessoa do impetrante, constantes de registros ou bancos de dados de entidades governamentais ou de caráter público;

b) para a retificação de dados, quando não se prefira fazê-lo por processo sigiloso, judicial ou administrativo.

– Essa ação tem por objetivo garantir ao interessado o acesso aos registros ou bancos de dados, a retificação desses registros e a complementação desses registros.

Isso mesmo. Mas veja, o habeas data exige uma condição especial.

– Condição especial, Hamilton?

Sim. Exige uma prévia postulação administrativa, conforme art. 8º da Lei 9.507/97. Assim a peça inicial do habeas data já deve vir instruída com a prova:

(1) da recusa ao acesso às informações ou do decurso de mais de dez dias sem decisão;

(2) da recusa em fazer-se a retificação ou do decurso de mais de quinze dias, sem decisão; ou

(3) da recusa em fazer-se a anotação a que se refere o § 2º do art. 4º ou do decurso de mais de quinze dias sem decisão.

Nesse mesmo sentido, a Súmula nº 2 do STJ que diz que:

> Não cabe o habeas data (CF, art. 5º LXXII, letra a) se não houve recusa de informações por parte da autoridade administrativa.

– Não sabia dessa. Até porque essa questão de esgotar a via administrativa é uma exceção.

Isso mesmo. E o *habeas data* se enquadra nessa exceção.

Sendo assim, a Justiça do Trabalho, que passou a ter competência para processar e julgar o "habeas data, quando o ato questionado envolver matéria sujeita à sua jurisdição".

3.3.6.3. *Habeas corpus*

A Justiça do Trabalho tem competência para processar e julgar os *habeas*, quando o ato questionado envolver matéria sujeita à sua jurisdição. O *habeas corpus* pode ser impetrado por qualquer pessoa, em seu favor ou de terceiro e também pelo Ministério Público do Trabalho.

– Preciso pagar custas?

No *habeas corpus* não há pagamento de custas ou de qualquer outro valor, conforme determinado pelo art. 5º, LXXVII, que prevê gratuidade para as ações de *habeas corpus*.

> LXXVII – são gratuitas as ações de habeas corpus e habeas data, e, na forma da lei, os atos necessários ao exercício da cidadania.

– Hamilton, o professor da faculdade falava que o *habeas corpus* tem o objetivo de "evitar ou cessar violência ou ameaça na liberdade de locomoção, por ilegalidade ou abuso de poder".

Perfeito. O *habeas corpus* segundo o inciso LXVIII do art. 5º da CF, será utilizado sempre que alguém sofrer ou se achar ameaçado de sofrer violência ou coação em sua liberdade de locomoção, por ilegalidade ou abuso de poder. Nesse mesmo sentido, o art. 647 do CPP:

> CPP, Art. 647. Dar-se-á habeas corpus sempre que alguém sofrer ou se achar na IMINÊNCIA DE SOFRER VIOLÊNCIA OU COAÇÃO ILEGAL NA SUA LIBERDADE DE IR E VIR, salvo nos casos de punição disciplinar.

3.3.6.3.1. Exemplo de cabimento

– Quando o habeas corpus será utilizado na Justiça do Trabalho, Professor?

O *habeas corpus* poderá ser utilizado quando:

(1) For determinado pelo Juiz do Trabalho a prisão de alguém em decorrência ou do descumprimento de uma ordem judicial;

(2) For determinado a prisão do depositário infiel:

> "RECURSO ORDINÁRIO EM HABEAS CORPUS. DEPOSITÁRIO INFIEL. PRISÃO CIVIL. IMPOSSIBILIDADE. A despeito da possibilidade de concessão da ordem ante o que estatui a OJ 143 desta eg. Subseção, bem como antes de se cogitar da hipótese de depositário fiel ou infiel, tem-se que a expedição do decreto prisional no caso em exame mostra-se ilegal por outro fundamento, notadamente aquele acerca da ilegalidade da prisão civil do paciente na condição de depositário infiel, porquanto relacionado à aplicação das Convenções e dos Tratados Internacionais sobre

> direitos humanos dos quais o Brasil é signatário, sobretudo o Pacto de São José da Costa Rica, que prevê a exclusividade da prisão civil do devedor de alimentos. Precedentes desta egrégia Subseção em observância à jurisprudência do Pretório STF, que, inclusive, cancelou entendimento anterior sufragado na Súmula 619 daquele Tribunal. Ordem de habeas corpus concedida, com o fim de outorgar o salvo conduto em favor do paciente. Recurso ordinário provido " (ROHC-37700-32.2004.5.15.0000, Subseção II Especializada em Dissídios Individuais, Relator Ministro Emmanoel Pereira, DEJT 17/12/2010).

(3) For determinado a prisão em flagrante pelo Juiz do Trabalho da testemunha que cometeu crime de falso testemunho.

Nesses casos, a Súmula nº 165 do STJ determina que compete à Justiça Federal processar e julgar crime de falso testemunho cometido no processo trabalhista. Assim, o habeas corpus deve ser apresentado na Justiça Federal

(4) O empregador restringir a liberdade do empregado ou trabalhador por qualquer motivo. Exemplo: Quando o empregador restringe a liberdade de locomoção do empregado, pois este está com dívidas na empresa. Nesse sentido, os ensinamentos do professor Schiavi[13]:

> Há, a nosso ver, a possibilidade de impetração de habeas corpus na Justiça do Trabalho quando o empregador ou tomador de serviços restringirem a liberdade de locomoção do empregado ou trabalhador por qualquer motivo, como em razão de não pagamento de dívidas. A Justiça do Trabalho neste caso não está apreciando matéria criminal, ou se imiscuindo em atividade policial, mas julgando ato que está dentro de sua competência material, pois cumpre à Justiça do Trabalho defender a liberdade ao trabalho, os valores sociais do trabalho e a dignidade da pessoa humana do trabalhador (art. 1 º, incisos III e IV, da CF). Nessa hipótese, o mandado de segurança é cabível contrato ato de ilegalidade.

13. SCHIAVI, Mauro. Manual de direito processual do trabalho. 13. ed. São Paulo. LTr, 2018.

Contudo, o TST vem entendendo que não cabe habeas corpus para discutir cláusula contratual de atleta profissional, como decorrência de inadimplemento de obrigações do clube empregador, contraria o entendimento majoritário do STF e do STJ. Não pode o habeas corpus, ser utilizado como substitutivo de decisão a ser proferida em reclamatória trabalhista, visto que, na ação, é o âmbito apropriado para a análise probatória do descumprimento do contrato e ademais, a o direito à liberdade de locomoção é abordado de forma apenas secundária. Veja as decisões abaixo:

> "HABEAS CORPUS. ATLETA PROFISSIONAL. LIBERAÇÃO PARA EXERCÍCIO EM OUTRA AGREMIAÇÃO ESPORTIVA. AUSÊNCIA DE AMEAÇA À LIBERDADE DE LOCOMOÇÃO PRIMÁRIA. DESCABIMENTO DO REMÉDIO HERÓICO. O cabimento do habeas corpus é questão que já gerou acirrado debate nessa SBDI-2/TST. Com efeito, nos autos do HC – 1000678-46.2018.5.00.0000, prevaleceu a tese proposta pelo eminente Ministro Alexandre Luiz Ramos, secundada pela douta maioria dessa SBDI-2/TST, no sentido de que o habeas corpus tem cabimento restrito à defesa da liberdade de locomoção primária, assim entendida como o direito de ir, vir e permanecer. Na espécie, porém, o direito à liberdade de locomoção é abordado de forma apenas secundária, representado pela prerrogativa individual do trabalhador de prestar serviços para quem e onde bem entender. Desse modo, deve ser denegada a ordem. Ressalva de entendimento da Relatora. Agravo regimental conhecido e provido para extinguir o "writ" sem resolução de mérito, na forma do artigo 485, IV, do CPC. Liminar anteriormente concedida revogada" (ED-1000049-09.2017.5.00.0000, Subseção II Especializada em Dissídios Individuais, Relatora Ministra MARIA HELENA MALLMANN, DEJT 25/03/2019).

> "HABEAS CORPUS. ATLETA PROFISSIONAL. LIBERAÇÃO PARA EXERCÍCIO EM OUTRA AGREMIAÇÃO ESPORTIVA. AUSÊNCIA DE RESTRIÇÃO DO DIREITO PRIMÁRIO DE LIBERDADE DE LOCOMOÇÃO (DIREITO DE IR, VIR E PERMANECER). SUPERAÇÃO DA DOUTRINA BRASILEIRA DO HABEAS CORPUS. NÃO CABIMENTO. A Justiça do Trabalho tem competência constitucional para apreciação de habeas corpus, quando o ato questionado envolver matéria sujeita à sua jurisdição. Contudo, tal competência deve observar os limites de cabimento da referida ação constitucional garantidora de liberdades

fundamentais, em respeito à instrumentalidade das ações constitucionais. A jurisprudência do Supremo Tribunal Federal e do Superior Tribunal de Justiça é firme no sentido de que o habeas corpus tem cabimento restrito à defesa da liberdade de locomoção primária, assim entendida como o direito de ir, vir e permanecer. Admissível, portanto, como meio de proteção de direitos que tenham na liberdade física condição necessária para o seu exercício. Precedentes do STF e do STJ. Contraria o entendimento majoritário dessas Cortes, portanto, a admissão de habeas corpus para discutir cláusula contratual de atleta profissional, com pedido de transferência imediata para outra agremiação desportiva e de rescisão indireta do contrato de trabalho, por não afetar restrição ou privação da liberdade de locomoção. Se a discussão afeta somente secundariamente a liberdade de locomoção, decorrente de liberdade de exercício de profissão ou trabalho, não cabe habeas corpus, caso em que o direito deve ser tutelado por outro meio admitido em Direito. Eventuais restrições do exercício de atividade por atleta profissional não autorizam a impetração de habeas corpus, porquanto não põem em risco a liberdade primária de ir, vir ou permanecer. Ademais, na hipótese dos autos, o habeas corpus foi utilizado como substitutivo de decisão a ser proferida na reclamatória trabalhista, âmbito apropriado para a análise probatória da alegação de descumprimento do contrato, uma vez que o paciente apresentou reclamatória trabalhista, cujo pedido de tutela de urgência de natureza antecipada foi indeferido e contra o qual impetrou mandado de segurança. O presente habeas corpus foi impetrado contra decisão em agravo regimental da Seção Especializada do Tribunal Regional, que cassou a liminar concedida no mandado de segurança. Habeas corpus extinto sem resolução de mérito, nos termos do artigo 485, IV, do CPC/2015" (HC-1000678-46.2018.5.00.0000, Subseção II Especializada em Dissídios Individuais, Relator Ministro ALEXANDRE LUIZ RAMOS, DEJT 19/11/2018).

3.3.6.3.2. Competência funcional e recursos

– Hamilton, quem tem competência para julgar o *habeas corpus* e quais os recursos dessas decisões?

Vamos lá:

- COMPETÊNCIA DA VARA DO TRABALHO: A vara será competente para analisar o *habeas corpus* quando for impetrado contra ato de particular. Da decisão da vara em habeas corpus, cabe recurso ordinário para o TRT.
- COMPETÊNCIA DO TRT: O TRT será competente para analisar o habeas corpus quando for impetrado contra ato de Juiz do Trabalho de Vara do Trabalho. Da decisão do Tribunal Regional do Trabalho em *habeas corpus*, cabe recurso ordinário para o TST.
- COMPETÊNCIA DO TST: O TST será competente para analisar o *habeas corpus* quando for impetrado contra ato do Tribunal Regional do Trabalho. Da decisão do Tribunal Superior do Trabalho em habeas corpus, cabe recurso ordinário para o STF.
- COMPETÊNCIA DO STF: O STF será competente para analisar o *habeas corpus* quando for impetrado contra ato do Tribunal Superior do Trabalho.

É importante saber ainda, que é possível a apresentação de recurso de agravo regimental, se for concedido liminar no habeas corpus em sede de decisão interlocutória.

3.3.7. Ações de indenizações por danos nos acidentes do trabalho

A Justiça do Trabalho é competente para processar e julgar as ações de indenização por dano moral ou patrimonial, decorrentes da relação de trabalho, por força do inciso VI, do art. 114 da CF.

> Art. 114. Compete à Justiça do Trabalho processar e julgar:
>
> [...]
>
> VI – as ações de indenização por dano moral ou patrimonial, decorrentes da relação de trabalho;

> – Uma dúvida, Hamilton. A Justiça do Trabalho possui competência para julgar as ações de danos nas relações de trabalho e emprego somente quando esses danos forem decorrentes de acidente do trabalho?

Não. A Justiça Trabalhista possui competência para julgar qualquer ação de danos decorrentes do contrato de trabalho ou da relação de emprego, desde que decorrentes dessas relações.

Deixa eu mostrar alguns exemplos:

3.3.7.1. Ações de acidente do trabalho

A Justiça Trabalho possui competência para apreciar as ações de responsabilidade civil quando o empregado pleiteia indenização por danos morais, materiais (lucros cessantes, danos emergentes e pensionamento – arts. 949 e 950 do CC/02) e estéticos.

> – Mas se o empregado vem a falecer no acidente de trabalho e os filhos menores querem uma indenização por essa morte, a Justiça do Trabalho mesmo assim vai ter competência?

O que você acha?

> – Eu acho que a competência é da justiça comum, pois os filhos não possuem uma relação de trabalho com a empresa.

Leia a Súmula 392 do TST:

> TST, SUM 392 – Nos termos do art. 114, inc. VI, da Constituição da República, a Justiça do Trabalho é competente para processar e julgar ações de indenização por dano moral e material, decorrentes da relação de trabalho, inclusive as oriundas de acidente de trabalho e doenças a ele equiparadas, ainda que propostas pelos dependentes ou sucessores do trabalhador falecido.

E aí? Mudou de ideia?

– Eu fiquei foi com mais dúvidas, porque eu li a Súmula 366 do STJ que diz que: "Compete à Justiça estadual processar e julgar ação indenizatória proposta por viúva e filhos de empregado falecido em acidente de trabalho".

Cuidado. Essa Súmula já foi cancelada pelo STJ em 16.09.2009. Com as alterações do art. 114 da CF pela Emenda Constitucional 45/04, à Justiça do Trabalho passou a ser competente para processar e julgar as ações de indenização por dano moral ou patrimonial, decorrentes da relação de trabalho, incluindo nessa competência, segundo a jurisprudência do STF, as demandas fundadas em acidente do trabalho propostas pelos dependentes ou sucessores do trabalhador falecido.

– Entendi, Professor. E as ações do empregado contra o INSS deverão ser ajuizadas na Justiça do Trabalho?

Jamais. Essas ações são de competência da Justiça Comum, conforme art. 109, I da CF.

> Art. 109. Aos juízes federais compete processar e julgar:
>
> I – as causas em que a União, entidade autárquica ou empresa pública federal forem interessadas na condição de autoras, rés, assistentes ou oponentes, exceto as de falência, as de acidentes de trabalho e as sujeitas à Justiça Eleitoral e à Justiça do Trabalho;

Justiça Federal – Quando a demanda não envolver acidente do trabalho. Exemplo: Empregado solicitando na peça inicial que o Juiz Federal conceda o benéfico de auxílio doença em decorrência de problemas de saúde.

Justiça Estadual – Quando a demanda envolver acidente do trabalho. Exemplo: Empregado solicitando na peça inicial que o Juiz Estadual conceda o benéfico de auxilio doença em decorrência de problemas de saúde.

Perfeito.

Vamos prosseguindo.

3.3.7.2. *Ações de indenizações por danos ocorridos nas fases pré-contratual e pós-contratual*

A Justiça do Trabalho possui competência para processar e julgar as ações de danos morais e materiais pelos danos nas fases pré e pós-contratual, desde que, a causa de pedir esteja embasada na relação de trabalho, mesmo que o contrato não tenha se firmado ou já tenha sido encerrado entre as partes.

– Hamilton do céu, eu jurava que por não ter começado o contrato ou porque ele já tinha sido encerrado, a competência seria da justiça comum. Agora eu já sei que é na Justiça do Trabalho que tenho que tenho que ajuizar esse tipo de demanda.

Para você ficar mais convicto, deixa eu mostrar alguns exemplos de danos nessas fases.

- Dano pré-contratual – Promessa de contratação frustrada.

> AGRAVO DE INSTRUMENTO. RECURSO DE REVISTA SOB A ÉGIDE DA LEI 13.467/2017. INDENIZAÇÃO POR DANOS MORAIS. INDENIZAÇÃO POR DANOS MATERIAIS. VALOR ARBITRADO A TÍTULO DE REPARAÇÃO. Trata-se de pedido de reparação por danos morais e materiais proveniente do desrespeito da reclamada ao quebrar promessa de emprego, após a entrega de todos os documentos exigidos, realização de exame admissional, envio da CTPS e pedido de demissão de emprego anterior, concluindo o Tribunal Regional, mediante prova documental, que a contratação do reclamante foi frustrada, o que ensejou o pagamento da reparação devida. A fixação do valor teve por escopo reprimir o comportamento descompromissado e irresponsável da empresa e atenuar a dor do trabalhador lesado em razão da promessa de emprego frustrada. O exame prévio dos

critérios de transcendência do recurso de revista revela a inexistência de qualquer deles a possibilitar o exame do apelo no TST. A par disso, irrelevante perquirir acerca do acerto ou desacerto da decisão agravada, dada a inviabilidade de processamento, por motivo diverso, do apelo anteriormente obstaculizado. Agravo de instrumento não provido(AIRR nº 100010-38.2017.5.01.0023, 6ª Turma do TST, Rel. Augusto César Leite de Carvalho. j. 30.10.2019, Publ. 08.11.2019).

III - RECURSO DE REVISTA - REGÊNCIA PELA LEI Nº 13.015/2014 - INDENIZAÇÃO POR DANOS MORAIS. PROMESSA DE EMPREGO. CONTRATAÇÃO FRUSTRADA. O entendimento desta Corte é no sentido de que, em prestígio à boa-fé objetiva, ao vislumbrarem a formação do vínculo contratual, as partes comprometem-se, desde então, ao cumprimento de obrigações pertinentes à fase do pré-contrato razão pela qual, se o empregador não corresponde à expectativa do trabalhador, deve indeniza-lo por danos morais. Recurso de revista conhecido e provido. (RR nº 11623-54.2015.5.01.0011, 8ª Turma do TST, Rel. Márcio Eurico Vitral Amaro. j. 19.03.2019, Publ. 22.03.2019).

- Dano pós-contratual

COMPETÊNCIA DA JUSTIÇA DO TRABALHO - INDENIZAÇÃO POR DANOS MORAIS - FATOS OCORRIDOS APÓS O TÉRMINO DO CONTRATO DE TRABALHO - FASE PÓS CONTRATUAL - Ainda que se trate de fatos ocorridos após o término do contrato de trabalho, estão relacionados à antiga relação jurídica que existia entre as partes, na qualidade de empregado e empregador, o que atrai a competência desta Especializada, na forma do art. 114, VI, da CR, que atribuiu à Justiça do Trabalho competência para processar e julgar as ações de indenização por dano moral e patrimonial, decorrentes da relação de trabalho. (RO nº 0011508-55.2016.5.03.0136, 6ª Turma do TRT da 3ª Região/MG, Rel. Jorge Berg de Mendonça. j. 13.02.2019).

- Dano pós-contratual – Uso da imagem do ex-empregado para fins comerciais

1. DANOS MORAIS. INDENIZAÇÃO PELO USO INDEVIDO DA IMAGEM NO PERÍODO PÓS-CONTRATUAL. FINS

COMERCIAIS NÃO EVIDENCIADOS. SÚMULA 126/TST. Trata-se o direito à imagem de um direito da personalidade que goza de proteção constitucional (art. 5º, V e X, da CF) em virtude do próprio respeito, fixado na ordem constitucional, à dignidade da pessoa humana (art. 1º, III, da CF). O conceito de imagem traduz a ideia de projeção da pessoa em seus relacionamentos próximos e na comunidade mais ampla. A Constituição tutela a imagem da pessoa, situando-a dentro do patrimônio moral do indivíduo (a imagem, como se sabe, situa-se também dentro do patrimônio imaterial das pessoas jurídicas, porém não a honra, a intimidade, a vida privada e outros bens e valores estritamente atávicos à pessoa humana). A imagem da pessoa humana trabalhadora pode ser violada de duas maneiras: de um lado, por meio da agressão ao próprio patrimônio moral do ser humano, de modo a lhe atingir também a imagem, sua projeção em relacionamentos próximos e no cenário da comunidade (é o que ocorreria, por exemplo, com injusta e despropositada acusação de ato ilícito feita pelo empregador a seu empregado); de outro lado, por meio da utilização não autorizada ou não retribuída da imagem do indivíduo. É o que prevê o art. 20 do CCB/2002, que estipula indenização pelo uso irregular da imagem. O preceito legal menciona, como se percebe, três condutas mais próximas de ocorrência: a) condutas que violam a imagem, em face de agredi-la; b) condutas que se utilizam da imagem – sem a ofender, é claro –, porém sem autorização; c) condutas que se utilizam da imagem – também sem ofensas –, mas sem autorização e com fins comerciais. Segundo o Código Civil, é cabível falar-se em reparação indenizatória em qualquer desses três casos hipotéticos. Todavia, no caso dos autos, a decisão recorrida manteve a sentença, consignando que, da "análise da prova oral produzida não encontro evidências do uso comercial do vídeo que contou com a participação do autor e outros empregados". Registrou, ainda, que "as decisões referidas nas razões recursais adotam como pressuposto o uso indevido da imagem do trabalhador por falta de autorização sua, alegação inexistente no caso, e/ou uso comercial dela, finalidade não evidenciada nestes autos. Daí ressalto que a orientação delas emanada não se aplicam a este caso". Óbice da Súmula 126/TST. Recurso de revista não conhecido no tema. (RR nº 10492-12.2014.5.15.0004, 3ª Turma do TST, Rel. Maurício Godinho Delgado. j. 02.10.2019, Publ. 04.10.2019).

– Fiquei com uma dúvida enorme.

Diga.

– O prazo prescricional para o empregado ajuizar a ação trabalhista é de 2 anos contados da extinção do contrato de trabalho?

Sim. Veja o art. 7º, inciso XXIX da CF:

> XXIX – ação, quanto aos créditos resultantes das relações de trabalho, com prazo prescricional de cinco anos para os trabalhadores urbanos e rurais, ATÉ O LIMITE DE DOIS ANOS APÓS A EXTINÇÃO DO CONTRATO DE TRABALHO;

– Então como fica a prescrição se essa lesão pós-contratual for após esse prazo de 2 anos?

O prazo de 2 anos será contado a partir da *actio nata*.

– O que seria essa *actio nata*?

Essa teoria determina que o termo inicial do prazo prescricional das ações indenizatórias, em observância ao princípio da *actio nata*, é a data em que a lesão e os seus efeitos são constatados. Nesse sentido, a decisão do STJ no AgRg – REsp 1248981/RN.

– O TST entende assim também?

Sim, veja:

> AGRAVO DE INSTRUMENTO EM RECURSO DE REVISTA. INTERPOSIÇÃO NA VIGÊNCIA DA LEI Nº 13.015/2014 E DO CPC/2015. PRESCRIÇÃO. DANOS MORAIS DECORRENTES DE LESÃO PÓS-CONTRATUAL. ACTIO NATA. PRAZO DE 2 ANOS CONTADOS A PARTIR DA CIÊNCIA DA LESÃO. A

despeito das razões expostas pela parte agravante, deve ser mantida a decisão que negou seguimento ao Recurso de Revista, pois não verificada nenhuma das hipóteses previstas no art. 896, da CLT. INDENIZAÇÃO POR DANO MORAL. Realizando o cotejo entre as razões apresentadas pela reclamada e a fundamentação adotada pelo Regional, vê-se que o quadro fático alegado pela ora agravante se contrapõe àquele consignado pelo Regional, de modo que a pretensão de reforma da decisão, pelo enfoque pretendido, esbarra, necessariamente, no revolvimento dos elementos de prova firmados nos autos, o que, de fato, desafia o disposto na Súmula nº 126 desta Corte. Agravo de Instrumento conhecido e não provido. (AIRR nº 2271-78.2014.5.03.0067, 1ª Turma do TST, Rel. Luiz José Dezena da Silva. j. 03.04.2019, Publ. 05.04.2019).

– Perfeito.

3.3.7.3. Ações de indenizações por danos ocorridos durante o contrato de trabalho

A Justiça do Trabalho possui competência para processar e julgar demandas com pedidos de danos ocorridos durante o contrato de trabalho. Os fatos que geram indenizações por danos, devem ser estudados no Direito do Trabalho, contudo, vou dar alguns exemplos de pedidos de danos de competência da Justiça do Trabalho:

1. Dano moral em decorrência da revista íntima em pessoas;
2. Dano moral em decorrência da revista íntima em pertences de modo vexatório e pessoal;
3. Dano moral em decorrência de imputação de fato criminoso ao empregado;
4. Dano moral em decorrência da utilização do teste de polígrafo;
5. Dano moral em decorrência da restrição do uso do banheiro;
6. Dano moral em decorrência do limbo previdenciário;

7. Dano moral em decorrência do registro de anotações desabonadoras na CTPS;
8. Dano moral em decorrência do atraso reiterado no pagamento dos salários;
9. Dano moral em decorrência da dispensa discriminatória
10. Dano moral em decorrência do assédio moral ou sexual.

Paro por aqui, pois como dito acima, isso vai ser estudado no Direito do Trabalho. Vamos voltar para que o que interessa.

3.3.8. Ações relativas as penalidades administrativas impostas aos empregadores pelos órgãos de fiscalização do trabalho

A Justiça do Trabalho é competente para processar e julgar as ações relativas às penalidades administrativas impostas aos empregadores pelos órgãos de fiscalização das relações de trabalho, por força do inciso VII, do art. 114 da CF.

> Art. 114. Compete à Justiça do Trabalho processar e julgar:
>
> [...]
>
> VII – as ações relativas às penalidades administrativas impostas aos empregadores pelos órgãos de fiscalização das relações de trabalho;

3.3.8.1. Ações anulatórias de débito fiscal

– Eu posso anular o auto de infração tanto pela via administrativa como pela via judicial?

Sim. Você pode escolher a via para anular o auto. Pela via administrativa, o tema foi regulado pelo art. 636 da CLT.

– Pela via administrativa é necessário fazer o pagamento da multa para apresentar defesa?

O STF e o TST já fixaram entendimento pelo não pagamento da multa antecipada. Nesse sentido:

> STF, SUM VINCULANTE 21 – É inconstitucional a exigência de depósito ou arrolamento prévios de dinheiro ou bens para admissibilidade de recurso administrativo.
>
> TST, SUM 424 – O § 1º do art. 636 da CLT, que estabelece a exigência de prova do depósito prévio do valor da multa cominada em razão de autuação administrativa como pressuposto de admissibilidade de recurso administrativo, não foi recepcionado pela Constituição Federal de 1988, ante a sua incompatibilidade com o inciso LV do art. 5º.

– Outra dúvida. Se eu tentar anular administrativamente e não tiver sucesso, não ocorre a coisa julgada administrativa?

Sim.

– E mesmo assim ainda posso ir tentar anular esse auto de infração na Justiça do Trabalho?

Pode sim.

De acordo com o Hely Lopes Meirelles[14], a coisa julgada administrativa seria apenas uma preclusão de efeitos internos, não possuindo assim o mesmo alcance da coisa julgada judicial, uma vez que o ato jurisdicional da Administração não deixa de ser um simples ato administrativo decisório, sem a força conclusiva do ato jurisdicional do Poder Judiciário.

– Então, a existência da coisa julgada administrativa apenas significa que a questão foi resolvida por definitivo administrativamente, contudo, a situação pode ser levada à análise do judiciário.

14. MEIRELLES, Hely Lopes. "*Direito administrativo brasileiro*". São Paulo: Editora Malheiros, 2011.

Isso mesmo.

– Você teria alguns exemplos de ação anulatória de autos de infração que serão ajuizados na Justiça do Trabalho?

Vou colocar algumas teses:

(1) Ação anulatória pelo não preenchimento de vagas destinadas a pessoas portadoras de deficiência ou reabilitadas quando o empregador demonstrar que fez o possível para a contratação.

> I – AGRAVO. AGRAVO DE INSTRUMENTO. RECURSO DE REVISTA. AÇÃO ANULATÓRIA. AUTO DE INFRAÇÃO. DESCUMPRIMENTO DA COTA MÍNIMA DE VAGAS DESTINADAS A PESSOAS COM DEFICIÊNCIA OU REABILITADAS. Tendo em vista a possível divergência jurisprudencial, DOU PROVIMENTO ao agravo para melhor exame do agravo de instrumento. Agravo conhecido e provido. II – AGRAVO DE INSTRUMENTO EM RECURSO DE REVISTA. AÇÃO ANULATÓRIA. AUTO DE INFRAÇÃO. DESCUMPRIMENTO DA COTA MÍNIMA DE VAGAS DESTINADAS A PESSOAS COM DEFICIÊNCIA OU REABILITADAS. Tendo em vista a possível divergência jurisprudencial, DOU PROVIMENTO ao agravo de instrumento para melhor exame do recurso de revista. Agravo de instrumento conhecido e provido. III – RECURSO DE REVISTA. AÇÃO ANULATÓRIA. AUTO DE INFRAÇÃO. DESCUMPRIMENTO DA COTA MÍNIMA DE VAGAS DESTINADAS A PESSOAS COM DEFICIÊNCIA OU REABILITADAS. A jurisprudência desta Corte firmou-se no sentido de que, comprovada a real impossibilidade de atendimento às cotas estabelecidas no art. 93 da Lei 8.213/1991, não pode a empresa ser penalizada. No entanto, não a exonera da obrigação de promover a admissão das pessoas portadoras de deficiência ou reabilitadas. Nesse contexto, ainda que seja ônus da empresa cumprir a exigência prevista na lei, ela não pode ser responsabilizada pelo insucesso, quando ficou comprovado que envidou esforços para preencher a cota mínima. Na hipótese em apreço, de que a ré envidou esforços para captação da mão de obra, bem como dos fatos de que a empresa

se utilizou de vários meios para obter trabalhadores reabilitados ou portadores de deficiência, e diante de elementos que direcionam à impossibilidade de atingimento da quota prevista em lei não se deve imputar à empresa conduta discriminatória quando a ausência de contratação se deu em decorrência de fato alheio à sua vontade. Precedentes. Recurso de revista conhecido por divergência jurisprudencial e provido e provido. (RR nº 11611-66.2015.5.18.0011, 3ª Turma do TST, Rel. Alexandre de Souza Agra Belmonte. j. 06.11.2019, Publ. 06.12.2019).

"1. AGRAVO DE INSTRUMENTO EM RECURSO DE REVISTA NA VIGÊNCIA DA LEI Nº 13.015/2014. (...) 2. AÇÃO ANULATÓRIA. PREENCHIMENTO DE VAGAS DESTINADAS A PESSOAS PORTADORAS DE DEFICIÊNCIA OU REABILITADAS. ARTIGO 93 DA LEI 8.213/91. NÃO CUMPRIMENTO DIANTE DA AUSÊNCIA DE CANDIDATOS. MULTA ADMINISTRATIVA. NÃO CABIMENTO. I- A partir do registro fático constante do acórdão recorrido, indicativo de que a agravada demonstrou esforço, intenção e diligência em cumprir a legislação previdenciária, dando oportunidade de trabalho aos portadores de necessidades especiais, sobrevém o inamovível óbice do seu revolvimento em sede de cognição extraordinária, a teor da Súmula nº 126 do TST, não havendo como visualizar a pretensa agressão à norma do artigo 93 da Lei nº 8.213/91. II – Vale sublinhar, ainda, que o entendimento do Colegiado de origem de que não se pode penalizar a empresa que, a despeito de ter comprovado esforços para cumprimento da legislação previdenciária, não tenha encontrado no mercado de trabalho pessoas portadoras de deficiência capacitadas ou mesmo interessadas nas vagas ofertadas, acha-se em consonância com a jurisprudência desta Corte. Precedentes. III – Agravo de instrumento a que se nega provimento" (AIRR – 10536-18.2014.5.15.0073, Rel. Min. Antonio José de Barros Levenhagen, 5ª Turma, DEJT 26/8/2016)

(2) Ação anulatória pelo não realização da dupla visita pelo fiscal do trabalho.

RECURSO DE REVISTA. PROCESSO SOB A ÉGIDE DA LEI Nº 13.015/2014 E ANTERIOR À LEI Nº 13.467/2017. AÇÃO ANULATÓRIA DE AUTO DE INFRAÇÃO. MULTA APLICADA POR AUDITOR FISCAL DO TRABALHO. CRITÉRIO DE

DUPLA VISITA. NECESSIDADE DE OBSERVÂNCIA NAS HIPÓTESES PREVISTAS NOS ARTS. 627 DA CLT, 6º, § 3º, DA LEI Nº 7.855/89, 23 DO DECRETO Nº 4.552/2002, E 55 DA LC Nº 123/2006. O Poder Executivo tem a competência e o dever de assegurar a fiel execução das leis no País (art. 84, IV, CF), função que realiza, no âmbito juslaborativo, entre outras medidas e instituições, mediante a competência explícita da União para organizar, manter e executar a inspeção do trabalho (art. 21, XXIV, CF). O Auditor Fiscal do Trabalho, como qualquer autoridade de inspeção do Estado (inspeção do trabalho, inspeção fazendária, inspeção sanitária, etc.) tem o poder e o dever de examinar os dados da situação concreta posta à sua análise, durante a inspeção, verificando se ali há (ou não) cumprimento ou descumprimento das respectivas leis federais imperativas. Na hipótese da atuação do Auditor Fiscal do Trabalho, este pode (e deve) examinar a presença (ou não) de relações jurídicas enquadradas nas leis trabalhistas e se estas leis estão (ou não) sendo cumpridas no caso concreto, aplicando as sanções pertinentes, respeitado o critério da dupla visita nas hipóteses previstas nos arts. 627 da CLT, 6º, § 3º, da Lei nº 7.855/89, 23 do Decreto nº 4.552/2002, e 55 da LC nº 123/2006. No caso concreto, o Tribunal Regional consignou que deve ser observada a "aplicabilidade do disposto no art. 627, alíneas "a" e "b", da CLT, ou seja, quando for caso de primeira inspeção em estabelecimentos ou locais de trabalho, recentemente inaugurados ou empreendidos, essencial se faz que a primeira visita tenha caráter pedagógico", que "se tratava de primeira visita à obra de infraestrutura" e que "a hipótese enquadra-se ao que prevê o art. 627, b, da CLT, e art. 23, II, do Dec. 4552/2002". Assim, deve ser mantida a declaração de nulidade dos respectivos autos de infração e das multas, por não terem observado o critério da "dupla visita". Recurso de revista não conhecido. (RR nº 1777-69.2016.5.08.0015, 3ª Turma do TST, Rel. Maurício Godinho Delgado. j. 26.06.2018, Publ. 29.06.2018).

– Professor, quando será necessário a dupla visita?

Conforme os artigos 627 da CLT e 23 do Decreto nº 4.552/2002, a fiscalização deverá observar o critério de dupla visita nos casos de:

a) promulgação ou expedição de novas leis, regulamentos ou instruções ministeriais, visto que, com relação exclusivamente a esses atos, será feita apenas a instrução dos responsáveis;

b) quando se tratar de primeira inspeção dos estabelecimentos ou dos locais de trabalho recentemente inaugurados ou empreendidos; e

c) quando se tratar de estabelecimento ou local de trabalho com até 10 trabalhadores, microempresa ou empresa de pequeno porte.

A autuação pelas infrações não dependerá da dupla visita após o decurso do prazo de noventa dias da vigência das disposições a que se refere no item a acima ou do efetivo funcionamento do novo estabelecimento ou local de trabalho a que se refere o item b.

– Temos exceção a esse princípio da dupla visita?

Temos sim. O art. 47, da CLT prevê que o empregador que mantiver empregado não registrado nos termos do art. 41 da CLT ficará sujeito a multa no valor de R$ 3.000,00 (três mil reais) por empregado não registrado, acrescido de igual valor em cada reincidência.

O parágrafo segundo do mesmo dispositivo, determina que a infração de que trata o *caput* deste artigo constitui exceção ao critério da dupla visita

– Entendi.

Vamos ver agora a um outro caso que gera anulação do auto de infração.

(3) Ação anulatória quando o auto de infração é lavrado fora do local da inspeção:

AGRAVO. RECURSO DE REVISTA INTERPOSTO NA VIGÊNCIA DA LEI 13.015/2014. AÇÃO ANULATÓRIA. AUTO DE INFRAÇÃO LAVRADO EM LOCAL DIVERSO DA INSPEÇÃO. AUSÊNCIA DE JUSTIFICATIVA. O artigo 629, § 1º, da CLT dispõe que é válida a lavratura de auto de infração fora do local da inspeção, desde que haja motivo justificado, o que deixou de se observar no caso em apreço. O Tribunal Regional registrou ser incontroverso que "o auto foi lavrado em local diverso da inspeção e fora do prazo legal de 24 horas e que não há justificativa no próprio auto (...)". Desse modo, tem-se como nulo o ato administrativo da lavratura do auto de infração fora do local da inspeção, sem justificativa e fora do prazo, porquanto em desacordo com as normas legais. Nesse contexto, não afastados os fundamentos da decisão agravada, nenhum reparo merece a decisão. Ademais, constatado o caráter manifestamente inadmissível do agravo, impõe-se a aplicação da multa prevista no artigo 1.021, § 4º, do CPC/2015, no percentual de 5% sobre o valor dado à causa (R$ 2.000,00), o que perfaz o montante de R$ 100,00, a ser revertido em favor da Agravada, devidamente atualizado, nos termos do referido dispositivo de lei. Agravo não provido, com aplicação de multa. (AG-RR nº 3244-63.2015.5.22.0004, 5ª Turma do TST, Rel. Douglas Alencar Rodrigues. j. 12.12.2018, Publ. 19.12.2018).

"AGRAVO DE INSTRUMENTO EM RECURSO DE REVISTA. (...) 2. AUTO DE INFRAÇÃO. LAVRATURA. LOCAL DA INSPEÇÃO. Não merece reparos a decisão recorrida, porquanto o Regional concluiu pela nulidade do auto de infração, com amparo na disposição contida no art. 629, § 1º, da CLT, uma vez incontroverso que foi lavrado fora do local em que realizada a inspeção, sem apresentação de motivo justificado para esse procedimento. Agravo de instrumento conhecido e não provido. (AIRR – 67500-21.2009.5.05.0611, Relatora Ministra: Dora Maria da Costa, Data de Julgamento: 14/03/2018, 8ª Turma, Data de Publicação: DEJT 16/03/2018)"

– Posso anular todo auto de infração que for lavrado fora do local da inspeção, Hamilton?

Nem sempre. O parágrafo primeiro do artigo 629 da CLT, expressamente, determina que o auto de infração não terá o seu valor probante condicionado à assinatura do infrator ou de testemunhas, mas, no entanto, obrigatoriamente, será lavrado no local da inspeção, SALVO HAVENDO MOTIVO JUSTIFICADO QUE SERÁ DECLARADO NO PRÓPRIO AUTO, quando, deverá ser lavrado no prazo de 24 (vinte e quatro) horas.

O Decreto 4.552/02, determina em seu art. 30 que os procedimentos de fiscalização poderão ser na forma indireta ou mista. Quando a fiscalização for feita na forma indireta ou mista, essa tese para anulação não vai colar. Veja o que diz o decreto e a jurisprudência:

> DECRETO Nº 4.552/02 – Art. 30 – Poderão ser estabelecidos procedimentos de fiscalização indireta, mista, ou outras que venham a ser definidas em instruções expedidas pela autoridade nacional competente em matéria de inspeção do trabalho.
>
> § 3º- Considera-se fiscalização mista aquela iniciada com a visita ao local de trabalho e desenvolvida mediante notificação para apresentação de documentos nas unidades descentralizadas do Ministério do Trabalho e Emprego.
>
> "AGRAVO. AGRAVO DE INSTRUMENTO. RECURSO DE REVISTA. PROCESSO SOB A ÉGIDE DA LEI 13.015/2014 E ANTERIOR À LEI 13.467/2017. AUTO DE INFRAÇÃO LAVRADO FORA DO LOCAL DE INSPEÇÃO. ARTIGO 629, § 1º, DA CLT. FISCALIZAÇÃO MISTA. ART. 30, § 3º, DO DECRETO 4.552/2002. JUSTO MOTIVO. VALIDADE. No presente caso, o auto de infração não foi lavrado no local da inspeção, uma vez que se tratava de procedimento de fiscalização mista em que a lavratura do auto de infração foi precedida da visita ao local de trabalho e da notificação para a apresentação de documentos (art. 30, § 3º, do Decreto 4.552/2002). Nesse contexto, a jurisprudência desta Corte Superior vem decidindo que os procedimentos de fiscalização previstos no art. 30, § 3º, do Decreto nº 4.552/2002, constituem justo motivo para a lavratura do auto de infração fora do local da inspeção, tal como previsto no art. 629, § 1º, da CLT. Assim sendo, a decisão agravada foi proferida em estrita observância às normas processuais (art. 557, caput, do CPC/1973; arts. 14 e 932, IV, "a", do CPC/2015), razão pela qual é insuscetível de reforma ou reconsideração. Agravo desprovido" (Ag-RR-3248-03.2015.5.22.0004, 3ª Turma, Relator Ministro Mauricio Godinho Delgado, DEJT 31/5/2019).
>
> "AUTO DE INFRAÇÃO LAVRADO FORA DO LOCAL DE INSPEÇÃO. FISCALIZAÇÃO INDIRETA. JUSTO MOTIVO. VALIDADE. ARTIGO 629, § 1º, DA CLT. A partir da interpretação dos artigos 629, § 1º, da CLT e 30 do Decreto nº 4.552/2002, é possível concluir que é válida a lavratura de auto de infração fora

do local da inspeção quando, por exemplo, a natureza do objeto da fiscalização assim o permitir. No caso, objeto da fiscalização é o desrespeito ao intervalo interjornada, infração que pode ser constatada mediante a análise de documentos referentes aos controles de frequência dos empregados. O Tribunal Regional concluiu que era desnecessário que a lavratura do auto de infração fosse feita no local da inspeção, porque " os documentos que serviram para a lavratura do auto de infração foram levados pelo auditor fiscal para a sede local da DRT, desvinculando-se o local da inspeção da sede da empresa autuada ", fatos esses que justificariam a confecção do auto em análise fora do local da inspeção. Nesse contexto, não há violação da literalidade do art. 629, § 1º, da CLT, tendo em vista que nele não foram elencadas as hipóteses que caracterizariam o justo motivo para a lavratura do auto de infração em local diverso da fiscalização. Ademais, não cabe falar em divergência jurisprudencial, porquanto os arestos transcritos pela ora agravante não consignam as mesmas premissas fáticas registradas no acórdão recorrido, aplicando-se o óbice preconizado na Súmula nº 296, item I, do TST e no art. "896, § 8º, da CLT. Agravo de instrumento desprovido" (AIRR-1878-62.2014.5.09.0011, 2ª Turma, Relator Ministro José Roberto Freire Pimenta, DEJT 4/5/2018)."

AGRAVO DE INSTRUMENTO EM RECURSO DE REVISTA. RECURSO REGIDO PELO CPC/2015, PELA INSTRUÇÃO NORMATIVA Nº 40/2016 DO TST E PELA LEI Nº 13.467/2017. AUTO DE INFRAÇÃO LAVRADO FORA DO LOCAL DE INSPEÇÃO. FISCALIZAÇÃO INDIRETA. JUSTO MOTIVO. VALIDADE. ARTIGO 629, § 1º, DA CLT. A partir da interpretação dos artigos 629, § 1º, da CLT e 30 do Decreto nº 4.552/2002, é possível concluir que é válida a lavratura de auto de infração fora do local da inspeção quando, por exemplo, a natureza do objeto da fiscalização assim o permitir. No caso, o objeto da fiscalização refere-se ao fornecimento de água em condições que não eram higiênicas ou à utilização de copos coletivos para o consumo de água potável. O Tribunal Regional concluiu que era desnecessário que a lavratura do auto de infração fosse feita no local da inspeção, porque, "como consta do auto, houve necessidade de várias diligências, inclusive com a necessidade de apoio da Polícia Rodoviária Federal", fatos esses que justificariam a confecção do auto em análise fora do local da inspeção. Nesse contexto, não há violação do artigo 629, § 1º, da CLT, tendo em vista que nele não foram elencadas

> as hipóteses que caracterizariam o justo motivo para a lavratura do auto de infração em local diverso da fiscalização. Agravo de instrumento desprovido. (AIRR nº 10107-05.2018.5.03.0151, 2ª Turma do TST, Rel. José Roberto Freire Pimenta. j. 15.10.2019, Publ. 18.10.2019).

Entendeu?

– Sim.

Beleza. Agora vamos voltar ao estudo da competência.

– Obrigado, Hamilton.

3.3.8.2. Ações executórias

As ações executórias das multas aplicadas pelos fiscais do trabalho, também devem ser executadas na Justiça do Trabalho, pois após a inscrição na dívida ativa, passam a ser títulos executivos extrajudiciais (CDA – Certidão de Dívida Ativa).

– Isso eu já sabia, pois o pai de um amigo está sendo executado pela Justiça do Trabalho por não ter pago umas multas aplicadas pelo fiscal do trabalho na empresa dele.

Então diga para ele ficar tranquilo, porque o sócio não pode responder por esse tipo de dívida.

– Professor, por quê?

Já leu a Súmula 392 do STJ?

> STJ, SUM 392 – A Fazenda Pública pode substituir a certidão de dívida ativa (CDA) até a prolação da sentença de embargos, quando se tratar de correção de erro material ou formal, vedada a modificação do sujeito passivo da execução.

– Já.

Percebeu que a Fazenda Pública pode substituir a CDA por erro material ou formal, mas não pode substituir o sujeito do polo passivo?

– Sim, a parte final da Súmula menciona.

Então, conclui-se que é incabível o redirecionamento da execução fiscal em face de pessoas distintas daquelas constantes da CDA. Nesse sentido:

> 2. MULTA ADMINISTRATIVA. REDIRECIONAMENTO DA EXECUÇÃO CONTRA SÓCIOS DA EMPRESA. O Regional decidiu que a execução fiscal de multa de natureza administrativa imposta por infração à CLT não pode ser redirecionada aos sócios e representantes da pessoa jurídica, pois o artigo 135 do CTN somente tem aplicabilidade às execuções de créditos decorrentes de obrigações tributárias, hipótese em que não se enquadram as multas aplicadas pelos órgãos de fiscalização do trabalho. Não obstante, declarou ainda que a responsabilização dos sócios da empresa executada deve estar atrelada à comprovação de abuso ou fraude, e não à vista de mera diligência infrutífera no endereço informado na inicial. Além disso, concluiu que a inclusão prematura dos sócios no polo passivo da execução não pode ser deferida, nos moldes do artigo 2º, § 5º, I, da Lei nº 6.830/80 e da Súmula nº 392 do STJ, porquanto se afigura incabível o redirecionamento da execução fiscal em face de pessoas distintas daquelas constantes da CDA. Nesse contexto, não há como aplicar o entendimento firmado pelo Superior Tribunal de Justiça, que, ao julgar o Recurso Especial nº 1.371.128/RS (DJe de 17.09.2014), processado como representativo da controvérsia, nos termos do artigo 543-C do CPC/73 (atual art. 1.036 do novo CPC), considerou a possibilidade de redirecionamento da execução fiscal de dívida ativa não tributária contra sócio da empresa executada, na hipótese de dissolução irregular da pessoa jurídica, na medida em que não se extrai do acórdão regional a conclusão de que a empresa deixou de funcionar no seu domicílio fiscal, sem comunicação aos órgãos competentes, legitimando o redirecionamento da execução fiscal para o sócio-gerente, nos moldes da Súmula nº

> 435 do STJ. Assim, não há falar em redirecionamento da execução fiscal contra sócio pelo mero inadimplemento do débito fiscal, pois o acórdão recorrido não afirma a ocorrência do encerramento irregular da empresa executada. Agravo de instrumento conhecido e não provido. (AIRR nº 2801-97.2013.5.02.0050, 8ª Turma do TST, Rel. Dora Maria da Costa. j. 25.04.2018, Publ. 27.04.2018).
>
> EXECUÇÃO DE MULTA ADMINISTRATIVA. REDIRECIONAMENTO PARA O SÓCIO ADMINISTRADOR. INADMISSIBILIDADE. Inadmissível a responsabilização dos sócios na execução de multa administrativa (dívida ativa fiscal), decorrente de infração à legislação trabalhista, por se tratar de dívida de natureza não tributária, nos termos do art. 135, III, do CTN. (AP nº 0010912-68.2016.5.03.0137, 3ª Turma do TRT da 3ª Região/MG, Rel. Convocado Delane Marcolino Ferreira. j. 11.12.2019).

– Vivendo e aprendendo, Professor. Vou já avisar o pai do meu amigo.

Maravilha. Sempre é bom ajudar o próximo.

3.3.9. Execução das Contribuições Sociais

A Justiça do Trabalho é competente para processar e julgar outras a execução, de ofício, das contribuições sociais previstas no art. 195, I, a, e II, e seus acréscimos legais, decorrentes das sentenças que proferir, na forma da lei, por força do inciso VIII, do art. 114 da CF.

> Art. 114. Compete à Justiça do Trabalho processar e julgar:
>
> [...]
>
> VIII – a execução, de ofício, das contribuições sociais previstas no art. 195, I, a, e II, e seus acréscimos legais, decorrentes das sentenças que proferir;

3.3.9.1. Contribuição Social dos salários do pacto laboral

A Justiça do Trabalho vai ter competência para executar os valores da contribuição social das sentenças condenatórias em pecúnia que proferir e aos valores, objeto de acordo homologado, que integrem o salário de contribuição. Nesse sentido, os seguintes dispositivos:

> CLT, art. 876 – [...]
>
> Parágrafo único. A Justiça do Trabalho executará, de ofício, as contribuições sociais previstas na alínea a do inciso I e no inciso II do caput do art. 195 da Constituição Federal, e seus acréscimos legais, relativas ao objeto da condenação constante das sentenças que proferir e dos acordos que homologar.
>
> STF, SÚMULA VINCULANTE 53 – A competência da Justiça do Trabalho prevista no art. 114, VIII, da Constituição Federal alcança a execução de ofício das contribuições previdenciárias relativas ao objeto da condenação constante das sentenças que proferir e acordos por ela homologados.
>
> TST, SUM 368 – I – A Justiça do Trabalho é competente para determinar o recolhimento das contribuições fiscais. A competência da Justiça do Trabalho, quanto à execução das contribuições previdenciárias, limita-se às sentenças condenatórias em pecúnia que proferir e aos valores, objeto de acordo homologado, que integrem o salário de contribuição.

Para você entender o assunto, primeiro leia o art. 195, I, a, e II da CF/88:

> CF, Art. 195. A seguridade social será financiada por toda a sociedade, de forma direta e indireta, nos termos da lei, mediante recursos provenientes dos orçamentos da União, dos Estados, do Distrito Federal e dos Municípios, e das seguintes contribuições sociais:
>
> I – do empregador, da empresa e da entidade a ela equiparada na forma da lei, incidentes sobre:
>
> a) a folha de salários e demais rendimentos do trabalho pagos ou creditados, a qualquer título, à pessoa física que lhe preste serviço, mesmo sem vínculo empregatício;
>
> [...]
>
> II – do trabalhador e dos demais segurados da previdência social, podendo ser adotadas alíquotas progressivas de acordo com

> o valor do salário de contribuição, não incidindo contribuição sobre aposentadoria e pensão concedidas pelo Regime Geral de Previdência Social;

– Já, Hamilton, porém não entendi muito bem!

Calma. Vamos imaginar algumas situações para você compreender o assunto, mas primeiro você precisa entende que "o Juiz do Trabalho somente vai ter competência se ele condenar o reclamado a pagar algo em dinheiro e ainda, se essa parcela tiver natureza salarial, ou seja, fazer parte do salário contribuição".

– Natureza salarial?

Sim. Natureza salarial são parcelas trabalhistas que compõe a remuneração do empregado, como por exemplo:

1) Salários;
2) Gorjetas;
3) Horas extras;
4) Adicional de Insalubridade;
5) Adicional de Periculosidade;
6) Adicional Noturno;
7) Adicional de Transferência;
8) 13º Salários;

Etc.

Veja o que diz os incisos I e II do art. 28 da Lei 8.212/91:

> Art. 28. Entende-se por salário-de-contribuição:
>
> I – para o empregado e trabalhador avulso: a remuneração auferida em uma ou mais empresas, assim entendida a totalidade dos rendimentos pagos, devidos ou creditados a qualquer título,

> durante o mês, destinados a retribuir o trabalho, qualquer que seja a sua forma, inclusive as gorjetas, os ganhos habituais sob a forma de utilidades e os adiantamentos decorrentes de reajuste salarial, quer pelos serviços efetivamente prestados, quer pelo tempo à disposição do empregador ou tomador de serviços nos termos da lei ou do contrato ou, ainda, de convenção ou acordo coletivo de trabalho ou sentença normativa;
>
> II – para o empregado doméstico: a remuneração registrada na Carteira de Trabalho e Previdência Social, observadas as normas a serem estabelecidas em regulamento para comprovação do vínculo empregatício e do valor da remuneração;

Assim, se a Justiça do Trabalho condenar o empregador a pagar as verbas trabalhistas acima descritas, ela já poderá reconhecer que são devidas as contribuições previdenciárias relacionadas com o período e executá-las. O mesmo acontece se as partes, em vez de esperar a decisão do Juiz do Trabalho, resolvem fazer acordo sobre tais parcelas.

– Certo.

Agora, imagine a seguinte situação fática:

Marcos trabalhou para a empresa BETA, sem CTPS assinada e recebendo por mês um salário mínimo. Essa situação perdurou por três anos. Após o desligamento, Marcos procurou a Justiça do Trabalho, requerendo em sua peça inicial o reconhecimento de vínculo pelo período de 3 anos, pois alega que sempre trabalhou recebendo ordens (subordinação), com onerosidade, de forma pessoal e não eventual. Requer, ainda, a condenação da empresa em 13º salários e férias com adicional de 1/3 do período trabalhado.

Em sentença, o juiz reconhece o vínculo e condena a empresa BETA a pagar os 13º salários e férias com adicional de 1/3 do período trabalhado.

Percebeu que o Juiz não condenou a empresa Beta a pagar nenhum salário do período trabalhado?

– Sim, Hamilton!

Então me responda o seguinte: O Juiz vai ter competência para condenar a empresa a recolher a contribuição previdenciária dos salários referente aos 3 anos de pacto laboral?

– Não.

Por qual motivo?

– Porque ele não condenou em salários. La no início você pediu para eu entender que *"o Juiz do Trabalho somente vai ter competência se ELE CONDENAR O RECLAMADO A PAGAR ALGO em dinheiro e ainda, se essa parcela tiver natureza salarial"*. Então

Perfeito. E quando ao 13º salário e férias?

– Eu acho que sim, pois houve condenação.

Não. O Juiz somente vai ter competência para mandar recolher a contribuição previdenciária sobre os 13º salários, pois as férias, apesar de haver condenação para a empresa Beta pagar, elas não integram o salário de contribuição, pois são férias indenizadas, ou seja, não gozadas pelo empregado.

– Como eu sei o que a parcela não integra o salário de contribuição?

Basta você ler o § 9º do art. 28 da Lei 8.212/91. Segue:

> Art. 28 – [...]
>
> § 9º NÃO INTEGRAM O SALÁRIO-DE-CONTRIBUIÇÃO para os fins desta Lei, exclusivamente:
>
> a) os benefícios da previdência social, nos termos e limites legais, salvo o salário-maternidade;
>
> b) as ajudas de custo e o adicional mensal recebidos pelo aeronauta nos termos da Lei nº 5.929, de 30 de outubro de 1973;

c) a parcela "in natura" recebida de acordo com os programas de alimentação aprovados pelo Ministério do Trabalho e da Previdência Social, nos termos da Lei nº 6.321, de 14 de abril de 1976;

d) as importâncias recebidas a título de férias indenizadas e respectivo adicional constitucional, inclusive o valor correspondente à dobra da remuneração de férias de que trata o art. 137 da Consolidação das Leis do Trabalho-CLT

e) as importâncias:

1. previstas no inciso I do art. 10 do Ato das Disposições Constitucionais Transitórias; (Incluído pela Lei nº 9.528, de 1997)

2. relativas à indenização por tempo de serviço, anterior a 5 de outubro de 1988, do empregado não optante pelo Fundo de Garantia do Tempo de Serviço-FGTS; (Incluído pela Lei nº 9.528, de 1997)

3. recebidas a título da indenização de que trata o art. 479 da CLT; (Incluído pela Lei nº 9.528, de 1997)

4. recebidas a título da indenização de que trata o art. 14 da Lei nº 5.889, de 8 de junho de 1973; (Incluído pela Lei nº 9.528, de 1997)

5. recebidas a título de incentivo à demissão; (Incluído pela Lei nº 9.528, de 1997)

6. recebidas a título de abono de férias na forma dos arts. 143 e 144 da CLT; (Incluído pela Lei nº 9.711, de 1998).

7. recebidas a título de ganhos eventuais e os abonos expressamente desvinculados do salário; (Incluído pela Lei nº 9.711, de 1998).

8. recebidas a título de licença-prêmio indenizada; (Incluído pela Lei nº 9.711, de 1998).

9. recebidas a título da indenização de que trata o art. 9º da Lei nº 7.238, de 29 de outubro de 1984; (Incluído pela Lei nº 9.711, de 1998).

f) a parcela recebida a título de vale-transporte, na forma da legislação própria;

g) a ajuda de custo, em parcela única, recebida exclusivamente em decorrência de mudança de local de trabalho do empregado, na forma do art. 470 da CLT; (Redação dada pela Lei nº 9.528, de 10.12.97).

h) as diárias para viagens; (Redação dada pela Lei nº 13.467, de 2017)

i) a importância recebida a título de bolsa de complementação educacional de estagiário, quando paga nos termos da Lei nº 6.494, de 7 de dezembro de 1977;

j) a participação nos lucros ou resultados da empresa, quando paga ou creditada de acordo com lei específica;

l) o abono do Programa de Integração Social-PIS e do Programa de Assistência ao Servidor Público-PASEP; (Incluída pela Lei nº 9.528, de 10.12.97)

m) os valores correspondentes a transporte, alimentação e habitação fornecidos pela empresa ao empregado contratado para trabalhar em localidade distante da de sua residência, em canteiro de obras ou local que, por força da atividade, exija deslocamento e estada, observadas as normas de proteção estabelecidas pelo Ministério do Trabalho; (Incluída pela Lei nº 9.528, de 10.12.97)

n) a importância paga ao empregado a título de complementação ao valor do auxílio-doença, desde que este direito seja extensivo à totalidade dos empregados da empresa; (Incluída pela Lei nº 9.528, de 10.12.97)

o) as parcelas destinadas à assistência ao trabalhador da agroindústria canavieira, de que trata o art. 36 da Lei nº 4.870, de 1º de dezembro de 1965; (Incluída pela Lei nº 9.528, de 10.12.97).

p) o valor das contribuições efetivamente pago pela pessoa jurídica relativo a programa de previdência complementar, aberto ou fechado, desde que disponível à totalidade de seus empregados e dirigentes, observados, no que couber, os arts. 9º e 468 da CLT; (Incluída pela Lei nº 9.528, de 10.12.97)

q) o valor relativo à assistência prestada por serviço médico ou odontológico, próprio da empresa ou por ela conveniado, inclusive o reembolso de despesas com medicamentos, óculos, aparelhos ortopédicos, próteses, órteses, despesas médico-hospitalares e outras similares; (Redação dada pela Lei nº 13.467, de 2017)

r) o valor correspondente a vestuários, equipamentos e outros acessórios fornecidos ao empregado e utilizados no local do trabalho para prestação dos respectivos serviços; (Incluída pela Lei nº 9.528, de 10.12.97)

s) o ressarcimento de despesas pelo uso de veículo do empregado e o reembolso creche pago em conformidade com a legislação trabalhista, observado o limite máximo de seis anos de idade, quando devidamente comprovadas as despesas realizadas; (Incluída pela Lei nº 9.528, de 10.12.97)

t) o valor relativo a plano educacional que vise ao ensino fundamental e a cursos de capacitação e qualificação profissionais vinculados às atividades desenvolvidas pela empresa, desde que todos os empregados e dirigentes tenham acesso ao mesmo; (Incluída pela Lei nº 9.528, de 10.12.97)

t) o valor relativo a plano educacional, ou bolsa de estudo, que vise à educação básica de empregados e seus dependentes e, desde que vinculada às atividades desenvolvidas pela empresa, à educação profissional e tecnológica de empregados, nos termos da Lei nº 9.394, de 20 de dezembro de 1996, e: (Redação dada pela Lei nº 12.513, de 2011)

1. não seja utilizado em substituição de parcela salarial; e (Incluído pela Lei nº 12.513, de 2011)

2. o valor mensal do plano educacional ou bolsa de estudo, considerado individualmente, não ultrapasse 5% (cinco por cento) da remuneração do segurado a que se destina ou o valor correspondente a uma vez e meia o valor do limite mínimo mensal do salário-de-contribuição, o que for maior; (Incluído pela Lei nº 12.513, de 2011)

u) a importância recebida a título de bolsa de aprendizagem garantida ao adolescente até quatorze anos de idade, de acordo com o disposto no art. 64 da Lei nº 8.069, de 13 de julho de 1990; (Incluída pela Lei nº 9.528, de 10.12.97)

v) os valores recebidos em decorrência da cessão de direitos autorais; (Incluída pela Lei nº 9.528, de 10.12.97)

x) o valor da multa prevista no § 8º do art. 477 da CLT. (Incluída pela Lei nº 9.528, de 10.12.97)

y) o valor correspondente ao vale-cultura. (Incluído pela Lei nº 12.761, de 2012)

z) os prêmios e os abonos. (Incluído pela Lei nº 13.467, de 2017)

aa) os valores recebidos a título de bolsa-atleta, em conformidade com a Lei nº 10.891, de 9 de julho de 2004. (Incluído pela Lei nº 13.756, de 2018)

– Agora eu entendi.

Perfeito. Temos mais duas situações.

3.3.9.2. Contribuição previdenciária do SAT – Seguro Acidente do Trabalho

O inciso II, do artigo 22, da Lei 8.212/91, prevê que sobre o total das remunerações pagas, devidas ou creditadas aos segurados empregados e trabalhadores avulsos, ainda incidirá um adicional de 1%, 2% ou 3% para o custeio da aposentadoria especial e dos benefícios decorrentes de acidente de trabalho.

Segundo o TST, compete à Justiça do Trabalho a execução, de ofício, da contribuição referente ao Seguro de Acidente de Trabalho (SAT), que tem natureza de contribuição para a seguridade social. Veja:

> TST, SUM 454. - Compete à Justiça do Trabalho a execução, de ofício, da contribuição referente ao Seguro de Acidente de Trabalho (SAT), que tem natureza de contribuição para a seguridade social (arts. 114, VIII, e 195, I, "a", da CF), pois se destina ao financiamento de benefícios relativos à incapacidade do empregado decorrente de infortúnio no trabalho (arts. 11 e 22 da Lei nº 8.212/1991).

Mas lembre-se da regra.

– Aquela de que o Juiz do Trabalho somente vai ter competência se ELE CONDENAR O RECLAMADO A PAGAR ALGO em dinheiro e, ainda, se essa parcela tiver natureza salarial?

Essa mesma. Vamos ao último item desse tópico.

3.3.9.3. *Contribuição previdenciária de terceiros*

Segundo o TST, não cabe à Justiça do Trabalho dispor sobre as contribuições devidas a terceiros. Desta forma, a Justiça do Trabalho não tem competência para executar as contribuições sociais reservadas às entidades integrantes do Sistema S (SENAI, SESI, SEST, SESC, SEN AT e SEBRAC).

> "RECURSO DE EMBARGOS REGIDO PELA LEI 11.496/2007. INCOMPETÊNCIA DA JUSTIÇA DO TRABALHO. CONTRIBUIÇÕES SOCIAIS DESTINADAS A TERCEIROS. O artigo 114, inciso VIII, da Constituição Federal estabelece a competência da Justiça do Trabalho para executar, de ofício, as contribuições sociais previstas no art. 195, I, a, e II, cujos dispositivos se referem aos empregadores e equiparados e aos trabalhadores e demais segurados da previdência social. O art. 240 da Constituição Federal, por outro lado, exclui as contribuições sociais destinadas às entidades privadas de serviço social e de formação profissional vinculadas ao sistema sindical. A leitura dos mencionados preceitos constitucionais não permite concluir pela competência desta Justiça para executar as contribuições sociais devidas a terceiros, pois restringem a competência da Justiça do Trabalho à execução das quotas das contribuições previdenciárias devidas pelo empregador e pelo empregado, não alcançando as contribuições sociais devidas a terceiros. Assim tem se posicionado reiteradamente esta Corte, à exceção das contribuições referentes ao SAT e às decorrentes da celebração de acordo perante Comissão de Conciliação Prévia, em relação às quais esta Justiça do Trabalho é competente para promover a execução. Recurso de embargos conhecido e provido (TST-E-ED-RR-1107100-51.2004.5.09.0011, Rel. Min. Augusto César)"
>
> EXECUÇÃO. JUSTIÇA DO TRABALHO. CONTRIBUIÇÕES SOCIAIS DESTINADAS A TERCEIROS. A Emenda Constitucional n.º 20/1998, que acrescentou o § 3º ao artigo 114 da Carta Magna, transformado pela Emenda Constitucional n.º 45/2004 no atual inciso VIII desse mesmo dispositivo, atribuiu competência à Justiça do Trabalho para executar, de ofício, as contribuições sociais previstas no artigo 195, I, a, e II, da Constituição da República e seus acréscimos legais, mas não a estendeu às contribuições devidas a terceiros, cuja arrecadação e fiscalização, disciplinadas por regra especial prevista em lei ordinária, passaram a inserir-se

> nas atribuições da Secretaria da Receita Federal do Brasil, por força do que dispõe o artigo 3º da Lei n.º 11.457/2007. Recurso de Revista conhecido e provido. TST – RR 176600-81.2008.5.09.0659 – 1ª Turma – j. 13/12/2017 – julgado por Lelio Bentes Corrêa

Nesse sentido, a Súmula 27 do TRT da 8ª Região:

> TRT 8º, SUM 27 – A Justiça do Trabalho é incompetente para julgar a execução de contribuições sociais devidas ao sistema S.

3.3.10. Outras competências da Justiça do Trabalho

A Justiça do Trabalho é competente para processar e julgar outras controvérsias decorrentes da relação de trabalho, na forma da lei, por força do inciso IX, do art. 114 da CF.

> Art. 114. Compete à Justiça do Trabalho processar e julgar:
>
> [...]
>
> VII – as ações relativas às penalidades administrativas impostas aos empregadores pelos órgãos de fiscalização das relações de trabalho;

3.3.10.1. Homologação de acordo extrajudicial

Vamos estudar melhor o acordo extrajudicial.

Desde que entrou em vigor a Lei 13.467/2017 em 11.11.2017, a Justiça do Trabalho passou a ter competência para decidir quanto à homologação de acordo extrajudicial em matéria de competência da Justiça do Trabalho.

> – Antes dessa data a Justiça do Trabalho não tinha competência, Professor?

Não. O TST entendia que a Justiça do Trabalho em princípio, tinha competência apenas para conciliar e julgar dissídios e, portanto, para se ajuizar uma ação tinha que haver um conflito a ser solucionado. Veja:

"AGRAVO DE INSTRUMENTO. RECURSO DE REVISTA. JURISDIÇÃO VOLUNTÁRIA. INCOMPETÊNCIA DA JUSTIÇA DO TRABALHO. ACORDO. HOMOLOGAÇÃO. Na hipótese em exame, a parte agravante insurgiu-se contra a decisão que determinou o arquivamento do feito sem julgamento do mérito ante o reconhecimento da incompetência desta Justiça Especializada para chancelar acordo extrajudicial oriundo da relação de trabalho. Nada obstante, não prospera a pretensão recursal, uma vez que a jurisdição voluntária tal como ensina a melhor doutrina, mesmo quando exercida pelo juiz, detém natureza tipicamente administrativa. E sendo assim, entendo que da interpretação conjunta do art. 114 da Carta Magna, que fixa a competência desta Justiça Especializada combinado com os dispositivos consolidados presentes no Título VIII, Capítulo I, da CLT, que tratam da Justiça do Trabalho, no caso arts. 643/649, demonstram que, a jurisdição voluntária, consistente no exercício pelo Juízo da função administrativa de interesses privados, para sua validade, não está compreendida por esta Justiça Especializada, motivo pelo qual refoge à sua competência homologar acordos extrajudiciais, efetuados antes da interposição da competente ação. Agravo de instrumento improvido" (AIRR-758-08.2013.5.09.0661, 6ª Turma, Relator Desembargador Convocado Américo Bedê Freire, DEJT 29/05/2015).

Hoje a previsão de competência da Justiça do Trabalho está no art. 652 da CLT:

CLT, Art. 652 – Compete às Varas do Trabalho:

f) decidir quanto à homologação de acordo extrajudicial em matéria de competência da Justiça do Trabalho.

Mas para você ajuizar essa ação, você precisa saber:

(1) Empregado e empregador devem estar acompanhados de advogados distintos, ou seja, de escritórios jurídicos distintos.

CLT, Art. 855-B. O processo de homologação de acordo extrajudicial terá início por petição conjunta, sendo obrigatória a representação das partes por advogado. (Reforma Trabalhista)

§ 1º – As partes não poderão ser representadas por advogado comum. (Reforma Trabalhista)

§ 2º Faculta-se ao trabalhador ser assistido pelo advogado do sindicato de sua categoria.

– Isso significa que a parte não pode fazer uso do *jus postulandi*?

Isso mesmo, a ação de homologação de acordo extrajudicial excepciona a regra do art. 791 da CLT, devendo a petição do acordo ser assinada por advogados.

(2) Mesmo com a ação em curso, o empregador possui 10 dias para pagar as verbas rescisórias do empregado demitido, como determina o § 6º do art. 477 da CLT.

CLT, Art. 855-C. O disposto neste Capítulo não prejudica o prazo estabelecido no § 6º do art. 477 desta Consolidação e não afasta a aplicação da multa prevista no § 8º art. 477 desta Consolidação.

– Como assim, Professor?

Se o objeto do acordo envolver verbas rescisórias, o art. 855-C da CLT, determina que o empregador deve pagar tais verbas no prazo legal de 10 dias.

– Hamilton, dificilmente o Juiz do Trabalho vai analisar em 10 dias o processo para homologar ou não o acordo. O que fazer nesse caso para não gerar a multa pelo atraso no pagamento da rescisão?

Você, como advogado(a), deve orientar o empregador para que este faça o depósito judicial das verbas no prazo de 10 dias e aguarde, no mais, o comparecimento em juízo.

– Perfeito.

(3) O juiz tem o prazo de 15 dias para analisar o acordo.

CLT, Art. 855-D. No prazo de quinze dias a contar da distribuição da petição, o juiz analisará o acordo, designará audiência se entender necessário e proferirá sentença.

(4) Com o ajuizamento da ação, o prazo da prescrição trabalhista fica suspenso.

> CLT, Art. 855-E. A petição de homologação de acordo extrajudicial suspende o prazo prescricional da ação quanto aos direitos nela especificados.
>
> Parágrafo único. O prazo prescricional voltará a fluir no dia útil seguinte ao do trânsito em julgado da decisão que negar a homologação do acordo.

– Suspensão? Quando a gente ajuíza uma demanda trabalhista o prazo não interrompe?

Sim, interrompe conforme § 3º do art. 11 da CLT[15]. Contudo se a ação for de homologação de acordo extrajudicial especificamente, o prazo da prescrição para as parcelas que estão sendo objeto do acordo, terá o prazo prescricional suspenso. Lembro que, na suspensão, o prazo da prescrição para de contar e quando acabar o motivo da suspensão, o prazo volta a contar de onde parou.

– Caramba. A parte tem que ficar atenta, pois isso pode prejudicá-la se ela não souber desse "detalhe" da troca de interrupção para suspensão.

Pode mesmo.

3.3.10.2. Ações contra o empregador referente ao cadastramento do PIS

– Quando o empregado vai ter direito ao PIS – Programa de Integração Social?

15. § 3º – A interrupção da prescrição somente ocorrerá pelo ajuizamento de reclamação trabalhista, mesmo que em juízo incompetente, ainda que venha a ser extinta sem resolução do mérito, produzindo efeitos apenas em relação aos pedidos idênticos.

De acordo com a Lei 7.998/1990, é assegurado o recebimento de abono salarial anual, no valor máximo de um salário mínimo vigente na data do respectivo pagamento, aos empregados que tenham percebido, de empregadores que contribuem para o Programa de Integração Social – PIS, até dois salários mínimos médios de remuneração mensal no período trabalhado e que tenham exercido atividade remunerada ininterrupta por pelo menos 30 dias no ano-base e estejam cadastrados há pelo menos 5 (cinco) anos no Fundo de Participação PIS-Pasep ou no Cadastro Nacional do Trabalhador.

– Quem paga o PIS é o Governo?

Sim.

– Então como eu vou processar o empregador se quem deve pagar é o Governo?

Você pode ajuizar ação contra o empregador na Justiça do Trabalho para impor ao empregador o cadastramento ou a indenização compensatória pela falta deste quando ele não proceda ao cadastramento do trabalhador no PIS. Nesse sentido:

> TST, SUM 300 – Compete à Justiça do Trabalho processar e julgar ações ajuizadas por empregados em face de empregadores relativas ao cadastramento no Programa de Integração Social (PIS).

– Agora entendi.

3.3.10.3. Meio ambiente do trabalho

Segundo a Súmula 736 do STF, a Justiça do Trabalho é competente para processar e julgar ações que tenham como causa de pedir matéria alusiva ao meio ambiente do trabalho. Em 2018, o STF[16] decidiu que

16. RE 1.090.128 AgR, rel. min. Celso de Mello, j. 23-3-2018, 2ª T, DJE de 18-4-2018.

compete à Justiça do Trabalho julgar ação civil pública na qual se discute questões relativas à saúde, à higiene e à segurança do trabalho.

3.3.10.4. FGTS

A Justiça do Trabalho é competente para autorizar o levantamento do depósito do Fundo de Garantia do Tempo de Serviço na ocorrência de dissídio entre empregado e empregador.

Contudo, quando o procedimento for de jurisdição voluntária contra a Caixa Econômica Federal para a liberação do FGTS depositado, a competência para apreciar o pedido apreciar pedido de expedição de alvará, será da Justiça Federal. Nesse sentido:

> STJ, SUM 82 – Compete à Justiça Federal, excluídas as reclamações trabalhistas, processar e julgar os feitos relativos a movimentação do FGTS.
>
> CIVIL. PROCESSUAL CIVIL. FUNDO DE GARANTIA DO TEMPO DE SERVIÇO. FGTS. LEVANTAMENTO DE SALDO. TRATAMENTO DE DOENÇA GRAVE. FAMILIAR. POSSIBILIDADE. REMESSA OFICIAL A QUE NE NEGA PROVIMENTO. 1. "Orienta a jurisprudência pátria seja dada interpretação extensiva ao disposto no art. 20 da Lei nº 8.036/90, firmado o entendimento de que o rol do art. 20 não é taxativo, bem como de que, em atendimento aos princípios constitucionais e aos fins sociais a que a lei se destina, deve-se assegurar o direito constitucional do cidadão à vida e à saúde, autorizando-se a liberação do saldo de FGTS em casos de enfermidade grave do fundista ou de seus familiares, ainda que não prevista de forma expressa na Lei nº 8.036/1990". (Precedente desta Turma (REO 0024265-08.2008.4.01.3400/DF, Rel. Desembargador Federal Jirair Aram Meguerian, Sexta Turma, e-DJF 1 p.230 de 28.11.2013). 2. É possível o saque do FGTS mesmo nos casos não previstos no art. 20 da Lei 8.036/90, tendo em vista que o rol de hipóteses ali apresentadas não é taxativo, devendo prevalecer o fim social da norma. 2. Remessa Oficial a que se nega provimento. (Remessa Ex Officio nº 0023755-10.2013.4.01.3500/GO, 6ª Turma do TRF da 1ª Região, Rel. Kassio Nunes Marques. j. 17.11.2014, unânime, e-DJF1 27.11.2014).

– E aquela ação visando a correção monetária dos valores depositados na conta vinculada do FGTS, deve ser ajuizada onde?

A competência não será da Justiça do Trabalho, mas, sim, da Justiça Federal (CF, art. 109, I).

3.3.10.5. Seguro desemprego

A Justiça do Trabalho é competente para julgar as lides entre empregado e empregador tendo por objeto indenização pelo não-fornecimento das guias do seguro-desemprego, conforme determinado pelo item I da Súmula 389 do TST.

– Indenização?

Isso mesmo, quando o empregador erra de alguma forma e o empregado não consegue receber o seguro desemprego, este empregado pode ajuizar na Justiça do Trabalho uma ação contra o empregador solicitando uma indenização equivalente. Nesse sentido, o item II da súmula 389 do TST:

> **TST, SUM 389 – II** – O não-fornecimento pelo empregador da guia necessária para o recebimento do seguro-desemprego dá origem ao direito à indenização.

– Ah sim, agora entendi. Posso pedir na Justiça do Trabalho o valor equivalente ao que o empregado iria receber do Governo.

Perfeito.

3.3.10.6. Quadro de carreira

A Justiça do Trabalho é competente para julgar as lides entre empregado e empregador tendo por objeto direito fundado em quadro de carreira, conforme determinado pela Súmula 19 do TST.

TST, SUM 19 – A Justiça do Trabalho é competente para apreciar reclamação de empregado que tenha por objeto direito fundado em quadro de carreira.

– Para que serve esse quadro de carreira dentro da empresa, Hamilton?

O quadro de carreira prevê as políticas salariais da empresa que são realizadas através de plano de cargos e salários, normatizando assim, as promoções e progressões das carreiras com devidos aumentos de salários.

O quadro de carreira afasta o pedido do empregado de tentar equiparar seu salário ao colega de trabalho, desta forma, para que a equiparação salarial possa ser deferida pelo Magistrado Trabalhista, o quadro de carreira e o plano de cargos e salários não podem existir.

– Precisa de alguma formalidade esse quadro de carreira?

Antes da vigência da reforma trabalhista do ano de 2017 (Lei n. 13.467/2017, era exigido que esse quadro fosse homologado pelo Ministério do Trabalho, estava excluída dessa formalidade apenas as entidades de direito público da administração direta, autárquica e fundacional, conforme determinação do item I da Súmula n. 6, 1, TST),

Sendo assim, a partir de 11.11.2017, da de entrada em vigor da Lei n. 13.467/2017, passou a vigorar o entendimento de que o quadro de carreira pode ser referendado por meio de norma interna da empresa ou de negociação coletiva (convenção coletiva ou acordo coletivo), segundo o § 2º do art. 461 da CLT.

– Então se a empresa não cumprir direitinho com o quadro de carreira vou para Justiça do Trabalho pleitear os direitos preteridos?

Isso mesmo. Você pode ajuizar demanda trabalhista para discutir:

(1) Preterição do empregado no fluxo de promoção do quadro;

(2) Enquadramento errôneo do empregado no quadro de carreira;

(3) Diferença salarial em razão do não cumprimento do quadro de carreira;

Só um detalhe.

– Diga!

Fique atento com o prazo prescricional.

– Esse eu já sei, Hamilton. Tenho dois anos para apresentar ação trabalhista e posso solicitar na peça inicial, as pretensões dos últimos 5 anos contados da data do ajuizamento da reclamação e, não, às anteriores ao quinquênio da data da extinção do contrato.

Calma.

Se o seu pedido for de reenquadramento, você precisa saber que a prescrição é a quinquenal total, ou seja, o prazo prescricional de 5 anos, já inicia na data da lesão, sendo assim, o início do prazo é a data do enquadramento do empregado.

Veja a o item II da Súmula 275 do TST:

> TST, SUM 275 – II – Em se tratando de pedido de reenquadramento, a prescrição é total, contada da data do enquadramento do empregado.

A prescrição quinquenal total, foi regulamentada pelo § 2º do art. 11 da CLT, que diz que:

> § 2º – Tratando-se de pretensão que envolva pedido de prestações sucessivas decorrente de alteração ou descumprimento do pactuado, a prescrição é total, exceto quando o direito à parcela esteja também assegurado por preceito de lei.

Já quando o pedido for de pagamento de diferenças salariais decorrentes da inobservância dos critérios de promoção estabelecidos em Plano de Cargos e Salários criado pela empresa, a prescrição aplicável é a parcial, pois a lesão é sucessiva e se renova mês a mês, ou seja, aplica-se a prescrição padrão de solicitar judicialmente as pretensões dos últimos 5 anos contados da data do ajuizamento da reclamação e, não, às anteriores ao quinquênio da data da extinção do contrato.

Desta forma, quando o empregador não pagar salário ou pagar em valor inferior ao previsto no plano, o empregado pode ajuizar ação na Justiça do Trabalho e solicitar as diferenças salariais, aplicando-se ao caso, a prescrição quinquenal parcial, conforme determinado pela Súmula 452 do TST. Veja:

> TST, SUM 452 – Tratando-se de pedido de pagamento de diferenças salariais decorrentes da inobservância dos critérios de promoção estabelecidos em Plano de Cargos e Salários criado pela empresa, a prescrição aplicável é a parcial, pois a lesão é sucessiva e se renova mês a mês.

> – E eu achando que sabia tudo de prescrição.

Calma, tudo no tempo de Deus. Vamos adiante.

3.3.10.7. Complementação de aposentadoria

Primeiro cumpre alertar, que a complementação de aposentadoria não se trata de um pedido contra o INSS. Essa parcela visa apenas complementar a aposentadoria para pelo INSS, já que esse benefício, possui um teto.

> – Ah sim, isso eu já sabia. Mas o empregador é obrigado a pagar essa complementação a todo empregado?

Não. Essa parcela não tem previsão na legislação trabalhista, contudo, pode ser ajustada por meio de contrato de trabalho, regulamento empresarial ou por meios de normas coletivas. Essa complementação pode ser paga diretamente pelo empregador ou por uma entidade privada de previdência complementar.

– Essas ações são de competência da Justiça do Trabalho?

Quando a ação for ajuizada contra o empregador em decorrência de problemas na aposentadoria que é ou deveria ser paga diretamente pelo empregador, a competência será da Justiça do Trabalho.

Já quando a ação for contra a entidade privada de previdência complementar seja ela fechada ou aberta, a competência será da Justiça Comum, segundo o STF[17].

3.3.10.8. Inquérito para apuração de falta grave

A Justiça do Trabalho é competente para julgar as os inquéritos para apuração de falta grave, conforme determinado pelo item "b" do art. 652 da CLT:

> CLT, Art. 652. Compete às Varas do Trabalho:
>
> b) processar e julgar os inquéritos para apuração de falta grave;

– Inquérito na Justiça do Trabalho?

Sim, o inquérito para apuração de falta grave é ação judicial que tem como objetivo a extinção do contrato de trabalho dos empregados titulares de certas modalidades de estabilidade. Nesses casos, quando ocorre a prática de falta grave, a dispensa por esse fundamento exige o ajuizamento da referida ação[18].

Essa ação, tem previsão legal no art. 853 da CLT, de seguinte teor:

17. RE 586453/SE.
18. GARCIA, Gustavo Filipe Barbosa. Manual de processo do trabalho – Salvador: Editora Juspodivm, 2016. p 669.

Art. 853 da CLT – Para a instauração do inquérito para apuração de falta grave contra empregado garantido com estabilidade, o empregador apresentará reclamação por escrito à Junta ou Juízo de Direito, dentro de 30 (trinta) dias, contados da data da suspensão do empregado.

– Essa é uma ação ajuizada pelo empregador na Justiça do Trabalho?

O empregador é quem possui legitimidade ativa para apresentar o inquérito judicial, buscando desconstituir, por justa causa, o contrato de trabalho do empregado de alguns empregados estáveis.

3.3.10.8.1. Necessidade de ajuizar o inquérito judicial

– Eita, alguns empregados estáveis? Imaginei quando li a respeito dessa ação, que para aplicar a justa causa em qualquer empregado com garantia de emprego, o empregador deveria ajuizar essa ação.

Não. O TST juntamente com a doutrina, entendem que nem todos empregados portadores de estabilidade, necessitam do inquérito para serem demitidos. Ao analisar o processo de n. ERR-114400-58.2001.5.18.0004[19], o TST decidiu que a lei somente exige e autoriza o manejo de inquérito para apuração de falta grave no caso de empregados portadores da antiga estabilidade decenal (art. 492,

19. "INQUÉRITO PARA APURAÇÃO DE FALTA GRAVE. ESTABILIDADE CONTRATUAL. INEXIGIBILIDADE. 1. A lei somente exige e autoriza o manejo de inquérito para apuração de falta grave no caso de empregados portadores da antiga estabilidade decenal (art. 492, CLT) e da estabilidade assegurada aos dirigentes sindicais (art. 543, § 3º, da CLT). Não há tal exigência, pois, em se tratando de empregado titular de estabilidade contratual. Aplica-se, a propósito, o princípio da legalidade (CF/88, art. 5º, II). 2. Em caso de empregado amparado por tal estabilidade, à semelhança do cipeiro e tantos outros, assiste ao empregador o direito de despedir diretamente o empregado, por justa causa, independentemente de aquiescência judicial e, se acionado, cabe-lhe o ônus de provar os fatos que determinaram a despedida motivada. 3. Embargos conhecidos, por divergência jurisprudencial, e desprovidos" (E-RR-114400-58.2001.5.18.0004, Subseção I Especializada em Dissídios Individuais, Relator Ministro João Oreste Dalazen, DEJT 30/11/2007).

CLT) e da estabilidade assegurada aos dirigentes sindicais (art. 543, § 3º, da CLT). Não há tal exigência, pois, em se tratando de empregado titular de estabilidade contratual. Aplica-se, a propósito, o princípio da legalidade (CF/88, art. 5º, II).

Passamos a analisar segundo a jurisprudência e a doutrina, quais empregados portadores de estabilidade, necessitam do inquérito judicial para apuração de falta grave, para serem dispensados por justa causa:

(1) Empregado portador de estabilidade decenal legal;

> CLT, Art. 494 – O empregado acusado de falta grave poderá ser suspenso de suas funções, mas a sua despedida só se tornará efetiva após o inquérito e que se verifique a procedência da acusação.

– Essa estabilidade ainda está sendo aplicada, Professor?

Não. A estabilidade decenal legal, ou seja, aquela prevista no art. 492 da CLT, não foi recepcionada pela Constituição Federal de 1988. Para uma norma que é anterior Constituição Federal de 1988 permanecer válida, ela deve ser compatível quando ao seu conteúdo, com essa Constituição, caso contrário, essa norma será revogada e passará a não vigorar.

Sendo assim, o artigo 492 está incompatível com a CF/88, mais precisamente, incompatível com o inciso III do art. 7º da CF, que prevê o FGTS de forma obrigatória para todos os trabalhadores.

Nesse sentido, o TST decidiu ao editar o item II da Súmula 98:

> TST, SUM 98 - II – A estabilidade contratual ou a derivada de regulamento de empresa são compatíveis com o regime do FGTS. Diversamente ocorre com a estabilidade legal (decenal, art. 492 da CLT), que é renunciada com a opção pelo FGTS.

– Uma dúvida, Hamilton. E essas estabilidades decenais que o TST fala na Súmula (contratual ou prevista no regulamento da empresa), será necessário o inquérito para demitir o empregado?

Não. Como dito acima, somente a estabilidade decenal legal prevista no art. 492 da CLT, pois não há essa exigência na Lei para ajuizamento de inquérito judicial para apuração de falta grave, para demitir por justa causa o empregado portador de estabilidade decenal contratual ou prevista no regulamento da empresa. Aplica-se, a propósito, o princípio da legalidade (CF/88, art. 5º, II).

Vamos ao próximo.

(2) Dirigente sindical;

O TST por meio da Súmula 379, entende que o dirigente sindical somente poderá ser dispensado por falta grave mediante a apuração em inquérito judicial.

– Hamilton, qualquer membro do sindicado tem a estabilidade e para ser desligado por justa causa necessita do inquérito judicial?

Nem todos os membros sindicato possuem estabilidade, veja que não possui:

a. Somente 7 dirigentes e 7 suplentes, conforme item II da súmula 369 do TST[20].

b. Empregado de categoria diferenciada que não exerce na empresa atividade pertinente à categoria profissional do sindicato para o qual foi eleito dirigente, conforme item III da súmula 369 do TST[21].

20. TST, SUM 369 – II – O art. 522 da CLT foi recepcionado pela Constituição Federal de 1988. Fica limitada, assim, a estabilidade a que alude o art. 543, § 3.º, da CLT a sete dirigentes sindicais e igual número de suplentes.

21. TST, SUM 369 – III – O empregado de categoria diferenciada eleito dirigente sindical só goza de estabilidade se exercer na empresa atividade pertinente à categoria profissional do sindicato para o qual foi eleito dirigente.

c. O membro do conselho fiscal do sindicato, conforme OJ 365 da SDI-1 do TST[22].

d. O delegado sindical, conforme OJ 369 da SDI-1 do TST[23].

Todos esses, podem ser desligados por justa cauda de imediato, ou seja, não há necessidade de ajuizar o inquérito judicial para apuração da falta grave.

Vamos ao próximo que precisa da ação de inquérito.

(3) Diretor de cooperativa;

Ao julgar o processo n. RR – 256700-41.1996.5.02.0076[24], o TST entendeu que o artigo 55 da Lei 5.764/71 garante a estabilidade concedida aos dirigentes sindicais a empregados eleitos diretores em sociedades de cooperativas criadas pelas empresas. A garantia de que o dirigente sindical somente poderá ser dispensado por falta grave mediante a apuração em inquérito judicial está disciplinada, segundo o relator, nos artigos 494 e 543, parágrafo 3º, da CLT.

– Os suplentes também?

Veja, o que diz a OJ 253 da SDI-1 do TST:

> TST, OJ 253 da SDI-1 – O art. 55 da Lei nº 5.764/71 assegura a garantia de emprego apenas aos empregados eleitos diretores de Cooperativas, não abrangendo os membros suplentes.

22. TST, OJ 365 da SDI-1 – Membro de conselho fiscal de sindicato não tem direito à estabilidade prevista nos arts. 543, § 3º, da CLT e 8º, VIII, da CF/1988, porquanto não representa ou atua na defesa de direitos da categoria respectiva, tendo sua competência limitada à fiscalização da gestão financeira do sindicato (art. 522, § 2º, da CLT).
23. TST, OJ 369 da SDI-1 – O delegado sindical não é beneficiário da estabilidade provisória prevista no art. 8º, VIII, da CF/1988, a qual é dirigida, exclusivamente, àqueles que exerçam ou ocupem cargos de direção nos sindicatos, submetidos a processo eletivo.
24. DIRIGENTE DE COOPERATIVA. ESTABILIDADE PROVISÓRIA. INQUÉRITO JUDICIAL. Nos termos do art. 55 da Lei 5.764/71, as garantias asseguradas ao dirigente sindical também alcançam os dirigentes de cooperativa, de sorte que a ele se aplica a exigência de inquérito judicial para apuração de falta grave (arts. 543, § 3º e 494 da CLT). Recurso de Revista de que se conhece e a que se dá provimento. (RR – 256700-41.1996.5.02.0076, Relator Ministro: João Batista Brito Pereira, Data de Julgamento: 17/08/2011, 5ª Turma, Data de Publicação: DEJT 26/08/2011)

– Caramba, o suplente nem estabilidade tem.

Isso, logo...

– Não será necessário ajuizar o inquérito para apuração de falta grave para demiti-lo por justa causa.

Muito bem. Vamos ao próximo:

(4) Empregado membro da Comissão de Conciliação Prévia – CCP;

A doutrina[25] entende que o art. 625-B, § 1º, da CLT, tal como ocorre com o dirigente sindical, exige o inquérito para apuração de falta grave para a dispensa do empregado. Tanto é assim que o referido dispositivo, acrescentado pela Lei 9.958/00, utiliza o termo específico "falta grave", e não simplesmente justa causa, tal como previsto no art. 494 da CLT, o qual faz a exigência do respectivo inquérito judicial para a dispensa do empregado titular da estabilidade.

(5) Membro do conselho curador do FGTS;

O §9º do art. 3º da Lei 8036/90, determina que aos membros do Conselho Curador, enquanto representantes dos trabalhadores, efetivos e suplentes, é assegurada a estabilidade no emprego, da nomeação até um ano após o término do mandato de representação, somente podendo ser demitidos por motivo de falta grave, regularmente COMPROVADA ATRAVÉS DE PROCESSO SINDICAL.

(6) Membro do conselho nacional de previdência social;

O §7º do art. 3º da Lei 8213/91, determina que membros do CNPS, enquanto representantes dos trabalhadores em atividade, titulares e suplentes, é assegurada a estabilidade no emprego, da nomeação até um ano após o término do mandato de representação,

25. GARCIA, Gustavo Filipe Barbosa, Curso de Direito do Trabalho. 4a ed. Rio de Janeiro: Forense. 2010, p.715.

somente podendo ser demitidos por motivo de falta grave, regularmente COMPROVADA ATRAVÉS DE PROCESSO JUDICIAL.

3.3.10.8.2. Desnecessidade do inquérito judicial

– Somente esses, Hamilton?

Sim, os demais empregados estáveis, se cometerem falta grave o suficiente para a aplicação de justa causa, podem ser demitidos sem o respectivo inquérito judicial, veja os julgados abaixo:

(1) Servidor público portador de estabilidade prevista no artigo 19 do ADCT;

> O artigo 19 do ADCT consagra a estabilidade extraordinária ou excepcional no serviço público, que se assemelha àquela delimitada no artigo 41, § 1º, da Constituição Federal, em que o servidor estável tem a garantia de não ser demitido senão em virtude de sentença judicial transitada em julgado ou mediante processo administrativo em que lhe seja assegurada a ampla defesa, sendo desnecessário, pois, a instauração do inquérito judicial previsto no artigo 853 da CLT para apuração da falta grave, que era exigido nos casos de dispensa de empregados detentores da estabilidade decenal ou definitiva garantida aos trabalhadores antes da Constituição Federal de 1988. Recurso de embargos conhecido e não provido (ED-RR-481730-84.1998.5.09.5555, Rel. Min. Aloysio Corrêa da Veiga, Subseção I Especializada em Dissídios Individuais, DJ 08/06/2007)

> EMPREGADO PÚBLICO. ESTABILIDADE. ARTIGO 19 DO ADCT. DEMISSÃO. INQUÉRITO PARA APURAÇÃO DE FALTA GRAVE. AUSÊNCIA DE IMPOSIÇÃO LEGAL. O empregado público beneficiário da estabilidade prevista no artigo 19 do ADCT somente pode ter sua relação jurídica de emprego encerrada nas hipóteses do artigo 41, § 1º, da Constituição da República. Referido dispositivo constitucional define que a demissão somente será admitida em decorrência de sentença judicial transitada em julgado ou mediante processo administrativo em que seja assegurada a ampla defesa, sendo que não estabelece a necessidade

de inquérito judicial para apuração da falta grave cometida. Por conseguinte, o artigo 494 da CLT não ampara a tese do recorrente, porquanto inaplicável à hipótese. Precedentes da SBDI-I deste Tribunal Superior. Agravo de Instrumento não provido. APURAÇÃO DE FALTA GRAVE. ÔNUS DA PROVA. O debate sobre a valoração da prova efetivamente produzida – ônus objetivo de prova – tende à reavaliação do conjunto probatório dos autos, o que, induvidosamente, não rende ensejo ao Recurso de Revista, em face de sua natureza extraordinária. Óbice da Súmula n.º 126 desta Corte superior. Agravo de Instrumento não provido. (AIRR – 266740-82.2003.5.02.0029, Relator Desembargador Convocado: Marcelo Lamego Pertence, Data de Julgamento: 03/08/2016, 1ª Turma, Data de Publicação: DEJT 05/08/2016)

(2) Empregado membro da CIPA;

Não há necessidade de se provocar o Poder Judiciário para a prática de ato jurídico já autorizado pelo ordenamento normativo vigente. Afigura-se prescindível o ajuizamento de inquérito judicial a fim de por termo ao contrato individual de trabalho de empregado membro da CIPA. Verifica-se, no presente caso, a inexistência do interesse de agir, fator hábil a autorizar a extinção do processo sem resolução do mérito. Agravo de instrumento desprovido. (AIRR-230600-55.2009.5.04.0232, Relator Ministro Luiz Philippe Vieira de Mello Filho, 1ª Turma, DEJT 3/4/2012)

(3) Empregado portador de estabilidade acidentária;

O único caso em que existe jurisprudência pacificada quanto à necessidade de propositura de inquérito judicial, pelo empregador, para obtenção da dispensa por justa causa de empregado favorecido por garantia provisória de emprego (ex-OJ 114/SBDI-1/TST; Súmula 379/TST) é a que imanta o dirigente de entidades sindicais (art. 8º, VIII, da CF/88). Desse modo, não há como prosperar a pretensão da empresa, de possibilidade de inquérito para apuração de falta grave, quando o empregado é detentor de estabilidade provisória por acidente de trabalho, nos termos do art. 118 da Lei nº 8.231/91. Logo, não há como assegurar o processamento do recurso de revista quando o agravo de instrumento interposto não desconstitui a decisão denegatória, que subsiste por seus próprios fundamentos. Agravo de instrumento desprovido.

(AIRR – 2021-03.2009.5.10.0010, Relator Ministro: Mauricio Godinho Delgado, Data de Julgamento: 16/05/2012, 3ª Turma, Data de Publicação: DEJT 18/05/2012)

(4) Empregada portadora de estabilidade gravídica;

No caso, o Regional manteve a sentença que extinguiu o feito sem a resolução de mérito, salientando que afigura-se desnecessário o ajuizamento de inquérito judicial para a apuração de falta grave de empregada gestante, ou seja, portadora de garantia provisória de emprego. 3. O entendimento adotado pelo Regional não viola o art. 853 da CLT invocado no recurso de revista e reiterado no agravo de instrumento, o qual trata do procedimento a ser observado no inquérito a que se refere o art. 494 da CLT, que, por sua vez dispõe apenas sobre a estabilidade decenal. Mesmo se considerarmos que é necessário o ajuizamento de inquérito para a apuração de falta grave cometida por outros empregados estáveis, não há como estender essa exigência para a empregada gestante que apenas detém garantia provisória de emprego. Tampouco resta violado o art. 4º, I, do CPC, uma vez que o Colegiado de origem interpretou de forma razoável a norma contida nesse dispositivo, incidindo o óbice da Súmula 221, II, do TST. 4. No que tange à violação do art. 5º, XXXV, da CF, o apelo não merece prosperar, na medida em que a ofensa ao referido dispositivo é, em regra, reflexa, não atendendo, portanto, a exigência contida no art. 896, "c", da CLT. Agravo de instrumento desprovido. (AIRR – 157740-06.2005.5.15.0001, Relator Ministro: Ives Gandra Martins Filho, Data de Julgamento: 11/06/2008, 7ª Turma, Data de Publicação: DJ 13/06/2008)

Caso a empresa apresente inquérito sem necessidade, o processo vai ser extinto sem julgamento do mérito, por ausência de interesse processual, conforme determinado pelo art. 330, III do CPC:

CPC, Art. 330 – A petição inicial será indeferida quando:

[...]

III – o autor carecer de interesse processual;

– Perfeito, Professor. Agora qual o prazo para ajuizamento dessa ação?

3.3.10.8.3. Prazo para ajuizamento do inquérito

Segundo a parte final do art. 853 da CLT, o empregador apresentará reclamação por escrito, dentro de 30 (trinta) dias, contados da data da suspensão do empregado.

– Esse prazo é decadencial ou prescricional, Professor?

Esse prazo é decadencial, conforme determinado pela Súmula 403 do STF de seguinte teor: "*é de decadência o prazo de trinta dias para a instauração de inquérito judicial, a contar da suspensão, por falta grave, de empregado estável*".

Com a decadência são simultâneos o nascimento do direito e da pretensão e a mesma simultaneidade, verifica-se quanto à sua própria extinção, ou seja, se o empregador não respeitar o prazo de 30 dias, não poderá mais demitir o empregado por justa causa pelo ato cometido.

Desta forma, caso o empregador afaste o empregado do trabalho e ajuíze a ação após o prazo decadencial de 30 dias, o empregado, pode solicitar sua imediata reintegração no emprego. Nesse sentido, decidiu o TST:

> RECURSO ORDINÁRIO EM MANDADO DE SEGURANÇA. REPRESENTANTE SINDICAL. ESTABILIDADE PROVISÓRIA. SUSPENSÃO DO CONTRATO DE TRABALHO. INQUÉRITO JUDICIAL PARA APURAÇÃO DE FALTA GRAVE – INOBSERVÂNCIA DO PRAZO LEGAL PARA INSTAURAÇÃO. REINTEGRAÇÃO. PRESENÇA DOS PRESSUPOSTOS QUE AUTORIZAM A CONCESSÃO DE TUTELA ANTECIPADA. 1. A tutela provisória deita suas raízes na efetividade do processo, pois, enquanto espécie de providência imediata e de urgência, afasta a possibilidade de dano decorrente da demora na prestação jurisdicional (CF, art. 5º, LXXVIII). 2. Funciona, portanto, como instrumento de harmonização entre a segurança jurídica e a efetividade do processo, na medida em que viabiliza a outorga de providências de natureza temporária, tendentes a frear situações de risco. 3. Nessa perspectiva e a teor do art. 273 do CPC, a concessão de tutela antecipada depende tanto da existência de prova

> inequívoca capaz de convencer o julgador da verossimilhança da alegação quanto do "fundado receio de dano irreparável ou de difícil reparação" ou do "ab uso de direito ou o manifesto propósito protelatório do réu" (incisos I e II do art. 273 do CPC). 4. A noção de urgência dá margem ao julgador para decidir sem a necessidade de aprofundar a cognição, desde que presentes os elementos que impulsionem a formação do seu convencimento quanto à existência do direito. 5. Na hipótese, a constatação de que inobservado o prazo decadencial de trinta dias para a instauração do inquérito judicial autoriza a antecipação dos efeitos da tutela (art. 853 da CLT), para fim de determinar a reintegração do empregado detentor de estabilidade sindical (art. 543, § 3º, da CLT). Recurso conhecido e desprovido. (RO – 21097-35.2014.5.04.0000, Relator Ministro: Alberto Luiz Bresciani de Fontan Pereira, Data de Julgamento: 24/03/2015, Subseção II Especializada em Dissídios Individuais, Data de Publicação: DEJT 31/03/2015)

O TST, no processo 10811-88.2015.5.03.0000, decidiu que o afastamento do empregado de suas funções, sem caráter punitivo e sem redução de proventos, tem a mesma natureza preventiva da suspensão a que alude o art. 853 da CLT. Portanto, o prazo decadencial de trinta dias para a instauração do inquérito para apuração de falta grave contra empregado garantido com estabilidade (representante sindical) deve ser contado a partir do afastamento de suas funções, independentemente do pagamento dos salários do período, e não a partir do momento em que houve suspensão sem pagamento de salário.

– E durante o trâmite da ação o empregado fica afastado do trabalho?

Fica sim. O TST, por meio da OJ 137 da SDI-2 do TST, entende que constitui direito líquido e certo do empregador a suspensão do empregado, ainda que detentor de estabilidade sindical, até a decisão final do inquérito em que se apure a falta grave a ele imputada, na forma do art. 494, "caput" e parágrafo único, da CLT.

Esse entendimento se estende aos demais empregados estáveis que necessitam da ação de inquérito judicial para apuração de falta grave para serem demitido por justa causa.

– Nesse caso, por se tratar de suspensão do contrato, não haverá o pagamento de salários?

Isso mesmo. Por ocasião da suspensão, o empregado fica afastado do emprego e não recebe seus salários.

– E se a ação for julgada improcedente, Professor?

Caso a ação de inquérito judicial para apuração de falta grave seja julgada improcedente, o empregado tem direito à reintegração no emprego, bem como, os salários do período de suspensão contratual atualizados monetariamente.

A Justiça do Trabalho, pode ainda, em vez de determinar a reintegração desse empregado, deferir a conversão da reintegração em indenização, conforme julgado do TST abaixo citado:

> RECURSO ORDINÁRIO EM AÇÃO RESCISÓRIA. ART. 485, V, DO CPC DE 1973. DIRIGENTE SINDICAL. INQUÉRITO PARA APURAÇÃO DE FALTA GRAVE. CONVERSÃO DA REINTEGRAÇÃO EM INDENIZAÇÃO. VIOLAÇÃO DOS ARTS. 128 E 460 DO CPC DE 1973. NÃO CARACTERIZAÇÃO. 1. Pretensão rescisória calcada na alegação de violação dos arts. 128 e 460 do CPC de 1973, deduzida pelo trabalhador ao argumento de que o órgão prolator do acórdão rescindendo, ao manter a sentença de primeiro grau, divergiu e extrapolou os limites do pedido formulado no inquérito para apuração de falta grave. 2. No acórdão rescindendo, a Corte Regional, reconhecendo a ausência de justo motivo para a dispensa do empregado, determinou o pagamento de salários e demais vantagens do período da garantia de emprego do dirigente sindical, excluído o interregno em que o laborista esteve em gozo de benefício previdenciário. 3. No caso, não se pode falar em julgamento fora dos limites da lide, uma vez que o TRT, ao examinar o recurso ordinário interposto no inquérito para apuração de falta grave, considerou os pedidos deduzidos pelas partes, especialmente à vista da natureza dúplice dessa ação e das disposições legais pertinentes à matéria. Com efeito, o decreto de improcedência do pedido deduzido no inquérito judicial para apuração

de falta grave, com determinação de pagamento de salários e outras vantagens do período estabilitário, excluindo-se o interregno em que o trabalhador esteve em gozo de benefício previdenciário, não constitui julgamento fora dos limites da lide, tampouco de natureza diversa da pedida, em quantidade superior ou em objeto diverso do que foi demandado. É preciso ter presente que a conversão da reintegração em pagamento de indenização poderia ter sido decidida de ofício, independentemente do pedido, na forma do art. 496 da CLT (Súmula 296 do TST). Mas, para além da permissão legal de conversão da reintegração em pagamento de salários e vantagens, é certo que o próprio Autor, requerido na ação de inquérito para apuração da falta grave, postulou, em caráter sucessivo, a conversão da estabilidade em pagamento de indenização. Portanto, não há falar em ofensa ao princípio da demanda, insculpido nos arts. 128 e 460 do CPC de 1973, na medida em que, a par da autorização legal para a conversão da reintegração em indenização, independentemente de pedido, o órgão prolator do julgamento rescindendo outra coisa não fez senão acolher a pretensão sucessiva deduzida pelo próprio Autor na contestação oferecida na ação primitiva. O eventual fato de o Autor ter sido novamente eleito como dirigente sindical também em nada altera o decidido, porquanto à época em que proferido o acórdão rescindendo a parte sequer sabia que comporia mais uma vez a diretoria do sindicato (gestão 2013/2018). Dito de outro modo, no momento em que proferido o acórdão rescindendo, a garantia provisória de emprego que beneficiava o Autor era aquela reconhecida no julgamento, com data final em 7/7/2011. A rigor, a nova garantia provisória de emprego a que se refere o Autor nesta ação rescisória não existia naquele momento, porquanto nem o Autor nem o julgador poderiam saber da alegada reeleição para o cargo de dirigente sindical. Recurso ordinário conhecido e não provido. Processo: RO – 21162-30.2014.5.04.0000 Data de Julgamento: 31/05/2016, Relator Ministro: Douglas Alencar Rodrigues, Subseção II Especializada em Dissídios Individuais, Data de Publicação: DEJT 03/06/2016.

3.3.10.8.4. Requisitos para ajuizamento da ação de inquérito

Para ajuizamento da ação de inquérito judicial para apuração de falta grave, os seguintes requisitos devem estar presentes:

(1) Empregador portador de uma estabilidade que necessite o ajuizamento da ação de inquérito;

(2) Empregado deve cometer falta grave ou faltas leves, que punidas anteriormente e reiteradas no tempo, levam a justa causa, como no caso da justa causa por desídia;

(3) O empregado deve ser suspenso de suas funções de imediato;

(4) A ação deve ser ajuizada no prazo decadencial de 30 dias, contados do afastamento do empregado.

3.4. Incompetência da Justiça do Trabalho

Além do que já estudamos acima, acrescento que a Justiça do Trabalho não terá competência para processar e julgar as seguintes demandas:

(1) Que versam sobre o labor realizado pelo presidiário no cumprimento da pena:

> "(...) III. RECURSO DE REVISTA INTERPOSTO NA VIGÊNCIA DA LEI 13.015/2014. JUSTIÇA DO TRABALHO. INCOMPETÊNCIA PARA PROCESSAR E JULGAR AÇÕES QUE VERSAM SOBRE O LABOR REALIZADO PELO PRESIDIÁRIO NO CUMPRIMENTO DA PENA. RELAÇÃO JURÍDICA REGIDA PELA LEI Nº 7.214/84 (LEI DE EXECUÇÃO PENAL). ADI-MC 3684/STF. 1. O Tribunal Regional reformou a sentença para reconhecer a competência desta Justiça Especializada para processar e julgar ações que versem acerca do trabalho realizado pelo presidiário durante o cumprimento da pena. 2. A Lei 7.210/84 (Lei de Execução Penal - LEP), que trata sobre a execução da pena do condenado e do internado e da sua reintegração à sociedade, dispõe acerca do trabalho - interno ou externo -, realizado pelo presidiário, registrando que possui finalidade educativa, produtiva e de integração à sociedade. Prevê, ainda, que, além de constituir direito e dever do preso, o trabalho integra a própria pena, estabelecendo, de forma criteriosa, questões relativas à remuneração, indenizações, jornada de trabalho, segurança e higiene do

ambiente laboral, dentre outras, e discorrendo, também, que ao trabalho do presidiário não se aplica a Consolidação das Leis do Trabalho. 3. De fato, toda relação estabelecida entre o presidiário e o Estado – estabelecimento prisional ou empresa privada autorizada pelo Estado – está regida pela Lei de Execução Penal, ainda que decorra da prestação laboral, não competindo a esta Justiça Especializada, portanto, processar e julgar feitos que versem acerca de pedidos relativos aos serviços prestados pelo apenado. 4. Aliás, o excelso Supremo Tribunal Federal, no julgamento da ADI 3684 MC, em 01/02/2007, reconheceu a incompetência da Justiça do Trabalho para processar e julgar ações de natureza penal, firmando que "O disposto no artigo 114, incs. I, IV e IX, da Constituição da República, acrescidos pela Emenda Constitucional nº 45, não atribui à Justiça do Trabalho competência para processar e julgar ações penais" (STF, ADI 3684 MC / DF, Tribunal Pleno, Relator Ministro Cezar Peluso, DJ 03/08/2007). 5. Refoge, portanto, à competência da Justiça do Trabalho processar e julgar as ações penais e, por conseguinte, as questões alusivas aos efeitos da pena, dentre elas, os pedidos decorrentes do trabalho do presidiário, devidamente regulado pela Lei 7.210/84 (Lei de Execução Penal – LEP). Julgados desta Corte. Recurso de revista conhecido e provido." (TST-RR-1009-10.2011.5.09.0010, 5ª Turma, rel. Min. Douglas Alencar Rodrigues, julgado em 7.8.2019)

(2) Dissídios coletivos de servidores celetistas da administração direta, autarquias e fundações de direito público;

Informativo – 202 do TST – DISSÍDIO COLETIVO DE GREVE. ABUSIVIDADE DO MOVIMENTO PAREDISTA. SERVIDORES CELETISTAS DE AUTARQUIA ESTADUAL. INCOMPETÊNCIA DA JUSTIÇA DO TRABALHO. Conforme decidido pelo STF, em sede de repercussão geral, "a Justiça Comum Federal ou Estadual é competente para julgar a abusividade de greve de servidores públicos celetistas da administração direta, autarquias e fundações de direito público" (Tema 544 – RE nº 846854/SP). Assim, a Justiça do Trabalho é incompetente para apreciar dissídio coletivo de greve em que se discute a abusividade do movimento paredista deflagrado por servidores celetistas do Hospital das Clínicas da Faculdade de Medicina de Ribeirão Preto da Universidade de São Paulo, autarquia estadual. No caso, registrou-se que, embora a decisão recorrida seja anterior à publicação do acórdão da repercussão geral, a tese fixada é aplicável ex tunc porque não houve modulação dos efeitos. Sob esses fundamentos, a SDC, por maioria, acolheu a preliminar de incompetência absoluta da Justiça do Trabalho e determinou a remessa dos autos à Justiça Comum Estadual. Vencidos os Ministros Mauricio Godinho Delgado e Lelio Bentes Corrêa. TST-ReeNec e RO-6371-79.2016.5.15.0000, SDC, rel. Min. Ives Gandra da Silva Martins Filho, 12.8.2019

(3) Ação civil pública para implementação de políticas públicas para erradicação do trabalho infantil;

"(...) AÇÃO CIVIL PÚBLICA. INCOMPETÊNCIA DA JUSTIÇA DO TRABALHO. IMPLEMENTAÇÃO DE POLÍTICAS PÚBLICAS. ERRADICAÇÃO DO TRABALHO INFANTIL. Cinge-se a controvérsia acerca da competência desta Justiça Especializada para apreciar Ação Civil Pública ajuizada pelo Ministério Público do Trabalho que objetiva a imposição de realização de políticas públicas pelo Município do Recife, com vistas a erradicar o trabalho infantil. É certo que à luz do artigo 1º, III e IV, da Constituição, a dignidade da pessoa humana e os valores sociais do trabalho constituem direitos fundamentais. E, com base na preservação desses direitos o Ministério Público, como representante da sociedade, no desempenho de sua função, pretende a adoção de medidas tendentes à erradicação do trabalho infantil (art. 7º, XXXIII, da CF). De outro lado, não se pode olvidar que, não obstante a Emenda Constitucional nº 45 de 2004 tenha ampliado significativamente a competência da Justiça do Trabalho, passando a estabelecer em seu artigo 114, I e IX, a competência para processar e julgar ações oriundas da relação de trabalho e outras controvérsias dela decorrentes, a matéria objeto de debate não se caracteriza como derivada de relação de trabalho. Isso porque o objeto da presente ação possui nítido conteúdo social, consistente tanto na prevenção e erradicação do trabalho infantil, como na redução das desigualdades e a profissionalização de adolescentes e jovens, cabendo ao Município, que detém autonomia político administrativa, a realização de medidas administrativas, tais como: a garantia de verba suficiente para implementação adequada do programa de erradicação do trabalho infantil, a fiscalização e a regularização do trabalho, a promoção de parcerias permanentes com outras entidades, bem como encaminhamento de projetos de lei, questões que não se confundem na competência material da Justiça do Trabalho. Precedentes. Recurso de revista conhecido e provido." (TST-RR-44-21.2013.5.06.0018, 5ª Turma, rel. Min. Breno Medeiros, julgado em 21.8.2019)

(4) Que versem sobre complemento de aposentadoria paga por entidade de previdência privada;

Por meio dos julgamentos dos Recursos Extraordinários de n. 586453 e 583050 C. STF decidiu que a competência para o julgamento de processos sobre complementação de aposentadoria é da Justiça Comum quando o valor é pago por uma entidade de previdência privada, sob o fundamento de que esse pedido, deriva de uma relação previdenciária autônoma, não sendo, portanto, decorrente da relação de trabalho a legitimar a competência da Justiça Laboral.

> "(...) INCOMPETÊNCIA DA JUSTIÇA DO TRABALHO – INTEGRAÇÕES DOS REFLEXOS DAS VERBAS TRABALHISTAS NAS CONTRIBUIÇÕES DEVIDAS À ENTIDADE DE PREVIDÊNCIA PRIVADA 1. Em recentes decisões, o E. STF reformou acórdãos desta Corte e aplicou o entendimento firmado no RE 586.453, quanto à incompetência da Justiça do Trabalho, inclusive em hipóteses de pleito dirigido exclusivamente ao empregador/patrocinador, relativo a diferenças de contribuições ao plano de previdência privada complementar, decorrentes de reflexos das parcelas objeto da Reclamação Trabalhista. 2. A exclusão da competência da Justiça do Trabalho em relação aos planos de previdência privada de entidades instituídas e/ou patrocinadas pelo empregador decorreu da interpretação do art. 202, § 2º, da Constituição, que afasta expressamente do contrato de trabalho inclusive as contribuições do empregador, matéria discutida nestes autos. 3. É inadequada a aplicação analógica do art. 114, VIII, da Constituição da República, que trata exclusivamente das contribuições previdenciárias oficiais, enquanto o art. 202, § 2º, referindo-se especificamente ao regime de previdência privada, exclui expressamente do contrato de trabalho as contribuições vertidas ao plano de previdência privada. (...)" (TST-RR-1266-68.2017.5.12.0001, 8ª Turma, rel. Min. Maria Cristina Irigoyen Peduzzi, julgado em 2.10.2019)

(5) Ação Civil Pública para impor obrigação de não-fazer consistente na vedação ao Estado de firmar contrato de cogestão do sistema prisional estadual com empresa privada;

"RECURSO DE REVISTA INTERPOSTO SOB A ÉGIDE DA LEI Nº 13.015/2014 E DO NCPC - AÇÃO CIVIL PÚBLICA - INCOMPETÊNCIA DA JUSTIÇA DO TRABALHO - CONTRATO DE COGESTÃO DE ADMINISTRAÇÃO PRISIONAL - VALIDADE Cuida-se de Ação Civil Pública proposta com o intuito de impor obrigação de não-fazer consistente na vedação ao Estado de firmar contrato de cogestão do sistema prisional estadual com empresa privada. Diante da natureza administrativa do contrato, não há como reconhecer a competência desta Justiça Especializada para o julgamento da matéria. Recurso de Revista não conhecido." (TST-RR-969-80.2010.5.20.0002, 8ª Turma, rel. Min. Maria Cristina Irigoyen Peduzzi, julgado em 23.10.2019)

(6) Penais;

O Supremo Tribunal Federal decidiu que a Justiça do Trabalho não tem competência para julgar ações criminais (ADIN 3.684) A liminar foi deferida com efeito ex tunc (retroativo), para atribuir interpretação conforme a Constituição, aos incisos I, IV e IX de seu art.114, declarando que, no âmbito da jurisdição da Justiça do Trabalho, não está incluída competência para processar e julgar ações penais.

(7) Que versem sobre a cobrança de honorários contratuais:

A Justiça do Trabalho é incompetente para decidir sobre honorários advocatícios contratuais, decorrentes de contrato de prestação de serviços firmado entre cliente e advogado para a defesa de direitos, conforme a Súmula nº 363 do STJ.

AGRAVO. AGRAVO DE INSTRUMENTO EM RECURSO DE REVISTA INTERPOSTO ANTERIORMENTE À VIGÊNCIA DA LEI Nº 13.015. FASE DE EXECUÇÃO. APELO INTERPOSTO PELOS ADVOGADOS DO EXEQUENTE. HONORÁRIOS ADVOCATÍCIOS CONTRATUAIS. INCOMPETÊNCIA DA JUSTIÇA DO TRABALHO. A parte agravante não consegue viabilizar o acesso à via recursal de natureza extraordinária, porquanto o TRT da 1ª Região proferiu acórdão em sintonia com a jurisprudência do Tribunal Superior do Trabalho, no sentido de que a Justiça do Trabalho não tem competência para decidir a relação jurídica entre cliente e advogado quanto a honorários contratuais, sendo a matéria de competência da Justiça Estadual. A relação entre o advogado e seu cliente é regida pelo Direito Civil e não configura "relação de trabalho" a que se refere o art. 114, I, da Constituição da República. Precedentes do STJ, da SDI-2 e de Turmas do TST. Agravo a que se nega provimento. (AG-AIRR nº 241400-78.1995.5.01.0342, 1ª Turma do TST, Rel. Walmir Oliveira da Costa. j. 02.05.2018, Publ. 04.05.2018).

(8) Que versem sobre autorização do trabalho artístico de crianças e adolescentes;

- O STF já pacificou entendimento que compete à Justiça Comum Estadual (juízo da infância e juventude) apreciar os pedidos de alvará visando a participação de crianças e adolescentes em representações artísticas (ADIN 5326/DF).

(9) Organismo internacional que não tenha renunciado expressamente a imunidade;

O organismo internacional que tenha garantida a imunidade de jurisdição em tratado firmado pelo Brasil e internalizado na ordem jurídica brasileira não pode ser demandado em juízo, salvo em caso de renúncia expressa a essa imunidade. [RE 1.034.840 RG, rel. min. Luiz Fux, j. 1º-6-2017, P, DJE de 30-6-2017, Tema 947.]

3.5. Competência funcional

A competência funcional distribui as atribuições de cada órgão da Justiça do Trabalho, distribuindo competência dentro da própria estrutura do Judiciário Trabalhista (Varas do Trabalho, os Tribunais Regionais do Trabalho e o Tribunal Superior do Trabalho), dentre os seus diversos graus de jurisdição ou instâncias.

Essa distribuição de competência, é feita pela lei e pelos regimentos internos dos Tribunais.

– A competência funcional é absoluta, professor?

Lembra o que eu disse lá no início?

– Não muito, Hamilton!

Eu disse que: "*A competência em razão da matéria, pessoa e hierarquia (função), são absolutas e a competência em razão do lugar e do valor da causa são relativas.*"

– É verdade, lembrei.

Agora deixa eu complementar. Essa competência também é conhecida como competência em razão da função ou da hierárquica, sendo uma espécie de competência absoluta, matéria de ordem pública, que deve ser conhecida de ofício pelo juiz e poderá ser alegada em qualquer tempo na instância ordinária (Vara do Trabalho e Tribunal Regional do Trabalho).

3.5.1. Competência funcional das Varas do Trabalho

– Onde posso encontrar na CLT, as regras de competência funcional das Varas do Trabalho, professor?

A competência funcional das Varas do Trabalho está prevista nos arts. 652, 653 e 659 da CLT, abaixo apontados:

> CLT, Art. 652. Compete às Varas do Trabalho:
>
> a) conciliar e julgar:
>
> I – os dissídios em que se pretenda o reconhecimento da estabilidade de empregado;
>
> II – os dissídios concernentes a remuneração, férias e indenizações por motivo de rescisão do contrato individual de trabalho;

III – os dissídios resultantes de contratos de empreitadas em que o empreiteiro seja operário ou artífice;

IV – os demais dissídios concernentes ao contrato individual de trabalho;

V – as ações entre trabalhadores portuários e os operadores portuários ou o Órgão Gestor de Mão de Obra – OGMO decorrentes da relação de trabalho;

b) processar e julgar os inquéritos para apuração de falta grave;

c) julgar os embargos opostos às suas próprias decisões;

d) impor multas e demais penalidades relativas aos atos de sua competência.

e) (Suprimida pelo Decreto-Lei n. 6.353, de 20-3-1944);

f) decidir quanto à homologação de acordo extrajudicial em matéria de competência da Justiça do Trabalho (Lei 13.467/2017).

Parágrafo único. Terão preferência para julgamento os dissídios sobre pagamento de salário e aqueles que derivarem da falência do empregador, podendo o Presidente da Vara, a pedido do interessado, constituir processo em separado, sempre que a reclamação também versar sobre outros assuntos.

CLT, Art. 653. Compete, ainda, às Varas do Trabalho:

a) requisitar às autoridades competentes a realização das diligências necessárias ao esclarecimento dos feitos sob sua apreciação, representando contra aquelas que não atenderem a tais requisições;

b) realizar as diligências e praticar os atos processuais ordenados pelos Tribunais Regionais do Trabalho ou pelo Tribunal Superior do Trabalho;

c) julgar as suspeições arguidas contra os seus membros;

d) julgar as exceções de incompetência que lhes forem opostas;

e) expedir precatórias e cumprir as que lhes forem deprecadas;

f) exercer, em geral, no interesse da Justiça do Trabalho, quaisquer outras atribuições que decorram da sua jurisdição.

> CLT, Art. 659. Competem privativamente aos Presidentes das Varas, além das que lhes forem conferidas neste Título e das decorrentes de seu cargo, as seguintes atribuições:
>
> I – presidir às audiências das Varas;
>
> II – executar as suas próprias decisões, as proferidas pela Vara e aquelas cuja execução lhes for deprecada;
>
> III – dar posse aos Vogais nomeados para a Vara, ao Secretário e aos demais funcionários da Secretaria;
>
> IV – convocar os suplentes dos Vogais, no impedimento destes;
>
> V – representar ao Presidente do Tribunal Regional da respectiva jurisdição, no caso de falta de qualquer Vogal a 3 (três) reuniões consecutivas, sem motivo justificado, para os fins do art. 727;
>
> VI – despachar os recursos interpostos pelas partes, fundamentando a decisão recorrida antes da remessa ao Tribunal Regional, ou submetendo-os à decisão da Vara, no caso do art. 894;
>
> VII – assinar as folhas de pagamento dos membros e funcionários da Vara;
>
> VIII – apresentar ao Presidente do Tribunal Regional, até 15 de fevereiro de cada ano, o relatório dos trabalhos do ano anterior;
>
> IX – conceder medida liminar, até decisão final do processo, em reclamações trabalhistas que visem a tornar sem efeito transferência disciplinada pelos parágrafos do artigo 469 desta Consolidação;
>
> X – conceder medida liminar, até decisão final do processo, em reclamações trabalhistas que visem reintegrar no emprego dirigente sindical afastado, suspenso ou dispensado pelo empregador".

No caso de ação civil pública ajuizada pelo Ministério Público do Trabalho ou pelo sindicato, objetivando a tutela dos interesses ou direitos transindividuais ou metaindividuais, direitos fundamentais de terceira geração, a competência funcional é da Vara do Trabalho do local onde ocorreu a lesão ou ameaça de lesão aos direitos mencionados, com base no art. 83, III, da Lei Complementar n. 75/93, art. 2º da Lei n. 7.347/85 e art. 93 da Lei n. 8.078/90. Veja:

> LC 75/93, Art. 83. Compete ao Ministério Público do Trabalho o exercício das seguintes atribuições junto aos órgãos da Justiça do Trabalho:
>
> III – promover a ação civil pública no âmbito da Justiça do Trabalho, para defesa de interesses coletivos, quando desrespeitados os direitos sociais constitucionalmente garantidos;

> Lei n. 7.347/85, Art. 2º As ações previstas nesta Lei serão propostas no foro do local onde ocorrer o dano, cujo juízo terá competência funcional para processar e julgar a causa.

> Lei n. 8.078/90, Art. 93. Ressalvada a competência da Justiça Federal, é competente para a causa a justiça local:
>
> I – no foro do lugar onde ocorreu ou deva ocorrer o dano, quando de âmbito local;
>
> II – no foro da Capital do Estado ou no do Distrito Federal, para os danos de âmbito nacional ou regional, aplicando-se as regras do Código de Processo Civil aos casos de competência concorrente.

3.5.2. Competência funcional dos Tribunais Regionais do Trabalho

A competência funcional dos Tribunais Regionais do Trabalho, está prevista nos arts. 678, 679, 680 da CLT. Vejamos:

> CLT, Art. 678. Aos Tribunais Regionais, quando divididos em Turmas, compete:
>
> I – ao Tribunal Pleno, especialmente:
>
> a) processar, conciliar e julgar originariamente os dissídios coletivos;
>
> b) processar e julgar originariamente:
>
> 1) as revisões de sentenças normativas;
>
> 2) a extensão das decisões proferidas em dissídios coletivos;
>
> 3) os mandados de segurança;
>
> 4) as impugnações à investidura de Vogais e seus suplentes nas Varas do Trabalho;

c) processar e julgar em última instância:

1) os recursos das multas impostas pelas Turmas;

2) as ações rescisórias das decisões das Varas do Trabalho, dos Juízes de Direito investidos na jurisdição trabalhista, das Turmas e de seus próprios acórdãos;

3) os conflitos de jurisdição entre as suas Turmas, os Juízes de Direito investidos na jurisdição trabalhista, as Varas do Trabalho, ou entre aqueles e estas;

d) julgar em única ou última instâncias:

1) os processos e os recursos de natureza administrativa atinentes aos seus serviços auxiliares e respectivos servidores;

2) as reclamações contra atos administrativos de seu Presidente ou de qualquer de seus membros, assim como dos Juízes de primeira instância e de seus funcionários.

II – às Turmas:

a) julgar os recursos ordinários previstos no art. 895, a;

b) julgar os agravos de petição e de instrumento, estes de decisões denegatórias de recursos de sua alçada;

c) impor multas e demais penalidades relativas a atos de sua competência jurisdicional, e julgar os recursos interpostos das decisões das Varas do Trabalho e dos Juízes de Direito que as impuserem.

Parágrafo único. Das decisões das Turmas não caberá recurso para o Tribunal Pleno, exceto no caso do inciso I da alínea c do item 1, deste artigo".

CLT, Art. 679 – Aos Tribunais Regionais não divididos em Turmas, compete o julgamento das matérias a que se refere o artigo anterior, exceto a de que trata o inciso I da alínea c do Item I, como os conflitos de jurisdição entre Turmas.

CLT, Art. 680. Compete, ainda, aos Tribunais Regionais, ou suas Turmas:

a) determinar às Juntas e aos juízes de direito a realização dos atos processuais e diligências necessárias ao julgamento dos feitos sob sua apreciação;

b) fiscalizar o comprimento de suas próprias decisões;

c) declarar a nulidade dos atos praticados com infração de suas decisões;

d) julgar as suspeições arguidas contra seus membros;

e) julgar as exceções de incompetência que lhes forem opostas;

f) requisitar às autoridades competentes as diligências necessárias ao esclarecimento dos feitos sob apreciação, representando contra aquelas que não atenderem a tais requisições;

g) exercer, em geral, no interesse da Justiça do Trabalho, as demais atribuições que decorram de sua Jurisdição.

3.5.3. Competência funcional do Tribunal Superior do Trabalho

A competência funcional do Tribunal Superior do Trabalho está prevista no art. 74 do seu Regimento Interno, vejamos:

> RITST, Art. 74 – Compete ao Tribunal Superior do Trabalho processar, conciliar e julgar, na forma da lei, em grau originário ou recursal ordinário ou extraordinário, as demandas individuais e os dissídios coletivos que excedam a jurisdição dos Tribunais Regionais, os conflitos de direito sindical, assim como outras controvérsias decorrentes de relação de trabalho, e os litígios relativos ao cumprimento de suas próprias decisões, de laudos arbitrais e de convenções e acordos coletivos.

– Como está estruturado o TST e quais as suas competências, Professor?

Segundo os arts. 64 do Regimento Interno do Tribunal Superior do Trabalho, ele funciona em sua composição plena ou dividido em Órgão Especial, Seções, Subseções Especializadas e Turmas.

O art. 65, do mesmo diploma, determina que:

> RITST, Art. 65 – São órgãos do Tribunal Superior do Trabalho:
>
> I – Tribunal Pleno;

II – Órgão Especial;

III – Seção Especializada em Dissídios Coletivos;

IV – Seção Especializada em Dissídios Individuais, dividida em duas subseções;

V – Turmas.

Parágrafo único. São órgãos que funcionam junto ao Tribunal

Superior do Trabalho:

I – Escola Nacional de Formação e Aperfeiçoamento de Magistrados

do Trabalho (ENAMAT);

II – Conselho Superior da Justiça do Trabalho (CSJT);

III – Centro de Formação e Aperfeiçoamento de Assessores e

Servidores do Tribunal Superior do Trabalho (CEFAST);

IV – Ouvidoria.

Vejamos agora a competência de cada um deles:

1 – Tribunal Pleno. Esse órgão, segundo o art. 75 do Regimento Interno do Tribunal Superior do Trabalho, possui a seguinte competência:

RITST, Art. 75. Compete ao Tribunal Pleno:

I – eleger, por escrutínio secreto, o Presidente e o Vice-Presidente do Tribunal Superior do Trabalho, o Corregedor-Geral da Justiça do Trabalho, os 7 (sete) Ministros para integrar o Órgão Especial, o Diretor, o Vice-Diretor e os membros do Conselho Consultivo da Escola Nacional de Formação e Aperfeiçoamento de Magistrados do Trabalho (ENAMAT), o diretor e os membros do Centro de Formação e Aperfeiçoamento de Assessores e Servidores do Tribunal Superior do Trabalho (CEFAST); os Ministros membros do Conselho Superior da Justiça do Trabalho (CSJT) e respectivos suplentes, os membros do Conselho Nacional de Justiça (CNJ) e o Ministro Ouvidor e seu substituto;

II – dar posse aos membros eleitos para os cargos de direção do Tribunal Superior do Trabalho, aos Ministros nomeados para o

Tribunal, aos membros da direção e do Conselho Consultivo da Escola Nacional de Formação e Aperfeiçoamento de Magistrados do Trabalho (ENAMAT) e do Centro de Formação e Aperfeiçoamento de Assessores e Servidores do Tribunal Superior do Trabalho (CEFAST);

III – escolher os integrantes das listas para provimento das vagas de Ministro do Tribunal;

IV – deliberar sobre prorrogação do prazo para a posse no cargo de Ministro do Tribunal Superior do Trabalho e o início do exercício;

V – determinar a disponibilidade ou a aposentadoria de Ministro do Tribunal;

VI – opinar sobre propostas de alterações da legislação trabalhista, inclusive processual, quando entender que deve manifestar-se oficialmente;

VII – estabelecer ou alterar súmulas e outros enunciados de jurisprudência uniforme, pelo voto de pelo menos 2/3 (dois terços) de seus membros, caso a mesma matéria já tenha sido decidida de forma idêntica por unanimidade em, no mínimo, 2/3 (dois terços) das turmas, em pelo menos 10 (dez) sessões diferentes em cada uma delas, podendo, ainda, por maioria de 2/3 (dois terços) de seus membros, restringir os efeitos daquela declaração ou decidir que ela só tenha eficácia a partir de sua publicação no Diário Oficial;

VIII – julgar os incidentes de assunção de competência e os incidentes de recursos repetitivos, afetados ao órgão;

IX – decidir sobre a declaração de inconstitucionalidade de lei ou ato normativo do Poder Público, quando aprovada a arguição pelas Seções Especializadas ou Turmas;

X – aprovar e emendar o Regimento Interno do Tribunal Superior do Trabalho;

XI – processar e julgar as reclamações destinadas à preservação de sua competência e à garantia da autoridade de suas decisões e à observância obrigatória de tese jurídica firmada em decisão com eficácia de precedente judicial de cumprimento obrigatório, por ele proferida.

2 – Órgão Especial. Esse órgão, segundo o art. 76 do Regimento Interno do Tribunal Superior do Trabalho, possui a seguinte competência:

> Art. 76. Compete ao Órgão Especial:
>
> I – em matéria judiciária:
>
> a) processar e julgar as reclamações destinadas à preservação de sua competência, à garantia da autoridade de suas decisões e à observância obrigatória de tese jurídica firmada em decisão com eficácia de precedente judicial de cumprimento obrigatório, por ele proferida;
>
> b) julgar mandado de segurança impetrado contra atos do Presidente ou de qualquer Ministro do Tribunal, ressalvada a competência das Seções Especializadas;
>
> c) julgar os recursos interpostos contra decisões dos Tribunais Regionais do Trabalho em mandado de segurança de interesse de magistrados e servidores da Justiça do Trabalho;
>
> d) julgar os recursos interpostos contra decisão em matéria de concurso para a Magistratura do Trabalho;
>
> e) julgar os recursos ordinários em agravos internos interpostos contra decisões proferidas em reclamações correicionais ou em pedidos de providências que envolvam impugnação de cálculos de precatórios;
>
> f) julgar os recursos ordinários interpostos contra decisões proferidas em mandado de segurança impetrado contra ato do Presidente de Tribunal Regional em precatório;
>
> g) julgar os recursos ordinários interpostos contra decisões proferidas em reclamações quando a competência para julgamento do recurso do processo principal for a ele atribuída;
>
> h) julgar os agravos internos interpostos contra decisões proferidas pelo Corregedor-Geral da Justiça do Trabalho;
>
> i) julgar os agravos internos interpostos contra decisões que denegam seguimento a recurso extraordinário por ausência de repercussão geral da questão constitucional debatida;
>
> j) deliberar sobre as demais matérias jurisdicionais não incluídas na competência dos outros órgãos do Tribunal.

II – em matéria administrativa:

a) proceder à abertura e ao encerramento do semestre judiciário;

b) eleger os membros do Conselho da Ordem do Mérito Judiciário do Trabalho e os das Comissões previstas neste Regimento, com observância, neste último caso, do disposto nos §§ 1.º e 3.º de seu art. 53;

c) aprovar e emendar o Regulamento Geral da Secretaria do Tribunal Superior do Trabalho, o Regimento da Corregedoria-Geral da Justiça do Trabalho, o Regulamento da Ordem do Mérito Judiciário do Trabalho, os Estatutos da Escola Nacional de Formação e Aperfeiçoamento de Magistrados do Trabalho (ENAMAT) e do Centro de Formação e Aperfeiçoamento de Assessores e Servidores do Tribunal Superior do Trabalho (CEFAST), e o Regimento Interno do Conselho Superior da Justiça do Trabalho (CSJT);

d) propor ao Poder Legislativo, após a deliberação do Conselho Superior da Justiça do Trabalho (CSJT), a criação, extinção ou modificação de Tribunais Regionais do Trabalho e Varas do Trabalho, assim como a alteração de jurisdição e de sede destes;

e) propor ao Poder Legislativo a criação, a extinção e a transformação de cargos e funções públicas e a fixação dos respectivos vencimentos ou gratificações;

f) escolher, mediante escrutínio secreto e pelo voto da maioria absoluta dos seus membros, Desembargador de Tribunal Regional do Trabalho para substituir temporariamente Ministro do Tribunal Superior do Trabalho;

g) aprovar a lista dos admitidos na Ordem do Mérito Judiciário do Trabalho;

h) aprovar a lotação das funções comissionadas do Quadro de Pessoal do Tribunal;

i) conceder licença, férias e outros afastamentos aos membros do Tribunal;

j) fixar e rever as diárias e as ajudas de custo do Presidente, dos Ministros e servidores do Tribunal;

l) designar as comissões temporárias para exame e elaboração de estudo sobre matéria relevante, respeitada a competência das comissões permanentes;

m) aprovar as instruções de concurso para provimento dos cargos de Juiz do Trabalho Substituto;

n) aprovar as instruções dos concursos para provimento dos cargos do Quadro de Pessoal do Tribunal e homologar seu resultado final;

o) julgar os recursos de decisões ou atos do Presidente do Tribunal em matéria administrativa;

p) julgar os recursos interpostos contra decisões dos Tribunais Regionais do Trabalho em processo administrativo disciplinar envolvendo Magistrado, estritamente para controle da legalidade;

q) examinar as matérias encaminhadas pelo Conselho Superior da Justiça do Trabalho (CSJT);

r) aprovar a proposta orçamentária da Justiça do Trabalho;

s) julgar os recursos ordinários interpostos contra agravos internos em que tenha sido apreciada decisão de Presidente de Tribunal Regional em precatório;

t) deliberar sobre as questões relevantes e atos normativos a que alude o art. 41, XXXIII e parágrafo único, deste Regimento.

3 – Seção Especializada em Dissídios Coletivo. Esse órgão, segundo o art. 77 do Regimento Interno do Tribunal Superior do Trabalho, possui a seguinte competência:

RITST, Art. 77. À Seção Especializada em Dissídios Coletivos compete:

I – originariamente:

a) julgar os dissídios coletivos de natureza econômica e jurídica, de sua competência, ou rever suas próprias sentenças normativas, nos casos previstos em lei;

b) homologar as conciliações firmadas nos dissídios coletivos;

c) julgar as ações anulatórias de acordos e convenções coletivas;

d) julgar as ações rescisórias propostas contra suas sentenças normativas;

e) julgar os agravos internos contra decisões não definitivas, proferidas pelo Presidente do Tribunal, ou por qualquer dos Ministros integrantes da Seção Especializada em Dissídios Coletivos;

f) julgar os conflitos de competência entre Tribunais Regionais do Trabalho em processos de dissídio coletivo;

g) processar e julgar as tutelas provisórias antecedentes ou incidentes nos processos de dissídio coletivo;

h) processar e julgar as ações em matéria de greve, quando o conflito exceder a jurisdição de Tribunal Regional do Trabalho;

i) processar e julgar as reclamações destinadas à preservação de sua competência e à garantia da autoridade de suas decisões.

II – em última instância, julgar:

a) os recursos ordinários interpostos contra as decisões proferidas pelos Tribunais Regionais do Trabalho em dissídios coletivos de natureza econômica ou jurídica;

b) os recursos ordinários interpostos contra decisões proferidas pelos Tribunais Regionais do Trabalho em ações rescisórias, reclamações e mandados de segurança pertinentes a dissídios coletivos e em ações anulatórias de acordos e convenções coletivas;

c) os embargos infringentes interpostos contra decisão não unânime proferida em processo de dissídio coletivo de sua competência originária, salvo se a decisão embargada estiver em consonância com precedente normativo do Tribunal Superior do Trabalho ou com súmula de sua jurisprudência predominante;

d) os agravos de instrumento interpostos contra decisão denegatória de recurso ordinário nos processos de sua competência.

4 – Seção Especializada em Dissídios Individuais. Esse órgão, segundo o art. 78 do Regimento Interno do Tribunal Superior do Trabalho, possui a seguinte competência:

RITST, Art. 78. À Seção Especializada em Dissídios Individuais, em composição plena ou dividida em duas Subseções, compete:

I – em composição plena:

a) julgar, em caráter de urgência e com preferência na pauta, os processos nos quais tenha sido estabelecida, na votação, divergência entre as Subseções I e II da Seção Especializada em Dissídios Individuais, quanto à aplicação de dispositivo de lei federal ou da Constituição da República;

b) processar e julgar as reclamações destinadas à preservação de sua competência, à garantia da autoridade de suas decisões e à observância obrigatória de tese jurídica firmada em decisão com eficácia de precedente judicial de cumprimento obrigatório, por ela proferida.

II – à Subseção I:

a) julgar os embargos interpostos contra decisões divergentes das Turmas, ou destas que divirjam de decisão da Seção de Dissídios Individuais, de súmula ou de orientação jurisprudencial;

b) processar e julgar as reclamações destinadas à preservação de sua competência, à garantia da autoridade de suas decisões e à observância obrigatória de tese jurídica firmada em decisão com eficácia de precedente judicial de cumprimento obrigatório, por ela proferida;

c) julgar os agravos internos interpostos contra decisão monocrática exarada em processos de sua competência ou decorrentes do juízo de admissibilidade da Presidência de Turmas do Tribunal;

d) processar e julgar os incidentes de recursos repetitivos que lhe forem afetados;

III – à Subseção II:

a) originariamente:

I – julgar as ações rescisórias propostas contra suas decisões, as da Subseção I e as das Turmas do Tribunal;

II – julgar os mandados de segurança contra os atos praticados pelo Presidente do Tribunal, ou por qualquer dos Ministros integrantes da Seção Especializada em Dissídios Individuais, nos processos de sua competência;

III – julgar os pedidos de concessão de tutelas provisórias e demais medidas de urgência;

IV – julgar os habeas corpus;

V – processar e julgar os Incidentes de Resolução de Demandas Repetitivas suscitados nos processos de sua competência originária;

VI – processar e julgar as reclamações destinadas à preservação de sua competência, à garantia da autoridade de suas decisões e à observância obrigatória de tese jurídica firmada em decisão com eficácia de precedente judicial de cumprimento obrigatório, por ela proferida.

b) em única instância:

I – julgar os agravos internos interpostos contra decisão monocrática exarada em processos de sua competência;

II – julgar os conflitos de competência entre Tribunais Regionais e os que envolvam Desembargadores dos Tribunais de Justiça, quando investidos da jurisdição trabalhista, e Juízes do Trabalho em processos de dissídios individuais.

c) em última instância:

I – julgar os recursos ordinários interpostos contra decisões dos Tribunais Regionais em processos de dissídio individual de sua competência originária;

II – julgar os agravos de instrumento interpostos contra decisão denegatória de recurso ordinário em processos de sua competência.

5 – Turmas. Esse órgão, segundo o art. 79 do Regimento Interno do Tribunal Superior do Trabalho, possui a seguinte competência:

Art. 79. Compete a cada uma das Turmas julgar:

I – as reclamações destinadas à preservação da sua competência e à garantia da autoridade de suas decisões;

II – os recursos de revista interpostos contra decisão dos Tribunais Regionais do Trabalho, nos casos previstos em lei;

III – os agravos de instrumento das decisões de Presidente de Tribunal Regional que denegarem seguimento a recurso de revista;

IV – os agravos internos interpostos contra decisão monocrática exarada em processos de sua competência;

V – os recursos ordinários em tutelas provisórias e as reclamações, quando a competência para julgamento do recurso do processo principal for atribuída à Turma, bem como a tutela provisória requerida em procedimento antecedente de que trata o art. 114 deste Regimento.

3.6. Competência territorial

A competência territorial também é conhecida como competência em razão do lugar – *ratione loci*. Essa competência, impõe limites territoriais na competência de cada órgão que integra o Poder Judiciário Trabalhista.

Os limites territoriais possuem ligação direta com o próprio exercício da jurisdição. Nosso país possui uma extensão territorial imensa e não seria racional, permitir que as partes ajuizassem suas ações em qualquer local do território nacional.

Sendo assim, a CLT regulamentou o tema, por meio do art. 651, de seguinte teor:

> CLT, Art. 651 – A competência das Juntas de Conciliação e Julgamento é determinada pela localidade onde o empregado, reclamante ou reclamado, prestar serviços ao empregador, ainda que tenha sido contratado noutro local ou no estrangeiro.
>
> § 1º – Quando for parte de dissídio agente ou viajante comercial, a competência será da Junta da localidade em que a empresa tenha agência ou filial e a esta o empregado esteja subordinado e, na falta, será competente a Junta da localização em que o empregado tenha domicílio ou a localidade mais próxima.
>
> § 2º – A competência das Juntas de Conciliação e Julgamento, estabelecida neste artigo, estende-se aos dissídios ocorridos em agência ou filial no estrangeiro, desde que o empregado seja brasileiro e não haja convenção internacional dispondo em contrário.
>
> § 3º – Em se tratando de empregador que promova realização de atividades fora do lugar do contrato de trabalho, é assegurado ao empregado apresentar reclamação no foro da celebração do contrato ou no da prestação dos respectivos serviços.

– Hamilton, temos regras e exceções no art. 651 da CLT?

Sim. O caput do art. 651, traz a regra, ou seja, o empregado deve ajuizar a sua ação no local em que prestar serviços ao empregador. As demais hipóteses, são tratadas como exceções à regra.

Passamos a analisar uma a uma.

3.6.1. Regra: local de prestação dos serviços – CLT, Art. 651, *caput*

O caput do art. 651 da CLT determina que a competência das Varas do Trabalho seja determinada pelo local onde o empregado, reclamante ou reclamado, prestar serviços ao empregador, ainda que tenha sido contratado em outro local ou no estrangeiro.

Essa norma assegura o efetivo acesso do empregado à Justiça do Trabalho, pois:

1 – Facilita o acesso à Justiça do Trabalho;

2 – Facilita a produção de provas (exemplo, a prova testemunhal);

3 – Reduz custos com o comparecimento da audiência.

> – Hamilton, quando o empregador vai ajuizar uma ação contra o empregado, como por exemplo, a ação de consignação em pagamento ou um inquérito judicial para apuração de falta grave, ele também deve respeitar essa regra?

Sim. O próprio *caput* do art. 651 determina que o empregador deve ajuizar a ação no local em que o empregado prestar serviços ao empregador, quando fala *"onde o empregado, reclamante ou reclamado, prestar serviços ao empregador"*.

> – Outra dúvida, Hamilton. E como fica o ajuizamento da ação trabalhista se o empregado prestar serviços em vários locais, como por exemplo, o empregado que foi contratado inicialmente para trabalhar na cidade de São Paulo – SP, mas no decorrer do trabalho foi transferido e prestou serviços na cidade de Fortaleza – CE e, posteriormente, foi transferido e prestou serviço na cidade do Rio de Janeiro – RJ?

A tese majoritária é no sentido de que o empregado deve ajuizar a demanda no último local em que ele prestou e serviços. Nesse sentido, a doutrina do professor Valentin Carrion[26]:

> "Na hipótese de ter havido vários locais de trabalho, a competência será a do último. Na hipótese de trabalho simultâneo em diversas comarcas, todas elas são competentes (ressalvada a previsão do viajante); o mesmo se um só local pertence a diversos municípios (propriedade rural, por exemplo). Transferido o empregado, a competência será do último lugar de trabalho, salvo se a transferência era provisória ou não chegou a consumar-se pela recusa do empregado ou se aquela é inquinada de ilegal na própria ação. É prorrogável, por vontade expressa ou tácita das partes. Se o réu não comparecer para alegar a incompetência territorial, ou, comparecendo, não a alegar no momento da contestação, o órgão judicial, que inicialmente não a possuía, passa a tê-la, não podendo o juiz declará-la de ofício (CPC/15, art. 65), o juiz pode declinar, quando for contrato de adesão; mas, proposta a ação no juízo competente originariamente, ou por prorrogação, não é mais permitido às partes fazer acordos para modificar a competência. O TST, na IN 39/16, não aplica o CPC/15, art. 63; não pode haver a eleição do foro, em face do princípio protecionista, o acordo anterior ao litígio, tendente a modificar a competência territorial (foro contratual), não se aplica contra o empregado, e sim a seu favor. O tema, entretanto, é polêmico. Proposta a ação em local antes incompetente, não havendo recusa do réu, este passa a ser competente. Incompetência de foro (matéria) (v. art. 795/3)".

Contudo, temos autores de renome defendendo que o empregado, nesses casos, pode ajuizar a ação trabalhista em qualquer das Varas do Trabalho correspondentes aos locais de prestação dos serviços, aplicando-se, assim, a competência concorrente das Varas. Por todos, cito o professor Mauro Schiavi[27]:

---

26. CARRION, Valentin. Comentários à Consolidação das Leis do Trabalho. 41. ed. São Paulo: Saraiva, 2017, p. 62.
27. SCHIAVI, Mauro. Manual de direito processual do trabalho. 11. ed. São Paulo: LTr, 2016, p. 308-309.

> "Mostra-se polêmica a seguinte questão: Se o reclamante trabalhou em várias localidades, qual será a Vara competente em razão do lugar para apreciar o processo?
>
> Doutrina e jurisprudência se inclinam em dizer que, neste caso, prevalece a competência do último local de prestação dos serviços. (...)
>
> Em que pese o respeito que merecem os juristas acima mencionados, com eles não concordamos. Com efeito, se o reclamante trabalhou em vários locais, pensamos que a competência das Varas do Trabalho de cada local trabalhado é concorrente, já que todas as Varas são competentes, cabendo a escolha do local da propositura da ação ao reclamante, uma vez que a competência em razão do lugar se fixa tendo por escopo facilitar o acesso do trabalhador à Justiça. Portanto, no nosso sentir, a competência neste caso se dá pela prevenção, sendo competente a Vara do local em que a reclamatória foi proposta em primeiro lugar".

3.6.2. Agente ou viajante comercial

O § 1º do art. 651 da CLT, trata da 1º exceção à regra de ajuizamento da ação trabalhista no local onde o empregado prestar serviços, quando ele, for parte de dissídio agente ou viajante comercial. Nesses casos, a competência será da Vara do Trabalho em que a empresa tenha agência ou filial e a esta o empregado esteja subordinado e, na falta, será competente a Vara da localização em que o empregado tenha domicílio ou a localidade mais próxima.

> – Hamilton, o empregado agente ou viajante comercial escolhe se ajuíza a ação no local da filial que ele está subordinado ou no seu domicílio?

Não. Como bem você observou, temos duas competências nesse parágrafo. A primeira que deve ser obedecida, é a que o empregado agente ou viajante comercial deve ajuizar a sua ação na Vara do Trabalho da localidade em que a empresa tenha agência ou filial e a esta esteja subordinado. E, na segunda hipótese, o empregado agente ou viajante comercial deve ajuizar a sua ação na Vara do Trabalho em que o empregado tenha domicílio ou na localidade mais próxima, quando o empregado não esteja subordinado à agência ou filial.

– Perfeito.

3.6.3. *Competência internacional da Justiça do Trabalho*

A segunda exceção foi prevista no § 2º do art. 651 da CLT. Esse dispositivo determina que a competência das Varas do Trabalho estende-se aos dissídios ocorridos em agência ou filial no estrangeiro, desde que o empregado seja brasileiro e não haja convenção internacional dispondo em contrário.

3.6.4. *Empregador que promova realização de atividades fora do lugar do contrato de trabalho*

A terceira exceção à regra, foi prevista no § 3º do art. 651 da CLT, que determina que *"em se tratando de empregador que promova realização de atividades fora do lugar do contrato de trabalho, é assegurado ao empregado apresentar reclamação no foro da celebração do contrato ou no da prestação dos respectivos serviços"*.

– Essa terceira exceção traz uma faculdade ao empregado?

Isso mesmo, o empregado pode optar por ajuizar a ação trabalhista no local da contratação ou no local da prestação de serviços.

3.6.5. *Outras exceções*

3.6.5.1. *Domicílio do autor*

A jurisprudência do TST tem evoluído para considerar o **domicílio do autor como elemento definidor da competência territorial**, com base no **princípio do livre acesso à justiça**, o qual autoriza a aplicação analógica do art. 651, § 3º, da CLT, sempre que:

- **Não se revele um embaraço à defesa**, e o contrário evidenciar-se um obstáculo ao livre exercício do direito fundamental de ação;
- Foro do domicílio do empregado apenas será considerado **competente por lhe ser mais favorável** que a regra do caput do artigo 651 da CLT.
- Empresa possua **atuação nacional.**

Assim, o foro do domicílio do empregado apenas será considerado competente por lhe ser mais favorável que a regra do caput do artigo 651 da CLT nas hipóteses em que a empresa **possua atuação nacional** e, ao menos, a **contratação ou arregimentação** (arregimentar é sinônimo de: juntar, reunir, agrupar, associar, convocar, arrebanhar) tenha ocorrido **naquela localidade**.

Destaca-se que, o requisito de atuação nacional não pode ser considerado preenchido caso a empresa seja uma franquia, podendo pertencer a outro proprietário.

Neste sentido, transcrevem-se os seguintes precedentes do TST:

> Informativo 198 – TST- Competência territorial. Domicílio do reclamante. Possibilidade. Desnecessidade de coincidir com o local da prestação de serviços ou com o da contratação ou arregimentação. Empresa de atuação nacional. Aplicação ampliativa do art. 651, caput e § 3º, da CLT. É possível reconhecer a competência territorial do foro do domicílio do reclamante quando a empresa contratante tiver atuação em âmbito nacional, não havendo necessidade de coincidir o domicílio do empregado com o local da prestação de serviço ou com o da contratação ou arregimentação. Trata-se de interpretação ampliativa dos critérios objetivos do art. 651, caput, e § 3º, da CLT, de modo a garantir o acesso amplo à Justiça sem prejuízo do direito de defesa. No caso, restou consignado que a contratação do reclamante pela Petrobras, empresa notoriamente de atuação nacional, se deu em Salvador/BA, com prestação de serviços no Estado da Bahia e em Macaé/RJ, mas a ação foi ajuizada no domicílio do empregado, em Aracaju/SE, onde também se localiza uma das sedes da empresa reclamada. Sob esse entendimento, a SBDI-I, por unanimidade, conheceu

dos embargos, por divergência jurisprudencial, e, no mérito, por maioria, negou-lhes provimento. Vencidos os Ministros Márcio Eurico Vitral Amaro, relator, Walmir Oliveira da Costa e Alexandre Luiz Ramos. (Cf. Informativos TST nºs 146, 156) (E-ED-RR-278-87.2015.5.20.0003, SBDI-I, rel. Min. Márcio Eurico Vitral Amaro, red. p/ acórdão Min. Breno Medeiros, 6.6.2019)

Informativo – 156 do TST – RECURSO DE EMBARGOS EM RECURSO DE REVISTA REGIDO PELA LEI Nº 13.015/2014. COMPETÊNCIA TERRITORIAL. RECLAMAÇÃO TRABALHISTA AJUIZADA NO FORO DO DOMICÍLIO DO RECLAMANTE. LOCALIDADE DISTINTA DA CONTRATAÇÃO E PRESTAÇÃO DOS SERVIÇOS. Com ressalva de entendimento deste Relator, esta Corte Superior firmou entendimento no sentido de que o foro do domicílio do empregado apenas será considerado competente, por lhe ser mais favorável que a regra do artigo 651 da CLT, nas hipóteses em que a empresa possua atuação nacional e, ao menos, a contratação ou arregimentação tenha ocorrido naquela localidade. Desse modo, apenas quando a ré contratar e promover a prestação dos serviços em diferentes localidades do território nacional é possível a aplicação ampliativa do § 3º do artigo 651 da CLT, permitindo ao autor o ajuizamento da ação no local do seu domicílio. Considerando que a Egrégia Turma flexibilizou a regra de fixação de competência baseando-se apenas na hipossuficiência econômica do reclamante, sem registrar a presença de quaisquer das demais situações excepcionais acima mencionadas, deve ser reconhecida a competência do foro do local da prestação dos serviços para processar e julgar a presente ação. Precedentes. Recurso de embargos de que se conhece e a que se dá provimento. (E-RR – 73-36.2012.5.20.0012, Relator Ministro: Cláudio Mascarenhas Brandão, Data de Julgamento: 30/03/2017, Subseção I Especializada em Dissídios Individuais, Data de Publicação: DEJT 12/05/2017)

I – RECURSO DE EMBARGOS REGIDO PELAS LEIS Nos 13.015/2014 E 13.105/2015. COMPETÊNCIA TERRITORIAL. RECLAMAÇÃO AJUIZADA NO DOMICÍLIO DO RECLAMANTE. ELEIÇÃO DE FORO PELO EMPREGADO. LOCAL DISTINTO DA CONTRATAÇÃO E PRESTAÇÃO DOS SERVIÇOS. EMPRESA COM ATUAÇÃO EM TODO O TERRITÓRIO NACIONAL. POSSIBILIDADE. 1. A Eg. 2ª Turma não conheceu

> do recurso de revista da reclamada. Concluiu que a reclamada caracteriza-se como empresa de grande porte, com atuação em todo o território nacional, razão pela qual se admite o ajuizamento da ação no domicílio do reclamante. 2. Em atenção aos princípios constitucionais da proteção e do amplo acesso ao Judiciário (art. 5º, XXXV), esta Subseção, e mesmo a SBDI-2, vem admitindo a interpretação ampliativa dos critérios objetivos do art. 651, "caput" e § 3º, da CLT, quando a empresa for de grande porte e tiver atuação em todo o território nacional, como no caso dos autos. Incidência do óbice do art. 896, § 2º, da CLT. Ressalva de entendimento do relator. Recurso de embargos não conhecido. [...].(Ag-E-ED-RR - 621-82.2013.5.18.0141, Relator Ministro: Alberto Luiz Bresciani de Fontan Pereira, Data de Julgamento: 28/02/2019, Subseção I Especializada em Dissídios Individuais, Data de Publicação: DEJT 15/03/2019)

Ainda, o TST por meio do Informativo 185, entendeu que é competente o foro do **domicílio atual do reclamante** nos casos de **término da atividade da filial da empresa na localidade da contratação e da prestação dos serviços.**

> Informativo 185 do TST – COMPETÊNCIA TERRITORIAL. TÉRMINO DAS ATIVIDADES DA FILIAL DA EMPRESA NA LOCALIDADE DA CONTRATAÇÃO E DA PRESTAÇÃO DOS SERVIÇOS. RECLAMAÇÃO TRABALHISTA AJUIZADA NO FORO DO DOMICÍLIO DA RECLAMANTE. POSSIBILIDADE. GARANTIA DE ACESSO À JUSTIÇA. PRESERVAÇÃO DO DIREITO DE DEFESA. É possível reconhecer a competência territorial do foro do domicílio da reclamante quando a atribuição da competência ao juízo do Trabalho da contratação ou da prestação dos serviços inviabilizar a garantia do exercício do direito de ação. As regras do art. 651 da CLT não devem ser interpretadas de forma literal, mas sistematicamente, de modo a concretizar os direitos e garantias fundamentais insculpidos na Constituição da República. Na hipótese, a autora foi contratada e prestou serviços em Altamira/PA, mas ajuizou a ação na cidade de Uberlândia/MG, local para onde se mudou após a dispensa. Além disso, a filial da empresa, na cidade de Altamira/PA, encerrou suas atividades, mantendo-as apenas na cidade do Rio de Janeiro/RJ. Assim, para a autora, o processamento do feito no município em que reside atualmente

garante-lhe o acesso à justiça, sem causar prejuízo ao direito de defesa da ré, pois o deslocamento do Rio de Janeiro até Uberlândia é mais viável que até Altamira, principalmente porque suas atividades nesta cidade foram encerradas, pressuposto que legitimava a competência deste local. Sob esses fundamentos, a SBDI-I, por unanimidade, conheceu dos embargos interpostos pela reclamante, por divergência jurisprudencial, e, no mérito, por maioria, deu-lhes provimento para declarar a competência territorial de uma das Varas do Trabalho de Uberlândia/MG e determinar a remessa dos autos para essa localidade, a fim de que julgue os pedidos como entender de direito (TST-E-RR-11727-90.2015.5.03.0043, SBDI-I, rel. Min. Cláudio Mascarenhas Brandão, 18.10.2018)

3.6.5.2. Foro do domicílio do menor de idade herdeiro, em caso de falecimento do empregado

– Hamilton, posso utilizar o ECA para aplicar a competência do domicílio do menor herdeiro do empregado falecido para ajuizamento de ação trabalhista?

Pode perfeitamente, conforme entendimento do TST. Nesse caso, o TST permite o ajuizamento da ação trabalhista no foro do domicílio dos reclamantes na hipótese de ação ajuizada por viúva e filhos menores de ex-empregado falecido em decorrência de acidente de trabalho, na defesa de direito próprio, aplicando por analogia, o disposto no art. 147, I e II do Estatuto da Criança e do Adolescente, de seguinte teor:

> ECA, Art. 147. A competência será determinada:
>
> I – pelo domicílio dos pais ou responsável;
>
> II – pelo lugar onde se encontre a criança ou adolescente, à falta dos pais ou responsável.

Nesse sentido, o informativo TST nº 123 de seguinte teor;

> Informativo TST nº 123 – ACIDENTE DE TRABALHO. FALECIMENTO DO EMPREGADO. AÇÃO MOVIDA POR VIÚVA E FILHOS MENORES. PRETENSÃO DEDUZIDA EM NOME

PRÓPRIO. COMPETÊNCIA TERRITORIAL. LOCAL DO DOMICÍLIO DOS RECLAMANTES. AUSÊNCIA DE DISCIPLINA LEGAL ESPECÍFICA NA CLT. APLICAÇÃO ANALÓGICA DO DISPOSTO NO ART. 147,1, DO ECA. Na hipótese de julgamento de dissídio individual movido por viúva e filhos menores de ex-empregado falecido em decorrência de acidente de trabalho, na defesa de direito próprio, admite-se excepcionalmente a fixação da competência territorial pelo foro do local do domicílio dos reclamantes. Aplicação analógica do disposto no art. 147, I, do Estatuto da Criança e do Adolescente (ECA), diante da ausência de disciplina legal específica na CLT. No caso, ressaltou-se que por se tratar de situação excepcional, a qual refoge à regra do caput do art. 651 e parágrafos, da CLT — em que a competência territorial define-se pelo local da prestação dos serviços do empregado, e, excepcionalmente, pela localidade da contratação —, cumpre ao órgão jurisdicional colmatar a lacuna mediante a aplicação de norma compatível com o princípio da acessibilidade. Sob esse entendimento, a SBDI-I, por unanimidade, conheceu dos embargos, por divergência jurisprudencial e, no mérito, por maioria, deu-lhes provimento para reconhecer a competência da Vara do Trabalho de Manaus, local do domicílio dos reclamantes. Vencidos os Ministros Aloysio Corrêa da Veiga, relator, Guilherme Augusto Caputo Bastos e Márcio Eurico Vitral Amaro. TST-E-RR-86700-15.2009.5.11.0007, SBDI-I, rei. Min. Aloysio Corrêa da Veiga. red. p/ acórdão Min. João Oreste Dalazen. 12.11.2015.

3.6.6. Impossibilidade de o juiz conhecer de ofício a incompetência relativa em razão do lugar

– A incompetência relativa em razão do lugar pode ser conhecida de ofício, Hamilton?

Não, a incompetência relativa não pode ser declarada de ofício pelo juiz, dependendo de provocação da parte, conforme dispõe a OJ 149- SDI-2 do TST e a Súmula 33 do STJ.

TST, OJ 149- SDI-2 – Não cabe declaração de ofício de incompetência territorial no caso do uso, pelo trabalhador, da faculdade prevista no art. 651, § 3º, da CLT. Nessa hipótese, resolve-se o conflito pelo reconhecimento da competência do juízo do local onde a ação foi proposta.

STJ, SUM 33 – A incompetência relativa não pode ser declarada de ofício.

3.6.7. Cláusula de eleição de foro

O foro de eleição é aquele eleito pelas partes para ser resolvido os eventuais conflitos.

– A cláusula de eleição de foro tem previsão na CLT?

A cláusula de eleição de foro tem não previsão na CLT, mais sim no art. 63 do CPC/2015, abaixo transcrito:

> CPC, Art. 63. As partes podem modificar a competência em razão do valor e do território, elegendo foro onde será proposta ação oriunda de direitos e obrigações.
>
> § 1º A eleição de foro só produz efeito quando constar de instrumento escrito e aludir expressamente a determinado negócio jurídico.
>
> § 2º O foro contratual obriga os herdeiros e sucessores das partes.

– Quais os requisitos para a aplicação da cláusula?

A cláusula de eleição de foro do CPC, deverá preencher os seguintes requisitos cumulativos:

(1) somente nos casos de competência relativa;

(2) deverá estar prevista em contrato escrito para ser válido e eficaz;

(3) deverá ser determinado expressamente o negócio jurídico;

(4) obriga os herdeiros e sucessores das partes.

– A cláusula de eleição de foro é aplicada ao Processo do Trabalho?

A omissão da CLT sobre tema não é condição suficiente para a aplicação subsidiária do processo civil no tocante ao foro de eleição, em razão da incompatibilidade deste instituto com os dissídios individuais de trabalho quando a cláusula for prejudicial ao empregado.

Nesse sentido:

> TST, IN39/2016 – Art. 2° – Sem prejuízo de outros, não se aplicam ao Processo do Trabalho, em razão de inexistência de omissão ou por incompatibilidade, os seguintes preceitos do Código de Processo Civil:
>
> I – art. 63 (modificação da competência territorial e eleição de foro)
>
> COMPETÊNCIA. CLÁUSULA DE ELEIÇÃO DE FORO. HIPÓTESE DE ABUSO. Nos termos do § 3º do art. 63 do CPC, "antes da citação, a cláusula de eleição de foro, se abusiva, pode ser reputada ineficaz de ofício pelo juiz, que determinará a remessa dos autos ao juízo do foro de domicílio do réu". Se pode ser feita a declaração ex officio, com muito mais razão poderá ser acolhida a exceção arguida nesse sentido, como estabelece o § 4º da mesma norma. (RO nº 0011712-40.2017.5.03.0015, 11ª Turma do TRT da 3ª Região/MG, Rel. Luiz Antônio de Paula Iennaco. j. 15.04.2018).
>
> I – RECURSO DE EMBARGOS REGIDO PELAS LEIS. NºS 13.015/2014 E 13.105/2015. COMPETÊNCIA TERRITORIAL. RECLAMAÇÃO AJUIZADA NO DOMICÍLIO DO RECLAMANTE. ELEIÇÃO DE FORO PELO EMPREGADO. LOCAL DISTINTO DA CONTRATAÇÃO E PRESTAÇÃO DOS SERVIÇOS. EMPRESA COM ATUAÇÃO EM TODO O TERRITÓRIO NACIONAL. POSSIBILIDADE. 1. A Eg. 2ª Turma não conheceu do recurso de revista da reclamada. Concluiu que a reclamada caracteriza-se como empresa de grande porte, com atuação em todo o território nacional, razão pela qual se admite o ajuizamento da ação no domicílio do reclamante. 2. Em atenção aos princípios constitucionais da proteção e do amplo acesso ao Judiciário (art.

5º, XXXV), esta Subseção, e mesmo a SBDI-2, vem admitindo a interpretação ampliativa dos critérios objetivos do art. 651, "caput" e § 3º, da CLT, quando a empresa for de grande porte e tiver atuação em todo o território nacional, como no caso dos autos. Incidência do óbice do art. 896, § 2º, da CLT. Ressalva de entendimento do relator. Recurso de embargos não conhecido. (AG-E-ED-RR nº 621-82.2013.5.18.0141, SBDI-1 do TST, Rel. Alberto Luiz Bresciani de Fontan Pereira. j. 28.02.2019, Publ. 15.03.2019).

– O juiz se deparando com a cláusula de eleição de foro, poderá declarar de ofício a nulidade?

O juiz poderá declarar de ofício a nulidade da cláusula de eleição de foro em contrato de adesão, principalmente nos casos de dificuldade de acesso ao Judiciário, declinando a competência para o juízo competente, nos termos do art. 651 da CLT.

CAPÍTULO 3

Atos, termos, prazos e nulidades processuais

1. NORMAS GERAIS DOS ATOS PROCESSUAIS

– Qual o conceito de ato processual?

Ato processual é uma espécie de ato jurídico, que através da vontade humana, tem, por fim, criar, modificar, conservar ou extinguir posições jurídicas integrantes de uma relação jurídica processual.

– Então o processo representa um complexo de atos processuais?

Sim, o processo é um complexo de atos processuais ordenados, destinado à obtenção de um objetivo.

– Qual esse objetivo, Hamilton?

O processo objetiva a sentença de mérito. Lembre-se, o CPC prima pelo julgamento do mérito da causa, dando oportunidade para as partes sanarem alguns vícios processuais.

– Deixa eu ver se entendi. Ato processual é a conduta humana voluntária que tem relevância para o processo?

Isso mesmo. E, o processo consiste em uma sucessão de atos processuais que visam alcançar o provimento jurisdicional, ou seja, a sentença de mérito.

– E os atos processuais possuem forma predefinida?

Os atos e os termos processuais independem de forma determinada, salvo quando a lei expressamente a exigir, considerando-se válidos os que, ainda realizados de outro modo, lhe preencham a finalidade essencial.

– Temos exemplos de atos que têm forma predefinida?

Sim, a petição inicial forma predefinida! Lembra que falamos que ela pode ser verbal ou escrita?

– Sim. E deve conter a designação do juízo, a qualificação das partes, a breve exposição dos fatos de que resulte o dissídio, o pedido, que deverá ser certo, determinado e com indicação de seu valor, a data e a assinatura do reclamante ou de seu representante.

Então, isso é um exemplo de forma predefinida, pois a petição que não obedecer a essas regras, vai ser extinta sem resolução do mérito, se a parte não sanar o erro após determinação do juiz.

Então, isso é um exemplo de forma.

2. CLASSIFICAÇÃO DOS ATOS PROCESSUAIS

O CPC classifica os atos processuais em 3 partes:

(1) Atos das partes (CPC, Art. 200);

(2) Atos do juiz (CPC, Art. 203); e

(3) Atos do escrivão ou do chefe de secretaria (CPC, Art. 206).

Vamos estudar a classificação.

2.1. Atos das partes

Os atos das partes consistentes em declarações unilaterais ou bilaterais de vontade e produzem imediatamente a constituição, modificação ou extinção de direitos processuais.

2.1.1. *Atos unilaterais e bilaterais*

– Os atos unilaterais são àqueles que a parte pratica sem necessitar da anuência da parte contrária?

Isso mesmo, como por exemplo: Atos de postulação (petição inicial do autor, a contestação do réu, a interposição de recurso pelas partes).

Já os atos bilaterais são àqueles que a parte pratica com anuência da parte contrária.

– Um exemplo de ato bilateral seria o acordo judicial, Professor?

Perfeito, o acordo depende do aceite das partes e provocará a extinção do processo, com resolução de mérito.

2.1.2. *Desistência da ação*

– E a desistência da ação?

O que é que tem?

– Como é o procedimento da desistência da ação na Justiça do Trabalho?

No Processo do Trabalho, a parte reclamante **pode desistir da ação sem a anuência do reclamado**, desde que, tal fato ocorra **antes da apresentação da contestação**. Com a reforma trabalhista do ano de 2017 (Lei nº 13.467/2017), foi acrescentado o § 3º no artigo 841 da CLT que determina que:

> "oferecida a contestação, ainda que eletronicamente, o reclamante não poderá, sem o consentimento do reclamado, desistir da ação".

Se o juiz homologa desistência da ação sem a anuência do reclamado após contestado o feito, a sentença é nula. Nesse sentido, os seguintes julgados:

B) RECURSO DE REVISTA. PROCESSO SOB A ÉGIDE DA LEI 13.015/2014 E ANTERIOR À LEI 13.467/2017. DESISTÊNCIA DA AÇÃO APÓS A APRESENTAÇÃO DA CONTESTAÇÃO. ANUÊNCIA DA PARTE CONTRÁRIA. ART. 485, § 4º, DO CPC/2015. Dispõe o § 4º do art. 485 do Código de Processo Civil, aplicado subsidiariamente ao Processo do Trabalho, que, "oferecida a contestação, o Autor não poderá, sem o consentimento do réu, desistir da ação". Embora o art. 847, caput, da CLT estabeleça que a contestação será aduzida em audiência, no prazo de vinte minutos, após a proposta conciliatória e a leitura da reclamação trabalhista, quando esta não for dispensada pelas partes, na prática, a Justiça do Trabalho consagrou a defesa apresentada de forma escrita. Nesse sentido, o art. 10 da Lei nº 11.419/06 – que instituiu o processo eletrônico no âmbito da Justiça do Trabalho, e o art. 22 da Resolução nº 187/2017 do CSJT – que estabeleceu o procedimento adotado para o envio da contestação via PJe. Referido procedimento foi ratificado pela Lei nº 13.467/2017, que acrescentou o parágrafo único ao art. 847 da CLT. Na hipótese dos autos, sendo incontroverso o fato de que o oferecimento da contestação pela Reclamada ocorreu anteriormente ao pedido de desistência da reclamação trabalhista, a decisão regional, ao entender desnecessária a anuência da Ré, por considerar que a concordância da Reclamada somente seria necessária caso o pedido fosse apresentado pelo Autor após o recebimento da defesa em audiência, violou o artigo 485, § 4º, do CPC/2015. Recurso de revista conhecido e provido" (RR-1000888-03.2017.5.02.0057, 3ª Turma, Relator Ministro Mauricio Godinho Delgado, DEJT 12/04/2019).

II – RECURSO DE REVISTA – REGÊNCIA PELA LEI Nº 13.015/14 – DESISTÊNCIA DA AÇÃO APÓS A APRESENTAÇÃO DA CONTESTAÇÃO. NECESSIDADE DA ANUÊNCIA DA PARTE CONTRÁRIA. Consignado pelo Regional que o pedido de desistência da reclamante foi formulado após a apresentação da contestação, a homologação da desistência sem a anuência dos reclamados viola o artigo 485, § 4º, do CPC. Julgados. Recurso de revista conhecido e provido. (RR – 12045-38.2015.5.03.0087, Relator Ministro: Márcio Eurico Vitral Amaro, 8ª Turma, Data de Publicação: DEJT 15/10/2018)

Sobre o tema é importante saber ainda:

(1) A desistência da ação é formulada pelo autor da ação;

(2) Segundo o § 5º do art. 485 do CPC, a desistência pode ser requerida até a sentença;

(3) Segundo o art. 200, parágrafo único, do CPC, a desistência da ação só produz efeito depois de HOMOLOGADA pelo juiz;

(4) A decisão que homologa o pedido de desistência não resolve o mérito (CPC, Art. 485, VIII), desta forma, a parte pode ajuizar novamente a ação.

(5) Em caso de a parte ajuizar novamente a ação, a distribuição será processada por dependência para o mesmo juízo, na forma estatuída pelo art. 286, II do CPC.

(6) O reclamante pode desistir de toda ação ou apenas de alguns dos seus pedidos.

2.1.2.1. Desistência do recurso

– A desistência da ação é diferente da desistência do recurso?

Sim, pois a desistência do recurso:

(1) Segundo o art. 998 do CPC, pode ser feita a qualquer momento pelo recorrente;

(2) Segundo o art. 999 do CPC, não precisa da concordância do recorrido;

(3) Independe de homologação judicial;

(4) Segundo o parágrafo único art. 998 do CPC, não impede a análise de questão cuja repercussão geral já tenha sido reconhecida e daquele objeto de julgamento de recursos repetitivos.

2.1.2.2. *Desistência da execução*

- Funciona da mesma forma a desistência da execução, Hamilton?

Um pouco diferente. Olha o que diz o art. 775 do CPC, o exequente:

(1) Tem o direito de desistir de toda a execução ou de apenas alguma medida executiva.

(2) Serão extintos a impugnação e os embargos que versarem apenas sobre questões processuais, pagando o exequente as custas processuais e os honorários advocatícios;

(3) Nos demais casos, a extinção dependerá da concordância do impugnante ou do embargante.

Agora vamos estudar os atos do juiz.

2.2. Atos do juiz

Os pronunciamentos do juiz consistirão em sentenças, decisões interlocutórias e despachos.

DESPACHO	DECISÃO INTERLOCUTÓRIA	SENTENÇA
O § 3º do art. 203 do CPC, determina que são despachos todos os demais pronunciamentos do juiz praticados no processo, de ofício ou a requerimento da parte.	Decisão interlocutória é a decisão do juiz que decide a questão sem pôr fim ao procedimento em primeira instância. O §2º do art. 203 do CPC, determina que a decisão interlocutória é todo pronunciamento judicial de natureza decisória que não se enquadre no § 1º.	O §1º do art. 203 do CPC, determina que ressalvadas as disposições expressas dos procedimentos especiais, sentença é o pronunciamento por meio do qual o juiz, com fundamento nos arts. 485 e 487 , põe fim à fase cognitiva do procedimento comum, bem como extingue a execução.

O julgamento colegiado proferido pelos tribunais é chamado de acórdão. São chamadas de decisões monocráticas, as decisões proferidas pelos Desembargadores e Ministros, de forma unipessoal.

2.3. Atos do escrivão ou do chefe de secretaria

Consistem nos atos praticados pelo escrivão, chefe de secretaria e pelos demais serventuários da justiça, destinam-se a dar andamento ao processo, tais como os atos ordinatórios e as certidões que atestam tempestividade ou intempestividade.

O art. 206 do CPC dispõe:

> Ao receber a petição inicial de processo, o escrivão ou o chefe de secretaria a autuará, mencionando o juízo, a natureza do processo, o número de seu registro, os nomes das partes e a data de seu início, e procederá do mesmo modo em relação aos volumes em formação.

3. DO TEMPO DA PRÁTICA DOS ATOS PROCESSUAIS

– Hamilton, as partes podem praticar os atos processuais em qualquer horário?

O art. 770 da CLT, determina que as partes podem realizar os atos em dias úteis das 6 às 20 horas. Além dos declarados em lei, são feriados, para efeito forense, os sábados, os domingos e os dias em que não haja expediente forense. Assim, são feriados segundo o art. 216 do CPC:

(1) Dias declarados por lei;

(2) Sábados e domingos; e

(3) Os dias que não haja expediente forense.

Assim, são dias úteis os dias que não são considerados feriados.

– Professor, e se o ato ultrapassar às 20 horas, eles serão considerados prejudicados?

Não, porque quando iniciada a realização do ato dentro do horário permitido por lei (6 às 20 horas), poderá o ato ser concluído fora desse horário, inclusive, se o ato for realizado por pessoa diversa do juiz, não precisa de autorização judicial para sua conclusão, quando o adiamento prejudicar a diligência ou puder causar grave dano.

– Ok, Professor.

Agora me responda uma coisa. Uma petição inicial, uma contestação ou um recurso deverão ser praticados dentro de um horário, concorda?

– Concordo, Hamilton.

Pois bem... qual seria esse horário?

– Depende, Professor.

De que?

– Se essa petição vai ser protocolada em processo físico ou eletrônico.

Muito bem. Realmente existe essa diferença.

Quando o processo for físico, devemos praticar o ato dentro do expediente forense. Assim, se o protocolo do Fórum fecha às 18 horas, a petição deve ser protocolada até às 18 horas.

Nesse sentido, o § 3º do Art. 212 do CPC:

> Quando o ato tiver de ser praticado por meio de petição em autos não eletrônicos, essa deverá ser protocolada no horário de

funcionamento do fórum ou tribunal, conforme o disposto na lei de organização judiciária local.

Contudo, se o processo já for eletrônico, serão consideradas tempestivas as petições enviadas até as 24hs do último dia. Veja o art. 213 do CPC:

> A prática eletrônica de ato processual pode ocorrer em qualquer horário até as 24 (vinte e quatro) horas do último dia do prazo.

– Professor, me surgiu uma dúvida.

Diga!

- Se a parte for apresentar um recurso de revista e a cidade do recorrente não adotar o horário de verão, o recorrente deve obedecer ao horário de Brasília que adota o horário de verão ou o horário da cidade dele que não adota tal horário?

O recorrente deve obedecer ao horário local e não o horário de Brasília. Nesse sentido, algumas decisões do TST:

> "AGRAVO DE INSTRUMENTO EM RECURSO DE REVISTA RECURSO DE REVISTA INTERPOSTO NA VIGÊNCIA DA LEI Nº 13.015/2014 RECURSO DE REVISTA INTERPOSTO VIA E-DOC NO ÚLTIMO DIA DO PRAZO. ESTADO QUE NÃO POSSUI HORÁRIO DE VERÃO. HORA LOCAL. TEMPESTIVIDADE. No caso, o acórdão recorrido foi disponibilizado no Diário Eletrônico da Justiça do Trabalho em 16/1/2015 (sexta-feira) e considerado publicado no dia 19/1/2015 (segunda-feira). Assim, a contagem do prazo recursal para fins de interposição do recurso de revista teve início no primeiro dia útil seguinte, 20/1/2015 (terça-feira), encerrando-se em 27/1/2015. O reclamante protocolizou a petição de recurso de revista em 28/1/2015, às 00h:52min:57, horário de Brasília, o que corresponde às 23h:52min:57 do dia 27/1/2015 no Estado de Pernambuco, onde não vigora o horário de verão (artigo 2º do Decreto nº 6.558/2008). A Instrução Normativa nº 30/2007 do TST, em seu artigo 2º, § 2º,

dispõe que " incumbe ao usuário observar o horário estabelecido como base para recebimento, como sendo o do Observatório Nacional, devendo atender para as diferenças de fuso horário existente no país ". Portanto, a despeito do consignado no despacho em que se denegou seguimento ao recurso de revista e de acordo com precedentes desta Corte, não se constata a intempestividade do recurso de revista, uma vez que protocolizado dentro do prazo legal de oito dias. Há precedentes. Assim, superado o óbice apontado pela Corte de origem, passa-se ao exame dos demais pressupostos de admissibilidade do recurso de revista, nos termos da Orientação Jurisprudencial nº 282 da SBDI-1 desta Corte (AIRR-1818-59.2012.5.06.0006, 2ª Turma, Relator Ministro José Roberto Freire Pimenta, DEJT 18/03/2016).

"AGRAVO DE INSTRUMENTO EM RECURSO DE REVISTA. USO DO SISTEMA E-DOC. UNIDADE DA FEDERAÇÃO NÃO COMPREENDIDA NO HORÁRIO OFICIAL DE BRASÍLIA. ARTIGO 10, § 1º, DA LEI nº 11.419/2006. TEMPESTIVIDADE DO RECURSO ORDINÁRIO. 1. O sistema E-DOC, por ser nacional, registra qualquer petição enviada com o horário de Brasília. O horário de verão é fixado com a redução de horas em algumas localidades, sendo que no caso do Estado do Pernambuco, que interessa nos autos, não se adota o horário especial, segundo o Decreto nº 7.826/2012 regulamentador. 2. A decisão recorrida, ao não considerar a diferença de horários nas localidades referidas na lei, entendeu que a hora de Brasília deve ser a única a ser observada em termos judiciais. Assim, incidiu em discriminação na prática de ato processual, pois aquele Estado da Federação que não adotar o mesmo horário de Brasília terá diminuído, subtraído, do prazo legal de 24 horas assegurado pelo artigo 10, §1º, da Lei nº 11.419/2006, a hora ou horas concernentes ao horário de verão. Agravo de instrumento conhecido e provido para determinar o processamento do recurso de revista. RECURSO DE REVISTA. USO DO SISTEMA E-DOC. UNIDADE DA FEDERAÇÃO NÃO COMPREENDIDA NO HORÁRIO OFICIAL DE BRASÍLIA. ARTIGO 10, § 1º, DA LEI nº 11.419/2006. TEMPESTIVIDADE DO RECURSO ORDINÁRIO. 1. O sistema E-DOC, por ser nacional, registra qualquer petição enviada com o horário de Brasília. O horário de verão é fixado com a redução de horas em algumas localidades, sendo que no caso do Estado do Pernambuco, que interessa nos autos, não se adota o horário especial, segundo o Decreto nº 7.826/2012 regulamentador. 2. A decisão recorrida, ao não considerar a diferença de horários nas localidades referidas na lei, entendeu que a hora de Brasília deve ser a única a ser observada em termos judiciais. Assim, incidiu em discriminação na prática de ato processual, pois aquele Estado da Federação que não adotar o mesmo horário de Brasília terá diminuído, subtraído, do prazo legal de 24 horas assegurado pela Lei nº 11.419/2006, a hora ou horas concernentes ao horário de verão. 3. No caso concreto, o Tribunal Regional afirma que o recurso ordinário da reclamada foi interposto " em Brasília no dia 08/11/2012 às 00: 51: 58 horas ", o que corresponde ao dia 07/11/2012 às 11: 51: 58 horas no Estado de Pernambuco, conforme o horário de verão, e " transmitida até as 24 (vinte e quatro) horas do seu último dia ", o que assegura a tempestividade do apelo em relação ao Tribunal prolator da decisão. Recurso de revista conhecido e provido" (RR-2262-53.2011.5.06.0192, 1ª Turma, Relatora Desembargadora Convocada Luíza Aparecida Oliveira Lomba, DEJT 19/06/2015).

4. PRAZOS PROCESSUAIS

Para o processo ter um fim, a legislação determina que os atos sejam praticados pelas partes em determinado tempo. O lapso de tempo que a parte possui para praticar um ato processual é conhecido como prazo processual. Todo ato processual, tem um início e um fim. O início é conhecido como "*dies a quo*" e o fim é conhecido como "*dies ad quem*".

4.1. Classificação dos prazos

Os prazos se classificam da seguinte forma:

4.1.1. Legais, judiciais e convencionais

(1) Legais

São aqueles fixados pela lei. Exemplo: O prazo de 8 dias para as partes apresentarem recurso ordinário, conforme inciso I do art. 895 da CLT.

> CPC, Art. 218. Os atos processuais serão realizados nos prazos prescritos em lei.

(2) Judiciais

São aqueles fixados pelo juiz, quando a lei for omissa. Exemplo: O prazo de 48 horas determinado pelo juiz para a parte juntar a procuração do seu advogado.

> CPC, Art. 218, § 1º Quando a lei for omissa, o juiz determinará os prazos em consideração à complexidade do ato.

(3) Convencionais

São aqueles que se originam da vontade das partes. Exemplo: Quando as partes solicitam o adiamento da audiência pelo prazo de algumas semanas, para tentar uma conciliação.

– Bacana, Hamilton. Mas me surgiu uma dúvida.

Qual?

– O que acontecerá se nem a lei e nem o juiz fixarem o prazo?

Inexistindo preceito legal ou prazo determinado pelo juiz, a parte terá o prazo de 5 dias para a prática de ato processual a cargo da parte, conforme determinado pelo § 3º do art. 218 do CPC.

– Mais uma dúvida. Se a parte praticar o ato antes do início da sua fluência, tem algum problema?

Caso a parte pratique o ato antes do termo inicial do prazo, não há que se falar em intempestividade, nesse caso, a parte está praticando o ato de acordo com a duração razoável do processo. Nesse sentido, o § 4º do art. 218 do CPC.

> CPC, Art. 218. Os atos processuais serão realizados nos prazos prescritos em lei.

[...]

§ 4º Será considerado tempestivo o ato praticado antes do termo inicial do prazo.

4.1.2. Peremptórios e dilatórios

(1) Peremptórios

São os prazos que não podem ser modificados pela vontade das partes. Exemplo: Os prazos dos recursos.

(2) Dilatórios

São os prazos que podem ser reduzidos ou prorrogados a requerimento da parte e com concordância do juiz. O parágrafo único do art. 139 do CPC/2015 determina que o juiz apenas poderá dilatar os prazos processuais antes de encerrado o prazo regular.

– Hamilton, por qual razão a prorrogação pelo juiz deve ser antes de acabar o prazo?

A determinação de prorrogar o prazo antes de encerrado o prazo regular revela-se importante para que o juiz não se utilize dessa decisão para beneficiar a parte que perdeu prazo, afastando a incidência da preclusão temporal.

4.1.3. Próprio e impróprios

(1) Próprio

São os prazos que correm contra as partes e, a sua não observância, pode gerar uma sanção processual. Exemplo: Se a parte não interpor o recurso ordinário no prazo de 8 dias, ocorre a preclusão temporal, ou seja, o recurso não vai ser admitido, porque, está intempestivo.

(2) Impróprio

São os prazos que correm contra os juízes e auxiliares da justiça e, a sua não observância, pode gerar uma sanção administrativa e/ou disciplinar. Exemplo: Atraso para prolação da sentença.

4.1.4. Comum e particular

(1) Comum

São os prazos que correm contra ambas as partes (reclamante e reclamado) ou contra mais de uma parte no mesmo polo do processo (litisconsortes passivos). Exemplo: Prazo para as partes se manifestarem dos cálculos do contador do juízo nos termos do § 2º do art. 879 da CLT.

(2) Particular

São os prazos que correm contra apenas um sujeito do processo.

– Perfeito, Hamilton.

4.2. Contagem dos prazos

Vamos lá. Os prazos processuais fixados em dias só serão computados os dias úteis?

– Sim, Hamilton. Essa regra passou a vigorar com o advento da reforma trabalhista do ano de 2019 (Lei nº 13.467/2017).

Perfeito. Essa modificação se deu para que os advogados pudessem descansar em dias não úteis, garantindo assim, a verdadeira integralidade do prazo.

– Isso não viola o princípio da celeridade, Professor?

Não, o que viola o princípio da celeridade, são os dias, as vezes até meses que o processo fica parado na secretaria sem movimentação pelo serventuário ou juiz. Isso é o que chamamos de "tempo morto de prateleira".

– Então, posso concluir que todos os prazos são contados em dias úteis?

Não. Veja bem, somente serão contados em dias úteis os prazos processuais e ainda, os prazos contados em dias. Portanto, os prazos fixados em horas, meses e anos, serão contados em dias corridos. Exemplo: Prazo de 2 anos para a parte apresentar uma ação rescisória, previsto no art. 975 do CPC.

– Hamilton, o que seria prazo processual?

Prazo processual são os prazos relativos a obrigações que devem ser realizadas dentro do próprio processo. Exemplo: prazo para a parte apresentar recurso, embargos à execução, etc.

– Perfeito, Professor. Mas quanto essa contagem, continua aquela regra de excluir o dia de início e incluir o dia do vencimento?

Olha o que diz o art. 775 da CLT:

> CLT, Art. 775. Os prazos estabelecidos neste Título serão contados em dias úteis, COM EXCLUSÃO DO DIA DO COMEÇO E INCLUSÃO DO DIA DO VENCIMENTO.

– O que seria o "dia do começo"?

O dia do começo será a o dia que a parte foi intimada, ou seja, o dia que a parte toma conhecimento da notificação. Eu sempre costumo falar que esse dia, é o dia do "SUSTO". O art. 774 da CLT, trata do tema, senão vejamos:

> CLT, Art. 774 – Salvo disposição em contrário, os prazos previstos neste Título contam-se, conforme o caso, a partir da data em que for feita pessoalmente, ou recebida a notificação, daquela em que for publicado o edital no jornal oficial ou no que publicar o expediente da Justiça do Trabalho, ou, ainda, daquela em que for afixado o edital na sede da Junta, Juízo ou Tribunal.

– É igual ao processo civil?

No processo civil a regra é diferente quando a intimação se der por carta com aviso de recebimento ou por oficial de justiça, porque o início do prazo (ciência do ato processual) só ocorre quando da juntada do aviso de recebimento ou do mandado aos autos, como prevê o art. 231, incisos I e II do CPC.

Já a contagem do prazo no Processo do Trabalho se inicia no dia seguinte da intimação, se for dia útil, não levando em consideração a juntada do aviso de recebimento ou do mandado aos autos.

– E como funciona a contagem de prazo nos casos de publicação em Diário da Justiça Eletrônico – DJE?

Quando a intimação for feita por publicação em Diário da Justiça Eletrônico, considera-se como data da publicação o primeiro dia útil seguinte ao da disponibilização da informação no Diário da Justiça eletrônico. Assim, os prazos processuais terão início no primeiro dia útil que seguir ao considerado como data da publicação.

Exemplo: Se houver uma disponibilização no Diário da Justiça Eletrônico na terça-feira (18/03), a data de publicação será quarta-feira (19/03) se for dia útil e a contagem do prazo se inicia na quinta-feira (20/03), se for dia útil.

– Entendi, Professor! Tenho que ficar atento a mais alguma coisa?

Sim. Olha o que diz o enunciado da Súmula 1 do TST:

> TST, SUM 1. PRAZO JUDICIAL – Quando a intimação tiver lugar na sexta-feira, ou a publicação com efeito de intimação for feita nesse dia, o prazo judicial será contado da segunda-feira imediata, inclusive, salvo se não houver expediente, caso em que fluirá no dia útil que se seguir.

Exemplo: Se houver uma intimação na sexta-feira ou a publicação com efeito de intimação for feita nesse dia, a contagem do prazo se inicia na segunda-feira imediata, salvo se não houver expediente, caso em que fluirá no dia útil que se seguir.

– E se a parte for intimada num sábado, Hamilton?

Segundo o item I da Súmula 262 do TST, quando a parte for intimada ou notificada no sábado – o dia do SUSTO – o início do prazo se dará no primeiro dia útil imediato e a contagem, no subsequente.

Exemplo: Se houver uma intimação no sábado, considera-se intimada a parte na segunda-feira, se for dia útil e a contagem do prazo se inicia na terça-feira, se for dia útil.

Assim, o dia da notificação deve ser em dia que tenha expediente forense. Senão, a notificação será considerada como realizada no próximo dia útil subsequente.

– E o prazo final, Professor?

Diga.

– Ele também deve terminar em dia útil?

O prazo final também deve coincidir com dia útil, de modo que, recaindo sobre dia não útil, será prorrogado para o primeiro dia útil subsequente. Assim, a contagem do prazo não pode nem iniciar nem terminar em dia não útil.

– Entendi, Hamilton!

Deixa eu te explicar mais algumas coisas:

(1) Segundo o enunciado da Súmula 197 do TST, o prazo para recurso da parte que, intimada, não comparecer à audiência em prosseguimento para a prolação da sentença conta-se de sua publicação. Isso ocorre porque, em alguns casos, o juiz adia a audiência de instrução, designando uma nova audiência para julgamento. Nessa hipótese, designada audiência de julgamento, incumbe à parte comparecer para tomar conhecimento da decisão, sob pena de ser considerada intimada da sentença, mesmo diante de sua ausência.

(2) Segundo o enunciado da Súmula 30 do TST, quando não juntada a ata ao processo em 48 horas, contadas da audiência de julgamento (art. 851, § 2°, da CLT), o prazo para recurso será contado da data em que a parte receber a intimação da sentença.

Em resumo, quando designada audiência de julgamento, as partes já serão consideradas intimadas, e não precisam comparecer na audiência, desde que a decisão seja juntada no prazo de 48 horas. Nesse caso, o prazo recursal inicia-se na data da publicação da sentença. Porém, caso o magistrado não junte a decisão ao processo no prazo de 48 horas, contados da data da audiência de julgamento, as partes deverão ser intimadas, começando a correr o prazo recursal depois da intimação.

4.3. Prazos diferenciados

– Hamilton, no Processo do Trabalho há prazos diferenciados?

Sim. Vamos por partes:

4.3.1. Fazenda Pública – Pessoas jurídicas de direito público

As pessoas jurídicas de direito público que não explorem atividade econômica, possuem a prerrogativa de prazos diferenciados. Nesse sentido:

> DL 779/69 – Art. 1º Nos processos perante a Justiça do Trabalho, constituem privilégio da União, dos Estados, do Distrito Federal, dos Municípios e das autarquias ou fundações de direito público federais, estaduais ou municipais que não explorem atividade econômica:
>
> II – o quádruplo do prazo fixado no artigo 841, "in fine", da Consolidação das Leis do Trabalho;
>
> III – o prazo em dobro para recurso;

A Sociedade de Economia Mista e a Empresa Pública que explorem atividade econômica, não possuem o privilégio da Fazenda Pública.

– Mas se elas não explorarem a atividade econômica elas vão ter os privilégios dos prazos em quádruplo para contestar e em dobro para recorrer?

As empresas públicas e sociedades de economia mista que sejam prestadoras de serviço público em ambiente não concorrencial, vão possuir os privilégios de prazos. A título de exemplo, cito a Empresa Brasileira de Correios e Telégrafos (EBCT), que é uma Empresa Pública, mas foi equiparada à Fazenda Pública pelo Decreto-Lei 509/69, especialmente quanto as prerrogativas processuais (art. 12).

Nesse sentido também, o item II da OJ 247 do TST, de seguinte teor:

> **TST, OJ 247, II** – A validade do ato de despedida do empregado da Empresa Brasileira de Correios e Telégrafos (ECT) está condicionada à motivação, por gozar a empresa do mesmo tratamento destinado à Fazenda Pública em relação à imunidade tributária e à execução por precatório, além das prerrogativas de foro, prazos e custas processuais.

– Quer dizer então que as pessoas jurídicas de direito público que não explorem atividade econômica têm prazo em quádruplo para contestar (20 dias) e em dobro para recorrer?

Isso mesmo. O art. 841 da CLT determina que entre a notificação e a audiência inicial, deve existir um prazo mínimo de 5 dias para a parte reclamada preparar sua contestação. O inciso II do art. 1º do Decreto Lei 779/69, quadruplica esse prazo, de modo que entre a notificação e a audiência, onde deverá ser apresentada a contestação deve ser, no mínimo, de 20 dias.

– Então, nesse caso eu não aplico o que diz o CPC?

Não. Porque o Processo do Trabalho possui regras próprias e no caso específico, as pessoas jurídicas de direito público que não exploram atividade econômica, vão ter o prazo quadruplicado para contestar, enquanto todos os demais prazos serão dobrados, por exemplo, 16 dias para recorrer, já que o prazo da maioria dos recursos é de 8 dias.

Esse é o entendimento do TST por meio da OJ 192 da SDI-1, quando determina que a parte terá o prazo em dobro para apresentar embargos de declaração, ou seja, o prazo de 10 dias, já que esse recurso, possui prazo de 5 dias nos termos do art. 897-A da CLT.

4.3.2. *Ministério Público e Defensoria Pública*

O Ministério Público e a Defensoria Pública, sempre terão prazo em dobro, não se valendo do prazo quadruplicado do inciso II do art. 1º do Decreto Lei 779/69.

4.3.3. *Litisconsorte com procuradores diferentes*

É inaplicável ao Processo do Trabalho a norma contida no art. 229, caput e §§ 1º e 2º, do CPC de 2015 que determina prazo em dobro quando existir litisconsórcio e as partes tiverem advogados diferentes, de escritórios de advocacia distintos, em razão de incompatibilidade como princípio da celeridade, conforme OJ 310 da SDI-1 do TST.

5. INTERRUPÇÃO E SUSPENSÃO DOS PRAZOS

Quando o prazo é iniciado, em regra, ele é contado de forma contínua até o final. Contudo, o juiz pode prorrogar o prazo pelo tempo necessário nas seguintes situações:

(1) Quando o juiz entender necessário; e

(2) Em virtude de força maior, devidamente comprovada.

Nesse sentido:

> CLT, Art. 775. Os prazos estabelecidos neste Título serão contados em dias úteis, com exclusão do dia do começo e inclusão do dia do vencimento.
>
> § 1º – Os prazos podem ser prorrogados, pelo tempo estritamente necessário, nas seguintes hipóteses:
>
> I – quando o juízo entender necessário;
>
> II – em virtude de força maior, devidamente comprovada.

5.1. Suspensão dos prazos

Quando ocorre a suspensão do prazo, ele para de contar e quando acabar o motivo da suspensão, o prazo volta a contar de onde parou.

A título de exemplo, com a reforma trabalhista do ano de 2017 (Lei nº 13.545/2017), ficou estabelecido um período de suspensão dos prazos processuais, conhecido como "férias do advogado".

– Como assim, Professor?

Olha o que diz o art. 775-A da CLT:

> CLT, Art. 775-A. Suspende-se o curso do prazo processual nos dias compreendidos entre 20 de dezembro e 20 de janeiro, inclusive.

Durante esse período, não se realizarão audiências nem sessões de julgamento.

– Então a justiça ficará fechada de 20 de dezembro a 20 de janeiro?

Não, a justiça entra em recesso no período de 20 de dezembro até 6 de janeiro, conforme art. 62, I, da Lei nº 5.010/66. O recesso judiciário importa em suspensão não apenas do expediente forense, mas, igualmente, dos prazos processuais e da publicação de acórdãos, sentenças e decisões, bem como da intimação de partes ou de advogados, na primeira e segunda instâncias, exceto com relação às medidas consideradas urgentes.

– Iiiii, fiquei confuso.

Deixa eu esclarecer melhor. A regras serão aplicadas da seguinte forma:

RECESSO FORENSE	FÉRIAS DO ADVOGADO
De 20 de dezembro a 06 de janeiro não haverá expediente forense, de modo que a prática de atos processuais ficará suspensa, salvo as medidas de urgência.	De 20 de dezembro a 20 de janeiro ficarão suspensos apenas os prazos, audiências e sessões, mantendo-se o expediente forense normal.

– Agora eu entendi, Hamilton.

5.2. Interrupção dos prazos

Quando ocorre a interrupção do prazo, ele para de contar e quando acabar o motivo da interrupção, o prazo volta a contar do zero, ou seja, inicia-se novamente no primeiro dia útil após o término do fato.

A título de exemplo, fica interrompido o prazo para a interposição do recurso ordinário, quando a parte interpõe no prazo de 5 dias úteis, embargos de declaração. Após a intimação da decisão dos embargos de declaração, inicia-se novamente o prazo de 8 dias úteis para interpor o recurso ordinário.

6. PRINCIPAIS PRAZOS PROCESSUAIS

– Hamilton, quais os principais prazos processuais que eu preciso saber para advogar?

Deixa eu montar uma tabelinha com esses prazos para você:

ATO PROCESSUAL	PRAZO
Envio da petição inicial ao reclamado (art. 841 da CLT)	48 horas
Prazo mínimo para ocorrer a primeira audiência (art. 841 da CLT)	A notificação deve ser feita pelo menos 5 dias[1] antes da audiência
Apresentação da Exceção de Incompetência Relativa em Razão do Lugar (art. 800 da CLT)	5 dias contados do recebimento da notificação.
Defesa verbal (contestação e reconvenção) (art. 847 da CLT)	20 minutos
Razões finais (art. 850 da CLT)	10 minutos
Recurso Ordinário	8 dias
Recurso de Revista	8 dias
Embargos de Divergência	8 dias
Embargos Infringentes	8 dias
Agravo de Petição	8 dias
Agravo interno e regimental no TST	8 dias
Agravo de Instrumento	8 dias
Recurso Adesivo	8 dias
Recurso Extraordinário	15 dias
Agravo de Instrumento em Recurso Extraordinário	15 dias
Recurso Adesivo em Recurso Extraordinário	15 dias
Pagamento do preparo dos recursos (Custas + Depósito Recursal)[2] (TST, Sum 245)	No prazo alusivo ao recurso

1. No caso da Fazenda Pública o prazo será quádruplo, ou seja, de 20 dias.
2. No caso de agravo de instrumento, porém, depósito recursal deve ser feito no ato da interposição do agravo de instrumento.

ATO PROCESSUAL	PRAZO
Prazo comum para impugnação dos cálculos (art. 879, §2º da CLT)	8 dias
Pagamento da execução ou nomeação de bens à penhora (art. 880 da CLT)	48 horas
Embargos à Execução pelos particulares (art. 884 da CLT)	5 dias depois de garantido o juízo
Embargos à Execução pela Fazenda Pública (artigo 1º-B da Lei 9.494/1997)	30 dias
Protestar a decisão judicial transitada em julgado, inscrever o nome do executado em órgãos de proteção ao crédito ou no Banco Nacional de Devedores Trabalhistas (BNDT) (art. 883-A da CLT)	45 dias a contar da citação do executado

– Maravilha, Professor!

7. COMUNICAÇÃO DOS ATOS PROCESSUAIS

7.1. Comunicação entre juízos

– Como é feita a comunicação entre juízos?

A comunicação é feita da seguinte forma:

CARTA DE ORDEM	CARTA DE PRECATÓRIA	CARTA DE ROGATÓRIA
Quando ocorre uma comunicação de um órgão superior a um órgão inferior. Exemplo: Desembargador expede uma ordem ao juiz da vara.	Quando ocorre uma comunicação entre juízes quando não há hierarquia entre eles. Exemplo: Carta precatória para oitiva de testemunha em outro juízo.	Quando ocorre uma comunicação de atos processuais entre o juízo brasileiro a juízo estrangeiro.

7.2. Comunicação entre juízos e partes

7.2.1. *Citação*

– Como faço para o reclamado participar do processo, Hamilton?

Ele precisar ser citado para integrar a lide.

Segundo o art. 238 do CPC, citação é o ato pelo qual são convocados o réu, o executado ou o interessado para integrar a relação processual.

– Eu preciso requerer a citação do reclamado na petição inicial?

Não é necessário solicitar a citação do reclamado, pois ela é feita pela secretaria automaticamente. Nesse sentido, o art. 841 da CLT:

> CLT, Art. 841 – Recebida e protocolada a reclamação, o escrivão ou secretário, dentro de 48 (quarenta e oito) horas, remeterá a segunda via da petição, ou do termo, ao reclamado, notificando-o ao mesmo tempo, para comparecer à audiência do julgamento, que será a primeira desimpedida, depois de 5 (cinco) dias.

Ademais, o pedido de citação do reclamado nem é requisito da petição inicial trabalhista nos termos do § 1º do art. 840 da CLT.

– Quais as formas de citação, Hamilton?

A citação poderá ser:

REAL	FICTA
A citação real é aquela em que o réu ou o executado são chamados para integrarem a relação processual, em mão própria, de forma direta ou indireta, sendo configurada nas seguintes hipóteses: via postal, oficial de justiça ou por meio eletrônico[3].	A citação ficta, por sua vez, ocorre quando o réu ou executado não são encontrados direta ou indiretamente, havendo autorização legislativa para que se presuma que eles têm ciência da citação. Essa modalidade é verificada nas seguintes formas de citação: edital ou hora certa[4].

3. MIESSA, Élisson. Processo do Trabalho para concursos. 5ª ed. Salvador. Juspodivm, 2018.
4. MIESSA, Élisson. Processo do Trabalho para concursos. 5ª ed. Salvador. Juspodivm, 2018.

– Como será feita a citação na fase de conhecimento?

Será feita por via postal ou por edital.

A citação por via postal, é a citação inicialmente utilizada na fase de conhecimento. Olha o que diz a primeira parte do parágrafo 1º do artigo 841 da CLT:

> § 1º – A NOTIFICAÇÃO SERÁ FEITA EM REGISTRO POSTAL COM FRANQUIA. Se o reclamado criar embaraços ao seu recebimento ou não for encontrado, far-se-á a notificação por edital, inserto no jornal oficial ou no que publicar o expediente forense, ou, na falta, afixado na sede da Junta ou Juízo.

Já citação por edital, somente será utilizada quando na fase de conhecimento o reclamado criar embaraços para o recebimento da notificação postal ou na hipótese de não ser encontrado. Nesse sentido, a segunda parte do parágrafo 1º do artigo 841 da CLT:

> § 1º – A notificação será feita em registro postal com franquia. SE O RECLAMADO CRIAR EMBARAÇOS AO SEU RECEBIMENTO OU NÃO FOR ENCONTRADO, FAR-SE-Á A NOTIFICAÇÃO POR EDITAL, inserto no jornal oficial ou no que publicar o expediente forense, ou, na falta, afixado na sede da Junta ou Juízo.

Contudo, na prática nada impede que o juiz determine que a citação seja feita por oficial de justiça, quando a citação por carta não teve sucesso.

– Como será feita a citação na fase de execução?

Na fase de execução, a citação será feita por oficial de justiça como se verifica pelo art. 880 da CLT:

> Art. 880. Requerida a execução, o juiz ou presidente do tribunal MANDARÁ EXPEDIR MANDADO DE CITAÇÃO DO EXECUTADO, a fim de que cumpra a decisão ou o acordo no prazo, pelo modo e sob as cominações estabelecidas ou, quando se tratar

> de pagamento em dinheiro, inclusive de contribuições sociais devidas à União, para que o faça em 48 (quarenta e oito) horas ou garanta a execução, sob pena de penhora.
>
> § 1º – O MANDADO DE CITAÇÃO deverá conter a decisão exequenda ou o termo de acordo não cumprido.
>
> § 2º – A citação será feita pelos oficiais de diligência.

É admitido a citação por edital na fase de execução quando o executado é procurado por duas vezes no espaço de 48 horas e não é encontrado pelo oficial de justiça. Nesse sentido, o art. 880, § 3°, da CLT:

> § 3º – SE O EXECUTADO, PROCURADO POR 2 (DUAS) VEZES NO ESPAÇO DE 48 (QUARENTA E OITO) HORAS, NÃO FOR ENCONTRADO, FAR-SE-Á CITAÇÃO POR EDITAL, publicado no jornal oficial ou, na falta deste, afixado na sede da Junta ou Juízo, durante 5 (cinco) dias.

– A citação deve ser pessoal, Hamilton?

É válido destacar que no Processo do Trabalho, a citação não constitui ato pessoal, podendo ser recebida por pessoa diversa das partes, sendo válida com a simples entrega do registro postal no endereço da parte (forma indireta).

Nesse sentido, a jurisprudência:

> [...] Conquanto demonstrado que a pessoa que recebeu a correspondência não é empregada do Autor, é preciso considerar que não há necessidade de citação pessoal no processo trabalhista, sendo suficiente, para o aperfeiçoamento do ato, que a missiva seja entregue no endereço da parte demandada. 4. Portanto, entregue a notificação no endereço do Autor, inclusive no que diz respeito à informação do número do CEP, não há falar em violação dos artigos 5º, LIV e LV, da Constituição Federal, 214 e 247 do CPC de 1973 e 841, § 1º, da CLT, também não se configurando o alegado erro de fato, porquanto o juízo prolator da sentença rescindenda não considerou existente fato inexistente, ou inexistente fato não efetivamente ocorrido. Recurso ordinário conhecido e

> não provido. (RO nº 10040-43.2013.5.08.0000, SBDI-2 do TST, Rel. Douglas Alencar Rodrigues. j. 18.12.2018, Publ. 07.01.2019).
>
> [...] A notificação no processo do trabalho, durante a fase de conhecimento, é feita por via postal com aviso de recebimento, não havendo necessidade de ser pessoal (CLT, art. 841). O próprio TST entende que a entrega no endereço do reclamado, a qualquer pessoa ou na caixa postal, é totalmente válida, isso já está há muito pacificado. Com efeito, para que se acolhesse as razões de nulidade da autora, seria imperioso demonstrar a incorreção no endereço qualificado na exordial da Reclamação Trabalhista. Recurso ao qual se nega provimento. (Recurso Ordinário nº 0100482-80.2018.5.01.0483, TRT da 1ª Região/RJ, Rel. Ana Maria Soares de Moraes. DOERJ 02.07.2019).

Além dos julgados acima escritos, a Súmula 16 do TST, determina que *"presume-se recebida a notificação 48 (quarenta e oito) horas depois de sua postagem. O seu não-recebimento ou a entrega após o decurso desse prazo constitui ônus de prova do destinatário".*

– Citar é a mesma coisa que intimar, Professor?

Não, intimação seria os demais atos de comunicação que não objetivam a integração dos sujeitos ao processo, ou seja, têm como finalidade dar ciência a alguém dos atos e termos do processo para que faça ou deixe de fazer alguma coisa. Nesse sentido, o art. 269 do CPC:

> CPC, Art. 269. Intimação é o ato pelo qual se dá ciência a alguém dos atos e dos termos do processo.

– E como será feita a intimação?

As intimações são feitas normalmente por Diário da Justiça Eletrônico, sendo publicado no Diário o despacho, em nome dos próprios advogados das partes. Poderá ser feito um pedido para que as comunicações dos atos processuais (intimações e publicações) sejam feitas em nome de determinados advogados, caso a intimação seja feita em nome do advogado diverso, estamos diante de uma nulidade.

Olha o que diz o art. 272, § 5°, do CPC/2015:

> § 5° – Constando dos autos pedido expresso para que as comunicações dos atos processuais sejam feitas em nome dos advogados indicados, o seu desatendimento implicará nulidade.

Nesse mesmo sentido, o enunciado da Súmula 427 do TST:

> TST, SUM 427 – INTIMAÇÃO. PLURALIDADE DE ADVOGADOS. PUBLICAÇÃO EM NOME DE ADVOGADO DIVERSO DAQUELE EXPRESSAMENTE INDICADO. NULIDADE - Havendo pedido expresso de que as intimações e publicações sejam realizadas exclusivamente em nome de determinado advogado, a comunicação em nome de outro profissional constituído nos autos é nula, salvo se constatada a inexistência de prejuízo.

– E quando a intimação poderá ser feita por via postal ou por oficial de justiça?

A intimação poderá ser feita por via postal ou por oficial de justiça quando a parte estiver atuando no processo sem advogado, ou seja, por meio do *jus postulandi*[5].

– Perfeito, Professor!

8. DESPESAS PROCESSUAIS

Despesas processuais são os gastos que as partes possuem para dar andamento na demanda. Dentro das despesas processuais, podemos encontrar as espécies, que são as custas, os honorários do perito e assistentes, os emolumentos e outros gastos efetuados com o processo.

5. Art. 791 – Os empregados e os empregadores poderão reclamar pessoalmente perante a Justiça do Trabalho e acompanhar as suas reclamações até o final.

CUSTAS PROCESSUAIS	EMOLUMENTOS
As custas processuais possuem natureza de taxa, sendo devidas ao Estado em decorrência da realização de atividade judiciária.	São os reembolsos dos gastos realizados pelo Estado em atividades não jurisdicionais, por exemplo, autenticações de documentos, fotocópias, etc.

8.1. Custas processuais

8.1.1. Fase de conhecimento

A finalidade das custas é o ressarcimento ao Estado dos gastos com a prestação jurisdicional. O que revela a natureza tributária finalidade das custas é o ressarcimento ao Estado dos gastos com a prestação jurisdicional. As custas incidirão na base de 2% (dois por cento), observado o mínimo de R$ 10,64 (dez reais e sessenta e quatro centavos) e o máximo de quatro vezes o limite máximo dos benefícios do Regime Geral de Previdência Social.

– Deixa-me ver se entendi, Professor. No Processo do Trabalho a regra é o pagamento de 2% de custas. Contudo, se 2% for inferior a R$ 10,64, o valor mínimo será considerado R$ 10,64 (vetor mínimo), já se o valor das custas ultrapassar quatro vezes o limite máximo dos benefícios do Regime Geral, a parte só deverá pagar as custas até quatro vezes o limite máximo dos benefícios do Regime Geral (vetor máximo). Certo?

Isso mesmo. E as custas serão calculadas:

(1) quando houver acordo ou condenação, sobre o respectivo valor;

(2) quando houver extinção do processo, sem julgamento do mérito, ou julgado totalmente improcedente o pedido, sobre o valor da causa;

(3) no caso de procedência do pedido formulado em ação declaratória e em ação constitutiva, sobre o valor da causa;

(4) quando o valor for indeterminado, sobre o que o juiz fixar.

Nas ações plúrimas (litisconsorte ativo), as custas incidem sobre o valor total dos pedidos, conforme entendimento da súmula 36 do TST.

8.1.1.1. Pagamento das custas

– E esse valor das custas será pago pelo vencido, após o trânsito em julgado da decisão?

Em regra, sim. Porém, se a parte pretende recorrer, as custas serão pagas e o recolhimento deverá ser comprovado dentro do prazo recursal, conforme determinado pelo § 1º do art. 789 da CLT.

Sobre o tema recurso e pagamento de custas, você deverá saber ainda que:

(1) A parte vencedora na primeira instância, se vencida na segunda, está obrigada, independentemente de intimação, a pagar as custas fixadas na sentença originária, das quais ficará isenta a parte então vencida;

(2) No caso de inversão do ônus da sucumbência em segundo grau, sem acréscimo ou atualização do valor das custas e se estas já foram devidamente recolhidas, descabe um novo pagamento pela parte vencida, ao recorrer. Deverá ao final, se sucumbente, reembolsar a quantia;

(3) Não caracteriza deserção a hipótese em que, acrescido o valor da condenação, não houve fixação ou cálculo do valor devido a título de custas e tampouco intimação da parte para o preparo do recurso, devendo ser as custas pagas ao final;

(4) O reembolso das custas à parte vencedora faz-se necessário mesmo na hipótese em que a parte vencida for pessoa isenta do seu pagamento, nos termos do art. 790-A, parágrafo único, da CLT.

8.1.1.2. Aproveitamento das custas

– Hamilton, fiquei com uma dúvida.

Qual?

– Se uma empresa pagar as custas integralmente e a outra empresa (litisconsorte) que pretende recorrer porque foi condenada subsidiariamente (com benefício de ordem) ou solidariamente (sem benefício de ordem), deve também pagar as mesmas custas?

Excelente questionamento. Vamos lá! Não, porque na Justiça do Trabalho, as custas são devidas uma única vez, ressalvada a hipótese de majoração da condenação, desta forma, a litisconsorte pode apresentar recurso sem pagar as custas se estas já foram pagas por alguém. Nesse sentido, julgados do TST:

> "RECURSO DE REVISTA DA TERCEIRA RECLAMADA (PANDURATA ALIMENTOS LTDA.) INTERPOSTO SOB A ÉGIDE DA LEI Nº 13.467/17 - DESERÇÃO DO RECURSO ORDINÁRIO - NÃO CONFIGURAÇÃO - RESPONSABILIDADE SUBSIDIÁRIA - PREPARO EFETUADO PELA DEVEDORA PRINCIPAL - APROVEITAMENTO 1. Na Justiça do Trabalho, as custas processuais são devidas uma única vez, ressalvada a hipótese de majoração da condenação (entendimento subtraído do artigo 789, § 1º, da CLT e da Orientação Jurisprudencial nº 186 da SBDI-1, convertida na Súmula nº 25, II, do TST). Isso porque a finalidade das custas é o ressarcimento ao Estado dos gastos com a prestação jurisdicional, o que revela sua natureza tributária. Assim, nas condenações solidária e subsidiária, pode haver o aproveitamento das custas já pagas pelo litisconsorte. Julgados. 2. No caso do depósito recursal, a aplicação do item III da Súmula nº 128 desta Corte tem sido estendida, por analogia, aos casos de reconhecimento de responsabilidade subsidiária, se há a satisfação do preparo pelo devedor principal. Precedentes. Recurso de Revista conhecido e provido" (RR-1001879-97.2016.5.02.0320, 8ª Turma, Relatora Ministra Maria Cristina Irigoyen Peduzzi, DEJT 30/08/2019).
>
> AGRAVO DE INSTRUMENTO EM RECURSO DE REVISTA DA CEF. ACÓRDÃO PUBLICADO ANTES DA VIGÊNCIA DA LEI N.º 13.015/2014. PREPARO EFETUADO APENAS PELA DEVEDORA PRINCIPAL. APROVEITAMENTO. APLICAÇÃO

POR ANALOGIA DA SÚMULA Nº 128, III, DO TST. CUSTAS PROCESSUAIS RECOLHIDAS POR UM DOS LITISCONSORTES PASSIVOS. DESERÇÃO NÃO CONFIGURADA. Esta Corte Superior fixou entendimento no sentido de que, no tocante à responsabilidade subsidiária, o depósito realizado pelo devedor principal aproveita à empresa condenada subsidiariamente, nos termos da Súmula n.º 128, III, do TST, quando a empresa que efetuou o depósito não pleiteia sua exclusão da lide, caso dos autos. Além disso, a jurisprudência desta Corte é no sentido de que, recolhido integralmente o montante das custas processuais por uma das partes, resulta inviável concluir pela deserção dos recursos das outras por ausência de seu recolhimento, porquanto a mencionada verba tem natureza jurídica tributária, cujo pagamento só pode ser exigido uma única vez. Nesse contexto, demonstrada a regularidade do preparo do recurso de revista da CEF, cumpre afastar o óbice processual apontado na decisão denegatória e prosseguir no exame dos demais pressupostos extrínsecos e intrínsecos do recurso de revista (Orientação Jurisprudencial n.º 282 da SBDI-1 do TST). (...) (RR-401600-18.2009.5.12.0001, 5ª Turma, Relator Ministro Breno Medeiros, DEJT 9/11/2018)

A) RECURSO DE REVISTA DA 1ª RECLAMADA - SIMPLES PROMOTORA DE VENDA LTDA. DESERÇÃO DO RECURSO ORDINÁRIO. CUSTAS PROCESSUAIS RECOLHIDAS POR UM DOS LITISCONSORTES PASSIVOS. Consoante entendimento consagrado na Súmula nº 128, III, desta Corte Superior, o depósito recursal efetuado por uma das responsáveis solidárias aproveita às demais. No que concerne às custas processuais, sua natureza jurídica é tributária e são devidas em decorrência da prestação do serviço judiciário, devendo ser recolhidas uma única vez, salvo se houver acréscimo da condenação, hipótese em que o valor deverá ser complementado. Desse modo, pago o tributo, extingue-se o crédito tributário, não havendo mais falar em novo pagamento, exceto se ocorrer novo fato gerador. Dessa forma, o recolhimento integral e tempestivo das custas processuais por uma das partes, condenada solidariamente, aproveita às demais para fins de interposição de recurso, assegurado, ao final, o ressarcimento da quantia, a cargo da parte sucumbente, se aquela que efetuou o pagamento resultar vencedora. In casu, consta dos autos que a segunda reclamada, responsável solidária, recolheu integralmente as custas processuais. Assim, não há falar em deserção do recurso ordinário interposto pela primeira reclamada. Afasta-se, portanto, a deserção declarada na origem, com a devolução dos autos ao Tribunal Regional do Trabalho a fim de que prossiga na análise do recurso ordinário da primeira reclamada, como entender de direito. Recurso de revista conhecido e provido. (...) (RR-1339-24.2014.5.03.0186, 8ª Turma, Relatora Ministra Dora Maria da Costa, DEJT 17/2/2017)

– Que maravilha, vou já fazer um post para as redes sociais explicando, pois imagino que muitos colegas estão fazendo errado, ou seja, estão pagando custas duas vezes.

Isso, faça mesmo, precisamos conter os custos com os processos com pagamentos desnecessários.

8.1.2. Fase de execução

No processo de execução, segundo o art. 789-A da CLT, são devidas custas, sempre de responsabilidade do executado e pagas ao final, de conformidade com a seguinte tabela:

I – autos de arrematação, de adjudicação e de remição: 5% (cinco por cento) sobre o respectivo valor, até o máximo de R$ 1.915,38 (um mil, novecentos e quinze reais e trinta e oito centavos);

II – atos dos oficiais de justiça, por diligência certificada:

a. em zona urbana: R$ 11,06 (onze reais e seis centavos);

b. em zona rural: R$ 22,13 (vinte e dois reais e treze centavos)

III – agravo de instrumento: R$ 44,26 (quarenta e quatro reais e vinte e seis centavos);

IV – agravo de petição: R$ 44,26 (quarenta e quatro reais e vinte e seis centavos);

V – embargos à execução, embargos de terceiro e embargos à arrematação: R$ 44,26 (quarenta e quatro reais e vinte e seis centavos);

VI – recurso de revista: R$ 55,35 (cinquenta e cinco reais e trinta e cinco centavos);

VII – impugnação à sentença de liquidação: R$ 55,35 (cinquenta e cinco reais e trinta e cinco centavos);

VIII – despesa de armazenagem em depósito judicial – por dia: 0,1% (um décimo por cento) do valor da avaliação;

IX – cálculos de liquidação realizados pelo contador do juízo – sobre o valor liquidado: 0,5% (cinco décimos por cento) até o limite de R$ 638,46 (seiscentos e trinta e oito reais e quarenta e seis centavos).

– Hamilton, na execução os valores já são fixos, como você escreveu. Então eu não vou ter mais a regra de 2% ou o mínimo de R$ 10,64 ou o máximo de quatro vezes o limite máximo dos benefícios do Regime Geral?

Exato. O executado paga as custas ao final, nos valores definidos no art. 789-A da CLT, conforme acima escrito.

– E se a parte for recorrer na fase de execução, ela paga as custas no prazo do recurso como é na fase de conhecimento ou paga as custas ao final?

Veja bem, na fase de execução, as custas serão pagas ao final, não havendo, assim, necessidade de antecipar pagamento das custas no prazo do recurso, se esse recurso for interposto na fase de execução, como por exemplo, o agravo de petição. Nesse sentido, julgados do TST:

B) RECURSO DE REVISTA INTERPOSTO PELA TERCEIRA EMBARGANTE. ACÓRDÃO REGIONAL PUBLICADO NA VIGÊNCIA DA LEI Nº 13.015/2014. 1. DESERÇÃO DO AGRAVO DE PETIÇÃO. EMBARGOS DE TERCEIRO. CUSTAS. PROVIMENTO. I. O art. 789-A da CLT enuncia que as custas devidas em fase de execução de sentença devem ser pagas sempre ao final, inclusive aquelas relativas a "embargos à execução, embargos de terceiro e embargos à arrematação" (inciso V do referido dispositivo de lei). Diante de tal previsão, o adimplemento das custas relativas a sentença proferida em embargos de terceiro não configura pressuposto de admissibilidade do agravo de petição.

Este Tribunal Superior já se manifestou no sentido de que o não conhecimento do agravo de petição interposto de sentença proferida em embargos de terceiro, por falta de recolhimento das custas, viola o princípio da ampla defesa (art. 5º, LV, da Constituição Federal). II. Recurso de revista de que se conhece e a que se dá provimento. (RR nº 1433-25.2014.5.05.0021, 4ª Turma do TST, Rel. Alexandre Luiz Ramos. j. 03.04.2019, Publ. 05.04.2019).

"AGRAVO DE INSTRUMENTO. RECURSO DE REVISTA. LEI Nº 13.015/2014. EXECUÇÃO. EMBARGOS DE TERCEIRO. DESERÇÃO DO AGRAVO DE PETIÇÃO. Demonstrada possível violação do artigo 5º, LV, da Constituição Federal, dá-se provimento ao agravo de instrumento. RECURSO DE REVISTA. LEI Nº 13.015/2014. EMBARGOS DE TERCEIRO. DESERÇÃO DO AGRAVO DE PETIÇÃO. Inexiste no ordenamento pátrio, comando legal que obrigue o terceiro embargante a efetuar o recolhimento das custas processuais no momento da interposição do agravo de petição. O artigo 789-A prevê que as custas, inerentes ao processo de execução, são devidas apenas ao final. Cumpre observar que a Orientação Jurisprudencial Transitória nº 53 da SBDI-1 desta Corte nada registra sobre a necessidade de recolhimento das custas processuais por parte do terceiro embargante, no período posterior à Lei nº 10.537/2002. Recurso de revista a que se dá provimento para, afastado o óbice da deserção, determinar o retorno dos autos ao Tribunal Regional de origem, para que aprecie o agravo de petição, como entender de direito. Recurso de revista conhecido e provido" (RR – 415-60.2014.5.10.0851, Relatora Ministra: Maria Helena Mallmann, Data de Julgamento: 08/02/2017, 2ª Turma, Data de Publicação: DEJT 17/02/2017).

8.1.3. Guia de pagamento das custas

– Qual guia usar para pagamento das custas, Professor?

O pagamento das custas no âmbito da Justiça do Trabalho, é feito por meio da Guia de Recolhimento da União – GRU Judicial, por determinação do ATO CONJUNTO nº 21/2010 TST.CSJT.GP.SG.

A jurisprudência não vem permitindo que a parte recorrente, efetue o pagamento das custas, em guia diversa da Guia de Recolhimento da União – GRU, senão vejamos:

> EMENTA DO AIRO RECLAMAÇÃO APRESENTADA ANTES DA PUBLICAÇÃO DA LEI 13.467 DE 2017. AGRAVO DE INSTRUMENTO DA RECLAMADA EM RECURSO ORDINÁRIO. CUSTAS PROCESSUAIS. RECOLHIMENTO EM GUIA DE DEPÓSITO RECURSAL. IMPOSSIBILIDADE. OBRIGATORIEDADE DA GRU. ATO CONJUNTO 21/2010/TST. CSJT. GP. SG. INOBSERVÂNCIA. DESERÇÃO. NÃO CONHECIMENTO DO RECURSO. Não há como se conhecer de um recurso que se encontra irregular quanto ao recolhimento das custas processuais, vez que acarreta ausência de pressuposto objetivo de admissibilidade recursal. In casu, verifica-se que o pagamento das custas foi feito através de guia de depósito judicial, quando deveria ter sido utilizada a GRU, documento obrigatório, por imposição do Ato Conjunto 21/2010/TST. CSJT. GP. SG. Não tendo a recorrente observado o procedimento correto, previsto na legislação respectiva, afigura-se deserto o apelo. (AIRO nº 0000397-36.2017.5.13.0015, 2ª Turma do TRT da 13ª Região/PB, Rel. Herminegilda Leite Machado. DEJT 27.09.2018).

8.1.4. Erro no preenchimento da guia das custas

– E se eu acertar a guia, porém errar seu preenchimento, como por exemplo, indicar o número do processo errado, isso acarreta deserção?

O TST entende que o preenchimento incompleto da guia de recolhimento de custas sem a identificação do número do processo, da Vara do Trabalho ou mesmo do nome do reclamante não acarreta a deserção do recurso, uma vez que o recolhimento, correto e a tempo, do valor das custas judiciais, atende aos requisitos legais que disciplinam a matéria. Nesse sentido:

> "RECURSO DE EMBARGOS. DESERÇÃO DO RECURSO ORDINÁRIO INTERPOSTO PELA RECLAMADA. DEFICIÊNCIA DA GUIA DE RECOLHIMENTO DO DEPÓSITO RECURSAL.

AUSÊNCIA DO NÚMERO DO PROCESSO E DA VARA DE ORIGEM. PROVIMENTO. Se do preenchimento da guia GFIP é possível constatar a existência de elementos identificadores do pagamento do depósito recursal, quais sejam identificação da reclamada, nome do reclamante, explicitação do valor depositado devidamente autenticado pelo Banco recebedor, em verdadeira demonstração do ânimo de se desincumbir de tal encargo processual, mostra-se irrelevante a falta de indicação de quaisquer outros elementos. Adotando o princípio da instrumentalidade das formas e verificando-se que o depósito atingiu a finalidade de garantir o juízo, considera-se válido o ato (artigo 244 do CPC). Recurso de embargos conhecido e provido." (E-RR – 544658-32.1999.5.02.5555, data de julgamento: 3/3/2008, Relator Ministro: Aloysio Corrêa da Veiga, Subseção I Especializada em Dissídios Individuais, data de publicação: DJ 18/3/2008)

Em relação à primeira hipótese, esta Corte vem entendendo que o preenchimento incompleto da guia de recolhimento de custas sem a identificação do número do processo, da Vara do Trabalho ou mesmo do nome do reclamante não acarreta a deserção do recurso ordinário, uma vez que o recolhimento, correto e a tempo, do valor das custas judiciais, atende aos requisitos legais que disciplinam a matéria. Com efeito, diante dos princípios da razoabilidade, da instrumentalidade e da finalidade dos atos processuais, a ausência de identificação do número do processo, da Vara do Trabalho ou dos nomes das partes na Guia DARF ou GRU. Judicial ou ainda no comprovante de recolhimento efetuado por meio de sistema on-line não pode ter o condão de impedir que a parte tenha a sua pretensão apreciada, sob pena de ofensa ao artigo 244 do CPC/73, se dos demais dados constantes possa aferir-se que o valor das custas do processo em julgamento fora efetivamente recolhido em favor da União, cumprindo sua finalidade legal. Isso ocorre porque, se há omissão no preenchimento da guia, vale mencionar, quando se encontra em branco o local da guia no qual deveria constar, por exemplo, o número do processo, mas consta a identificação correta dos demais dados, possibilitando-se aferir que o valor das custas do processo sub judice fora efetivamente recolhido em favor da União, existe uma presunção de que o pagamento se refira ao processo em julgamento. (AIRR nº 1677-20.2014.5.03.0017, 2ª Turma do TST, Rel. José Roberto Freire Pimenta. j. 29.05.2018, Publ. 08.06.2018).

Agora quando há equívoco ou incorreção no preenchimento da guia, indicando-se incorretamente o número do processo, o TST[6] vem proferindo entendimento diverso, de que a presunção é inversa, ou seja, de que a guia se refere a outro processo, não podendo a guia preenchida errada, ser aproveitada.

– Deixa eu ver se entendi. O erro de preenchimento incompleto da guia de recolhimento de custas sem a identificação do número do processo, da Vara do Trabalho ou mesmo do nome do reclamante não acarreta a deserção do recurso, por outro lado, o equívoco ou incorreção no preenchimento da guia, indicando-se incorretamente o número do processo, acarreta a deserção.

Perfeito.

8.1.5. Pagamento a menor do valor das custas na fase recursal

– Professor, a parte pode complementar o valor das custas quando ele for feito em valor inferior ao devido na fase recursal?

O que você acha?

– Eu acho que sim, porque temos o princípio da primazia do julgamento do mérito previsto no art. 4º do CPC.

Perfeito. Você está pensando de acordo com o entendimento do TST. Veja o que diz a OJ 140 da SDI-1 do TST:

> Em caso de RECOLHIMENTO INSUFICIENTE das CUSTAS PROCESSUAIS ou do depósito recursal, somente haverá deserção do recurso se, concedido o prazo de 5 (cinco) dias previsto no

6. AIRO nº 0000397-36.2017.5.13.0015, 2ª Turma do TRT da 13ª Região/PB, Rel. Herminegilda Leite Machado. DEJT 27.09.2018, RR – 74000-58.2007.5.04.0302, data de julgamento: 31/10/2012, Redator Ministro: José Roberto Freire Pimenta, 2ª Turma, data de publicação: DEJT 1º/2/2013; RR – 187-77.2010.5.10.0802, data de julgamento: 22/8/2012, Redator Ministro: José Roberto Freire Pimenta, 2ª Turma, data de publicação: DEJT 14/9/2012.

§ 2º do art. 1.007 do CPC de 2015, o recorrente não complementar e comprovar o valor devido.

Perceba que o juízo de admissibilidade do recurso, ao se deparar com o recolhimento insuficiente das custas processuais deve abrir prazo de 5 dias para o recorrente complementar e comprovar o valor da diferença das custas.

8.1.6. Isentos de pagar custas

– Professor, sei que o beneficiário da justiça gratuita vai estar isento de pagar custas. Além dele, alguém mais?

Primeiro eu preciso esclarecer que em regra o beneficiário da justiça gratuita não paga as custas do processo (CLT, art. 790, § 3°). Portanto, não devemos esquecer que a reforma trabalhista de 2017 (Lei 13.467/2017), determina que mesmo o reclamante sendo beneficiário da justiça gratuita, se ele faltar a audiência inaugural, será condenado a pagar as custas do processo, salvo se este justificar o motivo legal da ausência no prazo de 15 dias.

– Ah verdade, Professor, isso está no art. 844, § 2º, da CLT.

Exato. Fica isento de pagar custas, também:

1) a União, os Estados, o Distrito Federal, os Municípios e respectivas autarquias e fundações públicas federais, estaduais ou municipais que não explorem atividade econômica (CLT, art. 790-A, I). Os Correios também estão isentos conforme Decreto-Lei n. 509/69.
2) o Ministério Público do Trabalho (CLT, art. 790-A, II);
3) as entidades fiscalizadoras do exercício profissional, conforme entendimento pacífico no TST:

"AGRAVO REGIMENTAL. DECISÃO MONOCRÁTICA PROFERIDA POR PRESIDENTE DE TURMA. CONSELHOS REGIONAIS. APLICABILIDADE DOS BENEFÍCIOS DO DECRETO-LEI N.º 779/69. PREPARO. INEXIGIBILIDADE. RAZÕES

DE EMBARGOS DISSOCIADAS DOS FUNDAMENTOS DA DECISÃO EMBARGADA. DECISÃO QUE SE MANTÉM, EMBORA POR FUNDAMENTO DIVERSO. 1. A jurisprudência desta Corte superior, na esteira do entendimento fixado pelo Supremo Tribunal Federal, tem-se consolidado no sentido de que os Conselhos Regionais são autarquias especiais, o que lhes assegura o direito de beneficiar-se das prerrogativas consagradas no Decreto-Lei n.º 779/69. 2. Por conseguinte, não estão obrigadas a efetuar o depósito recursal como procedimento prévio à interposição de recursos, nem o recolhimento das custas processuais, que somente deverá ser efetuado ao final. Precedentes desta Corte superior. Fica afastada, assim, a deserção dos embargos. 3. Tem-se, por outro lado, que os argumentos deduzidos nas razões de embargos devem se contrapor aos fundamentos norteadores da decisão que se tenciona desconstituir, sob pena de resultar inviável o processamento do recurso interposto pela parte, diante da inobservância do princípio da dialeticidade. 4. Nesse contexto, ainda que por fundamento diverso, mantém-se a decisão agravada, mediante a qual se denegou seguimento ao recurso de embargos interposto pelo reclamado. 5. Agravo regimental conhecido e não provido." (AgR-E-AIRR - 2008-13.2009.5.10.0007, Relator Ministro: Lelio Bentes Corrêa, Data de Julgamento: 18/09/2014, Subseção I Especializada em Dissídios Individuais, Data de Publicação: DEJT 26/09/2014)

"RECURSO DE EMBARGOS. CONSELHO DE FISCALIZAÇÃO PROFISSIONAL - DECRETO-LEI Nº 779/69 - INEXIGIBILIDADE DE RECOLHIMENTO DE CUSTAS E DEPÓSITO RECURSAL PARA INTERPOSIÇÃO DE RECURSO. A jurisprudência desta SBDI1, consignando o entendimento do STF sobre a matéria, vem se posicionando no sentido de que os conselhos de fiscalização profissional possuem natureza jurídica de autarquias e, portanto, se beneficiam dos privilégios do Decreto-Lei nº 779/69, dentre eles a dispensa do depósito recursal e o pagamento das custas ao final. Recurso de embargos conhecido e provido." (E-RR - 1362-63.2012.5.04.0007, Relator Ministro: Renato de Lacerda Paiva, Data de Julgamento: 04/12/2014, Subseção I Especializada em Dissídios Individuais, Data de Publicação: DEJT 12/12/2014)

8.2. Pagamento dos honorários periciais

Os honorários periciais são valores devidos pela parte sucumbente no objeto da perícia ao perito indicado pelo juiz. Tais honorários estão previstos no art. 790-B da CLT.

– Qual o valor a ser pago de honorários pela parte sucumbente?

Ao fixar o valor dos honorários periciais, o juízo deverá respeitar o Limite máximo estabelecido pelo Conselho Superior da Justiça do Trabalho. Caso a parte não tenha condições de pagar de uma só vez, ela pode solicitar o parcelamento do valor dos honorários.

– E esse valor pode ser exigido pelo juízo antecipadamente?

O que você acha?

– Eu acho que não, Professor, porque a lei fala em sucumbência e parte sucumbente é quem perde a perícia, então como o juiz vai saber quem vai perder o objeto da perícia antes da realização da mesma?

Isso mesmo. O juízo não poderá exigir adiantamento de valores para realização de perícias. Mas caso ele exija o pagamento de forma antecipada, qual a medida você apresentaria?

– Apresentaria um recurso?

Não, porque de decisão interlocutória não cabe recurso, conforme previsto no § 1º do art. 893 da CLT. Dessa forma, o TST por meio da OJ 98 da SDI-2 entende que a parte prejudicada deve apresentar um mandado de segurança ao TRT.

– Perfeito. Hamilton. Agora eu já sei! Mas, se quem perdeu o objeto da perícia for beneficiário da justiça gratuita, também tem obrigação de pagar os honorários periciais?

O beneficiário da justiça gratuita somente será condenado ao pagamento dos honorários periciais quando tiver obtido em juízo, ainda que em outro processo, créditos capazes de suportar a despesa, conforme § 4° do art. 790-B da CLT. Contudo quando o beneficiário não tem créditos capazes de suportar honorários periciais, a responsabilidade passará automaticamente para a União.

– O mesmo acontece com os honorários do perito assistente?

Não. O TST por meio do enunciado da súmula 341, entende que os custos com o assistente, são de responsabilidade da parte que o contratou, senão vejamos:

> **TST, SUM 341** – A indicação do perito assistente é faculdade da parte, a qual deve responder pelos respectivos honorários, ainda que vencedora no objeto da perícia.

CAPÍTULO 4

Partes

1. CONCEITO

Parte é aquele que pleiteia (autor) e contra quem se pleiteia (réu) a tutela jurisdicional.

Em sua obra, Moacyr Amaral Santos explica que:

> Partes, no sentido processual, são as pessoas que pedem ou em relação às quais se pede a tutela jurisdicional. Podem ser, e geralmente o são, sujeitos da relação jurídica substancial deduzida, mas esta circunstância não as caracteriza, porquanto nem sempre são sujeitos dessa relação. São, de um lado, as pessoas que pedem a tutela jurisdicional, isto é, formulam uma pretensão e pedem ao órgão jurisdicional a atuação da lei à espécie. Temos aí a figura do autor. É este que pede, por si ou por seu representante legal, a tutela jurisdicional. Pede-a ele próprio, se capaz para agir em juízo; (...) De outro lado, são partes as pessoas contra as quais, ou em relação às quais, se pede a tutela jurisdicional: sentença condenatória, providência executiva, ou providências cautelares (...).[1]

– No Processo do Trabalho como são denominadas as partes?

No Processo do Trabalho chamamos o autor da ação de reclamante e o réu de reclamado.

2. CAPACIDADE

No processo existem várias formas de capacidade, tais como, capacidade de ser parte, capacidade processual e capacidade postulatória. Essas capacidades são espécies de pressupostos processuais e não se confundem.

1. SANTOS, Moacyr Amaral. Primeiras linhas de direito processual civil. São Paulo: Saraiva, 1981. v. 1.

– Você pode explicar cada uma delas, Professor?

Lógico. Vamos lá.

2.1. Capacidade de ser parte

A capacidade de ser parte refere-se à possibilidade da parte (pessoa física ou jurídica) poder ir a juízo como reclamante (autor) e reclamado (réu), ocupando um dos polos do processo.

Toda pessoa natural (humana) é capaz de adquirir direitos e obrigações, conforme preconiza o art. 2º do CC, de seguinte teor:

> CC, Art. 2º. A personalidade civil da pessoa começa do nascimento com vida; mas a lei põe a salvo, desde a concepção, os direitos do nascituro.

Desta forma, toda pessoa natural (ser humano) tem capacidade de ser parte, independentemente da sua idade ou condição psíquica, podendo assim, apresentar ação, defender-se ou intervir na relação processual.

Quanto a pessoa jurídica, sua personalidade civil, inicia-se com a sua inscrição dos atos constitutivos no respectivo registro, conforme determinado no art. 45 do CC, veja:

> CC, Art. 45. Começa a existência legal das pessoas jurídicas de direito privado com a inscrição do ato constitutivo no respectivo registro, precedida, quando necessário, de autorização ou aprovação do Poder Executivo, averbando-se no registro todas as alterações por que passar o ato constitutivo.

– E os entes sem personalidades, possuem capacidade de ser parte?

Você se refere por exemplo, da massa falida, do condomínio, do espólio, das sociedades e órgãos desprovidos de personalidade?

– Sim, Professor! Eles podem postular algo ou se defender em juízo?

Esses entes sem personalidade, possuem capacidade de ser parte e consequentemente, podem ser demandados ou demandar em juízo normalmente. Eles possuem personalidade judiciária, apesar de não possuírem personalidade jurídica.

– Posso dizer que: Existem alguns sujeitos que não têm personalidade jurídica (civil), mas que podem ser parte. Nesse caso, dizemos que gozam de personalidade judiciária?

Perfeito.

Ademais, veja o que diz o§ 2º do art. 75 do CPC:

> § 2º A sociedade ou associação sem personalidade jurídica não poderá opor a irregularidade de sua constituição quando demandada.

2.2. Capacidade processual

Toda pessoa que se encontre no exercício de seus direitos tem capacidade para estar em juízo, conforme art. 70 do CPC. Essa capacidade também conhecida como capacidade de estar em juízo. Sendo assim, possui capacidade processual, quem possui capacidade civil plena.

– O que seria essa capacidade civil?

Capacidade civil é a faculdade que tem a pessoa de praticar todos os atos da vida civil e de administrar os seus bens, ou seja, a pessoa encontra-se no exercício de seus direitos. No direito do trabalho, a capacidade civil plena dos empregados dá-se aos 18 anos. Nesse sentido:

> CC, Art. 5º – A menoridade cessa aos dezoito anos completos, quando a pessoa fica habilitada à prática de todos os atos da vida civil.
>
> CLT, Art. 402. Considera-se menor para os efeitos desta Consolidação o trabalhador de quatorze até dezoito anos.

– Quem não possui capacidade processual?

Não possuem capacidade processual as pessoas elencadas nos arts. 3º e 4º do CC.

Sendo assim, não possui capacidade:

1) Os menores de 16 anos (incapacidade absoluta);
2) Os maiores de dezesseis e menores de dezoito anos (incapacidade relativa);
3) Os ébrios habituais e os viciados em tóxico (incapacidade relativa);
4) Aqueles que, por causa transitória ou permanente, não puderem exprimir sua vontade (incapacidade relativa);
5) Os pródigos (incapacidade relativa).

Embora essas pessoas possuem capacidade de ser parte, elas não possuem capacidade processual (de estar em juízo sozinhas) devendo o incapaz ser representado (nos casos do absolutamente incapaz) ou assistido (nos casos do relativamente incapaz) em juízo.

Diz o art. 793 da CLT:

> CLT, Art. 793. A reclamação trabalhista do menor de 18 anos será feita por seus representantes legais e, na falta destes, pela Procuradoria da Justiça do Trabalho, pelo sindicato, pelo Ministério Público estadual ou curador nomeado em juízo.

Segundo o art. 75 do CPC, serão representados em juízo, ativa e passivamente:

I – a União, pela Advocacia-Geral da União, diretamente ou mediante órgão vinculado;

II – o Estado e o Distrito Federal, por seus procuradores;

III – o Município, por seu prefeito ou procurador;

IV – a autarquia e a fundação de direito público, por quem a lei do ente federado designar;

V – a massa falida, pelo administrador judicial;

VI – a herança jacente ou vacante, por seu curador;

VII – o espólio, pelo inventariante;

VIII – a pessoa jurídica, por quem os respectivos atos constitutivos designarem ou, não havendo essa designação, por seus diretores;

IX – a sociedade e a associação irregulares e outros entes organizados sem personalidade jurídica, pela pessoa a quem couber a administração de seus bens;

X – a pessoa jurídica estrangeira, pelo gerente, representante ou administrador de sua filial, agência ou sucursal aberta ou instalada no Brasil;

XI – o condomínio, pelo administrador ou síndico.

Segundo a Súmula nº 436 do TST, a União, Estados, Municípios e Distrito Federal, suas autarquias e fundações públicas, quando representadas em juízo, ativa e passivamente, por seus procuradores, estão dispensadas da juntada de instrumento de mandato e de comprovação do ato de nomeação. O item II da referida súmula, dispõe que é essencial que o signatário ao menos se declare exercente do cargo de procurador, não bastando a indicação do número de inscrição na Ordem dos Advogados do Brasil.

É importante alertar que os Estados e os Municípios não têm legitimidade para recorrer em nome das autarquias detentoras de personalidade jurídica própria, devendo ser representadas pelos procuradores que fazem parte de seus quadros ou por advogados constituídos.

– O que acontece quando o juiz do processo verificar uma incapacidade processual ou uma irregularidade da representação da parte?

Quando no processo for verificada uma incapacidade processual ou uma irregularidade da representação da parte, o juiz suspenderá o processo e designará um prazo para que seja sanado o vício. Veja o que diz o art. 76 do CPC:

> CPC, Art. 76. Verificada a incapacidade processual ou a irregularidade da representação da parte, o juiz suspenderá o processo e designará prazo razoável para que seja sanado o vício.
>
> § 1º Descumprida a determinação, caso o processo esteja na instância originária:
>
> I – o processo será extinto, se a providência couber ao autor;
>
> II – o réu será considerado revel, se a providência lhe couber;
>
> III – o terceiro será considerado revel ou excluído do processo, dependendo do polo em que se encontre.
>
> § 2º Descumprida a determinação em fase recursal perante tribunal de justiça, tribunal regional federal ou tribunal superior, o relator:
>
> I – não conhecerá do recurso, se a providência couber ao recorrente;
>
> II – determinará o desentranhamento das contrarrazões, se a providência couber ao recorrido.

2.3. Capacidade postulatória

Capacidade postulatória é a capacidade que alguém possui para postular algo em juízo. Em regra, a capacidade postulatória é privativa dos advogados. Porém, há casos em que a parte, pode ir ao judiciário sem advogado. Na seara trabalhista, as partes, segundo art. 791 da

CLT, poderão reclamar pessoalmente (sem advogado) e acompanhar as suas reclamações até o final.

Nesse mesmo sentido, o art. 839, "a" da CLT:

> Art. 839 – A reclamação poderá ser apresentada:
>
> a) pelos empregados e empregadores, pessoalmente, ou por seus representantes, e pelos sindicatos de classe;

– Temos exceção, Hamilton?

Sim, pois segundo o TST (Súmula nº 425), os recursos interpostos para o TST e STF, bem como os recursos de ação rescisória e mandado de segurança, por sua complexidade, necessitam da atuação de advogados. Nesse sentido:

> TST, SUM 425 – JUS POSTULANDI NA JUSTIÇA DO TRABALHO.
>
> O jus postulandi das partes, estabelecido no art. 791 da CLT, limita-se às Varas do Trabalho e aos Tribunais Regionais do Trabalho, não alcançando a ação rescisória, a ação cautelar, o mandado de segurança e os recursos de competência do Tribunal Superior do Trabalho".

Então será necessário a representação de advogado quando em apresentação de:

- Recurso ordinário em ação rescisória e mandado de segurança para o TST (Art. 895, II da CLT);
- Recurso ordinário em ação de homologação de acordo extrajudicial; (Art. 855-B, da CLT);
- Recurso de Revista para o TST (Art. 896 da CLT);
- Embargos de Divergência para o TST (Art. 894, II da CLT);
- Recurso Extraordinário para o STF (Art. 1.029 e seguintes do CPC)

Será necessário ainda, na utilização do agravo de instrumento ou agravo regimental ou interno quando a decisão vier dos recursos acima mencionados.

Por fim, a reforma trabalhista do ano de 2017 (Lei 13.467/2017) passou a exigir também a representação das partes por advogado nas ações de homologação de acordo extrajudicial, vejamos o que diz o art. 855-B da CLT:

> CLT, Art. 855-B. O processo de homologação de acordo extrajudicial terá início por petição conjunta, sendo obrigatória a representação das partes por advogado.
>
> § 1º As partes não poderão ser representadas por advogado comum.
>
> § 2º Faculta-se ao trabalhador ser assistido pelo advogado do sindicato de sua categoria.

Para melhor compreensão da matéria, remeto o leitor para a parte do livro Teoria geral dos Recursos – "Representação".

3. SUBSTITUIÇÃO PROCESSUAL

3.1. Introdução

É certo que ninguém poderá pleitear direito alheio em nome próprio, salvo quando autorizado pelo ordenamento jurídico.

A legitimação para agir pode ser:

ORDINÁRIA	EXTRAORDINÁRIA
Ocorre quando há coincidência entre a legitimação para causa e a titularidade do direito afirmado em juízo.	Ocorre quando não há coincidência entre a legitimação para causa e a titularidade do direito afirmado em juízo.

A substituição processual é espécie de legitimação extraordinária. Sendo assim, a legitimação extraordinária, ocorre quando determinadas pessoas ou entes, desde que autorizados por lei, atuem em nome próprio, mas defendendo direito alheio.

A legitimidade extraordinária (substituição processual) permite o substituto praticar todos os atos processuais normalmente.

– Quais, Professor?

Ele pode apresentar petição inicial, contestações e demais defesas (exceções e reconvenção), solicitar a produção de provas, interpor recursos, apresentar cálculos, embargar a execução etc.

– Tem algo que ele não pode fazer?

Sim, como o direito não pertence ao substituto, ele não pode transigir, renunciar ou reconhecer o pedido, ou seja, não pode praticar atos que importem em disposição do direito material afirmado em juízo.

– A coisa julgada no processo vincula o substituído?

A coisa julgada vincula tanto o substituto como o substituído.

3.2. Exemplos de substituição processual na Justiça do Trabalho

Na Justiça do Trabalho é possível ocorrer a substituição processual nas seguintes situações:

A) Nos pedidos de insalubridade ou periculosidade – Nesses casos, o sindicato profissional postula em juízo os adicionais acima em favor dos associados.

> CLT, art. 195, § 2º – Arguida em juízo insalubridade ou periculosidade, seja por empregado, seja por Sindicato em favor de grupo de associado, o juiz designará perito habilitado na forma deste artigo, e, onde não houver, requisitará perícia ao órgão competente do Ministério do Trabalho

B) Nas ações de cumprimento – Nessa ação, o sindicato profissional promove ação em favor dos associados objetivando direitos firmados nas sentenças normativas, convenções coletivas e acordos coletivos.

> CLT, art. 872, parágrafo único – Quando os empregadores deixarem de satisfazer o pagamento de salários, na conformidade da decisão proferida, poderão os empregados ou seus sindicatos, independentes de outorga de poderes de seus associados, juntando certidão de tal decisão, apresentar reclamação à Junta ou Juízo competente, observado o processo previsto no Capítulo II deste Título, sendo vedado, porém, questionar sobre a matéria de fato e de direito já apreciada na decisão.

C) Ações visando correções de salários – Nessa ação, o sindicato profissional promove ação em favor dos associados objetivando a correção automática dos salários.

> Lei 6.708/1979 – Art. 3º A correção dos valores monetários dos salários, na forma do artigo anterior, independerá de negociação coletiva e poderá ser reclamada, individualmente, pelos empregados.
>
> § 2º Será facultado aos Sindicatos, independente da outorga de poderes dos integrantes da respectiva categoria profissional, apresentar reclamação na qualidade de substituto processual de seus associados, com o objetivo de assegurar a percepção dos valores salariais corrigidos na forma do artigo anterior.

D) Ações visando a regularização do FGTS – Nessa ação, o sindicato profissional promove ação em favor dos associados objetivando a regularização dos depósitos do FGTS.

> Lei 8.036/90 – Art. 25 – Poderá o próprio trabalhador, seus dependentes e sucessores, ou ainda o Sindicato a que estiver vinculado, acionar diretamente a empresa por intermédio da Justiça do Trabalho, para compeli-la a efetuar o depósito das importâncias devidas nos termos desta lei.

E) Nos mandados de segurança coletivos.

> CF, Art. 5º, LXX – o mandado de segurança coletivo pode ser impetrado por:
>
> b) organização sindical, entidade de classe ou associação legalmente constituída e em funcionamento há pelo menos um ano, em defesa dos interesses de seus membros ou associados;

– Professor, observei que sempre o sindicato é o substituto.

Isso mesmo. Até porque o inciso III do art. 8º da CF previu que cabe ao sindicato a defesa dos direitos e interesses coletivos da categoria, inclusive em questões judiciais ou administrativas.

– O sindicato pode atuar somente nos casos que você relatou acima, Hamilton?

Não, pois o STF (RE 555.720 AgR e RE 217.566 AgR) firmou o entendimento segundo o qual o sindicato tem legitimidade para atuar como substituto processual na defesa de direitos e interesses coletivos ou individuais homogêneos da categoria que representa, ou seja, adotou a modalidade de substituição ampla, geral e irrestrita.

Nesse sentido:

> "RECURSO DE REVISTA REGIDO PELO CPC/2015 E PELA INSTRUÇÃO NORMATIVA Nº 40/2016 DO TST E INTERPOSTO NA VIGÊNCIA DA LEI Nº 13.015/2014. LEGITIMIDADE ATIVA AD CAUSAM DO SINDICATO PROFISSIONAL PARA ATUAR COMO SUBSTITUTO PROCESSUAL DA CATEGORIA. DEFESA DE DIREITOS INDIVIDUAIS HOMOGÊNEOS. PEDIDO DE CUMPRIMENTO DE DIREITOS PREVISTOS EM NORMAS COLETIVAS E NA NR-31. NORMAS DE SAÚDE, SEGURANÇA E HIGIENE DO TRABALHO. Nos termos do ordenamento jurídico vigente e na esteira da jurisprudência iterativa desta Corte e do Supremo Tribunal Federal, a substituição processual pelo sindicato tem lugar em razão de defesa de direitos ou interesses individuais homogêneos da categoria profissional representada, de forma ampla (artigo 8º, inciso III, da Constituição Federal). Desse modo, o que legitima a substituição

processual pelo sindicato é a defesa coletiva de direitos individuais homogêneos, assim entendidos aqueles que decorrem de uma origem comum relativamente a um grupo determinado de empregados. Esse requisito foi devida e integralmente cumprido na hipótese em julgamento, na medida em que a origem do pedido em questão é a mesma para todos os empregados da empresa reclamada que se enquadram na situação descrita nos autos, qual seja o exercício de atividade que exija sobrecarga muscular estática ou dinâmica. Ressalta-se que a homogeneidade que caracteriza o direito não está nas consequências individuais no patrimônio de cada trabalhador advindas do reconhecimento desse direito, mas, sim, no ato praticado pelo empregador de descumprir normas regulamentares e de lei e no prejuízo ocasionado à categoria dos empregados como um todo, independentemente de quem venha a ser beneficiado em virtude do reconhecimento da ilicitude da conduta do empregador. Fica caracterizada a origem comum do direito, de modo que é legítima a atuação do sindicato, não a descaracterizando o fato de ser necessária a individualização para apuração do valor devido a cada empregado, uma vez que a homogeneidade diz respeito ao direito, e não à sua quantificação, até porque os direitos individuais homogêneos não são direitos individuais idênticos, necessitando-se apenas que decorram de um fato lesivo comum. A liquidação do direito eventualmente declarado nesta ação para cada trabalhador substituído dependerá do exame das suas particularidades, de forma a verificar, em relação a cada um deles, se e em que medida se encontra abrangido pela decisão judicial a ser proferida. Contudo, a necessidade de quantificação diferenciada dos valores devidos não desnatura a homogeneidade dos direitos e, portanto, não afasta a legitimidade ativa do substituto processual. Recurso de revista conhecido e provido " (RR-10637-40.2018.5.15.0065, 2ª Turma, Relator Ministro Jose Roberto Freire Pimenta, DEJT 14/08/2020).

– Hamilton, é necessário a autorização dos sindicalizados para a substituição processual?

O entendimento do STF é de que é desnecessária a expressa autorização dos sindicalizados para a substituição processual.

4. SUCESSÃO PROCESSUAL DAS PARTES

– O que consiste na sucessão processual?

Sucessão processual é a substituição das partes durante a tramitação do processo, podendo acontecer por ato *inter vivos* ou *causa mortis*. Neste caso, uma pessoa sucede a outra, assumindo a titularidade da ação do polo ativo ou polo passivo.

4.1. Pessoa física

– A morte da pessoa física que era parte no processo seria um exemplo de sucessão processual?

Isso mesmo. Nesse caso, a pessoa física falecida será substituída pelo espólio que será representado pelo inventariante. Veja, para ocorrer a sucessão o processo já deve estar ajuizado. Caso a pessoa física venha falecer antes do ajuizamento da ação, não haverá sucessão processual, nesse caso, a propositura da ação deve ser promovida diretamente pelos sucessores. Veja o que diz o art. 943 do CC:

> CC, Art. 943. O direito de exigir reparação e a obrigação de prestá-la transmitem-se com a herança.

Nos casos de falecimento do empregador pessoa física no curso do processo, pode o reclamante solicitar a habilitação do espólio, nos termos do art. 687 e seguintes do CPC. É importante lembrar que, para que não ocorra injustiças durante a tramitação do processo, na penhora de bens de quem não tem responsabilidade, o herdeiro, após a partilha dos bens, só responde pela proporção que lhe coube na herança. Nesse sentido:

> CC, Art. 1.997. A herança responde pelo pagamento das dívidas do falecido; mas, feita a partilha, só respondem os herdeiros, cada qual em proporção da parte que na herança lhe coube.
>
> CPC – Art. 796. O espólio responde pelas dívidas do falecido, mas, feita a partilha, cada herdeiro responde por elas dentro das forças da herança e na proporção da parte que lhe coube.

Há, portanto, uma responsabilidade patrimonial limitada. Além dos dispositivos acima citados, isso fica também claro pela leitura da 1ª parte do art. 1.792 do CC.

> CC, Art. 1.792. O herdeiro não responde por encargos superiores às forças da herança; incumbe-lhe, porém, a prova do excesso, salvo se houver inventário que a escuse, demostrando o valor dos bens herdados.

Nesse sentido, a jurisprudência pátria:

> RECURSO ESPECIAL. AÇÃO MONITÓRIA. DÍVIDA DE ASCENDENTE PRÉ-MORTO. PRETENSÃO DE ALCANCE DE QUINHÃO HERDADO POR REPRESENTAÇÃO. IMPOSSIBILIDADE. RESPONSABILIDADE PATRIMONIAL LIMITADA ÀS FORÇAS DA HERANÇA DO DEVEDOR. RECURSO ESPECIAL PROVIDO. 1. No direito das sucessões brasileiro, vigora a regra segundo a qual o herdeiro mais próximo exclui o mais remoto, excepcionada legalmente pelo sistema de sucessão por estirpe. 2. Nos casos legalmente previstos de sucessão por representação (por estirpe), os descendentes de classe mais distante concorrerão com os mais próximos, na proporção que seria cabível ao herdeiro natural pré-morto, porém em nome próprio e em decorrência de expressa convocação hereditária legal. 3. O patrimônio herdado por representação, nem mesmo por ficção legal, jamais integra o patrimônio do descendente pré-morto e, por isso, não pode ser alcançado para pagamento de suas dívidas. Para tanto, limita-se a responsabilidade patrimonial dos sucessores de devedor às forças da herança por ele deixada. 4. Recurso especial provido. (Recurso Especial nº 1.627.110/GO (2016/0247360-4), 3ª Turma do STJ, Rel. Marco Aurélio Bellizze. DJe 15.09.2017).

> ADMINISTRATIVO. CONTRATO BANCÁRIO. EMBARGOS À EXECUÇÃO. LEGITIMIDADE PASSIVA DA HERDEIRA. O herdeiro responde pelas dívidas do de cujus até o limite do patrimônio transferido, vale dizer, de seu quinhão. Se o patrimônio transferido à Embargante (na condição de meeira e herdeira), descontada a sua meação, perfaz um valor superior à dívida cobrada, a embargante deve responder pela totalidade da dívida exequenda. (Apelação Cível nº 5002216-72.2016.4.04.7004, 4ª Turma do TRF da 4ª Região, Rel. Luís Alberto D'Azevedo Aurvalle. j. 27.09.2017, unânime).

– Professor, as ações de inventário demoram bastante, é realmente necessário ter a ação de inventário para ocorrer a substituição processual do falecido?

Não, pois é perfeitamente possível o pagamento dos deveres trabalhistas do empregado falecido aos dependentes habilitados perante à Previdência Social, independentemente de inventário ou arrolamento, conforme art. 1º da Lei 6.858/80, veja o que diz esse artigo:

> Lei 6.858/80, Art. 1º – Os valores devidos pelos empregadores aos empregados e os montantes das contas individuais do Fundo de Garantia do Tempo de Serviço e do Fundo de Participação PIS-PASEP, não recebidos em vida pelos respectivos titulares, serão pagos, em quotas iguais, aos dependentes habilitados perante a Previdência Social ou na forma da legislação específica dos servidores civis e militares, e, na sua falta, aos sucessores previstos na lei civil, indicados em alvará judicial, independentemente de inventário ou arrolamento.

A finalidade da norma inscrita no art. 1º da Lei 6.858/80 foi facilitar a rápida satisfação dos créditos trabalhistas aos sucessores do trabalhador falecido, assim considerados os dependentes habilitados perante a Previdência Social.

Nesse sentido, alguns julgados do TST:

> [...] 2. O art. 1º da Lei 6.858/80 autoriza que os créditos trabalhistas não recebidos em vida por ex-empregado falecido sejam pagos aos dependentes habilitados perante a Previdência Social, independentemente de inventário ou arrolamento. (RR-817-34.2013.5.12.0007, 1ª Turma, Relator Ministro Hugo Carlos Scheuermann, DEJT 13/09/2019).

> [...] VERBAS RESCISÓRIAS. MULTA DO ARTIGO 477 DA CLT. EMPREGADO FALECIDO. PAGAMENTO AOS DEPENDENTES HABILITADOS PERANTE A PREVIDÊNCIA SOCIAL. O artigo 1º da Lei 6.858/1980 é claro ao dispor que os valores devidos pelos empregadores aos empregados, não recebidos em vida pelos respectivos titulares, serão pagos, em cotas iguais, aos

dependentes habilitados perante a Previdência Social, não impondo prazo para que o dependente requeira essa habilitação. Logo, uma vez comprovado que os autores (companheira e filho) são os dependentes do empregado falecido, a eles são devidas as verbas rescisórias, em estrita observância ao princípio da legalidade. Consequentemente, não tendo recebido o pagamento dessas parcelas no prazo legal, fazem jus os autores à multa do artigo 477, § 8º, da CLT. Recurso de revista conhecido e provido. (ARR-2069-02.2011.5.12.0053, 2ª Turma, Relatora Ministra Maria Helena Mallmann, DEJT 29/06/2018).

[...] os direitos transmitidos ao herdeiro menor não foram alcançados pela prescrição quinquenal, quando se deu o falecimento do pai. Todavia, a obrigação, ao contrário do registrado pelo Regional, é divisível, a teor do disposto no artigo 1º da Lei 6.858/80, não podendo a interrupção da contagem do prazo prescricional alcançar os demais herdeiros maiores" (Processo: RR – 63600-14.2003.5.04.0661 Data de Julgamento: 28/10/2009, Relator Ministro: Emmanoel Pereira, 5ª Turma, Data de Publicação: DEJT 06/11/2009).

4.2. Pessoa jurídica

– Quando correrá a sucessão da pessoa jurídica?

Ocorrerá nos casos previstos nos arts. 10, 448 e 448-A da CLT, isto é, com a sucessão de empregadores (alteração subjetiva do contrato de trabalho), onde a titularidade do negócio do empregador é transferida para outra pessoa, operando a transmissão de todos os créditos e dívidas trabalhistas do sucedido para o sucessor.

Veja o que diz o art. 448-A da CLT:

CLT, Art. 448-A. Caracterizada a sucessão empresarial ou de empregadores prevista nos arts. 10 e 448 desta Consolidação, as obrigações trabalhistas, inclusive as contraídas à época em que os empregados trabalhavam para a empresa sucedida, são de responsabilidade do sucessor.

> Parágrafo único. A empresa sucedida responderá solidariamente com a sucessora quando ficar comprovada fraude na transferência.

Com a venda da reclamada para uma outra pessoa no curso do processo trabalhista, ocorre a sucessão de partes no curso do processo, passando o comprador (sucessor) a responder.

5. LITISCONSORTE

5.1. Conceito

Duas ou mais pessoas podem litigar, no mesmo processo, em conjunto, ativa ou passivamente. Tal fato é denominado de litisconsorte, ou seja, temos uma cumulação subjetiva, com pluralidade de reclamantes, reclamados dentro do mesmo processo.

– Qual a finalidade do litisconsorte, Hamilton?

O litisconsorte tem como finalidade a economia processual (economia de gastos com custas do processo, honorários de advogado, gastos com perícias, etc.) e a harmonia dos julgados (evita decisões conflitantes).

– O juiz pode estabelecer limite numérico para a formação do litisconsorte?

Quando comprometer a rápida solução do litígio ou dificultar a defesa ou o cumprimento da sentença, o juiz poderá limitar o litisconsórcio facultativo quanto ao número de litigantes na fase de conhecimento, na liquidação de sentença ou na execução.

5.2. Requisitos

– Quais os requisitos para ser admitido o litisconsorte?

O litisconsorte será permitido quando:

> I – entre partes houver comunhão de direitos ou de obrigações relativamente à lide – Ocorre quando duas ou mais pessoas forem titulares de um só direito ou vinculadas a uma única obrigação.
>
> II – entre as causas houver conexão pelo pedido ou pela causa de pedir – A conexão é a reunião de processos quando houver entre eles o mesmo pedido ou a mesma causa de pedir, conforme determinado pelo art. 55 do CPC
>
> III – ocorrer afinidade de questões por ponto comum de fato ou de direito – Questões pela melhor doutrina, seria pontos controvertidos de uma demanda. O reclamante quando apresenta um pedido ao juízo, formula um ponto, se esse ponto é contestado pelo reclamado, ele se torna uma questão.

5.3. Classificação

O litisconsorte pode ser classificado quanto:

A) Posição – Leva em consideração o polo em que a parte está situada no processo. Quanto à posição, o litisconsorte pode ser ativo (pluralidade de reclamante), passivo (pluralidades de reclamados) ou misto (pluralidade de reclamantes e reclamados).

– A reclamação plúrima seria uma forma de litisconsorte ativo?

Isso mesmo. Na reclamação plúrima, vários trabalhadores podem demandar contra o mesmo empregador pedindo o mesmo pedido (identidade de matéria). Veja o que dispõe o art. 842 da CLT, *in verbis:*

> CLT, art. 842 – Sendo várias as reclamações e havendo identidade de matéria, poderão ser acumuladas num só processo, se se tratar de empregados da mesma empresa ou estabelecimento.

B) Momento de formação – Leva em consideração a tempo de ingresso do litisconsorte na lide. Ele pode ser inicial (chamado já na petição inicial) ou ulterior (ocorre quando o litisconsorte não se formar no momento da distribuição da petição inicial).

– Quando pode ocorrer esse litisconsorte ulterior, Hamilton?

Pode ocorrer nos casos de litisconsorte necessário quando o reclamante não o forma. Nesse caso, sendo uma norma cogente que pressupõe a formação do litisconsorte sob pena de nulidade, o juiz determinará que a parte edite a petição inicial e inclua no polo ativo ou passivo da demanda a parte faltante.

Pode ocorrer ainda:

1) No caso de falecimento de uma das partes, onde deverá ser incluído no polo da ação, o espólio e posteriormente os herdeiros.

2) Nas hipóteses de conexão prevista no art. 55 do CPC.

3) Nos casos de intervenção de terceiros (assistente litisconsorcial, denunciação a lide, chamamento ao processo).

C) Uniformidade da decisão – Leva em consideração a possibilidade de se decidir de maneira igual ou não aos litisconsortes. Quanto à uniformidade da decisão, o litisconsorte pode ser simples (ocorre quando o juiz não tem o dever de decidir de maneira uniforme para todos os litisconsortes) e unitária (ocorre quando o juiz tem o dever de julgar de maneira uniforme para todos os litisconsortes). Nesse sentido:

> CPC, Art. 116. O litisconsórcio será unitário quando, pela natureza da relação jurídica, o juiz tiver de decidir o mérito de modo uniforme para todos os litisconsortes.

D) Obrigatoriedade – Leva em consideração a esfera de disponibilidade de a parte formar ou não o litisconsorte. Quanto à obrigatoriedade, o litisconsorte pode ser facultativo (A parte forma o litisconsorte se quiser. A sua não formação não acarreta nenhuma sanção de ordem processual) ou necessário (a parte deve formar o litisconsorte de forma obrigatória por determinação legal ou pela incindibilidade do objeto em juízo). Nesse sentido:

> CPC, Art. 114. O litisconsórcio será necessário por disposição de lei ou quando, pela natureza da relação jurídica controvertida, a eficácia da sentença depender da citação de todos que devam ser litisconsortes.

É importante informar ainda que o recurso interposto por um litisconsorte aproveita a todos (art. 1.005, CPC) apenas se o regime do litisconsórcio for unitário.

– Temos algum exemplo de litisconsorte necessário no Processo do Trabalho?

Temos sim, ocorre nos casos a parte pretende a anulação de cláusulas da convenção coletiva ou de acordo coletivo, veja o que diz o § 5º do art. 611-A da CLT:

> CLT, Art. 611-A, § 5º – Os sindicatos subscritores de convenção coletiva ou de acordo coletivo de trabalho deverão participar, como litisconsortes necessários, em ação individual ou coletiva, que tenha como objeto a anulação de cláusulas desses instrumentos

Outro exemplo, ocorre nos casos de mandado de segurança, onde o TST, entende que a parte prejudicada com a concessão da segurança deve ser chamada como litisconsorte obrigatório. Veja:

> "RECURSO ORDINÁRIO EM AGRAVO REGIMENTAL. MANDADO DE SEGURANÇA IMPETRADO NA VIGÊNCIA DO CÓDIGO DE PROCESSO CIVIL DE 2015. INDEFERIMENTO DA PETIÇÃO INICIAL. AUSÊNCIA DE INDICAÇÃO DOS LITISCONSORTES PASSIVOS NECESSÁRIOS. VÍCIO SANÁVEL. POSSIBILIDADE DE CONCESSÃO DE PRAZO PARA EMENDA. SÚMULA N.º 631 DO SUPREMO TRIBUNAL FEDERAL. 1. Conforme disposto no artigo 115, parágrafo único, do Código de Processo Civil de 2015, " nos casos de litisconsórcio passivo

necessário, o juiz determinará ao autor que requeira a citação de todos que devam ser litisconsortes, dentro do prazo que assinar, sob pena de extinção do processo ". Segundo o entendimento sedimentado na Súmula n.º 631 do Supremo Tribunal Federal, " extingue-se o processo de mandado de segurança se o impetrante não promove, no prazo assinado, a citação do litisconsorte passivo necessário ". 2. No caso dos autos, constata-se que o egrégio Tribunal Regional do Trabalho da 9ª Região extinguiu o feito, sem resolução do mérito, por inépcia da petição inicial, sob o fundamento de que não foram indicados os litisconsortes passivos. Não houve, contudo, concessão de prazo à Impetrante para que retificasse o vício detectado mediante a indicação e a qualificação dos litisconsortes passivos, razão pela qual o acórdão recorrido encontra-se em dissonância com a jurisprudência da SBDI-II desta Corte superior, sedimentada no sentido de que é aplicável ao rito do Mandado de Segurança o disposto no artigo 115, parágrafo único, do Código de Processo Civil de 2015 e na Súmula n.º 631 do Supremo Tribunal Federal. Precedentes. 3. Recurso Ordinário conhecido e provido" (RO-996-31.2017.5.09.0000, Subseção II Especializada em Dissídios Individuais, Relator Ministro Lelio Bentes Correa, DEJT 23/02/2018).

"RECURSO ORDINÁRIO – MANDADO DE SEGURANÇA – CITAÇÃO DO LITISCONSÓRCIO NECESSÁRIO – AUSÊNCIA DE MANIFESTAÇÃO SOBRE O PEDIDO DE CITAÇÃO POR EDITAL. Tratando-se de mandado de segurança impetrado por ex-sócio da Empresa executada contra a constrição de valores em sua conta-corrente, o Autor da reclamação trabalhista em que foi proferido o ato impugnado é litisconsorte passivo necessário, porque afetado por eventual concessão da segurança. Assim, o desenvolvimento válido e regular do processo depende de sua citação, nos termos do art. 47, caput e parágrafo único, do Código de Processo Civil, combinado com o art. 24 da Lei n. 12.906/09 (ex-19 da Lei n. 1.533/51). In casu, o pedido formulado pelo Impetrante, dentro do prazo assinado pelo juiz, para a citação por edital do Litisconsorte passivo, após a devolução da citação postal por duas vezes, não foi sequer objeto de manifestação pelo Relator do mandado de segurança na origem, o qual extinguiu o processo, sem resolução do mérito, ao fundamento de não ter sido fornecido o endereço correto do Litisconsorte passivo necessário. Recurso ordinário parcialmente provido (TST-ROMS

> 13957/2006-000-02-00.9, j. 15-9-2009, Rel. Min. Emmanoel Pereira, SBDI-2, DEJT 25-9-2009)."

O STF, entende da mesma forma, veja o que diz a Súmula nº 631:

> Extingue-se o processo de mandado de segurança se o impetrante não promove, no prazo assinado, a citação do litisconsorte passivo necessário.

Nos casos de litisconsórcio passivo necessário, o juiz determinará ao autor que requeira a citação de todos que devam ser litisconsortes, dentro do prazo que assinar, sob pena de extinção do processo (CPC, art. 115 parágrafo único). Sendo assim, não pode o mandado de segurança ser extinto sem mérito por ausência do litisconsorte necessário sem antes dar a chance de que impetrante retifique o vício detectado mediante a indicação e a qualificação dos litisconsortes necessários.

5.4. Princípio da autonomia dos litisconsortes

Em regra, os litisconsortes serão considerados, em suas relações com a parte adversa, como litigantes distintos e os atos e as omissões de um não prejudicarão nem beneficiarão os outros.

– Qual seria a exceção, Hamilton?

A exceção fica por conta do litisconsórcio unitário, caso em que os atos e as omissões de um não prejudicarão os outros, mas os poderão beneficiar. Veja os ensinamentos de Marinoni:

> A regra no regime especial é que os atos benéficos praticados por um dos litisconsortes aproveitam aos demais (pense-se nos arts. 345, I, e 1.005, CPC, que só incidem em caso de unitariedade do litisconsórcio) e que os atos prejudiciais de um dos consortes não atingem os outros litisconsortes nem aquele que os praticou, salvo se todos os consortes aderirem ao ato prejudicial praticado, hipótese em que o ato vinculará a todos (pense-se no art. 391, parágrafo único, CPC).[2]

2. MARINONI, Luiz Guilherme; ARENHART, Sérgio Cruz; MITIDIERO, Daniel. Novo Código de Processo Civil comentado. São Paulo: Revista dos Tribunais, 2015.

Veja algumas situações de benefício nos casos de litisconsorte unitário:

1) Não incidência dos efeitos revelia se um dos litisconsortes apresentar defesa.

> CLT, art. 844, § 4º – A revelia não produz o efeito mencionado no caput deste artigo se:
>
> I – havendo pluralidade de reclamados, algum deles contestar a ação;

2) O recurso apresentado por um, aproveita os demais litisconsortes;

> CPC, Art. 1.005. O recurso interposto por um dos litisconsortes a todos aproveita, salvo se distintos ou opostos os seus interesses.

3) A confissão de um dos litisconsortes não prejudica os demais, pois, não seria crível o confitente confessar por si e pelo demais.

> CPC, Art. 391. A confissão judicial faz prova contra o confitente, não prejudicando, todavia, os litisconsortes.

– No Processo do Trabalho, os litisconsortes em processos físicos com advogados diferentes possuem prazo em dobro, Professor?

Não. O TST entende por meio da OJ 310 que o Art. 229 do CPC não se aplica ao Processo do Trabalho por incompatibilidade com o princípio da celeridade processual, veja:

> TST, OJ 310, SDI-1 – Inaplicável ao processo do trabalho a norma contida no art. 229, *caput* e §§ 1º e 2º, do CPC de 2015 (art. 191 do CPC de 1973), em razão de incompatibilidade com a celeridade que lhe é inerente.

CAPÍTULO 5

Ação Trabalhista

1. CONCEITO

Ação é o direito constitucional de acessar a judiciário dada a inafastabilidade da jurisdição, exigir dele uma tutela jurisdicional adequada, tempestiva e efetiva.

> CF, Art. 5º, XXXV – a lei não excluirá da apreciação do Poder Judiciário lesão ou ameaça a direito;

A ação além de ser um fato gerador do processo, define o objeto litigioso, fixando os limites da atividade jurisdicional, conforme determinação do artigo 141 do CPC:

> CPC, Art. 141. O juiz decidirá o mérito nos limites propostos pelas partes, sendo-lhe vedado conhecer de questões não suscitadas a cujo respeito a lei exige iniciativa da parte.

Por fim, cito o conceito dado pelo professor Arruda Alvim[1]:

> Ação "*é o direito constante da lei processual cujo nascimento depende de manifestação de nossa vontade. Tem por escopo a obtenção da prestação jurisdicional do Estado, visando, diante da hipótese fático-jurídica nela formulada, à aplicação da lei (material). Esta conceituação compreende tanto os casos referentes a direitos subjetivos, quanto, também, as hipóteses de cogitação mais recentes referentes a interesses e direitos difusos, coletivos e individuais homogêneos.*"

1. ARRUDA ALVIM. Manual de direito processual civil. V. 1. Parte Geral. 9. ed. São Paulo RT, 2005. p. 351.

2. REQUISITOS PROCESSUAIS NECESSÁRIOS À CONCRETIZAÇÃO DA TUTELA DE MÉRITO

Temos dois requisitos necessários ao exercício da ação.

– Quais, Hamilton?

Veja o que diz o art. 17 do CPC:

> CPC Art. 17. Para postular em juízo é necessário ter interesse e legitimidade.

À luz do novo Código de Processo Civil (arts.17 e 485, VI), são condições da ação o interesse de agir e a legitimação das partes. Vejamos cada uma delas:

O interesse de agir é conhecido também com interesse processual, que traduz à necessidade e à utilidade de uso da tutela jurisdicional para evitar ameaça ou lesão ao direito. A ausência da necessidade e da utilidade, implica ausência do próprio interesse de agir.

Já a legitimidade das partes concerne à pertinência subjetiva da ação, atine à titularidade (ativa e passiva) da ação, de modo que o autor seja aquele a quem a lei assegura o direito de invocar a tutela jurisdicional, e o réu, aquele em face de quem pode o autor pretender algo.

O art. 485, VI do CPC, prescreve que a ausência de qualquer dos dois requisitos, passíveis de serem conhecidos de ofício pelo magistrado, permite a extinção do processo, sem resolução do mérito.

– E a impossibilidade jurídica do pedido, Professor?

A impossibilidade jurídica do pedido com o CPC de 2015, passou a ser analisada no mérito, assim, ser ou não possível um direito, na perspectiva da pretensão formulada, é matéria que diz respeito ao mérito.

3. ELEMENTOS DA AÇÃO

A ação é identificada pelos seus elementos subjetivos e objetivos.

> – Quais são esses elementos subjetivos e objetivos, Hamilton?

Os elementos subjetivos são as partes; e os objetivos, o pedido e a causa de pedir. Veja o que diz o art. 337, §2º do CPC:

> CPC, Art. 337, § 2º – Uma ação é idêntica a outra quando possui as mesmas partes, a mesma causa de pedir e o mesmo pedido.

> – Podemos analisar um por um, Professor?

Sim, vamos estudar agora.

3.1. Parte

Parte é quem participa do processo, ou seja, são aquelas pessoas que formulam ou têm contra si pedido formulado (reclamante e reclamado). É possível que em determinada relação processual haja pluralidade de sujeitos nos polos, ativo e ou passivo (litisconsortes).

É importante mencionar, que as partes da relação material, nem sempre serão as mesmas partes do processo, pois como já estudado, a lei admite a legitimidade extraordinária.

Você lembra dessa legitimidade?

> – Lembro sim, Professor. Está prevista no art. 18 do CPC, que diz que ninguém poderá pleitear direito alheio em nome próprio, salvo quando autorizado pelo ordenamento jurídico.

Para aprofundamento do estudo, aconselho a leitura do capítulo sobre "partes" deste livro.

4. CAUSA DE PEDIR

A causa de pedir é composta pelos fatos e os fundamentos jurídicos do pedido. Nesse sentido os artigos abaixo:

> CPC, Art. 319. A petição inicial indicará:
>
> III – o fato e os fundamentos jurídicos do pedido;
>
> CLT, Art. 840, § 1º- Sendo escrita, a reclamação deverá conter a designação do juízo, a qualificação das partes, A BREVE EXPOSIÇÃO DOS FATOS DE QUE RESULTE O DISSÍDIO, o pedido, que deverá ser certo, determinado e com indicação de seu valor, a data e a assinatura do reclamante ou de seu representante.

Subdivide-se a causa de pedir em causa remota, que se relaciona com o fato, e causa próxima, que se relaciona com as consequências jurídicas desse fato, ou seja, a valoração do fato pela norma jurídica.

O acidente de trabalho, numa ação de reparação de danos é a causa remota, já as consequências jurídicas desse fato (indenizações por danos com base nos arts. 186, 187 e 927 do CC e ainda 223-A e seguintes da CLT) caracterizam a causa próxima.

– É necessário indicar a norma jurídica que supostamente atribui o efeito ao fato narrado, Professor?

A parte não precisa indicar a norma jurídica (o artigo de lei, o precedente ou o princípio) que supostamente atribui o efeito ao fato narrado, pois, o juiz(o) conhece o Direito (*iura novit curia*).

– Então o erro na qualificação jurídica do fato não tem qualquer relevância no julgamento da lide?

Isso mesmo, nenhuma relevância. O que se exige do autor é a indicação do fato jurídico e as consequências jurídicas dele decorrentes.

5. PEDIDO

O pedido é a conclusão da exposição dos fatos e fundamentos jurídicos constantes na petição inicial, constituindo a pretensão material formulada ao juízo.

O pedido é importante porque:

A) Serve de parâmetro para atribuição do valor da causa:

> CPC, Art. 291. A toda causa será atribuído valor certo, ainda que não tenha conteúdo econômico imediatamente aferível.
>
> CLT, Art. 840, § 1º- Sendo escrita, a reclamação deverá conter a designação do juízo, a qualificação das partes, a breve exposição dos fatos de que resulte o dissídio, O PEDIDO, QUE DEVERÁ SER CERTO, DETERMINADO E COM INDICAÇÃO DE SEU VALOR, a data e a assinatura do reclamante ou de seu representante.

B) Limita a atuação do magistrado, impedindo o julgamento citra (deixou de julgar um pedido), extra (acrescentou um pedido que não estava no processo) ou ultra (julgou além do que foi pedido pela parte) petita, por força do princípio da congruência ou adstrição.

> CPC, Art. 141. O juiz decidirá o mérito nos limites propostos pelas partes, sendo-lhe vedado conhecer de questões não suscitadas a cujo respeito a lei exige iniciativa da parte.
>
> CPC, Art. 492. É vedado ao juiz proferir decisão de natureza diversa da pedida, bem como condenar a parte em quantidade superior ou em objeto diverso do que lhe foi demandado.

Nesse sentido também decide a jurisprudência pátria, vejamos:

> LIMITES DA CONDENAÇÃO AOS VALORES ESPECIFICADOS NA PETIÇÃO INICIAL. O entendimento do TST é no sentido de que, havendo pedido líquido e certo na petição inicial, a condenação deve ser limitada ao quantum especificado, sob pena de violação dos arts. 141 e 492 do CPC. Nesse sentido também é a jurisprudência atual deste Tribunal Regional. Recurso não

provido. (TRT 24ª R.; ROT 0024123-06.2019.5.24.0066; Segunda Turma; Rel. Des. Leonardo Ely; Julg. 06/08/2020; DEJTMS 06/08/2020; Pág. 3303)

É importante saber que no Processo do Trabalho, alguns pedidos podem ser acrescentados na sentença sem mesmo ser solicitado por uma das partes.

– Como assim, Hamilton?

São situações excepcionais, conhecidos como pedidos implícitos, onde o juiz da causa, sem mesmo haver pedido na peça inicial, condena o reclamado. Vejamos alguns exemplos:

I. Juros e correção monetária;

TST, Sum 211 – Os juros de mora e a correção monetária incluem-se na liquidação, ainda que omisso o pedido inicial ou a condenação.

II. Alteração da causa de pedir da insalubridade;

TST, Sum 293 – A verificação mediante perícia de prestação de serviços em condições nocivas, considerado agente insalubre diverso do apontado na inicial, não prejudica o pedido de adicional de insalubridade.

III. Mudança da reintegração para indenização substitutiva;

TST, Sum 396 – I – Exaurido o período de estabilidade, são devidos ao empregado apenas os salários do período compreendido entre a data da despedida e o final do período de estabilidade, não lhe sendo assegurada a reintegração no emprego.

TST, Sum 396 – II – Não há nulidade por julgamento "extra petita" da decisão que deferir salário quando o pedido for de reintegração, dados os termos do art. 496 da CLT.

IV. Condenação aos encargos fiscais;

TST, Sum 401 – II – Os descontos previdenciários e fiscais devem ser efetuados pelo juízo executório, ainda que a sentença exequenda tenha sido omissa sobre a questão, dado o caráter de ordem pública ostentado pela norma que os disciplina. A ofensa à coisa julgada somente poderá ser caracterizada na hipótese de o título exequendo, expressamente, afastar a dedução dos valores a título de imposto de renda e de contribuição previdenciária.

V. Astreintes;

CPC, Art. 537. A multa independe de requerimento da parte e poderá ser aplicada na fase de conhecimento, em tutela provisória ou na sentença, ou na fase de execução, desde que seja suficiente e compatível com a obrigação e que se determine prazo razoável para cumprimento do preceito.

§ 1º O juiz poderá, de ofício ou a requerimento, modificar o valor ou a periodicidade da multa vincenda ou excluí-la, caso verifique que:

I – se tornou insuficiente ou excessiva;

II – o obrigado demonstrou cumprimento parcial superveniente da obrigação ou justa causa para o descumprimento.

– O que seria essa astreinte, Hamilton?

Segundo o Professor Marcio André, do blog Dizer o Direito, astreinte seria uma multa cominatória constitui instrumento de direito processual criado para a efetivação da tutela específica perseguida, ou para a obtenção de resultado prático equivalente, nas ações de obrigação de fazer ou não fazer, constituindo, portanto, medida de execução indireta.

VI. Pedido de prestações periódicas;

CPC, Art. 323. Na ação que tiver por objeto cumprimento de obrigação em prestações sucessivas, essas serão consideradas incluídas no pedido, independentemente de declaração expressa do autor, e serão incluídas na condenação, enquanto durar a obrigação, se o devedor, no curso do processo, deixar de pagá-las ou de consigná-las.

CLT, Art. 891 – Nas prestações sucessivas por tempo determinado, a execução pelo não-pagamento de uma prestação compreenderá as que lhe sucederem.

> CLT, Art. 892 – Tratando-se de prestações sucessivas por tempo indeterminado, a execução compreenderá inicialmente as prestações devidas até a data do ingresso na execução.

VII. Honorários advocatícios;

> STF, Sum 256 – É dispensável pedido expresso para condenação do réu em honorários, com fundamento nos arts. 63 ou 64 do Código de Processo Civil. (OBS? Artigos e, referência ao CPC de 1973)

Por fim, cito sobre o tema, o art. 322, § 1º do CPC:

> § 1º Compreendem-se no principal os juros legais, a correção monetária e as verbas de sucumbência, inclusive os honorários advocatícios.

– Sobre os honorários tenho uma dúvida, Hamilton.

Diga.

– Se a parte não pedir e nem o juiz arbitrar em sentença, mesmo assim eu posso incluir na liquidação de sentença igual acontece com os juros?

Nesse caso não. Você deve utilizar ação autônoma para a definição do percentual de horários e sua cobrança. Veja:

> CPC, Art. 85 – § 18 – Caso a decisão transitada em julgado seja omissa quanto ao direito aos honorários ou ao seu valor, é cabível ação autônoma para sua definição e cobrança.

C) Define os limites objetivos da coisa julgada.

O pedido se subdivide em imediato e mediato.

– Qual a diferença entre eles, Professor?

O pedido imediato se relaciona com o direito processual (providência ou o tipo de tutela pretendida), e o mediato com o direito material, ou seja, constitui o bem jurídico pretendido.

5.1. Interpretação do pedido

A interpretação do pedido considerará o conjunto da postulação e observará o princípio da boa-fé, segundo o § 1° do art. 322 do CPC. Nesse sentido, cito uma decisão do STJ:

> "sem escapar ao regramento que disciplina o nosso sistema processual, o julgador não pode estar apegado ao formalismo exacerbado e desnecessário, devendo-se esforçar ao máximo para encerrar a sua prestação jurisdicional apresentando uma composição para a lide, cumprindo assim a atribuição que lhe foi conferida" (STJ, 1.ª Turma, REsp 707.997/PE, rel. Min. Francisco Falcão, j. 14.03.2006, DJ 27.03.2006, p. 182).

Ainda sobre o tema, cito as importantes lições do Professor Montenegro Filho[2]:

> Contudo, em alguns casos, o pedido é formulado de modo disperso, em várias partes da petição inicial, situação que, em decorrência da norma, não impede o magistrado de considerar o conjunto da postulação quando interpretar o pedido. Assim, se na parte Do Direito, o autor solicita a condenação do réu ao pagamento de indenização por danos morais, mas se limita a requerer a condenação do vencido ao pagamento da indenização por danos materiais, na parte final da petição inicial, o magistrado pode fazer uso da regra em exame, para condenar o réu ao pagamento da indenização por danos morais e por danos materiais. Embora a boa-fé se presuma, enquanto que a má-fé deva ser provada, é importante que o magistrado fundamente a sentença, fazendo referência à norma em comentário, em cotejo com a petição inicial.

2. MONTENEGRO FILHO, Misael. Novo Código de Processo Civil comentado. 3. ed. São Paulo: Atlas, 2018.

5.1.1. Pedido heterotópico

– O que seria esse pedido heterotópico, Hamilton?

Toda petição inicial deve ter a causa de pedir e pedido referente ao tema solicitado na peça inicial. O pedido deve estar expresso, contudo, não precisa estar em rol de pedidos, admitindo-se que formule o pleito no mesmo local em que se fala da fundamentação.

Assim, pedido heterotópico é aquele veiculado na causa de pedir, sendo desnecessária a menção expressa em "rol de pedidos".

É importante ter em mente que o art. 840, § 1º, da CLT exige apenas que exista a descrição dos fatos e os pedidos, não exigindo que estes sejam enclausurados em um "rol", o que se mostra em sintonia com os Princípios da Simplicidade e da Informalidade, reitores do Processo do Trabalho.

Relevante pontuar também, que a própria codificação processual civil adota hoje uma concepção substancial do pedido ao preceituar no art. 322, § 2º, do CPC, que a interpretação do pedido considerará o conjunto da postulação e observará o princípio da boa-fé.

Além disso, a existência do pedido na causa de pedir permite o regular exercício do contraditório, inexistindo qualquer prejuízo ao reclamado. Assim, o pedido deve ser compreendido em conjunto com a causa de pedir, devendo a decisão judicial ficar vinculada a esse libelo, assim contextualizado.

– O TST considera esse pedido válido?

O TST considera válido o pedido veiculado na causa de pedir, entendendo desnecessária a menção expressa em "rol de pedidos".

Nesse sentido é a jurisprudência do TST:

> III – AGRAVO DE INSTRUMENTO EM RECURSO DE REVISTA DO RECLAMANTE INTERPOSTO NA VIGÊNCIA DA LEI 13.015/2014. REFLEXOS DO ADICIONAL DE

INSALUBRIDADE. PEDIDO FORMULADO NO CORPO DA PETIÇÃO INICIAL. Dá-se provimento ao agravo de instrumento do reclamante no tema "reflexos do adicional de insalubridade", para análise do recurso de revista, por possível violação do art. 840, § 1.º, da CLT. Agravo de instrumento provido. IV - RECURSO DE REVISTA DO RECLAMANTE INTERPOSTO NA VIGÊNCIA DA LEI 13.015/2014 1 - ADICIONAL DE INSALUBRIDADE. REFLEXOS. PEDIDO FORMULADO NO CORPO DA PETIÇÃO INICIAL. O Processo do Trabalho é regido por diversos princípios, dentre os quais o da informalidade e o da simplicidade, o que possibilita que a reclamação possa ser ajuizada pelo próprio empregado, de forma escrita ou verbal, conforme o disposto no artigo 840, caput e §1º, da CLT. Consta da petição inicial que o pedido de "condenação da reclamada ao pagamento do adicional de insalubridade, em grau a ser apurado em perícia - facultada, desde já, a impugnação pela via adequada, bem como dos reflexos em horas extras e intervalares (OJ-47 da SDI-I do TST), domingos e feriados trabalhados, aviso prévio, gratificações natalinas, férias indenizadas, vencidas e proporcionais (§§ 5º e 6º do art. 142 da CLT), diferenças de seguro desemprego e FGTS mais 40%". No caso, a simples ausência de pedido no rol final da petição inicial, não compromete a causa para fins de julgamento, uma vez que consta expressamente tal pedido no corpo da exordial, juntamente com a causa de pedir, sobretudo por se tratar de parcela acessória, cuja análise e deferimento dependem da procedência do pedido principal, na hipótese, o pagamento do adicional de insalubridade. Precedentes. Recurso de revista conhecido e provido. [...] (ARR-20057-04.2014.5.04.0231, 2ª Turma, Relatora Ministra Delaide Miranda Arantes, DEJT 08/11/2019).

[...] RECURSO DE REVISTA. AUSÊNCIA DE PEDIDO. SALÁRIO POR FORA. REFLEXOS. No caso dos autos, verifica-se que a imprecisão no rol de pedidos da petição inicial não comprometeu a delimitação da causa para fins de julgamento, tampouco acarretou prejuízo à ampla defesa e ao contraditório. O pedido realizado pelo autor é que fixa os limites da lide, conforme os termos dos arts. 128 e 460 do CPC de 1973, vigente na data da publicação do acórdão recorrido. No entanto, o pedido deve ser compreendido em conjunto com a causa de pedir, devendo a decisão judicial ficar vinculada a esse libelo, assim contextualizado. Na Justiça do Trabalho, o

> art. 840, § 1º, da CLT exige que na petição inicial haja apenas uma breve exposição do fato do qual resulte o dissídio e o pedido. Assim, considerando o princípio da informalidade e da simplicidade que reveste o processo trabalhista, ao redigir a petição inicial, basta ao autor expor rapidamente os fatos a fim de proporcionar a sua compreensão e a respectiva consequência jurídica, contida no pedido. Há precedentes. Recurso de revista conhecido e provido. (RR – 2374-03.2010.5.02.0084, Relator Ministro: Augusto César Leite de Carvalho, Data de Julgamento: 07/03/2018, 6ª Turma)
>
> [...] INÉPCIA DA PETIÇÃO INICIAL. DEVOLUÇÃO DE DESCONTOS A TÍTULO DE CONTRIBUIÇÃO ASSISTENCIAL. AUSÊNCIA DE PEDIDO EXPRESSO NO ROL FINAL DA PETIÇÃO INICIAL. O Processo do Trabalho é regido por vários princípios, dentre eles o da informalidade e o da simplicidade, tanto que nas demandas trabalhistas a reclamação pode ser ajuizada pelo próprio empregado, de forma escrita ou verbal, conforme o disposto no artigo 840, §1º, da CLT. Extrai-se da petição inicial que o autor formulou pedido de "compelir a reclamada a devolver a título de restituição ao obreiro todos os valores descontados indevidamente desde sua contratação, haja vista que "NÃO" foram autorizados, com a devida correção monetária" (vide pag. 7 da petição inicial). Ressalta-se, ainda, que a reclamada, apesar de suscitar a inépcia do pedido, o contestou fundamentadamente, o que afasta, por consequência, a hipótese de inépcia. Ademais, a ausência de pedido no rol final da petição inicial, quando consta expressamente tal pedido no corpo da exordial, juntamente com a causa de pedir, não compromete a causa para fins de julgamento. Em tais circunstâncias, e diante dos princípios norteadores das demandas trabalhistas, correta a decisão regional que entendeu inexistente a alegada inépcia. Precedentes. Agravo de instrumento conhecido e desprovido. (AIRR – 1289-60.2015.5.02.0066, Relator Ministro: Alexandre de Souza Agra Belmonte, Data de Julgamento: 25/04/2018, 3ª Turma, Data de Publicação: DEJT 27/04/2018)

5.2. Pedido certo, determinado e líquido

Segundo os artigos 322 e 324 do CPC, o pedido deve ser certo (expresso, pelo menos no que respeita ao gênero do objeto pretendido) e determinado (individuado quanto ao gênero e quantidade).

Além de certo e determinado, o pedido deve ser liquidado, ou seja, deve ser indicado um valor correspondente para cada pedido. Nesse sentido, o § 1º do art. 840 da CLT.

> CLT, Art. 840, § 1º- Sendo escrita, a reclamação deverá conter a designação do juízo, a qualificação das partes, a breve exposição dos fatos de que resulte o dissídio, o pedido, que deverá ser certo, determinado e COM INDICAÇÃO DE SEU VALOR, a data e a assinatura do reclamante ou de seu representante.

O TST por meio da IN 41, entendeu que:

> TST, IN 41 - Art. 12. Os arts. 840 e 844, §§ 2º, 3º e 5º, da CLT, com as redações dadas pela Lei nº 13.467, de 13 de julho de 2017, não retroagirão, aplicando-se, exclusivamente, às ações ajuizadas a partir de 11 de novembro de 2017.
>
> [...]
>
> § 2º Para fim do que dispõe o art. 840, §§ 1º e 2º, da CLT, o valor da causa será estimado, observando-se, no que couber, o disposto nos arts. 291 a 293 do Código de Processo Civil.

– A parte tem que liquidar de forma exata os pedidos?

Não, o TST permite, conforme vimos acima na IN 41 em seu art. 12 2º, a indicação dos valores dos pedidos como mera estimativa (o reclamante deve fazer essa ressalva na peça inicial). Quando ocorre essa ressalva pelo reclamante, também não são aplicados os arts. 141 e 492 do CPC. Veja o que diz o TST:

> "RECURSO DE EMBARGOS. REGÊNCIA DA LEI Nº 13.015/2014. JULGAMENTO "ULTRA PETITA". LIMITAÇÃO DA CONDENAÇÃO AO VALOR ATRIBUÍDO AO PEDIDO NA PETIÇÃO INICIAL. 1. A Quarta Turma considerou que o requerimento, na petição inicial, de "pagamento de 432 horas 'in itinere' no valor de R$ 3.802,00 (fl. 11 – numeração eletrônica) "traduziu" mera estimativa, tendo o magistrado feito a adequação de acordo com as provas do processo ", razão pela qual não reputou violados os arts. 141 e 492 do CPC. 2. Todavia, esta Corte Superior adota firme entendimento no sentido de que a parte autora, ao formular

pedidos com valores líquidos na petição inicial, sem registrar qualquer ressalva, limita a condenação a tais parâmetros, por expressa dicção do art. 492 do CPC. Precedentes. Recurso de embargos conhecido e provido" (E-ARR-10472-61.2015.5.18.0211, Subseção I Especializada em Dissídios Individuais, Relator Ministro Walmir Oliveira da Costa, DEJT 29/05/2020).

– O que acontece se o pedido não for certo, determinado e líquido?

Se o reclamante não indicar pedido certo, determinado e líquido, importará na extinção do processo sem julgamento de mérito, nos termos do § 3º do art. 840 da CLT.

CLT, Art. 840, § 3º- Os pedidos que não atendam ao disposto no § 1º deste artigo serão julgados extintos sem resolução do mérito.

5.2.1. Pedido genérico

O pedido genérico é certo quanto à sua existência e gênero, mas ainda não foi individualizado na sua quantidade.

– É possível o pedido genérico?

Sim, o CPC no § 1º do art. 324, permite formular pedido genérico:

A) nas ações universais, se o autor não puder individuar os bens demandados;

B) quando não for possível determinar, desde logo, as consequências do ato ou do fato;

C) quando a determinação do objeto ou do valor da condenação depender de ato que deva ser praticado pelo réu.

5.3. Pedido alternativo

Pedido alternativo é aquele em que as partes têm a prerrogativa de optar por uma ou outra prestação. Tem previsão no art. 325 do CPC, que diz que:

> CPC, art. 325 – O pedido será alternativo quando, pela natureza da obrigação, o devedor puder cumprir a prestação de mais de um modo.

No pedido alternativo, não há cumulação de pedidos; há apenas um pedido, que pode ser atendido por mais de uma forma.

– Tem um exemplo de aplicação desses dispositivos na seara trabalhista, Hamilton?

No Direito do Trabalho pode ocorrer por exemplo nos casos de dispensas discriminatórias, pois segundo o art. 4º da Lei nº 9.029/95, o empregado ao formular sua petição inicial, poderá escolher o direito de ser reintegrado na empresa, ou de receber, dobrado, a remuneração do período de afastamento.

– Quando o reclamante (credor) poderá escolher a prestação que lhe for mais conveniente?

De preferência, o reclamante deve solicitar na peça inicial. Contudo, ele pode fazer no cumprimento e sentença.

– E quando a escolha irá caber ao devedor?

Veja o que diz o art. 252 do CC:

> CC, Art. 252. Nas obrigações alternativas, a escolha cabe ao devedor, se outra coisa não se estipulou.

Sendo assim, nas obrigações alternativas, quando a escolha couber ao devedor, esse será citado para exercer a opção e realizar a prestação dentro de 10 (dez) dias, se outro prazo não lhe foi determinado em lei ou em contrato, conforme determinado pelo art. 800 do CPC. Na seara trabalhista, o devedor reclamado pode expressar sua opção em contestação também.

5.4. Cumulação de pedidos

– É possível no mesmo processo cumular vários pedidos?

É lícita a cumulação, em um único processo, contra o mesmo réu, de vários pedidos, segundo o art. 327 do CPC. Basta que sejam respeitados os seguintes requisitos:

A) os pedidos sejam compatíveis entre si;

B) seja competente para conhecer deles o mesmo juízo;

C) seja adequado para todos os pedidos o tipo de procedimento.

A cumulação do pedido pode ser própria e imprópria.

A cumulação de pedidos será própria quando o autor pretender o acolhimento de todos os pedidos formulados, ela subdivide-se em simples ou sucessiva. Vejamos:

A) Simples – Será simples a cumulação quando os pedidos forem independentes entre si, ou seja, um pedido pode ser julgado procedente e o outro improcedente. Nessa cumulação, um pedido não afeta o julgamento do outro.

B) Sucessiva – Será sucessiva quando um pedido depender do outro para ser acolhido, como por exemplo, o pedido de vínculo e de emprego e insalubridade. Se por um acaso o pedido de vínculo for improcedente, o pedido de insalubridade também será julgado improcedente.

A cumulação de pedidos será imprópria quando o autor não pretender o acolhimento de todos, mas apenas de um ou alguns pedidos. Ela subdivide-se em eventual e alternativa. Vejamos:

A) Eventual – A cumulação será eventual quando o reclamante em sua peça inicial formula mais de um pedido, para caso o primeiro não seja acolhido, o juiz analise o segundo, o terceiro etc.

– Professor, e se o juiz acolher logo o primeiro pedido formulado?

Nesse caso, o juiz não irá analisar os demais pedidos feitos de forma impropria eventual, pois existe uma ordem de preferência, e os demais pedidos subsidiários só serão analisados em caso de rejeição do pedido principal.

B) Alternativa – A cumulação será alternativa o autor formula mais de um pedido sem ordem de preferência, para apenas um deles, ser acolhido pelo juiz.

– É a mesma coisa que pedido alternativo do art. 326 do CPC?

Não, é diferente, pois, no pedido há um único pedido, que pode ser atendido de mais de uma forma.

5.5. Alteração ou aditamento do pedido

– O reclamante pode alterar ou aditar o pedido feito na petição inicial?

Pode sim, mas é necessário saber que:

A) Até antes de ser contestado o feito, o reclamante pode alterar os pedidos sem o consentimento do reclamado.

B) Após a contestação, qualquer alteração depende de consentimento do reclamado, assegurando o contraditório mediante a possibilidade de manifestação.

A mesma regra se aplica para a alteração ou aditamento da causa de pedir.

6. AUSÊNCIA DE UM DOS ELEMENTOS DA AÇÃO

– O que acontece se faltar um dos elementos da ação?

A falta de indicação de um dos elementos da ação poderá acarretar o indeferimento da inicial, por inépcia, o que levará a extinção do processo sem resolução do mérito.

7. PRESSUPOSTOS PROCESSUAIS

A instauração e regular desenvolvimento do processo dependem do preenchimento de alguns requisitos, conhecidos como pressupostos processuais. Esses pressupostos são os pressupostos de existência e pressupostos de validade.

Na falta de algum pressuposto de existência, não haverá processo e na falta de algum pressuposto de validade, o processo existe, porém o mesmo será extinto sem resolução de mérito nos termos do art. 485 do CPC.

Contudo, é sempre bom lembrar de uma coisa:

– Qual, Professor?

O juiz, ao se deparar com a ausência de pressuposto de validade, sempre deverá verificar se existe a possibilidade de correção do vício. Após a correção do vício, o processo seguirá regularmente em direção a sentença de mérito. Apenas no caso de não poder ser sanado o vício, é que o processo deverá ser extinto sem mérito.

– Quais os pressupostos de existência do processo?

São pressupostos de existência um juízo investido de jurisdição (segundo o art. 16 do CPC, a jurisdição civil é exercida pelos juízes e pelos tribunais em todo o território nacional): capacidade postulatória, a citação (segundo o art. 238 do CPC, citação é o ato pelo qual são convocados o réu para integrar a relação processual) e uma petição inicial (petição inicial é qualquer documento, papel ou eletrônico, em que se descreva uma pretensão). Sem a presença de todos concomitantemente, não haverá processo.

– Como posso invalidar um processo que não possui todos os pressupostos de existência?

Você pode solicitar a invalidação do processo por meio da ação anulatória (*querela nulitattis*). Essa ação é uma ação de conhecimento, que deve ser ajuizada no 1º grau de jurisdição, que tem como objetivo declarar que determinada decisão judicial não pode gerar efeitos por ter violado um ou mais pressupostos processuais de existência.

– E os de validade?

Esse pressuposto se subdivide em dois, ou seja, em pressupostos processuais de validade positivos e negativos. Os pressupostos processuais de validade positivos são os seguintes:

A) Petição inicial apta: A peça inicial deve preencher os requisitos do §1º do art. 840 da CLT, para que seja apta e viabilize um pronunciamento jurisdicional adequado.

– O que ocorre se a petição inicial não preencher os requisitos exigidos no § 1º do art. 840 da CLT?

A petição será considerada inepta, e isso, levará o processo a ser extinto sem julgamento do mérito, veja o seguinte artigo do CPC:

> CPC, Art. 330. A petição inicial será indeferida quando:
>
> I – for inepta;
>
> [...]
>
> § 1º Considera-se inepta a petição inicial quando:
>
> I – lhe faltar pedido ou causa de pedir;
>
> II – o pedido for indeterminado, ressalvadas as hipóteses legais em que se permite o pedido genérico;
>
> III – da narração dos fatos não decorrer logicamente a conclusão;
>
> IV – contiver pedidos incompatíveis entre si.

B) Capacidade para estar em juízo: Segundo o art. 70 do CPC, toda pessoa que se encontre no exercício de seus direitos tem capacidade para estar em juízo. Encontra-se no exercício de seus direitos quem tem 18 (dezoito) anos completos, termo em que cessa a menoridade, estando a pessoa a partir daí habilitada à prática de todos os atos da vida civil (art. 5.º, caput, CC). A pessoa jurídica, desde que exista legalmente (art. 45, caput, CC), acha-se no exercício de seus direitos. Para aprofundamento do tema, remeto o leitor para o capítulo de partes desta obra.

C) Competência absoluta do juízo: O juízo tem que ser competente adultamente, ou seja, a competência em razão da matéria (CF, art. 114 e CLT, art. 652), da hierarquia e da pessoa devem ser respeitados.

D) Imparcialidade: É necessário que o juiz da causa seja imparcial, ou seja, o julgador não pode ser impedido nos termos do art. 144 do CPC.

E) Citação válida: Não basta a citação da parte, para o processo ser válido, essa citação deve ser válida de acordo como determina a lei, no caso, o §1º do art. 841 da CLT.

Já os pressupostos processuais de validade negativos são:

A) Coisa julgada: Segundo o §4º do art. 337 do CPC, verifica-se a coisa julgada quando se reproduz ação anteriormente ajuizada que já foi decidida por decisão transitada em julgado. A coisa julgada pode ser total (todo o processo) ou parcial (de apenas parte do processo)

B) Litispendência: Segundo o §3º do art. 337 do CPC, verifica-se a litispendência quando se reproduz ação anteriormente ajuizada que ainda está em curso. Ela também pode ser total (todo o processo) ou parcial (de apenas parte do processo)

– Hamilton, o que seria uma ação idêntica capaz de gerar a litispendência ou a coisa julgada?

Uma ação é idêntica a outra quando possui as mesmas partes, a mesma causa de pedir e o mesmo pedido.

C) Perempção: No caso, seria a perempção trabalhista prevista nos artigos 731 e 732 da CLT.

> CLT, Art. 731 – Aquele que, tendo apresentado ao distribuidor reclamação verbal, não se apresentar, no prazo estabelecido no parágrafo único do art. 786, à Junta ou Juízo para fazê-lo tomar por termo, incorrerá na pena de perda, pelo prazo de 6 (seis) meses, do direito de reclamar perante a Justiça do Trabalho.
>
> CLT, Art. 732 – Na mesma pena do artigo anterior incorrerá o reclamante que, por 2 (duas) vezes seguidas, der causa ao arquivamento de que trata o art. 844.

D) Convenção de arbitragem: Na convenção de arbitragem, existe um contrato estabelecido entre as partes a fim de que eventuais litígios sejam submetidos ao julgamento por um particular (jurisdição privada). No Direito do Trabalho a convenção de arbitragem é permitida no Direito Coletivo do Trabalho (art. 114, §1º da CF) e no Direito Individual do Trabalho (art. 507-A da CLT)

– O que acontece se as partem não submeterem o processo à arbitragem?

Nos termos dos arts. 485, VII e 337, X e § 5° todos do CPC, não respeitada a convenção de arbitragem, o processo judicial deve ser extinto sem julgamento do mérito.

– O juiz pode extinguir de ofício o processo se não for respeitada a convenção de arbitragem pelas partes, Professor?

Não. Segundo o §5º do art. 337 do CPC, o juiz não poderá extinguir de ofício o processo sem resolução de mérito como determina o art. 337, X do CPC quando as partes não respeitarem a convenção de arbitragem. Para o juiz extinguir o processo sem mérito, a parte reclamada deve arguir tal fato em preliminar de contestação. A ausência de alegação de convenção de arbitragem na contestação implica aceitação da jurisdição e renúncia à arbitragem (art. 337, § 6º, CPC).

– Como posso invalidar um processo que não foi respeitado os pressupostos de validade?

Já nesse caso, a via adequada seria a ação rescisória prevista nos artigos 966 e seguintes do CPC, cujo prazo decadencial será de 2 anos. Após esse prazo, nada mais poderá ser feito, restando válido os termos da decisão viciada, como por exemplo, sentença prolatada por juiz absolutamente incompetente.

CAPÍTULO 6

Justiça Gratuita

1. INTRODUÇÃO

A CF/88 prevê a garantia da assistência jurídica integral e gratuita em seu art. 5º, LXXIV:

> "o Estado prestará assistência jurídica integral e gratuita aos que comprovarem insuficiência de recursos".

Justiça gratuita e assistência judiciária são expressões que não se confundem. A primeira significa a isenção de despesas processuais, como: custas, emolumentos, etc., às pessoas que não possuem condições financeiras de suportá-las; a segunda, por sua vez, traduz o ato pelo qual determinada entidade, pública ou particular, fornece advogado, gratuitamente, para a pessoa que não possui condições de pagar honorários advocatícios, ingressar em juízo[1].

– Quem tem direito à justiça gratuita?

Conforme redação do art. 790, § 3º da CLT, dada pela Lei 13.467/2017, é facultado aos juízes, órgãos julgadores e presidentes dos tribunais do trabalho de qualquer instância conceder, a requerimento ou de ofício, o benefício da justiça gratuita, inclusive quanto a traslados e instrumentos, àqueles que perceberem salário igual ou inferior a 40% (quarenta por cento) do limite máximo dos benefícios do Regime Geral de Previdência Social.

1. FILHO, Manoel Antonio Teixeira. O processo do trabalho e a reforma trabalhista: as alterações introduzidas no processo do trabalho pela Lei n. 13.467/2017. São Paulo: LTr, 2017. p. 75.

2. JUSTIÇA GRATUITA PARA PESSOA FÍSICA

Para a pessoa física (reclamante ou reclamada) que receber salário igual ou inferior a 40% do limite máximo dos benefícios do RGPS, basta a simples declaração do advogado ou do próprio reclamante na petição inicial, de que não tem condições de pagar às custas do processo sem prejuízo do sustento próprio ou de sua família.

– Para o advogado fazer essa declaração é necessário que ele tenha poderes especiais, Hamilton?

Sim, para que o advogado possa fazer a declaração de hipossuficiência econômica, é necessário que este possua poderes especiais, conforme art. 105 do CPC:

> CPC, Art. 105. A procuração geral para o foro, outorgada por instrumento público ou particular assinado pela parte, habilita o advogado a praticar todos os atos do processo, exceto receber citação, confessar, reconhecer a procedência do pedido, transigir, desistir, renunciar ao direito sobre o qual se funda a ação, receber, dar quitação, firmar compromisso e assinar declaração de hipossuficiência econômica, que devem constar de cláusula específica.

Desta forma, o deferimento da gratuidade da justiça para quem recebe salário inferior ou igual a 40% do limite máximo do RGPS, depende de simples declaração de pobreza, a teor do art. 790, § 3º, da CLT e nos moldes do item I da Súmula nº 463 do TST de seguinte teor:

> TST, SUM 463 – ASSISTÊNCIA JUDICIÁRIA GRATUITA. COMPROVAÇÃO
>
> I – A partir de 26.06.2017, para a concessão da assistência judiciária gratuita à pessoa natural, basta a declaração de hipossuficiência econômica firmada pela parte ou por seu advogado, desde que munido de procuração com poderes específicos para esse fim (art. 105 do CPC de 2015);

– E se a pessoa física receber salário superior a 40% do limite máximo do RGPS, a simples declaração também é suficiente ou deve ser comprovado que ela não possui condições de arcar com as despesas do processo?

O § 4º do art. 790 da CLT, acrescentado pela Lei 13.467/2017, determina que:

> § 4º O benefício da justiça gratuita será concedido à parte que comprovar insuficiência de recursos para o pagamento das custas do processo.

Segundo a atual jurisprudência do TST, mesmo a pessoa física recebendo salário superior a 40% do limite máximo do RGPS, presume-se verdadeira e enseja a concessão dos benefícios da justiça gratuita, a declaração de pobreza firmada pela própria parte ou por seu procurador com poderes específicos, nos termos do art. 105 do CPC de 2015.

Nesse sentido, os seguintes julgados do TST:

> "I - AGRAVO DE INSTRUMENTO. RECURSO DE REVISTA. RECLAMANTE. LEI Nº 13.467/2017. TRANSCENDÊNCIA JURÍDICA. RECLAMAÇÃO TRABALHISTA INTERPOSTA NA VIGÊNCIA DA LEI Nº 13.467/2017. BENEFÍCIO DA JUSTIÇA GRATUITA. COMPROVAÇÃO DE INSUFICIÊNCIA DE RECURSOS POR SIMPLES DECLARAÇÃO. 1 - Preenchida a exigência do artigo 896, § 1º-A, inciso I, da CLT, supera-se o fundamento assentado no despacho denegatório do recurso de revista e segue-se no exame dos demais pressupostos de admissibilidade, nos termos da OJ nº 282 da SBDI-1 do TST. 2 - Deve ser reconhecida a transcendência na forma autorizada pelo art. 896-A, § 1º, IV, da CLT, quando constatada " a existência de questão nova em torno da interpretação da legislação trabalhista" . Caso em que se discute a exegese dos §§ 3º e 4º do art. 790 da CLT, pela redação dada pela Lei nº 13.467/2017, em reclamação trabalhista proposta na sua vigência. 3 - Aconselhável o provimento do agravo de instrumento para determinar o processamento do recurso de revista, em razão de provável contrariedade à Súmula nº 463, I, do TST. 4 - Agravo de instrumento a que se dá provimento. II - RECURSO DE REVISTA. RECLAMANTE. RECLAMAÇÃO TRABALHISTA INTERPOSTA NA VIGÊNCIA DA LEI Nº 13.467/2017. BENEFÍCIO DA BENEFÍCIO DA JUSTIÇA GRATUITA. COMPROVAÇÃO DE INSUFICIÊNCIA DE RECURSOS POR SIMPLES DECLARAÇÃO 1 - A Lei nº 13.467/2017 alterou a parte final do § 3º e acresceu o § 4º do art. 790 da CLT,

o qual passou a dispor que " O benefício da justiça gratuita será concedido à parte que comprovar insuficiência de recursos para o pagamento das custas do processo ". 2 - Questiona-se, após essa alteração legislativa, a forma de comprovação de insuficiência de recursos para fins de obter o benefício da justiça gratuita no âmbito do Processo do Trabalho. 3 - Embora a CLT atualmente não trate especificamente sobre a questão, a normatização processual civil, plenamente aplicável ao Processo do Trabalho, seguindo uma evolução legislativa de facilitação do acesso à Justiça em consonância com o texto constitucional de 1988, estabeleceu que se presume " verdadeira a alegação de insuficiência deduzida exclusivamente por pessoa natural ". 4 - Também quanto ao assunto, a Súmula nº 463, I, do TST, com a redação dada pela Resolução nº 219, de 28/6/2017, em consonância com o CPC de 2015, firmou a diretriz de que " para a concessão da assistência judiciária gratuita à pessoa natural, basta a declaração de hipossuficiência econômica firmada pela parte ou por seu advogado ". 5 - Nesse contexto, mantém-se no Processo do Trabalho, mesmo após a Lei nº 13.467/2017, o entendimento de que a declaração do interessado, de que não dispõe de recursos suficientes para o pagamento das custas do processo, goza de presunção relativa de veracidade e se revela suficiente para comprovação de tal condição (99, § 2º, do CPC de 2015 c/c art. 790, § 4º, da CLT). Harmoniza-se esse entendimento com o princípio da inafastabilidade da jurisdição (art. 5º, XXXV, da Constituição Federal). 6 - De tal sorte, havendo o reclamante prestado declaração de hipossuficiência e postulado benefício de justiça gratuita, à míngua de prova em sentido contrário, reputa-se demonstrada a insuficiência de recursos a que alude o art. 790, § 4º, da CLT. 7 - Recurso de revista a que se dá provimento" (RR-149-80.2018.5.08.0013, 6ª Turma, Relatora Ministra Katia Magalhaes Arruda, DEJT 14/08/2020).

"AGRAVO DE INSTRUMENTO EM RECURSO DE REVISTA. 1. (...) 2. JUSTIÇA GRATUITA. O Tribunal de origem consignou que " a percepção de remuneração acima de 40% do limite máximo dos benefícios do Regime Geral de Previdência Social, não constitui óbice ao deferimento da gratuidade da justiça, pois o § 4º do art. 790 da CLT prevê que o benefício da Justiça Gratuita será concedido à parte que comprovar a insuficiência de recursos". E, nesse aspecto, o Regional solucionou a controvérsia em sintonia com a jurisprudência desta Corte, por sua Súmula nº 463, I, do TST, segundo a qual, para a pessoa natural, a declaração de hipossuficiência econômica firmada pela parte ou pelo advogado é bastante para a comprovação da impossibilidade de a parte arcar com as despesas do processo, caso dos autos. Agravo de instrumento conhecido e não provido" (AIRR-1685-87.2017.5.19.0003, 8ª Turma, Relatora Ministra Dora Maria da Costa, DEJT 25/10/2019).

"RECURSO ORDINÁRIO EM MANDADO DE SEGURANÇA INTERPOSTO NA VIGÊNCIA DA LEI Nº 13.467/2017, PELO LITISCONSORTE PASSIVO. 1. PRELIMINAR. PEDIDO DE GRATUIDADE DE JUSTIÇA PELO RECORRENTE NA FORMA DO ART. 99, § 7º, DO CPC. CUMPRIMENTO DOS REQUISITOS PARA A CONCESSÃO. DEFERIMENTO. I. A Lei nº 13.467/17 alterou a redação do § 3º e incluiu o § 4º no art. 790 da Consolidação das Leis do Trabalho, exigindo-se, para a concessão do benefício da justiça gratuita, que a parte perceba salário equivalente a até 40% do maior benefício do Regime Geral de Previdência Social ou que comprove insuficiência de recursos para o pagamento das custas processuais. A referida disposição, à luz do que preconiza o art. 1º da Lei nº 7.115/83, bem como da previsão contida nos arts. 99, § 3º , e 105 do Código de Processo Civil de 2015 c/c o art. 769 da Consolidação das Leis do Trabalho, revela a presunção juris tantum de veracidade da declaração de hipossuficiência financeira para arcar com as despesas processuais, firmada por pessoa física ou por advogado com poderes para esse fim. II. No caso dos autos, o litisconsorte passivo requer, preliminarmente, nas razões de seu recurso ordinário, a concessão do benefício da justiça gratuita, consoante dispõe o art. 99, § 7º, do CPC. Afirma estar desempregado e anexa declaração de pobreza por ele próprio firmada, em que assevera, "sob as penas da lei" e nos termos do art. 1º, da Lei 7.115/83, estar impossibilitado de arcar com os custos do processo sem prejuízo de seu sustento e de sua família. Não há, na CTPS apresentada nestes autos, anotações de vínculos empregatícios posteriores ao ajuizamento desta ação, bem como não houve impugnação pela parte adversa. III. O cotejo dos elementos dos autos permite concluir pela efetiva incapacidade do requerente em arcar com os custos processuais, e inexistem dados que infirmem as declarações prestadas, razão pela qual, considerando preenchido o requisito do § 4º do art.

790 da Consolidação das Leis do Trabalho, conclui-se pelo deferimento do pedido de concessão do benefício da justiça gratuita. IV. Pedido deferido. 2. (...) (RO-6310-53.2018.5.15.0000, Subseção II Especializada em Dissídios Individuais, Relator Ministro Evandro Pereira Valadão Lopes, DEJT 25/10/2019).

"(...) II - RECURSO DE REVISTA. ASSISTÊNCIA JUDICIÁRIA GRATUITA. DECLARAÇÃO DE HIPOSSUFICIÊNCIA. RECLAMAÇÃO TRABALHISTA AJUIZADA NA VIGÊNCIA DA LEI Nº 13.467/2017. COMPROVAÇÃO DO ESTADO DE MISERABILIDADE MEDIANTE DECLARAÇÃO PROFERIDA POR PESSOA NATURAL. Cinge-se a controvérsia a se saber se é necessária a comprovação do estado de miserabilidade no processo do trabalho para fins de concessão dos benefícios da assistência judiciária gratuita. A Lei nº 1.060/50, que estabelecia as normas para a concessão de assistência judiciária gratuita aos necessitados, previa no parágrafo único do art. 2º que "Considera-se necessitado, para os fins legais, todo aquele cuja situação econômica não lhe permita pagar as custas do processo e os honorários de advogado, sem prejuízo do sustento próprio ou da família." Por sua vez, o art. 4º estabelecia como requisito para concessão da gratuidade de justiça que "A parte gozará dos benefícios da assistência judiciária, mediante simples afirmação, na própria petição inicial, de que não está em condições de pagar as custas do processo e os honorários de advogado, sem prejuízo próprio ou de sua família". Dessa disposição, as partes começaram a apresentar nos autos a declaração de hipossuficiência. O art. 5º da referida lei dispunha expressamente que "O juiz, se não tiver fundadas razões para indeferir o pedido, deverá julgá-lo de plano, motivando ou não o deferimento dentro do prazo de setenta e duas horas." Portanto, surgiu para as partes requerentes do benefício da gratuidade da justiça a presunção de veracidade da declaração de hipossuficiência. A jurisprudência do TST havia se consolidado no sentido de que, para a concessão da assistência judiciária gratuita à pessoa natural, bastava a declaração de hipossuficiência econômica firmada pela parte ou por seu advogado. Na mesma linha, o art. 99 do CPC/2015, revogando as disposições da Lei nº 1.060/50 sobre gratuidade de justiça, trouxe em seu § 3º que "Presume-se verdadeira a alegação de insuficiência deduzida exclusivamente por pessoa natural". Nesse sentido, após a entrada em vigor do

Código de Processo Civil de 2015, o TST converteu a Orientação Jurisprudencial nº 304 da SBDI-1 na Súmula nº 463. Logo, para a pessoa natural requerer os benefícios da justiça gratuita bastava a juntada de declaração de hipossuficiência, sendo ônus da parte adversa comprovar que o requerente não se enquadrava em nenhuma das situações de miserabilidade. No caso de pedido formulado pelo advogado da parte, este deveria ter procuração com poderes específicos para este fim. No entanto, em 11/11/2017, entrou em vigor a Lei nº 13.467/2017 (Reforma Trabalhista), que inseriu o parágrafo 4º ao art. 790 da CLT. Dessa forma, as ações ajuizadas a partir da entrada em vigor da reforma trabalhista estão submetidas ao que dispõe o § 4º do art. 790 da CLT, que exige a comprovação, pela parte requerente, da insuficiência de recursos para a concessão dos benefícios da justiça gratuita. Sem dúvida, o referido dispositivo inaugurou uma condição menos favorável à pessoa natural do que aquela prevista no Código de Processo Civil. No entanto, em se tratando de norma específica que rege o Processo do Trabalho, não há espaço, a priori, para se utilizar somente as disposições do CPC. Logo, o referido dispositivo implicaria, no ponto de vista do trabalhador, um retrocesso social, dificultando o acesso deste ao Poder Judiciário. Assim, a par da questão da constitucionalidade ou não do § 4º do art. 790 da CLT, a aplicação do referido dispositivo não pode ocorrer isoladamente, mas sim deve ser interpretado sistematicamente com as demais normas, quer aquelas constantes na própria CLT, quer aquelas previstas na Constituição Federal e no Código de Processo Civil. Dessa forma, à luz do que dispõe o próprio § 3º do art. 790 da CLT c/c com os arts. 15 e 99, § 3º, do CPC, entende-se que a comprovação a que alude o § 4º do art. 790 da CLT pode ser feita mediante a simples declaração da parte, a fim de viabilizar o pleno acesso do trabalhador ao Poder Judiciário, dando, assim, cumprimento ao art. 5º, XXXV e LXXIV da Constituição Federal. Isso porque não se pode atribuir ao trabalhador que postula, junto a esta Especializada, uma condição menos favorável àquela destinada aos cidadãos comuns que litigam na justiça comum, sob pena de afronta ao princípio da isonomia, previsto no caput do art. 5º da CF. Não conceder à autora, no caso dos autos, os benefícios da gratuidade de justiça, é o mesmo que impedir o amplo acesso ao Poder Judiciário (art. 5º, XXXV, da CF) e discriminar o trabalhador em relação às pessoas naturais que litigam na justiça comum (art. 5º,

> caput , da CF). Recurso de revista conhecido por contrariedade à Súmula 463, I, do TST e provido" (RR-893-70.2018.5.13.0002, 3ª Turma, Relator Ministro Alexandre de Souza Agra Belmonte, DEJT 25/10/2019).

Ainda, o TST ao analisar um processo ajuizado antes da reforma trabalhista do ano de 2017 (11.11.2017), entendeu que mesmo o empregado recebendo salário bastante elevado, no caso, superior a R$ 40.000,00, basta a simples declaração de pobreza deste empregado para fazer jus ao benefício, cabendo à empresa comprovar o contrário.

> Informativo 171 do TST – JUSTIÇA GRATUITA. DECLARAÇÃO DE POBREZA. PRESUNÇÃO RELATIVA DE VERACIDADE NÃO ELIDIDA PELO FATO DE O RECLAMANTE TER PERCEBIDO SALÁRIO BASTANTE ELEVADO. O fato de o reclamante ter percebido salário bastante elevado, superior a R$ 40.000,00 (quarenta mil reais), e de a rescisão do contrato de trabalho ter ocorrido dias antes do ajuizamento da reclamação trabalhista não são suficientes para elidir a presunção de veracidade da declaração de pobreza por ele firmada. Sob esse fundamento, a SBDI-I, por maioria, conheceu de recurso de embargos por contrariedade à Orientação Jurisprudencial nº 304 da SBDI-I (atualmente incorporada ao item I da Súmula nº 463 do TST) e, no mérito, deu-lhe provimento para restabelecer a sentença quanto aos benefícios da justiça gratuita e ao pagamento de honorários advocatícios. Vencidos os Ministros João Oreste Dalazen e Renato de Lacerda Paiva. TST-E-ARR-464-35.2015.5.03.0181, SBDI-I, rel. Min. Hugo Carlos Scheuermann, 8.2.2018

> EMENTA OFICIAL – RECURSO DE EMBARGOS EM RECURSO DE REVISTA. INTERPOSIÇÃO SOB A ÉGIDE DA LEI 13.015/2014. JUSTIÇA GRATUITA. DECLARAÇÃO DE POBREZA. PRESUNÇÃO RELATIVA DE VERACIDADE NÃO ELIDIDA POR PROVA EM SENTIDO CONTRÁRIO. 1. O deferimento da gratuidade da justiça depende de simples declaração de pobreza, a teor do art. 790, § 3º, da CLT e nos moldes da OJ 304/SDI-I/TST ("Atendidos os requisitos da Lei nº 5.584/70 (art. 14, § 2º), para a concessão da assistência judiciária, basta a simples afirmação do declarante ou de seu advogado, na petição inicial, para

> se considerar configurada a sua situação econômica (art. 4º, § 1º, da Lei nº 7.510/86, que deu nova redação à Lei nº 1.060/50)"). 2. E a referida declaração, apresentada pelo reclamante, goza de presunção relativa de veracidade, não restando elidida, no caso, por prova em sentido contrário. 3. Com efeito, a percepção de remuneração superior a R$ 40.000,00 (quarenta mil reais) não é suficiente a demonstrar que o reclamante está em situação econômica que lhe permite demandar sem prejuízo do próprio sustento ou da respectiva família. Recurso de embargos conhecido e provido. PROCESSO Nº TST-E-ARR-464-35.2015.5.03.0181.

Esse entendimento está de acordo com o § 3º do art. 99 do CPC, veja:

> § 3º Presume-se verdadeira a alegação de insuficiência deduzida exclusivamente por pessoa natural.

– Hamilton, a parte estar representada por advogado particular impede a concessão do benefício da justiça gratuita?

O § 4º do art. 99 do CPC determina que a assistência do requerente por advogado particular não impede a concessão de gratuidade da justiça.

– O benefício da justiça gratuita se estende ao litisconsorte?

O direito à gratuidade da justiça é pessoal, não se estendendo a litisconsorte ou a sucessor do beneficiário, salvo requerimento e deferimento expressos, conforme § 6º do art. 99 do CPC, aplicado subsidiariamente ao Processo do Trabalho.

3. JUSTIÇA GRATUITA PARA PESSOA JURÍDICA

A pessoa jurídica também pode ser beneficiária da justiça gratuita.

– Para ela também é necessária a simples declaração, Hamilton?

No caso da pessoa jurídica, não basta a mera declaração, é necessária a demonstração cabal de impossibilidade de a parte arcar com as despesas do processo (TST, SUM 463, II). Ainda, o STJ por meio da Súmula nº 481, entende que faz jus ao benefício da justiça gratuita a pessoa jurídica com ou sem fins lucrativos que demonstrar sua impossibilidade de arcar com os encargos processuais.

4. MOMENTO PARA SOLICITAR O BENEFÍCIO DA JUSTIÇA GRATUITA

– Qual é o momento em que deverá ser formulado o pedido de justiça gratuita?

O benefício da justiça gratuita pode ser requerido em qualquer tempo ou grau de jurisdição (Vara do Trabalho, Tribunal Regional do Trabalho ou Tribunal Superior do Trabalho), desde que, na fase recursal, seja o requerimento formulado no prazo alusivo ao recurso (TST, OJ nº 269, I da SDI-1), ou seja, nunca após o prazo de 8 dias[2].

> TST, OJ 269 da SDI-1 – I – O benefício da justiça gratuita pode ser requerido em qualquer tempo ou grau de jurisdição, desde que, na fase recursal, seja o requerimento formulado no prazo alusivo ao recurso;
>
> CPC, Art. 99. O pedido de gratuidade da justiça pode ser formulado na petição inicial, na contestação, na petição para ingresso de terceiro no processo ou em recurso.

O item II da OJ nº 269 da SDI-1 foi acrescentado face o princípio da primazia do julgamento do mérito previsto no CPC em seu art. 4º, de seguinte teor:

> CPC, art. 4º As partes têm o direito de obter em prazo razoável a solução integral do mérito, incluída a atividade satisfativa.

2. Lei 5.584/70 – Art. 6º – Será de 8 (oito) dias o prazo para interpor e contra-arrazoar qualquer recurso (CLT, art. 893).

Desta forma, se indeferido o requerimento de justiça gratuita formulado na fase recursal, cumpre ao relator fixar prazo para que o recorrente efetue o preparo (art. 99, § 7º, do CPC de 2015).

> TST, OJ 269 da SDI-1 – II – Indeferido o requerimento de justiça gratuita formulado na fase recursal, cumpre ao relator fixar prazo para que o recorrente efetue o preparo (art. 99, § 7º, do CPC de 2015).

5. CONCESSÃO DE OFÍCIO DO BENEFÍCIO DA JUSTIÇA GRATUITA

– O juiz poderá conceder de ofício o benefício da assistência judiciária gratuita?

Diz o § 3º do art. 790 da CLT, modificado pela Lei nº 13.467/2017:

> CLT, art. 790 – [...]
>
> § 3º É facultado aos juízes, órgãos julgadores e presidentes dos tribunais do trabalho de qualquer instância conceder, a requerimento ou de ofício, o benefício da justiça gratuita, inclusive quanto a traslados e instrumentos, àqueles que perceberem salário igual ou inferior a 40% (quarenta por cento) do limite máximo dos benefícios do Regime Geral de Previdência Social.

Sendo assim, o juiz pode conceder de ofício o benefício a aqueles que perceberem salário igual ou inferior a 40% (quarenta por cento) do limite máximo dos benefícios do Regime Geral de Previdência Social.

6. INDEFERIMENTO DO BENEFÍCIO DA JUSTIÇA GRATUITA

– Quando o juiz vai indeferir o benefício da justiça gratuita?

O benefício da justiça gratuita poderá ser indeferido quando não houver nos autos elementos que evidenciem a falta dos pressupostos legais para a sua concessão. Contudo, para tanto, antes de indeferir, ele deverá dar chance para a parte comprovar que preenche os pressupostos, respeitando assim, os princípios da cooperação e do contraditório, conforme preconiza o § 2º do art. 99 do CPC.

7. ABRANGÊNCIA DO BENEFÍCIO NO PROCESSO DO TRABALHO

7.1. Introdução

A pessoa natural ou jurídica com insuficiência de recursos para pagar as custas, as despesas processuais e os honorários advocatícios, tem direito à gratuidade da justiça, na forma da lei que compreende:

> I – as taxas ou as custas judiciais;
>
> II – os selos postais;
>
> III – as despesas com publicação na imprensa oficial, dispensando-se a publicação em outros meios;
>
> IV – a indenização devida à testemunha que, quando empregada, receberá do empregador salário integral, como se em serviço estivesse;
>
> V – as despesas com a realização de exame essenciais;
>
> VI – o custo com a elaboração de memória de cálculo, quando exigida para instauração da execução;
>
> VII – os emolumentos devidos a notários ou registradores em decorrência da prática de registro, averbação ou qualquer outro ato notarial necessário à efetivação de decisão judicial ou à continuidade de processo judicial no qual o benefício tenha sido concedido.

Além desses:

7.2. Honorários periciais

– O beneficiário da justiça gratuita paga os honorários do perito judicial?

O art. 790-B da CLT, entende que a responsabilidade pelo pagamento dos honorários periciais é da parte sucumbente na pretensão objeto da perícia, ainda que beneficiária da justiça gratuita.

Assim, se a parte ganhar algum valor no processo, porém, foi sucumbente no objeto da perícia, ela vai ter que pagar os honorários periciais.

– Mas se ela não ganhou nenhum valor ou o valor que ela ganhou não é suficiente para pagar os honorários periciais?

Nesses casos, a União vai arcar com as custas dos honorários periciais. Veja o que diz o § 4º do art. 790-B da CLT:

> § 4º – Somente no caso em que o beneficiário da justiça gratuita não tenha obtido em juízo créditos capazes de suportar a despesa referida no caput, ainda que em outro processo, a União responderá pelo encargo.

7.3. Honorários de sucumbência

A reforma trabalhista do ano de 2017 (Lei 13.467/2017) passou a regular a condenação em honorários de sucumbência pelo art. 791-A da CLT. Desta forma, a parte vencida deverá pagar honorários ao advogado do vencedor. Nesse sentido:

> CLT, Art. 791-A. Ao advogado, ainda que atue em causa própria, serão devidos honorários de sucumbência, fixados entre o mínimo de 5% (cinco por cento) e o máximo de 15% (quinze por cento) sobre o valor que resultar da liquidação da sentença, do proveito econômico obtido ou, não sendo possível mensurá-lo, sobre o valor atualizado da causa.

Não podemos confundir honorários contratuais com honorários de sucumbência. Os honorários contratuais deverão ser pagos pela parte que contratou o advogado, conforme firmado no contrato de honorários de prestação de serviços jurídicos. Já os honorários de sucumbência, são fixados pelo juiz da causa em benefício do advogado da parte vencedora do processo, e serão pagos pela parte vencida.

Se ocorrer sucumbência parcial (ambos venceram parte do processo), não será possível haver compensação de honorários. Nesse sentido o § 3º do art. 791-A da CLT.

> § 3º – Na hipótese de procedência parcial, o juízo arbitrará honorários de sucumbência recíproca, vedada a compensação entre os honorários.

– Se a parte for beneficiária da justiça gratuita ela vai pagar honorários de sucumbência?

Se a parte for beneficiário da justiça gratuita e não possuir créditos capazes de suportar a despesa, as obrigações decorrentes de sua sucumbência ficarão sob condição suspensiva de exigibilidade e somente poderão ser executadas se nos dois anos subsequentes ao trânsito em julgado da decisão que as certificou, o credor demonstrar que deixou de existir a situação de insuficiência de recursos que justificou a concessão de gratuidade ou que o reclamante recebeu créditos em outro processo, conforme determinado pelo § 4º do art. 791-A da CLT.

> CLT, art. 791-A [...]
>
> § 4º Vencido o beneficiário da justiça gratuita, desde que não tenha obtido em juízo, ainda que em outro processo, créditos capazes de suportar a despesa, as obrigações decorrentes de sua sucumbência ficarão sob condição suspensiva de exigibilidade e somente poderão ser executadas se, nos dois anos subsequentes ao trânsito em julgado da decisão que as certificou, o credor demonstrar que deixou de existir a situação de insuficiência de recursos que justificou a concessão de gratuidade, extinguindo-se, passado esse prazo, tais obrigações do beneficiário

Segue abaixo o exemplo utilizado por José Afonso Dallegrave Neto[3] para melhor compreensão do tema:

3. NETO, José Afonso Dallegrave. Responsabilidade Civil no Direito do Trabalho. 6. ed. São Paulo, 2017, p. 262.

"Imagine-se, por exemplo, um trabalhador que ingressa na Justiça do Trabalho por ter adquirido doença que lhe causou perda laboral total. Segundo ele e a opinião de seu médico particular a incapacidade tinha nexo com a execução do seu trabalho. Após intenso debate, produção de prova documental, testemunhal e pericial o juiz acolhe o pedido e defere indenização por dano moral de R$ 30.000,00, mais pensionamento equivalente a R$ 170.000,00, e honorários advocatícios de 10%. Além disso, o Reclamante também ganha R$ 10.000,00 referente a diferenças salariais de equiparação salarial. O Reclamado recorre e, por maioria de votos, a Turma reforma a decisão. Julga improcedente o pedido acidentário e mantém o da equiparação. Ora, neste caso, mesmo com o êxito no pedido de diferenças salariais, o trabalhador terá um saldo negativo em seu processo. Apesar de ganhar R$ 11.000,00 (R$ 10.000,00 + 10% de honorários), terá que pagar R$ 20.000,00 ao Reclamado relativo aos honorários de sucumbência do pleito reformado (10% sobre: R$ 170.000,00 + R$ 30.000,00). Moral da história, o trabalhador ganhou equiparação e mesmo assim sairá devendo R$ 9.000,00 para a empresa".

O TST, em algumas oportunidades, já se manifestou pela legitimidade e constitucionalidade do § 4º do art. 791-A da CLT, vejamos:

"I - AGRAVO DE INSTRUMENTO EM RECURSO DE REVISTA REGIDO PELAS LEIS 13.015/2014 E 13.467/2017. TRANSCENDÊNCIA JURÍDICA. CONFIGURAÇÃO. HONORÁRIOS ADVOCATÍCIOS SUCUMBENCIAIS. RECLAMANTE BENEFICIÁRIO DA JUSTIÇA GRATUITA. ART. 791-A, CAPUT E §4º, da CLT. Caracterizada a existência de transcendência jurídica, em razão da aplicação do art. 791-A, §4º, da CLT, dá-se provimento ao agravo de instrumento para determinar o prosseguimento do recurso de revista. Agravo de instrumento provido. II – RECURSO DE REVISTA REGIDO PELAS LEIS 13.015/2014 E 13.467/2017. TRANSCENDÊNCIA JURÍDICA. CONFIGURAÇÃO. HONORÁRIOS ADVOCATÍCIOS SUCUMBENCIAIS. RECLAMANTE BENEFICIÁRIO DA JUSTIÇA GRATUITA. ART. 791-A, CAPUT E § 4º, da CLT. O Tribunal Regional condenou o Reclamante ao pagamento de honorários advocatícios sucumbenciais, em conformidade com o art. 791-A, § 4º, da CLT, com a redação dada pela Lei 13.467/2017. A ação foi proposta em

06/06/2019, portanto, após a vigência da Lei 13.467/2017, sujeitando-se à disciplina da referida legislação, notadamente o artigo 791-A, § 4º, da CLT, conforme art. 6º da Instrução Normativa 41/2018 elaborada por esta Corte Superior. Por essas razões, embora reconhecida a transcendência jurídica da causa, verifica-se que a decisão Regional foi proferida em sintonia com a legislação trabalhista e o entendimento contido na Instrução Normativa do TST, não desafiando reforma. Recurso de revista não conhecido" (RR-10665-64.2019.5.03.0143, 5ª Turma, Relator Ministro Douglas Alencar Rodrigues, DEJT 14/08/2020).

"RECURSO DE REVISTA DA AUTORA – CONDENAÇÃO DA BENEFICIÁRIA DA JUSTIÇA GRATUITA AO PAGAMENTO DE HONORÁRIOS ADVOCATÍCIOS SUCUMBENCIAIS – COMPATIBILIDADE DO ART. 791-A, § 4º, DA CLT COM O ART. 5º, CAPUT, XXXV, LIV e LV, DA CF – TRANSCENDÊNCIA JURÍDICA RECONHECIDA. 1. Nos termos do art. 896-A, § 1º, IV, da CLT, constitui transcendência jurídica da causa a existência de questão nova em torno da interpretação da legislação trabalhista. 2. In casu, o debate jurídico que emerge do presente processo diz respeito à compatibilidade do § 4º do art. 791-A da CLT, introduzido pela Lei 13.467/17, que determina o pagamento de honorários advocatícios pelo beneficiário da justiça gratuita, quando sucumbente e tenha obtido em juízo, neste ou em outro processo, créditos capazes de suportar a despesa, frente aos princípios da isonomia, da ampla defesa, do devido processo legal e da inafastabilidade da jurisdição, esculpidos no caput e nos incisos XXXV, LIV e LV, do art. 5º da Constituição Federal, questão que, inclusive, encontra-se pendente de análise pela Suprema Corte em sede de controle concentrado de constitucionalidade (ADI 5.766-DF, Rel. Min. Roberto Barroso). 3. Conforme se extrai do acórdão recorrido, a Autora, que litiga sob o pálio da justiça gratuita, foi condenada ao pagamento de honorários advocatícios sucumbenciais em benefício da Reclamada, no percentual de 5% sobre o valor atualizado da causa, o que representa a quantia de R$ 12.513,70, passível de atualização. 4. Como é cediço, a Reforma Trabalhista, promovida pela Lei 13.467/17, ensejou diversas alterações no campo do Direito Processual do Trabalho, a fim de tornar o processo laboral mais racional, simplificado, célere e, principalmente, responsável, sendo essa última característica marcante, visando coibir as denominadas "aventuras judiciais", calcadas na facilidade de se acionar a Justiça, sem nenhum ônus ou responsabilização por postulações carentes de embasamento fático. 5. Não se pode perder de vista o crescente volume de processos ajuizados nesta Justiça Especializada, muitos com extenso rol de pedidos, apesar dos esforços empreendidos pelo TST para redução de estoque e do tempo de tramitação dos processos. 6. Nesse contexto foram inseridos os §§ 3º e 4º no art. 791-A da CLT pela Lei 13.467/17, responsabilizando-se a parte sucumbente, seja a autora ou a demandada, pelo pagamento dos honorários advocatícios, ainda que beneficiária da justiça gratuita, o que reflete a intenção do legislador de desestimular lides temerárias, conferindo tratamento isonômico aos litigantes. Tanto é que o § 5º do art. 791-A da CLT expressamente dispôs acerca do pagamento da verba honorária na reconvenção. Isso porque, apenas se tiver créditos judiciais a receber é que terá de arcar com os honorários se fizer jus à gratuidade da justiça, pois nesse caso já não poderá escudar-se em pretensa insuficiência econômica. 7. Percebe-se, portanto, que o art. 791-A, § 4º, da CLT não colide com o art. 5º, caput, XXXV, LIV e LV da CF, ao revés, busca preservar a jurisdição em sua essência, como instrumento responsável e consciente de tutela de direitos elementares do ser humano trabalhador, indispensáveis à sua sobrevivência e à da família. 8. Ainda, convém ressaltar não ser verdadeira a assertiva de que a imposição de pagamento de honorários de advogado àquele que se declara pobre na forma da lei implica desvio de finalidade da norma, onerando os que necessitam de proteção legal, máxime porque no próprio § 4º do art. 791-A da CLT se visualiza a preocupação do legislador com o estado de hipossuficiência financeira da parte vencida, ao exigir o pagamento da verba honorária apenas no caso de existência de crédito em juízo, em favor do beneficiário da justiça gratuita, neste ou em outro processo, capaz de suportar a despesa que lhe está sendo imputada, situação, prima facie , apta a modificar a sua capacidade financeira, até então de miserabilidade, que justificava a concessão de gratuidade, prestigiando, de um lado, o processo responsável, e desestimulando, de outro, a litigância descompromissada. 9. Por todo o exposto, não merece reforma o acórdão regional que manteve a imposição de pagamento de honorários advocatícios à Autora sucumbente, restando incólumes os dispositivos constitucionais apontados como violados na revista. Recurso de revista não conhecido" (RR-1002144-59.2017.5.02.0322, 4ª Turma, Relator Ministro Ives Gandra Martins Filho, DEJT 14/08/2020).

"AGRAVO DE INSTRUMENTO DA RECLAMANTE. RECURSO INTERPOSTO NA VIGÊNCIA DA LEI N.º 13.467/2017. REPOUSO SEMANAL REMUNERADO. RECURSO DE REVISTA DESFUNDAMENTADO. INCIDÊNCIA DA SÚMULA Nº 422, I. TRANSCENDÊNCIA. NÃO CONFIGURAÇÃO. NÃO PROVIMENTO. O item I da Súmula nº 422 preconiza que não será conhecido o recurso para esta Corte Superior quando as razões do recorrente não impugnarem os fundamentos da decisão recorrida. Na hipótese vertente, o egrégio Tribunal Regional negou provimento ao recurso ordinário da reclamante quanto à questão do repouso semanal remunerado, porquanto ele não impugnou em seu apelo os fundamentos da r. sentença (Súmula nº 422). Ao interpor recurso de revista, por sua vez, a reclamante não impugnou o óbice processual aplicado pela egrégia Corte Regional, visto que se limitou a tratar do mérito propriamente dito a respeito do repouso semanal remunerado, o que atrai novamente a incidência do item I da Súmula nº 422. A ausência do aludido pressuposto processual é suficiente para afastar a transcendência da causa, uma vez que inviabilizará a análise da questão controvertida no recurso de revista e, por conseguinte, não serão produzidos os reflexos gerais, nos termos previstos no § 1º do artigo 896-A da CLT. Agravo de instrumento a que se nega provimento. MULTA PREVISTA NO ARTIGO 477, § 8º, DA CLT. SÚMULA Nº 126. TRANSCENDÊNCIA. NÃO CONFIGURAÇÃO. NÃO PROVIMENTO. Conforme preconiza a Súmula n º 126, o reexame de fatos e provas é vedado a esta colenda Corte Superior quando se trata de apelo de natureza extraordinária, como é o caso do recurso de revista. Na hipótese vertente, o egrégio Tribunal Regional entendeu que não é aplicável a multa prevista no artigo 477, § 8º, da CLT, porquanto a prova documental demonstrou que as verbas rescisórias foram pagas devidamente no prazo legal. Para divergir desse entendimento, seria necessário o reexame do conjunto fático-probatório produzido no processo, o que não está ao alcance desta colenda Corte Superior em virtude do óbice previsto na Súmula n º 126. A incidência do aludido óbice processual é suficiente para afastar a transcendência da causa, uma vez que inviabilizará a análise da questão controvertida no recurso de revista e, por conseguinte, não serão produzidos os reflexos gerais, nos termos previstos no § 1º do artigo 896-A da CLT. Agravo de instrumento a que se nega provimento. RECURSO DE REVISTA DA RECLAMANTE. INTERPOSTO NA VIGÊNCIA DA LEI Nº 13.467/2017. TRANSCENDÊNCIA. Considerando a existência de questão nova em torno da interpretação da legislação trabalhista, em razão do tratamento conferido pela Lei nº 13.467/17 aos honorários advocatícios sucumbenciais, verifica-se a transcendência jurídica, nos termos do artigo 896-A, § 1º, IV, da CLT. HONORÁRIOS ADVOCATÍCIOS SUCUMBENCIAIS. AÇÃO PROPOSTA APÓS A VIGÊNCIA DA LEI Nº 13.467/17. INSTRUÇÃO NORMATIVA Nº 41/2018 DO TST. NÃO CONHECIMENTO. De acordo com o artigo 6º da Instrução Normativa nº 41/2018 desta colenda Corte Superior, que dispõe acerca da aplicação das normas processuais atinentes à Lei nº 13.467/2017, a nova redação do artigo 791-A da CLT, e seus parágrafos, deve ser aplicada, tão somente, aos processos iniciados após 11/11/2017. Assim, tendo sido ajuizada a presente ação em 04.05.2018, ou seja, após a vigência da Lei nº 13.467/2017, prevalece a condenação em honorários advocatícios sucumbenciais, na forma do artigo 791-A, § 4º, da CLT. Nos termos do citado dispositivo, só será exigido do beneficiário da justiça gratuita o pagamento de honorários advocatícios sucumbenciais na hipótese de ele ter obtido em juízo, neste ou em outro processo, créditos capazes de suportar a despesa. Caso contrário, as obrigações decorrentes da sucumbência ficarão sob condição suspensiva de exigibilidade por dois anos subsequentes ao trânsito em julgado, extinguindo-se após o transcurso desse prazo. Com efeito, os ditames preconizados no artigo 791-A, § 4º, da CLT traduzem, na verdade, a pretensão do legislador no sentido de restabelecer o equilíbrio processual e a isonomia entre as partes, a celeridade e a simplificação da prestação jurisdicional, promovendo, ainda, o desestímulo à litigância temerária. Precedentes. Ao condenar, portanto, a reclamante ao pagamento de honorários advocatícios, o egrégio Tribunal Regional proferiu decisão em consonância com a legislação que rege a matéria, bem como com a Instrução Normativa nº 41/2018 desta Corte Superior. Recurso de revista de que não se conhece" (ARR-1000506-06.2018.5.02.0435, 4ª Turma, Relator Ministro Guilherme Augusto Caputo Bastos, DEJT 07/08/2020).

7.4. Preparo dos recursos

O preparo previsto em lei para interposição de recurso, não será exigido do beneficiário da justiça gratuita, ou seja, o recorrente beneficiário da justiça gratuita não precisará pagar:

A) Custas conforme art. 790-A da CLT;

> CLT, Art. 790-A. São isentos do pagamento de custas, além dos beneficiários de justiça gratuita:

B) Depósito Recursal conforme §10 do art. 899 da CLT.

> CLT, art. 899- [...]
>
> § 10. São isentos do depósito recursal os beneficiários da justiça gratuita, as entidades filantrópicas e as empresas em recuperação judicial.

8. NÃO ABRANGÊNCIA

8.1. Arquivamento da ação por ausência na audiência inaugural e pagamento de custas

Se o reclamante faltar a audiência inaugural, ele será condenado a apagar custas nos termos do art. 789 da CLT (regra: custas são equivalentes a 2% do valor dado a causa).

– Mas se ele for beneficiário da justiça gratuita, ele ficará isento de pagar essas custas?

Não. Mesmo sendo beneficiário da justiça gratuita ele deve pagar às custas do processo, ficando isento apenas se no prazo de 15 dias, comprovar em petição dirigida ao juízo da causa, o motivo legalmente justificável de sua ausência. Nesse sentido o §2º do art. 844 da CLT, veja:

> §2º – Na hipótese de ausência do reclamante, este será condenado ao pagamento das custas calculadas na forma do art. 789 desta Consolidação, ainda que beneficiário da justiça gratuita, salvo se comprovar, no prazo de quinze dias, que a ausência ocorreu por motivo legalmente justificável.

– O TST concorda com esse entendimento?

Sim. Veja os julgados abaixo:

> "RECURSO DE REVISTA - ARQUIVAMENTO DA RECLAMAÇÃO TRABALHISTA - AUSÊNCIA INJUSTIFICADA DO RECLAMANTE NA AUDIÊNCIA - CONDENAÇÃO DE BENEFICIÁRIO DA JUSTIÇA GRATUITA AO PAGAMENTO DE CUSTAS PROCESSUAIS - COMPATIBILIDADE DO ART. 844, § 2º, DA CLT COM O ART. 5º, CAPUT, XXXV, LIV, LV E LXXIV, DA CF - TRANSCENDÊNCIA JURÍDICA RECONHECIDA. 1. Nos termos do art. 896-A, § 1º, IV, da CLT, constitui transcendência jurídica da causa a existência de questão nova em torno da interpretação da legislação trabalhista ainda não solvida pelo TST. 2. In casu , o debate jurídico que emerge da presente causa diz respeito à compatibilidade dos §§ 2º e 3º do art. 844 da CLT, introduzidos pela Lei 13.467/17, que determinam o pagamento de custas processuais pelo demandante, em casos de arquivamento da reclamação por ausência injustificada do autor na audiência, ainda que beneficiário da justiça gratuita, frente aos princípios da isonomia, do amplo acesso à jurisdição, do devido processo legal, do contraditório, da ampla defesa , e da assistência jurídica integral e gratuita aos que comprovarem a insuficiência de recursos, esculpidos no caput e nos incisos XXXV, LIV, LV e LXXIV, do art. 5º da CF, questão que, inclusive, encontra-se pendente de análise pela Suprema Corte em sede de controle concentrado de constitucionalidade (ADI 5.766-DF, Rel. Min. Roberto Barroso). 3. Conforme se extrai do acórdão recorrido, o Autor, que litiga sob o pálio da justiça gratuita, além de não ter comparecido na audiência, não apresentou justificativa para a sua ausência, o que ensejou a sua condenação ao pagamento de custas processuais no importe de R$ 1.960,00 (mil, novecentos e sessenta reais). 4. Como é cediço, a Reforma Trabalhista, promovida pela Lei 13.467/17, ensejou diversas alterações no campo do Direito Processual do Trabalho, a fim de tornar o processo laboral mais racional, simplificado, célere e, principalmente, responsável, sendo essa última característica marcante, visando coibir as denominadas "aventuras judiciais", calcadas na facilidade de se acionar a Justiça, sem nenhum ônus ou responsabilização por postulações carentes

de embasamento fático. 5. Não se pode perder de vista o crescente volume de processos ajuizados nesta Justiça Especializada, muitos com extenso rol de pedidos, apesar dos esforços empreendidos pelo TST para redução de estoque e do tempo de tramitação dos processos. 6. Nesse contexto, foram inseridos os §§ 2º e 3º no art. 844 da CLT pela Lei 13.467/17, responsabilizando-se o empregado, ainda que beneficiário da justiça gratuita, por acionar a máquina judicial de forma irresponsável, até porque, no atual cenário de crise econômica, por vezes a reclamada é hipossuficiente, assumindo despesas não só com advogado, mas também com deslocamento inútil, para ver a sua audiência frustrada pela ausência injustificada do autor. 7. Percebe-se, portanto, que o art. 844, §§ 2º e 3º, da CLT não colide com o art. 5º, caput, XXXV, LIV, LV e LXXIV, da CF, ao revés, busca preservar a jurisdição em sua essência, como instrumento responsável e consciente de tutela de direitos elementares do ser humano trabalhador, indispensáveis à sua sobrevivência e à da família. 8. Ainda, convém ressaltar não ser coerente a conclusão de que a imposição de pagamento de custas processuais, prevista nos §§ 2º e 3º do art. 844 da CLT, obsta o trabalhador de ter acesso ao Poder Judiciário, até porque a própria lei excepciona da obrigação de recolher as referidas custas aquele que comprovar que a sua ausência se deu por motivo legalmente justificável, prestigiando, de um lado, o processo responsável, e desestimulando, de outro, a litigância descompromissada. 9. Assim, em que pese reconhecida a transcendência jurídica da questão, não conheço da revista obreira, por não vislumbrar violação do art. 5º, caput, XXXV, LIV, LV e LXXIV, da CF. Recurso de revista não conhecido" (RR-1002438-79.2017.5.02.0462, 4ª Turma, Relator Ministro Ives Gandra Martins Filho, DEJT 14/08/2020).

" RECURSO DE REVISTA INTERPOSTO SOB A ÉGIDE DAS LEIS Nos 13.015/2014, 13.105/2015 E 13.467/2017. RECOLHIMENTO DE CUSTAS. AUSÊNCIA INJUSTIFICADA DA PARTE AUTORA À AUDIÊNCIA. ARQUIVAMENTO. JUSTIÇA GRATUITA. ART. 844, § 2º, DA CLT. APLICABILIDADE. Nos termos do art. 844, § 2º, da CLT, introduzido pela Lei nº 13.467/2017, 'na hipótese de ausência do reclamante, este será condenado ao pagamento das custas calculadas na forma do art. 789 desta Consolidação, ainda que beneficiário da justiça gratuita, salvo se comprovar, no prazo de quinze dias, que a ausência ocorreu por motivo legalmente justificável'. No presente caso, o reclamante não comprovou,

> no prazo legal, o justo motivo para sua ausência à audiência. Não merece reparo, portanto, a decisão regional, uma vez que observado o preceito consolidado. Recurso de revista não conhecido" (TST-RR-1000296-85.2018.5.02.0036, Rel. Min. Alberto Luiz Bresciani de Fontan Pereira, 3ª Turma, DEJT de 09/08/19).
>
> " AGRAVO DE INSTRUMENTO EM RECURSO DE REVISTA – RITO SUMARÍSSIMO – 1. NULIDADE POR NEGATIVA DE PRESTAÇÃO JURISDICIONAL. Não se vislumbra violação do art. 93, IX, da CF, pois, do cotejo entre os embargos de declaração e o posicionamento adotado pelo Tribunal de origem, verifica-se que a decisão se encontra devidamente fundamentada, não havendo necessidade de maiores esclarecimentos. 2. DESERÇÃO DO RECURSO ORDINÁRIO. AÇÃO PROPOSTA NA VIGÊNCIA DA LEI Nº 13.467/17. AUSÊNCIA DA RECLAMANTE À AUDIÊNCIA. PAGAMENTO DE CUSTAS. Prescinde de reforma o acórdão que manteve a condenação da reclamante, ainda que beneficiária da justiça gratuita, ao pagamento das custas processuais, nos termos do artigo 844, § 2º, da CLT, ante a ausência injustificada à audiência. Ademais, sendo a hipótese dos autos de ausência de recolhimento das custas processuais, e não de recolhimento insuficiente, não há falar em aplicação do disposto na OJ nº 140 da SDI-1 do TST. Não se constata violação direta e literal do art. 5º, XXXV, LIV, LV e LXXIV, da CF. Agravo de instrumento conhecido e não provido" (AIRR-10711-13.2018.5.03.0103, Rel. Min. Dora Maria da Costa, 8ª Turma, DEJT de 04/04/19).

Contudo, o tema está pendente de análise no Supremo Tribunal Federal, pois a ADI 5.766-DF, de Relatoria do Min. Roberto Barroso, teve o julgamento suspenso em 10/05/18, em virtude do pedido de vista do Min. Luiz Fux.

8.2. Multas processuais

O acesso à Justiça Gratuita e a penalização por litigância de má-fé possuem, cada qual, regramento próprio, não havendo falar em incompatibilidade entre o reconhecimento da má-fé processual e o deferimento da gratuidade de justiça. Sendo assim, o beneficiário da justiça gratuita pode ser condenado a pagar multa por ter atuado no processo como um litigante de má-fé.

> [...] Ressalta-se que a jurisprudência desta Corte entende que a condenação por litigância de má-fé não constitui óbice à obtenção do benefício da Justiça gratuita. (ARR-328-02.2017.5.12.0057, 2ª Turma, Relator Ministro Jose Roberto Freire Pimenta, DEJT 14/08/2020).
>
> [...] 7. No mais, como as multas por litigância de má-fé ou protelação, também as custas, nessa hipótese, são penalidade pelo uso indevido da máquina judiciária, das quais não está isento o beneficiário da justiça gratuita, já que não goza, pela insuficiência econômica, de salvo conduto para agir irresponsavelmente perante o Judiciário. (ARR-67-24.2018.5.12.0050, 4ª Turma, Relator Ministro Ives Gandra Martins Filho, DEJT 21/02/2020).

A concessão de gratuidade não afasta o dever de o beneficiário pagar, ao final, as multas processuais que lhe sejam impostas, conforme visto acima e ainda, o art. 98, §4º do CPC.

8.2.1. *Litigância de má-fé*

– O que seria má-fé, Professor?

Segundo o art. 793-B da CLT, considera-se litigante de má-fé aquele que:

> I – deduzir pretensão ou defesa contra texto expresso de lei ou fato incontroverso;
>
> II – alterar a verdade dos fatos;
>
> III – usar do processo para conseguir objetivo ilegal;
>
> IV – opuser resistência injustificada ao andamento do processo;
>
> V – proceder de modo temerário em qualquer incidente ou ato do processo;
>
> VI – provocar incidente manifestamente infundado;
>
> VII – interpuser recurso com intuito manifestamente protelatório.

– A multa por litigância de má-fé pode ser determinada de ofício?

Sim, ela pode ser aplicada de ofício ou a requerimento da parte.

– Qual o valor da multa?

A multa deverá ser superior a 1% e inferior a 10% do valor da causa. Veja o art. 793-C da CLT:

> CLT, Art. 793-C. De ofício ou a requerimento, o juízo condenará o litigante de má-fé a pagar multa, que deverá ser superior a 1% (um por cento) e inferior a 10% (dez por cento) do valor corrigido da causa, a indenizar a parte contrária pelos prejuízos que esta sofreu e a arcar com os honorários advocatícios e com todas as despesas que efetuou.

– E nos casos em que o valor da causa for irrisório ou inestimável, como fica a aplicação da multa?

Quando o valor da causa for irrisório ou inestimável, a multa poderá ser fixada em até duas vezes o limite máximo dos benefícios do Regime Geral de Previdência Social.

– Como será feita a aplicação da multa quando houver dois ou mais litigantes?

Quando forem dois ou mais os litigantes de má-fé, o juízo condenará cada um na proporção de seu respectivo interesse na causa ou solidariamente aqueles que se coligaram para lesar a parte contrária.

9. IMPUGNAÇÃO DO BENEFÍCIO DA JUSTIÇA GRATUITA

O benefício poderá ser impugnado pela parte contrária em preliminar da contestação pelo reclamado, em réplica pelo autor se o reclamado pediu o benefício na contestação, nas contrarrazões se o pedido for feito no recurso e no prazo de 15 dias se for requerido em petição avulsa.

Nesse sentido, o art. 100 do CPC:

> CPC, Art. 100 – Deferido o pedido, a parte contrária poderá oferecer impugnação na contestação, na réplica, nas contrarrazões de recurso ou, nos casos de pedido superveniente ou formulado por terceiro, por meio de petição simples, a ser apresentada no prazo de 15 (quinze) dias, nos autos do próprio processo, sem suspensão de seu curso.

Caso o benefício seja revogado o benefício, a parte arcará com as despesas processuais que tiver deixado de adiantar e pagará, em caso de má-fé, até o décuplo de seu valor a título de multa, que será revertida em benefício da Fazenda Pública Estadual ou Federal e poderá ser inscrita em dívida ativa.

10. RECURSO

– Qual o recurso cabível no caso de indeferimento do benefício da justiça gratuita?

Por se tratar de uma decisão interlocutória, da decisão que indefere o benefício da justiça gratuita não cabe recurso de imediato conforme determinação legal do §1º do art. 893 da CLT, podendo a parte recorrer da decisão definitiva (sentença).

– E do pedido de concessão da gratuidade, cabe a parte contrária fazer algo, Hamilton?

Por ser uma decisão interlocutória, não cabe recurso certo?

– Certo!

Assim, a parte contrária pode solicitar a revogação do benefício em peça simples ao juízo da causa, expondo os motivos que esse benefício deve ser indeferido.

CAPÍTULO 7

Petição Inicial Trabalhista

1. INTRODUÇÃO

A petição inicial é a peça que inicia o processo trabalhista, pois como já estudamos, vigora no direito processual, o princípio da inercia da jurisdição, ou seja, o juiz só exercerá a tutela jurisdicional, em regra, quando provocado.

A legislação trabalhista permite que essa peça seja apresentada verbalmente ou na forma escrita.

2. RECLAMAÇÃO VERBAL

O art. 786 da CLT, determina que a reclamação verbal deve ser distribuída antes da sua redução a termo.

> CLT, Art. 786 – A reclamação verbal será distribuída antes de sua redução a termo.

– O que significa redução a termo, Hamilton?

Reduzir a termo significa que o servidor da vara para onde foi distribuído o processo, irá dar forma escrita à as alegações do reclamante apresentadas de forma oral.

– E qual o prazo que esse reclamante tem, para após a distribuição da ação, ir reduzir a termo os fatos?

O reclamante terá o prazo de 5 dias úteis para ir na secretaria da vara reduzir a termo as suas declarações.

– Tem alguma penalidade se ele não for no prazo?

Sim, salvo motivo de força maior, se o reclamante não for reduzir a termo suas declarações no prazo de 5 dias úteis, ele ficará impedido de apresentar reclamação trabalhista perante a Justiça do Trabalho pelo prazo de 6 meses.

– Isso seria a perempção trabalhista?

Isso mesmo, uma das hipóteses de perempção trabalhista. Veja os seguintes artigos da CLT sobre o tema:

> CLT, Art. 786 – A reclamação verbal será distribuída antes de sua redução a termo.
>
> Parágrafo único – Distribuída a reclamação verbal, o reclamante deverá, salvo motivo de força maior, apresentar-se no prazo de 5 (cinco) dias, ao cartório ou à secretaria, para reduzi-la a termo, sob a pena estabelecida no art. 731.
>
> CLT, Art. 731 – Aquele que, tendo apresentado ao distribuidor reclamação verbal, não se apresentar, no prazo estabelecido no parágrafo único do art. 786, à Junta ou Juízo para fazê-lo tomar por termo, incorrerá na pena de perda, pelo prazo de 6 (seis) meses, do direito de reclamar perante a Justiça do Trabalho.

– A reclamação verbal deve seguir as mesmas formalidades da reclamação escrita?

Sim. Isso inclusive está previsto na lei, no § 2º do art. 840 da CLT, veja:

> § 2º Se verbal, a reclamação será reduzida a termo, em duas vias datadas e assinadas pelo escrivão ou secretário, observado, no que couber, o disposto no § 1º deste artigo.

Caso o servidor não cumpra com as formalidades legais exigidas na petição inicial, o processo vai ser extinto sem julgamento do mérito, conforme determinado pelo § 3º do art. 840 da CLT.

> § 3º – Os pedidos que não atendam ao disposto no § 1º deste artigo serão julgados extintos sem resolução do mérito.

3. RECLAMAÇÃO ESCRITA

A reclamação escrita, poderá ser formulada pelas próprias partes ou por meio de advogado. Ela deve obedecer aos seguintes requisitos:

3.1. Requisitos da petição inicial

Veja o que diz o art. 840 da CLT em seu parágrafo primeiro:

> § 1º – Sendo escrita, a reclamação deverá conter a designação do juízo, a qualificação das partes, a breve exposição dos fatos de que resulte o dissídio, o pedido, que deverá ser certo, determinado e com indicação de seu valor, a data e a assinatura do reclamante ou de seu representante.

Desse parágrafo, podemos observar que a petição inicial trabalhista e bem menos formal que a petição inicial do processo civil (CPC, art. 319) e tem os seguintes requisitos:

A) O juízo a quem é dirigida – O reclamante sempre deve indicar no cabeçalho de sua peça, o juizo a que ela é dirigida, respeitando as disposições constitucionais (CF, art. 114) e legais (CLT, arts. 651 e 652).

> CLT, Art. 837 – Nas localidades em que houver apenas 1 (uma) Junta de Conciliação e Julgamento, ou 1 (um) escrivão do cível, a reclamação será apresentada diretamente à secretaria da Junta, ou ao cartório do Juízo.

> CLT, Art. 838 – Nas localidades em que houver mais de 1 (uma) Junta ou mais de 1 (um) Juízo, ou escrivão do cível, a reclamação será, preliminarmente, sujeita a distribuição, na forma do disposto no Capítulo II, Seção II, deste Título.

B) Qualificação das partes – O Peticionante deve individualizar as partes [reclamante (s) e reclamado (s)] de forma suficiente, ou seja, deve indicar nomes, os prenomes, o estado civil, a profissão, o número de inscrição no Cadastro de Pessoas Físicas ou no Cadastro Nacional da Pessoa Jurídica, o domicílio e a residência do autor e do réu, o número da CTPS etc.

> RESOLUÇÃO CSJT Nº 185, DE 24 DE MARÇO DE 2017, Art. 19 – [...]
>
> § 1º A petição inicial conterá, além dos requisitos do art. 840, § 1º, da CLT, a indicação do CPF ou CNPJ das partes, na forma do art. 15, caput, da Lei nº 11.419/2006.

– Caso o reclamante não tenha todas as informações acima, o juiz deve indeferir de imediato a petição inicial?

Não. Nesse caso, aconselho ao reclamante, solicitar em sua petição que o juiz faça diligências para obter a informação necessária para tramitação do feito. Veja o que diz o § 2º do art. 319 do CPC:

> §2º – A petição inicial não será indeferida se, a despeito da falta de informações a que se refere o inciso II, for possível a citação do réu.

C) Exposição dos fatos – No parágrafo primeiro do art. 840 da CLT, exige apenas uma breve exposição dos fatos de que resulte o dissídio. Assim, deve ser exposto na petição inicial os fatos que embasam o pedido.

D) Pedido – A petição inicial deverá indicar o pedido formulado pelo autor. É importante lembrar que, a exposição dos fatos deve ter uma conclusão lógica, sob pena de a peça inicial ser considerada inepta e, por consequência, ser indeferida.

E) Data e assinatura – O peticionante deve colocar a data e assinar a petição inicial. A petição inicial sem assinatura da parte ou do advogado será indeferida por ser uma peça apócrifa.

F) Valor da causa – O reclamante deve somar todos os pedidos feitos na ação para dar o valor da causa. Esse item é importante pois, vai determinar qual rito a ação vai tramitar, ou seja, rito sumário (valor da casa é até 2 salários mínimos), rito sumaríssimo (valor da causa é superior à 2 salários mínimos e não superior a 40 salários mínimos) e rito ordinário (valor da casa é superior à 40 salários mínimos).

– Hamilton, verifiquei que não estão nos requisitos acima descritos a especificação das provas pela qual a parte pretende provar suas alegações, o pedido de audiência de conciliação e mediação e, ainda, a citação do reclamado.

É porque eles não são requisitos essenciais da petição inicial trabalhista, vejamos:

A) Requerimento de provas – A petição inicial deve juntar os documentos e as demais provas, dever ser requeridas e produzidas em audiência.

> CLT, Art. 787 – A reclamação escrita deverá ser formulada em 2 (duas) vias e desde logo acompanhada dos documentos em que se fundar.

B) Audiência de conciliação e mediação – Segundo o art. 2º, IV da IN 39/2016 do TST, não é necessário o pedido de audiência de conciliação e mediação, pois não são compatíveis com o Processo do Trabalho. Ademais, na seara trabalhista, o juiz faz a tentativa de conciliação das partes, antes da apresentação da defesa pelo reclamando, conforme art. 846 da CLT, veja:

> CLT, Art. 846 – Aberta a audiência, o juiz ou presidente proporá a conciliação.

C) Pedido de citação do reclamado – Não é necessário, pois, no Processo do Trabalho a notificação é feita automaticamente após o recebimento da petição inicial trabalhista pela vara do trabalho.

> CLT, Art. 841 – Recebida e protocolada a reclamação, o escrivão ou secretário, dentro de 48 (quarenta e oito) horas, remeterá a

> segunda via da petição, ou do termo, ao reclamado, notificando-o ao mesmo tempo, para comparecer à audiência do julgamento, que será a primeira desimpedida, depois de 5 (cinco) dias.

4. ADITAMENTO DA PETIÇÃO INICIAL

No Processo do Trabalho é possível o reclamante aditar ou alterar o pedido e a causa de pedir da petição inicial sem o consentimento do reclamado até antes da juntada da contestação. Quando o reclamado junta a contestação, ainda é permitido aditar ou alterar a causa de pedir e o pedido, contudo, será necessário o consentimento deste.

Contudo, se o aditamento ou alteração do pedido ou da causa de pedir da petição inicial forem feitos depois da citação do reclamado e antes da apresentação da defesa, ele deve ser intimado para tomar ciência da modificação da peça inicial. Deverá ser dado novo prazo para ele apresentar sua defesa. Nesse sentido:

> CERCEAMENTO. ADITAMENTO À INICIAL. NOVO PRAZO PARA DEFESA COMPLEMENTAR. O aditamento à inicial está previsto no art. 294 do CPC, sendo autorizado no Processo do Trabalho mesmo após a citação, desde que intimada a parte contrária e, no caso, não houve prejuízos ao contraditório e à ampla defesa, por ter sido concedida ao réu a oportunidade de complementar sua defesa, da qual não se valeu no momento próprio, sendo incabível a renovação dessa providência, por operada a preclusão. (TRT 2ª R.; RO 1001218-25.2017.5.02.0081; Terceira Turma; Rel. Des. Kyong Mi Lee; DEJTSP 08/08/2019; Pág. 16719)

> ADITAMENTO DA INICIAL. AUSÊNCIA DE NOTIFICAÇÃO DA PARTE CONTRÁRIA. CERCEAMENTO DE DEFESA. Embora seja permitido o aditamento à Inicial, constatando-se que não houve notificação do Reclamado acerca de tal fato, impõe-se reconhecer, por cerceamento de defesa, a nulidade da r. Sentença. (TRT 3ª R.; RO 0010720-54.2018.5.03.0012; Sétima Turma; Rel. Des. Fernando Antônio Viégas Peixoto; Julg. 07/06/2019; DEJTMG 10/06/2019; Pág. 2621)

> RECURSO ORDINÁRIO. EMENDA À INICIAL. AUSÊNCIA DE DEVOLUÇÃO DO PRAZO PARA DEFESA. CERCEAMENTO

> CONFIGURADO. É garantia da parte ré a regular devolução do prazo para apresentação de defesa, após o aditamento da inicial. A sentença que é prolatada sem conferir tal oportunidade, especialmente em caso de alteração substancial dos termos da reclamação, viola o artigo 329, II, do CPC/2015, bem como as garantias do contraditório e da ampla defesa (artigo 5º, LV e LIV, da CF/88). Anulação que se impõe, com o retorno dos autos para a devida oportunidade de apresentação de defesa e instrução processual. (TRT 6ª R.; RO 0000436-28.2017.5.06.0015; Quarta Turma; Relª Desª Gisane Barbosa de Araújo; DOEPE 21/03/2019)

5. INDEFERIMENTO PETIÇÃO INICIAL

– Quando a petição inicial será indeferida, Professor?

Segundo o art. 330 do CPC, a petição inicial será indeferida quando:

A) For inepta – Considera-se inepta a petição inicial quando lhe faltar pedido ou causa de pedir; o pedido for indeterminado, ressalvadas as hipóteses legais em que se permite o pedido genérico; da narração dos fatos não decorrer logicamente a conclusão; contiver pedidos incompatíveis entre si.

B) A parte for manifestamente ilegítima – E a título de exemplo, cito o caso de ilegitimidade do espólio para solicitar uma indenização por danos morais em decorrência do prejuízo de afeição (sofrimento da viúva e filhos em decorrência do falecimento do trabalhador), pois nesse caso, quem tem legitimidade é a própria viúva e os filhos. Veja o julgado abaixo que retrata bem a legitimidade e a ilegitimidade do espólio:

> "LEGITIMIDADE ATIVA AD CAUSAM. ESPÓLIO. INDENIZAÇÃO POR DANOS MORAIS. DISTINGUISHING. É firme no âmbito deste Tribunal o entendimento de que, nas hipóteses em que se pleiteia indenização por danos morais decorrentes do sofrimento causado à viúva e aos filhos em virtude da morte do empregado por acidente de trabalho ou doença ocupacional

> – "prejuízo de afeição" –, não possui o espólio legitimidade para o ajuizamento da respectiva ação. No caso dos autos, porém, o dano cuja reparação se pleiteia é aquele experimentado pelo próprio empregado durante a contratualidade. Postula-se, noutros termos, a reparação de dano extrapatrimonial sofrido em vida pelo de cujus. Em sendo assim, se não se pleiteia direito próprio dos herdeiros, e sim do de cujus, a legitimidade para figurar no polo ativo da lide é, efetivamente, do espólio, e não dos herdeiros. Ademais, embora o direito à honra se insira na categoria dos "direitos personalíssimos" – e, como tal, seja intransmissível –, sua violação gera o direito à reparação, sendo que tal direito, de cunho eminentemente patrimonial, é transmissível por herança, nos exatos termos do artigo 943 do CCB. Recurso de embargos conhecido e desprovido." (E-RR – 1187-80.2010.5.03.0035, Redator Ministro: Márcio Eurico Vitral Amaro, Data de Julgamento: 12/05/2016, Subseção I Especializada em Dissídios Individuais, Data de Publicação: DEJT 04/11/2016)

C) o autor carecer de interesse processual;

D) ausência dos requisitos indispensáveis à propositura da ação. **Nessa hipótese, o juiz deve dar prazo para a parte sanar o vício, conforme determina a súmula 263 do TST:**

> TST, SUM 263 – Salvo nas hipóteses do art. 330 do CPC de 2015 (art. 295 do CPC de 1973), o indeferimento da petição inicial, por encontrar-se desacompanhada de documento indispensável à propositura da ação ou não preencher outro requisito legal, somente é cabível se, após intimada para suprir a irregularidade em 15 (quinze) dias, mediante indicação precisa do que deve ser corrigido ou completado, a parte não o fizer (art. 321 do CPC de 2015).

5.1. Emenda da petição inicial

– O juiz pode indeferir de imediato a petição inicial?

Não. Hoje vigora no Direito Processual o princípio da primazia do julgamento de mérito (CPC, art. 4º). Sendo assim, toda vez que o juiz da causa verificar que a petição inicial não preenche os requisitos legais ou que apresenta defeitos e irregularidades capazes de dificultar o julgamento de mérito, determinará que o autor, no prazo de 15 (quinze) dias, a emende ou a complete, indicando com precisão o que deve ser corrigido ou completado.

– Isso quer dizer que quando a petição inicial pode ser emendada, é proibido ao juiz indeferi-la sem dar ao autor o direito de emendá-la, Professor?

Isso mesmo. É dever do órgão jurisdicional – seja juiz de 1.º grau, seja tribunal – a intimação do autor para corrigir o defeito.

6. DESISTÊNCIA DA AÇÃO

– O reclamante pode desistir da ação, Professor?

Pode, porém, temos que observar a fase do processo:

A) Antes de citado – Pode desistir sem o consentimento do reclamado.

B) Depois de citado – Também pode no Processo do Trabalho, desistir sem o consentimento do reclamado.

C) Depois de contestado o processo – Não pode desistir sem o consentimento do reclamado.

> [...] II – RECURSO DE REVISTA – REGÊNCIA PELA LEI Nº 13.467/2017 – TRANSCENDÊNCIA RECONHECIDA – DESISTÊNCIA DA AÇÃO APÓS A APRESENTAÇÃO DA CONTESTAÇÃO. NECESSIDADE DA ANUÊNCIA DA PARTE CONTRÁRIA. Consignado pelo Regional que o pedido de desistência da reclamante foi formulado após a apresentação da contestação, a homologação da desistência sem a anuência da reclamada viola o artigo 485, § 4º, do CPC. Julgados. Recurso de revista conhecido e provido" (RR-202-73.2018.5.08.0106, 8ª Turma, Relator Ministro Marcio Eurico Vitral Amaro, DEJT 14/08/2020).

> "RECURSO DE REVISTA. DESISTÊNCIA DA AÇÃO APÓS A APRESENTAÇÃO DA CONTESTAÇÃO. ANUÊNCIA DA PARTE CONTRÁRIA. IMPRESCINDÍVEL. ARTIGO 485, § 4º, DO CPC DE 2015. I – Nos termos do artigo 485, § 4º, do CPC de 2015, aplicável de forma subsidiária ao processo do trabalho, 'Oferecida a contestação, o autor não poderá, sem o consentimento do réu, desistir da ação'. II – Cumpre esclarecer que muito embora o artigo 847 da CLT disponha que a defesa será aduzida de forma oral, no prazo de 20 minutos, após a leitura da reclamação trabalhista, a praxe forense na Justiça Trabalho consagrou a contestação apresentada de forma escrita. III – Ademais, nas Varas que adotam o processo eletrônico, como na hipótese dos autos, a contestação deve ser encaminhada antes da audiência, conforme preconiza o artigo 29 da Resolução nº 136/2014 do CSJT, na esteira do artigo 10 da Lei nº 11.419/06. IV – Desse modo, incontroverso o fato de que o pedido de desistência foi formulado após a apresentação da contestação, a homologação da desistência sem a anuência da reclamada, ora recorrente, afronta direta e literalmente o artigo 485, § 4º, do CPC de 2015. V – Recurso de revista conhecido e provido." (TST-RR – 288-79.2016.5.08.0117, Relator Ministro: Antonio José de Barros Levenhagen, 24/05/2017, 5ª Turma, DEJT 26/05/2017)

D) Após a sentença – Não pode mais desistir da ação.

TUTELA PROVISÓRIA

7. INTRODUÇÃO

– Esse instituto tem previsão no Processo do Trabalho?

Não. A CLT contempla apenas duas hipóteses que permitem ao juiz, no curso do processo de conhecimento, conceder medida liminar nos seguintes casos:

1) Para tornar sem efeito transferência de empregado disciplinada pelos parágrafos do art. 469 da CLT, conforme inciso IX do art. 659 da CLT.

2) Para reintegrar no emprego dirigente sindical afastado, suspenso ou dispensado pelo empregador, conforme inciso X do art. 659 da CLT.

O art. 3º, VI, da IN 39/2016 do TST autoriza a aplicação subsidiária e supletiva dos artigos do CPC que dispõem sobre a tutela provisória. Sendo assim, vamos aplicar inteiramente o Código de Processo Civil ao Processo do Trabalho. Essa matéria está prevista nos arts. 294 a 311 do CPC. Nesses artigos, encontramos a seguinte divisão:

A tutela provisória é gênero do qual são espécies:

(i) a tutela de urgência e

(ii) a tutela de evidência.

A primeira pode ser de duas naturezas:

(a) cautelar ou

(b) antecipada.

A tutela de urgência, em qualquer de suas naturezas (cautelar ou antecipada), poderá ser pleiteada:

(a) em caráter antecedente ou

(b) em caráter incidental.

Vejamos o que diz o art. 294 do CPC:

> CPC, Art. 294. A tutela provisória pode fundamentar-se em urgência ou evidência.
>
> Parágrafo único. A tutela provisória de urgência, cautelar ou antecipada, pode ser concedida em caráter antecedente ou incidental.

– Para que serve a tutela provisória?

Ela será utilizada para adiantar os efeitos da decisão final no processo ou assegurar o seu resultado prático.

– O juiz pode conceder essa tutela de ofício?

Não, é vedada a concessão de ofício, sendo assim, o juiz somente pode deferir a tutela mediante requerimento da parte interessada. Caso ele defira a tutela de ofício, estamos diante de uma clara violação da lei. Ademais, tal fato, tornaria o juiz suspeito.

– O reclamado pode pedir a tutela ou somente o reclamante pode solicitar a tutela provisória?

Em regra, é o reclamante quem pleiteia a tutela provisória, contudo, o réu pode solicitar em sede de reconvenção ou em ações dúplices, o que não é comum.

– Qual o momento para ser solicitada a tutela provisória, Professor?

A tutela provisória pode ser solicitada a qualquer tempo, ou seja, em qual grau de jurisdição, como por exemplo, na fase recursal e na fase de execução (cumprimento de sentença). Quando solicitado na fase recursal, a competência para apreciar o pedido é do relator do recurso.

8. PRINCIPAIS NOVIDADES CRIADAS PELO CPC DE 2015

– Hamilton, quais as principais novidades sobre a tutela provisória?

Vamos lá:

1) O CPC de 2015 eliminou o processo cautelar autônomo, incluindo o rol das cautelares típicas. Agora tudo é feito numa só relação processual, não havendo mais necessidade de ajuizar uma ação cautelar, em uma petição inicial, com o "nome da ação", etc. e, depois, um processo principal. A relação processual será uma só, com pagamento único de custas, uma só citação, uma só sentença. É importante mencionar, que com base no poder geral de cautela, mediante requerimento da parte, pode o juiz deferir o arresto, o sequestro, a

busca e apreensão ou qualquer outra medida cautelar que possa ser útil ao resultado do processo.

2) Foi criada a tutela provisória de evidência.

9. DISPOSIÇÕES COMUNS ENTRE AS TUTELAS PROVISÓRIAS

9.1. Custas

Conforme previsão no art. 295 do CPC, a tutela provisória requerida em caráter incidental (no curso do processo) independe do pagamento de custas.

– Tem um motivo para a liberação dessas custas, Hamilton?

O motivo é porque a tutela será processada nos mesmos autos do pedido principal, havendo assim, um único processo. Desta forma, as custas serão pagas no processo principal.

Porém, quanto o reclamante requerer a tutela provisória antecipadamente, neste ato efetivará o pagamento das custas, se não for beneficiário da justiça gratuita.

9.2. Eficácia da tutela

A tutela provisória conserva sua eficácia na pendência do processo, mas pode, a qualquer tempo, ser revogada ou modificada segundo o art. 296, caput do CPC, caso se verifique a não existência do direito ou o desaparecimento da situação de perigo.

A tutela provisória terá conservada a sua eficácia durante o período de suspensão do processo, salvo decisão judicial em sentido contrário, conforme disposto no parágrafo único do aludido art. 296.

9.3. Medidas para efetivação da tutela provisória

– Quais medidas o juiz pode tomar para efetivação da tutela provisória?

Nos termos do art. 297 do CPC, o juiz poderá determinar as medidas que considerar adequadas para efetivação da tutela provisória. A efetivação da tutela provisória observará as normas referentes ao cumprimento provisório da sentença, no que couber.

9.4. Fundamentação

Na decisão que conceder, negar, modificar ou revogar a tutela provisória, o juiz justificará as razões de seu convencimento de modo claro e preciso, segundo o art. 298 do CPC.

9.5. Competência para apreciação da tutela provisória

– De quem será a competência para apreciação da tutela provisória?

Segundo o art. 299 do CPC, a competência para apreciar a tutela provisória será: (i) do juízo da causa quando ela for requerida em caráter incidental e; (ii) será do juízo competente para conhecer do pedido principal quando requerida em caráter antecedente.

Nos processos de competência originária ou recursal do TRT ou TST, a competência para apreciar a tutela será do relator, via de regra, conforme determinado pelo inciso II do art. 932 e parágrafo único do art. 299 ambos do CPC.

> CPC, Art. 299 – [...]
>
> Parágrafo único. Ressalvada disposição especial, na ação de competência originária de tribunal e nos recursos a tutela provisória será requerida ao órgão jurisdicional competente para apreciar o mérito.
>
> CPC, Art. 932. Incumbe ao relator:
>
> II – apreciar o pedido de tutela provisória nos recursos e nos processos de competência originária do tribunal;

9.6. Momento para concessão da tutela

– Qual o momento para concessão da tutela, Professor?

Segundo o § 2º do art. 300 do CPC, a tutela de urgência pode ser concedida liminarmente (para evitar que a medida se torne ineficaz após a ciência da parte contrária) ou após a justificação prévia.

A justificação prévia não será utilizada nos casos de tutela de evidência, pois as hipóteses de concessão da tutela de evidência decorrem de situações pré-constituídas conforme incisos II, III e IV do art. 311 do CPC e que surgirão após a defesa do reclamado nos termos do inciso I do art. 311 do CPC.

Veja o diz o Enunciado 27 do Fórum Nacional de Processo do Trabalho:

> Fórum Nacional de Processo do Trabalho – Enunciado 27 – Processo do Trabalho. Liminar. Tutela de urgência. "Art. 769 da CLT e art. 300, § 2.º do NCPC. Tutela de urgência. Liminar. É aplicável ao processo do trabalho o § 2.º do art. 300, segundo o qual as tutelas de urgência podem ser concedidas liminarmente ou após justificação prévia".

9.6.1. Contraditório na concessão da tutela provisória

– Tem contraditório na concessão da tutela provisória, Professor?

Os artigos 9º e 10 do CPC, determinam que em regra nos processos não se proferirá decisão contra uma das partes sem que ela seja previamente ouvida. Contudo, o parágrafo único do art. 9º do CPC, excepciona a regra do contraditório para as tutelas provisórias fundadas na urgência e na evidência, vejamos:

> CPC, Art. 9º Não se proferirá decisão contra uma das partes sem que ela seja previamente ouvida.

Parágrafo único. O disposto no caput não se aplica:

I – à tutela provisória de urgência;

II – às hipóteses de tutela da evidência previstas no art. 311, incisos II e III ;

III – à decisão prevista no art. 701.

10. REQUISITOS DA TUTELA PROVISÓRIA DE URGÊNCIA

– Quais os requisitos para o juiz conceder a tutela provisória de urgência?

Segundo o art. 300 do CPC, a tutela de urgência será concedida quando houver elementos que evidenciem:

(1) A probabilidade do direito e;

(2) O perigo de dano ou o risco ao resultado útil do processo, ou seja, quando existir urgência no processo.

Aqui não é necessária uma cognição exauriente, bastando uma cognição sumária (razoável probabilidade), ou seja, basta o reclamante ser o titular do direito material invocado e que haja fundado receio de que esse direito possa experimentar dano ou que o resultado útil do processo possa ser comprometido.

– Se a parte preencher os requisitos, o juiz pode optar pela concessão da tutela?

Demonstrados o *fumus boni iuris* (probabilidade do direito) e o *periculum in mora*, ao juiz não é dado optar pela concessão ou não da tutela de urgência, pois tem o dever de concedê-la.

Caso o juiz opte por indeferir a tutela mesmo demonstrado os requisitos, tal decisão é interlocutória, não cabendo recurso de imediato, contudo, a parte pode impetrar o mandado de segurança, conforme explicação mais à frente.

10.1. Exigência de caução

Para a concessão da tutela de urgência pode (faculdade, pois depende do grau de probabilidade do direito solicitado) o juiz determinar que o requerente preste caução real (um bem é destinado a assegurar o ressarcimento de eventual prejuízo) ou fidejussória (garantia pessoal, no caso prestada por um terceiro que se torna responsável pelo ressarcimento de eventuais prejuízos), conforme § 1º do art. 300 do CPC.

Contudo, a caução não pode se tornar um obstáculo para concessão da tutela adequada tutela. Desta forma, caso a parte não consiga prestar caução, em razão de situação de hipossuficiência econômica, é possível dispensa da garantia.

Veja o diz o Enunciado 26 do Fórum Nacional de Processo do Trabalho:

> Fórum Nacional de Processo do Trabalho – Enunciado 26 – Processo do Trabalho. Caução. "Art. 769 da CLT e art. 300, § 1.º do NCPC. Tutela de urgência. Caução. Para os fins do § 1.º do art. 300 do NCPC (exigência de caução), que é aplicável ao processo do trabalho, o trabalhador, em regra, é considerado economicamente hipossuficiente".

10.2. Reversibilidade

Outro requisito importante é a possibilidade da reversibilidade dos efeitos da decisão da tutela de urgência. Veja o que diz o § 3º do art. 300 do CPC:

> § 3º A tutela de urgência de natureza antecipada não será concedida quando houver perigo de irreversibilidade dos efeitos da decisão.

> – Professor, caso haja o deferimento da reintegração de um empregado estável via tutela provisória de urgência de natureza antecipada, isso não teria que ser inviabilizado pela irreversibilidade da tutela?

Não, pois, os Tribunais do Trabalho, vem entendendo que o deferimento da reintegração não importe na irreversibilidade do provimento provisório, porque o empregador poderá contar a força de trabalho do empregado reintegrado, veja:

> MANDADO DE SEGURANÇA. TUTELA PROVISÓRIA DE URGÊNCIA. REINTEGRAÇÃO AO EMPREGO. LEGALIDADE. Caso em que a prova documental indica que o litisconsorte foi despedido sem justa causa enquanto estava em tratamento de espondilite anquilosante, razão pela qual está configurado, em juízo sumário, óbice ao exercício do direito potestativo de resilição contratual pela impetrante, resultando evidenciada a probabilidade do direito à reintegração. Presente o perigo de dano, diante da necessidade de manutenção do trabalhador no emprego, como forma de garantir sua subsistência própria e de prosseguir no tratamento da doença de que padece, com o restabelecimento do plano de saúde, sem que isso importe na irreversibilidade do provimento provisório, porque a impetrante poderá contar com sua força de trabalho, se for o caso. Segurança denegada. (TRT 4ª R.; MSCiv 0020481-50.2020.5.04.0000; Primeira Seção de Dissídios Individuais; Relª Desª Angela Rosi Almeida Chapper; Julg. 17/08/2020; DEJTRS 24/08/2020)

Veja o diz o Enunciado 25 do Fórum Nacional de Processo do Trabalho:

> Fórum Nacional de Processo do Trabalho – Enunciado 25 – Processo do Trabalho. Perigo de irreversibilidade. "Art. 769 da CLT e art. 300 do NCPC. Tutela de urgência. Perigo de reversibilidade. A natureza e a relevância do direito em discussão na causa podem afastar o requisito da inexistência de perigo de irreversibilidade dos efeitos da decisão, quando da concessão de tutelas de urgência (art. 769 da CLT c/c art. 300 § 3.º do NCPC)"

Sobre o tema, vale citar ainda, os ensinamentos do professor Marinoni[1]:

1. MARINONI, Luiz Guilherme; ARENHART, Sérgio Cruz; MITIDIERO, Daniel. Código de Processo Civil Comentado – 4ª ed. São Paulo. Revista dos Tribunais, 2018.

> No exato momento em que o art. 300, § 3.º, CPC, veda a concessão de antecipação da tutela quando "houver perigo de irreversibilidade dos efeitos da decisão", ele vai à contramão da lógica do provável que preside a tutela provisória. Justamente por essa razão, tendo a técnica antecipatória o objetivo combater o perigo na demora capaz de produzir um ato ilícito ou um fato danoso – talvez irreparável – ao direito provável, não há como não admitir a concessão dessa tutela sob o simples argumento de que ela pode trazer um prejuízo irreversível ao réu. Seria como dizer que o direito provável deve sempre ser sacrificado diante da possibilidade de prejuízo irreversível ao direito improvável – o que é obviamente um contrassenso.

11. MODALIDADES DA TUTELA PROVISÓRIA DE URGÊNCIA

A tutela provisória de urgência pode ser cautelar ou antecipada.

– Qual a diferença, Professor?

Será cautelar quando a tutela busca evitar danos, assegurando a utilidade do processo, preservando os efeitos úteis de uma tutela futura. Será antecipada quando a tutela tiver a finalidade de antecipar os efeitos de uma futura decisão de mérito total ou parcial.

11.1. Da tutela cautelar

Utilizada para evitar a ineficácia da prestação jurisdicional, preservando o bem da vida pleiteado em juízo até o término do processo, assegurando a utilidade do processo em todas as suas fases.

– Como a tutela cautelar poderá ser efetivada pelo juiz?

Embora o CPC de 2015 não se aprofunde de forma específica na medida cautelar, tomamos emprestado do Código de Processo Civil revogado de 1973, que dispõe sobre a finalidade de cada uma das medidas abaixo mencionadas, veja:

1) Arresto – Tem por fim garantir execução por quantia certa. Quaisquer bens penhoráveis podem ser objeto de arresto, sendo o objeto indeterminado. Tem como efeito imediato a afetação do bem apreendido.

2) Sequestro – Tem por fim garantir execução para entrega de coisa certa, ou para garantir a eficácia de uma sentença executiva. Consiste na apreensão de objeto determinado.

3) Arrolamento de bens – Tem por fim garantir execução quando ocorra fundado receio de extravio ou dissipação dos bens e interesse na sua conservação (conservação dos bens existentes). Pode ter por objeto somente coisas corpóreas de valor econômico (bens móveis -livros, joias etc., e imóveis – terrenos etc.)

Sobre o tema, é importante mencionar os ensinamentos do professor Elpídeo Donizzeti:[2]

> Distingue- se o arrolamento das medidas de arresto e sequestro. No arresto, faz-se a constrição de bens indeterminados, bastantes para garantir futura execução por quantia certa. No sequestro, a constrição recai sobre bem determinado que esteja sendo objeto de disputa ou que venha a ser disputado. Já no arrolamento, a constrição incide sobre bens indeterminados, não litigiosos, com o exclusivo intuito de conservá-los, até a resolução de demanda que com eles se relaciona.

4) Registro de protesto contra alienação de bem – Tem por fim garantir execução dando publicidade geral à comunidade contra a alienação de bem. Não tinha previsão no CPC de 1973, mas era utilizado em decorrência do poder geral de cautela.

Assim o juiz, com base no poder geral de cautela, pode deferir a tutela adequada para acautelar o direito em qualquer fase do processo, ou seja, no processo de conhecimento, na fase de cumprimento de sentença ou no processo de execução.

2. DONIZETTI, Elpídio. Curso didático de direito processual civil. São Paulo: Atlas, 2017.

11.1.1. Formas de requerimento da medida cautelar

A tutela cautelar pode ser requerida de forma antecedente, com o pedido principal ou de forma incidental. Vejamos:

11.1.1.1. Antecedente

– Como seria essa forma antecedente, Hamilton?

Na tutela cautelar antecedente (preparatória), a parte apresentará uma petição inicial, em que indicará a lide e seu fundamento, a exposição sumária do direito que se objetiva assegurar e o perigo de dano ou risco ao resultado útil do processo. Nesse sentido, o art. 305 do CPC:

> Art. 305. A petição inicial da ação que visa à prestação de tutela cautelar em caráter antecedente indicará a lide e seu fundamento, a exposição sumária do direito que se objetiva assegurar e o perigo de dano ou o risco ao resultado útil do processo.
>
> Parágrafo único. Caso entenda que o pedido a que se refere o caput tem natureza antecipada, o juiz observará o disposto no art. 303.

A tutela antecedente (preparatória) não estabiliza os efeitos, devendo a parte apresentar ação visando à tutela satisfativa, sob pena de ineficácia da tutela cautelar e de extinção do processo sem resolução do mérito (art. 309, I, CPC).

> CPC, Art. 309. Cessa a eficácia da tutela concedida em caráter antecedente, se:
>
> I – o autor não deduzir o pedido principal no prazo legal;

– É necessário indicar o valor da causa na petição de requerimento da cautelar antecedente?

Sim, pois a parte que requerer deverá pagar as custas conforme determina o art. 789 da CLT, sendo assim, indispensável, a indicação do valor da causa, que servirá de base de cálculo para o pagamento dessas custas.

– Qual o próximo passo após a propositura da tutela cautelar antecedente?

Veja o que diz o art. 306 do CPC:

> CPC, Art. 306. O réu será citado para, no prazo de 5 (cinco) dias, contestar o pedido e indicar as provas que pretende produzir.

Assim, apresentado a tutela cautelar antecedente, o reclamado será citado para, no prazo de cinco dias, contestar o pedido e indicar as provas que entender pertinentes.

– Hamilton, pode ser deferida a tutela sem a citação do reclamado?

O reclamante pode requerer tutela cautelar liminarmente conforme art. 300, §2º do CPC. O juiz vai verificar a viabilidade da medida podendo conceder liminarmente ou após a justificação prévia.

– E se a parte não contestar o pedido?

Caso a parte não conteste tal pedido, presumem-se verdadeiros os fatos articulados pelo autor e o juiz decidirá no prazo de 5 dias, veja:

> Art. 307. Não sendo contestado o pedido, os fatos alegados pelo autor presumir-se-ão aceitos pelo réu como ocorridos, caso em que o juiz decidirá dentro de 5 (cinco) dias.

– Qual o prazo que a parte tem para ajuizar o pedido principal, Professor?

Após a efetivação da medida cautelar, o pedido principal deverá ser formulado pelo reclamante no prazo de 30 (trinta) dias, caso em que será apresentado nos mesmos autos em que deduzido o pedido de tutela cautelar, não dependendo do adiantamento de novas custas processuais, conforme determinado pelo art. 308 do CPC.

Depois de apresentado a defesa, o processo segue o rito previsto na CLT normalmente, ou seja, o reclamado será notificado nos termos do art. 841 da CLT para ir à audiência inaugural, apresentar proposta de conciliação (CLT, art. 846) e, se não for possível conciliar apresentar sua defesa (CLT, art. 847) e produzir provas (CLT, art. 845).

– Quando que a medida cautelar antecedente perde sua eficácia?

Cessará a eficácia da tutela cautelar antecedente, nos termos do art. 309 do CPC, nas seguintes hipóteses:

1) se o autor não apresentar o pedido principal no prazo legal;
2) se a medida não for efetiva em trinta dias;
3) se o juiz julgar improcedente o pedido principal formulado pelo autor ou extinguir o processo sem resolução do mérito (art. 309 do CPC).

11.1.1.2. Em conjunto com o pedido principal ou incidentalmente

A tutela cautelar pode ser pedida conjuntamente com o pedido principal. Nesse caso, ela deve constar em capítulo próprio da petição inicial da ação ou se for solicitada pelo reclamado, em capítulo próprio da reconvenção, devendo a parte que solicitar, demonstrar os requisitos para o seu deferimento, isto é, a probabilidade do direito material e o perigo de dano ou o risco do resultado útil do processo.

– E quando ela for requerida incidentalmente, como fazer?

A parte requerente deverá pleiteará a medida em petição simples, a qual será dirigida ao órgão competente para processo já em tramitação.

O pedido deve ser dirigido:

1) Ao juiz da causa se o processo está no 1º grau de jurisdição;

2) Ao tribunal superior respectivo, no período compreendido entre a interposição do recurso e sua distribuição, ficando o relator designado para seu exame prevento para julgá-lo;

3) Ao tribunal superior respectivo, no período compreendido entre a publicação da decisão de admissão do recurso e sua distribuição, ficando o relator designado para seu exame prevento para julgá-lo.

11.2. Da tutela antecipada

11.2.1. Formas de requerimento da medida antecipada

A tutela cautelar pode ser requerida de forma antecedente, com o pedido principal ou de forma incidental. Vejamos:

11.2.1.1. Antecedente

– Quando a parte vai utilizar a tutela de antecipada na forma antecedente?

Nos casos em que a urgência for contemporânea à propositura da ação.

– E como seria esse pedido?

A petição inicial pode limitar-se ao requerimento da tutela antecipada e à indicação do pedido de tutela final, com a exposição da lide, do direito que se busca realizar e do perigo de dano ou do risco ao resultado útil do processo, conforme determinado pelo art. 303 do CPC. Deve ser indicado na petição inicial, ainda, que o reclamante pretenda valer-se do benefício da tutela antecipada antecedente.

O reclamante deve indicar o valor da causa (que deve levar em consideração o pedido de tutela final) para fins de cálculo das custas, que no Processo do Trabalho serão calculadas nos termos do art. 789 da CLT.

– Após a concessão da tutela, o que a parte deve fazer?

Concedida a tutela antecipada o reclamante deverá aditar a petição inicial nos mesmos autos, com a complementação de sua argumentação, a juntada de novos documentos e a confirmação do pedido de tutela final, em 15 (quinze) dias ou em outro prazo maior que o juiz fixar.

Após isso, o réu será citado e intimado para a audiência nos termos dos artigos 841, 846, 847 e 845, podendo conciliar, apresentar defesa e produzir suas provas.

– Professor, se o reclamante não aditar a inicial?

Não realizado o aditamento o processo será extinto sem resolução do mérito.

– E na hipótese de indeferimento do pedido de tutela antecipada antecedente, o que fazer?

Caso entenda que não há elementos para a concessão de tutela antecipada, o órgão jurisdicional determinará a emenda da petição inicial em até 5 (cinco) dias, sob pena de ser indeferida e de o processo ser extinto sem resolução de mérito.

11.2.1.1.1. Estabilização da demanda

A tutela antecipada antecedente, torna-se estável se da decisão que a conceder não for impugnada.

– Qual o meio de impugnação, Professor?

No CPC ela fala em recurso, contudo, no Processo do Trabalho não cabe recurso de imediato, sendo assim, deve a parte impetrar mandado de segurança, conforme será estudado mais à frente.

– Como assim estável/estabilizada, Hamilton?

A decisão concessiva da tutela antecipada antecedente, produz coisa julgada formal (não produz coisa julgada material), pois, impede que seja discutida no mesmo processo em que foi proferida, até porque esse processo será extinto, veja o que diz os parágrafos 1º e 6º do art. 304:

> CPC, Art. 304. A tutela antecipada, concedida nos termos do art. 303, torna-se estável se da decisão que a conceder não for interposto o respectivo recurso.
>
> § 1º No caso previsto no caput, o processo será extinto.
>
> (...)
>
> § 6º A decisão que concede a tutela não fará coisa julgada, mas a estabilidade dos respectivos efeitos só será afastada por decisão que a revir, reformar ou invalidar, proferida em ação ajuizada por uma das partes, nos termos do § 2º deste artigo.

– Caso a parte queira rever, reformar ou invalidar a tutela antecipada estabilizada, o que ela pode fazer?

Nos casos em que a parte quer rever, reformar ou invalidar a tutela antecipada estabilizada, ela deverá ajuizar ação autônoma, devendo a petição inicial ser distribuída por dependência. Nesse sentido, o §2º e §4º do art. 304 do CPC:

> § 2º Qualquer das partes poderá demandar a outra com o intuito de rever, reformar ou invalidar a tutela antecipada estabilizada nos termos do caput.
>
> (...)
>
> § 4º Qualquer das partes poderá requerer o desarquivamento dos autos em que foi concedida a medida, para instruir a petição

> inicial da ação a que se refere o § 2º, prevento o juízo em que a tutela antecipada foi concedida.

Ademais, é importante lembrar que enquanto a tutela antecipada estabilizada não revista, reformada ou invalidada por decisão de mérito, ela conservará seus efeitos.

– Tem prazo para a parte apresentar essa ação para rever, reformar ou invalidar a tutela antecipada estabilizada?

Segundo o § 5º do art. 304 do CPC, o direito de rever, reformar ou invalidar a tutela antecipada, extingue-se após 2 (dois) anos, contados da ciência da decisão que extinguiu o processo.

– Essa estabilização se aplica a qualquer tutela provisória?

Não. Essa estabilização não se aplica à tutela de urgência cautelar, às tutelas provisórias requeridas com o pedido principal ou de forma incidental e a tutela de evidência.

11.2.1.2. Em conjunto com o pedido principal ou incidental

A tutela antecipada pode ser pedida conjuntamente com o pedido principal. Nesse caso, ela deve constar em capítulo próprio da petição inicial da ação ou se for solicitada pelo reclamado, em capítulo próprio da reconvenção, devendo a parte que solicitar, demonstrar os requisitos para o seu deferimento, isto é, a probabilidade do direito material e o perigo de dano ou o risco do resultado útil do processo.

– E quando ela for requerida incidentalmente, como fazer?

A parte requerente pleiteará a medida em petição simples, a qual será dirigida ao órgão competente para processo já em tramitação.

O pedido deverá ser dirigido:

1) Ao juiz da causa se o processo está no 1º grau de jurisdição;

2) Ao tribunal superior respectivo, no período compreendido entre a interposição do recurso e sua distribuição, ficando o relator designado para seu exame prevento para julgá-lo;

3) Ao tribunal superior respectivo, no período compreendido entre a publicação da decisão de admissão do recurso e sua distribuição, ficando o relator designado para seu exame prevento para julgá-lo.

11.3. Tutela de evidência

A tutela de evidência somente vai precisar para ser concedida pelo julgador da verossimilhança das alegações.

– Não tem que provar o perigo, Professor?

Diferente das tutelas provisórias de urgência, que exigem além da probabilidade do direito, o perigo na demora, na tutela provisória de evidência a parte não precisa provar o perigo na demora, nesse sentido o art. 311 do CPC determina que a "tutela da evidência será concedida, independentemente da demonstração de perigo de dano ou de risco ao resultado útil do processo", quando:

> I – ficar caracterizado o abuso do direito de defesa ou o manifesto propósito protelatório da parte;
>
> II – as alegações de fato puderem ser comprovadas apenas documentalmente e houver tese firmada em julgamento de casos repetitivos ou em súmula vinculante;
>
> III – se tratar de pedido reipersecutório fundado em prova documental adequada do contrato de depósito, caso em que será decretada a ordem de entrega do objeto custodiado, sob cominação de multa;
>
> IV – a petição inicial for instruída com prova documental suficiente dos fatos constitutivos do direito do autor, a que o réu não oponha prova capaz de gerar dúvida razoável.

Alerto que será inaplicável ao processo do trabalho, por incompatibilidade, o disposto no inciso III do art. 311 do CPC. Na hipótese do inciso II, o juiz poderá decidir liminarmente.

– Essa tutela pode ser buscada na via antecedente?

Não, a tutela de evidência não pode ser solicitada na forma antecedente.

– Quem pode requer a tutela de evidência, Professor?

A tutela de evidência pode ser requerida pela parte, pelo terceiro ou pelo MPT quando atuar como parte ou fiscal do ordenamento jurídico.

12. FUNGIBILIDADE ENTRE AS MEDIDAS

– Professor, caso a parte peça a tutela provisória de natureza antecipada e o caso era de tutela cautelar, ela será prejudicada?

Não, pois, nesse caso, o juiz deve utilizar a fungibilidade convertendo a medida solicitada para a medida correta, visto que, as duas tutelas têm o mesmo objetivo, ou seja, evitar que os efeitos do tempo possam causar dano ao direito da parte.

Nesse sentido:

> Jornada I Direito Processual Civil do STJ – Enunciado 45: "Aplica-se às tutelas provisórias o princípio da fungibilidade, devendo o juiz esclarecer as partes sobre o regime processual a ser observado".

Por fim, cito o parágrafo único do art. 305 do CPC:

> Parágrafo único. Caso entenda que o pedido a que se refere o caput tem natureza antecipada, o juiz observará o disposto no art. 303.

13. TUTELA PROVISÓRIA E RECURSO

– Cabe recurso da decisão que concede ou nega a tutela provisória?

Da decisão (interlocutória) que concede tutela provisória (cautelar ou satisfativa, antecipada ou da evidência) não cabe recurso no Processo do Trabalho quando proferida pelo Juiz do Trabalho nos termos do § 1º do art. 893 da CLT.

> CLT, Art. 893 – Das decisões são admissíveis os seguintes recursos:
>
> § 1º – Os incidentes do processo são resolvidos pelo próprio Juízo ou Tribunal, admitindo-se a apreciação do merecimento das decisões interlocutórias somente em recursos da decisão definitiva.

– Se não cabe recurso, qual medida tomar, Professor?

No caso de a tutela provisória haver sido concedida ou indeferida antes da sentença, cabe mandado de segurança, em face da inexistência de recurso próprio, segundo o item II da Súmula nº 414 do TST.

– E se a tutela provisória tiver sido concedida ou indeferida na fase recursal, qual medida usar?

Como dito acima, na Justiça do Trabalho, nos termos do art. 893, § 1º, da CLT, as decisões interlocutórias não ensejam recurso imediato, contudo, temos algumas exceções e, uma delas, é a possibilidade de apresentação de recurso, no caso, agravo regimental ou interno, de decisão interlocutória proferida pelo relator nos casos de deferimento ou indeferimento de tutela provisória na fase recursal. Nesse sentido:

> TST, SUM 214 – DECISÃO INTERLOCUTÓRIA. IRRECORRIBILIDADE – Na Justiça do Trabalho, nos termos do art. 893, § 1º, da CLT, as decisões interlocutórias não ensejam recurso imediato, salvo nas hipóteses de decisão:

b) suscetível de impugnação mediante recurso para o mesmo Tribunal;

TST, OJ 412 da SDI-1 – É incabível agravo interno (art. 1.021 do CPC de 2015, art. 557, §1º, do CPC de 1973) ou agravo regimental (art. 235 do RITST) contra decisão proferida por Órgão colegiado. Tais recursos destinam-se, exclusivamente, a impugnar decisão monocrática nas hipóteses previstas. Inaplicável, no caso, o princípio da fungibilidade ante a configuração de erro grosseiro.

14. INDENIZAÇÃO PELOS PREJUÍZOS DECORRENTES DA TUTELA DE URGÊNCIA

Segundo o art. 302 do CPC, independentemente da reparação por dano processual, a parte responde pelo prejuízo que a efetivação da tutela de urgência causar à parte adversa, para garantir a restituição das partes ao estado anterior, se:

1) a sentença lhe for desfavorável;
2) obtida liminarmente a tutela em caráter antecedente, não fornecer os meios necessários para a citação do requerido no prazo de 5 (cinco) dias;
3) ocorrer a cessação da eficácia da medida em qualquer hipótese legal;
4) o juiz acolher a alegação de decadência ou prescrição da pretensão do autor.

– Essa responsabilidade depende da culpa?

O ressarcimento por eventuais prejuízos causados pela efetivação da tutela provisória depende da comprovação da culpa (responsabilidade subjetiva) nas hipóteses dos itens 1 e 4 acima descritos, ou seja, quando a sentença lhe for desfavorável e quando o juiz acolher a alegação de decadência ou prescrição da pretensão do autor.

Nas hipóteses supramencionadas nos itens 2 e 3, isto é, quando for obtida liminarmente a tutela em caráter antecedente, e a parte não fornecer os meios necessários para a citação do requerido no prazo de 5 (cinco) dias ocorrer a cessação da eficácia da medida em qualquer hipótese legal, ou ainda, ocorrer a cessação da eficácia da medida em qualquer hipótese legal, o ressarcimento por eventuais prejuízos causados pela efetivação da tutela provisória deverá ser sem a comprovação da culpa (responsabilidade objetiva).

Porém, existem doutrinadores que defendem que em todos os casos a responsabilidade deverá ser sem culpa (responsabilidade objetiva). Ainda, encontramos alguns julgados do STJ que entendem ser objetiva a responsabilidade pelo simples fato de a antecipação da tutela não ser confirmada na sentença.

– Essa responsabilização será em outro processo ou nos mesmos autos do processo que concedeu a liminar?

O beneficiário da medida responde pelos prejuízos que a efetivação da tutela ocasionou nos mesmos autos do processo.

CAPÍTULO 8

Defesa do Reclamado

1. INTRODUÇÃO

A defesa do reclamado decorre do princípio do contraditório e da ampla defesa previsto expressamente na CF/88 em seu art. 5º, LV que diz que *"aos litigantes, em processo judicial ou administrativo, e aos acusados em geral são assegurados o contraditório e ampla defesa, com os meios e recursos a ela inerentes"*, sou seja, só vamos ter o devido processo legal (outro princípio constitucional previsto no seu art. 5º, LIV) se a parte tiver chance de defesa. Na Justiça do Trabalho, o reclamado poderá apresentar as seguintes defesas:

A) Contestação

B) Reconvenção

C) Exceção de incompetência relativa m razão do lugar

D) Exceção de suspeição ou de impedimento.

As modalidades de reposta do reclamado são independentes, ou seja, podem coexistir, mas tudo depende do interesse do reclamado. Assim, o reclamado pode apresentar reconvenção sem contestar, ou contestar sem reconvir ou reconvir e contestar simultaneamente.

– Professor, o reclamado tem a obrigação de se defender?

Não, o reclamado não está obrigado a apresentar as defesas. A apresentação dessas defesas é uma faculdade da parte. Contestar é um direito e é um ônus do réu.

2. CONTESTAÇÃO

A contestação é o meio de defesa por excelência do réu. É por meio da contestação que o reclamado exerce o seu direito constitucional de defesa (art. 5.º, LV, CF). Tem previsão no art. 847 da CLT.

– Qual o momento para a parte reclamada apresentar defesa, Hamilton?

A parte reclamada pode apresentar a sua contestação em PDF-A via PJE – Processo Judicial Eletrônico, até a realização da proposta de conciliação infrutífera feita em audiência.

Contudo, caso prefira, pode fazer oral no tempo de 20 minutos após a tentativa de concitação frustrada. Veja os artigos abaixo:

> CLT Art. 847 – Não havendo acordo, o reclamado terá vinte minutos para aduzir sua defesa, após a leitura da reclamação, quando esta não for dispensada por ambas as partes.
>
> Parágrafo único. A parte poderá apresentar defesa escrita pelo sistema de processo judicial eletrônico até a audiência.

> RESOLUÇÃO CSJT Nº 185, DE 24 DE MARÇO DE 2017, Art. 22. A contestação ou a reconvenção e seus respectivos documentos deverão ser protocolados no PJe até a realização da proposta de conciliação infrutífera, com a utilização de equipamento próprio, sendo automaticamente juntados, facultada a apresentação de defesa oral, na forma do art. 847, da CLT.

Contudo, é prudente que se a parte for juntar a defesa via PDF-A via PJE, que o faça 48 horas antes da audiência para evitar qualquer problema.

> RESOLUÇÃO CSJT Nº 185, DE 24 DE MARÇO DE 2017, Art. 22 – [...]
>
> §1º No expediente de notificação inicial ou de citação constará recomendação para que a contestação ou a reconvenção e os documentos que as acompanham sejam protocolados no PJe com pelo menos 48h de antecedência da audiência.

– Se eu juntar antes da audiência, posso colocar a contestação em sigilo para o reclamante não ter ciência da minha tese de defesa?

Pode sim, inclusive, isso tem previsão no § 5º do art. 22 da RESOLUÇÃO CSJT Nº 185, DE 24 DE MARÇO DE 2017, veja:

> RESOLUÇÃO CSJT Nº 185, DE 24 DE MARÇO DE 2017, Art. 22 – [...]
>
> §5º O réu poderá atribuir sigilo à contestação e à reconvenção, bem como aos documentos que as acompanham, devendo o magistrado retirar o sigilo caso frustrada a tentativa conciliatória.

2.1. Princípio da eventualidade / concentração

Todas as matérias de defesa do reclamado devem ser alegadas em contestação em uma única oportunidade, pois segundo o art. 336 do CPC, incumbe ao reclamado alegar, na contestação, toda a matéria de defesa (processuais e materiais), expondo as razões de fato e de direito com que impugna o pedido do autor e especificando as provas que pretende produzir.

– Professor, posso alegar na minha defesa matérias incompatíveis?

O princípio da eventualidade autoriza que o reclamado alegue todas as teses defensivas, ainda que contraditórias. Veja o que diz Didier[1] sobre o tema:

> *A regra da eventualidade autoriza, pois, que o réu deduza defesas logicamente incompatíveis. Mas o princípio da boa-fé processual impõe que essa cumulação de defesas incompatíveis tenha limites. Nem toda ilogicidade é superada pela aplicação da regra da*

1. DIDIER JR., Fredie. *Curso de Direita processual civil. v. 1: Introdução ao Direito processual civil e processo de conhecimento.* 17ª ed. Salvador: Juspodivm, 2015, p. 639-640.

> *concentração da defesa. Luiz Guilherme Marinoni fornece interessante exemplo de incompatibilidade insuperável pela regra da eventualidade: se o réu afirma que a mercadoria entregue possui vícios, é impossível negar a sua entrega, pois o juiz, para verificar a existência de vícios, deve necessariamente admitir a entrega da mercadoria'. De fato, não se aceita a cumulação das defesas "nada devo" com a "exceção de contrato não cumprido", defesa que pressupõe a existência do direito afirmado pelo demandante. Do mesmo modo, não pode o réu alegar, simultaneamente, que jamais contratara com o autor e, se rejeitada essa alegação, já pagará a dívida.*

Na seara trabalhista é muito comum os reclamados alegarem defesas incompatíveis nos processos de danos morais, pois, num primeiro momento, alegam que os fatos ensejadores do dano não ocorreram, porém se o juiz entender diferente, alegam defesa dizendo que o valor do dano moral solicitado está exorbitante, violando assim, os princípios da razoabilidade e proporcionalidade.

2.1.1. Novas teses de defesa após contestado

– Depois de contestado, podem ser alegadas novas alegações de defesa no processo?

Em regra, não. O art. 342 do CPC determina que depois da contestação só é lícito ao réu deduzir novas alegações quando:

> I – relativas a direito ou a fato superveniente;
>
> II – competir ao juiz conhecer delas de ofício;
>
> III – por expressa autorização legal, puderem ser formuladas em qualquer tempo e grau de jurisdição.

2.2. Teses de defesas

Na contestação é legítimo o reclamado alegar as seguintes teses de defesa:

A) Preliminares – São defesas processuais que se subdividem em dilatórias (aquelas cujo acolhimento retarda a marcha procedimental sem levar à extinção do feito) e peremptórias (aquelas cujo acolhimento importa a extinção do processo). São as hipóteses do art. 337 do CPC:

> CPC, Art. 337. Incumbe ao réu, antes de discutir o mérito, alegar:
>
> I – inexistência ou nulidade da citação;
>
> II – incompetência absoluta e relativa;
>
> III – incorreção do valor da causa;
>
> IV – inépcia da petição inicial;
>
> V – perempção;
>
> VI – litispendência;
>
> VII – coisa julgada;
>
> VIII – conexão;
>
> IX – incapacidade da parte, defeito de representação ou falta de autorização;
>
> X – convenção de arbitragem;
>
> XI – ausência de legitimidade ou de interesse processual;
>
> XII – falta de caução ou de outra prestação que a lei exige como preliminar;
>
> XIII – indevida concessão do benefício de gratuidade de justiça.
>
> § 1º Verifica-se a litispendência ou a coisa julgada quando se reproduz ação anteriormente ajuizada.
>
> § 2º Uma ação é idêntica a outra quando possui as mesmas partes, a mesma causa de pedir e o mesmo pedido.
>
> § 3º Há litispendência quando se repete ação que está em curso.
>
> § 4º Há coisa julgada quando se repete ação que já foi decidida por decisão transitada em julgado.
>
> § 5º Excetuadas a convenção de arbitragem e a incompetência relativa, o juiz conhecerá de ofício das matérias enumeradas neste artigo.

> § 6º A ausência de alegação da existência de convenção de arbitragem, na forma prevista neste Capítulo, implica aceitação da jurisdição estatal e renúncia ao juízo arbitral.
>
> CPC, Art. 338. Alegando o réu, na contestação, ser parte ilegítima ou não ser o responsável pelo prejuízo invocado, o juiz facultará ao autor, em 15 (quinze) dias, a alteração da petição inicial para substituição do réu.
>
> Parágrafo único. Realizada a substituição, o autor reembolsará as despesas e pagará os honorários ao procurador do réu excluído, que serão fixados entre três e cinco por cento do valor da causa ou, sendo este irrisório, nos termos do art. 85, § 8º.

OBS: No Processo do Trabalho a incompetência relativa em razão do lugar deve ser arguida em peça própria, no caso, na exceção, e não em preliminar de contestação.

B) Prejudiciais de mérito – são as defesas alegadas pelo reclamado nas quais, se acolhidas, implicarão em extinção dos pedidos com resolução do mérito. É a hipótese de prescrição, decadência e compensação.

– Compensação?

Primeiro, lembre-se que compensação ocorre se duas pessoas forem ao mesmo tempo credor e devedor uma da outra, as duas obrigações extinguem-se, até onde se compensarem, conforme determina o art. 368 do CC. Ademais, a compensação somente deve ser arguida como tese de defesa. Nesse sentido:

> CLT, Art. 767 – A compensação, ou retenção, só poderá ser arguida como matéria de defesa.
>
> TST, SUM 48 – A compensação só poderá ser arguida com a contestação.

– Posso compensar qualquer dívida?

Não. A compensação, na Justiça do Trabalho, está restrita a dívidas de natureza trabalhista (TST, Sum 18).

C) Defesa de mérito – aquelas em que o reclamado busca demonstrar a inexistência do direito material alegado pelo reclamante, subdividindo-se em defesa de mérito diretas (o reclamado nega os fatos e fundamentos jurídicos deduzidos pelo reclamante) nesse caso, o ônus da prova é do reclamante (CLT, art. 818, I) e defesa de mérito indireta (o reclamado, reconhecendo a existência dos fatos alegados na peça inicial, alega em defesa um fato novo impeditivo, modificativo ou extintivo do direito do reclamante) nesse caso, o ônus da prova passa a ser do reclamado (CLT, art. 818, II).

– O que seriam esses fatos impeditivos, modificativos ou extintivos do direito do reclamante?

Para responder, cito as lições do professor Renato Saraiva[2]:

> A alegação de fato impeditivo pelo réu é o que provoca a ineficácia dos fatos arguidos pelo demandante. A título de exemplo, podemos mencionar a hipótese em que o reclamante requer o pagamento da indenização compensatória de 40% do FGTS e o reclamado alega que a dispensa ocorreu por justa causa, em função de falta grave cometida pelo trabalhador, sendo a indenização indevida. Trata-se de fato impeditivo do direito do autor.
>
> Já o fato modificativo provoca a alteração dos fatos alegados pelo demandante. Como exemplo, podemos citar a reclamação trabalhista em que reclamante postula os depósitos do FGTS relativos a todo o período do contrato de trabalho e o reclamado demonstre que houve recolhimento parcial dos depósitos fundiários. Neste caso está arguindo um fato modificativo do direito do autor.
>
> Por último, o fato extintivo extingue a obrigação assumida pelo demandado, não podendo mais esta ser exigida do réu. A renúncia, a transação, a decadência e a prescrição são exemplos típicos de fatos extintivos do direito do autor alegados pelo réu.

D) Reconvenção – Na reconvenção, o reclamado dentro do mesmo processo, faz pedidos contra o autor e terceiros (contra-ataca), tornando o reclamante original reclamado, isto é,

2. SARAIVA, Renato; LINHARES, Aryanna. "Curso de Direito Processual do Trabalho". 15 ed. Salvador: Juspodivm, 2018.

invertendo a posição do reclamado e do reclamante. Você tem duas ações dentro de uma só.

> CPC, Art. 343. Na contestação, é lícito ao réu propor reconvenção para manifestar pretensão própria, conexa com a ação principal ou com o fundamento da defesa.
>
> § 1º Proposta a reconvenção, o autor será intimado, na pessoa de seu advogado, para apresentar resposta no prazo de 15 (quinze) dias.
>
> § 2º A desistência da ação ou a ocorrência de causa extintiva que impeça o exame de seu mérito não obsta ao prosseguimento do processo quanto à reconvenção.
>
> § 3º A reconvenção pode ser proposta contra o autor e terceiro.
>
> § 4º A reconvenção pode ser proposta pelo réu em litisconsórcio com terceiro.
>
> § 5º Se o autor for substituto processual, o reconvinte deverá afirmar ser titular de direito em face do substituído, e a reconvenção deverá ser proposta em face do autor, também na qualidade de substituto processual.
>
> § 6º O réu pode propor reconvenção independentemente de oferecer contestação.

– A reconvenção é autônoma?

A reconvenção é sim autônoma, de modo que a desistência da ação inicial, ou a existência de qualquer causa que a extinga (transação e reconhecimento jurídico do pedido), não impõe igualmente a sua extinção, conforme determinado pelo art. 343, § 2º, CPC. Para tanto, ação e reconvenção são duas demandas autônomas.

2.3. Princípio da impugnação específica

Segundo a explanação de Luiz Rodrigues Wambier e Eduardo Talamini[3], o ônus da impugnação específica, previsto no caput do referido artigo 341 do CPC/15, consiste:

3. WAMBIER, Luiz Rodrigues; TALAMINI, Eduardo. Curso Avançado de Processo Civil, Vol. 1, Teoria Geral de Processo e Processo de Conhecimento, 15ª Edição, Revista dos Tribunais, p. 487.

> "Nas alegações da contestação, cabe ao réu manifestar-se precisa e especificamente sobre cada um dos fatos alegados pelo autor, pois são admitidos como verdadeiros os fatos não impugnados. Disso resulta não ser admissível contestação por negativa geral, em que o réu apenas afirma que os fatos alegados pelo autor não são verdadeiros. O ônus da impugnação específica exige que o réu, além de manifestar-se precisamente sobre cada um deles, expresse fundamentação em suas alegações, ou seja, cumpre ao réu dizer como os fatos ocorreram e porque nega os fatos apresentados pelo autor.
>
> Não impugnados os fatos narrados na petição inicial, sobre eles não haverá necessidade de produção de provas, por se tornarem fatos incontroversos (art. 334, III). Ou seja, se o réu não impugnar especificamente um ou alguns fatos, sobre eles não surge controvérsia, e a prova é desnecessária, porque se entende que, se não os impugnou, o réu os aceitou como verdadeiros".

Sendo assim, como, em regra, o reclamante não pode formular pedido genérico, o reclamado também não pode no processo, formular defesa genérica, pois cabe a este formular defesa impugnando especificadamente todas as alegações do reclamante.

– Isso significa que não cabe a defesa por negativa geral?

Isso mesmo.

– Qual a consequência para a defesa genérica?

O reclamado sofrerá a pena de confissão ficta em relação às matérias não impugnadas especificamente. Veja o que diz o *caput* do art. 341 do CPC:

> CPC, Art. 341. Incumbe também ao réu manifestar-se precisamente sobre as alegações de fato constantes da petição inicial, presumindo-se verdadeiras as não impugnadas, [...]

– E quando não ocorrerá a pena de confissão mesmo se a parte contestar por negativa geral, ou seja, de forma genérica sem impugnar especificadamente os fatos?

Não ocorrerá a pena de confissão não seguintes casos:

A) não for admissível, a seu respeito, a confissão;

> TST, SUM 398 – Na ação rescisória, o que se ataca é a decisão, ato oficial do Estado, acobertado pelo manto da coisa julgada. Assim, e considerando que a coisa julgada envolve questão de ordem pública, a revelia não produz confissão na ação rescisória.

B) quando a petição inicial não estiver acompanhada de instrumento que a lei considerar da substância do ato;

> TST, SUM 299 AÇÃO RESCISÓRIA. DECISÃO RESCINDENDA. TRÂNSITO EM JULGADO. COMPROVAÇÃO. EFEITOS
>
> I – É indispensável ao processamento da ação rescisória a prova do trânsito em julgado da decisão rescindenda.
>
> II – Verificando o relator que a parte interessada não juntou à inicial o documento comprobatório, abrirá prazo de 15 (quinze) dias para que o faça (art. 321 do CPC de 2015), sob pena de indeferimento.
>
> III – A comprovação do trânsito em julgado da decisão rescindenda é pressuposto processual indispensável ao tempo do ajuizamento da ação rescisória. Eventual trânsito em julgado posterior ao ajuizamento da ação rescisória não reabilita a ação proposta, na medida em que o ordenamento jurídico não contempla a ação rescisória preventiva. (ex-OJ nº 106 da SBDI-2 – DJ 29.04.2003)
>
> IV – O pretenso vício de intimação, posterior à decisão que se pretende rescindir, se efetivamente ocorrido, não permite a formação da coisa julgada material. Assim, a ação rescisória deve ser julgada extinta, sem julgamento do mérito, por carência de ação, por inexistir decisão transitada em julgado a ser rescindida.

C) estiverem em contradição com a defesa, considerada em seu conjunto.

– Alguém pode fazer a contestação por negativa geral, Professor?

A lei permite ao defensor público, ao advogado dativo e ao curador especial, pois a eles não se aplica o ônus da impugnação específica.

– Professor, a contestação por negativa geral influencia no campo probatório?

Sim, já que que as alegações fáticas incontroversas (não rebatidas pelo reclamado) não são objeto de prova (CPC, art. 374, III), ou seja, há dispensa de provas decorrente dos efeitos da apresentação de contestação por negativa geral.

> CPC, Art. 374. Não dependem de prova os fatos:
>
> III – admitidos no processo como incontroversos;

– O que a parte reclamante pode solicitar no processo se ela se deparar com uma contestação genérica (sem impugnação especificada)?

A parte reclamante pode solicitar:

A) O julgamento parcial de mérito conforme art. 356 do CPC. Para aprofundamento do estudo, aconselho a leitura do tema no capítulo próprio.

B) A tutela provisória de evidência conforme art. 311, I do CPC.

> CPC, Art. 311. A tutela da evidência será concedida, independentemente da demonstração de perigo de dano ou de risco ao resultado útil do processo, quando:
>
> I – ficar caracterizado o abuso do direito de defesa ou o manifesto propósito protelatório da parte;

Nesse sentido, são os ensinamentos do professor Marinoni[4]:

> Julgamento imediato parcial e antecipação da tutela fundada na evidência. Convencendo-se o juiz que das alegações fáticas incontroversas decorre a procedência de parcela do pedido ou de

4. MARINONI, Luiz Guilherme; ARENHART, Sérgio Cruz; MITIDIERO, Daniel. Código de Processo Civil Comentado – 4ª ed. São Paulo. Revista dos Tribunais, 2018.

> um dos pedidos cumulados do autor, cumpre prestar tutela definitiva à parcela incontroversa da demanda (art. 356, I, CPC). O novo Código trata a tutela definitiva da parcela incontroversa da demanda como hipótese de julgamento antecipado parcial do mérito. Se, embora tenha contestado as alegações do autor, o demandado o fez de maneira inconsistente, cumpre ao juiz, mediante requerimento da parte, equilibrar a distribuição do tempo no processo, antecipando a tutela jurisdicional em favor da parte autora, que aparenta no processo direito mais provável que o do réu (art. 311, I, CPC).

3. EXCEÇÕES

No Processo do Trabalho podemos encontrar as seguintes exceções:

A) Exceção de incompetência relativa em razão do lugar; e

B) Exceção de impedimento ou suspeição.

3.1. Exceção de incompetência relativa em razão do lugar

3.1.1. Introdução

A fixação da competência territorial da Justiça do Trabalho dar-se-á nos termos do art. 651 da CLT.

Para melhor compreensão do tema, indico a leitura do tema competência territorial no capitulo de jurisdição e competência.

Agora, você lembra o que eu falei lá no início?

> – Sim, que essa defesa não é alegada em preliminar de contestação e sim, em peça própria, no caso na exceção de incompetência.

Muito bem! Com a reforma trabalhista do ano de 2017 (Lei 13.467/2018), foi alterado o procedimento da exceção de incompetência relativa em razão do lugar, passando a ter o seguinte procedimento:

3.1.2. Prazo

– Qual prazo a parte reclamada deve apresentar a exceção?

A exceção deve ser apresentada pelo excipiente no prazo de cinco dias úteis, a contar da notificação, antes da audiência, conforme nova redação do art. 800 da CLT.

> CLT, Art. 800. Apresentada exceção de incompetência territorial no prazo de cinco dias a contar da notificação, antes da audiência e em peça que sinalize a existência desta exceção, seguir-se-á o procedimento estabelecido neste artigo.

Alerto que o juiz não pode alegar de ofício de incompetência territorial. Caso não seja arguida a exceção, o juiz de incompetente passa a ser competente para resolver a lide.

> TST, OJ 149- SDI-2 – Não cabe declaração de ofício de incompetência territorial no caso do uso, pelo trabalhador, da faculdade prevista no art. 651, § 3º, da CLT. Nessa hipótese, resolve-se o conflito pelo reconhecimento da competência do juízo do local onde a ação foi proposta.

3.1.3. Suspensão do processo principal

– O que acontece com o processo quando a parte reclamada apresenta a exceção?

Apresentada a exceção, será suspenso o processo e não se realizará a audiência inaugural a que se refere o art. 843 da CLT.

> CLT, Art. 800, § 1º – Protocolada a petição, será suspenso o processo e não se realizará a audiência a que se refere o art. 843 desta Consolidação até que se decida a exceção.

3.1.4. Prazo para manifestação da exceção

– Qual prazo o exceto tem para se manifestar da exceção apresentada pelo excipiente?

Após a suspensão do processo, será feita a intimação do exceto (reclamante) e dos litisconsortes, se houver, para manifestação no prazo comum de cinco dias.

> CLT, Art. 800, § 2º – Os autos serão imediatamente conclusos ao juiz, que intimará o reclamante e, se existentes, os litisconsortes, para manifestação no prazo comum de cinco dias.

3.1.5. *Produção de provas*

– As partes podem produzir provas?

Pode normalmente. Contudo, se for necessário o depoimento do excipiente (reclamado) e/ou de suas testemunhas, estas serão ouvidos por carta precatória, no juízo que este houver indicado como competente.

> CLT, Art. 800, § 3º – Se entender necessária a produção de prova oral, o juízo designará audiência, garantindo o direito de o excipiente e de suas testemunhas serem ouvidos, por carta precatória, no juízo que este houver indicado como competente.

3.1.6. *Recurso da decisão da exceção*

– Cabe algum recurso da decisão da exceção, Hamilton?

Inicialmente, frisa-se que decisão que julga a exceção de incompetência relativa em razão do lugar possui natureza de decisão interlocutória e não de sentença.

Nesse sentido, se o juiz acolher a exceção, cabe recurso ordinário no prazo de 8 dias úteis, de forma excepcional, tendo em vista que, via de regra, não é cabível recurso ordinário de decisão interlocutória. Vejamos o que diz a Súmula nº 214 do TST:

> TST, SUM 214 – DECISÃO INTERLOCUTÓRIA. IRRECORRIBILIDADE – Na Justiça do Trabalho, nos termos do art. 893, § 1º,

> da CLT, as decisões interlocutórias não ensejam recurso imediato, salvo nas hipóteses de decisão:
>
> [...]
>
> c) que acolhe exceção de incompetência territorial, com a remessa dos autos para Tribunal Regional distinto daquele a que se vincula o juízo excepcionado, consoante o disposto no art. 799, § 2º, da CLT.

Se o juiz não acolher a exceção, o processo retomará seu curso normal no local onde foi ajuizado a ação. Caso o reclamado queira, após a prolação de sentença, poderá se manifestar novamente sobre a alegada incompetência em sede de preliminar de recurso ordinário.

> CLT, Art. 800, § 4º – Decidida a exceção de incompetência territorial, o processo retomará seu curso, com a designação de audiência, a apresentação de defesa e a instrução processual perante o juízo competente.

3.2. Exceção de suspeição e impedimento

3.2.1. Introdução

A imparcialidade é um pressuposto do exercício da atividade jurisdicional, decorrente do princípio do juiz natural. Contudo, isso não significa que o juiz deva participar do processo apenas como um mero expectador.

Segundo o art. 148 do CPC, aplicam-se os motivos de impedimento e de suspeição ao membro do Ministério Público, aos auxiliares da justiça e aos demais sujeitos imparciais do processo.

– Como assim, Professor?

O juiz, para proferir um julgamento efetivo e justo, tem o dever de conduzir o processo de modo a se aproximar da verdade, podendo inclusive de ofício, determinar a produção de provas, conforme determina o art. 370 do CPC.

> CPC, Art. 370. Caberá ao juiz, de ofício ou a requerimento da parte, determinar as provas necessárias ao julgamento do mérito.

– Então ele pode ajudar alguma parte?

Veja o que diz o inciso I do art. 139 do CPC:

> CPC, Art. 139. O juiz dirigirá o processo conforme as disposições deste Código, incumbindo-lhe:
>
> I – assegurar às partes igualdade de tratamento;

Desta forma, fica evidente que o juiz não pode ajudar nenhuma das partes.

3.2.2. Diferença entre o impedimento e a suspeição

– Qual a diferença entre o impedimento e a suspeição, Hamilton?

São muitas, vejamos cada uma delas:

A) No impedimento temos uma presunção absoluta de parcialidade, já na suspeição temos uma presunção relativa.

B) No impedimento, as circunstâncias que geram o impedimento são objetivas e na suspeição, as circunstâncias que geram a suspensão são subjetivas.

C) O impedimento gera uma nulidade mesmo se não arguida oportunamente, podendo após o trânsito em julgado do processo, a parte apresentar ação rescisória no prazo de 2 anos, (conforme arts. 966, II e 975 do CPC). Já nos casos de suspeição, não temos uma nulidade, portanto, não sendo cabível a ação rescisória.

D) O impedimento é arguido por incidente a qualquer tempo no processo. Já a suspeição, também é arguida por incidente, contudo, tem prazo de 15 dias a contar do conhecimento dos fatos, sob pena de preclusão.

3.2.3. Situações que geram o impedimento e a suspeição

– Quais as situações que geram o impedimento e a suspeição dos magistrados, dos membros do Ministério Público e dos auxiliares da Justiça?

Como forma de assegurar a imparcialidade, o CPC/2015, em seus artigos 144 a 148, disciplina o impedimento e a suspeição de magistrados, membros do Ministério Público e auxiliares da Justiça, bem como a sua forma de alegação no processo. Vejamos:

A) Casos de impedimentos:

> CPC, Art. 144. Há impedimento do juiz, sendo-lhe vedado exercer suas funções no processo:
>
> I – em que interveio como mandatário da parte, oficiou como perito, funcionou como membro do Ministério Público ou prestou depoimento como testemunha;
>
> II – de que conheceu em outro grau de jurisdição, tendo proferido decisão;
>
> III – quando nele estiver postulando, como defensor público, advogado ou membro do Ministério Público, seu cônjuge ou companheiro, ou qualquer parente, consanguíneo ou afim, em linha reta ou colateral, até o terceiro grau, inclusive;
>
> IV – quando for parte no processo ele próprio, seu cônjuge ou companheiro, ou parente, consanguíneo ou afim, em linha reta ou colateral, até o terceiro grau, inclusive;
>
> V – quando for sócio ou membro de direção ou de administração de pessoa jurídica parte no processo;
>
> VI – quando for herdeiro presuntivo, donatário ou empregador de qualquer das partes;
>
> VII – em que figure como parte instituição de ensino com a qual tenha relação de emprego ou decorrente de contrato de prestação de serviços;
>
> VIII – em que figure como parte cliente do escritório de advocacia de seu cônjuge, companheiro ou parente, consanguíneo ou

afim, em linha reta ou colateral, até o terceiro grau, inclusive, mesmo que patrocinado por advogado de outro escritório;

IX – quando promover ação contra a parte ou seu advogado.

§ 1º Na hipótese do inciso III, o impedimento só se verifica quando o defensor público, o advogado ou o membro do Ministério Público já integrava o processo antes do início da atividade judicante do juiz.

§ 2º É vedada a criação de fato superveniente a fim de caracterizar impedimento do juiz.

§ 3º O impedimento previsto no inciso III também se verifica no caso de mandato conferido a membro de escritório de advocacia que tenha em seus quadros advogado que individualmente ostente a condição nele prevista, mesmo que não intervenha diretamente no processo.

B) Casos de suspeição:

CPC, Art. 145. Há suspeição do juiz:

I – amigo íntimo ou inimigo de qualquer das partes ou de seus advogados;

II – que receber presentes de pessoas que tiverem interesse na causa antes ou depois de iniciado o processo, que aconselhar alguma das partes acerca do objeto da causa ou que subministrar meios para atender às despesas do litígio;

III – quando qualquer das partes for sua credora ou devedora, de seu cônjuge ou companheiro ou de parentes destes, em linha reta até o terceiro grau, inclusive;

IV – interessado no julgamento do processo em favor de qualquer das partes.

§ 1º Poderá o juiz declarar-se suspeito por motivo de foro íntimo, sem necessidade de declarar suas razões.

§ 2º Será ilegítima a alegação de suspeição quando:

I – houver sido provocada por quem a alega;

II – a parte que a alega houver praticado ato que signifique manifesta aceitação do arguido.

– Professor, o impedimento ou a suspeição do magistrado faz com que o processo mude de vara?

O impedimento e a suspeição dizem respeito à pessoa e não ao órgão, razão pela qual o seu reconhecimento não acarreta mudança na competência, conforme dito pelo STJ no REsp 731.766/RJ. DJ 10.10.05. Logo, o magistrado apenas dá lugar ao seu substituto legal.

3.2.4. Prazo para alegar o impedimento e a suspeição

– Qual o prazo a parte deve alegar o impedimento e a suspeição?

As partes podem alegar impedimento e suspeição do juiz por petição própria, consoante o art. 146 do CPC.

> CPC, Art. 146. No prazo de 15 (quinze) dias, a contar do conhecimento do fato, a parte alegará o impedimento ou a suspeição, em petição específica dirigida ao juiz do processo, na qual indicará o fundamento da recusa, podendo instruí-la com documentos em que se fundar a alegação e com rol de testemunhas.

Quanto ao impedimento, a parte pode alegar ainda, a qualquer tempo, por requerimento nos autos, pois o impedimento não se sujeita à preclusão, podendo inclusive, ser alegado em ação rescisória, de acordo com o art. 966, II do CPC.

3.2.5. Procedimento da exceção

Se reconhecer o impedimento ou a suspeição ao receber a petição, o juiz ordenará imediatamente a remessa dos autos a seu substituto legal, caso contrário, determinará a autuação em apartado da petição e, no prazo de 15 (quinze) dias, apresentará suas razões, acompanhadas de documentos e de rol de testemunhas, se houver, ordenando a remessa do incidente ao tribunal.

Distribuído o incidente, o relator deverá declarar os seus efeitos, sendo que, se o incidente for recebido sem efeito suspensivo, o processo voltará a correr ou com efeito suspensivo, o processo permanecerá suspenso até o julgamento do incidente.

Enquanto não for declarado o efeito em que é recebido o incidente ou quando este for recebido com efeito suspensivo, a tutela de urgência será requerida ao substituto legal.

Verificando que a alegação de impedimento ou de suspeição é improcedente, o tribunal rejeitá-la-á. Reconhecido o impedimento ou a suspeição, o tribunal fixará o momento a partir do qual o juiz não poderia ter atuado. O tribunal decretará a nulidade dos atos do juiz, se praticados quando já presente o motivo de impedimento ou de suspeição.

CAPÍTULO 9

Audiência Trabalhista

1. NOÇÕES INTRODUTÓRIAS

– Professor, qual o conceito de audiência?

Segundo a doutrina de Manoel Antonio Teixeira Filho[1], audiência:

> "é o ato público, em princípio indispensável, no qual o réu pode apresentar a sua resposta à petição inicial, e o juiz procede a instrução, fórmula propostas destinadas à solução consensual do litígio, concede prazo para razões finais e profere sentença."

Já nos ensinamentos de Erotilde Ribeiro[2]:

> "audiência é a sessão solene, a princípio pública, na qual o juiz ouvirá as partes, as testemunhas ou os peritos e praticará todos os atos destinados a solucionar o feito, solução esta que pode ser negociada – conciliação – ou imposta – julgamento do feito"

Desta forma, audiência é ato solene determinado pelo juiz, para a tentativa de conciliação, apresentação de defesa, produção de provas e para proferir decisão. Na audiência será promovida a tentativa de conciliação, colhida a resposta do reclamado, instruída e debatida a causa e, eventualmente, proferida decisão. Todos os tramites narrados acima, serão resumidos em ata de audiência. Nesse sentido:

1. TEIXEIRA FILHO, Manoel Antonio. Manual da audiência na Justiça do Trabalho. São Paulo: LTr, 2010.
2. MINHARRO, Erotilde Ribeiro S. In: CLT interpretada: artigo por artigo, parágrafo por parágrafo. Organizador: Costa Machado. Coordenador: Domingos Sávio Zainaghi. São Paulo: Manole, 2007. p. 767.

> CLT, Art. 851 - Os tramites de instrução e julgamento da reclamação serão resumidos em ata, de que constará, na íntegra, a decisão.

A CLT implementou enorme importância à audiência, pois que no Processo do Trabalho esse é um ato processual de suprema importância. De certo modo, pode-se afirmar que a audiência é uma das atividades mais antigas de toda a história do Direito Processual. Muito antes de se cogitar sobre *actio*, "processo" ou "procedimento", já havia se estabelecido como noção basilar a imperiosa necessidade recíproca de se permitir a todos os envolvidos no litígio, partes e julgadores, a possibilidade de falar e ouvir sobre as questões da causa. A audiência, no Estado Democrático de Direito, se constitui, assim, em uma das mais importantes garantias fundamentais, sendo parte integrante do devido processo legal[3].

2. PRINCIPAIS PRINCÍPIOS DA AUDIÊNCIA TRABALHISTA

– Quais os principais princípios da audiência trabalhista?

Os princípios essenciais são:

2.1. Concentração dos atos processuais

Diz o art. 849 da CLT:

> CLT, Art. 849 - A audiência de julgamento será contínua; mas, se não for possível, por motivo de força maior, concluí-la no mesmo dia, o juiz ou presidente marcará a sua continuação para a primeira desimpedida, independentemente de nova notificação.

– Quais atos serão praticados na audiência, Hamilton?

3. ZANGRANDO, Carlos Henrique da Silva. Processo do trabalho: processo de conhecimento. vol. II. São Paulo: LTr, 2009. p. 1057.

Na audiência trabalhista, serão praticados os seguintes atos:

(1) Pregão das partes na hora designada;

(2) Tentativa de conciliação;

(3) Recebimento da defesa e documentos;

(4) Juiz fixa os pontos controvertidos dos fatos narrados na petição inicial e da contestação;

(5) Oitiva das partes (Em regra, primeiro o juiz toma o depoimento do autor, depois do réu);

(6) Oitiva das testemunhas das partes (primeiro as testemunhas do autor, depois as do réu);

(7) Alegações finais pelas partes;

(8) Nova tentativa de conciliação;

(9) Sentença do juiz.

– Tudo isso será feito em uma única audiência, Professor Hamilton?

Esclareço que nem sempre a audiência vai ser realizada em sessão única como explicaremos mais a frente, pois em algumas situações, a sessão vai ter que ser adiada em razão de:

(1) Não comparecimento de testemunha;

(2) Para realização da prova pericial;

(3) Por ausência justificada das partes;

(4) Etc.

2.2. Publicidade dos atos processuais

– A audiência pode ser assistida por qualquer pessoa, Hamilton?

Pelo princípio da publicidade, a audiência deve ser feita de portas "abertas" – para que qualquer pessoa possa ingressar nos recintos da audiência e assisti-la. A doutrina de Cândido Rangel Dinamarco[4] ensina que:

> "Como toda audiência, a de instrução e julgamento é sempre um ato público, pelo simples fato de ser um ato do processo, o qual em si mesmo é uma instituição de direito público. Mas ela é também pública, no sentido de que deve ser realizada a portas abertas, com livre ingresso de quem queria assistir a ela, ressalvados os casos de segredo de justiça e de circunstâncias que possam conturbar os trabalhos [...]."

Em regra, todos os atos e julgamentos dos órgãos do Poder Judiciário serão públicos, sob pena de nulidade, salvo quando a lei ou interesse público, determinar o contrário. Tal princípio, tem um duplo significado:

(1) Dar as partes o acesso ao conteúdo do processo;

(2) Direito de presença no momento da prática dos atos processuais.

Sendo assim, qualquer pessoa pode ter acesso ao conteúdo dos processos e estar presente no momento da prática de atos, ressalvados os casos em que há segredo de justiça, que nesses casos, pode ser autorizada a presença somente das partes, de seus advogados, de defensores públicos ou do Ministério Público.

Encontramos o princípio da publicidade nos seguintes dispositivos legais:

> CF, Art. 5º – Todos são iguais perante a lei, sem distinção de qualquer natureza, garantindo-se aos brasileiros e aos estrangeiros residentes no País a inviolabilidade do direito à vida, à liberdade, à igualdade, à segurança e à propriedade, nos termos seguintes:
>
> [...]

4. DINAMARCO, Cândido Rangel. Instituições de direito processual civil. V. 111. São Paulo: Malheiros, 2001. p. 633.

LX – a lei só poderá restringir a publicidade dos atos processuais quando a defesa da intimidade ou o interesse social o exigirem;

CF, Art. 93 – Lei complementar, de iniciativa do Supremo Tribunal Federal, disporá sobre o Estatuto da Magistratura, observados os seguintes princípios:

[...]

IX – todos os julgamentos dos órgãos do Poder Judiciário serão públicos, e fundamentadas todas as decisões, sob pena de nulidade, podendo a lei limitar a presença, em determinados atos, às próprias partes e a seus advogados, ou somente a estes, em casos nos quais a preservação do direito à intimidade do interessado no sigilo não prejudique o interesse público à informação;

CPC, Art. 11 – Todos os julgamentos dos órgãos do Poder Judiciário serão públicos, e fundamentadas todas as decisões, sob pena de nulidade.

Parágrafo único – Nos casos de segredo de justiça, pode ser autorizada a presença somente das partes, de seus advogados, de defensores públicos ou do Ministério Público.

CPC, Art. 189 – Os atos processuais são públicos, todavia tramitam em segredo de justiça os processos:

I – em que o exija o interesse público ou social;

II – que versem sobre casamento, separação de corpos, divórcio, separação, união estável, filiação, alimentos e guarda de crianças e adolescentes;

III – em que constem dados protegidos pelo direito constitucional à intimidade;

IV – que versem sobre arbitragem, inclusive sobre cumprimento de carta arbitral, desde que a confidencialidade estipulada na arbitragem seja comprovada perante o juízo.

2.2.1. *Atos que vão tramitar em segredo de justiça*

– Quais são esses atos que vão tramitar em segredo?

Os seguintes atos vão tramitar em segredo de justiça na Justiça do Trabalho:

(1) Ato em que exija o interesse público ou social – Nesse caso, cabe ao Magistrado avaliar de forma discricionária, avaliando as circunstâncias do caso concreto e o bom andamento do processo.

(2) Ato em que constem dados protegidos pelo direito constitucional à intimidade – Nesse caso, podemos citar aqui, processos onde estão sendo discutidos:

(2.1) Dispensa discriminatória por doença estigmatizante. Exemplo: Dispensa de empregado portador de HIV (TST, SUM 443).

(2.2) Processo de assédio sexual. Exemplo: quando tem fotos nos autos de partes íntimas dos envolvidos.

(2.3) Quando nos autos aparece fotos de crianças. Diz o art. 17 do ECA (Lei nº 8.069):

> Lei Nº. 8.069/90, Art. 17 – O direito ao respeito consiste na inviolabilidade da integridade física, psíquica e moral da criança e do adolescente, abrangendo a preservação da imagem, da identidade, da autonomia, dos valores, ideias e crenças, dos espaços e objetos pessoais.

Nesse sentido também o REsp 1642318:

> 4. As crianças, mesmo da mais tenra idade, fazem jus à proteção irrestrita dos direitos da personalidade, assegurada a indenização pelo dano moral decorrente de sua violação, nos termos dos artigos 5º, X, in fine, da CF e 12, caput, do CC/02.

(2.4) Discussão judicial quanto a uma justa causa vexatória para o empregado. Exemplo: Processo de anulação de justa causa por ato de improbidade (furto), ou anulação de justa causa por ato de incontinência de conduta (incontinência de conduta está ligado com a moral sexual), etc.

(2.5) Informações comerciais e sigilosas da empresa e seus clientes. Exemplo: Processo de anulação de justa causa por violação do segredo da empresa (Segredo da fórmula da Coca Cola).

(2.6) Etc.

2.2.1.1. *Consulta dos autos dos processos que tramitam em segredo de justiça*

– Quem pode consultar os autos dos processos que tramitam em segredo de justiça?

O direito de consultar os autos de processo que tramita em segredo de justiça e de pedir certidões de seus atos é restrito às partes e aos seus procuradores, conforme art. 189, §1º do CPC:

> CPC, Art. 189, § 1º – O direito de consultar os autos de processo que tramite em segredo de justiça e de pedir certidões de seus atos é restrito às partes e aos seus procuradores.

– Quem não for parte não pode ter acesso aos autos?

Isso mesmo. O terceiro, para ter acesso apenas à certidão do dispositivo da sentença, deve demonstrar ao magistrado interesse jurídico, nos termos do art. 189, §2º do CPC:

> CPC, Art. 189, § 2º – O terceiro que demonstrar interesse jurídico pode requerer ao juiz certidão do dispositivo da sentença, bem como de inventário e de partilha resultantes de divórcio ou separação.

2.2.2. *Gravação da audiência*

– É possível a parte gravar a audiência?

A gravação pode ser utilizada pelas as partes e o seus advogados para estudarem o ato processual gravado (audiência) – não deixando passar despercebido nenhum detalhe, bem como, para a constituição de prova em relação a eventuais incidentes ocorridos durante a realização da audiência. A CLT é omissa sobre o tema, sendo assim, com autorização do art. 769 da própria CLT, é possível a gravação da audiência, por aplicação subsidiária dos parágrafos 5° e 6° do art. 367 do CPC, de seguinte teor:

> CPC, Art. 367 – [...]
>
> § 5º – A audiência poderá ser integralmente gravada em imagem e em áudio, em meio digital ou analógico, desde que assegure o rápido acesso das partes e dos órgãos julgadores, observada a legislação específica.

– Será necessário a parte solicitar autorização do juiz para gravação da audiência?

A gravação a que se refere o § 5º pode ser realizada diretamente por qualquer das partes, independentemente de autorização judicial.

Contudo, do ponto de vista ético, da transparência e dos princípios da lealdade, da boa-fé e da cooperação com que devem ser pautadas as relações processuais entras as partes, advogados e o juiz (CPC, art. 5º)[5], é necessário que todos que participam da audiência tenham conhecimento de que o ato processual está sendo gravado. Essa comunicação poderá ser feita por simples petição, em momento procedimental anterior à audiência, ou mesmo durante a abertura da própria audiência[6].

Sobre o tema, a doutrina escreve que:

5. CPC, Art. 5º Aquele que de qualquer forma participa do processo deve comportar-se de acordo com a boa-fé.
6. https://www.conjur.com.br/2019-ago-05/gravacao-audiencia-feita-autorizacao-nao-serve-prova

- **Marinoni**[7]:

> A audiência poderá ser integralmente gravada em imagem e em áudio, em meio digital ou analógico, desde que assegure o rápido acesso das partes e dos órgãos julgadores, observada a legislação específica. A gravação também pode ser realizada diretamente por qualquer das partes, independentemente de autorização judicial. Nesse caso, a parte deverá oportunizar acesso ao conteúdo da gravação à outra (art. 7.º, CPC).

- **Daniel Amorim**[8]:

> Entendo que tal gravação pelo advogado independe inclusive de autorização dos participantes da audiência, ainda que se possa objetar tal entendimento com o argumento de que tais sujeitos têm direitos da personalidade e podem não querer ter sua participação gravada ou filmada. A partir do momento em que se tornam auxiliares eventuais da Justiça, tais direitos devem ser flexibilizados, porque o ato é de interesse público, tal como sua documentação por qualquer meio admitido por lei.
>
> E mesmo nos casos de segredo de justiça a gravação deve ser admitida, respondendo o advogado na hipótese de tal gravação se tornar pública, violando-se assim o segredo, procedendo-se da mesma forma que já ocorre com os atos escritos em processos que tramitam em segredo de justiça.
>
> Vejo, entretanto, uma hipótese em que a gravação poderá ser impedida por decisão judicial. Sempre que a mesma causar algum tipo de pressão e/ou constrangimento nas testemunhas a ponto de sacrificar a qualidade de seu depoimento, o juiz, justificando-se na necessidade de se preservar a própria prova testemunhal, poderá proibir a gravação. Nenhum direito, afinal, é absoluto. Esse impedimento, entretanto, deve ser excepcional e deve ser sempre devidamente fundamentado pelo magistrado que conduz a audiência.

---

7. MARINONI, Luiz Guilherme; ARENHART, Sérgio Cruz; MITIDIERO, Daniel. **"Código de Processo Civil Comentado"** – 4ª ed. São Paulo. Revista dos Tribunais, 2018.
8. NEVES, Daniel Amorim Assumpção. **"Novo Código de Processo Civil Comentado"**. Salvador: Ed. Juspodivm, 2016.

- Didier[9]:

> Essa gravação também poderá ser realizada diretamente por qualquer das partes, independentemente de autorização judicial. Nesse caso, ainda que não haja necessidade de autorização judicial, a parte deve informar a todos os participantes da audiência que procederá à gravação: essa é uma exigência ética que decorre do princípio da boa-fé e do princípio da cooperação (arts. 5º e 6º do CPC).

A jurisprudência, ao tratar sobre o tema, decidiu que:

> GRAVAÇÃO PRIVADA DA AUDIÊNCIA. AUTORIZAÇÃO JUDICIAL. DESNECESSIDADE. NECESSIDADE DE COMUNICAÇÃO PRÉVIA A TODOS OS PARTICIPANTES DA AUDIÊNCIA. PRINCÍPIOS DA LEALDADE, DA BOA-FÉ E DA COOPERAÇÃO. A documentação privada de ato processual público é uma prerrogativa positivada no §6º do artigo 367 do CPC de 2015, o qual garante à parte interessada, independentemente de autorização judicial, gravar a imagem e/ou o áudio da audiência por meio de meio digital ou analógico. Por outro lado, do ponto de vista ético, da transparência e dos princípios da lealdade, da boa-fé e da cooperação com que devem ser pautadas as relações processuais entre as partes, os advogados e o juiz, faz-se necessário que todas as pessoas que participam da audiência tenham pleno conhecimento de que o ato processual está sendo gravado em imagem e/ou em áudio. Não constatada a comunicação prévia da intenção de gravar a audiência, por simples petição ou mesmo durante a abertura do próprio ato, in loco, não há como acolher a mídia apresentada. Recurso ordinário do reclamante ao qual se nega provimento, no particular. (PROCESSO TRT/SP nº 1001720-10.2017.5.02.0001 – Data de Publicação 19/06/2019 – Magistrado Relator: MARCIO MENDES GRANCONATO – Jurisdição: TRT 2ª Região – Órgão Julgador: 16ª Turma)
>
> RECURSO ORDINÁRIO INTERPOSTO PELO RECLAMANTE. DECLARAÇÃO DE SUSPEIÇÃO OU IMPEDIMENTO DA JUÍZA DO TRABALHO, COM A REABERTURA DA INSTRUÇÃO PROCESSUAL E A DESIGNAÇÃO DE OUTRO JUIZ

9. DIDIER JR., Fredie, BRAGA, Paula Sarno e OLIVEIRA, Rafael. **"Curso de direito processual civil"**. 10. ed. Salvador: Juspodivm, 2015. v. 2.

PARA O PROSSEGUIMENTO DO FEITO. Observe-se que o § 6º do art. 367 do CPC de 2015, de aplicação subsidiária, prevê a possibilidade de gravação da audiência independentemente de autorização judicial. Isso não significa, no entanto, que possam ser obtidas gravações de forma oculta, às escondidas. Ao contrário. A gravação da audiência é admissível desde que seja realizada de forma transparente, às claras, com conhecimento de todos os participantes do ato, em atenção à lealdade em que devem ser pautadas as relações processuais. Recurso desprovido. (RO nº 0020232-32.2017.5.04.0024, 1ª Turma do TRT da 4ª Região/RS, Rel. Maria Silvana Rotta Tedesco. j. 05.12.2018).

Ainda sobre o tema, o seguinte julgado:

REUNIÃO OU AUDIÊNCIA DE CONCILIAÇÃO - GRAVAÇÃO OSTENSIVA E AUTORIZADA - POSSIBILIDADE ÉTICA - GRAVAÇÃO OCULTA OU NÃO AUTORIZADA - VEDAÇÃO ÉTICA - ASPECTOS LEGAIS DA FORÇA PROBANTE DO CONTEÚDO DA GRAVAÇÃO, AUTORIZADA OU NÃO, QUE CABE AO DESTINATÁRIO DA PROVA (JUIZ) E NÃO AO TRIBUNAL DE ÉTICA. Não é eticamente vedado ao advogado, em audiências de instrução e julgamento, proceder à respectiva gravação. Do ponto de vista ético, o ato da gravação há que ser ostensivo, sob pena de violação da lealdade com que deve ser pautada as relações processuais e as relações entre advogados. Em se tratando de ato destinado à conciliação, não se justifica eticamente a gravação, que tem o condão inibir eventuais negociações ou causar constrangimento a quaisquer das partes, que atuarão com reservas excessivas a fim de evitar que sua conduta seja interpretada como admissão de fatos ou renúncia a direitos. A gravação inibe declarações, opiniões, promessas, reconhecimentos de fatos, dentre outros atos típicos das tratativas. Não é por outra razão conteúdo do que se afirmar, em procedimento de mediação, não pode sequer ser utilizado em processo arbitral ou judicial (art. 30 da lei 13.140/2015). Os objetivos buscados com a mediação, conciliação, judiciais ou extrajudiciais, ou mesmo em reuniões informais para esse fim entre advogados, com ou sem as partes, são contrários a que se faça gravações, sob pena de transformar o ato em busca de provas ou investigação de fatos, salvo disposição expressa das partes em sentido contrário. Precedentes: Proc. E-3.854/2010 e Proc. E-3.986/2011. (Proc.

E-4.987/2018 – v.u., em 26/04/2018, do parecer e ementa do Julgador Dr. FÁBIO DE SOUZA RAMACCIOTTI, tendo aderido ao voto vencedor o relator Dr. SYLAS KOK RIBEIRO, Rev. Dra. RENATA MANGUEIRA DE SOUZA – Presidente Dr. PEDRO PAULO WENDEL GASPARINI).

2.3. Oralidade dos atos processuais

No Processo do Trabalho, vários atos processuais são praticados de forma oral, em razão do princípio da oralidade, por exemplo:

(1) Reclamação trabalhista de forma verbal;

CLT, Art. 840 – A reclamação poderá ser escrita ou verbal.

(2) Tentativa de conciliação pelo magistrado após a abertura da audiência;

CLT, Art. 846 – Aberta a audiência, o juiz ou presidente proporá a conciliação.

(3) Apresentação de defesa pelo reclamado após a tentativa de conciliação frustrada;

CLT, Art. 847 – Não havendo acordo, o reclamado terá vinte minutos para aduzir sua defesa, após a leitura da reclamação, quando esta não for dispensada por ambas as partes.

(4) Oitiva das partes e das testemunhas pelo magistrado em audiência;

CLT, Art. 820 – As partes e testemunhas serão inquiridas pelo juiz ou presidente, podendo ser reinquiridas, por seu intermédio, a requerimento dos vogais, das partes, seus representantes ou advogados.

(5) Tentativa de nova conciliação e alegações finais.

CLT, Art. 850 – Terminada a instrução, poderão as partes aduzir razões finais, em prazo não excedente de 10 (dez) minutos para cada uma. Em seguida, o juiz ou presidente renovará a proposta de conciliação, e não se realizando esta, será proferida a decisão.

2.4. Conciliação

O § 2º do art. 3º do CPC, determina que "o Estado promoverá, sempre que possível, a solução consensual dos conflitos". Trata-se de uma norma fundamental do processo.

O princípio da conciliação é um dos principais princípios do direito do trabalho, pois todos os processos trabalhistas, serão sempre sujeitos a conciliação. Nesse sentido:

> CLT, Art. 764 – Os dissídios individuais ou coletivos submetidos à apreciação da Justiça do Trabalho serão sempre sujeitos à conciliação.

Para conseguir uma conciliação, os magistrados empregarão sempre os seus bons ofícios e persuasão no sentido de uma solução conciliatória dos conflitos.

– Hamilton, o juiz é obrigado a homologar o acordo?

Nenhum magistrado é obrigado a homologar acordo, sendo uma faculdade deste, como preceitua a Súmula 418 do TST, de seguinte teor:

> TST, SUM. Nº. 418 – MANDADO DE SEGURANÇA VISANDO À HOMOLOGAÇÃO DE ACORDO – A homologação de acordo constitui faculdade do juiz, inexistindo direito líquido e certo tutelável pela via do mandado de segurança.

– Ele pode alegar que simplesmente não homologa e pronto?

Não, o juiz ao recusar a homologação do acordo, nos termos propostos pelas partes, deve fazer em decisão fundamentada, sob pena de nulidade, pois segundo a CF/88, todas as decisões do Poder Judiciário, devem ser fundamentadas, vejamos:

> CF, Art. 93 – Lei complementar, de iniciativa do Supremo Tribunal Federal, disporá sobre o Estatuto da Magistratura, observados os seguintes princípios:
>
> [...]

> IX – todos os julgamentos dos órgãos do Poder Judiciário serão públicos, e fundamentadas todas as decisões, sob pena de nulidade, podendo a lei limitar a presença, em determinados atos, às próprias partes e a seus advogados, ou somente a estes, em casos nos quais a preservação do direito à intimidade do interessado no sigilo não prejudique o interesse público à informação;

– Essa conciliação deve ser feita em que momento no processo?

O Processo do Trabalho, exige no mínimo duas tentativas de conciliações, sendo a primeira tentativa de conciliação realizada na abertura da audiência antes da defesa do reclamado (CLT, art. 846) e a segunda, após as partes aduzirem alegações finais (CLT, art. 850).

Contudo, é permitido às partes celebrar acordo que ponha fim ao processo, ainda mesmo depois de encerrado o juízo conciliatório, conforme determina o § 4º do art. 764 da CLT, ou seja, as partes podem conciliar:

(1) No início do processo antes da defesa do reclamado;

(2) Durante a instrução processual;

(3) Após a instrução processual;

(4) Na fase recursal;

(5) Na fase de execução.

– Até mesmo na fase de execução? Essa eu não sabia.

Só que na fase de execução, como já ocorreu o trânsito em julgado do processo, é devida a contribuição previdenciária sobre o valor do acordo celebrado, vejamos:

> TST, OJ Nº. 376 Da SBDI-1 – CONTRIBUIÇÃO PREVIDENCIÁRIA. ACORDO HOMOLOGADO EM JUÍZO APÓS O TRÂNSITO EM JULGADO DA SENTENÇA CONDENATÓRIA. INCIDÊNCIA SOBRE O VALOR HOMOLOGADO – É devida a contribuição previdenciária sobre o valor do acordo celebrado e homologado após o trânsito em julgado de decisão judicial, respeitada a proporcionalidade de valores entre as parcelas de

> natureza salarial e indenizatória deferidas na decisão condenatória e as parcelas objeto do acordo.

No mesmo sentido da OJ 373 da SBDI-21 do TST, o art. 43, § 5º da Lei nº 8.212/91:

> Lei nº. 8.212/91, Art. 43 – [...]
>
> § 5º – Na hipótese de acordo celebrado após ter sido proferida decisão de mérito, a contribuição será calculada com base no valor do acordo.

Lembrando que, a contribuição previdenciária irá incidir sobre verbas de cunho salarial, não incidindo nas de cunho indenizatório. Na ata de audiência irá constar que o acordo que está sendo feito se refere à determinadas verbas (ex.: indenização por danos morais, saldo de salário e férias vencidas em dobro), além de, ao final, dar quitação aos pleitos constantes na exordial ou dar quitação ao extinto contato de trabalhado.

Logo, na prática, ao realizar um acordo você deverá observará duas situações:

(1) INCIDÊNCIA DE ENCARGOS PREVIDENCIÁRIOS:

A) **Se você for advogado do Reclamante**: a priori, é importante saber que os encargos são pagos pela empresa e pelo reclamante, porém na vida prática, apenas a empresa recolhe tais encargos. Entretanto, é aconselhável ficar atento, pois é possível aumentar o valor do acordo negociando. Verifique todos os pleitos de cunho indenizatório da sua exordial e peça para que aquele acordo seja referente sobre tais parcelas, dessa forma o acordo poderá se referir totalmente apenas em parcelas indenizatórias, isentando a empresa do pagamento dos encargos, momento esse que você como advogado do reclamante pede para que a proposta de acordo seja majorada, uma vez que o valor que a empresa pagaria de encargos previdenciários poderá ter ao menos uma parte revertida para o acordo; ou o acordo poderá se referir em boa parte apenas em parcelas indenizatórias, fazendo com que a empresa pague um valor bem menor de encargos previdenciários, possibilitando ao advogado do reclamante que negocie parte desse valor "economizado" pela empresa.

Na prática: Alguns juízes já buscarão essa flexibilização para ajudar o acordo entre as partes, porém caso não seja falado, é importante que o advogado do reclamante fique atento.

B) **Se você for advogado da Reclamada:** além do valor do acordo, a empresa pagará o valor referente aos encargos previdenciários. É preciso se atentar, pois quanto mais o acordo versar sobre verbas indenizatórias, menor será o valor dos encargos a serem pagos pela empresa, já que eles vão incidir com base nas verbas salariais. Salienta-se que, além de "economizar", a empresa também pode usar tal argumento para melhorar a proposta de acordo oferecida ao reclamante.

Na prática: O recolhimento dos encargos poderá ser parcelado, o advogado deverá verificar como a Vara procede. Ainda, alguns juízes permitem o pagamento dos encargos previdenciários 30 dias após o apagamento da última parcela trabalhista. Você pode ainda, conseguir o parcelamento do valor devido a Previdência Social, junto a PGFN – Procuradoria Geral da Fazenda Nacional, após conseguir êxito no parcelamento, a parte deve fazer a juntada do deferimento nos autos, para suspender a execução no processo trabalhista.

ATENÇÃO: Se não houver discriminação das verbas que irão compor o acordo, a incidência dos encargos será sobre o valor total do acordo.

– Hamilton, o art. 334 do CPC é aplicado ao Processo do Trabalho?

O art. 334 do CPC determina que "se a petição inicial preencher os requisitos essenciais e não for o caso de improcedência liminar do pedido, o juiz designará audiência de conciliação ou de mediação com antecedência mínima de 30 (trinta) dias, devendo ser citado o réu com pelo menos 20 (vinte) dias de antecedência."

Esse dispositivo não é aplicado ao Processo do Trabalho, pois esse, possui regra própria no tocante às audiências, nesse sentido, a IN 39/2016:

> TST, IN Nº. 39/2016, Art. 2º – Sem prejuízo de outros, não se aplicam ao Processo do Trabalho, em razão de inexistência de omissão ou por incompatibilidade, os seguintes preceitos do Código de Processo Civil:
>
> IV – Art. 334 (audiência de conciliação ou de mediação);

2.4.1. CEJUSC-JT

– Temos outra saída para que as audiências de conciliação ocorram de forma mais rápida?

A resolução CSJT Nº 174, de 30 de setembro de 2016, em seu art. 5º, determinou a **criação do Métodos Consensuais de Solução de Disputas – CEJUSC-JT,** que será presidida por um Juiz do Trabalho. O CEJUSC-JT, muitas vezes antecipam as audiências para tentar a conciliação.

> NÚCLEO PERMANENTE DE MÉTODOS CONSENSUAIS DE SOLUÇÃO DE DISPUTAS
>
> CSJT, Resolução Nº. 174/2016, Art. 5º – Cada Tribunal Regional do Trabalho criará, no prazo de 180 (cento e oitenta) dias, contados da data de publicação desta Resolução, um Núcleo Permanente de Métodos Consensuais de Solução de Disputas – NUPEMEC-JT, composto por magistrados e servidores ativos designados, com as seguintes atribuições:
>
> V – instalar, havendo autorização do respectivo TRT, Centro(s) Judiciário(s) de Métodos Consensuais de Solução de Disputas – CEJUSC-JT que realizará as sessões de conciliação e mediação dos Órgãos por este(s) abrangidos;

– É necessário constituir um advogado para participar nas audiências do CEJUSC-JT?

O §1º do art. 6º da referida resolução, determinou que nas audiências no CEJUSC-JT, é indispensável a presença do advogado do reclamante caso ele esteja constituído nos autos. Se as partes ainda não possuem advogados, não será necessário a contratação.

> CSJT, Resolução Nº. 174/2016, Art. 6º. Os Tribunais Regionais do Trabalho criarão Centro(s) Judiciário(s) de Métodos Consensuais de Solução de Disputas - CEJUSC-JT, unidade(s) do Poder Judiciário do Trabalho vinculado(s) ao NUPEMEC-JT, responsáveis pela realização das sessões e audiências de conciliação e mediação de processos em qualquer fase ou instância, inclusive naqueles pendentes de julgamento perante o Tribunal Superior do Trabalho.
>
> §1º - As sessões de conciliação e mediação realizadas nos CEJUSC-JT contarão com presença física de magistrado, o qual poderá atuar como conciliador e mediador e supervisionará a atividade dos conciliadores e mediadores, estando sempre disponível às partes e advogados, sendo indispensável a presença do advogado do reclamante.

– Pode haver mais de uma sessão para a tentativa de conciliação junto ao CEJUSC-JT?

A sessão do CEJUSC-JT, poderá ser dividida em tantas sessões quantas forem necessárias para viabilizar a solução consensual, sem prejuízo das providências jurisdicionais que evitem o perecimento do direito, estas a serem tomadas pelo Juízo a que distribuída a ação. Nesse sentido:

> CSJT, Resolução Nº. 174/2016, Art. 7º - Os CEJUSC-JT contarão com um magistrado coordenador e, sendo necessário, juiz(es) supervisor(es), todos entre Juízes com atuação nas respectivas sedes, indicados fundamentadamente em critérios objetivos pelo Presidente do respectivo Tribunal, aos quais caberá a administração, supervisão dos serviços dos conciliadores e mediadores e a homologação dos acordos.
>
> §5º - A audiência de mediação e conciliação trabalhista se dividirá em tantas sessões quantas forem necessárias para viabilizar a

> solução consensual, sem prejuízo das providências jurisdicionais que evitem o perecimento do direito, estas a serem tomadas pelo Juízo a que distribuída a ação.

O § 1º do Art. 7º da Resolução Nº 174/2016 do CSJT, determina que caso seja frustrado o tratamento adequado da disputa no âmbito da Justiça do Trabalho, o magistrado que supervisionar audiências de conciliação inicial poderá dar vista da(s) defesa(s) e documentos(s) à(s) parte(s) reclamante(s), consignando em ata requerimentos gerais das partes e o breve relato do conflito, mantendo-se silente quanto à questão jurídica que envolve a disputa; e remeterá os autos à unidade jurisdicional de origem.

– A parte que faltar a audiência no CEJUSC-JT, sofre alguma punição?

O não comparecimento das partes na audiência designada pela CEJUSC não é considerado ato atentatório à dignidade da justiça, não havendo qualquer sanção aplicável nos casos de ausência.

– Professor, quais os tipos de acordos que podem ser feitos na Justiça do Trabalho?

Na justiça do trabalho, poderão ser feitos em audiência os seguintes acordos:

- **Acordo quitando os pleitos da petição inicial**: Nesse acordo, as partes ao conciliarem, dão quitação aos pleitos que estavam sendo discutidos em juízo. A título de exemplo: Petição inicial requerendo verbas rescisórias (Saldo de Salário, Aviso Prévio, Férias +1/3, 13º Salários, FGTS 8%, Multa de 40% do FGTS, Seguro Desemprego, Multa pelo atraso no pagamento da rescisão), as partes conciliam em audiência, assim, o termo de audiência, ao dar quitação, explicita que estão sendo quitados os pleitos da petição inicial, podendo o reclamante solicitar em outra peça, horas extras, adicional de insalubridade, danos morais, etc.

- **Acordo quitando o extinto contrato de trabalho:** Já nesse acordo, que é conhecido como o acordo que dar "quitação geral do contrato", a avença ajustada em juízo, abrange não só as verbas pleiteadas na petição inicial em juízo, mas também, todos os demais direitos decorrentes do contrato de trabalho, ainda que não foram colocados na petição inicial. A título de exemplo: Petição inicial requerendo verbas rescisórias (Saldo de Salário, Aviso Prévio, Férias +1/3, 13º Salários, FGTS 8%, Multa de 40% do FGTS, Seguro Desemprego, Multa pelo atraso no pagamento da rescisão), as partes conciliam em audiência, assim, o termo de audiência, ao dar quitação, explicita que as partes dando quitação geral ao contrato de trabalho, não podendo o reclamante solicitar em outra peça, horas extras, adicional de insalubridade, danos morais, etc.

Esse tipo de acordo, é uma exceção na Justiça do Trabalho, devendo constar expressamente o termo "quitação geral do contrato" na ata de audiência. Desta forma, se constar no termo de audiência a "quitação geral do contrato" o reclamante não vai mais poder pleitear em futura ação trabalhista, outros créditos decorrentes do contrato de trabalho, pois se o fizer, vai estar violando a coisa julgada. Nesse sentido:

> TST, OJ Nº. 132 Da SBDI-2 - AÇÃO RESCISÓRIA. ACORDO HOMOLOGADO. ALCANCE. OFENSA À COISA JULGADA - Acordo celebrado - homologado judicialmente - em que o empregado dá plena e ampla quitação, sem qualquer ressalva, alcança não só o objeto da inicial, como também todas as demais parcelas referentes ao extinto contrato de trabalho, violando a coisa julgada, a propositura de nova reclamação trabalhista.
>
> TRT 18, Súm. Nº. 7 - ACORDO. PRETENSÕES DECORRENTES DE ACIDENTE DO TRABALHO. QUITAÇÃO DADA PELO EMPREGADO EM RECLAMAÇÃO TRABALHISTA. ALCANCE.
>
> I - A quitação dada pelo empregado em acordo judicial 'por todas as obrigações decorrentes do contrato de trabalho' alcança também as decorrentes de acidente de trabalho, se a ação foi ajuizada depois que o STF reconheceu a competência desta Justiça Especializada para conciliar e julgar os litígios decorrentes de acidente de trabalho.

II – A quitação dada pelo empregado em acordo judicial 'por todas as obrigações decorrentes do contrato de trabalho' não alcança as pretensões decorrentes de dano que ainda não havia se manifestado ao tempo do acordo.

Para uma melhor compreensão da matéria, cito alguns julgados do TST:

AGRAVO DE INSTRUMENTO EM RECURSO DE REVISTA. RECURSO DE REVISTA REGIDO PELO CPC/2015 E PELA IN Nº 40/2016 DO TST E INTERPOSTO NA VIGÊNCIA DA LEI Nº 13.015/2014. ACORDO JUDICIAL. QUITAÇÃO AMPLA. COISA JULGADA. A Corte regional consignou, na decisão recorrida, que as partes firmaram acordo judicial, em outra ação, em que "o autor deu ampla quitação do contrato, inclusive no que toca aos pedidos aqui colacionados, o que englobou expressamente eventuais pretensões aqui formuladas, atingida a presente ação". Constou, ainda, na decisão recorrida, que, "embora a quitação nos autos da RT 30377/2014 tenha ocorrido na data de 05.03.2015, com contrato de trabalho ainda vigente, a presente ação foi ajuizada em 01.08.2013, sem pedido de parcelas vincendas e, assim, em data anterior à referida transação, o que nos leva a concluir que não há sequer possibilidade de análise do período posterior à transação em razão da data do ajuizamento" (grifou-se). Assim, o Regional, ao extinguir o feito, sem resolução do mérito, por constatação da ocorrência de coisa julgada, de fato julgou em perfeita consonância com o entendimento desta Corte, firmado através da Orientação Jurisprudencial nº 132 da SbDI-2 do Tribunal Superior do Trabalho, com a seguinte redação: "OJ-SDI2-132 AÇÃO RESCISÓRIA. ACORDO HOMOLOGADO. ALCANCE. OFENSA À COISA JULGADA. Acordo celebrado – homologado judicialmente – em que o empregado dá plena e ampla quitação, sem qualquer ressalva, alcança não só o objeto da inicial, como também todas as demais parcelas referentes ao extinto contrato de trabalho, violando a coisa julgada, a propositura de nova reclamação trabalhista". Por estar a decisão do Regional em consonância com a notória, reiterada e atual jurisprudência do Tribunal Superior do Trabalho, esgotada se encontra a função uniformizadora desta Corte, o que afasta a possibilidade de eventual configuração de divergência jurisprudencial, ante a aplicação do teor da Súmula nº 333 do TST e do § 7º do artigo 896 da CLT, com a redação que lhe foi dada pela Lei nº 13.015/2014. Agravo de instrumento desprovido. (AIRR nº 1210-52.2013.5.09.0003, 2ª Turma do TST, Rel. José Roberto Freire Pimenta. j. 26.09.2018, Publ. 05.10.2018).

I – AGRAVO DE INSTRUMENTO EM RECURSO DE REVISTA – REGÊNCIA PELA LEI Nº 13.015/2014 – ACORDO HOMOLOGADO. ALCANCE. COISA JULGADA. AÇÃO TRABALHISTA ANTERIORMENTE AJUIZADA APÓS A EMENDA CONSTITUCIONAL 45/2004. CONSTATADA POSSÍVEL VIOLAÇÃO DO ART. 5º, XXXVI, DA CONSTITUIÇÃO DA REPÚBLICA, MERECE PROVIMENTO O AGRAVO DE INSTRUMENTO PARA DETERMINAR O PROCESSAMENTO DO RECURSO DE REVISTA. AGRAVO DE INSTRUMENTO A QUE SE DÁ PROVIMENTO. II – RECURSO DE REVISTA. ACORDO HOMOLOGADO. ALCANCE. COISA JULGADA. AÇÃO TRABALHISTA ANTERIORMENTE AJUIZADA APÓS A EMENDA CONSTITUCIONAL 45/2004. A JURISPRUDÊNCIA DO TST FIRMOU-SE NO SENTIDO DE QUE NÃO HÁ FALAR EM COISA JULGADA NA HIPÓTESE DE ACORDO PELO QUAL O EMPREGADO QUE DEU QUITAÇÃO GERAL DO CONTRATO, HOMOLOGADO PELA JUSTIÇA DO TRABALHO ANTES DA EMENDA CONSTITUCIONAL 45/2004, POIS NÃO ALCANÇA PEDIDO DE INDENIZAÇÃO DECORRENTE DE ACIDENTE DO TRABALHO, TENDO EM VISTA QUE, À ÉPOCA, HAVIA CONTROVÉRSIA QUANTO À COMPETÊNCIA DA JUSTIÇA ESPECIALIZADA PARA APRECIAR A CAUSA. NÃO CABE, PORTANTO, COMPREENSÃO NO SENTIDO DE QUE ABRANGIDO, NA MENCIONADA QUITAÇÃO, O REFERIDO PEDIDO DE INDENIZAÇÃO. JULGADO DA SBDI-1 DO TST. Recurso de revista conhecido e provido. (RR nº 1003589-57.2013.5.02.0321, 8ª Turma do TST, Rel. Márcio Eurico Vitral Amaro. j. 27.03.2019, Publ. 29.03.2019).

- **Acordo por mera liberalidade**: As partes celebram acordo por mera liberalidade quando existe dúvida razoável no pedido de vínculo de emprego. Nesse acordo, as partes encerram o processo sem a necessidade do juiz se pronunciar sobre a existência ou não do vínculo de emprego, não necessitando assim, que a CTPS seja assinada.

Lembro que para o vínculo ser reconhecido, precisam estar presentes os seguintes requisitos concomitantemente: **Pessoa natural:** Somente a pessoa física pode ser considerada empregado. **Não eventualidade:** Ocorre quando o trabalhador se fixa a um determinado tomador de serviços de forma habitual, ou seja, por um lapso de tempo razoável. **Subordinação:** Ocorre quando o trabalhador decorrente da limitação contratual da autonomia da sua vontade, para o fim de transferir ao empregador o poder de direção sobre a atividade que desempenhará. **Pessoalidade**: O empregado não pode se fazer substituir por outro empregado. A relação de emprego é *intuitu personae* em razão do trabalhador. **Onerosidade**: O empregado presta serviços em troca de uma remuneração.

Sobre o tema, o TST se pronunciou nos termos da OJ 398 da SBDI-1, de seguinte teor:

> TST, OJ Nº. 398 Da SDBI-1 – CONTRIBUIÇÃO PREVIDENCIÁRIA. ACORDO HOMOLOGADO EM JUÍZO SEM RECONHECIMENTO DE VÍNCULO DE EMPREGO. CONTRIBUINTE INDIVIDUAL. RECOLHIMENTO DA ALÍQUOTA DE 20% A CARGO DO TOMADOR E 11% A CARGO DO PRESTADOR DE SERVIÇOS – Nos acordos homologados em juízo em que não haja o reconhecimento de vínculo empregatício, é devido o recolhimento da contribuição previdenciária, mediante a alíquota de 20% a cargo do tomador de serviços e de 11% por parte do prestador de serviços, na qualidade de contribuinte individual, sobre o valor total do acordo, respeitado o teto de contribuição. Inteligência do § 4º do art. 30 e do inciso III do art. 22, todos da Lei n.º 8.212, de 24.07.1991.

- **Acordo parcial**: Na seara trabalhista, é muito comum as peças iniciais possuírem uma cumulação de pedidos (Exemplo: Na mesma peça podem conter o pedido de verbas rescisórias, de horas extras, de insalubridade, de danos morais, etc.), ou seja, ocorrendo a cumulação processual objetiva. Assim, as partes podem conciliar em parte dos pedidos e continuar litigando referente a parte que não houve acordo.

OBS: Se não houver acordo parcial em parcelas incontroversas, a parte pode solicitar o julgamento parcial do mérito previsto 356 do CPC.

- **Acordo com litisconsorte na lide** – Normalmente a litisconsorte pede a sua exclusão da lide inclusive quando existe a possibilidade de acordo, mas caberá ao Magistrado decidir quanto a essa questão. Entretanto, muitos Magistrados questionam à parte reclamante se existe objeção quanto à exclusão da mesma.

2.5. Necessidade da audiência

– Na Justiça do Trabalho, é necessário ter audiência, pergunto isso, pois no processo civil, o juiz poderá dispensar a audiência de instrução e julgar antecipadamente o pedido, proferindo sentença de mérito?

No processo civil, **o juiz poderá dispensar a audiência de instrução e julgar antecipadamente o pedido**, proferindo sentença de mérito, conforme determinado pelo art. 355 do CPC.

> **CPC, Art. 355** – O juiz julgará antecipadamente o pedido, proferindo sentença com resolução de mérito, quando:
>
> **I** – não houver necessidade de produção de outras provas;
>
> **II** – o réu for revel, ocorrer o efeito previsto no art. 344 e não houver requerimento de prova, na forma do art. 349.

Esse procedimento em regra, não é aplicado ao Processo do Trabalho. A audiência é necessária, pois neste ato como já dito antes, o juiz faz a primeira proposta de conciliação (CLT, art. 846) e, caso não tenha sido frutífera a tentativa de conciliação, a empresa oferece sua defesa em 20 minutos de forma oral (CLT, art. 847). Lembro, que a empresa pode apresentar sua defesa por meio do PJe – Processo judicial eletrônico, em formato PDF-A, até a audiência.

> CLT, Art. 847 – Não havendo acordo, o reclamado terá vinte minutos para aduzir sua defesa, após a leitura da reclamação, quando esta não for dispensada por ambas as partes.
>
> Parágrafo único – A parte poderá apresentar defesa escrita pelo sistema de processo judicial eletrônico até a audiência.

3. TIPOS DE AUDIÊNCIA TRABALHISTA

– Hamilton, quais os tipos de audiência na Justiça do Trabalho?

Na Justiça do Trabalho, a audiência será sempre una, conforme determinado pelo art. 849 da CLT:

> CLT, Art. 849 – A audiência de julgamento será contínua; mas, se não for possível, por motivo de força maior, concluí-la no mesmo dia, o juiz ou presidente marcará a sua continuação para a primeira desimpedida, independentemente de nova notificação.

Contudo, a audiência poderá ser fracionada em sessão, quando não for possível concluir, num só dia, a instrução, o debate e o julgamento. Desta forma, podemos ter as seguintes sessões.

(1) **AUDIÊNCIA / SESSÃO INAUGURAL:** é aquela que busca a conciliação tão somente e em caso negativo, não recebe a defesa da reclamada, designando-se nova audiência. Caso o reclamante falte na nova audiência, o processo será arquivado e caso a falta seja da reclamada, ocorrerá a revelia.

(2) **AUDIÊNCIA / SESSÃO DE INSTRUÇÃO:** é aquela realizada na sequência da audiência inicial, quando o juiz colhe a contestação da reclamada e abre a instrução processual, visando a oitiva das partes, das testemunhas e, produzindo as demais provas necessárias.

Pode acontecer ainda que o juiz determine o adiamento da sessão para esperar algum documento solicitado de órgão público, para realização de perícia judicial, para uma nova tentativa de conciliação, etc.

(3) **AUDIÊNCIA / SESSÃO DE JULGAMENTO:** é aquela destinada somente ao Juízo para o julgamento do processo, sem a presença das partes. Tem como objetivo, iniciar o prazo recursal.

> CLT, art. 851 – [...]
>
> § 2º – A ata será, pelo presidente ou juiz, junta ao processo, devidamente assinada, no prazo improrrogável de 48 (quarenta e oito) horas, contado da audiência de julgamento, e assinada pelos juízes classistas presentes à mesma audiência.

Sobre o tema, o TST possui as seguintes súmulas:

> TST, SUM 197 - PRAZO - O prazo para recurso da parte que, intimada, não comparecer à audiência em prosseguimento para a prolação da sentença conta-se de sua publicação.
>
> TST, SUM 30 - INTIMAÇÃO DA SENTENÇA - Quando não juntada a ata ao processo em 48 horas, contadas da audiência de julgamento (art. 851, § 2°, da CLT), o prazo para recurso será contado da data em que a parte receber a intimação da sentença.

4. PRAZO MÍNIMO ENTRE A NOTIFICAÇÃO (CITAÇÃO) E A REALIZAÇÃO DA AUDIÊNCIA

– Qual o prazo mínimo entre a notificação (citação) e a realização da audiência trabalhista?

4.1. Prazo para particulares em juízo

No Processo do Trabalho, a 1º audiência só poderá acontecer depois de transcorrido o prazo de 5 dias úteis contados da data do recebimento da notificação (citação), devendo ser excluído o dia da notificação e incluído o dia de vencimento. Nesse sentido, o art. 841 da CLT:

> CLT, Art. 841 - Recebida e protocolada a reclamação, o escrivão ou secretário, dentro de 48 (quarenta e oito) horas, remeterá a segunda via da petição, ou do termo, ao reclamado, notificando-o ao mesmo tempo, para comparecer à audiência de julgamento, QUE SERÁ A PRIMEIRA DESIMPEDIDA, DEPOIS DE 5 (CINCO) DIAS.

– Caso o prazo de 5 dias não seja respeitado, o que pode ser feito, Hamilton?

Caso o prazo de 5 dias úteis não seja respeitado, a parte reclamada deve solicitar o adiamento da audiência e, se tal requerimento for indeferido, a parte que sofrer algum prejuízo, pode recorrer, alegando violação ao princípio do devido processo legal. Nesse sentido:

> B) RECURSO DE REVISTA. PROCESSO SOB A ÉGIDE DA LEI 13.015/2014. INTERSTÍCIO DE CINCO DIAS ENTRE A CITAÇÃO E A DATA DE AUDIÊNCIA NÃO OBSERVADO ART. 841, CAPUT, da CLT). DESRESPEITO AO DEVIDO PROCESSO LEGAL. O Judiciário Trabalhista é o mais célere do País, em face da existência de prazos exíguos para atos processuais na CLT e da simplificação e uniformização dos ritos processuais sob sua direção. Nesse quadro, é de cinco dias, e não quinze (como no CPC), o prazo para comparecimento a Juízo e apresentação de defesa, após recebida a citação, que também é simplificada pela via postal art. 841, CLT). Encurtar, entretanto, por interpretação, tal curtíssimo prazo, exigindo que o Reclamado compareça a Juízo, em prazo inferior aos cinco dias da citação, para arguir manifesta nulidade, resultante de erro no agendamento oficial das audiências, é tornar desproporcional a busca de celeridade no processo público, afrontando não só a regra objetiva da CLT (5 dias) como o princípio e a regra constitucionais da ampla defesa art. 5º, LV, CF). Recurso conhecido e provido. (RR nº 10366-34.2015.5.03.0109, 3ª Turma do TST, Rel. Maurício Godinho Delgado. j. 25.10.2017, Publ. 27.10.2017).

> (...) 2. AÇÃO RESCISÓRIA. NULIDADE DE CITAÇÃO. ART. 485, V, DO CPC/73. VIOLAÇÃO DO ART. 841 DA CLT. 2.1. A citação é ato de cientificação pelo qual o sujeito passivo da demanda toma conhecimento de que contra si há ação em curso, a fim de que venha defender-se, querendo. A orientação que se extrai do caput do art. 841 da CLT assegura à parte reclamada o prazo de cinco dias entre a notificação e a realização da audiência inaugural. Nessa esteira, a inobservância do quinquídio legal evidencia afronta aos princípios do devido processo legal, da ampla defesa e do contraditório. 2.2. Sendo incontroverso, nos autos, que a reclamada foi citada um dia antes da audiência inaugural, em 11.6.2015, impõe-se a manutenção do corte rescisório. Recurso ordinário em ação rescisória conhecido e desprovido. (RO -10287-57.2016.5.03.0000, Relator Ministro: Alberto Luiz

Bresciani de Fontan Pereira, Data de Julgamento: 18/04/2017, Subseção II Especializada em Dissídios Individuais, Data de Publicação: DEJT 28/04/2017)

RECURSO DE REVISTA EM FACE DE DECISÃO PUBLICADA ANTES DA VIGÊNCIA DA LEI Nº 13.015/2014. CERCEAMENTO DE DEFESA. NULIDADE DA CITAÇÃO. INOBSERVÂNCIA DO INTERSTÍCIO DE CINCO DIAS ENTRE A CITAÇÃO E A DATA DE AUDIÊNCIA. VIOLAÇÃO DO ARTIGO 841 DA CLT. INSURGÊNCIA EM RECURSO ORDINÁRIO. No Processo do Trabalho, com vista a garantir a efetividade ao Princípio da Celeridade Processual, o artigo 841 da CLT determina que o réu seja notificado para a audiência de julgamento, a qual será a primeira desimpedida, após o prazo de 5 dias. Assim, deve-lhe ser assegurado o mínimo de cinco dias para apresentar defesa. Comparativamente, nos processos regidos pelo procedimento comum do CPC/2015, em regra, o sujeito passivo da ação deve ser citado com antecedência mínima de 20 dias úteis para a audiência de conciliação ou de mediação, abrindo-se, sucessivamente, o prazo de 15 dias para apresentar contestação. No caso dos autos, a redução do já exíguo período legal de 5 dias, bem como a exigência de a parte requerer a dilação do prazo, são medidas desproporcionais e que afrontam diretamente o artigo 841 da CLT, bem como os Princípios do Devido Processo Legal, do Contraditório e da Ampla Defesa previstos no artigo 5º, LIV e LV, da Constituição Federal. Precedentes. Recurso de revista de que se conhece e a que se dá provimento. (RR nº 2049-46.2013.5.23.0146, 7ª Turma do TST, Rel. Cláudio Mascarenhas Brandão. j. 13.09.2017, Publ. 22.09.2017).

NULIDADE PROCESSUAL. CERCEIO AO DIREITO DE DEFESA. INOBSERVÂNCIA AO INTERSTÍCIO MÍNIMO DE CINCO DIAS ENTRE A DATA DA CITAÇÃO E A AUDIÊNCIA INAUGURAL – Não se olvida que nos termos do art. 841, § 1º, da CLT, a citação no processo do trabalho é feita mediante notificação postal, expedida automaticamente para o endereço do reclamado, constante da petição inicial. Não há necessidade de que a citação ou a intimação sejam pessoais, efetuados na pessoa da parte demandada, bastando à validade a entrega no correto endereço. Não obstante é também pontual a disciplina em apreço, ao estabelecer o interstício mínimo de cinco dias, entre a data da

> citação e a audiência inaugural. Na hipótese em liça, comprovada a inobservância ao prazo expressamente previsto em lei, a decisão que impõe as penas de revelia e confissão importa em vulneração às garantias constitucionais do contraditório e da ampla defesa e vilipêndio aos preceitos do artigo 841, da CLT. O desrespeito inconteste ao interregno temporal hábil à elaboração de defesa e garantia do efetivo exercício do direito à ampla defesa e ao contraditório, eiva de nulidade a citação, que não produz nenhum efeito, sequer para os fins previstos no artigo 795, da CLT. Precedentes. Preliminar de nulidade acolhida, ao enfoque. (RO nº 0010269-08.2018.5.03.0019, 5ª Turma do TRT da 3ª Região/MG, Rel. Júlio Bernardo do Carmo. j. 31.10.2018).

– O prazo de 5 dias também vale para o Ministério Público e para a Administração Pública?

Não. Eles possuem os prazos diferenciados:

4.2. Prazo do Ministério Público do Trabalho em juízo

Quando o reclamado for o Ministério Público do Trabalho, deve existir um prazo mínimo de dez dias entre a notificação destes e a efetiva realização da audiência, conforme disposição do art. 180 do CPC, aplicável subsidiariamente ao Processo do Trabalho por autorização legal do art. 769 da CLT, que determina:

> CPC, Art. 180 – O Ministério Público gozará de prazo em dobro para manifestar-se nos autos, que terá início a partir de sua intimação pessoal, nos termos do art. 183, § 1º.

4.3. Prazo da Fazenda Pública em juízo

Quando a reclamada for a União, os Estados, o Distrito Federal, os Municípios e as autarquias ou fundações de direito público, o art. 1º inciso II do Decreto Lei 779/49, assegura à parte reclamada o prazo de vinte dias úteis entre a notificação (citação) e a realização da audiência inaugural.

> Decreto Lei Nº. 779/49, Art. 1º – Nos processos perante a Justiça do Trabalho, constituem privilégio da União, dos Estados, do Distrito Federal, dos Municípios e das autarquias ou fundações de direito público federais, estaduais ou municipais que não explorem atividade econômica:
>
> II – o quádruplo do prazo fixado no artigo 841, "in fine", da Consolidação das Leis do Trabalho;

5. DATA E LOCAL DAS AUDIÊNCIAS

– Professor, onde serão realizadas as audiências trabalhistas e em qual data?

Segundo o art. 813 da CLT, as audiências dos órgãos da Justiça do Trabalho serão públicas e realizar-se-ão na sede do Juízo ou Tribunal em dias úteis previamente fixados, entre 8 (oito) e 18 (dezoito) horas, não podendo ultrapassar 5 (cinco) horas seguidas, salvo quando houver matéria urgente.

Desta forma, após a distribuição do processo, será designada:

(1) A vara onde vai tramitar o processo;

(2) A data e a hora da audiência, que deverá ser fixada em dias úteis entre 8 (oito) e 18 (dezoito) horas.

– Pode acontecer de a audiência trabalhista ocorrer em outro local ou fora da sede do juízo?

O § 1°, do art. 813 da CLT, autoriza, excepcionalmente, que se realizem audiências fora da sede, desde que as partes sejam avisadas com antecedência, mínima, de 24 horas.

Pode ocorrer ainda, que a audiência seja feita através da justiça itinerante, ou seja, novamente fora da sede, conforme previsão do artigo 115, §1º da CF, que dispões que: "os Tribunais Regionais do Trabalho instalarão a justiça itinerante, com a realização de audiências e demais funções de atividade jurisdicional, nos limites territoriais da respectiva jurisdição, servindo-se de equipamentos públicos e comunitários".

– Primeiro o juiz analisa o processo, faz o despacho de recebimento e em seguida marca a audiência?

Em regra, o Juiz somente toma conhecimento da petição inicial em audiência, pois no Processo do Trabalho, diferente do processo civil, não existe o despacho de recebimento da inicial, ou seja, o Juiz não tem contato de imediato com o processo. Desta forma, o primeiro contato com o processo, é dos servidores públicos que trabalham na secretaria da vara, no caso, o diretor da secretaria ou algum servidor por ele designado.

Nesse sentido, com o protocolo do processo eletrônico via PJe, a parte peticionante já toma ciência da audiência designada e a parte reclamada, deverá ser notificada (citada), em regra, pelo correio, recebendo cópias da petição inicial, a data, a hora e o local para comparecer à audiência e apresentar defesa.

6. NOTIFICAÇÃO DA PARTE RECLAMADA

– Essa notificação / citação da audiência deve ser pessoal?

A jurisprudência vem entendendo que a notificação (citação) no Processo do Trabalho, não constitui ato pessoal, podendo ser notificada (citada) pessoa diversa das partes:

> RECURSO ORDINÁRIO DA RECLAMADA. NOTIFICAÇÃO INICIAL. VALIDADE. É válida a notificação inicial devidamente recebida no endereço da reclamada. No processo do trabalho, por força do art. 841, § 1º, da CLT, a notificação inicial não é pessoal, bastando que seja recebida no endereço do destinatário. Compete à reclamada, quando diz desconhecer a pessoa que firma o aviso de recebimento e que esta não integra o seu quadro funcional, fazer a devida identificação e qualificação do recebedor mediante

investigação interna. O simples fato de não ser empregado não afasta a presunção de regular recebimento da notificação, sabendo-se que é comum, nos dias atuais, a terceirização e até quarteirização de serviços, principalmente aqueles ligados à portaria. Recurso desprovido. (RO nº 0020100-44.2017.5.04.0292, 7ª Turma do TRT da 4ª Região/RS, Rel. Wilson Carvalho Dias. j. 19.10.2017, unânime)

RECURSO ORDINÁRIO DA RECLAMADA. NOTIFICAÇÃO INICIAL. VALIDADE. É válida a notificação inicial devidamente recebida no endereço da reclamada. No processo do trabalho, por força do art. 841, § 1º, da CLT, a notificação inicial não é pessoal, bastando que seja recebida no endereço do destinatário. Compete à reclamada, quando diz desconhecer a pessoa que firma o aviso de recebimento e que esta não integra o seu quadro funcional, fazer a devida identificação e qualificação do recebedor mediante investigação interna. O simples fato de não ser empregado não afasta a presunção de regular recebimento da notificação, sabendo-se que é comum, nos dias atuais, a terceirização e até quarteirização de serviços, principalmente aqueles ligados à portaria. Recurso desprovido no aspecto. (RO nº 0020479-93.2015.5.04.0020, 7ª Turma do TRT da 4ª Região/RS, Rel. Wilson Carvalho Dias. j. 22.09.2016, unânime).

AÇÃO RESCISÓRIA. NULIDADE DE CITAÇÃO. O sistema de citações e notificações na Justiça do Trabalho é o de via postal, nos termos do disposto no art. 841, § 1º, da CLT, não se exigindo a notificação pessoal do destinatário (princípio da impessoalidade). A citação entregue no endereço do proprietário da empresa reclamada/autora e recebida por seu filho relativamente incapaz é válida. Ação rescisória julgada improcedente. (AR nº 0024323-85.2017.5.24.0000, 2ª Turma do TRT da 24ª Região/MS, Rel. Ricardo Geraldo Monteiro Zandona. DEJT 29.08.2018).

Se o reclamado criar embaraços ao seu recebimento ou não for encontrado, far-se-á a notificação (citação) por edital. Nesse sentido, o art. 841 da CLT:

CLT, Art. 841 – Recebida e protocolada a reclamação, o escrivão ou secretário, dentro de 48 (quarenta e oito) horas, remeterá a segunda via da petição, ou do termo, ao reclamado, notificando-o

> ao mesmo tempo, para comparecer à audiência do julgamento, que será a primeira desimpedida, depois de 5 (cinco) dias.
>
> § 1º – A notificação será feita em registro postal com franquia. Se o reclamado criar embaraços ao seu recebimento ou não for encontrado, far-se-á a notificação por edital, inserto no jornal oficial ou no que publicar o expediente forense, ou, na falta, afixado na sede da Junta ou Juízo.
>
> § 2º – O reclamante será notificado no ato da apresentação da reclamação ou na forma do parágrafo anterior.
>
> § 3º Oferecida a contestação, ainda que eletronicamente, o reclamante não poderá, sem o consentimento do reclamado, desistir da ação.

Na prática forense, antes de utilizar a citação por edital, os Juízes, determinam a citação por oficial de justiça, embora a citação por oficial de justiça não seja prevista legalmente na fase de conhecimento.

6.1. Presunção de notificação

Alerto que a parte reclamada, segundo o entendimento jurisprudencial, presume-se notificada (citada) em 48 (quarenta e oito) horas após a postagem da carta. O não-recebimento ou a entrega da carta após o decurso do prazo de 48 (quarenta e oito) constitui ônus de prova do destinatário, no caso a reclamada.

Nesse sentido:

> TST, SUM 16 – NOTIFICAÇÃO – Presume-se recebida a notificação 48 (quarenta e oito) horas depois de sua postagem. O seu não-recebimento ou a entrega após o decurso desse prazo constitui ônus de prova do destinatário.

– Pode o juiz fazer a audiência por vídeo conferência?

Pode sim, os interessados na oitiva por meio de videoconferência devem encaminhar requerimento à respectiva vara do trabalho, com bastante antecedência, para que a sala de audiência seja preparada para tal ato. A videoconferência privilegia os princípios da celeridade e economia processuais, além reduzindo gastos para os cofres públicos.

Contudo, é preciso verificar se o TRT da sua região já tem suporte para a utilização da videoconferência.

7. DESIGNAÇÃO DAS AUDIÊNCIAS

– Como serão pautadas as audiências?

As audiências deverão ser pautadas com uma certa tolerância de horários entre uma e outra, para que se permita um diálogo aberto entre as partes (para uma tentativa de conciliação), uma leitura da inicial e defesa pelo magistrado. Neste momento, o juiz fixará os pontos controvertidos para verificar a necessidade de produção de provas.

8. COMPARECIMENTO DO JUIZ NA AUDIÊNCIA

– Em qual momento o juiz deve estar presente na audiência trabalhista?

O Juiz do Trabalho deve estar presente no horário designado para as audiências, pois ele as irá presidir. Nesse sentido:

> CLT, Art. 815 – À hora marcada, o juiz ou presidente declarará aberta a audiência, sendo feita pelo secretário ou escrivão a chamada das partes, testemunhas e demais pessoas que devam comparecer.

Entre os deveres do Magistrado está o de comparecer pontualmente à hora de iniciar-se o expediente ou a sessão, e não se ausentar injustificadamente antes do seu término, conforme determina a Lei complementar nº 35/79, que dispõe sobre a Lei Orgânica da Magistratura Nacional, em seu art. 35:

> Lei Complementar, Nº. 35, Art. 35 – São deveres do magistrado:
>
> VI - comparecer pontualmente à hora de iniciar-se o expediente ou a sessão, e não se ausentar injustificadamente antes de seu término;

– O juiz pode se atrasar?

O juiz terá uma tolerância de 15 minutos. O parágrafo único do art. 815 da CLT, determina que se, até 15 (quinze) minutos após a hora marcada, o juiz não houver comparecido, os presentes poderão retirar-se, devendo o ocorrido constar do livro de registro das audiências.

Segundo a doutrina, a tolerância de 15 minutos não existe para cada audiência, pois os atrasos ao longo da sessão, provocados, particularmente, pela realização de audiências unas, fogem ao controle do magistrado.

O inciso XX do art. 7º da Lei 8.906/94, determina que são direitos do advogado retirar-se do recinto onde se encontre aguardando pregão para ato judicial, após trinta minutos do horário designado e ao qual ainda não tenha comparecido a autoridade que deva presidir a ele, mediante comunicação protocolizada em juízo. O CPC, art. 362, III, contém previsão quase idêntica à norma do Estatuto da Advocacia. Contudo, estas regras não prevalecem nos processos trabalhistas, pois estes são regidos por norma própria, especial, que prevalece sobre o Estatuto da Advocacia e o CPC, neste sentido, temos a IN nº 39/2016, art. 2º, VI.

> TST, IN Nº. 39/2016, Art. 2º – Sem prejuízo de outros, não se aplicam ao Processo do Trabalho, em razão de inexistência de omissão ou por incompatibilidade, os seguintes preceitos do Código de Processo Civil:
>
> VI – art. 362, III (adiamento da audiência em razão de atraso injustificado superior a 30 minutos).

9. COMPARECIMENTO DAS PARTES EM AUDIÊNCIA

9.1. Reclamante – Autor da ação

> – Professor, o reclamante deve comparecer pessoalmente a audiência trabalhista?

Conforme determinado pelo caput do art. 843 da CLT, na audiência deverão estar presentes o reclamante e o reclamado, independentemente do comparecimento de seus representantes. Desta forma, o comparecimento do reclamante é obrigatório.

A obrigação se justifica por:

(1) Facilitar a tentativa de conciliação;

(2) Produção das provas em audiência, no caso, o depoimento pessoal da parte em face o princípio da oralidade.

Nas ações plúrimas e nas ações de cumprimento, o reclamante pode ser representado pelo sindicato da categoria profissional conforme parte final do art. 843 da CLT.

> **CLT, Art. 843** – Na audiência de julgamento deverão estar presentes o reclamante e o reclamado, independentemente do comparecimento de seus representantes salvo, nos casos de Reclamatórias Plúrimas ou Ações de Cumprimento, quando os empregados poderão fazer-se representar pelo Sindicato de sua categoria.

> – Hamilton, e se o reclamante foi preso antes da audiência inaugural?

Se o reclamante estiver preso na data de sua audiência, ele não vai conseguir comparecer, por óbvio, na sua audiência inaugural. Acontece que, todo cidadão tem direito fundamental de ação e de contraditório e ampla defesa, conforme art. 5º da CF, incisos XXXV[10] e

10. CF, art. 5º – XXXV – a lei não excluirá da apreciação do Poder Judiciário lesão ou ameaça a direito.

LV[11]. Desta forma, para não ocorrer a violação dos princípios previstos nos incisos mencionados acima, pode o magistrado:

(1) Suspender o processo até que o reclamante possa comparecer em juízo, agendando uma nova sessão quando o reclamante estiver solto. Neste caso, o advogado do reclamante deve peticionar informando ao Juízo que o reclamante se encontra livre para ir a nova sessão;

(2) Solicitar ao Juízo da execução penal a liberação do reclamante para comparecimento a audiência na Justiça do Trabalho em data e hora previamente ajustada com escolta policial;

Sobre o tema, escrevo alguns apontamentos da doutrina:

> Sendo certo que o preso não poderá vir a juízo sem a expressa autorização do juiz responsável pela execução penal, recomendamos que o próprio advogado que o patrocina desde logo diligencie na esfera penal com vistas a obter tal liberação, rogando ao magistrado trabalhista que oficie ao juízo criminal apenas se tal intento restar frustrado.
>
> [...]
>
> Alertamos que a cooperação judiciária poderá ser invocada para a realização da audiência envolvendo réu preso. No caso, em geral a Justiça Comum dispõe da necessária estrutura e expertise para realização de audiência envolvendo réu preso. Deste modo, com a devida anuência do diretor do foro da Justiça Comum, será possível designar a audiência trabalhista envolvendo litigante preso para o foro criminal, de modo a reduzir os riscos de fuga ou outros dissabores na realização do ato[12].

– Se o reclamante for menor de 18 anos, ele pode apresentar ação e vir em juízo sozinho?

---

11. CF, art. 5º – LV – aos litigantes, em processo judicial ou administrativo, e aos acusados em geral são assegurados o contraditório e ampla defesa, com os meios e recursos a ela inerentes.
12. SOUZA JÚNIOR, Antonio Umberto de. SOUZA, Fabiano Coelho de. MARANHÃO, Ney. AZEVEDO NETO, Platon Teixeira. **"Manual prático de audiências trabalhistas".** São Paulo: Thomson Reuters Brasil, 2018.

Vamos a um rápido resumo sobre capacidade para melhor entendimento da matéria:

> **CAPACIDADE DE SER PARTE:** Tem capacidade de ser parte, em regra, quem é sujeito de direitos e obrigações na órbita civil, ou seja, as pessoas físicas e jurídicas conforme arts. 1º e 40, ambos do CC. Tal capacidade, não se restringe aos entes personalizados (pessoas físicas e jurídicas), desta forma, a massa falida, o espólio, as sociedades sem personalidade jurídica e o condomínio, embora não tenham personalidade jurídica, têm capacidade de ser parte, conforme art. 75 do CPC. Tais entes, segundo a doutrina, são pessoas formais ou morais, dotadas de personalidade judiciária, ou seja, podem postular em juízo quando a lei lhes atribuir algum direito.
>
> **CAPACIDADE PARA ESTAR EM JUÍZO:** Sempre é bom lembrar, que a capacidade de ser parte não se confunde com a capacidade de estar em juízo. A capacidade de estar em juízo, também conhecida como capacidade processual ou legitimação *ad processum*, está relacionada com a capacidade para exercer por si só os atos da vida civil (capacidade de fato ou de exercício). Nesse sentido, o art. 70 do CPC, que diz que: terá capacidade processual (capacidade para estar em juízo) toda pessoa que se encontrar no exercício de seus direitos.

Nem todos aqueles que detêm capacidade de ser parte, vão ter capacidade para estar em juízo. A capacidade processual será plena quando a pessoa for absolutamente capaz, vale dizer, maior de 18 anos e com o necessário discernimento para a prática dos atos da vida civil. O menor de dezoito anos tem capacidade de ser parte, mas não tem capacidade para estar em juízo, sendo esta incapacidade suprida na forma do art. 793 da CLT.

Assim, nos termos do art. 793 da CLT, a reclamação do menor de dezoito anos será feita por seus representantes legais e, na falta destes, pelo Ministério Público do Trabalho, pelo sindicato, pelo Ministério Público estadual ou curador nomeado em juízo.

O menor de 18 anos deverá ser representado ou assistido durante o tramite processual. Vejamos:

(1) **Será representado** – Quando ele for menor de 16 anos, pois no caso ele é absolutamente incapaz.

(2) **Será assistido** – Quando ele for maior de 16 anos e menor de 18 anos, pois no caso ele é relativamente incapaz.

A doutrina entende que a CLT não é omissa quanto ao tema – cessação da incapacidade do menor de 18 anos, ou seja, a CLT regulamenta que a única forma de cessar a incapacidade do menor é pela maioridade (CLT, art. 793). Assim, o fato de o trabalhador celebrar contrato de trabalho não faz cessar a sua incapacidade. Desta forma, o art. 5º do CC, que prevê as hipóteses de **emancipação, diz respeito apenas aos atos da vida civil**, não surtindo efeitos no Processo do Trabalho.

9.1.1. Ausência do reclamante na audiência inaugural

– Caso o reclamante não compareça, o que vai acontecer?

A ausência da parte reclamante à audiência inaugural tem como consequência o arquivamento da reclamação, salvo comprovado motivo a justificar a referida ausência. (CLT, art. 844). Assim, quando o reclamante está ausente na audiência, no caso, na sessão inaugural, não pode o advogado solicitar o adiamento de tal sessão. Nesse sentido:

> RECURSO ORDINÁRIO. AUDIÊNCIA UNA. AUSÊNCIA DA PARTE AUTORA. O não comparecimento do reclamante importa o arquivamento da reclamação, nos termos do artigo 844, Consolidado. Incabível, portanto, a determinação de designação de nova audiência, por falta de amparo legal. Recurso a que se nega provimento. (Recurso Ordinário nº 0101840-92.2017.5.01.0070, TRT da 1ª Região, Rel. Ana Maria Soares de Moraes. DOERJ 28.11.2018).

O adiamento só é permitido quando a ausência do reclamante foi justificada, como determina o § 2º do art. 843 da CLT de seguinte teor:

> CLT, Art. 843 - [...]
>
> § 2º - Se por doença ou qualquer outro motivo poderoso, devidamente comprovado, não for possível ao empregado comparecer pessoalmente, poderá fazer-se representar por outro empregado que pertença à mesma profissão, ou pelo seu sindicato.

Se o processo necessitar de dilação probatória, o juiz se deparando com ausência do empregado, todavia, presente o representante do empregado (colega de profissão ou sindicato), o juiz deverá adiar a audiência para que o reclamante seja ouvido em audiência. Entretanto, se a matéria discutida no processo for de direito ou de fato sem necessidade de dilação probatória, é desnecessário o adiamento da audiência para que seja ouvido o autor, podendo o Magistrado marcar a sessão de julgamento, ou seja, a sentença.

9.1.1.1. Arquivamento da ação x pagamento de custas

O § 2º do art. 844 da CLT, acrescido pela Lei 13.467/17, é claro ao fixar que se o reclamante, faltar injustificadamente à audiência, pagará às custas do processo, ainda que beneficiário da justiça gratuita. Neste caso, o reclamante que faltou a audiência inaugural sem justificativa, será condenado a pagar 2% sobre o valor dado a causa, conforme determinado pelo inciso II art. 789 da CLT:

> CLT, Art. 789 – Nos dissídios individuais e nos dissídios coletivos do trabalho, nas ações e procedimentos de competência da Justiça do Trabalho, bem como nas demandas propostas perante a Justiça Estadual, no exercício da jurisdição trabalhista, as custas relativas ao processo de conhecimento incidirão à base de 2% (dois por cento), observado o mínimo de R$ 10,64 (dez reais e sessenta e quatro centavos) e o máximo de quatro vezes o limite máximo dos benefícios do Regime Geral de Previdência Social, e serão calculadas:
>
> [...]
>
> II – quando houver extinção do processo, sem julgamento do mérito, ou julgado totalmente improcedente o pedido, sobre o valor da causa;

Em resumo, as custas serão calculadas nos seguintes valores:

1) Mínimo de R$ 10,64;

2) Regra 2%;

3) Máximo 4 vezes o limite máximo dos benefícios do Regime Geral de Previdência Social.

O pagamento das custas pela ausência na audiência inaugural é condição para a propositura de nova demanda trabalhista, como determinado pelo 3º do art. 844 da CLT.

> CLT, Art. 844 - [...]
>
> § 3º – O pagamento das custas a que se refere o § 2º é condição para a propositura de nova demanda.

Como a Lei nº 13.467/2017 trouxe muitas dúvidas quanto sua aplicação aos processos em curso na data que esta entrou em vigor (11.11.2017), o TST editou a Instrução Normativa nº 41/2018 com intuito dedar ao jurisdicionado a segurança jurídica indispensável a possibilitar estabilidade das relações processuais. O art. 12 da referida a Instrução Normativa, determinou que:

> "Os arts. 840 e 844, §§ 2º, 3º e 5º, da CLT, com as redações dadas pela Lei nº 13.467, de 13 de julho de 2017, não retroagirão, aplicando-se, exclusivamente, às ações ajuizadas a partir de 11 de novembro de 2017."

Desta forma, as regras de condenação de custas, só se aplicam para os processos ajuizados após a Reforma Trabalhista de 2017, ou seja, processos ajuizados a partir de 11 de novembro de 2017.

Nesse sentido, a jurisprudência:

> NÃO COMPARECIMENTO DA RECLAMANTE À AUDIÊNCIA. ARQUIVAMENTO. PAGAMENTO DE CUSTAS. Ainda que beneficiária da Justiça gratuita, não há como afastar a determinação legal e específica para o caso dos autos, de pagamento das custas processuais, em razão da ausência da reclamante à audiência designada e da cominação estabelecida no § 2º do art. 844 da CLT, com a modificação introduzida pela Lei nº 13.467/2017.

Recurso Ordinário a que se nega provimento. (Processo nº 1000243-59.2018.5.02.0051, 3ª Turma do TRT da 2ª Região/SP, Rel. Nelson Nazar. DJe 13.11.2018).

NÃO COMPARECIMENTO INJUSTIFICÁVEL DO RECLAMANTE À AUDIÊNCIA INAUGURAL. ARQUIVAMENTO DA AÇÃO. RECOLHIMENTO DAS CUSTAS. A presente ação foi ajuizada quando já estava em vigor a nova redação do par. 2º do art. 844 da CLT, dada pela Lei nº 13.467/2017. Assim, em caso de arquivamento da ação, devido à ausência injustificada do autor à audiência, como na hipótese analisada, este será condenado ao pagamento das custas processuais, ainda que beneficiário da justiça gratuita, salvo se comprovar, no prazo de quinze dias, que a ausência ocorreu por motivo legalmente justificável. Entretanto, no caso, nada obstante o reclamante seja beneficiário da Justiça Gratuita, não comprovou no prazo ora em comento qualquer motivo legalmente justificável para sua ausência à audiência. Assim, correta a sentença, que condenou o autor ao pagamento das custas processuais. Recurso obreiro a que se nega provimento. (Processo nº 1000583-49.2018.5.02.0068, 11ª Turma do TRT da 2ª Região/SP, Rel. Adriana Prado Lima. DJe 11.09.2018).

LEI 13.467/17. ART. 844 DA CLT. O não comparecimento da reclamante à audiência importa o arquivamento da reclamação, bem como a condenação da mesma ao pagamento das custas calculadas na forma do art. 789 da Consolidação, ainda que beneficiária da justiça gratuita, salvo se comprovar, no prazo de quinze dias, que a ausência ocorreu por motivo legalmente justificável. Recurso da reclamante a que se nega provimento. (Processo nº 0000750-38.2017.5.05.0035, 5ª Turma do TRT da 5ª Região/BA, Rel. Norberto Frerichs. DJ 21.09.2018).

9.1.1.2. Isenção das custas

– O reclamante pode ficar isento de pagar as custas?

Para ficar isento das custas, o reclamante que faltou a audiência, deve comprovar, no prazo de 15 dias, que a ausência ocorreu por motivo legalmente justificável. Nesse sentido, a parte final do 2º do art. 844 da CLT.

CLT, Art. 844 - [...]

§ 2º - Na hipótese de ausência do reclamante, este será condenado ao pagamento das custas calculadas na forma do art. 789 desta Consolidação, ainda que beneficiário da justiça gratuita, salvo se comprovar, no prazo de quinze dias, que a ausência ocorreu por motivo legalmente justificável.

Sendo assim, quem faltar a audiência e não justificar no prazo de 15 dias a sua ausência por motivos legais, ou se a justificativa não for aceita pela justiça, será obrigado a pagar as custas, calculadas na forma do art. 789 da CLT, ainda que beneficiário da justiça gratuita, para apresentar nova demanda trabalhista. Nesse sentido, o TST:

"AGRAVO DE INSTRUMENTO EM RECURSO DE REVISTA DO AUTOR - ARQUIVAMENTO DA RECLAMAÇÃO TRABALHISTA - AUSÊNCIA INJUSTIFICADA DO RECLAMANTE NA AUDIÊNCIA - PAGAMENTO DE CUSTAS PROCESSUAIS COMO CONDIÇÃO PARA A PROPOSITURA DE NOVA DEMANDA, AINDA QUE BENEFICIÁRIO DA JUSTIÇA GRATUITA - COMPATIBILIDADE DO ART. 844, §§ 2º e 3º, DA CLT COM O ART. 5º, CAPUT, XXXV e LXXIV, DA CF - TRANSCENDÊNCIA JURÍDICA RECONHECIDA - DESPROVIMENTO. 1. Nos termos do art. 896-A, § 1º, IV, da CLT, constitui transcendência jurídica da causa a existência de questão nova em torno da interpretação da legislação trabalhista ainda não solvida pelo TST. 2. In casu , o debate jurídico que emerge da presente causa diz respeito à compatibilidade dos §§ 2º e 3º do art. 844 da CLT, introduzidos pela Lei 13.467/17, que determinam o pagamento de custas processuais pelo demandante, em casos de arquivamento da reclamação por ausência injustificada do autor na audiência, ainda que beneficiário da justiça gratuita, sendo o referido recolhimento condição para propositura de nova ação, frente aos princípios do livre acesso ao Judiciário e da assistência jurídica integral e gratuita aos que comprovarem a insuficiência de recursos, esculpidos no caput e nos incisos XXXV e LXXIV do art. 5º da Constituição Federal, questão que, inclusive, encontra-se pendente de análise pela Suprema Corte em sede de controle concentrado de constitucionalidade (ADI 5.766-DF, Rel. Min. Roberto Barroso). 3. Conforme se extrai do acórdão recorrido, o Autor, que litiga sob o pálio da justiça gratuita, além de não ter comparecido na audiência, não apresentou justificativa para a sua ausência, o que ensejou a sua condenação ao pagamento de custas processuais no importe de R$ 1.391,01 (mil, trezentos e noventa e um reais e um centavo). 4. Como é cediço, a Reforma Trabalhista, promovida pela Lei 13.467/17, ensejou diversas alterações no campo do Direito Processual do Trabalho, a fim de tornar o processo laboral mais racional, simplificado, célere e, principalmente, responsável, sendo essa última característica marcante, visando coibir as denominadas "aventuras judiciais", calcadas na facilidade de se acionar a Justiça, sem nenhum ônus ou responsabilização por postulações carentes de embasamento fático. 5. Não se pode perder de vista o crescente volume de processos ajuizados nesta Justiça Especializada, muitos com extenso rol de pedidos, apesar dos esforços empreendidos pelo TST para redução de estoque e do tempo de tramitação dos processos. 6. Nesse contexto, foram inseridos os §§ 2º e 3º no art. 844 da CLT pela Lei 13.467/17, responsabilizando-se o empregado, ainda que beneficiário da justiça gratuita, por acionar a máquina judicial de forma irresponsável, até porque, no atual cenário de crise econômica, por vezes a reclamada é hipossuficiente, assumindo despesas não só com advogado, mas também com deslocamento inútil, para ver a sua audiência frustrada pela ausência injustificada do autor. 7. Percebe-se, portanto, que o art. 844, §§ 2º e 3º, da CLT não colide com o art. 5º, caput, XXXV e LXXIV, da CF, ao revés, busca preservar a jurisdição em sua essência, como instrumento responsável e consciente de tutela de direitos elementares do ser humano trabalhador, indispensáveis à sua sobrevivência e à da família. 8. Ainda, convém ressaltar não ser coerente a conclusão de que a imposição de pagamento de custas processuais, inclusive como condição para ajuizamento de nova ação, prevista nos §§ 2º e 3º do art. 844 da CLT, obsta o trabalhador de ter acesso ao Poder Judiciário, até porque a própria lei excepciona da obrigação de recolher as referidas custas aquele que comprovar que a sua ausência se deu por motivo legalmente justificável, prestigiando, de um lado, o processo responsável, e desestimulando, de outro, a litigância descompromissada. 9. Por todo o exposto, não merece reforma o acórdão regional que manteve a condenação do Autor ao pagamento de custas, restando incólumes os dispositivos apontados como violados na revista. Agravo de instrumento desprovido " (AIRR-10111-44.2018.5.03.0021, 4ª Turma, Relator Ministro Ives Gandra Martins Filho, DEJT 19/06/2020).

"RECURSO DE REVISTA DO AUTOR – ARQUIVAMENTO DA RECLAMAÇÃO TRABALHISTA – AUSÊNCIA INJUSTIFICADA DO RECLAMANTE NA AUDIÊNCIA – PAGAMENTO DE CUSTAS PROCESSUAIS COMO CONDIÇÃO PARA A PROPOSITURA DE NOVA DEMANDA, AINDA QUE BENEFICIÁRIO DA JUSTIÇA GRATUITA – COMPATIBILIDADE DO ART. 844, §§ 2º e 3º, DA CLT COM O ART. 5º, XXXV e LXXIV, DA CF – TRANSCENDÊNCIA JURÍDICA RECONHECIDA. 1. Nos termos do art. 896-A, § 1º, IV, da CLT, constitui transcendência jurídica da causa a existência de questão nova em torno da interpretação da legislação trabalhista ainda não solvida pelo TST. 2. In casu , o debate jurídico que emerge da presente causa diz respeito à compatibilidade dos §§ 2º e 3º do art. 844 da CLT, introduzidos pela Lei 13.467/17, que determinam o pagamento de custas processuais pelo demandante, em casos de arquivamento da reclamação por ausência injustificada do autor na audiência, ainda que beneficiário da justiça gratuita, sendo o referido recolhimento condição para propositura de nova ação, frente aos princípios do livre acesso ao Judiciário e da assistência jurídica integral e gratuita aos que comprovarem a insuficiência de recursos, esculpidos nos incisos XXXV e LXXIV do art. 5º da Constituição Federal, questão que, inclusive, encontra-se pendente de análise pela Suprema Corte em sede de controle concentrado de constitucionalidade (STF-ADI 5.766-DF, Rel. Roberto Barroso). 3. Conforme se extrai do acórdão recorrido, o Autor, que litiga sob o pálio da justiça gratuita, além de não ter comparecido na audiência, não apresentou justificativa para a sua ausência, o que ensejou a sua condenação ao pagamento de custas processuais no importe de R$ 645,42 (seiscentos e quarenta e cinco reais e quarenta e dois centavos). 4. Como é cediço, a Reforma Trabalhista, promovida pela Lei 13.467/17, ensejou diversas alterações no campo do Direito Processual do Trabalho, a fim de tornar o processo laboral mais racional, simplificado, célere e, principalmente, responsável, sendo essa última característica marcante, visando coibir as denominadas "aventuras judiciais", calcadas na facilidade de se acionar a Justiça, sem nenhum ônus ou responsabilização por postulações carentes de embasamento fático. 5. Não se pode perder de vista o crescente volume de processos ajuizados nesta Justiça Especializada, muitos com extenso rol de pedidos, apesar dos esforços empreendidos pelo TST para redução de estoque e do tempo de tramitação dos processos. 6. Nesse contexto foram inseridos os §§ 2º e 3º no art. 844 da CLT pela Lei 13.467/17, responsabilizando-se o empregado, ainda que beneficiário da justiça gratuita, por acionar a máquina judicial de forma irresponsável, até porque, no atual cenário de crise econômica, por vezes a reclamada é hipossuficiente, assumindo despesas não só com advogado, mas também com deslocamento inútil, para ver a sua audiência frustrada pela ausência injustificada do autor. 7. Percebe-se, portanto, que o art. 844, §§ 2º e 3º, da CLT não colide com o art. 5º, XXXV e LXXIV, da CF, ao revés, busca preservar a jurisdição em sua essência, como instrumento responsável e consciente de tutela de direitos elementares do ser humano trabalhador, indispensáveis à sua sobrevivência e à da família. 8. Ainda, convém ressaltar não ser verdadeira a assertiva de que a imposição de pagamento de custas processuais, inclusive como condição para ajuizamento de nova ação, prevista nos §§ 2º e 3º do art. 844 da CLT, obsta o trabalhador de ter acesso ao Poder Judiciário, até porque a própria lei excepciona da obrigação de recolher as referidas custas aquele que comprovar que a sua ausência se deu por motivo legalmente justificável, prestigiando, de um lado, o processo responsável, e desestimulando, de outro, a litigância descompromissada. 9. Assim, em que pese reconhecida a transcendência jurídica da questão, não conheço da revista obreira, por não vislumbrar violação do art. 5º, XXXV e LXXIV, da CF. Recurso de revista não conhecido" (RR-1000129-89.2018.5.02.0029, 4ª Turma, Relator Ministro Ives Gandra Martins Filho, DEJT 21/02/2020).

"AGRAVO DE INSTRUMENTO EM RECURSO DE REVISTA DA AUTORA – ARQUIVAMENTO DA RECLAMAÇÃO TRABALHISTA – AUSÊNCIA INJUSTIFICADA DA RECLAMANTE NA AUDIÊNCIA – PAGAMENTO DE CUSTAS PROCESSUAIS COMO CONDIÇÃO PARA A PROPOSITURA DE NOVA DEMANDA, AINDA QUE BENEFICIÁRIA DA JUSTIÇA GRATUITA – COMPATIBILIDADE DO ART. 844, §§ 2º e 3º, DA CLT COM O ART. 5º, CAPUT, XXXV e LXXIV, DA CF – TRANSCENDÊNCIA JURÍDICA RECONHECIDA – DESPROVIMENTO. 1. Nos termos do art. 896-A, § 1º, IV, da CLT, constitui transcendência jurídica da causa a existência de questão nova em torno da interpretação da legislação trabalhista ainda não solvida pelo TST. 2. In casu , o debate jurídico que emerge da presente causa diz respeito à compatibilidade dos §§ 2º e 3º do art. 844 da CLT, introduzidos pela Lei 13.467/17, que determinam o pagamento de custas processuais pelo demandante, em casos de arquivamento da reclamação por ausência injustificada do autor na audiência, ainda que beneficiário da justiça gratuita, sendo o referido recolhimento condição para propositura de nova ação, frente aos princípios da isonomia, do livre acesso ao Judiciário e da assistência jurídica integral e gratuita aos que comprovarem a insuficiência de recursos, esculpidos no caput e nos incisos XXXV e LXXIV do art. 5º da Constituição Federal, questão que, inclusive, encontra-se pendente de análise pela Suprema Corte em sede de controle concentrado de constitucionalidade (ADI 5.766-DF, Rel. Min. Roberto Barroso). 3. Conforme se extrai do acórdão recorrido, a Autora, que litiga sob o pálio da justiça gratuita, além de não ter comparecido na audiência, não apresentou justificativa para a sua ausência, o que ensejou a sua condenação ao pagamento de custas processuais no importe de R$ 634,51 (seiscentos e trinta e quatro reais e cinquenta e um centavos). 4. Como é cediço, a Reforma Trabalhista, promovida pela Lei 13.467/17, ensejou diversas alterações no campo do Direito Processual do Trabalho, a fim de tornar o processo laboral mais racional, simplificado, célere e, principalmente, responsável, sendo essa última característica marcante, visando coibir as denominadas "aventuras judiciais", calcadas na facilidade de se acionar a Justiça, sem nenhum ônus ou responsabilização por postulações carentes de embasamento fático. 5. Não se pode perder de vista o crescente volume de processos ajuizados nesta Justiça Especializada, muitos com extenso rol de pedidos, apesar dos esforços empreendidos pelo TST para redução de estoque e do tempo de tramitação dos processos. 6. Nesse contexto, foram inseridos os §§ 2º e 3º no art. 844 da CLT pela Lei 13.467/17, responsabilizando-se o empregado, ainda que beneficiário da justiça gratuita, por acionar a máquina judicial de forma irresponsável, até porque, no atual cenário de crise econômica, por vezes a reclamada é hipossuficiente, assumindo despesas não só com advogado, mas também com deslocamento inútil, para ver a sua audiência frustrada pela ausência injustificada do autor. 7. Percebe-se, portanto, que o art. 844, §§ 2º e 3º, da CLT não colide com o art. 5º, caput, XXXV e LXXIV, da CF, ao revés, busca preservar a jurisdição em sua essência, como instrumento responsável e consciente de tutela de direitos elementares do ser humano trabalhador, indispensáveis à sua sobrevivência e à da família. 8. Ainda, convém ressaltar não ser coerente a conclusão de que a imposição de pagamento de custas processuais, inclusive como condição para ajuizamento de nova ação, prevista nos §§ 2º e 3º do art. 844 da CLT, obsta o trabalhador de ter acesso ao Poder Judiciário, até porque a própria lei excepciona da obrigação de recolher as referidas custas aquele que comprovar que a sua ausência se deu por motivo legalmente justificável, prestigiando, de um lado, o processo responsável, e desestimulando, de outro, a litigância descompromissada. 9. Por todo o exposto, não merece reforma o acórdão regional que manteve a condenação da Autora ao pagamento de custas, restando incólumes os dispositivos apontados como violados na revista. Agravo de instrumento desprovido " (AIRR-1000279-09.2018.5.02.0017, 4ª Turma, Relator Ministro Ives Gandra Martins Filho, DEJT 22/11/2019).

"RECURSO DE REVISTA INTERPOSTO PELA RECLAMANTE. INTERPOSTO NA VIGÊNCIA DA LEI N.º 13.467/2017. TRANSCENDÊNCIA. RECONHECIDA. A controvérsia dos autos centra-se em definir se, ausente a reclamante à audiência designada, é devido, ou não, o pagamento de custas processuais, mesmo diante da sua condição de beneficiária da justiça gratuita, considerando a nova redação conferida ao artigo 844, § 2º, da CLT. Assim, tendo em vista a existência de questão nova em torno da interpretação da legislação trabalhista, decorrente da alteração do artigo 844, § 2º, da CLT, promovida pela Lei nº 11.467/2017, verifica-se a transcendência jurídica, nos termos do artigo 896-A, § 1º, IV, da CLT. RECURSO INTERPOSTO NA VIGÊNCIA DA LEI N.º 13.467/2017. AUSÊNCIA DA RECLAMANTE À AUDIÊNCIA. CONDENAÇÃO AO PAGAMENTO DE CUSTAS PROCESSUAIS. BENEFÍCIOS DA JUSTIÇA GRATUITA. NÃO CONHECIMENTO. Cinge-se a controvérsia em saber se, diante da ausência da reclamante à audiência e do consequente arquivamento da reclamação, é devida, ou não, a sua condenação ao pagamento de custas processuais, mesmo diante da sua condição de beneficiária da justiça gratuita, considerando a nova redação do artigo 844, § 2º, da CLT, conferida pela Lei nº 13.467/2017. Dispõe o aludido preceito legal, em sua atual redação, que o não comparecimento do reclamante à audiência importa no arquivamento da reclamação, sendo devido o pagamento de custas processuais, ainda que a parte seja beneficiária da justiça gratuita, salvo se comprovado nos autos que a ausência ocorreu por motivo legalmente justificável. Precedentes. Vale ressaltar, ainda, que a Instrução Normativa nº 41/2018 desta colenda Corte, ao dispor acerca da aplicação das normas processuais da Consolidação das Leis do Trabalho, alteradas pela Lei nº 13.467/2017, determina, em seu artigo 1º, que a nova redação do artigo 844 da CLT, e seus parágrafos, deve ser aplicada, tão somente, aos processos iniciados após 11/11/2017. Na hipótese, verifica-se que a ação foi ajuizada em 27/07/2018 e, portanto, sob a égide da Lei nº 13.467/2017. O Tribunal Regional registrou que a reclamante não compareceu à audiência e não apresentou qualquer motivo para justificar a sua ausência, razão pela qual manteve a sua condenação ao pagamento de custas processuais, mesmo diante da sua condição de beneficiária da justiça gratuita. Ao assim decidir, a egrégia Corte Regional proferiu acórdão em conformidade com a nova redação do artigo 844, § 2º, da CLT, alterada pela Lei nº 13.467/2017. Por tal razão, não há falar em ofensa aos artigos 844, §2º, da CLT e 5º, XXXV, LXXIV, da Constituição Federal. Recurso de revista de que não se conhece "(RR-1000912-26.2018.5.02.0015, 4ª Turma, Relator Ministro Guilherme Augusto Caputo Bastos, DEJT 06/12/2019).

"RECURSO DE REVISTA INTERPOSTO SOB A ÉGIDE DAS LEIS Nos 13.015/2014, 13.105/2015 E 13.467/2017. RECOLHIMENTO DE CUSTAS. AUSÊNCIA INJUSTIFICADA DA PARTE AUTORA À AUDIÊNCIA. ARQUIVAMENTO. JUSTIÇA GRATUITA. ART. 844, § 2º, DA CLT. APLICABILIDADE. Nos termos do art. 844, § 2º, da CLT, introduzido pela Lei nº 13.467/2017, 'na hipótese de ausência do reclamante, este será condenado ao pagamento das custas calculadas na forma do art. 789 desta Consolidação, ainda que beneficiário da justiça gratuita, salvo se comprovar, no prazo de quinze dias, que a ausência ocorreu por motivo legalmente justificável'. No presente caso, o reclamante não comprovou, no prazo legal, o justo motivo para sua ausência à audiência. Não merece reparo, portanto, a decisão regional, uma vez que observado o preceito consolidado. Recurso

> de revista não conhecido" (TST-RR-1000296-85.2018.5.02.0036, Rel. Min. Alberto Luiz Bresciani de Fontan Pereira, 3ª Turma, DEJT de 09/08/19).

Por todo o exposto, sobressai a convicção de que o art. 844, §§ 2º e 3º, da CLT não colide com o art. 5º, caput e XXXV e XXXVI, da CF, ao revés, busca preservar a jurisdição em sua essência, como instrumento responsável e consciente de tutela de direitos elementares do ser humano trabalhador, indispensáveis à sua sobrevivência e à da família.

– O STF entende da mesma forma?

O Supremo Tribunal Federal, na ADI 5.766-DF de Relatoria do Min. Roberto Barroso, discute a constitucionalidade da imposição da obrigação de pagamento de custas ao autor, prevista no art. 844, parágrafos 2º e 3º da CLT, frente aos incisos XXXV e LXXIV do art. 5º da CF, sendo que, em 10/05/18, o julgamento foi suspenso em virtude do pedido de vista do Min. Luiz Fux:

> "Após o voto do Ministro Roberto Barroso (Relator), julgando parcialmente procedente a ação direta de inconstitucionalidade, para assentar interpretação conforme a Constituição, consubstanciada nas seguintes teses: '1. **O direito à gratuidade de justiça pode ser regulado de forma a desincentivar a litigância abusiva, inclusive por meio da cobrança de custas e de honorários a seus beneficiários**. 2. A cobrança de honorários sucumbenciais do hipossuficiente poderá incidir: (i) sobre verbas não alimentares, a exemplo de indenizações por danos morais, em sua integralidade; e (ii) sobre o percentual de até 30% do valor que exceder ao teto do Regime Geral de Previdência Social, mesmo quando pertinente a verbas remuneratórias. 3. É legítima a cobrança de custas judiciais, em razão da ausência do reclamante à audiência, mediante prévia intimação pessoal para que tenha a oportunidade de justificar o não comparecimento', e após o voto do Ministro Edson Fachin, julgando integralmente procedente a ação, pediu vista antecipada dos autos o Ministro Luiz Fux. Ausentes o Ministro Dias Toffoli, neste julgamento, e o Ministro Celso de Mello, justificadamente. Presidência da Ministra Cármen Lúcia. Plenário, 10.5.2018".

9.1.1.3. Honorários de sucumbência em caso de arquivamento

– Quando o processo for arquivado por ausência do reclamante, vai haver a condenação em honorários sucumbenciais?

O TST, ao enfrentar o tema, entendeu que o art. 85, § 6º, do CPC, que impõe o pagamento dos honorários de sucumbência em todos os casos de extinção do processo, não é aplicável ao Processo do Trabalho, nos termos dos arts. 15 do CPC e 769 da CLT, tendo em vista a não omissão da CLT sobre a matéria, a par da incompatibilidade do dispositivo da lei processual civil com o processo laboral, cuja reforma de 2017, impôs custas, mas eximiu o reclamante de honorários sucumbenciais, veja:

> "I) TRANSCENDÊNCIA JURÍDICA DOS APELOS DE AMBOS OS LITIGANTES - MATÉRIA RELATIVAMENTE NOVA - ÔNUS DA SUCUMBÊNCIA E GRATUIDADE DE JUSTIÇA - HONORÁRIOS ADVOCATÍCIOS E CUSTAS PROCESSUAIS - REFORMA TRABALHISTA (LEI 13.467/17). 1. A "transcendência das transcendências", para admissão de recurso de revista para o TST, é a jurídica, porque condiz com a tarefa existencial da Corte, de uniformização da jurisprudência, selecionando questões novas, que exigem pacificação por parte do Tribunal, o qual dará o conteúdo normativo dos dispositivos legais em debate. 2. No caso dos autos, ambos os apelos tratam da questão relativa à amplitude dos ônus da sucumbência em caso de arquivamento de reclamação trabalhista por ausência injustificada do reclamante na audiência inaugural, discutindo honorários advocatícios e custas processuais, à luz dos arts. 844, §§ 2º e 3º, e 791-A da CLT, inseridos pela reforma trabalhista (Lei 13.467/17) em confronto com os arts. 85, § 6º, e 98, § 1º, I, do CPC, 5º da Lei 1.569/77 e 5º, II, XXXV, XXXVI, LIV e LXXIV, da CF. 3. Nesses termos, reconheço a transcendência jurídica de ambos os apelos, em face da relativa novidade das questões em debate, ainda não pacificadas pelo TST. Transcendência jurídica reconhecida em ambos os apelos. II) AGRAVO DE INSTRUMENTO DA RECLAMADA - ARQUIVAMENTO DE RECLAMATÓRIA POR AUSÊNCIA INJUSTIFICADA NA AUDIÊNCIA INAUGURAL - NÃO PREVISÃO LEGAL DE PERCEPÇÃO DE HONORÁRIOS DE

SUCUMBÊNCIA – AGRAVO DESPROVIDO. 1. O art. 844, §§ 2º e 3º, da CLT é taxativo quanto aos ônus do não comparecimento injustificado do reclamante à audiência inaugural, limitando-o ao arquivamento da reclamatória e à condenação em custas processuais, cuja satisfação é condição para o ajuizamento de nova reclamatória. 2. O art. 85, § 6º, do CPC, que impõe o pagamento dos honorários de sucumbência em todos os casos de extinção do processo, não é aplicável ao Processo do Trabalho, nos termos dos arts. 15 do CPC e 769 da CLT, tendo em vista a não omissão da CLT sobre a matéria, a par da incompatibilidade do dispositivo da lei processual civil com o processo laboral, cuja reforma de 2017 foi salomônica nessa hipótese, impondo custas, mas eximindo de honorários. 3. Nesse sentido, a revista patronal não logra êxito em demonstrar violação de lei, ao tempo em que os arestos trazidos a cotejo não registram a fonte de publicação, sendo inservíveis para estabelecer dissídio pretoriano específico, a teor da Súmula 337 do TST, razão do reconhecimento da higidez do despacho agravado. Agravo de instrumento desprovido. III) RECURSO DE REVISTA DO RECLAMANTE – CUSTAS PROCESSUAIS – ARQUIVAMENTO DA RECLAMATÓRIA POR AUSÊNCIA INJUSTIFICADA NA AUDIÊNCIA INAUGURAL – ÔNUS RECONHECIDO SEM EXCEPCIONAR OS BENEFICIÁRIOS DA JUSTIÇA GRATUITA, A TÍTULO DE PENALIDADE – NÃO VIOLAÇÃO DO ART. 5º, II, XXXV, XXXVI, LIV E LXXIV, DA CF – RECURSO DE REVISTA NÃO CONHECIDO. 1. O debate jurídico que emerge da presente causa diz respeito à compatibilidade dos §§ 2º e 3º do art. 844 da CLT, introduzidos pela Lei 13.467/17, que determinam o pagamento de custas processuais pelo demandante, em casos de arquivamento da reclamação por ausência injustificada do autor na audiência, ainda que beneficiário da justiça gratuita, sendo o referido recolhimento condição para propositura de nova ação, frente aos princípios da isonomia, do amplo acesso à jurisdição, da irretroatividade da lei, do contraditório, da ampla defesa e da assistência jurídica integral e gratuita aos que comprovarem a insuficiência de recursos, esculpidos no caput e nos incisos II, XXXV, XXXVI, LIV e LXXIV do art. 5º da CF, questão que, inclusive, encontra-se pendente de análise pela Suprema Corte em sede de controle concentrado de constitucionalidade (ADI 5.766-DF, Rel. Min. Roberto Barroso). 2. Conforme se extrai do acórdão recorrido, o Autor, que litiga sob o pálio da justiça gratuita, além de não ter comparecido na audiência, não apresentou justificativa para a sua ausência, o que ensejou a sua condenação ao pagamento de custas processuais no importe de R$ 4.000,00. 3. Como é cediço, a Reforma Trabalhista, promovida pela Lei 13.467/17, ensejou diversas alterações no campo do Direito Processual do Trabalho, a fim de tornar o processo laboral mais racional, simplificado, célere e, principalmente, responsável, sendo essa última característica marcante, visando coibir as denominadas "aventuras judiciais", calcadas na facilidade de se acionar a Justiça, sem nenhum ônus ou responsabilização por postulações carentes de embasamento fático. 4. Nesse contexto, foram inseridos os §§ 2º e 3º no art. 844 da CLT pela Lei 13.467/17, responsabilizando-se o empregado, ainda que beneficiário da justiça gratuita, por acionar a máquina judicial de forma irresponsável, até porque, no atual cenário de crise econômica, por vezes a reclamada é hipossuficiente, assumindo despesas não só com advogado, mas também com deslocamento inútil, para ver a sua audiência frustrada pela ausência injustificada do autor. 5. Percebe-se, portanto, que o art. 844, §§ 2º e 3º, da CLT não colide com as normas constitucionais indigitadas. Ao revés, busca preservar a jurisdição em sua essência, como instrumento responsável e consciente de tutela de direitos elementares do ser humano trabalhador, indispensáveis à sua sobrevivência e à da sua família. 6. Convém ressaltar, outrossim, não ser coerente a conclusão de que a imposição de pagamento de custas processuais, inclusive como condição para ajuizamento de nova ação, prevista nos §§ 2º e 3º do art. 844 da CLT, obsta o trabalhador de ter acesso ao Poder Judiciário, até porque a própria lei excepciona da obrigação de recolher as referidas custas aquele que comprovar que a sua ausência se deu por motivo legalmente justificável, prestigiando, de um lado, o processo responsável, e desestimulando, de outro, a litigância descompromissada. 7. No mais, como as multas por litigância de má-fé ou protelação, também as custas, nessa hipótese, são penalidade pelo uso indevido da máquina judiciária, das quais não está isento o beneficiário da justiça gratuita, já que não goza, pela insuficiência econômica, de salvo conduto para agir irresponsavelmente perante o Judiciário. 8. Por todo o exposto, não merece reforma o acórdão regional que condenou o Autor ao pagamento de custas, restando incólumes os dispositivos apontados como violados na revista. Ademais, pelo prisma da divergência jurisprudencial, a revista obreira esbarra no óbice das Súmulas 296 e 337 do TST. Recurso de revista não conhecido " (ARR-67-24.2018.5.12.0050, 4ª Turma, Relator Ministro Ives Gandra Martins Filho, DEJT 21/02/2020).

9.1.1.4. Perempção

– O que acontece se o reclamante faltar a audiência / sessão inaugural por duas vezes?

Ocorrerá a perempção. A perempção aplicada ao Processo do Trabalho é a perempção temporária, quando o autor da ação trabalhista:

(1) Tenha dado causa ao arquivamento da ação por duas vezes seguidas, pelo não comparecimento na audiência; ou

> CLT, Art. 732 – Na mesma pena do artigo anterior incorrerá o reclamante que, por 2 (duas) vezes seguidas, der causa ao arquivamento de que trata o art. 844.

(2) Não comparecimento para tomar por termo a reclamação verbal.

> CLT, Art. 786 – A reclamação verbal será distribuída antes de sua redução a termo.
>
> Parágrafo único – Distribuída a reclamação verbal, o reclamante deverá, salvo motivo de força maior, apresentar-se no prazo de 5 (cinco) dias, ao cartório ou à secretaria, para reduzi-la a termo, sob a pena estabelecida no art. 731.

– Qualquer arquivamento do processo por duas vezes já causa a perempção?

Qualquer outra forma de arquivamento do processo que não seja por ausência do reclamante na audiência / sessão inaugural por 2 vezes, não enseja a perempção. O art. 732 da CLT refere-se expressamente ao arquivamento de que se ocupa o art. 844 da CLT, ou seja, em decorrência do não comparecimento do reclamante à audiência inaugural. Nesse sentido, decidiu vem decidindo a jurisprudência;

> RECURSO DE REVISTA - JUSTIÇA GRATUITA - REQUISITOS - ABUSO DO DIREITO DE AÇÃO - INAPLICABILIDADE DE SANÇÃO RELATIVA AO INDEFERIMENTO DO BENEFÍCIO - ARQUIVAMENTO DE AÇÕES ANTERIORES - PREVISÃO APENAS DE PEREMPÇÃO TEMPORÁRIA EXPRESSA NA REGRA DOS ARTS. 731 E 732 DA CLT. A medida sancionatória prevista na CLT para aquele que der causa ao arquivamento da ação por duas vezes é única e específica, conforme se infere dos seus arts. 731 e 732. Assim, não se cogita de cominação outra que não a perempção temporária a ser aplicada ao reclamante. Dessa forma, não se afigura apropriado indeferimento do benefício da Justiça Gratuita com esteio na indicação de que os arquivamentos das ações intentadas pelo reclamante se configuraram em abuso do direito. Recurso de revista conhecido e provido. (RR nº 0000370-84.2013.5.15.0129, 7ª Turma do TST, Rel. Luiz Philippe Vieira de Mello Filho. Unânime, DEJT 18.02.2016).

> PEREMPÇÃO - PROCESSO DO TRABALHO - DEFINIÇÃO. Os artigos 731 e 732 da CLT preveem uma penalidade de ordem processual ao litigante e acabam por configurar séria limitação ao direito de ação. Por essa razão, tais dispositivos merecem interpretação restritiva: a perempção apenas se caracteriza após dois arquivamentos provocados pela ausência do autor na audiência inicial. Qualquer outra forma de extinção do processo sem resolução do mérito não tem o efeito previsto no artigo 732 da CLT. (RO nº 961/2010-034-03-00.5, 7ª Turma do TRT da 3ª Região/MG, Rel. Paulo Roberto de Castro. unânime, DEJT 25.10.2010).

> DESISTÊNCIA DA AÇÃO. APLICAÇÃO DE PENA DO ART. 732 DA CLT. INVIABILIDADE. A pena estabelecida no art. 732 da CLT é sanção aplicável ao arquivamento do processo, por duas vezes consecutivas, não possuindo, pois, qualquer pertinência com a desistência da ação. Logo, inviável a pretensão da demandada de o autor ter o seu direito de reclamar suspenso, por seis meses, já que as normas que impõem sanções devem ser interpretadas, restritivamente. (RO nº 0001229-35.2011.5.08.0010, 3ª

Turma do TRT da 8ª Região/PA-AP, Rel. Mário Leite Soares. Unânime, DEJT 30.01.2012).

– Como assim temporária, Hamilton?

Ocorrendo a perempção trabalhista, fica empregado impedido de reclamar perante a Justiça do Trabalho pelo prazo de seis meses. Veja o que diz o art. 731 da CLT:

CLT, Art. 731 – Aquele que, tendo apresentado ao distribuidor reclamação verbal, não se apresentar, no prazo estabelecido no parágrafo único do art. 786, à Junta ou Juízo para fazê-lo tomar por termo, INCORRERÁ NA PENA DE PERDA, PELO PRAZO DE SEIS MESES, do direito de reclamar perante a Justiça do Trabalho.

A jurisprudência trabalhista, corrobora com o que diz a Lei, veja os julgados abaixo:

I – RECURSO DE REVISTA DA BRASKEM. AUSÊNCIA DO RECLAMANTE POR DUAS VEZES CONSECUTIVAS À AUDIÊNCIA. ARQUIVAMENTO. PEREMPÇÃO TRABALHISTA (ARTS. 731, 732 E 844 DA CLT). NA HIPÓTESE, É INCONTROVERSO QUE O AUTOR FALTOU À AUDIÊNCIA EM DUAS RECLAMATÓRIAS ANTERIORMENTE AJUIZADAS E QUE AMBAS FORAM ARQUIVADAS EM VIRTUDE DE SUA AUSÊNCIA. ALÉM DISSO, VERIFICA-SE QUE A PRESENTE RECLAMATÓRIA FOI AJUIZADA DENTRO DOS SEIS MESES SUBSEQUENTES AO ÚLTIMO ARQUIVAMENTO. DESTA FEITA, O RECONHECIMENTO DA PEREMPÇÃO SE IMPÕE. PRECEDENTES. RECURSO DE REVISTA CONHECIDO E PROVIDO. II – AGRAVO DE INSTRUMENTO DA PETROS. Tendo em vista o provimento do recurso de revista da Braskem, que resultou na extinção do processo sem resolução do mérito, resta prejudicada a análise do agravo de instrumento da Petros. (ARR nº 220-27.2011.5.04.0761, 2ª Turma do TST, Rel. Delaíde Miranda Arantes. j. 18.04.2018, Publ. 27.04.2018).

AGRAVO DE INSTRUMENTO. PEREMPÇÃO. ARTIGO 732 DA CLT. 1. Da redação contida nos artigos 844, 731 e 732 da Consolidação das Leis do Trabalho, uma vez não cumprido pela parte reclamante o dever processual de comparecimento à audiência, tem-se o arquivamento da reclamação trabalhista proposta. E, caso a parte reclamante dê causa ao arquivamento por duas vezes consecutivas, incorrerá na perda temporária -por seis meses -do direito de reclamar perante a Justiça do Trabalho, conforme penalidade capitulada no artigo 732 da CLT. 2. Na presente hipótese, o Tribunal Regional assentou no acórdão que "o reclamante ajuizou, antes da presente ação, outras duas reclamatórias [contra a reclamada]. A primeira, ajuizada em 28-05-2007 foi arquivada [por não comparecimento à audiência] em 12-07-2007 e a segunda, proposta em 07-11-2007, quando decorridos aproximadamente cinco meses da data do arquivamento da primeira, foi arquivada em 04-12-2007. Já a presente ação foi ajuizada em 30-04-2008 (fl. 02), quando, portanto, ainda não decorridos seis meses desde o arquivamento da segunda reclamatória proposta". 3. Sendo certo que o reclamante ajuizara a terceira reclamação trabalhista menos de 6 (seis) meses após o segundo arquivamento consecutivo por não comparecimento à audiência, em uma peculiar situação de ajuizamento de três ações seguidas em cerca de doze meses, correta a decisão que o enquadrou o relapso demandante na punição prevista nos artigos 844, 731 e 732 da Consolidação das Leis do Trabalho. 4. Agravo de Instrumento a que se nega provimento. (AIRR -13781-10.2010.5.04.0000, Relator Desembargador Convocado: Marcelo Lamego Pertence, Data de Julgamento: 14/12/2016, 1ª Turma, Data de Publicação: DEJT 19/12/2016)

AGRAVO DE INSTRUMENTO EM RECURSO DE REVISTA - PEREMPÇÃO. A Corte regional registra expressamente a ocorrência de dois arquivamentos ocasionados pelo não comparecimento do reclamante às audiências designadas. Conforme o disposto nos arts. 731 e 732 da CLT incorrerá na pena de perda, pelo prazo de seis meses do direito de reclamar perante a Justiça do Trabalho o reclamante que, por duas vezes seguidas, der causa ao arquivamento da reclamação pelo seu não comparecimento à audiência. Nesse contexto, incólumes os arts. 731, 732 e 844 da CLT. Agravo de instrumento desprovido. (AIRR nº 0166200-34.2009.5.01.0032, 7ª Turma do TST, Rel. Luiz Philippe Vieira de Mello Filho. Unânime, DEJT 15.10.2015).

– Hamilton, a preempção se aplica a qualquer processo trabalhista ou somente os processos referentes àquela empresa que ele faltou por duas vezes a audiência inaugural?

A doutrina amplamente majoritária vê na redação do art. 731 a punição de perda do direito de propor qualquer reclamação, em face de qualquer empregador, pelo prazo de 6 meses. O empregado, portanto, não poderá comparecer à Justiça do Trabalho como reclamante, pelo prazo de 6 meses. Por todos, Cleber Lúcio de Almeida, Direito Processual do Trabalho, 2009, p. 484, que escreve que:

> "O autor, no caso dos dois arquivamentos, fica impedido, por seis meses, de reclamar perante a Justiça do Trabalho contra qualquer tomador de seus serviços."

– Em resumo, a penalidade consiste na proibição de mover ação na Justiça do Trabalho, seja qual for o teor da reclamação. Ajuizada nova demanda dentro do semestre, é cabível nova extinção do feito, sem julgamento do mérito.

Isso mesmo.

– O início do prazo de 6 meses começa a contar a partir de quando?

O prazo de seis meses previsto no art. 731 da CLT deve ser contado a partir da data do último arquivamento do feito, em razão do não comparecimento do trabalhador à audiência.

– Mais alguma coisa que eu tenha que saber?

Sim. Duas coisas:

Primeiro: O TST por meio de sua Súmula 09, determina que a ausência do reclamante, quando adiada a instrução após contestada a ação em audiência, não importa arquivamento do processo.

Segundo: A jurisprudência trabalhista vem decidindo que a perempção do processo civil prevista no §3º do art. 486 do CPC/2015, não se aplica ao Processo do Trabalho. Nesse sentido:

> A perempção prevista no CPC não se aplica ao processo do trabalho, pois a CLT contém penalidade específica no art. 732 para o reclamante que der causa ao arquivamento de reclamatória ajuizada por duas vezes seguidas. Destarte, não se pode falar em aplicação do artigo 268 do CPC (CPC/2015, Art. 486, §3º) ao processo do trabalho, pois o direito processual comum somente é aplicável subsidiariamente quando a CLT for omissa, nos termos do art. 769 da CLT. Agravo de Instrumento desprovido neste particular. (TST-AIRR-5196/2004-008-09-40.7 – 2ª Turma – 03.12.2008, Rel. Min. Vantuil Abdala, DEJT 19.12.2008)
>
> EXECUÇÃO – EXTINÇÃO – INÉRCIA DO EXEQUENTE. A regra do inciso III artigo 485 CPC não pode ser aplicada ao processo do trabalho, porque não ocorreu a omissão da parte, nela prevista. A perempção (inércia do autor) está regulada na CLT, nos artigos 731 e 732. E estes dispositivos podem ser aplicados apenas na fase de conhecimento do processo trabalhista. O crédito tem natureza alimentar, não podendo ser inferida a renúncia ou desinteresse da parte, pois aquela deve ser expressa (inciso IV artigo 924 CPC). (AP nº 0157900-45.2007.5.03.0114, 2ª Turma do TRT da 3ª Região/MG, Rel. Jales Valadão Cardoso. Publ. 04.04.2018).

9.2. Reclamado – Réu da ação

– Como vai ser feito a representação do reclamado em audiência?

Conforme já dito anteriormente, na audiência deverão estar presentes o reclamante e o reclamado, independentemente do comparecimento de seus representantes. O empregador pode ser substituído pelo gerente, ou qualquer outro preposto que tenha conhecimento dos fatos, e cujas declarações obrigarão o empregador.

Nesse sentido:

> CLT, Art. 843 – Na audiência de julgamento deverão estar presentes o reclamante e o reclamado, independentemente do comparecimento de seus representantes salvo, nos casos de Reclamatórias Plúrimas ou Ações de Cumprimento, quando os empregados poderão fazer-se representar pelo Sindicato de sua categoria.
>
> § 1º – É facultado ao empregador fazer-se substituir pelo gerente, ou qualquer outro preposto que tenha conhecimento do fato, e cujas declarações obrigarão o proponente.

Desta forma, o empregador ao ser notificado, pode assumir algumas posturas:

(1) Apresentar exceção de incompetência territorial no prazo de cinco dias a contar da notificação, nos termos do art. 800 da CLT;

> CLT, Art. 800 – Apresentada exceção de incompetência territorial no prazo de cinco dias a contar da notificação, antes da audiência e em peça que sinalize a existência desta exceção, seguir-se-á o procedimento estabelecido neste artigo.

(2) Não comparecer à audiência ou aparecer e não apresentar contestação;

(3) Comparecer à audiência designada e celebrar acordo;

(4) Comparecer à audiência e apresentar contestação.

9.2.1. Preposto

– Quem pode ser preposto?

Preposto é a pessoa física nomeado pelo responsável da reclamada para representa lá em juízo, não sendo necessários que este presencie os fatos, devendo apenas conhecer dos fatos por informações de terceiros.

Com a reforma trabalhista do ano de 2017 (Lei 13.467/2017), o preposto não precisa mais ser empregado da parte reclamada, podendo ser qualquer pessoa, deste que, tenha conhecimento dos fatos.

Nesse sentido:

> CLT, Art. 843 – [...]
>
> § 1º É facultado ao empregador fazer-se substituir pelo gerente, ou qualquer outro preposto que tenha conhecimento do fato, e cujas declarações obrigarão o proponente.
>
> § 3º O preposto a que se refere o § 1º deste artigo não precisa ser empregado da parte reclamada.

– O advogado do reclamado pode ser preposto?

Caso o advogado já possua nos autos procuração lhe conferindo poderes para atuar como patrono da parte reclamada, não será possível atuar como preposto, pois tal fato é proibido pelo art. 23 do Regulamento Geral do Estatuto de Advocacia, *"é defeso ao advogado funcionar no mesmo processo, simultaneamente, como patrono e preposto de empregador ou cliente"*.

O TST, no § 3º do art. 12 da IN 41, também não admite a cumulação das condições de advogado e preposto no mesmo processo, veja:

> IN 41/2018 -Art. 12. Os arts. 840 e 844, §§ 2º, 3º e 5º, da CLT, com as redações dadas pela Lei nº 13.467, de 13 de julho de 2017, não retroagirão, aplicando-se, exclusivamente, às ações ajuizadas a partir de 11 de novembro de 2017.
>
> § 3º Nos termos do art. 843, § 3º, e do art. 844, § 5º, da CLT, não se admite a cumulação das condições de advogado e preposto.

9.2.1.1. Carta de preposto

– É necessário apresentar carta de preposição em juízo?

Sim!

A carta de preposição é o documento que habilita o preposto para representar a reclamada em juízo, podendo, em nome dele, praticar todos os atos processuais decorrentes dessa representação e todas as suas declarações nos autos do processo, valerão como se fossem emanados pelo próprio empregador.

– E se o preposto esquecer a carta o que acontece?

A ausência do referido documento não acarreta a aplicação dos efeitos da revelia prevista no art. 844 da CLT, tendo em vista que a exigência de juntada da carta de preposição decorre da prática forense, uma vez que não há previsão legal quanto à obrigatoriedade de apresentação da carta em juízo e tampouco advertência sobre os efeitos do descumprimento. Segundo o inciso II do art. 5º da CF (princípio da legalidade), ninguém será obrigado a fazer ou deixar de fazer alguma coisa senão em virtude de lei.

Nesse sentido, os seguintes precedentes do TST:

> "AGRAVO DE INSTRUMENTO. RECURSO DE REVISTA. PREPOSTO. IRREGULARIDADE DE REPRESENTAÇÃO PROCESSUAL. ENTREGA TARDIA DE CARTA DE PREPOSIÇÃO. EFEITOS. REVELIA E CONFISSÃO FICTA. INOCORRÊNCIA. Inexiste previsão legal quanto à obrigatoriedade de apresentação da carta de preposição. O não atendimento da formalidade, por si só, não importa o reconhecimento de irregularidade de representação. A jurisprudência desta Corte vem se firmando no sentido de que a ausência da carta de preposição, por si só, não enseja a aplicação da revelia, ainda que desrespeitado o prazo assinalado pelo Juízo para a regularização da representação processual via preposto. Precedentes. Agravo de instrumento conhecido e desprovido" (AIRR-11797-89.2014.5.01.0046, 3ª Turma, Relator Ministro Alberto Luiz Bresciani de Fontan Pereira, DEJT 18/10/2019).

> AGRAVO DE INSTRUMENTO EM RECURSO DE REVISTA. 1. NULIDADE. AUSÊNCIA DE REPRESENTAÇÃO. A decisão recorrida não implica em violação do art. 844 da CLT, porquanto não existe previsão legal quanto à obrigatoriedade de apresentação da carta de preposição. Assim, a ausência do referido documento

não acarreta a aplicação dos efeitos da revelia de que trata o art. 844 da CLT, tendo em vista que inexiste na legislação pátria imposição de prazo para sua juntada e tampouco advertência sobre os efeitos do descumprimento. Incólume o art. 844 da CLT. (AIRR - 1000723-31.2015.5.02.0281, Relatora Ministra: Dora Maria da Costa, 8ª Turma, Data de Publicação: DEJT 15/02/2019.)

"RECURSO DE REVISTA 1 - AUSÊNCIA DE JUNTADA DA CARTA DE PREPOSIÇÃO E DE PROCURAÇÃO NO PRAZO ASSINALADO PELO JUIZ. REVELIA E CONFISSÃO FICTA. O Tribunal Regional, ao deixar de declarar a revelia e a pena de confissão ficta à reclamada, pelo fato de não ter juntado a procuração e a carta de preposição, no prazo determinado pelo juízo, decidiu em consonância com o entendimento da jurisprudência desta Corte. Precedentes. Incidência da Súmula 333 do TST. Recurso de revista não conhecido. (...)" (TST - RR - 845-83.2012.5.12.0056, Relatora Ministra: Delaíde Miranda Arantes, Data de Julgamento: 07/11/2018, 2ª Turma, Data de Publicação: DEJT 16/11/2018)

"AGRAVO DE INSTRUMENTO. RECURSO DE REVISTA. PROCESSO SOB A ÉGIDE DA LEI 13.015/2014. ARGUIÇÃO DE IRREGULARIDADE DE REPRESENTAÇÃO DO RECLAMADO. AUSÊNCIA DE APRESENTAÇÃO DA CARTA DE PREPOSIÇÃO. REVELIA E CONFISSÃO FICTA. NÃO CONFIGURAÇÃO. A juntada da carta de preposição decorre da prática forense, uma vez que não há imposição legal para que seja exigida a sua apresentação. Assim, a não apresentação do referido documento não implica, por si só, a aplicação dos efeitos da revelia de que trata o art. 844 da CLT. Julgados desta Corte. Agravo de instrumento desprovido." (AIRR - 304-90.2015.5.14.0411, Relator Ministro: Mauricio Godinho Delgado, Data de Julgamento: 11/10/2017, 3ª Turma, Data de Publicação: DEJT 20/10/2017)

9.2.1.2. Preposto x conhecimento dos fatos

– O preposto precisa ter conhecimento dos fatos?

O preposto não precisa ter presenciado os fatos da lide, contudo, sobre eles, deve ter conhecimento, tendo, suas declarações, força

vinculativa para o empregador proponente, conforme determinação legal do § 1º, do art. 843 da CLT.

> CLT, Art. 843 - [...]
>
> § 1º - É facultado ao empregador fazer-se substituir pelo gerente, ou qualquer outro preposto que tenha conhecimento do fato, e cujas declarações obrigarão o proponente.

Se o preposto indicado não tem conhecimento do fato, tal circunstância equivale a não comparecer a juízo para depor ou a recusar-se a depor, o que autoriza a aplicação da pena de confissão (CPC, art. 385, § 1º)[13].

> CPC, Art. 385 - Cabe à parte requerer o depoimento pessoal da outra parte, a fim de que esta seja interrogada na audiência de instrução e julgamento, sem prejuízo do poder do juiz de ordená-lo de ofício.
>
> § 1º - Se a parte, pessoalmente intimada para prestar depoimento pessoal e advertida da pena de confesso, não comparecer ou, comparecendo, se recusar a depor, o juiz aplicar-lhe-á a pena.
>
> § 2º - É vedado a quem ainda não depôs assistir ao interrogatório da outra parte.

– Qual a confissão aplicada, Hamilton?

Caso o preposto não tenha conhecimento dos fatos, haverá a incidência da confissão ficta prevista nos arts. 386 e 389 do CPC/2015, nesse sentido:

> 4 - CONFISSÃO FICTA. PREPOSTO. O desconhecimento do preposto quanto à matéria fática importa em confissão ficta. A confissão ficta do reclamado gera a presunção relativa, admitindo-se o exame da prova em contrário nos autos para o confronto com a confissão ficta. Nesse contexto, o Tribunal Regional registrou que a prova documental, em especial os recibos de pagamento

13. Trecho da decisão do processo n. AIRR nº 154100-69.2009.5.02.0048, 2ª Turma do TST, Rel. José Roberto Freire Pimenta. j. 26.10.2016, Publ. 28.10.2016.

juntados pela reclamante demonstraram que a reclamante foi promovida em agosto de 2007. Assim, divergir do acórdão recorrido exigiria o reexame do conjunto fático-probatório, circunstância vedada pela Súmula 126 desta Corte. Recurso de revista não conhecido. (ARR nº 124800-23.2009.5.05.0034, 2ª Turma do TST, Rel. Delaíde Miranda Arantes. j. 13.02.2019, Publ. 22.02.2019).

RECURSO DE REVISTA. VÍNCULO DE EMPREGO. CONFISSÃO FICTA. ÔNUS DA PROVA. O Regional entendeu que, tendo a ré confirmado a prestação de serviços pelo autor, cabia-lhe o ônus de comprovar a inexistência de vínculo de emprego, demonstrando que a relação se estabeleceu de forma impessoal, eventual e sem subordinação. Contudo, diante do total desconhecimento dos fatos discutidos nos autos pelo preposto, foi aplicada a confissão ficta à ré, havendo presunção relativa da veracidade dos fatos alegados na inicial. Inexistindo outros elementos de prova para desconstituir tal presunção, foi reconhecido o vínculo de emprego. Tal entendimento está em sintonia com os artigos 818 da CLT e 333, II, do CPC. Recurso de revista não conhecido. (RR nº 505-08.2012.5.04.0010, 6ª Turma do TST, Rel. Augusto César Leite de Carvalho. j. 14.11.2018, Publ. 23.11.2018).

DESCONHECIMENTO DOS FATOS PELO PREPOSTO. CONFISSÃO FICTA. Imperam os efeitos da confissão ficta aplicada ao Reclamado, por força do art. 843, § 1º, da CLT, diante do desconhecimento sobre os fatos deduzidos na inicial manifestado pelo preposto da empresa em seu depoimento pessoal. Na hipótese, o preposto afirmou que "não se recorda se o aviso do reclamante foi trabalhado ou indenizado", o que atrai a pena de confissão ficta, por desconhecimento dos fatos, impondo-se a manutenção da r. decisão primeira que presumiu verdadeira a alegação posta na inicial, deferindo-lhe o pagamento do aviso-prévio indenizado. (RO nº 0010120-30.2017.5.03.0186, 4ª Turma do TRT da 3ª Região/MG, Rel. Maria Lúcia Cardoso de Magalhães. j. 11.04.2019).

– Isso significa que a empresa já perdeu o processo?

Não, pois a confissão ficta poderá ser afastada por meio de provas pré-constituídas (produzidas antes da pena de confissão), conforme entendimento do item II da Súmula 74 do TST, pois a confissão, gera apenas a presunção de veracidade da matéria fática alegada, não sendo uma presunção absoluta, mas relativa, admitindo-se o exame da prova em contrário.

– Quais os atos que o preposto pode praticar em audiência?

O preposto pode exercer todos os atos necessários na audiência, tais como:

1. Realizar propostas de acordo;
2. Apresentar contestação;
3. Prestar depoimento;
4. Fazer alegações finais.

Contudo, considerando que os poderes do preposto se esgotam em audiência, ele não pode:

1. Protocolizar ação de consignação em pagamento;
2. Apresentar recursos.

> PREPOSTO- INEXISTÊNCIA DE LEGITIMIDADE PARA RECORRER. O preposto somente está autorizado a substituir o empregador na audiência de instrução e julgamento. O artigo oitocentos e quarenta e três, parágrafo segundo da CLT, não legitima o preposto a recorrer em nome da parte." (TST – E-RR 4.920/1984- (Ac. SDI) – rel. Min. Guimarães Falcão – DJU 29.9.1989, p. 15.229)

9.2.2. Revelia

– O que acontece se o reclamado faltar a audiência?

Segundo o art. 844 da CLT, o não comparecimento do reclamado à audiência designada, importa revelia e confissão quanto à matéria de fato, ou seja, será decretada a revelia pelo juiz, toda vez que o reclamado estiver ausente imotivadamente da audiência, apesar de regularmente notificado.

Nesse sentido:

> [...] REVELIA. EFEITOS. Nos termos do artigo 844 da CLT, "o não comparecimento do reclamante à audiência importa o arquivamento da reclamação, e o não comparecimento do reclamado importa revelia, além de confissão quanto à matéria de fato". Da interpretação do artigo supracitado, extrai-se que no Processo do Trabalho, diferentemente da lei adjetiva civil, a parte ré deverá estar presente em audiência, na qual apresentará defesa, para que assim não seja caracterizada a revelia, salvo nos casos em que comprovada a impossibilidade de locomoção do empregador ou do seu preposto no dia da audiência (Súmula nº 122 do TST). (RR nº 1169-88.2011.5.01.0032, 7ª Turma do TST, Rel. Cláudio Mascarenhas Brandão. j. 26.09.2018, Publ. 05.10.2018).

Nas palavras de Mauro Schiavi[14], trata-se de uma preclusão qualificada que gera uma situação processual (fato processual) decorrente da inatividade do réu em oferecer resposta à pretensão do autor que acarreta consequências processuais favoráveis ao demandante e desfavoráveis ao demandado."

No direito processual trabalhista a revelia advém do não comparecimento do reclamado à audiência e não propriamente do fato de não ter apresentado defesa ou não ter dado mostras de que pretendia se defender (art. 844, da CLT). Com efeito, revelia, embora seja palavra de origem duvidosa, mais provavelmente tem sua origem ligada à palavra espanhola "rebeldia". Assim, revelia é o desatendimento ao chamamento citatório, que, no processo do trabalho, se faz pela notificação e tem como determinação principal o comparecimento à audiência, na qual o citado poderá, dentre outras medidas, oferecer defesa.[15]"

14. SCHIAVI, Mauro. **"Manual de direito processual do trabalho"**. 13. Ed. – São Paulo: LTr, 2018.
15. SOUTO Maior, **"Jorge Luiz. Direito processual do trabalho"**. São Paulo: LTr, 1998. p. 251-252.

9.2.2.1. *Revelia – Ausência do preposto x presença do advogado*

– Se o advogado estiver presente, porém o preposto não, o juiz vai colher a defesa e documentação?

O novel §5º do art. 844 da CLT preceitua que, ainda que o reclamado esteja ausente a audiência, se estiver presente o seu advogado na audiência, serão aceitos a contestação e os documentos eventualmente apresentados.

Desta forma, após a reforma trabalhista de 2017 (Lei 13.467/ 2017), o juiz deve receber a defesa e documentos se advogado estiver presente, mesmo com a ausência do preposto.

Esclareço que antes da reforma trabalhista do ano de 2017 (Lei 13.467/2017), a presença tão somente do advogado em audiência, mesmo que munido de procuração e contestação, não afastava os efeitos da revelia.

9.2.2.2. *Revelia x Pessoa Jurídica de Direito Público*

– Na Justiça do Trabalho, a pessoa jurídica de direito público sujeita-se à revelia?

Segundo a OJ 152 da SDI-1 do TST, a pessoa jurídica de direito público sujeita-se à revelia prevista no artigo 844 da CLT. Nesse sentido:

> B) AGRAVO DE INSTRUMENTO EM RECURSO DE REVISTA INTERPOSTO PELO SEGUNDO RECLAMADO. ESTADO DO RIO DE JANEIRO. 1. REVELIA DA PRIMEIRA RECLAMADA. EFEITOS. FAZENDA PÚBLICA. Verifica-se que o Tribunal Regional dirimiu a controvérsia em consonância com a jurisprudência desta Corte, consubstanciada na Orientação Jurisprudencial nº 152 da SDI-1, segundo a qual pessoa jurídica de direito público sujeita-se à revelia prevista no art. 844 da CLT. Acrescente-se que restou registrado no acórdão regional que " não há nos autos

elementos que possam elidir a presunção de veracidade dos fatos narrados na inicial ". Incólumes, portanto, os dispositivos invocados. (ARR-101230-93.2016.5.01.0512, 8ª Turma, Relatora Ministra Dora Maria da Costa, DEJT 13/09/2019).

I – AGRAVO DE INSTRUMENTO DO SEGUNDO RECLAMADO. LEI 13.015/2014. APLICAÇÃO DOS EFEITOS DA REVELIA À FAZENDA PÚBLICA. OJ 152 DA SBDI-I DO TST. Conforme a jurisprudência iterativa, notória e atual desta Corte, consubstanciada na OJ 152 da SBDI-I do TST, "Pessoa jurídica de direito público sujeita-se à revelia prevista no artigo 844 da CLT". Óbice do art. 896, § 7º, da CLT e da Súmula 333 do TST. Agravo de instrumento não provido. II – RECURSO DE REVISTA DO SEGUNDO RECLAMADO. LEI 13.015/2014 RESPONSABILIDADE SUBSIDIÁRIA. ENTE PÚBLICO. TOMADOR DE SERVIÇOS. REVELIA DO ENTE PÚBLICO. Na hipótese, o Tribunal Regional declarou a culpa in vigilando após consignar a existência de revelia do ente público e a consequente redistribuição do ônus da prova. A jurisprudência desta Corte tem se posicionado no sentido de que, nas hipóteses em que houve revelia, o ônus probatório é transferido para o reclamado revel, no caso, ente público tomador dos serviços. Assim, comprovada a ausência de fiscalização do contrato por meio da confissão ficta do ente público recorrente, tem-se que a atribuição de responsabilidade subsidiária ao ente público está em consonância com a jurisprudência do Tribunal Superior do Trabalho (Súmula 331, V) e também do Supremo Tribunal Federal (ADC 16 e RE 760.931/DF), inviabilizando o presente recurso, nos termos da Súmula 333 do TST. Recurso de revista não conhecido. (ARR nº 100708-04.2016.5.01.0080, 2ª Turma do TST, Rel. Maria Helena Mallmann. j. 03.04.2019, Publ. 05.04.2019).

RECURSO DE REVISTA – CERCEAMENTO DE DEFESA – PESSOA JURÍDICA DE DIREITO PÚBLICO – REVELIA – AUSÊNCIA DE PREPOSTO NA AUDIÊNCIA – PRESENÇA DE PROCURADOR – INDEFERIMENTO DA CONTESTAÇÃO – ORIENTAÇÃO JURISPRUDENCIAL Nº 152 DA SBDI-1 DO TST. No Âmbito da Justiça do Trabalho, as prerrogativas concedidas aos entes públicos estão expressamente dispostas no Decreto-Lei nº 779/69, entre as quais não se observa a inaplicabilidade da confissão ficta. In casu, o Tribunal Regional manteve a revelia do

> ente público que, apesar da presença do procurador da autarquia estadual, não se fez representar por preposto em audiência, com fundamento na Orientação Jurisprudencial nº 152 da SBDI-1 do TST. Ressalte-se que o comparecimento do procurador, mesmo com defesa escrita, não supre a necessidade do preposto. Logo, o indeferimento da juntada da contestação, no caso, não caracteriza o cerceamento do direito de defesa. Precedentes. Recurso de revista não conhecido. (RR nº 0002067-42.2012.5.15.0076, 7ª Turma do TST, Rel. Luiz Philippe Vieira de Mello Filho. Unânime, DEJT 30.04.2015).

9.2.2.3. *Efeitos da revelia*

– Quais são os efeitos da revelia?

A revelia possui dois efeitos, o efeito material e formal.

9.2.2.3.1. Efeito material

Com esse efeito, ocorre a presunção de veracidade relativa das alegações de fato formuladas na inicial, ou seja, ocorre a confissão ficta.

O TST por meio da Súmula 69, entende que havendo rescisão do contrato de trabalho e sendo revel e confesso quanto à matéria de fato, deve ser o empregador condenado ao pagamento das verbas rescisórias, não quitadas na primeira audiência, com acréscimo de 50% (cinquenta por cento), conforme determinado pelo art. 467 da CLT:

> CLT, Art. 467 – Em caso de rescisão de contrato de trabalho, havendo controvérsia sobre o montante das verbas rescisórias, o empregador é obrigado a pagar ao trabalhador, à data do comparecimento à Justiça do Trabalho, a parte incontroversa dessas verbas, sob pena de pagá-las acrescidas de cinquenta por cento.
>
> Parágrafo único – O disposto no caput não se aplica à União, aos Estados, ao Distrito Federal, aos Municípios e as suas autarquias e fundações públicas.

> TST, SUM 69 – RESCISÃO DO CONTRATO – A partir da Lei nº 10.272, de 05.09.2001, havendo rescisão do contrato de trabalho e sendo revel e confesso quanto à matéria de fato, deve ser o empregador condenado ao pagamento das verbas rescisórias, não quitadas na primeira audiência, com acréscimo de 50% (cinquenta por cento).

Lembro que tal multa não se aplica à massa falida, conforme entendimento previsto na Súmula 388 do TST, de seguinte teor:

> TST, SUM 388 – MASSA FALIDA. ARTS. 467 E 477 DA CLT. INAPLICABILIDADE – A Massa Falida não se sujeita à penalidade do art. 467 e nem à multa do § 8º do art. 477, ambos da CLT.

9.2.2.4. Efeito formal

Quando a revelia for decretada pelo juiz, não será mais necessária a intimação do réu, sem procurador nos autos, dos demais atos do processo, contudo, no Processo do Trabalho, há uma regra específica que determina a intimação da sentença ao revel, mesmo que este não tenha constituído advogado nos autos.

> CLT, Art. 852 – Da decisão serão os litigantes notificados, pessoalmente, ou por seu representante, na própria audiência. No caso de revelia, a notificação far-se-á pela forma estabelecida no § 1º do art. 841.

Ainda, após a decretação da revelia, ocorrerá o julgamento antecipado do mérito (CPC art. 355, II), pois, com a presunção de veracidade das alegações do autor, não há necessidade de produção de prova.

> CPC, Art. 355 – O juiz julgará antecipadamente o pedido, proferindo sentença com resolução de mérito, quando:
>
> I – não houver necessidade de produção de outras provas.
>
> II – o réu for revel, ocorrer o efeito previsto no art. 344 e não houver requerimento de prova, na forma do art. 349.

– Após decretada a revelia, a reclamada ainda pode produzir provas?

O TST entende que, no caso de revelia, a reclamada não pode mais produzir provas, vejamos:

> RECURSO DE REVISTA. REVELIA. AUSÊNCIA DA RECLAMADA EM AUDIÊNCIA. COMPARECIMENTO APENAS DO ADVOGADO. CONFISSÃO FICTA QUANTO À MATÉRIA DE FATO. DISPENSA DE PRODUÇÃO DE PROVAS. CERCEAMENTO DO DIREITO DE DEFESA. INOCORRÊNCIA. 1. Na hipótese, o Tribunal Regional rejeitou a alegação de cerceamento do direito de defesa, tendo consignado que "no processo do trabalho, diferentemente do que ocorre no processo civil, os litigantes não dispõem do depoimento pessoal da parte adversa como meio de prova", bem assim que "o Juiz dispensou a prova oral (fl. 15) em face da revelia e confissão quanto aos aspectos fáticos da questão (CLT, art. 844), importando ressaltar que os Juízes têm ampla liberdade na direção do processo, cuidando pelo andamento rápido das causas, na forma disposta no artigo 765, da Consolidação das Leis do Trabalho". Compreendeu o Colegiado de Origem, ainda, que "a situação em exame é diferente daquela em que a prova documental já se encontra nos autos quando da incidência da confissão ficta da parte ausente à audiência de instrução, hipótese tratada na Súmula n.° 74 do TST", destacando que "a confissão do reclamado não sofreu a concorrência de qualquer meio de prova". 2. A decisão regional está em consonância com a Súmula 122/TST, no sentido de que "a reclamada, ausente à audiência em que deveria apresentar defesa, é revel, ainda que presente seu advogado munido de procuração, podendo ser ilidida a revelia mediante a apresentação de atestado médico, que deverá declarar, expressamente, a impossibilidade de locomoção do empregador ou do seu preposto no dia da audiência". 3. A decisão recorrida também encontra amparo na parte final do item II da Súmula 74 desta Corte, segundo a qual "A prova pré-constituída nos autos pode ser levada em conta para confronto com a confissão ficta (art. 400, I, CPC), não implicando cerceamento de defesa o indeferimento de provas posteriores". 4. Estando a decisão recorrida em conformidade com a jurisprudência desta Casa, o recurso encontra óbice no art. 896, § 4º (atual § 7º), da CLT e na Súmula 333/TST. Recurso de revista não conhecido. (RR – 1415-35.2010.5.06.0144, Relator Ministro: Hugo Carlos Scheuermann, Data de Julgamento: 08/02/2017, 1ª Turma, Data de Publicação: DEJT 10/02/2017)

Entretanto, nos casos de pedido de insalubridade ou periculosidade, o TST entende que deve ser produzida a prova pericial mesmo nos casos de revelia. Nesse sentido:

> EMBARGOS DE DECLARAÇÃO. PRELIMINAR DE NULIDADE PROCESSUAL - ADICIONAL DE PERICULOSIDADE. REVELIA E CONFISSÃO FICTA. REALIZAÇÃO DE PERÍCIA TÉCNICA. OBRIGATORIEDADE. 1 - Não constatados os vícios de procedimento previstos nos arts. 1.022 do CPC de 2015 e 897-A da CLT. 2 - Com efeito, ficou expressamente registrado no acórdão embargado que a configuração de revelia, junto aos seus efeitos, não dispensa a realização da perícia para condenação da reclamada ao pagamento de adicional de periculosidade. 3 - No trecho do acórdão do Regional não há qualquer remissão à desativação do local de trabalho do reclamante, condição fática essencial para incidência do entendimento consagrado na Orientação Jurisprudencial nº 278 da SbDI-1 do TST, como suscitado em suas razões de embargos de declaração. Dessa forma, sequer seria possível apreciar eventual contrariedade, ante o óbice do art. 896, § 1º-A, I e III, da CLT. 4 - Embargos de declaração que se rejeitam. (ED-ARR nº 1157-93.2016.5.08.0003, 6ª Turma do TST, Rel. Kátia Magalhães Arruda. j. 20.03.2019, Publ. 29.03.2019).
>
> RECURSO DE REVISTA - ADICIONAL DE INSALUBRIDADE. REVELIA E PENA DE CONFISSÃO FICTA DA PRIMEIRA RECLAMADA. EFEITOS. DOCUMENTOS AMBIENTAIS DA EMPRESA. PROVA PERICIAL. IMPRESCINDIBILIDADE. Se a caracterização e a classificação da insalubridade e da periculosidade, quando arguidas em juízo, far-se-ão através de perícia determinada pelo juiz, nos termos do art. 195, caput, e § 2º, da CLT, tem-se que a obrigatoriedade da realização da prova pericial decorre de imposição legal, não prevalecendo condenação no pagamento de adicional de insalubridade como mera decorrência da aplicação da pena de confissão ficta à primeira reclamada revel, e ausência dos documentos ambientais da empresa nos autos. Recurso de revista de que se conhece e a que se dá provimento. (RR nº 1134-18.2010.5.08.0114, 8ª Turma do TST, Rel. Márcio Eurico Vitral Amaro. j. 13.06.2018, Publ. 15.06.2018).
>
> [...] 2. ADICIONAL DE INSALUBRIDADE. AUSÊNCIA DE PROVA PERICIAL. Para a caracterização da insalubridade na

atividade laboral, é imprescindível e imperativa a realização da perícia técnica, por força do art. 195, § 2º, da CLT, ainda que ocorrida a revelia do reclamado. Recurso de revista conhecido e provido. (RR nº 80236-90.2014.5.22.0104, 8ª Turma do TST, Rel. Dora Maria da Costa. j. 17.08.2016, Publ. 19.08.2016).

"II - RECURSO DE REVISTA. ADICIONAL DE INSALUBRIDADE. AUSÊNCIA DE PERÍCIA. REVELIA. A realização de perícia é obrigatória para a verificação de insalubridade, não cabendo ao julgador constatá-la tão somente com base nas alegações da inicial, após aplicar a confissão ficta à reclamada revel, a teor do art. 195, caput e § 2º, da CLT. Precedentes. Recurso de revista conhecido e provido." (Ag-ED-RR - 1023-97.2011.5.08.0114, Relator Ministro: Emmanoel Pereira, 5ª Turma: DEJT 18/12/2015)

9.2.2.5. *Inaplicabilidade dos efeitos da revelia*

– Quando não vai ser aplicado os efeitos da revelia?

Em cópia do CPC, a Lei n. 13.467/17 (Reforma Trabalhista) acrescentou o § 4º ao art. 844, da CLT, tratando das hipóteses de não aplicabilidade dos efeitos da revelia, vejamos:

A revelia não produz o efeito se:

- **Inciso I** – havendo pluralidade de reclamados, algum deles contestar a ação;

O dispositivo, só se aplica segundo Marinoni[16], que tange ao regime especial do litisconsórcio (isto é, nos casos de litisconsórcio unitário), porque somente nessa hipótese existe a necessidade de harmonizar a situação processual dos consortes a fim de que o juiz prolate sentença uniforme. Fazê-lo aplicável a toda e qualquer espécie litisconsorcial viola o art. 117, CPC. Isso não quer dizer, contudo, que as alegações de fato feitas no processo por um dos consortes não

16. MARINONI, Luiz Guilherme; ARENHART, Sérgio Cruz; MITIDIERO, Daniel. "**Código de Processo Civil Comentado**"– 4ª ed. São Paulo. Revista dos Tribunais, 2018.

possam, indiretamente, aproveitar aos demais. Se o litisconsorte que contestou o pedido do demandante aponta um fato comum a todos os consortes e sobre essa alegação faz prova, pela regra da comunhão da prova, a produção probatória aproveita aos demais litisconsortes.

Sobre o tema, vale citar os ensinamentos do Professor Homero Batista[17]: a) o aproveitamento das alegações de defesa de uma empresa para beneficiar a outra empresa, que estiver ausente, naquilo que couber, como é o caso da prescrição trabalhista, apresentação de documentos idôneos de quitação ou de recolhimento de encargos e assim por diante.

- **Inciso II** – o litígio versar sobre direitos indisponíveis;

Segundo Marinoni[18], se há direito indisponível alegado em juízo, não incide a presunção de veracidade oriunda da revelia. Direito indisponível é aquele que não se pode renunciar ou alienar. Os direitos da personalidade (art. 11, CPC) e aqueles ligados ao estado da pessoa são indisponíveis. O direito da Fazenda Pública, quando arrimado em interesse público primário, também o é. O direito da Fazenda Pública com esteio no interesse público secundário não é indisponível.

Na seara trabalhista, temos na Súmula 398, a ausência de contestação na ação rescisória, já que a coisa julgada é questão de ordem pública, entre outros.

> TST, Súm. N°. 398 – AÇÃO RESCISÓRIA. AUSÊNCIA DE DEFESA. INAPLICÁVEIS OS EFEITOS DA REVELIA – Na ação rescisória, o que se ataca é a decisão, ato oficial do Estado, acobertado pelo manto da coisa julgada. Assim, e considerando que a coisa julgada envolve questão de ordem pública, a revelia não produz confissão na ação rescisória.

Sobre o tema, Homero Batista[19] alega: "blindagem dos direitos indisponíveis, como ocorre na execução fiscal e nas questões de recolhimento de encargos previdenciários e fiscais, em que eventual

17. SILVA, Homero Batista Mateus da. "**CLT Comentada**". 2. Ed. São Paulo: RT, 2019.
18. MARINONI, Luiz Guilherme; ARENHART, Sérgio Cruz; MITIDIERO, Daniel. "**Código de Processo Civil Comentado**" – 4ª ed. São Paulo. Revista dos Tribunais, 2018.
19. SILVA, Homero Batista Mateus da. "**CLT Comentada**". 2. Ed. São Paulo: RT, 2019.

confissão da parte em nada influencia o prosseguimento do julgado e a apreciação dos documentos".

- **Inciso III** – a petição inicial não estiver acompanhada de instrumento que a lei considere indispensável à prova do ato;

Consoante Marinoni[20], "afirma-se que quando se exigir, como da substância do ato, o instrumento público, nenhuma prova, por mais especial que seja, pode suprir-lhe a falta (art. 406, CPC). Trata-se de prova substancial. Na verdade, quando o direito material exige forma determinada para a validade de um ato jurídico, o ato não tem validade nem eficácia acaso não realizado pela forma exigida. Se o ato somente tem validade se observada determinada forma, essa deve ser apontada no processo. Se a lei exige o instrumento público para a validade de um ato, é esse indispensável e deve ser apresentado para que o ato seja considerado válido e dele possam dimanar efeitos. Desse modo, se a petição inicial afirma um ato jurídico que somente pode ser considerado quando realizado por instrumento público (exemplos, arts. 108/109, CC), pouco importa que não tenha sido apresentada contestação caso a petição inicial não tenha sido com ele instruída. A inação do demandado não tem o condão de suprir a ausência de prova substancial. Do contrário, poder-se-ia ter burla ao direito material pela mão do direito processual, o que é obviamente inadmissível."

Na seara trabalhista, pode ocorrer quando a peça inicial ajuizada pelos herdeiros, sem a comprovação de dependência econômica ou do parentesco. A Lei 6.858/80 regula o direito à percepção dos créditos trabalhistas devidos ao empregado falecido, a serem pagos apenas aos dependentes habilitados perante a Previdência Social.

> Lei nº. 6.858/80, Art. 1º – Os valores devidos pelos empregadores aos empregados e os montantes das contas individuais do Fundo de Garantia do Tempo de Serviço e do Fundo de Participação PIS-PASEP, não recebidos em vida pelos respectivos titulares, serão pagos, em quotas iguais, aos dependentes habilitados perante a Previdência Social ou na forma da legislação específica dos

20. MARINONI, Luiz Guilherme; ARENHART, Sérgio Cruz; MITIDIERO, Daniel. "**Código de Processo Civil Comentado**" – 4ª ed. São Paulo. Revista dos Tribunais, 2018.

> servidores civis e militares, e, na sua falta, aos sucessores previstos na lei civil, indicados em alvará judicial, independentemente de inventário ou arrolamento.

O Ministro Horácio Raymundo de Senna Pires[21], interpretando o dispositivo acima referido, concluiu que, em falecendo o empregado, duas eram as possibilidades de pagamento de haveres trabalhistas aos sucessores na vigência da Lei nº 6.858/80:

(1) "aos dependentes habilitados perante a Previdência Social ou na forma da legislação específica dos servidores civis e militares"; e

(2) segundo, "na sua falta (ou seja, dos herdeiros antes mencionados), aos sucessores previstos na lei civil"

Segue a ementa do julgado, in verbis:

> RECURSO DE REVISTA. SUCESSÃO TRABALHISTA DE EMPREGADO FALECIDO. VIÚVA HABILITADA COMO DEPENDENTE JUNTO À PREVIDÊNCIA SOCIAL. FILHOS NÃO HABILITADOS. CONFLITO APARENTE ENTRE OS ARTIGOS 1º DA LEI Nº 6.858/80 E 1829, I, DO CÓDIGO CIVIL DE 2002. NÃO REVOGAÇÃO DA LEI ESPECIAL ANTERIOR PELA LEI GERAL POSTERIOR. Reside o cerne da controvérsia em saber se somente têm legitimidade para sucessão trabalhista os herdeiros habilitados junto à Previdência Social, ou se também o têm aqueles que, embora não habilitados, estejam previstos como tal no Código Civil. Esta e. Turma já decidiu que a viúva de empregado falecido, se habilitada como dependente junto à Previdência Social, tem legitimidade para postular qualquer direito trabalhista do de cujus (TST-RR-804.938/2001.6, Rel. Min. Rosa Maria Weber Candiota da Rosa, DJU de 10.8.2007). Do artigo 1º da Lei nº 6.858/80 conclui-se que, em falecendo o empregado, duas eram as possibilidades de pagamento de haveres trabalhistas aos sucessores na vigência daquela lei: primeiro, "aos dependentes habilitados perante a Previdência Social ou na forma da legislação específica dos servidores civis e militares"; e segundo, "na sua

21. RR – 212100-21.2004.5.15.0066, Relator Ministro: Horácio Raymundo de Senna Pires, Data de Julgamento: 27/02/2008, 6ª Turma, Data de Publicação: DJ 28/03/2008

> falta (ou seja, dos herdeiros antes mencionados), aos sucessores previstos na lei civil" (destacamos). Superveniente o Código Civil de 2002, limitou-se ele a prever, no artigo 1829, I, que "a sucessão legítima defere-se na ordem seguinte: I – aos descendentes, em concorrência com o cônjuge sobrevivente", sem dispor especificamente sobre a sucessão trabalhista do empregado falecido. Com efeito, a superveniência do Código Civil de 2002, lei geral, não implicou a revogação da Lei nº 6.858/80, lei especial, porque o primeiro nada considerou a respeito dos requisitos para sucessão de empregado falecido, matéria dessa última. Consequentemente, conclui-se que a sucessão trabalhista de empregado falecido está limitada àqueles herdeiros habilitados como dependentes junto à Previdência Social. Por fim, em sendo apenas a viúva habilitada junto à Previdência, merece ser mantido o v. Acórdão do e. TRT da 15ª Região, que indeferiu o pagamento de fração das verbas rescisórias aos filhos do de cujos, ora Recorrentes. Recurso de revista não provido. (RR – 212100-21.2004.5.15.0066, Relator Ministro: Horácio Raymundo de Senna Pires, Data de Julgamento: 27/02/2008, 6ª Turma, Data de Publicação: DJ 28/03/2008)

Nesse sentido também, a doutrina de Renato Saraiva e Sérgio Pinto Martins:

> "Na maioria das vezes, em face da insuficiência econômica do obreiro e consequente inexistência de bens, não há inventário do empregado falecido. Nessa hipótese, haverá habilitação incidente no processo diretamente pelos dependentes habilitados perante a Previdência Social (Lei 6.858/80, art. 1º). Caso não haja dependentes inscritos perante a Previdência Social, os sucessores é que serão habilitados[22]."
>
> "Normalmente, se o empregado não deixa bens ou tem filhos maiores não há por que se falar em inventário. Nesses casos, tem-se entendido que a viúva e os filhos ingressarão no polo ativo da ação em curso, mediante apresentação da certidão de casamento e nascimento dos filhos ou por meio de certidão do INSS que

22. SARAIVA, Renato; Linhares, Aryanna. **"Curso de Direito Processual do Trabalho"**. 15. Ed. Salvador: Juspodivm, 2018.

> comprove dependência das pessoas anteriormente mencionadas. Não havendo qualquer impugnação da reclamada, o fato é tolerado[23]."
>
> Ainda sobre o tema, Homero Batista[24] exemplifica: "falta de documento indispensável para a comprovação do pedido, como ocorre com a ausência da demonstração do direito municipal e estadual ou, ainda, do direito consuetudinário e, no caso específico do processo do trabalho, da norma coletiva sobre a qual se funda a pretensão – acordo coletivo, convenção coletiva e dissídio coletivo – não podendo a ausência do empregador acarretar a confirmação de data-base, vigência, base territorial, direito à cesta básica, ao reajuste normativo e assim por diante; aplica-se esse entendimento, por muito mais motivo, para a ação rescisória, o mandado de segurança e o dissídio coletivo, procedimentos especiais que são essencialmente jurídicos e apenas lateralmente fáticos."

Desta forma, a revelia do réu não isenta a necessidade de que o autor da ação, junte tais documentos.

- Inciso IV – as alegações de fato formuladas pelo reclamante forem inverossímeis ou estiverem em contradição com prova constante dos autos.

A ideia do dispositivo, foi vedar a procedência de ações absurdas, que fogem da verdade. De acordo com Marinoni[25], "se as alegações constantes da petição inicial são inverossímeis, isto é, se são contrárias àquilo que normalmente acontece, não se opera a presunção de veracidade oriunda da revelia. O mesmo ocorre se as alegações são contrárias às provas constantes dos autos. No primeiro caso, há rigorosamente presunção contra presunção: a presunção oriunda daquilo que normalmente acontece neutraliza a presunção oriunda da revelia. Em outras palavras, a presunção concreta vence a presunção abstrata. No segundo caso, a presunção é neutralizada pela existência de prova contrária nos autos. A prova da veracidade neutraliza a presunção."

23. MARTINS, Sérgio Pinto. **"Direito processual do trabalho"**. 34. Ed. São Paulo: Atlas, 2013.
24. SILVA, Homero Batista Mateus da. **"CLT Comentada"**. 2. Ed. São Paulo: RT, 2019.
25. MARINONI, Luiz Guilherme; ARENHART, Sérgio Cruz; MITIDIERO, Daniel. **"Código de Processo Civil Comentado"** – 4ª ed. São Paulo. Revista dos Tribunais, 2018.

Citamos como exemplo:

(1) Quando na peça inicial, o reclamante alega que trabalhou por anos em jornadas excessivas (entrava às 05h e saía às 24h sem intervalo para refeição e sem folga semanal). Veja esse julgado sobre jornada inverossímil x confissão ficta:

> II – RECURSO DE REVISTA DA JBS. ANTERIOR À LEI N° 13.467/2017. JORNADA DE TRABALHO INVEROSSÍMIL. SÚMULA N° 338/TST. Nos termos do item I da Súmula 338 do TST "é ônus do empregador que conta com mais de 10 (dez) empregados o registro da jornada de trabalho na forma do art. 74, § 2º, da CLT. A não-apresentação injustificada dos controles de frequência gera presunção relativa de veracidade da jornada de trabalho, a qual pode ser elidida por prova em contrário". Assim, a ausência de controles de ponto gera presunção relativa de veracidade da jornada de trabalho, que pode ser elidida por prova em contrário, dentre as quais constam a razoabilidade e a experiência do magistrado (art. 375 do CPC), de modo que não se impõe a adoção pelo julgador de toda e qualquer jornada de trabalho informada pelo reclamante, sobretudo quando esta se mostrar inverossímil, como ocorre no presente caso. Não há como reconhecer, por presunção, a veracidade da jornada declinada na inicial, de 18 horas diárias, cumprida todos os dias, com apenas duas folgas por mês e durante um ano (duração do contrato). Recurso de revista conhecido por má aplicação da Súmula nº 338/TST e provido. (RR-975-43.2014.5.23.0106, 3ª Turma, Relator Ministro Alexandre de Souza Agra Belmonte, DEJT 21/02/2020).

(2) Quando na peça inicial, o reclamante alega que não recebeu 13º salários, mas junta comprovante de recebimento do pedido.

(3) Quando na peça inicial, o reclamante alega que a doença foi adquirida no trabalho, porém junta atestado e exames que comprovam que a doença é degenerativa. Nesse sentido:

> AGRAVO DE INSTRUMENTO. RECURSO DE REVISTA. PROCESSO SOB A ÉGIDE DA LEI 13.015/2014 E ANTERIOR À LEI 13.467/2017. DOENÇA OCUPACIONAL. RESPONSABILIDADE CIVIL DA RECLAMADA. AUSÊNCIA DE NEXO

CAUSAL OU CONCAUSAL. INDENIZAÇÕES POR DANOS MATERIAIS E MORAIS INCABÍVEIS. MATÉRIA FÁTICA. SÚMULA 126/TST. O pleito de indenização por dano moral e material resultante de acidente do trabalho e/ou doença profissional ou ocupacional supõe a presença de três requisitos: a) ocorrência do fato deflagrador do dano ou do próprio dano, que se constata pelo fato da doença ou do acidente, os quais, por si sós, agridem o patrimônio moral e emocional da pessoa trabalhadora (nesse sentido, o dano moral, em tais casos, verifica-se pela própria circunstância da ocorrência do malefício físico ou psíquico); b) nexo causal ou concausal, que se evidencia pela circunstância de o malefício ter ocorrido em face das circunstâncias laborativas; c) culpa empresarial, excetuadas as hipóteses de responsabilidade objetiva. Embora não se possa presumir a culpa em diversos casos de dano moral – em que a culpa tem de ser provada pelo autor da ação –, tratando-se de doença ocupacional, profissional ou de acidente do trabalho, essa culpa é presumida, em virtude de o empregador ter o controle e a direção sobre a estrutura, a dinâmica, a gestão e a operação do estabelecimento em que ocorreu o malefício. Na hipótese, o Tribunal Regional consignou a inexistência de nexo de causalidade ou concausalidade entre as doenças que acometeram o Autor e as atividades por ele desenvolvidas no Reclamado. Registrou: "considerando o histórico de exames e lesões apresentadas pelo reclamante, concluo que o trabalhador é portador de doença de origem exclusivamente degenerativa, sem qualquer associação com o trabalho que desenvolvia na reclamada". Ponderou a Corte de origem "ter ficado incontroverso que há um longo histórico de labor para outras empresas na mesma atividade e relembrar o afirmado pelo perito no sentido de que jamais saberemos exatamente como foram provocadas as lesões, dada a diversidade de locais onde trabalhou o reclamante, em condições que forçavam a coluna, não havendo qualquer elemento que permita concluir que as atividades laborais realizadas na reclamada tenham sido mais gravosas que as anteriores". Nesse aspecto, a Corte Regional, sopesando as provas dos autos, entendeu que a conclusão pericial não se sustenta em face dos elementos narrados pelo próprio laudo pericial e das circunstâncias fáticas analisadas nos autos. Para tanto, fixou as seguintes premissas fáticas: "o perito asseverou que os desgastes comumente verificados nas atividades com postura antiergonômica acometem a coluna lombar, especialmente L3 – L4 e L4 – L5, todavia, o reclamante foi acometido em outros segmentos, inclusive na coluna torácica, em relação à qual, reitere-se, nenhum fator de risco foi apontado ou demonstrado". Fixadas tais premissas fáticas pelo TRT e, considerando que o Julgador não fica adstrito ao laudo pericial, podendo formar seu convencimento com base em outros fatos ou elementos provados nos autos (art. 479 do CPC/2015 – art. 436 do CPC/1973), conclui-se que o TRT promoveu o reenquadramento jurídico dos fatos apresentados no processo, conduta que não pode ser superada pelo reexame de fatos e provas por este TST – óbice da Súmula 126/TST. Em suma: afirmando o Tribunal Regional, após análise da prova, que não se fazem presentes os requisitos fáticos das indenizações por danos materiais e morais por fatores da infortunística do trabalho, não cabe ao TST, em recurso de revista – no qual é vedada a investigação probatória (Súmula 126) –, revolver a prova para chegar a conclusões diversas. Óbice processual intransponível (Súmula 126). Agravo de instrumento desprovido. (AIRR nº 10232-75.2014.5.15.0119, 3ª Turma do TST, Rel. Maurício Godinho Delgado. j. 24.04.2019, Publ. 26.04.2019).

IMPROCEDÊNCIA DOS PEDIDOS DE INDENIZAÇÃO POR DANOS MORAIS E MATERIAIS E DE REINTEGRAÇÃO AO EMPREGO. DOENÇA DEGENERATIVA. PATOLOGIA DA COLUNA CERVICAL E LOMBAR DE CARÁTER CRÔNICO. INEXISTÊNCIA DE NEXO DE CAUSALIDADE E/OU CONCAUSALIDADE COM O LABOR. O Regional, amparando-se no laudo pericial, concluiu que não havia nexo de causalidade e/ou concausalidade entre as patologias desenvolvidas pelo autor na coluna cervical e lombar e as suas atividades laborais, motivo pelo qual manteve a improcedência dos pedidos de indenização por danos morais e materiais e de reintegração ao emprego. Extrai-se da decisão recorrida que o autor é portador de doença degenerativa, sem relação com o serviço desempenhado como motorista. Destacou-se "o expert apurou que não há nexo de causalidade entre as doenças alegadas pelo reclamante e a atividade que exercia na reclamada", bem como "constatou que o reclamante "ao exame físico exacerba seus sintomas, na realização ao exame de LASEGUE tem grande dificuldade e coloca resistência referindo muita dor, no entanto realizando o exame subjetivamente ele o realiza sem qualquer dificuldade". Desse modo, não houve comprovação

> de que o labor prestado tenha contribuído para o surgimento e/ou agravamento da doença adquirida pelo reclamante. Não obstante à impugnação ao laudo pericial, a Corte a quo registrou que "o perito designado para atuar no presente feito apreciou de maneira abrangente a caracterização ou não da alegada doença profissional", bem como que "inexistem autos elementos a infirmar as conclusões do vistor judicial". Não há, portanto, elementos técnicos capazes de invalidar o laudo pericial, mas tão somente o inconformismo da parte com as conclusões desse. Assim, não há falar em responsabilização da ré na provocação do referido evento danoso, porquanto não foram comprovados os elementos caracterizadores da responsabilização civil. Recurso de revista não conhecido. (RR nº 866-55.2010.5.15.0053, 2ª Turma do TST, Rel. José Roberto Freire Pimenta. j. 27.03.2019, Publ. 29.03.2019).

(4) Quando na peça inicial, o reclamante alega que não teve seu FGTS recolhido corretamente, porém, junta extrato analítico comprovando os depósitos regularmente.

9.3. Atraso da parte na audiência / sessão inaugural

– A parte pode chegar atrasada em sua audiência?

Exigir-se o comparecimento pontual à audiência designada previamente nos termos do OJ nº 245 da SDI-1 que dispõe que "inexiste previsão legal tolerando atraso no horário de comparecimento da parte na audiência", sendo assim, o Juiz não é obrigado a esperar pelas partes, cabendo-lhe realizar a audiência no dia e hora designados.

A tolerância de 15 minutos prevista no parágrafo único art. 815 da CLT, não se aplica as partes conforme dito pelo TST ao julgar o E-RR – 19700-20.2009.5.15.0093, senão vejamos:

> [...] ... à OJ nº 245 da SBDI-1, porque sua assertiva apenas elide a pretensão de aplicação, às partes, da tolerância de 15 minutos prevista para o magistrado no art. 815, parágrafo único, da CLT. Recurso de embargos não conhecido. (E-RR – 19700-20.2009.5.15.0093, Relator Ministro: Alexandre de Souza Agra

Belmonte, Data de Julgamento: 29/06/2017, Subseção I Especializada em Dissídios Individuais, Data de Publicação: DEJT 28/07/2017)"

9.3.1. *Atraso ínfimo (minutos)*

– E se o atraso for ínfimo (minutos), Professor?

A jurisprudência do TST tem mitigado a aplicação da OJ nº 245 da SDI-1 quando o atraso é ínfimo (minutos) e sem prejuízo da instrução processual. Assim, a Orientação Jurisprudencial nº 245 deve ser conjugado com os princípios da razoabilidade, proporcionalidade, informalidade e da simplicidade, que regem o Processo do Trabalho, desde que não haja, prejuízo para nenhuma das partes no processo, ou seja, antes do início dos procedimentos instrutórios.

Nesse sentido, a jurisprudência:

"AGRAVO EM RECURSO DE EMBARGOS EM RECURSO DE REVISTA COM AGRAVO - ACÓRDÃO PUBLICADO NA VIGÊNCIA DA LEI Nº 13.015/2014 - ATRASO À AUDIÊNCIA. OITIVA JÁ INICIADA E ULTRAPASSADO O MOMENTO OPORTUNO PARA APRESENTAÇÃO DE DEFESA. PREJUÍZO AO ITER PROCESSUAL. Demonstrado o cabimento do recurso de embargos por contrariedade à Orientação Jurisprudencial 245 da SBDI-1 do TST, impõe-se o seu processamento. Agravo conhecido e provido. RECURSO DE EMBARGOS - ACÓRDÃO PUBLICADO NA VIGÊNCIA DA LEI Nº 13.015/2014 - ATRASO À AUDIÊNCIA. OITIVA JÁ INICIADA E ULTRAPASSADO O MOMENTO OPORTUNO PARA APRESENTAÇÃO DE DEFESA. PREJUÍZO AO ITER PROCESSUAL. Não se desconhece que a jurisprudência do TST se inclina pela não decretação da revelia na hipótese em que a parte se atrasa em poucos minutos, se não houver prejuízo ao iter processual, porquanto assim se considera demonstrado o ânimo de defesa da parte, afastando-se a incidência da Orientação Jurisprudencial nº 245 da SBDI-1 do TST, segundo a qual " Inexiste previsão legal tolerando atraso no horário de comparecimento da parte na audiência ". No caso concreto, porém, apesar de o atraso do preposto totalizar apenas seis minutos do início efetivo da audiência, que se deu às 14h27min, tem-se que ela fora designada para as 14h, de modo que o comparecimento do preposto somente às 14h33min, trinta e três minutos após o horário marcado para a audiência, quando já iniciada a oitiva do autor e ultrapassado o momento oportuno para a apresentação da contestação, configurando-se o prejuízo ao iter processual, ao arrepio da citada jurisprudência, que erige duas condições para o afastamento da OJ 245 da SBDI-1, quais sejam, atraso ínfimo e ausência de prejuízo ao iter processual. Incide à espécie a diretriz da Orientação Jurisprudencial 245 da SBDI-1 do TST. Julgado da SBDI-1. Recurso de embargos conhecido e provido" (E-ED-ED-RR-1040-39.2014.5.05.0009, Subseção I Especializada em Dissídios Individuais, Relator Ministro Breno Medeiros, DEJT 11/10/2019).

EMBARGOS EM RECURSO DE REVISTA. REVELIA. NÃO INCIDÊNCIA. ATRASO DA RECLAMADA À AUDIÊNCIA. CINCO MINUTOS. TEMPO ÍNFIMO E AUSÊNCIA DE PREJUÍZO AO ITER PROCESSUAL. 1. Acórdão embargado em que rechaçada a revelia da Reclamada, que atrasou cinco minutos à audiência e apresentou defesa antes da prática de qualquer ato processual, em audiência, pelo magistrado. 2. A jurisprudência da SBDI-1 está sedimentada no sentido da razoabilidade da não decretação da revelia e seus efeitos quando o atraso da reclamada à audiência ocorrer por tempo ínfimo (poucos minutos) e não importar em prejuízo ao iter processual, pois tal entendimento consubstancia os princípios da razoabilidade, da simplicidade e da informalidade, que orientam o processo do trabalho. Presentes os dois elementos – atraso ínfimo e ausência de prejuízo ao iter processual – não se cogita de afronta à O.J. nº 245 da SBDI-1, porque sua assertiva apenas elide a pretensão de aplicação, às partes, da tolerância de 15 minutos prevista para o magistrado no art. 815, parágrafo único, da CLT. Recurso de embargos não conhecido" (E-RR-19700-20.2009.5.15.0093, Subseção I Especializada em Dissídios Individuais, Relator Ministro Alexandre de Souza Agra Belmonte, DEJT 27/07/2017).

AGRAVO DE INSTRUMENTO EM RECURSO DE REVISTA. ATRASO NA AUDIÊNCIA. POUCOS MINUTOS. REVELIA. PENA DE CONFISSÃO AFASTADA. A jurisprudência trabalhista entende que à parte devidamente intimada, que não comparecer à audiência na qual deveria depor, aplica-se a confissão, além do fato de não haver previsão de tolerância para o atraso no comparecimento à audiência, conforme se depreende do item I da Súmula n.º 74 e na OJ n.º 245 da SBDI-1. Contudo, apesar de exigir-se o comparecimento pontual à audiência designada, esta Corte, com base nos princípios da razoabilidade e proporcionalidade, vem mitigando a aplicação da jurisprudência acima referida nas hipóteses em que o atraso é ínfimo e quando ainda não encerrada a instrução, o que ocorreu na hipótese dos autos. Precedentes. Assim, estando a decisão regional em sintonia com a atual e iterativa jurisprudência uniforme desta Corte, o conhecimento da Revista esbarra no óbice da Súmula n.º 333 do TST. Agravo de Instrumento conhecido e não provido. (AIRR – 100435-38.2016.5.01.0011, Relator Desembargador Convocado: Roberto Nobrega de Almeida Filho, Data de Julgamento: 05/12/2018, 1ª Turma, Data de Publicação: DEJT 07/12/2018)

"RECURSO DE REVISTA. REVELIA. ATRASO DE POUCOS MINUTOS DAS RECLAMADAS À AUDIÊNCIA. ORIENTAÇÃO JURISPRUDENCIAL N.º 245 DA SBDI-1. NÃO APLICAÇÃO DOS EFEITOS DA REVELIA. NÃO CONHECIMENTO. Esta Corte Superior vem firmando o entendimento de que se deve tolerar o atraso de poucos minutos à audiência, porquanto, além de demonstrado claramente o animus de defesa da parte, devem ser aplicados a estas hipóteses os princípios da informalidade, da simplicidade e da razoabilidade. Precedentes. Recurso de revista de que não se conhece." (TST-RR – 1499-34.2011.5.06.0004 Data de Julgamento: 7/3/2018, Relator: Ministro Guilherme Augusto Caputo Bastos, 4.ª Turma, Data de Publicação: DEJT 16/3/2018.)

"RECURSO DE REVISTA INTERPOSTO NA VIGÊNCIA DA LEI N.º 13.015/2014. CONFISSÃO FICTA. ATRASO DA PARTE À AUDIÊNCIA. TOLERÂNCIA. 1. Diante da alegação do Reclamante de que seu atraso de apenas dois minutos à sessão de prosseguimento da audiência não acarretou nenhum prejuízo à instrução processual, visto que se encontrava presente antes do encerramento, quando nenhum ato processual havia sido praticado, o Tribunal Regional de origem entendeu que 'não há falar em observância a qualquer tolerância para o atraso do autor, visto que a ele cabia, unicamente, zelar para o tempestivo comparecimento à audiência em que deveria prestar depoimento'. 2. O entendimento adotado pelo Tribunal Regional é discordante da iterativa e atual jurisprudência do TST, segundo a qual se deve utilizar do justo equilíbrio na observância dos postulados constitucionais do devido processo legal e do direito de defesa, em face dos princípios que informam o Processo do Trabalho, de modo a tolerar atrasos de poucos minutos de qualquer das partes à audiência de prosseguimento em que deveriam depor que não impliquem prejuízo à instrução processual, sem a contundência dos efeitos processuais da confissão ficta. Recurso de revista conhecido e provido." (TST-RR - 391-13.2012.5.02.0079, Data de Julgamento: 9/11/2016, Relator: Ministro Walmir Oliveira da Costa, 1.ª Turma, Data de Publicação: DEJT 11/11/2016.)

Nesse julgado abaixo, apesar de o atraso ser ínfimo (5 minutos) a parte não teve tolerância, haja vista que o seu comparecimento, se deu logo após o encerramento da audiência de instrução, ou seja, em prejuízo ao rito procedimental.

"RECURSO DE REVISTA. PROCESSO SOB A ÉGIDE DA LEI 13.015/2014 E ANTERIOR À LEI 13.467/2017. ATRASO ÍNFIMO DA PARTE APÓS O ENCERRAMENTO DA AUDIÊNCIA DE INSTRUÇÃO. PREJUÍZO AO RITO PROCEDIMENTAL. CONFISSÃO FICTA. OJ 245 DA SBDI-1/TST. O art. 843 da CLT exige o comparecimento do Reclamante e do Reclamado à audiência, independentemente do comparecimento dos seus procuradores. Além disso, o Juiz não é obrigado a esperar pelas partes, cabendo-lhe realizar a audiência no dia e hora designados. Portanto, regra geral, o atraso do Reclamante enseja sua a confissão quanto à matéria de fato, como dispõem os arts. 844 da CLT e 319 do CPC/73 (art. 344 do CPC/2015), sendo esse, inclusive, o entendimento que se extrai da OJ 245 da SBDI-1/TST. Contudo, diante da necessidade de se compatibilizar os princípios do contraditório e da ampla defesa, da razoabilidade, da proporcionalidade e da razoável duração do processo, da simplicidade e da instrumentalidade, esta Corte Superior, em diversos julgados, tem adotado o entendimento no sentido de reconhecer a razoabilidade de se tolerarem atrasos de poucos minutos no comparecimento das partes, quando não houver prejuízo ao rito procedimental , sem que, em tais casos, seja decretada a confissão e revelia, tampouco a incidência dos seus efeitos. No caso dos autos, apesar de o atraso do Reclamante ter sido ínfimo (cinco minutos), seu comparecimento se deu logo após o encerramento da audiência de instrução, ou seja, em prejuízo ao rito procedimental, razão pela qual deve ser reformada a decisão que afastou a incidência da confissão ficta do Autor. Julgados desta Corte. Recurso de revista conhecido e provido " (RR-20027-92.2016.5.04.0523, 3ª Turma, Relator Ministro Mauricio Godinho Delgado, DEJT 08/05/2020).

Abaixo, trago alguns casos práticos de atraso em audiência sem prejuízo processual:

- **Atraso de 1 minuto:**

"RECURSO DE EMBARGOS REGIDO PELA LEI N.º 11.496/2007 - REVELIA E CONFISSÃO FICTA - ATRASO EXÍGUO DA RECLAMADA E DE SEU ADVOGADO À AUDIÊNCIA - COMPARECIMENTO VERIFICADO ANTES DA PRÁTICA DE QUALQUER ATO PROCESSUAL - PRECLUSÃO DEFENSIVA NÃO EVIDENCIADA - CONTRARIEDADE À OJ 254 DA SBDI-I DO TST - NÃO CONFIGURAÇÃO De acordo com a disciplina legal aplicável, devem as partes comparecer à audiência, independentemente da presença de seus representantes, sob pena de -arquivamento- ou revelia e confissão ficta, caso ausente, respectivamente, o Reclamante ou o Reclamado (CLT, art. 844). Nesse sentido, não havendo tolerância legal expressa para ausências injustificadas ou eventuais atrasos das partes à audiência, atrasos que não sejam resultantes de razões de força maior, a aplicação das sanções legais cominadas será imperativa, sob pena de violação à literalidade do art. 844, - caput-, da CLT. A aplicação dessas sanções legais, entretanto, quando em discussão atrasos de inexpressiva duração – no caso, um minuto –, há de se processar com bom senso e razoabilidade, tendo presente os fins visados pela norma jurídica considerada (LICC, art. 5º) e o próprio objetivo maior da jurisdição, que consiste em conferir a cada um o que lhe pertence. Mas a jurisdição, enquanto expressão da soberania do Estado, há de ser exercitada com ponderação, razoabilidade e equilíbrio (CF, art. 5º, LIV), não se mostrando aceitável que o processo – método oficial de solução de conflitos – possa se prestar à construção de situações iníquas, absolutamente divorciadas do próprio sentido ético de justiça. Assim, verificado o comparecimento da parte demandada e de seu advogado quando ainda não praticado qualquer ato processual que pudesse configurar a preclusão do instante processual para o oferecimento da resposta, não há contrariedade à OJ 245 da SBDI-I do TST e consequentemente revelia a ser decretada. Recurso de embargos não conhecido." (RR-208900-72.2002.5.12.0029, Rel. Juiz Convocado Douglas Alencar Rodrigues, SDI-1, DEJT 4/12/2009)

- **Atraso de 2 minutos:**

"AGRAVO DE INSTRUMENTO EM RECURSO DE REVISTA. RECURSO DE REVISTA INTERPOSTO NA VIGÊNCIA DA LEI Nº 13.015/2014. REVELIA. NÃO CARACTERIZAÇÃO. ATRASO ÍNFIMO DO RECLAMANTE À AUDIÊNCIA INICIAL ANTES DO REGULAR INÍCIO DOS TRÂMITES INSTRUTÓRIOS. AUSÊNCIA DE PREJUÍZOS PARA AS PARTES. Discute-se, nos autos, se o atraso ínfimo do reclamante à audiência inaugural – no caso de 2 minutos –, mas antes do início dos procedimentos instrutórios, seria suficiente para gerar-lhe confissão ficta quanto à matéria de fato. Nos termos do artigo 844 da CLT, o não comparecimento da parte importa revelia, além de confissão quanto à matéria de fato. Por outro lado, a Orientação Jurisprudencial nº 245 da SBDI-1 desta Corte assim dispõe: "REVELIA. ATRASO. AUDIÊNCIA. Inexiste previsão legal tolerando atraso no horário de comparecimento da parte na audiência". Verifica-se, por conseguinte, que, nos termos do referido dispositivo de lei e do verbete jurisprudencial, inexiste possibilidade de se tolerar o atraso, ainda que ínfimo. Entretanto, esta Corte tem decidido, com a ressalva do entendimento pessoal do Relator, que o atraso ínfimo da parte à audiência, que acaba estando presente antes da prática de qualquer ato processual, não causa prejuízo à partes, não ensejando, assim, a aplicação da pena de confissão. Vale destacar, por oportuno, que a Subseção I Especializada em Dissídios Individuais desta Corte, em sua composição completa, na sessão do dia 24/5/2012, ao julgar o processo E-RR- 28400-60.2004.5.10.0008, Redatora Designada Ministra Maria Cristina Irigoyen Peduzzi, publicado em 8/6/2012, em que este Relator ficou vencido, manteve a decisão em que se rejeitou o pedido do reclamante de aplicação da pena de revelia e confissão por ter o preposto do reclamado atrasado 7 (sete) minutos à audiência inaugural, ao argumento de que a Orientação Jurisprudencial nº 245 da SBDI-1 desta Corte deve ser conjugada com os princípios da informalidade e da simplicidade, que regem o processo do trabalho, bem como por não ter ficado registrado que o comparecimento tardio do preposto tenha causado prejuízo à audiência ou retardado ato processual. Precedentes. Agravo de instrumento desprovido. (...)." (AIRR – 2126-63.2013.5.23.0111, Relator Ministro: José Roberto Freire Pimenta, Data de Julgamento: 09/09/2015, 2ª Turma, Data de Publicação: DEJT 18/09/2015)

RECURSO DE REVISTA INTERPOSTO NA VIGÊNCIA DA LEI Nº 13.015/2014. CONFISSÃO FICTA. ATRASO DA PARTE À AUDIÊNCIA. TOLERÂNCIA. 1. Diante da alegação do reclamante de que seu atraso de apenas dois minutos à sessão de prosseguimento da audiência não acarretou nenhum prejuízo à instrução processual, visto que se encontrava presente antes do encerramento, quando nenhum ato processual havia sido praticado, o Tribunal Regional de origem entendeu que "não há falar em observância a qualquer tolerância para o atraso do autor, eis que a ele cabia, unicamente, zelar para o tempestivo comparecimento à audiência em que deveria prestar depoimento". 2. O entendimento adotado pelo Tribunal Regional é discordante da iterativa e atual jurisprudência do TST, segundo a qual se deve utilizar do justo equilíbrio na observância dos postulados constitucionais do devido processo legal e do direito de defesa, em face dos princípios que informam o Processo do Trabalho, de modo a tolerar atrasos de poucos minutos de qualquer das partes à audiência de prosseguimento em que deveriam depor que não impliquem prejuízo à instrução processual, sem a contundência dos efeitos processuais da confissão ficta. Recurso de revista conhecido e provido. (RR – 391-13.2012.5.02.0079, Relator Ministro: Walmir Oliveira da Costa, Data de Julgamento: 09/11/2016, 1ª Turma, Data de Publicação: DEJT 11/11/2016)

- **Atraso de 3 minutos:**

"RECURSO DE REVISTA. LEI 13.015/2014. AUDIÊNCIA INAUGURAL. ATRASO DE POUCOS MINUTOS. REVELIA E CONFISSÃO FICTA. O Tribunal Regional manteve a pena de confissão aplicada à reclamada, desconsiderando o teor da defesa, em razão do atraso do preposto à audiência, ao fundamento de que não há tempo de tolerância, ainda que de poucos minutos (três minutos na hipótese). Esta Corte Superior, segundo a diretriz da OJ 245 da SBDI-1 e em observância aos princípios da razoabilidade, simplicidade e informalidade, considera tolerável o atraso de poucos minutos à audiência, desde que não cause prejuízo às partes. Nesse quadro, tem-se que o atraso da Reclamada à audiência, de 3 minutos, merece ser tolerado, considerando que não ficou delimitado no acórdão regional nenhum prejuízo ao regular andamento do processo. Precedentes. Recurso de revista conhecido e provido." (TST-RR – 756-63.2015.5.06.0172, Data de Julgamento: 20/3/2018, Relatora: Ministra Maria Helena Mallmann, 2.ª Turma, Data de Publicação: DEJT 20/4/2018.)

"CONFISSÃO FICTA. NÃO CARACTERIZAÇÃO. ATRASO ÍNFIMO DOS RECLAMANTES À AUDIÊNCIA INICIAL ANTES DO REGULAR INÍCIO DOS TRÂMITES INSTRUTÓRIOS. AUSÊNCIA DE PREJUÍZOS PARA AS PARTES. No caso, o Regional consignou que 'os reclamantes não deixaram de comparecer à audiência de instrução mas, sim, chegaram ligeiramente atrasados (três minutos), atendendo ao segundo pregão das partes e, portanto, em tempo hábil, antes da prática de qualquer ato processual', motivo pelo qual negou provimento ao Recurso Ordinário da Reclamada, com o qual pretendia a aplicação dos efeitos da sanção processual de confissão ficta aos reclamantes. Nos termos do artigo 844 da CLT, o não comparecimento do Reclamante à audiência importa o arquivamento da reclamação, e o não comparecimento do Reclamado importa revelia, além de confissão quanto à matéria de fato. Por outro lado, a Orientação Jurisprudencial n.º 245 da SbDI-1 desta Corte, que seria analogicamente aplicável por identidade de razões, assim dispõe: 'REVELIA. ATRASO. AUDIÊNCIA. Inexiste previsão legal tolerando atraso no horário de comparecimento da parte na audiência'. Verifica-se, por conseguinte, que, nos termos do referido dispositivo de lei e do atual verbete jurisprudencial, inexiste possibilidade de se tolerar o atraso, ainda que ínfimo. Entretanto, esta Corte tem decidido, com a ressalva do entendimento pessoal do Relator, que o atraso ínfimo da parte à audiência, que acaba estando presente antes da prática de qualquer ato processual, não causa prejuízo às partes, não ensejando, assim, a aplicação da sanção processual de confissão ou o arquivamento da reclamação. Vale destacar, por oportuno, que a Subseção I Especializada em Dissídios Individuais desta Corte, em sua composição completa, na sessão do dia 24/5/2012, ao julgar o Processo n.º E-RR-28400-60.2004.5.10.0008, Redatora Designada Ministra Maria Cristina Irigoyen Peduzzi, publicado em 8/6/2012, em que este Relator ficou vencido, manteve a decisão em que se rejeitou o pedido do Reclamante de aplicação da pena de revelia e da sanção processual de confissão por ter o preposto do Reclamado atrasado 7 (sete) minutos à audiência inaugural, ao argumento de que a Orientação Jurisprudencial n.º 245 da SbDI-1 desta Corte deve ser conjugada com os princípios da informalidade e da simplicidade, que regem o processo do trabalho, bem como por não ter ficado registrado que o comparecimento tardio do preposto tenha causado prejuízo à audiência ou retardado ato processual. Na hipótese dos autos, conforme se verifica do acórdão regional, tratou-se de atraso ínfimo dos reclamantes à audiência inaugural – de 3 minutos – mas antes do início dos procedimentos instrutórios, o que não acarretou nenhum tipo de prejuízo às partes. Dessa forma, não há falar em aplicação da diretriz contida na Orientação jurisprudencial n.º 245 da SbDI-1 do TST nem em ofensa ao artigo 815, caput e parágrafo único, da CLT, visto que o Regional se coaduna, em situação análoga com o entendimento prevalecente desta Corte (precedentes). Agravo de instrumento desprovido." (TST- AIRR – 1714-26.2015.5.09.0088, Data de Julgamento: 20/9/2017, Relator: Ministro José Roberto Freire Pimenta, 2.ª Turma, Data de Publicação: DEJT 29/9/2017.)

"B) RECURSO DE REVISTA. PROCESSO SOB A ÉGIDE DA LEI N.º 13.015/2014. CERCEAMENTO DO DIREITO DE DEFESA. REVELIA E CONFISSÃO FICTA. ATRASO ÍNFIMO DA RECLAMADA À AUDIÊNCIA. TRÊS MINUTOS. AUSÊNCIA DE PRÁTICA DE ATO PROCESSUAL RELEVANTE. O art. 843 da CLT exige o comparecimento do Reclamante e do Reclamado à audiência, independentemente do comparecimento dos seus procuradores. É permitido ao empregador, nos termos do § 1.º do mesmo dispositivo de lei, ser substituído por gerente ou preposto que tenha conhecimento dos fatos. Por outro lado, o Juiz não é obrigado a esperar pelas partes, cabendo-lhe realizar a audiência no dia e hora designados. Portanto, regra geral, o atraso da Reclamada por ocasião da audiência inaugural, em virtude de não ter atendido ao pregão realizado, ensejaria sua revelia e a confissão quanto à matéria de fato, como dispõem os arts. 844 da CLT e 319 do CPC/1973 (art. 344 do CPC/2015), sendo esse, inclusive, o entendimento que se extrai da OJ 245 da SBDI-1 do TST. Contudo, diante da necessidade de se compatibilizar os princípios do contraditório e da ampla defesa, da razoabilidade, da proporcionalidade e da razoável duração do processo, da simplicidade e da instrumentalidade, esta Corte Superior, em diversos julgados, tem adotado o entendimento no sentido de reconhecer a razoabilidade de se tolerar atrasos de poucos minutos no comparecimento do preposto à audiência, quando não houver prejuízo ao rito procedimental, sem que, em tais casos, seja decretada a revelia, tampouco a incidência dos seus efeitos. No caso dos autos, tendo sido demonstrado que o atraso da Reclamada foi ínfimo (três minutos), deve ser reformada a decisão que declarou a sua revelia. Julgados desta Corte. Recurso de revista conhecido e provido." (TST-RR – 11104-21.2014.5.01.0462, Data de Julgamento: 27/9/2017, Relator: Ministro Mauricio Godinho Delgado, 3.ª Turma, Data de Publicação: DEJT 29/9/2017.)

- **Atraso de 5 minutos:**

EMBARGOS EM RECURSO DE REVISTA. REVELIA. NÃO INCIDÊNCIA. ATRASO DA RECLAMADA À AUDIÊNCIA. CINCO MINUTOS. TEMPO ÍNFIMO E AUSÊNCIA DE PREJUÍZO AO ITER PROCESSUAL. 1. Acórdão embargado em que rechaçada a revelia da Reclamada, que atrasou cinco minutos à audiência e apresentou defesa antes da prática de qualquer ato processual, em audiência, pelo magistrado. 2. A jurisprudência da SBDI-1 está sedimentada no sentido da razoabilidade da não decretação da revelia e seus efeitos quando o atraso da reclamada à audiência ocorrer por tempo ínfimo (poucos minutos) e não importar em prejuízo ao iter processual, pois tal entendimento consubstancia os princípios da razoabilidade, da simplicidade e da informalidade, que orientam o processo do trabalho. Presentes os dois elementos – atraso ínfimo e ausência de prejuízo ao iter processual – não se cogita de afronta à O.J. nº 245 da SBDI-1, porque sua assertiva apenas elide a pretensão de aplicação, às partes, da tolerância de 15 minutos prevista para o magistrado no art. 815, parágrafo único, da CLT. Recurso de embargos não conhecido.

(E-RR - 19700-20.2009.5.15.0093, Relator Ministro: Alexandre de Souza Agra Belmonte, Data de Julgamento: 29/06/2017, Subseção I Especializada em Dissídios Individuais, Data de Publicação: DEJT 28/07/2017)

"EMBARGOS EM RECURSO DE REVISTA. INTERPOSIÇÃO NA VIGÊNCIA DA LEI N.º 13.015/2014. CERCEAMENTO DO DIREITO DE DEFESA. REVELIA. ATRASO NA AUDIÊNCIA INICIAL. ORIENTAÇÃO JURISPRUDENCIAL n.º 245, Da SBDI-I. CONTRARIEDADE. INEXISTÊNCIA. NÃO CONHECIMENTO. 1. Hipótese em que a Oitava Turma desta Corte Superior manteve o acórdão regional por meio do qual se indeferiu o pedido decretação da revelia da Reclamada, decorrente do atraso na audiência. 2. Registrou a egr. Turma que, no caso, o preposto da Reclamada 'adentrou na sala apenas cinco minutos após o início da audiência, realizada desde o princípio com a presença do advogado da Reclamada, e antes da produção da prova oral'. Assim, concluiu-se que se tratava de atraso ínfimo, durante o qual não houve prática de qualquer ato processual que pudesse configurar a preclusão da oportunidade de exercer o direito de defesa. 2. Sobre tal questão, esta Corte Superior vem firmando o entendimento de que se deve tolerar o atraso de poucos minutos à audiência, porquanto demonstrado claramente o animus de defesa da parte, de modo que merecem ser prestigiados, nestas hipóteses, os princípios da informalidade, da simplicidade e da razoabilidade. 3. Nesse contexto, evidenciado que o atraso da Reclamada foi ínfimo (cinco minutos), deve ser mantida a decisão que deixou de declarar a sua revelia. 4. Por tal razão, fica afastada a alegação de contrariedade à Orientação Jurisprudencial n.º 245, da SBDI-I. 5. Embargos de que não se conhece." (TST-E-ED-RR - 162-88.2012.5.09.0651, Data de Julgamento: 29/9/2016, Relator: Ministro Guilherme Augusto Caputo Bastos, Subseção I Especializada em Dissídios Individuais, Data de Publicação: DEJT 7/10/2016.)

(...) B) RECURSO DE REVISTA. PROCESSO SOB A ÉGIDE DA LEI Nº 13.015/2014. 1) ATRASO NA AUDIÊNCIA. TOLERÂNCIA INFERIOR A CINCO MINUTOS. RAZOABILIDADE. INEXISTÊNCIA DE NULIDADE. O art. 843 da CLT exige o comparecimento do Reclamante e do Reclamado à audiência, independentemente do comparecimento dos seus procuradores.

É permitido ao empregador, nos termos do § 1º do mesmo dispositivo de lei, ser substituído por gerente ou preposto que tenha conhecimento dos fatos. Por outro lado, o Juiz não é obrigado a esperar pelas partes, cabendo-lhe realizar a audiência no dia e hora designados. Portanto, regra geral, o atraso da Reclamada por ocasião da audiência inaugural, em virtude de não ter atendido ao pregão realizado, ensejaria sua revelia e a confissão quanto à matéria de fato, como dispõem os arts. 844 da CLT e 319 do CPC/73 (art. 344 do CPC/2015), sendo esse, inclusive, o entendimento que se extrai da OJ 245 da SBDI-1/TST. Contudo, diante da necessidade de se compatibilizar os princípios do contraditório e da ampla defesa, da razoabilidade, da proporcionalidade e da razoável duração do processo, da simplicidade e da instrumentalidade, esta Corte Superior, em diversos julgados, tem adotado o entendimento no sentido de reconhecer a razoabilidade de se tolerar atrasos de poucos minutos no comparecimento do preposto à audiência, quando não houver prejuízo ao rito procedimental, sem que, em tais casos, seja decretada a revelia, tampouco a incidência dos seus efeitos. Recurso de revista não conhecido no tema. (...). (RR – 1480-21.2014.5.08.0116, Relator Ministro: Mauricio Godinho Delgado, Data de Julgamento: 14/06/2017, 3ª Turma, Data de Publicação: DEJT 23/06/2017)

"RECURSO DE EMBARGOS. REGÊNCIA DA LEI Nº 13.015/2014. ATRASO DO RECLAMANTE À AUDIÊNCIA. TEMPO REDUZIDO. AUSÊNCIA DE PREJUÍZO. CONFISSÃO FICTA. 1. A eg. Quarta Turma proferiu acórdão em harmonia com a jurisprudência deste Tribunal Superior, ao negar provimento ao recurso de revista, quanto ao atraso do reclamante à audiência de instrução, sob o fundamento de que, não obstante a Orientação Jurisprudencial nº 245 desta SBDI-1, não justifica a aplicação dos efeitos da confissão ficta, a demora de, apenas, cinco minutos, sem prejuízo à instrução processual. 2. Nesse contexto, os embargos se afiguram incabíveis, nos termos do art. 894, II, considerada a redação dada pela Lei nº 11.496/07. Recurso de embargos de que não se conhece. (...)" (E-RR – 18000-56.2007.5.12.0030, Relator Ministro: Walmir Oliveira da Costa, Data de Julgamento: 30/06/2016, Subseção I Especializada em Dissídios Individuais, Data de Publicação: DEJT 29/07/2016)

- **Atraso de 6 minutos:**

> AGRAVO DE INSTRUMENTO. RECURSO DE REVISTA. PROCESSO SOB A ÉGIDE DA LEI Nº 13.015/2014. CERCEAMENTO DO DIREITO DE DEFESA. REVELIA E CONFISSÃO FICTA. ATRASO ÍNFIMO DA RECLAMANTE À AUDIÊNCIA. SEIS MINUTOS. AUSÊNCIA DE PRÁTICA DE ATO PROCESSUAL RELEVANTE. DEMONSTRADO NO AGRAVO DE INSTRUMENTO QUE O RECURSO DE REVISTA PREENCHIA OS REQUISITOS DO ART. 896 DA CLT, DÁ-SE PROVIMENTO AO AGRAVO DE INSTRUMENTO, PARA MELHOR ANÁLISE DE POSSÍVEL DIVERGÊNCIA JURISPRUDENCIAL, SUSCITADA NO RECURSO DE REVISTA. AGRAVO DE INSTRUMENTO PROVIDO. B) RECURSO DE REVISTA. PROCESSO SOB A ÉGIDE DA LEI Nº 13.015/2014. CERCEAMENTO DO DIREITO DE DEFESA. REVELIA E CONFISSÃO FICTA. ATRASO ÍNFIMO DA RECLAMANTE À AUDIÊNCIA. SEIS MINUTOS. AUSÊNCIA DE PRÁTICA DE ATO PROCESSUAL RELEVANTE. O ART. 843 DA CLT EXIGE O COMPARECIMENTO DO RECLAMANTE E DO RECLAMADO À AUDIÊNCIA, INDEPENDENTEMENTE DO COMPARECIMENTO DOS SEUS PROCURADORES. ALÉM DISSO, O JUIZ NÃO É OBRIGADO A ESPERAR PELAS PARTES, CABENDO-LHE REALIZAR A AUDIÊNCIA NO DIA E HORA DESIGNADOS. PORTANTO, REGRA GERAL, O ATRASO DA RECLAMANTE ENSEJARIA SUA A CONFISSÃO QUANTO À MATÉRIA DE FATO, COMO DISPÕEM OS ARTS. 844 DA CLT E 319 DO CPC/73 (ART. 344 DO CPC/2015), SENDO ESSE, INCLUSIVE, O ENTENDIMENTO QUE SE EXTRAI DA OJ 245 DA SBDI-1/TST. Contudo, diante da necessidade de se compatibilizar os princípios do contraditório e da ampla defesa, da razoabilidade, da proporcionalidade e da razoável duração do processo, da simplicidade e da instrumentalidade, esta Corte Superior, em diversos julgados, tem adotado o entendimento no sentido de reconhecer a razoabilidade de se tolerar atrasos de poucos minutos no comparecimento das partes, quando não houver prejuízo ao rito procedimental, sem que, em tais casos, seja decretada a confissão e revelia, tampouco a incidência dos seus efeitos. No caso dos autos, tendo sido demonstrado que o atraso da Reclamante foi ínfimo (seis minutos), deve ser reformada a decisão que declarou a sua confissão

ficta. Julgados desta Corte. Recurso de revista conhecido e provido. (RR nº 1001151-04.2015.5.02.0381, 3ª Turma do TST, Rel. Maurício Godinho Delgado. j. 10.04.2019, Publ. 12.04.2019).

A) AGRAVO DE INSTRUMENTO EM RECURSO DE REVISTA. PROCEDIMENTO SUMARÍSSIMO. NULIDADE PROCESSUAL. CERCEAMENTO DE DEFESA. REVELIA. INDEFERIMENTO DE JUNTADA DA CONTESTAÇÃO E DE DOCUMENTOS. PRESENÇA DO ADVOGADO EM AUDIÊNCIA. ATRASO ÍNFIMO DO PREPOSTO. Ante a demonstração de ofensa ao art. 5º, LV, da CF, merece processamento o recurso de revista. Agravo de instrumento conhecido e provido. B) RECURSO DE REVISTA. PROCEDIMENTO SUMARÍSSIMO. NULIDADE PROCESSUAL. CERCEAMENTO DE DEFESA. REVELIA. INDEFERIMENTO DE JUNTADA DA CONTESTAÇÃO E DE DOCUMENTOS. PRESENÇA DO ADVOGADO EM AUDIÊNCIA. ATRASO ÍNFIMO DO PREPOSTO (6 MINUTOS). Conquanto o entendimento consolidado na OJ nº 245 da SDI-1 do TST seja no sentido da inexistência de previsão legal para tolerar o atraso em audiência, sua aplicação não pode se distanciar das peculiaridades do caso concreto e dos princípios que norteiam o processo do trabalho, como o da informalidade, da simplicidade e da razoabilidade, sobretudo diante da previsão contida no parágrafo único do art. 844 da CLT e na garantia constitucional da ampla defesa e do contraditório. In casu, o Tribunal a quo registrou que, apesar de o advogado comparecer pontualmente à audiência, a preposta se atrasou 6 (seis) minutos, ensejando a decretação da revelia e o indeferimento da juntada de contestação e documentos. Tal circunstância, por óbvio, não se afigura razoável e revela flagrante ofensa à garantia positivada no inciso LV do artigo 5º da Carta Magna, tendo em vista que não só o advogado se fez presente pontualmente à audiência, demonstrando o affectio contestatio com a apresentação de defesa e documentos, como também o atraso da preposta se deu por tempo ínfimo, não justificando que seja obstado à reclamada o exercício da ampla defesa e do contraditório. Recurso de revista conhecido e provido. (RR – 185-83.2013.5.08.0115, Relatora Ministra: Dora Maria da Costa, Data de Julgamento: 11/03/2015, 8ª Turma, Data de Publicação: DEJT 13/03/2015)

- **Atraso de 7 minutos:**

"EMBARGOS - INTERPOSTOS POSTERIORMENTE À VIGÊNCIA DA LEI Nº 11.496/2007 - REVELIA E CONFISSÃO FICTA - ATRASO DA RECLAMADA À AUDIÊNCIA INAUGURAL - COMPARECIMENTO ANTES DA TENTATIVA DE CONCILIAÇÃO - INAPLICABILIDADE DA ORIENTAÇÃO JURISPRUDENCIAL Nº 245 DA SBDI-1 1. Trata-se de hipótese em que o preposto da Reclamada compareceu com atraso de 7 (sete) minutos à audiência inaugural, já iniciado com a presença do advogado. 2. O preposto ingressou na sala antes da tentativa de conciliação, participando da audiência até seu término, quando assinou a ata. 3. O MM. Juiz rejeitou o pedido da Reclamante de aplicação da pena de revelia e confissão e não registrou que o comparecimento tardio do preposto tenha causado prejuízo à audiência ou retardado ato processual. 4. Conquanto a Orientação Jurisprudencial nº 245 desta C. Subseção oriente no sentido de que -inexiste previsão legal tolerando o atraso no horário de comparecimento da parte na audiência-, tal entendimento deve ser conjugado com os princípios da informalidade e da simplicidade, que regem o processo do trabalho. 5. Valorização do ato praticado pelo magistrado de primeira instância. Embargos não conhecidos."(E-RR - 28400-60.2004.5.10.0008, Redatora Ministra: Maria Cristina Irigoyen Peduzzi, Data de Julgamento: 24/05/2012, Subseção I Especializada em Dissídios Individuais, Data de Publicação: DEJT 08/06/2012)

"EMBARGOS. REVELIA. ATRASO DE TRÊS MINUTOS NA AUDIÊNCIA. Não há se falar em contrariedade aos termos da OJ 245 da c.SDI, nos termos do art. 894, II, da CLT, pois não se depreende que a c. Turma tenha simplesmente desrespeitado os seus termos, mas sim equacionado o tema levando em consideração caso concreto em que houve ínfimo atraso, em momento em que nenhum ato processual fora praticado, e observando a nuance específica do caso. Não há como conhecer do apelo por contrariedade aos termos da referida OJ, sem que a parte logre demonstrar divergência jurisprudencial na apreciação da matéria, levando em consideração as mesmas premissas fáticas registradas pela c. Turma. Embargos não conhecidos." (E-RR-202900-52.2007.5.12.0006, Redator Ministro Aloysio Corrêa da Veiga, SDI-1, DEJT 6/8/2010)

Entretanto, se o atraso não foi ínfimo, não há que se falar em razoabilidade / proporcionalidade, pois tais princípios devem ser ponderados para assegurar o devido processo legal. Nesse sentido:

> "REVELIA. ATRASO À AUDIÊNCIA INAUGURAL. POUCOS MINUTOS. CONFIGURAÇÃO DE PREJUÍZO AO ITER PROCEDIMENTAL. Não obstante o disposto no artigo 844 da CLT e o entendimento contido na Orientação Jurisprudencial da SBDI-1 n.º 245 desta Corte, nos casos em que o tempo de atraso à audiência inaugural seja de poucos minutos e, ainda, não implique prejuízo ao iter procedimental, ou seja, desrespeito a ordem legal dos atos processuais, a revelia deverá ser afastada. Trata-se da denominada ponderação de valores constitucionalmente assegurados (princípio do devido processo legal x princípio da razoabilidade) e efetivação dos princípios da informalidade e simplicidade que regem o processo do trabalho. Na hipótese, o registro fático contido no acórdão recorrido revela que o ingresso da advogada e do representante do Reclamado somente ocorreu após encerrada a audiência, de modo que não se há de falar em reabertura da oportunidade para oferecimento de resposta. Incidência do entendimento contido no referido verbete. Precedentes. Recurso de revista de que não se conhece." (TST- RR – 110300-25.2008.5.17.0010, Data de Julgamento: 8/11/2017, Relator: Ministro: Cláudio Mascarenhas Brandão, 7.ª Turma, Data de Publicação: DEJT 17/11/2017.)
>
> EMBARGOS REGIDOS PELA LEI Nº 11.496/2007. REVELIA. CARACTERIZAÇÃO. ATRASO À AUDIÊNCIA INICIAL DE 37 MINUTOS. ORIENTAÇÃO JURISPRUDENCIAL Nº 245 DA SBDI-1 DESTA CORTE. AUSÊNCIA DE PREMISSA FÁTICA OU PECULIARIDADE QUE PERMITAM A UTILIZAÇÃO DO DISTINGUISHING. Discute-se se o atraso da reclamada à audiência inaugural, no caso, de 37 minutos, seria suficiente para gerar-lhe confissão ficta quanto à matéria de fato. Nos termos do artigo 844 da CLT, o não comparecimento do reclamado importa revelia, além de confissão quanto à matéria de fato. Por outro lado, a Orientação Jurisprudencial nº 245 da SBDI-1 desta Corte assim dispõe: REVELIA. ATRASO. AUDIÊNCIA. Inexiste previsão legal tolerando atraso no horário de comparecimento da parte na audiência. Verifica-se, por conseguinte, que, nos termos

do referido dispositivo de lei e do verbete jurisprudencial, inexiste possibilidade de se tolerar o atraso, ainda que ínfimo. Não se olvida que esta Corte tem decidido que o atraso ínfimo da parte à audiência, que acaba estando presente antes da prática de qualquer ato processual, não causa prejuízo nem às partes e nem ao andamento normal da audiência, não ensejando, assim, a aplicação da pena de confissão, não havendo falar, por conseguinte, em contrariedade à Orientação Jurisprudencial nº 245 da SBDI-1 do TST. Vale destacar, por oportuno, que a Subseção 1 Especializada em Dissídios Individuais desta Corte, em sua composição completa, na sessão do dia 24/5/2012, ao julgar o processo E-RR-28400-60.2004.5.10.0008, Redatora Designada Ministra Maria Cristina Irigoyen Peduzzi, publicado em 8/6/2012, em que este Relator ficou vencido, manteve a decisão em que se rejeitou o pedido do reclamante de aplicação da pena de revelia e confissão por ter o preposto do reclamado atrasado 7 (sete) minutos à audiência inaugural, mediante o argumento de que a Orientação Jurisprudencial nº 245 da SBDI-1 desta Corte deve ser conjugada com os princípios da informalidade e da simplicidade que regem o processo do trabalho, bem como por não ter ficado registrado que o comparecimento tardio do preposto tenha causado prejuízo à audiência, visto que a parte se fez presente antes da prática de qualquer ato processual instrutório, tendo sido essa a ratio decidendi do referido julgado. Há, aqui, portanto, dois elementos fáticos que, se presentes de forma simultânea e combinada, permitirão não aplicar ao caso a Orientação Jurisprudencial nº 245 da SBDI-1 desta Corte, em clássico caso de aplicação da técnica da distinção (distinguishing). No caso dos autos, o exame apurado da ata de audiência revela que o Juízo de 1º grau, logo ao início da audiência, às 15 horas, registrou a ausência da primeira reclamada e declarou-a expressamente revel e confessa quanto à matéria de fato. Logo a seguir, no entanto, ficou registrado o comparecimento à sala da audiência, às 15h15, apenas da patrona da primeira reclamada ali nomeada, que esclareceu que estava em outra audiência na 63ª Vara do Trabalho de São Paulo, onde ainda se encontrava o preposto daquela mesma demandada. Diante do ocorrido, por entender que aquela primeira reclamada teria comparecido à audiência ainda na fase conciliatória, a MM. Juíza reconsiderou a declaração de sua revelia, sob os protestos do reclamante, após o que recebeu as defesas das reclamadas e colheu o depoimento pessoal do autor. Somente após a oitiva do demandante, às 15h37, é que se registrou o comparecimento do preposto da primeira reclamada, ou seja, 37 minutos após o horário do seu início, encerrando-se a instrução processual após a coleta de seu depoimento pessoal. Registre-se, desde logo, que somente neste último momento processual, 37 minutos após o início da audiência, que a primeira reclamada se fez presente por meio do seu preposto, sendo insuficiente, para tanto, a teor do artigo 843, caput e seu § 1º, da CLT, e ao contrário do que erroneamente entendeu aquele Juízo de 1º grau, a presença isolada de sua patrona em momento processual anterior. Reitere-se, por importante, que a reclamada somente se fez presente, por meio do seu preposto, após a tomada do depoimento pessoal do reclamante, ou seja, neste caso, de forma inteiramente diferente da situação fática ocorrida no precedente da SBDI-1, que, pelo distinguishing, afastou a incidência da referida Orientação Jurisprudencial nº 245 sobre aquele feito. Além disso, na hipótese dos autos, o atraso não pode ser considerado ínfimo. Com efeito, a audiência teve início às 15 horas, e o preposto da primeira reclamada compareceu às 15h37. Assim, conclui-se que, no caso dos autos, o atraso de 37 minutos destoa da premissa fática que ensejou o referido precedente desta Subseção, que excepcionou a regra prevista na Orientação Jurisprudencial nº 245 da SBDI-1 do TST por considerar ínfimo o atraso de 7 minutos. Nesse contexto, o caso atrai o entendimento preconizado pela Orientação Jurisprudencial nº 245 da SBDI-1 desta Corte, ante a ausência de premissa fática ou peculiaridade que permitam a utilização do distinguishing. Embargos conhecidos e providos. (TST; E-ED-RR 0265500-36.2005.5.02.0046; Subseção I Especializada em Dissídios Individuais; Rel. Min. José Roberto Freire Pimenta; DEJT 17/06/2016)

10. ADIAMENTO DA AUDIÊNCIA

– Professor, quando o juiz vai adiar a audiência trabalhista?

A CLT, por meio do §1º do art. 844, determina que se ocorrer motivo relevante, o juiz poderá suspender a audiência e designar uma nova data. Motivo relevante, é amplo, indeterminado e subjetivo.

Podemos citar como motivo relevante para adiamento da audiência, segundo a prática jurídica:

(1) Caso fortuito ou de força maior;

(2) Greve dos transportes coletivos;

(3) Epidemia de alguma doença;

(4) Alagamento de vias públicas que impedem o acesso ao fórum trabalhista;

(5) Atraso excessivo das audiências anteriores – acarreta o adiantamento pelo "adiantado da hora";

(6) Mal súbito que acomete o Juiz, seu auxiliar, as partes, os advogados no momento da audiência;

(7) Necessidade de realização de uma prova pericial ou de inspeção judicial;

(8) Ausência de uma testemunha que foi convidada, na forma do art. 825 da CLT;

O CPC de 2015, em seu art. 362, determina que a audiência poderá ser adiada:

(1) Por convenção das partes;

(2) Se não puder comparecer, por motivo justificado, qualquer pessoa que dela deva necessariamente participar;

(3) Por atraso injustificado de seu início em tempo superior a 30 (trinta) minutos do horário marcado.

– Aquele atraso de 30 minutos para o início da audiência previsto no CPC, é aplicado ao Processo do Trabalho?

O TST por meio da IN 39 do ano de 2016, determinou em seu artigo 2º, Item VI, que não se aplica ao Processo do Trabalho, o adiamento da audiência em razão do atraso injustificado de seu início em tempo superior a 30 (trinta) minutos do horário marcado.

10.1. Atraso ou ausência do advogado

– E se o advogado de uma das partes faltar a audiência, o juiz vai ser obrigado a fazer o adiamento da audiência para uma nova data?

Não! No Processo do Trabalho o reclamante e reclamado poderão atuar em juízo, nas instâncias ordinárias (Vara do Trabalho e Tribunal Regional do Trabalho), independentemente da representação por advogado habilitado, conforme determinação do art. 791 da CLT, de seguinte teor:

> **CLT, Art. 791** – Os empregados e os empregadores poderão reclamar pessoalmente perante a Justiça do Trabalho e acompanhar as suas reclamações até o final.

Nesse sentido, pronuncia-se Ísis de Almeida[26]:

> O jus postulandi é um princípio peculiaríssimo ao processo trabalhista e acha-se consignado no art. 791 da CLT. Reclamante e Reclamado poderão agir em juízo, em todas as instâncias trabalhistas, independentemente da representação por advogado habilitado. Não pode haver a menor restrição à prática dos atos processuais, mesmo nos tribunais regionais e na superior instância.

Da mesma forma, ensina Manoel Antonio Teixeira Filho[27]:

> Assim, a parte Reclamante, mesmo diante da ausência de sua advogada à audiência de instrução designada, deveria ter comparecido em Juízo para a realização do ato processual, pois "ainda que o advogado tenha deixado de comparecer, sem justificativa, à audiência de instrução, o juiz do trabalho não pode ignorar que -bem ou mal- continua a viger o art. 791, caput, da CLT, que, como dissemos há pouco, atribui aos litigantes capacidade postulatória, de tal arte que, mesmo ausente o advogado, a parte, se

26. ALMEIDA, Ísis de. **"Manual de Direito Processual do Trabalho: Introdução ao Processo Judiciário do Trabalho – 1º Volume"**. 10. Ed. São Paulo: LTr, 2002. P. 72
27. TEIXEIRA FILHO; Manoel Antonio. **"Manual da Audiência na Justiça do Trabalho"**. São Paulo: LTr, 2010. P. 99/100

> não desejar requerer o adiamento da audiência, poderá praticar, na audiência de instrução (para nos limitarmos a esta), todos os atos que aí soem ser realizados: contradita de testemunhas; reperguntas à parte contrária; inquirição de suas testemunhas e das do adversário; apresentação de razões finais; manifestação sobre a segunda proposta de conciliação, etc."

Ainda, Mauro Schiavi[28]:

> No Processo do Trabalho, a presença do advogado, embora seja este essencial à administração da Justiça (art. 133 da CF), não surte efeitos sem a presença da parte (art. 843 da CLT). De outro lado, em razão do jus postulandi da parte (art. 791 da CLT), esta não terá prejuízo processual se o advogado não comparecer, sendo certo que a eventual ausência do advogado não será motivo para adiar a audiência.
>
> Também o advogado que tem duas audiências muito próximas ou no mesmo horário não tem direito de ter deferido o adiamento da audiência. Entretanto, na praxe forense, os Juízes do Trabalho costumam conversar com a parte contrária e explicar a situação. Caso ela não se oponha, costuma-se adiar a audiência, em comum acordo, sem ausência de prejuízo às partes.

O TST, por meio da Súmula 425[29], determinou que será necessária a presença de um advogado:

(1) Na ação rescisória;

(2) Na ação cautelar;

(3) No mandado de segurança;

(4) E nos recursos de competência do Tribunal Superior do Trabalho.

---

28. SCHIAVI, Mauro. "**Manual de direito processual do trabalho**". 13. Ed. – São Paulo: LTr, 2018.
29. TST, SUM 425 – JUS POSTULANDI NA JUSTIÇA DO TRABALHO. ALCANCE. O jus postulandi das partes, estabelecido no art. 791 da CLT, limita-se às Varas do Trabalho e aos Tribunais Regionais do Trabalho, não alcançando a ação rescisória, a ação cautelar, o mandado de segurança e os recursos de competência do Tribunal Superior do Trabalho.

Portanto, o pedido de adiamento da audiência em decorrência da impossibilidade de comparecimento do advogado, não dispensa as partes do comparecimento à audiência, sob pena de aplicação das consequências processuais previstas no artigo 844 da CLT, especialmente quando tal pedido não é apreciado antes do início da audiência.

Nesse sentido, os seguintes precedentes do TST:

> AGRAVO EM RECURSO DE REVISTA REGIDO PELA LEI 13.015/2014. PEDIDO DE ADIAMENTO DA AUDIÊNCIA POR MOTIVO DE DOENÇA DO ADVOGADO DO RECLAMANTE. NÃO COMPARECIMENTO DO AUTOR À AUDIÊNCIA. IMPOSSIBILIDADE DE EXERCÍCIO DO JUS POSTULANDI. APLICAÇÃO DO ARTIGO 844 DA CLT. ARQUIVAMENTO DA RECLAMAÇÃO. NÃO APLICAÇÃO AO PROCESSO DO TRABALHO DO DISPOSTO NO ARTIGO 362, INCISO II E § 1º, DO CPC/2015 (ANTIGO ARTIGO 453, INCISO II E § 1º, DO CPC/73) NULIDADE PROCESSUAL INEXISTENTE. Não há falar em violação do artigo 453, inciso II e § 1º, do CPC/73 (art. 362, inciso II e § 1º, do CPC/2015), visto que, neste caso, o Juízo de primeiro grau aplicou o disposto no artigo 844 da CLT e determinou o arquivamento da reclamação trabalhista em decorrência do não comparecimento do reclamante à audiência, julgando prejudicado o pedido de adiamento formulado pelo advogado com fundamento no artigo 453, inciso II e § 1º, do CPC/73. Tem-se que, na hipótese dos autos, nem sequer se adentrou ao exame do fato indicado como impeditivo de comparecimento do advogado da parte, que estivera declarado prejudicado. Além disso, o artigo 453, inciso II e § 1º, do CPC/73 (art. 462, inciso II e § 1º, do CPC/2015) não se aplica ao processo do trabalho, pois, além da existência do jus postulandi - que, no caso, nem sequer poderia ser exercido ante a ausência do reclamante na audiência –, há disposição expressa sobre o arquivamento do feito no referido art. 844 da CLT, bem como das hipóteses de adiamento da audiência, no § 1º do mesmo preceito legal. Também não se cogita de ofensa direta e literal do artigo 5º, inciso LV, da Constituição Federal, visto que a questão debatida nos autos é de natureza infraconstitucional, na medida em que se restringe à definição de qual dispositivo legal aplicável, se o artigo 453, inciso II, do CPC/73 ou o artigo 844 da CLT. Ademais, a simples apresentação do pedido

de adiamento da audiência em decorrência da impossibilidade de comparecimento do advogado por motivo de doença, não dispensa as partes do comparecimento à audiência, sob pena de aplicação das consequências processuais previstas no artigo 844 da CLT, especialmente quando o aludido pedido não é apreciado antes do início da audiência. Portanto, não há falar em violação do artigo 5º, inciso LV, da Constituição Federal, mas, sim, aplicação correta, pelo Tribunal Regional, do artigo 844 da CLT, que exige o comparecimento pessoal do reclamante à audiência em inauguração, com ou sem a presença do seu advogado. Agravo desprovido. (AG-RR nº 419-84.2015.5.09.0659, 2ª Turma do TST, Rel. José Roberto Freire Pimenta. j. 04.09.2018, Publ. 11.10.2018).

"AGRAVO DE INSTRUMENTO EM RECURSO DE REVISTA. CERCEAMENTO AO DIREITO DE DEFESA. NÃO CONFIGURAÇÃO. CONFISSÃO. AUSÊNCIA DO RECLAMANTE EM AUDIÊNCIA. ATESTADO MÉDICO. Hipótese na qual o v. Acórdão recorrido, sedimentado nas provas colhidas, manteve a confissão infligida ao reclamante, que não compareceu à audiência, nem apresentou justificativa válida. Eventual atestado médico conferido ao procurador do autor não abona a necessidade da presença do reclamante ao citado ato processual. Ausência de nulidade na Decisão recorrida, o que desautoriza o processamento do Recurso de Revista. Agravo de instrumento conhecido e desprovido." (AIRR-1035-72.2013.5.05.0196, Relator Desembargador Convocado: José Ribamar Oliveira Lima Júnior, Data de Julgamento: 09/09/2015, 4ª Turma, Data de Publicação: DEJT 11/09/2015)

"RECURSO DE REVISTA. CERCEAMENTO DE DEFESA. PEDIDO DE ADIAMENTO DE AUDIÊNCIA. INDEFERIMENTO. REVELIA E PENA DE CONFISSÃO FICTA. AUDIÊNCIA INAUGURAL. AUSÊNCIA DA RECLAMADA. NÃO-APRESENTAÇÃO DE DEFESA. AUSÊNCIA DO ADVOGADO DECORRENTE DE DOENÇA, COMPROVADA POR ATESTADO MÉDICO. 1. A teor dos arts. 843, "caput", e 844, "caput", da CLT, a obrigatoriedade de comparecimento à audiência é da parte. 2. O reclamado que, citado, não comparece à audiência para exercitar o direito de defesa é revel, recaindo sobre ele a pena de confissão quanto à matéria de fato. 3. A presença do advogado, ainda que munido de procuração e portando a defesa, não supre a ausência do preposto à audiência. Precedentes. (Orientação Jurisprudencial nº 74 da SBDI-I e Súmula 122, ambas do TST). Recurso de revista não conhecido." (RR-19800-10.2008.5.12.0055, Relator Ministro: Alberto Luiz Bresciani de Fontan Pereira, Data de Julgamento: 26/08/2009, 3ª Turma, Data de Publicação: DEJT 11/09/2009)

"NULIDADE. CERCEAMENTO DE DEFESA. Se a parte tinha ciência da data originária da audiência e não estando o juiz obrigado a deferir o pedido de adiamento, é dever da parte que solicitou o adiamento acompanhar o processo para verificar o resultado da solicitação. Caso não tenha havido publicação da decisão acerca do pedido de adiamento até a data da realização da audiência, a parte diligente deve comparecer à audiência na data originalmente marcada independentemente da presença do seu advogado. Ademais, verifica-se que o Juízo de primeiro grau oportunizou à parte a apresentação de impugnação ao laudo pericial e razões finais, pois foi realizada a audiência de encerramento de instrução. Todavia, a parte não usufruiu de tal oportunidade porque não compareceu à audiência para a qual foi intimada. O mesmo raciocínio deve ser utilizado para a não-renovação da conciliação, já que se a parte não comparece, não há como ser renovada. Incidência adicional da Súmula 296 do TST. Recurso de Revista não conhecido. (...)" (RR-58800-32.2006.5.10.0802, Relator Ministro: José Simpliciano Fontes de F. Fernandes, Data de Julgamento: 04/03/2009, 2ª Turma, Data de Publicação: DEJT 13/03/2009)

"RECURSO DE REVISTA. NULIDADE DA AUDIÊNCIA. NÃO COMPARECIMENTO DO ADVOGADO. Conforme entendimento desta Corte Superior consubstanciado na Súmula nº 329 do TST, pelo art. 133 da Constituição Federal não foi revogado o jus postulandi das partes na Justiça do Trabalho. Dessarte, não há nulidade na realização de audiência sem a presença do advogado. Recurso de revista a que se nega provimento." (RR-134300-51.2002.5.02.0064, Relator Ministro: Gelson de Azevedo, Data de Julgamento: 05/04/2006, 5ª Turma, Data de Publicação: DJ 28/04/2006)

"IUS POSTULANDI. AUSÊNCIA DE ADVOGADO NA AUDIÊNCIA DE INSTRUÇÃO. ART. 791 DA CLT. 1. A simples outorga de mandato a advogado não retira da parte reclamante o direito ao exercício do ius postulandi, ainda que não tenha havido

> expressa revogação de mandato, máxime se ausente o patrono da Reclamante à audiência de instrução. 2. Interpretação em sentido contrário revelaria apego demasiado à forma e rigor draconiano que faria lembrar o período formulário do direito romano, em franca oposição aos princípios basilares do Direito Processual do Trabalho. Tal exegese frustraria os próprios desígnios do legislador que, ao franquear às partes o exercício direto da capacidade postulatória, visava à informalização do processo trabalhista, assim como à democratização do acesso à Justiça do Trabalho. 3. Viola o artigo 791 da CLT decisão que, em tais circunstâncias, não reconhece à Reclamante o direito ao exercício do ius postulandi. 4. Recurso de revista de que se conhece e a que se dá provimento." (RR-438143-82.1998.5.10.5555, Redator Ministro: João Oreste Dalazen, Data de Julgamento: 06/04/2005, 1ª Turma, Data de Publicação: DJ 20/05/2005)

> "RECURSO ORDINÁRIO EM AÇÃO RESCISÓRIA. CONFISSÃO FICTA. AUSÊNCIA DO ADVOGADO À AUDIÊNCIA. Na Justiça do Trabalho, onde as partes podem postular sem a representação processual (art. 791 da CLT), a revelia decorre da ausência das partes à audiência designada, razão por que não se pode atribuir à ausência do advogado o surgimento de tal fenômeno jurídico, sobretudo quando a decisão rescindenda registra o não-comparecimento da própria demandada na reclamação trabalhista. Recurso a que se nega provimento." (ED-ROAR-788436-15.2001.5.23.5555, Relator Juiz Convocado: Luiz Philippe Vieira de Mello Filho, Data de Julgamento: 24/09/2002, Subseção II Especializada em Dissídios Individuais, Data de Publicação: DJ 25/10/2002)

Contudo, o art. 2º, § 2º, da Lei nº 8.906/94, dispõe que, "*no processo judicial, o advogado contribui, na postulação de decisão favorável ao seu constituinte, ao convencimento do julgador, e seus atos constituem múnus público*". Assim, cabe ao magistrado avaliar o caso para decidir se é prudente adiar a audiência para preservar o direito da parte que está sem advogado.

Por fim, alerto que nos casos de homologação de acordo extrajudicial, não será aplicado o *jus postulandi* previsto no art. 791 da CLT, pois a CLT determina de forma expressa em seu art. 855-B, que é obrigatória a presença do advogado.

Nesse sentido:

> CLT, Art. 855-B – O processo de homologação de acordo extrajudicial terá início por petição conjunta, sendo obrigatória a representação das partes por advogado.
>
> § 1º – As partes não poderão ser representadas por advogado comum.
>
> § 2º – Faculta-se ao trabalhador ser assistido pelo advogado do sindicato de sua categoria.

10.2. Atraso ou ausência da testemunha

– E se testemunha de uma das partes faltar a audiência, o juiz determinará o adiamento da mesma?

Depende!

10.2.1. Regra – adiamento para intimação

Em regra, o comparecimento das testemunhas em juízo independe de notificação ou intimação do magistrado. Assim dispõem os arts. 825, *caput*, e 845 da CLT:

> CLT, Art. 825 – As testemunhas comparecerão a audiência independentemente de notificação ou intimação.
>
> CLT, Art. 845 – O reclamante e o reclamado comparecerão à audiência acompanhados das suas testemunhas, apresentando, nessa ocasião, as demais provas.

Portanto, a lei determina que as testemunhas compareçam à audiência independentemente de intimação. E, em regra, no caso de não comparecimento, impõe-se a sua intimação, seja a pedido da parte, seja *ex officio*, nos termos do art. 825, parágrafo único, da CLT, *in verbis*:

> Parágrafo único – As que não comparecerem serão intimadas, ex officio ou a requerimento da parte, ficando sujeitas a condução coercitiva, além das penalidades do art. 730, caso, sem motivo justificado, não atendam à intimação."

Assim, em face da regra processual descrita pelo art. 825, parágrafo único, da CLT, o TST tem decidido ser obrigatória a intimação da testemunha ausente à audiência, quando expressamente requerida pela parte, resultando cerceamento do direito de defesa o seu indeferimento pelo julgador e do consequente adiamento da audiência, pois trata-se de norma impositiva. Assim vem decidindo as Turmas do TST:

- **1ª Turma**

> NULIDADE PROCESSUAL. CERCEAMENTO DE DEFESA. PEDIDO DE ADIAMENTO DA AUDIÊNCIA DE INSTRUÇÃO PARA INTIMAÇÃO DE TESTEMUNHAS. INDEFERIMENTO. O artigo 825 da Consolidação das Leis do Trabalho prevê que as testemunhas deverão comparecer à audiência independentemente de notificação ou intimação. Há previsão, contudo, de intimação das testemunhas que não comparecerem, de ofício ou a requerimento das partes, revelando, assim, que tal procedimento não encerra uma faculdade, mas determinação a ser cumprida. Verifica-se, no caso dos autos, que as testemunhas convidadas pela reclamante deixaram de comparecer à audiência, tendo sido indeferido o pedido de adiamento da referida audiência para a intimação das testemunhas formulado pela parte, desatendendo-se os termos do artigo 825 da CLT, o que leva à conclusão de que a parte teve o seu direito de defesa cerceado. Recurso de Revista conhecido e provido. (TST-RR-989-90.2012.5.01.0047, Relator Desembargador Convocado Marcelo Lamego Pertence, Data de Julgamento: 14/06/2017, 1ª Turma, Data de Publicação: DEJT 19/06/2017)

> (...)RECURSO DE REVISTA. NULIDADE PROCESSUAL. CERCEAMENTO DE DEFESA. PEDIDO DE ADIAMENTO DA AUDIÊNCIA DE INSTRUÇÃO PARA INTIMAÇÃO DE TESTEMUNHA. INDEFERIMENTO. O artigo 825 da Consolidação das Leis do Trabalho prevê que as testemunhas deverão comparecer à audiência independentemente de notificação ou intimação. Há previsão, contudo, de intimação das testemunhas que não comparecerem, de ofício ou a requerimento das partes, revelando, assim, que

tal procedimento não encerra uma faculdade, mas determinação a ser cumprida. Verifica-se, no caso dos autos, que a testemunha convidada pela reclamada deixou de comparecer à audiência, tendo sido indeferido o pedido de adiamento da referida audiência para a intimação da testemunha formulado pela parte, desatendendo-se os termos do artigo 825 da CLT, o que leva à conclusão de que a parte teve o seu direito de defesa cerceado. Recurso de revista conhecido e provido. (TST-RR-65800-98.2009.5.01.0068, Relator Ministro Lelio Bentes Corrêa, Data de Julgamento: 29/02/2012, 1ª Turma, Data de Publicação: DEJT 09/03/2012)

- **3ª Turma**

I – RECURSO DE REVISTA DA EMPRESA INTERPOSTO SOB A ÉGIDE DAS LEIS Nº 13.015/2014 E 13.105/2015. PROCESSO ANTERIOR À LEI Nº 13.467/2017. CERCEAMENTO DO DIREITO DE DEFESA. INDEFERIMENTO DO ADIAMENTO DA AUDIÊNCIA EM FACE DO NÃO COMPARECIMENTO DE TESTEMUNHA QUE A PARTE SE COMPROMETEU A LEVAR ESPONTANEAMENTE. CONFIGURAÇÃO. INCIDÊNCIA DO ART. 825, PARÁGRAFO ÚNICO, DA CLT. 1. Discute-se, nos autos, se configura cerceamento do direito de defesa o indeferimento de intimação de testemunha que não compareceu à audiência, embora a parte tenha se comprometido a levá-la espontaneamente na primeira oportunidade. A leitura do parágrafo único do art. 825 da CLT permite concluir que a intimação de testemunha que não compareceu à audiência para que compareça à próxima assentada não constitui faculdade do Juiz, mas medida impositiva, de modo a garantir o pleno exercício do contraditório pelas partes litigantes. Há precedentes. 2. Para a hipótese dos autos, tem-se que a empresa de fato se comprometeu a levar a sua testemunha à audiência. Entretanto, tal testemunha não compareceu e apresentou atestado médico dando conta de que, no momento da assentada, se encontrava em atendimento médico. A ré requereu a sua intimação, o que foi indeferido pelo Juízo, em claro cerceio do direito de defesa da empresa. Registre-se que a testemunha em debate era a única que foi arrolada pela empresa, sendo que o seu depoimento pode ter o condão de alterar se não o resultado do julgamento, os valores arbitrados a título de indenizações, que atualmente são da ordem de R$ 100.000,00. Nesse passo, tem-se que restou configurado o cerceamento do direito de defesa, circunstância que autoriza a reforma da decisão, quanto ao aspecto. Recurso de revista conhecido por violação dos arts. 5º, LV, da Constituição Federal e 825, parágrafo único, da CLT e provido. (ARR nº 10110-20.2014.5.03.0047, 3ª Turma do TST, Rel. Alexandre de Souza Agra Belmonte. j. 13.02.2019, Publ. 15.02.2019).

- **7ª Turma**

(...) II. RECURSO DE REVISTA. PRELIMINAR DE NULIDADE. NÃO COMPARECIMENTO DE TESTEMUNHAS. REQUERIMENTO DE INTIMAÇÃO INDEFERIDO. CERCEAMENTO DO DIREITO DE DEFESA. CONFIGURAÇÃO. Discute-se, na espécie, a configuração de nulidade processual por vício procedimental, em razão do indeferimento do adiamento da audiência destinada à produção de provas testemunhais. O exame dos autos revela que restou aplicado o § 1º do art. 412 do CPC, segundo o qual as partes podem assumir o compromisso de conduzir espontaneamente suas testemunhas, presumindo-se, caso não compareçam, que desistiram de ouvi-las. No entanto, em relação à prova testemunhal no processo do trabalho, o art. 825 da CLT é categórico ao dispor que as testemunhas devem comparecer à audiência independentemente de intimação, acrescentando, o seu parágrafo único, que as testemunhas ausentes serão intimadas, sendo conduzidas coercitivamente caso não atendam a intimação judicial, além de sofrerem a sanção de que trata o art. 730 da CLT, se não apresentada justificativa razoável para a ausência. O regular cumprimento do rito legal, regido por normas de ordem pública, configura pressuposto processual de desenvolvimento válido e regular da relação jurídica processual (CPC, art. 267, IV), ensejando, quando violado e desde que evidenciados prejuízos aos litigantes, nulidade processual (CLT, artigos 794 e 795). Por conseguinte, a adoção do rito processual comum para a produção de prova testemunhal, quando há disciplina própria na CLT, traduz afronta ao art. 825, parágrafo único, da CLT. Precedentes. Recurso de revista conhecido e provido. (TST-RR-2557-63.2012.5.02.0064, Relator Ministro Douglas Alencar Rodrigues, Data de Julgamento: 30/03/2016, 7ª Turma, Data de Publicação: DEJT 08/04/2016)

RECURSO DE REVISTA – NULIDADE PROCESSUAL POR CERCEAMENTO DO DIREITO DE DEFESA -INDEFERIMENTO

DO PEDIDO DE INTIMAÇÃO DE TESTEMUNHA E DE ADIAMENTO DE AUDIÊNCIA -INEXISTÊNCIA DE PRECLUSÃO. O art. 825 da CLT determina que no Processo do Trabalho as partes apresentarão suas testemunhas em audiência, independentemente de intimação, que só ocorrerá em caso de não comparecimento espontâneo destas. O fato de o magistrado fracionar a audiência e, na primeira sessão, orientar as partes a apresentarem suas testemunhas na audiência subsequente, independentemente de intimação, sob pena de preclusão, não elide a previsão contida no parágrafo único do art. 825 da CLT, que assegura que a instrução processual aconteça e que se perquira a verdade dos fatos, ainda que a testemunha se recuse a comparecer, eis que se trata de situação que foge ao controle dos litigantes e que pode ser administrada pelo poder de condução do processo de que goza o juiz. O fato de as partes terem se comprometido, em audiência, a levar suas testemunhas na audiência subsequente, independentemente de intimação, não altera esse fato, já que se trata de dever imposto e excepcionado (em caso de não comparecimento) pela própria lei. Assim, comprovado que a parte tempestivamente informou o não comparecimento da testemunha e requereu sua intimação, com o consequente adiamento da audiência, e que tal pedido foi indeferido pelo julgador, com franco prejuízo ao reclamante, que teve diversos pedidos seus julgados improcedentes por falta de prova, resultou configurado o cerceamento do direito de defesa. Ademais, o reclamante registrou seus protestos em ata de audiência e renovou a arguição de nulidade em todas as oportunidades em que falou nos autos após o incidente (razões finais e recurso ordinário), sendo inexigível a oposição de embargos de declaração contra a sentença para que o julgador se manifestasse a esse respeito, tendo em vista a devolutividade ampla do recurso ordinário (art. 515, § 4º, do CPC). Declara-se, pois, a nulidade processual, com determinação de reabertura da fase instrutória. Recurso de revista conhecido e provido. (TST-RR-708-97.2011.5.09.0322, Relator Ministro Luiz Philippe Vieira de Mello Filho, Data de Julgamento: 07/05/2014, 7ª Turma, Data de Publicação: DEJT 09/05/2014)

Contudo, não tendo as testemunhas comparecido em juízo, quando requerido a elas por uma das partes, cumpre ao magistrado determinar a intimação das testemunhas, sob pena de condução coercitiva.

10.2.2. Exceção – audiência não vai ser adiada

Acontece que, quando o juiz oportunizada às partes a indicação das testemunhas que pretendem ouvir, para que fosse expedida a respectiva intimação judicial com o alerta de que a ausência de indicação do rol das testemunhas, inviabilizaria a oitiva daquelas que não comparecerem espontaneamente, não caracteriza cerceamento de defesa o indeferimento do pedido de adiamento da audiência, quando a parte deixa transcorrer o prazo concedido sem oferecer o rol de testemunhas.

Nesse sentido:

> EMBARGOS REGIDOS PELA LEI Nº 11.496/2007. CERCEAMENTO DE DEFESA. AUDIÊNCIA UNA. AUSÊNCIA DE APRESENTAÇÃO DO ROL DE TESTEMUNHAS NA AUDIÊNCIA INAUGURAL. INDEFERIMENTO DO PEDIDO DE APRESENTAÇÃO DA PROVA ORAL NA AUDIÊNCIA DE PROSSEGUIMENTO. Trata-se de ação civil pública em que se postulou o cumprimento de obrigação de fazer, referente à concessão de férias dentro do prazo de doze meses após o período aquisitivo e, também, à proibição de extrapolação do limite legal máximo de duas horas extras diárias. A discussão, nos presentes embargos, está restrita à configuração de nulidade processual por vício procedimental decorrente do indeferimento, pelo Juiz, do pedido do reclamado de apresentar testemunhas na audiência de instrução, por ter havido notificação das partes sobre a designação da audiência inaugural, oportunidade em que foram informadas da necessidade de apresentarem, nesse ato processual, todas as provas que pretendessem produzir. Depreende-se dos autos que, na audiência inaugural, o Juízo indeferiu o pleito do reclamado de apresentação de prova testemunhal na sessão seguinte, sob o fundamento de que o momento oportuno para tanto seria aquela ocasião. Ressalte-se que o artigo 765 da CLT assegura ampla liberdade aos Juízes e Tribunais do trabalho na direção do processo, devendo velar pelo rápido andamento das causas. No processo do trabalho, as partes devem comparecer à audiência acompanhadas de suas testemunhas, independentemente de haver ou não intimação. Na hipótese de não comparecimento das testemunhas, estas devem ser intimadas a comparecimento, inclusive sob pena

de condução coercitiva. Portanto, em tese, no âmbito processual trabalhista, não há obrigação da parte de requerer, previamente, o arrolamento de testemunha. Por outro lado, o artigo 849 da CLT prevê, como regra, a concentração dos atos processuais em uma única audiência. Desse modo, em regra, a audiência de julgamento será contínua e única, em observância aos princípios da concentração dos atos processuais e da celeridade processual, pelo que, nesse ato, devem as partes apresentar todas as provas que pretendem produzir. Na hipótese dos autos, contudo, o reclamado foi notificado da necessidade de indicação, na audiência em inauguração das provas que pretendia produzir, mas ele compareceu ao ato sem o rol de testemunhas, razão pela qual o juiz indeferiu seu pedido de produção da prova oral na sessão subsequente. Nesse contexto, não houve cerceamento do direito de defesa do reclamado, mas estrita observância das normas que regem o processo do trabalho, quais sejam os artigos 825 e 845 da CLT. Embargos conhecidos e desprovidos. (E-ED-RR -50200-44.2003.5.08.0006, Relator Ministro: José Roberto Freire Pimenta, Subseção I Especializada em Dissídios Individuais, DEJT 09/01/2017)

AGRAVO EM RECURSO DE REVISTA INTERPOSTO NA VIGÊNCIA DA LEI 13.015/2014. NULIDADE POR CERCEAMENTO DE DEFESA. INDEFERIMENTO DO PEDIDO DE ADIAMENTO DA AUDIÊNCIA PARA INTIMAÇÃO DA TESTEMUNHA AUSENTE. PRECLUSÃO TEMPORAL (DECISÃO REGIONAL EM CONSONÂNCIA COM A JURISPRUDÊNCIA DESTA CORTE; PRECEDENTES). As razões recursais não desconstituem os fundamentos da decisão agravada. Agravo não provido. (AG-RR nº 11324-95.2013.5.12.0058, 2ª Turma do TST, Rel. Delaíde Miranda Arantes. j. 27.03.2019, Publ. 29.03.2019).

AGRAVO DE INSTRUMENTO EM RECURSO DE REVISTA. 1. PRELIMINAR DE NULIDADE POR CERCEAMENTO DE DEFESA. Segundo o Regional, na audiência inaugural, apesar de cientificadas as partes quanto à necessidade de providenciarem a intimação das testemunhas, a reclamada não indicou nenhum testigo. Dessarte, consigna o Tribunal de origem ser infundado o alegado cerceamento de defesa em face da negativa de adiamento da audiência, haja vista que a recorrente não arrolou a testemunha ocular dos fatos que afirma ter convidado e que veio a falecer. De igual modo, não implica cerceamento de defesa o acolhimento da contradita da testemunha da reclamada, ouvida como informante, porquanto não se poderia esperar imparcialidade no depoimento do responsável pela abertura do TCO que resultou na dispensa do obreiro por justa causa. Nessa senda, descabe a invocada ofensa ao art. 5º, XXXV, LIV e LV, da CF, porque o devido processo legal está sendo observado, com a plena oportunidade da reclamada ao contraditório e à ampla defesa, tanto é verdade que a parte vem produzindo todos os meios de prova que entende cabíveis, bem como está se valendo de todos os recursos previstos em nosso ordenamento jurídico. (AIRR nº 11374-13.2017.5.18.0221, 8ª Turma do TST, Rel. Dora Maria da Costa. j. 27.03.2019, Publ. 29.03.2019).

AGRAVO DE INSTRUMENTO EM RECURSO DE REVISTA INTERPOSTO SOB A ÉGIDE DA LEI Nº 13.015/2014 E DO NCPC – CERCEAMENTO DE DEFESA – INDEFERIMENTO DO PEDIDO DE ADIAMENTO DA AUDIÊNCIA – NÃO COMPARECIMENTO DE TESTEMUNHA. A jurisprudência do TST firmou-se no sentido de que o indeferimento do pedido de adiamento da audiência de instrução para oitiva de testemunha convidada não caracteriza cerceamento de defesa, na hipótese de, em audiência anterior, ter sido conferido prazo para as partes arrolarem testemunhas, sob pena de serem ouvidas apenas as que comparecerem. Julgados. (AIRR nº 16-21.2015.5.01.0342, 8ª Turma do TST, Rel. Maria Cristina Irigoyen Peduzzi. j. 18.12.2018, Publ. 31.01.2019).

AGRAVO EM AGRAVO DE INSTRUMENTO EM RECURSO DE REVISTA EM FACE DE DECISÃO PUBLICADA NA VIGÊNCIA DA LEI Nº 13.015/2014. CERCEAMENTO DE DEFESA. NÃO COMPARECIMENTO DE TESTEMUNHA. INDEFERIMENTO DE ADIAMENTO DA AUDIÊNCIA. Extrai-se do artigo 825 da CLT que as testemunhas comparecerão para depor a convite da parte, ou seja, sem a necessidade de notificação judicial, a qual somente será expedida mediante requerimento e quando não houver comparecimento espontâneo. Sucede que, na hipótese, o autor foi devidamente cientificado e anuiu com o compromisso de apresentar suas testemunhas sem a necessidade de intimação e sob pena de preclusão. Desse modo, ante o procedimento adotado pelo juiz, caberia à parte, ao menos, demonstrar, na audiência designada, motivo relevante que impedira o comparecimento das testemunhas, o que não ocorreu. Assim, inviável a tese de cerceamento de defesa, ante os efeitos da preclusão.

> Precedentes. Agravo conhecido e não provido. (AG-AIRR nº 10349-81.2014.5.15.0017, 7ª Turma do TST, Rel. Cláudio Mascarenhas Brandão. j. 06.02.2019, Publ. 15.02.2019).
>
> RECURSO DE REVISTA. INDEFERIMENTO DO ADIAMENTO DA AUDIÊNCIA. NÃO COMPARECIMENTO DE TESTEMUNHAS. CERCEAMENTO DE DEFESA NÃO CONFIGURADO. No caso sob análise, extrai-se do acórdão recorrido ter o juízo de primeiro grau alertado às partes que, em caso de ausência das testemunhas na audiência em que deveriam depor, deveria ser comprovado o convite prévio. Além disso, foi facultada a intimação das testemunhas, arroladas no prazo de quinze dias, na forma do art. 407 do CPC. A reclamante não arrolou testemunhas no prazo fixado pelo juízo e não apresentou prova do convite feito às testemunhas ausentes. Nesse contexto, o indeferimento do adiamento da audiência e intimação das testemunhas não configura cerceamento de defesa. Há precedentes. Recurso de revista não conhecido. (RR nº 507-57.2012.5.12.0041, 6ª Turma do TST, Rel. Fábio Túlio Correia Ribeiro. j. 03.10.2018, Publ. 05.10.2018).

11. REGISTRO DAS AUDIÊNCIAS

– Como será feito o registro das audiências?

Diz o art. 817 da CLT:

> CLT, Art. 817 – O registro das audiências será feito em livro próprio, constando de cada registro os processos apreciados e a respectiva solução, bem como as ocorrências eventuais.

Com a chegada do PJE – Processo Judicial Eletrônico, o registro das audiências passou a ser feito com a digitação das atas no computador e disponibilizado as partes e advogados pelo próprio PJE.

Nas atas das audiências, devem constar:

(1) Presença do magistrado, das partes e advogados;

(2) A 1º tentativa de conciliação;

(3) Defesa da reclamada, e se for feita de forma oral, a parte tem 20 minutos;

(4) A impugnação feita pelo reclamante dos documentos juntados pelo reclamado;

(5) Os requerimentos feitos pelas partes;

(6) O depoimento das partes, das testemunhas e dos peritos;

(7) As razões finais aduzidas pelas partes;

(8) A 2º tentativa de conciliação;

(9) A decisão do Magistrado.

Segundo o art. 23 da Resolução nº 185/2017 do CSJT, as atas de audiência serão assinadas pelo magistrado ao final da audiência, vejamos:

> Resolução Nº. 185/2017, Art. 23 – As audiências serão sempre reduzidas a termo e o arquivo eletrônico que utilize linguagem padronizada de marcação genérica daí decorrente será, ao final da audiência:
>
> I – imediatamente assinado pelo magistrado, impossibilitando a alteração de sua forma e conteúdo; ou
>
> II – facultativamente enviado ao PJe, imediatamente após o término da audiência, também impossibilitando a alteração de sua forma e conteúdo e deflagrando o procedimento dos parágrafos 1º e 2º deste artigo.
>
> § 1º Após o envio do arquivo eletrônico que utilize linguagem padronizada de marcação genérica referido no caput para o PJe, a secretaria, imediatamente após o término da audiência, realizará o lançamento dos movimentos processuais, encaminhando-o para assinatura digital pelo magistrado.
>
> § 2º O magistrado assinará eletronicamente o arquivo eletrônico que utilize linguagem padronizada de marcação genérica referido no caput até o primeiro dia útil subsequente ao término da sessão.
>
> § 3º Na hipótese de celebração de acordo e impossibilidade de assinatura imediata do arquivo eletrônico que utilize linguagem padronizada de marcação genérica referido no caput, havendo requerimento da parte, a ata deverá ser impressa, assinada manualmente pelas partes e magistrado e, então, digitalizada e inserida no PJe.

CAPÍTULO 10

Poder de Polícia

1. INTRODUÇÃO

Em audiência, o juiz dirige os trabalhos, presidindo-a do início ao fim, colhendo direta e pessoalmente a prova oral, ouvindo as partes e as testemunhas, fazendo esclarecimentos a respeito do laudo pericial ou dos pareceres técnicos juntados pelas partes.

Saiba que, enquanto depuserem as partes, o perito, os assistentes técnicos e as testemunhas, os advogados e o membro do Ministério Público não podem intervir ou apartear sem prévia autorização jurisdicional (art. 361, parágrafo único, CPC).

Ao juiz compete dirigir o processo, assim, cabe ao magistrado, velar pela mantença da ordem e do decoro na audiência, garantindo o seu transcurso sem que qualquer de seus participantes se comporte de maneira inconveniente. Pode, para tanto, ordenar que se retirem da sala de audiência os que se comportarem inconvenientemente, requisitando para tanto, quando necessário, força policial, conforme determinado pelo art. 139, VII, do CPC.

Cumpre-lhe ainda, exortar os advogados e o órgão do Ministério Público a que discutam a causa com elevação e urbanidade, mantendo-se o ambiente de mútuo respeito.

Nesse sentido:

> CLT, Art. 816 – O juiz ou presidente manterá a ordem nas audiências, podendo mandar retirar do recinto os assistentes que a perturbarem.

O CPC disciplina o tema em seu art. 360, que é aplicado subsidiariamente ao Processo do Trabalho:

> CPC, Art. 360 – O juiz exerce o poder de polícia, incumbindo-lhe:
>
> I – manter a ordem e o decoro na audiência;

II - ordenar que se retirem da sala de audiência os que se comportarem inconvenientemente;

III - requisitar, quando necessário, força policial;

IV - tratar com urbanidade as partes, os advogados, os membros do Ministério Público e da Defensoria Pública e qualquer pessoa que participe do processo;

V - registrar em ata, com exatidão, todos os requerimentos apresentados em audiência.

Sobre o tema cito a doutrina de:

Francisco Antonio de Oliveira[1]: "A audiência deverá ser realizada em ambiente de ordem e serenidade em conformidade com a elevação e importância desse ato judicial. As partes, certamente, angustiadas, qualquer que seja o polo em que se coloquem, deverão ter tranquilidade perante o magistrado, bem assim os seus advogados. O clima há de ser de confiança. E para tanto espera-se do magistrado condutor a energia necessária, temperada com moderação, dos que detêm o poder sem tentação do arbítrio. O verdadeiro magistrado saberá sempre temperar e dosar a energia e a moderação sem nunca resvalar para o arbítrio. O poder de polícia de que cuidam os arts. 816 da CLT e 445 do CPC dizem respeito ao policiamento externo através da polícia preventiva e repressiva."

Marcelo Moura[2], "o Poder de Polícia do magistrado permite que este retire do recinto aqueles que estiverem atrapalhando o bom andamento da sessão. Até mesmo a parte, ou seu advogado, podem ser retirados caso estejam se portando de maneira inadequada, a ponto de inviabilizar a continuidade da audiência. Caso a postura da parte for de tal forma agressiva, ou mesmo de alguma pessoa que estiver assistindo à audiência, desrespeitando a autoridade do magistrado, este poderá proceder à sua prisão, por crime de desacato (art. 331, do CP)".

1. OLIVEIRA, Francisco Antonio de. **"Manual de audiências trabalhistas"**. 2. Ed. São Paulo: RT, 1999 p. 19.
2. MOURA, Marcelo. "**Consolidação das Leis do Trabalho para concursos**" – 6. Ed. Salvador. Juspodivm, Ano 2016, pág. 914.

CAPÍTULO 11

Audiência de Instrução passo a passo

1. AUDIÊNCIA PASSO A PASSO

– Como seria uma audiência de instrução passo a passo, Hamilton?

Acontece assim:

1.1. Pregão

O início da audiência será anunciado pelo servidor da justiça do trabalho. Normalmente é falado o horário da audiência e o nome das partes. Após o pregão, as partes devem adentrar a sala de audiência.

1.2. Qualificação das partes

Ao adentrarem na sala de audiência, as partes e os advogados devem entregar seus documentos ao servidor, para que o servidor da Justiça do Trabalho, registre as informações de presença em ata.

Não esqueça, que a reclamada deve juntar com a defesa os seguintes documentos:

(1) Procuração do advogado e substabelecimentos;

(2) CNPJ;

(3) Contrato Social; e

(4) Carta de preposição.

A reclamada poderá inclusive realizar a juntada dos documentos acima elencados de forma antecipada através do sistema PJE – Processo Judicial Eletrônico.

1.3. Tentativa de conciliação

Após a entrega da documentação, o Juiz pergunta se as partes não querem conciliar, explicando os benefícios de uma conciliação. Caso as partes escolham resolver o litígio por meio da conciliação, os dados são registrados em ata (valor acordado, forma de pagamento e data, eventuais parcelas, multa em caso de descumprimento, forma de quitação – podendo ser dos pleitos da exordial ou do extinto contrato de trabalho, obrigação de fazer – ex.: dar baixa na CTPS, etc.).

> CLT, Art. 846 – Aberta a audiência, o juiz ou presidente proporá a conciliação.
>
> § 1º – Se houver acordo lavrar-se-á termo, assinado pelo presidente e pelos litigantes, consignando-se o prazo e demais condições para seu cumprimento.
>
> § 2º – Entre as condições a que se refere o parágrafo anterior, poderá ser estabelecida a de ficar a parte que não cumprir o acordo obrigada a satisfazer integralmente o pedido ou pagar uma indenização convencionada, sem prejuízo do cumprimento do acordo.

1.4. Apresentação de defesa

Não havendo conciliação, a reclamada deve nesse momento, apresentar sua defesa em prazo não excedente de 20 minutos.

> CLT, Art. 847 – Não havendo acordo, o reclamado terá vinte minutos para aduzir sua defesa, após a leitura da reclamação, quando esta não for dispensada por ambas as partes.

Contudo, na prática, a reclamada apresenta a sua defesa por meio do sistema PJE, antes da audiência, em PDF-A, já juntando os documentos que embasam a sua defesa.

> CLT, Art. 847 – [...]
>
> Parágrafo único – A parte poderá apresentar defesa escrita pelo sistema de processo judicial eletrônico até a audiência.

Veja o que diz a Resolução CSJT n. 185/2017:

> Art. 22. A contestação ou a reconvenção e seus respectivos documentos DEVERÃO SER PROTOCOLADOS NO PJE ATÉ A REALIZAÇÃO DA PROPOSTA DE CONCILIAÇÃO INFRUTÍFERA, com a utilização de equipamento próprio, sendo automaticamente juntados, facultada a apresentação de defesa oral, na forma do art. 847 da CLT. (Redação dada pela Resolução CSJT n. 241, de 31 de maio de 2019)
>
> § 1º No expediente de notificação inicial ou de citação CONSTARÁ RECOMENDAÇÃO para que a contestação ou a reconvenção e os documentos que as acompanham SEJAM PROTOCOLADOS NO PJE COM PELO MENOS 48H DE ANTECEDÊNCIA DA AUDIÊNCIA. (Redação dada pela Resolução CSJT n. 241, de 31 de maio de 2019)
>
> [...]
>
> § 5º O réu poderá atribuir sigilo à contestação e à reconvenção, bem como aos documentos que as acompanham, devendo o magistrado retirar o sigilo caso frustrada a tentativa conciliatória. (Redação dada pela Resolução CSJT n. 241, de 31 de maio de 2019)

1.5. Impugnação de documentos

Após a apresentação da defesa, o juiz deve permitir que o reclamante ou o seu advogado se manifeste dos documentos juntados pela reclamada, sob pena de preclusão. Nesse sentido, o art. 411, III do CPC e a jurisprudência:

> CPC. Art.411 – Considera-se autêntico o documento quando:
>
> III – não houver impugnação da parte contra quem foi produzido o documento.

DOCUMENTO. AUSÊNCIA DE IMPUGNAÇÃO. O documento não impugnado pela parte contra quem foi produzido é processualmente considerado livre de vícios (verdadeiro, autêntico e corretamente preenchido). (RO nº 0011961-05.2016.5.18.0016, 3ª Turma do TRT da 18ª Região/GO, Rel. Mário Sérgio Bottazzo. DEJT 13.07.2018).

NULIDADE DA SENTENÇA. NÃO ACOLHIMENTO DE PETIÇÃO DE IMPUGNAÇÃO AOS DOCUMENTOS, APRESENTADA ALÉM DO PRAZO FIXADO EM AUDIÊNCIA. O recorrente não se insurgiu contra o prazo fixado para as manifestações, não apresentou qualquer justificativa para a longa demora no cumprimento e quando fez, iniciou por apontar as razões de se levar em conta a tardia manifestação, apontando os artigos do CPC que preveem as consequências da ausência de impugnação aos documentos. Tivesse cumprido o prazo ou ao menos apresentado justificativa, acolhível, para a demora, poder-se-ia verificar alguma lesão a direito. Não é o caso. Os artigos do CPC têm aplicação, a uma porque assim claramente estabelece o art. 15 daquele Diploma (aplicação supletiva, é dizer no silêncio), quer porque é absolutamente compatível com o processo do trabalho se atribuir consequências à injustificada omissão da parte. Nego provimento. (Recurso Ordinário nº 0102714-12.2016.5.01.0491, TRT da 1ª Região, Rel. Bruno Losada Albuquerque Lopes. DOERJ 12.10.2018).

TRCT APÓCRIFO. AUSÊNCIA DE IMPUGNAÇÃO. PRESUNÇÃO DE VERACIDADE. Para que haja a condenação ao pagamento da multa prevista no art. 477 da CLT é necessária a constatação da mora do empregador na quitação das verbas rescisórias. No caso em apreço, a mora não restou comprovada, porque as verbas rescisórias foram quitadas dentro do prazo legal, e, apesar de ser apócrifo o TRCT apresentado pela reclamada, não houve impugnação ao documento por parte do reclamante, passando-se a admitir como verdadeiro o seu conteúdo, nos termos do artigo 372 do CPC. (RO nº 0001771-22.2012.5.03.0151, 5ª Turma do TRT da 3ª Região/MG, Rel. Convocado Milton V. Thibau de Almeida. Publ. 24.03.2014).

PROVA DOCUMENTAL. AUSÊNCIA DE IMPUGNAÇÃO ESPECÍFICA. PRECLUSÃO. Instado a manifestar-se sobre os documentos juntados com a defesa, sob pena de preclusão, o reclamante limitou-se a fazer alegações genéricas, destituídas de um mínimo de objetividade. A teor do art. 372/CPC: "Compete à parte, contra quem foi produzido documento particular, alegar no prazo estabelecido no art. 390, se lhe admite ou não a autenticidade da assinatura e a veracidade do contexto; presumindo-se, com o silêncio, que o tem por verdadeiro". A norma não deixa dúvida acerca da necessidade de impugnação específica ao teor do documento apresentado pela outra parte, seja acerca da autenticidade da assinatura, seja da veracidade do contexto, importa dizer, daquilo que nele está descrito e das circunstâncias em que foi produzido. Os controles de jornada trazidos com a defesa apresentam horários variados e estão assinados pelo obreiro, registrando grande número de horas extras. Os contracheques, de igual modo, trazem a quitação de grande número de horas extras e encontram-se devidamente assinados. Diante de tal quadro, incumbia ao reclamante impugnar o conteúdo da documentação trazida pela reclamada ou, ao menos, aludir diretamente a ela, ônus do qual se descurou, do que resulta que a tinha por verdadeira, de modo a tornar desnecessária a produção de prova testemunhal acerca do tema, por incontroverso. (RO nº 0002242-53.2012.5.18.0011, 3ª Turma do TRT da 18ª Região/GO, Rel. Marcelo Nogueira Pedra. Unânime, DJe 17.03.2014).

HORAS EXTRAS – CARTÃO DE PONTO ELETRÔNICO – AUSÊNCIA DE ASSINATURA – ÔNUS DA PROVA 1. Consoante a jurisprudência desta Corte, a mera ausência de assinatura do empregado nos cartões de ponto não acarreta a sua invalidade. O art. 74 da CLT não prevê a assinatura como requisito essencial à validade do ato, tampouco sua ausência é capaz de transferir o ônus probatório das horas extras ao empregador e, por conseguinte, de presumir a veracidade da jornada indicada na inicial. 2. A matéria, tal como posta pelo Tribunal Regional, reveste-se de cunho fático-probatório, de reexame vedado, nos termos da Súmula no 126 do TST. Recurso de Revista não conhecido" (RR-101175-42.2017.5.01.0049, 8ª Turma, Relatora Ministra Maria Cristina Irigoyen Peduzzi, DEJT 23/08/2019).

RECURSO DE EMBARGOS REGIDO PELA LEI Nº 11.496/2007. HORAS EXTRAS. CARTÕES DE PONTO. AUSÊNCIA DE ASSINATURA DO EMPREGADO. O art. 74, § 2º da CLT nada estabelece acerca da necessidade de assinatura do empregado no espelho do registro de ponto eletrônico para validar sua eficácia, não se justificando tal imposição ao empregador, em observância

> ao princípio da legalidade, porque onde a lei não exige não pode o intérprete, em regra fazê-lo. No caso em exame, contudo, embora afastada a imprestabilidade dos cartões pela ausência de assinatura do empregado, remanesce o vício de ausência de validação de superior hierárquico para a percepção das horas extras, persistindo a invalidade dos registros por motivo diverso. Recurso de embargos conhecido e não provido. (E-RR-168200-14.2009.5.05.0511, SBDI-1, Relator Ministro Augusto César Leite de Carvalho, DEJT 14/11/2014)

Ademais, a impugnação não pode ser genérica equivale ao mesmo que ausência ou silêncio de impugnação. Nesse sentido:

> JORNADA – HORAS EXTRAS. A impugnação genérica de documento juntado pela empresa equivale ao mesmo que ausência ou silêncio de impugnação, ônus processual regido pelos artigos 302, in fine, e 372, caput, ambos do CPC, aplicados em conjunto, presumindo-se verdadeiro o horário lançado nos registros de fls. 143/147. (RO nº 0000621-05.2014.5.03.0064, 3ª Turma do TRT da 3ª Região/MG, Rel. Convocado Vitor Salino de Moura Eca. Publ. 03.08.2015).

1.6. Oitiva do reclamante e da reclamada

Após a impugnação dos documentos, o juiz irá inquirir o (a) reclamante, em seguida, pergunta se o advogado da empresa tem perguntas ao (a) reclamante. Prosseguindo, o juiz vai irá inquirir o (a) reclamado (a), em seguida, pergunta se o advogado do (a) reclamante tem perguntas ao (a) reclamado.

O objetivo é sempre buscar a confissão judicial provocada. Nesse sentido, os arts. 389, 390 § 2º do CPC e a jurisprudência:

> CPC, Art. 389 – Há confissão, judicial ou extrajudicial, quando a parte admite a verdade de fato contrário ao seu interesse e favorável ao do adversário.
>
> CPC, Art. 390 – A confissão judicial pode ser espontânea ou provocada.
>
> § 1º – A confissão espontânea pode ser feita pela própria parte ou por representante com poder especial.

§ 2º – A confissão provocada constará do termo de depoimento pessoal.

CERCEAMENTO DE DEFESA. DEPOIMENTOS PESSOAIS. DIREITO DAS PARTES À PRODUÇÃO DA PROVA. Em interpretação sistemática dos artigos 820 e 848 da CLT, à luz, ainda, do artigo 385 do CPC/2015, tem-se que, se o juiz não ordenar, de ofício, a oitiva das partes, qualquer delas pode pretendê-lo, sabendo-se que o objetivo, por excelência, do depoimento pessoal é a obtenção de confissão, real ou ficta, pela parte contrária. Considerando-se que, no caso dos autos, já havia decisão, na audiência inaugural, no sentido de que os depoimentos pessoais seriam colhidos; que as partes manifestaram (ou ao menos a ré), mediante protestos, seu interesse na produção da prova, quando sobreveio a decisão de indeferimento; e que o fundamento utilizado pelo Juízo a quo para afastamento da prova já deliberada anteriormente não se apresenta consistente ou apoiado em circunstâncias probatórias pertinentes aos próprios autos, conclui-se que houve cerceamento de defesa. Acolhida a preliminar de nulidade eriçada pela ré. (RO nº 0011000-80.2017.5.03.0102, 4ª Turma do TRT da 3ª Região/MG, Rel. Convocado Antônio Carlos R. Filho. j. 14.02.2019).

Segundo o §1º do art. 848 da CLT, findo o interrogatório, poderá qualquer dos litigantes retirar-se, prosseguindo a instrução com o seu representante.

As partes e testemunhas podem ler as respostas em documentos e ou se comunicarem com seu advogado na hora do depoimento?

O (a) reclamante e o preposto na hora dos seus depoimentos, não podem se comunicar com seus advogados e nem ler respostas em documentos.

1.7. Oitiva das testemunhas

Por força do disposto no art. 820, da CLT, não se aplica ao Processo do Trabalho o art. 459, do CPC/15, que permite a inquirição direta das testemunhas pela parte. Na Justiça do Trabalho, a inquirição deverá ser feita por meio do juiz, pelo sistema presidencialista conforme preconiza o art. 11, da IN 39 do TST.

O juiz primeiro faz a inquirição das testemunhas do reclamante e depois, escuta as testemunhas da reclamada. Ao entrar na sala, as testemunhas serão qualificadas e após isso, firmará compromisso de só dizer a verdade do que souber. Contudo, caso alguém queira contraditar a testemunha, deve fazer a contradita logo após a qualificação, mas sempre antes dela firmar o compromisso, pois se não for feito nesse momento, ocorrerá a preclusão.

Nesse sentido:

> CPC, Art. 457 – Antes de depor, a testemunha será qualificada, declarará ou confirmará seus dados e informará se tem relações de parentesco com a parte ou interesse no objeto do processo.
>
> § 1º – É lícito à parte contraditar a testemunha, arguindo-lhe a incapacidade, o impedimento ou a suspeição, bem como, caso a testemunha negue os fatos que lhe são imputados, provar a contradita com documentos ou com testemunhas, até 3 (três), apresentadas no ato e inquiridas em separado.
>
> § 2º – Sendo provados ou confessados os fatos a que se refere o § 1º, o juiz dispensará a testemunha ou lhe tomará o depoimento como informante.
>
> "SUSPEIÇÃO DE TESTEMUNHA. AUSÊNCIA DE CONTRADITA. PRECLUSÃO. A suspeição da testemunha deve ser arguida por meio de contradita, ato a ser praticado no interregno entre a qualificação e o compromisso da testemunha. Não tendo sido apresentada a contradita no momento oportuno, inviável a arguição de suspeição em sede de recurso ordinário, eis que incide a preclusão." (TRT-18 1005201217118009 GO 01005-2012-171-18 – 00-9, Relator: BRENO MEDEIROS, Data de Publicação: DEJT Nº 1030/2012). (RO nº 0010609-45.2016.5.18.0102, 3ª Turma do TRT da 18ª Região/GO, Rel. Daniel Viana Júnior. DEJT 08.10.2018).
>
> 1. PROVA TESTEMUNHAL. SUSPEIÇÃO. TESTEMUNHA NÃO CONTRADITADA NA AUDIÊNCIA. PRECLUSÃO. A ausência de contradita em momento oportuno, arguida tão somente em sede recursal, ou seja, após o regular encerramento da

> instrução processual, impede a discussão quanto à isenção de ânimo da testemunha por preclusão temporal (CLT, art. 795). (RO nº 0001643-82.2016.5.10.0016, 3ª Turma do TRT da 10ª Região/DF-TO, Rel. Antônio Umberto de Souza Júnior. DEJT 16.08.2018).

Se tiver alguma testemunha que deverá ser ouvida por carta precatória o juiz deve ser informado no início da audiência, devendo ainda a parte, especificar o que pretende provar por meio dessa testemunha, pois caso contrário, o juiz vai indeferir a oitiva, e tal fato, não será enquadrado como cerceamento de defesa.

Nesse sentido:

> CPC, Art. 377 – A carta precatória, a carta rogatória e o auxílio direto suspenderão o julgamento da causa no caso previsto no art. 313, inciso V, alínea b, quando, tendo sido requeridos antes da decisão de saneamento, a prova neles solicitada for imprescindível.
>
> Parágrafo único – A carta precatória e a carta rogatória não devolvidas no prazo ou concedidas sem efeito suspensivo poderão ser juntadas aos autos a qualquer momento
>
> RECURSO DE REVISTA. 1. PRELIMINAR DE NULIDADE DA DECISÃO POR CERCEAMENTO DO DIREITO DE DEFESA. NÃO CONHECIMENTO. No sistema processual do trabalho, só haverá nulidade quando resultar dos atos inquinados manifesto prejuízo às partes litigantes (artigo 794 da CLT). No caso, a reclamada alega genericamente cerceamento do direito de defesa, decorrente da negativa de oitiva de testemunha por precatório, sem especificar o que pretendia provar, qual a relevância do depoimento indeferido e o prejuízo daí advindo. Recurso de revista de que não se conhece. (RR nº 58000-47.2006.5.03.0010, 5ª Turma do TST, Rel. Guilherme Augusto Caputo Bastos. j. 14.03.2018, Publ. 23.03.2018).

– Professor, com as audiências virtuais, você não acha que a oitiva de partes e testemunhas por meio de carta precatória vai ser cada vez mais difícil?

Com certeza, hoje muitos magistrados já fazem audiências por meios de aplicativos (Zoom, WhatsApp, Teams, Google Meet, Skype, etc.), sendo assim, eles podem perfeitamente tomar o depoimento de testemunhas que estejam em qualquer lugar do mundo, bastando apenas o acesso à internet.

1.8. Determinação de prova pericial

Caso no processo seja necessário a produção de prova pericial para resolver a lide, ou seja, quando a prova dos fatos dependerem de conhecimento técnico ou científico (CPC, art. 156), o juiz nomeará perito de sua confiança, podendo as partes, indicar perito assistente para acompanhar a perícia.

Nesse sentido:

> Lei Nº. 5.584/70, Art. 3º – Os exames periciais serão realizados por perito único designado pelo Juiz, que fixará o prazo para entrega do laudo.
>
> Parágrafo único – Permitir-se-á a cada parte a indicação de um assistente, cuja laudo terá que ser apresentado no mesmo prazo assinado para o perito, sob pena de ser desentranhado dos autos.

Após a produção da prova pericial, as partes terão prazo para impugnação do laudo. Caso seja necessário, o juiz pode ouvir os peritos e os técnicos para esclarecer os fatos controvertidos da perícia.

Contudo, nada impede que o juiz determine a produção da perícia judicial logo após a reclamada contestar o feito. Nesse sentido, o § 2º do art. 775 da CLT:

> CLT, Art. 775 – [...]
>
> § 2º – Ao juízo incumbe dilatar os prazos processuais e alterar a ordem de produção dos meios de prova, adequando-os às necessidades do conflito de modo a conferir maior efetividade à tutela do direito.

1.9. Alegações finais e a última tentativa de conciliação

Depois da instrução do processo, o juiz vai abrir prazo de 10 minutos para cada parte no processo aduzir razões finais. Caso não tenham interesse, basta comunicar "Excelência, as alegações são remissivas". Contudo, dependendo da complexidade do processo, a parte pode solicitar ao juízo, a apresentação de alegações finais escritas. Após isso, o Juiz irá propor uma nova tentativa de conciliação.

– Será necessário renovar em razões finais o protesto para evitar preclusão?

A CLT tem previsão expressa no sentido de que as nulidades deverão ser arguidas no primeiro momento em que a parte tiver oportunidade de se manifestar em audiência ou nos autos (art. 795, caput, da CLT), sob pena de preclusão.

O referido dispositivo não estabelece a necessidade de que a arguição de nulidade seja renovada em razões finais, no encerramento da instrução e nem exige que a arguição de nulidade seja invocada mediante requerimento específico. Apenas dispõe que as nulidades serão declaradas mediante provocação das partes, desde que suscitadas na primeira oportunidade que elas tiverem para se insurgir nos autos.

Nesse sentido são os seguintes precedentes do TST:

> "RECURSO DE REVISTA – CERCEAMENTO DE DEFESA – INDEFERIMENTO DO RECEBIMENTO DA PEÇA CONTESTATÓRIA – PROTESTO EM AUDIÊNCIA – DESNECESSIDADE DE INVOCAÇÃO DA NULIDADE MEDIANTE REQUERIMENTO ESPECÍFICO – PRECLUSÃO – NÃO OCORRÊNCIA. A Consolidação das Leis do Trabalho tem previsão expressa no sentido de que as nulidades deverão ser arguidas no primeiro momento em que a parte tiver oportunidade de se manifestar em audiência ou nos autos (art. 795, caput, da CLT), sob pena de preclusão. Todavia, o referido dispositivo não estabelece requisitos, tais como a necessidade de que a arguição de nulidade seja renovada em razões finais, no encerramento da instrução. Tampouco exige que a arguição de nulidade seja invocada mediante requerimento específico, conforme consignado no acórdão regional. Apenas dispõe que as nulidades serão declaradas mediante provocação das partes, desde que suscitadas na primeira oportunidade que elas tiverem para se insurgir nos autos. Na situação, percebe-se que a

agravante insurgiu-se contra esta decisão no momento oportuno, na medida em que protestou em audiência. Logo, a alegação de cerceamento de defesa - inconformismo contra o indeferimento do recebimento da contestação e documentos - não está preclusa. Precedentes. Recurso de revista conhecido e provido" (RR-1078-21.2010.5.09.0093, 7ª Turma, Relator Ministro Luiz Philippe Vieira de Mello Filho, DEJT 05/06/2015).

NULIDADE POR CERCEAMENTO DE DEFESA. INDEFERIMENTO DO PEDIDO DE ADIAMENTO DA AUDIÊNCIA DE INSTRUÇÃO. PROTESTO EM AUDIÊNCIA. DESNECESSIDADE DE RENOVAÇÃO EM RAZÕES FINAIS. PRECLUSÃO NÃO CONFIGURADA. Dispõe o artigo 795, caput, da CLT que "as nulidades não serão declaradas senão mediante provocação das partes, as quais deverão argüi-las à primeira vez em que tiverem de falar em audiência ou nos autos". Se, in casu, o procurador do reclamante pleitou o adiamento da audiência, na primeira oportunidade que teve para se manifestar nos autos, resultando consignado o seu protesto contra o indeferimento do pedido, considera-se suprido o disposto no referido dispositivo, não havendo necessidade de renovação em razões finais. Recurso de revista conhecido e provido. (RR - 2423100-09.2009.5.09.0028, Relator Ministro José Roberto Freire Pimenta, 2ª Turma, DEJT de 8/5/2015)

A) AGRAVO DE INSTRUMENTO EM RECURSO DE REVISTA. Constatada a aparente violação do art. 5º, LV, da CF, dá-se provimento ao agravo de instrumento para determinar o prosseguimento do recurso de revista. Agravo de instrumento conhecido e provido. B) RECURSO DE REVISTA. CERCEAMENTO DE DEFESA. PROTESTO EM AUDIÊNCIA NÃO RENOVADO EM RAZÕES FINAIS. AUSÊNCIA DE PRECLUSÃO. Nos termos do art. 795 da CLT, " as nulidades não serão declaradas senão mediante provocação das partes, as quais deverão argüi-las à primeira vez em que tiverem de falar em audiência ou nos autos ", não havendo a exigência de que se renove a arguição em sede de razões finais. Logo, tendo a reclamante consignado seus protestos ou seu inconformismo, na primeira oportunidade que teve para tanto, verifica-se que restou sobejamente atendido o comando legal, não havendo falar em preclusão. (Recurso de revista conhecido e provido (RR - 1600-42.2011.5.02.0082, Relatora Ministra Dora Maria da Costa, 8ª Turma, DEJT de 23/5/2014)

1.10. Decisão

Por fim, após todo tramite processual, o juiz profere sua decisão.

Art. 832 – Da decisão deverão constar o nome das partes, o resumo do pedido e da defesa, a apreciação das provas, os fundamentos da decisão e a respectiva conclusão.

§ 1º – Quando a decisão concluir pela procedência do pedido, determinará o prazo e as condições para o seu cumprimento.

§ 2º – A decisão mencionará sempre as custas que devam ser pagas pela parte vencida.

§ 3º – As decisões cognitivas ou homologatórias deverão sempre indicar a natureza jurídica das parcelas constantes da condenação ou do acordo homologado, inclusive o limite de responsabilidade de cada parte pelo recolhimento da contribuição previdenciária, se for o caso.

§ 3º-A. Para os fins do § 3º deste artigo, salvo na hipótese de o pedido da ação limitar-se expressamente ao reconhecimento de verbas de natureza exclusivamente indenizatória, a parcela referente às verbas de natureza remuneratória não poderá ter como base de cálculo valor inferior:

I – ao salário-mínimo, para as competências que integram o vínculo empregatício reconhecido na decisão cognitiva ou homologatória; ou

II – à diferença entre a remuneração reconhecida como devida na decisão cognitiva ou homologatória e a efetivamente paga pelo empregador, cujo valor total referente a cada competência não será inferior ao salário-mínimo.

§ 3º-B – Caso haja piso salarial da categoria definido por acordo ou convenção coletiva de trabalho, o seu valor deverá ser utilizado como base de cálculo para os fins do § 3º-A deste artigo.

§ 4º – A União será intimada das decisões homologatórias de acordos que contenham parcela indenizatória, na forma do art. 20 da Lei nº 11.033, de 21 de dezembro de 2004, facultada a interposição de recurso relativo aos tributos que lhe forem devidos.

§ 5º – Intimada da sentença, a União poderá interpor recurso relativo à discriminação de que trata o § 3º deste artigo.

§ 6º O acordo celebrado após o trânsito em julgado da sentença ou após a elaboração dos cálculos de liquidação de sentença não prejudicará os créditos da União.

§ 7º – O Ministro de Estado da Fazenda poderá, mediante ato fundamentado, dispensar a manifestação da União nas decisões homologatórias de acordos em que o montante da parcela indenizatória envolvida ocasionar perda de escala decorrente da atuação do órgão jurídico.

CAPÍTULO 12

Protesto Judicial Antipreclusivo

1. CONSIDERAÇÕES INICIAIS

– O que significa protesto, Professor Hamilton?

Nos termos do art. 795 da CLT, a arguição de nulidade processual relativa, que depende de provocação das partes, deve ser apresentada pela parte prejudicada logo na primeira oportunidade em que lhe caiba se manifestar nos autos após a realização do ato, sob pena de preclusão.

Nesse sentido:

> CLT, Art. 795 – As nulidades não serão declaradas senão mediante provocação das partes, as quais deverão arguí-las à primeira vez em que tiverem de falar em audiência ou nos autos.

Tal dispositivo consagra o princípio da convalidação / preclusão.

Na prática trabalhista, o "protesto" será registrado na ata de audiência. Trata-se de um costume (CLT, art. 8º) processual adotado pelas partes, para evitar a preclusão / convalidação, quando o juiz pratica atos que são prejudiciais a alguma parte no processo.

Assim, se a parte não suscitar a nulidade na primeira oportunidade que tiver para falar em audiência ou nos autos, haverá a convalidação do ato, ou seja, o ato anteriormente nulo passa à condição de ato válido, caso em que estará precluso o direito de a parte, novamente, vir a alegar a nulidade do ato.

Cumpre alertar que o princípio da convalidação / preclusão só é aplicável às nulidades relativas, que são aquelas que dependem de provocação da parte interessada. Assim, o princípio da convalidação

/ preclusão não se aplica às nulidades absolutas ou quando a parte provar legítimo impedimento para a prática do ato.

Sobre o tema, vale citar os ensinamentos do Professor Schiavi[1]:

> "Diante do que preconiza o art. 795 da CLT, já é prática costumeira incorporada ao Processo do Trabalho pela doutrina e pela jurisprudência o chamado protesto, que tem suporte na interpretação sistemática dos arts. 794 e 795 da CLT, a fim de se evitar a preclusão das nulidades processuais. Desse modo, havendo uma decisão proferida no curso do processo que cause prejuízo à parte, mas não possa ser recorrível de imediato, a parte lesada deverá registrar os protestos a fim de evitar a preclusão da questão e eventual convalidação da nulidade."

Em resumo:

> A parte vai utilizar o protesto em face de decisão interlocutória proferida pelo Juiz do Trabalho em audiência que lhe causa prejuízo.

2. DESNECESSIDADE DE RENOVAÇÃO DO PROTESTO EM ALEGAÇÕES FINAIS

– Para ter validade, é necessário que o protesto seja renovado em alegações finais?

Como dito acima, não!

O TST tem entendido que o momento oportuno para se arguir nulidade processual é a audiência de instrução e julgamento, por intermédio de protesto antipreclusivo, caso em que a parte não estará obrigada a renovar a arguição de nulidade em razões finais, mas apenas nas razões do recurso ordinário.

1. SCHIAVI, Mauro. **"Manual de direito processual do trabalho"**. 13. Ed. – São Paulo: LTr, 2018.

Nesse sentido:

> I – AGRAVO DE INSTRUMENTO EM RECURSO DE REVISTA REGIDO PELA LEI 13.015/2014. CERCEAMENTO DE DEFESA. DECISÃO QUE NEGA EXPEDIÇÃO DE OFÍCIO. DESNECESSIDADE DE RENOVAÇÃO DO PEDIDO EM RAZÕES FINAIS. AUSÊNCIA DE PRECLUSÃO. Demonstrada possível violação do art. 5.º, LV da Constituição Federal, impõe-se o provimento do agravo de instrumento para determinar o processamento do recurso de revista. Agravo de instrumento provido. II – RECURSO DE REVISTA REGIDO PELA LEI 13.015/2014. CERCEAMENTO DE DEFESA. DECISÃO QUE NEGA EXPEDIÇÃO DE OFÍCIO. DESNECESSIDADE DE RENOVAÇÃO DO PEDIDO EM RAZÕES FINAIS. AUSÊNCIA DE PRECLUSÃO. Nos termos do art. 795 da CLT, o reclamante suscitou eventual nulidade em audiência. Esta Corte tem entendido que o momento oportuno para se arguir nulidade processual é a audiência de instrução e julgamento, por intermédio de protesto antipreclusivo, caso em que a parte não estará obrigada a renovar a arguição de nulidade em razões finais, mas apenas nas razões do recurso ordinário. Assim, não se operou a preclusão no caso, pois houve o protesto em momento oportuno. Precedentes. Neste enfoque, ao entender por preclusa a alegação da parte, vislumbra-se violação ao art. 5.º LV, da Constituição Federal, cabendo o retorno dos autos ao Tribunal de origem para prosseguir no exame da preliminar de cerceamento de defesa, realizando o juízo de admissibilidade da prova. Recurso de revista conhecido e provido. (RR – 1001396-45.2015.5.02.0468, Relatora Ministra: Delaíde Miranda Arantes, Data de Julgamento: 24/04/2019, 2ª Turma, Data de Publicação: DEJT 26/04/2019)
>
> RECURSO DE REVISTA EM FACE DE DECISÃO PUBLICADA ANTES DA VIGÊNCIA DA LEI Nº 13.015/2014. CERCEAMENTO DE DEFESA. CONTRADITA DE TESTEMUNHA QUE LITIGA CONTRA A MESMA RECLAMADA. PROTESTOS OFERECIDOS EM AUDIÊNCIA. AUSÊNCIA DE PRECLUSÃO. O artigo 795 da CLT preceitua que as nulidades não serão declaradas senão mediante provocação das partes, as quais deverão argui-las à primeira vez em que tiverem de falar em audiência ou nos autos. O referido dispositivo não estabelece, destarte, quaisquer

requisitos ou formas especiais de apresentação da insurgência, como entendeu a Corte a quo. Note-se que sequer há exigência legal no sentido de que o protesto contendo a arguição de nulidade seja renovado quando do oferecimento das razões finais. A única determinação contida na norma celetista diz respeito à provocação do juízo, pela parte prejudicada, no primeiro momento em que puder se manifestar nos autos, exatamente como fez o reclamante. O simples fato de o protesto oferecido não conter, em seus termos, as expressões "cerceamento de defesa" ou "nulidade" é irrelevante para o alcance da finalidade intentada, qual seja, registrar o inconformismo da parte e afastar a preclusão. Percebe-se, assim, que o reclamante cumpriu satisfatoriamente a exigência legal, de modo que a alegação de cerceamento de defesa – insurgência contra o indeferimento da oitiva de testemunha pelo simples fato de litigar contra a mesma reclamada – não está preclusa. Precedentes. Recurso de revista de que se conhece e a que se dá provimento. (RR – 437000-94.2009.5.02.0511, Rel. Min.: Cláudio Mascarenhas Brandão, 7ª Turma, DEJT 17/03/2017)

RECURSO DE REVISTA. CERCEAMENTO DE DEFESA. PROTESTO EM AUDIÊNCIA. AUSÊNCIA DE PRECLUSÃO 1. Se há protesto, em audiência, em razão do indeferimento da inquirição de testemunha indicada pela Reclamada, a ausência de arguição de nulidade em razões finais não opera preclusão. 2. Viola o art.5º, LV, da Constituição Federal, decisão regional que afasta preliminar de nulidade do processo, por cerceamento de defesa, em virtude da ausência de arguição de nulidade em razões finais, quando consignado protesto em audiência. 3. Recurso de revista de que se conhece e a que se dá provimento. (RR – 29500-29.2007.5.02.0053, Rel. Min.: João Oreste Dalazen, 4ª Turma, DEJT 24/06/2016)

RECURSO DE REVISTA – CERCEAMENTO DO DIREITO DE DEFESA – INDEFERIMENTO DE PROVA TESTEMUNHAL – ARGUIÇÃO DE NULIDADE – MOMENTO OPORTUNO O Reclamante atendeu ao disposto no art. 795 da CLT ao apresentar protesto em audiência quanto ao indeferimento da oitiva de suas testemunhas, ainda que não renovado em razões finais. O interesse processual em relação à alegação de nulidade surgiu apenas com a exclusão da responsabilidade subsidiária da segunda Reclamada pela Corte Regional, lastreada na ausência de provas, de maneira que não há falar em preclusão. Vê-se que foram cerceados o direito à defesa e ao contraditório, a ensejar a reabertura da instrução processual. Prejudicado o exame dos outros tópicos do recurso. Recurso de Revista conhecido e provido." (RR - 304-20.2012.5.15.0136, Rel. Min. Maria Cristina Irigoyen Peduzzi, 8ª Turma, DEJT 06/11/2015)

3. AUSÊNCIA DE FORMALIDADE

– O protesto tem alguma formalidade especial?

O artigo 795 da CLT ao dispor que *"as nulidades serão declaradas senão mediante provocação das partes, as quais deverão argui-las à primeira vez em que tiverem de falar em audiência ou nos autos"*, não impõe forma especial. Não havendo forma específica no texto da lei (CF, art. 5º, II), não cabe ao intérprete fazê-lo.

Nesse sentido:

> AGRAVO. AGRAVO DE INSTRUMENTO. RECURSO DE REVISTA. PRELIMINAR DE CERCEAMENTO DE DEFESA. DECISÕES ORDINÁRIAS QUE NÃO RECEBERAM O PEDIDO DE RECONSIDERAÇÃO COMO PROTESTO ANTIPRECLUSIVO. REVELIA. Trata-se de hipótese em que o TRT adotou o entendimento de que o pedido de reconsideração apresentado pela reclamada na primeira oportunidade de falar nos autos não poderia ser recebido como protesto antipreclusivo. Nesse contexto, necessário se faz o provimento do agravo para que a matéria seja apreciada pelo Colegiado no exame do agravo de instrumento. Agravo conhecido e provido para acolher os embargos declaratórios, imprimindo-lhes efeito modificativo, e determinar o exame do agravo de instrumento. II - AGRAVO DE INSTRUMENTO. CERCEAMENTO DE DEFESA. INCONFORMISMO MANIFESTADO NO PRIMEIRO MOMENTO EM QUE A PARTE TEVE OPORTUNIDADE DE FALAR NOS AUTOS. PEDIDO DE RECONSIDERAÇÃO. PROTESTO ANTIPRECLUSIVO. Cinge-se a controvérsia a perquirir sobre a ocorrência de cerceamento de defesa nas decisões ordinárias que não reconheceram

como pedido de nulidade, tampouco como protesto antipreclusivo, a manifestação de inconformismo da parte em relação à decretação de revelia. O agravo de instrumento merece ser provido diante da potencial violação ao artigo 5º, LV, da Constituição Federal. Agravo de instrumento conhecido e provido. RECURSO DE REVISTA. CERCEAMENTO DE DEFESA. INCONFORMISMO MANIFESTADO NO PRIMEIRO MOMENTO EM QUE A PARTE TEVE OPORTUNIDADE DE FALAR NOS AUTOS. PEDIDO DE RECONSIDERAÇÃO. PROTESTO ANTIPRECLUSIVO. 1. O fundamento adotado pelo Tribunal Regional para manter a revelia declarada em primeira instância foi o de que o pedido de reconsideração protocolado pela empresa não poderia ser recebido como protesto antipreclusivo. 2. Ao contrário do entendimento expendido pelo TRT, qualquer manifestação que indique a não aquiescência da parte com o ato processual praticado pelo magistrado implica numa forma de protesto judicial. 3. In casu, restou claro que no pedido de reconsideração (manifestado na primeira oportunidade de falar nos autos) a parte explicitou o seu inconformismo em relação à decretação de revelia. 4. A preclusão declarada pelas instâncias ordinárias consiste em excesso de formalismo que não se coaduna com o Direito Processual do Trabalho, razão pela qual deve ser afastada sob pena de malferimento ao direito de ampla defesa assegurado constitucionalmente (artigo 5º, LV, da CF/1988). Recurso de revista conhecido e provido. (RR – 468-06.2011.5.02.0031, Relatora Ministra: Maria Helena Mallmann, Data de Julgamento: 06/02/2019, 2ª Turma, Data de Publicação: DEJT 01/03/2019)

4. PRECLUSÃO

– Se a parte não alegar os protestos no momento oportuno, o que acontece?

Conforme parte final do art. 795 da CLT, se a parte não alegar na primeira oportunidade que tiver que falar nos autos, vai ocorrer a preclusão temporal.

Veja alguns casos práticos:

(1) Solicitação da nova perícia indeferida pelo juiz sem a parte prejudicada constar o protesto – ausência de nulidade:

AGRAVO DE INSTRUMENTO EM RECURSO DE REVISTA. 1. NULIDADE POR CERCEAMENTO DE DEFESA. NOVA PERÍCIA. PRECLUSÃO. O indeferimento de provas inúteis ou desnecessárias denota mera prerrogativa do magistrado no exercício do seu mister, segundo a disciplina contida no art. 765 da CLT, razão pela qual não se divisa ofensa à garantia constitucional positivada no inciso LV do artigo 5º da Carta Magna na hipótese dos autos, pois o Juízo entendeu que o conjunto probatório existente nos autos era suficiente para o deslinde da controvérsia, além do encerramento da audiência sem protesto pela produção de prova. 2(AIRR - 862-54.2012.5.15.0083, Relatora Ministra: Dora Maria da Costa, Data de Julgamento: 07/11/2018, 8ª Turma, Data de Publicação: DEJT 09/11/2018)

INDEFERIMENTO DO PEDIDO DE NOVA PERÍCIA MÉDICA. INEXISTÊNCIA DE CERCEAMENTO DE DEFESA. PRECLUSÃO. Segundo o artigo 795 da CLT, as nulidades somente serão declaradas mediante provocação da parte, que deve arguí-la na primeira oportunidade em que tiver de falar nos autos. Caso em que afigura-se a hipótese de preclusão, por não ter a parte registrado seu protesto antipreclusivo quanto ao indeferimento da nova prova pericial médica pretendida. Recurso ordinário do reclamante não provido. (RO nº 0020460-91.2016.5.04.0751, 1ª Turma do TRT da 4ª Região/RS, Rel. Iris Lima de Moraes. j. 27.09.2017, unânime).

(2) Dispensa da prova pericial sem a parte prejudicada constar o protesto – ausência de nulidade:

AGRAVO DE INSTRUMENTO EM RECURSO DE REVISTA. CERCEAMENTO DE DEFESA - PERÍCIA NÃO REALIZADA - AUSÊNCIA DE PROTESTO. PRECLUSÃO. No caso, o Regional consignou que, "nas audiências de fls. 46 e 92, o reclamante não reiterou seu pedido de produção de prova pericial" e que, "na audiência de fl. 92, as partes declararam não terem mais provas a produzir". Assim concluiu o Tribunal a quo que, "uma vez inexistente, em audiência a reiteração do pedido para produção de prova pericial, não é verificada a hipótese de expresso indeferimento do requerimento para a produção da prova", não tendo, por conseguinte, havido "protesto da parte ora recorrente". De acordo com o disposto no artigo 795 da CLT, "As nulidades não serão declaradas senão mediante provocação das partes, as quais deverão arguí-las à primeira vez em que tiverem de falar em audiência ou nos autos". Nesse contexto, se, conforme registrado pelo Regional, na primeira oportunidade que a parte teve para se manifestar nos autos - audiência de instrução e julgamento -, ela declarou que não tinha prova a produzir, não requerendo a produção da prova pericial operou-se a preclusão, pelo que não há falar em nulidade da sentença por cerceamento de defesa. Agravo de instrumento desprovido. (TST-AIRR - 111400-85.2012.5.17.0006 Relator Ministro José Roberto Freire Pimenta, 2ª Turma, DEJT 17/02/2017)

(3) Dispensa de testemunha sem a parte prejudicada constar o protesto – ausência de nulidade:

RECURSO DE REVISTA INTERPOSTO NA VIGÊNCIA DA LEI 13.015/2014. CERCEAMENTO DE DEFESA. DISPENSA DE OITIVA DE TESTEMUNHA DA RECLAMADA. Na condição de reitor do processo e destinatário da atividade probatória desenvolvida no curso do procedimento, cabe ao magistrado assegurar às partes igualdade de tratamento e velar pela rápida conclusão da disputa (CPC/73, art. 125 c/c o art. 5º, LXXVIII, da CF), determinando as diligências que se mostrarem necessárias para o completo esclarecimento da causa (CLT, art. 765). Ainda de acordo com o direito processual do trabalho, o reconhecimento de nulidade processual exige da parte a demonstração, objetiva, na primeira oportunidade que lhe couber falar em audiência ou nos autos (CLT, art. 795), do erro procedimental que lhe causou o alegado prejuízo na disputa (CLT, art. 794), violando o direito fundamental ao regular exercício das franquias processuais impostas pelos postulados essenciais do devido processo legal, do contraditório e da ampla defesa (CF, art. 5º, LIV e LV). Na presente hipótese, a dispensa da oitiva de testemunha, não se seguiu do necessário e imediato inconformismo da parte, o que enseja a preclusão para a discussão da questão processual suscitada. Recurso de revista não conhecido. (TST-RR - 2562-47.2013.5.12.0040, Relator Ministro Douglas Alencar Rodrigues, 7ª Turma, DEJT 24/02/2017)

AGRAVO DE INSTRUMENTO. RECURSO DE REVISTA. ACÓRDÃO REGIONAL PUBLICADO NA VIGÊNCIA DA LEI 13.015/2014. CERCEAMENTO DO DIREITO DE DEFESA. INDEFERIMENTO DE OITIVA DE TESTEMUNHA. AUSÊNCIA DE MANIFESTAÇÃO NO MOMENTO PROCESSUAL ADEQUADO. PRECLUSÃO. I. O processamento do recurso de revista está adstrito à demonstração de divergência jurisprudencial (art. 896, alíneas a e b, da CLT) ou violação direta e literal de dispositivo da Constituição da República ou de lei federal (art. 896, c, da CLT). II. Não demonstradas as hipóteses do art. 896 da CLT, não há como processar o recurso de revista. III. Agravo de instrumento de que se conhece e a que se nega provimento. (TST-AIRR - 315-12.2014.5.08.0124, Relatora Desembargadora Convocada Cilene Ferreira Amaro Santos, 4ª Turma, DEJT 25/11/2016)

PROVA TESTEMUNHAL. INDEFERIMENTO. NULIDADE POR CERCEAMENTO DE DEFESA. PRECLUSÃO. Segundo o disposto no artigo 795 da CLT, as nulidades não serão declaradas senão mediante provocação das partes, as quais deverão arguí-las à primeira vez que tiverem de falar em audiência ou nos autos. Nesse contexto, esta Corte Superior tem entendido que o momento oportuno para se arguir nulidades processuais é a audiência de instrução e julgamento, por intermédio do protesto. Logo, tendo ocorrido o protesto não está a parte obrigada a arguir a nulidade nas razões finais, podendo reafirmá-la as razões do recurso ordinário. Precedentes. Recurso de revista conhecido e provido. Processo: RR-48800-48.2007.5.09.0322, julgado em 25.08.2010, Rel. Min. Emmanoel Pereira, 5ª Turma, publicado em 03.09.2010 (DEJT). " (RO nº 0011807-50.2017.5.18.0016, 1ª Turma do TRT da 18ª Região/GO, Rel. Silene Aparecida Coelho. DEJT 29.10.2018).

(4) Exclusão dos cartões de ponto dos autos sem a parte prejudicada constar o protesto – ausência de nulidade:

AGRAVO DE INSTRUMENTO EM RECURSO DE REVISTA. 1. CERCEAMENTO DE DEFESA. O Regional registrou que a recorrente não apresentou protestos após o Juízo de origem ter determinado a exclusão dos controles de ponto dos autos em razão de sua juntada extemporânea, conforme determina o artigo 795, caput, da CLT, concluindo que a insurgência recursal acerca do tema estava preclusa. Portanto, diante do quadro fático consignado, a decisão recorrida que afasta a arguição de nulidade não viola o artigo 5º, LIV e LV, da CF. 2. HORAS EXTRAS. O TRT concluiu que a recorrente não produziu prova capaz de desconstituir a presunção de veracidade da jornada de trabalho da inicial, a qual prevaleceu diante da ausência de apresentação dos cartões de ponto. Neste contexto fático, verifica-se que a decisão recorrida encontra-se em sintonia com a Súmula nº 338, I, do TST, não havendo falar em violação dos arts. 818 da CLT e 373, I, do NCPC, tampouco em divergência jurisprudencial. Incidência da Súmula nº 333 do TST e do art. 896, § 7º, da CLT. Agravo de instrumento conhecido e não provido. (TST-AIRR - 834-14.2015.5.23.0001, Relatora Ministra Dora Maria da Costa, 8ª Turma, DEJT 19/12/2016)

(5) Dispensa do depoimento das partes sem a parte prejudicada constar o protesto – ausência de nulidade:

RECURSO DE REVISTA. REGIDO PELA LEI 13.015/2014. CERCEAMENTO DO DIREITO DE DEFESA. INDEFERIMENTO DA PRODUÇÃO DE PROVA ORAL. AUSÊNCIA DE PROTESTO APÓS O ENCERRAMENTO DA AUDIÊNCIA. RAZÕES FINAIS REMISSIVAS SEM DEMONSTRAÇÃO DE INCONFORMISMO. PRECLUSÃO. Segundo o TRT, o juízo de primeiro grau indeferiu a produção de prova oral, quedando-se silente o Reclamante quanto à decisão. Destacou não ter sido apresentado qualquer protesto antes do encerramento da instrução processual, seja na audiência de instrução, seja no momento de apresentação das razões finais. Concluiu pela configuração da preclusão quanto à arguição de nulidade por cerceio do direito de defesa. Na condição de reitor do processo e destinatário da atividade probatória desenvolvida no curso do procedimento, cabe ao magistrado assegurar às partes igualdade de tratamento e velar pela rápida conclusão da disputa (CPC/2015, art. 139 c/c o art. 5º, LXXVIII da CF), determinando as diligências que se mostrarem necessárias para o completo esclarecimento da causa (CLT, art. 765). Desse modo, para que haja a declaração de nulidade do julgado, se faz necessário que a parte que se diz vítima da arbitrariedade judicial demonstre, objetivamente e na primeira oportunidade (CLT, art. 795), o erro procedimental que lhe causou o alegado prejuízo na disputa (CLT, art. 794), violando o direito fundamental ao regular exercício das franquias processuais impostas pelos postulados essenciais do devido processo legal, do contraditório e da ampla defesa (CF, art. 5º, LIV e LV). In casu, o indeferimento da produção de prova oral não configurou cerceamento ao amplo direito de defesa (CF, art. 5º, LV), porquanto não houve qualquer insurgência do Reclamante na própria audiência, descabendo fazê-la em momento posterior, porquanto operada preclusão. Precedentes. Incidência da Súmula 333/TST. Recurso de revista não conhecido. (RR – 222-96.2016.5.09.0012 , Relator Ministro: Douglas Alencar Rodrigues, Data de Julgamento: 29/08/2018, 5ª Turma, Data de Publicação: DEJT 31/08/2018)

CERCEAMENTO DE DEFESA. AUSÊNCIA DE PROTESTO. PRECLUSÃO. Nos termos do art. 795/CLT "as nulidades não serão declaradas senão mediante provocação das partes, as quais deverão arguí-las à primeira vez em que tiverem de falar em audiência ou nos autos". Assim, a insurgência com a rejeição de produção de prova oral em audiência deveria ter sido efetuada por meio de protesto, a fim de se evitar a preclusão. (RO nº 0012439-45.2015.5.03.0087, 1ª Turma do TRT da 3ª Região/MG, Rel. Convocado Ângela C. Rogedo Ribeiro. j. 06.12.2018).

(6) Juiz declara encerrado a fase de juntada de documentos sem a parte prejudicada constar o protesto – ausência de nulidade:

AGRAVO INTERNO. AGRAVO DE INSTRUMENTO EM RECURSO DE REVISTA. DECISÃO MONOCRÁTICA. VIOLAÇAO DO ARTIGO 5º, INCISOS LIV E LV, DA CONSTITUIÇÃO FEDERAL. SÚMULA Nº 8 DO TST. A decisão monocrática proferida nestes autos merece ser mantida. Na hipótese, após encerrada a audiência inaugural, com a apresentação de defesa e a conclusão da Vara do Trabalho de origem de que estava encerrada a juntada de documentos, sem protesto das partes, a reclamada apresentou nova prova documental que não se referia a fato posterior, inexistindo apresentação de justo motivo para a apresentação tardia. Considerando a ausência de protesto das partes, no momento em que declarada encerrada a fase de juntada de documentos, afasta-se a violação dos incisos LIV e LV do artigo 5º da Constituição Federal no ato de indeferimento da apresentação de nova prova documental na audiência instrutória, ante a preclusão declarada anteriormente. Agravo interno a que se nega provimento. (Ag-RR – 526-86.2013.5.03.0006, Relator Ministro: Emmanoel Pereira, Data de Julgamento: 13/06/2018, 1ª Turma, Data de Publicação: DEJT 15/06/2018)

(7) Juiz declara a pena de confissão ficta sem a parte prejudicada constar o protesto – ausência de nulidade:

CERCEAMENTO DE DEFESA – AUSÊNCIA DE PROTESTO – PRECLUSÃO – A teor do art. 795 da CLT, a nulidade processual deve ser arguida na primeira oportunidade que a parte tiver para se manifestar nos autos. Nesse contexto, aplicada pena de confissão ficta ao autor na assentada, deveria o procurador desse requerer o registro de imediato protesto na ata de audiência, pena de preclusão. (RO nº 0010864-27.2018.5.03.0077, 3ª Turma do TRT da 3ª Região/MG, Rel. Luís Felipe Lopes Boson. j. 14.04.2019).

(8) Juiz modifica de ofício o valor da causa sem a parte prejudicada constar o protesto – ausência de nulidade:

DECISÃO INTERLOCUTÓRIA. AUSÊNCIA DE PROTESTO. PRECLUSÃO. A invalidade da decisão interlocutória somente se materializa quando a parte lança, tempestivamente, o seu protesto em audiência, sob pena de preclusão na forma do "caput" do art. 795, da CLT, o que não se verificou nestes autos, conforme termo de audiência acostado. Preclusa, pois, a oportunidade de insurgência quanto a alteração do valor da causa, fixada de ofício, pelo julgador. Ativação do princípio da duração razoável do processo. (RO nº 0011051-89.2017.5.03.0135, 10ª Turma do TRT da 3ª Região/MG, Rel. Taísa Maria M. De Lima. J. 21.02.2019).

(9) Juiz indefere perguntas feitas pela parte à testemunha sem a parte prejudicada constar o protesto – ausência de nulidade:

CERCEAMENTO DE DEFESA. AUSÊNCIA DE PROTESTOS. PRECLUSÃO. A teor do art. 795 da CLT, a nulidade processual deve ser arguida na primeira oportunidade que a parte tiver para se manifestar nos autos. Nesse contexto, indeferida determinada pergunta feita pela parte à testemunha, deve esta requerer o registro do imediato protesto na ata de audiência, pena de preclusão. (RO nº 0011683-84.2015.5.03.0168, 6ª Turma do TRT da 3ª Região/MG, Rel. César Machado. J. 04.09.2018).

CERCEAMENTO DE DEFESA. INOBSERVÂNCIA DA NORMA DO ART. 795. PRECLUSÃO. Nos termos do Art. 795 da CLT, eventual nulidade deve ser arguida pela parte na primeira oportunidade de manifestar-se em audiência ou nos autos. No caso, a ausência de protesto ante o indeferimento de pergunta no momento próprio obsta o acolhimento do alegado cerceamento de defesa suscitado pela via recursal, por preclusão do direito. (RO nº 0020273-70.2015.5.04.0702, 3ª Turma do TRT da 4ª Região/RS, Rel. Clóvis Fernando Schuch Santos. j. 30.01.2019, unânime).

Nesse caso, lembre-se das lições do inciso V do art. 360 e art. 459, § 3º ambos do CPC, que diz que:

CPC, Art. 360 – O juiz exerce o poder de polícia, incumbindo-lhe:

[...]

V – registrar em ata, com exatidão, todos os requerimentos apresentados em audiência.

CPC, Art. 459 – [...]

§ 3º – As perguntas que o juiz indeferir serão transcritas no termo, se a parte o requerer.

Assim, a parte prejudicada deve solicitar que conste o protesto após o indeferimento da pergunta/requerimento e solicite ao juiz que conste também em ata de audiência a pergunta ou requerimento indeferido.

(10) Juiz defere contradita da testemunha sem a parte prejudicada constar o protesto – ausência de nulidade:

NULIDADE DO PROCESSO. CERCEAMENTO DE DEFESA. ACOLHIMENTO DE CONTRADITA DE TESTEMUNHA. AUSÊNCIA DE PROTESTO ANTIPRECLUSIVO. NÃO CONFIGURAÇÃO. A ausência de protesto antipreclusivo pela parte que se diz prejudicada pelo acolhimento de contradita oposta à testemunha que trouxe a Juízo, na primeira oportunidade que tem para falar em audiência ou nos autos, inviabiliza a declaração de nulidade do processo, por cerceamento de defesa, invocada somente em recurso, nos termos do art. 795 da CLT. (RO nº 0021131-56.2017.5.04.0662, 4ª Turma do TRT da 4ª Região/RS, Rel. João Paulo Lucena. j. 13.02.2019, unânime).

(11) Juiz indefere pedido de produção de prova emprestada sem a parte prejudicada constar o protesto – ausência de nulidade:

NULIDADE PROCESSUAL NÃO RECONHECIDA. PRINCÍPIO DA CONVALIDAÇÃO. O artigo 795 da CLT consagrada o princípio da convalidação ou preclusão. Não se tratando de nulidade absoluta decorrente de incompetência material, a parte tem o dever de arguir o suposto vício na primeira oportunidade que tiver para falar nos autos. Caso em que a parte não lançou protesto antipreclusivo diante da decisão que indeferiu o pedido de produção de prova emprestada, mantendo-se silente não apenas ao ser cientificada da decisão, como quando lhe oportunizada a apresentação de razões finais. Nulidade processual por cerceamento de defesa não reconhecida. Recurso ordinário do reclamante não provido quanto ao tema. (RO nº 0021176-21.2014.5.04.0030, 1ª Turma do TRT da 4ª Região/RS, Rel. Fabiano Holz Beserra. j. 30.10.2018, unânime)

– Qual o momento derradeiro para a parte prejudicada alegar o protesto?

A oportunidade para a parte arguir a nulidade em audiência encerra-se com a apresentação das razões finais.

CAPÍTULO 13

Meios de prova

1. INTRODUÇÃO

A prova tem como finalidade, levar ao juiz, o conhecimento de um determinado fato, visando convencê-lo da veracidade dos fatos alegados pelas partes. A doutrina, destaca que a prova, é o pedestal da sentença.

Provar é produzir um estado de certeza, na consciência e mente do juiz, para sua convicção, a respeito da existência ou inexistência de um fato, ou da verdade ou falsidade de uma afirmação sobre uma situação de fato, que se considera de interesse para a solução judicial ou solução de um processo[1].

– Então posso dizer que a prova é um elemento capaz de dar ciência de um fato a alguém, Hamilton?

Isso mesmo, e esse alguém será o juiz.

2. PROVA COMO DIREITO FUNDAMENTAL

– Podemos dizer, Professor, que a prova é um direito fundamental das partes?

Sim, pois para se ter um provimento jurisdicional justo e adequado, é imprescindível permitir aos jurisdicionados (reclamante e reclamado) o direito de produzir provas necessárias para demonstrar suas alegações.

1. FENECH, Miguel. El Processo Penal. Agesa, Madrid, 4ª edição, 1982.

O direito fundamental a prova, deriva do princípio do contraditório, na sua dimensão material, onde é assegurado as partes a possibilidade de influenciar as decisões dos magistrados.

Diz a CF em seu art. 5º, inciso LV:

> CF, Art. 5º – [...]
>
> LV – aos litigantes, em processo judicial ou administrativo, e aos acusados em geral são assegurados o contraditório e ampla defesa, com os meios e recursos a ela inerentes;

Desta forma, como direito fundamental, a parte tem:

(1) Direito de requerer e produzir provas;

(2) Direito de participar da produção de provas;

(3) Direito de se manifestar sobre as provas já produzidas;

(4) Direito de análise, pelo julgador, das provas produzidas.

Por fim, cito os ensinamentos do professor Daniel Amorim[2]:

> Dentro dessa nova visão do princípio constitucional, visivelmente preocupada com a qualidade da prestação jurisdicional, encontra-se o direito à prova, que garantirá o efetivo exercício do devido processo legal, em especial o respeito ao contraditório. A garantia do devido processo legal e do contraditório, ambos garantidos de forma expressa por nossa Constituição Federal, alçam o direito à prova no processo civil ao patamar constitucional (art. 5º, LV, da CF).

– Isso significa que se o juiz indeferir a produção de prova, a parte prejudicada pode alegar violação do princípio do devido processo legal?

2. NEVES, Daniel Amorim Assumpção. Novo Código de Processo Civil Comentado Salvador: Ed. Juspodivm, 2016.

Em tese, sim, porém será preciso uma avaliação de outros fatores que iremos falar um pouco mais a frente.

– Ah, saquei!

3. PROVAS LÍCITAS

– Hamilton, as partes podem utilizar qualquer meio de prova?

Segundo o art. 369 do CPC, que é aplicado subsidiariamente ao Processo do Trabalho, as partes têm o direito de empregar todos os meios legais, bem como os moralmente legítimos, ainda que não especificados neste Código, para provar a verdade dos fatos em que se funda o pedido ou a defesa e influir eficazmente na convicção do juiz.

Na Justiça do Trabalho, além das provas documentais, testemunhais, periciais etc., é permitido utilizar também:

(1) **Gravação clandestina de ambiente e de ligações telefônicas** – A jurisprudência do TST, na mesma linha de raciocínio do STF, entende que a gravação clandestina, aquela realizada por um dos interlocutores sem o conhecimento do outro, destinada a comprovação de fatos, tanto do ambiente de trabalho como de ligação telefônica, não constitui prova ilícita.

(1.1) **Gravação de conversa no ambiente de trabalho** – É possível a gravação de conversa entre dois interlocutores sem conhecimento do outro no ambiente de trabalho, conforme julgados abaixo:

> I. – A gravação de conversa entre dois interlocutores, feita por um deles, sem conhecimento do outro, com a finalidade de documentá-la, futuramente, em caso de negativa, nada tem de ilícita, principalmente quando constitui exercício de defesa. (Processo STF AI 503617 AgR / PR – PARANÁ. DJ 04/03/2005. Relator Ministro Carlos Velloso)

A jurisprudência desta Corte Superior, na mesma linha de raciocínio do STF, entende que a gravação clandestina, aquela realizada por um dos interlocutores sem o conhecimento do outro, destinada a comprovação de fatos, não constitui prova ilícita. Precedentes. (AIRR nº 344-87.2015.5.02.0029, 2ª Turma do TST, Rel. Maria Helena Mallmann. j. 24.04.2018, Publ. 04.05.2018).

> Relativamente à gravação de conversa realizada por um dos interlocutores, o entendimento desta Corte caminha no sentido da licitude da prova. (AIRR – 1682-63.2011.5.03.0044, Relatora Ministra: Dora Maria da Costa, 8ª Turma, Data de Publicação: DEJT 03/05/2013)
>
> Esta Eg. Corte já manifestou seu entendimento acerca da licitude de gravação ambiental feita por um dos interlocutores. Precedentes. Recurso de Revista não conhecido" (RR-1700-39.2009.5.03.0114, Ac. 8ª Turma, Relator Ministro Carlos Alberto Reis de Paula, DEJT 25.3.2011).
>
> A gravação de conversa feita por um dos interlocutores sem o conhecimento do outro para fins de comprovação de direito não possui a mácula da ilicitude. Hipótese em que a decisão recorrida alinha-se com a jurisprudência do TST e do excelso STF que no RE-583937, DJe 18/12/2009, reafirmou a validade desse meio de prova. Recurso de revista não conhecido. [...]" (RR-162600-35.2006.5.06.0011, Ac. 3ª Turma, Relator Ministro Horácio Raymundo de Senna Pires, DEJT 18.2.2011).

(1.2) **Gravação de conversa telefônica –** É lícita a gravação de conversa telefônica feita por um dos interlocutores, sem ciência do outro, para comprovação de fatos em juízo.

> "É lícita a gravação de conversa telefônica feita por um dos interlocutores, ou com sua autorização, sem ciência do outro, quando há investida criminosa deste último (...)" (HC 75.338-8/RJ, Rel. Min. Nelson Jobim).
>
> "CERCEAMENTO DO DIREITO DE DEFESA. GRAVAÇÃO REALIZADA PELA ESPOSA DO RECLAMANTE DE CONVERSA TELEFÔNICA ENTRE ELA E O PREPOSTO DA RECLAMADA, QUE PRESTAVA INFORMAÇÕES SOBRE EX-EMPREGADOS. GRAVAÇÃO VISAVA COMPROVAR QUE

A RECLAMADA FORNECIA INFORMAÇÕES NEGATIVAS A RESPEITO DO RECLAMANTE A EMPRESAS INTERESSADAS EM CONTRATÁ-LO. IRRELEVANTE O FATO DE QUE O RECLAMANTE, BENEFICIÁRIO DA GRAVAÇÃO, NÃO TER PARTICIPADO DA CONVERSA GRAVADA. EXIGÊNCIA INVIABILIZA O DIREITO DE DEFESA. PROVA LÍCITA. A discussão dos autos não se refere à interceptação telefônica, a qual é feita por terceiro que não participa da conversa, mas de " gravação feita por um dos interlocutores (ou com autorização deste), no caso, a esposa do autor ", por meio da qual se comprovaria que a reclamada " estava repassando informações negativas a seu respeito [reclamante] para outras empresas onde estava prestando processo seletivo ". O diálogo entre a esposa do reclamante e o preposto da reclamada, responsável por prestar informações sobre ex-empregados, também não se insere em causa legal de sigilo ou de reserva de conversação para ser inadmitido como prova. Se houvesse vedação, seria em favor do reclamante, sobre quem versava a conversa, e não da reclamada, como entendeu equivocadamente o Regional, ao concluir pela ilicitude da prova. Registrou o Tribunal a quo que a gravação não foi utilizada em proveito da esposa do reclamante (interlocutora que realizou a gravação), " e sim de terceiro (autor), que não participou da conversa ", sendo diversa da hipótese decidida no RE-402.717/PR, na qual se concluiu pela licitude da gravação. Quanto à gravação utilizada como prova, a Suprema Corte, nos autos do RE-583.937-RJ, Tema nº 237 da Tabela de Repercussão Geral, em acórdão da relatoria do Exmo. Ministro Cezar Peluso (DJE 18/12/2009), reafirmou a jurisprudência daquela Corte (fundamentos expendidos na decisão proferida no RE-402.717/PR), fixando a tese: " é lícita a prova consistente em gravação ambiental realizada por um dos interlocutores sem o conhecimento do outro ". Impõe ressaltar que, na fundamentação do acórdão do RE-402.717/PR (DJe 13/2/2009), cujos fundamentos foram ratificados em decisão com caráter vinculante (repercussão geral), o Supremo Tribunal Federal destacou que " já proclamou esta Corte, em hipótese em certo sentido até mais singular, onde se discutia a licitude do uso do teor de conversa telefônica por quem alegava ter sido vítima de crime cometido de um dos interlocutores, o qual desconhecia a gravação feita por terceiro com autorização do outro " (destacou-se), referindo-se à analogia entre " causa excludente de injuridicidade da ação " e " legítima defesa ", adotada no acórdão proferido no HC nº 74.678 (DJ 15/8/97), relatado pelo Exmo. Ministro Moreira Alves. Nesse habeas corpus, discutia-se a " utilização de gravação feita por terceiro com autorização de um dos interlocutores sem o conhecimento do outro ", em que se decidiu pela licitude da prova, com fundamento em " causa excludente da antijuridicidade da ação", em que a vítima de extorsão pretendia comprovar a prática do referido crime pelo interlocutor (fiscal de rendas), que não tinha conhecimento da gravação. In casu, o reclamante defendia seu direito de personalidade, pretendendo comprovar a prática de ato ilícito pela reclamada (prestação de informações desabonadoras contra ele). Salienta-se que, se o reclamante solicitasse à reclamada informações (como empregador interessado na sua contratação), " sua voz seria reconhecida pelo chefe e pelos colegas de trabalho ", que não prestariam informações. Somente por meio de ligação telefônica feita por outra pessoa seria possível a produção da prova. Nesse contexto, a exigência de que o reclamante fosse um dos interlocutores da conversa gravada inviabilizaria a produção da prova do fato constitutivo do direito daquele e a pretendida proteção jurisdicional de direitos da personalidade. Por outro lado, o direito à privacidade da reclamada não é absoluto para cercear a defesa do reclamante, que também busca preservar sua intimidade, privacidade, honra e imagem. Ao contrário do entendimento adotado pelo Regional, a Suprema Corte não exige que a gravação seja utilizada, em Juízo, em proveito de quem a realizou para ser considerada lícita, mas que tenha sido realizada por um dos interlocutores da conversa, no caso, a esposa do reclamante. A situação se assemelha à destacada pelo Exmo. Ministro Moreira Alves (HC nº 74.678), em que "seria uma aberração considerar como violação do direito à privacidade a gravação pela própria vítima, ou por ela autorizada, de atos criminosos, como o diálogo com sequestradores, estelionatários e todo tipo de achacadores" (destacou-se). Diante do exposto, a gravação de conversa por um dos interlocutores (esposa do reclamante), a despeito do desconhecimento pelo outro interlocutor (empregado da reclamada), a fim de repelir conduta ilícita do outro, é lícita, não se enquadrando na vedação constante do artigo 5º, incisos LVI e XII, da Constituição Federal, uma vez que constitui exercício regular do direito e de legítima defesa (artigo 5º, inciso LV). Recurso de revista conhecido e provido " (RR-1279-63.2012.5.09.0668, 2ª Turma, Relator Ministro José Roberto Freire Pimenta, DEJT 22/11/2019).

"2. FORMA DE DISSOLUÇÃO CONTRATUAL. JUSTA CAUSA. GRAVAÇÃO DE CONVERSA TELEFÔNICA. MEIO DE PROVA. LICITUDE. A gravação de conversa telefônica destinada a comprovação de fatos em juízo, desde que ausente causa legal de sigilo ou de reserva da conversação, não se confunde com interceptação telefônica, despindo-se de qualquer mácula de ilicitude. Precedentes desta Corte e do Eg. STF. (AIRR - 551-67.2014.5.09.0016, Relator Ministro: Alberto Luiz Bresciani de Fontan Pereira, Data de Julgamento: 19/04/2017, 3ª Turma, Data de Publicação: DEJT 28/04/2017)

1.AGRAVO DE INSTRUMENTO EM RECURSO DE REVISTA. GRAVAÇÃO TELEFÔNICA DE CONVERSA REALIZADA POR UM DOS INTERLOCUTORES. PROVA LÍCITA. VIOLAÇÃO LEGAL E CONSTITUCIONAL NÃO CONFIGURADA. NÃO PROVIMENTO. O entendimento desta corte é que a gravação de conversa realizada por um dos interlocutores, constitui prova lícita. Desse modo não merece provimento o agravo de instrumento quando a decisão proferida está em sintonia com a iterativa, notória e atual jurisprudência desta Corte, atraindo a incidência do artigo 896, § 4º, da CLT, de forma a inviabilizar o processamento do recurso de revista. Agravo de instrumento desprovido. (AIRR - 387-39.2011.5.04.0601, Relator Desembargador Convocado: Cláudio Armando Couce de Menezes, 2ª Turma, Data de Publicação: DEJT 28/08/2015)

2 - GRAVAÇÃO DE CONVERSA TELEFÔNICA POR UM DOS INTERLOCUTORES, SEM O CONHECIMENTO DO OUTRO. LICITUDE DA PROVA. PRECEDENTES DO STF. 2.1. À luz da jurisprudência do STF, esta Corte tem firmado entendimento no sentido de que as gravações de conversas realizadas por um dos interlocutores, sem o conhecimento do outro, não é considerada interceptação telefônica, sendo lícita como meio de obtenção de prova no processo do trabalho. 2.2. Na hipótese dos autos, depreende-se da leitura do acórdão regional que a conversa foi gravada por um dos interlocutores, no caso, o próprio reclamante, que buscava, através dessa medida, obter prova acerca da prática discriminatória das reclamadas, consistente na disseminação de informações desabonadoras de ex-empregados que acionam

seus ex-patrões na Justiça do Trabalho, a chamada - lista negra-. Recurso de revista conhecido e não provido. (RR - 60800-64.2005.5.17.0181, Relatora Ministra: Delaíde Miranda Arantes, Data de Julgamento: 28/11/2012, 7ª Turma, Data de Publicação: DEJT 19/12/2012)

(2) Fotos do ambiente de trabalho – É lícita a juntada nos autos, de fotos do ambiente de trabalho para comprovar os fatos alegados:

PROVA ILÍCITA. FOTOGRAFIAS DO AMBIENTE LABORAL TIRADAS SEM AUTORIZAÇÃO DA EMPRESA. ILICITUDE NÃO RECONHECIDA. Tratando-se de local de livre acesso aos empregados da reclamada, a juntada de fotografias do ambiente laboral para contrariar as premissas fáticas do laudo pericial não se reveste de caráter ilícito. Deste modo, o indeferimento de questões às testemunhas acerca das fotografias juntadas constitui cerceamento de defesa. Recurso ordinário a que se dá provimento. (RO nº 1001795-62.2017.5.02.0611, 17ª Turma do TRT da 2ª Região/SP, Rel. Celso Ricardo Peel Furtado de Oliveira. DJe 27.08.2018).

(3) Acesso ao e-mail corporativo – O TST entende que o e-mail corporativo constitui ferramenta de trabalho fornecida pela empresa, não sendo possível compará-lo com a correspondência individual, protegida pelo sigilo de correspondência, nos termos da Constituição Federal, assim, caso o empregado tenha utilizado o e-mail corporativo de forma ilegal, pode ser desligado por justa causa e ainda, a empresa pode utilizar esse e-mail como meio de prova. Neste sentido, os seguintes julgados:

AGRAVO EM AGRAVO DE INSTRUMENTO EM RECURSO DE REVISTA INTERPOSTO ANTERIORMENTE À VIGÊNCIA DA LEI 13.015/2014. JUSTA CAUSA. NULIDADE. UTILIZAÇÃO DE E-MAIL CORPORATIVO COMO PROVA (INEXISTÊNCIA DAS VIOLAÇÕES INDICADAS). SINDICÂNCIA. INEXISTÊNCIA DE PREVISÃO EM NORMA INTERNA. QUEBRA DE FIDÚCIA (SÚMULA 126 DO TST). À míngua de demonstração do desacerto da decisão agravada, não merece ser provido o agravo. Agravo não provido. (AG-AIRR nº 820-70.2012.5.07.0004, 2ª Turma do TST, Rel. Delaíde Miranda Arantes. j. 21.08.2019, Publ. 30.08.2019).

PROVA ILÍCITA. E-MAIL- CORPORATIVO. JUSTA CAUSA. DIVULGAÇÃO DE MATERIAL PORNOGRÁFICO. 1. Os sacrossantos direitos do cidadão à privacidade e ao sigilo de correspondência, constitucionalmente assegurados, concernem à comunicação estritamente pessoal, ainda que virtual (-e-mail- particular). Assim, apenas o e-mail pessoal ou particular do empregado, socorrendo-se de provedor próprio, desfruta da proteção constitucional e legal de inviolabilidade. 2. Solução diversa impõe-se em se tratando do chamado -e-mail- corporativo, instrumento de comunicação virtual mediante o qual o empregado louva-se de terminal de computador e de provedor da empresa, bem assim do próprio endereço eletrônico que lhe é disponibilizado igualmente pela empresa. Destina-se este a que nele trafeguem mensagens de cunho estritamente profissional. Em princípio, é de uso corporativo, salvo consentimento do empregador. Ostenta, pois, natureza jurídica equivalente à de uma ferramenta de trabalho proporcionada pelo empregador ao empregado para a consecução do serviço. 3. A estreita e cada vez mais intensa vinculação que passou a existir, de uns tempos a esta parte, entre Internet e/ou correspondência eletrônica e justa causa e/ou crime exige muita parcimônia dos órgãos jurisdicionais na qualificação da ilicitude da prova referente ao desvio de finalidade na utilização dessa tecnologia, tomando-se em conta, inclusive, o princípio da proporcionalidade e, pois, os diversos valores jurídicos tutelados pela lei e pela Constituição Federal. A experiência subministrada ao magistrado pela observação do que ordinariamente acontece revela que, notadamente o -e-mail- corporativo, não raro sofre acentuado desvio de finalidade, mediante a utilização abusiva ou ilegal, de que é exemplo o envio de fotos pornográficas. Constitui, assim, em última análise, expediente pelo qual o empregado pode provocar expressivo prejuízo ao empregador. 4. Se se cuida de -e-mail- corporativo, declaradamente destinado somente para assuntos e matérias afetas ao serviço, o que está em jogo, antes de tudo, é o exercício do direito de propriedade do empregador sobre o computador capaz de acessar à INTERNET e sobre o próprio provedor. Insta ter presente também a responsabilidade do empregador, perante terceiros, pelos atos de seus empregados em serviço (Código Civil, art. 932, inc. III), bem como que está em xeque o direito à imagem do empregador, igualmente merecedor de tutela constitucional. Sobretudo, imperativo considerar que o empregado, ao receber uma caixa de -e-mail- de seu empregador para uso corporativo, mediante ciência prévia de que nele somente podem transitar mensagens profissionais, não tem razoável expectativa de privacidade quanto a esta, como se vem entendendo no Direito Comparado (EUA e Reino Unido). 5. Pode o empregador monitorar e rastrear a atividade do empregado no ambiente de trabalho, em -e-mail- corporativo, isto é, checar suas mensagens, tanto do ponto de vista formal quanto sob o ângulo material ou de conteúdo. Não é ilícita a prova assim obtida, visando a demonstrar justa causa para a despedida decorrente do envio de material pornográfico a colega de trabalho. Inexistência de afronta ao art. 5º, incisos X, XII e LVI, da Constituição Federal. 6. Agravo de Instrumento do Reclamante a que se nega provimento. (RR – 61300-23.2000.5.10.0013, Relator Ministro: João Oreste Dalazen, Data de Julgamento: 18/05/2005, 1ª Turma, Data de Publicação: DJ 10/06/2005)

AGRAVO DE INSTRUMENTO EM RECURSO DE REVISTA. DISPENSA POR JUSTA CAUSA. FALTA GRAVE. Segundo a Corte de origem, o reclamante aproveitava-se da condição de empregado da companhia de energia elétrica para obter clientes e realizar negociações por conta própria de forma habitual, em atividade conexa à da empregadora, usando e-mail corporativo para fins particulares. Nesse contexto, as premissas fático-probatórias descritas pelo Regional concernentes ao cometimento de falta grave que ensejou a dispensa por justa causa do obreiro não afrontam a literalidade do artigo 482, "c", da CLT, tal como exige o artigo 896, "c", da CLT. Incidência da Súmula nº 126 do TST. Arestos inservíveis. Agravo de instrumento conhecido e não provido. (AIRR nº 10719-17.2017.5.15.0062, 8ª Turma do TST, Rel. Dora Maria da Costa. j. 13.11.2019, Publ. 19.11.2019).

– Meio de prova atípico é aquele que não está tipificado na Lei?

Isso mesmo, são as provas não especificadas na Lei. Mas lembre-se, a prova constitui direito das partes, assim, todos que participam do processo têm o direito à produção da prova – como decorrência natural do direito ao devido processo legal (art. 5.º, LIV, CF) – a fim de influir no convencimento do juiz, contudo, esses meios devem ser moralmente legítimos.

– Tem exemplos de meios atípicos de prova, Professor?

A doutrina[3] cita como meio de prova atípico:

(1) Constatações realizadas pelo oficial de justiça;

(2) Inquirição de testemunhas técnicas;

(3) Declaração escrita de terceiros.

3.1. Provas ilícitas

– E o que seria prova ilícita, Hamilton?

Prova ilícita é a aquela que contraria qualquer norma do ordenamento jurídico, como por exemplo, obtenção de prova documental mediante furto, a obtenção de prova mediante invasão de domicílio, etc. As provas ilícitas não têm eficácia no processo.

O direito à prova, como todo e qualquer direito fundamental, não tem natureza absoluta, pois está sujeito a limitações. Nesse sentido:

> CF, Art. 5.º, LVI – são inadmissíveis, no processo, as provas obtidas por meios ilícitos;

– Estudando a jurisprudência do STF, li um julgado do Min. Celso de Mello sobre esse assunto.

3. NEVES, Daniel Amorim Assumpção. Novo Código de Processo Civil Comentado Salvador: Ed. Juspodivm, 2016.

Sério?

– Sim! Vou transcrever o a decisão: *A ação persecutória do Estado, qualquer que seja a instância de poder perante a qual se instaure, para revestir-se de legitimidade, não pode apoiar-se em elementos probatórios ilicitamente obtidos, sob pena de ofensa à garantia constitucional do "due process of law", que tem, no dogma da inadmissibilidade das provas ilícitas, uma de suas mais expressivas projeções concretizadoras no plano do nosso sistema de direito positivo. A Constituição da República, em norma revestida de conteúdo vedatório (CF, art. 5º, LVI), desautoriza, por incompatível com os postulados que regem uma sociedade fundada em bases democráticas (CF, art. 1º), qualquer prova cuja obtenção, pelo Poder Público, derive de transgressão a cláusulas de ordem constitucional, repelindo, por isso mesmo, quaisquer elementos probatórios que resultem de violação do direito material (ou, até mesmo, do direito processual), não prevalecendo, em consequência, no ordenamento normativo brasileiro, em matéria de atividade probatória, a fórmula autoritária do "male captum, bene retentum"*[4].

Excelente decisão. Ainda sobre o tema, a doutrina diferencia, prova ilícita e prova ilegítima:

(1) **Prova ilícita:** É a prova obtida com violação às regras de direito material, como por exemplo: Prova obtida com violação do direito de privacidade / intimidade da pessoa humana; Prova obtida mediante tortura ou maus tratos.

(2) **Prova ilegítima:** É a prova obtida com violação às regras de direito processual.

– Hamilton, o que acontece se a parte utilizar prova ilícita ou ilegítima?

A ilicitude ou ilegitimidade da prova leva a desconsideração do seu efeito, qual seja, o de demonstrar o fato narrado. A constatação da prova ilícita ou ilegítima, leva aos seguintes efeitos:

4. STF, 21 Turma, RHC 90.376/RJ, Rei. Min. Celso de Mello, Dje-018 17/05/2007.

(1) Material: Desconsideração do fato demonstrado pelo elemento questionado;

(2) Processual: Desentranhamento da prova ilícita do processo.

Nesse sentido, decidiu o STJ:

> Reconhecida a ilicitude da prova pelo próprio Tribunal a quo, ante a falta de fundamentação das decisões de prorrogação da medida de interceptação telefônica do acusado, a única solução possível é a sua total desconsideração pelo Juízo processante e o desentranhamento do processo das transcrições dessas interceptações consideradas ilegais, como consectário lógico e necessário de reconhecimento de ser ilícita a prova colhida ao abrigo de decisões judiciais não fundamentadas, como assentou o egrégio TRF da 4ª Região. (STJ, HC 143.697, Rel. Min. Napoleão Nunes Maia, DJe de 13/10/2009)

4. PROVA CASUAL

– A prova causal pode ser utilizada como meio de prova?

Prova causal é a prova que não nasce da intenção da parte de demonstrar um fato e sim por um outro motivo qualquer, porém, causalmente, pode vir a servir de prova em processo judicial.

– Hã? Não entendi, Professor.

Vamos dizer que a prova foi produzida sem querer, porque a parte não tinha intenção de provar nada, contudo, num evento futuro, ela serviu como prova. A título de exemplo, citamos o uso de uma fotografia tirada em confraternização da empresa. Essa fotografia pode ser utilizada perfeitamente para comprovar o vínculo de emprego do empregado que trabalhava sem CTPS assinada.

– Ahh sim, agora entendi!

Então vamos prosseguindo.

5. INEXISTÊNCIA DE HIERARQUIA ENTRE AS PROVAS

– Existe alguma hierarquia entre os meios de prova?

Não!

O processo adota o sistema da persuasão racional, também conhecido pelo princípio do livre convencimento motivado.

– Como assim, Professor?

Nesse sistema, o juiz é livre para formar seu convencimento, dando às provas produzidas o peso que entender cabível em cada processo, não havendo uma hierarquia entre os meios de prova. Isso, claramente, não significa que o juiz possa decidir fora dos fatos alegados no processo, mas sim que dará, aos fatos alegados, a devida consideração diante das provas produzidas.

Nesse sentido, o art. 371 do CPC e a jurisprudência do TST:

> CPC, Art. 371 – O juiz apreciará a prova constante dos autos, independentemente do sujeito que a tiver promovido, e indicará na decisão as razões da formação de seu convencimento.
>
> II – AGRAVO DE INSTRUMENTO DO RECLAMANTE. RECURSO DE REVISTA INTERPOSTO SOB A ÉGIDE DAS LEIS. Nºs 13.015/2014, 13.105/2015 E 13.467/2017 – DESCABIMENTO. 1. MINUTOS RESIDUAIS. Pelo princípio do livre convencimento motivado, o juiz apreciará a prova livremente, indicando as razões de seu convencimento (art. 131 do CPC/73). No caso, com fundamento no princípio da razoabilidade e na observação do que ordinariamente acontece em situações análogas, nos termos do art. 375 do CPC/2015 (art. 335 do CPC/1973), o juízo entendeu não ser possível corroborar o depoimento da testemunha indicada pelo reclamante, quanto ao tempo residual (quinze minutos em lugar de cinquenta), em detrimento dos inúmeros processos sobre o tema e a empresa. (ARR nº 10006-68.2015.5.03.0087, 3ª Turma do TST, Rel. Alberto Luiz Bresciani de Fontan Pereira. j. 24.04.2019, Publ. 26.04.2019).

AGRAVO INTERNO. RECURSO DE REVISTA. DECISÃO MONOCRÁTICA. REGIME ANTERIOR À LEI Nº 13.015/14. EQUIPARAÇÃO SALARIAL. Depreende-se que a parte insiste na compreensão de que a prova técnica lhe beneficiaria, olvidando-se de que o julgador não está a ela vinculado, devendo sopesar todos os elementos extraídos do contexto fático-probatório, em homenagem ao princípio do livre convencimento motivado. Na hipótese, o Tribunal Regional valorou o conjunto fático probatório para concluir pela equiparação salarial, inclusive considerando as substituições das atividades/funções do paradigma pelo paragonado, que prescindem de avaliação pericial, o que dispensa o debate em torno do ônus da prova que, no caso, o reclamante se desincumbiu a contento. Agravo interno a que se nega provimento. (AG-RR nº 740-79.2012.5.04.0331, 5ª Turma do TST, Rel. Emmanoel Pereira. j. 24.04.2019, Publ. 26.04.2019).

ESTABILIDADE DECORRENTE DE DOENÇA OCUPACIONAL. É certo que o magistrado pode julgar contrariamente às conclusões periciais. Para tanto, deve indicar quais os fundamentos que firmaram sua convicção (princípio do livre convencimento motivado). No caso em exame, o juízo a quo explicitou as razões contrárias à pretensão da autora, quais sejam: a) a perícia realizada nos autos não trouxe informações completas, deixando de indicar quais seriam os fatores que causaram a moléstia, e que não há "prova segura da relação de causa e efeito entre a doença e o trabalho desenvolvido para as rés"; b) o próprio INSS reconheceu, numa segunda perícia realizada, a ausência de nexo entre a doença e as atividades desempenhadas na PELBER. c) o período trabalhado para a empresa foi ínfimo (menos de 1 ano). Como se vê, cotejando todas as provas, o magistrado de origem concluiu que não havia nexo de causalidade entre a doença adquirida e as atividades executadas, razão pela qual, não há se falar em estabilidade provisória, contrariedade à Súmula 378/TST, ou em pagamento de indenização por danos morais. Recurso de revista não conhecido. (RR nº 122900-85.2007.5.02.0057, 2ª Turma do TST, Rel. Maria Helena Mallmann. j. 10.04.2019, Publ. 16.04.2019).

6. FINALIDADE DA PROVA

– Qual a finalidade da prova?

A jurisdição constitui típica atividade estatal voltada para a resolução de conflito de interesses, visando garantir a pacificação social, que é o seu escopo último, mas para alcançá-la é indispensável que seja oportunizada às partes a possibilidade de provar as alegações sustentadas nos respectivos atos postulatórios[5].

– Então no processo deve ser provado as alegações das partes e o direito alegado?

O direito em regra não precisa ser provado, uma vez que o juiz conhece o direito "*iura novit curia*", desta forma, a prova tem como finalidade provar os fatos controvertidos e relevantes para o deslinde da causa. A finalidade principal da prova consiste no convencimento do magistrado.

A prova se dirige também as partes.

– Partes, Hamilton?

Isso mesmo. Segundo Manoel Antônio Teixeira Filho[6], a prova também pode assumir uma finalidade secundária, senão vejamos:

> "Não haverá erronia, contudo, em afirmar-se que em certos casos a prova se dirige, também, a convencer a parte contrária. Tem-se visto, e.g., o empregado postular o recebimento do repouso semanal remunerado, de adicional noturno e o mais, e o empregador, em sua contestação, juntar documentos comprovativos de que o pagamento foi feito – documentos esses que acabam sendo reconhecidos como verdadeiros pelo empregado, em audiência.

5. CUNHA, Maurício Ferreira; ROSSATO, Luciano Alves. Processo civil para concursos. Salvador: Editora Juspodivm, 2019.
6. TEIXEIRA FILHO, Manoel Antonio. Manual da audiência na Justiça do Trabalho. São Paulo: LTr, 2010.

> Como negar-se, diante disto, que a prova não tenha sido produzida para convencer a parte adversa, ou seja, o empregado? E o que não dizer, ainda, do empregado que, pretendendo, apenas, que o empregador comprove o recolhimento dos valores devidos ao FGTS, vê diante de si, também em audiência, a prova de que os recolhimentos foram feitos – chegando, muitas vezes, em decorrência disto, a desistir da ação?
>
> Podemos concluir, por esse motivo, que embora vise a prova, precipuamente, a convencer o juiz, não se pode negar que, em um plano secundário, ela se destina, por igual, à persuasão da parte contra a qual foi produzida, embora essa finalidade raramente obtenha êxito, na prática."

– Isso tem ligação com o princípio do cooperativismo?

Sim, conforme previsto no art. 6º do CPC:

> CPC, Art. 6º Todos os sujeitos do processo devem cooperar entre si para que se obtenha, em tempo razoável, decisão de mérito justa e efetiva.

– Professor, todos os fatos devem ser objeto da prova?

Veja bem, nem todos os fatos devem ser objeto da prova, mas, unicamente, os controvertidos, os relevantes e os determinados.

– O que seria fato controvertido, relevante e determinado?

Fato controverso é aquele em que a parte reclamada apresentou contestação, impugnando o pedido. O art. 341 do CPC, que consubstancia o princípio da impugnação especificada dos fatos, determinando que o réu *"manifeste-se precisamente sobre os fatos narrados na petição inicial"*, sob pena de serem presumidos verdadeiros os não contestados. Contudo, conforme o § 4º do art. 844 da CLT, não poderá ser presumido verdadeiro os fatos quando:

(1) havendo pluralidade de reclamados, algum deles contestar a ação;

(2) o litígio versar sobre direitos indisponíveis;

(3) a petição inicial não estiver acompanhada de instrumento que a lei considere indispensável à prova do ato;

(4) as alegações de fato formuladas pelo reclamante forem inverossímeis ou estiverem em contradição com prova constante dos autos.

– A jurisprudência do TST também entende que mesmo no caso de revelia, deve ser produzida a prova pericial quando a parte postula insalubridade ou periculosidade.

Isso mesmo, as decisões do TST são no sentido de que mesmo nos casos de revelia, deve ser produzida a prova pericial para constatar a insalubridade ou periculosidade, senão vejamos:

> "AGRAVO. AGRAVO DE INSTRUMENTO EM RECURSO DE REVISTA. ACÓRDÃO PUBLICADO NA VIGÊNCIA DA LEI Nº 13.015/2014. PRELIMINAR DE NULIDADE POR CERCEAMENTO DE DEFESA. NECESSIDADE DE REALIZAÇÃO DE PERÍCIA. ADICIONAL DE PERICULOSIDADE. Agravo a que se dá provimento para examinar o agravo de instrumento em recurso de revista. Agravo provido. AGRAVO DE INSTRUMENTO EM RECURSO DE REVISTA. ACÓRDÃO PUBLICADO NA VIGÊNCIA DA LEI Nº 13.015/2014. PRELIMINAR DE NULIDADE POR CERCEAMENTO DE DEFESA. NECESSIDADE DE REALIZAÇÃO DE PERÍCIA. ADICIONAL DE PERICULOSIDADE. Em razão de provável caracterização de ofensa ao art. 195, § 2º, da CLT, dá-se provimento ao agravo de instrumento para determinar o prosseguimento do recurso de revista. Agravo de instrumento provido. RECURSO DE REVISTA. ACÓRDÃO PUBLICADO NA VIGÊNCIA DA LEI Nº 13.015/2014. PRELIMINAR DE NULIDADE POR CERCEAMENTO DE DEFESA. NECESSIDADE DE REALIZAÇÃO DE PERÍCIA. ADICIONAL DE PERICULOSIDADE. É firme a jurisprudência desta Corte no sentido de que a regra contida no art. 195, § 2º, da CLT, que dispõe

ser obrigatória a realização de prova pericial para o exame da pretensão aos adicionais de periculosidade e insalubridade, deve ser observada. Nesse contexto, havendo expressa previsão em lei exigindo a realização da perícia, conclusivo que não se admite a confissão ficta quanto à caracterização ou não de periculosidade, seja pelo não comparecimento de uma das partes à audiência em que deveria depor, como no caso, ou até mesmo diante da revelia da empresa reclamada. Precedentes. Assim, ao manter a decisão de primeiro grau que indeferiu a produção de prova pericial, incorreu a Corte Regional em ofensa ao art. 195, § 2º, da CLT. Recurso de revista conhecido e provido" (RR-392-98.2016.5.08.0108, 5ª Turma, Relator Ministro Breno Medeiros, DEJT 13/12/2019).

"[...] III – RECURSO DE REVISTA DA RECLAMADA ANTERIOR À LEI Nº 13.467/2017. LEI Nº 13.015/2014. IN Nº 40 DO TST. PRELIMINAR DE NULIDADE PROCESSUAL – ADICIONAL DE PERICULOSIDADE. REVELIA E CONFISSÃO FICTA. REALIZAÇÃO DE PERÍCIA TÉCNICA. OBRIGATORIEDADE 1 – O TRT rejeitou a preliminar de nulidade processual, por entender que, uma vez declarada a revelia e a confissão da reclamada quanto à matéria fática, presumem-se verdadeiros os fatos narrados na reclamação trabalhista, sendo desnecessária a realização de perícia técnica para averiguar a ocorrência de labor em condições periculosas. 2 – O art. 195, § 2°, da CLT dispõe que, arguida em juízo a insalubridade ou a periculosidade, será designada pelo juiz a realização de perícia, a cargo de médico ou engenheiro do trabalho, e, na ausência destes, requisitada perícia ao órgão competente do Ministério do Trabalho. Como se vê, a lei não atribui faculdade ao julgador, mas a obrigação de determinar a realização de perícia técnica, a fim de se averiguar a caracterização de periculosidade ou da insalubridade no ambiente de trabalho. 3 – Nesse contexto, a presunção de veracidade da matéria fática resultante da revelia e da confissão ficta da reclamada não autoriza, por si só, o deferimento do adicional de periculosidade, sendo imprescindível a existência de prova pericial que demonstre a exposição do obreiro a agente perigoso. 4 – Recurso de revista a que se dá provimento." (ARR- 1157-93.2016.5.08.0003, Rel. Min. Kátia Magalhães Arruda, 6ª Turma, DEJT 19/10/2018)

"RECURSO DE REVISTA – ADICIONAL DE INSALUBRIDADE. REVELIA E PENA DE CONFISSÃO FICTA DA PRIMEIRA

> RECLAMADA. EFEITOS. DOCUMENTOS AMBIENTAIS DA EMPRESA. PROVA PERICIAL. IMPRESCINDIBILIDADE. Se a caracterização e a classificação da insalubridade e da periculosidade, quando arguidas em juízo, far-se-ão através de perícia determinada pelo juiz, nos termos do art. 195, caput , e § 2º, da CLT, tem-se que a obrigatoriedade da realização da prova pericial decorre de imposição legal, não prevalecendo condenação no pagamento de adicional de insalubridade como mera decorrência da aplicação da pena de confissão ficta à primeira reclamada revel, e ausência dos documentos ambientais da empresa nos autos. Recurso de revista de que se conhece e a que se dá provimento " (RR-1134-18.2010.5.08.0114, 8ª Turma, Relator Ministro Márcio Eurico Vitral Amaro, DEJT 15/06/2018).

> "AGRAVO DE INSTRUMENTO. RECURSO DE REVISTA INTERPOSTO NA VIGÊNCIA DA LEI Nº 13.015/2014. ADICIONAL DE PERICULOSIDADE. PERÍCIA. DESNECESSIDADE 1. A teor do disposto no art. 195 da CLT, a perícia, em princípio, faz-se obrigatória sempre que o juiz defrontar-se com pedido de adicional de periculosidade. Não se cuida, porém, de exigência absoluta, revelando-se dispensável em casos excepcionalíssimos, mormente: confissão patronal; pagamento do adicional em certo período e manutenção das condições de trabalho; dentre outros. 2. Não viola, assim, o art. 195 da CLT acórdão regional que considera desnecessária a realização de perícia para a caracterização da periculosidade, haja vista a confissão do preposto no tocante ao trabalho em condições de risco. 3. Agravo de instrumento interposto pela Reclamada de que se conhece e a que se nega provimento." (AIRR-10192-82.2013.5.19.0001, Rel. Min. João Oreste Dalazen, 4ª Turma, DEJT 27/10/2017)

Já os fatos relevantes, são os fatos relacionados diretamente com a ação, ou seja, os que possuem eficácia para influenciar no convencimento do juiz.

Os fatos determinados, são os fatos individualizados, ou seja, que podem ser diferenciados dos demais por suas características. Cabe ao reclamante determinar os fatos que quer levar a juízo. Nesse sentido, o § 1º do art. 840 da CLT.

> CLT, Art. 840, § 1º – Sendo escrita, a reclamação deverá conter a designação do juízo, a qualificação das partes, a BREVE EXPOSIÇÃO DOS FATOS DE QUE RESULTE O DISSÍDIO, O PEDIDO, QUE DEVERÁ SER CERTO, DETERMINADO E COM INDICAÇÃO DE SEU VALOR, a data e a assinatura do reclamante ou de seu representante

Assim, os fatos para que possam ser objeto de prova, devem apresentar os seguintes requisitos:

(1) sejam alegados pelas partes;

(2) sejam contestados;

(3) não sejam admitidos legalmente como verdadeiros;

(4) não esteja proibida a prova quanto a eles;

(5) sejam admissíveis.

– E quando o direito vai ser provado, Professor?

Segundo o art. 376 do CPC, a parte que alegar direito municipal, estadual, estrangeiro ou consuetudinário provar-lhe-á o teor e a vigência, se assim o juiz determinar. No Processo do Trabalho, as partes devem comprovar o direito quando decorrer de normas coletivas (convenção coletiva e acordo coletivo), regulamento de empresa e sentenças normativas.

Nesse sentido:

> PEDIDO DA RECLAMANTE BASEADO EM CONVENÇÃO COLETIVA. INSTRUMENTO JUNTADO AOS AUTOS SOMENTE APÓS PROLAÇÃO DA SENTENÇA. IMPOSSIBILIDADE. A juntada de instrumento coletivo na inicial, no qual o reclamante apoia sua pretensão, conforme literalidade do artigo 787, da CLT, ou até o encerramento da instrução processual, na forma do artigo 845 celetista, é condição sine qua non para o exame das multas convencionais nele fixadas. Como a autora, declaradamente, assim não procedeu, o pedido está indubitavelmente fadado à improcedência. A juntada do referido pacto

coletivo, somente na oposição dos embargos de declaração, é intempestiva, não só, pelos efeitos da preclusão que a enraizaram completamente, mas também por não se vislumbrar, na hipótese, a aplicação da Súmula nº 8, do TST, que diz respeito tão somente à anexação de documento novo. (Recurso Ordinário nº 0100360-38.2018.5.01.0040, TRT da 1ª Região, Rel. Tânia da Silva Garcia. DOERJ 27.04.2019).

CONVENÇÃO COLETIVA. JUNTADA NA FASE DE LIQUIDAÇÃO. IMPOSSIBILIDADE. Postulando a autora o pagamento de diferenças salariais fundadas em convenções coletivas, tais documentos são imprescindíveis à propositura da ação, não sendo possível postergar para a fase de liquidação de sentença. (Recurso Ordinário nº 0101508-34.2016.5.01.0241, TRT da 1ª Região, Rel. José Antônio Teixeira da Silva. DOERJ 20.11.2018).

RECURSO ORDINÁRIO DO RECLAMANTE. FALTA DE JUNTADA DA CONVENÇÃO COLETIVA DE TRABALHO EM QUE SE BASEIA A PRETENSÃO AO PAGAMENTO DE PARTICIPAÇÃO NOS LUCROS E RESULTADOS – PLR. No caso em apreço, deveria o reclamante anexar aos autos a convenção coletiva de trabalho em que se funda o direito à Participação nos Lucros e Resultados – PLR. Assim, sem a prova do direito que seria o alicerce para o deferimento da pretensão, mantém-se a sentença que indeferiu a referida verba PLR. (Recurso Ordinário nº 0000665-95.2012.5.07.0027, 1ª Turma do TRT da 7ª Região/CE, Rel. Emmanuel Teófilo Furtado. j. 11.10.2018).

HORAS EXTRAS. BANCO DE HORAS. Após a promulgação da Constituição Federal de 1988, diante do disposto no seu art. 7º, inciso XIII, a validade do regime de compensação de horas ficou condicionada unicamente à previsão em acordo coletivo de trabalho ou convenção coletiva de trabalho. No caso, não foi juntada aos autos qualquer norma coletiva, não podendo ser considerado válido o regime compensatório adotado. Ademais, as atividades da reclamante eram insalubres, e não há nos autos prova da observância da exigência do art. 60 da CLT. Recurso adesivo da reclamante provido, no aspecto. (RO nº 0020111-07.2017.5.04.0411, 11ª Turma do TRT da 4ª Região/RS, Rel. Flávia Lorena Pacheco. J. 12.07.2018).

7. REQUERIMENTO DE PRODUÇÃO DE PROVAS

– Quem pode fazer o requerimento para a produção de provas?

Em regra, as partes podem fazer os requerimentos das provas que pretendem produzir no início da instrução probatória, pois o processo é informado pelo princípio da inércia da jurisdição (princípio do dispositivo), conforme dispõe o art. 2º do CPC, que diz que:

> CPC, Art. 2º – O processo começa por iniciativa da parte e se desenvolve por impulso oficial, salvo as exceções previstas em lei.

Contudo, a inércia não inibe a atividade probatória dos magistrados. A doutrina[7], afirma que "a tendência doutrinária atual é admitir, com relação à prova, o princípio dispositivo, mas atenuado pela necessidade de o juiz determinar sua complementação. A atenuação está tão vigorosa, de certa forma, que o quadro tende a se reverter, admitindo-se até a prevalência do princípio inquisitivo, mas sem excluir, naturalmente, a parte de requerer a prova que julgar necessária".

Desta forma, o juiz também pode determinar a produção das provas que ele acha necessário para o julgamento do processo. Nesse sentido:

> CPC, Art. 370. Caberá ao juiz, de ofício ou a requerimento da parte, determinar as provas necessárias ao julgamento do mérito.

Ademais, o TST, por meio do item III da Súmula 74, entende que a vedação à produção de prova posterior pela parte confessa somente a ela se aplica, não afetando o exercício, pelo magistrado, do poder/dever de conduzir o processo.

A iniciativa probatória do juiz não compromete, de forma alguma, sua imparcialidade; ao contrário, faz com que se aproxime da adequada apuração dos fatos e do descobrimento da verdade, o que

7. SANTOS, Ernani Fidélis dos. Sistema probatório do processo civil brasileiro. In: FIUZA, César Augusto de Castro; FREIRE DE SÁ, Maria de Fátima; DIAS, Ronaldo Bretas C. (coords.). Temas atuais de Direito processual civil. Belo Horizonte: Dei Rey, 2001.

viabilizará a justiça da decisão. O modelo cooperativo de processo pressupõe que tanto as partes, quanto órgão jurisdicional, sejam ativos e colaborem entre si na busca da verdade, sem a preponderância da atuação de qualquer dos sujeitos processuais[8].

8. PROVAS INÚTEIS OU PROTELATÓRIAS

– O juiz pode indeferir as provas inúteis ou protelatórias?

O juiz é o principal destinatário das provas, que por meio do seu convencimento motivado, irá analisá-las. Nesse sentido:

> **CPC, Art. 371** – O juiz apreciará a prova constante dos autos, independentemente do sujeito que a tiver promovido, e indicará na decisão as razões da formação de seu convencimento.

– O juiz indefere porque ele tem ampla liberdade na direção do processo, não é isso?

Sim, o magistrado segue a diretriz consubstanciada no artigo 765 da CLT, que lhe permite ter ampla liberdade na direção do processo.

> CLT, Art. 765 – Os Juízos e Tribunais do Trabalho terão AMPLA LIBERDADE NA DIREÇÃO DO PROCESSO e velarão pelo andamento rápido das causas, podendo determinar qualquer diligência necessária ao esclarecimento delas".

Desta forma se o juiz entender que a prova é protelatória ou inútil, ele pode indeferir a produção da prova. O parágrafo único do art. 370 do CPC, determina que o juiz indeferirá, em decisão fundamentada, as diligências inúteis ou meramente protelatórias.

> CPC, Art. 370 – Caberá ao juiz, de ofício ou a requerimento da parte, determinar as provas necessárias ao julgamento do mérito.

8. BERNARDES, Felipe. Manual de Processo do Trabalho. Salvador: Juspodivm, 2018.

> Parágrafo único. O JUIZ INDEFERIRÁ, EM DECISÃO FUNDAMENTADA, as diligências inúteis ou meramente protelatórias.

Sobre o tema cito as importantes lições de Daniel Amorim Assumpção[9]:

> A produção de provas de alegações de fatos impertinentes, ou seja, que não se relacionam a causa posta a apreciação do juiz, é medida inútil, e por isso deve ser evitada em prol do princípio da economia processual. O mesmo ocorre com os fatos irrelevantes, que, mesmo dizendo respeito a causa, em nada influenciam o convencimento do juiz. Fatos irrelevantes e impertinentes não modificam o conteúdo da decisão judicial, o que dispensa a produção de prova a seu respeito. Também são considerados irrelevantes os fatos impossíveis e os de prova impossível, por disposição da lei (p. ex., prova contra presunção absoluta) ou pela natureza do fato (p. ex., art. 401 do CPC). É justamente por isso que o juiz, destinatário da prova, deve no saneamento do processo fixar os pontos controvertidos que serão objeto de prova, para evitar o desenvolvimento de atividade probatória inútil.

Nesse sentido, os precedentes do TST:

> 2. PRELIMINAR DE NULIDADE. INDEFERIMENTO DE PROVA PERICIAL. PROVA DESNECESSÁRIA. CERCEAMENTO DE DEFESA NÃO CONFIGURADO. O indeferimento de produção de prova considerada irrelevante ao deslinde da controvérsia, dada a existência de elementos probatórios suficientes à formação do convencimento dos julgadores, não configura cerceamento de defesa. Ademais, incumbe ao Juiz a direção do processo e, principalmente, das provas a serem produzidas pelas partes. Inteligência dos artigos 371 do CPC e 765 da CLT. Na espécie, restou consignado que o fato de o juiz da instrução ter considerado desnecessária a realização da perícia contábil não configurou cerceamento de defesa do reclamado, porquanto amparado na ampla liberdade na direção do processo e no rápido andamento da causa, de forma que não restando configurado nenhum prejuízo ao reclamado,

9. NEVES, Daniel Amorim Assumpção. Manual de Direito processual civil. 2ª ed. São Paulo: Método, 2011, p. 412.

não havia se falar em nulidade processual. Recurso de revista não conhecido. (RR nº 1207-72.2015.5.05.0251, 5ª Turma do TST, Rel. Douglas Alencar Rodrigues. j. 24.04.2019, Publ. 26.04.2019).

PRELIMINAR DE NULIDADE. INDEFERIMENTO DE PROVA PERICIAL. PROVA DESNECESSÁRIA. CERCEAMENTO DE DEFESA NÃO CONFIGURADO. O indeferimento de produção de prova considerada irrelevante ao deslinde da controvérsia, dada a existência de elementos probatórios suficientes à formação do convencimento dos julgadores, não configura cerceamento de defesa. Ademais, incumbe ao Juiz a direção do processo e, principalmente, das provas a serem produzidas pelas partes. Inteligência dos artigos 371 do CPC e 765 da CLT. Na espécie, restou consignado que o fato de o juiz da instrução ter considerado desnecessária a realização da perícia contábil não configurou cerceamento de defesa do reclamado, porquanto amparado na ampla liberdade na direção do processo e no rápido andamento da causa, de forma que não restando configurado nenhum prejuízo ao reclamado, não havia se falar em nulidade processual. Recurso de revista não conhecido. (RR nº 1407-79.2015.5.05.0251, 5ª Turma do TST, Rel. Douglas Alencar Rodrigues. j. 10.04.2019, Publ. 12.04.2019).

AGRAVO DE INSTRUMENTO DA RECLAMADA PAQUETÁ CALÇADOS LTDA. (...). CERCEAMENTO DO DIREITO DE DEFESA. INDEFERIMENTO DE PROVA PERICIAL CONTÁBIL. A reclamante requereu a responsabilidade solidária da empresa PAQUETÁ CALÇADOS LTDA. pela quitação dos créditos trabalhistas objeto da presente demanda. A segunda reclamada solicitou a produção de prova pericial contábil, pedido rechaçado pelo juízo de primeiro grau, por entender desnecessária tal diligência, uma vez que comprovada a formação de grupo econômico. O Tribunal Regional afastou a tese empresarial de que teria restado configurado cerceamento do direito de defesa, ao entendimento de que o convencimento já estava formado com base na farta prova documental produzida, que demonstrou a existência de grupo econômico entre as rés. Assim, uma vez formado o convencimento do magistrado destinatário da prova mediante documentação robusta, mostra-se desnecessária a produção de provas inúteis ou desnecessárias, que retardariam o andamento do feito. Intactos, pois, os artigos 5º, LIV e LV, da Constituição Federal, 373, I e II, 375 e 464, § 1º, do NCPC e 818 da CLT. Outrossim, é inviável o conhecimento do apelo por dissenso pretoriano, tendo em vista que a pertinência da tese de nulidade por cerceamento do direito de defesa deve ser verificada no caso concreto. (TST-ARR - 2545-18.2014.5.05.0251 Relator Ministro: Alexandre de Souza Agra Belmonte, 3ª Turma: DEJT 07/01/2019).

9. FATOS QUE NÃO DEPENDEM DE PROVA

– Quais fatos não dependem de prova?

Segundo o art. 374 do CPC, não dependem de prova os fatos:

I - Notórios – São os fatos de conhecimento público e não apenas das partes. O fato notório não precisa ser do conhecimento de todos aqueles que vivem no país em que o juiz exerce jurisdição, bastando que seja conhecido por aqueles que estão na região em que o fato teria ocorrido.

II - Afirmados por uma parte e confessados pela parte contrária – A confissão é um meio de prova, assim, o fato já provado por confissão não precisa ser provado por nenhum meio de prova. Segundo a Doutrina, a confissão gera duas consequências: a dispensa de prova e a presunção de veracidade da alegação de fato confessado. Observe-se, contudo, que o fato confessado não gera necessariamente julgamento favorável à parte a que a confissão aproveita. Ocorre, entretanto, que a confissão não é prova plena, de forma que mesmo um fato tendo sido objeto de confissão, o juiz não é obrigado a considerá-lo como verdadeiro. Significa dizer que, mesmo já havendo o meio de prova – confissão, caso o juiz não se sinta convencido, poderá determinara produção de outros meios de prova, com o que deixará escancarada a incorreção da hipótese excludente do objeto da prova prevista no inciso II do art. 374 do Novo CPC.

III - admitidos no processo como incontroversos – São os fatos alegados por uma parte e não negados pela parte contrária. A incontrovérsia pode advir do não desempenho do ônus de impugnação especificada das alegações fáticas (art. 341, CPC).

IV – em cujo favor milita presunção legal de existência ou de veracidade. Não será exigida a prova de alegações de fatos em cujo favor milite a presunção legal de existência ou veracidade. A presunção representa o resultado de um processo mental que, partindo de um fato, demonstrado como ocorrido, permite a conclusão de que outro fato, ainda que não provado, seja também considerado como existente ou ocorrido. Há uma relação entre fato indiciário (provado) e fato presumido (não provado), decorrente da constatação lógica de que, se o primeiro ocorreu, muito provavelmente o segundo também terá ocorrido[10].

10. DISTRIBUIÇÃO DO ÔNUS PROBATÓRIO

– Como será distribuído o ônus da prova na Justiça do Trabalho?

No Processo do Trabalho podemos encontrar a teoria estática e a teoria dinâmica. Passamos a analisar essas teorias.

10.1. Regra – Teoria estática do ônus da prova

Ônus é o encargo cuja inobservância pode colocar o sujeito numa posição de desvantagem. Não é um dever e, por isso, não se pode exigir o seu cumprimento. Normalmente, o sujeito a quem se impõe o ônus tem interesse em observá-lo, justamente para evitar essa situação de desvantagem que pode advir de sua inobservância[11].

Incumbe ao autor provar os fatos constitutivos do seu direito e ao réu quanto aos fatos modificativos, extintos e impeditivos do direito do autor. Trata-se do ônus da prova em sentido subjetivo.

10. NEVES, Daniel Amorim Assumpção. Novo Código de Processo Civil Comentado Salvador: Ed. Juspodivm, 2016.
11. DIDIER JUNIOR, Fredie; BRAGA, Paula Sarna; DE OLIVEIRA, Rafael Alexandria. Curso de direito processual civil: teoria da prova, direito probatório, decisão, precedente, coisa julgada e tutela provisória. 14. Ed. – Salvador: Ed. Juspodivm, 2019.

Nesse sentido:

> CLT, Art. 818 – O ônus da prova incumbe:
>
> I – ao reclamante, quanto ao fato constitutivo de seu direito;
>
> II – ao reclamado, quanto à existência de fato impeditivo, modificativo ou extintivo do direito do reclamante.

Em síntese, as regras processuais que disciplinam a distribuição do ônus da prova tanto são regras dirigidas às partes, na medida em que as orientam sobre o que precisam provar (ônus subjetivo), como também são regras de julgamento dirigidas ao órgão jurisdicional, tendo em vista que o orientam sobre como se comportar em caso de insuficiência das provas produzidas (ônus objetivo) – o último refúgio para evitar o *non liquet*[12].

10.2. Exceção – Teoria dinâmica do ônus da prova

– Temos exceção à regra, Professor?

Temos sim. O § 1º do art. 818 da CLT, que foi acrescentado pela Lei nº 13.467, de 2017, aplica a teoria dinâmica do ônus da prova. A inversão possui algumas regras básicas, para não pegar ninguém de surpresa nem tornar excessivamente difícil o encargo probatório. Esse dispositivo determina que o juiz da causa poderá atribuir o ônus da prova de modo diverso em decisão fundamentada quando:

(1) nos casos previstos em lei ou:

(2) diante de peculiaridades da causa relacionadas:

- **(2.1)** à impossibilidade ou à excessiva dificuldade de cumprir o encargo nos termos deste artigo; ou
- **(2.2)** à maior facilidade de obtenção da prova do fato contrário.

12. DIDIER JUNIOR, Fredie; BRAGA, Paula Sarna; DE OLIVEIRA, Rafael Alexandria. Curso de direito processual civil: teoria da prova, direito probatório, decisão, precedente, coisa julgada e tutela provisória. 14. Ed. – Salvador: Ed. Juspodivm, 2019.

Vejamos a redação do parágrafo 1º do art. 818 da CLT:

> § 1º Nos CASOS PREVISTOS EM LEI ou diante de peculiaridades da causa relacionadas à IMPOSSIBILIDADE ou à EXCESSIVA DIFICULDADE DE CUMPRIR O ENCARGO nos termos deste artigo ou à maior facilidade de obtenção da prova do fato contrário, poderá o juízo ATRIBUIR O ÔNUS DA PROVA DE MODO DIVERSO, desde que o faça por decisão fundamentada, caso em que deverá dar à parte a oportunidade de se desincumbir do ônus que lhe foi atribuído.

– O TST já editou súmulas tratando do ônus da prova e dificuldade ou facilidade de provar algo em juízo. Lembro de já ter lido algo a respeito.

Já sim. Olha essas súmulas:

> **TST, SUM 443** – Presume-se discriminatória a despedida de empregado portador do vírus HIV ou de outra doença grave que suscite estigma ou preconceito. Inválido o ato, o empregado tem direito à reintegração no emprego.

> **TST, SUM 460** – É do empregador o ônus de comprovar que o empregado não satisfaz os requisitos indispensáveis para a concessão do vale-transporte ou não pretenda fazer uso do benefício.

Mais à frente, analisamos melhor os casos práticos de ônus da prova.

– Perfeito, Professor.

Agora me responda. Essa distribuição de modo diverso do ônus da prova poderá ser feita a qualquer momento?

– Entendo que pode, Hamilton.

Não pode não, você errou. A atribuição do ônus da prova de modo diverso deverá ser feita pelo magistrado antes da abertura da instrução e, após o requerimento da parte, implicando no adiamento da audiência, para que a parte prejudicada com a inversão do ônus da prova, possa produzir provas. Nesse sentido, o §2º do art. 818 da CLT.

> CLT, Art. 818 - [...]
>
> § 2º - A decisão referida no § 1º deste ARTIGO DEVERÁ SER PROFERIDA ANTES DA ABERTURA DA INSTRUÇÃO e, a requerimento da parte, implicará o adiamento da audiência e possibilitará provar os fatos por qualquer meio em direito admitido.

– E se essa inversão deixar o ônus da prova impossível ou extremamente difícil para a parte, Professor?

Veja bem, uma excessiva dificuldade não pode ser suprida por outra excessiva dificuldade, conforme determinado pelo § 3º do art. 818 da CLT. Nesses casos, a inversão do ônus da prova não poderá ocorrer:

> CLT, Art. 818 - [...]
>
> § 3º - A decisão referida no § 1º deste artigo NÃO PODE GERAR SITUAÇÃO em que a desincumbência do encargo pela parte SEJA IMPOSSÍVEL OU EXCESSIVAMENTE DIFÍCIL.

– Isso seria a prova diabólica?

Isso mesmo. Prova diabólica é a chamada de prova impossível ou excessivamente difícil de ser produzida. Sobre prova diabólica, a jurisprudência já se manifestou da seguinte forma:

> DANOS MATERIAIS. ÔNUS DA PROVA. In casu, conquanto se trate de fato constitutivo do direito do autor, sobre quem recairia o ônus probatório, a questão é que a demonstração não é necessária, pois se presume o prejuízo sofrido decorrente do aludido fato. O reconhecimento de que houve prejuízos de ordem material caracteriza o que se denomina de presunção hominis, concebida como aquela que se fundamenta na experiência da vida, a partir da compreensão dos fatos na visão do homem médio. Aplica-se

a máxima "o ordinário se presume e o extraordinário se prova", conforme nos ensinou Nicola Framarino Dei Malatesta. Exigir do empregado a prova de quais objetos estavam no alojamento ou até mesmo a apresentação de nota fiscal dos bens deteriorados no momento do incêndio é impor-lhe pesado ônus do qual dificilmente se desincumbiria. É a chamada prova diabólica (devil's. proof), cuja exigência não é admitida no nosso ordenamento jurídico. Frise-se que, conforme consignado no acórdão recorrido, não se está discutindo o valor arbitrado, mas apenas a prova do alegado dano. Assim, como não há controvérsia quanto à existência do incêndio, tampouco quanto ao fato de que o empregado guardava seus pertences no local do sinistro, e como não é possível ao autor fazer prova do que exatamente guardava no local, há que se presumir o dano material que comporta ressarcimento. Sob esse enfoque, não há violação dos artigos 818 da CLT e 333, I, do CPC/73. Recurso de revista de que não se conhece. (RR nº 643-14.2011.5.22.0105, 7ª Turma do TST, Rel. Cláudio Mascarenhas Brandão. j. 26.06.2018, Publ. 10.08.2018).

ADICIONAL DE INSALUBRIDADE. ADICIONAL DE PERICULOSIDADE. LOCAL DESATIVADO. DESNECESSIDADE DE PROVA PERICIAL 1 – O art. 195, § 2º, da CLT dispõe que, arguida em juízo a insalubridade ou a periculosidade, será designada pelo juiz a realização de perícia, a cargo de médico ou engenheiro do trabalho, e, na ausência destes, requisitada perícia ao órgão competente do Ministério do Trabalho. Ressalte-se que a perícia, em regra, é obrigatória. Contudo, em casos excepcionais, a sua realização para apurar a insalubridade ou a periculosidade é perfeitamente prescindível ou até mesmo inviável, como, por exemplo, no caso de extinção do estabelecimento em que ocorreu a prestação do trabalho. 2 – Sucede, entretanto, que a dispensa da perícia para constatação de condições insalubres ou periculosas, por inviabilidade material, não afasta a necessidade de comprovação quanto à sua existência, apenas se flexibilizando a determinação legal para aceitação de outros meios de prova. 3 – A discussão quanto à presença de tais condições se qualifica como fato constitutivo do direito do autor, consoante arts. 818 da CLT e 333, I, do CPC/73 (correspondente ao art. 373, I, do CPC/15), ao qual cabe a ele comprovar. Incabível a inversão do ônus probatório para impor à reclamada a comprovação de fato negativo, qual seja, ausência de condições insalubres ou periculosas, uma vez que tal situação configura verdadeira prova diabólica. 4 – Dessa forma, não comprovados os elementos a possibilitar o pagamento de adicional de insalubridade ou periculosidade, correto o acórdão recorrido ao manter a improcedência do pedido. 5 – Recurso de revista não conhecido. (RR nº 70700-19.2008.5.02.0073, 6ª Turma do TST, Rel. Kátia Magalhães Arruda. j. 04.04.2018, Publ. 06.04.2018).

AGRAVO DE PETIÇÃO. AÇÃO CIVIL PÚBLICA. OBRIGAÇÕES DE FAZER. CUMPRIMENTO. Considerar que cabe ao autor o ônus da prova quanto ao cumprimento das obrigações de fazer impostas judicialmente acaba por impor ao exequente prova diabólica, consistente na demonstração de que trabalhadores específicos, aos quais se referem os quase mil documentos apresentados pela empresa, teriam deixado de receber as parcelas atinentes às obrigações executadas nos autos. A matéria desafia a produção de prova técnica, razão pela qual determina-se o retorno dos autos à instância de origem para que seja realizada perícia técnica contábil, como se entender de direito. (AP nº 0000146-44.2013.5.03.0077, 1ª Turma do TRT da 3ª Região/MG, Rel. José Eduardo Resende Chaves Jr. Publ. 17.10.2018).

TERCEIRIZAÇÃO LÍCITA – RESPONSABILIDADE TRABALHISTA DA ADMINISTRAÇÃO PÚBLICA – REPERCUSSÃO GERAL, TESE 246/PROVA INEQUÍVOCA DE CIÊNCIA DA ADMINISTRAÇÃO DOS DESCUMPRIMENTOS DA LEGISLAÇÃO DO TRABALHO. 1. Não se desconhece que a Constituição da República consagra no artigo 37, § 6º a responsabilidade objetiva da Administração Pública, pelos danos que seus agentes, nessa qualidade, causarem ao patrimônio dos cidadãos. Seria lógico deduzir-se que o dano causado ao trabalhador cidadão, que despende sua energia irrepetível de trabalho, estivesse abrigado, por argumento a fortiori, pela tutela constitucional da denominada teoria do risco administrativo, porquanto a pessoa humana do trabalhador deveria merecer patamar de proteção, na pior das hipóteses, pelo menos equivalente àquele conferido aos bens materiais, já que o trabalho foi alçado ao status de um dos fundamentos da República – Art. 1º, IV da Constituição. Não se desconhece, tampouco, que o serviço prestado pessoalmente pelo trabalhador se dá exclusivamente na esfera de exclusivo controle e fiscalização da Administração Pública, que, nessas condições, não poderia invocar a teoria da cegueira deliberada – Wilful, Blindness ou Ostrich Instruction – impondo ao empregado, parte vulnerável na relação de trabalho, o ônus da prova diabólica. 2. O excelso Supremo Tribunal Federal, contudo, no julgamento da Tese 246 de Repercussão Geral, firmou o entendimento de que para a responsabilização trabalhista do ente público, em sede de terceirização lícita, cabe ao trabalhador comprovar que a Administração, no curso do contrato de trabalho, a despeito de cientificada do descumprimento da legislação de proteção ao trabalho humano, quedou-se inerte. (RO nº 0010077-89.2017.5.03.0058, 1ª Turma do TRT da 3ª Região/MG, Rel. José Eduardo Resende Chaves Jr. Publ. 22.09.2017).

CERCEAMENTO DE DEFESA – INVERSÃO DO ÔNUS DA PROVA. Quando o Estado afirma que é totalmente inviável fiscalizar as empresas com quem contrata, admite que não fiscalizava. O ato de fiscalizar seria fato impeditivo do direito do autor, de modo que passa o ônus probatório a ser do promovido. Ademais, a prova negativa é também chamada pela doutrina de prova diabólica, dada a dificuldade de sua apresentação, sendo para o autor, muitas vezes, impossível de ser produzida, principalmente pelo trabalhador, lado hipossuficiente da relação jurídica. Dessarte, por todos os ângulos, prevalece o princípio da aptidão para a prova, não se vislumbrando qualquer inversão probatória inoportuna, inadequada ou mesmo malferimento à ampla defesa ou contraditório. Rejeita-se a preliminar. (Recurso Ordinário nº 0000117-16.2015.5.07.0011, 3ª Turma do TRT da 7ª Região/CE, Rel. Plauto Carneiro Porto. j. 09.03.2017).

RECURSO ORDINÁRIO DO LITISCONSORTE. RESPONSABILIDADE SUBSIDIÁRIA ESTATAL. TERCEIRIZAÇÃO. SÚMULA 331, ITEM V, DO C. TST. ÔNUS DA PROVA. APTIDÃO DE PROVA. HIPOSSUFICIÊNCIA DA PARTE OBREIRA. Consagrou-se responsabilidade estatal pelo descumprimento de parcelas trabalhistas, no caso de terceirização lícita, na forma subsidiária, desde que comprovada conduta culposa do Ente Público, não bastando a configuração objetiva, conforme se alinha ao entendimento seguido pelo e. STF, após a declaração de constitucionalidade do art. 71 da Lei nº 8.666/1993 – ADC 16. Contudo, a matéria não pode ser resolvida simplesmente pela aplicação dos princípios de supremacia e indisponibilidade do interesse público, art. 37 da CRFB/1988, nem pela presunção de legitimidade dos atos administrativos, haja vista que o Estado não pode se prevalecer de sua magnitude para se sobrepor a direito humano fundamental: o trabalho (artigos 1º, inciso IV; 6º e 170, caput, da CRFB/1988). Assim, seria forçoso atribuir à parte hipossuficiente da relação a carga de comprovar que o Ente Estatal descumprira os deveres de fiscalização ou elegera de forma irregular o contrato firmado com a empresa intermediadora de mão de obra, em configuração de ilegítima prova diabólica (art. 373, § 2º, CPC/2015). Nada mais justo que ao Ente Público, com notória aptidão para produção da prova, já que dotado de todo o aparato de servidores, recursos e serviços burocráticos, outorgue-se o ônus probatório acerca da regularidade do contrato firmado com a empresa terceirizante, não se exigindo esforço desmedido, já que o controle exercido perpassa por documentações que apenas pertencem à Administração Pública e à empresa intermediadora. Noutro giro, não se pode desprezar que a busca da verdade real prescreve que ambas as partes possuem interesse no esclarecimento dos fatos, a fim de que se sustente a decisão de forma justa e efetiva, havendo dever com participativo das partes, forte no art. 6º do CPC/2015. In casu, o módico acervo probatório não comprovou que o litisconsorte de fato fiscalizava o termo de parceria firmado com a litisconsorte em relação às obrigações trabalhistas existentes aos terceirizados, nem sequer há indícios nos autos que houvesse algum controle sobre a atuação do reclamado. Firmou-se, assim, a responsabilidade subsidiária do ente público por culpa in vigilando. (RO nº 0000491-80.2017.5.11.0001, 2ª Turma do TRT da 11ª Região/AM-RR, Rel. Ruth Barbosa Sampaio. DEJT 26.03.2019).

RECURSO ORDINÁRIO. LIMBO PREVIDENCIÁRIO. NÃO CONFIGURADO. NEGATIVA GERAL DA RECLAMADA. ÔNUS DA PROVA. PROVA DE FATO NEGATIVO (PROVA DIABÓLICA). IMPOSSIBILIDADE. Era da reclamante o ônus em comprovar que após a alta previdenciária compareceu à empresa que recusou o seu retorno ao labor, configurando o limbo previdenciário. Contudo, não logrou êxito em comprovar as suas alegações. Na audiência de instrução os depoimentos das partes, assim como a oitiva das testemunhas foram dispensadas. Não há elementos para concluir que a reclamante compareceu à empresa após o fim da licença. Ademais, tampouco consta que a autora interpôs recurso perante o INSS requerendo revisão do indeferimento do benefício previdenciário, evidenciando, no mínimo, pouco interesse da parte autora em reverter a sua situação. De mais a mais, não há como inverter o ônus da prova, ante a negativa geral da empresa, pois seria como obrigar a reclamada a provar fato negativo, o que é praticamente impossível, "sob pena de incorrer em flagrante cerceio do direito de defesa ao acometer-lhe prova diabólica". (RO nº 0000561-13.2017.5.14.0002, 1ª Turma do TRT da 14ª Região/AC-RO, Rel. Afrânio Viana Gonçalves. DEJT 27.11.2017).

UTILIZAÇÃO DE VEÍCULO PRÓPRIO PARA A EXECUÇÃO DE SUAS ATIVIDADE. ÔNUS PROCESSUAL DO TRABALHADOR. Negado o fato pela reclamada, é da parte reclamante o ônus processual de comprovar o uso de veículo próprio (motocicleta) para o desempenho de suas tarefas, tudo nos moldes do art. 818 da CLT c/c art. 373, I do CPC. Impor à reclamada o encargo de provar que o trabalhador não se valiar do veículo incorreria na chamada "prova diabólica", já que estar-se-ia exigindo a comprovação de fato negativo. Não comprovado o uso do veículo, não faz jus ao adicional de periculosidade previsto no art. 193, § 4º da CLT e ao valor correspondente ao ressarcimento de despesas/aluguel do mencionado veículo. Recurso patronal provido. (ROPS nº 0010180-38.2017.5.18.0201, 2ª Turma do TRT da 18ª Região/GO, Rel. Kathia Maria Bomtempo de Albuquerque. DEJT 25.09.2017).

RESPONSABILIDADE SUBSIDIÁRIA DE ENTE PÚBLICO PELO ADIMPLEMENTO DE OBRIGAÇÕES LABORAIS DESCUMPRIDAS PELA PRESTADORA. POSSIBILIDADE NO CASO DE OMISSÃO DO DEVER DE FISCALIZAÇÃO DA PRESTADORA PELO TOMADOR. ENTENDIMENTO ESPOSADO PELO EXCELSO SUPREMO TRIBUNAL FEDERAL NO RECURSO EXTRAORDINÁRIO 7609331 – DF COM REPERCUSSÃO GERAL – "O inadimplemento dos encargos trabalhistas dos empregados do contratado não transfere automaticamente ao Poder Público contratante a responsabilidade pelo seu pagamento, seja em caráter solidário ou subsidiário, nos termos do art. 71, § 1º, da Lei nº 8.666/93". Entendimento acolhido pelo excelso Supremo Tribunal Federal no julgamento do 760.931 – DF com repercussão geral que, pelo menos em princípio, não foi alterado

> pelo que decido na ADPF 324 e no RE 958.252, em 30.08.2018, devendo o tomador comprovar o cumprimento de forma concreta o aludido dever de fiscalização, não se podendo transferir para o trabalhador o ônus de demonstrar o contrário, sob pena de admitir aquilo que a doutrina denomina de "prova diabólica", à medida que tendo o tomador a obrigação de fiscalização é dele o encargo de comprovar tê-la cumprido. Não demonstrada a efetiva fiscalização pelo ente público, deve ser mantida a responsabilidade a ele atribuída. Recurso não provido. (RO nº 0024204-16.2017.5.24.0036, 2ª Turma do TRT da 24ª Região/MS, Rel. Francisco das Chagas Lima Filho. DEJT 21.02.2019).

– Mas e a distribuição convencional do ônus da prova?

A distribuição convencional do ônus da prova, ou seja, a distribuição do ônus da prova diversa por vontade das partes prevista no art. 373, §§ 3° e 4° do CPC, é inaplicável ao Processo do Trabalho, conforme art. 2º, VII da IN 39/2016 do TST, de seguinte teor:

> TST, IN Nº. 39/2016, Art. 2° – Sem prejuízo de outros, NÃO SE APLICAM AO PROCESSO DO TRABALHO, em razão de inexistência de omissão ou por incompatibilidade, os seguintes preceitos do Código de Processo Civil:
>
> VII – art. 373, §§ 3º e 4º (DISTRIBUIÇÃO DIVERSA DO ÔNUS DA PROVA POR CONVENÇÃO DAS PARTES)

10.3. Análise de casos práticos:

Agora deixa eu te mostrar uma análise dos casos práticos.

10.3.1. Ônus da prova na equiparação salarial

A súmula de n. 6 do TST em seu item VIII, diz que "é do empregador o ônus da prova do fato impeditivo, modificativo ou extintivo da equiparação salarial".

Em resumo:

- **Reclamante:** Deve provar fato constitutivo do seu direito, ou seja, que exerce a mesma função que o paradigma. Nesse sentido:

> 2. A prova da identidade funcional (que pressupõe igualdade de atribuições, e não apenas semelhança) cabe ao autor por se tratar de fato constitutivo do seu direito, sendo do réu o ônus de comprovar os fatos impeditivos, modificativos ou extintivos (artigos 818 da CLT e 373 do CPC e Súmula 06, item VIII, do TST). 3. Demonstrada a identidade funcional e ausentes fatos obstativos ao pleito equiparatório, são devidas as diferenças salariais postuladas. (RO nº 0010535-55.2016.5.03.0054, 10ª Turma do TRT da 3ª Região/MG, Rel. Convocado Adriana Campos de Souza Freire Pimenta. J. 25.04.2019).

- **Reclamada:** Deve provar fato impeditivo, modificativo ou extintivo da equiparação salarial, ou seja, a diferença de tempo de serviço superior a 4 anos, diferença de tempo na função superior a 2 anos, diferença de produtividade, estabelecimentos empresariais distintos, quadro organizado em carreira, ou adotar plano de cargos e salários, diferença na perfeição técnica, etc.

> EQUIPARAÇÃO SALARIAL. ÔNUS DA PROVA. No pleito equiparatório compete ao reclamante comprovar o fato constitutivo de seu direito, qual seja, o exercício de função idêntica ao do paradigma. Havendo prova do direito constitutivo do autor, é ônus do reclamado a prova de fato impeditivo, modificativo ou extintivo do referido direito, como a diferença de tempo de serviço na função, diferença de produtividade e perfeição técnica (art. 461 da CLT, conforme redação vigente à época do contrato de trabalho e Súmula 06, do TST). No caso dos autos, não houve prova da identidade de funções, pelo que não são devidas as diferenças salariais. (RO nº 0010008-26.2016.5.03.0015, 2ª Turma do TRT da 3ª Região/MG, Rel. Convocado Sabrina de Faria F. Leão. j. 16.04.2019)

10.3.2. Ônus da prova do recebimento da notificação

A Súmula de n. 16 do TST, diz que "Presume-se recebida a notificação 48 (quarenta e oito) horas depois de sua postagem. O seu não-recebimento ou a entrega após o decurso desse prazo constitui ônus de prova do destinatário".

Em resumo:

Em face da presunção referida na Súmula nº 16 do TST, cabe ao destinatário comprovar o não recebimento da notificação postal, ainda que tenha sido remetida sem comprovação. Nesse sentido:

> AGRAVO DE PETIÇÃO. NOTIFICAÇÃO POSTAL. PRAZO PRESUMIDO DE RECEBIMENTO. ÔNUS DE PROVA. Nos termos da Súmula 16 do c. TST. "Presume-se recebida a notificação 48 (quarenta e oito) horas depois de sua postagem. O seu não recebimento ou a entrega após o decurso desse prazo constitui ônus de prova do destinatário." Considerando que o agravante não se desincumbiu do ônus de demonstrar o recebimento da notificação inicial após o prazo de 48 horas de sua expedição, impõe-se reconhecer a intempestividade da impugnação ao incidente de desconsideração da personalidade jurídica por ele apresentada, ante a inobservância do disposto no art. 135 do CPC c/c art. 855-A da CLT. (AP nº 0010059-55.2016.5.03.0009, 2ª Turma do TRT da 3ª Região/MG, Rel. Maristela Iris S. Malheiros. j. 27.02.2019).

> RECURSO ORDINÁRIO DA DEMANDADA NULIDADE DA NOTIFICAÇÃO INICIAL. NÃO OCORRÊNCIA. Embora a recorrente alegue desconhecer a pessoa que recebeu a notificação, a carta foi expedida ao mesmo endereço que consta do estatuto social anexado pela própria ré. A reclamada não produz prova de que não recebeu a notificação, mantendo-se a presunção de validade do comprovante de recebimento anexado aos autos, já que não é possível a pronúncia de nulidade com base em suposições ou probabilidades. Adoção da Súmula 16 do TST ["Presume-se recebida a notificação 48 (quarenta e oito) horas depois de sua postagem. O seu não recebimento ou a entrega após o decurso desse prazo constitui ônus de prova do destinatário".]. Apelo não provido. (RO nº 0020247-80.2016.5.04.0203, 2ª Turma do TRT da 4ª Região/RS, Rel. Carlos Henrique Selbach. j. 25.05.2017, maioria).

10.3.3. Ônus da prova do término do contrato de trabalho

A Súmula de n. 212 do TST, diz que "O ônus de provar o término do contrato de trabalho, quando negados a prestação de serviço e o despedimento, é do empregador, pois o princípio da continuidade da relação de emprego constitui presunção favorável ao empregado".

Em resumo:

Se o empregador negar o despedimento, ou seja, alegar que a relação foi extinta a pedido do reclamante (pedido de demissão) ou por motivo de justa causa (CLT, art. 482), entende a jurisprudência, que o empregador atraiu para si o ônus da prova. Nesse sentido:

> JUSTA CAUSA. ÔNUS DA PROVA. Incumbe ao réu provar o fato apontado que deu ensejo à dispensa por justa causa, ante o princípio da continuidade (súmula 212 do TST) que rege o contrato de trabalho, bem assim por força do art. 818, II, da CLT. (RO nº 0010218-04.2018.5.03.0049, 7ª Turma do TRT da 3ª Região/MG, Rel. Cristiana M. Valadares Fenelon. j. 12.04.2019).

Para analisar melhor o ônus da prova, vamos imaginar as seguintes situações hipotéticas:

10.3.3.1. Caso 1

Empregado/reclamante pede judicialmente o vínculo de emprego por ter trabalhado sem CTPS assinada. Empregador/reclamado em contestação, alega defesa de mérito direta, ou seja, nega o fato constitutivo do direito do autor – alegou que o empregado nunca trabalhou na empresa.

Neste caso, segundo o art. 818, I da CLT, cabe ao empregado provar o vínculo de emprego.

Nesse viés:

> VÍNCULO EMPREGATÍCIO. DISTRIBUIÇÃO DO ÔNUS DA PROVA. Quanto ao ônus da prova sobre o vínculo empregatício, cabe precisamente ao reclamante demonstrar a presença dos fatos constitutivos do direito e ao reclamado, se admitida a

> prestação de serviços, o encargo da prova dos fatos obstativos ao direito obreiro (artigos 818 da CLT c/c art. 373 do CPC). (RO nº 0010272-07.2015.5.03.0006, 9ª Turma do TRT da 3ª Região/MG, Rel. Convocado Vitor Salino de Moura Eça. j. 28.11.2018).
>
> VÍNCULO DE EMPREGO. ÔNUS DE PROVA. RECONHECIMENTO. Negada a própria prestação de serviços, incumbe à autora comprovar os fatos constitutivos de seu direito. (RO nº 0010173-53.2018.5.03.0096, 3ª Turma do TRT da 3ª Região/MG, Rel. Luis Felipe Lopes Boson. j. 24.11.2018).
>
> VÍNCULO DE EMPREGO. ÔNUS DA PROVA. Negada pela reclamada a prestação de serviços de forma subordinada ou qualquer outra modalidade de relação de trabalho, o ônus de comprovar o vínculo de emprego deve ser atribuído ao reclamante. (RO nº 0010593-94.2017.5.03.0160, 3ª Turma do TRT da 3ª Região/MG, Rel. Camilla G. Pereira Zeidler. j. 25.10.2018).

10.3.3.2. Caso 2

Empregado/reclamante pede judicialmente o vínculo de emprego por ter trabalhado sem CTPS assinada. Empregador/reclamado em contestação, alega defesa de mérito indireta, ou seja, alega fato impeditivo, modificativo ou extintivo do direito do autor – alegou que o empregado era prestador de serviços.

Neste caso, segundo o art. 818, II da CLT, cabe ao empregador provar que a relação de trabalho havida entre as partes guarda natureza diversa do vínculo empregatício sustentado.

Nesse sentido:

> VÍNCULO EMPREGATÍCIO. ÔNUS DA PROVA. Admitindo-se a prestação de serviços, incumbe ao empregador o encargo de comprovar a inexistência da relação de emprego. Não se desvencilhando deste ônus, a teor dos artigos 818 da CLT e 373, inciso II, do NCPC, impõe-se o reconhecimento do vínculo de emprego, na esteira dos artigos 2ºe 3º da CLT. (RO nº 0010216-41.2018.5.03.0176, 10ª Turma do TRT da 3ª Região/MG, Rel. Convocado Adriana Campos de Souza Freire Pimenta. j. 18.02.2019).

> VÍNCULO DE EMPREGO – PRESTAÇÃO DE SERVIÇOS ADMITIDA PELA RECLAMADA – ÔNUS DA PROVA. No Direito Processual do Trabalho, admitida a prestação de serviços pela reclamada sob natureza diversa da empregatícia, a ele incumbe o ônus da prova, a teor do disposto nos artigos 818, II, da CLT e 373, II, do CPC, porquanto constitui fato impeditivo ao reconhecimento da relação empregatícia. Deste ônus se desincumbindo a contento, comprovando que a prestação de serviços se deu a título esporádico, impõe-se o indeferimento da pretensão deduzida na petição de ingresso atinente ao reconhecimento da relação de emprego tutelada pelo Estatuto Consolidado. (RO nº 0010904-31.2017.5.03.0178, 5ª Turma do TRT da 3ª Região/MG, Rel. Júlio Bernardo do Carmo. j. 14.02.2019).

> VÍNCULO DE EMPREGO. ÔNUS DA PROVA. O reconhecimento da relação de emprego demanda a análise criteriosa do conjunto probatório produzido pelas partes, sendo imprescindível o preenchimento dos requisitos estabelecidos no art. 3º da CLT. Uma vez negado o vínculo de emprego aventado na Petição Inicial, mas reconhecida a prestação de serviços, tornou-se dos Reclamados o ônus da comprovação de que a relação de trabalho havida entre as partes guarda natureza diversa do vínculo empregatício sustentado. Desincumbindo-se os Reclamados de seu ônus processual, fica mantida a sentença que indeferiu o pedido de declaração do vínculo empregatício. (RO nº 0010538-11.2017.5.03.0010, 8ª Turma do TRT da 3ª Região/MG, Rel. Convocado Eduardo Aurélio P. Ferri. j. 13.02.2019).

10.3.3.3. Caso 3

Empregado/reclamante pede judicialmente o vínculo de emprego por ter trabalhado sem CTPS assinada um período de 6 meses antes da assinatura da sua CTPS. Neste caso, segundo a jurisprudência, cabe ao empregado provar o vínculo de emprego, quando o reclamado negar a prestação de serviço, em período anterior ao registro formal da CTPS.

Nesse sentido:

> VÍNCULO EMPREGATÍCIO – Negada a prestação de serviço, em período anterior ao registro formal da CTPS, incumbe à

reclamante o ônus de comprovar o fato constitutivo do seu direito, obrigação da qual se desvencilhou a contento. (RO nº 0010957-35.2017.5.03.0138, 6ª Turma do TRT da 3ª Região/MG, Rel. Jorge Berg de Mendonça. j. 06.02.2019).

VÍNCULO DE EMPREGO. LABOR EM PERÍODO ANTERIOR AO ANOTADO. ÔNUS DA PROVA AUTORAL. Ao sustentar ter trabalhado em período anterior à anotação da sua CTPS, o reclamante atraiu para si o ônus probatório, por se tratar de fato constitutivo do seu pleito, ante o teor dos arts. 818, da CLT e 373, I, do CPC. Nesse sentido, logou êxito em comprovar o efetivo labor antes da anotação nos mesmos moldes de quando passou a ter o vínculo reconhecido, atraindo a presunção de que sempre estiveram presentes os requisitos do art. 3º, da CLT.[...] (Recurso Ordinário nº 0100711-49.2017.5.01.0071, TRT da 1ª Região, Rel. Marcos Pinto da Cruz. DOERJ 02.10.2018).

RECURSO ORDINÁRIO DO RECLAMANTE. PERÍODO CLANDESTINO. AUSÊNCIA DE PROVA. NÃO PROVIMENTO. Gozando as anotações da CTPS de presunção relativa de veracidade, cumpria ao autor provar o registro incorreto (art. 818, CLT). Não se desincumbindo de seu ônus, improcede o pedido de reconhecimento de vínculo em período não anotado. (Recurso Ordinário nº 0002047-10.2017.5.07.0008, 1ª Turma do TRT da 7ª Região/CE, Rel. Regina Gláucia Cavalcante Nepomuceno. j. 31.10.2018).

10.3.3.4. Caso 4

Empregado/reclamante pede judicialmente o vínculo de emprego por ter trabalhado sem CTPS após a sua demissão. Neste caso, segundo a jurisprudência, cabe ao empregado provar o vínculo de emprego, quando o reclamado negar a prestação de serviço, em período posterior ao registro formal da CTPS.

Nesse sentido:

VÍNCULO DE EMPREGO APÓS A BAIXA NA CTPS. ÔNUS DA PROVA – Uma vez negada a prestação dos serviços após a baixa na CTPS, incumbe ao autor a comprovação do fato constitutivo do direito demandado – o vínculo de emprego, sob pena de ter frustrada sua pretensão. (RO nº 0010361-94.2018.5.03.0080, 6ª Turma do TRT da 3ª Região/MG, Rel. Anemar Pereira Amaral. j. 12.12.2018).

DATA DE ADMISSÃO. PEDIDO DE RETIFICAÇÃO DA CTPS. ÔNUS DA PROVA E VALORAÇÃO DA PROVA. Quando há alegação de vínculo mais elástico do que aquele registrado em CTPS, sabe-se que o ônus de provar o fato constitutivo alegado é do trabalhador (art. 818, I, da CLT). Isso não significa, porém, que apenas a prova por ele produzida possa (ou deva) ser valorada na busca da verdade. Todo o conjunto probatório pode e deve ser sopesado, inclusive as provas produzidas pelo ex-adverso. (RO nº 0000597-46.2010.5.03.0054, 11ª Turma do TRT da 3ª Região/MG, Rel. Luiz Antônio de Paula Iennaco. Publ. 26.10.2018).

VÍNCULO DE EMPREGO. ÔNUS DA PROVA. Ante a negativa do réu acerca da prestação de serviços em período anterior e/ou posterior ao formalizado, o ônus de provar o fato constitutivo do direito, nos termos dos arts. 818, I, da CLT e 373, I, do CPC, compete ao autor da ação. (RO nº 0020581-49.2016.5.04.0451, 6ª Turma do TRT da 4ª Região/RS, Rel. Fernando Luiz de Moura Cassal. j. 08.08.2018).

VÍNCULO EMPREGATÍCIO. PRESTAÇÃO DE SERVIÇOS EM PERÍODO POSTERIOR AO ANOTADO NA CTPS. FATO CONSTITUTIVO. ÔNUS DA PROVA. Cabe ao reclamante o ônus de provar a existência de trabalho no período posterior ao anotado em sua CTPS. Tal conclusão exsurge da mera leitura da CLT: 818 e do CPC/15: 373, I que dispõem caber ao autor a prova dos fatos constitutivos do direito perseguido. (Recurso Ordinário nº 0101780-58.2016.5.01.0037, TRT da 1ª Região, Rel. José Antônio Teixeira da Silva. DOERJ 20.11.2018).

VÍNCULO DE EMPREGO. PERÍODO SEM REGISTRO. PRESTAÇÃO DE SERVIÇOS NEGADA PELA RECLAMADA. ÔNUS DA PROVA DO RECLAMANTE. Afirmada a existência de vínculo empregatício em período posterior à baixa na CTPS do empregado e negada a prestação de serviços pelo empregador, é daquele o ônus de comprovar suas alegações (artigos 373, I, do CPC, e 818, da CLT). Tendo o obreiro se desvencilhado a contento de tal encargo, prevalece a existência do liame. Recurso da reclamada ao qual se nega provimento. (RO nº 1001087-55.2016.5.02.0608, 11ª Turma do TRT da 2ª Região/SP, Rel. Sérgio Roberto Rodrigues. DJe 22.05.2018).

Em sentido diverso:

> VÍNCULO EMPREGATÍCIO. PERÍODO LABORADO APÓS A RESCISÃO CONTRATUAL. ÔNUS DA PROVA. IN DUBIO PRO OPERARIO. O princípio-mor orientador do Direito do Trabalho, o princípio da proteção, compreende a regra in dubio pro operario. Vale dizer, quando uma norma possa ser entendida de várias formas, deve-se preferir a interpretação mais favorável ao trabalhador, pois ele é o destinatário da tutela legislativa estatal, por ser a parte mais fraca na relação jurídica, ao alienar a sua força de trabalho, sendo que, no caso de dúvida na interpretação da norma, esta deve laborar em favor do empregado. No caso, em vista da natureza protetiva das normas trabalhistas, e diante dos princípios da atribuição do ônus da prova de modo diverso (art. 373, § 1º, CPC/2015) e da continuidade da relação de emprego, incumbia à ré (arts. 818, da CLT e 373, II, CPC/2015) a prova de que a prestação de labor efetivamente teve fim na data da rescisão contratual, e não em momento posterior. Recurso provido, com retorno dos autos à origem para análise das pretensões referentes ao período de vínculo reconhecido. (RO nº 0021220-57.2015.5.04.0013, 2ª Turma do TRT da 4ª Região/RS, Rel. Marcelo José Ferlin D'Ambroso. j. 07.02.2019, unânime).

10.3.4. Ônus da prova do salário família

A Súmula de n. 254 do TST, diz que "O termo inicial do direito ao salário-família coincide com a prova da filiação. Se feita em juízo, corresponde à data de ajuizamento do pedido, salvo se comprovado que anteriormente o empregador se recusara a receber a respectiva certidão".

Em resumo:

É do empregado o ônus da prova do fornecimento ao empregador dos documentos necessários à percepção do salário-família.

Nesse sentido:

> I – AGRAVO DE INSTRUMENTO EM RECURSO DE REVISTA – RECURSO DE REVISTA INTERPOSTO SOB A ÉGIDE DA LEI Nº 13.015/2014 – SALÁRIO-FAMÍLIA. PREENCHIMENTO

DOS REQUISITOS. ÔNUS DA PROVA. Constatada violação do art. 67 da Lei nº 8.213/91, merece provimento o agravo de instrumento para determinar o processamento do recurso de revista. II – RECURSO DE REVISTA INTERPOSTO SOB A ÉGIDE DA LEI Nº 13.015/2014 – SALÁRIO-FAMÍLIA. PREENCHIMENTO DOS REQUISITOS. ÔNUS DA PROVA. A jurisprudência desta Corte se consolidou no sentido de que é do empregado o ônus da prova do fornecimento ao empregador dos documentos necessários à percepção do salário-família. Recurso de revista conhecido e provido. (RR nº 1273-33.2015.5.19.0002, 8ª Turma do TST, Rel. Márcio Eurico Vitral Amaro. j. 07.02.2018, Publ. 09.02.2018).

SALÁRIO-FAMÍLIA. ÔNUS DA PROVA. Em face do princípio da aptidão da prova, o ônus de produzi-la deve ser atribuído a quem tenha os melhores meios e condições de fazê-lo, de provar o fato controvertido, independentemente de se tratar de fato constitutivo, impeditivo ou extintivo do direito da outra parte, conferindo essa inversão do ônus probatório, uma visão mais social do processo. (Processo nº 0001035-69.2016.5.05.0551, 5ª Turma do TRT da 5ª Região/BA, Rel. Maria Adna Aguiar. DJ 08.05.2018).

RECURSO ORDINÁRIO OBREIRO. SALÁRIO-FAMÍLIA. ÔNUS DA PROVA. DOCUMENTAÇÃO. É do empregado o ônus probatório de que apresentou a documentação necessária à percepção do benefício pretendido, constante no art. 67 da Lei nº 8.213/91. Assim, uma vez que houve, por parte da autora, demonstração do fato constitutivo de seu direito, sendo a apresentação da certidão de nascimento da filha menor de idade o marco inicial para o pagamento do salário-família, entendimento consubstanciado na Súmula 254 do TST, defere-se o pleito pretendido. Recurso parcialmente provido. (RO nº 0000387-45.2017.5.19.0008, TRT da 19ª Região/AL, Rel. Laerte Neves de Souza. DEJT 07.05.2018).

10.3.5. Ônus da prova do pagamento do salário

A prova do pagamento dos salários deve ser feita pelo empregador, mediante a apresentação de recibo assinado pelo empregado, conforme disposição contida no art. 464 da CLT.

CLT, Art. 464 – O pagamento do salário deverá ser efetuado contra recibo, assinado pelo empregado; em se tratando de analfabeto, mediante sua impressão digital, ou, não sendo esta possível, a seu rogo.

Parágrafo único. Terá força de recibo o comprovante de depósito em conta bancária, aberta para esse fim em nome de cada empregado, com o consentimento deste, em estabelecimento de crédito próximo ao local de trabalho.

Em resumo:

Com base no artigo 464 da CLT, o pagamento do salário deve ser efetuado mediante recibo assinado pelo empregado ou por meio de comprovante de depósito em conta bancária deste.

Nesse sentido:

RECURSO ORDINÁRIO DA RECLAMADA. PAGAMENTO. ÔNUS DA PROVA. ART. 464 DA CLT. A comprovação do pagamento de salário se faz mediante recibo, nos termos do art. 464 da CLT. Assim, tendo a reclamada logrado comprovar que efetuou o pagamento do abono normativo, impõe-se o provimento do apelo para excluir a parcela da condenação. Recurso patronal provido, no particular. (Recurso Ordinário nº 0001395-38.2012.5.01.0039, 5ª Turma do TRT da 1ª Região/RJ, Rel. Enoque Ribeiro dos Santos. DOERJ 26.02.2019).

PAGAMENTO DE SALÁRIO. ART. 464 DA CLT. ÔNUS DE PROVA. A prova do pagamento dos salários deve ser feita pelo empregador, mediante a apresentação de recibo assinado pelo empregado, conforme disposição contida no art. 464 da CLT. Diante do princípio da aptidão da prova, caberia ao réu o ônus de provar o pagamento do auxílio cesta-alimentação, bem como da complementação do auxílio-doença, ônus do qual o mesmo não se desincumbiu satisfatoriamente. Provimento parcial ao recurso interposto. (Recurso Ordinário nº 0089800-27.2006.5.01.0244, 5ª Turma do TRT da 1ª Região/RJ, Rel. Roberto Norris. DOERJ 22.01.2019).

SALÁRIO. COMPROVAÇÃO DE PAGAMENTO. ÔNUS DA PROVA. De acordo com o artigo 464, CLT, o pagamento do salário deve ser efetuado mediante recibo assinado pelo empregado

> ou por meio de comprovante de depósito em conta bancária deste. Desta forma, recai sobre o empregador o ônus de demonstrar o adimplemento salarial e a correção dos valore pagos. (RO nº 0011782-64.2016.5.03.0024, 10ª Turma do TRT da 3ª Região/MG, Rel. Convocado Adriana Campos de Souza Freire Pimenta. j. 29.11.2019).

10.3.6. Ônus da prova do pagamento do salário "por fora" do contracheque

Como vimos acima, o art. 464 da CLT, bem como seu parágrafo único, determinam que a comprovação do pagamento de salário e de seu efetivo valor far-se-á mediante apresentação de recibo de pagamento devidamente assinado pelo empregado ou depósito em sua conta bancária. Assim, uma vez apresentados os recibos de pagamento pelo empregador, cabe ao empregado desconstituir a validade dos referidos documentos, comprovando o pagamento de salário extrafolha, em face dos princípios da boa-fé e princípio da primazia da realidade sobre a forma.

Em resumo:

O ônus da prova quanto ao pagamento do salário pago "por fora", compete ao empregado.

Nesse sentido:

> RECURSO ORDINÁRIO. SALÁRIO EXTRAFOLHA. ÔNUS DA PROVA. A comprovação do pagamento do salário e do seu efetivo valor, em regra, deve ser feita mediante apresentação de recibo, assinado pelo empregado, ou comprovante de depósito em conta bancária (art. 464 da CLT). Entretanto, não se pode olvidar que prevalece no Direito do Trabalho o princípio da primazia da realidade sobre a forma. Por se tratar de fato constitutivo do seu direito, o ônus da prova quanto ao pagamento de valores alegadamente não constantes dos recibos de pagamento compete ao empregado, nos termos do art. 818 da CLT c/c art. 373, I, do CPC. (RO nº 0010164-18.2017.5.03.0067, 10ª Turma do TRT da 3ª Região/MG, Rel. Rosemary de O. Pires. j. 05.11.2019).

SALÁRIO EXTRAFOLHA. ÔNUS DA PROVA. Nos termos do caput do art. 464 da CLT, bem como de seu parágrafo único, a comprovação do pagamento de salário e de seu efetivo valor far-se-á mediante apresentação de recibo de pagamento devidamente assinado pelo empregado ou depósito em sua conta bancária. Logo, uma vez apresentados os recibos de pagamento, cabe ao reclamante desconstituir a validade dos referidos documentos, comprovando o pagamento de salário extrafolha. (RO nº 0011170-22.2017.5.03.0112, 11ª Turma do TRT da 3ª Região/MG, Rel. Luiz Antônio de Paula Iennaco. j. 17.10.2019).

Salário clandestino. Pagamento. Prova. Ônus do empregado. Em respeito ao princípio da boa-fé objetiva e ao art. 464 da CLT presume-se que a remuneração efetivamente paga é aquela que consta dos recibos de pagamento, por isso incumbe ao empregado provar o pagamento de valores por fora. Hipótese em que a autora se desincumbiu de seu ônus por meio de extratos bancários e prova oral. Recurso a que se nega provimento. (Processo nº 1001294-05.2017.5.02.0031, 17ª Turma do TRT da 2ª Região/SP, Rel. Thais Verrastro de Almeida. DJe 23.08.2018).

10.3.7. Ônus da prova nos casos de acúmulo de função

Nos pedidos de acúmulo de função, por se tratar de fato constitutivo do direito do reclamante empregado, cabe a este o ônus de provar quanto ao incremento quantitativo e qualitativo de suas funções, nos termos do art. 818, I, da CLT.

Em resumo:

Compete ao reclamante empregado demonstrar que cumulou funções para as quais a empresa necessitaria contratar outro empregado.

Nesse viés:

ACÚMULO DE FUNÇÕES. O acúmulo de função se configura quando o empregado, contratado para exercer uma função específica, passa a desempenhar, em acréscimo, outras atividades afetas a função distinta, passando a trabalhar mais do que o inicialmente

> combinado, mas sem receber a devida contraprestação pecuniária. O que a lei quer proteger é a exploração da força de trabalho dos empregados e o enriquecimento ilícito do empregador, que, ao se utilizar indevidamente de determinado profissional, altera as cláusulas pactuadas originalmente, esquiva-se de contratar e remunerar outro empregado, cuja demanda se mostre exigível, habitualmente. Pela distribuição do ônus de prova, porém, compete ao empregado demonstrar que cumulou funções para as quais a empresa necessitaria contratar outro empregado. (RO nº 0010303-30.2018.5.03.0165, 1ª Turma do TRT da 3ª Região/MG, Rel. Emerson José Alves Lage. j. 27.11.2019).

> ACÚMULO DE FUNÇÃO. PLUS SALARIAL ÔNUS DA PROVA. Incumbe ao reclamante o ônus da prova quanto ao alegado acúmulo de funções, por se tratar de fato constitutivo de seu direito a diferenças salariais (inteligência dos artigos 818 da CLT e 373, inciso I, do CPC/2015). O autor não se desincumbiu desse encargo, razão pela qual não merece reforma a r. sentença que julgou improcedente o pedido. Recurso do reclamante a que se nega provimento. (ROT nº 0011978-28.2017.5.18.0009, 3ª Turma do TRT da 18ª Região/GO, Rel. Celso Moredo Garcia. DEJT 18.10.2019).

10.3.8. *Ônus da prova sobre a jornada de trabalho*

A Súmula de n. 338 do TST em seu item I, diz que "É ônus do empregador que conta com mais de 10 empregados o registro da jornada de trabalho na forma do art. 74, § 2º, da CLT. A não-apresentação injustificada dos controles de frequência gera presunção relativa de veracidade da jornada de trabalho, a qual pode ser elidida por prova em contrário".

OBS: A Lei nº 13.874, de 2019 alterou o § 2º do art. 74 da CLT e passou a determinar a obrigação do ponto para empresas que possuem mais de 20 funcionários em seu estabelecimento. Após a edição da 13.874/2019, a regra ficou assim:

> EMPRESA COM MENOS DE 20 EMPREGADOS POR ESTABELECIMENTO: O reclamante deve provar sua jornada de trabalho em juízo.

> EMPRESA COM MAIS DE 20 EMPREGADOS POR ESTABELECIMENTO: A reclamada tem o dever de apresentar os cartões de ponto em juízo junto com a sua contestação, sob pena de prevalecer a jornada escrita na peça inicial. Nesse sentido:

Em resumo:

Aplicando-se as regras processuais descrita no 818 da CLT, alegado o trabalho em horas extraordinárias e apresentando a empresa os devidos registros de ponto, compete ao trabalhador a prova das diferenças eventualmente não pagas, para fazer jus ao recebimento das horas postuladas. Nesse sentido:

> HORAS EXTRAS. ÔNUS DA PROVA. Apresentados pela reclamada os controles de jornada com anotações variáveis, compete ao reclamante desconstituir a presunção de veracidade dos documentos e comprovar irregularidades nos registros. (RO nº 0011037-47.2017.5.03.0025, 4ª Turma do TRT da 3ª Região/MG, Rel. Paulo Chaves Correa Filho. j. 22.04.2019).

> HORAS EXTRAS. ÔNUS DA PROVA. Colacionados aos autos os cartões de ponto com horários variáveis, mantém-se com a autora o ônus da prova da jornada extraordinária não registrada, ou de horas suplementares registradas e não remuneradas (artigos 818 da CLT e 373, I, do CPC/2015). Apurando-se, nos cartões de ponto, minutos extras não remunerados, impõe-se o deferimento das horas suplementares consequentes. Apelo provido. (RO nº 0010381-23.2017.5.03.0112, 4ª Turma do TRT da 3ª Região/MG, Rel. Paula Oliveira Cantelli. j. 05.04.2019).

– Professor, tenho uma dúvida sobre esse tema.

Manda aí!

– Se eu tenho três empresas, sendo uma matriz e duas filiais e que, na matriz ou tenho 30 funcionários e nas filiais eu tenho apenas 12 em cada. Eu sou obrigado a ter o cartão de ponto, já que ao todo eu tenho 42 funcionários?

Veja bem, o TST entende que à expressão "estabelecimento", contida no art. 74, § 2º, da CLT, volta-se para cada local de prestação de serviços, e não para a totalidade do empreendimento, caso em que o legislador utilizaria a expressão "empresa", contida no art. 2º da CLT. Nesse sentido:

> AGRAVO DE INSTRUMENTO. RECURSO DE REVISTA. PROCESSO SOB A ÉGIDE DA LEI 13.015/2014. HORAS EXTRAS. ART. 74, § 2º, DA CLT. CONTROLE DE JORNADA. CONCEITO DE "ESTABELECIMENTO". Demonstrado no agravo de instrumento que o recurso de revista preenchia os requisitos do art. 896 da CLT, dá-se provimento ao agravo de instrumento, para melhor análise da arguição de violação do art. 74, § 2º, da CLT, suscitada no recurso de revista. Agravo de instrumento provido. RECURSO DE REVISTA. HORAS EXTRAS. ART. 74, § 2º, DA CLT. CONTROLE DE JORNADA. CONCEITO DE "ESTABELECIMENTO". Segundo o art. 74, § 2º, da CLT, "para os estabelecimentos de mais de dez trabalhadores", será obrigatório o registro de jornada. A alusão à expressão "estabelecimento" volta-se para cada local de prestação de serviços, e não para a totalidade do empreendimento, caso em que o legislador utilizaria a expressão "empresa", contida no art. 2º da CLT. Desse modo, não havendo mais de 10 empregados no estabelecimento onde se deu a prestação de serviços pelo Reclamante, não está a Reclamada obrigada a colacionar os registros da jornada de trabalho. Recurso de revista conhecido e provido. (RR – 2526-16.2013.5.09.0128, Relator Ministro: Mauricio Godinho Delgado, Data de Julgamento: 21/10/2015, 3ª Turma, Data de Publicação: DEJT 23/10/2015)

> RECURSO DE REVISTA. HORAS EXTRAS. ART. 74, § 2º, DA CLT. CONTROLE DE JORNADA. CONCEITO DE "ESTABELECIMENTO". Segundo o art. 74, § 2º, da CLT, "para os estabelecimentos de mais de dez trabalhadores", será obrigatório o registro de jornada. A alusão à expressão "estabelecimento" volta-se para cada local de prestação de serviços, e não para a totalidade do empreendimento, caso em que o legislador utilizaria a expressão "empresa", contida no art. 2º da CLT. Desse modo, não havendo mais de 10 empregados no estabelecimento onde se deu a prestação de serviços pelo Reclamante, não está a Reclamada obrigada a colacionar os registros da jornada de trabalho. Recurso de revista

> conhecido, por divergência jurisprudencial, mas desprovido. (RR – 1208-57.2012.5.03.0109, Relator Ministro: Mauricio Godinho Delgado, Data de Julgamento: 26/08/2015, 3ª Turma, Data de Publicação: DEJT 18/09/2015)

Logo, você vai precisar ter o ponto apenas na sua matriz, porque nesse estabelecimento tem mais de 20 funcionários.

Atenção! Com o advento da Reforma Trabalhista do ano de 2017 (Lei 13.467/2017), o art. 611-A, CLT, permite que se tenha a flexibilização do art. 74, CLT, ao dispor que é possível a negociação coletiva quanto à modalidade de registro de jornada de trabalho.

10.3.8.1. Impugnação do cartão de ponto

– Professor, se o cartão de ponto não for verídico, basta que eu faça a impugnação para que ele seja declarado inválido pelo juiz?

Não basta a simples impugnação da parte autora para invalidar o cartão de ponto, deve o reclamante provar a fraude por meio de outros meios de prova, como por exemplo, por meio da prova testemunhal. Nesse sentido:

> JORNADA DE TRABALHO. CARTÕES DE PONTO IMPUGNADO. ÔNUS DA PROVA. Apresentando os cartões de ponto pela empregadora, a sua impugnação pelo obreiro lhe transfere o encargo de demonstrar a imprestabilidade dos documentos, em face da distribuição do ônus da prova, o que ocorreu no caso, [...] (Processo nº 0001095-59.2016.5.05.0028, 4ª Turma do TRT da 5ª Região/BA, Rel. Ana Lúcia Bezerra Silva. DJ 14.06.2018).

> PROVA DOCUMENTAL – PRESUNÇÃO RELATIVA DE VERACIDADE – HORAS EXTRAS – ÔNUS DA PROVA. Os cartões de ponto provam a duração da jornada (parágrafo 2º artigo 74 CLT), pela presunção relativa de veracidade da prova documental, prevista nos artigos 219 do Código Civil e 408 do CPC. Como a empregada não provou a falsidade dessa prova documental, nem demonstrou, ainda que por amostragem ou simples indicação de exemplo, a existência de diferenças de horas extras

> não pagas, ônus que lhe cabia, nos termos do inciso I artigo 818 CLT e inciso I artigo 373 CPC, prevalece a quitação exarada nos recibos de salários. (RO nº 0011652-64.2016.5.03.0092, 2ª Turma do TRT da 3ª Região/MG, Rel. Convocado Helder Vasconcelos Guimarães. j. 23.04.2019).

10.3.8.2. Invalidade do cartão de ponto com horário de entrada e saída uniforme

Os cartões com horário de entrada e saída uniformes (britânicos) são inválidos como meio de prova, conforme item III da súmula 338 do TST que diz que: "os cartões de ponto que demonstram horários de entrada e saída uniformes são inválidos como meio de prova, invertendo-se o ônus da prova, relativo às horas extras, que passa a ser do empregador, prevalecendo a jornada da inicial se dele não se desincumbir". Nesse sentido:

> HORAS EXTRAS. CARTÕES DE PONTO BRITÂNICOS. Alegado o labor em sobrejornada, aplicando-se as regras processuais descritas nos artigos 333 do CPC e 818 da CLT, cabe ao Autor o ônus da prova do fato constitutivo de seu direito, competindo-lhe a prova irrefutável do tempo de efetivo trabalho, para fazer jus ao recebimento das horas extras postuladas. Lado outro, nos termos da Súmula 338 do c. TST, é ônus do empregador, que conta com mais de 10 (dez) empregados, o registro da jornada de trabalho, sendo que os cartões de ponto que demonstram horários de entrada e saída uniformes são inválidos como meio de prova, prevalecendo então a jornada aduzida na inicial. Se, in casu, o Réu trouxe aos autos cartões de ponto britânicos, tem-se por correta a decisão primeva que, invalidando os controles de ponto, fixou a jornada de trabalho do Autor com base no conjunto probatório coligido aos autos e deferiu-lhe o pagamento extraordinário pertinente. (RO nº 0010045-75.2018.5.03.0082, 8ª Turma do TRT da 3ª Região/MG, Rel. Márcio Ribeiro do Valle. j. 24.04.2019).

– Professor?

Diga.

– Essa marcação uniforme é proibida também para a marcação do intervalo intrajornada? (Intervalo para refeição e descanso do art. 71 da CLT)

No caso do intervalo intrajornada, a própria lei já autoriza a pré-assinalação pelo empregador, sendo assim, o empregado fica dispensado de anotar o ponto se esse intervalo já está assinalado na folha de ponto, senão vejamos o que diz o § 2º do art. 74 da CLT.

> CLT, Art. 74 – [...]
>
> § 2º – Para os estabelecimentos com mais de 20 (vinte) trabalhadores será obrigatória a anotação da hora de entrada e de saída, em registro manual, mecânico ou eletrônico, conforme instruções expedidas pela Secretaria Especial de Previdência e Trabalho do Ministério da Economia, PERMITIDA A PRÉ-ASSINALAÇÃO DO PERÍODO DE REPOUSO.

– Então Hamilton, cabe ao empregado comprovar que não teve o intervalo para refeição em juízo quando esse intervalo já vem pré-assinalado?

Isso mesmo. É do empregado o ônus de comprovar a concessão irregular do período para repouso e alimentação quando apresentados pelo empregador cartões de ponto com a pré-assinalação do intervalo intrajornada, porque essa pré-assinalação, demonstra a presunção de veracidade do intervalo assinalado.

Quando a parte se deparar com esse documento irregular na audiência, ela ou seu advogado já devem fazer a sua impugnação. Deve ainda, comprovar nos autos por outros meios de prova, como por exemplo, pela prova testemunhal que não teve o intervalo para refeição como determina a Lei. Nesse sentido:

> 5 – HORAS EXTRAS. INTERVALO REDUZIDO. ÔNUS DA PROVA. 5.1. No caso, o Tribunal Regional consignou que houve pré-assinalação do intervalo intrajornada e que o reclamante não se desincumbiu do ônus que lhe cabia quanto à demonstração da

> irregularidade na fruição do intervalo intrajornada. 5.2. A pré-assinalação do intervalo intrajornada é expressamente determinada no art. 74, § 2º, da CLT, sendo certo que a uniformidade das anotações não inverte o ônus da prova quanto ao fato constitutivo do direito do reclamante, nos termos do art. 818 da CLT. Inaplicável a Súmula 338, III, do TST. Precedentes. Recurso de revista não conhecido. (RR nº 232185-93.2008.5.12.0026, 2ª Turma do TST, Rel. Delaíde Miranda Arantes. j. 14.08.2019, Publ. 16.08.2019).

10.3.8.3. Pedido de diferença de horas extras

No caso de pedido de diferença de horas extras, cabe ao reclamante comprovar que as horas não foram pagas de forma correta. Nesse sentido:

> 2. HORAS EXTRAS. CARTÕES DE PONTO. VALIDADE. DIFERENÇAS. ÔNUS DA PROVA. Não comprovada a irregularidade dos registros de frequência quanto aos horários de entrada e saída, imperativa será a confirmação de sua validade. Agravo de instrumento conhecido e desprovido. (AIRR nº 1086-16.2014.5.04.0701, 3ª Turma do TST, Rel. Alberto Luiz Bresciani de Fontan Pereira. j. 05.02.2020, Publ. 07.02.2020).

> DIFERENÇAS DE HORAS EXTRAS – ÔNUS DA PROVA. Nas hipóteses em que o pleito obreiro repousa no pagamento de diferenças de horas extras, cabe ao Autor o ônus de comprovar o fato constitutivo de seu direito, que, no caso, consubstancia-se na ausência de registro de dias efetivamente trabalhados e da correlata falta de quitação do sobrelabor prestado. (RO nº 0010676-81.2017.5.03.0105, 4ª Turma do TRT da 3ª Região/MG, Rel. Denise Alves Horta. j. 18.12.2018).

> DIFERENÇAS DE HORAS EXTRAS. NÃO DEMONSTRAÇÃO. INDEFERIMENTO. Sendo incontroversa a veracidade dos controles de ponto e dos recibos de pagamento, cabia ao autor a demonstração de diferenças de horas extras impagas. A amostragem realizada pelo reclamante não se presta a tal fim, já que se baseou em adicionais de horas extras não previstos nos instrumentos coletivos, pelo que o autor não se desincumbiu do ônus de demonstrar o direito pleiteado (art. 373, I, do CPC). (RO nº

0011692-55.2017.5.03.0013, 11ª Turma do TRT da 3ª Região/MG, Rel. Juliana Vignoli Cordeiro. j. 30.11.2018).

DIFERENÇAS DE HORAS EXTRAS. ÔNUS DA PROVA. Afirmando o empregado que faz jus a diferenças de horas extras e tendo a Empregadora apresentado aos autos os controles de jornada e comprovantes de pagamento, não desconstituído pelos demais elementos de prova, é ônus do empregado demonstrar/apontar, ao menos por amostragem, eventuais diferenças de horas extras em seu favor, por se tratar de fato constitutivo do direito pleiteado, nos termos dos arts. 333 do CPC/73, 373 do CPC/2015 e 818 da CLT. (RO nº 0010417-60.2018.5.03.0167, 8ª Turma do TRT da 3ª Região/MG, Rel. Sercio da Silva Pecanha. j. 21.11.2018).

10.3.8.4. Alegação de fato impeditivo, modificativo ou extintivo pela empresa

Na hipótese de a empresa alegar fato impeditivo, modificativo ou extintivo do direito do reclamante, atrai para si o ônus da prova. Vejamos:

(1) Fato extintivo – Alegação de pagamento das horas extras

HORAS EXTRAS - REFLEXOS - PROVA DO PAGAMENTO - EMPREGADOR - Nos termos do art. 464 da CLT, a prova do pagamento de salário deve ser feita por intermédio de recibo devidamente assinado pelo empregado, ou mediante comprovante do respectivo depósito em conta bancária do trabalhador, sendo ônus do empregador a prova do pagamento do salário (e das demais verbas) aos seus empregados. Diante da ausência dos recibos de pagamento, impossível ao Reclamante demonstrar, sequer por amostragem, diferenças a seu favor. (RO nº 0011347-31.2017.5.03.0097, 7ª Turma do TRT da 3ª Região/MG, Rel. Paulo Roberto de Castro. j. 28.09.2018).

(2) Fato impeditivo – Trabalho externo – Art. 62, I da CLT.

LABOR EXTERNO INCOMPATÍVEL COM A FIXAÇÃO DE JORNADAS. ÔNUS DA PROVA. A norma do art. 62, I, da CLT tem caráter exceptivo, porquanto a regra geral é que o trabalhador tenha suas jornadas acompanhadas pelo empregador, para fins de que a contraprestação pecuniária corresponda à quantidade de tempo gasto. Assim, pesa sobre a empresa o ônus da prova respectiva, a qual, no caso concreto, não foi feita, o que chancela a condenação no pagamento das horas extras prestadas. (RO nº 0011600-23.2016.5.03.0107, 10ª Turma do TRT da 3ª Região/MG, Rel. Taísa Maria M. de Lima. j. 05.11.2018).

(3) Fato impeditivo – Cargo de direção – Art. 62, II da CLT.

HORAS EXTRAS. CARGO DE CONFIANÇA. ÔNUS DA PROVA. Entende-se como cargo de gestão aquele em que o empregado representa o empregador, com poderes de mando, identificando-se com o poder diretivo sobre os negócios da empresa ou do estabelecimento. E, quando se fala em cargo de confiança, tais como gerentes, diretores e chefes de departamento ou filial, a lei se refere àqueles nos quais a confiança depositada pelo empregador no empregado é excepcional, passível de alterar ou modificar os destinos da empresa. O ônus de prova quanto ao enquadramento do empregado na hipótese prevista no art. 62, II, da CLT, é do empregador, por se tratar de fato impeditivo do direito do trabalhador. (RO nº 0011783-89.2016.5.03.0140, 6ª Turma do TRT da 3ª Região/MG, Rel. César Machado. j. 02.04.2019).

O TST através da Subseção I da Seção Especializada em Dissídios Individuais (SBDI-1) já fixou entendimento de que a configuração do cargo de confiança previsto no artigo 62, II, da CLT depende apenas do acréscimo de 40% sobre o salário efetivo do ocupante do cargo, **sendo desnecessário que tal valor seja pago em rubrica separada.**

Nesse sentido:

"RECURSO DE REVISTA. 1. HORAS EXTRAORDINÁRIAS. GERENTE. CARGO DE CONFIANÇA. ARTIGO 62, II, DA CLT. REMUNERAÇÃO DIFERENCIADA. CONFIGURAÇÃO. AUSÊNCIA DE PREQUESTIONAMENTO. NÃO CONHECIMENTO. A Colenda Subseção I da Seção Especializada em Dissídios Individuais desta Corte Superior (SBDI-1) firmou entendimento de que a configuração do cargo de confiança previsto no artigo 62, II, da CLT depende apenas do acréscimo de 40% sobre o salário efetivo do ocupante do cargo, sendo desnecessário que tal valor seja pago em rubrica separada. Em outras palavras, basta que o salário do cargo de confiança ou este somado à gratificação de função, caso exista, seja maior do que o salário efetivo em 40%. Precedente. Na hipótese, egrégia Corte Regional concluiu que a percepção de gratificação de função correspondente a 40%, ou mais, do salário efetivo é condição para a o enquadramento do empregado na exceção prevista no caput do artigo 62, II, da CLT. Não obstante a posição adotada pelo egrégio Tribunal Regional, não há como este Tribunal Superior reformar o acórdão recorrido, considerando inexistir na referida decisão informações sobre os valores do salário efetivo e do salário do cargo de confiança recebidos pelo reclamante, de modo a viabilizar o exame da implementação do requisito objetivo (padrão remuneratório diferenciado do cargo de gestão) exigido para o enquadramento do empregado na exceção do supracitado dispositivo, na forma da jurisprudência pacificada pela colenda SBDI-1. Tratando-se, pois, de substrato fático imprescindível ao exame da matéria nesta fase recursal, caberia ao reclamado opor embargos de declaração, objetivando o pronunciamento do egrégio Colegiado Regional acerca da questão, sob pena de preclusão. Dessa forma, ausente o necessário prequestionamento de matéria fática, incide o óbice da Súmula nº 297. Recurso de revista de que não se conhece. (...)" (RR – 1537-38.2014.5.12.0048 Data de Julgamento: 22/02/2017, Relator Ministro: Guilherme Augusto Caputo Bastos, 5ª Turma, Data de Publicação: DEJT 03/03/2017)

"HORAS EXTRAS. CARGO DE GESTÃO. ART. 62, II E PARÁGRAFO ÚNICO, DA CLT. CRITÉRIO OBJETIVO. REMUNERAÇÃO DIFERENCIADA 1. Segundo uma interpretação sistemática das normas insculpidas no inciso II e no parágrafo único do art. 62 da CLT, para a configuração do cargo de gestão, excludente da percepção de horas extras, o legislador ordinário exigiu que o alto empregado, além do exercício de encargos de mando e gerenciamento (critério subjetivo), ostente padrão remuneratório diferenciado em relação aos demais empregados (critério objetivo). 2. A fim de atender ao critério objetivo eleito para aquilatar o grau de fidúcia dispensado ao empregado, o parágrafo único do art. 62 da CLT impõe que o salário do cargo de confiança, em sua integralidade, supere o salário do cargo efetivo em ao menos 40%

(quarenta por cento). 3. Dissente do texto da Lei a interpretação segundo a qual o padrão remuneratório diferenciado do cargo de gestão apurar-se-ia a partir do valor isolado da gratificação de função porventura percebida, e não da remuneração total auferida pelo exercício do cargo de confiança. Robustece tal convicção a literalidade do parágrafo único do art. 62, que, ao referir-se ao "salário do cargo de confiança compreendendo a gratificação de função, se houver", demonstra o caráter meramente acessório e facultativo da percepção de gratificação de função pelo exercente de cargo de gestão. 4. A contrario sensu, atende às disposições do art. 62, II e parágrafo único, da CLT acórdão de Turma do TST que mantém a declaração de improcedência do pedido de horas extras, se, a teor do acórdão regional, o empregado, no exercício de cargo de gestão, auferia remuneração superior em mais de 50% à remuneração do cargo efetivo, aí incluída a gratificação de função. 5. Embargos do Reclamante de que se conhece, por divergência jurisprudencial, e a que se nega provimento". (E-RR-866-15.2011.5.09.0012, Relator Ministro: João Oreste Dalazen, Data de Julgamento: 29/09/2016, Subseção I Especializada em Dissídios Individuais, Data de Publicação: DEJT 07/10/2016)

(4) Fato impeditivo – Teletrabalho – Art. 62, III da CLT.

10.3.9. Ônus da prova de feriado local no ato da interposição do recurso

A súmula de n. 385 do TST, em seu item I diz que "*Incumbe à parte o ônus de provar, quando da interposição do recurso, a existência de feriado local que autorize a prorrogação do prazo recursal (art. 1.003, § 6º, do CPC de 2015). No caso de o recorrente alegar a existência de feriado local e não o comprovar no momento da interposição do recurso, cumpre ao relator conceder o prazo de 5 (cinco) dias para que seja sanado o vício (art. 932, parágrafo único, do CPC de 2015), sob pena de não conhecimento se da comprovação depender a tempestividade recursal*".

Em resumo:

É do recorrente o ônus de provar no ato da interposição do seu recurso de revista (deve juntar documento), que no âmbito do seu

TRT, não teve expediente no último dia de prazo, por ser feriado na região onde este TRT está sediado.

Nesse sentido:

> I – AGRAVO. AGRAVO DE INSTRUMENTO. RECURSO DE REVISTA. TEMPESTIVIDADE DO AGRAVO DE INSTRUMENTO. COMPROVAÇÃO DE FERIADO LOCAL. I. Nos termos do item I da Súmula nº 385/TST, "incumbe à parte o ônus de provar, quando da interposição do recurso, a existência de feriado local que autorize a prorrogação do prazo recursal". II. Com a petição de agravo de instrumento, a Agravante juntou cópia da Resolução Administrativa 142/2010 do TRT da 3ª Região (fls. 1410/1411 do documento sequencial eletrônico 01), que comprova o feriado local do dia 15.08.2011 na cidade de Belo Horizonte. III. Demonstrada a tempestividade do agravo de instrumento interposto pela Reclamada em 16.08.2011. IV. Agravo de que se conhece e a que se dá provimento, para analisar o agravo de instrumento. (AG-AIRR nº 70400-91.2007.5.03.0064, 7ª Turma do TST, Rel. Ubirajara Carlos Mendes. j. 23.05.2018, Publ. 01.06.2018).

10.3.10. Ônus da prova nas dispensas discriminatórias

A Súmula de n. 443 do TST, diz que *"presume-se discriminatória a despedida de empregado portador do vírus HIV ou de outra doença grave que suscite estigma ou preconceito. Inválido o ato, o empregado tem direito à reintegração no emprego"*.

Em resumo:

O ônus da prova nas alegações de dispensa discriminatória, passa a ser do empregador, sendo seu encargo provar, que a dispensa não foi discriminatória, demonstrando quais foram os reais motivos da resolução do contrato de trabalho. Nesse sentido:

> DISPENSA DISCRIMINATÓRIA. ÔNUS DA PROVA. Aplicável a todas as dispensas discriminatórias, a nova súmula acrescenta-se à Lei 9.029/95, criando presunção relativa da dispensa discriminatória. Portanto, a partir da súmula, o ônus da prova passa a ser do empregador, sendo seu encargo provar, quando alegado judicialmente, que a dispensa não foi discriminatória,

> demonstrando quais foram os reais motivos da resolução do contrato de trabalho. Desse encargo processual a reclamada não se desincumbiu. Recurso ordinário a que se nega provimento. (RO nº 1001423-87.2017.5.02.0070, 3ª Turma do TRT da 2ª Região/SP, Rel. Paulo Eduardo Vieira de Oliveira. DJe 24.05.2018).

10.3.11. Ônus da prova do vale transporte

A súmula de n. 460 do TST, diz que *"É do empregador o ônus de comprovar que o empregado não satisfaz os requisitos indispensáveis para a concessão do vale-transporte ou não pretenda fazer uso do benefício"*.

Em resumo:

O ônus de comprovar o empregado não satisfaz os requisitos indispensáveis para a concessão do vale-transporte ou não pretenda fazer uso do benefício, é do empregador.

Nesse sentido:

> VALE-TRANSPORTE. CONCESSÃO. ÔNUS DA PROVA. Nos termos da Súmula 460 do TST, compete ao empregador "o ônus de comprovar que o empregado não satisfaz os requisitos indispensáveis para a concessão do vale-transporte ou não pretenda fazer uso do benefício". (RO nº 0011185-87.2018.5.03.0101, 8ª Turma do TRT da 3ª Região/MG, Rel. Convocado Eduardo Aurélio P. Ferri. j. 10.04.2019).

> VALE-TRANSPORTE. ÔNUS DA PROVA. Nos termos da Súmula nº 460 do TST, cabe ao empregador provar que o empregado não satisfaz os requisitos para a concessão do vale-transporte ou que o trabalhador não pretende fazer uso do benefício. (RO nº 0010876-16.2017.5.03.0129, 6ª Turma do TRT da 3ª Região/MG, Rel. César Machado. j. 26.03.2019).

10.3.12. Ônus da prova do depósito do FGTS

A Súmula de n. 461 do TST, diz que *"É do em pregador o ônus da prova em relação à regularidade dos depósitos do FGTS, pois o pagamento é fato extintivo do direito do autor"*.

Em resumo:

Nos termos dos arts. 15 e 17 da Lei 8.036/90, o empregador está obrigado a recolher mensalmente o FGTS de seus empregados, cabendo comunicar a estes os valores recolhidos e repassar-lhes todas as informações sobre a conta vinculada junto à Caixa Econômica Federal – CEF, de modo que o ônus processual de comprovar a regularidade dos depósitos do FGTS é do empregador.

Nesse sentido:

> FGTS. DEPÓSITOS. REGULARIDADE. ÔNUS DA PROVA. Nos termos dos arts. 15 e 17 da Lei 8.036/90, o empregador está obrigado a recolher mensalmente o FGTS de seus empregados, cabendo comunicar a estes os valores recolhidos e repassar-lhes todas as informações sobre a conta vinculada junto à Caixa Econômica Federal - CEF, de modo que o ônus processual de comprovar a regularidade dos depósitos do FGTS é do empregador. Nesse sentido, o entendimento jurisprudencial cristalizado na Súmula 461 do c. TST. (RO nº 0010365-07.2015.5.03.0026, 3ª Turma do TRT da 3ª Região/MG, Rel. Camilla G. Pereira Zeidler. j. 10.04.2019).
>
> FGTS. DIFERENÇAS. RECOLHIMENTO. ÔNUS DA PROVA - Conforme orientação da Súmula 461 do TST, "é do empregador o ônus da prova em relação à regularidade dos depósitos do FGTS, pois o pagamento é fato extintivo do direito do autor (art. 373, II, do CPC de 2015)". (RO nº 0010739-02.2017.5.03.0075, 6ª Turma do TRT da 3ª Região/MG, Rel. Jorge Berg de Mendonça. j. 03.04.2019).

10.3.13. Ônus da prova nos descontos salariais

A Orientação jurisprudencial de n. 160 da SDI-1 do TST, diz que *"É inválida a presunção de vício de consentimento resultante do fato de ter o empregado anuído expressamente com descontos salariais na oportunidade da admissão. É de se exigir demonstração concreta do vício de vontade"*.

Em resumo:

Cabe o empregado provar nos autos do processo que teve vício de consentimento para anuir expressamente com os descontos salariais no ato da admissão.

É importante lembrar, que o TST por meio da súmula 342 entende que "*os descontos salariais efetuados pelo empregador, com a autorização prévia e por escrito do empregado, para ser integrado em planos de assistência odontológica, médico-hospitalar, de seguro, de previdência privada, ou de entidade cooperativa, cultural ou recreativo-associativa de seus trabalhadores, em seu benefício e de seus dependentes, não afrontam o disposto no art. 462 da CLT, salvo se ficar demonstrada a existência de coação ou de outro defeito que vicie o ato jurídico*".

Nesse sentido:

> DEVOLUÇÃO DE DESCONTOS. AUTORIZAÇÃO EM NORMA COLETIVA E AUTORIZAÇÃO PRÉVIA E POR ESCRITO DO EMPREGADO. Configuradas as hipóteses previstas no art. 462 da CLT e na Súmula 342 do TST, são válidos os descontos salariais efetuados pelo empregador, não sendo cabível presunção de vício de consentimento, conforme Orientação Jurisprudencial 160 da SDI-I do TST. Recursos ordinários das reclamadas providos no aspecto. (RO nº 0000636-24.2013.5.04.0664, 5ª Turma do TRT da 4ª Região/RS, Rel. Brígida Joaquina Charão Barcelos Toschi. j. 14.05.2015, unânime).

10.3.14. Ônus da prova da conduta culposa da administração pública na responsabilidade subsidiária

O STF, ao julgar o RE 760.931, Tema nº 246 da tabela de repercussão geral, firmou tese no sentido de que a inadimplência da empresa contratada não transfere ao ente público tomador de serviços a responsabilidade pelo pagamento dos encargos trabalhistas e fiscais.

A SBDI-1 do TST no julgamento do E-RR-925-07.2016.5.05.0281, analisando a decisão do STF no RE 760.93 – Tema nº 246 da tabela de repercussão geral que firmou tese no sentido de que *"a inadimplência da empresa contratada não transfere ao ente público tomador de serviços a responsabilidade pelo pagamento dos encargos trabalhistas e fiscais"*, manifestou-se no sentido de que o STF, ao decidir a controvérsia relativa à responsabilidade subsidiária, não fixou tese a respeito do ônus probatório da conduta culposa.

A SBDI-1 do TST, disse ainda:

> [...] com suporte nos princípios da aptidão para a prova e da distribuição do ônus probatório, que cabe ao ente público tomador de serviços o encargo de provar a fiscalização do contrato de terceirização de serviços. Ponderou-se que a atribuição do ônus da referida prova ao empregado implicaria a imposição de prova diabólica.

Em resumo:

O TST fixou tese de que cabe ao ente público tomador de serviços o encargo de provar a fiscalização do contrato de terceirização de serviços.

Nesse sentido, outras decisões do TST:

> "I – AGRAVO DE INSTRUMENTO EM RECURSO DE REVISTA DO SEGUNDO RECLAMADO – RESPONSABILIDADE SUBSIDIÁRIA. ENTE PÚBLICO. CONDUTA CULPOSA. ÔNUS DA PROVA. RE 760931. REPERCUSSÃO GERAL. JUÍZO DE RETRATAÇÃO. Em juízo de retratação, constatada violação do art. 71, § 1º, da Lei nº 8.666/93, merece provimento o agravo de instrumento interposto, para determinar o processamento do recurso de revista. Agravo de instrumento conhecido e provido. II – RECURSO DE REVISTA DO SEGUNDO RECLAMADO – RESPONSABILIDADE SUBSIDIÁRIA. ENTE PÚBLICO. ÔNUS PROBATÓRIO. CONDUTA CULPOSA. RE 760931. REPERCUSSÃO GERAL. JUÍZO DE RETRATAÇÃO. O STF, ao julgar o RE 760.931, Tema nº 246 da tabela de repercussão geral, firmou tese no sentido de que a inadimplência da empresa contratada não transfere ao ente público tomador de serviços a responsabilidade pelo pagamento dos encargos trabalhistas e fiscais. A SbDI-1 desta Corte, por sua vez, no julgamento do E-RR-925-07.2016.5.05.0281 (julgamento no dia

12/12/2019, acórdão ainda não publicado), manifestou-se no sentido de que o STF, ao decidir a controvérsia relativa à responsabilidade subsidiária, não fixou tese a respeito do ônus probatório da conduta culposa. Restou assentado, ademais, que cabe ao ente público tomador de serviços a comprovação da fiscalização do contrato de terceirização de serviços. Não tendo o ente público tomador de serviços, no caso, observado o seu ônus processual, impõe-se o reconhecimento da sua responsabilidade subsidiária. Dessa forma, à luz do art. 1.030, II, do CPC/15, refuta-se a retratação. Recurso de revista não conhecido " (RR-1484-40.2015.5.23.0008, 8ª Turma, Relator Ministro Márcio Eurico Vitral Amaro, DEJT 10/02/2020).

"I – AGRAVO DE INSTRUMENTO EM RECURSO DE REVISTA – JULGAMENTO ANTERIOR PELA C. TURMA – DEVOLUÇÃO PARA JUÍZO DE RETRATAÇÃO – RESPONSABILIDADE SUBSIDIÁRIA – ADMINISTRAÇÃO PÚBLICA – TERCEIRIZAÇÃO – SÚMULA Nº 331, ITEM V, DO TST – CULPA DA ADMINISTRAÇÃO – ÔNUS DA PROVA 1. Na forma do art. 1.030, II, do CPC, deve ser realizado juízo de retratação para melhor exame da controvérsia e enfrentamento da questão à luz do decidido pelo E. Supremo Tribunal Federal, em repercussão geral (tema nº 246). 2. Nesse contexto, dá-se provimento ao Agravo de Instrumento para mandar processar o Recurso de Revista. II – RECURSO DE REVISTA – RESPONSABILIDADE SUBSIDIÁRIA – ADMINISTRAÇÃO PÚBLICA – TERCEIRIZAÇÃO – SÚMULA Nº 331, ITEM V, DO TST – CULPA DA ADMINISTRAÇÃO – ÔNUS DA PROVA 1. A C. SBDI-1, no julgamento dos TST-E-RR-925-07.2016.5.05.0281, e em atenção ao decidido pelo E. Supremo Tribunal Federal (tema nº 246 da repercussão geral), firmou a tese de que, " com base no Princípio da Aptidão da Prova, é do ente público o encargo de demonstrar que atendeu às exigências legais de acompanhamento do cumprimento das obrigações trabalhistas pela prestadora de serviços " . 2. O E. Supremo Tribunal Federal, ao julgar o Tema nº 246 de Repercussão Geral, não fixou tese sobre a distribuição do ônus da prova pertinente à fiscalização do cumprimento das obrigações trabalhistas, matéria de natureza infraconstitucional. 3. Na hipótese, a Corte de origem reputou concretamente caracterizada a conduta culposa do ente público, que não logrou demonstrar a efetiva fiscalização do cumprimento das obrigações trabalhistas da prestadora de serviços, encargo que lhe competia, razão por que

> deve ser mantida a condenação subsidiária imposta ao Recorrente. Entendimento diverso encontra óbice na Súmula nº 126 do TST. Recurso de Revista não conhecido" (RR-204100-83.2009.5.10.0005, 8ª Turma, Relatora Ministra Maria Cristina Irigoyen Peduzzi, DEJT 10/02/2020).

11. VALORAÇÃO DAS PROVAS

– Como funciona o sistema de valoração das provas pelo Juiz, Hamilton?

Segundo a doutrina, atualmente o sistema de valoração adotado pelo sistema processual brasileiro é a da persuasão racional, também conhecido pelo princípio do livre convencimento motivado, no qual o juiz é livre para formar seu convencimento, dando às provas produzidas o peso que entender cabível em cada processo, não havendo uma hierarquia entre os meios de prova.

Nesse sentido:

> CPC, Art. 371 – O juiz apreciará a prova constante dos autos, independentemente do sujeito que a tiver promovido, e INDICARÁ NA DECISÃO AS RAZÕES DA FORMAÇÃO DE SEU CONVENCIMENTO.

– Então o juiz avalia as provas conforme seu convencimento, certo?

Certo.

– Com isso posso concluir que nenhuma prova é mais importante que a outra?

Pode sim, porque nenhum meio de prova é mais importante que o outro, assim, como destinatário final da prova, cabe ao magistrado, respeitando os limites adotados pela legislação, a interpretação da produção probatória, necessária à formação do seu convencimento.

12. PROVA EMPATADA/DIVIDIDA

– E se as partes empatarem na produção de prova, como que fica o resultado da causa, Hamilton?

Nos casos de existência de prova dividida ou empatada, a causa deve ser decidida em desfavor de quem detinha o ônus da prova.

Nesse sentido, as decisões do TST:

> "AGRAVO DE INSTRUMENTO EM RECURSO DE REVISTA. 1. SALÁRIO "POR FORA". O Regional concluiu que o reclamante não se desincumbiu do ônus da prova. Assinalou, ainda, que, em caso de prova oral dividida, decide-se em desfavor de quem detinha o ônus probatório, no caso, o reclamante. Arestos inservíveis ao confronto, a teor da Súmula nº 296 do TST. [...] (AIRR-18-51.2017.5.09.0001, 8ª Turma, Relatora Ministra Dora Maria da Costa, DEJT 10/02/2020).
>
> Além disso, nos casos de existência de prova dividida ou empatada, a causa deve ser decidida em desfavor de quem detinha o ônus da prova (na hipótese, o reclamado). Incide a Súmula 338, I, do TST. Recurso de revista conhecido e provido. (ARR – 124800-23.2009.5.05.0034, Relatora Ministra: Delaíde Miranda Arantes, Data de Julgamento: 13/02/2019, 2ª Turma, Data de Publicação: DEJT 22/02/2019)
>
> B) pela análise da prova oral emprestada, ficou configurada a hipótese de prova empatada ou dividida, na qual o julgador deve proferir decisão em desfavor daquele que detém o encargo probatório; (AIRR – 11230-27.2016.5.15.0037, Relatora Ministra: Kátia Magalhães Arruda, Data de Julgamento: 09/05/2018, 6ª Turma, Data de Publicação: DEJT 11/05/2018)
>
> Além disso, o TRT registrou que "Diante da divergência entre as informações prestadas, ficou configurada a hipótese de prova empatada ou dividida, na qual o julgador deve proferir decisão em desfavor daquele que detém o encargo probatório, no caso, o demandante". (AIRR – 10543-03.2014.5.15.0043, Relator Ministro: Mauricio Godinho Delgado, Data de Julgamento: 16/08/2017, 3ª Turma, Data de Publicação: DEJT 18/08/2017)

– Eu pensava que nesses casos o juiz julgaria em favor do empregado reclamante, ou seja, ele aplicaria o princípio do *in dubio pro misero* ou *operario*. Não pode ser assim, Hamilton?

O princípio do *in dubio pro misero* ou *operario*, auxilia a interpretação da norma trabalhista em prol do trabalhador. Assim, se de uma mesma norma jurídica for possível extrair mais de uma interpretação, aplica-se aquela que for mais favorável ao empregado, desde que não afronte a literalidade do preceito e não consista em matéria probatória. Nesse sentido:

> RECURSO DE REVISTA – AUXÍLIO-ALIMENTAÇÃO – NORMA COLETIVA – APLICAÇÃO DO PRINCÍPIO IN DUBIO PRO OPERÁRIO. O Colegiado a quo, interpretando cláusula coletiva da categoria, decidiu que, diante da disparidade de interpretações, deve ser aplicado o princípio in dubio pro operário. Impertinente a invocação do art. 114 do Código Civil, uma vez que o Tribunal não ampliou a interpretação da cláusula normativa, não se havendo de falar em observância de interpretação restritiva. Os arestos não revelam similitude fática com a lide, incidindo a Súmula nº 296 do TST. O art. 7º, XXVI, da Constituição Federal, não foi violado, uma vez que o Tribunal a quo, longe de negar validade ao instrumento coletivo, interpretou a norma coletiva e concedeu-lhe plena validade. Recurso de revista não conhecido. Processo: RR – 80700-43.2009.5.17.0003 Data de Julgamento: 12/06/2013, Relator Ministro: Luiz Philippe Vieira de Mello Filho, 7ª Turma, Data de Publicação: DEJT 21/06/2013.

Sendo assim, não se aplica tal princípio para dirimir questões de natureza probatória. Assim, a prova de trabalho extraordinário, por exemplo, deve obedecer à regra de distribuição do ônus da prova, nos termos do art. 818 da CLT.

Nesse sentido, a doutrina[13]:

13. DELGADO, Maurício Godinho. Curso de direito do trabalho. 17. São Paulo: LTr, 2018.

> "(...) havendo dúvida do juiz em face do conjunto probatório existente e das presunções aplicáveis, ele deverá decidir em desfavor da parte que tenha o ônus da prova naquele tópico duvidoso, e não segundo a diretriz genérica in dubio pro operário."

13. ALTERAÇÃO DA ORDEM DE PRODUÇÃO DE PROVAS

– O juiz pode mudar a ordem da produção de provas?

Sim, nada impede que o juiz determine a mudança na ordem na produção de provas, desde que o faça de forma fundamentada, para adequar a necessidade do conflito e para dar maior celeridade processual.

Nesse sentido, o § 2º do art. 775 da CLT:

> CLT, Art. 775 – [...]
>
> § 2º – Ao juízo incumbe dilatar os prazos processuais e alterar a ordem de produção dos meios de prova, adequando-os às necessidades do conflito de modo a conferir maior efetividade à tutela do direito.

14. ESPÉCIES DE PROVA

14.1. Prova documental

– Qual o conceito de documento?

Documento é toda coisa que, por força de uma atividade humana, *"seja capaz de representar um fato"*[14]. Desta forma, documento não é somente os escritos em folha de papel, mas também, desenhos, as gravações magnéticas, fotografias, gravações sonoras, pinturas, reproduções digitalizadas etc.

14. CARNELUTTI, Francesco. A prova civil. 4 ed. Campinas: Bookseller, 2005, p. 190.

O professor Marinoni[15], define a prova documental como "aquela oriunda de todas as coisas que são idôneas à documentação de um fato – narrando-o, representando-o ou reproduzindo-o. Documento é uma coisa que tem em si a virtude de fazer conhecer, sendo resultado de um trabalho humano. Documento é uma coisa que narra, representa ou reproduz de forma idônea alguma coisa por força da atividade humana. O conceito de documento compreende todo objeto suscetível de fazer prova de alguma proposição, quer seja escrito ou não. O que interessa é o significado probante".

14.1.1. Documentos públicos e particulares

– Os documentos podem ser públicos ou particulares, Professor?

Sim. O CPC trata do tema nos arts. 405 e 406, vejamos:

> **Documento público:** São aqueles formados e lavrados por escrivão, chefe de secretaria, tabelião ou servidor público, faz prova não só da sua formação, mas também dos fatos que tais pessoas declararem ocorridos em sua presença (CPC, art. 405).
>
> **Documento particular:** São aqueles produzidos pelas partes ou qualquer pessoa, sem intervenção de funcionário público, e que se não achem autenticados (CPC, art. 406).

– Uma dúvida sobre esse tema, Hamilton!

Diga.

– O documento público produzido por servidor público incompetente ou que não observou as formalidades, tem validade?

15. MARINONI, Luiz Guilherme; ARENHART, Sérgio Cruz; MITIDIERO, Daniel. Código de Processo Civil Comentado – 4ª ed. São Paulo. Revista dos Tribunais, 2018.

Esse documento vai ser válido sim, contudo ele vai ter a mesma eficácia probatória do documento particular. Veja o que diz o art. 407 do CPC:

> CPC, Art. 407. O documento feito por oficial público incompetente ou sem a observância das formalidades legais, sendo subscrito pelas partes, tem a mesma eficácia probatória do documento particular.

14.1.2. Boletim de ocorrência

– Hamilton, qual a eficácia probatória do boletim de ocorrência?

O boletim de ocorrência é em regra um documento que formaliza a notícia criminal perante a autoridade policial. Esse documento não constitui meio de prova, vez que se trata apenas de um relato unilateral, ou seja, o boletim de ocorrência policial, embora se trate de um documento público oficial, lavrado por autoridade policial, contém apenas a narração unilateral dos fatos por parte do declarante.

– Até porque, qualquer pessoa pode relatar um fato perante a autoridade policial!

Isso mesmo, por isso que tais documentos devem ser analisados sob a ótica do artigo 408 do CPC de 2015, ou seja, as declarações nele contidas presumem-se verdadeiras apenas no que diz respeito ao signatário.

Ainda, de acordo com o parágrafo único do mencionado dispositivo, na hipótese de o documento em questão conter *"declaração de ciência de determinado fato, o documento particular prova a ciência, mas não o fato em si, incumbindo o ônus de prová-lo ao interessado em sua veracidade"*. Nesse sentido também, o STJ decidiu:

> O documento particular que contiver declaração de ciência, relativa a determinado fato, prova somente a ciência, mas não o fato

> declarado (STJ, 6.ª Turma, REsp 869.981/PB, rel. Min. Hamilton Carvalhido, j. 27.09.2006, DJ 18.10.2006).

Sendo assim, fica claro que o boletim de ocorrência, por si só, não possui valor probante quanto a fatos relacionados a terceiros.

A jurisprudência é enfática ao afirmar que o documento apresentado é uma declaração unilateral, o qual só terá alguma validade se analisado em conjunto com as demais provas dos autos:

> PASSA-SE, PRIMEIRAMENTE, AO EXAME DO RECURSO DE REVISTA POR CONTER MATÉRIA PRELIMINAR DE MÉRITO. RECURSO DE REVISTA REGIDO PELO CPC/2015 E PELA INSTRUÇÃO NORMATIVA Nº 40/2016 DO TST E INTERPOSTO NA VIGÊNCIA DA LEI Nº 13.015/2014. CERCEAMENTO DE DEFESA. INDEFERIMENTO DE OITIVA DE PROVA TESTEMUNHAL. DISPENSA POR JUSTA CAUSA. PROVA DOCUMENTAL. BOLETINS DE OCORRÊNCIA. FORÇA PROBANTE. A caracterização do cerceamento do direito de defesa está jungida às hipóteses em que determinada prova, cuja produção fora indeferida pelo juiz, revela-se indispensável ao desfecho da controvérsia. Na situação em análise, embora o ônus probatório quanto à correção da demissão por justa causa aplicada ao reclamante, recaia integralmente sobre a reclamada, o Juízo de origem, "sob protestos do advogado da reclamada, indeferiu a prova testemunhal para comprovar a forma em que se deu a discussão, porquanto o julgador considerou os boletins de ocorrência anexados aos autos (...) suficientes". Na hipótese, discute-se a validade da sanção disciplinar aplicada pela reclamada, que dispensou o reclamante por justa causa, em razão deste ter entrado em vias de fato com um colega de trabalho. Segundo alega a reclamada em sua peça defensiva, o reclamante teria dado início à discussão ainda dentro do ônibus da reclamada, proferindo provocações e xingamentos ao seu colega de trabalho, e que, ao chegarem esses ao local de trabalho, o reclamante o teria impedido fisicamente de sair do mencionado ônibus, momento este em que eclodiram as agressões físicas mútuas, inclusive com a utilização de ferramentas de trabalho. A Vara do Trabalho, com base no conteúdo dos boletins de ocorrência trazidos aos autos pelo reclamante, indeferiu a prova testemunhal requerida pela reclamada, com o intuito

de provar suas alegações defensivas. Contudo, como é sabido, o boletim de ocorrência policial, embora se trate de um documento público oficial, lavrado por autoridade policial, contém apenas a narração unilateral dos fatos por parte do declarante. Assim, em termos do seu conteúdo, tal documento deve ser tratado, para fins de apuração de fatos com consequências na seara civil, e não criminal, como documento particular. Resulta, portanto, que tais documentos devem ser analisados sob a ótica do artigo 408 do CPC de 2015, ou seja, as declarações nele contidas presumem-se verdadeiras apenas no que diz respeito ao signatário. Ainda, de acordo com o parágrafo único do mencionado dispositivo, na hipótese de o documento em questão conter "declaração de ciência de determinado fato, o documento particular prova a ciência, mas não o fato em si, incumbindo o ônus de prová-lo ao interessado em sua veracidade". Em outras palavras, o boletim de ocorrência, por si só, não possui valor probante quanto a fatos relacionados a terceiros. Dessa forma, verifica-se que o indeferimento da produção de prova testemunhal causou evidente dano à reclamada, visto que foi tolhida do seu direito de ampla defesa (artigo 5º, inciso LV, da Constituição Federal), mormente considerando que estava incumbida do ônus probatório quanto ao tema. Recurso de revista conhecido e provido. PREJUDICADA a análise do agravo de instrumento. (ARR nº 387-44.2016.5.10.0812, 2ª Turma do TST, Rel. José Roberto Freire Pimenta. j. 18.06.2019, Publ. 21.06.2019).

"AGRAVO REGIMENTAL. HABEAS CORPUS. PACIENTE DEPOSITÁRIO DE BEM FURTADO BOLETIM DE OCORRÊNCIA INSUFICIÊNCIA COMO MEIO PROBANTE – IMPROCEDÊNCIA. A mera apresentação de boletim de ocorrência – desacompanhada de outros indícios – pelo qual se noticia o furto dos bens entregues em depósito não é suficiente a demonstrar a veracidade da alegação da Paciente, haja vista que se trata de documento em que se contém declaração unilateral da parte, sendo inservível à demonstração cabal da materialidade do delito. Agravo regimental a que se nega provimento." (AG-HC – 1819396-44.2007.5.00.0000, Relatora Juíza Convocada: Kátia Magalhães Arruda, Data de Julgamento: 15/4/2008, SbDI-2, Data de Publicação: DJ 25/4/2008)

"PROCESSO ANTERIOR À LEI Nº 13.467/2017. RECURSO EM FACE DE DECISÃO PUBLICADA APÓS A VIGÊNCIA DA LEI

Nº 13.015/2014. (...). JUSTA CAUSA. REVERSÃO. MATÉRIA FÁTICA. Observa-se que o Tribunal Regional foi expresso ao asseverar que o único elemento de prova trazido aos autos foi um boletim de ocorrência que, ainda que de lavra da autoridade policial constituída, é uma peça que se limita a expor o relato unilateral de pessoa estranha à lide, acerca dos fatos, não se mostrando próprio para a ratificar, por si só, o episódio narrado na peça de defesa, como ensejador da justa causa aplicada. Por essa razão, o TRT frisou que, inexistindo prova da conduta do Autor, capaz de ensejar a ruptura do contrato de trabalho na modalidade prevista no art. 477 da CLT, não se pode falar em dispensa por justa causa. Nessas circunstâncias, o exame das razões recursais efetivamente esbarra no óbice da Súmula nº 126 do TST. Indene o artigo 482, "b" e "h", da CLT. Agravo de instrumento conhecido e desprovido. (...)" (AIRR - 1289-31.2016.5.23.0037, Relator Ministro: Alexandre de Souza Agra Belmonte, Data de Julgamento: 10/4/2019, 3ª Turma, Data de Publicação: DEJT 12/4/2019, grifou-se)

"AGRAVO DE INSTRUMENTO EM RECURSO DE REVISTA - RECURSO INTERPOSTO SOB A ÉGIDE DO CPC/73 E DA LEI Nº 13.105/2014 - DEMISSÃO POR JUSTA CAUSA - EMBRIAGUEZ EM SERVIÇO NÃO PROVADA. Não restou comprovada a suposta embriaguez do reclamante por ocasião do acidente com o veículo da empresa. Na hipótese, com apoio nas provas constantes dos autos, restou consignado na decisão regional que as informações lançadas no boletim de ocorrência lavrado pela guarda portuária dos Portos de Paranaguá continham incongruências com o depoimento do próprio preposto da reclamada, que apresentou versão dos fatos contraditória em relação ao que constou do boletim de ocorrência. Pontuou o Tribunal Regional que o boletim de ocorrência é documento unilateral, logo, de relativo valor probante. Observou a Corte regional que o reclamante não foi submetido a teste de alcoolemia, o que fragilizou a credibilidade das conclusões registradas no boletim de ocorrência. Consignou, ainda, o Tribunal Regional que a prova testemunhal colhida nos autos apontou para a sobriedade do reclamante no momento de ocorrência do acidente. Concluiu o Tribunal Regional que a reclamada agiu de maneira apressada, negligente e temerária ao decidir pela rescisão do contrato de trabalho por justa causa, baseando-se tão-somente no boletim de ocorrência confeccionado à época dos fatos. Como se constata, o Tribunal Regional empreendeu profunda análise crítica das provas colhidas nos autos, examinando o seu conteúdo e sua forma, para atingir a conclusão de que a justa causa aplicada ao reclamante não se sustentava. Desse modo, não se divisa nenhuma violação do art. 818 da CLT. A alegação de violação do art. 333, sem a indicação do preciso dispositivo tido por violado, esbarra no óbice da Súmula nº 221 do TST. Ressalte-se que os arts. 19, II, e 37, caput, da Constituição Federal não guardam sintonia com a controvérsia dos autos. Agravo de instrumento desprovido." (AIRR – 31-88.2014.5.09.0863, Relator Ministro: Luiz Philippe Vieira de Mello Filho, Data de Julgamento: 6/9/2017, 7ª Turma, Data de Publicação: DEJT 11/9/2017, grifou-se)

"AGRAVO DE INSTRUMENTO EM RECURSO DE REVISTA EM FACE DE DECISÃO PUBLICADA A PARTIR DA VIGÊNCIA DA LEI Nº 13.015/2014. (...). JUSTA CAUSA. FALTA GRAVE. CONTROVÉRSIA DE NATUREZA FÁTICA. SÚMULA Nº 126 DO TST. O Tribunal Regional do Trabalho, soberano na análise do contexto fático-probatório dos autos, no exercício do livre convencimento motivado (artigo 131 do CPC/73), registrou que não ficou demonstrada a participação do autor no evento que culminou em prejuízos e danos ao patrimônio da reclamada. Ressaltou ainda o reduzido valor probatório do boletim de ocorrência produzido de forma unilateral pela ré e a informação dada pelo preposto da empresa a respeito da ausência de câmaras no local onde aconteceram os fatos, consignando também que "a empresa somente teria condições de verificar a participação do reclamante mediante uma comunicação de outros empregados, o que não se verificou". Incidência da Súmula nº 126 do TST. Agravo de instrumento a que se nega provimento." (AIRR – 1426-90.2014.5.03.0020, Relator Ministro: Cláudio Mascarenhas Brandão, Data de Julgamento: 29/3/2017, 7ª Turma, Data de Publicação: DEJT 7/4/2017)

As informações apresentadas em boletim de ocorrência feito junto a autoridade policial, por si só, não usufruem da presunção de legitimidade, uma vez que são produzidas unilateralmente, sem o crivo do contraditório.

– Então, Professor, posso concluir que o juiz precisa avaliar o boletim de ocorrência em conjunto com as demais provas dos autos, privilegiando o contraditório?

Isso mesmo. O boletim de ocorrência não gera presunção das informações apresentadas, uma vez que apenas consigna declarações unilaterais narradas pelo interessado, sem contraditório.

14.1.3. Presunção de veracidade dos documentos particulares

– E como funciona a presunção de veracidade dos documentos particulares?

Segundo o art. 408 do CPC, as declarações constantes do documento particular escrito e assinado ou somente assinado presumem-se verdadeiras em relação ao signatário. Essa presunção admite prova em contrário, embora essa prova seja de difícil produção.

– Estou confuso, Hamilton. Esse art. 408 se aplica para a prova da ciência e prova do fato narrado no documento particular?

Não. Veja o que o STJ decidiu por meio do Resp 869.981/PB sobre o tema, prova da ciência e prova do fato:

> *"o documento particular que contiver declaração de ciência, relativa a determinado fato, prova somente a ciência, mas não o fato declarado".*

– Isso significa que um documento que relata um fato que alguém declarou, somente pode provar a declaração, jamais o fato declarado?

Isso mesmo. Veja o que diz o parágrafo único do art. 408 do CPC:

> CPC, Art. 408 – [...]

> Parágrafo único – Quando, todavia, contiver declaração de ciência de determinado fato, o documento particular prova a ciência, mas não o fato em si, incumbindo o ônus de prová-lo ao interessado em sua veracidade.

A título de exemplo, quando o empregado assina o documento de ciência dos motivos da justa causa, isso não significa dizer, que com a assinatura desse documento, o empregado estaria confessando a justa causa imputada.

Lembro que a justa causa deve ser expressa e inequívoca na comunicação da dispensa ao empregado, exatamente por ser meio atípico de terminação do pacto laboral. Assim, o empregador deve comunicar por escrito o empregado quais os motivos que ensejaram a sua dispensa por justa causa[16]. Tal fato é necessário, para que o empregado tenha o direito de se defender da acusação que lhe é imputada. Nesse sentido, a jurisprudência:

> RECURSO ORDINÁRIO. DISPENSA POR JUSTA CAUSA. APERFEIÇOAMENTO DO ATO. INEXISTÊNCIA NA COMUNICAÇÃO DE QUE A DESPEDIDA FOI POR JUSTA CAUSA. RESOLUÇÃO CONTRATUAL DESQUALIFICADA. Para a efetiva aplicação de pena disciplinar tão drástica como a de justa causa na relação individual de emprego, situação que representa exceção ao que normalmente acontece, faz-se indispensável que a conduta obreira seja reprovável a ponto de resolver o contrato individual de trabalho e reste inconteste que o trabalhador soube da causa da terminação do contrato no ato de seu rompimento, diante dos requisitos exigidos para aperfeiçoamento do ato jurídico. Assim, inexistindo prova de que a justa causa foi informada à trabalhadora no momento da comunicação do rompimento do contrato, há de se presumir o despedimento sem justa causa. (Recurso Ordinário nº 0011110-81.2014.5.01.0024, 10ª Turma do TRT da 1ª Região/RJ, Rel. Leonardo Dias Borges. DOERJ 16.03.2017).

> [...] FALTA GRAVE. COMUNICAÇÃO. A norma coletiva fixa a obrigação de informar por escrito o motivo de despedimento por justa causa, bem como de apresentar razões para a aplicação das

16. As hipóteses de justa causa estão previstas no art. 482 da CLT.

> sanções disciplinares. Na jurisprudência desta Casa sedimentou-se o entendimento de que o empregador deve informar por escrito o motivo da dispensa do empregado, seja qual for o fundamento. Porém, no caso de imposição de outras penalidades menos gravosas, não há igual entendimento. Deve-se adaptar a cláusula ao precedente (TST, RODC 314200-64.2004.5.04.0000, SDC, Rel. Min. Carlos Alberto Reis de Paula, DJ 23.11.2007)

– Agora entendi, Professor!

Então vamos seguindo.

– Quais artigos da CLT, falam sobre prova documental?

Na CLT, temos os seguintes artigos:

> CLT, Art. 777 – Os requerimentos e documentos apresentados, os atos e termos processuais, as petições ou razões de recursos e quaisquer outros papéis referentes aos feitos formarão os autos dos processos, os quais ficarão sob a responsabilidade dos escrivães ou chefes de secretaria.
>
> CLT, Art. 780 – Os documentos juntos aos autos poderão ser desentranhados somente depois de findo o processo, ficando traslado.
>
> CLT, Art. 787 – A reclamação escrita deverá ser formulada em 2 (duas) vias e desde logo acompanhada dos documentos em que se fundar.
>
> CLT, Art. 830 – O documento em cópia oferecido para prova poderá ser declarado autêntico pelo próprio advogado, sob sua responsabilidade pessoal.
>
> Parágrafo único – Impugnada a autenticidade da cópia, a parte que a produziu será intimada para apresentar cópias devidamente autenticadas ou o original, cabendo ao serventuário competente proceder à conferência e certificar a conformidade entre esses documentos.

14.1.4. Autenticação de documentos pelo advogado

– O advogado pode autenticar as provas documentais do processo?

O art. 830 do CPC, permite que o advogado, declare autêntico os documentos juntados com suas peças, sob pena de sua responsabilidade pessoal junto ao órgão de classe. Nesse sentido:

> CLT, Art. 830 – O documento em cópia oferecido para prova PODERÁ SER DECLARADO AUTÊNTICO PELO PRÓPRIO ADVOGADO, sob sua responsabilidade pessoal.

– Quando devo apresentar em juízo os documentos originais?

Os documentos originais, devem ser apresentados somente quando a autenticidade dos documentos for impugnada, conforme parágrafo único do art. 830 da CLT, de seguinte teor:

> CLT, Art. 830 – [...]
>
> Parágrafo único – IMPUGNADA A AUTENTICIDADE DA CÓPIA, a parte que a produziu será intimada para APRESENTAR CÓPIAS DEVIDAMENTE AUTENTICADAS OU O ORIGINAL, cabendo ao serventuário competente proceder à conferência e certificar a conformidade entre esses documentos.

14.1.4.1. Documentos no PJe – Processo judicial eletrônico

– Qual a autenticidade dos documentos juntados no processo judicial eletrônico, Hamilton?

Nos processos judiciais eletrônicos, os documentos digitalizados pelas partes e apresentados com as peças, são considerados originais para todos os efeitos. Nesse sentido:

CPC, Art. 425 – Fazem a mesma prova que os originais:

[...]

VI – as reproduções digitalizadas de qualquer documento público ou particular, quando juntadas aos autos pelos órgãos da justiça e seus auxiliares, pelo Ministério Público e seus auxiliares, pela Defensoria Pública e seus auxiliares, pelas procuradorias, pelas repartições públicas em geral e por advogados, ressalvada a alegação motivada e fundamentada de adulteração.

– Então depois de digitalizado eu já posso descartar os documentos?

Não. Segundo o § 1º do art. 425 do CPC, os originais dos documentos digitalizados deverão ser preservados pelo seu detentor até o final do prazo para propositura de ação rescisória.

– Mais alguma coisa que eu preciso saber, Professor?

Sobre o tema autenticação, vale citar os seguintes entendimentos do TST:

Exigindo o mandado de segurança prova documental pré-constituída, inaplicável o art. 321 do CPC de 2015 (art. 284 do CPC de 1973) quando verificada, na petição inicial do "mandamus", a ausência de documento indispensável ou de sua autenticação. (TST, SUM 415)

O instrumento normativo em cópia não autenticada possui valor probante, desde que não haja impugnação ao seu conteúdo, eis que se trata de documento comum às partes. (TST, OJ 36 DA SBDI-1)

São válidos os documentos apresentados, por pessoa jurídica de direito público, em fotocópia não autenticada, posteriormente à edição da Medida Provisória nº 1360/1996 e suas reedições. (TST, OJ 134 da SBDI-1)

Inexistindo impugnação da parte contrária, bem como o disposto no art. 795 da CLT, é válida a autenticação aposta em uma face da folha que contenha documento que continua no verso, por constituir documento único. (TST, OJ 23 Transitória)

São peças essenciais para o julgamento da ação rescisória a decisão rescindenda e/ou a certidão do seu trânsito em julgado, devidamente autenticadas, à exceção de cópias reprográficas apresentadas por pessoa jurídica de direito público, a teor do art. 24 da Lei nº 10.522/2002, ou declaradas autênticas pelo advogado na forma do artigo 830 da CLT com a redação dada pela Lei nº 11.925/2009. Em fase recursal, verificada a ausência de qualquer delas, cumpre ao Relator do recurso ordinário conceder o prazo de 5 (cinco) dias ao recorrente para que seja complementada a documentação exigível, nos termos do art. 932, parágrafo único, do CPC de 2015. (TST, OJ 84 DA SBDI-2)

Não sendo a parte beneficiária da assistência judiciária gratuita, inexiste direito líquido e certo à autenticação, pelas Secretarias dos Tribunais, de peças extraídas do processo principal, para formação do agravo de instrumento. (TST, OJ 91 DA SBDI-2)

14.1.5. Momento para a juntada de documentos no processo

– Qual momento adequado para as partes juntarem a prova documental no processo?

Em regra, os documentos devem ser apresentados com a petição inicial e com a contestação, conforme determinado pelo art. 434 do CPC e art. 787 da CLT:

CPC, Art. 434 – Incumbe à parte instruir a petição inicial ou a contestação com os documentos destinados a provar suas alegações.

CLT, Art. 787 – A reclamação escrita deverá ser formulada em 2 (duas) vias e desde logo acompanhada dos documentos em que se fundar.

Sobre o tema, vale transcrever as lições do professor Manoel Antônio Teixeira Filho[17]:

> "Temos, então, que, tripartida a audiência trabalhista (inicial, instrução e julgamento), o processo especializado, adaptando-se a esse fracionamento, fixa três momentos próprios para a produção de provas no procedimento ordinário:
>
> 1) com a inicial;
>
> 2) com a resposta do réu (na primeira audiência);
>
> 3) na audiência de instrução (que é a segunda), valendo observar que, quanto à prova documental, a sua produção deve restringir-se aos dois primeiros momentos, ressalvada a hipótese do art. 397 do CPC (art. 435 do atual CPC).
>
> Realmente, muitas vezes se verifica que as partes, embora pudessem ter juntado os documentos à inicial e à contestação, porque já os tinham em seu poder, se reservam para fazê-lo somente na audiência dita de instrução, com a finalidade indisfarçável de colher de surpresa o adversário. O processo, concessa vênia, não se presta a tais rasgos de sensacionalismo; por este motivo, se deve tolher, o quanto possível, procedimento dessa natureza, porquanto prejudica a parte contra quem se produziu o documento de poder, na ânsia do seu interrogatório, sobre eles manifestar-se satisfatoriamente, não se podendo esquecer, ademais, que neste caso ela teria o prazo de cinco dias para pronunciar-se (CPC, art. 398) (art. 437, § 1.º, do atual CPC). Nem ignoremos, além do mais, que não raro são apresentados em audiência diversos documentos, que ascendem a dezenas, dificultando, sobremaneira, a manifestação da parte contra quem foram produzidos."

– Professor, após essa etapa eu ainda posso juntar documentos no processo?

O TST entende que no Processo do Trabalho, admite-se a juntada de documentos destinados à produção de provas até o encerramento

17. TEIXEIRA FILHO, Manoel Antonio. Manual da audiência na Justiça do Trabalho. São Paulo: LTr, 2010.

da instrução, tendo em vista a disciplina constante do artigo 845 da CLT, a qual estabelece que as partes comparecerão à audiência com suas testemunhas, apresentando, nessa oportunidade, as demais provas, entre as quais se inclui a prova documental. Nesse sentido, os seguintes julgados:

> Segundo a jurisprudência desta Corte é possível a juntada de documentos destinados à produção de provas até o encerramento da instrução processual. (ARR - 1105-21.2011.5.15.0022, Relatora Ministra: Maria Helena Mallmann, Data de Julgamento: 24/04/2019, 2ª Turma, Data de Publicação: DEJT 26/04/2019)
>
> (...) II - RECURSO DE REVISTA INTERPOSTO SOB A ÉGIDE DA LEI 13.015/2014 - CERCEAMENTO DO DIREITO DE DEFESA. DOCUMENTOS JUNTADOS ANTES DO ENCERRAMENTO DA INSTRUÇÃO. POSSIBILIDADE. Esta Corte firmou posicionamento no sentido de ser possível a juntada de documentos destinados à produção de provas até o encerramento da instrução processual. Recurso de revista conhecido e provido." (TST-ARR-46-44.2015.5.12.0053, 8ª Turma, Relator Ministro: Márcio Eurico Vitral Amaro, DEJT 31/08/2018)
>
> "RECURSO DE EMBARGOS REGIDO PELA LEI 13.015/2014. PROVA. POSSIBILIDADE DE JUNTADA DE DOCUMENTOS ANTES DO ENCERRAMENTO DA INSTRUÇÃO PROCESSUAL PARA FINS DE PROVA DO DIREITO ÀS DIFERENÇAS SALARIAIS PELO DESVIO DE FUNÇÃO. No processo do trabalho, admite-se a juntada de documentos destinados à produção de provas até o encerramento da instrução, tendo em vista a disciplina constante do artigo 845 da CLT, a qual estabelece que as partes comparecerão à audiência com suas testemunhas, apresentando, nessa oportunidade, as demais provas, entre as quais se inclui a prova documental. Assim, em face do permissivo legal, que viabiliza aos litigantes a apresentação de provas na audiência, há de se entender que a lei abre possibilidade às partes de, durante a fase instrutória, trazer as provas que lhes possam favorecer. Precedentes de todas as Turmas e desta Subseção. Recurso de embargos conhecido e não provido" (TST-E-RR-2416-68.2012.5.18.0009, SbDI-1, Relator Ministro: Augusto César Leite de Carvalho, DEJT 11/04/2017)

"RECURSO DE EMBARGOS. AÇÃO DE COBRANÇA – JUNTADA DE DOCUMENTO ESSENCIAL PELA AUTORA APÓS A CONTESTAÇÃO E ANTES DO TÉRMINO DA INSTRUÇÃO PROCESSUAL. A Consolidação das Leis do Trabalho, em seu artigo 787, estabelece que A reclamação escrita deverá ser formulada em 2 (duas) vias e desde logo acompanhada dos documentos em que se fundar. O artigo 841 do mesmo diploma legal, por sua vez, estabelece que Recebida e protocolada a reclamação, o escrivão ou secretário, dentro de 48 (quarenta e oito) horas, remeterá a segunda via da petição, ou do termo, ao reclamado, notificando-o ao mesmo tempo, para comparecer à audiência do julgamento, que será a primeira desimpedida, depois de 5 (cinco) dias. Por ocasião da realização da audiência inicial haverá proposta de acordo e, não havendo, o reclamado apresentará sua defesa, após o que o magistrado passará à instrução do processo, facultando às partes a apresentação de provas. Portanto, apenas neste momento é possível que o magistrado verifique a regularidade dos documentos apresentados como prova, não existindo, no Processo do Trabalho, a figura do despacho saneador previsto no artigo 284 do Código de Processo Civil. Dessa forma, caso haja necessidade de aditamento da petição inicial, deverá o juiz conceder à parte ré a apresentação de defesa, a qual não precisa ser, necessariamente, escrita, em homenagem ao princípio da oralidade, já que nem mesmo em relação à contestação a parte possui tal direito subjetivo, nos termos do artigo 847 da CLT. Na hipótese dos autos, como relatado supra, a autora apresentou, na audiência de instrução, documentos essenciais para o deslinde da controvérsia em substituição àqueles equivocadamente apresentados na audiência anterior. Embora a reclamada já houvesse apresentado contestação na audiência inaugural, lhe foi facultada a manifestação oral acerca dos documentos apresentados na segunda audiência, restando caracterizado o respeito ao contraditório e à ampla defesa. Portanto, não merece qualquer reparo a decisão da Turma que verificou que o documento se mostrou importante para o deslinde da controvérsia, e foi observado o contraditório por ocasião de sua juntada. Por fim, considerando que a ausência de documento indispensável para o julgamento do pedido acarreta o indeferimento da petição inicial e, consequentemente, a extinção do processo sem julgamento de mérito, é inegável que a intimação da parte para a emenda da petição inicial prestigia os princípios da

> instrumentalidade das formas e da celeridade e economia processuais. Recurso de embargos conhecido e desprovido" (E-E-D-RR-119440-98.2005.5.10.0005, Subseção I Especializada em Dissídios Individuais, Relator Ministro Renato de Lacerda Paiva, DEJT 21/02/2014).

O critério mais importante para admitir a juntada extemporânea de documentos é a observância da boa-fé objetiva (CPC, art. 5°) pela parte que a requer. O requerimento deve ser indeferido, portanto, sempre que houver conduta maliciosa da parte – a chamada guarda de trunfos[18].

– O juiz sempre tem que abrir prazo para a parte se manifestar desses documentos apresentados em audiência?

Sem dúvidas, o contraditório sempre deve ser respeitado sob pena de nulidade processual, assim, após a juntada de documentos pela parte, o juiz deve propiciar à parte contrária a oportunidade de se manifestar. Nesse sentido:

> "AGRAVO. (...) 2. PROVA DOCUMENTAL. JUNÇÃO ANTES DO ENCERRAMENTO DA INSTRUÇÃO PROCESSUAL. CONTRADITÓRIO RESGUARDADO. VIOLAÇÃO DO ART. 787 DA CLT. NÃO CONFIGURAÇÃO. De acordo com a legislação processual trabalhista, as provas documentais devem ser apresentadas com a petição inicial e a defesa (CLT, artigos 787 e 845), ressalvando-se, com base na aplicação subsidiária do CPC, a junção de documentos novos, destinados a fazer contraprova aos fatos articulados ou quando alusivos a eventos supervenientes e relevantes para a composição da disputa (art. 397 do CPC de 1973 e art. 435 do CPC de 2015 c/c o art. 769 da CLT). Razões de força maior podem justificar a omissão dos litigantes na exibição das provas nos momentos processuais indicados, cabendo ao julgador admitir, na perspectiva da justa composição da disputa, a exibição ulterior, desde que não haja má-fé e prejuízo ao regular cumprimento do contraditório. Afinal, o exercício da jurisdição

18. BERNARDES, Felipe. Manual de Processo do Trabalho. Salvador: Juspodivm, 2018.

no Estado Democrático de Direito reclama dos juízes a adoção de posturas interpretativas que permitam a edição de decisões substancialmente justas e efetivas, em tempo razoável, como forma de concretizar a promessa constitucional do amplo e irrestrito acesso à Justiça para a defesa e salvaguarda de pretensões e interesses legítimos vulnerados ou ameaçados. Nesse cenário, a admissão de provas documentais após a fixação da 'litiscontestatio', a par de não traduzir prejuízos materiais diretos ou indiretos aos litigantes, permite a prolação da sentença com base em elementos materiais de convicção, afastando o recurso a presunções e indícios ou mesmo às regras distribuição do ônus subjetivo da prova. Nesse cenário, tendo o Reclamante promovido a juntada de documentos no momento oportuno (durante a fase instrutória) e sem qualquer prejuízo ao contraditório, não há falar em violação do art. 787 da CLT. Precedentes desta Corte. Agravo não provido." (Ag-AIRR-881-20.2011.5.15.0043, Relator Ministro: Douglas Alencar Rodrigues, Data de Julgamento: 14/12/2016, 7ª Turma, Data de Publicação: DEJT 03/02/2017)

14.1.5.1. Juntada de documentos na fase recursal

– Na fase recursal, a parte pode apresentar documentos?

Como vimos acima que até o encerramento da instrução processual é permitida a reunião de elementos de prova, notadamente porque vige no âmbito trabalhista o princípio da busca da verdade real, logo, em regra, não é permitida a juntada de documentos na fase de recurso. Contudo, o TST, por meio da súmula de número 08, permite a apresentação de documentos na fase recursal quando:

(1) Ficar provado o justo impedimento para sua oportuna apresentação.

O primeiro caso, justo impedimento, ocorrerá quando a parte apresenta prova nova assim entendida como a cronologicamente velha, já existente ao tempo do trânsito em julgado da decisão rescindenda, mas ignorado pelo interessado ou de impossível utilização, à época, no processo (Súmula nº 402 do TST). Isso quer dizer que a prova é velha, mas não pôde ser utilizada na fase de instrução por ser ignorada pela parte interessada ou por ser impossível sua utilização naquele momento. É o que acontece, por exemplo, com o réu revel que poderá apresentar documentos para comprovar que não foi devidamente citado. Consigne-se que os documentos a serem apresentados pelo revel ficam restritos àqueles pertinentes a afastar a revelia[19].

(2) Se referir a fato posterior à sentença.

Na segunda hipótese, o documento buscará comprovar fato que aconteceu em momento posterior à sentença (superveniente), o que por óbvio impossibilitou sua apresentação ou foi desnecessária sua comprovação na instrução processual, passando a ser pertinente somente na fase recursal.

Registra-se que, admitido o novo documento, obrigatoriamente deve ser dado vista à parte contrária para manifestação, como forma de preservar o princípio do contraditório.

Dessa forma, em regra, não se admite a juntada de documentos na fase recursal, exceto quando se tratar de justo impedimento para sua oportuna apresentação ou referir a fato posterior à sentença[20].

14.1.6. Grande volume de documentos x PJe – Processo judicial eletrônico

– Como devo proceder no caso de impossibilidade de juntada de documentos no PJe em razão do grande volume?

O art. 11, § 5°, da Lei n. 11.419/06, determina que quando os documentos que deveriam ser digitalizados forem de grande volume ou por motivo de ilegibilidade deverão ser apresentados na secretaria da Vara no prazo de 10 dias contados do envio de petição eletrônica

19. MIESSA, Élisson; CORREIA, Henrique. Súmulas e Orientações do TST Comentadas e organizadas por assunto. 8ª ed. Salvador. Juspodivm, 2018.
20. MIESSA, Élisson; CORREIA, Henrique. Súmulas e Orientações do TST Comentadas e organizadas por assunto. 8ª ed. Salvador. Juspodivm, 2018.

comunicando o fato, os quais serão devolvidos à parte após o trânsito em julgado.

14.1.7. Juntada de mídia – DVD/CD

– É possível a juntada de mídia no processo?

Sim. É perfeitamente possível a juntada de mídia como fonte de prova no Processo do Trabalho. Todavia, é necessário que a parte realize a juntada no momento correto e que disponibilize ao menos 2 cópias (em CD, DVD ou em Pen Drive) na secretaria da Vara. Dessa forma, uma cópia ficará em Juízo e a outra será disponibilizada para a parte contrária ter acesso, para esta se manifestar acerca da mídia, exercendo o contraditório. Nesse sentido:

> A) AGRAVO DE INSTRUMENTO EM RECURSO DE REVISTA. RITO SUMARÍSSIMO. PETICIONAMENTO ELETRÔNICO. CERCEAMENTO DE DEFESA. JUNTADA DE DVD EM AUDIÊNCIA. PJE. Diante de possível violação do art. 5º, LV, da CF, impõe-se prover o agravo de instrumento para determinar o prosseguimento do recurso de revista. Agravo de instrumento conhecido e provido. B) RECURSO DE REVISTA. PETICIONAMENTO ELETRÔNICO. CERCEAMENTO DE DEFESA. JUNTADA DE DVD EM AUDIÊNCIA. PJE. O Tribunal a quo asseverou que cabia à reclamada transformar o arquivo o qual pretendia juntar em formato compatível com o PJE, ônus do qual não se desincumbiu. Concluiu, portanto, que a tentativa de juntada da filmagem em audiência revelou-se tardia, importando em preclusão do ato. Contudo, a garantia constitucional da ampla defesa assegura a produção de todos os meios de prova legais e moralmente legítimos, como expressão máxima do devido processo legal. In casu, consta do voto vencido a informação de que, segundo o diretor de Tecnologia de Informação do Regional, "o PJE não tinha capacidade para receber digitalmente vídeo e voz", como o DVD objeto da controvérsia. Nesse passo, conclui-se que, diante da constatação de incapacidade técnica do PJE de receber o DVD, o juízo de origem deveria tê-lo recebido em audiência, conforme pleiteado pela reclamada,

nos termos do art. 11, § 5º, da Lei 11.419/2006, razão pela qual resta caracterizado o cerceamento ao direito de defesa assegurado no art. 5º, LV, da CF. Recurso de revista conhecido e provido. (RR nº 0000484-45.2013.5.08.0120, 8ª Turma do TST, Rel. Dora Maria da Costa. Unânime, DEJT 03.09.2015).

– Professor?

Oi.

– Posso utilizar a tecnologia ao meu favor?

Como assim?

– Eu posso disponibilizar o conteúdo que iria para um DVD ou CD em um link (material que foi salvo na nuvem – armazenamento virtual [Onedrive, Google Drive etc.]) na minha petição inicial?

A CLT não prevê expressamente a juntada de mídia, tampouco regula como será realizada a entrega ou quais mídias poderão ser usadas, mas, desde que juntadas em momento oportuno – até o final da instrução processual, serão consideradas válidas.

Sendo assim, você pode sim juntar na peça inicial um link ou um QR CODE, para que a parte contrária e o juiz tenham acesso as mídias que você salvou na nuvem (armazenamento virtual). Nesse caso, o link deve ficar disponível até o fim do prazo para a ação rescisória.

14.1.8. Cuidado ao juntar fotos no processo

– Qual cuidado que a parte deve ter ao juntar fotos no processo, Hamilton?

Como citado no anteriormente, é permitida a junta de mídias como fonte de prova no Processo do Trabalho. Todavia, é importante lembrar que o direito à imagem, de consagração constitucional (artigo

5º, V e X), constitui-se em direito fundamental da pessoa humana, de uso restrito de seu titular, somente sendo possível sua utilização por terceiro quando expressamente autorizado e nos limites da finalidade e das condições contratadas.

Logo, na hipótese de uso de imagem de terceiro (que não seja a parte que pretende constituir a prova), se faz necessário o uso de sigilo no documento ou da tramitação em segredo de justiça.

Ao se tratar de imagem de criança ou adolescente, a exibição da imagem exige ainda maiores cuidados e necessita do consentimento dos representantes legais. O art. 17 do ECA (Lei nº 8.069/90) ainda prevê:

> Lei Nº. 8.069/90, Art. 17 – O direito ao respeito consiste na inviolabilidade da integridade física, psíquica e moral da criança e do adolescente, abrangendo a preservação da imagem, da identidade, da autonomia, dos valores, ideias e crenças, dos espaços e objetos pessoais.

– Qual a consequência se a parte juntar essas imagens de terceiros sem os devidos cuidados?

O uso da imagem de forma indevida poderá acarretar em uma condenação em danos morais, em decorrência da violação do direito de imagem. Veja o que diz o inciso X do art. 5º da CF:

> CF, Art. 5º – [...]
>
> X – são invioláveis a intimidade, a vida privada, a honra e a imagem das pessoas, assegurado o direito a indenização pelo dano material ou moral decorrente de sua violação;

14.1.9. Juntada de conversas de aplicativos de celular – e-mails – imagens das redes sociais

– Professor, posso utilizar conversas de aplicativos de celular, e-mails e imagens das redes sociais como meio de prova?

Não existe na legislação trabalhista qualquer norma em sentido contrário à utilização de conversas de aplicativos de celular, e-mails e imagens das redes sociais como meio de prova.

O CPC, por meio do art. 369, permite as partes utilizarem todos os meios legais, bem como os moralmente legítimos, ainda que não especificados, para provar a verdade dos fatos em que se funda o pedido ou a defesa e influir eficazmente na convicção do juiz, razão pela qual as referidas provas podem ser usadas no processo, sendo necessário apenas que preencham os requisitos legais (ser legítima, não adulterada e apresentada em momento oportuno).

Atualmente, o uso das redes sociais e mídias eletrônicas como meios de prova são recorrentes. Podemos citar a trocas de e-mails, além de conversas e publicações advindas de postagens em Facebook, Instagram, WhatsApp e Twitter, dentre outros.

Sobre o tema, vale citar as lições do brilhante professor Felipe Bernardes[21]:

> "Discussão recorrente na prática trabalhista diz respeito à possibilidade, ou não, de o empregador acessar o e-mail funcional de seus empregados.
>
> É amplamente prevalecente a tese de que se trata de típico instrumento de trabalho, sujeito, pois, à fiscalização de seu uso pelo empregador. A prova assim obtida pode ser validamente utilizada no processo pelo interessado.
>
> No entanto, o acesso a redes sociais e a e-mails particulares do empregado configura conduta ilícita, por violar os direitos fundamentais ao sigilo da correspondência, à intimidade e à vida privada (CF, art. 5°, X e XII).17
>
> No que tange às fotografias postadas em rede social, podem ser usadas como meios de prova caso estejam sob domínio público, ou seja, qualquer internauta tenha livre acesso. Na hipótese contrária (fotos bloqueadas), é ilícita a conduta de violar o sigilo atribuído pelo autor da foto, e a prova seria inadmissível, pelas razões já expostas acima.

21. BERNARDES, Felipe. Manual de Processo do Trabalho. Salvador: Juspodivm, 2018.

Para uma maior segurança, é possível que a parte realize a degravação da conversa advinda da troca de e-mails ou qualquer aplicativo.

– O que seria essa degravação, Hamilton?

A degravação é a transcrição da conversa realizada por um servidor público através de ata notarial, presumindo-se verdadeiro os fatos por eles atestado na ata.

Apesar de se tratar de documento público, o Juiz do Trabalho, ao valorar a ata notarial, deve considerar que o adversário da parte que produziu a prova não participa de sua formação, acompanhando a diligência, o que enfraquece sua eficácia probatória, que deve ser avaliada em harmonia com a totalidade dos elementos probatórios constantes dos autos (CPC, art. 371)[22].

– Isso tem previsão na CLT ou CPC?

Ata notarial tem previsão no art. 384 do CPC. Veja o que diz o artigo:

> CPC, Art. 384 – A existência e o modo de existir de algum fato podem ser atestados ou documentados, a requerimento do interessado, mediante ata lavrada por tabelião.
>
> Parágrafo único – Dados representados por imagem ou som gravados em arquivos eletrônicos PODERÃO CONSTAR DA ATA NOTARIAL.

– Como faço para degravar algo?

Para que se proceda a degravação em ata notarial, é necessário que a parte se dirija até um cartório de notas. O tabelião acolhe e relata, na forma legal adequada, fato ou fatos que ele vê e ouve com

22. BERNARDES, Felipe. Manual de Processo do Trabalho. Salvador: Juspodivm, 2018.

seus próprios sentidos, quer sejam fatos naturais quer sejam fatos humanos.

– E tem custas, Professor?

Frisa-se que a degravação é paga e tal custo deverá ser arcado pela parte.

Os preços da degravação em ata notarial praticados pelos cartórios variam de Estado para Estado, porque os emolumentos são fixados por meio de lei estadual e, sendo assim, cada unidade Federativa estabelece um preço de acordo com critérios particulares.

Porém, nada impede que a parte que não tenha condições de arcar com os custos da ata, solicite a produção antecipada de provas, prevista no art. 381, III do CPC, para que, o juiz determine a degravação em ata, pelo cartório, face o benefício da justiça gratuita do autor da ação.

Sobre a produção antecipa de prova Didier[23] escreve que:

> "Ação de produção antecipada de prova é a demanda pela qual se afirma o direito à produção de uma determinada prova e se pede que essa prova seja produzida antes da fase instrutória do processo para o qual ela serviria. É, pois, ação que se busca o reconhecimento do direito autônomo à prova, direito este que se realiza com a coleta da prova em típico procedimento de jurisdição voluntária".

– O que mais preciso saber?

Sobre ata notarial, vale citar os ensinamentos do professor Manironi[24]:

23. DIDIER JUNIOR, Fredie; BRAGA, Paula Sarna; DE OLIVEIRA, Rafael Alexandria. Curso de direito processual civil: teoria da prova, direito probatório, decisão, precedente, coisa julgada e tutela provisória. 14. Ed. – Salvador: Ed. Juspodivm, 2019.
24. MARINONI, Luiz Guilherme; ARENHART, Sérgio Cruz; MITIDIERO, Daniel. Código de Processo Civil Comentado – 4ª ed. São Paulo. Revista dos Tribunais, 2018.

1. Ata notarial. É instrumento elaborado por tabelião com o intuito de documentar fatos jurídicos. É ato privativo do tabelião (art. 7.º, Lei 8.935/1994). Pela fé pública que esses agentes possuem, presume-se verdadeiro o fato por eles atestado na ata notarial. Porque o valor da ata notarial está relacionado à fé pública do notário, é imprescindível que o fato descrito tenha sido presenciado pelo notário, para que se dê algum valor à declaração contida no documento. Preenchido o requisito, a ata notarial tem o mesmo valor de qualquer outro documento público.

2. Imagens e sons registrados em arquivos eletrônicos. Pode o tabelião registrar essas informações na ata notarial, desde que tenha acessado o arquivo e verificado efetivamente a presença da imagem ou do som (art. 381, parágrafo único, CPC).

3. Limites à ata notarial. São os mesmos da prova documental, não se admitindo sua elaboração se o notário é impedido (art. 27, Lei 8.935/94) e tendo seu valor reduzido se elaborada por tabelião incompetente ou se não observada formalidade essencial (art. 407, CPC).

14.1.10. Incidente de falsidade documental

– Como posso arguir o incidente de falsidade documental?

Existem duas espécies de falsidade: a ideológica e a material. Nesse sentido, os artigos 427 e 428 ambos do CPC, *in verbis*:

> CPC, Art. 427 – Cessa a fé do documento público ou particular sendo-lhe declarada judicialmente a falsidade.
>
> Parágrafo único – A falsidade consiste em:
>
> I – formar documento não verdadeiro;
>
> II – alterar documento verdadeiro.
>
> CPC, Art. 428 – Cessa a fé do documento particular quando:
>
> I – for impugnada sua autenticidade e enquanto não se comprovar sua veracidade;

> II – assinado em branco, for impugnado seu conteúdo, por preenchimento abusivo.
>
> Parágrafo único – Dar-se-á abuso quando aquele que recebeu documento assinado com texto não escrito no todo ou em parte formá-lo ou completá-lo por si ou por meio de outrem, violando o pacto feito com o signatário.

14.1.10.1. Falsidade material

A Falsidade material ocorre quando se forma documento não verdadeiro (ex.: recibo assinado em branco), altera-se documento verdadeiro (ex.: insere dados no documento) a autoria do documento não é verdadeira (assinatura falsa).

A arguição de falsidade, no caso a falsidade material pode ser suscitada:

(1) Na contestação;

(2) Na manifestação da contestação;

(3) No prazo de 15 dias, contado a partir da intimação da juntada do documento aos autos (CPC/2015, art. 430).

Nesse sentido:

> CPC, Art. 430 – A falsidade deve ser suscitada na contestação, na réplica ou no prazo de 15 (quinze) dias, contado a partir da intimação da juntada do documento aos autos.

Uma vez arguida, a falsidade será resolvida como questão incidental, salvo se a parte requerer que o juiz a decida como questão principal, nos termos do inciso II do art. 19, conforme determinado pelo parágrafo único do art. 430 do CPC.

A declaração sobre a falsidade do documento, quando suscitada como questão principal, constará da parte dispositiva da sentença e sobre ela incidirá também a autoridade da coisa julgada (CPC/2015, art. 433).

> **Exemplo de falsidade material**: se o reclamante postula horas extras, e afirma que as assinaturas constantes dos registros de jornada (cartões de ponto) juntadas aos autos não são suas, está-se diante de alegação de falsidade material. Cabível, nesta hipótese, o incidente de falsidade, com a elaboração de perícia grafotécnica para apurar a fraude[25].

– Como será provado a falsidade material, Professor?

O CPC prevê a realização obrigatória de perícia para os casos de falsidade documental. A perícia só não será realizada se a parte que juntou o documento concorde com seu desentranhamento (art. 432, caput, e parágrafo único).

14.1.10.2. Falsidade ideológica

A falsidade ideológica ocorre quando a declaração contida no documento revela fato inverídico, conquanto autêntica a assinatura do declarante. A comprovação da falsidade ideológica de documentos pode ser feita por qualquer meio de prova e, muitas vezes, a prova pericial será desnecessária.

> **Exemplo de falsidade ideológica:** Se o reclamante reconhece que a assinatura nos documentos é sua, mas os horários ali consignados não correspondem à real jornada trabalhada, em função de determinação do empregador, há alegação de falsidade ideológica. Seria completamente impertinente fazer perícia nesse caso. A falsidade, neste segundo caso, pode ser comprovada por diversos meios de prova, como a testemunhal[26].

14.1.10.3. Ônus da prova no incidente de prova documental

– E como fica o ônus da prova no incidente de falsidade, Professor?

25. BERNARDES, Felipe. Manual de Processo do Trabalho. Salvador: Juspodivm, 2018.
26. BERNARDES, Felipe. Manual de Processo do Trabalho. Salvador: Juspodivm, 2018.

O ônus de provar a falsidade é distribuído da seguinte forma, segundo o art. 429 do CPC:

(1) Se tratar de falsidade de documento ou de preenchimento abusivo, à parte que a arguir;

(2) Se tratar de impugnação da autenticidade, à parte que produziu o documento.

14.1.11. Exibição de documento ou coisa

– Para que serve a exibição de documento, Hamilton?

A parte pode utilizar a exibição de documentos, para solicitar que o seu adversário ou terceiros, exibam em juízo, documento ou coisa que se encontre em seu poder.

Nesse sentido o art. 396 do CPC:

> CPC, Art. 396 – O juiz pode ordenar que a parte exiba documento ou coisa que se encontre em seu poder.

Segundo o parágrafo único do art. 400 do CPC, o juiz pode aplicar meios coercitivos ou indutivos para coagir a parte a exibir o documento ou a coisa em juízo ou ainda aplicar medidas sub-rogatórias para a obtenção do documento ou da coisa pretendida.

– Qual o prazo que o requerido tem para responder ao juízo?

O requerido dará sua resposta nos 5 (cinco) dias subsequentes à sua intimação. Se o requerido afirmar que não possui o documento ou a coisa, o juiz permitirá que o requerente prove, por qualquer meio, que a declaração não corresponde à verdade. (CPC, art. 398)

– Hamilton, o requerido pode se recusar a exibir o documento ou a coisa?

Pode. Contudo o art. 399 do CPC determina que o juiz não admitirá a recusa se:

(1) O requerido tiver obrigação legal de exibir;

(2) O requerido tiver aludido ao documento ou à coisa, no processo, com o intuito de constituir prova;

(3) O documento, por seu conteúdo, for comum às partes.

14.1.11.1. Consequências pela não exibição dos documentos pela parte

– Qual a consequência para a parte que não exibir o documento ou a coisa?

Conforme determinado pelo art. 400 do CPC, ao decidir o pedido, o juiz admitirá como verdadeiros os fatos que, por meio do documento ou da coisa, a parte pretendia provar, se:

(1) o requerido não efetuar a exibição nem fizer nenhuma declaração no prazo do art. 398;

(2) a recusa for havida por ilegítima.

Sobre o tema, cito as lições de Marinoni[27]:

> Após ter sido feita a intimação do requerido, dada oportunidade para sua resposta, e produzida – se for o caso – prova relativa ao direito à exibição, o juiz deve proferir decisão. Essa decisão é interlocutória e desafia o recurso de agravo (arts. 203, § 2.º, e 1. 015, VI, CPC). Sendo procedente o pedido, deverá ordenar ao requerido que exiba o documento ou a coisa sob pena de multa coercitiva. Poderá aplicar-lhe medidas indutivas ou coercitivas pela não apresentação. Poderá, ainda, determinar a busca e apreensão do documento ou da coisa. Sendo improcedente, declarará

27. MARINONI, Luiz Guilherme; ARENHART, Sérgio Cruz; MITIDIERO, Daniel. **"Código de Processo Civil Comentado"** – 4ª ed. São Paulo. Revista dos Tribunais, 2018.

a inexistência do direito à exibição. Sendo um incidente processual, o seu término dá lugar à condenação nas despesas processuais (art. 82, § 2.º, CPC).

Sendo procedente o pedido de exibição e não tendo sido o documento ou a coisa exibido, cumpre ao juiz, quando da sentença, admitir como verdadeiras as alegações de fato que, por meio do documento ou da coisa, pretendia o requerente provar. Essa presunção de veracidade é relativa e pode ceder diante do conjunto probatório dos autos.

14.1.11.2. Documento em poder de terceiro

– E se esse documento estiver em poder de terceiro?

Quando o documento ou a coisa estiver em poder de terceiro, o juiz ordenará sua citação para responder no prazo de 15 (quinze) dias (CPC, art. 401).

Se o terceiro negar a obrigação de exibir ou a posse do documento ou da coisa, o juiz designará audiência especial, tomando-lhe o depoimento, bem como o das partes e, se necessário, o de testemunhas, e em seguida proferirá decisão. (CPC, art. 402).

Se o terceiro, sem justo motivo, se recusar a efetuar a exibição, o juiz ordenar-lhe-á que proceda ao respectivo depósito em cartório ou em outro lugar designado, no prazo de 5 (cinco) dias, impondo ao requerente que o ressarça pelas despesas que tiver. Se o terceiro descumprir a ordem, o juiz expedirá mandado de apreensão, requisitando, se necessário, força policial, sem prejuízo da responsabilidade por crime de desobediência, pagamento de multa e outras medidas indutivas, coercitivas, mandamentais ou sub-rogatórias necessárias para assegurar a efetivação da decisão. (CPC, art. 403)

14.1.11.3. Requisitos do pedido de exibição

– Quais os requisitos do pedido de exibição de documentos?

O pedido de exibição de documentos não dá início a um processo novo, mas apenas a um incidente processual. Desta forma, vai tramitar no curso de processo já instaurado.

Tal pedido, nos termos do art. 397, do CPC, deve obedecer aos seguintes requisitos:

(1) A individuação, tão completa quanto possível, do documento ou da coisa:

Basta para atendimento do requisito da individualização que o requerente da exibição defina os contornos do documento ou da coisa, não deixando dúvida quanto ao objeto que se pretende ver exibido. Não se exige perfeita individualização (STJ, 3.ª Turma, REsp 645.579/MS, rel. Min. Humberto Gomes de Barros, j. 18.10.2005, DJ 27.10.2005)[28]

(2) A finalidade da prova, indicando os fatos que se relacionam com o documento ou com a coisa:

É necessário que o requerente demonstre que a exibição é imprescindível para a elucidação de fato controverso, pertinente e relevante para a solução do litígio. Tal a finalidade da exibição (art. 397, II, CPC). Fato controverso é aquele sobre o qual pendem afirmações em sentidos opostos. O fato é pertinente quando ele tem relação direta com o fato essencial ou com algum fato que tenha por fim demonstrá-lo. Contudo, só há necessidade de produção de prova se o fato, além de controverso e pertinente, for relevante; fato relevante é aquele que pode influir no julgamento, ou melhor, aquele que, quando provado, pode conduzir à procedência ou à improcedência do pedido. É fundamental que o requerente indique o fato que está na dependência da exibição, uma vez que o juiz, na sentença, pode admitir como verdadeiros os fatos que, por meio do documento ou da coisa, a parte pretendia provar (art. 400, CPC)[29].

(3) As circunstâncias em que se funda o requerente para afirmar que o documento ou a coisa existe e se acha em poder da parte contrária.

---

28. MARINONI, Luiz Guilherme; ARENHART, Sérgio Cruz; MITIDIERO, Daniel. **"Código de Processo Civil Comentado"** – 4ª ed. São Paulo. Revista dos Tribunais, 2018.
29. MARINONI, Luiz Guilherme; ARENHART, Sérgio Cruz; MITIDIERO, Daniel. **"Código de Processo Civil Comentado"** – 4ª ed. São Paulo. Revista dos Tribunais, 2018.

Devem ser precisadas as circunstâncias em que se funda o requerente para afirmar que o documento ou a coisa existe e se acha em poder da parte contrária. É preciso que o requerente demonstre a existência do documento ou da coisa e, principalmente, que ele se encontra em poder da parte contrária, uma vez que o juiz pode admitir como verdadeiros os fatos que, por meio do documento ou da coisa, a parte pretendia provar. Entretanto, muitas vezes não será fácil ao requerente demonstrar que a parte contrária tem em seu poder o documento ou a coisa, o que pode inviabilizar prova indispensável para o devido esclarecimento das alegações de fato. Muito embora o requerente do pedido de exibição possa produzir qualquer tipo de prova, e não apenas a documental, para demonstrar o que alega no seu pedido de exibição, o juiz deve ter muita cautela e prudência ao apreciar tal pedido, evitando lesar o direito do requerido, porém, sem tornar impossível que o fim almejado pelo requerente seja obtido.[30]

– E eu posso fazer esse pedido já na peça inicial?

Pode sim, o pedido poderá ser formalizado no corpo da petição inicial, ou em peça simples protocolada no processo principal. O mesmo acontece se for feito pelo reclamado, ou seja, poderá ser feito no corpo da contestação ou em peça simples protocolada no processo principal.

14.2. Prova emprestada

– O que significa prova emprestada?

Prova emprestada significa utilizar no processo atual uma prova que foi produzida em outro processo. Em regra, à produção da prova deve ser realizada dentro do processo em que será utilizada como meio de convencimento do juiz. Contudo, privilegiando ao princípio da economia processual, é possível aplicar no processo prova já produzida em outro processo.

30. MARINONI, Luiz Guilherme; ARENHART, Sérgio Cruz; MITIDIERO, Daniel. **"Código de Processo Civil Comentado"** – 4ª ed. São Paulo. Revista dos Tribunais, 2018.

Em resumo, prova emprestada é a utilização de prova produzida em outro processo.

– Então, Professor, a grande serventia da prova emprestada tem fundamento na economia processual, tendo em vista que se evita a repetição desnecessária da produção de prova de idêntico conteúdo?

Isso mesmo.

– Esse meio de prova tem previsão na CLT?

Não. Contudo tem previsão no CPC que é aplicado subsidiariamente ao Processo do Trabalho. Veja o que diz o art. 372 do CPC:

> CPC, Art. 372 – O juiz poderá admitir a utilização de prova produzida em outro processo, atribuindo-lhe o valor que considerar adequado, observado o contraditório.

Ainda o TST aceita perfeitamente a prova emprestada de outro processo, senão vejamos:

> [...] UTILIZAÇÃO DE PROVA EMPRESTADA. POSSIBILIDADE. Em atenção aos princípios da ampla defesa e do contraditório, esta Corte Superior firmou entendimento no sentido da validade da utilização da prova emprestada, independentemente da anuência da parte adversa, quando houver identidade entre os fatos a serem provados e a participação da citada parte adversa na produção das provas. Precedentes. Agravo conhecido e desprovido. [...] (Ag-AIRR-11903-29.2016.5.18.0007, 3ª Turma, Relator Ministro Alexandre de Souza Agra Belmonte, DEJT 07/01/2020).
>
> CERCEAMENTO DE DEFESA. PROVA EMPRESTADA. Colhe-se do v. Acórdão que foi reconhecida a validade da prova emprestada, qual seja, a utilização da prova testemunhal já apreciada à exaustão pelo juízo de primeiro grau, sob o crivo da ampla defesa e do contraditório, em outros processos em face da reclamada, que versavam sobre contemporânea e idêntica limitação ao uso de banheiro, sofrida pelos empregados ocupantes da função de operadores de

telemarketing, e a ocorrência de treinamento. O e. TRT também destacou que a prova testemunhal pretendida pela reclamada fora indeferida porque "fatos notórios, confessados, incontroversos ou que gozam de presunção de veracidade não necessitam de prova". A prova emprestada o é tão somente por ter sido produzida em processo similar, o que força a ilação de que as situações retratadas se assemelham. O instituto de prova emprestada é, não somente legal, mas também compatível e desejável no processo do trabalho, conquanto viabilize e avulte a celeridade processual e a harmonia dos julgamentos em vários casos iguais, circunstâncias ínsitas a esta modalidade de processo. Além do mais, não configura cerceamento do direito de defesa a utilização de prova emprestada, tendo em vista os amplos poderes conferidos ao juízo na direção do processo (art. 765 da CLT, c/c os arts. art. 765 da CLT, c/c os arts. 369, 370, 371 do CPC). Precedentes. Inviável o processamento do apelo, por óbice da Súmula nº 333 do TST e do art. 896, § 7º, da CLT. Agravo não provido. (ARR nº 2622-14.2016.5.10.0802, 5ª Turma do TST, Rel. Breno Medeiros. j. 10.04.2019, Publ. 12.04.2019).

14.2.1. Requisitos para aceitação da prova emprestada

– Quais os requisitos para a prova emprestada ser aceita pelo juízo?

Para a prova emprestada ser válida no Processo do Trabalho, é necessário que:

(1) Haja identidade de fatos; e

(2) Participação da parte contrária na produção da prova emprestada, ou seja, a parte prejudicada com a produção da prova, participou do contraditório no processo de origem.

Exemplo: Na reclamação "X", entre o Sr. Lúcio e a empresa BETA, foi produzido a prova pericial e, atestou o ambiente como insalubre. Na segunda reclamação "Y", entre Sr. Flávio e a empresa BETA, Sr. Flávio poderá utilizar a o laudo pericial do processo "Y" como prova emprestada, vez que a empresa BETA já participou do contraditório da produção do laudo pericial no processo "X".

O enunciado 52 do FPPC sobre o tema, diz que:

> "para a utilização da prova emprestada, faz-se necessária a observância do contraditório no processo de origem, assim como no processo de destino, considerando-se que, neste último, a prova mantenha a sua natureza originária".

– Professor, fiquei com uma dúvida. É necessário a concordância da parte contrária para o juiz aceitar a prova emprestada?

O TST firmou entendimento no sentido da validade da utilização da prova emprestada, independentemente da anuência da parte adversa, bastando que exista identidade entre os fatos a serem provados e a participação da citada parte adversa na produção das provas. Nesse sentido, as decisões do TST:

> "(...) II. RECURSO DE REVISTA DA RECLAMADA. REGIDO PELA LEI 13.015/2014. CERCEAMENTO DE DEFESA. PROVA EMPRESTADA. DESNECESSIDADE DE ANUÊNCIA DA PARTE CONTRÁRIA. SÚMULA 333/TST. Esta Corte tem entendido que não há qualquer impedimento para utilização da prova emprestada, sem anuência de uma das partes, quando regularmente produzida em outra reclamação trabalhista, da qual participou a Demandada, sem danos ao contraditório e à ampla defesa, com similaridade dos fatos a serem comprovados, tal como ocorre na hipótese dos autos. Estando o acórdão regional em conformidade com a iterativa, atual e notória jurisprudência desta Corte, incide a Súmula 333/TST como óbice ao conhecimento do recurso de revista. Recurso de revista não conhecido." (ARR – 2846-83.2015.5.10.0802, 5ª Turma, Relator Douglas Alencar Rodrigues, DEJT 07/06/2019)

> 2. NULIDADE PROCESSUAL. CERCEAMENTO DO DIREITO DE DEFESA. PERÍCIA DE INSALUBRIDADE. UTILIZAÇÃO DE PROVA EMPRESTADA. NÃO CONHECIMENTO. [...] II. Ressalte-se que, em situações semelhantes, esta Corte Superior tem autorizado a utilização de prova emprestada nos casos em que há identidade de fatos e a participação da parte adversa na produção probatória, como no caso dos autos, sem que a falta de

concordância de uma das partes configure nulidade. III. A decisão regional está em harmonia com a iterativa, notória e atual jurisprudência desta Corte Superior sobre a matéria, razão pela qual é inviável o processamento do recurso de revista, nos termos dos arts. 896, § 7º, da CLT e 932, III, do CPC/2015 e da Súmula nº 333 do TST. IV. Recurso de revista de que não se conhece. (RR – 1008-66.2012.5.09.0567, Relator Ministro: Alexandre Luiz Ramos, Data de Julgamento: 19/03/2019, 4ª Turma, Data de Publicação: DEJT 22/03/2019)

"RECURSO DE REVISTA INTERPOSTO NA VIGÊNCIA DA LEI Nº 13.015/2014. [...] UTILIZAÇÃO DE PROVA EMPRESTADA. POSSIBILIDADE. IDENTIDADE FÁTICA. DESNECESSIDADE DE PRÉVIA CONCORDÂNCIA DA PARTE CONTRÁRIA. AUSÊNCIA DE CERCEAMENTO DE DEFESA. NULIDADE PROCESSUAL NÃO CONFIGURADA. A utilização de prova emprestada não está condicionada à prévia anuência e concordância das partes. Assim, a mera alegação da reclamada de que não concordou com a utilização de prova emprestada não é suficiente para inviabilizar a sua utilização nestes autos. Salienta-se que os princípios processuais do contraditório e da ampla defesa estão sendo observados, tanto que a parte recorrente se tem utilizado deles para pleitear reexame de matéria já verificada em ambas as instâncias, não havendo falar em violação do artigo 5º, inciso LV, da Lei Maior. Recurso de revista não conhecido. [...]" (RR – 10077-51.2015.5.15.0147, Relator Ministro José Roberto Freire Pimenta, 2ª Turma, DEJT 27/10/2017).

14.3. Depoimento das partes

– Como é feito o depoimento das partes no Processo do Trabalho?

Após a apresentação da defesa da parte reclamada, o juiz inicia a instrução do processo, interrogando o reclamante e em seguida a reclamada.

Veja o que diz o art. 848 da CLT:

> CLT, Art. 848 – Terminada a defesa, seguir-se-á a instrução do processo, podendo o presidente, ex officio ou a requerimento de qualquer juiz temporário, interrogar os litigantes.
>
> § 1º – Findo o interrogatório, poderá qualquer dos litigantes retirar-se, prosseguindo a instrução com o seu representante.
>
> § 2º – Serão, a seguir, ouvidas as testemunhas, os peritos e os técnicos, se houver.

Assim, o juiz toma o depoimento das partes logo após o recebimento da defesa e antes da oitiva de testemunhas, ouvindo primeiro o reclamante, e posteriormente o reclamado, contudo, essa ordem pode ser alterada a critério do magistrado.

– Pode haver depoimento por videoconferência?

O CPC, por meio do § 3º do art. 385, que é aplicado subsidiariamente ao Processo do Trabalho, permite que o depoimento pessoal da parte, que residir em comarca, seção ou subseção judiciária diversa daquela onde tramita o processo, seja colhido por meio de vídeo conferência ou outro recurso tecnológico de transmissão de sons e imagens em tempo real.

Alguns juízes da área trabalhista já utilizaram o depoimento por vídeo conferência. Contudo, é prudente que a parte ou o seu advogado comunique o juízo com bastante antecedência para a organização pelo setor de informática do Tribunal, da sala ou do ambiente que vai ser tomado o depoimento.

Alguns Tribunais do Trabalho já possuem salas próprias para a oitiva de partes e testemunhas em jurisdição diversa de onde corre o processo.

– Existe diferença entre depoimento pessoal e interrogatório?

Conforme vimos no art. 848 acima citado, a CLT não diferenciou esses institutos. Para parte da doutrina, deve ser aplicado subsidiariamente o processo civil, com autorização dos arts. 769 da CLT e 15 do CPC, diferenciando-se os institutos.

O CPC, diferencia depoimento pessoal de interrogatório.

DEPOIMENTO PESSOAL	INTERROGATÓRIO
Segundo o art. 385 do CPC, cabe à parte requerer o depoimento pessoal da outra parte, a fim de que esta seja interrogada na audiência de instrução e julgamento, sem prejuízo do poder do juiz de ordená-lo de ofício.	Não é requerido pelas partes, mas sim de ofício pelo magistrado, conforme o art. 370 do CPC, que diz que "caberá ao juiz, de ofício ou a requerimento da parte, determinar as provas necessárias ao julgamento do mérito". O interrogatório, pode ser colhido em qualquer fase do processo, e tem como objetivo, buscar os esclarecimentos dos fatos. O não comparecimento das partes, não causa confissão ficta, nos termos do art. 139, VIII, do CPC[31].

O professor Miessa[32], em seu livro, utilizou a seguinte tabela para diferenciar os institutos:

INTERROGATÓRIO	DEPOIMENTO PESSOAL
Determinado de ofício	De ofício ou por requerimento da parte contrária
Colhido em qualquer estado do processo (qualquer tempo)	Colhido na audiência de instrução e julgamento
Busca esclarecimentos dos fatos da causa	Busca esclarecimentos dos fatos e, principalmente, a confissão
O não comparecimento ou recusa não provoca a confissão ficta	O não comparecimento ou recusa provoca a confissão ficta

– Hamilton, o advogado tem direito de fazer perguntas para o seu cliente?

31. CPC, Art. 139 – O juiz dirigirá o processo conforme as disposições deste Código, incumbindo-lhe: VIII – determinar, a qualquer tempo, o comparecimento pessoal das partes, para inquiri-las sobre os fatos da causa, hipótese em que não incidirá a pena de confesso.
32. MIESSA, Élisson. Processo do trabalho para concurso público. 6ª ed. Salvador. Juspodivm, 2018.

O advogado não tem direito de fazer perguntas ao próprio cliente, pois o depoimento pessoal é meio de obter a confissão real da parte contrária.

– E a parte pode se recusar a responder as perguntas do juiz?

Em regra, não. A parte tem o dever de responder o que lhe for perguntado. Caso ela se recuse, o juiz deve declarar que houve recusa de depor, impondo a sanção da confissão ficta. Veja o que diz o art. 386 do CPC:

> CPC, Art. 386 – Quando a parte, sem motivo justificado, deixar de responder ao que lhe for perguntado ou empregar evasivas, o juiz, apreciando as demais circunstâncias e os elementos de prova, declarará, na sentença, se houve recusa de depor.

Assim, a parte só pode se recusar a depor se tiver um motivo justificado. O art. 388 do CPC, determina que a parte pode se recusar a depor sobre fatos:

> I – criminosos ou torpes que lhe forem imputados (Ninguém é obrigado a fazer prova criminal contra si mesmo, haja vista o direito fundamental à não autoincriminação – STF, 2.ª Turma, HC 89.503/RS, rel. Min. Cezar Peluso, j. 03.04.2007, DJ 08.06.2007);
>
> II – a cujo respeito, por estado ou profissão, deva guardar sigilo;
>
> III – acerca dos quais não possa responder sem desonra própria, de seu cônjuge, de seu companheiro ou de parente em grau sucessível;
>
> IV – que coloquem em perigo a vida do depoente ou das pessoas referidas no inciso III.

– A parte pode nomear um procurador para ir depor em seu lugar?

A parte não pode nomear procurador para prestar depoimento em seu lugar, pois o depoimento da parte deve ser prestado pessoalmente e na forma oral.

– Hamilton?

Oi!

– Mas se a parte não tiver boa memória ou estiver muito nervosa ela pode, durante seu depoimento, ficar procurando as respostas para as perguntas do juiz em documentos ou já levar um depoimento preparado?

A parte não pode prestar o seu depoimento apoiando-se em documento escrito, o que é permitido é a consulta a notas breves postas em qualquer documento, desde que seja somente para esclarecer fatos pertinentes. Nesse sentido, o art. 387 do CPC:

> CPC, Art. 387 – A parte responderá pessoalmente sobre os fatos articulados, NÃO PODENDO SERVIR-SE DE ESCRITOS ANTERIORMENTE PREPARADOS, permitindo-lhe o juiz, todavia, a CONSULTA A NOTAS BREVES, desde que objetivem completar esclarecimentos.

14.3.1. Depoimento da parte x confissão

– Qual o propósito de ser requerido o depoimento das partes em audiência?

O propósito é buscar a confissão da parte contrária. Segundo o CPC, em seu art. 389, ocorre a confissão quando a parte admite a verdade de fato contrário ao seu interesse e favorável ao do adversário.

14.3.1.1. Confissão espontânea e provocada

– Como pode ocorrer essa confissão, Professor?

Essa confissão em juízo pode ser espontânea ou provocada, conforme o art. 390 do CPC:

CONFISSÃO ESPONTÂNEA	A CONFISSÃO PROVOCADA
É aquela que ocorre por livre iniciativa da parte confitente.	É aquela obtida quando o juiz ou a parte adversária do depoente articulam perguntas a esse último de modo a provocar a sua confissão.

A confissão espontânea pode ser realizada por meio de procurador. Contudo, esse procurador deve ter poderes específicos para confessar determinado fato, conforme determinação do art. 105 do CPC, *in verbis*:

> CPC, Art. 105. A procuração geral para o foro, outorgada por instrumento público ou particular assinado pela parte, habilita o advogado a praticar todos os atos do processo, exceto receber citação, confessar, reconhecer a procedência do pedido, transigir, desistir, renunciar ao direito sobre o qual se funda a ação, receber, dar quitação, firmar compromisso e assinar declaração de hipossuficiência econômica, que devem constar de cláusula específica.

14.3.1.2. Conhecimento dos fatos pelo preposto

O preposto deve ter conhecimento dos fatos deduzidos em juízo, certo?

– Sim e as declarações dele obrigarão a reclamada.

Isso mesmo. Veja o que diz o § 1º do art. 843 da CLT:

> CLT, Art. 843 – [...]
>
> § 1º É facultado ao empregador fazer-se substituir pelo gerente, ou qualquer outro preposto QUE TENHA CONHECIMENTO DO FATO, e cujas declarações obrigarão o proponente.

Porém o que acontece se ele não sabe nada sobre os fatos narrados na peça inicial e reponde para o juiz que não sabe ou fica calado?

– Acho que vai dar ruim para a reclamada.... Mas não sei a consequência desse desconhecimento dos fatos.

A consequência jurídica é a confissão ficta nos limites da matéria ignorada, acolhendo-se como verdadeira a alegação da parte contrária, pois quando o preposto desconhece os fatos narrados na ação, torna irregular a representação patronal, frustrando o intuito do depoimento pessoal. Nesse sentido:

> 4 – CONFISSÃO FICTA. PREPOSTO. O desconhecimento do preposto quanto à matéria fática importa em confissão ficta. A confissão ficta do reclamado gera a presunção relativa, admitindo-se o exame da prova em contrário nos autos para o confronto com a confissão ficta. Nesse contexto, o Tribunal Regional registrou que a prova documental, em especial os recibos de pagamento juntados pela reclamante demonstraram que a reclamante foi promovida em agosto de 2007. Assim, divergir do acórdão recorrido exigiria o reexame do conjunto fático-probatório, circunstância vedada pela Súmula 126 desta Corte. Recurso de revista não conhecido. (ARR nº 124800-23.2009.5.05.0034, 2ª Turma do TST, Rel. Delaíde Miranda Arantes. j. 13.02.2019, Publ. 22.02.2019).

> AGRAVO DE INSTRUMENTO. RECURSO DE REVISTA INTERPOSTO SOB A ÉGIDE DAS LEIS Nos 13.015/2014, 13.105/2015 E 13.467/2017 – DESCABIMENTO. HORAS EXTRAS. INDENIZAÇÃO PELO USO DE VEÍCULO PRÓPRIO. CONFISSÃO FICTA. DECLARAÇÃO DE DESCONHECIMENTO DOS FATOS PELO PREPOSTO. 1. A ausência do reclamado à audiência importa revelia e confissão quanto à matéria de fato, na forma do art. 844 da CLT. 2. O art. 843, § 1º, da CLT, faculta "ao empregador fazer-se substituir pelo gerente, ou qualquer outro preposto que tenha conhecimento do fato, e cujas declarações obrigarão o preponente". Quando o preposto desconhece os fatos objetivados pela demanda, torna irregular a representação patronal, frustrando o intuito do depoimento pessoal. Em tal hipótese, o empregador sofrerá as consequências de sua incúria, inclusive com a incidência da pena de confissão ficta, nos limites da matéria ignorada. 3. A presunção de veracidade daí decorrente é relativa. Inexistindo, porém, prova em sentido contrário, impõe-se

o acolhimento das alegações da inicial. Agravo de instrumento conhecido e desprovido. (AIRR - 674-94.2017.5.13.0001, Relator Ministro: Alberto Luiz Bresciani de Fontan Pereira, Data de Julgamento: 21/11/2018, 3ª Turma, Data de Publicação: DEJT 23/11/2018)

RECURSO DE REVISTA. VÍNCULO DE EMPREGO. CONFISSÃO FICTA. ÔNUS DA PROVA. O Regional entendeu que, tendo a ré confirmado a prestação de serviços pelo autor, cabia-lhe o ônus de comprovar a inexistência de vínculo de emprego, demonstrando que a relação se estabeleceu de forma impessoal, eventual e sem subordinação. Contudo, diante do total desconhecimento dos fatos discutidos nos autos pelo preposto, foi aplicada a confissão ficta à ré, havendo presunção relativa da veracidade dos fatos alegados na inicial. Inexistindo outros elementos de prova para desconstituir tal presunção, foi reconhecido o vínculo de emprego. Tal entendimento está em sintonia com os artigos 818 da CLT e 333, II, do CPC. Recurso de revista não conhecido. (RR - 505-08.2012.5.04.0010, Relator Ministro: Augusto César Leite de Carvalho, Data de Julgamento: 14/11/2018, 6ª Turma, Data de Publicação: DEJT 23/11/2018)

14.3.1.3. Ausência de confissão nos fatos indisponíveis

– A confissão é eficaz a fatos indisponíveis?

Não vale a confissão, a admissão em juízo, de fatos relativos a direitos indisponíveis. O TST, por meio da sumula 398, entende que na ação rescisória, o que se ataca é a decisão, ato oficial do Estado, acobertado pelo manto da coisa julgada. Assim, e considerando que a coisa julgada envolve questão de ordem pública, a revelia não produz confissão na ação rescisória.

A confissão será ineficaz ainda, se feita por quem não for capaz de dispor do direito a que se referem os fatos confessados e quando feita por um representante somente é eficaz nos limites em que este pode vincular o representado.

14.3.1.4. *Ônus da prova na confissão*

– Como fica o ônus da prova quando a parte confessa, Hamilton?

A confissão dispensa a parte que tem o ônus de provar o fato confessado de produzir prova em relação a ele (art. 374, II, CPC).

14.3.1.5. *Confissão feita pelo litisconsorte*

– E se a confissão for feita por um dos litisconsortes?

A confissão efetuada por um dos litisconsortes jamais pode prejudicar aos demais. Veja o que diz o art. 391 do CPC:

> CPC, Art. 391 – A confissão judicial faz prova contra o confitente, não prejudicando, todavia, os litisconsortes.

Não é incomum, em audiências trabalhistas, que o preposto de uma das reclamadas confesse determinado fato, negado pelo representante de outra reclamada. Ou então, que um deles alegue fato contrário à esfera de interesses do outro litisconsorte passivo. Exemplos: (i) o preposto da 2ª reclamada (tomadora de serviços terceirizados) confessa a prática de horas extras pelo reclamante, o que é negado pela real empregadora (1ª reclamada); (II) o preposto da 1 ª reclamada afirma que o reclamante prestava serviços terceirizados para a 2ª reclamada, a qual nega este fato. Nos dois casos, as declarações não podem produzir a eficácia típica da confissão, consistente na dispensa de produção de prova pela parte contrária. No primeiro, porque a confissão não pode prejudicar o litisconsorte que não confessou (CPC, art. 391); no segundo, porque não se trata, a rigor de confissão, que é, por definição, declaração de fato contrário ao interesse do confitente, e não do seu litisconsorte. No entanto, nessas – e em todas as outras – situações, a declaração conserva sua eficácia probatória, razão pela qual o juiz pode utilizá-la na formação de seu convencimento, em conjunto com as demais provas[33].

33. BERNARDES, Felipe. Manual de Processo do Trabalho. Salvador: Juspodivm, 2018.

14.3.2. Ausência da parte na audiência / sessão que ia depor

– Se a parte faltar a sessão/audiência que tinha que depor, acontece alguma coisa?

Depende. Olha o que diz a súmula 74 do TST em seu item I:

> TST, Súm Nº. 74 – [...]
>
> I – Aplica-se a confissão à parte que, expressamente intimada com aquela cominação, não comparecer à audiência em prosseguimento, na qual deveria depor.

– Então a confissão da parte vai depender se houve intimação para depor em audiência com a penalidade de confissão?

Sim. Para se aplicar a pena de confissão, em face do não-comparecimento à audiência de instrução e julgamento, é imprescindível a intimação pessoal da parte, constando que se presumirão confessados os fatos contra ela alegados. Nesse sentido, os seguintes julgados:

> AUSÊNCIA DAS PARTES EM AUDIÊNCIA. NÃO INTIMAÇÃO PESSOAL, COM A COMINAÇÃO DE SE APLICAR A CONFISSÃO FICTA, EM CASO DE NÃO COMPARECIMENTO. Para se aplicar a pena de confissão, em face do não-comparecimento à audiência de instrução e julgamento, é imprescindível a intimação pessoal da parte, constando do mandado que se presumirão confessados os fatos contra ela alegados. E, em havendo adiamento da audiência, como na hipótese dos autos, deverá a parte ser intimada novamente, repetindo-se a cominação da pena de confissão em caso de não-comparecimento. Assim, considerando que a intimação para prestar depoimento pessoal sobre matéria de fato deve ser endereçada diretamente à parte e que não foi dada expressa ciência às partes de que o não comparecimento importaria em pena de confissão, essa não se aplica ao caso. Recurso de revista de que não se conhece. (RR – 113900-41.2009.5.17.0003, Relatora Ministra: Kátia Magalhães Arruda, Data de Julgamento: 14/12/2016, 6ª Turma, Data de Publicação: DEJT 19/12/2016)

> "AGRAVO DE INSTRUMENTO EM RECURSO DE REVISTA. INTIMAÇÃO DA RECLAMADA PARA AUDIÊNCIA POR MEIO DE ADVOGADO. IMPOSSIBILIDADE DE APLICAÇÃO DA PENALIDADE DE CONFISSÃO FICTA. Diante da contrariedade à Súmula n.º 74, I, TST, determina-se o processamento do Recurso de Revista. Agravo de Instrumento a que se dá provimento. RECURSO DE REVISTA. INTIMAÇÃO DA RECLAMADA PARA AUDIÊNCIA POR MEIO DE ADVOGADO. IMPOSSIBILIDADE DE APLICAÇÃO DA PENALIDADE DE CONFISSÃO FICTA. Para se declarar a confissão, em face do não comparecimento à audiência de instrução e julgamento, é imprescindível a intimação pessoal das partes, constando do mandado que se presumirão confessados os fatos contra elas alegados. Nesse diapasão – e ao contrário do que decidiu a Corte a quo – a mera intimação da Reclamada para a audiência em que seria ouvida, por meio de seu advogado, não é condição suficiente para aplicação da penalidade de confissão ficta. Entendimento com base no art. 343, § 1.º, do CPC e na Súmula n.º 74, I, do TST. Precedentes desta Corte. Recurso de Revista conhecido e provido." (RR – 992-05.2011.5.01.0007, Relatora Ministra: Maria de Assis Calsing, Data de Julgamento: 02/03/2016, 4ª Turma, Data de Publicação: DEJT 04/03/2016);

Aplicada a pena de confissão ficta ao reclamante, têm-se como verdadeiros os fatos alegados pela reclamada em contestação. Porém, aplicada a pena de confissão ficta a reclamada, têm-se como verdadeiros os fatos alegados pela reclamante em sua petição inicial.

– Essa confissão pode não ocorrer?

Segundo o item II da súmula 74 do TST, a prova pré-constituída nos autos pode ser levada em conta para confronto com a confissão ficta (arts. 442 e 443, do CPC de 2015). Diz ainda, que não configura cerceamento de defesa o indeferimento de provas posteriores, por exemplo, não poderá ouvir testemunhas.

Segundo o item III da mesma súmula, a vedação à produção de prova posterior pela parte confessa somente a ela se aplica, não afetando o exercício, pelo magistrado, do poder/dever de conduzir o processo.

14.3.2.1. *Confronto de confissões*

– E se o reclamante e o reclamado sofrerem a penalidade de confissão ficta, ou seja, no confronto de confissões, o que deve prevalecer?

No caso de ausência das partes na audiência de prosseguimento, o juiz deve aplicar a confissão recíproca, resolvendo a lide pela aplicação do ônus da prova (CLT, art. 818). Nesse sentido:

> CONFISSÃO RECÍPROCA. DISTRIBUIÇÃO DO ÔNUS DA PROVA. Na ocorrência da confissão recíproca, a lide deverá ser resolvida pela aplicação do ônus da prova, razão pela qual não pode prevalecer o entendimento enunciado na Súmula nº 74 do TST. Provimento parcial ao recurso obreiro. Provimento ao recurso patronal. (Recurso Ordinário nº 0000723-23.2012.5.01.0009, 5ª Turma do TRT da 1ª Região/RJ, Rel. Roberto Norris. DOERJ 13.07.2018).

> CONFISSÃO RECÍPROCA. DISTRIBUIÇÃO DO ÔNUS DA PROVA. Os efeitos da confissão ficta restringem-se à matéria fática, sendo aplicáveis ao autor e ao réu que se ausentam da sessão da audiência de instrução, de acordo com a distribuição do ônus da prova. (RO nº 0010590-52.2017.5.03.0092, 1ª Turma do TRT da 3ª Região/MG, Rel. Emerson José Alves Lage. j. 28.11.2018).

14.3.2.1.1. Ausência do reclamante e não juntada de cartão de ponto pela reclamada

– E se o reclamante não comparecer à audiência em que deveria depor e a reclamada não juntar os cartões de ponto, o que deve prevalecer?

A não apresentação dos cartões de ponto pela empresa gera presunção relativa de veracidade da jornada declinada na inicial, pois é sua obrigação legal manter o registro de horário e exibir os cartões em juízo, conforme art. 74, § 2º, da CLT. Por outro lado, a ausência do reclamante na audiência em que deveria depor também atrai presunção de veracidade da tese oposta em virtude da confissão ficta (art. 385, § 1º, do CPC).

Analisando as situações, o TST tem decidido que haveria um confronto de presunções, que se anulariam, devendo o caso ser julgado de acordo com as regras de ônus da prova. Como é da empresa o ônus de provar a jornada quando houver mais de 20 empregados, as horas extras seriam procedentes, prevalecendo a presunção de veracidade decorrente da ausência de juntada dos cartões de ponto. Nesse sentido, os seguintes julgados:

> RECURSO DE REVISTA. HORAS EXTRAS. REGISTROS DE PONTO INVARIÁVEIS. AUSÊNCIA DE COMPARECIMENTO DA RECLAMANTE À AUDIÊNCIA. CONFISSÃO RECÍPROCA. A presunção de veracidade quanto aos fatos da causa foi aplicada tanto ao reclamante, por não ter comparecido em audiência e ter feito a impugnação à defesa de forma extemporânea, quanto à reclamada, por deixar de dar cumprimento à obrigação legal de juntar os cartões de ponto de forma válida (juntou cartões britânicos). Assim, diante da confissão recíproca, prevaleceu aquela decorrente da obrigação legal imposta à reclamada (74, § 2°, da CLT), porque, a par de traduzir-se em obrigação -ope legis- ocorre em momento anterior do procedimento, aperfeiçoando-se em face da indicação de horário declinada na inicial. Correta a aplicação da Súmula n° 338, item 111, do Tribunal Superior do Trabalho. Não conhecido, no particular. (TST – RR: 463 463/2005-122-04- 00.8, Relator: Emmanoel Pereira, Data de Julgamento 18/11/2009, 5ª Turma, Data de Publicação: 27/11/2009)

> "(...) 2. HORAS EXTRAORDINÁRIAS. AUSÊNCIA INJUSTIFICADA DO RECLAMANTE À AUDIÊNCIA DE INSTRUÇÃO. CONFISSÃO FICTA. ÔNUS DA PROVA. PROVIMENTO. Preconiza a Súmula nº 74, item I, que se aplica a confissão à parte que, expressamente intimada com aquela cominação, não comparecer à audiência em prosseguimento, na qual deveria depor. Assim, aplicada a pena de confissão ficta ao reclamante, têm-se como verdadeiros os fatos alegados pela reclamada em contestação. Em se tratando de pedidos de horas extraordinárias e da comprovação da jornada de trabalho, cumpre aferir a quem, inicialmente, pertence o ônus probatório. É cediço que, à luz dos

artigos 818 da CLT e do artigo 373 do CPC/2015, incumbe ao autor provar o fato constitutivo do seu direito e ao réu a existência de fato impeditivo, modificativo ou extintivo do direito daquele. Desse modo, tem-se que, a priori, pertence ao reclamante o ônus de comprovar o labor extraordinário, por se tratar de fato constitutivo do seu direito ao pagamento das horas extraordinárias. Ocorre que, em razão de o § 2º do artigo 74 da CLT atribuir aos empregadores que possuem mais de dez empregados a obrigação de proceder à anotação da hora de entrada e saída dos seus empregados, a jurisprudência reconhece a eles pertencer o ônus de provar a jornada de trabalho (Súmula nº 338 item I). Em virtude de, legalmente, o ônus da prova pertencer ao reclamante, a confissão ficta a ele aplicada afasta a incidência do entendimento preconizado no item I da Súmula nº 338 e, por conseguinte, a inversão ope judicis do ônus da prova, já que se faz despicienda a dilação probatória. Precedentes. Recurso de revista de conhecido e provido." (RR – 1232-27.2010.5.05.0036, Relator Ministro: Guilherme Augusto Caputo Bastos, Data de Julgamento: 03/04/2019, 4ª Turma, Data de Publicação: DEJT 05/04/2019)

"RECURSO DE REVISTA. PROCESSO SOB A ÉGIDE DA LEI 13.015/2014 E ANTERIOR À LEI 13.467/2017. HORAS EXTRAS. CONFISSÃO RECÍPROCA. NÃO COMPARECIMENTO DO RECLAMANTE À AUDIÊNCIA EM QUE DEVERIA DEPOR. NÃO APRESENTAÇÃO DOS CONTROLES DE JORNADA PELA RECLAMADA. ÔNUS DA PROVA. SÚMULA 338, I/TST. INCIDÊNCIA, ADEMAIS, DA SÚMULA 126/TST QUANTO AOS DADOS FÁTICOS CONSIGNADOS NO ACÓRDÃO RECORRIDO. Quanto às horas extras, o item I da Súmula 74 do TST estabelece que "aplica-se a confissão à parte que, expressamente intimada com aquela cominação, não comparecer à audiência em prosseguimento, na qual deveria depor". Sabe-se, outrossim, que é ônus do empregador que conta com mais de dez empregados o registro da jornada de trabalho, na forma do art. 74, § 2º, da CLT, de maneira que a não apresentação injustificada dos controles de ponto gera presunção relativa de veracidade da jornada de trabalho apontada na inicial, a qual pode ser elidida por prova em contrário (Súmula 338, I/TST). Trata-se de típico caso em que a doutrina e a jurisprudência vêm admitindo a denominada inversão do ônus da prova, transferindo ao empregador a comprovação de que o obreiro não laborava em regime de sobrejornada ou que, mesmo laborando, as horas extras eram quitadas regularmente. Tal entendimento é aplicado, inclusive, quando o empregador apresenta controles de ponto relativos a apenas parte do período contratual, pois, nesse caso, desincumbe-se apenas parcialmente do ônus que lhe cabe. No caso em exame, o Tribunal Regional consignou no acórdão que, quanto "ao reclamante, é confesso quanto à matéria fática (art. 844 da CLT), de modo que as alegações das rés serão consideradas verdadeiras, se não contrariadas por outros elementos dos autos. Muito embora a 1ª ré seja revel, os efeitos da confissão não incidirão, como se verá, pois os fatos foram controvertidos pelas litisconsortes". Nos embargos de declaração, a Corte de origem manifestou o entendimento de que, "muito embora as reclamadas não tenham apresentado os cartões de ponto, em sede de contestação, pugnaram pela produção de todos os meios de prova admitidos, o que não se materializou em razão da ausência do reclamante à audiência em que se encerraria a instrução probatória". Assim, pode-se entender que o Recorrente tem razão ao alegar a configuração de confissão ficta recíproca por contrariedade à Súmula 338/TST, tendo em vista a ausência de apresentação dos cartões de ponto pelas Reclamadas, conforme se depreende do teor dos embargos de declaração já transcrito, e a ausência do Reclamante à audiência em que se encerraria a instrução probatória. Ora, tratando-se a hipótese de confissão ficta recíproca, a questão deve ser dirimida à luz do critério da distribuição do ônus da prova. Assim, se não foram apresentados os cartões de ponto e não foi elidida a alegação por prova em contrário, dá-se o reconhecimento da jornada de trabalho apontada na inicial para aquele período. Inteligência da Súmula 338, I/TST. Recurso de revista conhecido e provido." (RR - 1740-70.2014.5.17.0012, Relator Ministro: Mauricio Godinho Delgado, Data de Julgamento: 21/08/2018, 3ª Turma, Data de Publicação: DEJT 24/08/2018)

"RECURSO DE REVISTA (...) 2 - HORAS EXTRAS. CONFISSÃO RECÍPROCA. AUSÊNCIA DE JUNTADA DOS CARTÕES DE PONTO. NÃO COMPARECIMENTO DA RECLAMANTE À AUDIÊNCIA EM QUE DEVERIA DEPOR. ÔNUS DA PROVA DA RECLAMADA. Nos termos da Súmula 74, I, do TST, a aplicação da pena de confissão à reclamante, que não compareceu à audiência em prosseguimento, na qual deveria depor, sob pena de confissão, implica na presunção relativa de veracidade dos fatos alegados pela parte contrária que, no entanto, pode ser afastada pelas demais provas existentes no processo, como, por exemplo, da prova pré-constituída, nos moldes da Súmula 74, II, TST, bem como da análise do direito aplicável à matéria controvertida. No caso concreto, restou incontroverso que a reclamada possui mais de dez empregados, estando obrigada a manter o controle de jornada dos seus empregados, na forma do art. 74, § 2º, CLT. Assim, a não apresentação dos controles de ponto pela reclamada, atrai a incidência da Súmula 338, I, do TST, devendo prevalecer os efeitos previstos na referida súmula, em relação à confissão ficta imposta à reclamante, por anteceder o momento de comparecimento à audiência e decorrer de obrigação legal. Recurso de revista não conhecido. (...)" (RR – 1130-94.2012.5.04.0122, Relatora Ministra: Delaíde Miranda Arantes, Data de Julgamento: 07/06/2017, 2ª Turma, Data de Publicação: DEJT 16/06/2017)

"RECURSO DE REVISTA. LEI 13.015/2014. HORAS EXTRAS. CONFISSÃO RECÍPROCA. CONFISSÃO FICTA DO RECLAMANTE. NÃO APRESENTAÇÃO DOS CARTÕES DE PONTO PELA RECLAMADA. Trata-se de confissão recíproca no tocante às horas extras. Nessa hipótese, esta Corte tem o entendimento de que prevalecem os efeitos da confissão ficta aplicados à empresa, em decorrência da não apresentação dos cartões de ponto (art. 74, § 2º, da CLT), pois é sua obrigação legal manter o registro de horário e exibir os cartões em juízo, no momento oportuno. Precedentes. Recurso de Revista de que não se conhece." (RR – 11018-26.2014.5.15.0053, Relator Ministro: João Batista Brito Pereira, Data de Julgamento: 09/08/2017, 5ª Turma, Data de Publicação: DEJT 18/08/2017)

"RECURSO DE REVISTA. HORAS EXTRAORDINÁRIAS. CONFISSÃO RECÍPROCA. AUSÊNCIA DE APRESENTAÇÃO DE REGISTROS DE PONTO PELA RECLAMADA. EFEITOS. O eg. Tribunal Regional entendeu que, diante da ocorrência de confissão recíproca, em face da pena de confissão ficta aplicada ao autor e do fato do preposto haver confessado o controle de horários do reclamante sem a devida apresentação dos registros de ponto, a questão deveria ser solucionada à luz da prova, tendo prevalecido a condenação ao pagamento de horas extraordinárias,

> em face da ausência de apresentação dos registros de ponto pela empresa. Decisão regional em consonância com a Súmula nº 338, I, do c. TST. Recurso de revista não conhecido. (...)" (RR – 1354-11.2011.5.05.0002, Relator Ministro: Aloysio Corrêa da Veiga, Data de Julgamento: 26/08/2015, 6ª Turma, Data de Publicação: DEJT 04/09/2015)

14.3.2.1.2. Confissão x empregador pessoa física falecida

– Aplica-se a pena de confissão ao empregador pessoa física falecida?

Não. Segundo a jurisprudência, a lide entre empregado e empregador, pessoa física, trata-se de relação personalíssima, não sendo razoável a aplicação de pena de confissão e a exigência de depoimento pessoal de inventariante ou outro representante do empregador falecido que desconheça as particularidades do contrato de trabalho. Nesse sentido:

> NULIDADE. PENA DE CONFISSÃO. EMPREGADOR PESSOA FÍSICA FALECIDA. DESNECESSIDADE DE DEPOIMENTO PESSOAL DE INVENTARIANTE. De acordo com a Súmula nº 74, I, do TST, aplica-se a pena de confissão à parte que, expressamente intimada com essa cominação, não comparecer à audiência em que deveria depor. No mesmo sentido, o art. 843, § 1º, da CLT exige que o preposto tenha conhecimento dos fatos controvertidos da lide, também sob pena de confissão e presunção de veracidade dos fatos narrados na inicial. Contudo, tratando-se de relação personalíssima na qual o contato se dá exclusivamente entre empregado e empregador, pessoa física, não se mostra razoável a aplicação de pena de confissão e a exigência de depoimento pessoal de inventariante ou outro representante do empregador falecido que desconheça as particularidades do contrato de trabalho. (RO nº 0010163-88.2017.5.03.0178, 6ª Turma do TRT da 3ª Região/MG, Rel. Convocado Danilo Siqueira de C. Faria. j. 10.10.2018).

14.3.2.2. *Irrevogabilidade da confissão*

– A confissão pode ser revogada?

A confissão é irrevogável. Pode, contudo, ser anulada conforme arts. 214, CC, e 393, CPC, devendo a anulação ser postulada por via própria (ação anulatória), nessa ação, é imprescindível que o demandante demonstre desde logo a inexistência do fato confessado. A confissão pode ser anulada mediante a alegação de erro de fato ou coação.

> CPC, Art. 393 – A CONFISSÃO É IRREVOGÁVEL, mas pode ser anulada se decorreu de erro de fato ou de coação.
>
> Parágrafo único – A legitimidade para a ação prevista no caput é exclusiva do confitente e pode ser transferida a seus herdeiros se ele falecer após a propositura.

14.3.2.3. *Indeferimento do depoimento das partes*

– Professor, o juiz pode indeferir o pedido de depoimento pessoal?

O indeferimento do depoimento pessoal, em regra, caracteriza cerceamento de defesa e implica violação do art. 5º, LV, da CF/88. Contudo, a jurisprudência do TST tem se pronunciado no sentido de que a oitiva de depoimento pessoal das partes pode ser dispensada pelo magistrado quando, da análise das provas produzidas, observa-se a suficiência do conjunto probatório para a formação do convencimento a respeito das matérias postas à sua análise, ou seja, o depoimento pessoal da parte é irrelevante.

– Então se o juiz constatar que o depoimento da parte é irrelevante ele pode indeferir o depoimento e isso não vai caracterizar cerceamento de defesa?

Isso mesmo. O juiz pode dispensar o depoimento das partes apenas quando não existe controvérsia sobre os fatos do processo.

Se há controvérsia, configura cerceamento de defesa o indeferimento da tomada do depoimento pessoal da parte, uma vez que tal meio de prova constitui fundamental na instrução, porque se busca a confissão do outro litigante, contribuindo, assim, para a apuração da verdade real.

Nesse sentido, os seguintes julgados do TST:

> "DEPOIMENTO PESSOAL. INDEFERIMENTO. CERCEAMENTO DE DEFESA. 1. Se há controvérsia acerca de fato relevante e controvertido da lide, configura cerceamento de defesa o indeferimento da tomada do depoimento pessoal da parte, uma vez que tal meio de prova constitui peça fundamental na instrução, na medida em que se busca a confissão do outro litigante, contribuindo, assim, para a apuração da verdade real e, em última análise, para a simplificação e celeridade do processo na medida em que fatos confessados prescindem da produção de outras provas (CPC, art. 400, inc. I). 2. A prerrogativa conferida ao Juiz de dispensar o depoimento da parte há de ser apenas nas situações em que não mais subsista controvérsia sobre os fatos, à luz dos limites balizados pela petição inicial e contestação, não advindo, assim, prejuízo algum ao litigante. 3. Viola, pois, o art. 896, da CLT, acórdão de Turma que não conhece de recurso de revista do Reclamado, fundado em ofensa ao art. 343, do CPC, ante o inegável cerceamento de defesa, em virtude do indeferimento sumário e injustificado do depoimento do Reclamante, com a consequente condenação ao pagamento de horas extras. 4. Embargos conhecidos e providos." (E-RR - 418634-90.1998.5.02.5555, Redator Ministro: João Oreste Dalazen, Data de Julgamento: 11/10/2004, Subseção I Especializada em Dissídios Individuais, Data de Publicação: DJ 10/12/2004)
>
> I - AGRAVO DE INSTRUMENTO EM RECURSO DE REVISTA DA RECLAMADA INTERPOSTO NA VIGÊNCIA DA LEI Nº 13.467/2017. TRANSCENDÊNCIA. PRELIMINAR DE NULIDADE PROCESSUAL POR CERCEAMENTO DE DEFESA 1 - Há transcendência na forma autorizada pelo art. 896-A, § 1º, caput, parte final, da CLT (critério "e outros"), quando se mostra

aconselhável o exame mais detido da controvérsia devido às peculiaridades do caso concreto. 2 – O enfoque exegético da aferição dos indicadores de transcendência em princípio deve ser positivo, especialmente nos casos de alguma complexidade, em que se torna aconselhável o debate da matéria no âmbito próprio do conhecimento, e não no âmbito prévio da transcendência. 3 – Havendo transcendência, segue-se no exame dos demais pressupostos de admissibilidade, pois o art. 896-A da CLT não revogou as demais normas processuais. PRELIMINAR DE NULIDADE PROCESSUAL POR CERCEAMENTO DE DEFESA. 1. Aconselhável o provimento do agravo de instrumento por provável afronta ao art. 5º, LV, da Constituição Federal. 2. Agravo de instrumento a que se dá provimento. II – RECURSO DE REVISTA. PRELIMINAR DE NULIDADE PROCESSUAL POR CERCEAMENTO DE DEFESA 1 – A jurisprudência do TST tem se pronunciado no sentido de que a oitiva de depoimento pessoal das partes pode ser dispensada pelo magistrado quando, da análise das provas produzidas, observa-se a suficiência do conjunto probatório para a formação do convencimento a respeito das matérias postas à sua análise. 2 – Como consequência lógica, tem-se que, em situação inversa, em que subsiste controvérsia acerca de fatos relevantes, o indeferimento da oitiva de depoimento pessoal, mediante o qual se pode alcançar confissão ou esclarecimentos de fatos, caracteriza cerceamento de defesa. A colheita de depoimento pessoal não se revela, assim, faculdade de livre exercício pelo magistrado. De tal modo, sua dispensa, em especial quando requerido o ato pela parte, exige fundamentação jurídica pertinente. 3 – Caso em que se observa que o TRT restringe suas razões de decidir, para indeferir o requerimento, ao exercício de "faculdade do juízo" e à circunstância de que o escopo do depoimento pessoal não se direciona à finalidade pretendida pela reclamada de "extrair a confissão da parte adversa", nada referindo quanto à desnecessidade de colheita do depoimento pessoal à luz dos demais elementos de prova existentes. O Regional, ainda, deixa de aduzir qualquer fundamento sobre as alegações da reclamada quanto à existência de contradições entre o testemunho prestado pelo reclamante em reclamação trabalhista anterior e as alegações da presente demanda, o que poderia ser equacionado, em tese, pela oitiva do próprio reclamante. 4 – Em tais circunstâncias, o depoimento pessoal do reclamante se apresenta como elemento de prova relevante para elucidação de fatos sobre os quais repousa controvérsia. 5 – O indeferimento do requerimento, em face das particularidades observadas, caracteriza cerceamento de defesa e implicou violação do art. 5º, LV, da Constituição Federal. 6 – Recurso de revista a que se dá provimento. Prejudicado o exame dos demais temas. (RR nº 250-77.2017.5.06.0282, 6ª Turma do TST, Rel. Kátia Magalhães Arruda. j. 24.04.2019, Publ. 26.04.2019).

RECURSO DE REVISTA. CERCEAMENTO DE DEFESA. DEPOIMENTO PESSOAL. INDEFERIMENTO. CONFIGURAÇÃO. PROVIMENTO. Se há controvérsia acerca de fato relevante e controvertido da lide, configura cerceamento de defesa o indeferimento da tomada do depoimento pessoal da parte, uma vez que tal meio de prova constitui peça fundamental na instrução, na medida em que se busca a confissão do outro litigante, contribuindo, assim, para a apuração da verdade real e, em última análise, para a simplificação e celeridade do processo na medida em que fatos confessados prescindem da produção de outras provas (artigo 443, I, do CPC/2015). A prerrogativa conferida ao Juiz de dispensar o depoimento da parte há de ser apenas nas situações em que não mais subsista controvérsia sobre os fatos, à luz dos limites balizados pela petição inicial e contestação, não advindo, assim, prejuízo algum ao litigante. É certo que cabe ao juiz a direção do processo, mas essa atividade encontra limites na lei. Não há direito absoluto e, por isso, tampouco poder absoluto do juiz na direção do processo. Viola, pois, o artigo 5º, LV, da Constituição Federal, ante o inegável cerceamento de defesa, o indeferimento sumário e injustificado do depoimento da reclamante, com o consequente reconhecimento do vínculo de emprego com o tomador de serviços. Recurso de revista de que se conhece e a que se dá provimento." (RR - 1702-17.2012.5.06.0018, Relator Ministro: Guilherme Augusto Caputo Bastos, Data de Julgamento: 29/08/2018, 4ª Turma, Data de Publicação: DEJT 31/08/2018)

"RECURSO DE REVISTA INTERPOSTO NA VIGÊNCIA DA LEI Nº 13.015/2014. CERCEAMENTO DO DIREITO DE DEFESA. INDEFERIMENTO DO DEPOIMENTO PESSOAL DOS RECLAMADOS. RENOVAÇÃO DE PROTESTOS NAS RAZÕES FINAIS. DESNECESSIDADE. CERCEAMENTO CONFIGURADO. O Tribunal Regional entendeu que, apesar dos protestos do reclamante em audiência quanto ao indeferimento do depoimento dos reclamados, a nulidade por cerceamento de defesa não foi trazida nas razões finais do reclamante, motivo pelo qual o Tribunal considerou preclusa a alegação em recurso ordinário. Entretanto, nos termos do artigo 795 da CLT, tem-se que a parte deve arguir a nulidade na primeira vez em que tiver oportunidade de falar, seja em audiência, seja nos autos, não havendo exigência legal para que os protestos sejam renovados nas razões finais. Precedentes. No mais, extrai-se, da decisão regional, que, devido à ausência do reclamante na audiência de instrução, foi-lhe aplicada a sanção processual de confissão quanto à matéria de fato. Assim, sendo confesso o reclamante, o Regional concluiu que não se justificaria a oitiva das reclamadas. Ressalta-se que o reclamante tinha o direito constitucional e legalmente assegurado de tentar obter a confissão dos reclamados no seu depoimento pessoal. Esclarece-se que, uma vez ouvidos os reclamados, caso eles tivessem confessado, as duas confissões – real e ficta – seriam anuladas, devendo os pedidos iniciais ser julgados pelas instâncias ordinárias com base na distribuição legal do ônus da prova entre os litigantes. Nota-se que, se não houvesse o efeito da confissão ficta sido aplicado somente ao reclamante, o ônus de provar que o trabalho realizado pelo empregado externamente não tinha controle de horário nem fiscalização seria dos reclamados. Desse modo, o indeferimento do pedido de oitiva das reclamadas inquina de nulidade a sentença, por cerceamento do direito do reclamante de produzir prova, verificando-se o prejuízo por ele suportado na circunstância de ter sido impedido de produzir prova oral por meio da qual pretendia demonstrar a veracidade de suas alegações (precedentes). Recurso de revista conhecido e provido. (RR – 2552-30.2014.5.02.0433, Relator Ministro: José Roberto Freire Pimenta, Data de Julgamento: 16/05/2018, 2ª Turma, Data de Publicação: DEJT 25/05/2018)

14.3.2.4. Interrupção do contrato de trabalho

– A parte que comparecer em juízo para depor, tem o contrato de trabalho interrompido ou suspenso?

Interrompido, pois o empregado não trabalha, porém recebe seu salário normalmente, ou seja, sem desconto das horas que ficou à disposição da justiça. Nesse sentido, a Súmula 155 do TST que estabelece que – *"as horas que o empregado falta ao serviço para comparecimento necessário, como parte, à Justiça do Trabalho não serão descontadas de seus salários".*

14.4. Prova testemunhal

– Quem pode depor como testemunha?

Testemunha é a pessoa física estranha ao processo, que comparece em juízo para prestar informações sobre fatos de que tem conhecimento direto (fatos que chegaram ao seu conhecimento por meio dos seus sentidos) ou indireto (fatos de que teve ciência por meio do relato alheio)[34].

14.4.1. Incapacidade, impedimento e suspeição da testemunha

Segundo o art. 447 do CPC podem depor como testemunhas todas as pessoas, exceto as incapazes, impedidas ou suspeitas. Nesse mesmo sentido, o art. 829 da CLT, determina que a testemunha que for parente até o terceiro grau civil, amigo íntimo ou inimigo de qualquer das partes, não prestará compromisso e seu depoimento valerá como simples informação.

Em resumo:

- **São incapazes:** 1) o interdito por enfermidade ou deficiência mental; 2) o que, acometido por enfermidade ou retardamento mental, ao tempo em que ocorreram os fatos, não podia discerni-los, ou, ao tempo em que deve depor, não está habilitado a transmitir as percepções; 3) o que tiver menos

34. ALMEIDA, Cleber Lúcio de. Direito processual do trabalho. 6. Ed. — São Paulo: LTr, 2016.

de 16 anos; 4) o cego e o mudo, quando a ciência do fato depender dos sentidos que lhes faltam (CPC, art. 447, § 1º, incisos I, II, III e IV);

- **São impedidas:** 1) o cônjuge, o companheiro, o ascendente e o descendente em qualquer grau e o colateral, até o terceiro grau, de algumas das partes, por consanguinidade ou afinidade, salvo se o exigir o interesse público ou, tratando-se de causa relativa ao estado da pessoa, não se puder obter de outro modo a prova, que o juiz repute necessária ao julgamento do mérito; 2) o que é parte na causa; 3) o que intervém em nome de uma parte, como o tutor na causa do menor, o representante legal da pessoa jurídica, o juiz, o advogado e outros que assistam ou tenham assistido as partes (CPC, art. 447, § 2º, incisos I, II, e III)

Segue abaixo a tabela de parentesco que gera impedimento:

1º Grau	Pai e Filho – Genro e nora – Sogro e Sogra – Padrasto e madrasta – Enteados e filhos adotivos.
2º Grau	Avós e netos e cônjuges destes – Irmãos e Cunhados – Filhos dos enteados
3º Grau	Bisavós e bisnetos – Tios e sobrinhos

- **São suspeitas:** 1) o inimigo da parte ou o seu amigo íntimo; 2) o que tiver interesse no litígio (CPC, art. 447, § 3º, incisos I e II)

14.4.1.1. Conversa entre advogado e testemunhas antes da audiência

– Hamilton, tenho uma dúvida. A conversa do advogado antes da audiência torna as testemunhas suspeitas?

A conversa entre advogado e testemunhas antes da audiência, não torna as mesmas suspeitas. Nesse sentido:

> **AÇÃO RESCISÓRIA. FALSIDADE DAS DECLARAÇÕES DE TESTEMUNHA.** O teor de diálogo entre advogado e testemunha, que são estranhos ao processo subjacente, gravado por um dos interlocutores, sem o consentimento do outro, não é prova suficiente para impactar na esfera jurídica das partes da relação jurídica originária, sem a confirmação por outro elemento de convicção. Corte rescisório improcedente. (AR nº 0011160-23.2017.5.03.0000, 2ª SDI do TRT da 3ª Região/MG, Rel. Camilla G. Pereira Zeidler. j. 27.03.2019).

14.4.1.2. O preposto como testemunha

– A pessoa que já atuou como preposto em outros processos, pode ser testemunha?

Não há previsão na Lei de suspeição da testemunha que tenha atuado como preposto em outras ações. Ademais a simples condição de preposto, não vinculada, necessariamente, à do representante legal da pessoa jurídica, não autoriza concluir que esta tenha vindo a juízo para contribuir com o interesse de uma parte, mas apenas com a justiça, na busca da verdade real.

Nesse sentido:

> "RECURSO DE REVISTA. PROCESSO SOB A ÉGIDE DA LEI Nº 13.015/2014 E ANTERIOR À LEI Nº 13.467/2017. NULIDADE DO ACÓRDÃO POR CERCEAMENTO DE DEFESA. INDEFERIMENTO DA OITIVA DE TESTEMUNHA. EXERCÍCIO DA FUNÇÃO DE PREPOSTO EM AÇÕES PRETÉRITAS. IMPEDIMENTO NÃO CARACTERIZADO. A função de preposto pode ser exercida por qualquer empregado da empresa que detenha conhecimento dos fatos objeto da demanda judicial, não se pressupondo, ante essa circunstância, a sua suspeição ou impedimento. Por outro lado, consoante exegese do art. 75, VIII, do CPC/2015 (art. 12, VI, do CPC/1973), a pessoa jurídica será representada legalmente "por quem os respectivos atos constitutivos designarem ou, não havendo essa designação, por seus diretores ". Assim, a figura do preposto não se confunde com a

do representante legal da pessoa jurídica, não recaindo sobre ele, apenas por essa razão, o impedimento de que trata o art. 447, § 2º, III, do CPC. O acolhimento de contradita fundada apenas no fundamento de que o preposto, por ter atuado em ação pretérita da empresa demandada, restou impedido de prestar depoimento como testemunha, deflagrou ofensa ao contraditório e à ampla defesa, garantias basilares contidas no art. 5º, LV, da Carta Magna. Julgados. Recurso de revista conhecido e provido. Prejudicado o exame do tema remanescente" (RR-1000901-65.2017.5.02.0036, 3ª Turma, Relator Ministro Mauricio Godinho Delgado, DEJT 22/11/2019).

RECURSO DE REVISTA. PROCESSO ANTERIOR À LEI 13.467/2017. PRELIMINAR DE NULIDADE POR CERCEAMENTO DO DIREITO DE DEFESA. ACOLHIMENTO DA CONTRADITA DE TESTEMUNHA QUE ATUOU COMO PREPOSTO DA RECLAMADA EM AÇÕES ANTERIORES. SUSPEIÇÃO E IMPEDIMENTO NÃO EVIDENCIADOS. NULIDADE CONFIGURADA. O art. 447, § 2º, III, do CPC/2015 (art. 405, § 2º, III, do CPC/1973), de aplicação subsidiária ao Processo do Trabalho, considera impedido de depor o representante legal da pessoa jurídica. Todavia, a figura do preposto não se confunde com a do representante legal da pessoa jurídica. O papel de preposto pode ser exercido por qualquer empregado da empresa que detenha conhecimento dos fatos objeto da demanda judicial, não se podendo pressupor, só por essa circunstância, a sua suspeição ou impedimento. Por outro lado, dispõe o art. 75, VIII, do CPC/2015 (art. 12, VI, do CPC/1973), que a pessoa jurídica será representada legalmente "por quem os respectivos atos constitutivos designarem ou, não havendo essa designação, por seus diretores". Assim, o acolhimento de contradita fundada apenas no argumento de que o preposto, quando tenha atuado em ação pretérita da empresa demandada, está impedido de prestar depoimento como testemunha, deflagra evidente ofensa ao contraditório e à ampla defesa, garantias basilares contidas no art. 5º, LV, da Carta Magna. Na hipótese, o Tribunal Regional, ao manter a contradita, reconheceu que "a habitualidade na atuação como preposto, como no caso, equivale à representação da pessoa jurídica. Vale lembrar que o preposto comparece em audiência como substituto do empregador." Tal como posta, a decisão regional implica cerceamento do direito de defesa da Reclamada e consequente violação ao art. 5º, LV, da CF. Saliente-se que a testemunha contraditada não foi ouvida sequer como informante, o que reforça a conclusão de que o acolhimento da contradita foi determinante para a aferição do encargo probatório das Partes. Recurso de revista conhecido e provido. Prejudicada a análise das matérias remanescentes. (RR nº 262-26.2012.5.15.0053, 3ª Turma do TST, Rel. Maurício Godinho Delgado. j. 22.10.2019, Publ. 25.10.2019).

A) AGRAVO DE INSTRUMENTO. RECURSO DE REVISTA. PROCESSO SOB A ÉGIDE DA LEI 13.015/2014. NULIDADE DA SENTENÇA POR CERCEAMENTO DE DEFESA. TESTEMUNHA OUVIDA COMO INFORMANTE. EXERCÍCIO DA FUNÇÃO DE PREPOSTO EM AÇÕES PRETÉRITAS. IMPEDIMENTO NÃO CARACTERIZADO. Demonstrado no agravo de instrumento que o recurso de revista preenchia os requisitos do art. 896 da CLT, dá-se provimento ao agravo de instrumento, para melhor análise da arguição de violação do art. 5º, LV, da CF, suscitada no recurso de revista. Agravo de instrumento provido. B) RECURSO DE REVISTA. PROCESSO SOB A ÉGIDE DA LEI 13.015/2014. NULIDADE DA SENTENÇA POR CERCEAMENTO DE DEFESA. TESTEMUNHA OUVIDA COMO INFORMANTE. EXERCÍCIO DA FUNÇÃO DE PREPOSTO EM AÇÕES PRETÉRITAS. IMPEDIMENTO NÃO CARACTERIZADO. A função de preposto pode ser exercida por qualquer empregado da empresa que detenha conhecimento dos fatos objeto da demanda judicial, não se pressupondo, ante essa circunstância, a sua suspeição ou impedimento. Por outro lado, consoante exegese do art. 75, VIII, do CPC/2015 (art. 12, VI, do CPC/1973), a pessoa jurídica será representada legalmente "por quem os respectivos atos constitutivos designarem ou, não havendo essa designação, por seus diretores". Assim, a figura do preposto não se confunde com a do representante legal da pessoa jurídica, não recaindo sobre ele, apenas por essa razão, o impedimento de que trata o art. 447, § 2º, III, do CPC. O acolhimento de contradita fundada apenas no argumento de que o preposto, quando tenha atuado em ação pretérita da empresa demandada, está impedido de prestar depoimento como testemunha, deflagra ofensa ao contraditório e à ampla defesa, garantias basilares contidas no art. 5º, LV, da Carta Magna. Julgados. Recurso de revista conhecido e provido.

(RR – 10368-50.2016.5.15.0039, Relator Ministro: Mauricio Godinho Delgado, Data de Julgamento: 07/11/2017, 3ª Turma, Data de Publicação: DEJT 10/11/2017)

RECURSO DE REVISTA. SUSPEIÇÃO. CONTRADITA DE TESTEMUNHA. ATUAÇÃO COMO PREPOSTO. NULIDADE NÃO CONFIGURADA. O entendimento que prevalece nesta Corte é de que o simples fato de a testemunha ter atuado como preposto em outras ações ajuizadas contra o mesmo empregador não comprova, de per si, ausência de isenção de ânimo para testemunhar, não se incluindo em nenhuma das hipóteses de impedimento ou suspeição previstas em lei. Assim, uma vez afastada pelo TRT a alegada suspeição da testemunha, por entender não provada a suposta amizade íntima, resta intacto o art. 447, § 3º, do NCPC (art. 405, §3º, do CPC/1973), notadamente ainda porque a decisão regional está pautada em outros elementos de provas. Recurso de revista não conhecido. (...) (RR – 2520800-19.2007.5.09.0007 Data de Julgamento: 15/03/2017, Relator Ministro: Alexandre de Souza Agra Belmonte, 3ª Turma, Data de Publicação: DEJT 17/03/2017.)

RECURSO DE REVISTA. RECLAMADA. LEI Nº 13.015/2014. ANTERIOR À INSTRUÇÃO NORMATIVA Nº 40 E À LEI Nº 13.467/2017. PRELIMINAR DE NULIDADE POR CERCEAMENTO DE DEFESA. INDEFERIMENTO DE OITIVA DE TESTEMUNHA QUE ATUOU COMO PREPOSTO EM AÇÃO TRABALHISTA PRETÉRITA. VIOLAÇÃO AO ARTIGO 5º, INCISO LV, DA CONSTITUIÇÃO CONFIGURADA. RECURSO PROVIDO. 1. Foram atendidas as exigências do artigo 896, § 1º-A, I, da CLT. 2. Como se infere dos trechos transcritos nas razões de recurso de revista, o TRT manteve a sentença que considerou que a única testemunha apresentada pela reclamada não poderia ser ouvida, nem mesmo como informante, em razão de ter anteriormente atuado, em outras ações trabalhistas, como preposto da empresa. 3. Assim, por considerar que, "tendo atuado como preposto, resta caracterizada a sua participação na causa como representante legal da pessoa jurídica" (fl. 840), o Colegiado local concluiu pelo impedimento da testemunha, invocando a norma do artigo 405, § 2º, inciso III, do CPC de 73, correspondente ao artigo 447, § 2º, inciso III, do CPC de 2015, o qual considera impedido de depor como testemunha, entre outros, "o representante legal da pessoa jurídica". 4. Contudo, o preposto não se confunde com o representante legal da pessoa jurídica. Isso porque o preposto pode ser qualquer empregado da empresa que tenha conhecimento dos fatos controvertidos na ação judicial, ao passo que, na conformidade do artigo 75, inciso VIII, do CPC de 2015 (correlato do artigo 12, inciso VI, do CPC de 73), a pessoa jurídica será representada em juízo, ativa e passivamente, "por quem os respectivos atos constitutivos designarem ou, não havendo essa designação, por seus diretores". 5. No caso em exame, como a única testemunha apresentada pela recorrente, cuja oitiva foi indeferida pelo Juízo de origem, não atuou como representante legal da reclamada em ações pretéritas ajuizadas contra a empresa, mas apenas na condição de preposto, não há como considerá-la, por esse único fato, impedida de depor, ficando evidenciado, desse modo, o cerceamento do direito de defesa da reclamada, em flagrante violação ao artigo 5º, inciso LV, da Constituição. Nesse sentido, são os julgados deste Tribunal Superior do Trabalho citados. 6. Recurso de revista de que se conhece e a que se dá provimento. (RR – 1353-62.2012.5.04.0020, Relatora Ministra: Kátia Magalhães Arruda, Data de Julgamento: 15/08/2018, 6ª Turma, Data de Publicação: DEJT 17/08/2018)

14.4.1.3. Ausência de suspeição da testemunha que litiga contra o empregador

– A testemunha é suspeita por estar também litigando na Justiça do Trabalho contra o mesmo empregador?

O TST, por meio da súmula 357, entende que:

"não torna suspeita a testemunha o simples fato de estar litigando ou de ter litigado contra o mesmo empregador".

– Então ela pode ser ouvida pelo juiz numa boa?

Pode sim. A jurisprudência tem firmado o entendimento no sentido de que é necessária a comprovação inequívoca da suspeição da testemunha, não se configurando tal vício pelo simples fato de o autor ser testemunha na ação movida por testemunha sua, mas, sim, pelo interesse no litígio por parte da testemunha contraditada, o que pode ser extraído do próprio depoimento em cotejo com as demais provas dos autos. Assim, não se pode presumir a troca de favores em razão de um ser testemunha na ação do outro.

Nesse sentido, a vasta jurisprudência:

> CONTRADITA DE TESTEMUNHA. RECLAMANTE ARROLADO PARA DEPOR EM AÇÃO TRABALHISTA AJUIZADA PELA TESTEMUNHA CONTRA O MESMO EMPREGADOR. TROCA DE FAVORES. NÃO COMPROVAÇÃO. É entendimento desta Corte de que a troca de favores, apta a tornar suspeita a testemunha, deve ser efetivamente comprovada, circunstância, no entanto, não divisada nos autos, já que não há registro de prova nesse sentido, não sendo suficiente, para tanto, a simples constatação do fato de o reclamante ter sido arrolado para testemunhar em ação trabalhista ajuizada pela testemunha contra o mesmo empregador, tendo ambas atuado como testemunhas um do outro em processos distintos. Isso porque se estaria, em última consequência, inviabilizando essa modalidade de prova, já que a realidade revela não só a dificuldade de colegas de trabalho, ainda empregados da empresa, deporem contra a empregadora, mas, também, que, geralmente, as pessoas chamadas a depor tiveram ou mantêm alguma relação com os litigantes, circunstância que, por si só, não as torna suspeitas e nem as impede de serem compromissadas em Juízo. Embargos não conhecidos. (E-ED-RR – 2430-02.2010.5.09.0000, Relator Ministro: José Roberto Freire Pimenta, Data de Julgamento: 16/03/2017, Subseção I Especializada em Dissídios Individuais, Data de Publicação: DEJT 24/03/2017) (g.n.)
>
> RECURSO DE EMBARGOS INTERPOSTO PELA RECLAMANTE SOB A ÉGIDE DA LEI N° 11.496/2007. EMBARGOS DE DECLARAÇÃO EM RECURSO DE REVISTA. CERCEAMENTO DE DEFESA. INDEFERIMENTO DE OITIVA DE TESTEMUNHAS. AÇÃO COM MESMO OBJETO. 1. Na forma preconizada na Súmula n° 357 desta Corte Superior, não torna suspeita a testemunha o simples fato de estar litigando ou de ter litigado contra o mesmo empregador. 2. Entretanto, a controvérsia

dos autos se refere à suspeição, ou não, das testemunhas, diante do fato de terem formulado ação com idêntico objeto. 3. Ora, não autoriza a ilação de suspeição das testemunhas, o simples fato delas terem movido ação com identidade de pedidos, sob pena de se vedar à reclamante a utilização de outro trabalhador como testemunha, restringindo o direito à tutela jurisdicional justa, pois é evidente que aqueles trabalhadores que presenciaram os fatos objeto da prova oral possivelmente passaram pela mesma situação da autora, razão da existência de reclamatória com o mesmo objeto. 4. Assim, o fato de as testemunhas ajuizarem reclamatórias trabalhistas contra a mesma empresa e com identidade de objeto, por si só, não afasta a isenção de seus depoimentos prestados em juízo, de modo que o indeferimento da oitiva, nessa hipótese, resulta em cerceamento de defesa da parte e na consequente nulidade processual. Precedentes desta Subseção Especializada. Recurso de embargos conhecido e provido. (E-ED-RR – 151400-08.2008.5.04.0402, Relatora Ministra: Dora Maria da Costa, Data de Julgamento: 27/06/2013, Subseção I Especializada em Dissídios Individuais, Data de Publicação: DEJT 13/09/2013)

AGRAVO. RECURSO DE REVISTA. LEI 13.467/2017. NULIDADE DO DEPOIMENTO DA TESTEMUNHA DA RECLAMANTE. AUSÊNCIA DE ÂNIMO PARA DEPOR. RELAÇÃO DE EMPREGO. INEXISTENTE. TRANSCENDÊNCIA. A decisão agravada não reconheceu a transcendência política da causa porque o entendimento regional de não ser aplicável a Súmula 357 do TST, uma vez que ficou comprovada a troca de favores e a ausência de ânimo para depor da testemunha, encontra-se em consonância com a jurisprudência desta c. Corte Superior. Em relação à pretensão de reconhecimento de vínculo de emprego, embora a matéria tenha status constitucional, o quadro fático delimitado pelo Tribunal Regional é de que a prova oral e documental comprovou a inexistência da relação de emprego, ou seja, não é caso de descumprimento de direito social constitucionalmente garantido. Agravo de que se conhece e a que se nega provimento. (AG-RR nº 11281-06.2017.5.03.0015, 6ª Turma do TST, Rel. Cilene Ferreira Amaro Santos. j. 12.03.2019, Publ. 15.03.2019).

AGRAVO DE INSTRUMENTO EM RECURSO DE REVISTA DA ATENTO BRASIL S.A. CONTRADITA. TESTEMUNHA QUE LITIGA CONTRA O MESMO EMPREGADOR. IDENTIDADE

DE PEDIDOS. IRRELEVÂNCIA. INCIDÊNCIA DA SÚMULA Nº 357 DO TST. 1. O entendimento prevalente no âmbito desta Corte é no sentido de aplicação da Súmula nº 357 do TST inclusive nas circunstâncias de reclamação trabalhista contra o mesmo empregador em que há identidade de pedidos entre a ação do reclamante e a de sua testemunha, ressalvando-se apenas as hipóteses nas quais haja a prova, e não a presunção, da efetiva troca de favores, o que não é o caso. Precedentes da SBDI-1. 2. Não há violação do art. 405, IV, do CPC, nem incorreta aplicação da Súmula 357/TST. (AIRR nº 108340-36.2004.5.04.0010, 1ª Turma do TST, Rel. Hugo Carlos Scheuermann. j. 10.04.2019, Publ. 12.04.2019).

PRELIMINAR DE NULIDADE POR CERCEAMENTO DO DIREITO DE DEFESA. INDEFERIMENTO DA OITIVA DE TESTEMUNHA. A jurisprudência desta Corte Superior tem firmado o entendimento no sentido de que é necessária a comprovação inequívoca da suspeição da testemunha, não se configurando a referida situação pelo simples fato de o Autor ser testemunha na ação movida por testemunha sua, mas, sim, pelo interesse no litígio por parte da testemunha contraditada, o qual pode ser extraído do próprio depoimento em cotejo com as demais provas dos autos. Assim, não se pode presumir a troca de favores em razão de um ser testemunha na ação do outro (Súmula 357, TST). Recurso de revista conhecido e provido. (RR nº 576-45.2015.5.09.0663, 3ª Turma do TST, Rel. Maurício Godinho Delgado. j. 27.03.2019, Publ. 29.03.2019).

14.4.1.4. Testemunha que litiga contra o mesmo empregador com a mesma causa de pedir e pedido

– É correto o acolhimento da contradita da testemunha que litiga contra o mesmo empregador com a mesma causa de pedir e pedido?

Sim, merece ser acolhido a contradita de testemunha que litiga em face de mesmo empregador, tendo como mesma causa de pedir e pedido, por estar comprovada a falta de isenção para prestar depoimento. Nesse sentido:

CONTRADITA DEFERIDA. TESTEMUNHA. MESMO OBJETO/PEDIDO. DANOS MORAIS. FALTA DE ISENÇÃO PARA DEPOR. Cediço que, conforme Súmula 357 do c. TST, o fato da testemunha litigar em face do mesmo empregador não a torna suspeita. Pode, pois, prestar válida colaboração com o Poder Judiciário na apuração de fatos controvertidos em análise no processo. Correto o acolhimento da contradita de testemunha que litiga em face de mesmo empregador, mas tendo como objeto também pedido de indenização por danos morais, por estar comprovada a falta de isenção para prestar depoimento. No caso dos autos, as duas testemunhas arregimentadas a depor pelo autor confirmaram o ajuizamento de reclamações trabalhistas contra a ré, com pedido de indenização por danos morais. O Juízo de origem ouviu as testemunhas do reclamante na condição de informante, o que também tal situação não importaria, de qualquer sorte, em cerceamento do direito de defesa, diante a devolução plena da matéria a esta instância recursal. Somente o indeferimento da prova oral pretendida, sem que a referida testemunha fosse ouvida ao menos como informante, nos termos delineados pelo art. 829 da CLT, ofenderia diretamente as garantias do devido processo legal, do contraditório e da ampla defesa, o que não se verifica. Recurso desprovido. (RO nº 0011773-38.2017.5.03.0034, 5ª Turma do TRT da 3ª Região/MG, Rel. Oswaldo Tadeu B. Guedes. j. 11.09.2019).

CONTRADITA. TESTEMUNHA QUE MOVE AÇÃO CONTRA A MESMA RECLAMADA COM PEDIDO DE INDENIZAÇÃO POR DANO MORAL E ASSÉDIO MORAL. Em regra, não torna suspeita a testemunha o simples fato de ela estar litigando ou de ter litigado contra o mesmo reclamado (Súmula 357 do TST). Contudo, a testemunha contraditada nos autos, além de estar reclamando contra a mesma empregadora, formulou pretensão relacionada a dano moral e assédio moral, o que, a princípio, pode afetar a isenção para prestar depoimento em Juízo. Diante dessas circunstâncias que afetam a credibilidade da testemunha, deve, pois, ser atribuído ao depoimento dela (ouvida na condição de informante) o valor que merecer em confronto com os demais meios de prova constantes dos autos, sem que se possa falar em cerceamento de defesa ou mesmo em violação à Súmula 357 do TST. (RO nº 0011053-75.2018.5.03.0183, 8ª Turma do TRT da 3ª Região/MG, Rel. Convocado Vitor Salino de Moura Eça. j. 09.10.2019).

> PROVA ORAL – TESTEMUNHA QUE PROPÕE AÇÃO COM PEDIDO DE INDENIZAÇÃO POR DANOS MORAIS CONTRA O MESMO EMPREGADOR – AUSÊNCIA DE ISENÇÃO DE ÂNIMO – CONTRADITA DEFERIDA. À luz da Súmula 357 do col. TST, não há, de imediato, suspeição em relação à testemunha que possui reclamatória trabalhista em face do mesmo empregador. Entretanto, a existência de ação proposta por testemunha contraditada em desfavor do mesmo Reclamado com causa de pedir fundada em tipificação de dano moral afeta-lhe inequivocamente a isenção de ânimo para depor, impondo-se o acolhimento da contradita para ser ouvida apenas como informante. (RO nº 0011334-78.2017.5.03.0017, 3ª Turma do TRT da 3ª Região/MG, Rel. Emilia Facchini. j. 19.07.2019).

14.4.1.5. Troca de favores x suspeição

A testemunha se torna suspeita quando ocorre troca de favores, ou seja, ocorre o testemunho cruzado. Nesse sentido:

> SUSPEIÇÃO DE TESTEMUNHA – CARACTERIZAÇÃO DE TROCA DE FAVORES ENTRE TESTEMUNHA E RECLAMANTE – MITIGAÇÃO DA INCIDÊNCIA DA SÚMULA 357 DO TST. 1. Nos moldes do entendimento sedimentado no TST, a teor da Súmula 357, a testemunha que litiga contra mesmo empregador não é considerada suspeita. Todavia, a aplicação da súmula em comento tem sido mitigada por esta Corte quando se encontra caracterizada, segundo o quadro fático traçado pelo Tribunal Regional, a troca de favores entre a parte e a testemunha, de modo que uma depõe a favor da outra em ações movidas contra o mesmo empregador e com idênticos objetos. 2. No caso concreto, o acórdão regional assentou estar configurada a hipótese da troca de favores, mormente porque a testemunha que a Reclamante pretendia que fosse ouvida tinha interesse na causa, tendo em vista que litiga contra a Reclamada, em ação com idêntico objeto, tendo, inclusive, arrolado a Obreira como sua testemunha, além de estar assistida pelo mesmo advogado. 3. Não se trata, portanto, de suspeição simplesmente pelo fato de litigar contra o mesmo empregador, mas de haver "idêntico objeto", com a gravidade de estar configurada a troca de favores mediante testemunhas que

depõem uma em favor da outra, restando afastada a incidência do supramencionado verbete sumulado. Agravo de instrumento desprovido. (Processo: AIRR -36440-17.2006.5.17.0121, Data de Julgamento: 17/09/2008, Relator Ives Gandra Martins Filho, 7ª Turma, Data de Publicação: DJ 19/09/2008)

TESTEMUNHA – TROCA DE FAVORES – CONTRADITA DEFERIDA. À luz da Súmula 357 do col. TST, não torna suspeita a testemunha o simples fato de estar litigando contra o mesmo empregador, já que a lei processual não veda que aquele que tenha atuado como parte autora em ação anterior seja ouvido como testemunha em demanda diversa. O mero exercício do direito de ação não configura ou potencializa a suspeição daquele que é chamado a prestar depoimento em querela de outro. Entretanto, o liame entre o Autor e a testemunha na prestação recíproca de depoimentos configura autêntica troca de favores, o que afeta inequivocamente a isenção de ânimo para uma declaração imparcial. Em face disso, entende-se correto o acolhimento da contradita. Todavia, entende essa d. Turma Julgadora que, acolhida a contradita da testemunha, em caso de requerimento expresso da parte interessada, a testemunha deve ser ouvida como informante, nos termos do previsto no art. 829 da CLT. (RO nº 0010927-83.2018.5.03.0099, 3ª Turma do TRT da 3ª Região/MG, Rel. Convocado Danilo Siqueira de C. Faria. j. 01.07.2019).

RECURSO ORDINÁRIO DO RECLAMANTE. DO ALEGADO CERCEAMENTO DE DEFESA. DO ACOLHIMENTO DA CONTRADITA DA TESTEMUNHA. TROCA DE FAVORES. Demonstrado nos autos que a testemunha do reclamante possui ação contra o reclamado com os mesmos pedidos e causa de pedir, e na qual o reclamante figura como única testemunha, resta evidenciada a troca de favores que compromete o depoimento, afastando a isenção de ânimo para depor. O acolhimento da contradita, nesse sentido, emerge como correto no contexto dos autos. Outrossim, o reclamante poderia ter apresentado outras provas, inclusive testemunhais, capazes de demonstrar os fatos apontados na exordial. Não há que se falar, portanto, em cerceamento do direito de defesa, tampouco em nulidade da sentença. Recurso conhecido e não provido. (RO nº 0001668-52.2017.5.11.0010, 2ª Turma do TRT da 11ª Região/AM-RR, Rel. Ruth Barbosa Sampaio. DEJT 02.05.2019).

ACOLHIMENTO DE CONTRADITA POR TROCA DE FAVORES. TESTEMUNHOS CRUZADOS. Ao ser inquirida, a testemunha confirmou possuir ação contra a empresa e que a reclamante prestou depoimento testemunhal em seu processo. Nos termos da Súmula 357 do c. TST, não torna suspeita a testemunha o simples fato de litigar ou ter litigado contra o mesmo empregador. Situação bem diferente e que, portanto, merece outra solução é o caso da troca de favores, que ocorre quando A depõe como testemunha arrolada por B e, logo a seguir, B aparece para depor no processo que A move contra o mesmo ex-patrão. No presente caso, entendo que restou comprovada a efetiva "troca de favores", ante a possibilidade de testemunhos cruzados, por ter a reclamante atuado como testemunha para aquele que nessa condição veio depor para ela nos presentes autos. Não há ilegalidade alguma no procedimento adotado de acolhimento da contradita, pois, no caso, trata-se de situação não autorizada pela Súmula nº 357 do TST. A manutenção da contradita acolhida pelo Juízo de origem é medida que se impõe. (RO nº 0010569-15.2018.5.03.0101, 11ª Turma do TRT da 3ª Região/MG, Rel. Convocado Ricardo Marcelo Silva. j. 14.02.2019).

NULIDADE DO JULGADO. CERCEAMENTO AO DIREITO DE DEFESA. ACOLHIMENTO DE CONTRADITA DE TESTEMUNHA. TROCA DE FAVORES. A Súmula 357 do c. TST preconiza não ser suspeita testemunha que esteja litigando ou tenha litigado contra o mesmo empregador, sob pena de se estar admitindo restrição à garantia constitucional do direito de ação previsto no art. 5º, inciso XXXV, da Constituição da República. O mesmo não ocorre, entretanto, quando ambos, reclamante e testemunha, pretendem prestar declarações recíprocas nas ações por elas movidas contra a mesma reclamada, como ocorreu no caso. (RO nº 0012124-62.2016.5.03.0093, 10ª Turma do TRT da 3ª Região/MG, Rel. Convocado Vitor Salino de Moura Eça. j. 10.04.2019).

SÚMULA 357 DO TST. "TROCA DE FAVORES". SUSPEIÇÃO DA TESTEMUNHA. CONFIGURAÇÃO. Nos termos da Súmula nº 357 do Tribunal Superior do Trabalho, o simples fato de a testemunha litigar contra o mesmo empregador não a torna suspeita ou impedida. No entanto, a troca de testemunhos caracteriza a "troca de favores" e o consequente interesse na demanda, retirando a isenção necessária da testemunha para depor em juízo, exatamente o caso dos autos. (RO nº 0001346-69.2014.5.03.0136, 9ª Turma do TRT da 3ª Região/MG, Rel. Convocado Alexandre Wagner de Morais Albuquerque. Publ. 07.10.2016).

OITIVA DE TESTEMUNHA. APLICAÇÃO DA SÚMULA 357 DO TST. A existência de litígio contra o mesmo empregador, por si só, não é causa de suspeição, impedimento ou incapacidade, conforme dispõe o art. 829 da CLT e a Súmula 357 do TST. A suspeição só se configura nos casos em que a testemunha da parte autora, além de demandar contra o mesmo empregador, versando sobre matéria idêntica e patrocinada pelo mesmo procurador, tenha arrolado a parte autora como testemunha em seu processo. Nessas condições, a possibilidade de troca de favores é concreta, tratando-se de circunstância apta a ensejar a produção de prova tendenciosa ou equivocada. Esta circunstância, entretanto, não se configurou no caso destes autos. (RO nº 0001118-94.2014.5.03.0136, 4ª Turma do TRT da 3ª Região/MG, Rel. Paula Oliveira Cantelli. Publ. 05.09.2016).

RECURSO ORDINÁRIO. NULIDADE PROCESSUAL POR CERCEAMENTO DO DIREITO DE DEFESA. TESTEMUNHA CONTRADITADA. AJUIZAMENTO DE AÇÃO TRABALHISTA EM FACE DA MESMA RECLAMADA. TROCA DE FAVORES. OCORRÊNCIA. No caso em apreço, nota-se que ocorreu a prestação de depoimentos do Reclamante e da referida testemunha uma em favor da outra, a caracterizar testemunhos cruzados e troca de favores. Assim sendo, constatando-se a suspeição da testemunha, é de se declarar a imprestabilidade do seu testemunho neste Processo. (RO nº 0000146-74.2013.5.20.0011, 1ª Turma do TRT da 20ª Região/SE, Rel. Rita de Cassia Pinheiro de Oliveira. Unânime, Publ. 03.08.2015).

14.4.1.6. Testemunha que exerce cargo de confiança na empresa

– O empregado que exerce cargo de confiança na empresa é suspeito para depor como testemunha?

O TST tem decidido de forma reiterada que o exercício de cargo de confiança/gestão, por si só, não enseja a suspeição da testemunha, cuja contradita pode ser aceita, contudo, nos casos em que configurado poder de mando idêntico ao do empregador, inclusive na admissão e dispensa de empregados.

Nesse sentido:

> **RECURSO DE REVISTA 1 - CERCEAMENTO DE DEFESA. CONTRADITA. TESTEMUNHA PATRONAL. CARGO DE CONFIANÇA.** Nos termos do disposto no art. 405, § 3.º, IV, do CPC/73, não podem depor como testemunhas as pessoas que tem interesse no litígio. Assim, não configura cerceamento de defesa o indeferimento da oitiva de testemunha indicada pelo empregador, quando o magistrado, diante dos elementos dos autos, constata que esta tem nítido interesse no litígio, haja vista que, diante do exercício de cargo de confiança, detinha amplos poderes de mando e gestão, fazendo-se às vezes do próprio empregador. (RR - 710-57.2010.5.04.0026, Relatora Ministra: Delaíde Miranda Arantes, Data de Julgamento: 16/11/2016, 2ª Turma, Data de Publicação: DEJT 25/11/2016)

> **RECONHECIMENTO DE SUSPEIÇÃO DE TESTEMUNHA QUE EXERCIA CARGO DE CONFIANÇA PERANTE A RECLAMADA - AMPLOS PODERES DE GESTÃO, REPRESENTAÇÃO DA RECLAMADA PERANTE TERCEIROS, FACULDADE DE ADMITIR E DEMITIR OUTROS EMPREGADOS - CERCEAMENTO DO DIREITO DE DEFESA NÃO CARACTERIZADO.** II - Esta Corte Superior tem reiteradamente decidido que o exercício de cargo de confiança, por si só, não enseja a suspeição da testemunha, cuja contradita pode ser aceita, contudo, nos casos em que configurado poder de mando idêntico ao do empregador, inclusive na admissão e dispensa de empregados. Precedentes. III - O Tribunal Regional, amparado no conjunto fático probatório dos autos, concluiu que a testemunha de cujo depoimento se ressente o reclamante era suspeito para depor, em razão de ser exercente de cargo de confiança, assentou que "não houve demonstração de que a testemunha atuasse como o próprio empregador na realização de atos de gestão", bem como "não restou configurada, ainda, a existência de ' interesse no litígio' , hipótese que poderia ensejar a caracterização de suspeição da testemunha". Portanto, a decisão do Tribunal Regional que manteve o não acolhimento da contradita de testemunha não viola o artigo

405, § 3º, IV, do CPC. IV – Constata-se que o apelo também não comporta admissibilidade pela via do dissídio interpretativo, já que os arestos colacionados são inservíveis ao confronto de teses, posto que oriundos de Turmas do TST ou do mesmo TRT de origem, na contramão do artigo 896, "a", da CLT, segundo o qual o dissenso jurisprudencial que enseja a interposição do recurso de revista deve ser demonstrado mediante interpretação diversa dada ao mesmo dispositivo legal por outro TRT ou pela SBDI-1 do TST. Agravo de Instrumento a que se nega provimento. (AIRR-789-29.2014.5.04.0662, Relator Desembargador Convocado: Valdir Florindo, 5ª Turma, Data de Publicação: DEJT 29/04/2016).

AGRAVO DE INSTRUMENTO EM RECURSO DE REVISTA DA RECLAMADA - CONTRADITA - RECONHECIMENTO DE SUSPEIÇÃO DE TESTEMUNHA QUE EXERCIA CARGO DE CONFIANÇA PERANTE A RECLAMADA - AMPLOS PODERES DE GESTÃO, REPRESENTAÇÃO DA RECLAMADA PERANTE TERCEIROS, FACULDADE DE ADMITIR E DEMITIR OUTROS EMPREGADOS - CERCEAMENTO DO DIREITO DE DEFESA NÃO CARACTERIZADO. A jurisprudência desta Corte orienta-se no sentido de que o exercício de cargo de confiança, por si só, não implica a suspeição do empregado para figurar como testemunha em reclamação trabalhista movida contra o seu empregador. Entretanto, na hipótese dos autos, ficou comprovado o exercício de amplos poderes de mando e gestão, com faculdade de admitir e demitir empregados, bem como com exercício de representação do empregador perante terceiros, o que é suficiente para que a figura da testigo contraditada se confunda com o empregador a ponto de restar caracterizado o seu interesse no litígio, nos moldes do art. 405, § 3º, IV, do CPC. Desse modo, o reconhecimento da suspeição da testemunha não se traduz em cerceamento do direito de defesa da reclamada. Agravo de instrumento desprovido. (AIRR-1042-46.2011.5.10.0018, Relator Ministro: Luiz Philippe Vieira de Mello Filho, Data de Julgamento: 09/09/2015, 7ª Turma, Data de Publicação: DEJT 18/09/2015).

AGRAVO DE INSTRUMENTO EM RECURSO DE REVISTA. INDEFERIMENTO DE OITIVA DE TESTEMUNHA SUSPEITA. CERCEAMENTO DE DEFESA. NÃO CONFIGURAÇÃO. 1. O contexto fático delineado pelo Tribunal de origem, insuscetível de reexame por esta instância extraordinária, a teor da Súmula

> 126 do TST, é no sentido de ter restado comprovado nos autos que a pessoa indicada pela reclamada como testemunha exercia cargo de confiança na empresa, agindo como longa manus do empregador e representando-o perante os demais empregados da sua filial. 2. Diante de tais premissas, correta a conclusão firmada pelo Regional, que caracterizou a referida testemunha como suspeita, por possuir interesse no litígio, nos moldes do art. 405, § 3º, IV, do CPC. Não caracterização de cerceamento de defesa. Precedentes. Agravo de instrumento a que se nega provimento. [...] (AIRR-865-51.2013.5.02.0401, Relator Desembargador Convocado: André Genn de Assunção Barros, Data de Julgamento: 15/04/2015, 7ª Turma, Data de Publicação: DEJT 24/04/2015)

Sobre o tema, cito os entendimentos da doutrina:

Schiavi[35]:

> Quanto ao empregado que exerce cargo de confiança, por si só esse fato não gera suspeição para ser testemunha do empregador, pois tal hipótese não está prevista em Lei. Entretanto, deve o Juiz do Trabalho investigar outros elementos que revelem se o empregado exercente de cargo de confiança tem interesse ou não na solução do litígio, como representação do empregador perante terceiros, exercício de encargos de gestão (art. 62, II, da CLT), participação na Diretoria etc.

Ísis de Almeida[36]:

> [...] Para depor sobre fatos da relação de emprego, ninguém melhor que outro empregado, presente constantemente no recinto de trabalho; e, quanto ao exercente de cargo de confiança, este nem sempre desempenha funções que o tornem interessado direto no litígio; a suspeição poderá ser aceita se ele participar dos resultados do negócio, ou tiver poder de mando idêntico ao do empregador, inclusive na admissão e dispensa de empregados."

35. SCHIAVI, Mauro. Manual de direito processual do trabalho. 13. ed. São Paulo: LTr, 2018.
36. ALMEIDA. Ísis de. Manual de direito processual do trabalho. 2. Vol., 9. Ed. São Paulo: LTr, 1998.

14.4.1.7. Suspeição x amizades nas redes sociais

– Amizade em redes sociais torna a testemunha suspeita?

A simples amizade em redes sociais, não torna a testemunha suspeita. O TST, ao julgar o processo ARR – 1169-10.2011.5.01.0058, escreveu nas razões de decidir:

> Há zona cinzenta na avaliação do que seja amizade íntima ou não, especialmente no que se refere aos contatos mantidos por empregados em redes sociais. Em muitos casos, é fronteiriça a delimitação do grau de proximidade entre trabalhadores, sendo difícil distinguir a relação de cortesia e simpatia da relação com proximidade tal que configure a suspeição para testemunhar em juízo. Assim, deve ser prestigiada no caso concreto a valoração das provas nas instâncias ordinárias, as quais, levando em conta as peculiaridades dos autos, concluíram pela existência de amizade íntima entre a reclamante e a testemunha. As instâncias de prova, Vara do Trabalho e TRT, decidiram no mesmo sentido, estando mais próximas do real contexto no qual estava inserida a amizade entre a reclamante e a testemunha.

Desta forma, para saber se a amizade nas redes sociais torna a testemunha suspeita, é necessário verificar o contexto das mensagens trocadas e não o texto, que pode levar a uma ou outra conclusão. Nesse sentido, escreveu o TST no mesmo julgado citado acima:

> Para saber se as condutas de afirmar em rede social que tem saudade de colega de trabalho e combinar de marcar um chope configuram amizade íntima ou mera relação de simpatia e gentileza seria necessário verificar exatamente o contexto em que tais mensagens foram trocadas. É o contexto, e não o texto, que pode levar a uma ou outra conclusão. E no caso concreto, as instâncias ordinárias valoraram o contexto, insuscetível de revisão nesta instância extraordinária.

Sobre o tema, a doutrina escreve que:

Schiavi[37]:

> "Quantos às amizades em redes sociais, principalmente no facebook, não nos parece que ela seja suficiente para configurar a amizade íntima, já que esse tipo de relacionamento é informal e instantâneo. Entretanto, conforme o caso concreto, pode configurar início de prova da amizade."

Ney Maranhão e outros[38]:

> "No entanto, o exame das páginas do reclamante e da testemunha nas redes sociais pode revelar comentários e imagens que sirvam ao menos como início de prova da amizade. Ou seja, a simples existência da "amizade virtual", em si, não induz suspeição. Todavia, no específico caso do Facebook, por exemplo, as práticas de repetidamente curtir, comentar e compartilhar o conteúdo ou reiteradamente "cutucar" a pessoa, podem, sim, a depender do caso, compro var amizade íntima. Nada impede, claro, que também de uma única postagem ou comentário se extraia elemento suficiente de convencimento a respeito de tal condição de suspeição."

Segue alguns julgados sobre o tema:

> I – AGRAVO DE INSTRUMENTO EM RECURSO DE REVISTA INTERPOSTO PELA RECLAMANTE. LEI Nº 13.015/2014. ANTERIOR À VIGÊNCIA DA LEI Nº 13.467/2017 E DA INSTRUÇÃO NORMATIVA Nº 40 DO TST. PRELIMINAR DE NULIDADE POR CERCEAMENTO DE DEFESA. CONCLUSÃO NAS INSTÂNCIAS ORDINÁRIAS PELA EXISTÊNCIA DE AMIZADE ÍNTIMA ENTRE A RECLAMANTE E A TESTEMUNHA. MENSAGENS EM REDE SOCIAL. FACEBOOK. CONTEXTO. VALORAÇÃO DAS PROVAS. PECULIARIDADE DO CASO CONCRETO. 1 – Atendidas as exigências do art. 896, § 1º-A, da CLT. 2 – Há zona cinzenta na avaliação do que seja amizade íntima ou não, especialmente no que se refere aos contatos mantidos por empregados em redes sociais. Em muitos

37. SCHIAVI, Mauro. Manual de direito processual do trabalho. 13. São Paulo: LTr, 2018.
38. MARANHÃO, Ney; JÚNIOR. Antonio Umberto de Souza; SOUZA. Fabiano Coelho de; NETO Platon Teixeira de Azevedo. Manual prático elas audiências trabalhistas. São Paulo. Thomson Reuters Brasil, 2018

casos, é fronteiriça a delimitação do grau de proximidade entre trabalhadores, sendo difícil distinguir a relação de cortesia e simpatia da relação com proximidade tal que configure a suspeição para testemunhar em juízo. Assim, deve ser prestigiada no caso concreto a valoração das provas nas instâncias ordinárias, as quais, levando em conta as peculiaridades dos autos, concluíram pela existência de amizade íntima entre a reclamante e a testemunha. As instâncias de prova, Vara do Trabalho e TRT, decidiram no mesmo sentido, estando mais próximas do real contexto no qual estava inserida a amizade entre a reclamante e a testemunha. 3 – O TRT, soberano na análise do conjunto fático-probatório, concluiu que a testemunha indicada pela reclamante não se revelava apta a prestar depoimento, prestigiando, dessa forma, a avaliação realizada pela Vara do Trabalho que indeferiu a oitiva da referida testemunha. Eis o teor do acórdão recorrido, no aspecto: "Ao contrário do que pretende fazer crer a autora, os documentos de fls. 282/286 evidenciam que a testemunha da ora recorrente não possuía isenção de ânimo para depor, independentemente da alegação de que todos os empregados a chamavam de mamãe. Isto porque, nos recados postados pela autora na página do Facebook da testemunha, é possível identificar um grau de intimidade que extrapola o nível de intimidade de colegas de trabalho, já que a autora afirma estar com saudade da testemunha, combina de marcar um chope, demonstrando um carinho típico de amigas íntimas, o que basta para a configuração da hipótese prevista no art. 405, § 3°, inciso III, do CPC". 4 – Para saber se as condutas de afirmar em rede social que tem saudade de colega de trabalho e combinar de marcar um chope configuram amizade íntima ou mera relação de simpatia e gentileza seria necessário verificar exatamente o contexto em que tais mensagens foram trocadas. É o contexto, e não o texto, que pode levar a uma ou outra conclusão. E no caso concreto, as instâncias ordinárias valoraram o contexto, insuscetível de revisão nesta instância extraordinária. Assim, aplica-se a Súmula nº 126 do TST, não havendo como se constatar, na peculiaridade do caso concreto, a alegada violação do art. 5º, LIV, da CF/88. 5 – Agravo de instrumento a que se nega provimento. (ARR – 1169-10.2011.5.01.0058, Relatora Ministra: Kátia Magalhães Arruda, Data de Julgamento: 13/06/2018, 6ª Turma, Data de Publicação: DEJT 15/06/2018)

RECURSO DE REVISTA. PRELIMINAR DE NULIDADE POR CERCEAMENTO DE DEFESA. CONTRADITA DAS TESTEMUNHAS INDICADAS PELA RECLAMANTE. AMIZADE ÍNTIMA. O egrégio Tribunal Regional, soberano na análise das provas dos autos, concluiu que as testemunhas da reclamante não apresentaram isenção de ânimo para depor, tendo em vista a inequívoca amizade íntima entre elas. Isso porque a primeira testemunha já havia sido namorado da reclamante e a segunda mantinha com ela relação próxima a ponto de ter a autora reconhecido que já foram juntas à praia, a autora já foi a seu aniversário e que saíram juntas, além de manterem contato por meio de rede social. Dessa forma, não há como reconhecer a pretensa violação dos artigos 405, § 4º e 414, § 1º, do CPC, pois o egrégio Tribunal Regional observou a literalidade dos aludidos preceitos, ao constatar que a amizade íntima entre a parte e os depoentes comprometeria a veracidade dos depoimentos. Ademais, embora a reclamante tenha suscitado o cerceamento do seu direito de defesa, não apresentou quais seriam os prejuízos sofridos, não merecendo acolhida a sua irresignação, uma vez que na Justiça do Trabalho, apenas se declaram as nulidades quando demonstrado prejuízo correspondente, nos termos do que dispõe o artigo 794 da CLT. Recurso de revista não conhecido. (RR – 6503-52.2010.5.12.0026, Relator Ministro: Guilherme Augusto Caputo Bastos, Data de Julgamento: 13/03/2013, 5ª Turma, Data de Publicação: DEJT 26/03/2013)

RECURSO DE REVISTA. SUSPEIÇÃO DE TESTEMUNHAS. AMIZADE ÍNTIMA. Recurso calcado em violação do artigo 405, § 3º, inciso III, do CPC e divergência jurisprudencial. Da v. Decisão do e. Tribunal Regional, não há como se extrair que a amizade íntima entre a empregada e a testemunha, consubstanciadas em cópias de comunicações eletrônicas extraídas de rede social (Facebook), tenha o condão de demonstrar que realmente havia relação de amizade íntima entre elas ao ponto de desencadear a não isenção de ânimo que caracteriza a testemunha suspeita. Ademais, se enveredássemos pelo campo que deseja a empresa-recorrente, fatalmente reexaminaríamos matéria de cunho factual, já analisada e decidida pelas instâncias ordinárias. (Súmula 126/TST). Recurso não conhecido. (RR – 628-67.2011.5.12.0026, Relator Ministro: Alexandre de Souza Agra Belmonte, Data de

Julgamento: 07/11/2012, 3ª Turma, Data de Publicação: DEJT 09/11/2012)

CERCEAMENTO DE DEFESA. AMIZADE ÍNTIMA. CONTATO POR FACEBOOK. No presente caso, as imagens juntadas pela reclamada não levam à conclusão de que a testemunha seja amiga íntima da reclamante, na forma do art. 405, § 3º, inciso III, do CPC/73 (art. 447, § 3º, I, do NCPC). A circunstância de se comunicarem pela rede social Facebook, por si, não é indicativo da proximidade necessária à caracterização da amizade íntima, considerando a grande quantidade de contatos que são estabelecidos atualmente pela Internet. Portanto, a testemunha deve ser considerada idônea, caracterizando cerceamento de defesa o indeferimento de sua oitiva. Recurso da reclamante provido no tópico. (TRT da 4ª Região, 4ª Turma, 0021422-52.2015.5.04.0201 RO, em 08/11/2018, Desembargador Andre Reverbel Fernandes)

CONTRADITA DE TESTEMUNHA. PROVA DA INIDONEIDADE. Extraindo-se dos elementos dos autos, notadamente por conversas gravadas em rede social, que a testemunha arrolada mostrou-se receptiva a uma "gratificação", dispondo-se a depor em favor da parte que mais lhe oferecesse, resta patente a sua inidoneidade, não podendo o depoimento por ela prestado ser admitido como meio de prova. Recurso provido no aspecto. (TRT da 3.ª Região; Processo: 0002161-24.2013.5.03.0129 RO; Data de Publicação: 01/06/2015; Órgão Julgador: Sexta Turma; Relator: Rogério Valle Ferreira; Revisor: Anemar Pereira Amaral)

CONTRADITA – AUSÊNCIA DE CONFIGURAÇÃO DE "AMIZADE ÍNTIMA" CAPAZ DE ENSEJAR O ACOLHIMENTO DESTA ARGUIÇÃO. Na atualidade, a utilização da Internet, que é uma rede mundial de comunicação, facilitou o intercâmbio entre os indivíduos, permitindo, inclusive, a aproximação entre pessoas desconhecidas. A comunicação via Internet, mesmo através de site de relacionamento social, como é o caso do ORKUT, por exemplo, não induz necessariamente à conclusão de que as pessoas que através dele se comunicam mantenham "amizade íntima", de modo a impor o acolhimento de contradita suscitada judicialmente, com base no disposto no art. 405 do CPC. A constatação da amizade íntima é verificada quando as pessoas

> realmente mantêm contato constante, trocando informações sobre a vida pessoal e íntima, o que não é presumível pelo simples fato de duas pessoas conhecidas se comunicarem através do site de relacionamento acima referido. Neste contexto, se o Magistrado que teve contato com as partes e testemunhas entendeu que, pelas declarações da testemunha, não restou caracterizada a amizade de "natureza íntima", tal impressão deve ser prestigiada nesta instância, mantendo-se a decisão monocrática que afastou a contradita lançada pela parte adversa. (TRT da 3.ª Região; Processo: 0085700-02.2009.5.03.0104 RO; Data de Publicação: 01/02/2010; Disponibilização: 29/01/2010, DEJT, Página 411; Órgão Julgador: Oitava Turma; Relator: Paulo Mauricio R. Pires; Revisor: Denise Alves Horta)

14.4.1.8. Testemunha menor de 18 anos

– O menor de 18 e maior de 16 pode ser testemunha?

O menor de 18 e maior de 16 anos, pode depor na condição de informante, pois ele, é inimputável na esfera penal, não podendo prestar compromisso legal, sendo assim, impossível responder pelo crime de falso testemunho.

Nesse sentido, a doutrina especializada[39]:

> Já os menores de 18 e maiores de 16 anos não são incapazes para depor. No entanto, pensamos que só serão ouvidos se estritamente necessário para a solução do litígio e, ainda assim, na condição de informante. É que, sendo inimputáveis no campo penal, torna-se inviável o compromisso legal, diante da impossibilidade de punição pela prática do crime de falso testemunho.

39. MARANHÃO, Ney; JÚNIOR. Antonio Umberto de Souza; SOUZA. Fabiano Coelho de; NETO Platon Teixeira de Azevedo. Manual prático elas audiências trabalhistas. São Paulo. Thomson Reuters Brasil, 2018.

14.4.2. Indeferimento de prova testemunhal

– O juiz pode indeferir o pedido de produção de prova testemunhal?

A prova testemunhal é sempre admissível no Processo do Trabalho, contudo, o juiz indeferirá o pedido de produção de prova testemunhal, nos termos do art. 443 do CPC, que diz que:

(1) Já provados por documentos, quando estes documentos não foram impugnados pela parte contrária. Nesse sentido:

> AGRAVO DE INSTRUMENTO EM RECURSO DE REVISTA INTERPOSTO NA VIGÊNCIA DA LEI 13.015/2014. INDEFERIMENTO DA OITIVA DE TESTEMUNHA. CONVENCIMENTO DO JULGADOR FUNDAMENTADO NAS DEMAIS PROVAS CARREADAS AOS AUTOS. CERCEAMENTO DE DEFESA NÃO CONFIGURADO (AUSÊNCIA DE VIOLAÇÃO DO ART. 5º, LV, DA CONSTITUIÇÃO FEDERAL). RECONHECIMENTO DE VÍNCULO EMPREGATÍCIO (SÚMULA 126 DO TST). Não merece ser provido agravo de instrumento que visa a liberar recurso de revista que não preenche os pressupostos contidos no art. 896 da CLT. Agravo de instrumento não provido. (AIRR nº 1411-22.2012.5.02.0020, 2ª Turma do TST, Rel. Delaíde Miranda Arantes. j. 09.08.2016, Publ. 12.08.2016).

> AGRAVO DE INSTRUMENTO EM RECURSO DE REVISTA. 1. NULIDADE. CERCEAMENTO DE DEFESA. INDEFERIMENTO DE OITIVA DE TESTEMUNHAS. O indeferimento da oitiva de testemunha, mormente quando nos autos já se encontram elementos suficientes para a conclusão, não caracteriza cerceamento ao direito de defesa, pois o julgador possui liberdade na condução do processo, tendo o dever de velar pela rápida solução da lide, consoante disciplinam os artigos 5º, LXXVIII, da Constituição Federal, 765 da CLT e 131 do CPC/73. Dessa forma, estão incólumes os artigos 5º, LIV, da Constituição Federal, 130 e 332 do CPC/73 e 765 da CLT. [...] (AIRR nº 0010004-35.2013.5.15.0152, 8ª Turma do TST, Rel. Dora Maria da Costa. Unânime, DEJT 09.06.2016).

RECURSO ORDINÁRIO DO RECLAMANTE. NULIDADE PROCESSUAL POR CERCEAMENTO DE DEFESA. INDEFERIMENTO DA OITIVA DE TESTEMUNHA. Não configura cerceamento de defesa o indeferimento de prova testemunhal quando há nos autos elementos suficientes para a solução do deslinde. Recurso desprovido. (RO nº 0000747-16.2012.5.04.0511, 3ª Turma do TRT da 4ª Região/RS, Rel. Ângela Rosi Almeida Chapper. j. 11.10.2016, unânime).

(2) Quando teve a confissão da parte;

(3) Só por exame pericial puderem ser provados.

"I – AGRAVO. AGRAVO DE INSTRUMENTO EM RECURSO DE REVISTA. ACÓRDÃO PUBLICADO NA VIGÊNCIA DA LEI Nº 13.015/2014. CERCEAMENTO DO DIREITO DE DEFESA PELO INDEFERIMENTO DE PEDIDO DE ADIAMENTO DA AUDIÊNCIA PARA OITIVA DE TESTEMUNHA. Nos termos do artigo 370 do CPC/2015, cabe ao magistrado determinar quais as provas necessárias à instrução do processo, devendo indeferir as diligências que considere inúteis à elucidação dos fatos submetidos a juízo, por conta do princípio da persuasão racional de que cuida o artigo 371 CPC/2015 e da sua ampla liberdade na direção do processo, a teor do artigo 765 da CLT. No caso dos autos, a dispensa da produção da prova oral ocorreu por já estar o juízo convencido, tanto pela prova oral produzida quanto pelo laudo pericial, o qual continha informações prestadas pela testemunha cuja oitiva fora indeferida, que o reclamante não exerceu cargo de confiança, razão pela qual não há afronta aos artigos 5º, LV, da Constituição e 443, I e II, do CPC. Importa consignar que o entendimento desta Corte é firme no sentido de que não caracteriza cerceamento de defesa o indeferimento de prova testemunhal irrelevante ao deslinde da controvérsia. Precedentes. Agravo não provido. (ARR nº 10248-70.2015.5.03.0105, 5ª Turma do TST, Rel. Douglas Alencar Rodrigues. j. 13.03.2019, Publ. 29.03.2019).

– Professor, fiquei com uma dúvida. O que acontece quando o juiz indefere a produção de provas, pois alega que está convencido e julga improcedente a ação por ausência de provas?

Tal fato, caracteriza cerceamento de defesa. A Desembargadora Maria Raquel Ferraz[40] do TRT da 3º Região, ao julgar o tema, decidiu que malgrado caber ao Magistrado a direção do processo (art. 765 da CLT), caracteriza cerceio do direito de produzir prova o indeferimento da oitiva de testemunha apresentada pela parte. Impedir um depoimento só é cabível quando não existe mais dúvida sobre o fato, seja pela confissão da parte, seja porque já provado (CPC, art. 443). O que não se pode é negar à parte a oportunidade de produzir a prova e, depois, julgar desfavorável a ela sob a alegação de ausência de prova. Mesmo nos casos em que há elementos justificadores do deferimento de contradita, é cabível ouvir a pessoa presente à audiência como informante.

14.4.3. *Oitiva da testemunha como informante*

– Quando a testemunha será ouvida como informante?

A testemunha será ouvida como informante quando ficar caracterizada a sua falta de isenção, bem como o risco de possa vir a prejudicar ou beneficiar uma das partes no litígio. Essas pessoas podem ser ouvidas em juízo como informantes, quando o seu depoimento for estritamente necessário.

– E quando esse depoimento será considerado estritamente necessário?

Segundo a Marinoni, um depoimento será estritamente necessário quando outra prova dificilmente pode permitir resultado equivalente ao dele, ou seja, na hipótese em que outra prova dificilmente poderia determinar o esclarecimento por ele prestado.

– Perfeito. Mas o Juiz é obrigado a ouvir o informante se o depoimento for estritamente necessário?

40. (RO nº 0010794-45.2017.5.03.0109, 2ª Turma do TRT da 3ª Região/MG, Rel. Convocado Maria Raquel Ferraz Zagari Valentim. j. 25.10.2019).

No Processo do Trabalho a testemunha impedida ou suspeita, segundo a regra expressa do art. 829 da CLT, deve ser ouvida como informante porque, mesmo eximida do compromisso legal, suas declarações podem ser importantes para a formação do convencimento do juiz, ainda que valoradas de forma diferenciada. A oitiva do informante, serve até mesmo para permitir a análise do depoimento na instância ad quem.

Nesse sentido:

> No processo do trabalho, a regra do artigo 829 CLT determina que nessa hipótese de fato, a testemunha deve ser ouvida na condição de informante, até mesmo para permitir a análise do depoimento na instância ad quem. (RO nº 0010127-76.2017.5.03.0168, 2ª Turma do TRT da 3ª Região/MG, Rel. Jales Valadão Cardoso. j. 30.10.2019).
>
> **CERCEAMENTO DE DEFESA.** A oitiva da testemunha trazida pela parte na condição de mero informante não configura cerceamento de defesa. A informações prestadas naquela oportunidade podem e devem ser objeto de nova valoração em grau recursal, conforme entendimento do colegiado. (RO nº 0020461-39.2017.5.04.0461, 6ª Turma do TRT da 4ª Região/RS, Rel. Beatriz Renck. j. 07.08.2019, unânime).

– Professor, pode citar algumas pessoas que vão ser ouvidas como informantes?

O depoente menor de dezoito anos é considerado incapaz de depor pois não tem imputabilidade penal, contudo, poderá prestar depoimento na condição de informante para fatos que só ele tem conhecimento (arts. 447, § 4.º, CPC, e 228, I e § 1º, CC).

O cônjuge, o companheiro, os ascendentes e os descendentes ou qualquer parente até o terceiro grau, de algumas das partes, em regra, não podem prestar depoimento na qualidade de testemunha (art. 829 da CLT e art. 447, § 2.º, I, CPC), embora possam ser ouvidos como informantes, se o juiz reputar estritamente necessário (art. 447, § 4.º, CPC).

– Qual o valor probatório do depoimento da testemunha ouvida como informante?

O magistrado fará a oitiva da testemunha sem prestar compromisso, e ao decidir, empregará a devida valoração ao seu depoimento. Em interessante julgado, o TRT da 3ª Região decidiu que:

> TESTEMUNHA VERSUS INFORMANTE. LIMITES DE RESPONSABILIDADE E VALORAÇÃO DA PROVA. O direito processual, reconhecendo a natureza humana, com a inerente seletividade de dados, indica limites diferentes de responsabilidade para as pessoas que comparecem em juízo para a prestação de informações. Àquelas totalmente isentas carreiam maior dever, mas não é o compromisso formal que lhes confere mais credibilidade. Há informantes sérios e convincentes, que em muito colaboram na descrição dos fatos e, por conseguinte, na formação do convencimento do magistrado sentenciante. No caso dos autos, as pessoas apresentadas se encontravam mesmo em justificada zona fronteiriça, em virtude dos fatos pretéritos e a decisão levada a efeito em audiência foi justa. Uma vez acolhida à contradita, optou-se por ouvir a pessoa na qualidade de informante, de modo a que a parte pudesse trazer a matéria probatória a seu cargo a juízo. A valoração das informações trazidas, cuja essência em nada discrepa numa ou noutra circunstância, fica mesmo a critério do Juiz do Trabalho, que remanesce com o dever de fundamentar sua decisão, demonstrando, com clareza, o que motivou o seu convencimento. Ademais, foi ouvida uma pessoa de cada parte, o que evidencia prudente equilíbrio na distribuição da carga probatória, razão pela qual inexiste campo para se falar em cerceamento de prova. (RO nº 0002428-50.2013.5.03.0111, 5ª Turma do TRT da 3ª Região/MG, Rel. Convocado Vitor Salino de Moura Eca. Publ. 02.03.2015).

– Se não ficar configurado a falta de isenção de ânimo da testemunha, porém mesmo assim o juiz tomou seu depoimento como informante, ocorre cerceamento de defesa?

Sim. Se não ficar configurado a falta de isenção de ânimo da testemunha e ela for ouvida como informante, tal situação, caracteriza cerceamento do direito de defesa, com violação ao artigo 5º, inciso LV da CF.

> CERCEAMENTO DO DIREITO DE DEFESA. INFORMANTE. A oitiva de testemunha na condição de informante, sem a ocorrência da efetiva de troca de favores, constitui cerceamento do direito de defesa, em afronta ao artigo 5º, inciso LV, da Constituição Federal. (RO nº 0020794-93.2018.5.04.0351, 5ª Turma do TRT da 4ª Região/RS, Rel. Cláudio Antônio Cassou Barbosa. j. 02.07.2019, unânime).

14.4.4. Ausência de hierarquia da prova testemunhal sobre as demais provas

– A prova testemunhal se sobrepõe sobre as demais provas?

Não, contudo, a prova testemunhal tem muita força na Justiça do Trabalho, por conta do princípio da imediaticidade. Tal princípio determina a concentração dos atos processuais em audiência, inclusive os probatórios, conduzindo à colheita da prova pelo juiz responsável pelo julgamento da demanda. Desta forma, o juiz tem contato direto com as partes e com as testemunhas quando faz a oitiva. Nesse viés:

> HORAS EXTRAORDINÁRIAS – CARGO DE CONFIANÇA – ENQUADRAMENTO NO ART. 62, II, DA CLT – SÚMULA Nº 126 DO TST. O Tribunal Regional, com base no acervo probante dos autos, notadamente na prova oral, e em observação ao princípio da imediatidade, concluiu que o reclamante exercia cargo de confiança na estrutura organizacional da reclamada, enquadrando-se na exceção prevista no art. 62, II, da CLT. Ultrapassar e infirmar a conclusão alcançada no aresto impugnado demandaria o reexame dos fatos e das provas presentes nos autos, o que é descabido na estreita via extraordinária, nos termos da Súmula nº 126 do TST. Agravo de instrumento desprovido. (AIRR nº 11386-07.2015.5.03.0062, 7ª Turma do TST, Rel. Francisco Rossal de Araújo. j. 23.10.2018, Publ. 26.10.2018).

PROVA ORAL. PRINCÍPIO DA IMEDIATIDADE. Não emergindo dos autos nenhum elemento que induza à convicção de que se equivocara o Juízo de origem na valoração da prova oral produzida no feito, deve prevalecer o convencimento por ele firmado, com base nas impressões colhidas por ocasião da instrução probatória, privilegiando-se o princípio da imediatidade ou da imediação. (RO nº 0010447-32.2017.5.03.0167, 11ª Turma do TRT da 3ª Região/MG, Rel. Luiz Antônio de Paula Iennaco. j. 26.04.2019).

VALORAÇÃO DA PROVA ORAL. PRINCÍPIO DA IMEDIATIDADE – Não emergindo dos autos nenhum elemento que induza à convicção de que se equivocara o Juízo de origem na valoração da prova oral produzida no feito, deve prevalecer o convencimento por ele firmado, com base nas impressões colhidas por ocasião da instrução probatória, privilegiando-se o princípio da imediatidade ou da imediação. (AIRO nº 0010866-60.2017.5.03.0132, 3ª Turma do TRT da 3ª Região/MG, Rel. Milton V. Thibau de Almeida. j. 15.04.2019).

PROVA ORAL. VALORAÇÃO. PRINCÍPIO DA IMEDIATIDADE. Tendo em conta o princípio da imediatidade, pelo qual se entende que o julgador de primeiro grau se encontra mais apto para aferir a veracidade e a qualidade da prova oral produzida, em razão da sua proximidade com a testemunha, deve ser respeitada a valoração da prova oral feita na sentença, desde que dentro dos limites legais e em consonância com o quadro fático probatório, como no caso, consoante o disposto nos artigos 370, Parágrafo único do CPC e 765 e 820 da CLT. (RO nº 0011649-49.2017.5.03.0036, 9ª Turma do TRT da 3ª Região/MG, Rel. Rodrigo Ribeiro Bueno. j. 30.05.2018).

RECURSO ORDINÁRIO DO RECLAMANTE. PROVA ORAL. VALORAÇÃO. PRINCÍPIO DA IMEDIATIDADE. A prova oral produzida perante o Juízo de primeiro grau merece prestígio em razão do princípio da imediatidade, que propicia o contato direto do magistrado com as partes e testemunhas. Recurso conhecido e desprovido. (Recurso Ordinário nº 0102521-76.2017.5.01.0421, TRT da 1ª Região, Rel. Enoque Ribeiro dos Santos. DOERJ 15.12.2018).

RECURSO ORDINÁRIO. PROVA TESTEMUNHAL. PRINCÍPIO DA IMEDIATIDADE. Nas hipóteses de prova controvertida,

> é imperativo prestigiar a avaliação e valoração da prova oral feita pelo Juiz instrutor, aplicando-se o princípio da imediatidade, pois aquele Julgador que esteve em contato direto com a prova tem melhores condições sensoriais de avaliar a sinceridade e estado de espírito do declarante. (Recurso Ordinário 0010380-80.2015.5.01.0462, 9ª Turma do TRT da 1ª Região/RJ, Rel. Cláudia de Souza Gomes Freire. DOERJ 07.12.2016).

14.4.5. Quantidade de testemunhas

– Quantas testemunhas a parte pode levar para serem ouvidas no processo?

Depende do rito do processo. Esquematizo na tabela abaixo o rito e a quantidade de testemunhas.

RITO	QUANTIDADE DE TESTEMUNHA	FUNDAMENTO
Ordinário	3 Testemunhas para cada parte	CLT, Art. 821
Sumaríssimo	2 Testemunhas para cada parte	CLT, Art. 852-H, §2º

Transcrevo os artigos mencionados:

> CLT, Art. 821 – Cada uma das partes não poderá indicar mais de 3 (três) testemunhas, salvo quando se tratar de inquérito, caso em que esse número poderá ser elevado a 6 (seis).
>
> CLT, Art. 852-H – Todas as provas serão produzidas na audiência de instrução e julgamento, ainda que não requeridas previamente.
>
> § 2º – As testemunhas, até o máximo de duas para cada parte, comparecerão à audiência de instrução e julgamento independentemente de intimação.

Como visto no art. 821 da CLT, na ação de inquérito judicial para apuração de falta grave, cada parte pode utilizar 6 testemunhas.

No rito sumário (causas até 2 salários mínimos), como a Lei n. 5.584/1970 é omissa quanto a quantidade de testemunhas, entendo que deve ser aplicando subsidiariamente a previsão do artigo ordinário prevista no art. 821 da CLT, ou seja, cada parte tem direito de ouvir até três testemunhas.

14.4.5.1. *Litisconsorte e quantidade de testemunhas*

– Hamilton, essa quantidade de testemunhas permanece a mesma no caso de litisconsorte?

Sobre a quantidade de testemunhas nas demandas que contenham litisconsorte cito a doutrina de Schiavi[41]:

> **Litisconsórcio ativo**: em havendo litisconsórcio ativo, pensamos que o número de testemunhas deve ser de, no máximo, três para ambos os autores, e não três testemunhas para cada autor, pois, se os reclamantes optaram por propor suas pretensões numa única reclamação, renunciaram tacitamente ao direito de ouvir mais de três testemunhas no processo.
>
> **Litisconsórcio passivo**: em se tratando de litisconsórcio passivo, pensamos que cada litisconsorte pode ouvir até três testemunhas cada um, pois a circunstância de o reclamado estar ao lado de outro litigante no polo passivo é condição que não decorre de sua vontade, mas sim por iniciativa do autor na petição inicial, ou por provocação do reclamado nas hipóteses de intervenção de terceiros, como chamamento ao processo e denunciação à lide.

14.4.6. Desnecessidade de entrega de rol prévio de testemunhas

– É necessário a parte entregar o rol prévio de suas testemunhas no juízo?

41. SCHIAVI, Mauro. Manual de direito processual do trabalho. 13. Ed. São Paulo: LTr, 2018

Em regra, as testemunhas não serão intimadas para comparecer em juízo, ou seja, não há necessidade no Processo do Trabalho da parte entregar em juízo o rol prévio de suas testemunhas, logo, o art. 357, § 4º do CPC, não é aplicado ao Processo do Trabalho.

Nesse sentido, os arts. 825 e 845, ambos da CLT:

> CLT, Art. 825 – As testemunhas comparecerão à audiência independentemente de notificação ou intimação.
>
> CLT, Art. 845 – O reclamante e o reclamado comparecerão à audiência acompanhados das suas testemunhas, apresentando, nessa ocasião, as demais provas.

Como vimos, a CLT tem regra própria e determina que as partes comparecerão à audiência acompanhadas de suas respectivas testemunhas. Somente se as testemunhas não compareceram na audiência, cabe ao Juiz determinar a intimação das testemunhas.

– E se a testemunha não comparecer e o Juiz indeferir a intimação?

O TST tem o posicionamento no sentido de que o indeferimento da prova testemunhal ante o simples não comparecimento da testemunha na audiência de instrução e julgamento induz ao entendimento de que houve cerceamento do direito de defesa. Nesse sentido:

> "NULIDADE. SENTENÇA. CERCEAMENTO DE DEFESA. AUDIÊNCIA INAUGURAL. ROL DE TESTEMUNHAS. INDEFERIMENTO. ART. 825 E PARÁGRAFO ÚNICO DA CLT 1. A CLT (art. 825 e § único) é explícita ao dispor que as partes comparecerão à audiência acompanhadas de suas respectivas testemunhas. Somente se comprovado que, convidadas, não compareceram cabe ao Juiz determinar a intimação das testemunhas e, em caso extremo, a condução coercitiva. 2. No processo do trabalho, assim, não há lugar para o rol prévio de testemunhas e tampouco para intimação de testemunhas previamente arroladas, salvo o caso de comprovada recusa de atendimento ao convite da própria parte. 3. Não acarreta cerceamento do direito de defesa o indeferimento, pelo Juiz, na audiência inaugural, de requerimento

de apresentação de rol de testemunhas para ulterior intimação. Cerceamento somente haveria se houvesse indeferimento da intimação das testemunhas que, convidadas, comprovadamente deixaram de comparecer para depor. 4. Embargos de que se conhece, por divergência jurisprudencial, e a que se dá provimento." (TST-E-ED-ARR-346-42.2012.5.08.0014, Redator Ministro: João Oreste Dalazen, Data de Julgamento: 07/05/2015, Subseção I Especializada em Dissídios Individuais, Data de Publicação: DEJT 05/06/2015)

AGRAVO DE INSTRUMENTO. LEI Nº 13.467/2017. NULIDADE POR CERCEAMENTO DO DIREITO DE DEFESA. INDEFERIMENTO DO PEDIDO DE INTIMAÇÃO DE TESTEMUNHAS AUSENTES À AUDIÊNCIA. TRANSCENDÊNCIA. O processamento do recurso de revista na vigência da Lei 13.467/2017 exige que a causa ofereça transcendência com relação aos reflexos gerais de natureza econômica, política, social ou jurídica, a qual deve ser analisada de ofício e previamente pelo Relator (artigos 896-A, da CLT, 246 e 247 do RITST). Constatada a transcendência política da causa e demonstrada possível violação do art. 5º, LV, da Constituição Federal, deve ser processado o recurso de revista. Agravo de instrumento de que se conhece e a que se dá provimento para determinar o processamento do recurso de revista. RECURSO DE REVISTA. NULIDADE POR CERCEAMENTO DO DIREITO DE DEFESA. INDEFERIMENTO DO PEDIDO DE INTIMAÇÃO DE TESTEMUNHAS AUSENTES À AUDIÊNCIA. A Consolidação das Leis do Trabalho possui regramento específico a respeito da prova testemunhal no art. 825 da CLT, o qual não exige comprovação escrita de intimação de testemunhas. A aplicação das regras do CPC está adstrita às hipóteses de omissão da CLT e compatibilidade com o Processo do Trabalho (art. 769 da CLT). A exigência de comprovação de convite de testemunhas existe apenas no procedimento sumaríssimo e não pode ser transposta para o procedimento ordinário. O art. 825, parágrafo único, da CLT determina o comparecimento das testemunhas independentemente de intimação, mas assegura a intimação das testemunhas que não comparecerem, a requerimento da parte ou ex officio pelo condutor da audiência. Em face da referida regra processual, esta Corte Superior tem decidido ser obrigatória a intimação da testemunha ausente à audiência, quando expressamente requerida pela parte, resultando cerceamento do direito de defesa o seu indeferimento pelo Julgador e o consequente não adiamento da audiência. Uma vez que o art. 455, § 1º, do CPC não se aplica ao Processo do Trabalho, em face da regra específica do art. 825, parágrafo único da CLT, o fato de ter constado tal determinação na ata da primeira audiência, em nada altera a presente conclusão, haja vista que o descumprimento da regra do art. 825, parágrafo único, da CLT, ocorreu na segunda audiência, quando foram registrados os protestos devidos, não havendo falar em inércia do Autor ou preclusão. Recurso de revista de que se conhece e a que se dá provimento. (RR nº 919-86.2016.5.06.0017, 6ª Turma do TST, Rel. Cilene Ferreira Amaro Santos. j. 27.02.2019, Publ. 01.03.2019).

"RECURSO DE REVISTA. RECLAMANTE. ANTERIOR ÀS LEIS NOS 13.015/2014 E 13.467/2017. PRELIMINAR DE NULIDADE POR CERCEAMENTO DO DIREITO DE DEFESA. NÃO COMPARECIMENTO DAS TESTEMUNHAS À AUDIÊNCIA. INDEFERIMENTO DO PEDIDO DE INTIMAÇÃO. 1 – O artigo 825 da CLT dispõe que: "As testemunhas comparecerão a audiência independentemente de notificação ou intimação." Já o parágrafo único do mesmo artigo determina que, se as testemunhas não comparecem, o juiz, de ofício ou a requerimento da parte, determinará a sua intimação, sob pena de condução coercitiva. De outro lado, o art. 845 da CLT prevê que as partes devem comparecer acompanhadas das testemunhas. Ou seja, não há obrigação de a parte, no Processo do Trabalho, requerer o arrolamento da testemunha, previamente. 2 – O direito da parte de adiamento da audiência de instrução e intimação de suas testemunhas que não compareceram espontaneamente, nasce no momento em que constatada tal ausência, e não antes. E a intimação da testemunha não é uma faculdade do juízo, mas é obrigatória, mormente se registrado protesto pela parte, como no caso destes autos. 3 – Assim, comprovado que a parte tempestivamente informou o não comparecimento de suas testemunhas e requereu sua intimação, com o consequente adiamento da audiência, e que tal pedido foi indeferido pelo julgador, com franco prejuízo ao reclamante, que teve diversos pedidos seus julgados improcedentes por falta de prova, resultou configurado o cerceamento do direito de defesa. 4 – Recurso de revista a que se dá provimento. Fica prejudicado o exame dos temas remanescentes." (RR – 1015-73.2012.5.05.0016, Relatora Ministra: Kátia Magalhães Arruda, Data de Julgamento: 04/04/2018, 6ª Turma, Data de Publicação: DEJT 06/04/2018).

"[...] RECURSO DE REVISTA. NULIDADE POR CERCEAMENTO DO DIREITO DE DEFESA. INDEFERIMENTO DO PEDIDO DE INTIMAÇÃO DE TESTEMUNHA AUSENTE À AUDIÊNCIA. O comparecimento de testemunhas a audiência de instrução possui regramento específico no art. 825, parágrafo único, da CLT, que determina o comparecimento independentemente de intimação, mas assegura a intimação das testemunhas que não comparecerem, a requerimento da parte ou ex officio pelo condutor da audiência. Em face da referida regra processual, esta Corte Superior tem decidido ser obrigatória a intimação da testemunha ausente à audiência, quando expressamente requerida pela parte, resultando cerceamento de defesa o seu indeferimento pelo Julgador e do consequente adiamento da audiência. Recurso de revista de que se conhece e a que se dá provimento." (RR – 20759-55.2014.5.04.0002, Relatora Desembargadora Convocada: Cilene Ferreira Amaro Santos, Data de Julgamento: 13/06/2018, 6ª Turma, Data de Publicação: DEJT 15/06/2018).

"I – RECURSO DE REVISTA DO RECLAMANTE INTERPOSTO NA VIGÊNCIA DA LEI 13.015/2014. CERCEAMENTO DE DEFESA. INDEFERIMENTO DO PEDIDO DE ADIAMENTO DA AUDIÊNCIA DE INSTRUÇÃO PARA INTIMAÇÃO DA TESTEMUNHA AUSENTE. No processo do trabalho, as testemunhas, em regra, devem comparecer à audiência juntamente com as partes, independentemente de intimação, não existindo previsão de apresentação prévia de rol de testemunhas, cabendo ao julgador, de ofício ou a requerimento da parte, realizar a intimação da testemunha ausente, mesmo que sem prova do convite, conforme se extrai dos artigos 825, parágrafo único, e 845 da CLT. Assim, configura cerceamento do direito de defesa o indeferimento de pedido de adiamento da audiência de instrução para intimação da testemunha ausente. Recurso de revista conhecido e provido. [...]." (RR – 20809-06.2014.5.04.0221, Relatora Ministra: Delaíde Miranda Arantes, Data de Julgamento: 29/11/2017, 2ª Turma, Data de Publicação: DEJT 07/12/2017).

Contudo, alerto que a exigência de comprovação de convite de testemunhas, existe apenas no procedimento sumaríssimo e não pode ser transposta para o procedimento ordinário.

> CLT, Art. 852-H – [...]
>
> § 3º – Só será deferida intimação de testemunha que, comprovadamente convidada, deixar de comparecer. Não comparecendo a testemunha intimada, o juiz poderá determinar sua imediata condução coercitiva.

Nesse sentido, a jurisprudência do TST:

> AGRAVO DE INSTRUMENTO. RECURSO DE REVISTA. LEI N.º13.015/2014. RITO SUMARÍSSIMO. INDEFERIMENTO DE PEDIDO DE ADIAMENTO DE AUDIÊNCIA. NÃO COMPROVAÇÃO DE CONVITE À TESTEMUNHA. CERCEAMENTO DE DEFESA NÃO CONFIGURADO. O Tribunal Regional decidiu em consonância com o entendimento desta Corte Superior ao entender ser necessária a comprovação do convite à testemunha que não compareceu à audiência para que o magistrado determine a sua intimação. No caso, se a testemunha não compareceu em juízo a pedido do autor, caberia ao magistrado determinar sua intimação, sob pena de condução coercitiva (art. 825, parágrafo único, da CLT). Contudo, para que houvesse a intimação da testemunha, seria necessário que a parte comprovasse seu convite para o comparecimento na audiência de instrução, o que não restou comprovado pela parte reclamante, consoante ficou consignado pelo eg. Tribunal de origem. Precedentes. Agravo de instrumento a que se nega provimento. (AIRR – 792-44.2013.5.01.0551, Relatora Ministra: Maria Helena Mallmann, Data de Julgamento: 13/06/2017, 2ª Turma, Data de Publicação: DEJT 23/06/2017)

14.4.6.1. Exceção

– Tem alguma exceção para apresentação do rol de testemunhas?

Com o objetivo de imprimir razoável duração ao processo, já que muitas audiências vinham sendo redesignadas para intimação de testemunhas, tem sido praxe em várias unidades judiciais, a determinação de apresentação de rol de testemunhas antecipadamente ou de as trazer independentemente de intimação, sob pena de não serem ouvidas no caso de ausência.

É possível se defender uma certa violação ao devido processo legal celetista, mas a jurisprudência majoritária do TST se inclinou no sentido de que não caracteriza cerceamento de defesa porque as partes teriam ciência prévia de adoção da nova sistemática com vistas a uma melhor administração do processo.

Nesse sentido:

> TST, Informativo Nº. 186 – EMBARGOS EM RECURSO DE REVISTA. INTERPOSIÇÃO SOB A ÉGIDE DA LEI 13.015/2014. RITO ORDINÁRIO. AUDIÊNCIA UNA E CONTÍNUA. NOTIFICAÇÃO PARA COMPARECIMENTO DAS TESTEMUNHAS INDEPENDENTEMENTE DE INTIMAÇÃO, SOB PENA DE PRECLUSÃO. NÃO COMPARECIMENTO INJUSTIFICADO DE TESTEMUNHA. INDEFERIMENTO DO PEDIDO DE ADIAMENTO DA AUDIÊNCIA PARA OITIVA DA TESTEMUNHA AUSENTE. CERCEAMENTO DO DIREITO DE DEFESA NÃO CARACTERIZADO. 1. As audiências na Justiça do Trabalho são unas e contínuas, podendo, entretanto, realizar-se, na prática, de forma descontínua, com a designação de audiências em prosseguimento. 2. Diferentemente do processo comum, há regras específicas quanto à desnecessidade de intimação prévia das testemunhas, as quais devem comparecer em juízo independentemente de intimação. E, a teor do art. 825, parágrafo único, da CLT, apenas quando não comparecerem é que as testemunhas poderão ser intimadas, ficando sujeitas a condução coercitiva. 3. No caso, todavia, a despeito de a reclamatória tramitar sob o rito ordinário, o reclamado foi notificado para audiência una e contínua, constando expressamente na notificação de que o mesmo deveria trazer suas testemunhas independentemente de notificação ou apresentar o rol antecipadamente para que as mesmas fossem intimadas. 4. O procedimento adotado na espécie é praxe em diversos Tribunais Regionais que, pela necessidade de imprimir duração razoável ao processo, mormente diante do acúmulo de pautas, veem-se compelidos a evitar a adoção de audiências

descontínuas, sistemática que, a rigor, é a regra do processo trabalhista previsto na CLT. 5. Portanto, na espécie, há uma distinção em relação ao rito previsto no art. 825 da CLT, consubstanciada na prévia ciência às partes quanto à designação de audiência una e contínua, constando expressamente na notificação de que as testemunhas não arroladas previamente deveriam ser trazidas independentemente de intimação, sob pena de não serem ouvidas. 6. Não obstante, a despeito da ciência prévia quanto às consequências advindas da ausência das testemunhas na data da audiência, o reclamado não observou a determinação contida na notificação, já que não trouxe suas testemunhas e não apresentou o rol antecipadamente à audiência para que fossem notificadas, mas requereu o adiamento da audiência para sua oitiva. 7. Nesse particular contexto, o indeferimento do pedido de adiamento da audiência, para que fosse intimada a testemunha não arrolada e que não compareceu espontaneamente, não viola o art. 825 da CLT, tampouco caracteriza cerceamento de defesa. 9. Precedente desta Subseção. Recurso de embargos conhecido e não provido. (E-RR – 1810-18.2012.5.15.0108, Redator Ministro: Hugo Carlos Scheuermann, Data de Julgamento: 12/04/2018, Subseção I Especializada em Dissídios Individuais, Data de Publicação: DEJT 20/04/2018)

EMBARGOS EM RECURSO DE REVISTA. INTERPOSIÇÃO SOB A ÉGIDE DA LEI 11.496/2007. DECISÃO DA TURMA MEDIANTE A QUAL DECLARADA A NULIDADE DO PROCESSO POR CERCEAMENTO DE DEFESA. AUDIÊNCIA UNA. RITO ORDINÁRIO. INDEFERIMENTO DO PEDIDO DE ADIAMENTO DE AUDIÊNCIA PARA INTIMAÇÃO DE TESTEMUNHAS QUE NÃO COMPARECERAM. NOTIFICAÇÃO PARA COMPARECIMENTO INDEPENDENTEMENTE DE INTIMAÇÃO, SOB PENA DE PRECLUSÃO. NÃO CONFIGURAÇÃO DE OFENSA AO ART. 825 DA CLT. 1. As audiências na Justiça do Trabalho são unas, em regra, podendo realizar-se, na prática, de forma descontínua, com a designação de audiências em prosseguimento. Diferentemente do processo comum, há regras específicas quanto à desnecessidade de intimação prévia das testemunhas, as quais devem comparecer em juízo independentemente de intimação. E, a teor do art. 825, parágrafo único, da CLT, apenas quando não comparecerem é que as testemunhas poderão ser intimadas, ficando sujeitas a condução coercitiva. 2. A despeito de a reclamatória tramitar sob o rito ordinário, o reclamante foi notificado nos seguintes termos: 'Audiência UNA. As testemunhas, desde que arroladas em tempo hábil, isto é, até 48 (quarenta e oito) horas antes da audiência designada, serão intimadas na forma provimental; as não arroladas deverão ser trazidas independentemente, SOB PENA DE PRECLUSÃO'. 3. O procedimento adotado na espécie é praxe em diversos Tribunais Regionais que, pela necessidade de imprimir duração razoável ao processo, mormente diante do acúmulo de pautas, veem-se compelidos a evitar a adoção de audiências descontínuas, designando audiências unas, o que, a rigor, seria regra pela sistemática do processo trabalhista. 4. No caso, conforme registrado, há uma distinção em relação ao rito previsto no art. 825 da CLT, consubstanciada na prévia ciência ao reclamante quanto à designação de audiência una, constando a recomendação de que as testemunhas não arroladas previamente deveriam ser trazidas independentemente de intimação, sob pena de preclusão. Nesse particular contexto, o indeferimento do pedido de adiamento da audiência, para que fossem intimadas as testemunhas que não compareceram espontaneamente, não viola o art. 825 da CLT. Ressalte-se que, a despeito da ciência prévia quanto às consequências advindas da ausência das testemunhas na data da audiência, a parte sequer comprovou que essas foram realmente convidadas ou justificou o motivo do não comparecimento. Recurso de embargos conhecido e provido" (Processo: E-RR – 2300-70.2007.5.02.0401 Data de Julgamento: 28/09/2017, Relator Ministro: Hugo Carlos Scheuermann, Subseção I Especializada em Dissídios Individuais, Data de Publicação: DEJT 02/02/2018).

"NULIDADE. SENTENÇA. CERCEAMENTO DE DEFESA. AUDIÊNCIA INAUGURAL. ROL DE TESTEMUNHAS. INDEFERIMENTO. ART. 825 E PARÁGRAFO ÚNICO DA CLT 1. A CLT (art. 825 e § único) é explícita ao dispor que as partes comparecerão à audiência acompanhadas de suas respectivas testemunhas. Somente se comprovado que, convidadas, não compareceram cabe ao Juiz determinar a intimação das testemunhas e, em caso extremo, a condução coercitiva. 2. No processo do trabalho, assim, não há lugar para o rol prévio de testemunhas e tampouco para intimação de testemunhas previamente arroladas, salvo o caso de comprovada recusa de atendimento ao convite da própria parte. 3. Não acarreta cerceamento do direito de defesa o indeferimento, pelo Juiz, na audiência inaugural, de requerimento de apresentação de rol de testemunhas para ulterior intimação. Cerceamento somente haveria se houvesse indeferimento da intimação das testemunhas que, convidadas, comprovadamente deixaram de comparecer para depor. 4. Embargos de que se conhece, por divergência jurisprudencial, e a que se dá provimento." (TST-E-ED-ARR-346-42.2012.5.08.0014, Redator Ministro: João Oreste Dalazen, Data de Julgamento: 07/05/2015, Subseção I Especializada em Dissídios Individuais, Data de Publicação: DEJT 05/06/2015)

14.4.7. Dispensa da testemunha por ausência de documento de identificação

– Hamilton, o juiz pode dispensar o depoimento da testemunha por esta não estar portando documento de identificação na hora de depor?

Não, pois o artigo 828 da Consolidação das Leis do Trabalho, não exige que a testemunha apresente documento pessoal de identificação para depor. Exige-se, apenas, que ela se qualifique de forma oral e o faça sob as penas da lei. Quando o juiz tem dúvidas quanto à pessoa da testemunha, ou impugnação pela parte contrária, poderá o juiz abrir prazo para que esta apresente documentos.

– Mas todo juiz exige logo antes do início do depoimento para fazer a qualificação da testemunha. E, quando a testemunha não tem o documento em mãos, o juiz indefere a oitiva da testemunha de imediato. Então ele está agindo errado?

Sim, porque o ato do juiz que dispensa a ouvida de testemunha, pelo simples fato de esta não portar documento, afronta ao devido processual legal, contraditório e ampla defesa, garantias consubstanciadas no artigo 5°, LIV e LV, da Constituição da República.

– O que o advogado deve fazer quando isso ocorrer, Hamilton?

O advogado deve constar os protestos antipreclusivo logo após o indeferimento da testemunha que não porta documento, para no futuro, alegar em preliminar do recurso ordinário, cerceamento de defesa. Nesse sentido:

> AGRAVO DE INSTRUMENTO EM RECURSO DE REVISTA. NULIDADE PROCESSUAL POR CERCEIO DE DEFESA. AUSÊNCIA DE OITIVA DE TESTEMUNHA EM RAZÃO DESTA NÃO PORTAR DOCUMENTO DE IDENTIFICAÇÃO. DIVERGÊNCIA JURISPRUDENCIAL CONFIGURADA. Merece provimento o Agravo de Instrumento para determinar o processamento do recurso de revista por afronta ao art. 5º, LV da Constituição da República. RECURSO DE REVISTA. NULIDADE POR CERCEIO DE DEFESA. 1. In casu, o Regional manteve a decisão de primeiro grau que afastou a nulidade por cerceio de defesa. Consignou o Regional que a falta de identificação formal da testemunha é motivo suficiente para sua dispensa. 2. No que tange à dispensa da prova testemunhal por não portar, a testemunha, documento de identificação, data vênia, equivocou-se o Tribunal Regional. Isto porque, conforme o artigo 828, da Consolidação das Leis do Trabalho, não se exige que a testemunha apresente documento pessoal de identificação para depor. Exige-se, apenas, que ela se qualifique de forma oral e o faça sob as penas da lei. É certo, no entanto, que havendo dúvidas quanto à pessoa da testemunha, ou impugnação pela parte contrária, poderá o juiz abrir prazo para que esta apresente documentos. Precedentes desta Corte. 3. Portanto, o ato do juiz que dispensa a ouvida de testemunha, pelo simples fato de esta não portar documento, afronta ao devido processual legal, contraditório e ampla defesa, garantias consubstanciadas no artigo 5°, LIV e LV, da Constituição da República. 4. Concluindo o julgador por deferir parcela à parte contrária (pagamento do intervalo intrajornada) com o fundamento de que a empresa não se desincumbiu do ônus que lhe competia, quando esta foi impedida de produzir a prova testemunhal ante a ausência do documento por parte da testemunha, encontra-se caracterizado o prejuízo que justifica o acolhimento da alegada

nulidade por cerceio de defesa. 5. No caso concreto se encontra configurada a afronta ao art. 5º, LV, da Constituição da República, além de demonstrada divergência jurisprudencial válida, o que autoriza o conhecimento do Recurso de Revista pelo permissivo da alínea "c" do art. 896 da Constituição da República. 6. Recurso de Revista conhecido e provido para decretar a nulidade do ato que dispensou a ouvida da testemunha arrolada pela reclamada e, em consequência, dos atos decisórios subsequentes, determinando o retorno dos autos à primeira instância para ouvida da referida testemunha e prolação de nova decisão, aproveitando-se os demais atos instrutórios. Declara-se prejudicado o exame das demais matérias recursais. (RR – 94-68.2013.5.03.0038, Relatora Desembargadora Convocada: Luíza Lomba, Data de Julgamento: 18/11/2015, 1ª Turma, Data de Publicação: DEJT 27/11/2015)

RECURSO DE REVISTA. NULIDADE POR CERCEAMENTO DE DEFESA. INDEFERIMENTO DE OITIVA DE TESTEMUNHA. EXIGÊNCIA DE DOCUMENTO DE IDENTIFICAÇÃO. IMPOSSIBILIDADE. O artigo 828 da CLT não exige a apresentação de documento de identidade, mas apenas a qualificação da testemunha. Note-se que, no caso, houve prejuízo para a parte, pois se tratava do único meio de prova do qual dispunha. Logo, o indeferimento de oitiva de testemunha, pelo fato de não comparecer à audiência portando documento de identidade, configura cerceamento do direito de defesa da reclamante. Há precedentes. Recurso de revista conhecido e provido. (RR – 1475-05.2011.5.02.0202, Relator Ministro: Augusto César Leite de Carvalho, 6ª Turma, DEJT 30/05/2014)

RECURSO DE REVISTA. CERCEAMENTO DE DEFESA. INDEFERIMENTO DE OITIVA DE TESTEMUNHA. EXIGÊNCIA DE EXIBIÇÃO DE DOCUMENTO DE IDENTIFICAÇÃO. INEXISTÊNCIA DE PREVISÃO LEGAL. 1. O art. 828 da CLT, ao exigir a qualificação da testemunha antes de prestar depoimento, determina, tão-somente, que ela indique seu nome, nacionalidade, profissão, idade, residência e tempo de serviço prestado ao empregador, se for o caso. Não há nenhum comando acerca da apresentação de documento de identidade. Apenas a existência de dúvida razoável acerca da identificação da testemunha justificaria, portanto, a necessidade de comprovação, por meio da exibição da carteira de identidade ou documento similar. 2.

Nesse sentir, afigura-se ofensiva ao art. 5º, LV, da Carta Magna a decisão por meio da qual o magistrado indefere a produção da prova pretendida pela parte, em face da ausência da cédula de identidade. Recurso de revista conhecido e provido. (RR – 472-35.2010.5.15.0122, Relator Ministro: Alberto Luiz Bresciani de Fontan Pereira, 3ª Turma, DEJT 14/06/2013).

NULIDADE DO PROCESSO POR CERCEAMENTO DE DEFESA. DISPENSA DE TESTEMUNHA. AUSÊNCIA DE DOCUMENTO DE IDENTIFICAÇÃO. Conforme art. 828 da CLT e art. 457 do NCPC é suficiente que a testemunha seja qualificada, indicando (ou declarando) o nome e as demais informações pessoais necessárias, sujeita às penas da Lei nº caso de falsidade das informações. A falta do documento de identificação com foto não é suficiente ao indeferimento da oitiva da testemunha, sendo hipótese de nulidade do processo por cerceamento de defesa quando verificado o prejuízo da parte (art. 794 da CLT). (RO nº 0020161-04.2014.5.04.0002, 5ª Turma do TRT da 4ª Região/RS, Rel. Brígida Joaquina Charão Barcelos Toschi. j. 01.12.2016, unânime).

DISPENSA DE TESTEMUNHA. AUSÊNCIA DE IDENTIFICAÇÃO. CERCEAMENTO DO DIREITO DE DEFESA. OCORRÊNCIA. NULIDADE DO PROCESSO. Constatado nos autos que a oitiva da testemunha foi dispensada pelo fato de não portar ela documento de identificação, impõe-se a anulação do processo, reabrindo-se a instrução processual. Precedentes do Regional. (RO nº 0001121-92.2016.5.13.0009, 1ª Turma do TRT da 13ª Região/PB, Rel. Carlos Coelho de Miranda Freire. DEJT 26.09.2018).

14.4.8. *Deveres da testemunha em juízo*

– Quais os deveres da testemunha em juízo?

A testemunha tem o dever de:

(1) Prestar depoimento, informando ao juiz sobre os fatos e circunstâncias de que tem conhecimento (art. 730 da CLT);

(2) Dizer a verdade.

14.4.8.1. *Crime de falso testemunho e multa*

O Juiz do Trabalho advertirá à testemunha que incorre em sanção penal quem faz a afirmação falsa, cala ou oculta a verdade, conforme art. 458, parágrafo único do CPC. Nesse sentido, também, o art. 828 da CLT:

> CLT, Art. 828 – Toda testemunha, antes de prestar o compromisso legal, será qualificada, indicando o nome, nacionalidade, profissão, idade, residência, e, quando empregada, o tempo de serviço prestado ao empregador, ficando sujeita, em caso de falsidade, às leis penais.

O crime de falso testemunho está tipificado no art. 342 do CP, vejamos:

> CP, Art. 342 – Fazer afirmação falsa, ou negar ou calar a verdade como testemunha, perito, contador, tradutor ou intérprete em processo judicial, ou administrativo, inquérito policial, ou em juízo arbitral:
>
> Pena – reclusão, de 2 (dois) a 4 (quatro) anos, e multa.
>
> § 2º – O fato deixa de ser punível se, antes da sentença no processo em que ocorreu o ilícito, o agente se retrata ou declara a verdade.

Com a Reforma Trabalhista do ano de 2017, foi permitido o juiz aplicar multas as testemunhas que faltam com a verdade em juízo, ou seja, testemunhas que intencionalmente alteraram a verdade dos fatos ou omitem fatos essenciais ao julgamento da causa. Assim, para inibir que apareçam em juízo testemunhas falsas, além solicitar a autoridade competente que apure se houve crime por falso testemunho previsto no CP, art. 342, o juiz poderá aplicar uma multa superior a 1% (um por cento) e inferior a 10% (dez por cento) do valor corrigido da causa.

Nesse sentido:

> CLT, Art. 793-D – Aplica-se a multa prevista no art. 793-C desta Consolidação à testemunha que intencionalmente alterar a verdade dos fatos ou omitir fatos essenciais ao julgamento da causa.
>
> Parágrafo único – A execução da multa prevista neste artigo dar-se-á nos mesmos autos.

– Professor, uma dúvida. O crime vai ser apurado pela Justiça Federal e a multa pelo Justiça do Trabalho, não é isso?

Perfeito. A multa será aplicada nos próprios autos que a testemunha mentiu.

– Mas como fica o contraditório nos casos da multa?

A IN 41 do TST em seu art. 10, determinou que o disposto no caput do art. 793-D será aplicável apenas às ações ajuizadas a partir de 11 de novembro de 2017 (Lei nº 13.467/2017). Determinou ainda, sem seu parágrafo único que após a colheita da prova oral, a aplicação de multa à testemunha dar-se-á na sentença e será precedida de instauração de incidente mediante o qual o juiz indicará o ponto ou os pontos controvertidos no depoimento, assegurados o contraditório, a defesa, com os meios a ela inerentes, além de possibilitar a retratação.

Em resumo:

- Para a testemunha sofrer a penalidade de multa, será necessário instauração de incidente mediante o qual o juiz indicará o ponto ou os pontos controvertidos no depoimento, assegurados o contraditório, a defesa, com os meios a ela inerentes, além de possibilitar a retratação.

14.4.9. Testemunha x silêncio em juízo

– A testemunha pode ficar em silêncio?

Segundo o art. 378 do CPC, ninguém se exime do dever de colaborar com o Poder Judiciário para o descobrimento da verdade. Com base nesse dispositivo, a testemunha é obrigada a depor, em audiência, a respeito dos fatos controvertidos na ação dos quais tenha conhecimento. Ademais, o art. 463 do CPC dispõe que o depoimento prestado em juízo é considerado serviço público. Entretanto, segundo o art. 448 do CPC, a testemunha não é obrigada a depor:

(1) De fatos que lhe acarretem grave dano, bem como ao seu cônjuge ou companheiro e aos seus parentes consanguíneos ou afins, em linha reta ou colateral, até o terceiro grau e ainda;

(2) De fatos cujo respeito, por estado ou profissão, deva guardar sigilo.

Assim, com exceção dos incapazes, das testemunhas impedidas ou suspeitas (art. 447 do CPC), todas as pessoas são obrigadas a testemunhar a respeito de fatos que são do seu conhecimento, que são relevantes e que interessam à causa.

14.4.10. Contradita da testemunha

– Como se faz a contradita da testemunha, Hamilton?

Segundo o art. 828 da CLT e prática jurídica, a testemunha será qualificada, indicando o nome, a nacionalidade, a profissão, a idade, a residência e, quando empregada, o tempo de serviço prestado ao empregador.

Após a qualificação, a testemunha será advertida do seu dever de dizer a verdade sobre o que lhe for perguntado e de que incorre em sanção penal quem faz afirmação falsa, cala ou oculta a verdade, após o que prestará o compromisso de dizer a verdade do que souber e lhe for perguntado (CPC, art. 458 e art. 828, parte final da CLT).

É permitido à parte contraditar a testemunha, arguindo-lhe a incapacidade, o impedimento ou a suspeição. A contradita deverá ser apresentada oralmente, assim que for concluída a sua qualificação, antes do compromisso, sob pena de preclusão.

↓

Qualificação	Contradita	Compromisso

Após a contradita pela parte, o juiz instruirá e julgará a contradita na própria audiência, deferindo, ou não, a oitiva da testemunha, devendo a parte prejudicada constar seu protesto da decisão do juiz de ouvir ou dispensar a testemunha. Nesse sentido:

> NULIDADE PROCESSUAL. ALEGADO CERCEAMENTO DO DIREITO DE DEFESA. PRECLUSÃO. AUSÊNCIA DE PROTESTO ANTE O ACOLHIMENTO DE CONTRADITA À TESTEMUNHA. No Processo do Trabalho, a parte interessada deve suscitar a nulidade no primeiro ensejo que tiver para se manifestar em audiência ou nos autos, sob pena de convalidação dos atos até ali praticados. In casu, em entendendo a parte cerceado seu direito de produzir prova oral, deveria, no primeiro ensejo para se manifestar, ex vi da regra emergente do art. 795 da CLT, ter registrado seu inconformismo, contudo, assim não procedeu, permitindo se configurasse a preclusão. Recurso Ordinário nº 0001064-76.2016.5.07.0030, 2ª Turma do TRT da 7ª Região/CE, Rel. Antônio Marques Cavalcante Filho. j. 05.02.2018).

> PRELIMINAR DE NULIDADE DA SENTENÇA. CONTRADITA REJEITADA. PROTESTO. AUSÊNCIA. PRECLUSÃO. Conforme art. 795 da CLT, as "nulidades não serão declaradas senão mediante provocação das partes, as quais deverão arguí-las à primeira vez em que tiverem de falar em audiência ou nos autos". No caso, verifica-se da ata da audiência de instrução que não houve registro de protesto da reclamada em relação ao indeferimento da contradita, silêncio que convalida o ato, restando preclusa, assim, a discussão no particular. DO INTERVALO INTRAJORNADA. DEVIDO. Restando demonstrado pelo conjunto probatório que o reclamante, em pelo menos duas vezes por semana, não usufruía de intervalo intrajornada, impõe-se a manutenção da condenação da empresa ao pagamento da indenização do art. 71, § 4º, da CLT, relativamente a tais ocasiões, nos termos delimitados na sentença. (RO nº 0001723-52.2016.5.10.0014, 2ª Turma do TRT da 10ª Região/DF-TO, Rel. Mário Macedo Fernandes Caron. DEJT 08.11.2018).

14.4.11. *Testemunha não pode ouvir o depoimento da outra testemunha*

– Uma testemunha pode ouvir o depoimento da outra?

Não, o juiz providenciará para que o depoimento de uma testemunha não seja ouvido pelas demais que ainda tenham de depor no processo, conforme previsto no art. 824 da CLT.

Contudo, com a popularização dos meios de telecomunicações portáteis de uso pessoal disponíveis no mercado, fica fácil fazer com que as testemunhas que estão fora da audiência escutem a testemunha que está depondo. Veja o que diz o professor Ney Maranhão em seu livro:

> A popularização e sofisticação dos meios de telecomunicações portáteis de uso pessoal disponíveis hoje têm provocado novos riscos à incomunicabilidade de testemunhas. Pela facilidade atual de acesso a smartphones e tablets com Internet de alta velocidade e aplicativos que permitem facilmente ligações de vídeo ou áudio ou mensagens instantâneas, o magistrado deverá ter a atenção necessária para evitar a prática inadequada pela qual a parte adentra a sala de audiências com aparelho de telefone ou tablet com chamada de áudio ou vídeo em andamento para que as testemunhas, ou outra pessoa que esteja de fora da sala de audiências, conheçam o teor das declarações que estão sendo colhidas pelo juízo, sejam das partes ou mesmo de outras testemunhas. Nestes casos, percebendo desde logo ou sendo alertado a respeito, o juiz, no exercício do poder de polícia dos recintos em que se realizam as audiências, deve agir com rigor, impedindo o intento da parte e aplicando as sanções processuais cabíveis, em razão da conduta processual notadamente desleal porventura caracterizada[42].

42. MARANHÃO, Ney; JÚNIOR. Antonio Umberto de Souza; SOUZA. Fabiano Coelho de; NETO Platon Teixeira de Azevedo. Manual prático elas audiências trabalhistas. São Paulo. Thomson Reuters Brasil, 2018.

14.4.12. *Acareação de testemunhas*

– Quando vai ocorrer a acareação de testemunhas?

Caso o juiz perceba que existe divergências entre as declarações das testemunhas, referentes a fatos relevantes, poderá este proceder à acareação conforme determinado pelo art. 461, II, do CPC), colocando frente a frente as testemunhas, para tentar extrair delas a verdade.

A parte pode solicitar a acareação quando perceber divergência nas declarações e se o juiz indeferir, deve constar o protesto para arguir em recurso, a nulidade da sentença. Nesse sentido:

> AGRAVO DE INSTRUMENTO INTERPOSTO EM RECURSO DE REVISTA. CERCEAMENTO DE DEFESA. PRECLUSÃO. No caso, o Tribunal a quo rejeitou a preliminar de cerceamento de defesa invocada pela reclamada Expresso Ideal, Cargas, Encomendas e Logística Ltda. ME, com fundamento na preclusão, tendo em vista a ausência de protestos quanto ao encerramento da instrução processual, nos termos do artigo 795 da CLT. Todavia, a reclamada não se insurgiu contra esse fundamento, estando as razões do recurso de revista restritas à insurgência contra o indeferimento do pedido de acareação entre as testemunhas. Desse modo, tendo em vista que a reclamada não impugnou o principal fundamento pelo qual foi rejeitada a prefacial de cerceamento de defesa, é inviável o processamento do apelo. Não subsiste a alegação de ofensa ao artigo 5º, inciso LV, da Constituição da República. Agravo de instrumento desprovido. (AIRR nº 1001150-11.2016.5.02.0049, 2ª Turma do TST, Rel. José Roberto Freire Pimenta. j. 13.02.2019, Publ. 15.02.2019).

> CERCEAMENTO DE DEFESA. PEDIDO DE ACAREAÇÃO. INDEFERIMENTO. O sistema processual pátrio consagra o princípio do livre convencimento motivado, sendo facultado ao magistrado firmar sua convicção a partir de qualquer elemento de prova legalmente produzido, desde que fundamente sua decisão. Não se vislumbra, assim, cerceamento de defesa em decisão por meio da qual se indefere o pedido de acareação entre testemunhas sob o fundamento de que tal procedimento não se mostra imprescindível para a compreensão dos fatos. Inteligência do artigo

130 do Código de Processo Civil de 1973. Agravo de instrumento a que se nega provimento. (AIRR nº 1625-94.2012.5.10.0018, 1ª Turma do TST, Rel. Lelio Bentes Corrêa. j. 23.08.2017, Publ. 25.08.2017).

Sobre o tema, cito a doutrina[43]:

O procedimento da acareação consiste na explicação do magistrado aos acareados acerca dos pontos de divergência, repetindo perguntas e formulando outras a eles para que tenham oportunidade de esclarecer o fato e permitir que a verdade emerja, prevalecendo, ao fim, uma única versão dentre os diversos relatos. Nada impede que a acareação seja realizada por videoconferência ou outro recurso tecnológico de transmissão de sons e imagem em tempo real (CPC, art. 461, §2°).

Como se vê do próprio texto do art. 461, II, do CPC, não é possível realizar acareação entre as partes. Afinal, a divergência discursiva entre os litigantes é a própria razão da existência da instrução processual. Quando já prestado o depoimento, esclarecimentos outros e informações adicionais poderão ser extraídos da parte, a qualquer tempo, pelo juiz, através da simples técnica da reinquirição, de ofício ou a requerimento (CLT, art. 765).

Não existe uma técnica legal específica para a realização da acareação. Por vezes, a acareação é feita com os acareados fisicamente afastados um do outro. Em outras situações, alguns juízes chamam os acareados e os colocam lado a lado ou mesmo frente a frente, fazendo as indagações de imediato, em sistema de bate-pronto, já rapidamente cotejando as respostas de cada qual no intuito de identificar possíveis inconsistências e, com isso, se possível, enfim fazer vir à tona a realidade dos fatos. Importante referir que os deveres de cordialidade e respeito, mesmo na acareação, continuam a permear o processo.

43. MARANHÃO, Ney; JÚNIOR. Antonio Umberto de Souza; SOUZA. Fabiano Coelho de; NETO Platon Teixeira de Azevedo. Manual prático elas audiências trabalhistas. São Paulo. Thomson Reuters Brasil, 2018.

14.4.13. *Substituição de testemunha*

– A testemunha pode ser substituída, Professor?

O CPC determina ainda em seu art. 451, que:

> CPC, Art. 451 – Depois de apresentado o rol de que tratam os §§ 4º e 5º do art. 357, a parte só pode substituir a testemunha
>
> I – que falecer;
>
> II – que, por enfermidade, não estiver em condições de depor;
>
> III – que, tendo mudado de residência ou de local de trabalho, não for encontrada.

Felipe Bernardes[44] entende que o rol do art. 451 do CPC é exemplificativo, vejamos:

> Contudo, deve-se ponderar que, em muitas situações, a parte pode ser surpreendida com o acolhimento de contradita cuja causa desconhecia. Exemplificando, suponha que o Juiz do Trabalho divirja da Súmula 357 do TST, e entenda que o simples fato de estar litigando ou de ter litigado contra o mesmo empregador torne a testemunha suspeita. Ora, nessa hipótese, não seria razoável impedir a substituição da testemunha, a despeito da redação expressa do art. 451 do CPC. Assim, conclui-se que esse dispositivo encerra rol meramente exemplificativo (numerus apertus), e não taxativo (numerus clausus) das hipóteses que autorizam a substituição da testemunha.
>
> Em última análise, está-se diante de aparente conflito entre dois princípios constitucionais: (i) celeridade processual, almejada pelo art. 451 do CPC; (ii) ampla defesa, prevista constitucionalmente (CF, art. 5º, LV). A ponderação deve ser feita pelo magistrado em cada caso concreto, à luz do princípio da proporcionalidade, levando em conta a avaliação de eventual má-fé processual da parte que pede o adiamento da audiência, e o grau de previsibilidade do acolhimento da contradita.

44. BERNARDES, Felipe. Manual de Processo do Trabalho. Salvador: Juspodivm, 2018, p. 533.

O art. 825 da CLT determina que o comparecimento das testemunhas à audiência independe de notificação ou intimação. Sendo assim, a jurisprudência do TST entende que é plenamente possível a substituição de testemunha previamente arrolada por outra que comparece à audiência nos termos do art. 825 da CLT.

Nesse sentido:

> [...] 2. DESCONSIDERAÇÃO DO DEPOIMENTO DE TESTEMUNHA EM RAZÃO DE SUBSTITUIÇÃO. Diante do que dispõe o art. 825 da CLT, segundo o qual o comparecimento das testemunhas à audiência independe de notificação ou intimação, ileso o art. 408 do CPC/73, na medida em que o Regional consignou que "a substituição de testemunha ocorreu no momento da audiência, sem a designação de nova data e, portanto, sem prejuízo para as partes, não padecendo do vício apontado pela demandada". Ademais, a jurisprudência desta Corte é a de que é plenamente possível a substituição de testemunha previamente arrolada por outra que comparece à audiência nos termos do art. 825 da CLT. (ARR-2926-55.2012.5.12.0007, 8ª Turma, Relatora Ministra Dora Maria da Costa, DEJT 30/08/2019).

> "NULIDADE PROCESSUAL. CERCEAMENTO DE DEFESA. ARTIGO 5º, INCISO LV, DA CONSTITUIÇÃO FEDERAL. SUBSTITUIÇÃO DE TESTEMUNHA EM AUDIÊNCIA. INDEFERIMENTO. 1. A CLT (art. 825 e parágrafo único) é explícita ao dispor que as partes comparecerão à audiência acompanhadas de suas respectivas testemunhas. Somente se comprovado que, convidadas, não compareceram cabe ao Juiz determinar a intimação das testemunhas e, em caso extremo, a condução coercitiva. 2. A exigência de depósito prévio do rol de testemunhas é absolutamente contra legem e incompatível com a natureza do processo do trabalho, pois o legislador quis, com razão, resguardar as testemunhas de virtuais pressões acaso identificadas antes da audiência. 3. Caso concreto em que, por força de determinação judicial, as partes apresentaram rol prévio de testemunhas. Ulterior indeferimento de inquirição de testemunha não expressamente indicada pela parte, cujo comparecimento em audiência deu-se em substituição a testemunha previamente arrolada. 4. Traduz típico cerceamento de defesa, à luz do art. 5º, LV, da Constituição Federal, a recusa de substituição de testemunha arrolada por outra que comparece à audiência de instrução. O art. 408 do CPC de 1973 cuida das hipóteses de substituição

> de testemunha no processo comum, que exige a apresentação de rol de testemunhas pelas partes, contrariamente à previsão de comparecimento espontâneo do art. 825 da CLT. 5. Embargos da Reclamada de que se conhece, por divergência jurisprudencial, e a que se nega provimento." (E-ED-RR – 884-18.2013.5.03.0114, Relator Ministro: João Oreste Dalazen, Data de Julgamento: 09/03/2017, Subseção I Especializada em Dissídios Individuais, Data de Publicação: DEJT 17/03/2017)
>
> "RECURSO DE REVISTA DO RECLAMANTE. NULIDADE. CERCEAMENTO DO DIREITO DE DEFESA. SUBSTITUIÇÃO DE TESTEMUNHA ARROLADA EM JUÍZO. POSSIBILIDADE. 1. O Tribunal Regional afastou a nulidade arguida pelo reclamante, que entendia indevida a substituição de testemunha da reclamada. 2. No Processo do Trabalho há regras específicas quanto à desnecessidade de intimação prévia das testemunhas, não havendo exigência de que seja apresentado previamente o rol de testemunhas. De todo modo, ainda que apresentado rol de testemunhas por uma das partes, não se admite a recusa de substituição de testemunha anteriormente arrolada por outra que comparece espontaneamente na mesma assentada, já que prevalece a regra de que as testemunhas podem comparecer a audiência independente de intimação pelo Juízo. Inaplicáveis na seara trabalhista, portanto, as disposições do art. 408 do CPC/73. 3. Nessa medida, a decisão recorrida, ao reconhecer a possibilidade de substituição da testemunha que constava de rol apresentado pela reclamada, não caracteriza cerceamento de defesa, ao revés, pois garante a correta observância do contraditório, em conformidade com as regras procedimentais trabalhistas. (...)" (RR – 54700-42.2009.5.03.0020, Relator Ministro: Hugo Carlos Scheuermann, Data de Julgamento: 08/08/2018, 1ª Turma, Data de Publicação: DEJT 10/08/2018)

A doutrina de Bezerra Leite[45], também coaduna com esse entendimento do TST, senão vejamos:

> Há uma peculiaridade no processo do trabalho referente à possibilidade da substituição de testemunhas, ainda que arroladas

45. LEITE, Carlos Henrique Bezerra. Curso de direito processual do trabalho. 17. ed. São Paulo: Saraiva Educação, 2019.

previamente. É que na Justiça do Trabalho as partes podem comparecer à audiência acompanhadas das suas testemunhas (CLT, art. 845). Adotando-se o método lógico de interpretação deste preceptivo legal, parece-nos que, na assentada, as partes poderão substituir as testemunhas anteriormente arroladas.

14.4.14. *Incidente de falsidade de prova testemunhal – impossibilidade*

– Cabe o incidente de falsidade de prova testemunhal?

Não, segundo o TST ao julgar o Processo: AIRR – 84300-73.2007.5.02.0031, publicado no DEJT em 09/11/2018. Segue a ementa do julgado:

> A caracterização do cerceamento do direito de defesa está jungida às hipóteses em que determinada prova ou procedimento, cuja produção fora indeferida pelo juiz, revela-se indispensável ao desfecho da controvérsia. No caso dos autos, a reclamada aponta a existência de cerceamento de defesa, diante do indeferimento do processamento do incidente de falsidade, em que se pretendia demonstrar a pretensa inveracidade dos depoimentos prestados pelas testemunhas do reclamante, com base na juntada de "declarações extrajudiciais de 2 pessoas". Diante desta situação, a Corte regional esclareceu que o indeferimento se deu sob o fundamento de ser "inadmissível a oposição de incidente de falsidade em face de prova oral". Observa-se, portanto, que a arguição do incidente de falsidade se mostra totalmente incabível, visto que o procedimento previsto no artigo 390 do CPC de 1973 (artigo 430 do CPC 2015) tem como escopo a impugnação da veracidade de prova documental, e não testemunhal (precedente). Ademais, a prova com a qual a reclamada pretendeu desconstituir os depoimentos das testemunhas do reclamante, devidamente compromissadas em Juízo, consiste em simples declarações de duas pessoas, em cartório, "colhidas fora do contraditório e não submetidas ao compromisso com a verdade". Observe-se, ainda, que "a ré concordou com o encerramento da instrução, declarando

não ter outras provas a produzir", assim atraindo a incidência da preclusão. Ressalta-se que a ordem jurídica atribui ao magistrado ampla liberdade na condução do processo com vistas ao rápido andamento das causas trabalhistas, conforme prevê a norma do artigo 765 da CLT. Com efeito, os princípios norteadores do processo devem harmonizar-se no caso concreto, cabendo ao Juízo atentar para a regular e célere tramitação do feito, em observância não apenas ao disposto no artigo 5º, inciso LV, como também no inciso LXXVIII, da Constituição Federal. Assim, o indeferimento de processamento do incidente com nítido caráter protelatório não configura cerceamento do direito de defesa, uma vez que encontra respaldo no artigo 390 do CPC de 1973 (artigo 430 do CPC 2015), sendo totalmente incabível para o fim intentado.

O incidente de falsidade está previsto no art. 430 do CPC

CPC, Art. 430 – A falsidade deve ser suscitada na contestação, na réplica ou no prazo de 15 (quinze) dias, contado a partir da intimação da juntada do documento aos autos.

Parágrafo único – Uma vez arguida, a falsidade será resolvida como questão incidental, salvo se a parte requerer que o juiz a decida como questão principal, nos termos do inciso II do art. 19.

A caracterização do cerceamento do direito de defesa está jungida às hipóteses em que determinada prova ou procedimento, cuja produção fora indeferida pelo juiz, revela-se indispensável ao desfecho da controvérsia.

Assim, não se configura cerceamento do direito de defesa o indeferimento do incidente de falsidade para comprovar a inveracidade dos depoimentos prestados pelas testemunhas, pois o incidente de falsidade se mostra totalmente incabível, visto que o procedimento previsto no artigo 430 do CPC 2015, tem como escopo a impugnação da veracidade de prova documental, e não testemunhal. Nesse ponto:

"(...). 2. CERCEAMENTO DE DEFESA. INDEFERIMENTO DE PROVA TESTEMUNHAL. INCIDENTE DE FALSIDADE. Não se mostra caracterizado o cerceamento de defesa, pois a oitiva das testemunhas foi indeferida porquanto serviria de embasamento para arguição de incidente de falsidade (artigo 390 e seguintes do

CPC), instrumento processual inadequado para impugnar a prova testemunhal apresentada pela reclamada. Incólumes os arts. 769 da CLT e 405, §§ 2º e 3º, e 418 do CPC. Recurso de revista não conhecido. (...)" (RR - 484-36.2011.5.03.0029, Relatora Ministra: Dora Maria da Costa, Data de Julgamento: 12/02/2014, 8ª Turma, Data de Publicação: DEJT 14/02/2014)

14.5. Prova pericial

14.5.1. Necessidade do uso da prova pericial

– Quando vai ser necessário a prova pericial no Processo do Trabalho, Hamilton?

Em algumas situações, a averiguação dos fatos da causa exige conhecimentos técnicos especializados que um juiz não possui, sendo assim, a prova pericial será utilizada sempre alegação dos fatos em juízo, depender de conhecimento técnico especializado.

Segundo Didier[46], a prova pericial é aquela em que a elucidação do fato se dá com o auxílio de um perito, especialista em determinado campo do saber, que deve registrar sua opinião técnica e científica no chamado laudo pericial – que poderá ser objeto de discussão pelas partes e por seus assistentes técnicos.

A prova pericial pode consistir em exame, vistoria ou avaliação, cabendo ao expert elaborar laudo pericial, que conterá os dados técnicos necessários ao esclarecimento dos fatos e à formação da convicção do juiz[47].

- **Exame** é a perícia que se realiza sobre bens móveis (por exemplo, livros, documentos, etc.) e pessoas.

46. Curso de direito processual civil: teoria da prova, direito probatório, ações probatórias, decisão, precedente, coisa julgada e antecipação dos efeitos da tutela / Fredie Didier Jr. Paula Sarno Braga e Rafael Alexandria de Oliveira – 12. Ed. – Salvador: Ed. Juspodivm, 2016., Pág. 293.
47. LEITE, Carlos Henrique Bezerra. Curso de direito processual do trabalho. 17. ed. São Paulo: Saraiva Educação, 2019.

- **Vistoria** é a perícia sobre bens imóveis.
- **Avaliação** é a perícia realizada com o objetivo de aferir o valor de determinado bem, direito ou obrigação.

– Então, Professor, a prova pericial é meio de prova que tem como objetivo esclarecer fatos, que exijam um conhecimento técnico específico para a sua exata compreensão?

Isso mesmo. Veja o que diz o art. 156 do CPC:

> CPC, Art. 156 – O juiz será assistido por perito quando a prova do fato depender de conhecimento técnico ou científico.

Por exemplo, o art. 195 da CLT é claro ao preceituar que a caracterização ou classificação da insalubridade e da periculosidade, segundo as normas do Ministério do Trabalho, far-se-ão através de perícia a cargo de Médico do Trabalho ou Engenheiro do Trabalho, registrado no Ministério do Trabalho.

> CLT, Art. 195 – A caracterização e a classificação da insalubridade e da periculosidade, segundo as normas do Ministério do Trabalho, far-se-ão através de perícia a cargo de Médico do Trabalho ou Engenheiro do Trabalho, registrados no Ministério do Trabalho.
>
> § 2º – Arguida em juízo insalubridade ou periculosidade, seja por empregado, seja por Sindicato em favor de grupo de associado, o juiz designará perito habilitado na forma deste artigo, e, onde não houver, requisitará perícia ao órgão competente do Ministério do Trabalho.

14.5.2. Elementos do laudo pericial

Segundo o art. 473 do CPC, o laudo pericial deverá conter:

(1) A exposição do objeto da perícia;

(2) A análise técnica ou científica realizada pelo perito;

(3) A indicação do método utilizado, esclarecendo-o e demonstrando ser predominantemente aceito pelos especialistas da área do conhecimento da qual se originou;

(4) Resposta conclusiva a todos os quesitos apresentados pelo juiz, pelas partes e pelo órgão do Ministério Público.

14.5.3. Prova pericial x rito sumaríssimo

– Cabe a produção de prova pericial no rito sumaríssimo?

Cabe perfeitamente, basta que os fatos alegados no processo pelas partes necessitem de conhecimento técnico específico para a sua exata compreensão. O art. 852-H, § 4° da CLT, prevê essa possibilidade, senão vejamos:

> CLT, Art. 852-H – [...]
>
> § 4º – Somente quando a prova do fato o exigir, ou for legalmente imposta, será deferida prova técnica, incumbindo ao juiz, desde logo, fixar o prazo, o objeto da perícia e nomear perito.

14.5.4. Prova pericial x revelia

– Mesmo nos casos de revelia, deve ser produzida a prova pericial nos pleitos de insalubridade/periculosidade?

O TST entende que é imprescindível a realização da perícia técnica para apreciação de pedido de recebimento de adicional de insalubridade/periculosidade, mesmo nas hipóteses de revelia.

– Essa eu não sabia, quer dizer que a realização de perícia é obrigatória para a verificação de insalubridade ou periculosidade, não cabendo ao juiz constatá-la tão somente com base nas alegações da inicial, após aplicar a confissão ficta à reclamada revel?

É, o juiz mesmo nos casos de revelia, deve marcar em regra a perícia nesses pedidos, pois a mera confissão ficta não basta para a procedência do pedido. Veja os precedentes do TST:

RECURSO DE REVISTA – ADICIONAL DE INSALUBRIDADE. REVELIA E PENA DE CONFISSÃO FICTA DA PRIMEIRA RECLAMADA. EFEITOS. DOCUMENTOS AMBIENTAIS DA EMPRESA. PROVA PERICIAL. IMPRESCINDIBILIDADE. Se a caracterização e a classificação da insalubridade e da periculosidade, quando arguidas em juízo, far-se-ão através de perícia determinada pelo juiz, nos termos do art. 195, caput, e § 2º, da CLT, tem-se que a obrigatoriedade da realização da prova pericial decorre de imposição legal, não prevalecendo condenação no pagamento de adicional de insalubridade como mera decorrência da aplicação da pena de confissão ficta à primeira reclamada revel, e ausência dos documentos ambientais da empresa nos autos. Recurso de revista de que se conhece e a que se dá provimento. (RR nº 1134-18.2010.5.08.0114, 8ª Turma do TST, Rel. Márcio Eurico Vitral Amaro. J. 13.06.2018, Publ. 15.06.2018).

[...] 2. ADICIONAL DE INSALUBRIDADE. AUSÊNCIA DE PROVA PERICIAL. Para a caracterização da insalubridade na atividade laboral, é imprescindível e imperativa a realização da perícia técnica, por força do art. 195, § 2º, da CLT, ainda que ocorrida a revelia do reclamado. Recurso de revista conhecido e provido. (RR nº 80236-90.2014.5.22.0104, 8ª Turma do TST, Rel. Dora Maria da Costa. j. 17.08.2016, Publ. 19.08.2016).

II – RECURSO DE REVISTA. ADICIONAL DE INSALUBRIDADE. AUSÊNCIA DE PERÍCIA. REVELIA. A realização de perícia é obrigatória para a verificação de insalubridade, não cabendo ao julgador constatá-la tão somente com base nas alegações da inicial, após aplicar a confissão ficta à reclamada revel, a teor do art. 195, caput e § 2º, da CLT. Precedentes. Recurso de revista conhecido e provido." (Ag-ED-RR – 1023-97.2011.5.08.0114, Relator Ministro: Emmanoel Pereira, 5ª Turma: DEJT 18/12/2015)

RECURSO DE REVISTA – ADICIONAL DE INSALUBRIDADE – PERÍCIA TÉCNICA NÃO REALIZADA – O Eg. Tribunal Regional, ao deferir o adicional de insalubridade com fundamento na revelia e confissão da Reclamada quanto à matéria fática, sem a realização de perícia técnica, contrariou a literalidade do artigo 195 da CLT, que estabelece tal exigência (Orientação Jurisprudencial nº 278 da SBDI-1). Precedentes. A condenação ao pagamento do adicional de insalubridade sem a realização da prova técnica viola o devido processo legal, nos termos do artigo 5º, inciso

LIV, da Constituição da República. Recurso de Revista conhecido e provido. (RR – 1948-64.2013.5.08.0101, Relator Desembargador Convocado: João Pedro Silvestrin, Data de Julgamento: 10/12/2014, 8ª Turma, Data de Publicação: DEJT 12/12/2014)

– Caso o juiz não faça a perícia, porque entende que a revelia é suficiente para a procedência do pedido de insalubridade ou periculosidade, face a confissão ficta, tem algum problema?

A parte prejudicada, pode requerer em preliminar de recurso ordinário a nulidade por cerceamento do direito de defesa. Nesse sentido, os precedentes do TST:

"AGRAVO. AGRAVO DE INSTRUMENTO EM RECURSO DE REVISTA. ACÓRDÃO PUBLICADO NA VIGÊNCIA DA LEI Nº 13.015/2014. PRELIMINAR DE NULIDADE POR CERCEAMENTO DE DEFESA. NECESSIDADE DE REALIZAÇÃO DE PERÍCIA. ADICIONAL DE PERICULOSIDADE. Agravo a que se dá provimento para examinar o agravo de instrumento em recurso de revista. Agravo provido. AGRAVO DE INSTRUMENTO EM RECURSO DE REVISTA. ACÓRDÃO PUBLICADO NA VIGÊNCIA DA LEI Nº 13.015/2014. PRELIMINAR DE NULIDADE POR CERCEAMENTO DE DEFESA. NECESSIDADE DE REALIZAÇÃO DE PERÍCIA. ADICIONAL DE PERICULOSIDADE. Em razão de provável caracterização de ofensa ao art. 195, § 2º, da CLT, dá-se provimento ao agravo de instrumento para determinar o prosseguimento do recurso de revista. Agravo de instrumento provido. RECURSO DE REVISTA. ACÓRDÃO PUBLICADO NA VIGÊNCIA DA LEI Nº 13.015/2014. PRELIMINAR DE NULIDADE POR CERCEAMENTO DE DEFESA. NECESSIDADE DE REALIZAÇÃO DE PERÍCIA. ADICIONAL DE PERICULOSIDADE. É firme a jurisprudência desta Corte no sentido de que a regra contida no art. 195, § 2º, da CLT, que dispõe ser obrigatória a realização de prova pericial para o exame da pretensão aos adicionais de periculosidade e insalubridade, deve ser observada. Nesse contexto, havendo expressa previsão em lei exigindo a realização da perícia, conclusivo que não se admite a confissão ficta quanto à caracterização ou não de periculosidade, seja pelo não comparecimento de uma das partes à audiência em que deveria depor, como no caso, ou até mesmo diante da revelia da empresa reclamada. Precedentes. Assim, ao manter a decisão de primeiro grau que indeferiu a produção de prova pericial, incorreu a Corte Regional em ofensa ao art. 195, § 2º, da CLT. Recurso de revista conhecido e provido" (RR-392-98.2016.5.08.0108, 5ª Turma, Relator Ministro Breno Medeiros, DEJT 13/12/2019).

"[...] III – RECURSO DE REVISTA DA RECLAMADA ANTERIOR À LEI Nº 13.467/2017. LEI Nº 13.015/2014. IN Nº 40 DO TST. PRELIMINAR DE NULIDADE PROCESSUAL – ADICIONAL DE PERICULOSIDADE. REVELIA E CONFISSÃO FICTA. REALIZAÇÃO DE PERÍCIA TÉCNICA. OBRIGATORIEDADE 1 – O TRT rejeitou a preliminar de nulidade processual, por entender que, uma vez declarada a revelia e a confissão da reclamada quanto à matéria fática, presumem-se verdadeiros os fatos narrados na reclamação trabalhista, sendo desnecessária a realização de perícia técnica para averiguar a ocorrência de labor em condições periculosas. 2 – O art. 195, § 2º, da CLT dispõe que, arguida em juízo a insalubridade ou a periculosidade, será designada pelo juiz a realização de perícia, a cargo de médico ou engenheiro do trabalho, e, na ausência destes, requisitada perícia ao órgão competente do Ministério do Trabalho. Como se vê, a lei não atribui faculdade ao julgador, mas a obrigação de determinar a realização de perícia técnica, a fim de se averiguar a caracterização de periculosidade ou da insalubridade no ambiente de trabalho. 3 – Nesse contexto, a presunção de veracidade da matéria fática resultante da revelia e da confissão ficta da reclamada não autoriza, por si só, o deferimento do adicional de periculosidade, sendo imprescindível a existência de prova pericial que demonstre a exposição do obreiro a agente perigoso. 4 – Recurso de revista a que se dá provimento." (ARR- 1157-93.2016.5.08.0003, Rel. Min. Kátia Magalhães Arruda, 6ª Turma, DEJT 19/10/2018)

14.5.5. Perito

– Quem pode ser perito?

O perito deve ser um profissional com conhecimento especializado exigido para a realização da perícia. Esse profissional pode ser um autônomo legalmente habilitado (pessoa natural) ou pode ser integrante do quadro de profissionais de uma pessoa jurídica ou de um órgão técnico ou científico especializado[48].

O TST, por meio da OJ n. 165 da SDI-1, entende que para ser perito, o profissional deve ser devidamente qualificado para o objeto da perícia.

> TST, OJ Nº. 165 Da SDI-1 – PERÍCIA. ENGENHEIRO OU MÉDICO. ADICIONAL DE INSALUBRIDADE E PERICULOSIDADE. VÁLIDO. ART. 195, DA CLT – O art. 195 da CLT não faz qualquer distinção entre o médico e o engenheiro para efeito de caracterização e classificação da insalubridade e periculosidade, bastando para a elaboração do laudo seja o profissional devidamente qualificado.

Logo, concluímos que a perícia não pode ser realizada por uma pessoa qualquer.

14.5.5.1. Perito fisioterapeuta

– Hamilton, vi na internet muita discussão sobre a possibilidade de o fisioterapeuta ser perito, ao final, ele pode ou não ser perito na Justiça do Trabalho?

Vem prevalecendo o entendimento de que é válido o laudo pericial produzido por fisioterapeuta registrado no CREFITO, com conhecimento específico, pois, o art. 156 do CPC, não veda a realização de perícia por profissional especializado em fisioterapia, desde que seja comprovadamente detentor do conhecimento necessário.

O TRT da 13ª Região por meio da Súmula 19, bem como o TST, por meio de seus precedentes, tem entendido, que o profissional de fisioterapia também detém capacidade suficiente para constatar a existência de nexo de causalidade entre a moléstia adquirida pelo

48. DIDIER JUNIOR, Fredie; BRAGA, Paula Sarna; DE OLIVEIRA, Rafael Alexandria. Curso de direito processual civil: teoria da prova, direito probatório, decisão, precedente, coisa julgada e tutela provisória. 14. Ed. – Salvador: Ed. Juspodivm, 2019.

trabalhador e as atividades por ele desenvolvidas. Veja os julgados abaixo:

> TRT 13, Súm. Nº. 19 – PROFISSIONAL FISIOTERAPEUTA. REALIZAÇÃO DE PERÍCIAS JUDICIAIS. POSSIBILIDADE – Resguardadas as atividades próprias e específicas do médico, como a de diagnosticar doenças, o profissional fisioterapeuta pode realizar perícias judiciais, com os seguintes objetivos: a) estabelecer se existe relação de causa e efeito entre o trabalho na empresa reclamada e o acometimento ou agravamento da doença do trabalhador, previamente diagnosticada; e/ou b) indicar o grau de capacidade ou incapacidade funcional, com vistas a apontar competências ou incompetências laborais (transitórias ou definitivas), mudanças ou adaptações nas funcionalidades (transitórias ou definitivas) e seus efeitos no desempenho laboral.
>
> AGRAVO NÃO PROVIDO. PRELIMINAR DE NULIDADE DA PERÍCIA. LAUDO FEITO POR FISIOTERAPEUTA. O TST TEM SE POSICIONADO NO SENTIDO DE QUE, PARA SE AFERIR EVENTUAL CULPA DO EMPREGADOR NA MOLÉSTIA OCUPACIONAL ADQUIRIDA PELO EMPREGADO, NÃO HÁ EXIGÊNCIA LEGAL DE QUE O LAUDO PERICIAL SEJA REALIZADO POR MÉDICO PARA SUA VALIDADE, PODENDO SER ELABORADO POR FISIOTERAPEUTA DEVIDAMENTE INSCRITO NO CONSELHO PROFISSIONAL. PRECEDENTES. ASSIM, O ENTENDIMENTO DO TRIBUNAL REGIONAL ENCONTRA-SE EM PERFEITA SINTONIA COM JURISPRUDÊNCIA PACÍFICA DESTA CORTE, RAZÃO PELA QUAL O APELO NÃO MERECE PROSSEGUIMENTO, POR ÓBICE DA SÚMULA Nº 333 DO TST. Agravo não provido. (AG-AIRR nº 130754-70.2014.5.13.0028, 5ª Turma do TST, Rel. Breno Medeiros. j. 06.02.2019, Publ. 08.02.2019).
>
> AGRAVO. AGRAVO DE INSTRUMENTO EM RECURSO DE REVISTA. DOENÇA OCUPACIONAL. CONSTATAÇÃO POR PERÍCIA REALIZADA POR FISIOTERAPEUTA. POSSIBILIDADE. NULIDADE. CERCEAMENTO DE DEFESA. INOCORRÊNCIA. Impõe-se confirmar a decisão agravada, mediante a qual denegado seguimento ao recurso da parte, uma vez que as razões expendidas pela agravante não logram demonstrar o apontado equívoco em relação a tal conclusão. Agravo conhecido e não

provido. (AG-AIRR nº 2029-77.2013.5.20.0004, 1ª Turma do TST, Rel. Hugo Carlos Scheuermann. j. 27.06.2018, Publ. 02.07.2018).

AGRAVO DE INSTRUMENTO. RECURSO DE REVISTA. PROCESSO SOB A ÉGIDE DA LEI 13.015/2014 E ANTERIOR À LEI 13.467/2017. 1. PRELIMINAR DE NULIDADE DO JULGADO POR NEGATIVA DE PRESTAÇÃO JURISDICIONAL. NÃO CONFIGURAÇÃO. 2. NULIDADE DA PERÍCIA REALIZADA. NÃO CONFIGURAÇÃO. LAUDO CONCLUSIVO ELABORADO POR FISIOTERAPEUTA. POSSIBILIDADE. O art. 145, § 1º, do CPC/73 (atual art. 156, § 1º, do CPC/2015) não exige que o auxiliar do Juízo tenha, necessariamente, formação específica na matéria que constitui objeto da perícia, bastando que ele possua o conhecimento técnico ou científico indispensável à prova do fato e que seja escolhido entre profissionais de nível universitário, devidamente inscritos no órgão de classe competente, o que foi observado pelo Juízo. Verifica-se, dos elementos dos autos, que, no caso concreto, a questão a ser apurada pelo perito se relaciona a problemas de ordem ortopédica. Inclui-se, na área da fisioterapia, o estudo e diagnóstico, entre outros, de disfunções em órgãos e sistemas do corpo humano. Portanto a investigação do problema clínico da Reclamante está circunscrito no âmbito da atuação científica do profissional fisioterapeuta especializado. Pontue-se que não consta qualquer informação que desabone a idoneidade do profissional que elaborou o laudo pericial. Em face desses elementos, deve prevalecer a perícia judicial realizada para apuração dos fatos relacionados ao problema de saúde relatado pela Reclamante. Julgados desta Corte. Agravo de instrumento desprovido. (AIRR nº 1883-87.2013.5.07.0007, 3ª Turma do TST, Rel. Maurício Godinho Delgado. j. 25.04.2018, Publ. 27.04.2018).

(...) 2. PRELIMINAR DE NULIDADE. PERÍCIA REALIZADA POR FISIOTERAPEUTA. NÃO CONHECIMENTO. Este Tribunal Superior tem firme jurisprudência no sentido de que o profissional de fisioterapia possui a expertise necessária para constatar a existência de nexo de causalidade entre a moléstia que aflinge a empregada (LER/DORT) e as atividades por ela desenvolvidas na empresa. Precedentes. Recurso de revista de que não se conhece. (...) (ARR-398-53.2011.5.06.0006, Relator Ministro: Guilherme Augusto Caputo Bastos, 5ª Turma, Publicação: DEJT de 28/10/2016).

14.5.5.2. Substituição do perito

– Quando vai ocorrer a substituição do perito?

Segundo o art. 468 do CPC, o perito pode ser substituído quando:

(1) Faltar-lhe conhecimento técnico ou científico;

(2) Sem motivo legítimo, deixar de cumprir o encargo no prazo que lhe foi assinado.

14.5.6. Dispensa da prova pericial

– Quando a prova pericial vai ser dispensada?

A perícia poderá ser dispensada nas seguintes situações:

(1) Quando já foi pago espontaneamente o adicional de periculosidade e de insalubridade. Nesse sentido, a súmula 453 do TST e os demais precedentes:

> SÚMULA Nº 453 DO TST. ADICIONAL DE PERICULOSIDADE. PAGAMENTO ESPONTÂNEO. CARACTERIZAÇÃO DE FATO INCONTROVERSO. DESNECESSÁRIA A PERÍCIA DE QUE TRATA O ART. 195 DA CLT. O pagamento de adicional de periculosidade efetuado por mera liberalidade da empresa, ainda que de forma proporcional ao tempo de exposição ao risco ou em percentual inferior ao máximo legalmente previsto, dispensa a realização da prova técnica exigida pelo art. 195 da CLT, pois torna incontroversa a existência do trabalho em condições perigosas.
>
> Decisão da SDI-1 sobre o tema: (...) CARACTERIZAÇÃO DA INSALUBRIDADE – NECESSIDADE DE PERÍCIA O pagamento espontâneo do adicional de insalubridade implica o reconhecimento da exposição ao agente insalubre. Demonstrada a inexistência de alteração das condições de trabalho após a supressão da parcela, torna-se desnecessária a realização de prova pericial para reconhecer o direito à manutenção do pagamento.

Precedentes Embargos não conhecidos. (...) (ED-RR – 677229-13.2000.5.17.5555, Relatora Ministra: Maria Cristina Irigoyen Peduzzi, Data de Julgamento: 02/04/2009, Subseção I Especializada em Dissídios Individuais, Data de Publicação: DEJT 17/04/2009)

[...] 3. Na hipótese, contudo, é incontroverso que a reclamada efetuava, por mera liberalidade, o pagamento do adicional de insalubridade em grau médio. 4. Conforme a jurisprudência iterativa, notória e atual desta Corte uniformizadora, o pagamento espontâneo do adicional de insalubridade implica o reconhecimento, pelo empregador, do labor em condições insalubres. 5. Desse modo, o provimento do recurso de revista é para excluir da condenação as diferenças de adicional de insalubridade em grau máximo, mantido o adicional de insalubridade em grau médio, espontaneamente concedido pela reclamada. Recurso de revista parcialmente conhecido e provido. (RR nº 18687-43.2010.5.04.0000, 1ª Turma do TST, Rel. Walmir Oliveira da Costa. j. 21.09.2016, Publ. 23.09.2016).

RECURSO DE REVISTA. AGENTE COMUNITÁRIO. ADICIONAL DE INSALUBRIDADE. PAGAMENTO ESPONTÂNEO. DISPENSA DE PERÍCIA. 1. Na espécie, a Corte Regional concluiu pela caracterização de condição insalubre, por restar incontroverso que a reclamante recebeu o adicional de insalubridade desde novembro de 2007, ainda que a título precário. Assentou, ainda, a inexistência de qualquer alteração acerca das condições de trabalho do agente comunitário. 2. Conforme a jurisprudência iterativa, notória e atual desta Corte uniformizadora, o pagamento espontâneo do adicional de insalubridade implica o reconhecimento, pelo empregador, do labor em condições insalubres, sendo, portanto, devido durante todo o período contratual, tornando desnecessária a perícia. Incidência do art. 896, § 7º, da CLT. Recurso de revista de que não se conhece. (RR – 445600-08.2009.5.09.0965, Relator Ministro: Walmir Oliveira da Costa, Data de Julgamento: 01/06/2016, 1ª Turma, Data de Publicação: DEJT 03/06/2016)

RECURSO DE REVISTA. AGENTE COMUNITÁRIA DE SAÚDE. DECISÃO REGIONAL QUE DECLARA NULO O CONTRATO DE TRABALHO COM O MUNICÍPIO E DETERMINA O PAGAMENTO DO ADICIONAL DE INSALUBRIDADE. NULIDADE CONTRATUAL INEXISTENTE. MANUTENÇÃO DO

PAGAMENTO DO REFERIDO ADICIONAL. ATO ADMINISTRATIVO DO MUNICÍPIO QUE RECONHECE O LABOR EM CONDIÇÕES INSALUBRES. DESNECESSIDADE DE PROVA PERICIAL. O e. TRT manteve a r. sentença que declarou a nulidade do contrato pactuado entre as partes. Tendo sido a reclamante contratada mediante teste seletivo público, por prazo determinado, para o exercício das atividades essenciais de agente comunitário de saúde, entendeu que se tratava de atividade-fim, sendo incabível a contratação por prazo determinado. Concluiu, entretanto, que a declaração de nulidade não obsta o deferimento do adicional de insalubridade, devendo a parcela a ser paga a título indenizatório, como se regular fosse a contratação. Assinalou que do exame dos autos evidencia-se a presença de insalubridade nas atividades exercidas pela autora, pois o Município, ao conceder o referido adicional desde novembro de 2008 com efeito retroativo a novembro de 2007, inequivocamente reconheceu esse direito aos seus empregados e lhe competia provar que a empregada não ficava exposta a agentes insalubres no exercício de suas atribuições ou que houve alteração das suas condições de trabalho, ônus do qual não se desincumbiu. Condenou o ente público ao pagamento do referido adicional desde 2/7/2004 até 31/10/2007. Apesar de o TRT ter declarado a nulidade do contrato de trabalho, esta c. Corte tem se posicionado pela validade do teste simplificado de seleção pública e, consequentemente, pela inexistência de nulidade do contrato de trabalho no período anterior à promulgação da EC nº 51/2006. Ilesos os artigos 818 da CLT e 333, I, do CPC, porque a decisão regional está fundamentada nas circunstâncias constantes dos autos, nos aspectos objetivos e instrumentais da prova e, notadamente, em ato administrativo da própria ré que reconheceu as condições insalubres durante todo o período do contrato de trabalho. Não há violação dos artigos 37, IX, X e XIV e 39 da CF/88 e 21 da Lei Complementar 101/2000, porque apenas foi reconhecida a situação preexistente de enquadramento da atividade da autora em situação que afasta a nulidade do contrato de trabalho e em norma de lei federal, que impõe o pagamento de adicional de remuneração por exposição a condições laborais insalubres. Incólumes os artigos 190, 195 e 196 da CLT e inaplicável o entendimento da Súmula 460 do STF e da Orientação Jurisprudencial 4 da SBDI-1 desta Corte, tendo em vista o reconhecimento por ato administrativo do próprio Município de que a atividade exercida pela autora era insalubre, inclusive com o pagamento retroativo da parcela. Os arestos apresentados para confronto de teses são todos inservíveis, nos termos da alínea "a" do artigo 896 da CLT, porque oriundos de Turmas desta Corte. Recurso de revista não conhecido. (RR - 443600-35.2009.5.09.0965, Relator Ministro: Alexandre de Souza Agra Belmonte, Data de Julgamento: 27/04/2016, 3ª Turma, Data de Publicação: DEJT 29/04/2016)

(2) Quando o local de trabalho for desativado, ou seja, se houver extinção do estabelecimento, o juiz poderá se valer de outros meios de prova para análise da insalubridade ou periculosidade, conforme entendimento do TST por meio da OJ 278 da SDI-1:

TST, OJ 278 da SDI-1 - ADICIONAL DE INSALUBRIDADE. PERÍCIA. LOCAL DE TRABALHO DESATIVADO - A realização de perícia é obrigatória para a verificação de insalubridade. Quando não for possível sua realização, como em caso de fechamento da empresa, poderá o julgador utilizar-se de outros meios de prova.

(3) Atividades que são notoriamente perigosas.

CPC, Art. 374 - Não dependem de prova os fatos:

I - Notórios;

São elas:

(3.1) Empregado que exerce a função de bombeiro civil – Não depende de perícia o pagamento de adicional de periculosidade ao bombeiro civil, conforme previsto no art. 6º, III, da Lei nº 11.901/2009.

Lei Nº. 11.901/2009, Art. 6º – É assegurado ao Bombeiro Civil:

III – adicional de periculosidade de 30% (trinta por cento) do salário mensal sem os acréscimos resultantes de gratificações, prêmios ou participações nos lucros da empresa;

(3.2) Quem exerce a função de frentista de posto de combustível.

TST, SUM 39 - PERICULOSIDADE - Os empregados que operam em bomba de gasolina têm direito ao adicional de periculosidade (Lei nº 2.573, de 15.08.1955).

(3.3) Quem exerce a função de vigilante de empresas de segurança.

CLT, Art. 193. São consideradas atividades ou operações perigosas, na forma da regulamentação aprovada pelo Ministério do Trabalho e Emprego, aquelas que, por sua natureza ou métodos de trabalho, impliquem risco acentuado em virtude de exposição permanente do trabalhador a:

[...]

II - roubos ou outras espécies de violência física nas atividades profissionais de segurança pessoal ou patrimonial.

(3.4) Quem exerce a função de motociclista – "motoboy".

CLT, Art. 193 - São consideradas atividades ou operações perigosas, na forma da regulamentação aprovada pelo Ministério do Trabalho e Emprego, aquelas que, por sua natureza ou métodos de trabalho, impliquem risco acentuado em virtude de exposição permanente do trabalhador a:

[...]

§ 4º- São também consideradas perigosas as atividades de trabalhador em motocicleta.

(4) Outros casos:

(4.1) Nos casos em que a DRT- Delegacia regional do Trabalho, através de laudo confeccionado extrajudicialmente, por perito habilitado, tenha constatado a existência de insalubridade ou periculosidade;

CLT, Art. 195 - [...]

§ 1º - É facultado às empresas e aos sindicatos das categorias profissionais interessadas requererem ao Ministério do Trabalho a realização de perícia em estabelecimento ou setor deste, com o objetivo de caracterizar e classificar ou delimitar as atividades insalubres ou perigosas.

Nesse sentido, o art. 472 do CPC:

> CPC, Art. 472 – O juiz poderá dispensar prova pericial quando as partes, na inicial e na contestação, apresentarem, sobre as questões de fato, pareceres técnicos ou documentos elucidativos que considerar suficientes.

(4.2) A prova emprestada consiste no transporte de produção probatória de um processo para outro. É o aproveitamento da atividade probatória anteriormente desenvolvida, através do traslado dos elementos que a documentaram[49]. Nesse sentido:

> RECURSO DA RECLAMADA. PRELIMINAR DE NULIDADE. ADICIONAL DE INSALUBRIDADE. UTILIZAÇÃO DE PROVA EMPRESTADA COM DISPENSA DE PERÍCIA. POSSIBILIDADE. REJEIÇÃO. Em que pese haver determinação legal (art. 195 da CLT) para que a caracterização e a classificação da insalubridade sejam aferidas através de perícia técnica, nada impede que esta prova seja emprestada de outro processo, mormente sendo observado que as condições verificadas no laudo pericial emprestado têm identidade com aquelas conferidas ao reclamante no desempenho de suas atividades para a reclamada. Nessa hipótese, uma nova perícia torna-se desnecessária, podendo o julgador apreciar o pedido com base na prova técnica outrora produzida, desde que respeitados o contraditório e a ampla defesa, como na hipótese. Demais, essa alternativa vai ao encontro dos princípios da celeridade e da economia processuais. (Recurso Ordinário nº 0000803-09.2014.5.20.0002, 1ª Turma do TRT da 20ª Região/SE, Rel. Convocado Kátia Alves de Lima Nascimento. Unânime, Publ. 11.07.2018).

14.5.7. Juntada de documentos na perícia

– É permitido juntar documentos na perícia judicial?

49. TALAMINI, Eduardo. "A prova emprestada no processo civil ou penal". Revista de Processo. São Paulo: RT, 1998, n. 91, p. 93.

Pode ser também que o documento entre nos autos indiretamente, em função da utilização de um outro meio de prova, caso em que ele servirá de fonte indireta de informação para o juiz. Isso ocorre quando ele é objeto de análise pelo perito; o perito pode solicitar documentos à parte ou a terceiro, ou pode instruir o seu laudo com documentos, plantas, fotografias etc. (art. 473, § 3º, CPC)[50].

> CPC, art. 473 -[...]
>
> § 3º- Para o desempenho de sua função, o perito e os assistentes técnicos podem valer-se de todos os meios necessários, ouvindo testemunhas, obtendo informações, solicitando documentos que estejam em poder da parte, de terceiros ou em repartições públicas, bem como instruir o laudo com planilhas, mapas, plantas, desenhos, fotografias ou outros elementos necessários ao esclarecimento do objeto da perícia.

14.5.8. Juiz x vinculação ao laudo pericial

– O juiz está vinculado ao laudo pericial?

Na forma do art. 479, CPC, o juiz deverá valorar o resultado da perícia por decisão devidamente fundamentada, com a indicação das razões que compuseram a formação de seu convencimento (art. 371, CPC), no sentido de acolher ou não as conclusões técnicas ou científicas registradas no laudo[51].

> CPC, Art. 479. O juiz apreciará a prova pericial de acordo com o disposto no art. 371, indicando na sentença os motivos que o levaram a considerar ou a deixar de considerar as conclusões do laudo, levando em conta o método utilizado pelo perito.

50. DIDIER JUNIOR, Fredie; BRAGA, Paula Sarna; DE OLIVEIRA, Rafael Alexandria. Curso de direito processual civil: teoria da prova, direito probatório, decisão, precedente, coisa julgada e tutela provisória. 14. Ed. – Salvador: Ed. Juspodivm, 2019.
51. DIDIER JUNIOR, Fredie; BRAGA, Paula Sarna; DE OLIVEIRA, Rafael Alexandria. Curso de direito processual civil: teoria da prova, direito probatório, decisão, precedente, coisa julgada e tutela provisória. 14. Ed. – Salvador: Ed. Juspodivm, 2019.

Desta forma, o magistrado não fica vinculado às considerações do perito constantes no laudo pericial. Poderá não acolher as conclusões do laudo e fundamentar seu julgamento em outras provas constante no processo, desde que, seu convencimento seja devidamente motivado. Nesse sentido:

> ADICIONAL DE PERICULOSIDADE. LAUDO PERICIAL. PREVALÊNCIA. O Julgador não está adstrito às conclusões da perícia técnica (art. 479 do NCPC), podendo formar seu convencimento com base em outros elementos probatórios. Não tendo sido demonstrada, contudo, nenhuma impropriedade técnica ou erro de avaliação no laudo pericial, nem tendo sido este infirmado por outros elementos de prova, acolhe-se a conclusão do perito. (RO nº 0001707-13.2015.5.03.0052, 9ª Turma do TRT da 3ª Região/MG, Rel. Convocado Olivia Figueiredo Pinto Coelho. Publ. 16.11.2016).
>
> [...] PERÍCIA. PROVA TÉCNICA. LIVRE CONVENCIMENTO MOTIVADO. Diante do Princípio do livre convencimento motivado, o Juízo não fica adstrito ao laudo pericial. Porém, o experto é qualificado para verificar a existência de nexo causal da doença com o trabalho realizado. Não havendo nos autos elementos ou provas favoráveis à recorrente, prevalece à decisão com base no laudo pericial, tendo em vista que o magistrado não detém conhecimentos técnicos para apurar os fatos detectados pelo perito. Ordinariamente, prevalece a perícia; excepcionalmente, afasta-se a mesma, desde que haja prova suficiente que leve ao convencimento motivado do magistrado. Recurso a que se nega provimento. (Processo nº 00413-2014-643-09-00-6 (08398-2016), 4ª Turma do TRT da 9ª Região/PR, Rel. Célio Horst Waldraff. DEJT 15.03.2016).
>
> DOENÇA OCUPACIONAL. LAUDO PERICIAL. PROVA SUBSTANCIAL. INEXISTÊNCIA DE PROVAS INFIRMADORAS. Embora a perícia seja um meio elucidativo e não conclusivo, certo é que em lides de natureza acidentária "a prova pericial está para o processo acidentário como a confissão para o processo penal: é a rainha das provas". É que ao magistrado não se exige conhecimentos técnicos ou científicos capazes de propiciar-lhe uma perfeita apreciação da matéria. De todo modo, é consabido que às partes é plenamente possível apresentar elementos que infirmem a conclusão do expert. No caso, porém, o reclamante não cumpriu satisfatoriamente esse encargo. Demonstrado que a doença não

> teve vinculação com o labor desenvolvido para reclamada, não reconheço seu caráter ocupacional. Recurso obreiro desprovido. (RO nº 0000270-89.2014.5.18.0201, 1ª Turma do TRT da 18ª Região/GO, Rel. Geraldo Rodrigues do Nascimento. j. 15.04.2015, unânime, DJe 22.04.2015).
>
> PROVA PERICIAL OBRIGATÓRIA. VALORAÇÃO. Tratando-se de prova obrigatória, em que o juiz depende de conhecimento técnico, não se deve negar validade ao laudo pericial produzido, exceto em casos de equívoco ou engano manifesto, o que impõe a realização de nova perícia (artigo 479 do CPC/2015). Embora o magistrado não esteja adstrito às conclusões periciais, sendo necessária a atuação do experto, a teor do artigo 195 da CLT, somente o profissional especializado na área de atuação pode atestar acerca da existência ou não de condições insalubres no local de trabalho. Assim, constitui o laudo pericial importante auxílio ao deslinde da questão controvertida, o que lhe possibilita, com firmeza e celeridade, aplicar a lei que melhor se assenta ao caso concreto. (RO nº 0000504-60.2015.5.03.0102, 4ª Turma do TRT da 3ª Região/MG, Rel. Paula Oliveira Cantelli. Publ. 21.11.2016).
>
> ADICIONAL DE INSALUBRIDADE. A perícia, via de regra, é o primeiro e o principal meio de prova a formar o convencimento do julgador e, mesmo não estando o juiz adstrito às conclusões do laudo pericial (art. 479 do atual CPC), faz-se necessária a existência de provas efetivamente convincentes no sentido de demonstrar que a realidade fática não corresponde àquela relatada pelo expert, profissional de confiança do juízo e tecnicamente habilitado para tanto, o que não ocorreu na hipótese. (RO nº 0000418-81.2014.5.04.0301, 11ª Turma do TRT da 4ª Região/RS, Rel. Ricardo Hofmeister de Almeida Martins Costa. j. 18.08.2016, unânime).

Marinoni[52] explica ainda em seu livro que:

> "[...] a prova pericial, por ser uma prova técnica e, nesse sentido, objetiva, possui em regra maior carga de persuasão, se comparada com outros meios de prova."

52. MARINONI, Luiz Guilherme; ARENHART, Sérgio Cruz; MITIDIERO, Daniel. **"Código de Processo Civil Comentado"** – 4ª ed. São Paulo. Revista dos Tribunais, 2018

Nesse sentido, a decisão do STJ:

> Não acolhendo o juiz o laudo pericial, deve fundamentar a sua decisão, apontando expressamente os motivos pelos quais não o adotou, além de indicar as provas constantes dos autos que confortam a solução outorgada à lide (STJ, 1. ª Turma;.REsp 802.568/SP, rel Min. Derníse Arruda,j. 26.09.2006, Dj 19.10.2006, p.253). (Destaquei)

O juiz não pode, sob pena de violação do art. 371, CPC, ignorar o laudo pericial, no todo ou em parte, sem outro elemento probatório técnico que dê suporte à sua decisão[53].

14.5.9. Prova pericial x NTEP – Nexo Técnico Epidemiológico

– O juiz pode desconsiderar a prova pericial e fundamentar sua decisão no NTEP – Nexo Técnico Epidemiológico?

Para responder tal pergunta, primeiro vamos fundamentar o que significa o NETP – Nexo Técnico Epidemiológico.

Carlos Alberto[54]

> [...] já no campo da responsabilização civil do empregador, transfere se o ônus de prova em matéria de doença ocupacional quando haja histórico de adoecimentos na empresa por trabalhadores nas mesmas condições: caberá, doravante, ao tomador dos serviços demonstrar que não concorreu para o mal que acometeu o trabalhador, o que só será possível mediante prova robusta (presunção legal).

53. MARINONI, Luiz Guilherme; ARENHART, Sérgio Cruz; MITIDIERO, Daniel. **"Código de Processo Civil Comentado"** – 4ª ed. São Paulo. Revista dos Tribunais, 2018.
54. CASTRO, Carlos Alberto Pereira de. Manual de direito previdenciário. 20. Ed. Rio de Janeiro: Forense, 2017.

Frederico Amado[55]

> O NTEP estabelece um vínculo entre a Classificação Nacional de Atividades Econômicas (CNAE) da empresa e a CID do agravo, presumindo-se relativamente o acidente de trabalho.

José Affonso Dallegrave[56]

> 0 NTEP é uma presunção legal (art. 212, IV, CC), do tipo relativa (Júris tantum), uma vez que admite prova em sentido contrário. Na prática, significa que há inversão do ônus da prova em prol da vítima; medida jurídica acertada, seja porque o trabalhador é hipossuficiente, seja porque é o empregador quem detém aptidão para produzir a prova de inexistência do nexo causal.

Desta forma, fica evidente pelo entendimento doutrinário que o Nexo Técnico Epidemiológico previsto no artigo 21-A na Lei nº 8.213/1991, tem apensa uma presunção relativa.

Assim, por ter presunção relativa, mesmo que tivesse sido configurado pelo INSS o Nexo Técnico Epidemiológico, deve a parte prejudicada produzir provas em contrário, para afastamento da prova pericial. Cito ainda, os julgados sobre o tema:

> INDENIZAÇÃO POR DANOS MORAIS. NEXO CONCAUSAL. A Lei nº 11.430/2006 criou o conceito legal de Nexo Técnico Epidemiológico, inserindo o artigo 21-A na Lei nº 8.213/1991. O NTEP consiste no cruzamento das informações de código da Classificação Internacional de Doenças – CID-10 – e do código da Classificação Nacional de Atividade Econômica (CNAE) para apontar a existência de relação entre a lesão ou agravo e a atividade desenvolvida pelo trabalhador. A metodologia, que está embasada em estudos científicos e fundamentos da estatística e epidemiologia, foi implementada nos sistemas informatizados do INSS, para concessão de benefícios, em abril de 2007. Se, após o cruzamento de informações, estiver provada a correlação estatística entre a

55. AMADO, Frederico. Curso de direito e processo previdenciário. 9. Ed. Salvador: Ed. Juspodivm, 2017.
56. NETO, José Affonso Dallegrave. Responsabilidade civil no direito do trabalho. 5. Ed. São Paulo: LTr, 2014.

doença/lesão e o setor de atividade econômica do trabalhador, o Nexo Epidemiológico será caracterizado automaticamente com o reconhecimento do nexo de concausalidade. Com a adoção dessa metodologia, é a empresa que deve provar que as doenças e os acidentes de trabalho não foram causados pela atividade desenvolvida pelo trabalhador, ou seja, o ônus da prova passa a ser do empregador, e não mais do empregado. Doravante, a abordagem passa de um viés individual para uma abordagem coletiva, vez que o critério para definir o nexo causal da doença ocupacional passa a levar em conta dados estatísticos epidemiológicos. (RO nº 0002740-21.2014.5.03.0069, 7ª Turma do TRT da 3ª Região/MG, Rel. Convocado Carlos Roberto Barbosa. Publ. 16.03.2018).

RECURSO DE REVISTA. INDENIZAÇÃO POR DANOS MORAIS E MATERIAIS. DOENÇA OCUPACIONAL. NEXO TÉCNICO EPIDEMIOLÓGICO PREVIDENCIÁRIO. PRESUNÇÃO IURIS TANTUM. 1. O dano, o nexo causal ou concausal e a culpa constituem elementos ensejadores da condenação do empregador ao pagamento de indenização por danos morais por acidente do trabalho e/ou doença ocupacional a ele equiparada. 2. O nexo epidemiológico previdenciário, que consiste no vínculo entre o diagnóstico da moléstia com as condições e o ambiente de trabalho em risco potencial, gera a presunção legal relativa (iuris tantum) do nexo de causalidade entre a doença ocupacional e o trabalho desenvolvido pelo empregado, estabelecida pelo art. 21-A da Lei nº 8.213/1991, e, assim, admite prova em sentido contrário. Precedentes. 3. O art. 436 do CPC de 1973 dispõe sobre a faculdade de o julgador não estar adstrito ao laudo, desde que presentes outros elementos de prova nos autos. 4. Na hipótese dos autos, a prova pericial foi conclusiva quanto à inexistência de nexo causal/concausal entre a atividade desenvolvida pelo autor e a moléstia ocupacional desencadeada. No entanto, a Corte Regional concluiu pela condenação da empresa ao pagamento de indenização por danos morais, com base no nexo técnico epidemiológico, ou seja, pela mera presunção de que a atividade laboral atuou como concausa para o agravamento da moléstia ocupacional. Logo, a condenação da empresa carece de amparo legal e consubstancia-se em má aplicação do art. 436 do CPC de 1973. Recurso de revista conhecido por má aplicação do art. 436 do CPC de 1973 e provido. [...] Recurso de revista não conhecido. CONCLUSÃO:

Recurso de revista parcialmente conhecido e provido. (RR – 3410-14.2010.5.12.0016, Relator Ministro: Alexandre de Souza Agra Belmonte, Data de Julgamento: 13/12/2017, 3ª Turma, Data de Publicação: DEJT 15/12/2017)

I – AGRAVO DE INSTRUMENTO DO RECLAMANTE. RECURSO DE REVISTA INTERPOSTO SOB A ÉGIDE DA LEI Nº 13.015/2014 – DESCABIMENTO. NEXO TÉCNICO EPIDEMIOLÓGICO. PRESUNÇÃO LEGAL RELATIVA DE NEXO DE CAUSALIDADE ENTRE DOENÇA E TRABALHO. ÔNUS DA PROVA. RESPONSABILIDADE. 1.1. Com o advento da Lei nº 11.430/2006, foi inserido o art. 21-A na Lei nº 8.213/1991, dispondo que "a perícia médica do INSS considerará caracterizada a natureza acidentária da incapacidade quando constatar ocorrência de nexo técnico epidemiológico entre o trabalho e o agravo, decorrente da relação entre a atividade da empresa e a entidade mórbida motivadora da incapacidade elencada na Classificação Internacional de Doenças – CID, em conformidade com o que dispuser o regulamento". A instituição do nexo técnico epidemiológico previdenciário – NTEP constitui medida de proteção à saúde do trabalhador e decorre do reiterado descumprimento, pelos empregadores, da emissão de CAT e das dificuldades de fiscalização. Trata-se de método de associação estatística, em que se compara a recorrência do surgimento de patologias, em grupos de trabalhadores, a determinada atividade, estabelecendo-se nexo de causalidade presumido. 1.2. Não obstante, tal presunção relativa foi elidida pelo conjunto probatório dos autos (provas técnica e testemunhal), infenso a revisão nesta instância extraordinária (Súmula 126/TST).(...) (AIRR- 139-39.2013.5.04.0234 Data de Julgamento: 27/04/2016, Relator Ministro: Alberto Luiz Bresciani de Fontan Pereira, 3ª Turma, Data de Publicação: DEJT 29/04/2016)

AGRAVO DE INSTRUMENTO. DANO MORAL. DOENÇA OCUPACIONAL. NEXO CAUSAL. PRESUNÇÃO. NEXO TÉCNICO EPIDEMIOLÓGICO. O Nexo Técnico é ferramenta criada para a caracterização da doença ocupacional a partir de estatísticas existentes no órgão previdenciário. A novidade contida no artigo 21-A da Lei nº 8.213/91 constitui mera técnica destinada a vincular determinadas doenças a determinadas atividades econômicas e gera como resultado apenas a presunção do nexo que, todavia, pode ser ilidida por prova em contrário. Resulta daí que, não havendo prova pericial afastando o nexo causal, afigura-se perfeitamente possível aplicar a presunção que decorre do nexo técnico epidemiológico. Agravo de Instrumento a que se nega provimento. (...) (TST-AIRR-343940-55.2007.5.11.0004 Data de Julgamento: 08/03/2017, Relator Desembargador Convocado: Marcelo Lamego Pertence, 1ª Turma, Data de Publicação: DEJT 10/03/2017)

DOENÇA OCUPACIONAL. PREVALÊNCIA DO NEXO TÉCNICO EPIDEMIOLÓGICO DO INSS SOBRE A PROVA PERICIAL. A perícia médica do INSS que reconhece a doença acidentária parte de uma presunção em razão do tipo de atividade desenvolvida no segmento empresarial, por aplicação do NTEP (nexo técnico epidemiológico). É genérica e pode ser contestada e infirmada por prova em outro sentido. A perícia produzida em Juízo, por outro lado, trata do caso concreto, analisando-se as condições de trabalho, a vida e história clínica do paciente, e outros fatores como o surgimento de doenças de natureza degenerativa. Daí se conclui que a conclusão do órgão previdenciário não tem prevalência sobre a prova pericial. (RO nº 0012112-11.2014.5.03.0031, 10ª Turma do TRT da 3ª Região/MG, Rel. Taísa Maria M. De Lima. j. 01.12.2017).

DOENÇA OCUPACIONAL. PREVALÊNCIA DO NEXO TÉCNICO EPIDEMIOLÓGICO DO INSS SOBRE A PROVA PERICIAL. A perícia médica do INSS que reconhece a doença acidentária parte de uma presunção em razão do tipo de atividade desenvolvida no segmento empresarial, por aplicação do NTEP (nexo técnico epidemiológico). É genérica e pode ser contestada e infirmada por prova em outro sentido. A perícia produzida em Juízo, por outro lado, trata do caso concreto, analisando-se as condições de trabalho, a vida e história clínica do paciente, e outros fatores como o surgimento de doenças de natureza degenerativa. Daí se conclui que a conclusão do órgão previdenciário não tem prevalência sobre a prova pericial. (RO nº 0011334-60.2016.5.03.0099, 10ª Turma do TRT da 3ª Região/MG, Rel. Taísa Maria M. de Lima. j. 26.10.2017).

DOENÇA LABORAL – NEXO TÉCNICO EPIDEMIOLÓGICO PREVIDENCIÁRIO – INAPLICABILIDADE – O art. 21-A da Lei nº 8.213, acrescido pela Lei nº 11.430/06, prescreve a possibilidade de reconhecimento do nexo de causalidade entre a doença elencada na Classificação Internacional de Doenças - CID, e a atividade típica desempenhada na empresa, através do cruzamento entre dados estatísticos epidemiológicos e regulamentos específicos. Entretanto, o parágrafo primeiro do mesmo dispositivo determina que o nexo técnico epidemiológico não será aplicado se houver sido demonstrado que inexiste nexo de causalidade entre o gravame físico e a atividade laboral. Desta forma, a presunção da existência do nexo de causalidade pode ser elidida por prova específica e concreta em contrário, como é o caso da perícia técnica. No caso dos autos, foram designados dois peritos para investigar a natureza e a origem da patologia adquirida pela Reclamante. O laudo pericial foi irrefutável ao concluir que não existia nenhuma relação causalística entre o trabalho na Ré e as lesões da Reclamante. Portanto, impossível caracterizar a natureza acidentária da doença em epígrafe, de forma que inexiste direito à estabilidade provisória. Consequentemente, indevida a reintegração ao emprego ou a indenização substitutiva. Recurso da Reclamante a que se nega provimento, no particular. (TRT-9 6342005655903 PR 634-2005-655-9-0-3, Relator: ARNOR LIMA NETO, 4A. TURMA, Data de Publicação: 15/01/2008)

14.5.10. Solicitação de nova perícia

– Quando poderá ser solicitada nova prova pericial?

Nos termos do art. 480 do CPC, o juiz determinará, de ofício ou a requerimento da parte, a realização de nova perícia quando a matéria não estiver suficientemente esclarecida. A segunda perícia tem por objeto os mesmos fatos sobre os quais recaiu a primeira e destina-se a corrigir eventual omissão ou inexatidão dos resultados a que esta conduziu. A segunda perícia não substitui a primeira, cabendo ao juiz apreciar o valor de uma e de outra.

14.5.11. Procedimento da prova pericial

– Qual o procedimento adotado na perícia?

A determinação da prova pericial funciona da seguinte forma:

(1) O juiz verifica que a parte fez algum pedido que necessita de prova pericial e já nomeia em audiência, o perito especializado no objeto da perícia. Nesse momento, as partes já devem recusar o perito, explicitando os motivos (Ex.: impedimento, suspeição etc.). Nesse sentido, o art. 3º da Lei n. 5.584/70 e os arts. 471, 474, 475 do CPC:

> Lei Nº. 5.584/70, Art. 3º – Os exames periciais serão realizados por perito único designado pelo Juiz, que fixará o prazo para entrega do laudo.
>
> Parágrafo único. Permitir-se-á a cada parte a indicação de um assistente, cujo laudo terá que ser a presentado no mesmo prazo assinado para o perito44, sob pena de ser desentranhado dos autos.
>
> CPC, Art. 471 – As partes podem, de comum acordo, escolher o perito, indicando-o mediante requerimento, desde que:
>
> I – sejam plenamente capazes;
>
> II – a causa possa ser resolvida por autocomposição.
>
> § 1º – As partes, ao escolher o perito, já devem indicar os respectivos assistentes técnicos para acompanhar a realização da perícia, que se realizará em data e local previamente anunciados.
>
> § 2º – O perito e os assistentes técnicos devem entregar, respectivamente, laudo e pareceres em prazo fixado pelo juiz.
>
> § 3º – A perícia consensual substitui, para todos os efeitos, a que seria realizada por perito nomeado pelo juiz.
>
> CPC, Art. 474 – As partes terão ciência da data e do local designados pelo juiz ou indicados pelo perito para ter início a produção da prova.
>
> CPC, Art. 475 – Tratando-se de perícia complexa que abranja mais de uma área de conhecimento especializado, o juiz poderá nomear mais de um perito, e a parte, indicar mais de um assistente técnico.

(2) Na audiência, o juiz já fixa o dia e horário da perícia indicando os seus quesitos e, determina o prazo para as partes apresentarem seus assistentes e quesitos. Nesse sentido, o art. 470 do CPC:

> CPC, Art. 470 – Incumbe ao juiz:
>
> I – indeferir quesitos impertinentes;
>
> II – formular os quesitos que entender necessários ao esclarecimento da causa.

(3) Na audiência, o juiz já fixa a data de entrega do laudo pericial e ainda, determina o prazo para as partes apresentarem manifestação do laudo.

14.6. Inspeção judicial

– Quando vai ser utilizado a inspeção judicial?

Vai ser utilizado quando for necessário o contato direto do magistrado com pessoa, coisa ou lugar a fim de se esclarecer sobre fatos que interessem à decisão da causa. A inspeção pode ser feita na sede do juízo ou no local onde se encontra a pessoa ou coisa. Nesse sentido, o art. 481 do CPC:

> **CPC, Art. 481** – O juiz, de ofício ou a requerimento da parte, pode, em qualquer fase do processo, inspecionar pessoas ou coisas, a fim de se esclarecer sobre fato que interesse à decisão da causa.

É comum, muitos juízes, a fim ele preservar o local a ser inspecionado, determinam a intimação das partes sobre a realização da inspeção, momentos antes ela diligência.

Segundo a doutrina[57], pode ocorrer a inspeção nos seguintes casos:

a) verificação do horário de abertura ou de fechamento da empresa, para instruir processo que envolva jornada de trabalho;

b) conhecer o local de trabalho e reconstituir um acidente, para entender a sua dinâmica, em ação indenizatória promovida pelo empregado;

57. MARANHÃO, Ney; JÚNIOR. Antonio Umberto de Souza; SOUZA. Fabiano Coelho de; NETO Platon Teixeira de Azevedo. Manual prático elas audiências trabalhistas. São Paulo. Thomson Reuters Brasil, 2018.

c) verificação de métodos de trabalho, produtos manuseados e utilização de equipamentos de proteção individual em processos envolvendo insalubridade;

d) constatação *in loco* acerca da existência de livros de registro, rotinas laborais ou qualidade de equipamentos de trabalho.

– Na inspeção judicial, o juiz pode ser assistido por outras pessoas?

Sim. O juiz pode ser assistido pelo oficial de justiça, por peritos, pelas partes, conforme redação do art. 482 do CPC:

> CPC, Art. 482 – Ao realizar a inspeção, o juiz poderá ser assistido por um ou mais peritos.

Sobre o tema, cito os ensinamentos do professor Renato Saraiva[58]:

> "As partes poderão sempre assistir à inspeção, prestando esclarecimento e fazendo observações que reputem de interesse para a causa. Para isso, torna-se necessária a intimação prévia do dia, hora e local da diligência, em observância ao princípio do contraditório e ampla defesa."

15. JULGAMENTO ANTECIPADO PARCIAL DE MÉRITO

15.1. Introdução

O julgamento antecipado parcial de mérito tem previsão no art. 356 do CPC. Esse dispositivo permite o julgamento imediato da parcela do mérito que já se encontra madura.

> CPC, Art. 356. O juiz decidirá parcialmente o mérito quando um ou mais dos pedidos formulados ou parcela deles:
>
> I – mostrar-se incontroverso;
>
> II – estiver em condições de imediato julgamento, nos termos do art. 355.

58. SARAIVA, Renato. Curso de direito processual do trabalho. 4. ed. São Paulo: Método, 2007.

§ 1º A decisão que julgar parcialmente o mérito poderá reconhecer a existência de obrigação líquida ou ilíquida.

§ 2º A parte poderá liquidar ou executar, desde logo, a obrigação reconhecida na decisão que julgar parcialmente o mérito, independentemente de caução, ainda que haja recurso contra essa interposto.

§ 3º Na hipótese do § 2º, se houver trânsito em julgado da decisão, a execução será definitiva.

§ 4º A liquidação e o cumprimento da decisão que julgar parcialmente o mérito poderão ser processados em autos suplementares, a requerimento da parte ou a critério do juiz.

Com a previsão da possibilidade de julgamento imediato parcial do mérito, o legislador busca densificar o direito fundamental à tutela jurisdicional tempestiva (arts. 5.º, LXXVIII, CF, e 4.º, CPC).[59]

No Processo do Trabalho, podemos utilizar esse dispositivo de forma subsidiária (CLT, art. 769), em decorrência da ausência de norma idêntica ou similar na CLT.

ATO CONJUNTO TST. CSJT. CGJT Nº 3/2020 - Art. 1º - O juiz decidirá parcialmente o mérito, nas hipóteses do art. 356 do CPC/2015.

TST, IN 39/2016 – Art. 5º – Aplicam-se ao Processo do Trabalho as normas do art. 356, §§ 1º a 4º, do CPC que regem o julgamento antecipado parcial do mérito, cabendo recurso ordinário de imediato da sentença.

– Mas, se isso estava previsto no CPC de 2015, por que somente agora passará a ser utilizado?

Embora tivesse previsão no CPC e houvesse lacuna e compatibilidade da CLT, o PJe não permitia que o mesmo processo tramitasse em duas instâncias diversas, excetuada a situação da execução provisória (ExProvAS), o que resultava em uma incompatibilidade prática.

59. MARINONI, Luiz Guilherme; ARENHART, Sérgio Cruz; MITIDIERO, Daniel. **Código de Processo Civil Comentado** – 4ª ed. São Paulo. Revista dos Tribunais, 2018.

Isso já traria um prejuízo à duração razoável do processo pela impossibilidade de utilização do instituto em situações normais do processo, mas ocorreu outro fator que tornou ainda mais premente a necessidade de habilitar a utilização do julgamento parcial.

Estamos falando das recorrentes suspensões de julgamento de matérias trabalhistas determinadas pelo Supremo Tribunal Federal, a exemplo do Tema 1046 (nulidade de norma coletiva) e da ADC 58 (TR x IPCA).

Considerando que os processos trabalhistas geralmente possuem múltiplos pedidos e que o julgamento parcial do mérito não estava habilitado, a suspensão, na prática, acabava atingindo todo o processo.

Esse contexto despertou ainda mais a necessidade de fazer a habilitação operacional do julgamento antecipado parcial de mérito para viabilizar o julgamento de todos os pedidos que não são alcançados pela suspensão, sobrestando-se apenas aquele que é diretamente atingido.

Foi editado, portanto, o ATO CONJUNTO TST. CSJT. CGJT Nº 3/2020, que prevê a criação de autos suplementares na classe 12760 para que se recorra de imediato após a decisão parcial e o processo originário continue a tramitar.

15.2. Cabimento

– Quando cabe a parte solicitar o julgamento parcial de mérito, Hamilton?

Segundo o CPC, o julgamento antecipado parcial de mérito dar-se-á quando um ou mais pedidos formulados ou parcela deles:

> 1 – Mostrar-se incontroverso. O pedido será incontroverso quando o réu não contesta ou reconhece a procedência do pedido. O pedido incontroverso independe de prova (art. 374, III, CPC).
>
> Exemplo: Verbas rescisórias incontroversas e adicional de insalubridade. Pode-se pedir o julgamento antecipado parcial de imediato ao mesmo tempo em que se determina a realização de perícia.

2. Estiver em condições de imediato julgamento, nos termos do art. 355 do CPC. A lei prevê duas hipóteses:

2.1 "Quando não houver necessidade de produção de outras provas", o que pode ocorrer por várias razões. Para fins de demonstração prática, podemos citar:

a) Pedido que representa apenas matéria de direito e que já foi objeto de contraditório.

b) Pedido que deveria ser comprovado por meio de documento não trazido aos autos, a exemplo das verbas salarias em atraso que demandam o respectivo recibo por força do art. 464 da CLT.

Salientamos que, embora o salário seja usualmente comprovado por recibo, é possível justificar a necessidade de produção de outro meio de prova por circunstâncias devidamente justificadas, a exemplo de incêndio ou inundações. Ainda que a demonstração por meio de outros meios de prova seja bem complexa, caso requerida, não deve haver o cerceio probatório.

c) Pedido cujas provas documentais já sejam suficientes para o seu deferimento sem que a parte adversa tenha requerido produção probatória para desconstituir a validade ou veracidade de tais elementos (no processo do trabalho isso pode ocorrer nas hipóteses em que a audiência é repartida por procedimento da unidade)

d) Pedido cuja perícia já seja conclusiva para o seu deferimento sem que a parte adversa tenha impugnado o laudo ou requerido produção probatória para desconstituir a validade ou veracidade de elementos fáticos.

A título de exemplo, imagine-se uma perícia que atesta a insalubridade ou a incapacidade laboral com nexo de causalidade sem qualquer impugnação.

É importante destacar que as provas orais que podem ser produzidas para desconstituir um laudo pericial são relativas a aspectos fáticos, a exemplo da comprovação de que o maquinário do tempo do reclamante era diferente ou que ele não adentrava em câmaras frigoríficas.

e) Pedidos de mera interpretação jurídica, que não demandam dilação probatória, a exemplo de interpretação sobre o sentido e alcance de um direito previsto em lei ou em norma coletiva.

> 2.2 "O réu for revel, ocorrer o efeito previsto no art. 344 e não houver requerimento de prova, na forma do art. 349".
>
> O efeito previsto no art. 344 do CPC diz respeito à confissão quanto à matéria fática e, assim, presunção de veracidade dos fatos narrados na inicial, encontrando dispositivo correspondente na CLT no art. 844.

No Processo do Trabalho, a revelia geralmente permite o julgamento total do processo, mas existem hipóteses que fogem a esse caminho natural, podendo ser mencionado, exemplificativamente, o caso em que se postulam depósitos de FGTS e adicional de periculosidade. Para o FGTS seria possível julgar antecipadamente, mas quanto ao adicional de periculosidade, seria necessário designar perícia, de modo que, nessa hipótese, seria muito útil requerer o julgamento antecipado parcial.

Na prática, é comum o reclamante desistir do pedido que demanda perícia justamente para obter logo o julgamento do pedido maduro para julgamento, mas isso provoca a necessidade ajuizar novo processo para o pedido objeto de desistência.

Com o julgamento antecipado parcial, essa desistência poderia ser evitada e, assim, reduzido o tempo de espera.

Alertamos, contudo, que o § 4º do art. 844 da CLT elenca hipóteses em que não haverá confissão:

> CLT, art. 844 – [...]
>
> § 4º A revelia não produz o efeito mencionado no caput deste artigo se:
>
> I – havendo pluralidade de reclamados, algum deles contestar a ação;
>
> II – o litígio versar sobre direitos indisponíveis;
>
> III – a petição inicial não estiver acompanhada de instrumento que a lei considere indispensável à prova do ato;
>
> IV – as alegações de fato formuladas pelo reclamante forem inverossímeis ou estiverem em contradição com prova constante dos autos.

– As hipóteses que autorizam o julgamento antecipado parcial do mérito devem estar presentes cumulativamente?

Não.

A parte poderá solicitar o julgamento antecipado parcial de mérito quando o (s) pedido (s) estiver (em) incontroverso (s) ou estiver (em) em condição de imediato de julgamento.

15.3. Momento para solicitar o julgamento

– Em que momento deve ser requerido o julgamento antecipado parcial de mérito?

Isso dependerá das hipóteses de cabimento.

No caso de pedido incontroverso, é possível formular o requerimento após a apresentação de contestação, prosseguindo-se o processo em relação aos demais pleitos.

Como no Processo do Trabalho a defesa é apresentada em audiência, é importante estar preparado para requerer ali mesmo no ato.

Contudo, em muitas unidades a audiência é repartida e concede-se prazo de réplica, ocasião em que pode ser feito o requerimento em tal peça processual.

Nos casos em que não houver necessidade de produção de provas por já estar documentalmente comprovado ou por não ter sido juntada a prova necessária pela parte adversa, isso também ficará demonstrado após a apresentação da defesa e documentos.

Mesma conclusão se chega em relação ao pedido de mera interpretação jurídica, que estaria maduro para julgamento após o contraditório.

No caso de revelia, o requerimento pode ser formulado logo após a certificação de tal fato em ata de audiência.

Caso estejamos diante de perícia conclusiva e não impugnada pela parte adversa, nem requerida a produção de provas orais acerca desses aspectos, deve ser feito o peticionamento com requerimento de julgamento antecipado parcial logo após o escoamento de tal prazo.

15.4. Liquidação do pedido

– A decisão do Magistrado nos casos de julgamento antecipado parcial de mérito deve ser líquida?

Não.

As decisões nos casos de julgamento antecipado parcial de mérito poderão reconhecer a existência de obrigação líquida ou ilíquida. (§ 1º do art. 356 do CPC/2015).

Quando a decisão for ilíquida a parte poderá liquidar ou executar, desde logo, a obrigação reconhecida na decisão que julgar parcialmente o mérito, independentemente de caução, ainda que haja recurso contra essa interposto. (§ 2.º do art. 356 do CPC/2015).

– Como será feita a liquidação?

A liquidação poderá ser feita por cálculo, arbitramento ou por artigos, nos moldes do art. 879 da CLT.

> CLT, Art. 879 – Sendo ilíquida a sentença exequenda, ordenar-se-á, previamente, a sua liquidação, que poderá ser feita por cálculo, por arbitramento ou por artigos.

15.5. Autos suplementares

– Essa liquidação e o cumprimento da decisão devem ser feitas nos próprios autos?

Segundo o § 4º do art. 356 do CPC, a liquidação e o cumprimento da decisão que julgar parcialmente o mérito poderão ser processados em autos suplementares, a requerimento da parte ou a critério do juiz.

A regulamentação do TST.CSJT.CGJT indica que deve ser realizada a autuação suplementar, na forma do seu art. 14:

> ATO CONJUNTO TST. CSJT. CGJT Nº 3/2020 - Art. 14 - Em qualquer hipótese, a Secretaria da Vara do Trabalho lavrará certidão nos autos do processo principal informando a existência de autos suplementares destinados à execução provisória ou definitiva da decisão parcial de mérito, como também o número desse processo.

Para evitar confusão e tumultos processuais é, de fato, prudente que o Juiz determine o processamento em autos suplementares.

15.6. Recurso

– É cabível recurso da decisão que julga antecipadamente e parcialmente o mérito da causa?

O julgamento antecipado parcial de mérito reflete uma decisão de conteúdo meritório, mas que não encerra uma fase processual e, por isso, não se enquadra no conceito de sentença, a teor do art. 203, § 1º, do CPC.

Cuida-se, portanto, de decisão interlocutória, mas em relação a qual o CPC prevê o cabimento de recurso de imediato (agravo de instrumento), a teor do art. 356, § 5º, do CPC.

A CLT, por meio do § 1º do art. 893, determina que das decisões interlocutórias não cabe recurso de imediato, mas em função da própria finalidade do instituto, que é racionalizar a abreviar a duração do processo, o TST se inclinou na IN 39/2016 e no Ato Conjunto pelo cabimento do recurso ordinário no prazo de oito dias úteis.

> TST, IN 39/2016 – Art. 5º – Aplicam-se ao Processo do Trabalho as normas do art. 356, §§ 1º a 4º, do CPC que regem o julgamento antecipado parcial do mérito, cabendo recurso ordinário de imediato da sentença.

> ATO CONJUNTO TST. CSJT. CGJT Nº 3/2020 – Art. 2º Caberá recurso ordinário da decisão que julgar parcialmente o mérito, aplicando-se as regras relativas ao depósito recursal e ao pagamento das custas processuais.

Considerando a finalidade constitucional do instituto e que a lógica dele no CPC passa pelo cabimento de recurso de imediato para justamente trazer uma duração razoável do processo, entendemos como acertado esse posicionamento do TST, ressaltando-se, ainda, que a Súmula 214 do TST traz outras hipóteses em que se admite o cabimento de recurso para atacar decisões interlocutórias.

– Como será feita a interposição do recurso ordinário?

O recurso ordinário e as contrarrazões deverão ser protocolados nos autos principais.

> ATO CONJUNTO TST. CSJT. CGJT Nº 3/2020 – Art. 2º, § 1º – O recurso ordinário e as contrarrazões serão recebidos nos autos principais.

Após o protocolo do recurso ordinário e das contrarrazões nos autos principais, o recurso seguira em processo suplementar para a instância superior para julgamento.

> ATO CONJUNTO TST. CSJT. CGJT Nº 3/2020 – Art. 2º – [...]
>
> § 2º A autuação do processo na classe 12760 – Recurso de Julgamento Parcial, a ser feita pela Vara do Trabalho, somente será realizada depois de proferido pelo magistrado o despacho nos autos principais determinando a remessa do recurso à instância superior.
>
> § 3º Constará dos autos do processo suplementar, autuado na classe 12760 – Recurso de Julgamento Parcial, cópia do inteiro teor do processo principal.

> § 4º Na autuação do processo suplementar é obrigatória a indicação, como referência, do número do processo principal.
>
> § 5º A Secretaria da Vara do Trabalho lavrará certidão nos autos do processo principal informando a existência de processo suplementar autuado na classe 12760 – Recurso de Julgamento Parcial.

Caso o recurso ordinário seja trancado no primeiro juízo de admissibilidade, cabe a parte prejudicada apresentar Agravo de Instrumento no prazo de 8 dias úteis (CLT, art. 897, "b") também nos autos principais.

> ATO CONJUNTO TST. CSJT. CGJT Nº 3/2020 – Art. 3º – O agravo de instrumento interposto à decisão que denega seguimento ao recurso ordinário e a sua contraminuta serão recebidos nos autos do processo principal.
>
> Parágrafo único. A autuação do processo na classe 12760 – Recurso de Julgamento Parcial, a ser feita pela Vara do Trabalho, somente será realizada depois de proferido pelo magistrado o despacho nos autos principais determinando o encaminhamento do agravo de instrumento à instância superior.

15.7. Reforma ou anulação da decisão parcial

Caso seja necessário um novo julgamento da decisão parcial de mérito, a nova decisão será proferida pelo juiz no prazo de 10 dias nos próprios autos do processo suplementar.

> ATO CONJUNTO TST. CSJT. CGJT Nº 3/2020 – Art. 6º Em caso de reforma ou anulação da decisão parcial, com a determinação de novo julgamento, a nova decisão será proferida nos próprios autos do processo autuado na classe 12760 – Recurso de Julgamento Parcial.
>
> Parágrafo único. O juiz deverá proferir a nova decisão no prazo de 10 (dez) dias (CPC/2015, art. 226, II).

Caso o processo principal já esteja aguardando julgamento, o juiz deverá extinguir o processo suplementar e determinar o traslado das peças inéditas para os autos do processo principal, para ser efetuado um julgamento único.

> ATO CONJUNTO TST. CSJT. CGJT Nº 3/2020 – Art. 8º No caso de anulação ou reforma da decisão parcial de mérito cujo processo principal já se encontre apto a julgamento, o juiz deverá extinguir o processo suplementar e determinar o traslado das peças inéditas para os autos do processo principal, para julgamento único.

15.8. Preparo do recurso

– É necessário recolher custas e efetuar depósito recursal? E se já atingir o teto do Recurso Ordinário, por ocasião do julgamento antecipado parcial de mérito, será necessário providenciar novo depósito para interposição do recurso ordinário após o julgamento dos outros pedidos?

Considerando que o recolhimento das custas e depósito recursal são regras gerais dos recursos trabalhistas, caminhou bem o Ato Conjunto ao prever essa necessidade no seu art. 2º.

Contudo, ela não dispõe o que acontece se atingir o valor máximo do depósito recursal para Recurso Ordinário por ocasião do recurso da decisão parcial.

É possível interpretar de duas formas:

> 1) Como o depósito recursal é exigido para cada interposição de recurso, a teor do art. 899, § 1º, do CPC, o teto do recurso ordinário deve ser observado para cada interposição.
>
> 2) Como o limite recursal máximo é estipulado para cada espécie recursal e estamos a tratar da mesma modalidade recursal, atenderia a finalidade da norma conceber que há um único limite a ser observado pelo somatório das duas condenações. Além disso, o julgamento concentrado dos pedidos levaria à limitação única, razão pela qual não é razoável que além de ter que recorrer parcialmente de modo antecipado ainda sofra encargo financeiro duplicado.

Pessoalmente, adotamos a segunda sugestão interpretativa pelos fundamentos que ali expusemos.

15.9. Execução provisória

– Com a interposição do recurso ordinário da decisão parcial de mérito, a parte pode executar provisoriamente?

Sim.

A parte pode perfeitamente executar provisoriamente a decisão parcial de mérito, independente de caução. Essa execução será feita em autos suplementares.

> CPC, art. 356, § 2º – A parte poderá liquidar ou executar, desde logo, a obrigação reconhecida na decisão que julgar parcialmente o mérito, independentemente de caução, ainda que haja recurso contra essa interposto.
>
> ATO CONJUNTO TST. CSJT. CGJT Nº 3/2020 – Art. 9º Interposto recurso à decisão parcial de mérito, a parte poderá promover a execução provisória na forma do art. 356, § 2º, do CPC/2015, nos limites do art. 899, caput, da CLT.
>
> Parágrafo único. A execução provisória será processada na classe 994 – Execução Provisória em Autos Suplementares (ExProvAS).

Na execução provisória será necessário a juntada todas as peças do processo principal.

> ATO CONJUNTO TST. CSJT. CGJT Nº 3/2020 – Art. 13 – Os autos do processo de Execução Provisória em Autos Suplementares ou do Cumprimento de Sentença deverão conter todas as peças do processo principal.

– A parte pode deixar de pedir o cumprimento provisório da decisão parcial de mérito?

Sim.

Quando não for iniciada a execução provisória será certificado nos autos principais, após o retorno do processo suplementar para a vara de origem, o trânsito em julgado da parte do julgamento parcial de mérito, com alteração da classe processual para cumprimento de sentença.

> ATO CONJUNTO TST. CSJT. CGJT Nº 3/2020 - Art. 15 - Se da decisão parcial de mérito houver recurso, mas não for iniciada a execução provisória, quando do retorno dos autos para o 1º grau, deverá ser certificado o trânsito em julgado desse capítulo da sentença, com a subsequente alteração da classe processual para 156 - Cumprimento de Sentença.

15.10. Execução definitiva

Caso venha transitar em julgado a decisão parcial de mérito, a execução provisória será transformada em execução definitiva.

> ATO CONJUNTO TST. CSJT. CGJT Nº 3/2020 - Art. 10 - Havendo trânsito em julgado da decisão exequenda, a Secretaria da Vara do Trabalho anexará aos autos do processo autuado na classe Execução Provisória em Autos Suplementares (ExProvAS) os arquivos eletrônicos das peças inéditas dos autos do Recurso de Julgamento Parcial, classe 12760, para o processamento da execução definitiva, retificando-se a autuação para classe processual 156 - Cumprimento de Sentença.
>
> Parágrafo único. A Secretaria da Vara do Trabalho certificará, nos autos do processo autuado na classe 12760 - Recurso de Julgamento Parcial, que a execução está sendo processada nos autos do processo de cumprimento de sentença, mencionando expressamente o número desses autos.

Ainda, se não houver recurso da decisão parcial de mérito, a parte beneficiada com tal decisão, já pode executar definitivamente.

> ATO CONJUNTO TST. CSJT. CGJT Nº 3/2020 - Art. 11 - Não havendo recurso da decisão que julgou parcialmente o mérito, a execução será definitiva e poderá ser promovida em autos

suplementares, nos termos do art. 356, §§ 3º e 4º, do CPC/2015, na classe 156 – Cumprimento de Sentença.

Parágrafo único. Cabe à parte interessada providenciar a autuação dos autos suplementares do Cumprimento de Sentença, em que será obrigatória a indicação, como referência, do número do processo principal.

15.11. Competência para executar a decisão parcial do mérito

O juízo prolator da decisão exequenda será competente para promover tanto a execução provisória como a definitiva da decisão que julga parcialmente o mérito.

ATO CONJUNTO TST. CSJT. CGJT Nº 3/2020 – Art. 12. Será competente para promover a execução, tanto provisória quanto definitiva, oriunda de decisão parcial de mérito, o juízo prolator da decisão exequenda.

CAPÍTULO 14

Sentença

1. CONCEITO

– Professor, qual o conceito de sentença?

Sentença é o pronunciamento por meio do qual o juiz, com fundamento nos arts. 485 e 487 do CPC, encerra a atividade de conhecimento no procedimento.

Hipóteses do art. 485 do CPC que o juiz julga sem mérito:	Hipóteses do art. 487 do CPC que o juiz julga com mérito:
I – indeferir a petição inicial;	I – acolher ou rejeitar o pedido formulado na ação ou na reconvenção;
II – o processo ficar parado durante mais de 1 (um) ano por negligência das partes;	II – decidir, de ofício ou a requerimento, sobre a ocorrência de decadência ou prescrição;
III – por não promover os atos e as diligências que lhe incumbir, o autor abandonar a causa por mais de 30 (trinta) dias;	III – homologar: a) o reconhecimento da procedência do pedido formulado na ação ou na reconvenção; b) a transação; c) a renúncia à pretensão formulada na ação ou na reconvenção.
IV – verificar a ausência de pressupostos de constituição e de desenvolvimento válido e regular do processo;	
V – reconhecer a existência de perempção, de litispendência ou de coisa julgada;	

Hipóteses do art. 485 do CPC que o juiz julga sem mérito:	Hipóteses do art. 487 do CPC que o juiz julga com mérito:
VI – verificar ausência de legitimidade ou de interesse processual;	
VII – acolher a alegação de existência de convenção de arbitragem ou quando o juízo arbitral reconhecer sua competência;	
VIII – homologar a desistência da ação;	
IX – em caso de morte da parte, a ação for considerada intransmissível por disposição legal; e	
X – nos demais casos prescritos neste Código.	

– O § 1º do artigo 897-A da CLT, diz que os erros materiais poderão ser corrigidos de ofício ou a requerimento de qualquer das partes. Isso significa que se o juiz errou na sentença ele pode voltar atrás e consertar o erro?

Pensar dessa forma é um erro muito comum no meio jurídico. O erro material é o equívoco ou inexatidão relacionado a aspectos objetivos, como por exemplo, erros de cálculos, erros de digitação, erros no nome, etc.

Nesse sentido:

> Não evidenciados no Acórdão vícios a serem sanados pela estreita via dos embargos de declaração (art. 897-A da CLT), a rejeição destes é medida que se impõe, máxime quando a parte deles se utiliza de forma inadequada, visando à modificação do mérito da decisão. Forçoso reconhecer que os embargos declaratórios manejados revelam seu intento de rediscussão da matéria, eternizando a questão, o que não é razoável nem possível pela via eleita[1].

1. (ROT nº 0020895-70.2016.5.04.0232, 2ª Turma do TRT da 4ª Região/RS, Rel. Marcelo José Ferlin D'Ambroso. j. 12.11.2019).

Desta forma, uma vez publicada a sentença, ocorre a preclusão consumativa, ou seja, a sentença não pode ser modificada, salvo nos casos de:

(1) **Indeferimento da petição inicial.** Nesses casos, o autor poderá recorrer de recurso ordinário, sendo assim, facultado ao juiz, no prazo de 5 (cinco) dias, retratar-se.

(2) **Prolação da sentença com base em um dos incisos do art. 485 do CPC.** Nesses casos, interposto o recurso ordinário da decisão, o juiz possui 5 (cinco) dias, para retratar-se.

(3) Para **corrigir-lhe, de ofício ou a requerimento da parte**, inexatidões materiais ou erros de cálculo.

(4) Por meio de **embargos de declaração**.

– Sempre que possível, o juiz resolverá o mérito sempre que a decisão for favorável à parte a quem aproveitaria eventual pronunciamento, isso se dá em decorrência do princípio da primazia do julgamento de mérito, Hamilton?

Isso mesmo. Como vimos, o juiz tem o dever de buscar, sempre que possível, o julgamento de mérito, devendo deixar de lado as soluções processuais, nos termos do art. 485 do CPC.

– Caso não tenha jeito e o juiz tenha que decidir extinguir o processo sem julgamento de mérito, é necessário intimar a parte prejudicada antes da decisão?

O processo hoje, exige um prévio diálogo entre as partes e o juiz para que ocorra a extinção sem mérito por falta de algum pressuposto processual.

– Mesmo nas questões que o juiz pode conhecer de ofício?

Sim, mesmo nas questões que ele possa conhecer de ofício. Olha o que diz o art. 10 do CPC:

> CPC, Art. 10. O juiz NÃO PODE DECIDIR, em grau algum de jurisdição, com base em fundamento A RESPEITO DO QUAL NÃO SE TENHA DADO ÀS PARTES OPORTUNIDADE DE SE MANIFESTAR, ainda que se trate de matéria sobre a qual deva decidir de ofício.

– Esse dispositivo retrata o princípio da vedação à decisão-surpresa?

Isso mesmo.

2. CLASSIFICAÇÃO DA SENTENÇA

– Como pode ser classificada a sentença quanto ao seu conteúdo?

Pela doutrina contemporânea, a sentença pode ser:

(1) **Sentença meramente declaratória** – é a sentença que declara a existência, inexistência, modo de ser, a autenticidade ou da falsidade de documento. Exemplo: Declaração do vínculo de emprego.

(2) **Sentença constitutiva** – é a sentença que além de declarar o direito existente, cria, extingue ou modifica uma relação jurídica. Exemplo: Sentença no processo de inquérito judicial para apuração de falta grave que extingue o contrato de trabalho por justa causa do empregado estável e; a sentença reconhece a rescisão indireta do contrato de trabalho.

(3) **Sentença condenatória** – é a sentença que além de declarar o direito existente, determina uma obrigação ao réu de pagar, dar, fazer ou não fazer alguma coisa. Exemplo: Sentença que determina o pagamento de férias, 13º salários, FGTS, reparação por danos morais, etc.

(4) **Sentença mandamental** – é a sentença que além de declarar o direito existente, determina uma obrigação ao réu de fazer

ou não fazer alguma coisa e expede uma ordem para cumprimento imediato.

(5) Sentença executivas *lato sensu* – São as sentenças que reconhecem o direito à prestação, que pode ser realizado pelo próprio Estado-juiz, mediante sub-rogação, pelo que se dispensam a manifestação de resistência pela parte vencida.

Perceba que toda sentença tem um conteúdo declaratório.

– Eu percebi, Professor!

Então vamos seguindo.

3. LIMITES DA SENTENÇA

– Professor, o juiz pode julgar além, aquém ou deixar de julgar algum pedido?

O princípio da demanda (ou dispositivo) representa o maior limite da atividade jurisdicional. Desta forma, a regra é que a sentença seja conforme ao pedido do reclamante.

Olha o que diz os artigos 141 e 492 do CPC:

> CPC, Art. 141. O juiz decidirá o mérito nos limites propostos pelas partes, sendo-lhe vedado conhecer de questões não suscitadas a cujo respeito a lei exige iniciativa da parte.
>
> CPC, Art. 492. É vedado ao juiz proferir decisão de natureza diversa da pedida, bem como condenar a parte em quantidade superior ou em objeto diverso do que lhe foi demandado.

Assim, o juiz deve ficar vinculado aos limites do pedido, não podendo julgar além, aquém, ou fora do quanto pretendido, sob pena de proferir decisão ultra, citra ou extra petita, atentando não só contra os arts. 141 e 492, CPC, acima escritos.

Segue uma tabelinha explicando a sentença:

ULTRA PETITA	EXTRA PETITA	CITRA PETITA
É a sentença que aprecia o pedido, porém, ao apreciar, o juiz vai além daquilo que foi pedido pelas partes.	É a sentença que aprecia pedido ou pedidos não formulados pelas partes.	É a sentença que deixa de apreciar um ou mais pedidos das partes.

– Então é vedado ao juiz proferir sentença de natureza diversa da pedida, assim como condenar a parte em quantidade superior ou em objeto diverso do que lhe foi demandado, certo?

Perfeito. Assim, se a parte pede em sua petição inicial somente danos materiais (dano emergente [gastos efetivados com medicamentos em decorrência do acidente sofrido]), não pode o juiz, condenar a empresa reclamada em danos morais.

Mas não esqueça das exceções ao princípio do dispositivo ou da inércia da jurisdição.

– Hamilton, eu não estou lembrando!

Calma, vamos relembrar:

(1) Juros e correção monetária não pedidos na petição inicial.

> TST, SUM 211 – JUROS DE MORA E CORREÇÃO MONETÁRIA. INDEPENDÊNCIA DO PEDIDO INICIAL E DO TÍTULO EXECUTIVO JUDICIAL – Os juros de mora e a correção monetária incluem-se na liquidação, ainda que omisso o pedido inicial ou a condenação.

(2) Conversão da estabilidade provisória em indenização substitutiva quando o prazo da estabilidade esgotou no curso do processo trabalhista.

TST, SUM 396 – ESTABILIDADE PROVISÓRIA. PEDIDO DE REINTEGRAÇÃO. CONCESSÃO DO SALÁRIO RELATIVO AO PERÍODO DE ESTABILIDADE JÁ EXAURIDO. INEXISTÊNCIA DE JULGAMENTO "EXTRA PETITA"

I – EXAURIDO O PERÍODO DE ESTABILIDADE, SÃO DEVIDOS AO EMPREGADO APENAS OS SALÁRIOS do período compreendido entre a data da despedida e o final do período de estabilidade, não lhe sendo assegurada a reintegração no emprego.

TST, SUM 244 – GESTANTE. ESTABILIDADE PROVISÓRIA

II – A garantia de emprego à gestante só autoriza a reintegração se esta se der durante o período de estabilidade. Do contrário, a garantia restringe-se aos salários e demais direitos correspondentes ao período de estabilidade.

(3) Conversão da estabilidade provisória em indenização substitutiva quando o juiz verificar que o retorno a atividade é incompatível, mesmo que ainda não tenha sido esgotado o prazo da estabilidade.

TST, SUM 396 – ESTABILIDADE PROVISÓRIA. PEDIDO DE REINTEGRAÇÃO. CONCESSÃO DO SALÁRIO RELATIVO AO PERÍODO DE ESTABILIDADE JÁ EXAURIDO. INEXISTÊNCIA DE

JULGAMENTO "EXTRA PETITA"

II – Não há nulidade por julgamento "extra petita" da decisão que deferir salário quando o pedido for de reintegração, dados os termos do art. 496 da CLT.

(4) Agente insalubre constatado no ambiente de trabalho diverso do apontado na causa de pedir da petição inicial.

TST, SUM 293 – ADICIONAL DE INSALUBRIDADE. CAUSA DE PEDIR. AGENTE NOCIVO DIVERSO DO APONTADO NA INICIAL A verificação mediante perícia de prestação de serviços em condições nocivas, considerado agente insalubre diverso do apontado na inicial, não prejudica o pedido de adicional de insalubridade.

(5) Sentença omissa quanto aos descontos fiscais.

TST, SUM 401 – AÇÃO RESCISÓRIA. DESCONTOS LEGAIS. FASE DE EXECUÇÃO. SENTENÇA EXEQUENDA OMISSA. INEXISTÊNCIA DE OFENSA À COISA JULGADA – Os descontos previdenciários e fiscais devem ser efetuados pelo juízo executório, ainda que a sentença exequenda tenha sido omissa sobre a questão, dado o caráter de ordem pública ostentado pela norma que os disciplina. A ofensa à coisa julgada somente poderá ser caracterizada na hipótese de o título exequendo, expressamente, afastar a dedução dos valores a título de imposto de renda e de contribuição previdenciária.

(6) Ausência de pedido expresso para condenação da parte contrária em honorários sucumbenciais.

STF, SUM 256 – É dispensável pedido expresso para condenação do réu em honorários, com fundamento nos arts. 63 ou 64 do Código de Processo Civil.

Nesse sentido:

HONORÁRIOS ADVOCATÍCIOS. PEDIDO ILÍQUIDO. CABIMENTO. INÉPCIA DA INICIAL NÃO CONFIGURADA. É desnecessária a indicação, na inicial, do valor do pedido de honorários advocatícios, pois estes são arbitrados pelo Juiz com base em parâmetro previsto em lei (5% a 15% sobre o total que resultar da liquidação, do proveito econômico obtido ou, não sendo possível mensurá-lo, sobre o valor atualizado da causa, nos moldes do artigo 791-A da CLT). Ou seja, trata-se de pedido acessório, a ser calculado com base em percentual legal sobre o montante da condenação. Nos termos do § 3º do artigo 840 da CLT, incluído pela Lei nº 13.467/2017, ainda que se entenda pela inépcia do pedido de honorários advocatícios pela ausência de indicação do valor na exordial, não é o caso de extinção de todo o feito sem resolução do mérito, mas apenas do indigitado pleito. (Recurso Ordinário nº 0100135-85.2018.5.01.0341, TRT da 1ª Região, Rel. Marcos de Oliveira Cavalcante. DOERJ 30.05.2019).

– Que maravilha, eu lembrei de tudo. Mas estou com uma outra dúvida.

Diga.

– Se a parte liquidar seus pedidos o juiz também fica limitado aos valores indicados na peça inicial?

Veja bem, quando a parte fizer pedido líquido e certo na petição inicial a condenação limita-se ao *quantum* especificado, ou seja, a condenação em quantia superior àquela fixada pelo reclamante na reclamação trabalhista caracteriza violação sob pena de violação dos arts. 141 e 492 do CPC/15. Nesse sentido, as decisões do TST:

> [...] III – RECURSO DE REVISTA DA RECLAMADA REGIDO PELA LEI 13.015/2014. LIMITAÇÃO DOS VALORES A SEREM APURADOS EM LIQUIDAÇÃO DE SENTENÇA ÀS QUANTIAS INDICADAS NA PETIÇÃO INICIAL DA RECLAMAÇÃO TRABALHISTA. O Tribunal Regional afastou o pleito de limitação da condenação aos valores do pedido, sob o fundamento de que "o valor dos pedidos pode ser fixado com base na estimativa das parcelas pleiteadas, o que é feito não apenas nas ações sujeitas ao rito sumaríssimo, mas, também, nas de rito sumário (Lei nº 5.584/70, art. 2º, § 2º) e naquelas sujeitas ao procedimento ordinário da CLT". Consignou que "De fato, somente depois de feita a estimativa do valor pleiteado é que se conhecerá o montante do pedido, o que determinará o rito a ser seguido. Determinou, assim, que os valores objeto da condenação devem ser apurados em liquidação por cálculos, não sujeitos à limitação dos valores constantes da inicial. Ocorre que o entendimento desta Corte é no sentido de que, havendo pedido líquido e certo na petição inicial, a condenação limita-se ao quantum especificado, sob pena de violação dos arts. 141 e 492 do CPC/15 (128 e 460 do CPC/73). Julgados. Recurso de revista conhecido e provido" (RR-12131-83.2016.5.18.0013, 5ª Turma, Relator Ministro Douglas Alencar Rodrigues, DEJT 04/10/2019)

"RECURSO DE REVISTA. ACÓRDÃO REGIONAL PUBLICADO NA VIGÊNCIA DA LEI Nº 13.015/2014. 1. JULGAMENTO ULTRA PETITA. LIMITAÇÃO DA CONDENAÇÃO AOS VALORES ATRIBUÍDOS A CADA UM DOS PEDIDOS DA PETIÇÃO INICIAL. CONHECIMENTO E PROVIMENTO. I. A Corte Regional decidiu que, " quanto à limitação da condenação aos valores discriminados na petição inicial, a liquidação da sentença não está vinculada ao valor dado ao pedido pela peça inicial, pois os valores atribuídos na inicial representam apenas uma estimativa do conteúdo econômico dos pedidos e são formulados para fins de fixação da alçada, não havendo falar em limite do valor dos pedidos ". II. Este Tribunal Superior firmou entendimento de que, na hipótese em que existe pedido líquido e certo na petição inicial, o julgador fica adstrito aos valores atribuídos a cada um desses pedidos, de maneira que a condenação em quantia superior àquela fixada pelo Reclamante na reclamação trabalhista caracteriza violação dos arts. 128 e 460 do CPC/1973. III. Recurso de revista de que se conhece, por divergência jurisprudencial, e a que se dá provimento. (...) III. Recurso de revista de que não se conhece" (RR-3087-48.2012.5.03.0029, 4ª Turma, Relator Ministro Alexandre Luiz Ramos, DEJT 28/06/2019).

"AGRAVO DE INSTRUMENTO. LEI 13.467/2017. (...) LIMITAÇÃO DA CONDENAÇÃO. VALORES INDICADOS NA PETIÇÃO INICIAL. O Tribunal Regional indeferiu o pedido da reclamada de limitação do valor da condenação aos valores indicados na petição inicial, sob o fundamento de que traduzem apenas uma estimativa para fins de estabelecimento de valor de alçada do processo, tendo em vista tratar-se de demanda sujeita ao rito ordinário. A causa apresenta transcendência política, nos termos do art. 896-A, §1º, II, da CLT, uma vez que é entendimento desta c. Corte que apresentado pedido líquido e certo, fixando valores determinados a cada um dos pedidos, a condenação em quantidade superior ao pleiteado caracteriza julgamento extra petita. Demonstrado pelo recorrente, por meio de cotejo analítico, que o eg. TRT incorreu em ofensa ao art. 492 do CPC. Recurso de revista de que se conhece e a que se dá provimento" (ARR-10567-02.2016.5.03.0138, 6ª Turma, Relatora Desembargadora Convocada Cilene Ferreira Amaro Santos, DEJT 28/06/2019).

– Então, professor, se o reclamante atribuiu valores específicos aos pedidos formulados na petição inicial, esses valores devem ser observados pelo magistrado, sob pena de julgamento *ultra petita*, nos termos dos arts. 141 e 492 do CPC.

Isso mesmo.

Para aprofundar o tema, aconselho uma nova leitura no item princípio do dispositivo / inércia da jurisdição.

4. ESTRUTURA DA SENTENÇA

– Quais os requisitos estruturais da sentença, Hamilton?

Os requisitos estruturais da sentença trabalhista estão elencados no caput do art. 832 da CLT, senão vejamos:

> CLT, Art. 832 – Da decisão deverão constar o nome das partes, o resumo do pedido e da defesa, a apreciação das provas, os fundamentos da decisão e a respectiva conclusão.

– Diante desse artigo, podemos concluir que os requisitos da sentença são o relatório, a fundamentação e a conclusão?

Sim, esses são os requisitos estruturais da sentença. Vamos analisar cada um.

4.1. Relatório

É uma síntese do processo, onde menciona-se o que foi pedido pelo reclamante, o que foi dito pela reclamada, as provas produzidas, bem como as principais passagens do processo. Olha o que diz o inciso I do art. 489 do CPC:

> CPC, Art. 489. São elementos essenciais da sentença:
>
> I – o relatório, que conterá os nomes das partes, a identificação do caso, com a suma do pedido e da contestação, e o registro das principais ocorrências havidas no andamento do processo;

No procedimento sumaríssimo[2], o relatório é dispensado, conforme determinado pelo art. 852-I da CLT:

> CLT, Art. 852-I. A sentença mencionará os elementos de convicção do juízo, com resumo dos fatos relevantes ocorridos em audiência, DISPENSADO O RELATÓRIO.

4.2. Fundamentação

Na fundamentação, o Juiz apreciará os argumentos da causa de pedir e os pedidos do reclamante, as teses de defesa da reclamada, valorará as provas e, por fim, revelará a sua argumentação para julgar procedente ou improcedente os pedidos feitos pelo reclamante.

Nesse sentido:

> CPC, Art. 489. São elementos essenciais da sentença:
>
> II – os fundamentos, em que o juiz analisará as questões ele fato e de direito;

– O juiz pode decidir sem fundamentar, Professor?

Em nenhuma hipótese o Juiz pode sentenciar sem fundamentar. Tal requisito, está previsto no art. 93, IX da CF, senão vejamos:

2. Art. 852-A. Os dissídios individuais cujo valor não exceda a quarenta vezes o salário mínimo vigente na data do ajuizamento da reclamação ficam submetidos ao procedimento sumaríssimo. Art. 852-A. Os dissídios individuais cujo valor não exceda a quarenta vezes o salário mínimo vigente na data do ajuizamento da reclamação ficam submetidos ao procedimento sumaríssimo.

> CF, Art. 93. Lei complementar, de iniciativa do Supremo Tribunal Federal, disporá sobre o Estatuto da Magistratura, observados os seguintes princípios:
>
> IX todos os julgamentos dos órgãos do Poder Judiciário serão públicos, E FUNDAMENTADAS TODAS AS DECISÕES, SOB PENA DE NULIDADE, podendo a lei limitar a presença, em determinados atos, às próprias partes e a seus advogados, ou somente a estes, em casos nos quais a preservação do direito à intimidade do interessado no sigilo não prejudique o interesse público à informação;

Desta forma, se a decisão não for fundamentada, estaremos diante de uma nulidade.

– Nulidade, Hamilton?

Sim. Nulidade por negativa da prestação jurisdicional. O TST, ao tratar dessa nulidade na fase de recurso de revista, decidiu por meio da súmula 459, que o conhecimento do recurso, quanto à preliminar de nulidade, por negativa de prestação jurisdicional, supõe indicação de violação do art. 832 da CLT, do art. 489 do CPC de 2015 ou do art. 93, IX, da CF/198.

– E quando que a decisão será considerada "não fundamentada"?

Segundo o § 1º do art. 489 do CPC, não se considera fundamentada qualquer decisão judicial que:

> I – se limitar à indicação, à reprodução ou à paráfrase de ato normativo, sem explicar sua relação com a causa ou a questão decidida;
>
> II – empregar conceitos jurídicos indeterminados, sem explicar o motivo concreto de sua incidência no caso;
>
> III – invocar motivos que se prestariam a justificar qualquer outra decisão;

> IV - não enfrentar todos os argumentos deduzidos no processo capazes de, em tese, infirmar a conclusão adotada pelo julgador;
>
> V - se limitar a invocar precedente ou enunciado de súmula, sem identificar seus fundamentos determinantes nem demonstrar que o caso sob julgamento se ajusta àqueles fundamentos;
>
> VI - deixar de seguir enunciado de súmula, jurisprudência ou precedente invocado pela parte, sem demonstrar a existência de distinção no caso em julgamento ou a superação do entendimento.

Em bom português: tem de EXPLICAR o PORQUÊ foi decidido daquela forma.

4.3. Dispositivo

No dispositivo da sentença, o Juiz:

(1) Afasta ou acolhe as preliminares e as prejudiciais de mérito;

(2) Condena ou absolve a reclamada;

(3) Determina o modo (por cálculo, arbitramento ou artigos) e os parâmetros para a liquidação da sentença;

(4) Determina as parcelas que terão incidência de contribuições previdenciárias e fiscais conforme o § 3º, art. 832 da CLT.

> § 3º - As decisões cognitivas ou homologatórias deverão sempre indicar a natureza jurídica das parcelas constantes da condenação ou do acordo homologado, inclusive o limite de responsabilidade de cada parte pelo recolhimento da contribuição previdenciária, se for o caso.

(5) Determina nas obrigações de fazer e não fazer, prazo para cumprimento e eventuais penalidades (astreintes) para os casos de descumprimento.

(6) Determina quem deverá pagar às custas do processo nos termos do art. 789 da CLT.

CLT, Art. 789. Nos dissídios individuais e nos dissídios coletivos do trabalho, nas ações e procedimentos de competência da Justiça do Trabalho, bem como nas demandas propostas perante a Justiça Estadual, no exercício da jurisdição trabalhista, as custas relativas ao processo de conhecimento incidirão à base de 2% (dois por cento), observado o mínimo de R$ 10,64 (dez reais e sessenta e quatro centavos) e o máximo de quatro vezes o limite máximo dos benefícios do Regime Geral de Previdência Social, e serão calculadas:

I – quando houver acordo ou condenação, sobre o respectivo valor;

II – quando houver extinção do processo, sem julgamento do mérito, ou julgado totalmente improcedente o pedido, sobre o valor da causa;

III – no caso de procedência do pedido formulado em ação declaratória e em ação constitutiva, sobre o valor da causa;

IV – quando o valor for indeterminado, sobre o que o juiz fixar.

§ 1º As custas serão pagas pelo vencido, após o trânsito em julgado da decisão. No caso de recurso, as custas serão pagas e comprovado o recolhimento dentro do prazo recursal.

§ 2º Não sendo líquida a condenação, o juízo arbitrar-lhe-á o valor e fixará o montante das custas processuais.

§ 3º Sempre que houver acordo, se de outra forma não for convencionado, o pagamento das custas caberá em partes iguais aos litigantes.

§ 4º Nos dissídios coletivos, as partes vencidas responderão solidariamente pelo pagamento das custas, calculadas sobre o valor arbitrado na decisão, ou pelo Presidente do Tribunal.

(7) **Determina o prazo para cumprimento das demais condenações. Como regra, a sentença deve ser cumprida após o trânsito em julgado.**

– Resumindo, professor, seria a parte da decisão que contém uma resposta acerca do acolhimento ou da rejeição do pedido formulado pelo reclamante.

Isso mesmo, o dispositivo é uma parte fundamental da decisão judicial, pois uma sentença sem dispositivo, é uma decisão inexistente.

– E o que seria o dispositivo indireto?

Seria o dispositivo da sentença que faz remissão aos seus próprios fundamentos, ou seja, o dispositivo não especifica as parcelas deferidas, limitando-se a se reportar à fundamentação.

– Esse tipo de decisão é válida, Hamilton?

É válida a decisão em que o magistrado faz uso do dispositivo indireto. O artigo 832 da CLT não estabelece exigência que impeça a utilização desse mecanismo. Ademais, eventual nulidade apenas é declarada se constatado prejuízo à parte (artigo 794 da CLT[3]), o que não ocorre nesse caso.

– Compreendi, Hamilton. E a recorribilidade?

Calma, mais na frente veremos isso.

3. Art. 794 – Nos processos sujeitos à apreciação da Justiça do Trabalho só haverá nulidade quando resultar dos atos inquinados manifesto prejuízo às partes litigantes.

CAPÍTULO 15

Coisa Julgada

1. COISA JULGADA FORMAL E MATERIAL

– Professor, o que significa coisa julgada?

A coisa julgada está prevista no inciso XXXVI[1] do art. 5º da Constituição Federal sendo um direito fundamental das partes. Verifica-se a coisa julgada quando se reproduz ação anteriormente ajuizada que já foi decidida por decisão transitada em julgado, ou seja, que não cabe mais recurso.

– Quando que uma ação é idêntica a outra?

Uma ação é idêntica a outra quando possui as mesmas partes, a mesma causa de pedir e o mesmo pedido.

– Tem diferença para a coisa julgada formal ou material?

Temos sim. Veja:

(1) Coisa Julgada formal – Ocorre quando não é mais possível modificar a sentença ou acórdão por qualquer meio processual dentro do processo em que foi proferida seja porque não caiba mais recursos, seja porque foram esgotadas as possibilidades recursais ou o recurso adequado não foi interposto no prazo legal. Em resumo, coisa julgada formal é

1. XXXVI – a lei não prejudicará o direito adquirido, o ato jurídico perfeito e a coisa julgada;

uma preclusão[2], onde não mais é possível a recorrer da sentença dentro do mesmo processo.

(2) **Coisa Julgada material** – Segundo o art. 502 do CPC, denomina-se coisa julgada material a autoridade que toma imutável e indiscutível a decisão de mérito não mais sujeita a recurso. Aqui, os efeitos da coisa julgada se projetam para fora da relação jurídico-processual, pois obrigam as partes ao que foi decidido na sentença.

– Então, Professor, posso concluir que toda decisão faz coisa julgada formal?

Isso mesmo, toda sentença vai ter a qualidade da coisa julgada formal (seja terminativa ou definitiva), pois chegará um determinado momento em que ela não poderá mais ser recorrível.

2. LIMITES DA COISA JULGADA

2.1. Limites subjetivos

– A coisa julgada somente diz respeito às partes do processo, não é isso, Hamilton?

Olha o que dispõe o art. 506 do CPC:

> "A sentença faz coisa julgada às partes entre as quais é dada, não prejudicando terceiros."

Desta forma, somente as partes são atingidas pela autoridade de coisa julgada e, apenas por exceção, terceiros juridicamente interessados poderão ser atingidos, como, por exemplo, o sucessor (*causa mortis*).

2. CPC, Art. 507. É vedado à parte discutir no curso do processo as questões já decididas a cujo respeito se operou a preclusão.

2.2. Limites objetivos

– O que posso entender por limite objetivo da coisa julgada, Hamilton?

Primeiro leia o art. 503 do CPC:

> "A decisão que julgar total ou parcialmente o mérito tem força de lei nos limites da questão principal expressamente decidida.

Já?

– Sim!

Então observe que a coisa julgada faz lei entre as partes nos limites da lide, ou seja, do pedido e da causa de pedir, bem como das questões decididas no processo, desde que constem do dispositivo.

– Vi que você mencionou que faz coisa julgada o que consta no dispositivo da sentença, Hamilton, quer dizer que, a parte do relatório e da fundamentação não fazem coisa julgada?

Isso mesmo. Somente o que consta na parte dispositiva da sentença é alcançada pela coisa julgada, juntamente com a questão prejudicial expressamente decidida e que conste também no dispositivo da sentença. Assim, o relatório e a fundamentação da sentença não são alcançados pela coisa julgada.

Segundo o art. 504 do CPC, não fazem coisa julgada, os motivos, ainda que importantes para determinar o alcance da parte dispositiva da sentença e a verdade dos fatos, estabelecida como fundamento da sentença.

Veja, a questão incidente faz coisa julgada nos termos § 1º do art. 503 se:

(1) dessa resolução depender o julgamento do mérito;

(2) a seu respeito tiver havido contraditório prévio e efetivo, não se aplicando no caso de revelia;

(3) o juízo tiver competência em razão da matéria e da pessoa para resolvê-la como questão principal.

3. COISA JULGADA NAS AÇÕES DE TRATO CONTINUADO

– O que seria relações de trato continuado?

Obrigação de trato continuado é aquela cuja prestação se renova em prestações singulares e sucessivas, em períodos consecutivos, como por exemplo, com parcelas trabalhistas postuladas em juízo com o contrato de trabalho ativo.

– O juiz pode decidir novamente a lide de trato continuado?

Em geral, uma vez decidida a causa, o juiz sobre ela não pode emitir novo pronunciamento, em decorrência da coisa julgada. O art. 505 constitui exceção à impossibilidade de novo julgamento sobre as questões já decididas, quando prevê que tratando-se de relação jurídica de trato continuado, sobrevindo modificação no estado de fato ou de direito, a parte poderá pedir a revisão do que foi estatuído na sentença.

Desta forma, quando sobrevém modificação no estado de fato ou de direito acobertado pela coisa julgada, o juiz, quando acionado por meio do pedido revisional, poderá modificar a decisão.

– Teria algum exemplo, professor?

Um exemplo seria o empregado que, trabalhando na empresa, solicita seu direito em juízo e obtém êxito na condenação da empresa, para esta pagar o adicional de insalubridade. Assim, existe a possibilidade de ser revista a condenação da empresa reclamada, quando alteradas as condições (local deixou de ser insalubre ou o Ministério do Trabalho deixou de enquadrar o agente insalubre, nos termos da súmula 248 do TST[3]) que ensejaram o respectivo pagamento. Sendo assim, a sentença condenatória poderá ser revista, mediante ajuizamento de ação revisional.

– Perfeito.

4. DOS EFEITOS DA COISA JULGADA CRIMINAL NO PROCESSO DO TRABALHO

O mesmo fato pode dar origem a sanções civis, penais e administrativas, aplicáveis cumulativamente.

– Isso seria o princípio da independência das responsabilidades, professor?

Isso mesmo, veja o que diz o art. 935 do CC:

> A responsabilidade civil É INDEPENDENTE DA CRIMINAL, não se podendo questionar mais sobre a existência do fato, ou sobre quem seja o seu autor, quando estas questões se acharem decididas no juízo criminal.

A responsabilidade civil é independente ela criminal, não obstante um mesmo fato possa ter sanções nas esferas civil, criminal e trabalhista.

A coisa julgada no direito penal não interfere na esfera civil. A título de exemplo, absolvição do réu no processo penal não significa automática liberação de responder na esfera trabalhista. O direito penal exige a culpa em sentido estrito para a condenação, enquanto o direito civil pode sancionar o devedor que tenha agido com culpa,

3. TST, SUM – ADICIONAL DE INSALUBRIDADE. DIREITO ADQUIRIDO – A reclassificação ou a descaracterização da insalubridade, por ato da autoridade competente, repercute na satisfação do respectivo adicional, sem ofensa a direito adquirido ou ao princípio da irredutibilidade salarial.

ainda que no grau mínimo. Desta forma, pode o réu ser absolvido no processo penal por falta de provas (CPP 386 V) e não conseguir a anulação da justa causa por ato de improbidade (acusação de furto) na justiça do trabalho. Nesse sentido:

> RECURSO ORDINÁRIO EM AÇÃO RESCISÓRIA. 1. ART. 485, VII, DO CPC. JUSTA CAUSA RECONHECIDA NO ACÓRDÃO TRANSITADO EM JULGADO. DECISÃO JUDICIAL SUPERVENIENTE PROFERIDA NO JUÍZO CRIMINAL. DOCUMENTO NOVO. NÃO CARACTERIZAÇÃO. 1. Pretensão desconstitutiva fundada na existência de documento novo, consistente em decisão proferida em processo criminal, posteriormente ao trânsito em julgado do acórdão rescindendo. Tese inicial baseada na alegação de que nos autos do processo penal foi prolatada decisão em que declarada a inocência da Autora em relação ao crime de falsificação de atestado médico, o que impediria a caracterização da falta grave e a decretação da justa causa que motivou a rescisão de seu contrato de trabalho. 2. Nos termos do art. 485, VII, do CPC, é possível a rescisão do julgado de mérito quando, após a sentença, "o autor obtiver documento novo, cuja existência ignorava, ou de que não pôde fazer uso, capaz, por si só, de lhe assegurar pronunciamento favorável". 3. Na hipótese, o acórdão rescindendo data de 16.08.2011 (considerada a data de julgamento dos embargos de declaração), com publicação em 22.08.2011 e trânsito em julgado em 31.08.2011, enquanto o acórdão apontado como documento novo foi proferido em 29.11.2011, passando em julgado em 30.01.2012. Verifica-se, portanto, que o documento apresentado pela Autora não é cronologicamente anterior (velho) à decisão rescindenda, não se enquadrando na definição de documento novo (Súmula 402 do TST). 4. Ademais, mesmo que a referida decisão pudesse ser considerada cronologicamente velha, ainda assim não seria "documento novo" apto a autorizar a rescisão do julgado. Afinal, no julgamento proferido pelo Tribunal Regional Federal da 3ª Região a Autora foi absolvida com base no art. 386, VII, do CPP, isto é, por "não existir prova suficiente para a condenação". Ora, não decidindo o Juízo criminal sobre a autoria do fato, antes absolvendo a Autora por falta de provas, é certo que a conclusão alcançada no processo penal não importaria no afastamento da justa causa reconhecida no processo trabalhista, ex vi do art. 935 do CCB. 2. ART. 485, VI, DO CPC. AUSÊNCIA

DE PROVA NO PROCESSO CRIMINAL. PROCESSO TRABALHISTA. FALTA GRAVE. JUSTA CAUSA. RESCISÃO DO CONTRATO DE TRABALHO. PROVA FALSA. NÃO CONFIGURAÇÃO. 1. Pretensão rescisória calçada na alegação de que o acórdão rescindendo, no qual se concluiu pela caracterização da falta grave e decretação da justa causa que motivou a rescisão do contrato de trabalho da Autora, baseou-se em prova falsa (art. 485, VI, do CPC). 2. O órgão prolator do acórdão rescindendo reconheceu a justa causa com base nas provas (documental e testemunhal) produzidas na ação matriz, consistentes na apresentação de atestado médico com data final do afastamento alterada e na tentativa da Autora de constranger a médica a confirmar que adulterou o referido documento. Ainda que se considere, por hipótese, que as provas nas quais se baseou o órgão prolator da decisão rescindenda não conduzem ao reconhecimento da justa causa, é certo que tais provas não foram declaradas falsas em processo penal, também não sendo demonstrada a respectiva falsidade na presente ação rescisória. A absolvição da Autora no processo criminal, por insuficiência de provas, com aplicação do princípio do in dubio pro reo, jamais implicou o reconhecimento da falsidade de qualquer prova produzida na ação matriz. É preciso ter presente que não torna a prova falsa a possível deficiência na valoração levada a efeito pelo órgão prolator da decisão rescindenda. Vale lembrar que não figura a ação rescisória como oportunidade para a correção de eventuais injustiças, não representando nova oportunidade para a defesa de pretensões subjetivas em parâmetros semelhantes aos da ação trabalhista em que formada a combatida coisa julgada. Recurso ordinário conhecido e não provido. (RO nº 0010131-04.2013.5.02.0000, SBDI-2 do TST, Rel. Douglas Alencar Rodrigues. unânime, DEJT 03.03.2016).

– Professor, e se lá no criminal, quando já se decidiu sobre a existência do fato ou sobre quem seja o seu autor, elas fazem coisa julgada na trabalhista?

A segunda parte do artigo 935, veda "*questionar mais sobre a existência do fato, ou sobre quem seja o seu autor, quando estas questões se acharem decididas no juízo criminal*".

Nos casos de sentença penal condenatória, a decisão do juízo criminal necessariamente terá reconhecido a ocorrência do fato criminoso e a autoria pelo réu, razão pela qual estas questões não mais poderão ser discutidas na esfera cível, se ali já não tiverem sido julgadas.

Quando for sentença criminal absolutória, será necessário analisar a fundamentação empregada na decisão, para saber se a coisa julgada penal interfere nas outras áreas do direito.

– Como assim, Hamilton?

Veja, caso a sentença penal absolutória reconheça "estar provada a inexistência do fato" ou "estar provado que o réu não concorreu para a infração penal" conforme disposto no art. 386, incs. I e IV, do CPP, exprimindo juízo de certeza acerca do contexto fático, fica o juízo das demais áreas do direito vinculado a tais conclusões.

Contudo, entendendo o juízo criminal "não haver prova da existência do fato" ou "não existir prova de ter o réu concorrido para a infração penal" conforme disposto no art. 386, incs. II e V, do CPP, fica o juízo das demais áreas do direito livre para reavaliar a questão.

Olha o que diz o enunciado 45 da 1° Jornada de Direito Civil

> I Jornada de Direito Civil – Enunciado 45: "No caso do CC 935, não mais se poderá questionar sobre a existência do fato ou sobre quem seja o seu autor se essas questões se acharem categoricamente decididas no juízo criminal.

– Então, Hamilton, posso concluir que quando as questões da existência do fato (materialidade) e de quem seja o seu autor (autoria) estiverem decididas no processo penal, essas matérias se projetam nas demais áreas, ou seja, o juízo das demais áreas do direito fica vinculado a tais conclusões?

Isso! Perfeito.

– Tem mais alguma coisa sobre o tema que eu preciso saber, professor?

Sim, vamos lá.

1. A coisa julgada leva à extinção do processo sem resolução de mérito (art. 485, V, CPC).

> CPC, Art. 485. O juiz não resolverá o mérito quando:
>
> V – reconhecer a existência de perempção, de litispendência ou de coisa julgada;

2. A coisa julgada pode ser alegada em preliminar de contestação (CPC, art. 337, VII) ou em preliminar de recurso ordinário.

3. O juiz da vara ou o próprio TRT podem conhecer a coisa julgada de ofício. (CPC, art. 485, § 3º)

> CPC, art. 485 – § 3º O juiz conhecerá de ofício da matéria constante dos incisos IV, V, VI e IX, em qualquer tempo e grau de jurisdição, enquanto não ocorrer o trânsito em julgado.

4. A coisa julgada não pode ser alegada pela primeira vez no recurso de revista, ainda que se trate de matéria de ordem pública, porque é necessário o prequestionamento como pressuposto de admissibilidade em recursos de natureza extraordinária.

5. A parte pode alegar a violação da coisa julgada material em ação rescisória. (CPC, art. 966, IV)

> CPC, Art. 966. A decisão de mérito, transitada em julgado, pode ser rescindida quando:
>
> IV – ofender a coisa julgada;

6. O acordo celebrado homologado judicialmente em que o empregado dá plena e ampla quitação, sem qualquer ressalva, alcança não só objeto da inicial, como também todas as

demais parcelas referentes ao extinto contrato de trabalho, violando a coisa julgada, a propositura de nova reclamação trabalhista. (TST, OJ 132 da SDI-2)

7. A coisa julgada produzida na ação de cumprimento é atípica, pois dependente de condição resolutiva, ou seja, da não-modificação da decisão normativa por eventual recurso. Assim, modificada a sentença normativa pelo TST, com a consequente extinção do processo, sem julgamento do mérito, deve-se extinguir a execução em andamento, uma vez que a norma sobre a qual se apoiava o título exequendo deixou de existir no mundo jurídico. (TST, OJ 277 da SDI-1)

5. DECISÕES JUDICIAIS

No processo, somente algumas decisões judiciais podem ser alvo de recurso.

– Primeiro eu gostaria de saber quais decisões podem ser proferidas no decorrer do processo, Hamilton.

No processo, podem ser proferidas as seguintes decisões:

(1) **Despachos –** Segundo o § 3º do art. 203 do CPC, são despachos os pronunciamentos do juiz praticados no processo, de ofício ou a requerimento da parte, sem conteúdo decisório, tendo por finalidade apenas o impulsionamento do processo.

(2) **Decisão interlocutória –** Segundo o § 2º do art. 203 do CPC, decisão interlocutória é o ato pelo qual o juiz, no curso do processo, resolve questão incidente, ou seja, decisão com conteúdo decisório proferida antes da sentença.

(3) **Sentença –** Segundo o § 1º do art. 203 do CPC, sentença é o pronunciamento por meio do qual o juiz, com fundamento nos arts. 485 e 487, põe fim à fase cognitiva do procedimento comum, bem como extingue a execução. Com esse pronunciamento, o juiz encerra a sua atividade no processo de conhecimento.

(4) **Decisão monocrática –** São decisões monocráticas (julgamento singular) proferidas pelos Desembargadores ou Ministros nos termos do art. 932 do CPC.

(5) **Acórdão –** Segundo o art. 204 do CPC, acórdão é o julgamento colegiado proferido pelos tribunais.

5.1. Decisões irrecorríveis no Processo do Trabalho

– Agora, me responda o seguinte: todas essas decisões cabem recurso?

Não, no Processo do Trabalho, as seguintes decisões judiciais são irrecorríveis:

(1) **Despachos –** Segundo o art. 1.001 do CPC, dos despachos não cabe recurso, pois tais atos visam simplesmente a impulsionar o procedimento, sendo insuscetíveis de causar gravame a qualquer das partes.

(2) **Decisão interlocutória –** Segundo o § 1º do art. 893 da CLT, as decisões interlocutórias somente serão questionadas em sede de recursos das decisões definitivas, ou seja, quando a parte for recorrer da sentença do processo. Veja bem, isso não significa que não cabe recurso das decisões interlocutórias, o que eu disse foi que, tais decisões são irrecorríveis de imediato, contudo, caberá questioná-las no momento do recurso da decisão definitiva ou terminativa. Mais à frente, em capítulo próprio, explico as exceções, ou seja, quando que a parte vai poder recorrer de imediato das decisões interlocutórias.

(3) **Sentença no rito sumário –** Segundo o § 4º do art. 2º da Lei 5.584/70, não cabe recurso das sentenças proferidas nos dissídios da alçada (rito sumário), salvo se na sentença o juiz tiver violado norma da constituição.

– O que seria mesmo esse rito sumário?

Conforme determinado pelo § 3º do art. 2º da Lei 5.584/70, o rito sumário é aplicado aos processos judiciais cujo valor da causa não ultrapassa a duas vezes o salário mínimo, em vigor na data do ajuizamento da ação. Lembre-se que o rito sumário também é conhecido como dissídio de alçada.

– Ah sim, lembrei. Obrigado.

CAPÍTULO 16

Teoria Geral dos Recursos

1. CONCEITO DE RECURSO

Recurso é um meio processual colocado à disposição das partes, do Ministério Público e do terceiro, a viabilizar, dentro da mesma relação jurídica processual, e dentro de certo prazo, a anulação, a reforma, a integração ou o aclaramento da decisão judicial impugnada[1].

2. CARACTERÍSTICAS DOS RECURSOS

2.1. Voluntariedade

– O recurso é um ato voluntário, Hamilton?

A apresentação do recurso depende da manifestação da parte sucumbente, do Ministério Público e de um terceiro interessado, como vimos no conceito acima. Logo, só recorre quem tem interesse, visto que, no direito, vigora o princípio da inércia da jurisdição (CPC, art. 2º).

2.2. Remessa necessária

Contudo, temos exceção.

– Qual exceção?

1. RODRIGUES, Marcelo Abelha. Manual de Direito Processual Civil. 5. ed. São Paulo: Revista dos Tribunais, 2010. pág. 585.

Nos casos que a Administração Pública é condenada pelo Judiciário. Veja a súmula 303 do TST:

> TST, SUM 303 - FAZENDA PÚBLICA. REEXAME NECESSÁRIO
>
> I - Em dissídio individual, está sujeita ao reexame necessário, mesmo na vigência da Constituição Federal de 1988, decisão contrária à Fazenda Pública, salvo quando a condenação não ultrapassar o valor correspondente a:
>
> a) 1.000 (mil) salários mínimos para a União e as respectivas autarquias e fundações de direito público;
>
> b) 500 (quinhentos) salários mínimos para os Estados, o Distrito Federal, as respectivas autarquias e fundações de direito público e os Municípios que constituam capitais dos Estados;
>
> c) 100 (cem) salários mínimos para todos os demais Municípios e respectivas autarquias e fundações de direito público.
>
> II- Também não se sujeita ao duplo grau de jurisdição a decisão fundada em:
>
> a) súmula ou orientação jurisprudencial do Tribunal Superior do Trabalho;
>
> b) acórdão proferido pelo Supremo Tribunal Federal ou pelo Tribunal Superior do Trabalho em julgamento de recursos repetitivos;
>
> c) entendimento firmado em incidente de resolução de demandas repetitivas ou de assunção de competência;
>
> d) entendimento coincidente com orientação vinculante firmada no âmbito administrativo do próprio ente público, consolidada em manifestação, parecer ou súmula administrativa.
>
> III - Em ação rescisória, a decisão proferida pelo Tribunal Regional do Trabalho está sujeita ao duplo grau de jurisdição obrigatório quando desfavorável ao ente público, exceto nas hipóteses dos incisos anteriores.
>
> IV - Em mandado de segurança, somente cabe reexame necessário se, na relação processual, figurar pessoa jurídica de direito público como parte prejudicada pela concessão da ordem. Tal

situação não ocorre na hipótese de figurar no feito como impetrante e terceiro interessado pessoa de direito privado, ressalvada a hipótese de matéria administrativa."

– O Tribunal pode piorar a situação da Administração Pública nos casos que só teve a remessa necessária?

Não. Segundo a Súmula 45 do STJ, no reexame necessário, é defeso ao tribunal, agravar a condenação imposta à Fazenda Pública.

– Certo. E se o procurador da Administração Pública resolver recorrer da decisão proferida pelo TRT em remessa necessária, ele pode?

Se o procurador da sentença de 1º grau não recorreu voluntariamente de recurso ordinário e o processo subiu ao TRT pela remessa necessária, em regra, ele não vai poder recorrer de recurso de revisa para o TST.

– Como assim em regra?

O TST, por meio da OJ 334 da SDI-1, entende ser incabível recurso de revista de ente público que não interpôs recurso ordinário voluntário da decisão de primeira instância, ressalvada a hipótese de ter sido agravada, na segunda instância, a condenação imposta.

– Hamilton, a Súmula 45 do STJ não disse que não pode agravar a decisão para a Administração pública?

Sim. Não pode agravar se o recurso subir ao TRT somente pela remessa necessária. Contudo, a parte que litiga contra a Administração Pública, pode recorrer de recurso ordinário tentando majorar a condenação da Administração. E, se no caso o recurso dele é provido, prejudicando ainda mais a Administração, o procurador vai poder apresentar um recurso de revista ao TST.

– Agora entendi. O procurador somente pode recorrer de recurso de revista nos casos de remessa necessária, se o adversário da Administração Pública recorrer e tiver seu recurso provido para agravar a situação da Administração.

Isso mesmo, conforme vimos na OJ 334 da SDI-1 do TST.

– E toda a Administração Pública se beneficiar da remessa necessária?

Não. Veja o que diz o Decreto-Lei 779/69 em seu art. 1º:

> **Art. 1º** Nos processos perante a Justiça do Trabalho, constituem privilégio da União, dos Estados, do Distrito Federal, dos Municípios e das autarquias ou fundações de direito público federais, estaduais ou municipais que não explorem atividade econômica:
>
> [...]
>
> V – o recurso ordinário "ex officio" das decisões que lhe sejam total ou parcialmente contrárias;

Perceba que se a Administração Pública explorar a atividade econômica, como ocorre com a Sociedade de Economia Mista e Empresa Pública, ela não será beneficiada pela remessa necessária.

– Perfeito.

2.3. Mesma relação processual

O recurso provoca uma reanálise da decisão dentro do mesmo processo, retardando a coisa julgada e prolongando o estado de litispendência.

– Isso significa que o recorrente apresenta o recurso no mesmo processo?

Isso, pois a apresentação do recurso não instaura processo novo.

2.4. Modificação do julgado

Ao recorrer, a parte pode solicitar:

Reforma da decisão	Anulação da decisão	Esclarecimento da decisão	Integração da decisão
Trata-se de *error in judicando*. A parte recorrente solicita a reforma da decisão quando pretende obter com o recurso uma decisão diferente da proferida pelo juízo "a quo".	Trata-se de *error in procedendo*. A parte recorrente solicita anulação da decisão proferida pelo juízo "a quo", pois a mesma contém vícios processuais, ou seja, existe um vício no procedimento do processo. Ocorre erro formal, contaminando a decisão judicial, tornando-a inválida; a justificar, por este motivo, sua cassação.	A parte recorrente solicita o esclarecimento da decisão quando pretende afastar com o recurso, a obscuridade e/ou a contradição. O recurso utilizado será os Embargos de Declaração.	A parte recorrente solicita a integração da decisão quando pretende afastar com o recurso, uma omissão. O recurso utilizado será os Embargos de Declaração.

3. PRINCÍPIOS RECURSAIS

– Quais os relevantes princípios recursais, Professor?

Os principais aplicados ao Processo do Trabalho, são:

3.1. Duplo grau de jurisdição

O direito processual possibilita a parte vencida de ter uma outra avaliação do seu direito, em regra, perante um juízo com hierarquia superior e com outra composição. Desta forma, o princípio do duplo grau é uma garantia ao jurisdicionado de que tem a oportunidade de ter, no mínimo, uma nova análise da decisão do juízo de primeiro grau via reexame, por meio de um recurso.

– Então posso entender que esse princípio determina que a sentença pode ser passível de reexame amplo por outro órgão jurisdicional?

Perfeito, desde que você recorra, visto que, o recurso é um ato voluntário como já estudamos, portanto, possui direito ao duplo grau de jurisdição e a um exame do mérito da parte sucumbente por dois juízos distintos.

3.2. Taxatividade

Os recursos devem estar previamente previstos em Lei e somente a União, por meio do Congresso Nacional, no uso da competência legislativa estipulada no art. 22, I, da CF/1988, pode disciplinar os recursos trabalhistas.

> CF, Art. 22. Compete privativamente à União legislar sobre:
>
> I – direito civil, comercial, penal, processual, eleitoral, agrário, marítimo, aeronáutico, espacial e do trabalho;

O art. 893, *caput* da CLT, estabelece os recursos cabíveis no Processo do Trabalho, vejamos:

> CLT, Art. 893 – Das decisões são admissíveis os seguintes recursos:
>
> I – embargos;
>
> II – recurso ordinário;
>
> III – recurso de revista;
>
> IV – agravo.

– Então, só a CLT pode estabelecer as hipóteses de recurso?

Não. Eu falei qualquer Lei Federal, logo, uma legislação criada pelo Congresso Nacional, pode criar recursos estranhos aos previstos no art. 893 da CLT, a título de exemplo, cito o recurso de pedido de revisão do valor da causa previsto no art. 2º da Lei nº 5.584/70.

– Entendi. O que não pode é uma Lei sobre processo ser criada por órgão diferente do Congresso Nacional.

Sobre o tema, o STF já decidiu que lei estadual não pode criar recurso novo, matéria cuja competência legislativa seria exclusividade da União (AgRg n. 253.518-9-SC)

3.3. Singularidade / Unirrecorribilidade

A parte sucumbente somente pode interpor uma espécie recursal como meio de impugnação a cada decisão judicial, logo, há um recurso para cada caso. Nesse sentido:

> UNIRRECORRIBILIDADE. PRECLUSÃO. Incabível recurso com o mesmo objeto de recurso anteriormente interposto contra a mesma decisão. Aplicação do princípio da unirrecorribilidade e da preclusão consumativa. Agravo de instrumento não conhecido. (AgR-E-ED-RR nº 0058600-74.2009.5.02.0371, SBDI-1 do TST, Rel. Hugo Carlos Scheuermann. Unânime, DEJT 25.05.2016).

Portanto, quando você apresenta o recurso correto para o caso concreto, significa que você preencheu o requisito da adequação, visto que, a medida recursal é adequada para atingir o fim, como por exemplo, a interposição do recurso ordinário cabível da sentença de mérito, visando a reforma da decisão.

– Quer dizer então que de uma sentença em que fui a parte sucumbente e que essa referida sentença seja omissa, eu não posso apresentar ao mesmo tempo embargos de declaração para sanar a omissão e recurso ordinário para tentar reverter o que eu perdi?

Lógico que não. Primeiro você tem que sanar a omissão apresentando embargos de declaração e em seguida, após a sentença dos embargos, você apresenta o recurso ordinário para tentar reverter a decisão que lhe foi desfavorável.

Veja o que diz a doutrina do professor Manoel Antônio Teixeira Filho:

> O princípio da unirrecorribilidade recursal (também denominado princípio da singularidade ou da consumação) significa que "para cada ato jurisdicional que se deseja impugnar existe um recurso único e adequado"[2].

Nesse mesmo sentido, a jurisprudência do TST:

> À luz do princípio da unirrecorribilidade das decisões e da preclusão consumativa, institutos vigentes no sistema recursal, é vedado interpor mais de um recurso em face da mesma decisão. In casu, a reclamante, após a publicação do acórdão da Turma, opôs embargos de declaração, e, em seguida, antes do respectivo julgamento, interpôs recurso de embargos a esta Subseção. Registre-se que não houve aditamento do recurso de embargos após o julgamento pela Turma dos embargos de declaração. Nesse contexto, inviável o conhecimento do presente apelo, diante da incidência da preclusão consumativa. Recurso de embargos não conhecido. (E-ED-RR - 24159-85.2015.5.24.0002, Relator Ministro: Cláudio Mascarenhas Brandão, Data de Julgamento: 07/02/2019, Subseção I Especializada em Dissídios Individuais, Data de Publicação: DEJT 15/02/2019)

Desse modo, tendo havido a oposição de um recurso pelo recorrente, este deve aguardar o julgamento e não interpor, simultaneamente, outra medida recursal. Assim, a interposição de mais de um recurso contra uma decisão, implica na inadmissibilidade da medida recursal interposta por último.

– Temos exceção, Professor?

Sim, no Processo do Trabalho, admite-se a interposição simultânea de embargos para a SDI (embargos de divergência) e recurso extraordinário ao STF, da decisão proferida na Turma do TST.

2. TEIXEIRA FILHO, Manoel Antônio. Sistema dos Recursos Trabalhistas, 11ª ed., São Paulo: LTr, 2011, p. 104

3.4. Fungibilidade

A parte deve apresentar o recurso adequado para cada decisão, contudo, o juízo "*a quo*" ao receber medida recursal interposta de forma errada, poderá convertê-la no recurso correto. Lembre-se, fungível é aquilo que pode ser substituído por outro equivalente.

> – Boa notícia se eu estiver recorrendo e péssima notícia se eu for o recorrido. Agora me responda, Hamilton, é simples assim: basta errar e então o 1º juízo de admissibilidade já converte para o correto?

Não é bem assim, para ser aplicado o princípio da fungibilidade, devem estar presentes os seguintes requisitos:

(1) Não haver erro grosseiro:

O TST entende que é erro grosseiro a interposição de recurso de revista de decisão definitiva de Tribunal Regional do Trabalho em ação rescisória ou em mandado de segurança, com fundamento em violação legal, divergência jurisprudencial e remissão expressa ao art. 896 da CLT, pois de tal decisão cabe Recurso Ordinário (CLT, art. 895, II). Nesse sentido:

> TST, OJ 152 da SDI-2- A interposição de recurso de revista de decisão definitiva de Tribunal Regional do Trabalho em ação rescisória ou em mandado de segurança, com fundamento em violação legal e divergência jurisprudencial e remissão expressa ao art. 896 da CLT, configura erro grosseiro, insuscetível de autorizar o seu recebimento como recurso ordinário, em face do disposto no art. 895, "b", da CLT.

Entende também, que é erro grosseiro a interposição de agravo interno ou regimental da decisão proferida por Órgão colegiado, pois tais recursos destinam-se, exclusivamente, a impugnar decisão monocrática nas hipóteses previstas. Nesse sentido:

> É incabível agravo interno (art. 1.021 do CPC de 2015, art. 557, §1º, do CPC de 1973) ou agravo regimental (art. 235 do RITST) contra decisão proferida por Órgão colegiado. Tais recursos destinam-se, exclusivamente, a impugnar decisão monocrática nas hipóteses previstas. Inaplicável, no caso, o princípio da fungibilidade ante a configuração de erro grosseiro.

(2) Haver dúvida em qual recurso interpor[3]:

A decisão recorrível deve gerar dúvida objetiva em qual recurso interpor.

– Dúvida?

Isso mesmo. Me responda o seguinte:

De sentença do juiz de 1º grau cabe que recurso?

– Cabe recurso ordinário para o TRT.

Perfeito. Agora do acórdão desse recurso ordinário, cabe qual recurso?

– Cabe recurso de revista para o TST.

Ótimo, e agora de decisão monocrática do relator, cabe que recurso?

– Essa eu não sei.

3. A denominada dúvida objetiva não se confunde com a falta de conhecimento do subscritor do recurso. A dúvida reputada como objetiva deriva, na verdade, da própria dificuldade, com base na análise da lei, de identificar a real natureza da decisão recorrida, fato que repercute no entendimento da doutrina e da jurisprudência acerca do recurso cabível, ou mesmo do juiz, sobre qual seja a natureza de sua decisão. (PAMPLONA FILHO, Rodolfo; SOUZA, Tercio Roberto Peixoto. Curso de direito processual do trabalho. 2. ed. – São Paulo: Saraiva, 2020.)

Cabe agravo regimental. Contudo, é muito comum os advogados apresentarem embargos de declaração para tentar modificar o mérito da decisão do relator. Acontece que embargos de declaração não é o recurso adequado.

> – Como não, Hamilton? Eu não posso solicitar um efeito modificativo nos embargos de declaração?

Não. Como dito, isso está errado, o efeito modificativo dos embargos é usado pelo recorrente para sanar a contradição ou uma omissão no julgado. Jamais utilize para modificar mérito. Veja as decisões abaixo:

> EMBARGOS DE DECLARAÇÃO. AUSÊNCIA DE VÍCIOS. Os embargos de declaração não se prestam a rediscutir as questões já decididas no acórdão, não constituindo meio processual adequado para requerer a modificação do mérito da decisão em razão da inconformidade do embargante. Embargos de declaração do reclamado não acolhidos. (ROT nº 0020897-44.2018.5.04.0014, 4ª Turma do TRT da 4ª Região/RS, Rel. André Reverbel Fernandes. j. 12.02.2020, unânime).

> EMBARGOS DE DECLARAÇÃO – REEXAME DE FATOS E PROVAS. Os Embargos de Declaração não se prestam ao reexame de fatos e provas, com vistas à modificação da substância do julgado, pois o seu cabimento está limitado a sanar omissão, extirpar contradição ou manifesto equívoco de admissibilidade do recurso, a teor do art. 897-A da CLT. A reapreciação da matéria, quando já apreciada pelo órgão prolator do acórdão embargado, é defeso em lei, pois tal implicaria em reexame do mérito da decisão, o que foge às finalidades dos embargos declaratórios. Embargos de Declaração conhecidos e não providos. (Embargos de Declaração Cível nº 0000038-57.2018.5.07.0035, 2ª Turma do TRT da 7ª Região/CE, Rel. Francisco José Gomes da Silva. j. 02.09.2019).

Por esse erro ser comum entre os advogados, ou seja, muitos têm dúvida de qual recurso interpor nos casos de decisão monocrática do relator, o TST, por meio da Súmula 421, entendeu que se a parte apresentar embargos de declaração tentando postular a revisão no mérito da decisão monocrática, cumpre ao relator converter os embargos de declaração em agravo, em face dos princípios da fungibilidade e celeridade processual, submetendo-o ao pronunciamento do Colegiado, após a intimação do recorrente para, no prazo de 5 (cinco) dias, complementar as razões recursais, de modo a ajustá-las às exigências legais. Nesse sentido:

> TST, SUM-421 - I - Cabem embargos de declaração da decisão monocrática do relator prevista no art. 932 do CPC de 2015 (art. 557 do CPC de 1973), se a parte pretende tão somente juízo integrativo retificador da decisão e, não, modificação do julgado. II - Se a parte postular a revisão no mérito da decisão monocrática, cumpre ao relator converter os embargos de declaração em agravo, em face dos princípios da fungibilidade e celeridade processual, submetendo-o ao pronunciamento do Colegiado, após a intimação do recorrente para, no prazo de 5 (cinco) dias, complementar as razões recursais, de modo a ajustá-las às exigências do art. 1.021, § 1º, do CPC de 2015.

(3) O recurso apresentado de forma errada deve obedecer aos pressupostos recursais do recurso correto:

O recurso interposto de forma incorreta deve obedecer aos pressupostos recursais do recurso correto, tais como, tempestividade, preparo, etc. O TST, por meio da OJ 69 da SBDI-2, vem aceitando pelo princípio da fungibilidade, o recurso ordinário interposto contra despacho monocrático indeferitório da petição inicial de ação rescisória ou de mandado de segurança, e convertendo tal recurso, em agravo regimental. Nesse sentido:

> TST, OJ 69 da SDI2 - Recurso ordinário interposto contra despacho monocrático indeferitório da petição inicial de ação rescisória ou de mandado de segurança pode, pelo princípio de fungibilidade recursal, ser recebido como agravo regimental. Hipótese de não conhecimento do recurso pelo TST e devolução dos autos ao TRT, para que aprecie o apelo como agravo regimental.

– Entendi. Então, o uso da fungibilidade recursal só vai ser possível quando os requisitos acima explicados, forem cumpridos.

Isso mesmo. Vamos ao próximo princípio.

3.5. Dialeticidade

O recurso não pode ser genérico. O recorrente deve motivar o seu recurso, explicando os motivos pertinentes para pedir a reforma, invalidação ou integração da decisão impugnada, pois é inadmissível o recurso desacompanhado de razões.

> PRINCÍPIO DA DIALETICIDADE RECURSAL - AGRAVO DESFUNDAMENTADO. Em atendimento ao princípio processual da dialeticidade, para o êxito do recurso apresentado, a parte deve atacar específica e individualmente os fundamentos indicados na decisão que pretende reformar, o que não se verificou. Na hipótese, o agravo não se viabiliza, na medida em que a reclamada deixou de combater os fundamentos da decisão agravada. Agravo desprovido. (AG-AIRR nº 118200-25.2009.5.02.0048, 7ª Turma do TST, Rel. Luiz Philippe Vieira de Mello Filho. j. 18.02.2020, Publ. 21.02.2020).

> RECURSO ORDINÁRIO. NÃO CONHECIMENTO. AUSÊNCIA DE DIALETICIDADE. As razões recursais apresentadas no Recurso Ordinário não atacam os fundamentos da sentença e sim renovam, em síntese, os argumentos apresentados na petição inicial. A motivação do recurso não está associada, destarte, aos fundamentos da sentença, o que conduz ao não conhecimento do Recurso Ordinário, nos termos da Súmula 422, III, do TST. (ROT nº 0001350-07.2018.5.08.0111, 1ª Turma do TRT da 8ª Região/PA-AP, Rel. Rosita de Nazaré Sidrim Nassar. DEJT 04.02.2020).

– E existe recurso sem razões?

Se as razões forem genéricas, sem impugnar a decisão recorrida, o recurso será considerado sem razões. O TST entende que não basta ter as razões, elas precisam impugnar a decisão, ou seja, não é aceito a impugnação genérica.

A não impugnação específica, leva à incidência do item I da Súmula nº 422 do TST, que estabelece que *"não se conhece de recurso para o Tribunal Superior do Trabalho se as razões do recorrente não impugnam os fundamentos da decisão recorrida, nos termos em que proferida"*.

– Me dê um exemplo, Hamilton?

Imagine a seguinte situação hipotética: Em sentença, o juiz condena a empresa Beta a pagar uma indenização por danos morais por ter revistado a bolsa de um funcionário. Em recurso ordinário, o recorrente apenas diz que *"não concorda com a decisão e solicita a reforma"*.

Isso é correto?

– Não, Hamilton. Pelo que já estudamos, o recorrente não fez a impugnação da decisão, fazendo apenas uma impugnação genérica.

Isso mesmo. Apesar de o art. 899 da CLT determinar que os recursos devem ser interpostos por simples petição, cabe a parte recorrente em decorrência do princípio da dialeticidade, se contrapor à decisão recorrida, demonstrando seu desacerto e as razões de sua reforma.

No caso em questão, a decisão deveria ser impugnada de seguinte forma: "O recorrente solicita a reforma da decisão, tendo em vista que o TST entende que a fiscalização do conteúdo das mochilas, sacolas e bolsas dos empregados, indiscriminadamente e sem qualquer contato físico, não caracteriza ofensa à honra ou à intimidade da pessoa, capaz de gerar dano moral passível de reparação".

Para respeitar o princípio da dialeticidade, o recorrente deve impugnar à decisão recorrida, demonstrando seu desacerto e as razões de sua reforma. O recorrente não pode, por exemplo:

(1) No recurso ordinário, fazer uma cópia da petição inicial sem impugnar a sentença;

> OFENSA AO PRINCÍPIO DA DIALETICIDADE. NÃO CONHECIMENTO. Tratando-se a minuta do recurso ordinário de mera cópia da petição inicial, sem qualquer impugnação aos reais fundamentos da sentença que julgou improcedentes os pedidos, o apelo não merece conhecimento, por ofensa ao princípio da

dialeticidade. (RO nº 2050/2012-044-03-00.1, 3ª Turma do TRT da 3ª Região/MG, Rel. Convocado Oswaldo Tadeu B. Guedes. unânime, DEJT 11.10.2013).

(2) No recurso ordinário, fazer uma cópia da contestação. Veja:

RECURSO ORDINÁRIO. ERRO GROSSEIRO. AUSÊNCIA DE DIALETICIDADE. PRINCÍPIO DA FUNGIBILIDADE RECURSAL. INAPLICABILIDADE. NÃO CONHECIMENTO. A apresentação, pelo recorrente, de mera cópia da contestação, inclusive assim nominada, a título de recurso ordinário constitui-se erro grosseiro e formal, além de se desrespeitar a necessária dialeticidade. Inaplicável, pois, ao caso, o princípio da fungibilidade recursal. Recurso não conhecido. (RO nº 0010569-31.2019.5.03.0149, 8ª Turma do TRT da 3ª Região/MG, Rel. Convocado Danilo Siqueira de C. Faria. j. 13.02.2020).

PRINCÍPIO DA DIALETICIDADE. INOBSERVÂNCIA. CÓPIA FIEL DA CONTESTAÇÃO. Pelo princípio da dialeticidade, a parte recorrente deve não apenas manifestar seu inconformismo, mas faz-se mister a exposição dos motivos, de fato e de direito, pelos quais busca reforma da decisão de primeiro grau. Tal condição decorre da ampla defesa e do contraditório, corolários do devido processo legal, assegurados constitucionalmente (art. 5º, LIV e LV). A dinâmica e a simplicidade inerente ao processo do trabalho, consubstanciados no art. 899 da CLT, não implica prescindibilidade da indicação do objeto da irresignação. Recurso não conhecido. (Recurso Ordinário nº 0000900-51.2014.5.07.0008, 3ª Turma do TRT da 7ª Região/CE, Rel. Maria José Girão. j. 03.03.2016).

(3) No recurso de agravo de petição, fazer uma cópia dos embargos à execução. Veja:

AGRAVO DE PETIÇÃO. NÃO CONHECIMENTO. AUSÊNCIA DE DIALETICIDADE. Percebe-se, na minuta, que os argumentos trazidos pela Recorrente são praticamente cópia literal daqueles usados quando da oposição dos Embargos à Execução. Com efeito, houve apenas a mudança de ordem dos tópicos no Apelo apresentado, restando nítido que houve mera transcrição da peça de f. 1369/1378, tendo sido utilizados os mesmos grifos, exemplos e jurisprudência. Portanto, verifico que não trouxe a Recorrente qualquer argumento novo para a análise por esta d. Turma, além de não atacar os fundamentos da r. Decisão objurgada. (AP nº 0011211-26.2018.5.03.0153, 7ª Turma do TRT da 3ª Região/MG, Rel. Convocado Mauro César Silva. j. 16.09.2019).

AGRAVO DE PETIÇÃO. NÃO CONHECIMENTO. AUSÊNCIA DE DIALETICIDADE. Não se conhece do agravo, por ausência de dialeticidade, quando a agravante, ao invés de direcionar seus argumentos para os fundamentos da decisão que levaram à rejeição do seu pleito, traz aos autos mera cópia da peça inicial de Embargos de Terceiros, sem qualquer fundamento recursal (artigo 514, II, do CPC). (Agravo de Petição nº 0000011-02.2014.5.01.0223, 7ª Turma do TRT da 1ª Região/RJ, Rel. Jorge Orlando Sereno Ramos. DOERJ 16.05.2016).

3.6. Proibição da *reformatio in pejus*

O princípio proibição da reformatio in pejus, impede que seja piorada a situação do recorrente no julgamento do seu recurso.

Esse princípio também reafirma a máxima da preclusão: se uma das partes teve a oportunidade de recorrer e não o fez, em relação àquele que recorreu não se poderá piorar sua situação, sob pena de o processo estar retrocedendo à situação anterior ao termo final do prazo, renovando-se as matérias em discussão indefinidamente[4].

– Existe alguma exceção?

Sim. Esse princípio não é aplicado para as matérias de ordem pública, ou seja, não atinge os pressupostos de existência do processo (petição inicial, jurisdição e a citação) e nem os pressuposto processuais de validade do processo (positivo – petição inicial apta, competência do juízo, capacidade postulatória, capacidade processual, citação válida e a imparcialidade do juiz; negativo – litispendência, coisa

4. PAMPLONA FILHO, Rodolfo; SOUZA, Tercio Roberto Peixoto. Curso de direito processual do trabalho. 2. ed. – São Paulo: Saraiva, 2020.

julgada, perempção e a convenção de arbitragem) que esses, o juiz ou o tribunal podem conhecer de ofício, prejudicando o recorrente. Nesse sentido, o § 3º do art. 485 do CPC e a jurisprudência:

> CPC, Art. 485 – § 3º – O juiz conhecerá de ofício da matéria constante dos incisos IV, V, VI e IX, em qualquer tempo e grau de jurisdição, enquanto não ocorrer o trânsito em julgado.

Para melhor entendimento, abaixo transcrevo alguns julgados sobre o tema:

> EMBARGOS DE DECLARAÇÃO – ESCLARECIMENTOS – LEGITIMIDADE ATIVA AD CAUSAM – MATÉRIA DE ORDEM PÚBLICA – ARGUIÇÃO DE OFÍCIO PELO TRIBUNAL. Embargos de Declaração acolhidos, para prestar esclarecimentos quanto à possibilidade de o Tribunal Regional suscitar, de ofício, a ilegitimidade ativa ad causam, por se tratar de matéria de ordem pública (efeito translativo do recurso ordinário), não havendo falar em preclusão ou em contraposição à proibição da reformatio in pejus. (ED-RR nº 0002265-50.2012.5.03.0032, 8ª Turma do TST, Rel. Maria Cristina Irigoyen Peduzzi. unânime, DEJT 11.02.2016).

> AGRAVO DE PETIÇÃO. PRINCÍPIO DA NON REFORMATIO IN PEJUS. Em respeito à vedação da reformatio in pejus, não cabe reformar a decisão agravada em prejuízo daquele que recorreu. (AP nº 0001901-92.2014.5.03.0037, 11ª Turma do TRT da 3ª Região/ MG, Rel. Luiz Antônio de Paula Iennaco. Publ. 14.06.2019).

3.7. Irrecorribilidade de imediato das decisões interlocutórias

As decisões interlocutórias segundo o § 1º do art. 893 da CLT, somente serão questionadas em sede de recursos das decisões definitivas. Trata-se de dispositivo embasado no princípio da celeridade e efetividade processual.

– Professor, o que é decisão interlocutória?

Como dito anteriormente, o § 2º do art. 203 do CPC indica que a decisão interlocutória é ato pelo qual o juiz, no curso do processo, resolve questão incidente. Desta forma, decisão interlocutória é a decisão proferida no curso do processo, que provoca prejuízo para as partes, sem aptidão para finalizá-lo, ou seja, não põe fim ao processo, nem à fase de conhecimento ou a fase de execução.

– Esse procedimento é diferente do CPC, Professor?

O CPC também traz uma regra de que as decisões interlocutórias de uma maneira geral, são irrecorríveis de imediato. Veja o que diz o § 1º do art. 1.009 do referido diploma legal:

> § 1º As questões resolvidas na fase de conhecimento, se a decisão a seu respeito não comportar agravo de instrumento, não são cobertas pela preclusão e devem ser suscitadas em preliminar de apelação, eventualmente interposta contra a decisão final, ou nas contrarrazões.

De forma excepcional, admitir-se-á o recurso de agravo de instrumento para as decisões interlocutórias, quando a Lei fizer previsão, como por exemplo, as hipóteses do art. 1.015 do CPC.

– Certo, Hamilton. Temos alguma exceção?

Temos sim. A Súmula 214 do TST, apresenta 3 exceções a esse princípio, senão vejamos:

> TST, SUM 214 – Na Justiça do Trabalho, nos termos do art. 893, § 1º, da CLT, as decisões interlocutórias não ensejam recurso imediato, salvo nas hipóteses de decisão:
>
> a) de Tribunal Regional do Trabalho contrária à Súmula ou Orientação Jurisprudencial do Tribunal Superior do Trabalho;
>
> b) suscetível de impugnação mediante recurso para o mesmo Tribunal;

> c) que acolhe exceção de incompetência territorial, com a remessa dos autos para Tribunal Regional distinto daquele a que se vincula o juízo excepcionado, consoante o disposto no art. 799, § 2º, da CLT.

Uma 4ª possibilidade de recurso imediato cabível de decisão interlocutória, está prevista no art. 356 do CPC, que diz:

> CPC, Art. 356. O juiz decidirá parcialmente o mérito quando um ou mais dos pedidos formulados ou parcela deles:
>
> I – mostrar-se incontroverso;
>
> II – estiver em condições de imediato julgamento, nos termos do art. 355.
>
> § 1º A decisão que julgar parcialmente o mérito poderá reconhecer a existência de obrigação líquida ou ilíquida.
>
> § 2º A parte poderá liquidar ou executar, desde logo, a obrigação reconhecida na decisão que julgar parcialmente o mérito, independentemente de caução, ainda que haja recurso contra essa interposto.
>
> § 3º Na hipótese do § 2º, se houver trânsito em julgado da decisão, a execução será definitiva.
>
> § 4º A liquidação e o cumprimento da decisão que julgar parcialmente o mérito poderão ser processados em autos suplementares, a requerimento da parte ou a critério do juiz.
>
> § 5º A decisão proferida com base neste artigo é impugnável por agravo de instrumento.

Entretanto, no Processo do Trabalho, o recurso correto não seria o agravo de instrumento como determinado pelo CPC, consoante previsto pelo § 5º do art. 356, é cabível o recurso ordinário. Nesse sentido, veja o art. 5º da IN 39/2016 do TST:

> Art. 5º Aplicam-se ao Processo do Trabalho as normas do art. 356, §§ 1º a 4º, do CPC que regem o julgamento antecipado parcial do mérito, cabendo recurso ordinário de imediato da sentença.

– Por que não pode ser o agravo de instrumento, Professor?

Porque o agravo de instrumento no Processo do Trabalho, somente pode ser utilizado para destrancar recurso trancado total ou parcialmente no 1º juízo de admissibilidade, conforme previsão legal do art. 897, "b" da CLT.

> CLT, Art. 897 – Cabe agravo, no prazo de 8 (oito) dias:
>
> b) de instrumento, dos despachos que denegarem a interposição de recursos.

A 5ª possibilidade, foi prevista após a entrada em vigor da reforma trabalhista do ano de 2017 (Lei 13.467/2017), onde passou a ser permitido, na fase de execução, apresentar agravo de petição da decisão interlocutória do Juiz que acolher ou rejeitar o incidente de desconsideração da personalidade jurídica. Cabe, ainda, agravo interno da decisão que acolher ou rejeitar o incidente de desconsideração da personalidade jurídica na fase de recurso.

> CLT, Art. 855-A – Aplica-se ao processo do trabalho o incidente de desconsideração da personalidade jurídica previsto nos arts. 133 a 137 da Lei nº 13.105, de 16 de março de 2015 – Código de Processo Civil.
>
> § 1º Da decisão interlocutória que acolher ou rejeitar o incidente:
>
> II – na fase de execução, cabe agravo de petição, independentemente de garantia do juízo;
>
> III – cabe agravo interno se proferida pelo relator em incidente instaurado originariamente no tribunal.

As hipóteses acima estudadas, baseiam-se na máxima da celeridade e efetividade do provimento jurisdicional, justificando, assim, a apresentação de recurso imediato.

– Mais alguma exceção, Professor?

Não, somente essas que mencionei.

4. CLASSIFICAÇÃO DOS RECURSOS

– Como ocorre a classificação dos recursos, Hamilton?

A classificação pode ser em relação a extensão da matéria, quanto à fundamentação e independência. Vejamos:

4.1. Quanto a extensão da matéria

Quanto à extensão da matéria o recurso pode ser parcial ou total. Nesse sentido, o art. 1.002 do CPC, que diz que: *"A decisão pode ser impugnada no todo ou em parte"*.

– Quer dizer que, por mais que eu perca todo o processo, eu posso recorrer apenas de parte dele?

Sim, você tem a opção de recorrer de tudo que você perdeu ou de apenas parte. Imagine a seguinte situação hipotética: Em sentença, o juiz julgou totalmente improcedente os pedidos do autor, ou seja, o juiz julgou improcedente o pedido dano moral pelo atraso pagamento das verbas rescisórias[5] e horas extras.

Se a parte recorrer de toda a sentença esse recurso será?

5. O TST entende que somente haverá dano moral se a parte comprovar que teve prejuízo com o atraso no pagamento das verbas rescisórias. Veja: RECURSO DE REVISTA. SALÁRIOS E VERBAS RESCISÓRIAS. ATRASO NO PAGAMENTO. INDENIZAÇÃO POR DANO MORAL. NECESSIDADE DE COMPROVAÇÃO DO DANO. A atual e iterativa jurisprudência do TST, com ressalva de entendimento deste Relator, caminha no sentido de que o atraso no pagamento das verbas rescisórias não acarreta, por si só, o direito do empregado ao pagamento de indenização por danos morais, sendo imprescindível a inequívoca comprovação da repercussão nefasta na órbita dos direitos da personalidade. Precedentes. No caso, o Regional deixou claro que o reclamante não demonstrou que tenha havido prejuízo à sua honra ou imagem. Logo, não comprovado o dano in concreto causado, é indevida a indenização por danos morais. Quanto ao alegado atraso no pagamento dos salários, nas razões de revista o Regional foi categórico no sentido de que não houve alegação ou comprovação do fato. Incidência do óbice da Súmula 126 do TST. Recurso de revista não conhecido. (RR nº 20958-63.2016.5.04.0663, 3ª Turma do TST, Rel. Alexandre de Souza Agra Belmonte. j. 28.08.2019, Publ. 30.08.2019).

– Total, Hamilton.

Isso, será total o recurso que abrange a totalidade do conteúdo recorrível, ou seja, a parte recorrente faz a impugnação de toda a decisão, isto é, de todos os capítulos da referida decisão.

Mas e se a parte recorrer somente das horas extras, esse recurso será?

– Parcial.

Muito bem, será parcial o recurso que por opção do recorrente, não compreende a totalidade do conteúdo recorrível, ou seja, o recorrente recorre apenas de uma parte da decisão.

Compreendeu?

– Sim, Professor.

Ótimo, então vamos ao próximo tema.

4.2. Quanto a fundamentação

O recurso pode ser de fundamentação livre ou de fundamentação vinculada.

O recurso de fundamentação livre é aquele em que a parte recorrente pode nas razões do recurso, alegar qualquer tipo de defesa, sem que isso tenha qualquer influência na sua admissibilidade. No recurso ordinário, por exemplo, a parte pode discutir fatos, provas, violação às leis, etc. Esse recurso é um recurso de fundamentação?

– Livre, Professor, visto que a parte pode abrir um amplo debate.

Correto. Já no recurso de revista, a parte não pode solicitar o reexaminar fatos e provas, conforme a Súmula 126 do TST[6]. Esse recurso é um recurso de fundamentação?

– Acho que é vinculada, Professor.

Isso mesmo, recurso de fundamentação vinculada. Nesses recursos o recorrente deve "alegar" um dos vícios típicos para que ele seja admissível. Essa alegação é indispensável para que o recurso preencha o requisito da regularidade formal. No caso do recurso de revista, a parte pode alegar uma violação de sumula do TST, violação de súmula vinculante do STF, violação da CF/88, violação da Lei Federal, uma divergência de jurisprudência, mas não pode tentar rediscutir os fatos e as provas do processo.

4.3. Quanto a independência

Quanto à independência o recurso pode ser principal ou adesivo. Será principal o recurso que não necessita de um outro recurso para ter sobrevivência. Será adesivo o recurso que necessita de um outro para ter sobrevivência, assim, o recurso adesivo se subordina a outro recurso, portanto, dependendo da admissibilidade do recurso principal para que seja conhecido.

4.3.1. Recurso Adesivo

Segundo a Súmula 283 do TST, o recurso adesivo é compatível com o Processo do Trabalho e cabe no prazo de 8 dias, nas hipóteses de interposição de: a) recurso ordinário; b) agravo de petição; c) recurso de revista e; d) embargos de divergência; sendo desnecessário que a matéria nele veiculada esteja relacionada com a do recurso interposto pela parte contrária.

6. TST, SUM 126 – Incabível o recurso de revista ou de embargos (arts. 896 e 894, "b", da CLT) para reexame de fatos e provas.

O § 2º do art. 997 do CPC, determina que o recurso adesivo fica subordinado ao recurso independente, sendo-lhe aplicáveis as mesmas regras deste quanto aos requisitos de admissibilidade e julgamento no tribunal, salvo disposição legal diversa. O recurso adesivo deverá ser dirigido ao órgão perante o qual o recurso independente fora interposto, no prazo de que a parte dispõe para responder (prazo das contrarrazões). Não será conhecido, se houver desistência do recurso principal ou se for ele considerado inadmissível.

– Então não cabe de todos os recursos?

Não, o TST como dito acima, apensas fez previsão para esses 4 (quatro) recursos trabalhistas. Contudo, além desses, cabe o adesivo nos recursos extraordinários, visto que, o art. 997 § 2º, II do CPC faz a previsão.

4.3.1.1. Requisitos cumulativos do recurso adesivo

– Quais os requisitos para o recurso adesivo ser aceito, Hamilton?

O adesivo para ser aceito deve obedecer aos seguintes requisitos:

(1) Sucumbência recíproca – A decisão deve ser parcial, ou seja, ambas as partes devem ser vencedoras e vencidas no objeto da decisão impugnada.

(2) Interposição do recurso principal pela parte adversária.

– Em sentença parcialmente procedente, houve condenação das empresas Beta e Gama em alguns pedidos formulados pelo autor da ação. Eu sou advogado da empresa Beta que não recorreu no prazo legal de 8 dias, já a empresa Gama recorreu no prazo legal e o reclamante não recorreu. Desta forma, eu não posso apresentar o adesivo pela empresa Beta, visto que a empresa Gama não é uma concorrente?

Isso mesmo, pois ele está no mesmo lado (litisconsorte passivo) da relação processual. O TST entende dessa forma, veja:

> III - RECURSO DE REVISTA DA SEGUNDA RECLAMADA NÃO REGIDO PELA LEI Nº 13.015/2014. RECURSO ADESIVO INTERPOSTO PELA PARTE QUE TAMBÉM INTEGRA O POLO PASSIVO DA AÇÃO. NÃO CABIMENTO. Nos termos do artigo 997, § 1º, do CPC/15 (artigo 500 do CPC/73), o recurso adesivo é cabível quando há sucumbência do Autor e Réu, não havendo como se admitir o recurso adesivo ao interposto pela parte que figura no mesmo polo da relação processual. Recurso de revista não conhecido. (RR nº 2276-96.2013.5.03.0112, 5ª Turma do TST, Rel. Douglas Alencar Rodrigues. j. 29.05.2019, Publ. 07.06.2019).

> (...) 2. PRELIMINAR DE NULIDADE POR CERCEAMENTO DO DIREITO DE DEFESA. NÃO CONFIGURAÇÃO. RECURSO ORDINÁRIO ADESIVO. RECORRENTES INTEGRANTES DO MESMO POLO PROCESSUAL. NÃO CABIMENTO. ART. 997, § 1º, DO CPC/2015 (ART. 500, CPC/1973). Não configura cerceamento do direito de defesa o não conhecimento de recurso adesivo que não preenche os requisitos do artigo 500 do CPC/73 (atual artigo 997 do CPC/2015). Salienta-se não ser cabível a interposição de recurso adesivo quando o recurso principal tenha sido interposto por empresa integrante do mesmo polo processual da Recorrente. Julgados desta Corte. Agravo de instrumento desprovido. (AIRR - 1342-26.2015.5.08.0017, Relator Ministro: Mauricio Godinho Delgado, Data de Julgamento: 24/10/2018, 3ª Turma, Data de Publicação: DEJT 26/10/2018).

> AGRAVO EM AGRAVO DE INSTRUMENTO EM RECURSO DE REVISTA EM FACE DE DECISÃO PUBLICADA A PARTIR DA VIGÊNCIA DA LEI Nº 13.015/2014. RECURSO ADESIVO INTERPOSTO POR LITISCONSORTE. INCABÍVEL. O recurso adesivo somente é cabível quando há sucumbência recíproca e quando o recurso principal é interposto pela parte contrária. Desse modo, é incabível quando interposto por parte integrante do mesmo polo da relação processual. Agravo a que se nega provimento. (Ag-AIRR - 284-92.2014.5.10.0008, Relator Ministro:

Cláudio Mascarenhas Brandão, Data de Julgamento: 08/11/2017, 7ª Turma, Data de Publicação: DEJT 17/11/2017).

(...) II - AGRAVO DE INSTRUMENTO DA EXTERRAN SERVIÇOS DE ÓLEO E GÁS LTDA. RECURSO DE REVISTA INTERPOSTO ANTES DA LEI 13.015/2014. INTEMPESTIVIDADE DO RECURSO ORDINÁRIO ADESIVO. PRECLUSÃO. Nos termos da jurisprudência do TST, não cabe recurso adesivo na hipótese em que o recurso principal é interposto por parte que integra o mesmo polo processual daquele que aderiu. Mantida, portanto, a decisão regional que não conheceu do recurso ordinário adesivo da reclamada por intempestividade, incabível o recurso de revista no tocante às questões de mérito discutidas no processo e ora aventadas (horas in itinere, equiparação salarial e adicional noturno), pois operada a preclusão. Precedentes. Agravo de instrumento a que se nega provimento. (...) (ARR - 10700-84.2010.5.17.0002, Relatora Ministra: Maria Helena Mallmann, Data de Julgamento: 28/06/2017, 2ª Turma, Data de Publicação: DEJT 04/08/2017).

– Professor, se você não explicasse isso, eu iria errar feio.

Agora você já sabe. Vamos seguindo.

(3) **Não apresentar recurso no prazo de 8 dias – O recurso adesivo não pode ser interposto por quem já tenha apresentado o recurso principal tempestivamente, por quem tenha apresentado o recurso principal intempestivamente ou, ainda, com a desculpa de complementar o recurso principal. Nesse sentido:**

RECURSO ADESIVO. NÃO CONHECIMENTO. APLICAÇÃO DO PRINCÍPIO DA UNIRRECORRIBILIDADE. A interposição de recurso adesivo pressupõe que a parte, então recorrida, não tenha interposto recurso principal, conformando-se com a decisão que lhe fora parcialmente adversa. No caso, a reclamada já havia recorrido ordinariamente, interpondo recurso pela via principal, claro que não poderá recorrer adesivamente ao recurso do reclamante, porque já exerceu o poder de recorrer, tendo ocorrido,

> aqui, a preclusão consumativa, à vista do princípio da unirrecorribilidade ou da singularidade dos recursos. E m clara afronta do princípio da unirrecorribilidade, a reclamada socorre-se do recurso adesivo para reapresentar as razões expostas no recurso ordinário, cujo processamento foi denegado pelo Juízo de origem, por deserto. (Processo nº 01120-47.2016.5.02.0381, 12ª Turma do TRT da 2ª Região/SP, Rel. Benedito Valentini. DJe 05.07.2018).

(4) Respeitar todos os requisitos de admissibilidade do recurso principal – O recurso adesivo deve respeitar todos os pressupostos recursais do recurso principal, como por exemplo: o recorrente deve pagar o depósito recursal no adesivo se o recurso principal exige o depósito recursal. Nesse sentido:

> DESERÇÃO DO RECURSO ORDINÁRIO ADESIVO DA 2ª RECLAMADA. AUSÊNCIA DE RECOLHIMENTO DE DEPÓSITO RECURSAL E DE CUSTAS. JUSTIÇA GRATUITA. A jurisprudência desta Corte Superior é a de que o benefício da justiça gratuita pode ser concedido ao empregador, desde que comprovada, de maneira inequívoca, sua insuficiência econômica, o que não se constatou no caso concreto. Desse modo, mostra-se efetivamente deserto o recurso ordinário, a teor das Súmulas nº 128, I, e 463, II, do TST. Agravo de instrumento conhecido e não provido. (AIRR nº 879-73.2016.5.23.0036, 8ª Turma do TST, Rel. Dora Maria da Costa. j. 15.05.2019, Publ. 17.05.2019).

– Gostei, Hamilton. Muitas dicas práticas importante sobre recurso adesivo.

Sim, maravilha. Vamos adiante!

5. JUÍZO DE ADMISSIBILIDADE DOS RECURSOS

– Hamilton, quando é feito o juízo de admissibilidade do recurso?

O juízo de admissibilidade é realizado sempre antes da análise de mérito do recurso, ou seja, o mérito do recurso só vai ser analisado pelo órgão competente, se o recurso preencher todos os pressupostos de admissibilidade.

– Quantos juízos de admissibilidade tem?

No Processo do Trabalho, os recursos, em regra, vão ter dois juízos de admissibilidade. O primeiro juízo de admissibilidade é feito pelo órgão julgador que terminou de proferir a decisão que a parte está recorrendo (juízo *a quo*) e o segundo juízo de admissibilidade, é feito pelo órgão julgador competente para apreciar o recurso (juízo *ad quem*).

– Como assim, em regra, Hamilton?

É que os embargos de declaração, por ser julgado pelo juízo que terminou de proferir a decisão embargada, só terá um juízo de admissibilidade. Sendo assim, quando a parte embarga de declaração alegando uma omissão na sentença do Juiz, é o próprio Juiz quem faz a análise dos pressupostos recursais (juízo de admissibilidade do recurso), para só então, após o preenchimento dos pressupostos, fazer a análise do mérito do recurso.

Perceba que ele não enviou para uma instância superior para análise do recurso. O próprio juiz proferiu a decisão dos embargos.

– Professor, o primeiro juízo de admissibilidade não foi suprimido pelo CPC de 2015?

Sim, o art. 1010, § 3º do CPC, determina que após as formalidades previstas nos §§ 1º e 2º (contrarrazões e recurso adesivo), os autos serão remetidos ao tribunal pelo juiz, independentemente de juízo de admissibilidade.

Contudo, esse dispositivo não se aplica ao Processo do Trabalho, conforme determinado pelo art. 2º, XI da IN 39/2017 do TST, veja:

> Art. 2° – Sem prejuízo de outros, não se aplicam ao Processo do Trabalho, em razão de inexistência de omissão ou por incompatibilidade, os seguintes preceitos do Código de Processo Civil:
>
> XI – art. 1010, § 3º (desnecessidade de o juízo a quo exercer controle de admissibilidade na apelação);

Sendo assim, no Processo do Trabalho, mesmo com a vigência do CPC de 2015, os recursos trabalhistas continuam tendo dois juízos de admissibilidade. O *juízo a quo* tem competência para proceder ao primeiro juízo de admissibilidade e o *juízo ad quem*, sempre será competente para proceder o segundo juízo de admissibilidade do recurso.

– Perfeito. Preciso saber mais alguma coisa sobre o juízo de admissibilidade?

Sim, você precisa saber que o juízo de admissibilidade é composto por dois grupos, quais sejam:

(1) Requisitos intrínsecos – que concernentes à própria existência do direito de recorrer, tais como, cabimento, legitimação, interesse e inexistência de fato impeditivo ou extintivo do poder de recorrer.

(2) Requisitos extrínsecos – relativos ao exercício do direito de recorrer, por exemplo, o preparo, tempestividade e regularidade formal.

6. MULTA POR RECURSO PROTELATÓRIO

Se for verificado pelo segundo juízo de admissibilidade que o recurso não era cabível, cabe a este juízo aplicar uma multa pela conduta protelatória da parte recorrente, conforme determinado pelo art. 793-B da CLT e art. 80 do CPC.

Sendo assim, o juízo condenará o litigante de má-fé a pagar multa, que deverá ser superior a 1% (um por cento) e inferior a 10% (dez por cento) do valor corrigido da causa, de forma a indenizar a parte contrária pelos prejuízos que esta sofreu e arcar com os honorários advocatícios, além de todas as despesas que deu causa.

– O juízo *a quo* (primeiro juízo de admissibilidade) não poderia aplicar essa multa?

Não poderia. Segundo o STF (Informativo 452), tal multa somente pode ser imposta pelo órgão que exerce o juízo definitivo de admissibilidade, não sendo possível de ser aplicada pelo órgão que exerce o juízo provisório de admissibilidade. Em outras palavras, o juízo *a quo*, mesmo nas raras situações em que tem competência para proceder ao exame provisório de admissibilidade, não dispõe de competência para reconhecer o caráter protelatório do recurso e aplicar multa ao recorrente.

Contudo, como já falamos, nos casos dos embargos de declaração, como esse recurso é analisado (admissibilidade e mérito) pelo próprio juiz que terminou de proferir a decisão embargada, o mesmo poderá aplicar a multa por litigância de má-fé, se entender que o recurso é protelatório.

– Essa multa é pressuposto para a interposição dos demais recursos?

Em regra, não, o TST, por meio da OJ 409 da SDI-1, entendeu que a multa por litigância de má-fé não pode ser considerada como custas processuais na seara trabalhista. Assim, o recolhimento do valor da multa imposta por litigância de má-fé, não é pressuposto objetivo para interposição de recurso.

– Qual seria a exceção, Hamilton?

O TST por meio da OJ 389 da SDI-1, entendeu que constitui ônus da parte recorrente, sob pena de deserção, depositar previamente a multa aplicada com fundamento nos §§ 4° e 5°, do art. 1.021, do CPC de 2015, à exceção da Fazenda Pública e do beneficiário de justiça gratuita, que farão o pagamento ao final.

Essa situação, serve para evitar o uso abusivo do agravo interno nos Tribunais. Assim, quando o agravo interno for declarado manifestamente inadmissível ou improcedente em votação unânime, o órgão colegiado, em decisão fundamentada, condenará o agravante a pagar ao agravado, uma multa por litigância de má-fé.

– Quem não vai pagar essa multa por litigância de má-fé, Professor?

Segundo o TST, a Fazenda Pública e o beneficiário de justiça gratuita não precisam pagar a multa para recorrer. Fique atento, pois o TST afastou apenas a necessidade de recolhimento prévio da multa para o beneficiário da justiça gratuita e para a Fazenda Pública, mas não os isentou do pagamento no fim do processo.

7. RECURSO CABÍVEL DAS DECISÕES QUE DENEGAM SEGUIMENTO DOS RECURSOS

– Qual recurso utilizar quando o recurso for trancado injustamente no juízo de admissibilidade, Professor?

Da decisão que não conhece o recurso por entender que este não preenche os pressupostos legais (intrínsecos e / ou extrínsecos), cabe os seguintes recursos:

(1) Agravo de Instrumento – Quando o recurso é trancado no 1º juízo de admissibilidade, nos termos do art. 897, alínea "b" da CLT.

> CLT, Art. 897 – Cabe agravo, no prazo de 8 (oito) dias
>
> b) de instrumento, dos despachos que denegarem a interposição de recursos.

(2) Agravo Regimental – Quando o recurso é trancado no 2º juízo de admissibilidade.

Contudo, quando o recurso interposto for Embargos de Divergência (CLT, art. 894, II), cabe agravo da decisão que tranca, tanto no 1º juízo de admissibilidade, como no 2º juízo de admissibilidade, nos termos do art. 2º, § 2º, da Instrução Normativa TST nº 35/2012 ou o agravo regimental, nos termos do art. 265, do novo Regimento Interno deste do TST:

> Instrução Normativa TST nº 35/2012, Art. 2º – O Presidente da Turma procederá ao exame prévio de admissibilidade do recurso de Embargos, proferindo despacho fundamentado.
>
> [...]
>
> § 2º Do despacho que não admitir o recurso de Embargos, caberá Agravo, observando-se os seguintes procedimentos:
>
> I – autuação do Agravo em Embargos pela Secretaria da Turma;
>
> II – intimação ao embargado para impugnação aos Embargos e contrarrazões ao Agravo.
>
> Regimento Interno do TST, Art. 265. Cabe agravo interno contra decisão dos Presidentes do Tribunal e das Turmas, do Vice-Presidente, do Corregedor-Geral da Justiça do Trabalho ou de relator, nos termos da legislação processual, no prazo de 8 (oito) dias úteis, pela parte que se considerar prejudicada.

Como reforço do que foi dito acima, têm-se os seguintes precedentes do TST:

> "AGRAVO DE INSTRUMENTO CONTRA DESPACHO DE ADMISSIBILIDADE DE RECURSO DE EMBARGOS. NÃO CABIMENTO. ERRO GROSSEIRO. Configura erro grosseiro a interposição de agravo de instrumento para atacar decisão monocrática de Ministro Presidente de Turma, no exercício do exame prévio de admissibilidade do recurso de embargos. O recurso cabível para a hipótese é o agravo (IN-TST-35/2012, art. 2º, §2º) ou o agravo regimental (art. 235, X, do RITST), de maneira que, havendo recurso específico para a hipótese, não se pode aplicar o princípio da fungibilidade recursal. Nesse sentido é o entendimento desta Subseção. Precedentes. Agravo de instrumento não conhecido, por incabível" (Ag-E-ED-RR-1001839-47.2016.5.02.0084,

Subseção I Especializada em Dissídios Individuais, Relator Ministro Hugo Carlos Scheuermann, DEJT 07/06/2019).

"AGRAVO DE INSTRUMENTO CONTRA DESPACHO DE ADMISSIBILIDADE DE RECURSO DE EMBARGOS. NÃO CABIMENTO. ERRO GROSSEIRO. Configura erro grosseiro a interposição de agravo de instrumento para atacar decisão monocrática de Ministro Presidente de Turma, no exercício do exame prévio de admissibilidade do recurso de embargos. O recurso cabível para a hipótese é o agravo (IN-TST-35/2012, art. 2º, §2º) ou o agravo regimental (art. 235, X, do RITST), de maneira que, havendo recurso específico para a hipótese, não se pode aplicar o princípio da fungibilidade recursal. Nesse sentido é o entendimento desta Subseção. Precedentes. Agravo de instrumento não conhecido, por incabível" (Processo: Ag-E-RR - 1000051-42.2015.5.02.0016 Data de Julgamento: 25/10/2018, Relator Ministro: Hugo Carlos Scheuermann, Subseção I Especializada em Dissídios Individuais, Data de Publicação: DEJT 09/11/2018).

8. PRESSUPOSTOS RECURSAIS

8.1. Pressupostos intrínsecos / subjetivos

– Quais são os pressupostos subjetivos do recurso?

São pressupostos subjetivos do recurso: a) o cabimento; b) a legitimidade; c) o interesse recursal e; d) a inexistência de atos de disposição do direito de recorrer. Passemos a estudar cada um deles.

8.1.1. Cabimento

O recurso deve ser adequando e ter previsão em Lei. Assim, se o recurso tem previsão legal e é o recurso correto para decisão que o recorrente pretende recorrer, o recurso é cabível.

Nesse sentido:

> RECURSO. PRESSUPOSTOS RECURSAIS. CABIMENTO. O cabimento é pressuposto recursal intrínseco. Isto quer dizer que o ato judicial deve ser recorrível, ou seja, passível de impugnação por medida recursal e o recurso adequado a impugnar a decisão. (AP nº 0001225-13.2017.5.10.0016, 1ª Turma do TRT da 10ª Região/DF-TO, Rel. André Rodrigues Pereira da Veiga Damasceno. DEJT 26.06.2019).

> AGRAVO DE PETIÇÃO. DESPACHO. NÃO CABIMENTO. O agravo de petição é recurso por meio do qual a parte pode se insurgir apenas contra decisões proferidas pelo juiz no curso da execução de natureza definitiva na instância (art. 897, "a", da CLT), não sendo, portanto, cabível contra despachos, irrecorríveis de imediato, a teor do § 1º do artigo 893 da CLT e Súmula 214 do c. TST. (AP nº 0011041-51.2016.5.03.0015, 2ª Turma do TRT da 3ª Região/MG, Rel. Maristela Iris S. Malheiros. j. 15.05.2019).

Devemos lembrar que o direito brasileiro consagrou o princípio da singularidade, motivo por que só há um recurso próprio para cada situação (unirrecorribilidade).

8.1.2. Legitimidade

– Quem pode recorrer das decisões judiciais, Hamilton?

Possui legitimidade para recorrer, de acordo com o art. 996, caput do CPC (que é aplicado subsidiariamente ao Processo do Trabalho): a) a parte vencida; b) o Ministério Público e; c) o terceiro juridicamente interessado (terceiro que foi prejudicado com a decisão judicial).

8.1.2.1. Legitimidade das partes

Tem legitimidade para recorrer a parte que foi vencida no processo total ou parcialmente. Também são partes legítimas para recorrer, o assistente (simples ou litisconsorcial), o denunciado e o chamado, já que passaram a ser parte com a intervenção de terceiro.

Como o recurso é corolário ou prolongamento do direito de ação, para recorrer, assim como para ajuizar ação, é necessário haver legitimidade do interessado[7].

8.1.2.2. Legitimidade do advogado

– E o advogado, tem legitimidade para recorrer?

O advogado quando pretende discutir honorários que foram não arbitrados pelo magistrado ou arbitrados em percentual inferior do que lhe é devido ou até mesmo, nos casos que pretenda o desmembramento de honorários advocatícios contratuais do montante principal da condenação para fins de recebimento, em separado, por meio de RPV – Requisição de Pequeno Valor, possui legitimidade para recorrer.

Veja o que diz a Lei 8.906/94, em seu art. 23:

> Lei nº 8.906/94, Art. 23 – Os honorários incluídos na condenação, por arbitramento ou sucumbência, pertencem ao advogado, tendo este direito autônomo para executar a sentença nesta parte, podendo requerer que o precatório, quando necessário, seja expedido em seu favor.
>
> CPC, Art. 85, § 14 – Os honorários constituem direito do advogado e têm natureza alimentar, com os mesmos privilégios dos créditos oriundos da legislação do trabalho, sendo vedada a compensação em caso de sucumbência parcial.

O professor Didier[8], no artigo intitulado "Do recurso de terceiro prejudicado", posiciona-se da seguinte forma acerca da legitimidade recursal do advogado:

> 3.2.4. A legitimidade recursal do advogado.

7. BERNARDES, Felipe. Manual de Processo do Trabalho. Salvador: Juspodivm, 2018.
8. Retirado do site: https://www.unifacs.br/revistajuridica/arquivo/edicao_junho2001/corpodocente/recurso.htm

Questão interessante, que surgiu com o advento da Lei Federal n.º 8.906/94, Estatuto da Advocacia e da Ordem dos Advogados do Brasil, é a questão da legitimidade do advogado para recorrer de decisões que versem sobre a verba honorária. E isto porque o art. 23 do EAOAB prevê que "os honorários incluídos na condenação, por arbitramento ou sucumbência, pertencem ao advogado, tendo este direito autônomo para executar a sentença nesta parte, podendo requerer que o precatório, quando necessário, seja expedido em seu favor". O art. 24 do mencionado corpo normativo prescreve: "A decisão judicial que fixar ou arbitrar honorários e o contrato escrito que os estipular são títulos executivos e constituem crédito privilegiado na falência, concordata, concurso de credores, insolvência civil e liquidação extrajudicial."

Estamos, inicialmente, com FLÁVIO CHEIM JORGE, quando afirma que "no processo de execução da sentença em que são cobrados também honorários advocatícios não parece haver dúvida de que o advogado tem legitimidade para recorrer em seu próprio nome e na qualidade de parte. Isso ocorre, porque o advogado é que figura no título como credor, na parte da sentença onde são fixados os honorários advocatícios." Cinge-se a questão, pois, às decisões proferidas em processo de conhecimento.

Afirmamos linhas atrás, com base na doutrina de DINAMARCO, que o fenômeno interventivo tem de ser estudado à luz das relações do terceiro com o objeto do processo. A problemática do recurso de advogado não poderia olvidar este imperativo metodológico.

A prolação da decisão jurisdicional faz surgir direito para alguém que, até ali, não fazia parte do processo. O objeto do processo, para instância recursal, sofre um acréscimo por força de lei. A situação substancial, como em uma mitose, se subdivide em duas partes, cada qual pertencendo a diferente titular: uma, ao vencedor da demanda, outra, ao advogado aquinhoado com a verba honorária. Esta noção faz com que se conclua, ao menos, o seguinte: a não admitir a intervenção do advogado na instância recursal, está-se afirmando que o vencedor, constituinte do causídico, é seu substituto processual, pois passa a defender em nome próprio direito alheio. Isto, a nosso ver, realmente (é o que mais) acontece: a parte pode recorrer, como substituta processual do advogado, lhe tendo sido conferida, pela lei retromencionada, esta legitimação processual extraordinária. A questão, no entanto, não é essa. Pode o advogado recorrer sozinho? Sim. "A possibilidade de a parte recorrer, na qualidade de substituto processual, não significa, no entanto, que o advogado estará impedido também de recorrer da decisão. A substituição não pode ser exclusiva, sob pena de violar um direito constitucionalmente garantido ao advogado de ter acesso à justiça."

Uma outra premissa há que ser formulada: a fixação dos honorários advocatícios não pode ser vista como um incidente processual, senão mesmo como parte inexorável da marcha processual. Viu-se que a não-obrigatoriedade é características dos incidentes processuais, conforme a lição de MARCELO ABELHA a que aderimos. (extraído do - acesso 26/2/2019 - grifos nossos)

[...]

A conclusão de SÉRGIO SHIMURA é corretíssima: "negar-lhe legitimidade recursal é reconhecer que o sistema jurídico confere um direito sem a respectiva proteção. Seria o mesmo que lhe dar um direito com uma mão e retirar-lhe com a outra. Impedir o mesmo de recorrer equivale a desarmá-lo para futura execução, impedindo-o de obter uma decisão justa quanto ao valor de seu crédito, que será objeto da futura execução.

Sendo assim, o advogado é o maior interessado no recebimento dos honorários e é dele, a legitimidade para recorrer, em nome próprio, quando pretende discutir honorários, sucumbenciais. Nesse sentido, decidiu o TST:

I - AGRAVO DE INSTRUMENTO EM RECURSO ORDINÁRIO EM AÇÃO RESCISÓRIA. HONORÁRIOS ADVOCATÍCIOS. LEGITIMIDADE DO ADVOGADO PARA RECORRER. POSSIBILIDADE. ART. 23 DA LEI 8.906/94. 1 - Hipótese em que se discute a legitimidade do advogado para recorrer da decisão que fixa os honorários de sucumbência na ação rescisória. 2 - Considerando que o advogado é o maior interessado no recebimento dos honorários, é dele a legitimidade para recorrer, em nome próprio, buscando a majoração da verba fixada, consoante dispõe o art. 23 da Lei 8.906/94. Agravo de instrumento conhecido e provido. (RO nº 1000925-41.2016.5.02.0000, SBDI-2 do TST, Rel. Delaíde Miranda Arantes. j. 27.08.2019, Publ. 30.08.2019).

8.1.2.3. Legitimidade do terceiro

– O terceiro pode recorrer, Professor?

Pode sim. Mas veja, não é qualquer terceiro. Lembre-se que terceiro é aquele que não participou do processo. Vai ter legitimidade o terceiro que demonstra que a decisão judicial do processo em que ele não fez parte, atinge direito de que ele afirma ser o titular ou que possa discutir em juízo como substituto processual. Nesse sentido:

> CPC, Art. 996, Parágrafo único. Cumpre ao terceiro demonstrar a possibilidade de a decisão sobre a relação jurídica submetida à apreciação judicial atingir direito de que se afirme titular ou que possa discutir em juízo como substituto processual.

Segundo os ensinamentos do professor Felipe Bernardes[9], *"o recurso do terceiro prejudicado é uma espécie de intervenção de terceiros espontânea, cujo fundamento é o fato de que o terceiro poderia ter sido – mas não foi – parte ou terceiro interveniente em processo no qual se discute relação jurídica que afeta sua esfera de interesses. Isso pode acontecer, por exemplo, quando: (i) o terceiro poderia ter sido assistente simples, por ser titular de relação jurídica conexa à discutida no processo; (ii) o terceiro poderia ter sido litisconsorte facultativo de alguma das partes, por ser titular ou cotitular da res in judicium deducta ou por ser legitimado extraordinário a estar em juízo".*

– E a testemunha condenada por mentir em audiência, pode recorrer como terceiro interessado?

Sim, a testemunha condenada em sentença a pagar uma multa por litigância de má-fé nos termos do art. 793-D da CLT, possui legitimidade. Nesse sentido:

> TESTEMUNHA. MULTA. LITIGÂNCIA DE MÁ-FÉ. APLICAÇÃO DA LEI 13.457/2017. No caso dos autos, o depoimento da

9. BERNARDES, Felipe. Manual de Processo do Trabalho. Salvador: Juspodivm, 2018.

> recorrente/testemunha ocorreu em 24.09.2018, aplicando-se as disposições da Lei 13.467/2017. Há que se constatar a intenção da recorrente em alterar a verdade dos fatos para favorecer a autora no julgamento da causa e, caso ocorra, há que se manter a aplicação da multa por litigância de má-fé, nos moldes do art. 793-D da CLT. Não vislumbro nos autos razões robustas o suficiente para condenar a testemunha ao pagamento de multa por litigância de má-fé e para concluir que teria ela alterado a verdade dos fatos em prol da reclamante. Recurso provido para afastar a multa por litigância de má-fé aplicada à testemunha/recorrente. (RO nº 0011166-10.2016.5.03.0018, 5ª Turma do TRT da 3ª Região/MG, Rel. Oswaldo Tadeu B. Guedes. j. 16.04.2019).

A jurisprudência, vem entendendo que quem deve apresentar recurso é a própria testemunha, pois as partes do processo, não têm legitimidade, senão vejamos:

> TESTEMUNHA. MULTA POR LITIGAÇÃO DE MÁ-FÉ. RECURSO APRESENTADO PELA PARTE. AUSÊNCIA DE LEGITIMIDADE E DE INTERESSE. Conforme os arts. 17, 18 e 996, do CPC, a parte não detém legitimidade, tampouco interesse, para interpor recurso, pleiteando a exclusão da condenação de testemunha ao pagamento de multa por litigação de má-fé, nos moldes do art. 793-D, da CLT, incluído pela Lei nº 13.467/17. (RO nº 0010935-76.2017.5.03.0105, 10ª Turma do TRT da 3ª Região/MG, Rel. Convocado Vitor Salino de Moura Eça. j. 16.08.2018).

8.1.2.4. Legitimidade do Ministério Público do Trabalho

– Quando que o Ministério Público vai ter direito de recorrer da decisão?

O Ministério Público pode recorrer na qualidade de parte ou de fiscal da ordem jurídica. Segundo a Súmula 99 do STJ, o Ministério Público tem legitimidade para recorrer no processo em que oficiou como fiscal da lei, ainda que não haja recurso da parte.

– Trata-se de legitimidade primária no caso de atuação como fiscal da Lei?

Sim, como a atuação do Ministério Público independe do comportamento das partes, como vimos na Súmula 99 do STJ, ele recorre com legitimidade primária, isto é, legitimidade concorrente à legitimidade das partes.

8.1.3. Interesse recursal

Para o recurso da parte recorrente ser aceito, ou seja, passar pelo juízo de admissibilidade em direção à análise de mérito das razões recursais, o recorrente deve demonstrar que o recurso apresentado é o meio necessário para melhorar, do ponto de vista prático, a sua situação jurídica.

Deve estar presente ainda, a necessidade, onde nas palavras de Didier[10] *"o recorrente deve esperar, em tese, do julgamento do recurso, situação mais vantajosa, do ponto de vista prático, do que aquela em que o haja posto a decisão impugnada".*

Dessa forma, a parte deve recorrer quando for sucumbente. A sucumbência pode ser das questões principais ou questões acessórias (capítulos acessórios da decisão) como por exemplo o valor das custas, dos honorários advocatícios, dos juros, da correção monetária, etc.

Nesse sentido:

> INTERESSE RECURSAL. POSSIBILIDADE DE PROVIMENTO ÚTIL À PARTE. SUCUMBÊNCIA. O interesse recursal, pressuposto intrínseco de admissibilidade, deve ser interpretado da mesma forma que o interesse de agir. Sendo assim, haverá

10. DIDIER JUNIOR, Fredie; CUNHA, Leonardo Carneiro da. Curso de direito processual civil: o processo civil nos tribunais, recursos, ações de competência originária de tribunal e querela nullitatis, incidentes de competência originária de tribunal. 16. ed. Salvador: Juspodivm, 2019.

> interesse da parte em recorrer na medida em que, do apelo, puder lhe advir algum provimento útil, ou seja, a melhoria na situação fática fixada na decisão de origem. A pedra de toque adotada para a verificação da existência de interesse recursal é, portanto, a sucumbência, ainda que parcial, em algum dos pedidos objeto da demanda, gerando a necessidade-utilidade de interposição do apelo para a correção de injusto prejuízo ou de gravame que possa vir a ocorrer da eventual formação de coisa julgada nos autos. Nesse sentido, salvo nas estreitas hipóteses do art. 503, § 1º do CPC ou de formação de coisa julgada secundum eventum probationis, não se admite o recurso com o simples objetivo de modificar a fundamentação da decisão, mas sem a alteração da situação fática ou da parte dispositiva. Dessarte, considerando que os pedidos formulados pelo reclamante foram julgados absolutamente improcedentes na origem, da decisão colegiada não poderia advir qualquer provimento útil ao reclamado, restando evidenciada a ausência de interesse recursal a impedir a admissibilidade do recurso. (RO nº 0010710-14.2016.5.03.0001, 7ª Turma do TRT da 3ª Região/MG, Rel. Cristiana M. Valadares Fenelon. j. 16.02.2020).

8.1.3.1. Improcedência pela insuficiência de prova

É importante lembrar, ainda, que a parte tem interesse em recorrer mesmo nos casos de improcedência por insuficiência de provas, para evitar a coisa julgada *secundum eventum probationis.*

> – Como assim, professor? A parte já não ganhou a causa? Por qual motivo ela iria recorrer?

Esclareço que a coisa julgada *secundum eventum probationis* (improcedência do pedido por falta de provas) apenas ocorre, no direito brasileiro, nos casos em que há expressa previsão legal, a exemplo do que se passa com a ação popular – Lei nº 4.717/65, art. 18 –, com a Lei da Ação Civil Pública – Lei nº 7.347/85, art. 16 – e, ainda, com as ações coletivas disciplinadas pelo Código de Defesa do Consumidor a respeito de direitos difusos e coletivos – CDC, art. 103, incs. I e II.

A improcedência pela insuficiência de provas não proíbe o ajuizamento de novas ações baseadas em novas provas. Sendo assim, o vencedor da ação pela insuficiência de provas nos processos de mandado de segurança, ações coletivas, ação popular, etc., tem interesse na modificação do fundamento da decisão de improcedência, para que se forme coisa julgada material, evitando, assim, outras ações judiciais sobre o mesmo objeto.

Nesse sentido, os ensinamentos de Didier[11]:

> Nos casos em que a coisa julgada é *secundum eventum probationis* (mandado de segurança, ações coletivas, ação popular etc.), não há coisa julgada se o juízo de improcedência se fundar na falta de prova; se a improcedência se fundar na inexistência de direito, há coisa julgada (art. 103, CDC). Assim, há interesse recursal do réu, por exemplo, em impugnar o fundamento de uma decisão, mesmo concordando com a conclusão de improcedência: ele pode desejar que a improcedência seja por inexistência de direito, e não por falta de prova, porque isso lhe traria o benefício da coisa julgada.

8.1.3.2. Interesse recursal eventual

– O que seria esse interesse recursal eventual, Hamilton?

Imagine a seguinte situação hipotética: A empresa Beta, em sua defesa, alegou em prejudicial de mérito a prescrição quinquenal parcial nos termos do enunciado da Súmula 308, I do TST, e nó mérito, defendeu que o reclamante não tinha direito a receber as horas extras pleiteadas, visto que, elas foram compensadas conforme se demonstra pelos cartões de ponto juntado aos autos. Em sentença, o juiz julga improcedente o pedido, acatando a defesa de mérito, sem

11. DIDIER JUNIOR, Fredie; CUNHA, Leonardo Carneiro da. Curso de direito processual civil: o processo civil nos tribunais, recursos, ações de competência originária de tribunal e querela nullitatis, incidentes de competência originária de tribunal. 16. ed. Salvador: Juspodivm, 2019.

a necessidade de analisar a prescrição quinquenal parcial, face à improcedência total dos pedidos.

Agora lhe pergunto: A empresa Beta tem interesse em recorrer da decisão?

– Não, Hamilton. Ela não saiu vencedora? Para que ela vai recorrer?

Mas, e se o reclamante apresentar recurso, pleiteando a reforma da decisão, ela continua sem interesse em recorrer?

– Agora eu entendo que ela pode tentar recorrer também para o Tribunal analisar o pedido que ela fez em defesa, no caso a prescrição quinquenal parcial.

Isso. Se a parte vencida, em nosso exemplo, o reclamante, recorreu da sentença, existe a possibilidade que ele saia vitorioso em seu recurso, alcançando a reforma da sentença. Desta feita, surge o interesse da parte vencedora, no caso a empresa BETA, em discutir a prejudicial de mérito alegada em defesa.

Note que nesse caso, o interesse recursal da empresa BETA surge apenas depois de a parte vencida ter apresentado o recurso ordinário, nascendo o interesse recursal eventual.

– Isso é válido?

Sim. Veja o que diz o TST:

> PRESCRIÇÃO – JUÍZO DE PRIMEIRO GRAU QUE AFASTA A PRESCRIÇÃO ALEGADA EM DEFESA – IMPROCEDÊNCIA TOTAL DA RECLAMAÇÃO – RECURSO ORDINÁRIO INTERPOSTO SOMENTE PELA RECLAMANTE – PRESCRIÇÃO REITERADA EM CONTRARRAZÕES PELA RECLAMADA – POSSIBILIDADE DE EXAME PELO TRT – FEITO DEVOLUTIVO – RETORNO DOS AUTOS – DESNECESSIDADE – CAUSA MADURA – MATÉRIA DE DIREITO – COMPLEMENTAÇÃO

DE APOSENTADORIA – PRESCRIÇÃO – SÚMULA Nº 327 DO TST. 1. A jurisprudência majoritária desta Corte é no sentido de que, em face do efeito devolutivo em profundidade estabelecido no art. 515, § 1º e § 2º, do CPC/1973, cabe ao Tribunal Regional examinar a matéria atinente à prescrição suscitada na defesa e reiterada nas contrarrazões. Precedentes da SBDI-1. Contrariedade à Súmula nº 153 do TST constatada. 2. Todavia, é desnecessário o retorno dos autos ao Tribunal de origem para apreciar a prescrição total, tendo em vista o caráter estritamente jurídico da matéria e a dispensa de instrução probatória, encontrando-se em condições de imediato julgamento, à luz da teoria da causa madura, positivada no ordenamento jurídico processual pelo art. 515, § 3º, do CPC/1973, como medida de cumprimento à garantia da celeridade processual inserta no art. 5º, LXXVIII, da Constituição Federal. 3. A discussão sobre a prescrição incidente nos pleitos que envolvem complementação de aposentadoria está pacificada nesta Corte por meio das Súmulas nºs 326 e 327. 4. No caso, a pretensão não envolve o núcleo do direito à complementação de aposentadoria, até porque a autora já recebe o benefício, e sim, o pagamento incorreto da suplementação. 5. Em se tratando de diferenças de complementação de aposentadoria, a prescrição incidente é a parcial, não atingindo o fundo de direito, mas apenas as parcelas anteriores ao quinquênio. Recurso de revista conhecido e provido. (RR-144-94.2011.5.05.0463, 7ª Turma, Relator Ministro Luiz Philippe Vieira de Mello Filho, DEJT 08/11/2019).

PRESCRIÇÃO QUINQUENAL ARGUIDA EM CONTRARRAZÕES AO RECURSO ORDINÁRIO. EFEITO DEVOLUTIVO EM PROFUNDIDADE. DESNECESSIDADE DE INTERPOSIÇÃO DE RECURSO PRÓPRIO. Todos os argumentos da defesa apresentados em contestação devem ser novamente apreciados em segundo grau recursal, independentemente de provocação das partes, em homenagem ao efeito devolutivo em profundidade que obriga o Juízo ad quem a se manifestar sobre todas as questões debatidas em primeiro grau de jurisdição. Na hipótese, a reclamada não foi sucumbente no mérito propriamente dito e, portanto, não havia interesse em recorrer, sendo, mesmo, desnecessária a apresentação de recurso ordinário adesivo contra a sentença em que se julgou improcedente o pleito, sem tratar da prescrição quinquenal. Conforme a jurisprudência desta Corte,

> a insurgência da reclamada não seria necessária , porque o Tribunal estava obrigado, por força do efeito devolutivo previsto no artigo 1.013 do CPC/2015 (artigo 515 do CPC/73) , a analisar a prescrição quinquenal alegada em defesa, ainda que não examinada pelo Juízo de primeiro grau, uma vez que devolvida ao exame da Corte ad quem pela apresentação de recurso ordinário da parte autora, mesmo que não tivesse sido suscitada a questão em contrarrazões da parte contrária, o que neste caso foi feito por cautela, como observado pela Turma. Aliás, esta Subseção, na sua composição completa, no julgamento do Processo nº E-ED-RR-103900-80.2012.5.17.0001, em 21/2/2019, acórdão publicado no DEJT de 8/3/2019, de relatoria do Ministro Cláudio Mascarenhas Brandão, por 10 votos a 4, ocasião em que este magistrado ficou vencido, adotou a tese de que as contrarrazões constituem peça de resistência do recorrido, ante o recurso interposto pela parte contrária, de modo que cabe ao Tribunal Regional, em hipótese como a dos autos, apreciar a prejudicial arguida em contrarrazões ao recurso ordinário, em razão do efeito devolutivo em profundidade do apelo. Assim, com fundamento nas Súmulas nos 153 e 393, item I, desta Corte, reconheceu a possibilidade de exame, pelo Regional, acerca da prescrição arguida em contrarrazões ao recurso ordinário. Considerando-se, pois, que, pelo efeito devolutivo em profundidade, estava o Regional obrigado a examinar a prescrição quinquenal alegada em contestação e renovada em contrarrazões recursais ordinárias, o exame da questão pelo Tribunal Regional não configura supressão de instância. Nesse contexto, não há falar em divergência jurisprudencial, nem em contrariedade à Súmula nº 393 do Tribunal Superior do Trabalho, ante o disposto no artigo 894, § 2º, da CLT. Embargos não conhecidos" (E-ED-RR-2563-61.2011.5.02.0046, Subseção I Especializada em Dissídios Individuais, Relator Ministro Jose Roberto Freire Pimenta, DEJT 13/09/2019).

O TST entende, ainda, que nem precisaria a empresa BETA alegar novamente em contrarrazões a prejudicial de mérito de prescrição quinquenal, visto que o recurso ordinário possui o efeito devolutivo em profundidade conforme o enunciado da Súmula 393, I do TST. Veja:

PRESCRIÇÃO QUINQUENAL ARGUIDA EM CONTRARRAZÕES AO RECURSO ORDINÁRIO. EFEITO DEVOLUTIVO EM PROFUNDIDADE. DESNECESSIDADE DE INTERPOSIÇÃO DE RECURSO PRÓPRIO. Todos os argumentos da defesa apresentados em contestação devem ser novamente apreciados em segundo grau recursal, independentemente de provocação das partes, em homenagem ao efeito devolutivo em profundidade que obriga o Juízo ad quem a se manifestar sobre todas as questões debatidas em primeiro grau de jurisdição. Na hipótese, a reclamada não foi sucumbente no mérito propriamente dito e, portanto, não havia interesse em recorrer, sendo, mesmo, desnecessária a apresentação de recurso ordinário adesivo contra a sentença em que se julgou improcedente o pleito, sem tratar da prescrição quinquenal. Conforme a jurisprudência desta Corte, a insurgência da reclamada não seria necessária, porque o Tribunal estava obrigado, por força do efeito devolutivo previsto no artigo 1.013 do CPC/2015 (artigo 515 do CPC/73), a analisar a prescrição quinquenal alegada em defesa, ainda que não examinada pelo Juízo de primeiro grau, uma vez que devolvida ao exame da Corte ad quem pela apresentação de recurso ordinário da parte autora, mesmo que não tivesse sido suscitada a questão em contrarrazões da parte contrária, o que neste caso foi feito por cautela, como observado pela Turma. Aliás, esta Subseção, na sua composição completa, no julgamento do Processo nº E-ED-RR-103900-80.2012.5.17.0001, em 21.02.2019, acórdão publicado no DEJT de 08.03.2019, de relatoria do Ministro Cláudio Mascarenhas Brandão, por 10 votos a 4, ocasião em que este magistrado ficou vencido, adotou a tese de que as contrarrazões constituem peça de resistência do recorrido, ante o recurso interposto pela parte contrária, de modo que cabe ao Tribunal Regional, em hipótese como a dos autos, apreciar a prejudicial arguida em contrarrazões ao recurso ordinário, em razão do efeito devolutivo em profundidade do apelo. Assim, com fundamento nas Súmulas nºs 153 e 393, item I, desta Corte, reconheceu a possibilidade de exame, pelo Regional, acerca da prescrição arguida em contrarrazões ao recurso ordinário. Considerando-se, pois, que, pelo efeito devolutivo em profundidade, estava o Regional obrigado a examinar a prescrição quinquenal alegada em contestação e renovada em contrarrazões recursais ordinárias, o exame da questão pelo Tribunal Regional não configura supressão de instância. Nesse contexto, não há falar em divergência jurisprudencial, nem em contrariedade à Súmula nº 393 do Tribunal Superior do Trabalho, ante o disposto no artigo 894, § 2º, da CLT. Embargos não conhecidos. (E-ED-RR nº 2563-61.2011.5.02.0046, SBDI-1 do TST, Rel. José Roberto Freire Pimenta. j. 05.09.2019, Publ. 13.09.2019).

– Hamilton, e se a empresa Beta não alegasse na prejudicial de mérito de sua contestação a prescrição quinquenal parcial, ela poderia fazer pela primeira vez essa defesa em contrarrazões ao recurso ordinário?

Veja o que diz a Súmula 153 do TST:

TST, SUM 153 – PRESCRIÇÃO – Não se conhece de prescrição não arguida na instância ordinária.

Instância ordinária quer dizer Vara do trabalho e Tribunal Regional do Trabalho, sendo assim, a prescrição pode ser suscitada até a interposição do recurso ordinário, seja nas suas razões ou contrarrazões. Nesse sentido:

"AGRAVO INTERNO. AGRAVO DE INSTRUMENTO EM RECURSO DE REVISTA. DECISÃO MONOCRÁTICA. ADMISSIBILIDADE. PRESCRIÇÃO SUSCITADA NAS CONTRARRAZÕES DO RECURSO ORDINÁRIO. A decisão monocrática proferida nestes autos merece ser mantida. O Tribunal Regional, ao exarar tese no sentido de que a prescrição pode ser suscitada até a interposição do recurso ordinário, nas suas razões ou contrarrazões, aplicou com correção o entendimento firmado no âmbito desta Corte Superior, consubstanciado na Súmula nº 153, além de vários precedentes, descabendo cogitar a contrariedade suscitada pelo agravante, visto que a uniformização de jurisprudência, fim precípuo do recurso de revista, foi atingida, incidindo como obstáculo à revisão pretendida . Precedestes. Agravo interno a que se nega provimento" (Ag-AIRR-20271-39.2015.5.04.0011, 5ª Turma, Relator Desembargador Convocado João Pedro Silvestrin, DEJT 07/01/2020).

8.1.4. Inexistência de atos de disposição do direito de recorrer

O recorrente pode abdicar, espontaneamente, do direito de recorrer, através de fatos impeditivos e extintivos.

Vejamos:

8.1.4.1. Desistência do recurso

– A parte pode desistir do recurso que ela apresentou, Hamilton?

Pode sim, a parte recorrente, segundo as regras de processo, pode desistir do recurso totalmente ou de apenas parte dele. Nesse sentido:

> CPC, Art. 998. O recorrente poderá, a qualquer tempo, sem a anuência do recorrido ou dos litisconsortes, desistir do recurso.

– A desistência do recurso pode ser feita a qualquer momento?

O pedido de desistência pode ser feito pelo recorrente até o início do julgamento do recurso.

– E como o recorrente pode informar aos julgadores que quer desistir?

O recorrente pode apresentar em petição escrita ao relator ou na hora que for sustentar oralmente, comunicar a desistência.

– É necessário motivar esse pedido de desistência?

O recorrente tem a liberdade de desistir sem precisar motivar ao julgador.

– Hamilton?

Diga.

– Se o órgão julgador já decidiu, contudo, a decisão ainda não foi publicada, o recorrente pode desistir ainda?

Como eu disse, o pedido de desistência pode ser feito pelo recorrente até o início do julgamento do recurso. Se o recurso já foi julgado, o recorrente não poderá mais desistir, mesmo que a decisão ainda não tenha sido publicada. Esse é o entendimento do Supremo Tribunal Federal (AgReg no RE 212.671-3, 1ª Turma, Relator Ministro Carlos Brito, julgado em 2/9/2003, DJe 17/10/2003), assim, após ter sido prolatada decisão, não é mais possível desistir do recurso.

Também nesse sentido é o posicionamento do Superior Tribunal de Justiça, conforme a seguir transcrito:

> "A desistência do recurso é ato que se insere no âmbito de liberalidade do recorrente e se consuma com a própria formulação do pedido, sendo irrelevante o que o que o motivou a assim proceder". (AgRg nos EDcl no RMS 47.028/RJ, Relator Ministro João Otávio de Noronha, Terceira Turma, julgado em 15/10/2015, DJe 23/10/2015). Inviável, contudo, homologar desistência quanto ao agravo em recurso especial quando já promovido seu julgamento. A propósito: "1. Descabida a homologação de pedido de desistência de recurso já julgado dois meses antes, pendente apenas de publicação de acórdão. Precedente do STJ. (AgRg no AgRg no Ag 1.392.645/RJ, Relator Ministro Herman Benjamin, Segunda Turma, julgado em 21/2/2013, DJe 7/3/2013)" (EDcl no AgRg no AREsp 134.909/PR, Relator Ministro Ricardo Villas Bôas Cueva, 3ª Turma, julgado em 14/5/2013, DJe 21/5/2013)."2. O pedido de desistência recursal e, em regra, direito potestativo da parte e pode ocorrer a qualquer momento do processo, desde que efetuado antes do julgamento da causa, como ocorrido no caso dos autos". (EDcl no RMS 14.438/PR, Relatora Desembargadora Convocada Alderita Ramos de Oliveira, 6ª Turma, julgado em 19/2/2013, DJe 1º/3/2013). (DESIS nos EDcl no ARE no RE nos EDcl no AgInt no AgRg no AREsp 834354 SP 2015/0324231-2, julgado em 19/12/2016, DJe 2/2/2017).

– A parte pode desistir do recurso e se ainda estiver dentro do prazo, apresentar outro, digo, substituir o recurso apresentado por um novo?

Não. Com a desistência do recurso, o recorrente fica impedido de interpor outro recurso idêntico de que se desistiu, mesmo que dentro do prazo não esgotado. Segundo Didier[12], *"esse recurso, uma vez renovado, será considerado inadmissível, pois a desistência é fato impeditivo que, uma vez verificado, implica inadmissibilidade do procedimento recursal. Perceba, então, a diferença: a desistência não extingue o procedimento recursal por inadmissibilidade, mas, uma vez interposto novamente o recurso revogado, esse novo procedimento recursal, e não o primeiro, será havido por inadmissível."*

– Se a parte que desistiu se arrepender da desistência, ela pode voltar atrás e peticionar para o Tribunal solicitando a desconsideração?

Não. Depois da manifestação do pedido de desistência, ela não pode voltar atrás, pois, trata-se de ato irretratável, produzindo imediatamente a extinção do procedimento recursal nos termos do art. 200, CPC, visto que, os atos praticados pelas partes produzem efeitos imediatos, somente necessitando de homologação para produzir efeitos a desistência da ação (CPC, art. 200, parágrafo único).

Por fim, é oportuno lembrar que:

A) A desistência do recurso principal, torna-se inviável a análise do recurso de revista adesivo interposto pelo reclamante, nos termos do inciso III do parágrafo 2º do artigo 997 do CPC de 2015.

12. DIDIER JUNIOR, Fredie; CUNHA, Leonardo Carneiro da. Curso de direito processual civil: o processo civil nos tribunais, recursos, ações de competência originária de tribunal e querela nullitatis, incidentes de competência originária de tribunal. 16. ed. Salvador: Juspodivm, 2019.

> CPC, Art. 997. Cada parte interporá o recurso independentemente, no prazo e com observância das exigências legais.
>
> § 2º O recurso adesivo fica subordinado ao recurso independente, sendo-lhe aplicáveis as mesmas regras deste quanto aos requisitos de admissibilidade e julgamento no tribunal, salvo disposição legal diversa, observado, ainda, o seguinte:
>
> III – não será conhecido, se houver desistência do recurso principal ou se for ele considerado inadmissível.

Nesse sentido:

> "RECURSO DE REVISTA INTERPOSTO PELO RECLAMADO ÓRGÃO DE GESTÃO DE MÃO DE OBRA DO TRABALHO PORTUÁRIO E AVULSO DO PORTO ORGANIZADO DE PARANAGUÁ – OGMO/PARANAGUÁ Homologa-se o pedido de desistência do recurso de revista, formulado pelo reclamado por meio da petição de n.66060-09/2019, ficando, por conseguinte, prejudicado o exame do apelo. RECURSO DE REVISTA ADESIVO INTERPOSTO PELO RECLAMANTE. DESISTÊNCIA DO RECURSO PRINCIPAL. PREJUDICADO. O recurso adesivo tem sua admissibilidade condicionada ao conhecimento do recurso principal (artigo 500 do CPC/1973; artigo 997, § 2º, do CPC/2015). Assim, diante da desistência do recurso de revista principal (recurso de revista interposto pelo reclamado), inviável a análise do recurso de revista adesivo interposto pelo reclamante, nos termos do inciso III do parágrafo 2º do artigo 997 do CPC de 2015. Recurso de revista prejudicado" (RR-920-48.2011.5.09.0022, 4ª Turma, Relator Ministro Guilherme Augusto Caputo Bastos, DEJT 05/04/2019).

B) A apresentação de embargos de declaração tempestivos e regulares interrompe o prazo para interposição de outro recurso, ainda que haja a posterior desistência dos embargos declaratórios, devendo o prazo ser recontado a partir da ciência, pela parte contrária, da homologação da desistência. Nesse sentido:

> Informativo TST nº 77 – EMBARGOS DE DECLARAÇÃO. DESISTÊNCIA. INTERRUPÇÃO DO PRAZO PARA INTERPOSIÇÃO

DE OUTROS RECURSOS. RECONTAGEM DO PRAZO A PARTIR DA CIÊNCIA DA HOMOLOGAÇÃO DA DESISTÊNCIA. A oposição de embargos de declaração tempestivos e regulares interrompe o prazo para interposição de outro recurso, ainda que haja a posterior desistência dos declaratórios, devendo o prazo ser recontado a partir da ciência, pela parte contrária, da homologação da desistência. Com base nesse entendimento, a SBDI-I decidiu, por unanimidade, conhecer dos embargos interpostos pela reclamada, por divergência jurisprudencial e, no mérito, por maioria, dar-lhes provimento para, afastada a intempestividade, determinar o retomo dos autos ao TRT de origem a fim de que julgue o recurso ordinário, como entender de direito. Vencidos os Ministros Dora Maria da Costa, relatora, e Luiz Philippe Vieira de Mello Filho, os quais negavam provimento ao apelo ao fundamento de que os embargos de declaração deixam de existir quando a parte dele desiste, não podendo, portanto, produzir qualquer efeito jurídico, inclusive a interrupção do prazo para a interposição de outros recursos. TST-E-RR-223200-17.2009.5.12.0054, SBDI-I, rei. Min. Dora Maria da Costa, red. p/acórdão Min. Aloysio Corrêa da Veiga, 27.3.2014.

RECURSO DE REVISTA. TEMPESTIVIDADE DO RECURSO ORDINÁRIO. EMBARGOS DE DECLARAÇÃO INTERPOSTOS PELA PARTE CONTRÁRIA. DESISTÊNCIA. INTERRUPÇÃO DO PRAZO RECURSAL. A SBDI-1 desta Corte Superior fixou o entendimento de que a interposição dos embargos declaratórios interrompe o prazo recursal para a parte contrária, mesmo na hipótese de desistência. Precedentes. Recurso de revista conhecido e provido. (RR nº 10819-50.2013.5.01.0078, 1ª Turma do TST, Rel. Walmir Oliveira da Costa. j. 06.09.2017, Publ. 11.09.2017).

8.1.4.1.1. Poderes especiais na procuração

O advogado para pedir desistência do recurso, necessita de poderes especiais, devendo tal poder, constar expressamente na procuração.

Nesse sentido:

CPC, Art. 105. A procuração geral para o foro, outorgada por instrumento público ou particular assinado pela parte, habilita

> o advogado a praticar todos os atos do processo, exceto receber citação, confessar, reconhecer a procedência do pedido, transigir, desistir, renunciar ao direito sobre o qual se funda a ação, receber, dar quitação, firmar compromisso e assinar declaração de hipossuficiência econômica, que devem constar de cláusula específica.

8.1.4.1.2. Consentimento da outra parte

> – Professor, é necessário que o recorrido concorde com a desistência do recurso?

Segundo o art. 998 do CPC, a desistência do recurso independe de consentimento da parte contrária e de homologação judicial para a produção de efeitos, pois os atos praticados pelas partes produzem efeitos imediatamente, somente necessitando de homologação para produzir efeitos a desistência da ação (CPC, art. 200)

É importante saber ainda, que a desistência do recurso não impede a análise de questão cuja repercussão geral já tenha sido reconhecida, bem como, não impede a análise daquele objeto de julgamento de recursos extraordinários ou repetitivos.

Da mesma forma, a desistência do recurso afetado no incidente de resolução de demandas repetitivas não impede o julgamento do incidente (art. 976, § 1º, CPC).

8.1.4.1.3. Desistência dos embargos de declaração e interrupção do prazo

> – Hamilton, a parte pode apresentar da sentença do juiz, o recurso de embargos de declaração e, antes da sentença, pedir desistência dos embargos, visto que o adversário não apresentou recurso ordinário no prazo de 8 dias, considerando assim o trânsito em julgado?

Não, pois os embargos de declaração interrompem o prazo para a interposição de outros recursos, por qualquer das partes. E a legislação não faz nenhuma restrição para a adoção da regra da interrupção do prazo para a interposição do recurso principal. O TST por meio do Informativo 77, entendeu que a apresentação de embargos de declaração tempestivos e regulares interrompe o prazo para interposição de outro recurso, ainda que haja a posterior desistência dos embargos de declaração, devendo o prazo ser recontado a partir da ciência, pela parte contrária, da homologação da desistência.

Nesse sentido:

> RECURSO DE EMBARGOS. INTEMPESTIVIDADE DO RECURSO ORDINÁRIO. EMBARGOS DE DECLARAÇÃO NÃO CONHECIDOS POR DESISTÊNCIA DO PRÓPRIO EMBARGANTE. PRAZO RECURSAL. É necessário examinar o processo pelo fim a que se propõe, um mecanismo de efetivação da justiça, a consagrar o direito constitucional de acesso ao judiciário, com o fim de garantir o devido processo legal e a interposição dos recursos que são inerentes. Ainda que a oposição de embargos de declaração seja considerado como meio pelo qual a parte extirpa do julgado os vícios que inviabilizam a entrega plena da jurisdição, sua oposição não pode se dar como mecanismo prejudicial à parte contrária que, de boa-fé, aguarda o pronunciamento judicial na sentença de embargos de declaração, e confiante na interrupção do seu prazo recursal, é surpreendida com a desistência dos embargos pela parte adversa, com o consequente trânsito em julgado da demanda e formação de coisa julgada material. O que interrompe o prazo para qualquer recurso é a simples oposição deles. É claro que os embargos intempestivos ou com irregular representação não interrompem o prazo recursal, mas se os embargos foram tempestivamente opostos, tal qual no presente caso, a simples oposição interrompe o prazo recursal para a parte contrária. Entendimento contrário viabiliza que as partes possam pela simples desistência dos Embargos de Declaração, impedir o acesso da parte adversa aos recursos que lhe são inerentes, em manobra que não efetiva o princípio que consagra o direito das partes ao devido processo legal (art. 5º, XXXV e LV, da CF). Embargos conhecidos e providos. (TST-E-RR-223200-17.2009.5.12.0054, Red. Min. Aloysio Corrêa da Veiga, Subseção I Especializada em Dissídios Individuais, DEJT 30/05/2014).

Apenas os embargos de declaração não conhecidos por irregularidade de representação ou intempestividade não interrompem o prazo para a apresentação do recurso principal. Nesse sentido, o § 3º do art. 897-A da CLT:

> CLT, Art. 897-A, § 3º – Os embargos de declaração interrompem o prazo para interposição de outros recursos, por qualquer das partes, salvo quando intempestivos, irregular a representação da parte ou ausente a sua assinatura.

8.1.4.2. Renúncia ao direito de recorrer

Segundo Barbosa Moreira, "a renúncia ao direito de recorrer é o ato pelo qual uma pessoa manifesta a vontade de não interpor o recurso de que poderia valer-se contra determinada decisão[13]".

A renúncia ao recurso pode ser manifestada por aquele que tem direito de recorrer, e não depende de forma específica e de homologação judicial.

Nesse sentido:

> CPC, Art. 999. A renúncia ao direito de recorrer independe da aceitação da outra parte.

Sobre o tema, vale citar as lições do professor Marinoni[14]:

> 1. Renúncia. Constitui o ato pelo qual a parte manifesta a vontade de não interpor recurso que poderia apresentar diante de determinada decisão judicial. Independe de aceitação da parte contrária. A renúncia é necessariamente prévia ao ato de recorrer e nisso se distingue da desistência. A renúncia ao recurso pode ocorrer assim que surge o direito ao recurso. A renúncia é fato impeditivo do direito de recorrer – manifestada a renúncia, vê a parte logicamente preclusa a faculdade de recorrer

13. MOREIRA, José Carlos Barbosa. Comentários ao Código de Processo Civil. 11 ª ed. Rio de Janeiro: Forense, 2003, v. 5.
14. MARINONI, Luiz Guilherme; ARENHART, Sérgio Cruz; MITIDIERO, Daniel. Código de Processo Civil Comentado – 4ª ed. São Paulo. Revista dos Tribunais, 2018.

(preclusão lógica), proibição de fundo ético decorrente da vedação ao venire contra factum proprium no processo. A renúncia ao recurso nada tem que ver com a renúncia ao direito material posto em juízo (art. 487, III, c, CPC): a renúncia ao recurso se passa no plano processual, ao passo que a renúncia ao direito concerne ao plano do direito material. A renúncia ao recurso pode ser manifestada por aquele que tem direito ao recurso, independe de forma específica e de homologação judicial para que seja eficaz (art. 200, CPC).

2. Litisconsórcio. Se há litisconsórcio simples no polo do processo em que se verificou a sucumbência (regime comum do litisconsórcio), a renúncia ao recurso pode ocorrer por qualquer um dos consortes sem a aquiescência dos demais (art. 117, CPC). Os litisconsortes que não renunciaram conservam o direito de recorrer. Havendo, contudo, litisconsórcio unitário (regime especial do litisconsórcio), a renúncia ao direito de recorrer só é eficaz se manifestada por todos os litisconsortes; do contrário, não atinge a nenhum dos consortes, conservando cada um dos litisconsortes o direito de recorrer válida e eficazmente.

8.1.4.3. Aceitação da decisão / preclusão lógica

A parte que aceitar expressa ou tacitamente a decisão judicial, dela não poderá recorrer. A aceitação da decisão configura fato impeditivo do direito de recorrer.

Para tanto, aceitando a parte a decisão judicial, vê-se logicamente preclusa a faculdade de recorrer, haja vista a proibição do *venire contra factum proprium* no processo. Frisa-se que, a aceitação da decisão ocorre quando a parte se conforma com ela. Pode ser total ou parcial. A aquiescência independe de forma específica (pode ser oral ou escrita) e de homologação judicial para que seja eficaz (art. 200, CPC)[15].

Nesse sentido, o TST:

15. MARINONI, Luiz Guilherme; ARENHART, Sérgio Cruz; MITIDIERO, Daniel. Código de Processo Civil Comentado – 4ª ed. São Paulo. Revista dos Tribunais, 2018.

3. COMPENSAÇÃO POR DANOS MORAIS. VALOR ARBITRADO. NÃO INTERPOSIÇÃO DE RECURSO ORDINÁRIO. ACEITAÇÃO TÁCITA DA SENTENÇA. PRECLUSÃO. NÃO CONHECIMENTO. O exame dos autos revela que, após a prolação de sentença que deferiu valor de compensação por dano moral, o reclamado não trouxe, nas razões de seu recurso ordinário, insurgência quanto ao valor arbitrado. Dessa forma, não tendo o reclamado recorrido em momento oportuno, operou-se inequívoca preclusão lógica, o que impede o conhecimento do recurso de revista. Precedentes. Recurso de revista de que não se conhece. (RR nº 568-24.2013.5.14.0041, 4ª Turma do TST, Rel. Guilherme Augusto Caputo Bastos. j. 03.04.2019, Publ. 05.04.2019).

RECURSO DE REVISTA (...) 2. RESPONSABILIDADE SOLIDÁRIA. GRUPO ECONÔMICO. NÃO INTERPOSIÇÃO DE RECURSO ORDINÁRIO. ACEITAÇÃO TÁCITA DA SENTENÇA. PRECLUSÃO. NÃO CONHECIMENTO. O exame dos autos revela que a reclamada TELEMAR NORTE LESTE S/A, após a prolação de sentença cujo teor foi no sentido de reconhecer que as reclamadas compõem o mesmo grupo econômico e, portanto, devem ser responsabilizadas solidariamente, não interpôs o competente recurso ordinário. Logo, não lhe é dado, após a prolação do acórdão regional, impugnar, por meio de recurso de revista, a decisão tacitamente aceita. Assim, tendo em vista que a recorrente não se insurgiu em momento oportuno contra a matéria em epígrafe, operou-se inequívoca preclusão lógica, o que impede o conhecimento do recurso de revista. Precedentes. Recurso de revista de que não se conhece. (...) (RR – 142700-06.2009.5.03.0024, Relator Ministro: Guilherme Augusto Caputo Bastos, Data de Julgamento: 28/11/2018, 4ª Turma, Data de Publicação: DEJT 30/11/2018)

AGRAVO DE INSTRUMENTO EM RECURSO DE REVISTA DA PRIMEIRA RECLAMADA – COMPANHIA NACIONAL DE ABASTECIMENTO – CONAB. PRESCRIÇÃO TOTAL. AUSÊNCIA DE INTERPOSIÇÃO DE RECURSO ORDINÁRIO. PRECLUSÃO. A análise do recurso de revista, quanto à prescrição, está prejudicada, uma vez que a ausência de interposição de recurso ordinário pela reclamada contra a sentença implicou aceitação tácita, pela ora agravante, da decisão de primeiro grau que lhe foi desfavorável, acarretando, assim, a preclusão absoluta

> do direito de recorrer. Agravo de instrumento desprovido. (...) (AIRR – 181300-84.2011.5.21.0005, Relator Ministro: José Roberto Freire Pimenta, Data de Julgamento: 26/09/2018, 2ª Turma, Data de Publicação: DEJT 05/10/2018)

A aceitação da decisão ocorre quando a parte se conforma com ela. Ademais, essa aceitação poderá ser tácita. Considera-se aceitação tácita a prática, sem nenhuma reserva, de ato incompatível com a vontade de recorrer.

– Tem um exemplo de aceitação tácita, Professor?

Imagine a seguinte situação hipotética: A empresa Beta (primeira reclamada) e Gama (segunda reclamada, onde a parte tenta imputar a responsabilidade subsidiária) foram condenadas em um processo trabalhista. A empresa Gama, segunda reclamada, não interpôs recurso ordinário contra a sentença do juiz de 1º grau. Apenas a primeira reclamada o fez. O TRT, ao analisar o recurso ordinário da empresa Beta, manteve a sentença pelos seus fundamentos.

Me responda, a empresa Gama poderia recorrer?

– Não, Professor. Entendo que como ela não recorreu de recurso ordinário no momento oportuno, ocorreu a preclusão. Estou certo?

Está sim. Nesse caso não é cabível o recurso de revista interposto pela empresa Gama, por força do artigo 1.000 e parágrafo único do CPC, que dispõe:

> CPC, Art. 1.000. A parte que aceitar expressa ou tacitamente a decisão não poderá recorrer.
>
> Parágrafo único. Considera-se aceitação tácita a prática, sem nenhuma reserva, de ato incompatível com a vontade de recorrer.

A interposição do recurso de revista pela empresa Gama pressupõe a existência anterior de recurso ordinário, pois, não interpondo este, a empresa Gama se conformou com a decisão, faltando-lhe interesse para interpor recurso posterior.

Cito, por oportuno, os seguintes julgados do TST sobre o tema:

> "I - AGRAVO DE INSTRUMENTO EM RECURSO DE REVISTA DA SEGUNDA RECLAMADA - FAZENDA PÚBLICA DE SÃO PAULO - PROCESSO ANTERIOR À LEI 13.467/2017. AUSÊNCIA DE RECURSO ORDINÁRIO. PRECLUSÃO. APLICAÇÃO ANALÓGICA DA OJ 334 DA SBDI-1/TST. Não se constata nos autos a interposição de recurso ordinário por parte da Fazenda Pública do Estado de São Paulo, tendo a Corte Regional, por meio do acórdão das págs. 450/454, complementado às págs. 471/472, negado provimento ao recurso ordinário da primeira reclamada (única recorrente), está, portanto, a insurgência da segunda reclamada preclusa, nos termos do art. 1.000 e parágrafo único do CPC e da OJ 334 da SBDI-1/TST, aplicada por analogia. Precedentes. Agravo de instrumento conhecido e desprovido. (AIRR-2268-67.2013.5.02.0009, 3ª Turma, Relator Ministro Alexandre de Souza Agra Belmonte, DEJT 29/03/2019).
>
> AGRAVO DE INSTRUMENTO EM RECURSO DE REVISTA DA COMPANHIA DOCAS DO PARÁ EM FACE DE DECISÃO PUBLICADA NA VIGÊNCIA DA LEI Nº 13.015/2014. PRECLUSÃO. NÃO INTERPOSIÇÃO DO RECURSO ORDINÁRIO. RECURSO DE REVISTA INCABÍVEL. A Companhia Docas do Pará, segunda reclamada, não interpôs recurso ordinário contra a sentença. Apenas a primeira reclamada o fez, tendo sido mantida a sentença. Dessa forma, não é cabível o recurso de revista por força do artigo 1.000 e parágrafo único do CPC, que dispõe: "A parte que aceitar expressa ou tacitamente a sentença ou a decisão, não poderá recorrer. Parágrafo único. Considera-se aceitação tácita a prática, sem nenhuma reserva, de ato incompatível com a vontade de recorrer." Preclusa, portanto, a oportunidade da interposição do recurso de revista. Agravo de instrumento a que se nega provimento. (AG-ED-RR nº 444-18.2016.5.08.0101, 7ª Turma do TST, Rel. Cláudio Mascarenhas Brandão. j. 07.11.2018, Publ. 16.11.2018).
>
> "AGRAVO DE INSTRUMENTO EM RECURSO DE REVISTA. ACÓRDÃO PUBLICADO NA VIGÊNCIA DA LEI 13.015/2014. TERCEIRIZAÇÃO. ATIVIDADE-MEIO E ATIVIDADE-FIM. LICITUDE. DECISÃO PROFERIDA PELO SUPREMO TRIBUNAL FEDERAL NA ADPF 324 E NO RE 958.252, COM REPERCUSSÃO GERAL RECONHECIDA (TEMA 725). Em razão de

> provável caracterização de má aplicação da Súmula 331, I, do TST, dá-se provimento ao agravo de instrumento para determinar o prosseguimento do recurso de revista. Agravo de instrumento provido. RECURSO DE REVISTA. ACÓRDÃO PUBLICADO NA VIGÊNCIA DA LEI 13.015/2014. TERCEIRIZAÇÃO. ATIVIDADE-MEIO E ATIVIDADE-FIM. LICITUDE. PRECLUSÃO. AUSÊNCIA DE INTERPOSIÇÃO DE RECURSO ORDINÁRIO. Na hipótese, observa-se que a ilicitude da terceirização fora mantida pelo Tribunal Regional e que não houve insurgência recursal no momento oportuno, na medida em que a Plansul não interpôs recurso ordinário, incidindo, portanto, os efeitos da preclusão lógica, nos termos do art. 1.000 do CPC/2015. Isso porque considerando que a Plansul aceitou a decisão que lhe foi desfavorável não há como impugná-la apenas em sede de recurso de revista, tornando-se inviável a apreciação do apelo. Precedentes. Recurso de revista não conhecido" (RR-1678-96.2014.5.03.0019, 5ª Turma, Relator Ministro Breno Medeiros, DEJT 09/11/2018).

Contudo, é importante lembrar que existe uma exceção.

– Qual?

Leia a OJ 334 da SDI-1 do TST:

> TST, OJ 334 da SDI-1 – Incabível recurso de revista de ente público que não interpôs recurso ordinário voluntário da decisão de primeira instância, ressalvada a hipótese de ter sido agravada, na segunda instância, a condenação imposta.

Agora, imagine a seguinte situação hipotética:

Em uma ação trabalhista, empresa Beta (primeira reclamada) e Gama Vigilância Patrimonial (segunda reclamada), foram condenadas a pagar uma indenização por danos morais no valor de R$ 50.000,00 a título de danos morais por efetuar revista íntima em Paulo durante o contrato de trabalho. O pedido do autor era de R$ 300.000,00. As empresas não recorreram da sentença. Contudo, o autor não satisfeito, apresentou recurso ordinário postulando a majoração do valor da indenização para o valor pedido na inicial, ou seja, o valor de R$ 300.000,00. O TRT ao analisar o caso, entendeu que as empresas eram de grande porte econômico, sendo assim, majorou a condenação para os R$ 300.000,00 pleiteados na petição inicial, dando provimento ao recurso do autor.

Agora eu pergunto: As empresas Beta e Gama podem recorrer de recurso de verista?

– Eu entendo do que não, Hamilton, visto que, as empresas não recorreram de recurso ordinário.

Veja, nesse caso, elas podem recorrer. Contudo, o tema abordado nas razões do recurso de revista, ficará limitado apenas ao valor majorado ao recurso ordinário, ou seja, a majoração do valor do dano moral. No caso prático, ele pode alegar no recurso de revista, que o valor arbitrado foi exorbitante, violando os princípios da razoabilidade e da proporcionalidade, além do artigo 944 do Código Civil.

O recurso fica permitido pela parte final da OJ 334 da SDI-1 do TST, quando diz que: "ressalvada a hipótese de ter sido agravada, na segunda instância, a condenação imposta".

– Entendi, Professor. Mas essa OJ não é para ser aplicada somente ao ente público?

Apesar da OJ tratar de entes públicos que não exploram a atividade econômica (tais como Administração Direta, Autarquias, Fundações Públicas de Direito Público, etc.), o TST entende que essa OJ pode ser aplicada analogicamente aos particulares:

> "RECURSO DE EMBARGOS EM EMBARGOS DE DECLARAÇÃO EM EMBARGOS DE DECLARAÇÃO EM RECURSO DE REVISTA REGIDO PELA LEI Nº 11.496/2007. RESPONSABILIDADE SUBSIDIÁRIA RECONHECIDA NA SENTENÇA. AUSÊNCIA DE RECURSO DO ENTE PÚBLICO TOMADOR DOS SERVIÇOS. PRECLUSÃO. Na forma da Súmula nº 393 desta Corte, o efeito devolutivo em profundidade do recurso ordinário, que se extrai do § 1º do art. 515 do CPC de 1973, transfere ao Tri bunal a apreciação dos fundamentos da inicial ou da defesa, não examinados pela sentença, ainda que não renovados em contrarrazões. Não se aplica, todavia, ao caso de pedido não apreciado na sentença, salvo a hipótese contida no § 3º do art. 515 do CPC de

1973. À luz desse posicionamento, de fato, na hipótese, estava preclusa a discussão acerca da responsabilidade subsidiária pela CEF em grau de recurso de revista, porque tal pedido foi julgado procedente pela sentença e não houve interposição de recurso ordinário pela tomadora dos serviços. Por analogia, aplica-se também o entendimento firmado na Orientação Jurisprudencial nº 334 da SBDI-1 desta Corte, segundo a qual é incabível recurso de revista de ente público que não interpôs recurso ordinário voluntário da decisão de primeira instância, ressalvada a hipótese de ter sido agravada, na segunda instância, a condenação imposta. Recurso de embargos de que se conhece e a que se dá provimento " (E-ED-ED-RR-112100-51.2009.5.07.0004, Subseção I Especializada em Dissídios Individuais, Relator Ministro Claudio Mascarenhas Brandão, DEJT 06/10/2017).

"I - AGRAVO DE INSTRUMENTO EM RECURSO DE REVISTA DA SEGUNDA RECLAMADA - FAZENDA PÚBLICA DE SÃO PAULO - PROCESSO ANTERIOR À LEI 13.467/2017. AUSÊNCIA DE RECURSO ORDINÁRIO. PRECLUSÃO. APLICAÇÃO ANALÓGICA DA OJ 334 DA SBDI-1/TST. Não se constata nos autos a interposição de recurso ordinário por parte da Fazenda Pública do Estado de São Paulo, tendo a Corte Regional, por meio do acórdão das págs. 450/454, complementado às págs. 471/472, negado provimento ao recurso ordinário da primeira reclamada (única recorrente), está, portanto, a insurgência da segunda reclamada preclusa, nos termos do art. 1.000 e parágrafo único do CPC e da OJ 334 da SBDI-1/TST, aplicada por analogia. Precedentes. Agravo de instrumento conhecido e desprovido. (AIRR-2268-67.2013.5.02.0009, 3ª Turma, Relator Ministro Alexandre de Souza Agra Belmonte, DEJT 29/03/2019).

AGRAVO DE INSTRUMENTO - RECURSO DE REVISTA - PRECLUSÃO CONSUMATIVA - AUSÊNCIA DE INTERPOSIÇÃO DE RECURSO ORDINÁRIO PELA RECLAMADA VRG LINHAS AÉREAS - ACEITAÇÃO TÁCITA DA SENTENÇA - ARTS. 473 E 503 DO CPC - APLICAÇÃO ANALÓGICA DA ORIENTAÇÃO JURISPRUDENCIAL 334 DA SBDI-1 DO TST. 1. Segundo a literalidade do art. 473 do CPC, é defeso à parte discutir, no curso do processo, as questões já decididas, a cujo respeito se operou a preclusão. Por seu turno, dispõe o art. 503 do mesmo diploma legal que a parte que aceitar expressa ou tacitamente

> a sentença ou a decisão não poderá recorrer. A Orientação Jurisprudencial 334 da SBDI-1 do TST, de aplicação analógica à hipótese, estabelece que é incabível recurso de revista de ente público que não interpôs recurso ordinário voluntário da decisão de 1ª Instância, ressalvada a hipótese de ter sido majorada, na 2ª Instância, a condenação imposta. 2. -In casu-, constatado que o acórdão regional não ampliou a condenação com relação aos temas alusivos à incompetência da Justiça do Trabalho e à sucessão de empregadores, mantendo intacta a sentença, a não apresentação do apelo ordinário pela Reclamada VRG LINHAS AÉREAS S.A. implica a aceitação tácita aos comandos da sentença e, por consequência, a preclusão absoluta do direito de recorrer extraordinariamente para esta Corte Superior, a teor dos dispositivos legais apontados, bem como da orientação jurisprudencial mencionada. 3. Nesse contexto, somente na hipótese da alteração do julgado pela Corte Regional, agravando a condenação que antes lhe foi imposta, é que estaria a Reclamada autorizada a recorrer, ainda assim, somente na parte acrescida. 4. Logo, uma vez evidenciada a preclusão consumativa do direito de recorrer, nos termos do art. 473 do CPC, não merece conhecimento o apelo. Agravo de Instrumento desprovido. (AIRR-10367-04.2010.5.04.0000, 7ª Turma, Relª. Min. Maria Doralice Novaes, DJ de 08/10/2010).

– Perfeito.

Encerramos a análise dos pressupostos subjetivos/intrínsecos. Passamos agora estudar os pressupostos objetivos/extrínsecos dos recursos.

8.2. Pressupostos extrínsecos / objetivos

– Quais são os pressupostos objetivos do recurso?

São pressupostos objetivos do recurso a tempestividade, a adequação, o preparo e a regularidade formal. Vamos estudar cada um deles:

8.2.1. Tempestividade

O recurso deve ser apresentado no prazo previsto pela lei. Caso isso não ocorra, ele não será conhecido, por ser intempestivo.

8.2.1.1. Prazo dos recursos trabalhistas

– Qual o prazo dos recursos trabalhistas, Hamilton?

A Lei 5.584/70, unificou os prazos recursais em 8 (oito) dias. Veja:

> Lei 5.584/70, Art. 6º – Será de 8 (oito) dias o prazo para interpor e contra-arrazoar[16] qualquer recurso (CLT, art. 893).

A ressalva fica para os embargos de declaração (CLT, art. 897-A)[17], que terá o prazo de 5 dias, para o recurso extraordinário (CPC, art. 1.003, § 5º)[18], que terá o prazo de 15 dias e para o pedido de revisão do valor da causa, terá o prazo de 48 horas (Lei 5.584/70, art. 2º, § 1º)[19].

É importante alertar ainda, que o agravo interno ou regimental terá o seu prazo definido pelo regimento interno de cada tribunal. Esses prazos variam entre 5 dias e 8 dias.

---

16. CLT, Art. 900 – Interposto o recurso, será notificado o recorrido para oferecer as suas razões, em prazo igual ao que tiver tido o recorrente.
17. CLT, Art. 897-A – Caberão embargos de declaração da sentença ou acórdão, no prazo de cinco dias, devendo seu julgamento ocorrer na primeira audiência ou sessão subsequente a sua apresentação, registrado na certidão, admitido efeito modificativo da decisão nos casos de omissão e contradição no julgado e manifesto equívoco no exame dos pressupostos extrínsecos do recurso.
18. CPC, Art. 1.003. O prazo para interposição de recurso conta-se da data em que os advogados, a sociedade de advogados, a Advocacia Pública, a Defensoria Pública ou o Ministério Público são intimados da decisão. § 5º – Excetuados os embargos de declaração, o prazo para interpor os recursos e para responder-lhes é de 15 (quinze) dias.
19. Art. 2º, § 1º da Lei 5.584/70 – Em audiência, ao aduzir razões finais, poderá qualquer das partes, impugnar o valor fixado e, se o Juiz o mantiver, pedir revisão da decisão, no prazo de 48 (quarenta e oito) horas, ao Presidente do Tribunal Regional.

8.2.1.2. Prazo em dobro

A Fazenda Pública e o Ministério Público gozam de prazo em dobro para todas as suas manifestações processuais, inclusive interposição e oferecimento de contrarrazões a recurso (CPC, arts. 180 e 183).

> CPC, Art. 180. O Ministério Público gozará de prazo em dobro para manifestar-se nos autos, que terá início a partir de sua intimação pessoal, nos termos do art. 183, § 1º.
>
> CPC, Art. 183. A União, os Estados, o Distrito Federal, os Municípios e suas respectivas autarquias e fundações de direito público gozarão de prazo em dobro para todas as suas manifestações processuais, cuja contagem terá início a partir da intimação pessoal.

Sendo assim, a Fazenda Pública e o Ministério Público gozam de prazo em dobro para recorrer, ou seja, 16 dias, como regra, 10 dias para os embargos de declaração, 30 dias para o recurso extraordinário e 96 horas para o recurso de revisão, tendo os mesmos prazos para apresentar as contrarrazões.

Nesses termos, o art. 1 º do Decreto-Lei nº 779/69:

> Decreto-Lei nº 779/69, Art. 1º Nos processos perante a Justiça do Trabalho, constituem privilégio da União, dos Estados, do Distrito Federal, dos Municípios e das autarquias ou fundações de direito público federais, estaduais ou municipais que não explorem atividade econômica:
>
> III- o prazo em dobro para recurso;

Cumpre esclarecer que, nem todos que fazem parte da Fazenda Pública tem prazo em dobro.

– Como assim, Professor?

Leia novamente o caput do art. 1º do DL 779/69:

> Decreto-Lei nº 779/69, Art. 1º Nos processos perante a Justiça do Trabalho, constituem privilégio da União, dos Estados, do Distrito Federal, dos Municípios e das autarquias ou fundações de

> direito público federais, estaduais ou municipais que não explorem atividade econômica:

Observou o trecho onde dispõe que, só quem não explora atividade econômica é que possui esse privilégio de prazo em dobro?

– Sim, Hamilton!

Perfeito. Portanto, a sociedade de economia mista e a empresa pública que exploram atividade econômica são equiparadas aos particulares, não possuindo o privilégio do prazo em dobro, com fundamento no art. 173, §1º, II da CF, de seguinte teor:

> Art. 173. Ressalvados os casos previstos nesta Constituição, a exploração direta de atividade econômica pelo Estado só será permitida quando necessária aos imperativos da segurança nacional ou a relevante interesse coletivo, conforme definidos em lei.
>
> § 1º A lei estabelecerá o estatuto jurídico da empresa pública, da sociedade de economia mista e de suas subsidiárias que explorem atividade econômica de produção ou comercialização de bens ou de prestação de serviços, dispondo sobre:
>
> II – a sujeição ao regime jurídico próprio das empresas privadas, inclusive quanto aos direitos e obrigações civis, comerciais, trabalhistas e tributários;

– Hamilton, mas eu já vi os correios, que é uma empresa pública, recorrendo e utilizando o prazo em dobro. Isso é válido?

Sim, o Decreto-Lei nº 509, de 20 de março de 1969, equiparou a Empresa Brasileira de Correios e Telégrafos (ECT) à Fazenda Pública, especialmente quanto às prerrogativas processuais (art. 12), incluindo, assim, os prazos recursais. Também, o STF e o TST têm admitido que as empresas públicas ou sociedades de economia mista que sejam prestadoras de serviço público em ambiente não concorrencial, tenham todas as prerrogativas das pessoas jurídicas de direito público, inclusive os prazos recursais diferenciados e a submissão ao precatório. Veja o que diz o item II da OJ 247 da SDI-1 do TST:

> TST, OJ 247 da SDI-1, II – A validade do ato de despedida do empregado da Empresa Brasileira de Correios e Telégrafos (ECT) está condicionada à motivação, por gozar a empresa do mesmo tratamento destinado à Fazenda Pública em relação à imunidade tributária e à execução por precatório, além das prerrogativas de foro, prazos e custas processuais.

– Os litisconsortes com procuradores distintos têm prazo em dobro, Hamilton?

Não. O TST por meio da OJ 310 da SDI-1, entende que inaplicável ao Processo do Trabalho a norma contida no art. 229, caput e §§ 1º e 2º, do CPC de, em razão de incompatibilidade com a celeridade que lhe é inerente.

8.2.1.3. Contagem do prazo

– Hamilton, na justiça do trabalho os prazos serão contados em dias úteis ou em dias corridos?

A Lei nº 13.467/2017, modificou a redação do art. 775, caput, passando a determinar que os prazos processuais devem ser contados apenas em dias úteis.

Contudo, somente serão contados em dias úteis os prazos processuais e ainda, os prazos contados em dias. Portanto, os prazos fixados em horas, meses e anos, serão contados em dias corridos. Exemplo: Prazo de 48 horas para a parte interpor o recurso de revisão do valor da causa, previsto no § 1º do art. 2º, da Lei 5.584/70.

– O que seria dia útil?

Será dia útil os dias em que haja expediente forense, assim, em contrapartida, não será útil os dias de feriados, sábados, domingos e os dias em que não haja expediente forense. Nesse sentido:

> CPC. Art. 216. Além dos declarados em lei, são feriados, para efeito forense, os sábados, os domingos e os dias em que não haja expediente forense.

Quanto aos feriados, a Lei nº 9.093/95 determina em seus arts. 1º e 2º que são feriados civis os declarados em lei federal, a data magna do Estado fixada em lei estadual, os dias do início e do término do ano do centenário de fundação do Município, fixados em lei municipal. São feriados religiosos os dias de guarda, declarados em lei municipal, de acordo com a tradição local e em número não superior a quatro, neste incluída a Sexta-Feira da Paixão.

É oportuno lembrar que os feriados estaduais e municipais são estabelecidos, respectivamente, em leis estaduais e municipais, razão pela qual incumbe às partes comprová-los para prorrogação de seu prazo, nos termos do art. 376 do CPC.

> CPC, Art. 376. A parte que alegar direito municipal, estadual, estrangeiro ou consuetudinário provar-lhe-á o teor e a vigência, se assim o juiz determinar.

8.2.1.4. Início do prazo

– O que seria o dia de início do prazo?

Início do prazo é o dia em que a parte toma conhecimento da notificação. Sendo assim, o início do prazo é o dia da ciência da intimação, que não é computado no prazo.

> CLT, Art. 774 – Salvo disposição em contrário, os prazos previstos neste Título contam-se, conforme o caso, a partir da data em que for feita pessoalmente, ou recebida a notificação, daquela em que for publicado o edital no jornal oficial ou no que publicar o expediente da Justiça do Trabalho, ou, ainda, daquela em que for afixado o edital na sede da Junta, Juízo ou Tribunal.
>
> Parágrafo único – Tratando-se de notificação postal, no caso de não ser encontrado o destinatário ou no de recusa de recebimento,

> o Correio ficará obrigado, sob pena de responsabilidade do servidor, a devolvê-la, no prazo de 48 (quarenta e oito) horas, ao Tribunal de origem.

Nos casos das sentenças, as partes tomam ciência do julgamento na própria audiência, contudo, se o juiz resolver julgar em seu próprio gabinete (o que hoje é mais comum), posteriormente, deve promover a intimação das partes. Neste caso, as partes serão intimadas por via postal ou por edital nos termos do parágrafo único do art. 841 da CLT.

As demais decisões serão feitas pelo Diário de Justiça, no caso de processos eletrônicos, pelo Diário de Justiça Eletrônico. Veja o que diz o art. 3º da Resolução 185/2017 da CSJT:

> RESOLUÇÃO CSJT Nº 185, DE 24 DE MARÇO DE 2017, Art. 3º Os atos processuais terão sua produção, registro, visualização, tramitação, controle e publicação exclusivamente em meio eletrônico e serão assinados digitalmente, contendo elementos que permitam identificar o usuário responsável pela sua prática.

Nesses processos eletrônicos (Lei 11.419/2016, Art. 4º), é importante saber o seguinte sobre as publicações eletrônicas:

(1) A publicação eletrônica substitui qualquer outro meio de publicação oficial, para quaisquer efeitos legais, à exceção dos casos que, por lei, exigem intimação ou vista pessoal.

(2) Considera-se como data da publicação o primeiro dia útil seguinte ao da disponibilização da informação no Diário da Justiça eletrônico.

(3) Os prazos processuais terão início no primeiro dia útil que seguir ao considerado como data da publicação.

Exemplificando:

Disponibilizada a decisão no Diário eletrônico	Data de publicação no Diário eletrônico	Início da contagem do prazo processual
Dia 14 (terça-feira)	Dia 15 (quarta-feira)	Dia 16 (quinta-feira)

– A intimação pode sair no nome do advogado constituído nos autos, Professor?

Pode sim. Tendo a parte constituído advogado, elas serão cientificadas através deste, conforme publicação no Diário de Justiça. Veja o que diz o art. 1.003 do CPC

> CPC, Art. 1.003. O prazo para interposição de recurso conta-se da data em que os advogados, a sociedade de advogados, a Advocacia Pública, a Defensoria Pública ou o Ministério Público são intimados da decisão.

8.2.1.4.1. Atraso na publicação da sentença

Segundo o art. 851 da CLT, os tramites de instrução e julgamento da reclamação serão resumidos em ata, de que constará, na íntegra, a decisão. Acontece que é muito comum o magistrado dividir a audiência, designando uma audiência só para leitura e publicação da sentença. Após o encerramento da audiência de instrução, as partes e seus procuradores já saem cientes da data da audiência de leitura e publicação, não necessitando de intimação.

Caso as partes e seus procuradores não compareçam à leitura da sentença (o que é comum, pois o magistrado marca tal feito muitas vezes para o horário da tarde, quando o fórum já se encontra fechado), considera-se que já estão cientes do julgamento conforme Súmula 197 do TST, que diz que:

> TST, Sum 197 – O prazo para recurso da parte que, intimada, não comparecer à audiência em prosseguimento para a prolação da sentença conta-se de sua publicação.

– E agora, Professor, como vou ter acesso a decisão se o fórum está fechado?

Basta você acessar o sistema do PJE que a sentença vai estar disponível.

– E se o juiz atrasar para fazer a juntada da ata de audiência que contém a sentença?

O início do prazo para recurso, será contado da data em que a parte receber a intimação da sentença. Nesse sentido:

> "EMBARGOS REGIDOS PELA LEI Nº 11.496/2007. TEMPESTIVIDADE DO RECURSO ORDINÁRIO. AUSÊNCIA DAS PARTES À AUDIÊNCIA DE PROLAÇÃO DA SENTENÇA. JUIZ NÃO PROFERIU A SENTENÇA NA DATA DESIGNADA. TERMO A QUO DO PRAZO RECURSAL. PUBLICAÇÃO NO DIÁRIO ELETRÔNICO DA JUSTIÇA DO TRABALHO. A controvérsia dos autos cinge-se à definição do termo a quo da contagem do prazo recursal nos casos em que é designada, previamente, audiência de julgamento, à qual as partes não compareceram. No caso dos autos, a audiência de julgamento foi marcada para o dia 6/10/2010 e a sentença foi juntada em 7/10/2010. O recurso ordinário do reclamante foi interposto em 15/10/2010. Nesse caso, considera-se publicada a sentença no dia útil seguinte em que divulgada no Diário Eletrônico da Justiça do Trabalho ou a partir da notificação das partes. Desse modo, considerando que a juntada da sentença se deu dentro do prazo de 48 horas após a sua prolação, conforme previsto no artigo 851, § 2º, da CLT, o marco inicial da contagem do prazo recursal deve ser o dia útil seguinte à divulgação da decisão no Diário Eletrônico da Justiça do Trabalho ou a partir da notificação das partes, já que elas não tiveram acesso ao conteúdo da sentença pela ocasião da sua proferição. Ressalte-se que o caso não atrai a aplicação do entendimento preconizado pela Súmula nº 197 desta Corte, porquanto, marcada a audiência para prolação da sentença, o Juiz não a proferiu na data designada, mas somente no dia seguinte, de modo que a situação processual erigida escapou à disciplina do referido verbete. Nesse contexto, verifica-se que, de fato, o recurso ordinário é tempestivo. Embargos conhecidos e desprovidos. (E-ED-RR-382-05.2010.5.03.0108, Subseção I Especializada em Dissídios Individuais, Relator Ministro Jose Roberto Freire Pimenta, DEJT 29/01/2016).

8.2.1.4.2. Recurso extemporâneo

– O que seria um recurso extemporâneo?

Recurso extemporâneo, seria aquele recurso interposto antes do início da contagem do prazo.

– O recurso que foi interposto extemporaneamente é tempestivo?

Segundo o § 4º do art. 218 do CPC, será considerado tempestivo o ato praticado antes do termo inicial do prazo. Esse dispositivo, permite que a parte recorrente se adiante a intimação e interponha recurso antes do termo inicial do prazo, privilegiando o princípio da duração razoável do processo.

Nesse sentido, decidiu o STF, veja:

> O Plenário do Supremo Tribunal Federal (STF) alterou a jurisprudência da Corte para afastar o conceito de intempestividade para os recursos apresentados antes da publicação do acórdão – data até então considerada marco temporal do início do prazo para a interposição de embargos declaratórios ou agravos.
>
> A decisão foi tomada durante o julgamento de embargos de declaração (convertidos em agravo regimental) no Agravo de Instrumento (AI) 703.269, que trata de um litígio entre um ex-funcionário do Banco Bradesco S/A e a instituição financeira sobre questões salariais, pagamento de horas extras e auxílio-alimentação.
>
> Ao apresentar a questão, o ministro Luiz Fux (relator) considerou que não pode ser considerado intempestivo um recurso apresentado dentro do prazo, ainda que antes da publicação do acórdão, lembrando que jurisprudência atual considera intempestivo o recurso apresentado tanto antes, quanto após o prazo. "Revela-se uma contradição considerar-se intempestivo um recurso que é interposto antes do escoamento do prazo", afirmou.
>
> O relator acrescentou que na Primeira Turma do STF, da qual fazem parte também os ministros Marco Aurélio, Dias Toffoli, Roberto Barroso e Rosa Weber (presidente), já houve discussão

em torno da necessidade de mudança de direcionamento quanto aos recursos considerados intempestivos. Fux acrescentou que a jurisprudência agora superada é "extremamente formalista e sacrifica a questão da justiça" e lembrou que a evolução no entendimento já está prevista no novo Código de Processo Civil (CPC), que entrará em vigor em 2016.

O ministro Marco Aurélio, que sempre afastou a intempestividade nestas circunstâncias, lembrou da característica do brasileiro de deixar as coisas para última hora e ressaltou que não se pode punir quem se antecipa. "Geralmente o brasileiro deixa para a undécima hora a prática do ato, mas há aqueles que se antecipam. Se antecipam na interposição de recurso, inclusive em relação ao prazo recursal. Chegam ao protocolo da Corte e interpõem o recurso que tem objeto, que é o acórdão, antes de detonado o prazo inicial desse prazo. Entendo que esse ato é válido", afirmou.

O presidente do STF, ministro Ricardo Lewandowski, manifestou preocupação quanto aos casos em que os embargos são apresentados antes da publicação do acórdão e não guardam relação com a decisão questionada. Lewandowski salientou que "se a parte não conhece o acórdão, não pode embargar de modo genérico, sem atacar os pontos específicos.

8.2.1.4.3. Intimação nos casos de revelia

No caso de revelia, a intimação da decisão far-se-á por carta com aviso de recebimento ou por edital, conforme preconiza o art. 852 da CLT, tendo ou não advogado constituído nos autos:

> CLT, Art. 852 – Da decisão serão os litigantes notificados, pessoalmente, ou por seu representante, na própria audiência. No caso de revelia, a notificação far-se-á pela forma estabelecida no § 1º do art. 841.

8.2.1.5. Início da contagem do prazo

– Início da contagem é a mesma coisa que início do prazo, Professor?

Não, o início do prazo é a dia da ciência da decisão (CLT, Art. 774). No início da contagem, você exclui o dia início do prazo, incluindo o do vencimento. Nesse sentido, o art. 775 da CLT:

> CLT, Art. 775. Os prazos estabelecidos neste Título serão contados em dias úteis, com exclusão do dia do começo e inclusão do dia do vencimento.

Veja que os prazos serão contados em dias úteis.

– Hamilton, a parte pode ser intimada em dia que não é útil?

O dia da intimação da parte deve ser um dia útil, caso contrário, a intimação recebida em dia não útil, será considerada como realizada no próximo dia útil subsequente.

– Tem exemplo, Hamilton?

Imagine a seguinte situação hipotética: A empresa Beta recebeu a intimação da sentença que estava com a sua publicação atrasada num no sábado pelos correios.

Agora me responda: Quando será o início da contagem prazo para recurso pela empresa Beta?

– Na segunda, Hamilton, visto que devemos excluir o dia da intimação e incluir o dia de vencimento. Estou certo?

Não. Como falamos acima, a intimação somente poderá ocorrer em dia útil e para a Justiça, os sábados, domingos e feriados, são dias não úteis. Sendo assim, o sábado é dia não útil, isto é, não inicia a contagem do prazo e nem mesmo é considerado dia de realização da intimação. Para tanto, segunda-feira é o dia que você considerará como data do recebimento da intimação (data da ciência da decisão), iniciando assim, a contagem do prazo na terça-feira (pois você excluiu o dia do início – segunda-feira – e incluirá o dia do vencimento). Nesse sentido, o item I da Súmula 262 do TST:

TST, SUM 262 – PRAZO JUDICIAL. NOTIFICAÇÃO OU INTIMAÇÃO EM SÁBADO. RECESSO FORENSE.

I – Intimada ou notificada a parte no sábado, o início do prazo se dará no primeiro dia útil imediato e a contagem, no subsequente.

– E quando a parte for intimada na sexta-feira, quando que vai iniciar o prazo?

Quando a intimação tiver lugar na sexta-feira, ou a publicação com efeito de intimação for feita nesse dia, o prazo judicial será contado da segunda-feira imediata, salvo se não houver expediente, caso em que fluirá no dia útil que se seguir, conforme Súmula 1 do TST.

8.2.1.6. Possibilidade de prorrogação do prazo

O art. 775, § 1 º, da CLT possibilita a prorrogação dos prazos processuais pelo tempo estritamente necessário nas seguintes hipóteses:

(1) quando o juiz entender necessário; e

(2) em virtude de força maior, devidamente comprovada.

8.2.1.6.1. Prorrogação do último dia de prazo em decorrência de feriado local ou forense.

8.2.1.6.1.1. Feriado local

O TST, por meio do item I do enunciado da Súmula 385 entende que incumbe à parte recorrente o ônus de provar, quando da interposição do recurso, a existência de feriado local que autorize a prorrogação do prazo recursal. No mesmo sentido, o art. 1.003, § 6°, do CPC de 2015.

CPC, art. 1.003 – [...]

§ 6º O recorrente comprovará a ocorrência de feriado local no ato de interposição do recurso.

– O que acontece se a parte não comprovar?

Não comprovado, deve o relator do recurso determinar a sua imediata comprovação, conforme determinado pelo parágrafo único, art. 932, CPC. Não cumprida a ordem, o relator não conhecerá do recurso. Nesse sentido, a parte final do item I da Súmula 386 do TST:

> TST, SUM 386, I – [...] No caso de o recorrente alegar a existência de feriado local e não o comprovar no momento da interposição do recurso, cumpre ao relator conceder o prazo de 5 (cinco) dias para que seja sanado o vício (art. 932, parágrafo único, do CPC de 2015), sob pena de não conhecimento se da comprovação depender a tempestividade recursal;

8.2.1.6.1.2. Feriado forense

Na hipótese de feriado forense, incumbirá à autoridade que proferir a decisão de admissibilidade certificar o expediente nos autos.

8.2.1.6.1.3. Recurso cabível em caso de erro do judiciário

O TST, por meio do item I do enunciado da Súmula 385, entende que se admite a reconsideração da análise da tempestividade do recurso, mediante prova documental superveniente, em agravo de instrumento, agravo interno, agravo regimental ou embargos de declaração, desde que, em momento anterior, não tenha havido a concessão de prazo para a comprovação da ausência de expediente forense.

8.2.1.7. Recurso intempestivo

– O que seria um recurso intempestivo?

Recurso intempestivo é aquele interposto depois de escoado o prazo recursal.

É importante lembrar que o TST entende por meio do item III da Súmula 100, que salvo se houver dúvida razoável, a interposição de recurso intempestivo ou a interposição de recurso incabível não protela o termo inicial do prazo decadencial.

– O escoamento do prazo depende de declaração judicial, Professor?

Não, veja o que diz o art. 223 do CPC:

> CPC, Art. 223. Decorrido o prazo, extingue-se o direito de praticar ou de emendar o ato processual, independentemente de declaração judicial, ficando assegurado, porém, à parte provar que não o realizou por justa causa.

8.2.1.8. Justa causa

– Hamilton, a parte final do art. 223 do CPC, faz uma ressalva aos casos de justa causa. O que seria essa justa causa?

Bom, considera-se justa causa o evento imprevisto, alheio à vontade da parte, e que a impediu de praticar o ato por si ou por mandatário (art. 223, § 1.º, CPC).

Posso citar como exemplo de justa causa:

A) A doença do advogado da parte, mormente quando único constituído nos autos. Contudo o advogado deve comprovar (prova documental) que durante o prazo do recurso, estava doente, sob pena de ser considerado intempestivo o recurso;

> NÃO CONHECIMENTO DO RECURSO ORDINÁRIO. INTEMPESTIVIDADE. Muito embora o advogado da reclamante tenha apresentado atestado médico evidenciando que ficou impedido de exercer seu ofício e atuar no processo no último dia do prazo recursal, não há qualquer comprovação de que durante

> todo o prazo recursal que lhe foi concedido ele teria ficado hospitalizado ou de substabelecer o mandato que lhe foi outorgado, não estando configurada a justa causa de que trata o art. 223, § 1º, do CPC. Recurso ordinário da reclamante não conhecido, por intempestivo. (RO nº 0020192-09.2018.5.04.0382, 9ª Turma do TRT da 4ª Região/RS, Rel. João Batista de Matos Danda. j. 14.02.2019, unânime).

B) A greve dos serviços forenses;

C) A existência de informação equivocada no sistema de informação oficial mantido na rede mundial de computadores pelo próprio Poder Judiciário;

> PRAZO RECURSAL REGISTRADO EQUIVOCADAMENTE NO SISTEMA PJE. PARTE INDUZIDA A ERRO. ART. 183, § 2º, DO CPC. A disponibilização por esta Justiça Especializada de serviço eletrônico de acompanhamento dos atos processuais para consulta das partes e advogados deve realizar-se eficazmente, porquanto se presumem confiáveis as informações ali divulgadas. Constatado erro de serventuário deste Tribunal no prazo recursal assinalado no Sistema PJe, tenho por configurada a justa causa prevista no art. 183, § 1º, do CPC, capaz de ensejar o conhecimento da impugnação aos cálculos apresentada fora do prazo previsto no art. 879, § 2º, da CLT. (AP nº 0001424-36.2015.5.10.0103, 1ª Turma do TRT da 10ª Região/DF-TO, Rel. Elaine Machado Vasconcelos. DEJT 22.11.2019)

Contudo, é importante destacar, que temos decisão em sentido contrário:

> EMBARGOS DE DECLARAÇÃO DA TERCEIRA RECLAMADA. EQUÍVOCO NO EXAME DOS PRESSUPOSTOS EXTRÍNSECOS DO RECURSO ORDINÁRIO. Entendimento majoritário desta Turma Julgadora no sentido de que eventual informação errônea existente no PJe a respeito da data final para interposição de recurso ordinário não caracteriza a justa causa de que trata o artigo 223 do CPC, pois o sistema eletrônico serve apenas para registros e dar andamento aos processos, não substituindo o dever da parte de contagem e controle dos prazos processuais legais

e não sendo dotado da prerrogativa de atribuir prazos recursais distintos daqueles que constam na lei. Embargos de declaração não providos. (RO nº 0020953-32.2015.5.04.0451, 6ª Turma do TRT da 4ª Região/RS, Rel. Raul Zoratto Sanvicente. j. 18.07.2018).

D) Indisponibilidade do sistema PJE no último dia de prazo do recurso.

B) AGRAVO DE INSTRUMENTO DA RECLAMADA SUPERPESA - COMPANHIA DE TRANSPORTES ESPECIAIS E INTERMODAIS (EM RECUPERAÇÃO JUDICIAL). RECURSO DE REVISTA. PROCESSO SOB A ÉGIDE DA LEI 13.015/2014 E ANTERIOR À LEI 13.467/2017. INTEMPESTIVIDADE DO RECURSO DE REVISTA. CONTAGEM DO PRAZO EM DIAS ÚTEIS. SISTEMA PJE INDISPONÍVEL EM DIA HAVIDO NO DECURSO DO PRAZO PARA INTERPOSIÇÃO DO RECURSO DE REVISTA E EM DIA NÃO ÚTIL. PRORROGAÇÃO APENAS NA HIPÓTESE DE INDISPONIBILIDADE VERIFICADA NO ÚLTIMO DIA DO PRAZO RECURSAL. LEI 11.419/2006, ART. 10, §§ 1º E 2º. INSTRUÇÃO NORMATIVA Nº 30/TST, ART. 24, §§ 1º E 2º. RESOLUÇÃO Nº 136/2014/CSJT, ART. 17, I E II. O acórdão recorrido foi considerado publicado no DEJT de 25.05.2018 (sexta-feira), conforme certidão de fl. 432 - pdf. Assim, o prazo de 8 dias para a interposição do apelo iniciou-se em 28.05.2018 (segunda-feira), vindo a expirar em 07.06.2018 (quinta-feira). Entretanto, o recurso de revista somente veio a ser interposto em 11.06.2018 (segunda-feira), conforme certidão de fl. 529 - pdf, quando já esvaído o prazo recursal. Assim sendo, verifica-se a intempestividade do recurso de revista interposto pela parte após o exaurimento do prazo legal. Ressalte-se, por relevante, que não há registro nos autos da ocorrência de feriado local ou outra situação qualquer que pudesse ensejar a prorrogação do prazo recursal, conforme exigência prevista na Súmula 385 desta Corte Superior. Acrescente-se que, de acordo com a certidão de fl. 442 pdf, houve instabilidade do sistema Pje, nos dias 01 e 02/06/2018 (sexta-feira e sábado). No dia 31/05/2018 (quinta-feira) ocorreu o feriado de Corpus Christi. Contudo, incide, na hipótese, o disposto no art. 10, §§ 1º e 2º, da Lei 11.419/2006; §§ 1º e 2º do art. 24 da Instrução Normativa nº 30/2007/TST; e art. 17, itens I e II, da Resolução 136/2014/CSJT, que prorrogam o prazo para o primeiro dia útil seguinte à solução do problema, apenas nos casos em que a indisponibilidade do sistema PJe for verificada no último dia do prazo recursal, o que não é o caso dos autos. Transcrevo os dispositivos mencionados: Lei 11.419/2006 (...) Art. 10. (…). § 1º Quando o ato processual tiver que ser praticado em determinado prazo, por meio de petição eletrônica, serão considerados tempestivos os efetivados até as 24 (vinte e quatro) horas do último dia. § 2º No caso do § 1º deste artigo, se o Sistema do Poder Judiciário se tornar indisponível por motivo técnico, o prazo fica automaticamente prorrogado para o primeiro dia útil seguinte à resolução do problema. (g. n.) Ainda nesse sentido, os §§ 1º e 2º do art. 24 da Instrução Normativa nº 30/2007/TST que regulamentou, no âmbito da Justiça do Trabalho, a Lei 11.419/2006 que instituiu o Sistema Processo Judicial Eletrônico (PJe): Instrução Normativa nº 30/2007/TST (...) Art. 24. (…) § 1º Quando o ato processual tiver que ser praticado em determinado prazo, por meio de petição eletrônica, serão considerados tempestivos os efetivados até as 24 (vinte e quatro) horas do último dia. § 2º No caso do § 1º deste artigo, se o serviço respectivo do Portal – JT se tornar indisponível por motivo técnico que impeça a prática do ato no termo final do prazo, este fica automaticamente prorrogado para o primeiro dia útil seguinte à resolução do problema. (g. n.) O art. 17, itens I e II, da Resolução 136/2014/CSJT, que instituiu o Sistema Processo Judicial Eletrônico da Justiça do Trabalho – PJe-JT como sistema de processamento de informações e prática de atos processuais e estabeleceu os parâmetros para sua implementação e funcionamento, assim dispôs: Resolução 136/2014/CSJT (...) Art. 17. Os prazos que vencerem no dia da ocorrência de indisponibilidade serão prorrogados para o dia útil seguinte à retomada de funcionamento, quando: I – a indisponibilidade for superior a 60 minutos, ininterruptos ou não, se ocorrida entre 6h e 23h; ou II – ocorrer indisponibilidade entre 23h e 23h59. Julgados desta Corte Superior. Como já salientado na decisão recorrida, não há registro nos autos da ocorrência de outros feriados locais ou outra situação qualquer que pudesse ensejar a prorrogação do prazo recursal, conforme exigência prevista na Súmula 385 desta Corte. Assim, não preenchido o pressuposto processual da tempestividade, fica inviabilizada a atuação jurisdicional desta Corte Superior e, por consequência, impossibilitada a análise das questões veiculadas no agravo de instrumento. Agravo de instrumento desprovido. (ARR-100594-20.2016.5.01.0483, 3ª Turma, Relator Ministro Mauricio Godinho Delgado, DEJT 21/02/2020).

– Quem tem o dever de provar essa indisponibilidade do sistema PJE?

A parte que alegar a indisponibilidade do sistema PJE, deve fazer prova da sua alegação, sendo assim, ao apresentar seu recurso, deve fazer a juntada de certidão de indisponibilidade do sistema. Nesse sentido:

> A parte interessada tem o ônus de alegar e provar a justa causa, inclusive já instruindo o seu requerimento com os documentos que eventualmente comprovem as suas alegações (STJ, 5.ª Turma, REsp 725.831/SP, rel. Min. Félix Fischer, j. 02.08.2005, DJ 26.09.2005)

> AGRAVO DE INSTRUMENTO EM RECURSO DE REVISTA INTERPOSTO ANTES DA VIGÊNCIA DA LEI Nº 13.015/2014. NÃO CONHECIMENTO DO RECURSO ORDINÁRIO. IRREGULARIDADE DE REPRESENTAÇÃO. PETICIONAMENTO ELETRÔNICO. AUSÊNCIA DE ASSINATURA DIGITAL DO ADVOGADO. NÃO COMPROVAÇÃO DA INDISPONIBILIDADE DO PJE-JT. O Regional acolheu a preliminar de não conhecimento do recurso ordinário da reclamada por irregularidade de representação processual, por verificar que "tanto a petição de apresentação do recurso quanto as próprias razões recursais não se encontram assinadas eletronicamente pelos advogados da reclamada". A Corte a quo consignou que "a reclamada, alheia ao disposto nos artigos 9º e 10 da referida Resolução, deixou de providenciar o relatório de indisponibilidade do PJe-JT, apto a comprovar o alegado "erro de sistema", não havendo espaço para se admitir, como prova, apenas certidão lavrada pela Secretaria da VT de Viçosa, já que ela não atende às normas vigentes". Destacou que "não restou comprovada a hipótese de indisponibilidade do PJe-JT, razão pela qual não há se falar em prorrogação do prazo para interposição do recurso ordinário pelos advogados da reclamada". Com efeito, nos termos dos artigos 10, §§ 1º e 2º, da Lei nº 11.419/2006 e 24, § 2º, da Instrução Normativa nº 30

do TST, na hipótese de o sistema E-DOC se encontrar indisponível no último dia para a interposição do recurso, o prazo fica prorrogado para o primeiro dia seguinte à solução do problema. No caso dos autos, porém, não há como afastar a irregularidade de representação processual constatada, pois a reclamada não comprovou que o Sistema de Peticionamento Eletrônico do Poder Judiciário se encontrava indisponível. Vale enfatizar que o recurso ordinário foi interposto na vigência do CPC/73, razão pela qual a assinatura da petição de recurso por advogado regularmente constituído pela parte, à data de sua protocolização, constitui pressuposto de admissibilidade recursal cujo desatendimento acarreta a inexistência jurídica do ato processual. Em se tratando de processo eletrônico, é imprescindível a assinatura eletrônica das peças processuais pelo advogado a fim de conferir validade jurídica ao conteúdo transmitido. Ressalte-se que constitui ônus da parte que opta pelo sistema e-doc zelar pelo correto recebimento dos documentos, nos termos preceituados pelos artigos 4º da Lei 9.800/99 e 11 da IN 30/2007 desta Corte, que regulamenta a Lei 11.419/2006, não havendo falar em concessão de prazo para a regularização. Agravo de instrumento desprovido. (AIRR nº 10144-84.2013.5.03.0158, 2ª Turma do TST, Rel. José Roberto Freire Pimenta. j. 29.05.2019, Publ. 31.05.2019).

8.2.1.9. Suspensão do prazo recursal

Iniciado o prazo dos recursos, ele é contado sem interrupções até o seu final, em regra. Contudo, esse prazo pode ser paralisado por algum motivo, e quando acabar essa paralisação, o prazo recursal volta a contar no primeiro dia útil após a paralisação.

– Tem exemplo de suspensões de prazo, professor?

Deixa eu te mostrar alguns:

(1) O recesso forense e as férias coletivas dos Ministros do Tribunal Superior do Trabalho suspendem os prazos recursais, conforme determinação do item II da Súmula 262 do TST.

Lei nº 5.010/66, art. 62. Além dos fixados em lei, serão feriados na Justiça Federal, inclusive nos Tribunais Superiores:

> I – os dias compreendidos entre 20 de dezembro e 6 de janeiro, inclusive;

(2) Entre os dias 20 de dezembro a 20 de janeiro, os prazos ficarão suspensos, não se realizando audiências e sessões de julgamento.

> CLT, Art. 775-A. Suspende-se o curso do prazo processual nos dias compreendidos entre 20 de dezembro e 20 de janeiro, inclusive.
>
> § 1º Ressalvadas as férias individuais e os feriados instituídos por lei, os juízes, os membros do Ministério Público, da Defensoria Pública e da Advocacia Pública e os auxiliares da Justiça exercerão suas atribuições durante o período previsto no caput deste artigo.
>
> § 2º Durante a suspensão do prazo, não se realizarão audiências nem sessões de julgamento.

– Resumindo os dispositivos acima, Professor, posso concluir que: de 20 de dezembro a 06 de janeiro não haverá expediente forense, de modo que a prática de atos processuais ficará suspensa, salvo as medidas de urgência de e 07 a 20 de janeiro, pois apenas os prazos, audiências e sessões ficarão suspensos, mantendo-se o expediente forense normal, certo?

Perfeito!

8.2.1.10. Interrupção do prazo recursal

Como dito anteriormente, iniciado o prazo dos recursos, ele é contado sem interrupções até o seu final. Porém, esse prazo pode ser paralisado por algum motivo, e quando acabar essa paralisação, o prazo recursal, diferente dos casos de suspensão que volta a contar no primeiro dia útil após a paralisação, na interrupção volta a contar do zero.

A interrupção do prazo ocorre quando qualquer das partes apresentam embargos de declaração da decisão. Após a decisão dos embargos, o prazo do recurso volta a contar do zero. Veja:

> CLT. Art. 897-A, § 3º – Os embargos de declaração interrompem o prazo para interposição de outros recursos, por qualquer das partes, salvo quando intempestivos, irregular a representação da parte ou ausente a sua assinatura.

8.2.2. Adequação

A parte deve apresentar o recurso adequado para cada decisão, contudo, o juízo *a quo*, ao receber interposto de forma errada, poderá converter no recurso correto, face o princípio da fungibilidade já estudado nesse livro, o qual remeto o leitor.

8.2.3. Representação

No Processo do Trabalho, os recursos trabalhistas poderão ser interpostos pelas partes (empregado e empregador), no exercício do *jus postulandi*, conforme determinado pelo art. 791 da CLT, veja:

> CLT, Art. 791. Os empregados e os empregadores poderão reclamar pessoalmente perante a Justiça do Trabalho e acompanhar as suas reclamações até o final.

8.2.3.1. Recursos que necessitam de advogados

– As partes podem interpor qualquer recurso sem advogado, professor?

Nem todos, visto que os recursos interpostos para o TST e STF, bem como os recursos de ação rescisória e mandado de segurança, por sua complexidade, necessitam da atuação de advogados. Nesse sentido:

> TST, SUM 425 - JUS POSTULAND INA JUSTIÇA DO TRABALHO.
>
> O jus postulandi das partes, estabelecido no art. 791 da CLT, limita-se às Varas do Trabalho e aos Tribunais Regionais do Trabalho,

> não alcançando a ação rescisória, a ação cautelar, o mandado de segurança e os recursos de competência do Tribunal Superior do Trabalho".

Então será necessário a representação de advogado quando em apresentação de:

- Recurso ordinário em ação rescisória e mandado de segurança para o TST (Art. 895, II da CLT);
- Recurso ordinário em ação de homologação de acordo extrajudicial; (Art. 855-B, da CLT);
- Recurso de Revista para o TST (Art. 896 da CLT);
- Embargos de Divergência para o TST (Art. 894, II da CLT);
- Recurso Extraordinário para o STF (Art. 1.029 e seguintes do CPC)

Será necessário ainda, na utilização do agravo de instrumento ou agravo regimental ou interno quando a decisão vier dos recursos acima mencionados.

8.2.3.2. Habilitação do advogado

O advogado será habilitado por meio da juntada da procuração nos autos. Nesse sentido, o art. 104 do CPC:

> CPC, Art. 104. O advogado não será admitido a postular em juízo sem procuração, salvo para evitar preclusão, decadência ou prescrição, ou para praticar ato considerado urgente.

O art. 75, inciso VIII, do CPC de 2015 não determina a exibição dos estatutos da empresa (contrato social) em juízo como condição de validade do instrumento de mandato outorgado ao seu procurador, salvo se houver impugnação da parte contrária, conforme entendimento da OJ 255 da SDI-1 do TST.

A falta de comunicação do advogado à OAB para o exercício profissional em seção diversa daquela na qual tem inscrição não importa nulidade dos atos praticados, constituindo apenas infração disciplinar, que cabe àquela instituição analisar.

8.2.3.2.1. Mandato tácito

– O advogado pode atuar no processo sem procuração?

A regra é que o advogado junte a procuração aos autos para passar a atuar representado a parte. Contudo, quando o advogado comparece à audiência, sem procuração, representando a parte, praticando atos processuais e ainda, constando seu nome na ata de audiência sem a objeção da parte (seu cliente), considerar-se-á que o advogado tenha o mandato tácito.

– O TST aceita esse mandato tácito?

Aceita sim, a OJ 286 da SDI-1, por meio dos seus itens I e II, determina que a juntada da ata de audiência, em que consignada a presença do advogado, desde que não estivesse atuando com mandato expresso, torna dispensável a procuração deste, porque demonstrada a existência de mandato tácito. Configurada a existência de mandato tácito fica suprida a irregularidade detectada no mandato expresso.

– Não é necessário o juiz conceder os poderes na ata de audiência?

Não. Como dito, basta a o advogado representar a parte em audiência praticando atos processuais, com a anuência do seu cliente. O que precisa constar a ata é o mandato apud acta, que vamos já estudar.

– Ótimo. Até recurso ele pode apresentar com esse mandato tácito?

O mandato tácito confere ao advogado o os poderes representar regularmente a parte em juízo, podendo inclusive interpor recursos, ou seja, o advogado está habilitado para a prática dos atos em geral com os poderes da *cláusula ad judicia*.

Nesse sentido, a parte inicial do item I da Súmula 383 do TST e outros julgados do TST:

> TST, SUM 383 - RECURSO. MANDATO. IRREGULARIDADE DE REPRESENTAÇÃO. CPC DE 2015, ARTS. 104 E 76, § 2º
>
> I - É inadmissível recurso firmado por advogado sem procuração juntada aos autos até o momento da sua interposição, SALVO MANDATO TÁCITO. Em caráter excepcional (art. 104 do CPC de 2015), admite-se que o advogado, independentemente de intimação, exiba a procuração no prazo de 5 (cinco) dias após a interposição do recurso, prorrogável por igual período mediante despacho do juiz. Caso não a exiba, considera-se ineficaz o ato praticado e não se conhece do recurso.
>
> RECURSO DE REVISTA DO BANCO DO BRASIL S.A. IRREGULARIDADE DE REPRESENTAÇÃO DO RECURSO ORDINÁRIO. MANDATO TÁCITO. VALIDADE. 1. A Corte de origem deixou de conhecer do recurso ordinário da empresa por entender irregular a representação processual, tendo em vista que "não há nos autos procuração conferindo poderes ad Judicia à advogada que subscreve o recurso interposto". Asseverou que, na espécie, é inviável o reconhecimento de mandato tácito, pois "não há espaço para que se perquira de mandato apud acta porque os poderes assim outorgados esgotam-se, no ato processual da audiência". Registrou, ainda, que o advogado que compareceu à audiência inaugural não foi quem interpôs o apelo. 2. O entendimento firmado pela Subseção de Dissídios Individuais I do TST, na OJ 286, é no sentido de que "[A] juntada da ata de audiência, em que consignada a presença do advogado, desde que não estivesse atuando com mandato expresso, torna dispensável a procuração deste, porque demonstrada a existência do mandato tácito", bem assim de que "Configurada a existência de mandato tácito fica suprida a irregularidade detectada no mandato expresso". Por outro lado, a primeira parte da Súmula 383 desta e. Corte consigna que "É inadmissível recurso firmado por advogado sem procuração juntada aos autos até o momento da sua interposição, salvo mandato tácito". 3. No caso dos autos, constata-se a presença da

advogada subscritora do recurso ordinário na audiência de instrução em que esteve presente a reclamada, o que dá contornos de validade ao mandato tácito. Recurso de revista conhecido e provido. (ARR-144300-17.2007.5.01.0015, 1ª Turma, Relator Ministro Hugo Carlos Scheuermann, DEJT 24/02/2017).

RECURSO DE REVISTA - IRREGULARIDADE DE REPRESENTAÇÃO PROCESSUAL - PROCURAÇÃO EM FOTOCÓPIA - AUSÊNCIA DE APRESENTAÇÃO DO DOCUMENTO ORIGINAL - MANDATO TÁCITO - EFEITOS - CONFIGURAÇÃO. A falta de apresentação do documento original ou de autenticação da procuração, fornecida em simples fotocópia, implica desobediência ao disposto no art. 830 da CLT, tornando irregular a representação processual. Contudo, in casu, há o registro da presença do advogado da reclamada na audiência inaugural (mandato tácito), o que supre a ausência da procuração outorgada à substabelecente. Compulsando os autos, verifica-se, de fato, a caracterização de mandato tácito, pois, na ata da audiência, consta o nome do subscritor do recurso ordinário, aplicando-se, por conseguinte, o entendimento contido na Súmula nº 164 do TST, que preceitua que "o não-conhecimento das determinações dos §§ 1º e 2º do art. 5º da Lei nº 8.906, de 04.07.1994 e do art. 37, parágrafo único, do Código de Processo Civil importa o não-conhecimento de recurso, por inexistente, exceto na hipótese de mandato tácito". Sendo essa a jurisprudência atual da Subseção I Especializada em Dissídios Individuais do Tribunal Superior do Trabalho quando fixa que a apresentação de mandato expresso irregular não desconfigura a hipótese de mandato tácito. Esse é o entendimento consolidado na Orientação Jurisprudencial nº 286, item II, da Subseção I Especializada em Dissídios Individuais, que dispõe: "II - Configurada a existência de mandato tácito fica suprida a irregularidade detectada no mandato expresso". Recurso de revista conhecido por violação do art.5º, LV, da Constituição Federal. Recurso de revista conhecido e provido" (RR-923-48.2010.5.15.0029, 7ª Turma, Relator Ministro Luiz Philippe Vieira De Mello Filho, DEJT 24/06/2016).

– O que o advogado não pode fazer com o mandato tácito?

Ele não pode receber citação, confessar, reconhecer a procedência do pedido, transigir, desistir, renunciar ao direito sobre o qual se funda a ação, receber, dar quitação, firmar compromisso e assinar declaração de hipossuficiência econômica, que devem constar de cláusula específica.

Não pode ainda, substabelecer segundo a OJ 200 da SDI-1 do TST:

> TST, OJ, 200 da SDI-1 – MANDATO TÁCITO. SUBSTABELECIMENTO INVÁLIDO – É inválido o substabelecimento de advogado investido de mandato tácito.

8.2.3.2.2. Mandato verbal

– O que seria o mandato verbal/apud acta, Professor?

O mandato verbal/apud acta é um mandato expresso, onde o advogado é constituído na própria audiência por seu requerimento verbal, e com anuência do cliente, conforme o § 3°, do art. 791 da CLT:

> CLT, art. 791 – [...]
>
> § 3º A constituição de procurador com poderes para o foro em geral poderá ser efetivada, mediante simples registro em ata de audiência, a requerimento verbal do advogado interessado, com anuência da parte representada.

Veja, que como o mandato tácito, o mandato *apud acta* tem apenas os poderes para o foro em geral – *cláusula ad judicia,* ou seja, não possui os poderes para receber citação, confessar, reconhecer a procedência do pedido, transigir, desistir, renunciar ao direito sobre o qual se funda a ação, receber, dar quitação, firmar compromisso e assinar declaração de hipossuficiência econômica. Também, não pode substabelecer, segundo o TST:

> "AGRAVO INTERNO. AGRAVO DE INSTRUMENTO INTERPOSTO NA VIGÊNCIA DO CPC DE 1973. IRREGULARIDADE

DE REPRESENTAÇÃO. A decisão monocrática proferida nestes autos merece ser mantida. Incontornável a irregularidade de representação processual, pois o advogado que subscreveu o agravo de instrumento não ostenta mandato, daí por que inexistente o apelo, sendo inconcebível a concessão de prazo para a regularização do mandato na fase recursal. O advogado detentor de mandato tácito ou produção apud acta tem poderes para praticar atos processuais, exceto o de substabelecer, o que torna inválido o substabelecimento outorgado ao advogado subscritor do agravo de instrumento. Aplicação da Orientação Jurisprudencial nº 200 da SBDI-1. Agravo interno a que se nega provimento" (Ag-ED-ARR-57300-02.2011.5.17.0012, 5ª Turma, Relator Ministro Emmanoel Pereira, DEJT 20/09/2019).

RECURSO DE REVISTA. IRREGULARIDADE DE REPRESENTAÇÃO NOS EMBARGOS DECLARATÓRIOS EM RECURSO ORDINÁRIO. MANDATO TÁCITO. SÚMULA 164/TST. No processo do trabalho admite-se o mandato apud acta ou mandato tácito em que o advogado presente à audiência tem poderes para praticar atos processuais, exceto o substabelecimento, ainda que não possua procuração. No caso, uma das advogadas subscritoras dos embargos declaratórios em recurso ordinário acompanhou a Empresa em audiência. Assim, o não conhecimento dos embargos declaratórios em recurso ordinário por ausência de procuração desconsiderou de forma equivocada o mandato tácito, uma vez que esse tem o mesmo valor do mandato expresso. Recurso de revista conhecido por contrariedade à Súmula 164 do TST e provido. (RR - 41700-04.2003.5.01.0064, Relator Ministro: Alexandre de Souza Agra Belmonte, 3ª Turma, DEJT 26/03/2013);

– Então posso dizer que mandato tácito e o mandato verbal/apud acta, são a mesma coisa, Professor?

Não. O mandado tácito se configura com a simples presença do advogado em audiência, sem a necessidade desse advogado solicitar, por requerimento verbal que conste na ata de audiência os poderes, já o *apud acta*, consta na ata a constituição do advogado. Contudo, o TST não diferencia o mandato tácito e o mandato verbal/apud acta. Veja o julgado abaixo:

> AGRAVO DE INSTRUMENTO EM RECURSO DE REVISTA EM FACE DE DECISÃO PUBLICADA ANTES DA VIGÊNCIA DA LEI Nº 13.015/2014. PROCURAÇÃO APUD ACTA. SUBSTABELECIMENTO INVÁLIDO. IRREGULARIDADE DE REPRESENTAÇÃO PROCESSUAL. NÃO CONHECIMENTO. Este Tribunal não diferencia mandato tácito de procuração apud acta, compreendendo que essa modalidade de mandato foi apenas regulamentada pelo § 3º do art. 791 da CLT, acrescido pela Lei nº 12.437/2011, o qual estabelece que "a constituição de procurador com poderes para o foro em geral poderá ser efetivada, mediante simples registro em ata de audiência, a requerimento verbal do advogado interessado, com anuência da parte representada". Desta feita, inválido o substabelecimento assinado por procurador habilitado por mandato tácito (procuração apud acta) em favor do advogado subscritor do recurso (OJ nº 200 da SBDI-I), não se conhece do agravo de instrumento por defeito de representação. Agravo de instrumento não conhecido. (AIRR - 3092-14.2012.5.02.0089, Relator Desembargador Convocado: Arnaldo Boson Paes, 7ª Turma, DEJT 06/03/2015);

8.2.3.3. Recurso apresentado por advogado sem procuração

Não será admissível a interposição de recurso por advogado sem procuração nos autos. Fica ressalvado, portanto, as hipóteses de mandato *apud acta*, mandato tácito, como já vimos acima e, em situações excepcionais, para evitar a ocorrência de preclusão, de decadência, de prescrição, ou para se praticar ato considerado urgente, conforme determinado pela Súmula 383 em seu item I, veja:

> TST, SUM 383 - RECURSO. MANDATO. IRREGULARIDADE DE REPRESENTAÇÃO. CPC DE 2015, ARTS. 104 E 76, § 2º
>
> I – É inadmissível recurso firmado por advogado sem procuração juntada aos autos até o momento da sua interposição, salvo mandato tácito. Em caráter excepcional (art. 104 do CPC de 2015), admite-se que o advogado, independentemente de intimação, exiba a procuração no prazo de 5 (cinco) dias após a interposição do recurso, prorrogável por igual período mediante despacho do

juiz. Caso não a exiba, considera-se ineficaz o ato praticado e não se conhece do recurso.

Nesse sentido também:

"AGRAVO DA RECLAMADA. AGRAVO DE INSTRUMENTO. RECURSO DE REVISTA. LEI Nº 13.467/2017. IRREGULARIDADE DE REPRESENTAÇÃO PROCESSUAL QUANTO AO RECURSO DE REVISTA. 1 – Conforme sistemática adotada na Sexta Turma à época da prolação da decisão monocrática, foi negado seguimento ao agravo de instrumento, diante da irregularidade de representação processual da reclamada ao interpor seu recurso de revista. Nesse passo, não foi analisada a transcendência da matéria discutida no recurso de revista. 2 – Os argumentos da parte não conseguem desconstituir os fundamentos da decisão monocrática agravada. 3 – O recurso de revista da reclamada foi assinado digitalmente pela Dra. Dinorah Molon Wenceslau Batista (OAB/SP 111.776). Como consta na decisão monocrática – e ao contrário da insistente alegação da parte –, até o momento da interposição do recurso de revista, a referida advogada não detinha poderes para representar a parte, uma vez que não tinha procuração nos autos, o que evidencia a irregularidade de representação processual. 4 – Esclareça-se, também, que não se configurou a hipótese de mandato tácito, pois a advogada não esteve presente nas audiências, conforme atas de fls. 420/421 e 632/634. 5 – Ressalte-se que para a interposição de recursos deve a parte satisfazer aos pressupostos extrínsecos para a sua admissibilidade, devendo atender ao preparo, além de observar o prazo e a regularidade de representação do subscritor da peça recursal. Assim, a falta de instrumento de mandato regular, que legitime a representação da parte, torna o ato processual inexistente, e não produz nenhum efeito jurídico. 6 – Ademais, vale reafirmar ser incabível a concessão de prazo para a parte regularizar a sua representação processual, tendo em vista que o processo se encontra em fase recursal e, nessa hipótese, somente se admite a exibição do instrumento de mandato (procuração e/ou substabelecimento) em data posterior à interposição do recurso (em até 5 dias após), em caráter excepcional, ou seja, quando ocorrer alguma das situações elencadas no art. 104 do CPC/2015 (para evitar preclusão, decadência ou prescrição, ou para praticar ato considerado urgente), o que não é o caso . Inteligência do item I da Súmula nº 383 desta Corte. 7 - Ademais, é importante salientar que o caso dos autos não se enquadra na hipótese do item II da referida Súmula nº 383 do TST, uma vez que não se trata de vício existente em procuração ou substabelecimento já constante dos autos, mas, propriamente, de inexistência de instrumento de mandato. 8 - No caso concreto, cabível a aplicação da multa, pois a parte insiste no conhecimento de recurso de revista cuja representação encontra-se flagrantemente irregular. 9 - Agravo a que se nega provimento com aplicação de multa" (Ag-AIRR-100796-25.2016.5.01.0021, 6ª Turma, Relatora Ministra Katia Magalhaes Arruda, DEJT 17/04/2020).

"AGRAVO DE INSTRUMENTO. RECURSO DE REVISTA INTERPOSTO NA VIGÊNCIA DA LEI N.º 13.015/2014. IRREGULARIDADE DE REPRESENTAÇÃO PROCESSUAL. AUSÊNCIA DE PROCURAÇÃO OU SUBSTABELECIMENTO. RECURSO DE REVISTA INEXISTENTE. Compulsando os autos, verifica-se, de fato, que inexiste documento de procuração ou substabelecimento nos autos ao advogado por ocasião da interposição do recurso de revista, dando poderes para atuar em juízo na qualidade de representante da parte recorrente. Com efeito, assim como na presente hipótese dos autos, a ausência de instrumento válido de mandato para o advogado subscritor dos apelos caracteriza irregularidade de representação processual, na forma da nova redação da Súmula 383, I, do TST. Agravo de instrumento a que se nega provimento " (AIRR-10212-94.2014.5.03.0062, 2ª Turma, Relatora Ministra Maria Helena Mallmann, DEJT 27/03/2020).

"AGRAVO. AGRAVO DE INSTRUMENTO. RECURSO DE REVISTA. IRREGULARIDADE DE REPRESENTAÇÃO DO RECURSO DE REVISTA. ADVOGADO SUBSTABELECENTE SEM PODERES NOS AUTOS. A subscritora do recurso de revista não conta com procuração válida nos autos (a advogada que firmou o substabelecimento de Id. a4f1c71, ed76310 conferindo poderes à subscritora do apelo, igualmente não figura no instrumento procuratório) e, tampouco, desfruta de mandato tácito, porquanto não compareceu às audiências cujas atas se encontram no processo. Ora, à luz da nova redação da Súmula 383 desta Corte, constata-se não ser admissível a interposição de recurso por advogado sem procuração nos autos, ressalvadas as hipóteses de mandato apud acta, mandato tácito e em situações excepcionais, para evitar a ocorrência de preclusão, de decadência, de prescrição, ou para se praticar ato considerado urgente. E neste último caso, o advogado que pratica o ato deve proceder à juntada do mandato nos autos em cinco dias (artigo 104 do CPC/2015). Acrescente-se que, nos casos em que o Relator verifique a irregularidade na procuração ou substabelecimento existente nos autos, deve ser concedido à parte o prazo de 5 dias para sanar o vício. A hipótese dos autos, contudo, não se amolda a nenhuma das situações citadas, uma vez que se trata de advogada que interpôs recurso sem possuir mandato nos autos, não sendo hipótese de determinação de regularização, nos termos da Súmula 383, II, do TST. Nesse esteio, uma vez que o recurso de revista foi subscrito por advogada sem mandato, se mostra juridicamente inexistente, razão pela qual não merece prosperar. Agravo conhecido e desprovido " (Ag-AIRR-1272-30.2014.5.17.0005, 3ª Turma, Relator Ministro Alexandre De Souza Agra Belmonte, DEJT 07/02/2020).

"AGRAVO DE INSTRUMENTO. IRREGULARIDADE DE REPRESENTAÇÃO DO RECURSO DE REVISTA. ADVOGADO SEM PROCURAÇÃO NOS AUTOS. O TRT registra que o advogado subscritor do recurso de revista não detém poderes para representar o reclamante, pois no momento da interposição do recurso de revista não possuía procuração nos autos e tampouco foi reconhecida a hipótese de mandato tácito. Ora, é ônus processual da parte recorrente, ao interpor seu recurso, fazê-lo em completa observância dos requisitos legais exigidos, uma vez que o cabimento de recursos nesta Justiça Especializada está condicionado necessariamente ao preenchimento de pressupostos extrínsecos e intrínsecos de admissibilidade, os quais devem ser rigorosamente respeitados. Esta Corte Superior, interpretando as disposições contidas nos artigos 76, 104 e 932, parágrafo único, do CPC/2015, alterou a redação da Súmula 383 do TST, que passou a estabelecer o seguinte: RECURSO. MANDATO. IRREGULARIDADE DE REPRESENTAÇÃO. CPC DE 2015, ARTS. 104 E 76, § 2º (nova redação em decorrência do CPC de 2015) – Res. 210/2016, DEJT divulgado em 30.06, 1º e 04.07.2016. I – É inadmissível recurso firmado por advogado sem procuração juntada aos autos até o momento da sua interposição, salvo mandato tácito. Em caráter excepcional (art. 104 do CPC de 2015), admite-se que o advogado, independentemente de intimação, exiba a procuração no prazo de 5 (cinco) dias após a interposição do recurso, prorrogável por igual período mediante despacho do juiz. Caso não a exiba, considera-se ineficaz o ato praticado e não se conhece do recurso. II – Verificada a irregularidade de representação da parte em fase recursal, em procuração ou substabelecimento já constante dos autos, o relator ou o órgão competente para julgamento do recurso designará prazo de 5 (cinco) dias para que seja sanado o vício. Descumprida a determinação, o relator não conhecerá do recurso, se a providência couber ao recorrente, ou determinará o desentranhamento das contrarrazões, se a providência couber ao recorrido (art. 76, § 2º, do CPC de 2015). Dessa forma, constata-se não ser admissível a interposição de recurso por advogado sem procuração nos autos, ressalvadas as hipóteses de mandato apud acta, mandato tácito e em situações excepcionais, para evitar a ocorrência de preclusão, de decadência, de prescrição, ou para se praticar ato considerado urgente. E neste último caso, o advogado que pratica o ato deve proceder à juntada do mandato nos autos em cinco dias (artigo 104 do CPC/2015). Acrescente-se que, nos casos em que o Relator verifique a irregularidade na procuração ou substabelecimento existente nos autos, deve ser concedido à parte o prazo de 5 dias para sanar o vício. A hipótese dos autos, contudo, não se amolda a nenhuma das situações citadas, tendo em vista que se trata de advogado que interpôs recurso sem possuir mandato nos autos, não sendo hipótese de determinação de regularização pelo Relator, nos termos da Súmula 383, II, do TST. Assim, de fato, o recurso de revista não merece trânsito. Agravo de instrumento conhecido e desprovido " (AIRR-836-83.2017.5.13.0003, 3ª Turma, Relator Ministro Alexandre De Souza Agra Belmonte, DEJT 07/01/2020).

"AGRAVO INTERPOSTO CONTRA DECISÃO DE PRESIDENTE DE TURMA DENEGATÓRIA DE SEGUIMENTO DE EMBARGOS REGIDOS PELA LEI Nº 13.015/2014. IRREGULARIDADE DE REPRESENTAÇÃO. AUSÊNCIA DE MANDATO DO ADVOGADO SUBSCRITOR DO RECURSO DE EMBARGOS. APELO INEXISTENTE. CONCESSÃO DE PRAZO PARA SANAR A IRREGULARIDADE. IMPOSSIBILIDADE. SÚMULA Nº 383 DO TST. Infere-se dos autos que o advogado signatário do recurso de embargos não possui instrumento de mandato, tampouco se trata de mandato tácito. Esta Corte superior, interpretando as disposições contidas nos artigos 76, 104 e 932, parágrafo único, do CPC/2015, alterou a redação da Súmula n° 383, que passou a estabelecer o seguinte: " RECURSO. MANDATO. IRREGULARIDADE DE REPRESENTAÇÃO. CPC DE 2015, ARTS. 104 E 76, § 2º I – É inadmissível recurso firmado por advogado sem procuração juntada aos autos até o momento da sua interposição, salvo mandato tácito. Em caráter excepcional (art. 104 do CPC de 2015), admite-se que o advogado, independentemente de intimação, exiba a procuração no prazo de 5 (cinco) dias após a interposição do recurso, prorrogável por igual período mediante despacho do juiz. Caso não a exiba, considera-se ineficaz o ato praticado e não se conhece do recurso. II – Verificada a irregularidade de representação da parte em fase recursal, em procuração ou substabelecimento já constante dos autos, o relator ou o órgão competente para julgamento do recurso designará prazo de 5 (cinco) dias para que seja sanado o vício. Descumprida a determinação, o relator não conhecerá do recurso, se a providência couber ao recorrente, ou determinará o desentranhamento das contrarrazões, se a providência couber ao recorrido (art. 76, § 2º, do CPC de 2015)". Assim, ao advogado não é permitido atuar em Juízo sem instrumento de mandato válido, salvo nas hipóteses de mandato apud acta, mandato tácito e em situações excepcionais, para evitar a preclusão, decadência, prescrição ou para se praticar ato considerado urgente, nos termos do artigo 104, caput, do CPC/2015, o que não é o caso dos autos. Dessa forma, não há falar em concessão de prazo para que seja sanado vício de representação processual, pois, repita-se, não se trata de caracterização da hipótese do artigo 104 do CPC ou de irregularidade em procuração ou substabelecimento já constante dos autos, e sim de ausência de instrumento procuratório nos autos. Agravo desprovido" (Ag-E-ED-RR-861-64.2012.5.01.0049, Subseção I Especializada em Dissídios Individuais, Relator Ministro Jose Roberto Freire Pimenta, DEJT 21/06/2019).

Sendo assim, em consonância com o art. 104 do CPC e o item I da Súmula 383 do TST, o advogado pode atuar sem procuração para:

(1) evitar prescrição;

(2) evitar decadência;

(3) evitar preclusão;

(4) praticar ato urgente.

Mesmo nesses casos, deve solicitar em sua peça o prazo de 5 dias para fazer a juntada do mandato. Tal prazo pode ser prorrogado por igual período mediante despacho do juiz.

– Professor, antes de declarar inexistente o recurso por falta de procuração, o relator não deve dar prazo de 5 dias para o vício ser sanado?

Para responder a sua pergunta, utilizo trecho do processo Ag-AIRR-100796-25.2016.5.01.002, publicado no Diário Eletrônico da Justiça do Trabalho em 17/04/2020, que diz que: *"a falta de instrumento de mandato regular, que legitime a representação da parte, torna o ato processual inexistente, e não produz nenhum efeito jurídico. Ademais, vale reafirmar ser incabível a concessão de prazo para a parte regularizar a sua representação processual, tendo em vista que o processo se encontra em fase recursal e, nessa hipótese, somente se admite a exibição do instrumento de mandato (procuração e/ou substabelecimento) em data posterior à interposição do recurso (em até 5 dias após), em caráter excepcional, ou seja, quando ocorrer alguma das situações elencadas no art. 104 do CPC/2015 (para evitar preclusão, decadência ou prescrição, ou para praticar ato considerado urgente)."*

8.2.3.4. Recurso apresentado por advogado com procuração ou substabelecimento irregular

Quando o Relator verificar irregularidade na procuração ou substabelecimento do recorrente, ele deve conceder à parte o prazo de 5 dias para sanar o vício.

– Tem um exemplo de irregularidade, Professor?

Imagine a seguinte situação hipotética: O recurso ordinário foi subscrito pelo advogado Marcos Silva, que ao peticionar o recurso, juntou substabelecimento aos autos já que não tinha poderes. Acontece que esse substabelecimento assinado pela advogada Patrícia Martins possui data anterior a própria procuração. Pergunto a você, esse substabelecimento é válido?

– Não, visto que, ninguém pode substabelecer se na época nem tinha procuração. O substabelecimento sempre será após a procuração e não antes.

O julgador declarará de imediato inexistente o recurso?

– Como já dito por você Hamilton, ele vai dar prazo de 5 dias para que o erro seja sanado a representação processual, mas se a parte ficar inerte, o recurso será considerado inexistente.

Perfeito. Veja o que diz o tem II da Súmula 383 e a ainda, os itens IV e V da Súmula 395, ambas do TST:

> TST, SUM 383, item II – Verificada a irregularidade de representação da parte em fase recursal, em procuração ou substabelecimento já constante dos autos, o relator ou o órgão competente para julgamento do recurso designará prazo de 5 (cinco) dias para que seja sanado o vício. Descumprida a determinação, o relator não conhecerá do recurso, se a providência couber ao recorrente, ou determinará o desentranhamento das contrarrazões, se a providência couber ao recorrido (art. 76, § 2º, do CPC de 2015).
>
> TST, SUM 395 – [...]
>
> IV – Configura-se a irregularidade de representação se o substabelecimento é anterior à outorga passada ao substabelecente.
>
> V – Verificada a irregularidade de representação nas hipóteses dos itens II e IV, deve o juiz suspender o processo e designar prazo razoável para que seja sanado o vício, ainda que em instância recursal (art. 76 do CPC de 2015).

Ainda sobre o tema irregularidade de representação, vale a leitura dos seguintes entendimentos do TST:

TST, SUM 456 - REPRESENTAÇÃO. PESSOA JURÍDICA. PROCURAÇÃO. INVALIDADE. IDENTIFICAÇÃO DO OUTORGANTE E DE SEU REPRESENTANTE.

I - É inválido o instrumento de mandato firmado em nome de pessoa jurídica que não contenha, pelo menos, o nome do outorgante e do signatário da procuração, pois estes dados constituem elementos que os individualizam.

II - Verificada a irregularidade de representação da parte na instância originária, o juiz designará prazo de 5 (cinco) dias para que seja sanado o vício. Descumprida a determinação, extinguirá o processo, sem resolução de mérito, se a providência couber ao reclamante, ou considerará revel o reclamado, se a providência lhe couber (art. 76, § 1º, do CPC de 2015).

III - Caso a irregularidade de representação da parte seja constatada em fase recursal, o relator designará prazo de 5 (cinco) dias para que seja sanado o vício. Descumprida a determinação, o relator não conhecerá do recurso, se a providência couber ao recorrente, ou determinará o desentranhamento das contrarrazões, se a providência couber ao recorrido (art. 76, § 2º, do CPC de2015).

TST, SUM 395 - MANDATO E SUBSTABELECIMENTO. CONDIÇÕES DE VALIDADE

I - Válido é o instrumento de mandato com prazo determinado que contém cláusula estabelecendo a prevalência dos poderes para atuar até o final da demanda (§ 4º do art. 105 do CPC de 2015).

II - Se há previsão, no instrumento de mandato, de prazo para sua juntada, o mandato só tem validade se anexado ao processo o respectivo instrumento no aludido prazo.

III - São válidos os atos praticados pelo substabelecido, ainda que não haja, no mandato, poderes expressos para substabelecer (art. 667, e parágrafos, do Código Civil de 2002).

IV - Configura-se a irregularidade de representação se o substabelecimento é anterior à outorga passada ao substabelecente.

V - Verificada a irregularidade de representação nas hipóteses dos itens II e IV, deve o juiz suspender o processo e designar prazo razoável para que seja sanado o vício, ainda que em instância recursal (art. 76 do CPC de 2015).

8.2.3.5. *Representação com poderes limitados*

Existem casos em que os poderes do advogado postos na procuração são limitados ao âmbito do TRT. Sendo assim, o advogado somente pode praticar atos processuais nos limites dos seus poderes.

Essa limitação deve estar de forma expressa na procuração, pois, em regra, a procuração outorgada na fase de conhecimento é eficaz para todas as fases do processo, inclusive para o cumprimento de sentença, conforme determinado pelo § 4º do art. 105 do CPC:

> CPC, Art. 105, § 4º – Salvo disposição expressa em sentido contrário constante do próprio instrumento, a procuração outorgada na fase de conhecimento é eficaz para todas as fases do processo, inclusive para o cumprimento de sentença.

– Tem um exemplo para que eu possa compreender melhor, Hamilton?

Imagine a seguinte situação hipotética: Um advogado possui poderes para atuar por uma empresa que está sendo processada perante a Justiça do Trabalho apenas no âmbito do TRT da 1º Região (Rio de Janeiro). Esse advogado não pode atuar nesse processo no âmbito do TST (Brasília), pois, seus poderes esgotam no TRT da 1º Região.

– Então o advogado não poderia apresentar um recurso de revista, não é mesmo Professor?

Ele pode sim.

– Mas como, se ele não tem poderes, já que esse recurso é julgado pelo TST em Brasília.

Primeiro me responda a seguinte pergunta: Onde é feito o protocolo do recurso de revista?

– No TRT que julgou o recurso ordinário.

O advogado não tem poderes para atuar até o TRT?

– Sim, Professor.

Então, o protocolo do recurso de revista foi feito onde ele tem poderes, logo, não tem nenhuma irregularidade de representação, em que pese esse recurso seja julgado em Brasília, pelo TST.

– Agora entendi. O advogado não teria poderes para apresentar um Embargos de Divergência, pois, tal recurso vai ser protocolado e julgado no TST, por meio da SDI – Sessão de Dissídios Individuais do TST.

Isso mesmo. Para finalizar, leia a OJ 374 do TST:

> TST, OJ 374 da SDI-1 – É regular a representação processual do subscritor do agravo de instrumento ou do recurso de revista que detém mandato com poderes de representação limitados ao âmbito do Tribunal Regional do Trabalho, pois, embora a apreciação desse recurso seja realizada pelo Tribunal Superior do Trabalho, a sua interposição é ato praticado perante o Tribunal Regional do Trabalho, circunstância que legitima a atuação do advogado no feito.

8.2.4. Preparo

No Processo do Trabalho, o preparo engloba como regra geral, as custas e o depósito recursal.

– É diferente do CPC, Professor?

É sim. No Processo Civil é exigido do recorrente apenas o pagamento das custas para fins recursais, no Processo do Trabalho, como dito, temos a exigência do recolhimento das custas e do depósito recursal.

8.2.4.1. *Desnecessidade do pagamento da multa por litigância de má-fé*

– Quando a parte é condenada a pagar em decisão uma multa por litigar de má-fé, além das custas e do depósito recursal, ela é obrigada a pagar tal multa?

Ao apresentar recurso, a parte recorrente não precisa efetuar o pagamento da multa por litigância de má-fé, pois tal multa, não é pressuposto para conhecimento de recurso, conforme entende o TST por meio da Orientação Jurisprudencial nº 409 da SDI-I, vejamos:

> TST, OJ 409 da SDI-I – O recolhimento do valor da multa imposta como sanção por litigância de má-fé (art. 81 do CPC de 2015 – art. 18 do CPC de 1973) não é pressuposto objetivo para interposição dos recursos de natureza trabalhista.

A exceção fica por conta do pagamento da multa entre 1% (um por cento) e 5% (cinco por cento) do valor atualizado da causa, nos casos de improcedência em votação unânime do agravo interno interposto contra decisão proferida pelo relator do recurso, conforme entendimento exposto na Orientação Jurisprudencial nº 389 da SDI-I do TST:

> TST, OJ 389 da SDI-I – Constitui ônus da parte recorrente, sob pena de deserção, depositar previamente a multa aplicada com fundamento nos §§ 4º e 5º, do art. 1.021, do CPC de 2015 (§ 2º do art. 557 do CPC de 1973), à exceção da Fazenda Pública e do beneficiário de justiça gratuita, que farão o pagamento ao final.

Veja o que diz o art. 1.021 do CPC:

> CPC – Art. 1.021. Contra decisão proferida pelo relator caberá agravo interno para o respectivo órgão colegiado, observadas, quanto ao processamento, as regras do regimento interno do tribunal.
>
> § 4º Quando o agravo interno for declarado manifestamente inadmissível ou improcedente em votação unânime, o órgão colegiado, em decisão fundamentada, condenará o agravante a pagar ao

agravado multa fixada entre um e cinco por cento do valor atualizado da causa.

§ 5º A interposição de qualquer outro recurso está condicionada ao depósito prévio do valor da multa prevista no § 4º, à exceção da Fazenda Pública e do beneficiário de gratuidade da justiça, que farão o pagamento ao final.

8.2.4.2. Prazo para pagamento do preparo

Tanto as custas como o depósito recursal devem ser pagos e comprovados dentro do prazo recursal. Veja o que diz a Lei:

> CLT, Art. 789, § 1º – As custas serão pagas pelo vencido, após o trânsito em julgado da decisão. No caso de recurso, AS CUSTAS SERÃO PAGAS E COMPROVADO O RECOLHIMENTO DENTRO DO PRAZO RECURSAL.
>
> Lei 5.584/70, Art. 7º – A comprovação do depósito da condenação (CLT, art. 899, §§ 1º a 5º) TERÁ QUE SER FEITA DENTRO DO PRAZO PARA A INTERPOSIÇÃO DO RECURSO, sob pena de ser este considerado deserto.

– Hamilton, a interposição do recurso antes do prazo final prejudica o prazo para pagamento e comprovação do preparo nos autos, ou seja, a parte deve comprovar o preparo no ato da interposição do recurso?

Via de regra, não. A parte recorrente pode apresentar seu recurso antes do termo final, que tal fato, não prejudica o seu prazo para pagar e comprovar o preparo, que é no prazo alusivo ao recurso.

Imagine a seguinte situação hipotética: A empresa Beta recorre de recurso ordinário da sentença do juiz no 3ª dia. A referida empresa, possui ainda, o prazo de 5 (cinco) dias para efetuar o pagamento do preparo e comprovar nos autos, visto que, o recurso ordinário possui prazo legal de 8 (oito) dias.

Para finalizar, cito o entendimento do TST por meio da Súmula 245:

> TST, SUM 245 - DEPÓSITO RECURSAL. PRAZOO depósito recursal deve ser feito e comprovado no prazo alusivo ao recurso. A interposição antecipada deste não prejudica a dilação legal.

8.2.4.2.1. Exceção

– Temos alguma exceção?

A exceção fica por conta do Recurso de Agravo de Instrumento, pois, segundo o art. 899, § 7º da CLT, acrescentado pela Lei nº 12.275, de 2010, a parte recorrente deve comprovar o preparo no ato da interposição desse recurso. Sendo assim, se a parte recorre no 5º dia, deverá comprovar o preparo no 5º dia. Veja:

> CLT, Art. 899, § 7º - No ato de interposição do agravo de instrumento, o depósito recursal corresponderá a 50% (cinquenta por cento) do valor do depósito do recurso ao qual se pretende destrancar.

Nesse sentido, a jurisprudência do TST.

> I - AGRAVO DE INSTRUMENTO DO RÉU. DESERÇÃO. RECURSO INTERPOSTO SOB A VIGÊNCIA DO CPC/1973. NOS TERMOS DO ARTIGO 899, § 7º, DA CLT, NO ATO DE INTERPOSIÇÃO DO AGRAVO DE INSTRUMENTO, O DEPÓSITO RECURSAL CORRESPONDERÁ A 50% (CINQUENTA POR CENTO) DO VALOR DO DEPÓSITO DO RECURSO QUE SE PRETENDE DESTRANCAR. DESSA FORMA, A PARTE DEVERIA TER EFETUADO O DEPÓSITO RECURSAL NO MOMENTO DA INTERPOSIÇÃO DO AGRAVO DE INSTRUMENTO, NOS TERMOS DA SÚMULA Nº 128, I, DO TST, SEGUNDO A QUAL "É ÔNUS DA PARTE RECORRENTE EFETUAR O DEPÓSITO LEGAL, INTEGRALMENTE, EM RELAÇÃO A CADA NOVO RECURSO INTERPOSTO, SOB PENA DE DESERÇÃO. ATINGIDO O VALOR DA CONDENAÇÃO, NENHUM DEPÓSITO MAIS É EXIGIDO PARA QUALQUER RECURSO". ASSIM, NÃO SENDO GARANTIDO O VALOR TOTAL DA CONDENAÇÃO NEM TENDO SIDO RECOLHIDO O DEPÓSITO

LEGAL EXIGIDO NO MOMENTO DA INTERPOSIÇÃO DO AGRAVO DE INSTRUMENTO, TEM-SE O PRESENTE APELO COMO DESERTO. AGRAVO DE INSTRUMENTO NÃO CONHECIDO. [...] (ARR nº 177-51.2011.5.15.0093, 3ª Turma do TST, Rel. Alexandre de Souza Agra Belmonte. j. 22.11.2017, Publ. 24.11.2017).

AGRAVO DE INSTRUMENTO. DESERÇÃO. AUSÊNCIA DO DEPÓSITO RECURSAL. O agravo de instrumento está deserto, pois, à época da interposição, a parte não cuidou de recolher o depósito recursal quando já vigorava a Lei 12.275, de 29.06.2010, que introduziu o § 7º ao artigo 899 da CLT. Agravo de instrumento não conhecido. (AIRR nº 0000002-40.2010.5.05.0006, 6ª Turma do TST, Rel. Augusto César Leite de Carvalho. unânime, DEJT 02.06.2016).

8.2.4.3. Deserção

– Se o recorrente não fizer o preparo, o que acontece?

O não pagamento do preparo (custas e/ou depósito recursal), ocasiona a deserção do recurso, e por consequência, o recurso não será conhecido, ou seja, não terá análise de mérito.

– Professor, o § 4º do art. 1.007 do CPC, diz que o recorrente que não comprovar, no ato de interposição do recurso, o recolhimento do preparo, será intimado, para realizar o recolhimento em dobro, sob pena de deserção. Esse dispositivo é aplicado ao Processo do Trabalho?

Não, o TST entende que é inaplicável a regra contida no artigo 1.007, § 4º, do CPC ao Processo do Trabalho.

"AGRAVO INTERNO EM AGRAVO DE INSTRUMENTO EM RECURSO DE REVISTA DA RÉ. LEI 13.467/2017. DESERÇÃO DO RECURSO ORDINÁRIO. AUSÊNCIA DE COMPROVAÇÃO DO DEPÓSITO RECURSAL NO PRAZO ALUSIVO AO

RECURSO. INAPLICABILIDADE DO ARTIGO 1.007, §4º, DO CPC AO PROCESSO DO TRABALHO. TRANSCENDÊNCIA JURÍDICA CONSTATADA. Constitui ônus da parte não só a efetivação dos recolhimentos das custas processuais e do depósito recursal, como também a sua comprovação dentro do prazo recursal. Essa é a diretriz que se extrai da Súmula nº 245 do TST. Por sua vez, o Órgão Especial desta Corte, em sessão realizada no dia 06/05/2019, retificou a ata da sessão de 17/12/2018, para nela constar que fora rejeitada a proposta de alteração da Instrução Normativa nº 3 do TST, quanto à aplicabilidade da regra contida no artigo 1.007, § 4º, do CPC ao processo do trabalho. Destaque-se que a Orientação Jurisprudencial nº 140 da SBDI-1 desta Corte não se aplica aos casos em que se verifica a ausência de recolhimento do depósito recursal ou a ausência de sua comprovação, mas tão somente quando há recolhimento do preparo em valor inferior ao devido. Precedentes. Agravo interno conhecido e não provido" (Ag-AIRR-10780-50.2017.5.15.0037, 7ª Turma, Relator Ministro Cláudio Mascarenhas Brandão, DEJT 30/04/2020).

"RECURSO DE REVISTA. PROCESSO SOB A ÉGIDE DA LEI 13.015/2014 E ANTERIOR À LEI 13.467/2017. DESERÇÃO DO RECURSO ORDINÁRIO. RECOLHIMENTO DE CUSTAS PROCESSUAIS. GUIA GRU JUDICIAL E COMPROVANTE DE RECOLHIMENTO ELETRÔNICO COM NÚMERO DE CÓDIGO DE BARRAS DIVERGENTES E REFERENTES A PROCESSOS DISTINTOS. DESERÇÃO CONFIGURADA. O Tribunal Regional considerou deserto o recurso ordinário do Reclamado ao fundamento de que o número do código de barras do comprovante de pagamento das custas processuais não corresponde ao número do código de barras da guia GRU juntada ao processo, o que obstaria a identificação do pagamento. Registrou, ainda, ser inaplicável o art. 1007, §4º, do CPC, ao Processo do Trabalho, nos termos do art. 10 da IN 39/2016/TST. Analisando-se o comprovante de recolhimento das custas processuais do recurso ordinário, constata-se que, apesar da identidade do valor arbitrado em sentença (R$ 600,00) e sua juntada aos autos no prazo alusivo ao recurso, não há identificação das Partes ou do número do processo, além do fato de os códigos de barras serem distintos, não sendo, portanto, suficiente para demonstrar que a regularidade do preparo. Tanto o é que o Reclamando reconhece que juntou o comprovante equivocado quando da interposição do recurso ordinário, apresentando o comprovante correto com a petição de embargos de declaração ao recurso ordinário. Assim, diante da ausência de elementos que comprovem a regularidade do preparo quando da interposição do recurso ordinário, tem-se por inadmissível a juntada intempestiva do comprovante correto de recolhimento do depósito, após o prazo recursal, nas razões dos embargos de declaração, porquanto o recolhimento e a comprovação do preparo devem ser feitos no prazo alusivo ao recurso, de acordo com a Súmula 245 do TST, sendo, portanto, inaplicável o art. 1007, §4º, do CPC à hipótese. Oportuno salientar, ainda, que, nos termos da atual redação da OJ 140/SBDI-1/TST, "em caso de recolhimento insuficiente das custas processuais ou do depósito recursal, somente haverá deserção do recurso se, concedido o prazo de 5 (cinco) dias previsto no § 2º do art. 1.007 do CPC de 2015, o recorrente não complementar e comprovar o valor devido", o que, como visto, não é o caso dos autos. Inviável o processamento do recurso de revista, se não preenchidos os requisitos do art. 896 da CLT. Recurso de revista não conhecido." (RR – 808-08.2016.5.06.0016 Data de Julgamento: 14/08/2019, Relator Ministro: Mauricio Godinho Delgado, 3ª Turma, Data de Publicação: DEJT 16/08/2019)

"I. AGRAVO DE INSTRUMENTO EM RECURSO DE REVISTA REGIDO PELA LEI 13.015/2014. PRIMEIRA RECLAMADA. TRANSMAGNO TRANSPORTES RODOVIÁRIOS LTDA. DESERÇÃO DO RECURSO ORDINÁRIO. AUSÊNCIA DE DEPÓSITO RECURSAL. No caso dos autos, o Tribunal Regional não conheceu do recurso ordinário da primeira Reclamada, por deserto, sob o fundamento de que a recorrente não comprovou o recolhimento do depósito recursal. Impossibilidade de intimação da parte para a regularização do preparo, nos termos do artigo 1007, § 2º, do CPC/2015 (IN 39/TST/2015), uma vez que não houve mera insuficiência do depósito recursal, mas sua total ausência. Agravo de instrumento a que se nega provimento. [...]" (ARR – 10769-47.2015.5.01.0080 Data de Julgamento: 07/08/2019, Relator Ministro: Douglas Alencar Rodrigues, 5ª Turma, Data de Publicação: DEJT 09/08/2019);

> RECURSO ORDINÁRIO EM MANDADO DE SEGURANÇA. CUSTAS PROCESSUAIS. RECOLHIMENTO E COMPROVAÇÃO FORA DO PRAZO. "DESERÇÃO. De acordo com o parágrafo 1º do artigo 789 da Consolidação das Leis do Trabalho, no caso de recurso, tanto o pagamento quanto a comprovação do recolhimento das custas processuais ocorrerão dentro do prazo alusivo ao recurso. Ademais, a jurisprudência desta Corte firmou se no sentido de ser necessário o pagamento de custas no caso de interposição de recurso ordinário em mandado de segurança, sob pena de ser julgado deserto o apelo (O.J. nº 148 da SBDI-2). Já a possibilidade de concessão de prazo prevista no § 2º do artigo 1007 do CPC de 2015 só tem incidência no caso de insuficiência no valor recolhido, enquanto a hipótese dos autos é de total ausência de recolhimento das custas processuais. Precedentes. Recurso ordinário não conhecido." (RO – 164-34.2018.5.10.0000 Data de Julgamento: 11/06/2019, Relator Ministro: Emmanoel Pereira, Subseção II Especializada em Dissídios Individuais, Data de Publicação: DEJT 14/06/2019).

8.2.4.3.1. Complemento do preparo

– Eu li em algum lugar, Hamilton, que o TST permite sim a complementação do preparo. Será que li errado?

Você leu a Orientação Jurisprudencial nº 140 da SBDI-1 do TST. Essa Orientação Jurisprudencial não se aplica aos casos de ausência de recolhimento do depósito recursal e custas ou a ausência de sua comprovação, mas tão somente quando há recolhimento do preparo em valor inferior ao devido.

A Orientação Jurisprudencial nº 140 da SBDI-1 determina que *"em caso de recolhimento insuficiente das custas processuais ou do depósito recursal, somente haverá deserção do recurso se, concedido o prazo de 5 (cinco) dias previsto no § 2º do art. 1.007 do CPC de 2015, o recorrente não complementar e comprovar o valor devido."*

– Entendi, Professor.

Vamos em frente.

8.2.4.3.2. Digitalização das guias do preparo

Outra coisa que a parte deve ter cuidado, é na hora de digitalizar as guias das custas e depósito recursal, para que as mesmas, após a digitalização, saiam legíveis.

– Se não tiver legível, o que acontece, Professor?

Se o órgão julgador constatar que a guia de depósito recursal ou de custas apresentam autenticação completamente ilegível, o recurso será considerado deserto, visto que, resta inviabilizada a aferição da regularidade do preparo. Nesse sentido os precedentes do TST:

> "AGRAVO EM AGRAVO DE INSTRUMENTO. RECURSO ORDINÁRIO DA RECLAMADA TRANSMITIDO VIA SISTEMA E-DOC. GUIA DE DEPÓSITO RECURSAL. AUTENTICAÇÃO MECÂNICA TOTALMENTE ILEGÍVEL. DESERÇÃO. O TRT não conheceu do recurso ordinário apresentado pela reclamada em razão da ilegibilidade da autenticação bancária na guia de depósito recursal. Verifica-se que a autenticação é totalmente ilegível. Ao optar pelo sistema de peticionamento eletrônico para interposição do recurso de revista, a empresa assumiu a responsabilidade por eventual problema na qualidade dos documentos enviados. Assim, configura-se a deserção do referido recurso, na medida em que resta inviabilizada a aferição da regularidade do preparo. Precedentes. Agravo conhecido e desprovido" (Ag-AIRR-1276-47.2012.5.06.0101, 3ª Turma, Relator Ministro Alexandre De Souza Agra Belmonte, DEJT 17/05/2019).
>
> RECURSO DE REVISTA. DESERÇÃO DO RECURSO ORDINÁRIO RECONHECIDA PELA CORTE REGIONAL. RECURSO TRANSMITIDO POR MEIO ELETRÔNICO. GUIA DE DEPÓSITO RECURSAL COM AUTENTICAÇÃO ILEGÍVEL. RESPONSABILIDADE PELA TRANSMISSÃO EXCLUSIVA DO USUÁRIO. DESERÇÃO CARACTERIZADA. O recurso de revista vem lastreado em alegação de violação de preceito da Constituição Federal e em divergência jurisprudencial. Ao optar pelo sistema de peticionamento eletrônico para interposição do recurso ordinário, a autora assumiu a responsabilidade por eventual problema na qualidade dos documentos enviados. Constatado

que a guia de depósito recursal apresenta autenticação completamente ilegível, configura-se a deserção do recurso ordinário, na medida em que resta inviabilizada a aferição da regularidade do preparo, tal como decidido pelo e. Tribunal Regional. Recurso de revista não conhecido. (RR – 1116-08.2011.5.06.0020, Relator Ministro: Alexandre de Souza Agra Belmonte, Data de Julgamento: 26/04/2017, 3ª Turma, DEJT 28/04/2017)

I – AGRAVO DE INSTRUMENTO EM RECURSO DE REVISTA DA RECLAMADA. DEPÓSITO RECURSAL. AUTENTICAÇÃO BANCÁRIA ILEGÍVEL. TRANSMISSÃO PELO SISTEMA E-DOC. Acerca da comprovação do recolhimento do deposito recursal do recurso ordinário da empresa o Eg. TRT consignou que "não há prova válida e eficaz do pagamento do depósito recursal, na medida em que o comprovante de pagamento da guia GFIP (fl. 396-verso), transmitido pelo sistema SISDOC, não apresenta a autenticação bancária, inexistindo, meios capazes de aferir se houve o seu regular recolhimento, porquanto inviabilizada a conferência da data e importância efetivamente recolhida.". Ao optar pelo sistema de peticionamento eletrônico para interposição do recurso de revista, a ré assumiu a responsabilidade por eventual problema na qualidade dos documentos enviados. Constatado que a autenticação bancária do comprovante de pagamento do depósito recursal estava ilegível, configura-se a deserção do referido recurso, na medida em que resta inviabilizada a aferição da regularidade do preparo. Precedentes. Agravo de instrumento conhecido e desprovido. (...) (ARR – 143000-91.2008.5.02.0262 Data de Julgamento: 26/8/2015, Redator Ministro: Alexandre de Souza Agra Belmonte, 3ª Turma, DEJT 2/10/2015)

No entanto, quando a ilegibilidade da autenticação bancária nas guias de depósito recursal e custas processuais forem parciais, não enseja, por si só, a deserção do recurso, ainda mais, quando for possível identificar a data e o valor do pagamento efetuado. Nesse sentido os precedentes do TST:

"EMBARGOS. RECURSO DE REVISTA. DESERÇÃO. CUSTAS PROCESSUAIS. GUIA DE RECOLHIMENTO. ILEGIBILIDADE PARCIAL DA AUTENTICAÇÃO MECÂNICA. 1. Embargos interpostos com a finalidade de afastar a deserção de recurso de revista, declarada por Turma do TST, em virtude da ilegibilidade parcial da autenticação mecânica aposta pelo Banco recebedor na guia de recolhimento das custas processuais - GRU. 2. A ilegibilidade parcial da autenticação mecânica contida na guia GRU não prejudica a validade do documento para efeito de comprovação do regular recolhimento das custas processuais, mormente se houve preenchimento correto dos demais campos do documento, permitida a identificação do processo a que se refere. 3. A visualização ao menos de parte da autenticação bancária atesta o efetivo recebimento do documento pela instituição financeira e atrai a presunção relativa de veracidade do valor recolhido, em conformidade com aquele informado no campo pertinente da guia de recolhimento. Precedentes da SbDI-1 do TST. 4. A declaração de deserção de recurso de revista, em semelhante circunstância, além de contrapor-se ao princípio da instrumentalidade das formas, apresenta-se em descompasso com o espírito que norteou as alterações promovidas no Direito Processual do Trabalho com o advento da Lei nº 13.015/2014. Destaque para o § 11 do artigo 896 da CLT, o qual, na senda do moderno Direito Processual brasileiro, prestigia a mitigação de vícios formais de menor relevância em prol da efetividade da prestação jurisdicional de mérito no exame de recursos. 5. Embargos de que se conhece, por divergência jurisprudencial, e a que se dá provimento". (E-Ag-RR - 341-19.2011.5.14.0004, Relator Ministro João Oreste Dalazen, Subseção I Especializada em Dissídios Individuais, DEJT 05/06/2015).

"RECURSO DE REVISTA INTERPOSTO PELA SEGUNDA RECLAMADA (BRASIL KIRIN INDÚSTRIA DE BEBIDAS LTDA.). ACÓRDÃO REGIONAL PUBLICADO NA VIGÊNCIA DA LEI Nº 13.015/2014 E ANTES DA VIGÊNCIA DA LEI Nº 13.467/2017. DESERÇÃO DO RECURSO ORDINÁRIO. DEPÓSITO RECURSAL. CUSTAS PROCESSUAIS. PAGAMENTO. AUTENTICAÇÃO MECÂNICA. ILEGIBILIDADE PARCIAL. CONHECIMENTO E PROVIMENTO. I. A jurisprudência do Tribunal Superior do Trabalho é no sentido de que a ilegibilidade parcial da autenticação bancária nas guias de depósito recursal e custas processuais, não enseja, por si só, a deserção do recurso, mormente quando possível identificar a data e o valor do pagamento efetuado. Julgados do TST. II. No caso dos autos, o Tribunal Regional não conheceu do recurso ordinário interposto pela segunda Reclamada, por entender configurada a deserção, em face da ilegibilidade parcial da autenticação mecânica aposta nas guias de depósito recursal e custas. Não obstante, da análise das autenticações constantes de tais documentos, é possível verificar claramente a data do pagamento e a importância recolhida. III. Assim, ao reconhecer a deserção do recurso ordinário, a Corte Regional cerceou o direito à ampla defesa da parte, incorrendo em violação do disposto no art. 5º, LV, da Constituição Federal. IV. Recurso de revista de que se conhece e a que se dá provimento" (RR-473-26.2015.5.06.0015, 4ª Turma, Relator Ministro Alexandre Luiz Ramos, DEJT 27/03/2020).

"RECURSO DE REVISTA DA RECLAMADA – CSU CARDSYSTEM S.A – PROCESSO NÃO REGIDO PELA LEI Nº 13.015/2014 E SOB A ÉGIDE DO CPC/1973 – DESERÇÃO – RECURSO ORDINÁRIO – DEPÓSITO RECURSAL – GUIA PARCIALMENTE ILEGÍVEL – VALIDADE. No caso, a guia GFIP do depósito recursal efetuado pela reclamada e trazida com o recurso ordinário encontra-se com a respectiva autenticação mecânica bancária parcialmente ilegível. Se o Banco efetuou a autenticação da GFIP, é porque o montante recolhido é igual ao lançado no campo 42 do aludido documento, razão pela qual a ilegibilidade parcial da autenticação não compromete a aferição da quantia depositada e do requisito atinente à garantia do juízo. O processo é regido pelo princípio da boa-fé das partes e não é um fim em si mesmo, ao revés, é apenas instrumento para a realização do direito material. Logo, não há como negar que o ato processual tenha atingido sua finalidade essencial, conforme previsto nos arts. 154 e 244 do CPC/1973, devendo ser afastada a deserção do recurso ordinário. Precedentes. Recurso de revista conhecido e provido. RECURSO DE REVISTA DA UNIÃO – PREJUDICADO. Resta prejudicado o exame do recurso de revista da União em decorrência do conhecimento e provimento do recurso de revista da reclamada, com o retorno dos autos ao Tribunal Regional de origem. Recurso de revista prejudicado" (RR-1503-38.2011.5.06.0015, 7ª Turma, Relator Ministro Luiz Philippe Vieira De Mello filho, DEJT 08/11/2019).

8.2.4.4. *Depósito recursal*

O depósito recursal no Processo do Trabalho tem previsão no art. 899 da CLT, não tem natureza jurídica de taxa e tem finalidade de garantia do juízo para futuras execuções e controlar o uso excessivo dos recursos. Os valores são definidos anualmente por atos internos do TST.

Sobre o tema, o professor Mauro Schiavi[20] escreve:

> O depósito recursal, no nosso sentir, tem natureza jurídica híbrida, pois, além de ser um pressuposto recursal objetivo, que, se não preenchido, importará a deserção do recurso, é uma garantia de futura execução por quantia certa. Não se trata de taxa judiciária, pois não está vinculado a um serviço específico do Poder Judiciário, e sim de um requisito para o conhecimento do recurso e uma garantia de futura execução.

8.2.4.4.1. Constitucionalidade do depósito recursal

– Hamilton, a exigência do depósito recursal não seria inconstitucional por impedir o recorrente de ter acesso amplo a justiça?

Entendo que não. Primeiro, o duplo grau de jurisdição não tem previsão constitucional expressa, além disso, não é absoluto. Ademais, o depósito recursal, não impede o acesso à justiça, ele apenas regula esse acesso, evitando assim, a interposição temerária ou procrastinatória de recursos.

8.2.4.4.2. Valor do depósito recursal

O depósito recursal tem os valores determinados pelo TST, todo ano tais valores, são reajustados.

Valores determinados pelo TST (Consulta em 27.07.2021):

20. SCHIAVI, Mauro. **"Manual de direito processual do trabalho: de acordo com a reforma trabalhista"**. 13. ed. São Paulo: LTr, 2018.

Recurso	Valor do depósito recursal
Recurso Ordinário	R$ 10.986,80
Recurso Ordinário em ação rescisória	R$ 21.973,60
Recurso de Revista	R$ 21.973,60
Recurso de Embargos de Divergência	R$ 21.973,60

– O pagamento do depósito recursal tem limite de valores?

O depósito recursal tem dois limites, um é o valor máximo determinado pelo TST conforme tabela acima, e o outro, é o valor da condenação. Nesse sentido, o item I da Súmula 128 do TST, veja:

> TST, SUM 128, I – É ônus da parte recorrente efetuar o depósito legal, integralmente, em relação a cada novo recurso interposto, sob pena de deserção. Atingido o valor da condenação, nenhum depósito mais é exigido para qualquer recurso.

– Tem um exemplo, Hamilton?

Temos sim. Imagine a seguinte situação hipotética: A empresa Beta foi condenada a pagar uma indenização por danos morais no valor de R$ 40.000,00. Para recorrer de recurso ordinário, a empresa vai ter que pagar além das custas, o depósito recursal no valor de R$ 10.986,80, valor máximo determinado pelo TST.

– Então quer dizer que o valor máximo será sempre o que o TST determina?

Nem sempre, lembre-se que temos dois limitadores. Vimos um caso que aplicamos como limitador o valor máximo determinado pelo TST.

Agora imagine essa outra situação hipotética: A empresa Beta foi condenada a pagar uma indenização por danos morais no valor de R$ 5.000,00. Para recorrer de recurso ordinário, a empresa vai ter que pagar além das custas, o depósito recursal no valor de R$5.000,00, referente ao valor da condenação.

Agora, perceba que nesse caso foi aplicado o segundo limite. Sendo assim, o valor máximo pago de depósito recursal pelo empregador será sempre o valor da condenação, ou seja, atingido o valor da condenação, nenhum depósito mais é exigido para qualquer recurso, como dito pela parte final do item I da Súmula 128 do TST.

> – E se a parte pretendesse recorrer de recurso de revista caso não tivesse êxito no recurso ordinário, teria que pagar algum valor a título de depósito recursal?

Como o juízo já foi totalmente garantido pelo depósito recursal do recurso ordinário, não há mais necessidade de efetuar o pagamento de depósito recursal.

> – E voltando ao primeiro caso, onde o empregador foi condenado em 40 mil e, a empresa pagou R$ 10.986,80, a título de depósito recursal do recurso ordinário, para apresentar recurso de revista ela teria que pagar algo?

Sim, nesse caso, como o juízo não foi garantido totalmente, a empresa deverá depositar o valor integral do depósito recursal do recurso de revista no valor de R$ 21.973,60. O valor será integral porque somando o valor já depositado de R$ 10.986,80 do recurso ordinário, mais o valor de R$ 21.973,60 do recurso de revista, resultaria no montante total de R$ 32.960,40, não garantido integralmente o juízo.

> – Hamilton, percebi com esses exemplos, que com relação aos limites, o recorrente vai aplicar sempre o limitador que for menor.

Isso mesmo, bela sacada. Em resumo:

(1) Depositado o valor total da condenação, nenhum depósito será exigido nos recursos das decisões posteriores, salvo se o valor da condenação vier a ser ampliado;

(2) Se o valor constante do primeiro depósito, efetuado no limite legal, é inferior ao da condenação, será devida complementação de depósito em recurso posterior, observado o valor nominal remanescente da condenação e/ou os limites legais para cada novo recurso;

(3) Havendo acréscimo ou redução da condenação em grau recursal, o juízo prolator da decisão arbitrará novo valor à condenação, quer para a exigibilidade de depósito ou complementação do já depositado, para o caso de recurso subsequente, quer para liberação do valor excedente decorrente da redução da condenação.

8.2.4.4.3. Ações que necessitam do depósito recursal

– O depósito recursal é devido em qualquer ação?

Qual a finalidade do depósito recursal?

– Você disse logo acima, que o depósito recursal tem finalidade de garantia do juízo para futuras execuções.

Isso mesmo. Sendo assim, o depósito recursal somente é exigido quando a parte for recorrer de decisões judiciais em que foi condenada em pecúnia, conforme entendimento dos enunciados das Súmulas 161 e 99, ambas do TST, veja:

> TST, SUM 161. DEPÓSITO. CONDENAÇÃO A PAGAMENTO EM PECÚNIA – Se não há condenação a pagamento em pecúnia, descabe o depósito de que tratam os §§ 1 º e 2º do art. 899 da CLT.
>
> TST, SUM 99. AÇÃO RESCISÓRIA. DESERÇÃO. PRAZO – Havendo recurso ordinário em sede de rescisória, o depósito recursal só é exigível quando for julgado procedente o pedido e imposta condenação em pecúnia, devendo este ser efetuado no prazo recursal, no limite e nos termos da legislação vigente, sob pena de deserção.

Sendo assim, não tem depósito recursal em recursos em que a decisão foi:

1) Declaratória;
2) Constitutiva; e
3) Condenatória, que não seja em pecúnia.

8.2.4.4.4. Depósito recursal x multas nas obrigações de fazer (astreintes)

– Hamilton, e nos casos das ações com obrigação de fazer quando o juiz aplica as astreintes, quando o prejudicado for recorrer, ele deve pagar o depósito recursal em razão da aplicação dessas astreintes?

Mesmo com a condenação em astreintes (multa para o caso de descumprimento da obrigação de fazer), não há necessidade de pagamento do depósito recursal. Nesse sentido, a doutrina do professor Miessa[21] e a jurisprudência do TST, veja:

> É interessante destacar que parte da doutrina entende que o depósito deverá ser exigido nas obrigações de fazer e não fazer, em razão das astreintes e porque elas podem ser convalidadas em perdas e danos. No entanto, o TST não admite tal tese, pois, mesmo que as obrigações de fazer e não fazer possam ser revertidas em perdas e danos, referida conversão é supletiva, ou seja, a condenação primária é a obrigação de fazer e não fazer, ficando a condenação pecuniária em segundo plano. Dessa forma, o TST entendeu que obrigar a realização do depósito recursal nessa hipótese seria garantir execução condicional, ou seja, condicionada ao não cumprimento da obrigação específica, o que não pode ser admitido.

> II – AGRAVO DE INSTRUMENTO. DESERÇÃO. DEPÓSITO RECURSAL. AUSÊNCIA DE CONDENAÇÃO EM PECÚNIA. OBRIGAÇÃO DE FAZER. SÚMULA 161 DO TST. O Juízo primeiro de admissibilidade denegou seguimento ao recurso de

21. MIESSA, Élisson. **"Manual dos recursos trabalhistas: teoria e prática"**.3. ed. Salvador: Juspodivm, 2018.

revista, por deserto. A sentença mantida pelo Tribunal Regional condenou a reclamada apenas em obrigações de fazer, não estabelecendo nenhuma condenação pecuniária que exigisse a garantia do juízo, sendo, portanto, inexigível o pagamento de depósito recursal, nos estritos termos da Súmula nº 161 do TST. Assim sendo, mostra-se pertinente o cabimento do recurso de revista, tendo em vista que não houve condenação em pecúnia, mas apenas multa para o caso de descumprimento da obrigação de fazer. Logo, aplica-se a OJ nº 282 da c. SDI-1 para prosseguimento no exame dos demais pressupostos do recurso de revista. (AgR-AIRR-192-37.2014.5.09.0657, 3ª Turma, Relator Ministro Alexandre de Souza Agra Belmonte, DEJT 12/04/2019).

8.2.4.4.5. Depósito recursal x condenações apenas em honorários sucumbenciais

– Hamilton, mais uma dúvida. Quando a sentença somente condena a parte em honorários sucumbenciais, ela deve efetuar o preparo?

A atual, iterativa e notória jurisprudência do Tribunal Superior do Trabalho permite à parte recorrer sem efetuar o pagamento do depósito recursal nos casos de condenação apenas de honorários sucumbenciais, veja:

"EMBARGOS EM RECURSO DE REVISTA INTERPOSTOS NA VIGÊNCIA DA LEI Nº 11.496/2007. AÇÃO DE COBRANÇA DE IMPOSTO SINDICAL. IMPROCEDÊNCIA DO PEDIDO COM CONDENAÇÃO EM HONORÁRIOS ADVOCATÍCIOS. INEXIGIBILIDADE DE DEPÓSITO RECURSAL NO RECURSO ORDINÁRIO. Ressalvado o meu entendimento pessoal, esta Corte Superior vem firmando jurisprudência no sentido de ser inexigível o recolhimento do depósito recursal em sede de ação de cobrança de imposto sindical julgada improcedente, com a tão só condenação nos honorários advocatícios. Isso porque a verba referente aos honorários não faz parte da condenação para fins de garantia do juízo e não é destinada a satisfazer o credor em parcela da condenação. Precedentes da SBDI-1. Recurso de embargos de que se conhece e a que se dá provimento" (E-RR-10900-11.2007.5.15.0113, Subseção I Especializada em Dissídios Individuais, Relator Ministro Claudio Mascarenhas Brandao, DEJT 11/09/2015).

DESERÇÃO DO RECURSO ORDINÁRIO. AÇÃO DE COBRANÇA DE CONTRIBUIÇÃO SINDICAL. SINDICATO CONDENADO EXCLUSIVAMENTE AO PAGAMENTO DE HONORÁRIOS ADVOCATÍCIOS. INEXIGIBILIDADE DE DEPÓSITO RECURSAL. CONHECIMENTO E PROVIMENTO. I. A atual jurisprudência deste Tribunal Superior é no sentido de ser incabível o depósito recursal na hipótese em que a condenação é apenas em honorários advocatícios. Entende-se que a referida verba não integra a condenação para efeito de garantia do juízo, uma vez que é mera consequência da sucumbência. Além disso, o depósito recursal na Justiça do Trabalho destina-se ao trabalhador e tem como finalidade garantir a execução de débitos trabalhistas. II. Tratando-se a presente ação de cobrança de contribuição sindical, em que o Autor foi condenado exclusivamente ao pagamento de honorários advocatícios, não há de se considerar deserto o recurso ordinário do sindicato pela falta de depósito recursal. III. Recurso de revista de que se conhece, por violação do art. 5º, LV, da CF, e a que se dá provimento. (RR nº 172-74.2015.5.02.0085, 4ª Turma do TST, Rel. Alexandre Luiz Ramos. j. 18.09.2019, Publ. 20.09.2019).

"I - AGRAVO DE INSTRUMENTO. RECURSO DE REVISTA. ACÓRDÃO RECORRIDO PUBLICADO NA VIGÊNCIA DAS LEIS NºS 13.015/2014 E 13.467/2017. RECURSO ORDINÁRIO. DESERÇÃO. NAO OCORRÊNCIA. DEPÓSITO RECURSAL. INEXIGIBILIDADE. CONDENAÇÃO AO PAGAMENTO DE HONORÁRIOS ADVOCATÍCIOS. Há transcendência política no recurso de revista interposto quando se constata o desrespeito da instância recorrida à jurisprudência do Tribunal Superior do Trabalho. Havendo transcendência, segue-se no exame dos demais pressupostos de admissibilidade, pois o art. 896-A da CLT não revogou as demais normas processuais. O exame de ofício do acórdão recorrido somente está autorizado para o fim de aferição da transcendência. A constatação da transcendência implica somente o reconhecimento da relevância da matéria, sem vinculação quanto ao conhecimento e ao mérito do recurso de revista. RECURSO ORDINÁRIO. DESERÇÃO. NÃO OCORRÊNCIA. DEPÓSITO RECURSAL. INEXIGIBILIDADE. CONDENAÇÃO AO PAGAMENTO

> DE HONORÁRIOS ADVOCATÍCIOS. 1 – Aconselhável o processamento do recurso de revista, a fim de prevenir eventual contrariedade à Súmula nº 161 do TST. 2 – Agravo de instrumento a que se dá provimento. II – RECURSO DE REVISTA. RECURSO ORDINÁRIO. DESERÇÃO. NÃO OCORRÊNCIA. DEPÓSITO RECURSAL. INEXIGIBILIDADE. CONDENAÇÃO AO PAGAMENTO DE HONORÁRIOS ADVOCATÍCIOS. 1 – O entendimento desta Corte é de que honorários advocatícios não se inserem no conceito de condenação em pecúnia, a que se refere o art. 2º, parágrafo único, da Instrução Normativa n.º 27/2005 do TST, sendo mero consectário da sucumbência, de modo que, na hipótese de o Sindicato reclamante ser condenado apenas ao pagamento de honorários advocatícios, não há de se considerar deserto o recurso pela falta de depósito recursal. 2 – Recurso de revista a que se dá provimento" (RR-AIRR-1000644-43.2016.5.02.0402, 6ª Turma, Relatora Ministra Katia Magalhaes Arruda, DEJT 12/04/2019).

Com a leitura dos julgados acima, percebemos que o entendimento do TST é de que honorários advocatícios não se inserem no conceito de condenação em pecúnia, sendo mero consectário da sucumbência.

8.2.4.4.6. Depósito recursal x condenações apenas em honorários periciais

– O mesmo acontece se a condenação for apenas de honorários periciais?

A mesma ideia, pois, como dito acima, tanto na condenação em honorários sucumbenciais como em periciais, tais parcelas não se confundem com condenação em pecúnia, vejamos:

> "I – AGRAVO DE INSTRUMENTO DO RECLAMADO – DESERÇÃO – RECURSO ORDINÁRIO – HONORÁRIOS PERICIAIS – SUCUMBÊNCIA – AUSÊNCIA DE CONDENAÇÃO EM PECÚNIA – DEPÓSITO RECURSAL – INEXIGIBILIDADE Por divisar violação ao artigo 899 da CLT, dá-se provimento ao Agravo de Instrumento para mandar processar o recurso denegado. II – RECURSO DE REVISTA DO RECLAMADO

TST, SUM 25, III – Não caracteriza deserção a hipótese em que, acrescido o valor da condenação, não houve fixação ou cálculo do valor devido a título de custas e tampouco intimação da parte para o preparo do recurso, devendo ser as custas pagas ao final;

TST, SUM 25, IV – O reembolso das custas à parte vencedora faz-se necessário mesmo na hipótese em que a parte vencida for pessoa isenta do seu pagamento, nos termos do art. 790-A, parágrafo único, da CLT.

8.2.4.6.1. Valor das custas na fase de execução

– E qual o valor das custas na fase de execução, Hamilton?

Segundo o art. 789-A da CLT, na execução serão devidas custas nos seguintes valores fixos:

I – autos de arrematação, de adjudicação e de remição: 5% (cinco por cento) sobre o respectivo valor, até o máximo de R$ 1.915,38 (um mil, novecentos e quinze reais e trinta e oito centavos);

II – atos dos oficiais de justiça, por diligência certificada:

a. em zona urbana: R$ 11,06 (onze reais e seis centavos);

b. em zona rural: R$ 22,13 (vinte e dois reais e treze centavos);

III – agravo de instrumento: R$ 44,26 (quarenta e quatro reais e vinte e seis centavos);

IV – agravo de petição: R$ 44,26 (quarenta e quatro reais e vinte e seis centavos);

V – embargos à execução, embargos de terceiro e embargos à arrematação: R$ 44,26 (quarenta e quatro reais e vinte e seis centavos);

VI – recurso de revista: R$ 55,35 (cinquenta e cinco reais e trinta e cinco centavos);

VII – impugnação à sentença de liquidação: R$ 55,35 (cinquenta e cinco reais e trinta e cinco centavos);

VIII – despesa de armazenagem em depósito judicial – por dia: 0,1% (um décimo por cento) do valor da avaliação;

IX – cálculos de liquidação realizados pelo contador do juízo – sobre o valor liquidado: 0,5% (cinco décimos por cento) até o limite de R$ 638,46 (seiscentos e trinta e oito reais e quarenta e seis centavos).

– Hamilton, uma dúvida. Essas custas devem ser pagas no prazo alusivo aos recursos, como ocorre na fase de conhecimento?

O art. 789-A, *caput*, menciona que as custas serão pagas sempre pelo executado e que elas podem ser recolhidas ao final do processo, quando todos os atos já houverem sido praticados. Vejamos:

> CLT, Art. 789-A. No processo de execução são devidas custas, sempre de responsabilidade do executado e pagas ao final, de conformidade com a seguinte tabela:

– Perfeito.

8.2.5. Assinatura do recurso

O recurso para ser aceito, precisa estar assinado pela parte (CLT, art. 791) ou pelo advogado (ainda que digitalmente).

8.2.5.1. Ausência total de assinatura

– O que acontece se o recurso não tiver assinatura?

O recurso não será aceito, terá o seguimento denegado por ser uma peça apócrifa. Contudo, antes de denegar seguimento, o relator deve dar prazo para que seja sanado o erro pela parte recorrente, no prazo de 5 dias, conforme determinado pela Orientação Jurisprudencial 120 da SDI-1 do TST:

> TST, OJ 120, I da SDI-1 – Verificada a total ausência de assinatura no recurso, o juiz ou o relator concederá prazo de 5 (cinco) dias para que seja sanado o vício. Descumprida a determinação, o recurso será reputado inadmissível (art. 932, parágrafo único, do CPC de 2015).

Contudo, é válido o recurso assinado, ao menos, na petição de apresentação ou nas razões recursais (TST, OJ 120, I da SDI-1)

8.2.5.2. Assinatura do recurso pelo preposto da empresa

– Professor, o preposto pode assinar o recurso?

Para responder sua pergunta, cito os ensinamentos do professor Mauro Schiavi[25]:

> "o preposto não pode assinar a petição do recurso, pois a preposição se exaure nos atos de audiência. Podem assinar o recurso o reclamante, seu advogado, o reclamado, seu representante legal ou seu advogado".

9. EFEITO DOS RECURSOS

Por ser um ato jurídico, o recurso tem aptidão de gerar efeitos jurídicos. Passemos a estudar os efeitos dos recursos:

9.1. Efeito devolutivo

Todos os recursos possuem efeito devolutivo no Processo do Trabalho. Veja o que diz o caput do art. 899 da CLT:

> CLT, Art. 899 – Os recursos serão interpostos por simples petição e terão efeito meramente devolutivo, salvo as exceções previstas neste Título, permitida a execução provisória até a penhora.

– E o que seria esse efeito devolutivo?

Seria o efeito de devolver o poder de julgar para a autoridade competente que, em regra, será hierarquicamente superior a quem proferiu a decisão. Desta forma, entende-se por efeito devolutivo, o reexame da matéria analisada na decisão recorrida e expressamente impugnada pelo recorrido.

– Isso significa que só será analisado pelo juízo *ad quem* (de hierarquia superior) a matéria impugnada no recurso pelo recorrente?

25. SCHIAVI, Mauro. "**Manual de Direito Processual do Trabalho**". São Paulo: LTr, 2013.

Isso mesmo, estamos diante do princípio da demanda no âmbito dos recursos, ou seja, a matéria, em regra, para ser analisada pela instância superior, deve ser expressamente impugnada nas razões de seu recurso.

Usa-se a expressão *"tantum devolutum quantum appellatum"*, ou seja, será devolvida ao conhecimento do tribunal, para julgamento, toda a matéria efetivamente impugnada pela parte em seu recurso.

Em resumo: A interposição de recurso ordinário transfere ao órgão *ad quem* o conhecimento de toda a matéria objeto de irresignação.

– Tem um exemplo, Professor?

Imagine a seguinte situação hipotética: Uma empresa é condenada em 1ª grau a pagar horas extras e insalubridade. No seu recurso ordinário, a empresa faz a impugnação apenas das horas extras, logo, pelo efeito devolutivo horizontal, o Tribunal vai analisar apenas o pleito de horas extras.

– E o que acontece com o pleito de insalubridade?

Nesse caso, houve um recurso parcial das matérias decididas em sentença, o que ocasiona o trânsito em julgado em momentos diferentes, ou seja, quanto ao pleito não impugnado, no caso da insalubridade, já ocorreu o trânsito em julgado, podendo a parte iniciar a execução definitiva. Já iniciou também o prazo decadencial deste pleito para ajuizamento de ação rescisória. Quanto ao pleito de horas extras que foi impugnado, ainda não ocorreu o trânsito em julgado, e a parte vencedora, pode apenas iniciar a execução provisória.

Veja o que diz o item II da Súmula 100 do TST:

> II – Havendo recurso parcial no processo principal, o trânsito em julgado dá-se em momentos e em tribunais diferentes, contando-se o prazo decadencial para a ação rescisória do trânsito em julgado de cada decisão, salvo se o recurso tratar de preliminar ou prejudicial que possa tornar insubsistente a decisão recorrida, hipótese em que flui a decadência a partir do trânsito em julgado da decisão que julgar o recurso parcial.

9.1.1. Proibição da proibição da *reformatio in pejus*

– Pode o Tribunal piorar a situação do recorrente na análise de seu recurso? Por exemplo: Uma empresa é condenada a pagar uma indenização a título de danos morais no valor de R$ 10.000,00, em primeiro grau. Não conformada, ela interpõe recurso ordinário da decisão para retirar tal condenação. O Tribunal ao analisar o recurso ordinário da empresa, pode majorar a condenação por entender que, o juiz arbitrou em valor irrisório face o poder econômico da empresa?

Pelo princípio proibição da *reformatio in pejus*, o Tribunal fica impedido de piorar a situação do recorrente no julgamento do seu recurso, como já estudado no início deste capítulo na parte de princípios.

9.1.2. Efeito devolutivo em profundidade/vertical

Com esse efeito, será devolvido ao Tribunal, automaticamente todas as alegações e fundamentos da matéria impugnada (dentro dos limites fixados pela extensão), independentemente de manifestação da parte. Tal efeito, decorre da Lei.

Veja o que diz o § 1º do art. 1.013 do CPC:

> CPC, art. 1.013 § 1º- Serão, porém, objeto de apreciação e julgamento pelo tribunal todas as questões suscitadas e discutidas no processo, ainda que não tenham sido solucionadas, desde que relativas ao capítulo impugnado.

Ademais, o item I da Súmula 393 do TST entende que *"o efeito devolutivo em profundidade do recurso ordinário, que se extrai do § 1º do art. 1.013 do CPC de 2015, transfere ao Tribunal a apreciação dos fundamentos da inicial ou da defesa, não examinados pela sentença, ainda que não renovados em contrarrazões, desde que relativos ao capítulo impugnado."*

– Não estou entendendo bem esse efeito em profundidade, tem um exemplo?

Imagine a seguinte situação hipotética: Marcos pediu em juízo que a reclamada fosse condenada a pagar um adicional de periculosidade por estar exposto a produtos inflamáveis e exposto à eletricidade. Em sentença, o Juiz determinou a condenação da reclamada com base na exposição a produtos inflamáveis. A empresa recorreu por meio de recurso ordinário e o TRT julgou provido o recurso, entendendo que o Marcos não faria jus ao adicional sob a ótica da exposição a produtos inflamáveis.

– E agora, professor?

Agora que entra o efeito devolutivo em profundidade, porque o TRT deveria analisar o segundo fundamento utilizado pelo Marcos em sua petição inicial, isto é, deveria ter analisando se havia periculosidade em razão da exposição à eletricidade.

– Mesmo que o reclamante não tivesse falado nada em contrarrazões o tribunal é obrigado a analisar?

Sim, pois como vimos, a Súmula 393, item I do TST, entende que "o efeito devolutivo em profundidade do recurso ordinário, que se extrai do § 1º do art. 1.013 do CPC, transfere ao Tribunal a apreciação dos fundamentos da inicial ou da defesa, não examinados pela sentença, ainda que não renovados em contrarrazões, desde que relativos ao capítulo impugnado".

Veja um caso idêntico analisado pelo TST:

> B) RECURSO DE REVISTA DO RECLAMANTE. PROCESSO SOB A ÉGIDE DA LEI 13.015/2014 E ANTERIOR À LEI 13.467/17. RECURSO ORDINÁRIO DA RECLAMADA. PROVIMENTO PARA JULGAR IMPROCEDENTE O PEDIDO DE ADICIONAL DE PERICULOSIDADE, DEFERIDO EM SENTENÇA. NECESSIDADE DE ANÁLISE DE TODAS AS QUESTÕES RELACIONADAS AO TEMA. EFEITO DEVOLUTIVO DO RECURSO ORDINÁRIO. A interposição de recurso ordinário transfere ao órgão ad quem o conhecimento de toda a matéria objeto de irresignação. Trata-se do efeito devolutivo, comum aos recursos e que, no recurso ordinário, tem caráter

amplo. Dispõe o art. 1.013, § 1º, do CPC/15 que " serão, porém, objeto de apreciação e julgamento pelo tribunal todas as questões suscitadas e discutidas no processo, ainda que não tenham sido solucionadas, desde que relativas ao capítulo impugnado." Ademais, a Súmula 393, I/TST perfilha o entendimento de que "o efeito devolutivo em profundidade do recurso ordinário, que se extrai do § 1º do art. 1.013 do CPC de 2015 (art. 515, §1º, do CPC de 1973), transfere ao Tribunal a apreciação dos fundamentos da inicial ou da defesa, não examinados pela sentença, ainda que não renovados em contrarrazões, desde que relativos ao capítulo impugnado. ". Na hipótese dos autos, o Reclamante pleiteou o pagamento de adicional de periculosidade com fundamento em dois fatos geradores: exposição a produtos inflamáveis e exposição à eletricidade. O Juízo de Primeiro Grau de Jurisdição julgou procedente o pedido, com base na exposição a produtos inflamáveis. O Tribunal Regional, por sua vez, em sede de recurso ordinário da Reclamada, julgou improcedente o pedido, entendendo que o Reclamante não faria jus ao adicional sob a ótica da exposição a produtos inflamáveis. Contudo, o órgão a quo, mesmo provocado por embargos de declaração, não analisou a matéria sob a perspectiva do segundo fundamento utilizado pelo Reclamante para ter reconhecido o direito: a exposição à eletricidade. Com efeito, o Tribunal Regional, atento ao efeito devolutivo do apelo – e, em especial, em face de irresignação aventada pelo Reclamante em sede de embargos de declaração –, deveria ter examinado a matéria "adicional de periculosidade" com a apreciação de todos os fundamentos a ela relacionados, inclusive o da exposição à eletricidade. Recurso de revista conhecido e provido para devolver os autos ao Tribunal Regional e determinar que esse órgão, na análise do tema "adicional de periculosidade", considere todas as questões suscitadas e discutidas no processo, prosseguindo no julgamento do recurso ordinário da Reclamada, nesse aspecto, como entender de direito. Prejudicado o exame das demais matérias" (RR-1000501-64.2013.5.02.0465, 3ª Turma, Relator Ministro Mauricio Godinho Delgado, DEJT 08/05/2020).

– Esse efeito poderia ser aplicado à prescrição não analisada em sentença?

Poderia sim, vamos a um caso hipotético: Em petição inicial, o reclamante solicitou que a reclamada fosse condenada a pagar a horas extras com adicional de 50%. Em defesa, a reclamada apresenta duas teses: em sede de prejudicial de mérito, alegou a prescrição quinquenal parcial (para limitar a condenação aos últimos 5 anos contatos do protocolo da ação) e, no mérito, alegou que o reclamante não prestou horas extras. Em sentença, o Juiz julgou improcedente, acatando a tese de defesa de mérito da empresa. O reclamante recorreu e por meio de recurso ordinário, o TRT julgou procedente o pedido, entendendo que a empresa deveria pagar as horas extras.

Através do efeito devolutivo em profundidade, o TRT deve analisar a prescrição arguida em defesa, ainda que, a reclamada não faça renovação em sede de contrarrazões ao recurso ordinário, ou em recurso adesivo.

Nesse sentido:

> "AGRAVO. AGRAVO DE INSTRUMENTO EM RECURSO DE REVISTA. ACÓRDÃO PUBLICADO NA VIGÊNCIA DA LEI Nº 13.015/2014. PRESCRIÇÃO TOTAL. ARGUIÇÃO NA DEFESA. AUSÊNCIA DE RENOVAÇÃO EM CONTRARRAZÕES AO RECURSO ORDINÁRIO. DESNECESSIDADE. EFEITO DEVOLUTIVO EM PROFUNDIDADE. Agravo a que se dá provimento para examinar o agravo de instrumento em recurso de revista. Agravo provido. AGRAVO DE INSTRUMENTO EM RECURSO DE REVISTA. ACÓRDÃO PUBLICADO NA VIGÊNCIA DA LEI Nº 13.015/2014. PRESCRIÇÃO TOTAL. ARGUIÇÃO NA DEFESA. AUSÊNCIA DE RENOVAÇÃO EM CONTRARRAZÕES AO RECURSO ORDINÁRIO. DESNECESSIDADE. EFEITO DEVOLUTIVO EM PROFUNDIDADE. Em razão de provável caracterização de contrariedade à Súmula 393 do TST, dá-se provimento ao agravo de instrumento para determinar o prosseguimento do recurso de revista. Agravo de instrumento provido. RECURSO DE REVISTA. ACÓRDÃO PUBLICADO NA VIGÊNCIA DA LEI Nº 13.015/2014. PRESCRIÇÃO TOTAL. ARGUIÇÃO NA DEFESA. AUSÊNCIA DE RENOVAÇÃO EM CONTRARRAZÕES AO RECURSO ORDINÁRIO. DESNECESSIDADE. EFEITO DEVOLUTIVO EM PROFUNDIDADE. O Regional entendeu pela impossibilidade do exame da prescrição total, ao fundamento de que a matéria

não foi veiculada pelo reclamado em contrarrazões ao recurso ordinário, tratando-se de inovação porque invocada em sede de embargos de declaração, embora suscitada na contestação. Pois bem. A controvérsia diz respeito à profundidade do efeito devolutivo do recurso ordinário, a teor do art. 1013, §§ 1º e 2º, do CPC/2015, (art. 515, §§2º e 3º, do CPC/73). A jurisprudência desta Corte adota entendimento no sentido de que, nos termos do artigo 515, §§ 1º e 2º, do CPC/73 (atual art. 1013, §§ 1º e 2º, do CPC/2015) e das Súmulas 153 e 393 desta Corte, a prescrição arguida na defesa sequer exige a renovação em sede de contrarrazões ao recurso ordinário, ou em recurso adesivo, conforme se vê dos seguintes precedentes da SDI-I e Turma do TST. Recurso de revista conhecido e provido" (RR-113600-53.2012.5.17.0010, 5ª Turma, Relator Ministro Breno Medeiros, DEJT 20/03/2020).

9.1.2.1. Pedido não analisado em sentença

– Professor, o efeito devolutivo se aplica a pedido não analisado em sentença?

Veja o que diz o item II da Súmula 393 do TST:

> TST, SUM 393 – II – Se o processo estiver em condições, o tribunal, ao julgar o recurso ordinário, deverá decidir desde logo o mérito da causa, nos termos do § 3º do art. 1.013 do CPC de 2015, inclusive quando constatar a omissão da sentença no exame de um dos pedidos.

O § 3º do art. 1.013 do CPC, determina que se o processo estiver em condições de imediato julgamento, o tribunal deve decidir desde logo o mérito quando:

(1) Reformar sentença fundada no art. 485 do CPC, ou seja, sem julgamento do mérito;

(2) Decretar a nulidade da sentença por não ser ela congruente com os limites do pedido ou da causa de pedir;

(3) Constatar a omissão no exame de um dos pedidos, hipótese em que poderá julgá-lo;

(4) Decretar a nulidade de sentença por falta de fundamentação.

Veja que nesses casos é aplicado a teoria da causa madura.

– Causa madura, Professor? O que seria isso?

Causa madura, segundo a melhor doutrina, é aquela cujo processo já se encontra com todas as alegações necessárias feitas e todas as provas admissíveis colhidas. Desta forma, a causa já está apta (madura) para o imediato julgamento pelo tribunal, por já se encontrar devidamente instruída (não necessitar mais de provas).

9.2. Efeito suspensivo

Os recursos não impedem a eficácia da decisão, salvo disposição legal ou decisão judicial em sentido diverso. O efeito suspensivo impede a produção de efeitos da decisão e, consequentemente, sua execução provisória. No Processo do Trabalho, o efeito suspensivo sempre deve ser requerido pelas partes ao julgador, pois como já vimos anteriormente, os recursos no Processo do Trabalho possuem apenas o efeito devolutivo. Veja o que diz a parte final do item I da Súmula 414 do TST:

> TST, SUM 414, I – A tutela provisória concedida na sentença não comporta impugnação pela via do mandado de segurança, por ser impugnável mediante recurso ordinário. É admissível a obtenção de efeito suspensivo ao recurso ordinário mediante requerimento dirigido ao tribunal, ao relator ou ao presidente ou ao vice-presidente do tribunal recorrido, por aplicação subsidiária ao processo do trabalho do artigo 1.029, § 5º, do CPC de 2015.

Na minha visão, o pedido de concessão de efeito suspensivo ao recurso, constitui hipótese de antecipação da tutela recursal, ou seja, o que você ganharia daqui a um tempo, você consegue com esse efeito, de imediato.

9.2.1. Requisitos da peça de requerimento do efeito suspensivo

– Então Professor, como faço para conseguir o efeito suspensivo ao recurso?

Você pode demonstrar ao julgador, em peça contendo o requerimento da suspensão, demonstrando que a decisão pode ocasionar risco de dano grave, de difícil ou impossível reparação. Na peça você deve ainda, demonstrar a probabilidade de provimento do seu recurso.

Em resumo, a peça de requerimento de efeito suspensivo deve conter:

1) Probabilidade de provimento do recurso – *fumus boni iuris recursal*; e

2) Perigo de risco de dano grave ou de difícil ou impossível reparação.

9.2.2. Endereçamento da peça

– Para quem eu vou endereçar essa peça, Hamilton?

A peça deve ser endereçada para o juízo *ad quem*, que tem competência para analisar o seu recurso. Ela pode inclusive, ser apresentada antes mesmo de você apresentar o recurso. O endereçamento desta peça será feito:

1) Ao tribunal superior respectivo, no período compreendido entre a publicação da decisão de admissão do recurso e sua distribuição, ficando o relator designado para seu exame prevento para julgá-lo;

2) Ao relator, se já distribuído o seu recurso;

3) Ao presidente do tribunal recorrido, no período compreendido entre a interposição do recurso e a publicação da decisão de admissão do recurso

A competência para concessão de efeito suspensivo é do relator do conforme determinado pelo art. 932, II, CPC, veja:

> CPC, Art. 932. Incumbe ao relator:
>
> II – apreciar o pedido de tutela provisória nos recursos e nos processos de competência originária do tribunal;

9.2.3. Efeito suspensivo de ofício pelo Tribunal

A Lei 7.701/1988, em seu art. 9º, e a Lei 10.192/2001, em seu art. 14, possibilitam que, nos casos de Dissídio Coletivo, o presidente do Tribunal Superior do Trabalho conceda efeito suspensivo ao recurso ordinário interposto em face de sentença normativa prolatada pelo Tribunal Regional do Trabalho, pelo prazo improrrogável de 120 dias. Vejamos o que diz esses artigos citados:

> Lei 7.701/1988, Art. 9º – O efeito suspensivo deferido pelo Presidente do Tribunal Superior do Trabalho terá eficácia pelo prazo improrrogável de 120 (cento e vinte) dias contados da publicação, salvo se o recurso ordinário for julgado antes do término do prazo.
>
> Lei 10.192/2001, Art. 14. O recurso interposto de decisão normativa da Justiça do Trabalho terá efeito suspensivo, na medida e extensão conferidas em despacho do Presidente do Tribunal Superior do Trabalho.

9.3. Efeito translativo

– O que seria esse efeito translativo?

Seria a possibilidade de o órgão julgador conhecer, de ofício, as questões de ordem pública. Nesse sentido:

> EMBARGOS DE DECLARAÇÃO – ESCLARECIMENTOS – LEGITIMIDADE ATIVA AD CAUSAM – MATÉRIA DE ORDEM PÚBLICA – ARGUIÇÃO DE OFÍCIO PELO TRIBUNAL. Embargos de Declaração acolhidos, para prestar esclarecimentos quanto à possibilidade de o Tribunal Regional suscitar, de ofício,

> a ilegitimidade ativa ad causam, por se tratar de matéria de ordem pública (efeito translativo do recurso ordinário), não havendo falar em preclusão ou em contraposição à proibição da reformatio in pejus. (ED-RR nº 0002265-50.2012.5.03.0032, 8ª Turma do TST, Rel. Maria Cristina Irigoyen Peduzzi. unânime, DEJT 11.02.2016).

– Sem mesmo a parte alegar em seu recurso ou nas razões o Tribunal pode conhecer essas questões?

Isso mesmo, o efeito translativo devolve ao Tribunal do Trabalho, todas as questões de ordem pública, que serão analisadas de ofício pelo tribunal, independente de manifestação da parte recorrente.

Veja o que diz o§ 3º do art. 485 do CPC:

> CPC, Art. 485, § 3º – O juiz conhecerá de ofício da matéria constante dos incisos IV, V, VI e IX, em qualquer tempo e grau de jurisdição, enquanto não ocorrer o trânsito em julgado.

Sendo assim, o TRT pode conhecer de ofício:

1) A ausência de pressupostos de constituição e de desenvolvimento válido e regular do processo;

2) Reconhecer a existência de perempção, de litispendência ou de coisa julgada;

3) Verificar ausência de legitimidade ou de interesse processual;

– Hamilton, vi que você falou que o TRT pode conhecer de ofício, isso quer dizer que o TST não pode conhecer de ofício tais matérias?

Se o TST estiver analisando um recurso de revista, ele não poderá conhecer de ofício, em decorrência de estar atuando como instância extraordinária. Ressalta-se que, nessa instância, o aludido tribunal só analisará as matérias prequestionadas pelas partes. Nesse sentido, a OJ 62 da SDI-1:

> TST, OJ 62, SDI-1 – É necessário o prequestionamento como pressuposto de admissibilidade em recurso de natureza extraordinária, ainda que se trate de incompetência absoluta.

Contudo, quando o TST está atuando na instância ordinária, isto é, analisando o recurso ordinário de processos de competência originária do TRT, poderá conhecer de ofício as matérias de ordem pública em face do efeito translativo. Veja esses julgados:

> 2. Em sede de recurso ordinário, ao órgão julgador cumpre examinar de ofício as matérias de ordem pública, tal como a legitimidade para a causa, à luz do efeito translativo próprio aos recursos de índole ordinária (artigos 485, § 3º, 337, § 5º, e 1.013, §§ 1º e 2º, do CPC de 2015). (RO nº 224-61.2018.5.08.0000, SBDI-2 do TST, Rel. Douglas Alencar Rodrigues. j. 23.04.2019, Publ. 26.04.2019).

> Na espécie, a Corte Regional admitiu a segurança, denegando a ordem pretendida. No entanto, havendo recurso ordinário ao TST, cumpre reexaminar a questão, inclusive de ofício, por força do efeito translativo (CPC, art. 485, § 3º), extinguindo-se o processo sem resolução do mérito. Recurso ordinário conhecido, processo extinto sem resolução do mérito. (RO nº 80432-13.2016.5.22.0000, SBDI-2 do TST, Rel. Douglas Alencar Rodrigues. j. 18.09.2018, Publ. 28.09.2018)

– Então o TST apenas pode se manifestar de ofício das matérias de ordem pública, como por exemplo, ilegitimidade de parte, interesse de agir e incompetência absoluta, se houver decisão prévia acerca do tema e impugnação expressa no recurso.

Perfeito.

9.4. Efeito expansivo

O efeito expansivo se divide em efeito expansivo subjetivo e efeito expansivo objetivo.

9.4.1. Expansivo subjetivo

O recurso interposto por um dos litisconsortes a todos aproveita, salvo se distintos ou opostos os seus interesses.

> – Isso quer dizer Professor, que se duas empresas foram condenadas e só uma recorre, se essa recorreu for vencedora no julgamento do recurso, a parte que não recorreu vai sair vencedora também?

Esse entendimento descrito acima está disposto no caput do art. 1.005 (efeito expansivo subjetivo do recurso) e tal entendimento, em regra, se aplica exclusivamente ao litisconsórcio unitário.

No litisconsórcio unitário, os benéficos praticados por um litisconsorte produzem efeitos quanto aos demais; atos maléficos praticados por um litisconsorte não produzem efeitos, nem mesmo para quem praticou.

> – O que seria mesmo esse litisconsorte unitário?

É aquele litisconsorte cuja decisão deve ser igual para todos os litisconsortes, ou seja, a mesma decisão é aplicada para todos, sem distinção.

> – Ah sim, então a ele somente se aplica o efeito expansivo subjetivo?

Como dito acima, em regra sim, porque no litisconsórcio simples, os atos praticados por um litisconsorte não produzem efeitos quanto aos demais litisconsortes. Sendo assim, só se aplica o efeito expansivo subjetivo litisconsórcio simples, se as defesas forem comuns.

9.4.2. Expansivo objetivo

Em relação ao efeito expansivo objetivo, sou citar o entendimento do professor Miessa[26]:

26. MIESSA, Élisson. **"Processo Do Trabalho. Coleção Concursos Públicos"**. 5 ed. Salvador: Ed. Juspodivm, 2018.

> Ocorre quando o julgamento do recurso atinge matérias não impugnadas. Se divide em externo e interno. A) INTERNO - quando a decisão do recurso atinge capítulos não impugnados da decisão recorrida. (A sentença julga procedente os pedidos de acúmulo de função e horas intrajornadas. Em recurso ordinário, a empresa alega coisa julgada (OJ 132 da SDI-2) o que é acolhido pelo Tribunal. Neste caso, todos os demais capítulos da sentença serão atendidos, ou seja, o pedido de acúmulo de função e horas intrajornadas.) B) EXTERNO - Quando atinge outros atos processuais, mas não a decisão recorrida. (A sentença julga procedente os pedidos de acúmulo de função e horas intrajornadas. O reclamante inicia a fase de execução provisória (Art. 899 da CLT). Em recurso ordinário, o Tribunal dá provimento ao recurso, julgando improcedente os pedidos de acúmulo de função e horas intrajornadas. Neste caso, a execução provisória será atingida, ficando assim, sem efeito.)

– Professor, quando o Tribunal declara a nulidade de um ato e dos atos posteriores que dele dependem, o Tribunal está aplicando o efeito expansivo objetivo?

Está sim, nesse caso, seria o efeito expansivo objetivo interno. Isso que você falou está previsto no art. 248 do CPC, que dispõe:

> CPC, Art. 248. Anulado o ato, reputam-se de nenhum efeito rodos os subsequentes, que dele dependam; todavia, a nulidade de uma parte do ato não prejudicará as outras, que dela sejam independentes.

9.5. Efeito substitutivo

O julgamento proferido pelo tribunal substituirá a decisão impugnada no que tiver sido objeto de recurso.

– Isso quer dizer que o acordão de um Recurso Ordinário substitui a sentença do Juiz?

Veja, só substitui na parte que houve julgamento do mérito, ou seja, a decisão de mérito do recurso substitui a decisão recorrida.

Saiba ainda que:

1) Somente haverá substituição se o recurso for conhecido;
2) Só substitui o que foi julgado no mérito;
3) A substituição pode ser total ou parcial, conforme a impugnação for total ou parcial. O efeito substitutivo do recurso só atinge a parte do recurso que for conhecida pelo tribunal.

10. PODERES DO RELATOR

Os poderes do relator estão previstos no art. 932 do CPC.

– Esse dispositivo é aplicado ao Processo do Trabalho, Hamilton?

Segundo a Súmula 435 do TST, aplica-se subsidiariamente ao Processo do Trabalho o art. 932 do CPC de 2015.

– O que esse relator pode fazer sozinho?

Em regra, as decisões dos Tribunais devem ser prolatadas por um órgão colegiado, porém, para privilegiar o princípio da celeridade processual, o CPC permitiu o relator decidir monocraticamente no processo, podendo:

1) decidir questões incidentais (CPC, art. 932, II e VI);
2) decidir o próprio recurso em determinadas situações (CPC, art. 932, III, IV e V)

Veja o que diz o Miessa[27] em seu livro:

1) Juízo de admissibilidade negativo quando o recurso for:
   a) inadmissível[28];
   b) prejudicado (fato superveniente que prejudica o recurso); ou

27. MIESSA, Élisson. **"Processo Do Trabalho. Coleção Concursos Públicos".** 5 ed. Salvador: Ed. Juspodivm, 2018.
28. O relator, antes de considerar inadmissível o recurso, concederá o prazo de 5 dias ao recorrente para que seja sanado vício ou complementada a documentação exigível (CPC/2015, art. 932, parágrafo único; TST-IN nº 39/2016, art. 10).

c) não tenha impugnado especificadamente os fundamentos da decisão recorrida, observada a Súmula 422 do TST.

2) Juízo de mérito para:

2.1) negar-lhe provimento quando o recurso for:

- contrário à Súmula do STF, do STJ (incluímos do TST) ou do próprio tribunal;
- contrário a acórdão proferido pelo STF ou pelo STJ (incluímos do TST) em julgamento de recursos repetitivos; e
- contrário ao entendimento firmado em incidente de resolução de demandas repetitivas ou de assunção de competência.

2.2) dar-lhe provimento quando a decisão recorrida:

- estiver em confronto com Súmula do STF, do STJ (incluímos do TST) ou do próprio tribunal;
- for contrário a acórdão proferido pelo STF ou pelo STJ (incluímos do TST) em julgamento de recursos repetitivos; e
- for contrário ao entendimento firmado em incidente de resolução de demandas repetitivas ou de assunção de competência.

– Excelentes poderes. Se eles souberam usar, os processos ganham uma celeridade enorme na tramitação.

E como ganham!

– Qual recurso que cabe das decisões do relator?

A decisão do relator estará sujeita ao recurso de agravo interno ou regimental. Veja o que diz o TST por meio da OJ 412 da SDI-1:

> TST, OJ 412, SDI-1 – É incabível agravo interno (art. 1.021 do CPC de 2015, art. 557, §1º, do CPC de 1973) ou agravo regimental (art. 235 do RITST) contra decisão proferida por Órgão colegiado. TAIS RECURSOS DESTINAM-SE, EXCLUSIVAMENTE, A IMPUGNAR DECISÃO MONOCRÁTICA NAS HIPÓTESES PREVISTAS. Inaplicável, no caso, o princípio da fungibilidade ante a configuração de erro grosseiro.

11. PROTOCOLO DO RECURSO VIA PJE – PROCESSO JUDICIAL ELETRÔNICO

No prazo para interposição de recurso, a petição será protocolada conforme as normas do PJE – Processo Judicial Eletrônico. A parte deve preencher corretamente as opções de peticionamento na hora do protocolo via sistema PJE, conforme determinado pela Lei 11.419/2006 e Resolução nº 185/2017 do CSJT (ratificou a instituição do Sistema Processo Judicial Eletrônico – PJe na Justiça do Trabalho).

11.1. Erro no registro do nome da peça no sistema PJE

Imagine a seguinte situação hipotética: O recorrente, na hora de protocolar seu recurso ordinário via PJE- Processo Judicial Eletrônico, em vez de marcar para protocolar a peça processual como sendo recurso ordinário, marcou e protocolou a peça como sendo Petição em PDF.

– Esse erro é sanável, Professor?

Sim, a Resolução nº 185/2017 do CSJT, não prevê hipótese de não conhecimento de recurso, por registro equivocado pelo advogado no sistema PJE. Veja o que diz o art. 15 da referida resolução:

> Art. 15. As petições e os documentos enviados sem observância às normas desta Resolução poderão ser excluídos por expressa determinação do magistrado, com o registro respectivo, assinalando-se, se for o caso, novo prazo para a adequada apresentação da petição, e em se tratando de petição inicial, será observada a regra prevista no art. 321 e parágrafo único do CPC. (Redação dada pela Resolução CSJT n. 241, de 31 de maio de 2019)

Como visto, o artigo acima, possibilita que, em caso de petições e documentos enviados sem a observância de suas normas, seja concedido à parte "novo prazo para a adequada apresentação da petição".

Caso não seja concedido prazo para a adequação do documento protocolado eletronicamente de forma equivocada, ocorrerá a violação dos princípios da ampla defesa e do contraditório, ou seja, o não conhecimento do recurso pelo equívoco na nomenclatura do documento apresentado no PJE sem a concessão de prazo para regularização implica no cerceamento do direito de defesa. Nesse sentido:

"I – AGRAVO DE INSTRUMENTO. RECURSO DE REVISTA INTERPOSTO NA VIGÊNCIA DA LEI Nº 13.467/2017. ADMISSIBILIDADE. TRANSCENDÊNCIA POLÍTICA. EXISTÊNCIA. CERCEAMENTO DO DIREITO DE DEFESA. RECURSO ORDINÁRIO NÃO CONHECIDO. PROCESSO JUDICIAL ELETRÔNICO. ERRO NA CLASSIFICAÇÃO DAS PETIÇÕES. PENALIDADE NÃO PREVISTA EM LEI. Considerando-se a viabilidade da indicada violação do artigo 5º, LV, da Constituição Federal, deve ser reconhecida a transcendência política da questão, a ensejar o provimento ao agravo de instrumento para determinar o julgamento do recurso de revista. Agravo de instrumento provido. II – RECURSO DE REVISTA. INTERPOSIÇÃO NA VIGÊNCIA DA LEI Nº 13.467/2017. ADMISSIBILIDADE. TRANSCENDÊNCIA POLÍTICA. EXISTÊNCIA. CERCEAMENTO DO DIREITO DE DEFESA. RECURSO ORDINÁRIO NÃO CONHECIDO. PROCESSO JUDICIAL ELETRÔNICO. ERRO NA CLASSIFICAÇÃO DAS PETIÇÕES. PENALIDADE NÃO PREVISTA EM LEI. O não conhecimento de recurso ordinário pelo equívoco na nomenclatura do documento apresentado no PJE, sem a concessão de prazo para regularização do vício, amparado na Resolução nº 185/2017 do CSJT, configura cerceamento do direito de defesa, uma vez que tal normativo, apesar de atribuir total responsabilidade às Partes quanto à precisão das informações prestadas no sistema PJE, não prevê que a falta de correlação entre a nomenclatura do documento apresentado no sistema e seu conteúdo resulte no não conhecimento do recurso ordinário . Portanto, a decisão recorrida encontra-se em dissonância com o entendimento consolidado no âmbito desta Corte Superior, pelo que deve ser reconhecida a transcendência política da causa. Demonstrada a violação do artigo 5º, LV, da Constituição Federal. Recurso de revista conhecido e provido" (RR-1001161-29.2016.5.02.0473, 5ª Turma, Relator Desembargador Convocado Joao Pedro Silvestrin, DEJT 05/06/2020).

"I. AGRAVO DE INSTRUMENTO EM RECURSO DE REVISTA. REGIDO PELAS LEIS 13.015/2014 E 13.467/2017. CERCEAMENTO DE DEFESA. RECURSO ORDINÁRIO NÃO CONHECIDO. SISTEMA PJE. FALHA NA IDENTIFICAÇÃO DA PEÇA PROCESSUAL. DEFEITO PASSÍVEL DE CORREÇÃO. TRANSCENDÊNCIA POLÍTICA CARACTERIZADA. De acordo com o art. 896-A da CLT, o Tribunal Superior do Trabalho, no recurso de revista, deve examinar previamente se a causa oferece transcendência com relação aos reflexos gerais de natureza econômica, política, social ou jurídica. No presente caso, o Tribunal Regional não conheceu do recurso ordinário da Reclamada por entender descumprida a Resolução 185 de 2017 do CSJT, porquanto o tipo de documento indicado no ato de interposição do recurso não guarda relação com o conteúdo do documento. Encontrando-se a decisão regional em flagrante dissonância com a jurisprudência pacífica e reiterada desta Corte, resta divisada a transcendência política do debate proposto. Possível violação do artigo 938, §1º, do CPC. Agravo de instrumento conhecido e provido. II. RECURSO DE REVISTA. REGIDO PELAS LEIS 13.015/2014 E 13.467/2017. CERCEAMENTO DE DEFESA. RECURSO ORDINÁRIO NÃO CONHECIDO. SISTEMA PJE. FALHA NA IDENTIFICAÇÃO DA PEÇA PROCESSUAL. DEFEITO PASSÍVEL DE CORREÇÃO. TRANSCENDÊNCIA POLÍTICA CARACTERIZADA. O Tribunal Regional não conheceu do recurso ordinário da Reclamada porquanto, no ato de interposição do recurso por meio do sistema PJe, a Recorrente indicou tipo de documento que não guarda relação com o seu conteúdo. O exaurimento da instância por vícios de ordem formal reclama a prévia concessão de oportunidade para saneamento, nos termos do parágrafo único do artigo 321 do CPC de 2015, segundo a diretriz posta na Súmula 263 deste TST. É o que também preconizava a Resolução 136/2014 do CSJT, que instituiu o PJe-JT como sistema de processamento de informações e prática de atos processuais, e estabeleceu os parâmetros para sua implementação e funcionamento nesta Justiça Especializada, cujo artigo 22, § 4º, impõe que, na ausência de adequada classificação e organização dos documentos digitalizados e anexados à petição inicial, deve ser observada a norma do artigo 321, parágrafo único, do CPC de 2015. Em idêntica direção o disposto no art. 16 da Resolução 185/2017 do CSJT. Desse modo, o Tribunal Regional, ao não conhecer do recurso ordinário pelo equívoco na identificação da peça recursal, contrariou a atual, iterativa e notória jurisprudência do TST, restando caracterizada a transcendência política do debate proposto e, consequentemente, violação do artigo 938, §1º, do CPC. Deve ser reformado o acórdão regional para determinar o retorno do processo eletrônico ao Tribunal de origem para que seja oportunizada a correta classificação por parte da Recorrente, com o posterior processamento do recurso. Violação do artigo 938, §1º, do CPC. Transcendência política evidenciada. Recurso de revista conhecido e provido" (RR – 1001010-87.2016.5.02.0465, Relator Ministro Douglas Alencar Rodrigues, 5ª Turma, DEJT 07/06/2019)

II - RECURSO DE REVISTA. LEI Nº 13.467/2017. LEI Nº 13.015/2014. INSTRUÇÃO NORMATIVA Nº 40 DO TST. RECURSO ORDINÁRIO NÃO CONHECIDO. CLASSIFICAÇÃO E ORGANIZAÇÃO DE DOCUMENTOS. PJE. RESOLUÇÃO Nº 185/2017 DO CSJT. ERRO PASSÍVEL DE CORREÇÃO. 1 - A Resolução nº 185, de 24/03/2017 do CSJT, que ratificou a instituição do Sistema Processo Judicial Eletrônico (PJe) na Justiça do Trabalho, não prevê hipótese de não conhecimento de recurso, por registro equivocado pelo advogado no sistema PJE, como se vê no caso dos autos. 2 – Ao contrário, o art. 15, caput, da Resolução nº 185 do CSJT possibilita que, em caso de petições e documentos enviados sem a observância de suas normas, seja concedido à parte "novo prazo para a adequada apresentação da petição". 3 – Assim, o Regional, ao não conhecer do recurso ordinário do reclamante, sem concessão de prazo para a adequação do documento protocolado eletronicamente, violou os princípios da ampla defesa e do contraditório. Julgados. 4 – Recurso de revista a que se dá provimento" (RR-1000136-93.2016.5.02.0468, 6ª Turma, Relatora Ministra Katia Magalhaes Arruda, DEJT 23/08/2019).

"RECURSO DE REVISTA INTERPOSTO SOB A ÉGIDE DA LEI Nº 13.467/2017 - CLASSIFICAÇÃO E ORGANIZAÇÃO DE DOCUMENTOS - SISTEMA PJE - RESOLUÇÃO Nº 185/2017 DO CSJT - RECURSO ORDINÁRIO NÃO CONHECIDO. A Resolução nº 185/2017 do CSJT não prevê que o registro equivocado no sistema PJE, como ocorreu no presente caso, resulte em não conhecimento de recurso. Ao revés, a parte final do art. 15 autoriza a concessão de "novo prazo para a adequada apresentação da petição". Da mesma forma, a Lei nº 11.419/2006, que dispõe sobre a informatização do processo judicial, tampouco impõe limites à admissibilidade recursal. Recurso de Revista conhecido e provido." (TST-RR-1001713-64.2017.5.02.0018, Relatora Ministra: Maria Cristina Irigoyen Peduzzi, 8ª Turma, DEJT 17/05/2019)

11.2. Juntada de peça via PJE em instância equivocada/órgão diverso

O Recurso deve ser protocolizado no órgão competente.

– E se a parte protocolar na instância errada?

Caso isso aconteça o recurso não será conhecido, visto que, o encargo processual de encaminhar o recurso ao órgão jurisdicional competente é da parte recorrente. Nesse sentido, decide o TST:

> AGRAVO DE INSTRUMENTO EM RECURSO DE REVISTA. RECURSO DE REVISTA. INTEMPESTIVIDADE. SISTEMA DE PROCESSO JUDICIAL ELETRÔNICO DA JUSTIÇA DO TRABALHO (PJE-JT). DESTINAÇÃO INCORRETA DO APELO. De acordo com o previsto no art. 9.º, § 1.º, II, da IN n.º 30/2007 do TST, cabe à parte fornecer corretamente todas as informações solicitadas pelo sistema e-DOC, inclusive a destinação do Apelo. Efetivamente, consoante jurisprudência, o Recurso deve ser protocolizado no órgão competente para apreciá-lo, não socorrendo o Reclamado, para efeito de tempestividade, a interposição em órgão diverso. Agravo de Instrumento conhecido e não provido. (AIRR-10886-50.2016.5.15.0068, Relatora Ministra: Maria de Assis Calsing, Data de Julgamento: 13/12/2017, 4ª Turma, Data de Publicação: DEJT 19/12/2017)

> "RECURSO DE REVISTA INTERPOSTO PELA EMPRESA BRASILEIRA DE CORREIOS E TELÉGRAFOS – ECT CONTRA ACÓRDÃO PROFERIDO ANTES DA VIGÊNCIA DA LEI Nº 13.015/2014, DO CPC DE 2015, DA INSTRUÇÃO NORMATIVA Nº 40 DO TST E DA LEI Nº 13.467/2017. EMBARGOS DE DECLARAÇÃO OPOSTOS PELA RECLAMADA CONTRA ACÓRDÃO PROFERIDO EM SEDE DE RECURSO ORDINÁRIO. PETIÇÕES DE EMBARGOS DE DECLARAÇÃO E DE JUNTADA DE INSTRUMENTO DE MANDATO ENCAMINHADAS EQUIVOCADAMENTE À VARA DO TRABALHO DE ORIGEM. JUÍZO INCOMPETENTE. NÃO CONHECIMENTO POR IRREGULARIDADE DE REPRESENTAÇÃO E POR INTEMPESTIVIDADE. 1. O TRT não conheceu dos embargos de declaração opostos pela ECT contra o acórdão que julgou seu recurso ordinário, consignando que, ao protocolizar, pela via do Sistema Processo Judicial Eletrônico da Justiça do Trabalho (PJe-JT), as petições de embargos de declaração e de juntada de procuração conferindo poderes à signatária dos EDs, a reclamada direcionou as referidas peças processuais à Vara de Trabalho de origem, ao passo que os autos já tramitavam no TRT da 18ª Região. 2. Assentou a Corte de origem que, na conformidade das normas que regem a utilização do PJe-JT, " é responsabilidade da parte zelar pela correta transmissão das petições, incluindo os recursos, bem como dos documentos, devendo apresentá-los

tempestivamente à autoridade competente para julgá-los, o que não ocorreu no caso em apreço ". 3. Desse modo, concluiu que, além de terem sido opostos por advogada sem procuração nos autos, os embargos foram extemporaneamente recebidos no juízo competente para seu julgamento, inexistindo "equívoco na análise dos requisitos extrínsecos de admissibilidade dos embargos de declaração " . 4. Não há falar em excesso de formalismo na decisão recorrida, visto que, consoante a jurisprudência pacífica deste Tribunal Superior, o encargo processual de encaminhar o recurso ao órgão jurisdicional competente é da parte. Julgados. 5. Desse modo, não há reparos a fazer no acórdão do Regional que não conheceu dos embargos de declaração, seja diante da irregularidade de representação técnica, uma vez que a advogada da ECT não se encontrava regularmente habilitada nos autos quando do julgamento dos primeiros embargos declaratórios, seja em razão da sua flagrante intempestividade, visto que os referidos EDs somente foram recebidos no órgão competente para seu julgamento após decorrido o prazo recursal. 6. Por fim, registre-se que as garantias constitucionais à inafastabilidade da jurisdição, ao contraditório e à ampla defesa não são absolutas e encontram limites nos termos da legislação infraconstitucional que regula o processo judicial, motivo pelo qual não consubstancia inobservância às referidas garantias o não conhecimento de recurso manejado em descompasso com as exigências legais pertinentes. 7. Nesse contexto, não há como eximir a parte das consequências de sua incúria processual ao encaminhar suas petições a órgão jurisdicional incompetente, estando, assim, incólumes os artigos 5º, incisos XXXV e LV, e 93, inciso IX, da Constituição, 154 e 244 do CPC de 73 (correspondentes aos artigos 188 e 277 do CPC de 2015). 8. Recurso de revista de que não se conhece. MULTA POR EMBARGOS DE DECLARAÇÃO PROTELATÓRIOS. 1. A aplicação de multa não é consequência automática da constatação de que nos embargos de declaração não foram demonstradas as hipóteses de omissão, de contradição, de obscuridade, de manifesto equívoco no exame dos pressupostos extrínsecos de admissibilidade ou de erro material (artigos 897-A da CLT; 535 do CPC de 73 e 1.022 do CPC de 2015). 2. Diferentemente, é necessário que o julgador explicite qual conduta processual da parte configura o intuito protelatório no caso em análise, seja na vigência do CPC de 73 (por aplicação do princípio contido na regra matriz da necessidade de fundamentação prevista no artigo 93, inciso IX, da Constituição de 88), seja na vigência do

CPC de 2015 (por aplicação do princípio positivado no artigo 1.026, § 2º, segundo o qual a multa será aplicada " em decisão fundamentada "). 3. No caso concreto, no acórdão dos segundos embargos de declaração, o TRT aplicou a multa sem justificá-la objetivamente, limitando-se a constatar o intuito protelatório, a partir do registro de que não houve equívoco na análise dos pressupostos extrínsecos dos primeiros embargos de declaração. 4. De outro lado, observando-se as circunstâncias processuais destes autos, não se constata o manifesto e inequívoco intuito protelatório da reclamada, visto que a matéria equacionada pelo TRT reveste-se de certa complexidade, envolvendo a interpretação de garantias constitucionais no cotejo com as limitações impostas na legislação infraconstitucional que disciplina o processo judicial eletrônico, o que até mesmo levou o TRT, no acórdão que julgou os segundos embargos declaratórios, a acrescentar fundamentação para corroborar a sua convicção sobre o não conhecimento dos primeiros EDs. 5. Com efeito, assentou aquele Colegiado que, mesmo que se pudesse afastar a irregularidade de representação detectada, " é responsabilidade da parte zelar pela correta transmissão das petições, incluindo os recursos, bem como dos documentos, devendo apresentá-los tempestivamente à autoridade competente para julgá-los, o que não ocorreu no caso em apreço ". 6. Desse modo, não há como considerar que houve intuito meramente protelatório na oposição dos segundos embargos de declaração da reclamada, razão pela qual se impõe reconhecer ter sido mal aplicada a norma do parágrafo único do artigo 538 do CPC de 2015 (correspondente ao artigo 1.026, § 2º, do CPC de 2015). 7. Recurso de revista de que se conhece e a que se dá provimento" (RR-10215-87.2012.5.18.0131, 6ª Turma, Relatora Ministra Katia Magalhaes Arruda, DEJT 13/04/2018).

12. JUNTADA DE NOVOS DOCUMENTOS

– É possível a juntada de novos documentos na fase recursal?

Em regra, os documentos devem ser apresentados com a petição inicial e com a contestação, conforme determinado pelo art. 434 do CPC e art. 787 da CLT:

> CPC, Art. 434 – Incumbe à parte instruir a petição inicial ou a contestação com os documentos destinados a provar suas alegações.
>
> CLT, Art. 787 – A reclamação escrita deverá ser formulada em 2 (duas) vias e desde logo acompanhada dos documentos em que se fundar.

Ainda, o TST permite a juntada de documentos destinados à produção de provas até o encerramento da instrução, desde que, seja oportunizado o contraditório. Sendo assim, em regra, não é possível a juntada de documentos na fase de recurso, salvo quando:

1) demonstrado o justo impedimento de apresentação no momento oportuno, nos termos do art. 1.014 do CPC que é aplicado subsidiariamente ao Processo do Trabalho conforme art. 3º, XXVIII da IN 39/2016.

> CPC, Art. 1.014. As questões de fato não propostas no juízo inferior poderão ser suscitadas na apelação, se a parte provar que deixou de fazê-lo por motivo de força maior.

2) Se tratar de fato posterior a sentença, nos moldes do art. 493 do CPC, que é aplicado subsidiariamente ao Processo do Trabalho.

O TST tem a súmula de número 8 que permite a juntada de documento nas hipóteses acima, vajamos:

> TST, SUM 8 – A juntada de documentos na fase recursal só se justifica quando provado o justo impedimento para sua oportuna apresentação ou se referir a fato posterior à sentença.

Essas exceções valem apenas para as instâncias ordinárias, ou seja, ao primeiro e ao segundo graus de jurisdição.

CAPÍTULO 17

Recursos em espécie

1. RECURSO ORDINÁRIO

Recurso ordinário é um meio processual colocado à disposição das partes do Ministério Público e de um terceiro, a viabilizar, dentro da mesma relação jurídica processual, e dentro do prazo de 8 dias úteis, a anulação ou a reforma da decisão judicial impugnada.

O recurso ordinário é o recurso mais utilizado no Processo do Trabalho.

– Por que, Professor?

Ele é o recurso utilizado para reformar as sentenças eivadas de *error in judicando* e *erro in procedendo* proferidas pelo juiz de 1º grau.

– O que seriam esses erros?

O *error in judicando*, ocorre quando o julgador acaba errando no julgamento do processo. Nesse caso, o recorrente pede a reforma da decisão judicial por meio do recurso ordinário, demonstrando nas razões do recurso, que o juiz, embora tenha seguido os procedimentos do processo de forma correta, avaliou mal as provas ou aplicou mal o direito.

Já o *error in procedendo*, ocorre quando o julgador não seguiu os procedimentos do processo de forma correta. Nesse caso, o recorrente pede na grande maioria das vezes, que a decisão seja anulada, como por exemplo, nos casos de condenação sem a citação válida do reclamado, cerceamento de defesa etc.

1.1. Prazo

Lembra dos prazos que estudamos na Teoria Geral dos Recursos?

– Sim, Professor!

Então me diga qual o prazo do recurso ordinário?

– O recurso ordinário deve ser interposto no prazo legal de 8 dias úteis.

Sobre os prazos, é importante saber ainda:

a. Que a União, os Estados, o Distrito Federal e os Municípios, bem como, as autarquias, as Fundações Públicas de Direito Público e, os demais órgãos da Administração Pública que não explorem a atividade econômica (Exemplo: Correios – OJ nº 247, item II da SDI-1 do TST), possuem prazo em dobro, ou seja, de 16 dias úteis.

> DL 779/69 – Art. 1º Nos processos perante a Justiça do Trabalho, constituem privilégio da União, dos Estados, do Distrito Federal, dos Municípios e das autarquias ou fundações de direito público federais, estaduais ou municipais que não explorem atividade econômica:
>
> [...]
>
> III – o prazo em dobro para recurso;

b. Que os litisconsortes com procurados de escritório jurídico distintos não possuem, prazo em dobro, conforme OJ nº 310 da SDI-1.

> TST, OJ 310 da SDI-1 – Inaplicável ao processo do trabalho a norma contida no art. 229, caput e §§ 1º e 2º, do CPC de 2015 (art. 191 do CPC de 1973), em razão de incompatibilidade com a celeridade que lhe é inerente.

1.2. Cabimento

O recurso ordinário cabe em 5 hipóteses no Processo do Trabalho:

– Cinco, Professor? Achava que era só da sentença do juiz.

Não, cabe nas seguintes hipóteses:

1.2.1. Sentença do juiz

1) Cabe recurso ordinário das sentenças do juiz que julgam o processo com (CPC, art. 487) ou sem resolução (CPC, art. 485) de mérito. Nesses casos, a peça de interposição do recurso ordinário é endereçada ao juiz que julgou o processo, para que ele faça o 1ª juízo de admissibilidade e abra prazo de 8 dias úteis para que o recorrido apresente contrarrazões. As razões recursais, são endereçadas ao TRT competente para apreciar o mérito do recurso.

> CLT, Art. 895 – Cabe recurso ordinário para a instância superior:
>
> I – das decisões definitivas ou terminativas das Varas e Juízos, no prazo de 8 (oito) dias;

1.2.2. Decisões do TRT

2) Cabe recurso ordinário das decisões do Tribunal Regional do Trabalho que julgam processos de competência originária com (CPC, art. 487) ou sem resolução (CPC, art. 485) de mérito. Nesses casos, a peça de interposição do recurso ordinário é endereçada ao TRT que julgou o processo, para que ele faça o 1º juízo de admissibilidade e abra prazo de 8 dias úteis para que o recorrido apresente contrarrazões. As razões recursais, são endereçadas ao TST, órgão competente para apreciar o mérito do recurso.

> CLT, Art. 895 – Cabe recurso ordinário para a instância superior:
>
> II – das decisões definitivas ou terminativas dos Tribunais Regionais, em processos de sua competência originária, no prazo de 8 (oito) dias, quer nos dissídios individuais, quer nos dissídios coletivos.

Exemplo de ações de competência originária no TRT:

a. Ação rescisória;

> TST, SUM 158 – Da decisão de Tribunal Regional do Trabalho, em ação rescisória, é cabível recurso ordinário para o Tribunal Superior do Trabalho, em face da organização judiciária trabalhista.

b. Mandado de segurança;

> TST, SUM 201 – Da decisão de Tribunal Regional do Trabalho em mandado de segurança cabe recurso ordinário, no prazo de 8 (oito) dias, para o Tribunal Superior do Trabalho, e igual dilação para o recorrido e interessados apresentarem razões de contrariedade

c. Habeas Corpus;

d. Dissídio Coletivo.

É importante lembrar que não é qualquer decisão do TRT que cabe recurso ordinário.

– Como assim? Agora fiquei com dúvida.

Lembra que falamos das decisões monocráticas do relator?

– Sim, Hamilton!

Então, da decisão monocrática do relator cabe agravo interno ou regimental e não recurso ordinário.

– Ah, lembrei. Isso está na Orientação Jurisprudencial nº 412 da SDI-1 do TST, não é isso?

Sim, vamos ler novamente para fixar:

> TST, OJ 412, SDI-1 – É incabível agravo interno (art. 1.021 do CPC de 2015, art. 557, §1º, do CPC de 1973) ou agravo regimental

> (art. 235 do RITST) contra decisão proferida por Órgão colegiado. TAIS RECURSOS DESTINAM-SE, EXCLUSIVAMENTE, A IMPUGNAR DECISÃO MONOCRÁTICA NAS HIPÓTESES PREVISTAS. Inaplicável, no caso, o princípio da fungibilidade ante a configuração de erro grosseiro.

Assim, o recorrente utiliza o agravo interno ou regimental das decisões monocráticas proferidas pelo relator do processo. Quando a decisão já for do órgão colegiado, o recorrente nesses casos deve utilizar o recurso ordinário

1.2.3. *Decisão do juiz que acolhe a exceção de incompetência territorial*

3) Cabe recurso ordinário das decisões que acolhem exceção de incompetência territorial, com a remessa dos autos para Tribunal Regional distinto daquele a que se vincula o juízo excepcionado. Nesses casos, a peça de interposição do recurso ordinário é endereçada ao juiz que julgou o processo sem mérito, para que ele faça o 1ª juízo de admissibilidade e abra prazo de 8 dias úteis para que o recorrido apresente contrarrazões. As razões recursais, são endereçadas ao TRT competente para apreciar o mérito do recurso.

Nesse caso, trata-se de decisão interlocutória. Vimos na Teoria Geral dos Recursos, que não cabe recurso de imediato das decisões interlocutórias, contudo, essa é uma das exceções estudas.

– Eu lembro bem. Trata-se da exceção prevista no item "c" da Súmula nº 214 do TST.

Vamos ler novamente o que diz a súmula:

> TST, SUM 214 – Na Justiça do Trabalho, nos termos do art. 893, § 1º, da CLT, as decisões interlocutórias não ensejam recurso imediato, salvo nas hipóteses de decisão:
>
> [...]

c) que acolhe exceção de incompetência territorial, com a remessa dos autos para Tribunal Regional distinto daquele a que se vincula o juízo excepcionado, consoante o disposto no art. 799, § 2º, da CLT.

1.2.4. Decisões do juiz que julgam parcialmente o mérito

1) Cabe recurso ordinário das decisões que julgam parcialmente o mérito nos termos do art. 356 do CPC. Nesses casos, a peça de interposição do recurso ordinário é endereçada ao juiz que julgou o processo parte do processo (deferindo ou indeferindo o pedido), para que ele faça o 1º juízo de admissibilidade e abra prazo de 8 dias úteis para que o recorrido apresente contrarrazões. As razões recursais, são endereçadas ao TRT competente para apreciar o mérito do recurso.

– Essa também é uma decisão interlocutória e uma exceção que já estudamos.

Isso mesmo. O juiz pode julgar parcialmente o mérito (julgar antecipadamente o mérito de forma não integral). Esse feito pode ocorrer em duas hipóteses, vejamos:

2) Quando houver vários pedidos cumulados e um ou parte deles se mostrar incontroverso;

3) Estiver em condições de imediato julgamento, nos termos do art. 355 do CPC.

   a. Não houver necessidade de produção de outras provas e

   b. Quando o reclamado for revel, ocorrendo a presunção de que são verdadeiras as alegações de fato formuladas pelo autor.

– Hamilton, o que seria esse pedido incontroverso?

Pedido incontroverso consiste na ausência do confronto de afirmações em torno de um fato alegado pelo reclamante, seja porque o reclamado não se desincumbiu do ônus da defesa especificada, seja pelo fato de ter reconhecido a procedência do pedido.

Desta forma, quando um ou parte dos pedidos estiverem incontroversos, pode o juiz julgar parcialmente o mérito, decidindo parte do litígio e prosseguir com a instrução do feito, para a parte remanescente, privilegiando assim, o princípio da celeridade processual.

Nesse caso, a decisão tem feição de sentença, porém, como não põe fim ao processo ou a alguma de suas fases, será uma decisão interlocutória impugnável por recurso ordinário no Processo do Trabalho. Veja o que diz o art. 5º da IN 39/2016 do TST:

> IN 39/2016, Art. 5º – Aplicam-se ao Processo do Trabalho as normas do art. 356, §§ 1º a 4º, do CPC que regem o julgamento antecipado parcial do mérito, cabendo recurso ordinário de imediato da sentença.

– É diferente do CPC, Professor?

No CPC, a decisão que julga parcialmente o mérito da causa, será impugnável por agravo de instrumento (art. 356, § 5º). Todavia, como vimos esse dispositivo não se aplica ao Processo do Trabalho, devendo a parte impugnar por meio de recurso ordinário, tendo em vista, que o recurso de agravo de instrumento nessa seara do Direito, só serve para tentar destrancar recurso trancado total ou parcialmente no 1º juízo de admissibilidade, nos termos do art. 897, alínea "a" da CLT.

Só uma última observação sobre o tema.

– Diga, Professor.

Quando não houver necessidade de produção de outras, a decisão não pode concluir pela improcedência de um dos pedidos por suposta ausência de provas, já que o fundamento para a decisão parcial é justamente a desnecessidade de instrução para determinados pedidos.

– Perfeito.

1.2.5. Acordo judicial

1.2.5.1. INSS – Instituto Nacional do Seguro Social

5) Cabe recurso ordinário pelo INSS (Pela AGU – Advocacia Geral da União na qualidade de responsável pela defesa da autarquia previdenciária) das decisões que homologam acordo judicial nos termos do parágrafo único do art. 831 da CLT para discutir somente sobre o recolhimento previdenciário. Nesses casos, a peça de interposição do recurso ordinário é endereçada ao juiz que julgou o processo parte do processo (deferindo ou indeferindo o pedido), para que ele faça o 1º juízo de admissibilidade e abra prazo de 8 dias úteis para que os recorridos apresentem contrarrazões. As razões recursais, são endereçadas ao TRT competente para apreciar o mérito do recurso.

> CLT, Art. 831 – A decisão será proferida depois de rejeitada pelas partes a proposta de conciliação.
>
> Parágrafo único. No caso de conciliação, o termo que for lavrado valerá como decisão irrecorrível, salvo para a Previdência Social quanto às contribuições que lhe forem devidas.

1.2.5.2. Partes

– Somente o INSS pode recorrer? Se a parte quiser questionar algo, como fica?

Não cabe a interposição, pelas partes, de recurso ordinário contra decisão homologatória de acordo, como já vimos, pois em relação às mesmas, como determina explicitamente a CLT (art. 831, parágrafo único), ocorre imediatamente o trânsito em julgado.

Caso ela queira questionar algo, segundo o STF, ela deve questionar por meio de ação anulatória. Veja a decisão do STF:

> Informativo 916 – A decisão judicial homologatória de acordo entre as partes proferida na vigência do Código de Processo Civil (CPC) de 1973 é impugnável por meio de ação anulatória. Com base nessa orientação, o Plenário negou provimento a agravo regimental interposto contra decisão que indeferiu a inicial e julgou extinta ação rescisória ajuizada em face de ato do Supremo Tribunal Federal (STF) que homologou acordo firmado entre os Estados da Bahia e de Tocantins no âmbito da Ação Cível Originária (ACO) 347. Os recorrentes sustentaram que, apesar de se tratar de decisão homologatória de transação, esta não enseja a ação anulatória porque, uma vez instaurada a jurisdição contenciosa, a decisão homologatória, ao encerrar a controvérsia acerca das fronteiras entre os Estados da Bahia e de Tocantins sem a realização prévia de plebiscito, fez coisa julgada material, cuja desconstituição deveria ser feita mediante ação rescisória, nos termos do art. 485, VIII (1), do CPC/1973. O Tribunal entendeu que a sentença meramente homologatória de transação não está incluída na hipótese do art. 485, VIII, do CPC/1973, o qual se endereça à desconstituição de decisão de mérito cujas conclusões se baseiam em transação. Ou seja, a rescisória prevista no aludido inciso VIII é aplicável apenas ao caso em que a transação tenha servido de fundamento para a sentença de mérito, a influir no conteúdo do comando judicial. Se o juiz não resolveu o mérito da causa, mas foram as próprias partes que o fizeram mediante autocomposição do litígio, como no caso, a ação anulatória, prevista no art. 486 do CPC/1973, é a sede própria para a discussão a respeito dos vícios na transação homologada judicialmente. O princípio da fungibilidade é inaplicável ao presente caso, porquanto sua aplicação se restringe aos recursos em sentido estrito, não abrange as ações judiciais, ressalvadas as hipóteses dos interditos possessórios. Vencidos os ministros Edson Fachin, Marco Aurélio e Dias Toffoli (Presidente), que deram provimento ao agravo regimental para conhecer da ação rescisória. [AR 2440 AgR/DF, rel. Min. Ricardo Lewandowski, julgamento em 19.9.2018. (AR-2440)]

Em resumo: Se a transação celebrada entre as partes foi objeto de homologação judicial por sentença, os efeitos deste negócio jurídico podem ser afastados mediante a propositura de ação anulatória, nos termos do art. 966, §4º do CPC aplicado subsidiariamente ao Processo do Trabalho. O TST possui a Súmula nº 259 que diz que, cabe ação rescisória. Contudo, o TST deve mudar de entendimento após essa decisão do STF.

– Se a parte entrar com ação rescisória, o Tribunal poderia receber a demanda como ação anulatória em razão do princípio da fungibilidade?

Se a parte propôs ação rescisória, não é possível que o Tribunal receba esta demanda como ação anulatória aplicando o princípio da fungibilidade. Tal princípio, é inaplicável ao presente caso, porquanto sua aplicação se restringe aos recursos em sentido estrito, não abrange as ações judiciais, ressalvadas as hipóteses dos interditos possessórios.

1.3. Efeitos do recurso

– Em quais efeitos o recurso ordinário é recebido?

O recurso ordinário é recebido apenas no efeito devolutivo assim como os demais recursos trabalhistas. Veja o que diz o art. 899, *caput* da CLT:

> CLT, Art. 899 – Os recursos serão interpostos por simples petição e terão efeito meramente devolutivo, salvo as exceções previstas neste Título, permitida a execução provisória até a penhora.

Contudo, a parte pode dar efeito suspensivo ao recurso ordinário apresentando um requerimento ao Tribunal competente para apreciá-lo. Nesse sentido, o item I da Súmula nº 414 do TST e parágrafo único do art. 995 do CPC, veja:

> TST, SUM 414, I – A tutela provisória concedida na sentença não comporta impugnação pela via do mandado de segurança, por ser impugnável mediante recurso ordinário. É admissível a obtenção

> de efeito suspensivo ao recurso ordinário mediante requerimento dirigido ao tribunal, ao relator ou ao presidente ou ao vice-presidente do tribunal recorrido, por aplicação subsidiária ao processo do trabalho do artigo 1.029, § 5º, do CPC de 2015.
>
> CPC, Art. 995. Os recursos não impedem a eficácia da decisão, salvo disposição legal ou decisão judicial em sentido diverso.
>
> Parágrafo único. A eficácia da decisão recorrida poderá ser suspensa por decisão do relator, se da imediata produção de seus efeitos houver risco de dano grave, de difícil ou impossível reparação, e ficar demonstrada a probabilidade de provimento do recurso.

O tema foi estudado na parte de teoria geral do recurso, o qual remeto o leitor.

1.4. Preparo

– É necessário o preparo para recorrer de recurso ordinário?

Sim, o recorrente se não for isento de pagar o preparo, deve efetuar o pagamento das custas processuais e do depósito recursal e no prazo legal de 8 dias úteis. Lembro que a interposição antecipada deste não prejudica a dilação legal.

O tema foi estudado na parte de teoria geral do recurso, o qual remeto o leitor.

1.5. Ordem das alegações

Ao recorrer, o recorrente deve obedecer a seguinte ordem das defesas:

1.5.1. Preliminares

1) Preliminares, tais como:

   a. Incompetência da Justiça do Trabalho;

   b. Ausência ou irregularidade na citação;

c. Cerceamento do direito de defesa;

d. Coisa Julgada, litispendência, perempção;

▶ **Coisa julgada.** Arguição e juntada de documentos comprobatórios apenas em sede de recurso ordinário. Matéria de ordem pública não sujeita à preclusão. Súmula nº 8 do TST. Não incidência.

Informativo nº 102 do TST – A arguição de coisa julgada somente em sede de recurso ordinário, acompanhada de documentos para sua comprovação, não obsta o conhecimento da referida preliminar de ofício (art. 267, § 3º, V, do CPC), ensejando apenas a responsabilidade da parte pelas custas de retardamento, conforme a parte final do §3º do art. 267 do CPC. No caso, prevaleceu a tese de que a arguição de matéria de ordem pública não sofre, em grau ordinário, o efeito da preclusão, e que a Súmula nº 8 do TST não trata da juntada de documentos relativos a questões dessa natureza, não incidindo na hipótese, portanto. Nesse contexto, a SBDI-I, por unanimidade, conheceu dos embargos do reclamado, por divergência jurisprudencial, e, no mérito, por maioria, deu-lhes provimento para restabelecer o acórdão do Regional, que acolhera a preliminar de coisa julgada e declarara extinto o processo, sem resolução de mérito. Vencidos os Ministros José Roberto Freire Pimenta, Lelio Bentes Corrêa e Alexandre Agra Belmonte. TST-E-RR-114400- 29.2008.5.03.0037, SBDI-I, rel. Min. Márcio Eurico Vitral Amaro, 19.3.2015

e. Etc.

1.5.2. Prejudiciais de mérito

1) Prejudiciais de mérito[1]:

a. Prescrição bienal;

CLT, Art. 11 – A pretensão quanto a créditos resultantes das relações de trabalho prescreve em cinco anos para os trabalhadores urbanos e rurais, ATÉ O LIMITE DE DOIS ANOS APÓS A EXTINÇÃO DO CONTRATO DE TRABALHO.

1. TST, SUM 153 do TST – PRESCRIÇÃO – Não se conhece de prescrição não arguida na instância ordinária.

b. **Prescrição quinquenal parcial;**

TST, Sum 308, I – Respeitado o biênio subsequente à cessação contratual, a prescrição da ação trabalhista concerne às pretensões imediatamente anteriores a cinco anos, contados da data do ajuizamento da reclamação e, não, às anteriores ao quinquênio da data da extinção do contrato.

c. **Prescrição quinquenal total**

CLT, Art. 11 § 2º – Tratando-se de pretensão que envolva pedido de prestações sucessivas decorrente de alteração ou descumprimento do pactuado, a prescrição é total, exceto quando o direito à parcela esteja também assegurado por preceito de lei.

1.5.3. Defesas de mérito

1) Defesas de mérito

O recorrente demonstra que o juiz, embora tenha seguido os procedimentos adequados para o caso em questão, avaliou mal as provas ou aplicou mal o direito cabível.

1.5.3.1. Fato novo

– Posso alegar fato novo nas razões do meu recurso, Hamilton?

Fato novo é aquele fato que já existia na época da decisão, contudo não foi utilizado pela parte. Sendo assim, em regra, a parte recorrente não pode alegar fatos novos nas razões do seu recurso ordinário.

Todavia, tais fatos, poderão ser alegados em sede de recurso ordinário, se a parte provar que deixou de fazê-lo por motivo de força maior. Veja o que diz o art. 1.014 do CPC que é aplicado subsidiariamente ao Processo do Trabalho:

> CPC, Art. 1.014. As questões de fato não propostas no juízo inferior poderão ser suscitadas na apelação, se a parte provar que deixou de fazê-lo por motivo de força maior.

Sendo assim, a parte pode alegar fatos novos se:

1) Deixou de alegar em razão de força maior;

2) Fatos supervenientes (depois) a sentença;

> CPC, Art. 493. Se, depois da propositura da ação, algum fato constitutivo, modificativo ou extintivo do direito influir no julgamento do mérito, caberá ao juiz tomá-lo em consideração, de ofício ou a requerimento da parte, no momento de proferir a decisão.
>
> Parágrafo único. Se constatar de ofício o fato novo, o juiz ouvirá as partes sobre ele antes de decidir.

3) A ignorância do fato pela parte. Nesse caso, a parte deve provar que essa ignorância advém de efetiva impossibilidade em conhecê-lo em momento anterior, pois, a questão já conhecida pela parte no momento da propositura da demanda ou do oferecimento da defesa e não alegada não pode ser proposta no juízo recursal.

A prova nova, surgida posteriormente à prolação da sentença, pode ser produzida perante o Tribunal por força da Súmula nº 8 do TST.

> TST, SUM 8 – A juntada de documentos na fase recursal só se justifica quando provado o justo impedimento para sua oportuna apresentação ou se referir a fato posterior à sentença.

1.6. Contrarrazões

Contrarrazões ao recurso é uma forma de resposta apresentada pela parte contrária àquela que interpôs recurso. Visa contestar as alegações invocadas pelo recorrente, para que a decisão seja mantida.

A peça de interposição das contrarrazões ao recurso ordinário é endereçada ao juiz que julgou o processo. As razões, são endereçadas ao TRT.

1.6.1. Prazo

– Qual prazo para apresentar as contrarrazões?

Segundo o art. 900 da CLT, o recorrido terá o mesmo prazo do recurso, sendo assim, o recorrido terá o prazo de 8 dias úteis para apresentar as suas contrarrazões após intimado.

> CLT, Art. 900. interposto o recurso, será notificado o recorrido para oferecer as suas razões, em prazo igual ao que tiver tido o recorrente.

Contudo, o Ministério Público do Trabalho, a Fazenda Pública em juízo (que não explore a atividade econômica) e a Defensoria Pública terão prazo em dobro para a apresentação das contrarrazões, nesse sentido o art. 1º, VI, do Ato SEGJUD.GP Nº 202 do TST, veja:

> Art. 1º As Secretarias do Tribunal Pleno, do Órgão Especial, das Seções Especializadas e das Turmas do Tribunal deverão observar, no que couber, os seguintes procedimentos relacionados à tramitação processual:
>
> VI – o Ministério Público, a Defensoria Pública e as pessoas jurídicas de direito público gozam da prerrogativa do prazo em dobro para manifestar-se nos autos, inclusive para a apresentação de contrarrazões a recurso (CPC, arts. 180, 183 e 186);

1.6.2. Ordem das alegações

Assim como o recurso ordinário, as defesas devem ser apresentadas na seguinte ordem:

1) Preliminares

Mesmo a ação sendo totalmente procedente para o recorrido, caso ele tenha, por exemplo, seu direito de defesa prejudicado (indeferiu a oitiva de testemunha, indeferiu a produção de prova pericial, etc.), ele pode alegar nas contrarrazões do recurso ordinário, a nulidade processual por cerceamento de defesa. Nesse sentido, o art. 1.009, § 1º do CPC:

> CPC, Art. 1.009, § 1º – As questões resolvidas na fase de conhecimento, se a decisão a seu respeito não comportar agravo de instrumento, não são cobertas pela preclusão e devem ser suscitadas em preliminar de apelação, eventualmente interposta contra a decisão final, ou nas contrarrazões.

– Somente o cerceamento de defesa pode ser alegado, Hamilton?

Não. Qualquer defesa de ordem preliminar, por exemplo, aquelas do art. 337 do CPC, tais como, litispendência, coisa julgada, perempção, incompetência absoluta do juízo, etc.

2) Prejudiciais de mérito

a. Prescrições

Por meio da Súmula nº 153 do TST, a prescrição pode ser arguia até o TRT, ou seja, nas razões do recurso ordinário ou nas contrarrazões desse recurso, veja:

> Informativo nº 58 do TST – Prescrição. Arguição em contrarrazões ao recurso ordinário. Não apreciação pelo Tribunal Regional. Renovação em contrarrazões ao recurso de revista. Momento oportuno. Na hipótese de prescrição quinquenal arguida pela reclamada originariamente em contrarrazões ao recurso ordinário, não apreciada pelo Regional, mas renovada em contrarrazões ao recurso de revista, cabia à Turma, ao dar provimento à revista da outra parte para condenar a reclamada pela primeira vez, examinar a prejudicial suscitada. Na espécie, não se poderia exigir que a reclamada trouxesse a matéria por meio de recurso, uma vez que lhe faltava interesse recursa! ante a ausência de sucumbência nas instâncias ordinárias. Ademais, não há falar em necessidade interposição de recurso adesivo, pois este, nos termos do art. 500 do CPC21, exige sucumbência recíproca. Com esse entendimento, a SBDI-I, por unanimidade, conheceu dos embargos da reclamada,

por divergência jurisprudencial, e, no mérito, por maioria, deu-lhes provimento para declarar prescrita a pretensão no tocante às parcelas que antecederam ao quinquênio contado do ajuizamento da reclamação trabalhista. Vencidos os Ministros Brito Pereira, Dora Maria da Costa e Renato de Lacerda Paiva. TST-E-ED-RR--24400-26.2007.5.01.0343, SBDI-I, rel. Min. Luiz Philippe Vieira de Mello Filho, 5.9.2013.

RECURSO DE REVISTA. PRESCRIÇÃO. ARGUIÇÃO EM EMBARGOS DE DECLARAÇÃO. INCABÍVEL. SÚMULA 153 DO TST. A jurisprudência cristalizada na Súmula 153 do TST reconhece a possibilidade de se arguir a prescrição na instância ordinária, ou seja, até o Tribunal Regional. Logo, é de se reconhecer que esse último momento seja no prazo do recurso ordinário ou no prazo das contrarrazões, sendo inviável sua invocação apenas em embargos de declaração. Precedentes. (RR nº 10318-78.2014.5.06.0351, 5ª Turma do TST, Rel. João Batista Brito Pereira. j. 04.10.2017, Publ. 13.10.2017).

1. RECURSO DE REVISTA INTERPOSTO PELA RECLAMADA PRESCRIÇÃO. ARGUIÇÃO EM CONTRARRAZÕES AO RECURSO ORDINÁRIO. SÚMULA 153 DO TST. A jurisprudência cristalizada na Súmula 153 do TST reconhece a possibilidade de se arguir a prescrição na instância ordinária, ou seja, até o Tribunal Regional. Logo, é de se reconhecer que esse último momento seja no prazo do recurso ordinário ou no prazo das contrarrazões. Precedentes. Recurso de Revista de que se conhece e a que se dá provimento (RR – 3494-94.2010.5.12.0022, Rel. Min. João Batista Brito Pereira, 5ª Turma, DEJT 02/12/2016)

3) Defesas de mérito

Aqui, o recorrido, deve apresentar as razões de sua defesa, para que a sentença de 1ª grau, seja mantida pelo Tribunal.

2. RECURSO DE REVISTA

O recurso de revista é um meio processual colocado à disposição das partes, a viabilizar, dentro da mesma relação jurídica processual, e dentro do prazo de 8 dias úteis, a impugnação decisões proferidas em grau de recurso ordinário, em dissídio individual, pelos Tribunais Regionais do Trabalho, solicitando a correta aplicação da Lei em seu aspecto objetivo.

Nesse sentido, o art. 896 da CLT:

> **CLT, art. 896** – Cabe Recurso de Revista para Turma do Tribunal Superior do Trabalho das decisões proferidas em grau de recurso ordinário, em dissídio individual, pelos Tribunais Regionais do Trabalho, quando:
>
> a) derem ao mesmo dispositivo de lei federal interpretação diversa da que lhe houver dado outro Tribunal Regional do Trabalho, no seu Pleno ou Turma, ou a Seção de Dissídios Individuais do Tribunal Superior do Trabalho, ou contrariarem súmula de jurisprudência uniforme dessa Corte ou súmula vinculante do Supremo Tribunal Federal;
>
> b) derem ao mesmo dispositivo de lei estadual, Convenção Coletiva de Trabalho, Acordo Coletivo, sentença normativa ou regulamento empresarial de observância obrigatória em área territorial que exceda a jurisdição do Tribunal Regional prolator da decisão recorrida, interpretação divergente, na forma da alínea a;
>
> c) proferidas com violação literal de disposição de lei federal ou afronta direta e literal à Constituição Federal.

O recurso de revista é um recurso de fundamentação vinculada.

– Fundamentação vinculada?

Recursos de fundamentação vinculada são aqueles recursos em que a lei exige que o recorrente indique especificamente o vício na decisão impugnada, como por exemplo, o recorrente deve demonstrar a divergência ou de violação literal de dispositivo de lei federal ou afronta direta e literal à Constituição Federal.

2.1. Prazo

– O recurso de revista deve ser interposto no prazo legal de 8 dias úteis. Estou certo, Professor?

Está sim, contudo, é importante lembrar que a União, os Estados, o Distrito Federal e os Municípios, bem como as autarquias, as Fundações Públicas de Direito Público e os demais órgãos da Administração Pública que não explorem a atividade econômica (Exemplo: Correios – OJ nº 247, item II da SDI-1 do TST), possuem prazo em dobro, ou seja, de 16 dias úteis.

> DL 779/69 – Art. 1º Nos processos perante a Justiça do Trabalho, constituem privilégio da União, dos Estados, do Distrito Federal, dos Municípios e das autarquias ou fundações de direito público federais, estaduais ou municipais que não explorem atividade econômica:
>
> [...]
>
> III – o prazo em dobro para recurso;

2.2. Pressuposto específico

– Além daqueles pressupostos já estudados na teoria geral dos recursos, quais pressupostos específicos devem ser cumpridos na interposição do recurso de revista, Hamilton?

O recorrente deve demonstrar o prequestionamento da matéria e, ainda, a transcendência.

2.2.1. Prequestionamento

– O que seria matéria prequestionada?

Matéria prequestionada é a matéria já discutida nas instâncias ordinárias (Vara do Trabalho e TRT), ou seja, o prequestionamento consiste em decisão prévia sobre a matéria discutida no recurso de revista. Nesse sentido, o item I da Súmula nº 297 do TST:

> TST, SUM 297 – PREQUESTIONAMENTO. OPORTUNIDADE. CONFIGURAÇÃO – I. Diz-se prequestionada a matéria ou questão quando na decisão impugnada haja sido adotada, explicitamente, tese a respeito.

Nesse mesmo sentido o art. 896, § 1º-A, I da CLT, que determina que é ônus da parte *"indicar o trecho da decisão recorrida que consubstancia o prequestionamento da controvérsia objeto do recurso de revista"*.

Ainda, o TST entende que incumbe à parte interessada, desde que a matéria haja sido invocada no recurso principal, opor embargos declaratórios objetivando o pronunciamento sobre o tema, sob pena de preclusão.

Entende ainda que se considera prequestionada a questão jurídica invocada no recurso principal sobre a qual se omite o Tribunal de pronunciar tese, não obstante opostos embargos de declaração.

– Será necessário a interposição dos embargos de declaração quando a violação nascer na própria decisão?

É inexigível o prequestionamento quando a violação indicada houver nascido na própria decisão recorrida.

– E nos casos das matérias que podem ser reconhecidas de ofício, deve haver o prequestionamento?

Mesmo no caso das questões que devam ser conhecidas de ofício, exige-se o prequestionamento, nesse sentido, veja o que diz a Orientação Jurisprudencial nº 62 da SDI-I do TST:

> TST, OJ 62 da SDI-1 – PREQUESTIONAMENTO. PRESSUPOSTO DE ADMISSIBILIDADE EM APELO DE NATUREZA EXTRAORDINÁRIA. NECESSIDADE, AINDA QUE SE TRATE DE INCOMPETÊNCIA ABSOLUTA – É necessário o prequestionamento como pressuposto de admissibilidade em recurso de natureza extraordinária, ainda que se trate de incompetência absoluta.

2.2.2. *Transcendência*

A Reforma Trabalhista do ano de 2017, por meio da Lei nº 13.467/2017, acrescentou o art. 896-A à CLT, que disciplina o pressuposto da transcendência, quatro vetores taxativos, quais sejam: o econômico, o político, o social e o jurídico.

– O que seria cada um deles?

Segundo o § 1º do art. 896-A da CLT, terá transcendência:

> I – econômica, o elevado valor da causa;
>
> II – política, o desrespeito da instância recorrida à jurisprudência sumulada do Tribunal Superior do Trabalho ou do Supremo Tribunal Federal;
>
> III – social, a postulação, por reclamante-recorrente, de direito social constitucionalmente assegurado;
>
> IV – jurídica, a existência de questão nova em torno da interpretação da legislação trabalhista.

A análise da transcendência, deve ser feita pelo TST, ao fazer o segundo juízo de admissibilidade. O juízo de admissibilidade do recurso de revista exercido pela Presidência dos Tribunais Regionais do Trabalho (primeiro juízo de admissibilidade) limita-se à análise dos pressupostos intrínsecos e extrínsecos do apelo, não abrangendo o critério da transcendência das questões nele veiculadas.

A transcendência econômica é constatada quando a ação possui um elevado valor da causa, observemos:

> AGRAVO DE INSTRUMENTO EM RECURSO DE REVISTA DO AUTOR – TRANSCENDÊNCIA ECONÔMICA RECONHECIDA – ÓBICE DA SÚMULA 126 DO TST – DESPROVIMENTO. 1. Nos termos do art. 896-A, § 1º, I, da CLT, constitui transcendência econômica o elevado valor da causa. 2. In casu, a discussão ventilada pelo Autor gira em torno da ocorrência de doença ocupacional, e o valor dado à causa foi de R$ 1.791.023,61. Dessa forma, ante o elevado valor da causa, resta reconhecida a transcendência econômica do apelo, recomendando a análise colegiada dos demais pressupostos de admissibilidade do recurso. 3. Todavia, o agravo de instrumento não merece prosperar, porquanto o recurso de revista obreiro, no qual se impugna o não

reconhecimento de doença ocupacional por ambas as Instâncias Ordinárias, não reúne condições de admissibilidade, tropeçando no óbice da Súmula 126 do TST. Agravo de instrumento desprovido. (TST – AIRR: 109234920165150045, Relator: Ives Gandra Martins Filho, Data de Julgamento: 26/08/2020, 4ª Turma, Data de Publicação: 28/08/2020)

RECURSO DE REVISTA. TRANSCENDÊNCIA ECONÔMICA. No caso concreto o valor da execução, já liquidado, tangencia o víntuplo do capital social da empresa recorrente, solidariamente responsabilizada pelo pagamento do quantum debeatur. Transcendência econômica reconhecida. O aparente desrespeito à jurisprudência evidencia a configuração de transcendência política. RECURSO DE REVISTA. EXECUÇÃO. RESPONSABILIDADE SOLIDÁRIA. GRUPO ECONÔMICO. CONFIGURAÇÃO. Não foi demonstrado cumprimento do art. 896, § 1º-A, I, da CLT. Além disso, reconhecida na decisão de agravo de petição a configuração de grupo econômico, cujo debate tem regulamentação em norma de índole infraconstitucional, não se vislumbra violação direta e literal de texto da Carta Magna apta a promover o conhecimento do recurso de revista. Recurso de revista não conhecido. (TST – RR: 19512520155110017, Relator: Augusto César Leite de Carvalho, Data de Julgamento: 05/12/2018, 6ª Turma, Data de Publicação: DEJT 07/12/2018)

AGRAVO DE INSTRUMENTO EM RECURSO DE REVISTA – TRANSCENDÊNCIA ECONÔMICA RECONHECIDA – DESPROVIMENTO. 1. Nos termos do art. 896-A, § 1º, I, da CLT, constitui transcendência econômica o elevado valor da causa. In casu, discute-se a ocorrência de violação da coisa julgada quanto à base de cálculo utilizada para apuração do montante do saldamento do plano anterior, mais especificamente se a incorporação da parcela CTVA deve ser realizada considerando o valor integral ou proporcional, tendo em vista a prescrição declarada. 2. O Regional, dando provimento parcial ao agravo de petição do Reclamante, determinou o refazimento dos cálculos para apuração da reserva de saldamento, estabelecendo que deve ser considerado o valor integral da CTVA e não a proporção de 2/30. Nesse contexto, ante a possibilidade de elevada majoração no valor da execução, é prudente que se reconheça a transcendência econômica da causa, recomendando a análise colegiada dos demais

> pressupostos de admissibilidade do recurso. 3. Todavia, o agravo de instrumento não merece prosperar, uma vez que o recurso de revista tropeça nos óbices da Orientação Jurisprudencial 123 da SBDI-2 e da Súmula 297, ambas do TST, a par de o acórdão regional ter sido proferido em consonância com o entendimento firmado nesta Corte Superior. Agravo de instrumento desprovido. (TST – AIRR: 20860620115020089, Relator: Ives Gandra Martins Filho, Data de Julgamento: 13/05/2020, 4ª Turma, Data de Publicação: DEJT 15/05/2020)

Por sua vez, a transcendência política é verificada quando ocorre desrespeito à jurisprudência sumulada do TST ou STF. Destarte, analisemos conceito explanado pelo Ministro Alexandre Luiz Ramos, da 4ª Turma do C. TST, no julgado do RR: 18600024200450200 23, em 25/03/2020:

> (...) haverá igualmente transcendência política quando demonstrado o desrespeito à jurisprudência pacífica e notória do Tribunal Superior do Trabalho sedimentada em Orientação Jurisprudencial ou a partir da fixação de tese no julgamento, entre outros, de incidentes de resolução de recursos repetitivos ou de assunção de competência, bem como, na hipótese do Supremo Tribunal Federal, no julgamento de recurso extraordinário com repercussão geral ou das ações de constitucionalidade. Trata-se de extensão normativa do conceito de transcendência política, prevista no art. 896-A, § 1º, II, da CLT, a partir, sobretudo, da sua integração com o novo sistema de resolução de demandas repetitivas inaugurado pelo Código de Processo Civil de 2015, cujas decisões possuam caráter vinculante (exegese dos arts. 489, § 1º, 926, 928 do CPC/2015). Ademais, ainda que assim não fosse, o próprio § 1º do art. 896-A da CLT estabelece que os indicadores de transcendência nele nominados não constituem cláusula legal exaustiva, mas possibilita o reconhecimento de indicadores "entre outros".

Vejamos o entendimento jurisprudencial do TST:

> RECURSO DE REVISTA DA RECLAMADA. LEI 13.467/2017. COMISSIONISTA PURO. SÚMULA Nº 340 DO TST. APLICABILIDADE. TRANSCENDÊNCIA POLÍTICA CONSTATADA. O Tribunal Regional, ao constatar que o autor era remunerado

exclusivamente à base de comissões – comissionista puro –, mas ainda assim manter as comissões acrescidas do adicional para efeito do cálculo das horas extras, decidiu contrariamente à jurisprudência sedimentada na Súmula nº 340 do TST, que, em tal hipótese, reconhece apenas o adicional de hora extra . Transcendência política constatada. Recurso de revista conhecido e provido. (TST - RR: 10433720165120006, Relator: Cláudio Mascarenhas Brandão, Data de Julgamento: 10/06/2020, 7ª Turma, Data de Publicação: DEJT 19/06/2020)

AGRAVO DE INSTRUMENTO. LEI 13.467/2017. TRANSCENDÊNCIA POLÍTICA. No caso em tela, o debate envolve o cumprimento da decisão do STF na ADC 16/DF e há alegação de contrariedade à Súmula 331 do TST, circunstância apta a demonstrar o indicador de transcendência política. Transcendência reconhecida. AGRAVO DE INSTRUMENTO DA RECLAMADA. RECURSO DE REVISTA SOB A ÉGIDE DA LEI 13.015/2014. REQUISITOS DO ARTIGO 896, § 1º-A, DA CLT, ATENDIDOS. RESPONSABILIDADE SUBSIDIÁRIA. ENTE PÚBLICO. SÚMULA 331 DO TST. CULPA IN VIGILANDO EVIDENCIADA. Confirmada a ordem de obstaculização do recurso de revista, na medida em que não demonstrada a satisfação dos requisitos de admissibilidade, insculpidos no artigo 896 da CLT. Agravo de instrumento não provido. (TST - AIRR: 6706620175110016, Relator: Augusto César Leite de Carvalho, Data de Julgamento: 11/09/2019, 6ª Turma, Data de Publicação: DEJT 13/09/2019)

AGRAVO DE INSTRUMENTO. RITO SUMARÍSSIMO. LEI 13.467/2017. TRANSCENDÊNCIA POLÍTICA. No caso em tela, a decisão regional está em contrariedade à Súmula 244, I, do TST, circunstância apta a demonstrar o indicador de transcendência política. Transcendência reconhecida. AGRAVO DE INSTRUMENTO. RECURSO DE REVISTA SOB A ÉGIDE DA LEI N.º 13.467/2017. ESTABILIDADE GESTANTE. RECUSA EM RETORNAR AO EMPREGO. AÇÃO AJUIZADA ANTES DO PERÍODO ESTABILITÁRIO. REQUISITOS DO § 1º-A DO ART. 896 DA CLT ATENDIDOS. Agravo de instrumento provido ante a possível violação do artigo 10, II, "b", do ADCT e contrariedade à Súmula 244, I, do TST. RECURSO DE REVISTA SOB A ÉGIDE DA LEI N.º 13.015/14. ESTABILIDADE GESTANTE. RECUSA EM RETORNAR AO EMPREGO. AÇÃO AJUIZADA

ANTES DO PERÍODO ESTABILITÁRIO. REQUISITOS DO § 1º-A DO ART. 896 DA CLT ATENDIDOS. A jurisprudência desta Corte vem se manifestando no sentido de que a negativa da trabalhadora em retornar ao emprego não impede o seu direito à indenização compensatória decorrente da estabilidade prevista no art. 10, II, "b", do ADCT e na Súmula 244, I, do TST. No caso, a reclamante, apesar da recusa em retornar ao emprego, pleiteou no prazo o direito à indenização compensatória do extinto contrato de trabalho. Há precedentes. Recurso de revista conhecido e provido. (TST – RR: 212285220165040028, Relator: Augusto Cesar Leite De Carvalho, Data de Julgamento: 12/08/2020, 6ª Turma, Data de Publicação: 14/08/2020)

i – AGRAVO DE INSTRUMENTO. LEI 13.467/2017. TRANSCENDÊNCIA POLÍTICA. Deve ser reconhecida a transcendência política quando contatada decisão contrária à jurisprudência do TST. Transcendência reconhecida. AGRAVO DE INSTRUMENTO DA RECLAMADA. RECURSO DE REVISTA SOB A ÉGIDE DA LEI 13.467/17. HORAS IN ITINERE. Agravo de instrumento provido ante possível contrariedade à Súmula 90 do TST. II – RECURSO DE REVISTA. RECURSO DE REVISTA SOB A ÉGIDE DA LEI 13.015/2014. REQUISITOS DO ARTIGO 896, § 1º-A, DA CLT, ATENDIDOS. HORAS IN ITINERE. Verifica-se que havia transporte público regular e compatibilidade de horários no início e término da jornada dos empregados da reclamada. Dessa forma, a decisão regional contrariou a Súmula 90, II do TST. Recurso de revista conhecido e provido. III – AGRAVO DE INSTRUMENTO DA RECLAMANTE. TRANSCENDÊNCIA ECONÔMICA. No caso em tela, há transcendência econômica, nos termos do art. 896-A da CLT. Transcendência reconhecida. AGRAVO DE INSTRUMENTO. RECURSO DE REVISTA SOB A ÉGIDE DA LEI 13.467/17. HORAS IN ITINERE. Confirmada a ordem de obstaculização do recurso de revista, na medida em que não demonstrada a satisfação dos requisitos de admissibilidade, insculpidos no artigo 896 da CLT. Agravo de instrumento não provido. (TST – ARR: 124103920175180141, Relator: Augusto César Leite de Carvalho, Data de Julgamento: 04/12/2019, 6ª Turma, Data de Publicação: DEJT 06/12/2019)

RECURSO DE REVISTA INTERPOSTO PELA RECLAMADA GOL LINHAS AÉREAS INTELIGENTES S.A. PROCESSO EM

FASE DE EXECUÇÃO DE SENTENÇA. ACORDÃO REGIONAL PUBLICADO NA VIGÊNCIA DAS LEIS Nº 13.015/2014 E Nº 13.467/2017. 1. RESPONSABILIDADE SOLIDÁRIA. GRUPO ECONÔMICO POR COORDENAÇÃO. EXISTÊNCIA DE SÓCIOS EM COMUM. NÃO CONFIGURAÇÃO. TRANSCENDÊNCIA POLÍTICA RECONHECIDA. CONHECIMENTO E PROVIMENTO. I. Esta Corte Superior uniformizou seu entendimento no sentido de que é necessária para a configuração do grupo econômico a constatação de relação de subordinação hierárquica entre as empresas e que o simples fato de haver sócios em comum ou relação de coordenação não implica por si só o reconhecimento do grupo econômico. II. No presente caso, não restou demonstrada a existência de relação de subordinação hierárquica entre as Reclamadas, tendo a Corte Regional amparado sua decisão apenas na existência de sócios em comum e no entrelaçamento de interesses. III. O reconhecimento de grupo econômico, com a consequente imputação de responsabilidade solidária, sem a demonstração de vínculo hierárquico, de efetivo controle de uma empresa líder sobre as demais, enseja imposição de obrigação não prevista em lei, o que configura ofensa direta ao princípio da legalidade insculpido no art. 5º, II, da Constituição Federal. IV. Cabe ressaltar que o reconhecimento de que a causa oferece transcendência política (art. 896-A, § 1º, II, da CLT) não se limita à hipótese em que haja verbete sumular sobre a matéria; haverá igualmente transcendência política quando demonstrado o desrespeito à jurisprudência pacífica e notória do Tribunal Superior do Trabalho sedimentada em Orientação Jurisprudencial ou a partir da fixação de tese no julgamento, entre outros, de incidentes de resolução de recursos repetitivos ou de assunção de competência, bem como, na hipótese do Supremo Tribunal Federal, no julgamento de recurso extraordinário com repercussão geral ou das ações de constitucionalidade. Trata-se de extensão normativa do conceito de transcendência política, prevista no art. 896-A, § 1º, II, da CLT, a partir, sobretudo, da sua integração com o novo sistema de resolução de demandas repetitivas inaugurado pelo Código de Processo Civil de 2015, cujas decisões possuam caráter vinculante (exegese dos arts. 489, § 1º, 926, 928 do CPC/2015). Ademais, ainda que assim não fosse, o próprio § 1º do art. 896-A da CLT estabelece que os indicadores de transcendência nele nominados não constituem cláusula legal exaustiva, mas possibilita o reconhecimento de indicadores "entre outros". III. Recurso de revista de que se conhece e a que se dá provimento. (TST – RR: 18600024200450200023, Relator: Alexandre Luiz Ramos, Data de Julgamento: 25/03/2020, 4ª Turma, Data de Publicação: DEJT 27/03/2020)

A transcendência social se atesta quando resta demonstrada violação aos direitos sociais dos trabalhadores, nesse sentido;

AGRAVO DE INSTRUMENTO. LEI 13.467/2017. ASSÉDIO MORAL. TRANSCENDÊNCIA SOCIAL. No caso em tela, o debate acerca de assédio moral, ante a possibilidade de violar direitos sociais constitucionalmente assegurados, detém transcendência social, nos termos do art. 896-A, § 1º, III, da CLT. Transcendência reconhecida. Indenização por danos morais. ASSÉDIO MORAL. Ante aparente violação do art. 5º, LX, da CF, provê-se o agravo de instrumento para determinar o processamento do recurso de revista. RECURSO DE REVISTA. Indenização por danos morais. ASSÉDIO MORAL. A prova testemunhal corroborou a versão da reclamante, no sentido de ter sido desdenhosamente ignorada por diversos dias. Ora, tal atitude não pode ser considerada conduta razoável, pois configura afronta à dignidade da pessoa humana, aliada ao abuso do poder diretivo do empregador. A conduta patronal expõe o trabalhador a constrangimento desnecessário, ensejando a condenação ao pagamento da indenização por dano moral. Recurso de revista conhecido e provido. (TST – RR: 4949620165200008, Relator: Augusto César Leite de Carvalho, Data de Julgamento: 06/02/2019, 6ª Turma, Data de Publicação: DEJT 08/02/2019)

AGRAVO DE INSTRUMENTO. RECURSO DE REVISTA SOB A ÉGIDE DA LEI 13.467/17. TRANSCENDÊNCIA SOCIAL. O apelo interposto busca a defesa de direitos sociais dos trabalhadores afetos à redução dos riscos inerentes ao trabalho, por meio de normas de saúde, higiene e segurança, que goza de tutela constitucional, circunstância apta a configurar o indicador de transcendência social. AGRAVO DE INSTRUMENTO. RECURSO DE REVISTA SOB A ÉGIDE DA LEI 13.467/17. DANO MORAL COLETIVO. SEGURANÇA DO TRABALHO. Confirmada a ordem de obstaculização do recurso de revista, na medida em que o apelo não logrou demonstrar a satisfação dos pressupostos de admissibilidade do art. 896 da CLT. Agravo de instrumento não provido. (TST - AIRR: 17137220155100004, Relator: Augusto César Leite de Carvalho, Data de Julgamento: 08/05/2019, 6ª Turma, Data de Publicação: DEJT 10/05/2019)

RECURSO DE REVISTA. LEI 13.467/2017. TRANSCENDÊNCIA SOCIAL. No caso em tela, examina-se recurso da reclamante em que se analisa os efeitos da dispensa de empregada grávida, direito constitucionalmente tutelado, circunstância apta a demonstrar o indicador de transcendência social. CONTRATO POR PRAZO DETERMINADO. ESTABILIDADE PROVISÓRIA DA EMPREGADA GESTANTE. O artigo 10, II, b, do ADCT, estabelece ser vedada a dispensa arbitrária ou sem justa causa da empregada gestante, desde a confirmação da gravidez até cinco meses após o parto, não impondo nenhuma restrição quanto à modalidade de contrato de trabalho, mesmo porque a garantia visa à tutela do nascituro. A matéria já se encontra pacificada pela jurisprudência do Supremo Tribunal Federal, que tem se posicionado quanto às empregadas gestantes, independentemente do regime jurídico de trabalho, terem direito à licença-maternidade de cento e vinte dias e à estabilidade provisória desde a confirmação da gravidez até cinco meses após o parto, conforme o artigo 7º, XVIII, da Constituição Federal, e o artigo 10, II, b, do ADCT. Recurso de revista conhecido e provido. fls. PROCESSO Nº TST-RR-1001665-54.2016.5.02.0014 Firmado por assinatura digital em 17/10/2018 pelo sistema AssineJus da Justiça do Trabalho, conforme MP 2.200-2/2001, que instituiu a Infra-Estrutura de Chaves Públicas Brasileira. (TST - RR: 10016655420165020014, Data de Julgamento: 17/10/2018, Data de Publicação: DEJT 19/10/2018)

AGRAVO DE INSTRUMENTO. LEI 13.467/2017. TRANSCENDÊNCIA SOCIAL. Transcendência social reconhecida, uma vez que o recurso trata de doença ocupacional, com indicação de ofensa a direito constitucionalmente previsto (arts. 5º, X, 7º, XXII e XXVIII, e 225 da Constituição Federal). Ressalva de entendimento do relator que também entende haver transcendência econômica. Transcendência reconhecida. RECURSO INTERPOSTO SOB A ÉGIDE DA LEI 13.015/2014. Indenização por dano moral. Requisitos DO ART. 896, 1º-a, DA CLT, não atendidos. Confirmada a ordem de obstaculização do recurso de revista, na medida em

> que não demonstrada a satisfação dos requisitos de admissibilidade, esculpidos no artigo 896 da CLT. Agravo de instrumento não provido. fls. PROCESSO Nº TST-AIRR-10799-88.2016.5.03.0178 Firmado por assinatura digital em 03/10/2018 pelo sistema AssineJus da Justiça do Trabalho, conforme MP 2.200-2/2001, que instituiu a Infra-Estrutura de Chaves Públicas Brasileira. (TST – AIRR: 107998820165030178, Data de Julgamento: 03/10/2018, Data de Publicação: DEJT 05/10/2018)

Por fim, a transcendência jurídica se verifica discussão acerca de matéria pendente de entendimento pacificado pelo TST ou diante de nova interpretação da legislação trabalhista, analisemos;

> RECURSO DE REVISTA INTERPOSTO NA VIGÊNCIA DA LEI 13.467/2017 E DA IN 40 DO TST. TRANSCENDÊNCIA JURÍDICA. No caso em tela, o debate acerca da comprovação do depósito recursal por meio de apólice de seguro garantia detém transcendência jurídica, nos termos do art. 896-A, § 1º, IV, da CLT. Transcendência configurada. RECURSO DE REVISTA SOB A ÉGIDE DA LEI 13.015/2014. DESERÇÃO DO RECURSO. GARANTIA POR MEIO DE APÓLICE DE SEGURO. ACRÉSCIMO DE 30% SOBRE O VALOR DO DEPÓSITO RECURSAL. A reclamada trouxe aos autos apólice de seguro garantia judicial para a comprovação do preparo apólice que foi rejeitada pela Corte de origem ao entendimento de que não houve o acréscimo do percentual de 30%, nos termos do art. 899, § 11, da CLT c/c art. 848, parágrafo único do CPC. O art. 1007, § 2º, do CPC prevê, genericamente (sem alusão específica ao depósito recursal monetizado), que o recorrente tem direito à concessão de prazo para completar preparo insuficiente. Extrai-se do acórdão regional que não foi concedido à reclamada o prazo para a complementação do depósito recursal, nos termos da OJ 140 do TST razão pela qual determina-se o retorno dos autos ao Tribunal Regional a fim de que seja concedido à empresa reclamada o prazo previsto em lei para que seja efetuada a complementação devida referente ao depósito recursal. Recurso de revista conhecido e provido. (TST – RR: 10003803920185020084, Relator: Augusto César Leite de Carvalho, Data de Julgamento: 18/03/2020, 6ª Turma, Data de Publicação: DEJT 20/03/2020)

AGRAVO. RECURSO DE REVISTA. ACÓRDÃO PUBLICADO NA VIGÊNCIA DA LEI Nº 13.467/2017. VENDEDOR. ENQUADRAMENTO SINDICAL. TRANSCENDÊNCIA JURÍDICA RECONHECIDA. A decisão agravada reconheceu a transcendência jurídica da matéria, elucidando que o recurso de revista versava sobre matéria que ainda não havia sido objeto de exame exauriente no âmbito desta Corte. Destacou, ainda, que o reclamante atuava como vendedor, bem como que este Tribunal Superior, examinando questões semelhantes, tem se manifestado no sentido de que, na condição de vendedor, como no caso em apreço, o empregado está regido pela legislação especial (Lei nº 3.207/57) e, portanto, seu enquadramento sindical não se dá na atividade preponderante da empresa. Por isso, a decisão agravada determinou que fossem excluídas da condenação todas as parcelas decorrentes do enquadramento sindical do reclamante no Sindicato dos Empregados nas Indústrias de Cerveja e Bebidas em Geral, do Vinho e Águas Minerais do Estado de Pernambuco – SINDBEB. Nesse contexto, não tendo sido apresentados argumentos suficientes à reforma da r. decisão impugnada, deve ser desprovido o agravo. Considerando a improcedência do recurso, aplica-se à parte agravante a multa prevista no art. 1.021, § 4º, do CPC. Agravo não provido, com aplicação de multa. (TST – Ag-ARR: 9504520165060102, Relator: Breno Medeiros, Data de Julgamento: 30/04/2020, 5ª Turma, Data de Publicação: DEJT 22/05/2020)

AGRAVO DE INSTRUMENTO EM RECURSO DE REVISTA DA UNIÃO. LEI 13.467/2017. CONVERSÃO DOS AUTOS FÍSICOS EM ELETRÔNICOS. RESPONSABILIDADE. TRANSCENDÊNCIA JURÍDICA CONSTATADA. Agravo de instrumento a que se dá provimento para determinar o processamento do recurso de revista, em face de haver sido demonstrada possível afronta ao artigo 5º, II, da Constituição Federal. RECURSO DE REVISTA DA UNIÃO. LEI 13.467/2017. CONVERSÃO DOS AUTOS FÍSICOS EM ELETRÔNICOS. RESPONSABILIDADE. TRANSCENDÊNCIA JURÍDICA CONSTATADA. Na hipótese dos autos, a discussão recai sobre a decisão de 1º grau que fixou o prazo de 30 dias para a União digitalizar e anexar as peças necessárias à tramitação do feito no PJE. Contudo, da leitura dos artigos 10, § 3º, 11, §§ 3º e 5º, e 12, § 5º, da Lei nº 11.419/2006, extrai-se que a obrigação de digitalização e guarda dos processos físicos pertence ao Poder Judiciário. Precedentes. Reforma-se a decisão para afastar a responsabilidade atribuída à União e determinar que a Vara do Trabalho de origem proceda à digitalização dos autos físicos. Recurso de revista conhecido e provido. (TST – RR: 7286720105030071, Relator: Cláudio Mascarenhas Brandão, Data de Julgamento: 23/06/2020, 7ª Turma, Data de Publicação: DEJT 30/06/2020)

AGRAVO. RECURSO DE REVISTA. ACÓRDÃO PUBLICADO NA VIGÊNCIA DA LEI Nº 13.467/2017. COMPETÊNCIA DA JUSTIÇA DO TRABALHO. TRANSCENDÊNCIA JURÍDICA RECONHECIDA. A decisão agravada reconheceu a transcendência a jurídica da matéria porque, embora não seja nova, ainda não fora suficientemente enfrentada no âmbito desta Corte sob o enfoque apresentado no apelo. Esclareceu que a 5ª Turma desta Casa, ressalvado o entendimento do Relator, adotou o entendimento de que, além da Justiça brasileira ser competente para julgar os conflitos trabalhistas nos casos em que as obrigações relacionadas ao contrato de trabalho são constituídas no Brasil, ainda que a prestação de serviços ocorra em navios cuja navegação abarque águas brasileiras e estrangeiras, o conteúdo obrigacional do pacto jurídico celebrado apenas poderia ser fixado a partir da legislação nacional, mais benéfica em relação à Convenção das Nações Unidas sobre Direito do Mar, por expressa imposição dos arts. 5º, § 2º, da Constituição, 9º da LINDB e 3º, II, da Lei 7.064/82 e 19, item 8, da Constituição da Organização Internacional do Trabalho (OIT). Nesse sentido, colacionou julgados desta e de outras Turmas e concluiu que, apesar da transcendência jurídica da matéria, recurso de revista não deveria prosseguir porquanto os dispositivos invocados não haviam sido violados. Não tendo sido apresentados argumentos suficientes à reforma da r. decisão impugnada, deve ser desprovido o agravo. Considerando a improcedência do recurso, aplica-se à parte agravante a multa prevista no art. 1.021, § 4º, do CPC. Agravo não provido, com aplicação de multa. (TST – Ag-ARR: 14995120175130029, Relator: Breno Medeiros, Data de Julgamento: 30/04/2020, 5ª Turma, Data de Publicação: DEJT 08/05/2020)

AGRAVO. RECURSO DE REVISTA. ACÓRDÃO PUBLICADO NA VIGÊNCIA DA LEI Nº 13.467/2017. CONTRIBUIÇÃO SINDICAL. DESCONTO. AUTORIZAÇÃO INDIVIDUAL.

> TRANSCENDÊNCIA JURÍDICA. Com o advento da reforma trabalhista, tornou-se facultativo o recolhimento da contribuição sindical, cujos descontos dependem de prévia e expressa autorização do trabalhador. Muito embora o referido dispositivo legal não tenha feito referência expressa à necessidade de a autorização ser dada de forma individualizada, tal interpretação se coaduna com o espírito da lei, que, ao transformar a contribuição sindical em facultativa, dependente de autorização prévia e expressa, pretendeu resguardar o princípio constitucional da liberdade de associação sindical, preconizado nos arts. 5º, XX, 8º, V, da Constituição Federal. Precedentes. Agravo não provido, com imposição de multa. (TST – Ag-ARR: 2743320185070027, Relator: Breno Medeiros, Data de Julgamento: 17/06/2020, 5ª Turma, Data de Publicação: DEJT 26/06/2020)

2.2.3. *Representação por advogado*

A capacidade postulatória para apresentar embargos de divergência é privativa dos advogados, não aplicando o *jus postulandi* previsto no art. 791 da CLT, conforme determinado pela Súmula nº 425 do TST.

> TST, SUM 425 – O jus postulandi das partes, estabelecido no art. 791 da CLT, limita-se às Varas do Trabalho e aos Tribunais Regionais do Trabalho, não alcançando a ação rescisória, a ação cautelar, o mandado de segurança e os recursos de competência do Tribunal Superior do Trabalho.

2.3. Competência para julgamento

– Quem julga o recurso de revista, Professor?

A competência para julgar o recurso de revista é das Turmas do TST conforme Lei 7.701/88, em seu art. 5º, "a".

> Lei 7.701/88, Art. 5º – As Turmas do Tribunal Superior do Trabalho terão, cada uma, a seguinte competência:

> a) julgar os recursos de revista interpostos de decisões dos Tribunais Regionais do Trabalho, nos casos previstos em lei;

É importante esclarecer que, embora o julgamento seja de competência das Turmas do TST, a interposição desse recurso será perante o presidente do Tribunal Regional do Trabalho, que vai proferir o primeiro juízo de admissibilidade "juízo a quo", de modo que, por decisão fundamentada, poderá recebê-lo ou denegá-lo (CLT, art. 896, § 1º)[2].

Nos casos de recurso de revista repetitivo, a competência para julgamento do recurso é da SDI-I, podendo ser deslocada para o Tribunal Pleno, por decisão da maioria simples dos membros da SDI.

2.4. Cabimento

Segundo o art. 896 da CLT somente cabe recurso de revista das decisões proferidas em grau de recurso ordinário ou agravo de petição, pelos Tribunais Regionais do Trabalho. Para melhor compreensão do tema, vamos dividir o cabimento do recurso de revista em 3 partes, ou seja, recurso de revista no rito ordinário, recurso de revista no rito sumaríssimo e recurso de revista a fase de execução.

2.4.1. Rito Ordinário (Causas com valores acima de 40 Salários Mínimos)

Cabe recurso de revista das decisões proferidas em grau de recurso ordinário, em dissídio individual, pelos Tribunais Regionais do Trabalho, quando demonstrada a divergência jurisprudencial ou a violação literal de disposição de lei federal ou afronta direta e literal à Constituição Federal, conforme as alíneas do art. 896 da CLT, vejamos:

> a) derem ao mesmo dispositivo de lei federal interpretação diversa da que lhe houver dado outro Tribunal Regional do Trabalho, no seu Pleno ou Turma, ou a Seção de Dissídios Individuais do

---

2. MIESSA, Élisson. "**Manual dos recursos trabalhistas: teoria e prática**" 4. ed. Salvador. Juspodivm, 2020.

> Tribunal Superior do Trabalho, ou contrariarem súmula de jurisprudência uniforme dessa Corte ou súmula vinculante do Supremo Tribunal Federal;
>
> b) derem ao mesmo dispositivo de lei estadual, Convenção Coletiva de Trabalho, Acordo Coletivo, sentença normativa ou regulamento empresarial de observância obrigatória em área territorial que exceda a jurisdição do Tribunal Regional prolator da decisão recorrida, interpretação divergente, na forma da alínea a;
>
> c) proferidas com violação literal de disposição de lei federal ou afronta direta e literal à Constituição Federal.

Passamos a analisar cada uma:

2.4.1.1. Divergência na interpretação da Lei Federal

Essa hipótese está prevista na alínea "a" do art. 896 da CLT, sendo assim, cabe recurso de revista quando a:

- Decisão de TRT ≠ da decisão de outro TRT na interpretação da Lei Federal;
- Decisão de TRT ≠ da decisão do TST por meio da Seção de Dissídios Individuais na interpretação da Lei Federal;
- Decisão de TRT ≠ da decisão do pleno do TST nos casos de recursos de revistas repetitivos na interpretação da Lei Federal;
- Decisão de TRT ≠ Súmula do TST na interpretação da Lei Federal;
- Decisão de TRT ≠ Súmula vinculante do STF na interpretação da Lei Federal;
- Decisão de TRT ≠ Súmula do STF na interpretação da Lei Federal;
- Decisão de TRT ≠ OJ do TST na interpretação da Lei Federal. Apenas de não está na alínea "a" do art. 896, o TST por meio

da OJ nº 219, permite a apresentação do recurso de revista na hipótese de a decisão do recurso ordinário divergir da OJ, vejamos:

> TST, OJ 219 da SDI-1 – É válida, para efeito de conhecimento do recurso de revista ou de embargos, a invocação de Orientação Jurisprudencial do Tribunal Superior do Trabalho, desde que, das razões recursais, conste o seu número ou conteúdo.

- **Decisão de TRT ≠ Precedente normativo do TST na interpretação da Lei Federal. Apenas de não está na alínea "a" do art. 896, o TST, permite a apresentação do recurso de revista na hipótese de a decisão do recurso ordinário divergir da precedente normativo do TST, vejamos:**

> "RECURSO DE EMBARGOS. CONTRIBUIÇÃO ASSISTENCIAL. DESCONTOS INDEVIDOS. CONHECIMENTO DO RECURSO DE REVISTA POR CONTRARIEDADE A PRECEDENTE NORMATIVO DA SEÇÃO DE DISSÍDIOS COLETIVOS – SDC. POSSIBILIDADE. A controvérsia remete à possibilidade de conhecimento do recurso de revista por contrariedade a precedente normativo da Seção de Dissídios Coletivos desta Corte, à luz do que dispõe o art. 896, "a", da CLT, com a redação dada pela Lei nº 13.015/2014. Em uma leitura finalística, a norma legal, ao fazer referência à expressão "súmulas de jurisprudência uniforme", dispôs sobre a jurisprudência uniformizada como gênero, dos quais as súmulas, as orientações jurisprudenciais e os precedentes normativos são espécie. Isto porque, conquanto o dispositivo se refira a "súmula", não há controvérsia quanto ao conhecimento de recurso de revista por contrariedade a orientação jurisprudencial desta Corte, nos termos da Orientação Jurisprudencial nº 219 da SDI-1, sem distinção sobre a procedência, se da SDI, do Pleno ou da SDC. Assim, não parece haver justificativa plausível para não se admitir o conhecimento do recurso de revista por contrariedade a precedente normativo, tão-somente por se tratar de entendimento relativo a dissídios coletivos, se este representa a jurisprudência consolidada no âmbito de todos os órgãos fracionários desta Corte sobre a matéria posta em discussão, que remete à impossibilidade de cobrança de contribuição sindical a trabalhadores não filiados, matéria inclusive já objeto da Súmula

> Vinculante nº 40 do e. STF. Recurso de embargos conhecido e desprovido" (E-RR-2294-39.2012.5.02.0029, Subseção I Especializada em Dissídios Individuais, Relator Ministro Aloysio Correa da Veiga, DEJT 21/09/2018).

Nesses casos, o TST somente analisará o mérito do recurso se demonstrada a divergência jurisprudencial em relação ao mesmo dispositivo interpretado e identidade ou semelhança fática. Nesse sentido:

> TST, Sum 296, I – A divergência jurisprudencial ensejadora da admissibilidade, do prosseguimento e do conhecimento do recurso há de ser específica, revelando a existência de teses diversas na interpretação de um mesmo dispositivo legal, embora idênticos os fatos que as ensejaram.
>
> CLT, art. 896, § 8º – Quando o recurso fundar-se em dissenso de julgados, incumbe ao recorrente o ônus de produzir prova da divergência jurisprudencial, mediante certidão, cópia ou citação do repositório de jurisprudência, oficial ou credenciado, inclusive em mídia eletrônica, em que houver sido publicada a decisão divergente, ou ainda pela reprodução de julgado disponível na internet, com indicação da respectiva fonte, mencionando, em qualquer caso, as circunstâncias que identifiquem ou assemelhem os casos confrontados.

Ainda quanto à forma de demonstração da divergência jurisprudencial, a Súmula 337 do TST determina:

> TST, Sum 337 – COMPROVAÇÃO DE DIVERGÊNCIA JURISPRUDENCIAL. RECURSOS DE REVISTA E DE EMBARGOS
>
> I – Para comprovação da divergência justificadora do recurso, é necessário que o recorrente:
>
> a) Junte certidão ou cópia autenticada do acórdão paradigma ou cite a fonte oficial ou o repositório autorizado em que foi publicado; e
>
> b) Transcreva, nas razões recursais, as ementas e/ou trechos dos acórdãos trazidos à configuração do dissídio, demonstrando o conflito de teses que justifique o conhecimento do recurso, ainda

que os acórdãos já se encontrem nos autos ou venham a ser juntados com o recurso.

II – A concessão de registro de publicação como repositório autorizado de jurisprudência do TST torna válidas todas as suas edições anteriores.

III – A mera indicação da data de publicação, em fonte oficial, de aresto paradigma é inválida para comprovação de divergência jurisprudencial, nos termos do item I, "a", desta súmula, quando a parte pretende demonstrar o conflito de teses mediante a transcrição de trechos que integram a fundamentação do acórdão divergente, uma vez que só se publicam o dispositivo e a ementa dos acórdãos;

IV – É válida para a comprovação da divergência jurisprudencial justificadora do recurso a indicação de aresto extraído de repositório oficial na internet, desde que o recorrente:

a) transcreva o trecho divergente;

b) aponte o sítio de onde foi extraído; e

c) decline o número do processo, o órgão prolator do acórdão e a data da respectiva publicação no Diário Eletrônico da Justiça do Trabalho.

V – A existência do código de autenticidade na cópia, em formato pdf, do inteiro teor do aresto paradigma, juntada aos autos, torna-a equivalente ao documento original e também supre a ausência de indicação da fonte oficial de publicação.

2.4.1.2. *Divergência ocorre na interpretação de norma estadual, convenção coletiva, acordo coletivo, sentença normativa e regulamento de empresa, desde que a norma extrapole o âmbito de um regional.*

Nesse caso, a divergência na interpretação de norma estadual, convenção coletiva, acordo coletivo, sentença normativa e regulamento de empresa para ensejar o recurso de revista deve, obrigatoriamente, extrapolar o âmbito de um regional.

2.4.1.3. Violação literal da Lei Federal ou da Constituição Federal

Cabe recurso de revista quando a decisão do recurso ordinário violar dispositivo da Lei Federal ou afrontar direta e literal da Constituição Federal.

> TST, Sum 221 – RECURSO DE REVISTA. VIOLAÇÃO DE LEI. INDICAÇÃO DE PRECEITO – A admissibilidade do recurso de revista por violação tem como pressuposto a indicação expressa do dispositivo de lei ou da Constituição tido como violado.

Não será permitido que a violação normativa seja transversa ou indireta.

Segundo o TST, por meio da Orientação Jurisprudencial nº 257 da SDI-1, "a invocação expressa no recurso de revista dos preceitos legais ou constitucionais tidos como violados não significa exigir da parte a utilização das expressões 'contrariar', 'ferir', 'violar', etc.".

2.4.2. Rito Sumaríssimo (Causas com valores até 40 Salários Mínimos)

– Cabe recurso de revista nos processos que tramitam no rito sumaríssimo?

No rito sumaríssimo, o recurso de revista cabe apenas em 3 oportunidades.

– Quais, Professor?

Quando a decisão do recurso ordinário proferida pelo TRT, violar súmula vinculante do STF, súmula do TST e a CF/88. Veja o que diz o art. 896 § 9º da CLT:

> CLT, Art. 896, § 9º – Nas causas sujeitas ao procedimento sumaríssimo, somente será admitido recurso de revista por contrariedade a súmula de jurisprudência uniforme do Tribunal Superior

do Trabalho ou a súmula vinculante do Supremo Tribunal Federal e por violação direta da Constituição Federal.

– E quando a decisão violar uma OJ, não cabe o recurso de revista?

Não conforme determinação da Súmula nº 442 do TST, vejamos:

2.4.3. Fase de execução

– Quando cabe recurso de revista na fase de execução, Hamilton?

Na fase de execução somente cabe recurso de revista para impugnar decisão de agravo de petição que ofende direta e literal norma da Constituição Federal (CLT, art. 896, § 2º), bem como nos casos de execução fiscal e controvérsia na fase de execução envolvendo a Certidão Negativa de Débitos Trabalhistas quando a decisão do agravo de petição violar a lei federal, por divergência jurisprudencial e por ofensa à Constituição Federal (CLT, art. 896, § 10).

> CLT, art. 896 §, 2º – Das decisões proferidas pelos Tribunais Regionais do Trabalho ou por suas Turmas, em execução de sentença, inclusive em processo incidente de embargos de terceiro, não caberá Recurso de Revista, salvo na hipótese de ofensa direta e literal de norma da Constituição Federal.
>
> CLT, art. 896, § 10. Cabe recurso de revista por violação a lei federal, por divergência jurisprudencial e por ofensa à Constituição Federal nas execuções fiscais e nas controvérsias da fase de execução que envolvam a Certidão Negativa de Débitos Trabalhistas (CNDT), criada pela Lei no 12.440, de 7 de julho de 2011.

A admissibilidade do recurso de revista interposto de acórdão proferido em agravo de petição, na liquidação de sentença ou em processo incidente na execução, inclusive os embargos de terceiro, depende de demonstração inequívoca de violência direta à Constituição Federal", conforme entendimento da Súmula nº 266 do TST.

2.4.4. *Reexame necessário e o recurso de revista*

Em regra, será incabível recurso de revista de ente público que não interpôs recurso ordinário voluntário da decisão de primeira instância.

– Mas por que ela não pode interpor em regra recurso de revista no reexame necessário?

A interposição do recurso de revista pelo ente público pressupõe a existência anterior de recurso ordinário voluntário por parte da Fazenda Pública, pois, não interpondo este, o ente público se conformou com a decisão, faltando-lhe interesse para interpor recurso posterior, além de ter ocorrido a preclusão temporal.

– E qual seria exceção?

Segundo a OJ nº 334 da SDI-1 do TST, a exceção ficaria com a hipótese de ter sido agravada, na segunda instância, a condenação imposta a Fazenda Pública, quando a parte contraria interpõe recurso ordinário e obtém êxito, majorando a condenação.

– Deixa-me ver se entendi, Professor. A Fazenda Pública não recorre, aí o processo sobe para o TRT por meio de remessa necessária. A parte contrária não se conforme com a sentença e apresenta recurso ordinário. Seria isso?

Isso mesmo, a remessa necessária não tem êxito e o recurso ordinário tem êxito, majorando a condenação da Fazenda Pública. Contudo, o recurso de revista da Fazenda Pública será limitado ao objeto da majoração.

2.5. Deveres do recorrente

– Quais os cuidados que o recorrente deve ter ao confeccionar o recurso de revista?

Segundo o § 1º-A do art. 896-A da CLT, é ônus da parte recorrente sob pena de não conhecimento do recurso de revista:

> I - indicar o trecho da decisão recorrida que consubstancia o prequestionamento da controvérsia objeto do recurso de revista;
>
> II - indicar, de forma explícita e fundamentada, contrariedade a dispositivo de lei, súmula ou orientação jurisprudencial do Tribunal Superior do Trabalho que conflite com a decisão regional;
>
> III - expor as razões do pedido de reforma, impugnando todos os fundamentos jurídicos da decisão recorrida, inclusive mediante demonstração analítica de cada dispositivo de lei, da Constituição Federal, de súmula ou orientação jurisprudencial cuja contrariedade aponte.
>
> IV - transcrever na peça recursal, no caso de suscitar preliminar de nulidade de julgado por negativa de prestação jurisdicional, o trecho dos embargos declaratórios em que foi pedido o pronunciamento do tribunal sobre questão veiculada no recurso ordinário e o trecho da decisão regional que rejeitou os embargos quanto ao pedido, para cotejo e verificação, de plano, da ocorrência da omissão.

2.6. Não cabimento do recurso de revista

2.6.1. Para reexame de fatos e provas

Para simples reexame de prova não cabe recurso de revista, pois como vimos, o recurso de revista, busca a tutela do direito objetivo, ficando restrito à análise de direito, podendo o recorrente discutir fatos e provas até o Tribunal Regional do Trabalho por meio do recurso ordinário, recurso este, que antecede o recurso de revista. Nesse sentido:

> TST, SUM 126 - Incabível o recurso de revista ou de embargos (arts. 896 e 894, "b", da CLT) para reexame de fatos e provas.

2.6.1.1. Exceção

– Não temos nenhuma exceção, Professor?

A exceção fica por conta do reenquadramento jurídico dos fatos estritamente consignados no acórdão regional do recurso ordinário. Nesse sentido, Miessa[3]:

> Contudo, é necessário registrar que, nesses recursos, o direito subjetivo pode ser tutelado, mas apenas de modo indireto, ou seja, a tutela do direito objetivo pode provocar benefícios para o direito subjetivo. Isso ocorre, porque o TST poderá fazer a qualificação jurídica dos fatos. Esses fatos, porém, somente podem ser qualificados se forem incontroversos ou se constarem do acórdão regional. Desse modo, se a parte pretende aduzi-los no recurso de revista e eles não são incontroversos, incumbe-lhe interpor os embargos de declaração para que todos os fatos importantes constem expressamente no acórdão regional, levando-os ao TST para sua qualificação jurídica.
>
> Assim, o TST não irá analisar, por exemplo, o conteúdo de um depoimento, mas nada obsta que invalide o depoimento de uma testemunha por ser impedida de depor. Nesse caso, se os fatos que demonstram seu impedimento (por exemplo, ser cônjuge da parte) forem incontroversos ou constarem no acórdão regional, o TST qualificará tais fatos com enfoque imediato na violação do art. 829 da CLT e art. 447, § 2°, do CPC/15, atingindo apenas reflexamente a prova dos autos.
>
> É o que acontece ainda quando, por exemplo, o acórdão regional indica as mudanças do trabalhador no período do contrato de trabalho, não reconhecendo a transferência como provisória. Nessa hipótese, havendo recurso de revista por violação do art. 469 da CLT, o TST poderá qualificar esses fatos, admitindo-a como provisória e concedendo o adicional de transferência.

Veja algumas decisões do TST sobre o tema:

> RECURSO DE EMBARGOS EM RECURSO DE REVISTA COM AGRAVO. ACÓRDÃO PUBLICADO NA VIGÊNCIA DA LEI Nº 13.467/2017. DIFERENÇAS SALARIAIS. CRITÉRIOS DE PROMOÇÃO NÃO OBSERVADOS. NORMA INTERNA 30-04- 00.

3. MIESSA, Élisson. "**Manual dos recursos trabalhistas: teoria e prática**" 4. ed. Salvador. Juspodivm, 2020.

PRESCRIÇÃO APLICÁVEL. SÚMULA Nº 452 DO TST. Cinge-se a controvérsia ao exame da prescrição aplicável ao pedido de diferenças salariais decorrentes da inobservância dos critérios previstos na Norma Interna 30-04-00 da Petrobras para a concessão de promoções por mérito. A pretensão da parte embargante, fundada em dissenso jurisprudencial e contrariedade à Súmula nº 294 do TST, esbarra no óbice do artigo 894, § 2º, da CLT, segundo o qual a divergência apta a ensejar os embargos deve ser atual, não se considerando tal a ultrapassada por súmula do Tribunal Superior do Trabalho ou do Supremo Tribunal Federal, ou superada por iterativa e notória jurisprudência do Tribunal Superior do Trabalho. Com efeito, é entendimento desta Corte que a hipótese dos autos não trata de alteração de norma aplicável às promoções, porquanto o reclamante requer a aplicação dos critérios previstos na norma que viabilizou o aumento em exame, qual seja, a Norma Interna 30-04-00, sob a alegação de que sua inobservância impedira a majoração de sua remuneração. As diferenças salariais que decorrem da não concessão de aumento de nível com base em critérios previstos em Plano de Cargos e Salários, ou normativo equivalente, no caso específico, a Norma Interna 30-04-00, por se tratarem de verba salarial de prestação sucessiva, continuada e integrativa do salário, não são abarcadas pela prescrição total, e sim pela parcial, nos termos do entendimento consubstanciado na Súmula nº 452 desta Corte. Precedentes. Não se verifica a alegada contrariedade à Súmula Vinculante 10 do STF, porque não houve declaração de inconstitucionalidade de preceito legal no âmbito da Turma. O Colegiado, no exame da controvérsia, procedeu ao reenquadramento jurídico dos fatos estritamente consignados no acórdão regional à conclusão jurídica distinta, não tendo incursionado no conjunto fático-probatório dos autos com vistas a extrair as premissas determinantes para se conhecer do recurso de revista. É que o pedido se refere ao descumprimento de critérios de promoções por mérito previstas na Norma Interna 30-04-00 da Petrobras, situação que permitiu a Turma concluir pela incidência da prescrição parcial, embasada em precedentes do TST. Assim, tratando-se de questão eminentemente de direito, não há como se reconhecer a excepcional hipótese de cabimento dos embargos por contrariedade à Súmula nº 126 do TST, por não se tratar de reexame de fatos e provas, mas sim de subsunção dos fatos da causa ao preceito legal vigente, não se verificando a circunstância de a decisão embargada conter afirmação ou manifestação contrária ao teor do indicado verbete processual. Cumprida a função exclusivamente uniformizadora por esta Subseção Especializada, nada a modificar o quanto decidido na Turma. Recurso de embargos não conhecido. (TST; E-ED-ARR 0001041-76.2015.5.20.0007; Subseção I Especializada em Dissídios Individuais; Rel. Min. Breno Medeiros; DEJT 08/05/2020; Pág. 285)

AGRAVO. RECURSO DE REVISTA. ACÓRDÃO PUBLICADO NA VIGÊNCIA DA LEI Nº 13.015/2014. PRESCRIÇÃO. Este relator, no exame da controvérsia, procedeu ao reenquadramento jurídico dos fatos estritamente consignados no acórdão regional à conclusão jurídica distinta, não tendo incursionado no conjunto fático-probatório dos autos com vistas a extrair as premissas determinantes para se conhecer do recurso de revista do reclamante. É que embora conste do acórdão regional tratar-se de alteração do pactuado, há registro de ter sido a partir de 1996 que a reclamada deixou de conceder às promoções por mérito na forma prevista na referida Norma Interna, sem referência expressa ao normativo que teria alterado o quanto estabelecido na Norma Interna 30-04-00. Não há registro, ainda, de que houve revogação da referida norma. Assim, tratando-se de questão eminentemente de direito, não há como se reconhecer a excepcional contrariedade à Súmula nº 126 do TST, por não se tratar de reexame de fatos e provas, mas sim de subsunção dos fatos da causa ao preceito legal vigente, não se verificando a circunstância de a decisão agravada conter afirmação ou manifestação contrária ao teor do indicado verbete processual. Com efeito, a decisão agravada registrou que a hipótese dos autos não trata de alteração de norma aplicável às promoções, porquanto o reclamante requer a aplicação da norma que viabilizou o aumento em exame, qual seja, a Norma Interna 30-04-00, sob a alegação de que sua inobservância impedira a majoração de sua remuneração. Destacou, ainda, que as diferenças salariais que decorrem da não concessão de aumento de nível com base em Plano de Cargos e Salários, ou normativo equivalente, por se tratarem de verba salarial de prestação sucessiva, continuada e integrativa do salário, não são abarcadas pela prescrição total e sim pela parcial, nos termos do entendimento consubstanciado na Súmula nº 452 desta Corte. Nesse contexto, não tendo sido apresentados argumentos suficientes à reforma da r. decisão impugnada,

> deve ser desprovido o agravo. Considerando a improcedência do recurso, aplica-se à parte agravante a multa prevista no art. 1.021, § 4º, do CPC. Agravo não provido, com aplicação de multa. (TST; Ag-ARR 0006692-87.2014.5.01.0481; Quinta Turma; Rel. Min. Breno Medeiros; DEJT 24/04/2020; Pág. 1907)

2.6.2. *Jurisprudência ultrapassada*

Não cabe recurso de revista de jurisprudência ultrapassada.

– O que seria essa jurisprudência ultrapassada, Hamilton?

A divergência apta a ensejar o recurso de revista deve ser atual, não se considerando como tal a ultrapassada por súmula do Tribunal Superior do Trabalho ou do Supremo Tribunal Federal, ou superada por iterativa e notória jurisprudência do Tribunal Superior do Trabalho, conforme § 7º do art. 896 da CLT.

2.6.3. *Divergência oriunda do mesmo Tribunal*

A divergência jurisprudencial não pode ser entre decisões oriundas do mesmo Tribunal Regional do Trabalho. Para a divergência jurisprudencial, deve-se indicar decisão de outro TRT, ou decisão da Seção de Dissídios Individuais do TST, ou súmula do TST, ou súmula vinculante do STF. Nesse sentido, a Orientação Jurisprudencial nº 111 da SDI-I do TST:

> TST, OJ 111 da SDI-1 – Não é servível ao conhecimento de recurso de revista aresto oriundo de mesmo Tribunal Regional do Trabalho, salvo se o recurso houver sido interposto anteriormente à vigência da Lei nº 9.756/98".

2.6.4. *Acórdão de competência originária do TRT*

Não cabe recurso de revista de acórdão de competência originária do TRT, pois como vimos, o recurso de revista somente cabe após a decisão do recurso ordinário.

– Caso a parte apresente recurso de revista de acórdão de competência originária do TRT, o TRT pode receber como recurso ordinário aplicando o princípio da fungibilidade?

Não. Pois nesse caso, o TST entende que se trata de um caso de erro grosseiro. Veja o que diz a OJ nº 152 da SDI-II do TST:

> TST, OJ 152 da SDI-2 – A interposição de recurso de revista de decisão definitiva de Tribunal Regional do Trabalho em ação rescisória ou em mandado de segurança, com fundamento em violação legal e divergência jurisprudencial e remissão expressa ao art. 896 da CLT, configura erro grosseiro, insuscetível de autorizar o seu recebimento como recurso ordinário, em face do disposto no art. 895, II, da CLT.

2.6.4.1. Exceção

A regra, portanto, é que a demanda tenha se iniciado na Vara do Trabalho. Dissemos como regra, porque existe uma exceção em que caberá recurso de revista de ação originária do TRT: é o caso do agravo de petição de ação de competência originária do TRT, já que, nesse caso, a execução é iniciada no tribunal e o agravo é julgado pelo próprio tribunal regional (CLT, art. 897, § 3°), diferindo, pois, do recurso ordinário de ação de competência originária do TRT, em que o julgamento do RO é feito pelo TST. Em todos os demais casos, o processo deverá ter origem na Vara do Trabalho[4].

2.6.5. Acórdão proferido em agravo de instrumento

Veja o que diz a Súmula nº 218 do TST:

> TST, SUM 218 – É incabível recurso de revista interposto de acórdão regional prolatado em agravo de instrumento.

4. MIESSA, Élisson. "**Manual dos recursos trabalhistas: teoria e prática**" 4. ed. Salvador. Juspodivm, 2020.

– Seria o caso de o TRT não dar provimento a um agravo de instrumento para destrancar um recurso ordinário trancado no primeiro juízo de admissibilidade? Então, dessa decisão não caberia o recurso de revista?

Isso mesmo. Pois, essa decisão do agravo tentando destrancar o agravo de instrumento é uma decisão interlocutória e segundo o art. 893, § 1 º, da CLT, de decisões interlocutórias não cabe recurso.

2.6.6. *Decisão monocrática*

Da decisão monocrática não cabe recurso de revista, e sim, agravo interno ou regimental, veja:

> TST, OJ 412 da SDI-1 – É incabível agravo interno (art. 1.021 do CPC de 2015, art. 557, §1º, do CPC de 1973) ou agravo regimental (art. 235 do RITST) contra decisão proferida por Órgão colegiado. Tais recursos destinam-se, exclusivamente, a impugnar decisão monocrática nas hipóteses previstas. Inaplicável, no caso, o princípio da fungibilidade ante a configuração de erro grosseiro.

2.7. Efeitos do recurso de revista

– Quais efeitos o recurso de revista é recebido?

Como os demais recursos, o recurso de revista somente é recebido no efeito devolutivo, e deve ser interposto perante o Presidente do Tribunal Regional do Trabalho recorrido, que, por meio de decisão fundamentada, pode recebê-lo ou denegá-lo (art. 896, § 1º, da CLT).

A parte recorrente pode solicitar o efeito suspensivo ao recurso de revista, através de um requerimento, conforme determinado pelo art. 1.029, § 5°, I a III, do CPC e item I da Súmula nº 414 do TST, desde que, esteja presente o risco de dano grave, de difícil ou impossível reparação, e ficar demonstrada a probabilidade de provimento do recurso.

2.8. Preparo

– Como fica o preparo no recurso de revista?

Como já estudado no capítulo de teoria geral dos recursos, no Processo do Trabalho, o preparo refere-se ao pagamento das custas (arts. 789, § 1º c/c 790-A, da CLT) e do depósito recursal (Súmula nº 128, I, do TST) para o empregador e somente das custas para o empregado, caso não seja beneficiário da justiça gratuita.

3. EMBARGOS DE DIVERGÊNCIA

Recurso de embargos de divergência é um meio processual colocado à disposição das partes, a viabilizar, dentro da mesma relação jurídica processual, e dentro do prazo de 8 dias úteis, a impugnação decisões proferidas em grau de revista, pelas turmas do Tribunal Superior do Trabalho, solicitando a correta aplicação da Lei em seu aspecto objetivo, unificando assim, a jurisprudência do próprio TST.

Nesse sentido, o art. 894 da CLT:

> CLT, Art. 894. No Tribunal Superior do Trabalho cabem embargos, no prazo de 8 (oito) dias:
>
> II – das decisões das Turmas que divergirem entre si ou das decisões proferidas pela Seção de Dissídios Individuais, ou contrárias a súmula ou orientação jurisprudencial do Tribunal Superior do Trabalho ou súmula vinculante do Supremo Tribunal Federal.

– Quem tem competência para julgar este recurso, Professor?

A competência para julgar os embargos de divergência é da Subseção de Dissídios Individuais I do TST (SDI-I), nos termos do art. 3°, III, "b", da Lei nº 7.701/88.

> Lei nº 7.701/88, Art. 3º – Compete à Seção de Dissídios Individuais julgar:
>
> III – em última instância:

> b) os embargos das decisões das Turmas que divergirem entre si, ou das decisões proferidas pela Seção de Dissídios Individuais;

3.1. Prazo

– Qual prazo para a parte apresentar os embargos de divergência?

Já falamos muitas vezes que os prazos dos recursos no Processo do Trabalho são em regra de 8 dias. Sobre os prazos, é importante saber ainda:

a. Que a União, os Estados, o Distrito Federal e os Municípios, bem como, as autarquias, as Fundações Públicas de Direito Público e, os demais órgãos da Administração Pública que não explorem a atividade econômica (Exemplo: Correios – OJ nº 247, item II da SDI-1 do TST), possuem prazo em dobro, ou seja, de 16 dias úteis.

> DL 779/69 – Art. 1º Nos processos perante a Justiça do Trabalho, constituem privilégio da União, dos Estados, do Distrito Federal, dos Municípios e das autarquias ou fundações de direito público federais, estaduais ou municipais que não explorem atividade econômica:
>
> [...]
>
> III – o prazo em dobro para recurso;

b. Que os litisconsortes com procurados de escritório jurídico distintos não possuem, prazo em dobro, conforme OJ nº 310 da SDI-1.

> TST, OJ 310 da SDI-1 – Inaplicável ao processo do trabalho a norma contida no art. 229, caput e §§ 1º e 2º, do CPC de 2015 (art. 191 do CPC de 1973), em razão de incompatibilidade com a celeridade que lhe é inerente.

3.2. Pressuposto específico

3.2.1. *Prequestionamento*

– Além daqueles pressupostos já estudados na teoria geral dos recursos, quais pressupostos específicos devem ser cumpridos na interposição dos embargos de divergência, Hamilton?

O recorrente deve demonstrar o prequestionamento da matéria. Para melhor compreensão, remeto o leitor ao tema prequestionamento estudado no recurso de revista.

3.2.2. *Representação por advogado*

A capacidade postulatória para apresentar embargos de divergência é privativa dos advogados, não aplicando o *jus postulandi* previsto no art. 791 da CLT, conforme determinado pela Súmula nº 425 do TST.

> TST, SUM 425 – O jus postulandi das partes, estabelecido no art. 791 da CLT, limita-se às Varas do Trabalho e aos Tribunais Regionais do Trabalho, não alcançando a ação rescisória, a ação cautelar, o mandado de segurança e os recursos de competência do Tribunal Superior do Trabalho.

3.3. Cabimento

Já alerto de imediato que não cabe embargos de divergência de decisão monocrática. De tal decisão, a parte deve apresentar o agravo regimental.

– Então, Professor, os embargos de divergência só cabem de decisão colegiada?

Isso mesmo, esse recurso, cabe apenas de decisão colegiada da Turma do TST. Nesse sentido, a OJ nº 378 da SDI-1 do TST:

> TST, OJ 378 da SDI-1 – Não encontra amparo no art. 894 da CLT, quer na redação anterior quer na redação posterior à Lei nº 11.496, de 22.06.2007, recurso de embargos interposto à decisão monocrática exarada nos moldes do art. 932 do CPC de 2015 (art. 557 do CPC de 1973), pois o comando legal restringe seu cabimento à pretensão de reforma de decisão colegiada proferida por Turma do Tribunal Superior do Trabalho.

Vejamos as possibilidades de cabimento:

3.3.1. Rito Ordinário (Causas com valores acima de 40 Salários Mínimos)

Segundo o art. 894, II, da CLT, cabe embargos de divergência das decisões das Turmas que divergirem entre si ou das decisões proferidas pela Seção de Dissídios Individuais, ou contrárias à súmula ou orientação jurisprudencial do Tribunal Superior do Trabalho ou súmula vinculante do Supremo Tribunal Federal.

Em resumo, cabe:

A) De decisão de turma do TST divergente de outra turma do TST;

B) De decisão de turma do TST divergente de decisão da SDI do TST;

C) De decisão de turma do TST divergente de uma súmula do TST;

D) De decisão de turma do TST divergente de uma Orientação Jurisprudencial;

> TST, OJ 219 da SDI-1 – É válida, para efeito de conhecimento do recurso de revista ou de embargos, a invocação de Orientação Jurisprudencial do Tribunal Superior do Trabalho, desde que, das razões recursais, conste o seu número ou conteúdo.

E) De decisão de turma do TST divergente de uma súmula vinculante do STF.

3.3.2. *Rito Sumaríssimo (Causas com valores até 40 Salários Mínimos)*

– Cabe embargos de divergência no rito sumaríssimo, Hamilton?

Segundo a Súmula nº 458 do TST, nas causas sujeitas ao rito sumaríssimo, admitem-se os embargos quando demonstrada que a divergência jurisprudencial entre Turmas do TST é fundada em interpretações diversas acerca da aplicação de mesmo dispositivo constitucional ou de matéria sumulada, no caso, súmulas do TST ou súmula vinculante do STF.

3.3.3. *Fase de execução*

Na fase de execução, os embargos de divergência ficam condicionados à demonstração de divergência jurisprudencial entre Turmas ou destas e a Seção Especializada em Dissídios Individuais do Tribunal Superior do Trabalho em relação à interpretação de dispositivo constitucional, conforme determinado pela Súmula nº 433 do TST.

– Existem outras possibilidades, Professor?

Com o advento da Lei 13.015/2014, passou a ser possível o cabimento dos embargos de divergência na fase de execução após a decisão do recurso de revista quando nas execuções fiscais e nas controvérsias da fase de execução que envolvam a Certidão Negativa de Débitos Trabalhistas (CNDT) caberá recurso de revista por violação à lei federal, por divergência jurisprudencial e por ofensa à Constituição Federal.

3.4. Não cabimento

3.4.1. *Para discussão de fato e de direito*

Por ter natureza extraordinária e vinculada, não se permite nas razões do recurso de embargos de divergência, o reexame de fatos e provas, conforme Súmula nº 126 do TST.

3.4.2. Decisão com vários fundamentos

Segundo a Súmula nº 23 do TST, não se conhece de recurso de revista ou de embargos, se a decisão recorrida resolver determinado item do pedido por diversos fundamentos e a jurisprudência transcrita não abranger a todos.

3.4.3. Decisões de agravo

Não cabem embargos para a Seção de Dissídios Individuais de decisão de Turma proferida em agravo. Contudo, temos exceções.

– Quais, Hamilton?

Todas estão previstas na Súmula nº 356 do TST, cabendo embargos de divergência quando:

> a) Da decisão que não conhece de agravo de instrumento ou de agravo pela ausência de pressupostos extrínsecos;
>
> b) Da decisão que nega provimento a agravo contra decisão monocrática do Relator, em que se proclamou a ausência de pressupostos extrínsecos de agravo de instrumento;
>
> c) Para revisão dos pressupostos extrínsecos de admissibilidade do recurso de revista, cuja ausência haja sido declarada originariamente pela Turma no julgamento do agravo;
>
> d) Para impugnar o conhecimento de agravo de instrumento;
>
> e) Para impugnar a imposição de multas previstas nos arts. 1.021, § 4º[5], do CPC de 2015 ou 1.026, § 2º[6], do CPC de 2015.
>
> f) Contra decisão de Turma proferida em agravo em recurso de revista, nos termos do art. 894, II, da CLT.

5. CPC, Art. 1.021, § 4º Quando o agravo interno for declarado manifestamente inadmissível ou improcedente em votação unânime, o órgão colegiado, em decisão fundamentada, condenará o agravante a pagar ao agravado multa fixada entre um e cinco por cento do valor atualizado da causa.
6. CPC, Art. 1.026, § 2º Quando manifestamente protelatórios os embargos de declaração, o juiz ou o tribunal, em decisão fundamentada, condenará o embargante a pagar ao embargado multa não excedente a dois por cento sobre o valor atualizado da causa.

3.4.4. Jurisprudência ultrapassada

Não cabe recurso de embargos de divergência quando a divergência jurisprudencial não for atual.

– O que seria essa jurisprudência ultrapassada?

Segundo o próprio parágrafo segundo do art. 894 da CLT, não será atual aquela ultrapassada por súmula do Tribunal Superior do Trabalho ou do Supremo Tribunal Federal, ou superada por iterativa (reiterado, repetido) e notória (conhecido por todos) jurisprudência do Tribunal Superior do Trabalho. Veja:

> CLT, art. 894, § 2º – A divergência apta a ensejar os embargos deve ser atual, não se considerando tal a ultrapassada por súmula do Tribunal Superior do Trabalho ou do Supremo Tribunal Federal, ou superada por iterativa e notória jurisprudência do Tribunal Superior do Trabalho.

3.5. Efeitos do Recurso

Como os demais recursos, o recurso de embargos de divergência somente é recebido no efeito devolutivo. A parte recorrente pode solicitar o efeito suspensivo ao recurso, através de um requerimento, conforme determinado pelo art. 1.029, § 5°, I a III e item I da Súmula nº 414 do TST, desde que, esteja presente o risco de dano grave, de difícil ou impossível reparação, e ficar demonstrada a probabilidade de provimento do recurso.

3.6. Preparo

O preparo se refere ao pagamento das custas (arts. 789, § 1º c/c 790-A, da CLT) e do depósito recursal (Súmula nº 128, I, do TST) para o empregador e somente das custas para o empregado, caso não seja beneficiário da justiça gratuita.

4. EMBARGOS DE DECLARAÇÃO

Embargos de declaração é um meio processual colocado à disposição das partes, a viabilizar, dentro da mesma relação jurídica processual, e dentro do prazo de 5 dias úteis, a impugnação de decisões que estão omissas, contraditórias ou obscuras.

É bom lembrar que esse recurso não serve para modificar convencimento do julgador. Nesse sentido, o TST editou o item II da Súmula nº 421, veja:

> TST, SUM 421, II – Se a parte postular a revisão no mérito da decisão monocrática, cumpre ao relator converter os embargos de declaração em agravo, em face dos princípios da fungibilidade e celeridade processual, submetendo-o ao pronunciamento do Colegiado, após a intimação do recorrente para, no prazo de 5 (cinco) dias, complementar as razões recursais, de modo a ajustá-las às exigências do art. 1.021, § 1º, do CPC de 2015.

4.1. Prazo

– Eu lembro que esse recurso possui prazo diferenciado, Professor. Estou certo?

Sim, o recurso de embargos de declaração possui o prazo de 5 dias úteis. Nesse sentido, o art. 897-A da CLT:

> CLT, Art. 897-A – Caberão embargos de declaração da sentença ou acórdão, no prazo de cinco dias, devendo seu julgamento ocorrer na primeira audiência ou sessão subsequente a sua apresentação, registrado na certidão, admitido efeito modificativo da decisão nos casos de omissão e contradição no julgado e manifesto equívoco no exame dos pressupostos extrínsecos do recurso.

Contudo, para as pessoas jurídicas de direito público que não explorem atividade econômica, este prazo é contado em dobro, conforme previsto na OJ nº 192 da SDI-1 do TST, veja:

> TST, OJ 192 da SDI-1 – É em dobro o prazo para a interposição de embargos declaratórios por Pessoa jurídica de direito público.

4.2. Cabimento

Os embargos, devem ser apresentados por petição dirigida ao juízo que terminou de proferir a decisão com a indicação dos vícios referidos no art. 1.022 do CPC/2015 (artigo aplicado supletivamente conforme determinação do art. 9º da IN 39/2016 do TST), para que o órgão integre a decisão embargada, esclarecendo uma obscuridade, ou uma contradição, ou suprindo uma omissão ou corrigindo erro material. Trata-se de um recurso de fundamentação vinculada.

4.2.1. Omissão

– Quando que uma decisão será considerada omissa, Hamilton?

Segundo o inciso II do art. 1.022 do CPC, cabe embargos de declaração para suprir omissão de ponto ou questão sobre o qual devia se pronunciar o juiz de ofício ou a requerimento. Perceba que a omissão nos termos desse dispositivo do CPC é bem ampla.

– Então, para irmos direto ao ponto, Hamilton, quais as principais omissões que cabem embargos?

Será omissa a decisão quando o órgão julgador:

- Não analisar todos os pedidos trazidos na peça inicial ou defesa.
- Não se pronunciar de tema que poderia fazer de ofício.

– Temos um exemplo, Professor?

A incompetência absoluta em razão da matéria seria um exemplo clássico. Outro exemplo, seria a ausência ou nulidade da citação do reclamado.

Vamos continuando com as hipóteses.

- Não se manifestar sobre tese firmada em incidente de assunção de competência ou em julgamento de casos repetitivos, invocado pelas partes, ou ainda, deixar de seguir enunciado de súmula, jurisprudência ou precedente invocado pela parte, sem demonstrar a existência de distinção no caso em julgamento ou a superação do entendimento.

Nesse sentido, veja o que diz o § 1º do art. 489 do CPC:

> § 1º Não se considera fundamentada qualquer decisão judicial, seja ela interlocutória, sentença ou acórdão, que:

I – se limitar à indicação, à reprodução ou à paráfrase de ato normativo, sem explicar sua relação com a causa ou a questão decidida;

> II – empregar conceitos jurídicos indeterminados, sem explicar o motivo concreto de sua incidência no caso;
>
> III – invocar motivos que se prestariam a justificar qualquer outra decisão;
>
> IV – não enfrentar todos os argumentos deduzidos no processo capazes de, em tese, infirmar a conclusão adotada pelo julgador;
>
> V – se limitar a invocar precedente ou enunciado de súmula, sem identificar seus fundamentos determinantes nem demonstrar que o caso sob julgamento se ajusta àqueles fundamentos;
>
> VI – deixar de seguir enunciado de súmula, jurisprudência ou precedente invocado pela parte, sem demonstrar a existência de distinção no caso em julgamento ou a superação do entendimento.

4.2.1.1. Prequestionamento

Os recursos de natureza extraordinária (Recurso de Revista, Embargos de Divergência e Recurso Extraordinário) necessitam de pronúncia expressa a respeito do tema que será abordado neles.

A doutrina[7] explica que o prequestionamento exige que:

7. PINTO, Raymundo Antonio Carneiro. **"Súmulas da TST comentadas"**. 10. ed. São Paulo: Ltr, 2008.

> "o acórdão contra o qual se recorre deve conter, de forma explícita, referência à tese que se deseja impugnar. Às vezes, o Tribunal Regional, ao julgar, omite-se a respeito de um argumento utilizado nas razões ou contrarrazões do recurso. Tal ocorrendo, compete à parte oferecer embargos de declaração, sob pena de preclusão".

Caso o Tribunal não tenha se pronunciado sobre o tema, os embargos declaratórios são utilizados para prequestionar tais temas, sanando a omissão, sob pena de indeferimento do recurso por ausência de prequestionamento. Veja o que diz a Súmula nº 297 do TST:

> TST, SUM 297 – Prequestionamento. Oportunidade. Configuração
>
> 1. Diz-se prequestionada a matéria ou questão quando na decisão impugnada haja sido adotada, explicitamente, tese a respeito.
>
> 2. Incumbe à parte interessada, desde que a matéria haja sido invocada no recurso principal, opor embargos declaratórios objetivando o pronunciamento sobre o tema, sob pena de preclusão.
>
> 3. Considera-se prequestionada a questão jurídica invocada no recurso principal sobre a qual se omite o Tribunal de pronunciar tese, não obstante opostos embargos de declaração.

O STJ por meio da Súmula nº 98, entendeu que os embargos de declaração com intuito de prequestionar a matéria, não é protelatório.

> STJ, SUM 98 – Embargos de declaração manifestados com notório propósito de prequestionamento não têm caráter protelatório".

O TST, por meio da Súmula nº 184, entende que ocorre preclusão quando não forem opostos embargos declaratórios para suprir omissão apontada em recurso de revista ou de embargos.

4.2.1.2. Omissão no juízo de admissibilidade do recurso de revista

> Se houver omissão no juízo de admissibilidade do recurso de revista feito pelo Presidente do TRT quanto a um ou mais temas, é ônus da parte interpor embargos de declaração para o órgão prolator da decisão embargada supri-la (CPC, art. 1024, § 2º), sob pena de preclusão, conforme determinado pelo § 1º do art. 1º da IN 40 do TST.

4.2.2. *Contradição*

A decisão é contraditória quando encerra duas ou mais proposições ou dois ou mais enunciados inconciliáveis. A contradição ocorre entre proposições e os enunciados que se encontram dentro da mesma decisão[8].

– Tem exemplo, Hamilton?

Há contradição, por exemplo quando na fundamentação afirma-se que o pedido deve ser procedente, mas, na parte dispositiva da sentença, o mesmo é rejeitado.

4.2.3. *Obscuridade*

Considera-se obscura a decisão quando imprecisa, isso é, de difícil ou impossível compreensão. Segundo Marinoni[9], "decisão obscura é a decisão a que falta clareza. A obscuridade concerne à redação da decisão. A obscuridade compromete a adequada compreensão da ideia exposta na decisão judicial".

4.2.4. *Manifesto equívoco no exame dos pressupostos extrínsecos do recurso*

A possibilidade de sanar um equívoco no exame dos pressupostos extrínsecos do recurso, tem previsão apenas no Processo do Trabalho, por força do art. 897-A da CLT.

– Quais os pressupostos extrínsecos mesmo, Professor?

8. MARINONI, Luiz Guilherme; ARENHART, Sérgio Cruz; MITIDIERO, Daniel. **"Código de Processo Civil Comentado"** – 4ª ed. São Paulo. Revista dos Tribunais, 2018.
9. MARINONI, Luiz Guilherme; ARENHART, Sérgio Cruz; MITIDIERO, Daniel. **"Código de Processo Civil Comentado"** – 4ª ed. São Paulo. Revista dos Tribunais, 2018.

São pressupostos extrínsecos a tempestividade, a representação, o preparo (custas processuais e depósito recursa) e regularidade formal.

4.2.5. *Erro material*

> Segundo o § 1º do art. 987-A da CLT, os erros materiais poderão ser corrigidos de ofício ou a requerimento de qualquer das partes.

Os erros materiais estão previstos no artigo 833 da CLT, veja:

> CLT, Art. 833. Existindo na decisão evidentes erros ou enganos de escrita, de datilografia ou de cálculo, poderão os mesmos, antes da execução, ser corrigidos, ex officio, ou a requerimento dos interessados ou da Procuradoria da Justiça do Trabalho.

4.3. Efeito modificativo / infringente

– Quando que os embargos terão efeito modificativo?

Os embargos terão efeito modificativo quando estiverem falando sobre omissão, contradição ou equívoco na análise dos pressupostos extrínsecos do recurso. Veja o caput do art. 897-A da CLT:

> CLT, Art. 897-A – Caberão embargos de declaração da sentença ou acórdão, no prazo de cinco dias, devendo seu julgamento ocorrer na primeira audiência ou sessão subsequente a sua apresentação, registrado na certidão, ADMITIDO EFEITO MODIFICATIVO da decisão nos casos de OMISSÃO E CONTRADIÇÃO NO JULGADO E MANIFESTO EQUÍVOCO NO EXAME DOS PRESSUPOSTOS EXTRÍNSECOS DO RECURSO.

Nesse sentido ainda, a Súmula nº 278 do TST:

> TST, SUM 278 – A natureza da omissão suprida pelo julgamento de embargos declaratórios pode ocasionar efeito modificativo no julgado.

4.3.1. Contrarrazões / Manifestação

Em regra, não há contrarrazões em sede de embargos de declaração, ou seja, o órgão julgador não irá dar vista para a parte contraria se manifestar, contudo, quando os embargos de declaração possuírem efeito modificativo, é passível de nulidade decisão que acolhe as alegações dos embargos de declaração sem que seja concedida oportunidade de manifestação prévia à parte contrária.

– Qual prazo para manifestação nesse caso, Hamilton?

Segundo o § 2ºdo art. 897-A da CLT, a parte terá 5 dias. Veja:

> § 2º Eventual efeito modificativo dos embargos de declaração somente poderá ocorrer em virtude da correção de vício na decisão embargada e desde que ouvida a parte contrária, NO PRAZO DE 5 (CINCO) DIAS.

– Tem alguma nulidade se não for dado prazo para manifestação ao embargado?

No processo, só haverá nulidade se a parte provar que teve prejuízo conforme art. 794 da CLT. Em decorrência desse artigo, o TST editou a OJ nº 142 da SDI-1 que diz que:

> TST, OJ 142 da SDI-1 – É passível de nulidade decisão que acolhe embargos de declaração com efeito modificativo sem que seja concedida oportunidade de manifestação prévia à parte contrária.

– Então, Professor, sem prejuízo sem nulidade?

Isso mesmo.

4.4. Preparo

– É necessário o preparo (pagamento de custas e depósito recursal) para embargar?

O recurso de embargos de declaração não está sujeito a preparo. Sendo assim, a parte pode embargar sem pagar nada.

4.5. Competência para julgamento

Diferente dos demais recursos, os embargos de declaração são julgados pelo próprio juízo que prolatou a decisão embargada. Sendo assim, os embargos serão opostos, no prazo de 5 (cinco) dias, em petição dirigida ao juiz, com indicação do erro, obscuridade, contradição ou omissão, e não se sujeitam a preparo.

– Como assim, Professor?

Se foi o juiz que proferiu a sentença, ele que vai receber os embargos, analisar os pressupostos de admissibilidade e em seguida, proferir decisão.

– Esse recurso, não é analisado pela instância superior como nos demais recursos.

Isso mesmo. O próprio juízo é que profere a decisão.

4.6. Interrupção do prazo para outros recursos

Sempre que conhecidos por preencher os pressupostos de admissibilidade, independentemente de serem acolhidos ou rejeitados, os embargos de declaração interrompem o prazo para interposição de quaisquer recursos.

– É por isso que muitos advogados utilizam esse recurso para zerar o seu prazo. Eu já vi alguns embargos forçando uma obscuridade.

Isso mesmo. Muitos advogados quando estão com muitos prazos, costumam fazer isso que você falou, "forçar" o uso dos embargos de declaração. Isso acontece porque esse recurso interrompe o prazo recursal, isto é, o prazo do recurso para de contar e quando o juízo decidir os embargos, ele volta a contar do zero, conforme determina o § 1º do art. 897-A da CLT.

> CLT, art. 897-A – 3º Os embargos de declaração interrompem o prazo para interposição de outros recursos, por qualquer das partes, salvo quando intempestivos, irregular a representação da parte ou ausente a sua assinatura.

A jurisprudência do TST é no sentido de que não ocorre a interrupção do prazo recursal apenas nos casos em que os embargos de declaração não atendem aos pressupostos extrínsecos de admissibilidade, notadamente em relação à tempestividade e à regularidade de representação. Sendo assim, os embargos opostos com intuito protelatório interrompem o prazo recursal. Vejamos os precedentes do TST:

> B) RECURSO DE REVISTA. PROCESSO SOB A ÉGIDE DA LEI 13.015/2014 E ANTERIOR À LEI 13.467/17. 1. PRELIMINAR DE NULIDADE. VIOLAÇÃO DO DUPLO GRAU DE JURISDIÇÃO E DO DEVIDO PROCESSO LEGAL. Por força do art. 282, § 2º, do CPC/2015 (art. 249, § 2º, do CPC/1973), deixa-se de declarar a nulidade, ante o possível conhecimento e provimento do recurso de revista. Recurso de revista não conhecido no tema. 2. EMBARGOS DE DECLARAÇÃO NÃO CONHECIDOS POR PRECLUSÃO. PRESSUPOSTOS EXTRÍNSECOS PREENCHIDOS. ANÁLISE DO MÉRITO. INTERRUPÇÃO DO PRAZO RECURSAL. INTEMPESTIVIDADE DO RECURSO ORDINÁRIO AFASTADA. ART. 1026 DO CPC/2015 (ART. 538 DO CPC/1973) C/C O ART. 897-A, § 3º, DA CLT. Conforme disposto no art. 1.026 do CPC/2015 (art. 538 do CPC/1973), os embargos de declaração interrompem o prazo para a interposição de recurso. Nesse sentido, a jurisprudência tem entendido que, apenas quando adequadamente não conhecidos os embargos de declaração, configura-se a hipótese de não interromperem o prazo recursal, tornando intempestivos quaisquer recursos subsequentes, diante da aplicação do § 3º do art. 897-A da CLT. No caso concreto, o Tribunal Regional considerou intempestivo o recurso ordinário interposto pela Reclamada, em virtude do não conhecimento dos embargos de declaração por preclusão. Contudo, conforme se observa, os

embargos de declaração preencheram todos os pressupostos extrínsecos. Com efeito, o Magistrado, ao entender ter havido preclusão da matéria constante nos embargos de declaração, acabou por analisar o mérito da medida. Portanto os referidos embargos de declaração, ao atenderem os pressupostos extrínsecos de admissibilidade, tiveram o condão de interromper o prazo recursal para a interposição do recurso ordinário. Assim, a decisão do TRT, que não conheceu do apelo por intempestividade, acabou por violar o direito ao devido processo legal, com os meios e recursos a ele inerentes, consagrado no art. 5º, LIV, da CF. Julgados desta Corte Superior. Recurso de revista conhecido e provido no tema " (RR-1566-10.2016.5.12.0019, 3ª Turma, Relator Ministro Mauricio Godinho Delgado, DEJT 29/05/2020).

RECURSO DE REVISTA INTERPOSTO SOB A ÉGIDE DA LEI 13.015/2014. EMBARGOS DE DECLARAÇÃO NÃO CONHECIDOS POR INADEQUAÇÃO. INTERRUPÇÃO DO PRAZO RECURSAL. RECURSO ORDINÁRIO TEMPESTIVO. Conforme consignado no acórdão regional, os embargos declaratórios do reclamante não foram conhecidos por inadequação da via eleita. A jurisprudência desta Corte é no sentido de que não ocorre a interrupção do prazo recursal apenas nos casos em que os embargos de declaração não atendem aos pressupostos extrínsecos de admissibilidade, notadamente em relação à tempestividade e à regularidade de representação, hipótese distinta dos autos. Precedentes. Recurso de revista conhecido e provido. (RR – 112-37.2013.5.15.0012, Relatora Ministra: Maria Helena Mallmann, Data de Julgamento: 20/06/2018, 2ª Turma, Data de Publicação: DEJT 29/06/2018) (g.n.).

– Não tem nenhuma penalidade ao embargante, professor?

Segundo o § 2º do art. 1.026 do CPC, quando manifestamente protelatórios os embargos de declaração, o juiz ou o tribunal, em decisão fundamentada, condenará o embargante a pagar ao embargado multa não excedente a 2% (dois por cento) sobre o valor atualizado da causa. A multa será majorada até 10% no caso de reiteração de embargos de declaração manifestamente protelatórios.

> CPC, art. 1.026 – § 3º Na reiteração de embargos de declaração manifestamente protelatórios, A MULTA SERÁ ELEVADA A ATÉ 10% (DEZ POR CENTO) SOBRE O VALOR ATUALIZADO DA CAUSA, e a interposição de qualquer recurso ficará condicionada ao depósito prévio do valor da multa, à exceção da Fazenda Pública e do beneficiário de gratuidade da justiça, que a recolherão ao final.

O TST tem entendimento firmado no sentido de que efeito interruptivo dos embargos de declaração ocorre pela simples interposição do recurso, caso a parte que apresentou os embargos peça desistência, o prazo dos recursos posteriores começa a contar para o embargado depois da intimação da homologação da desistência, em decorrência dos princípios da boa-fé e do devido processo legal. Nesse sentido:

> Informativo TST nº 77 – EMBARGOS DE DECLARAÇÃO. DESISTÊNCIA. INTERRUPÇÃO DO PRAZO PARA INTERPOSIÇÃO DE OUTROS RECURSOS. RECONTAGEM DO PRAZO A PARTIR DA CIÊNCIA DA HOMOLOGAÇÃO DA DESISTÊNCIA. A oposição de embargos de declaração tempestivos e regulares interrompe o prazo para interposição de outro recurso, ainda que haja a posterior desistência dos declaratórios, devendo o prazo ser recontado a partir da ciência, pela parte contrária, da homologação da desistência. Com base nesse entendimento, a SBDI-I decidiu, por unanimidade, conhecer dos embargos interpostos pela reclamada, por divergência jurisprudencial e, no mérito, por maioria, dar-lhes provimento para, afastada a intempestividade, determinar o retomo dos autos ao TRT de origem a fim de que julgue o recurso ordinário, como entender de direito. Vencidos os Ministros Dora Maria da Costa, relatora, e Luiz Philippe Vieira de Mello Filho, os quais negavam provimento ao apelo ao fundamento de que os embargos de declaração deixam de existir quando a parte dele desiste, não podendo, portanto, produzir qualquer efeito jurídico, inclusive a interrupção do prazo para a interposição de outros recursos. TST-E-RR-223200-17.2009.5.12.0054, SBDI-I, rei. Min. Dora Maria da Costa, red. p/acórdão Min. Aloysio Corrêa da Veiga, 27.3.2014.

> RECURSO DE REVISTA. TEMPESTIVIDADE DO RECURSO ORDINÁRIO. EMBARGOS DE DECLARAÇÃO INTERPOSTOS PELA PARTE CONTRÁRIA. DESISTÊNCIA. INTERRUPÇÃO DO PRAZO RECURSAL. A SBDI-1 desta Corte Superior fixou o entendimento de que a interposição dos embargos declaratórios interrompe o prazo recursal para a parte contrária, mesmo na hipótese de desistência. Precedentes. Recurso de revista conhecido e provido. (RR nº 10819-50.2013.5.01.0078, 1ª Turma do TST, Rel. Walmir Oliveira da Costa. j. 06.09.2017, Publ. 11.09.2017).

4.7. Efeito suspensivo

Os embargos de declaração não possuem efeito suspensivo. Porém, a parte embargante poderá solicitar por meio de requerimento que a eficácia da decisão seja suspensa, se demonstrada a probabilidade de provimento do recurso ou, sendo relevante a fundamentação, se houver risco de dano grave ou de difícil reparação, nos termos dos artigos 995 e 1.026 §§ 1º e 2º ambos do CPC.

4.8. Oposição simultânea com outros recursos e ratificação

– Professor, se a sentença é parcialmente procedente e uma parte apresenta embargos de declaração com efeito modificativo e a outra parte, apresenta recurso ordinário, quando o juiz sentenciar os embargos, a parte que apresentou o recurso ordinário pode interpor um novo recurso ordinário?

Depende.

Se os embargos de declaração forem acolhidos com efeitos modificativos o embargado que já tiver interposto outro recurso contra a decisão originária, no caso, recurso ordinário, vai ter o direito de complementar ou alterar suas razões, nos exatos limites da modificação da decisão dos embargos.

– Então ele não pode mudar a tese de mérito ou recorrer de algo que ele não recorreu nesse novo prazo?

Não. Como dito acima, ele vai poder modificar (complementar ou alterar suas razões) somente no que foi modificado na decisão dos embargos, pois, para os outros temas, já ocorreu a preclusão.

– Então se os embargos de declaração forem rejeitados ou conhecidos sem efeitos modificativos, o recurso interposto pela outra parte também não poderá ser modificado não é isso?

Isso mesmo. Veja o que diz o CPC nos §§ 4º e 5º do art. 1.024:

> § 4º Caso o acolhimento dos embargos de declaração implique modificação da decisão embargada, o embargado que já tiver interposto outro recurso contra a decisão originária tem o direito de complementar ou alterar suas razões, nos exatos limites da modificação, no prazo de 15 (quinze) dias, contado da intimação da decisão dos embargos de declaração. **(OBS: Desconsiderar o prazo de 15 dias que é o prazo dos recursos no Processo Civil e considerar o prazo de 8 dias que é o prazo para interposição dos recursos no Processo do Trabalho)**
>
> § 5º Se os embargos de declaração forem rejeitados ou não alterarem a conclusão do julgamento anterior, o recurso interposto pela outra parte antes da publicação do julgamento dos embargos de declaração será processado e julgado INDEPENDENTEMENTE DE RATIFICAÇÃO.

– Interessante que o recurso nem precisa de ratificação (confirmação) se a decisão não for modificada pelos embargos.

5. AGRAVO DE INSTRUMENTO

Agravo de Instrumento é um meio processual colocado à disposição das partes, cabível dos despachos que denegarem totalmente ou parcialmente seguimento a qualquer recurso no 1º juízo de admissibilidade.

– Esse é o mesmo agravo do Processo Civil?

Não! Totalmente diferente. A única semelhança é o nome. Lá no Processo Civil, o Agravo de Instrumento, tem a finalidade de impugnar as decisões interlocutórias e, no Processo do Trabalho, como já estudamos na parte de Teoria Geral dos Recursos, em regra, não cabe recurso das decisões interlocutórias.

5.1. Prazo

– Qual o prazo para interposição do agravo de instrumento?

O agravo de instrumento em regra, deve ser interposto no prazo de 8 dias úteis.

> CLT, Art. 897 – Cabe agravo, no prazo de 8 (oito) dias:
>
> b) de instrumento, dos despachos que denegarem a interposição de recursos.

A Fazenda Pública em juízo, o Ministério Público do Trabalho e a Defensoria Pública têm o prazo em dobro, ou seja, 16 dias conforme arts. 180, 183 e 186 todos do CPC.

Quando o agravo de instrumento for utilizado para destrancar o recurso extraordinário, o prazo será de 15 dias para os particulares e 30 dias para a Fazenda Pública em juízo, o Ministério Público do Trabalho e a Defensoria Pública, pois como já dito, eles possuem prazo em dobro.

> Regimento Interno do TST – Art. 328. Cabe agravo contra decisão denegatória do recurso extraordinário, no prazo de 15 (quinze) dias úteis, contados de sua publicação no órgão oficial, salvo quando fundada na aplicação de entendimento firmado em regime de repercussão geral ou em julgamento de recursos repetitivos.

5.2. Cabimento

O agravo de instrumento é cabível dos despachos que denegarem totalmente ou parcialmente seguimento a qualquer recurso no 1º juízo de admissibilidade.

– Parcialmente?

Sim, veja o que diz o art. 1º da instrução normativa de n. 40 do TST:

> TST, IN 40 – Art. 1º Admitido apenas parcialmente o recurso de revista, constitui ônus da parte impugnar, mediante agravo de instrumento, o capítulo denegatório da decisão, sob pena de preclusão.

– Temos um exemplo, Hamilton?

Imagine a seguinte situação hipotética: A empresa Beta, pretende apresentar um recurso de revista para levar ao TST a discussão de dois temas. O primeiro é violação de uma súmula do TST e o segundo, seria uma divergência de jurisprudência entre dois Tribunais Regionais. O primeiro juízo de admissibilidade, irá analisar tanto se houve a violação da súmula e, se o confronto de divergência foi feito corretamente.

– Se ele trancar por exemplo o item que fala sobre o confronto de jurisprudência e aceitar o recurso por violação da súmula eu tenho que agravar apenas do item trancado?

Isso mesmo, pois o recurso foi trancado parcialmente. Caso a parte não interponha o agravo, ocorrerá a preclusão e o capítulo denegado não será analisado.

– O recorrente pode destrancar todos os recursos por meio do agravo de instrumento quando forem trancados no 1º juízo de admissibilidade?

Quase todos. Podem ser destrancados, o recurso ordinário, recurso de revista, agravo de petição, recurso adesivo e o próprio agravo de instrumento. Porém, quando ocorrer o trancamento total ou parcial dos embargos de divergência e infringentes, o recurso correto não seria o agravo de instrumento e sim o agravo regimental, conforme determinação legal dos artigos 2°, II, "d" e 3°, III, "c", da Lei nº 7.701/88.

> Lei nº 7.701/88, Art. 2º – Compete à seção especializada em dissídios coletivos, ou seção normativa:
>
> II – em última instância julgar:
>
> d) os embargos de declaração opostos aos seus acórdãos e os agravos regimentais pertinentes aos dissídios coletivos;
>
> Lei nº 7.701/88, Art. 3º – Compete à Seção de Dissídios Individuais julgar:
>
> III – em última instância:
>
> c) os agravos regimentais de despachos denegatórios dos Presidentes das Turmas, em matéria de embargos, na forma estabelecida no Regimento Interno;

5.3. Interposição

O agravo de instrumento deve ser interposto para o órgão que trancou o recurso. Caso ele não se retrate, ou seja, mantenha a decisão que trancou o recurso, ele encaminhara após o prazo das contrarrazões, ao órgão competente para conhecer o recurso cuja interposição foi denegada.

5.3.1. Retratação

– Tem retratação no agravo, Hamilton?

Sim! O órgão competente que recebeu o agravo, pode se retratar, ou seja, voltar atrás e admitir o recurso ou parte do recurso que foi trancado, dando seguimento a este recurso.

5.4. Competência pata julgamento

– Quem julga o agravo de instrumento, Professor?

O agravo de instrumento será julgado pelo Tribunal que seria competente para conhecer o recurso cuja interposição foi denegada, conforme determinado pelo §6º do art. 897 da CLT.

5.5. Preparo

– É necessário pagar algo para apresentar agravo de instrumento?

Somente o depósito recursal. Lembre-se que o deposito recursal é exigido no momento da interposição do agravo de instrumento, conforme determina o parágrafo 7º do art. 899 da CLT, diferente dos demais recursos trabalhistas, onde o depósito recursal deve ser recolhido e comprovado no prazo alusivo ao recurso, de modo que a interposição antecipada do recurso não prejudique a dilação legal (Súmula nº 245 do TST).

O valor do depósito recursal do Agravo de instrumento, corresponderá a 50% (cinquenta por cento) do valor do depósito do recurso ao qual se pretende destrancar.

> CLT, art. 897 – [...]
>
> § 7º – No ato de interposição do agravo de instrumento, o depósito recursal corresponderá a 50% (cinquenta por cento) do valor do depósito do recurso ao qual se pretende destrancar.

Contudo, é importante saber que quando o agravo de instrumento tiver a finalidade de destrancar recurso de revista contra decisão que contraria a jurisprudência uniforme do Tribunal Superior do Trabalho consubstanciada nas suas súmulas ou em orientação jurisprudencial, não será necessário o depósito recursal, conforme dispõe o art.899, § 8, da CLT e art. 253 do regimento interno do TST.

> CLT, art. 897 – [...]
>
> § 8º – Quando o agravo de instrumento tem a finalidade de destrancar recurso de revista que se insurge contra decisão que contraria a jurisprudência uniforme do Tribunal Superior do Trabalho, consubstanciada nas suas súmulas ou em orientação

jurisprudencial, não haverá obrigatoriedade de se efetuar o depósito referido no § 7º deste artigo.

TST, RI – Art. 253. A dispensa de depósito recursal a que se refere o § 8° do artigo 899 da CLT não será aplicável aos casos em que o agravo de instrumento se refira a uma parcela de condenação, pelo menos, que não seja objeto de arguição de contrariedade a súmula ou a orientação jurisprudencial do Tribunal Superior do Trabalho.

5.6. Formação do instrumento

– Quais peças o agravante deve juntar, Hamilton?

O art. 897 da CLT, em seu § 5º, I, determina como obrigatória a juntada, imprescindivelmente, com cópias da decisão agravada, da certidão da respectiva intimação, das procurações outorgadas aos advogados do agravante e do agravado, da petição inicial, da contestação, da decisão originária, do depósito recursal referente ao recurso que se pretende destrancar, da comprovação do recolhimento das custas e do depósito recursal a que se refere o § 7º do art. 899 da CLT. E, de forma facultativa, outras peças que o agravante reputar úteis ao deslinde da matéria de mérito controvertida.

É válido o traslado de peças essenciais efetuado pelo agravado, pois a regular formação do agravo incumbe às partes e não somente ao agravante.

– A formação do instrumento será necessária nos processos eletrônicos?

Nos processos eletrônicos, o Tribunal *ad quem* terá acesso integral aos autos, de modo que será dispensada a formação do instrumento.

CSJT-Res. no 185/2017, art. 26 – Fica dispensada a formação de autos suplementares em casos de exceção de impedimento ou suspeição, agravos de instrumento, agravos regimentais e agravo previsto no art. 1.021 do CPC, exceto quanto:

> I – ao agravo de instrumento em mandado de segurança, na forma do art. 7º, § 1º, da Lei nº 12.016/09; e
>
> II – ao pedido de revisão do valor da causa, na forma do art. 2º, § 2º, da Lei nº 5.584/70.

Ainda, a Resolução Administrativa n. 1418, de 30 de agosto de 2010, determinou em seu artigo 1º que:

> Art. 1º O agravo de instrumento interposto de despacho que negar seguimento a recurso para o Tribunal Superior do Trabalho deve ser processado nos autos do recurso denegado.

6. AGRAVO DE PETIÇÃO

– O que eu preciso saber inicialmente sobre o recurso de agravo de petição?

Agravo de petição é o meio processual colocado à disposição das partes, para impugnar as decisões judiciais proferidas no curso do processo de execução.

Possui previsão legal no art. 897 da CLT:

> CLT, art. 897 – Cabe agravo, no prazo de 8 (oito) dias:
>
> a) de petição, das decisões do Juiz ou Presidente, nas execuções;

6.1. Cabimento

– Quando cabe o a gravo de petição?

Como já visto anteriormente, cabe agravo de petição das sentenças proferidas no curso do processo de execução. A título de exemplo, cabe agravo de petição das sentenças dos embargos à execução (CLT, art. 884), das sentenças dos embargos de terceiro, quando protocolados na fase de execução (CPC, art. 674). Entretanto, não são todas as decisões que podem ser impugnadas pelo agravo de petição, ou seja, não sabe agravo de petição dos despachos e nem das decisões interlocutórias, em regra.

Nesse sentido:

> CPC, art. 1.001. Dos despachos não cabe recurso.
>
> CLT, art. 893 – [...]
>
> § 1º – Os incidentes do processo são resolvidos pelo próprio Juízo ou Tribunal, admitindo-se a apreciação do merecimento das decisões interlocutórias somente em recursos da decisão definitiva.

No entanto, algumas decisões interlocutórias podem ser impugnadas por meio de agravo de petição na fase de execução, ou seja, quando a decisão interlocutória:

A) Criar obstáculo intransponível ao prosseguimento da execução, equiparando-se à sentença terminativa. Assim, pode ser apresentado agravo de petição quando o juiz acolhe exceção de pré-executividade extinguindo a execução.

B) O TST, ao julgar o processo ARR-19700-68.1986.5.02.0002, decidiu que, nos termos do artigo 897, "a", da CLT, caberá agravo de petição contra as decisões do Juiz ou Presidente na fase de execução. Entendeu que tal preceito não faz nenhuma distinção quanto à sua natureza, seja interlocutória ou terminativa do feito e permitiu a interposição do agravo de petição contra a decisão que não conheceu ou rejeitou a exceção de pré-executividade. Veja:

> RECURSO DE REVISTA. 1. APELO INTERPOSTO NA VIGÊNCIA DA LEI Nº 13.467/2017. TRANSCENDÊNCIA. Embora a questão relativa à não recorribilidade imediata da decisão que rejeita ou não conhece da exceção de pré-executividade não seja efetivamente nova, é possível encontrar entendimento dissonante em julgados desta Corte Superior, segundo os quais o agravo de petição se mostra como meio processual adequado para atacar o decisum que não acolhe o incidente em epígrafe. Assim, reconhece-se a transcendência jurídica da causa, nos termos do

artigo 896-A, § 1º, II, da CLT. 2. EXCEÇÃO DE PRÉ-EXECUTIVIDADE. DECISÃO QUE REJEITA O INCIDENTE. RECORRIBILIDADE IMEDIATA. PROVIMENTO. No que diz respeito ao recurso cabível para impugnação da decisão em que se julga a exceção de pré-executividade, a jurisprudência deste Tribunal Superior tem sido tranquila em admitir o agravo de petição, porém, apenas para as hipóteses em que o juiz acolhe o referido incidente. Isso porque, nesse caso, não haveria dúvida de que se trata de uma decisão terminativa. A controvérsia surge quando se discute qual o recurso viável para impugnar o ato do juiz que rejeita ou não conhece da exceção de pré-executividade. Para a circunstância, tem sido adotado entendimento de que não seria possível a interposição imediata do agravo de petição, por se tratar de decisão interlocutória, cabendo à parte impugnar a matéria no apelo que será interposto contra a decisão definitiva, ou seja, contra a decisão que examinou os embargos à execução. O referido posicionamento tem como base o artigo 893, § 1º, da CLT, segundo o qual as decisões interlocutórias somente serão examinadas quando do recurso contra a decisão definitiva. Do mencionado preceito extrai-se o princípio da irrecorribilidade imediata das decisões interlocutórias. A regra contida no dispositivo em epígrafe não é absoluta, uma vez que a Súmula nº 214 enumera algumas circunstâncias nas quais não incidirá o princípio da irrecorribilidade imediata. Diante desse cenário, questiona-se em que momento a parte poderia provocar a manifestação do Tribunal Regional competente sobre os termos da decisão que rejeitou ou não conheceu a exceção de pré-executividade. Segundo a jurisprudência desta Corte Superior, rejeitada a exceção de pré-executiva, a parte poderia se valer dos embargos à execução, com a garantia do juízo, onde discutiria a questão trazida no incidente não acolhido e, somente depois de proferida essa sentença definitiva, poderia interpor agravo de petição. Sucede que, tendo a parte se valido da exceção de pré-executividade, como poderia, em momento posterior, se utilizar de outro meio processual para impugnar a questão levantada anteriormente no incidente, se já ultrapassado o prazo para apresentar os embargos à execução? Certamente haveria preclusão temporal, ante o transcurso do prazo para a apresentação dos embargos à execução. Além disso, com o julgamento do citado incidente, haveria preclusão pro judicato da matéria nela deduzida, de modo que não poderia ser renovada em sede de embargos à execução. Frise-se que na Justiça Comum é pacífico o entendimento de que ocorre a preclusão da análise da matéria em embargos à execução, quando previamente examinada em sede de exceção de pré-executividade. Precedentes do STJ. Desse modo, a aplicação do princípio da irrecorribilidade imediata das decisões interlocutórias à hipótese configura-se em verdadeiro princípio da irrecorribilidade, tendo em vista que não será permitida a análise da matéria pelos Tribunais em momento posterior. Não se pode olvidar que, nos termos do artigo 897, "a", da CLT, caberá agravo de petição contra as decisões do Juiz ou Presidente na fase de execução. Porém, tal preceito não faz nenhuma distinção quanto à sua natureza, seja interlocutória ou terminativa do feito. Afastado o óbice da irrecorribilidade imediata, caberia saber se para a interposição do agravo de petição contra a decisão que não conheceu ou rejeitou a exceção de pré-executividade seria exigível a garantia do juízo. Pois bem, como já realçado, a exceção de pré-executividade trata-se de uma construção doutrinária e, portanto, sem previsão expressa em lei, inexistindo para o manejo da referida demanda, diversamente do que ocorre com os embargos à execução, a necessidade do cumprimento da garantia do juízo. E se para o exame do mencionado incidente processual não há necessidade da garantia em comento, não se poderia estabelecê-la no momento em que a parte submeterá a decisão que rejeitou ou não conheceu da sua exceção à instância de segundo grau. A prevalecer o mencionado requisito, se estaria, por via transversa, obstaculizando o direito da parte ao contraditório e à ampla defesa, bem como ao devido processo legal, impedindo que a questão objeto da exceção de pré-executividade seja analisada pelo Colegiado Regional e, por conseguinte, por essa instância extraordinária, o que iria de encontro à própria finalidade do instituto processual. Ademais, se fosse cabível a garantia do juízo, o que não é o caso, ela deveria ser exigida desde o tempo do manejo da exceção de pré-executividade, não se justificando o seu cumprimento apenas quando da interposição do agravo de petição. Assim, tem-se como passível de reforma a decisão que impõe para o conhecimento do agravo de petição a garantia do juízo, na circunstância em que não acolhida a exceção de pré-executividade. Na hipótese, o Tribunal Regional não conheceu do agravo de petição da executada, sob o fundamento de que, sendo a decisão que não acolheu a exceção de pré-executividade de índole interlocutória, não caberia recurso imediato. Também por entender que para a interposição do agravo de petição seria necessária a garantia do juízo. Ao assim decidir, acabou por afrontar os princípios do contraditório, da ampla defesa e do devido processo legal, em violação do artigo 5º, LIV e LV, da Constituição Federal. Recurso de revista de que se conhece e a que se dá provimento" (ARR-19700-68.1986.5.02.0002, 4ª Turma, Relator Ministro Guilherme Augusto Caputo Bastos, DEJT 15/05/2020).

Contudo, esse entendimento não é pacífico no TST, pois temos muitas decisões em sentido contrário, ou seja, inadmitindo o recurso de agravo de petição nos casos de rejeição da exceção de pré-executividade, veja as decisões abaixo:

[...] 2. NÃO CONHECIMENTO DO AGRAVO DE PETIÇÃO. EXCEÇÃO DE PRÉ-EXECUTIVIDADE. REJEIÇÃO. DECISÃO DE NATUREZA INTERLOCUTÓRIA. Conforme concluiu o Tribunal Regional, a decisão que rejeita a exceção de pré-executividade ou dela não conhece possui natureza interlocutória e, assim, não é recorrível de imediato, devendo ser atacada por meio de embargos à execução, observada a garantia do juízo, sendo impugnável posteriormente por meio de agravo de petição. 3. MULTA APLICADA EM SEDE DE EMBARGOS DE DECLARAÇÃO PROTELATÓRIOS. Não se vislumbra ofensa ao art. 5°, LV, da CF, nos moldes delineados pela Súmula n° 266 do TST e pelo § 2° do art. 896 da CLT, na medida em que a multa foi aplicada porque não foram demonstrados os vícios de omissão, obscuridade ou contradição, os quais justificariam a oposição dos declaratórios, nos termos determinados pelos arts. 897-A da CLT e 1.022 do CPC. Agravo de instrumento conhecido e não provido" (AIRR-134000-90.1989.5.01.0026, 8ª Turma, Relatora Ministra Dora Maria da Costa, DEJT 28/08/2020).

"AGRAVO DE INSTRUMENTO EM RECURSO DE REVISTA REGIDO PELA LEI 13.467/2017. EXECUÇÃO. DECISÃO QUE REJEITA EXCEÇÃO DE PRÉ-EXECUTIVIDADE. NATUREZA MERAMENTE INTERLOCUTÓRIA. IRRECORRIBILIDADE DE IMEDIATO. MATÉRIA ARGUIDA EM AGRAVO DE PETIÇÃO PASSÍVEL DE APRECIAÇÃO EM EMBARGOS À EXECUÇÃO APÓS A GARANTIA DO JUÍZO. APELO DESFUNDAMENTADO (SÚMULA 422, I, DO TST). A decisão agravada aponta dois óbices ao processamento do apelo: a inexistência de indicação de que o julgado teria contrariado dispositivo da Constituição Federal, não podendo ser admitido para reexame por falta de enquadramento no permissivo legal (art. 896, § 2.º, da CLT); e a incidência da Súmula 297 desta Corte Superior, pois, como o agravo de petição não foi conhecido pelo Tribunal de origem, as questões aduzidas no mérito do apelo (grupo econômico e responsabilidade subsidiária) não foram abordadas no acórdão. Ocorre que a agravante em nenhum momento impugna o óbice fundado na Súmula 297 do TST, limitando-se a renovar a discussão de mérito contida no recurso de revista e a afirmar que deve ser excluída do polo passivo da presente execução trabalhista. Incidência da Súmula 422, I, do TST. Agravo de instrumento não conhecido" (AIRR-243400-39.2006.5.02.0471, 2ª Turma, Relatora Ministra Delaide Miranda Arantes, DEJT 28/08/2020).

"AGRAVO DE INSTRUMENTO. RECURSO DE REVISTA – DESCABIMENTO. EXECUÇÃO. AGRAVO DE PETIÇÃO EM FACE DE DECISÃO QUE REJEITOU EXCEÇÃO DE PRÉ-EXECUTIVIDADE. Em face da decisão que rejeita a exceção de pré-executividade, não cabe recurso de imediato, nos termos do artigo 893, § 1º, da CLT e da Súmula 214 do TST. Agravo de instrumento conhecido e desprovido " (AIRR-79100-47.2008.5.01.0009, 3ª Turma, Relator Ministro Alberto Luiz Bresciani de Fontan Pereira, DEJT 21/08/2020).

C) Produzir prejuízo iminente. Nesse sentido, as lições de Júlio César Bebber[10]:

Admite a impugnação imediata quando a decisão impuser um obstáculo intransponível para a execução ou for capaz de, concretamente, produzir prejuízo grave e imediato a direito tido por incontestável.

10. BEBBER, Júlio César. **"Recursos no processo do trabalho"**. 4. ed. São Paulo: LTr, 2014.

6.1.1. *Agravo de petição da sentença que homologa cálculos nos termos do art. 879 da CLT*

– Da decisão que homologa os cálculos de liquidação nos termos do art. 879 da CLT, cabe agravo de petição?

Não.

A decisão que homologa os cálculos de liquidação, não encerra o procedimento de liquidação, pois as impugnações podem ser renovadas nos embargos à execução apresentado pelo executado ou pela impugnação aos cálculos apresentados pelo exequente, conforme §3º do art. 884, da CLT. Assim, uma vez homologados os cálculos, após a garantia do Juízo, o executado pode impugnar os cálculos de liquidação, no corpo dos embargos à execução, cabendo ao exequente tal direito, por meio de impugnação (art. 884, § 3º, da CLT).

> CLT, art. 884 – [...]
>
> § 3º – Somente nos embargos à penhora poderá o executado impugnar a sentença de liquidação, cabendo ao exequente igual direito e no mesmo prazo.

A decisão proferida nos embargos à execução em que se questionam os cálculos, ou na impugnação do reclamante, é recorrível por meio do Agravo de Petição (art. 897, "a" da CLT).

Nesse sentido, a jurisprudência:

> PROCESSO DO TRABALHO. AGRAVO DE PETIÇÃO. SENTENÇA DE LIQUIDAÇÃO APÓS IMPUGNAÇÃO PRÉVIA (CLT, ART. 879, § 2º). NATUREZA JURÍDICA INTERLOCUTÓRIA. INADMISSIBILIDADE. Nos termos do art. 884, § 3º, da CLT, somente por ocasião dos embargos à execução ou da impugnação à sentença de liquidação, no prazo de cinco dias a partir da ciência da penhora ou do depósito garantidor, é que se poderá impugnar a sentença de liquidação. Logo, no peculiar sistema processual laboral, a sentença de liquidação é irrecorrível porque modificável por força de embargos à execução pelo devedor ou de impugnação à sentença de liquidação pelo credor, sendo precoce e descabida a

tentativa de revisão desta decisão de acertamento, ainda que tenha examinado impugnação prévia aos cálculos, por meio de agravo de petição. Agravo de petição não conhecido. (TRT-10ª Região, Ac. 3ª Turma, AP-0002574-58.2016.5.10.0801, Rel. Juiz Antonio Umberto de Souza Junior, Publicado 12/04/2019). (TRT 10ª R.; AIAP 0000907-88.2016.5.10.0008; Primeira Turma; Relª Desª Elaine Machado Vasconcelos; DEJTDF 25/06/2020; Pág. 324)

AGRAVO DE PETIÇÃO. DECISÃO INTERLOCUTÓRIA. FASE DE LIQUIDAÇÃO DO JULGADO EXEQUENDO. NÃO CONHECIMENTO. Com efeito, somente nos embargos à penhora poderá o executado impugnar a sentença de liquidação, cabendo ao exeqüente igual direito e no mesmo prazo, consoante prevê o § 3º, do art. 884, da CLT. De acordo, ainda, com o § 4º da norma citada Julgar-se-ão na mesma sentença os embargos e as impugnações à liquidação apresentadas pelos credores trabalhista e previdenciário. Impende lembrar que Os incidentes do processo são resolvidos pelo próprio Juízo ou Tribunal, admitindo-se a apreciação do merecimento das decisões interlocutórias somente em recursos da decisão definitiva (§ 1º, art. 893, CLT). Portanto, na fase de liquidação do julgado exequendo, faz-se incabível a interposição de agravo de petição para atacar a decisão do juiz que, analisa os cálculos e determina sua reelaboração, tanto quanto suscitar a impropriedade do redirecionamento da execução em desfavor do devedor subsidiário, em razão da natureza interlocutória de que se reveste a decisão agravada. Na hipótese, cabem embargos à execução ou impugnação à sentença de liquidação, meio processual próprio, previsto no art. 884, § 3º da CLT, para o qual se exige a prévia garantia do Juízo, salvo para a Fazenda Pública, de acordo com art. 1º, do Decreto-lei nº 779/1969. Assim, a apresentação de agravo de petição antes do julgamento de embargos à execução ou impugnação à sentença de liquidação implica supressão de instância e ofensa às previsões dos arts. 884, §§ 3º e 4º, e 893, § 1º, ambos da CLT. Agravo de petição não conhecido, por incabível. (TRT 7ª R.; AP 0000552-15.2018.5.07.0001; Segunda Seção Especializada; Rel. Des. Durval César de Vasconcelos Maia; DEJTCE 24/06/2020; Pág. 27)

NÃO CONHECIMENTO DO AGRAVO DE PETIÇÃO. IRRECORRIBILIDADE DA DECISÃO QUE JULGA IMPUGNAÇÃO AOS CÁLCULOS. A decisão que resolve a impugnação aos cálculos, quando o juiz se utiliza da diretriz insculpida no artigo 879, § 2º, da CLT, é interlocutória e, portanto, irrecorrível de imediato, já que a parte poderá renovar a discussão no bojo dos embargos à execução. Agravo de petição não conhecido. (TRT 18ª R.; AP 0010091-13.2019.5.18.0082; Segunda Turma; Rel. Des. Geraldo Rodrigues do Nascimento; Julg. 22/06/2020; DJEGO 23/06/2020; Pág. 202)

AGRAVO DE INSTRUMENTO EM RECURSO DE REVISTA. EXECUÇÃO. AGRAVO DE PETIÇÃO NÃO CONHECIDO PORQUE PREMATURO. AUSÊNCIA DE EMBARGOS À EXECUÇÃO E DE GARANTIA DO JUÍZO. Inviável o cabimento do agravo de petição, pois esse recurso, nos termos do artigo 897, "a", da CLT, é cabível das decisões do Juiz ou Presidente, nas execuções, o que não ocorreu no caso concreto, pois, à sentença de liquidação não foram interpostos embargos à execução, nos termos do artigo 884 da CLT. Ademais, o Regional assegurou que a execução não foi garantida. Nesse contexto, não se verifica afronta ao devido processo legal ou ao contraditório e à ampla defesa, permanecendo ileso o dispositivo constitucional invocado. Agravo de instrumento conhecido e não provido. (AIRR nº 10296-13.2016.5.03.0099, 8ª Turma do TST, Rel. Dora Maria da Costa. j. 20.06.2018, Publ. 22.06.2018).

AGRAVO DE INSTRUMENTO EM RECURSO DE REVISTA. RECURSO INTERPOSTO SOB A ÉGIDE DA LEI N.º 13.015/2014. EXECUÇÃO. SENTENÇA DE LIQUIDAÇÃO. IMPUGNAÇÃO DA EXECUTADA NÃO CONHECIDA POR INTEMPESTIVIDADE. AGRAVO DE PETIÇÃO. IRRECORRIBILIDADE IMEDIATA. Em que pese o artigo 884, § 3.º, da CLT se refira à sentença, a decisão que homologa os cálculos deve ser vista como decisão interlocutória. Isso porque a deliberação não põe fim ao trâmite da liquidação, tendo em vista a possibilidade de novas impugnações, que, no caso do devedor, se dará por meio dos Embargos à Execução. Registre-se, por oportuno, que, em casos específicos, doutrina e jurisprudência têm admitido a recorribilidade imediata da decisão que homologa os cálculos, como, por exemplo, em situações em que o comando decisório encerra o próprio processo. Ocorre que este não é o caso dos autos, visto que a sentença de liquidação apenas homologou os cálculos, sem apreciar o mérito da controvérsia. E, havendo a possibilidade de impugnação dos cálculos homologados nos Embargos à

> Execução, não há de se falar em violação dos princípios do contraditório e da ampla defesa. Agravo de Instrumento conhecido e não provido. (AIRR - 230-55.2010.5.05.0025, Relatora Ministra: Maria de Assis Calsing, Data de Julgamento: 29/04/2015, 4ª Turma, Data de Publicação: DEJT 08/05/2015)

Contudo, existe uma exceção, ou seja, quando a decisão de liquidação encerrar o processo, não dando continuação com os atos de execução na seara trabalhista. Deste modo, cabe agravo de petição da decisão que encerra o processo de execução na justiça do trabalho e continua os atos executórios em outro juízo, como por exemplo, as execuções contra a massa falida e conta a empresa em recuperação judicial.

Sobre o tema, vale citar os ensinamentos de Miessa[11]:

> De qualquer modo, temos que reconhecer que nem sempre a decisão de liquidação dará prosseguimento à execução. Dessa forma, sempre que a decisão de liquidação encerrar o processo não dando seguimento à fase executiva, ela deverá ser suscetível de recurso.
>
> É o que acontece com a decisão de liquidação que julgar não provados os artigos de liquidação. O mesmo ocorre na decisão de liquidação de processo em que a empresa se encontra em regime falimentar ou com a recuperação judicial deferida. Nesses dois últimos casos, como a competência da seara trabalhista cessará na decisão de liquidação, não haverá fase executiva, ou seja, as partes não poderão impugnar a decisão após a garantia do juízo, permitindo-se assim a impugnação imediata.

6.1.2. *Agravo de petição da decisão que acolhe ou não a prescrição intercorrente*

– Da decisão que acolhe ou não a prescrição intercorrente, cabe agravo de petição?

11. MIESSA, Élisson. "**Manual dos recursos trabalhistas: teoria e prática**" 3. ed. Salvador. Juspodivm, 2018.

Primeiro cabe esclarecer que a reforma trabalhista do ano de 2017, acrescentou o art. 11-A da CLT, passando a ser permitido a aplicação da prescrição intercorrente na execução trabalhista.

> CLT, art. 11-A. Ocorre a prescrição intercorrente no processo do trabalho no prazo de dois anos.
>
> § 1º A fluência do prazo prescricional intercorrente inicia-se quando o exequente deixa de cumprir determinação judicial no curso da execução.
>
> § 2º A declaração da prescrição intercorrente pode ser requerida ou declarada de ofício em qualquer grau de jurisdição.

Quando o juiz declara a prescrição intercorrente, seja de ofício ou a requerimento da parte, ocorre a extinção da execução, sendo assim, cabe agravo de petição. Todavia, quando o juiz rejeita o pedido de declaração da prescrição intercorrente, feito pela parte por simples petição antes da apresentação dos embargos à execução, não cabe agravo de petição, pois a parte pode solicitar novamente o pedido de declaração da prescrição intercorrente nos embargos à execução (CLT, art. 884, §1º[12]). Contudo, se o pedido de declaração da prescrição intercorrente for feito por meio de embargos à execução e o juiz da execução rejeitar, cabe agravo de petição.

Em resumo:

A) Decisão que declara a prescrição intercorrente, cabe agravo de petição.

B) Decisão que rejeita a prescrição intercorrente solicitada em simples peça antes dos embargos à execução, não cabe agravo de petição.

C) Decisão que rejeita a prescrição intercorrente solicitada em embargos à execução, cabe agravo de petição.

12. CLT, art. 884 – [...] § 1º – A matéria de defesa será restrita às alegações de cumprimento da decisão ou do acordo, quitação ou prescrição da dívida.

6.1.3. *Agravo de petição da decisão que inclui o devedor no Banco Nacional de Devedores Trabalhistas – BNDT*

– Da decisão que inclui o devedor no BNDT, cabe agravo de petição?

Segundo o Professor Miessa[13], *"da decisão que determina a inscrição do executado no Banco Nacional de Devedores Trabalhistas, mesmo considerada interlocutória, é cabível o Agravo de Petição, uma vez que é capaz de produzir prejuízo grave e imediato ao executado, por exemplo, a não participação em licitações públicas."*

6.1.4. *Agravo de petição na execução provisória*

– Cabe agravo de petição na execução provisória?

Nos termos do art. 899 da CLT, os recursos no Processo do Trabalho possuem, em regra, apenas o efeito devolutivo, permitindo, pois, a execução provisória da decisão impugnada, até a penhora. Porém, não quer isto dizer que são vedados os atos que discutem a liquidação do feito, tampouco outros atos processuais que não importem em alienação dos bens penhorados. Nesse passo, são permitidos os embargos à penhora e o seu julgamento, bem assim os recursos daí advindos, no caso, o agravo de petição, tudo em prol da celeridade processual, que deve ser observada no Processo do Trabalho. Nesse sentido:

> AGRAVO DE PETIÇÃO. EXECUÇÃO PROVISÓRIA. CORREÇÃO MONETÁRIA. AUSÊNCIA DE FIXAÇÃO DOS CRITÉRIOS. A r. Sentença não fixou o índice de correção monetária a ser aplicado aos créditos deferidos. A matéria somente veio a ser discutida em impugnação aos cálculos. Neste caso, prevalece a jurisprudência sedimentada tanto pelos Tribunais superiores quanto por esta eg. Turma, devendo ser observada TR para a correção monetária dos créditos trabalhistas devidos até 24/03/2015;

13. MIESSA, Élisson. **"Manual dos recursos trabalhistas: teoria e prática"**. 3. ed. Salvador. Juspodivm, 2018.

> e do IPCA-E para os créditos trabalhistas devidos a partir de 25/03/2015, inclusive. Dá-se parcial provimento ao agravo de petição. (TRT 18ª R.; AP 0011088-38.2016.5.18.0102; Segunda Turma; Rel. Des. Eugênio José Cesário Rosa; Julg. 19/06/2020; DJEGO 23/06/2020; Pág. 784)
>
> AGRAVO DE PETIÇÃO DA EXEQUENTE. INDEFERIMENTO DE PROCESSAMENTO DA EXECUÇÃO PROVISÓRIA. Caso em que o juízo a quo indeferiu o processamento da execução provisória. Contudo, nos termos dos arts. 876, 893, §2º e 899, todos da CLT, os recursos possuem efeito meramente devolutivo, não impedindo a execução provisória. Além disso, a execução provisória, autorizada também com arrimo nos arts. 520 e 797, ambos do CPC, se mostra adequada aos princípios constitucionais da razoável duração do processo e da efetividade. Agravo de petição da exequente provido. (TRT 4ª R.; AP 0021281-82.2019.5.04.0010; Seção Especializada em Execução; Rel. Des. Janney Camargo Bina; Julg. 04/06/2020; DEJTRS 19/06/2020)
>
> AGRAVO DE PETIÇÃO – EXECUÇÃO PROVISÓRIA. A previsão constante do art. 899 da CLT, no sentido de que a execução provisória é permitida até a penhora, não impede que sejam praticados todos os atos processuais de liquidação do valor do crédito trabalhista, ressalvando apenas os atos de alienação dos bens, cuja vedação é relativa. (AP nº 0010085-81.2018.5.03.0171, 1ª Turma do TRT da 3ª Região/MG, Rel. Convocado Márcio Toledo Gonçalves. j. 06.08.2018).

6.2. Prazo

– Qual o prazo que a parte possui para apresentar agravo de petição?

O agravo de petição deve ser interposto no prazo de 8 dias úteis.

> CLT, art. 897 – Cabe agravo, no prazo de 8 (oito) dias:
>
> a) de petição, das decisões do Juiz ou Presidente, nas execuções;

Contudo, a Fazenda Pública em juízo e o Ministério Público do Trabalho, possuem prazo em dobro para recorrer, ou seja, 16 dias úteis. Nesses termos:

DL 779/69, art. 1º Nos processos perante a Justiça do Trabalho, constituem privilégio da União, dos Estados, do Distrito Federal, dos Municípios e das autarquias ou fundações de direito público federais, estaduais ou municipais que não explorem atividade econômica:

III – o prazo em dobro para recurso;

CPC, art. 183. A União, os Estados, o Distrito Federal, os Municípios e suas respectivas autarquias e fundações de direito público gozarão de prazo em dobro para todas as suas manifestações processuais, cuja contagem terá início a partir da intimação pessoal.

CPC, art. 180. O Ministério Público gozará de prazo em dobro para manifestar-se nos autos, que terá início a partir de sua intimação pessoal, nos termos do art. 183, § 1º.

– O pedido de reconsideração interrompe o prazo para o recorrente apresentar agravo de petição?

A apresentação de pedido de reconsideração em face de decisão do Juiz da execução, em vez do agravo de petição, não tem o poder de interromper ou suspender o prazo recursal do agravo de petição.

Nesse sentido:

AGRAVO DE INSTRUMENTO EM RECURSO DE REVISTA. EXECUÇÃO. 1. NEGATIVA DE PRESTAÇÃO JURISDICIONAL. O Tribunal a quo, ao deixar de conhecer do agravo de petição interposto pelos exequentes, porquanto entendeu configurada a preclusão, exarou, de forma motivada e fundamentada, as razões do seu convencimento. Não há falar em hipótese de prestação jurisdicional incompleta. Ileso o art. 93, IX, da CF. 2. NÃO CONHECIMENTO DO AGRAVO DE PETIÇÃO. PRECLUSÃO. O Tribunal Regional não conheceu do agravo de petição interposto pelos exequentes porque reputou caracterizada a preclusão consumativa. Nesse sentido, declarou que o pedido de alienação do bem penhorado já foi apreciado pelo juízo em diversas outras oportunidades, sem que os exequentes interpusessem agravo de petição cabível à época, mas, tão somente, pedido de reconsideração, de modo que perderam a oportunidade de se insurgirem contra a decisão do Juiz da execução. Agravo de instrumento conhecido e não provido. (AIRR nº

194600-71.1997.5.03.0081, 8ª Turma do TST, Rel. Dora Maria da Costa. j. 18.12.2018, Publ. 31.01.2019).

AGRAVO DE INSTRUMENTO EM RECURSO DE REVISTA. EXECUÇÃO. AGRAVO DE PETIÇÃO. INTEMPESTIVIDADE. PEDIDO DE RECONSIDERAÇÃO. IMPOSSIBILIDADE DE INTERRUPÇÃO DO PRAZO RECURSAL. Conforme fundamentos da decisão regional, o pedido de reconsideração não tem o condão de interromper o prazo para interposição do agravo de petição. Nesse sentido tem se consolidado a jurisprudência desta Corte. Agravo de instrumento desprovido. (AIRR – 10079-16.2013.5.18.0015, Relator Ministro: José Roberto Freire Pimenta, Data de Julgamento: 07/11/2018, 2ª Turma, Data de Publicação: DEJT 09/11/2018)

"(...) II -AGRAVO DE INSTRUMENTO. EXECUÇÃO. AGRAVO DE PETIÇÃO INTEMPESTIVO.1 -No caso, conforme registrado no acórdão do TRT: a) em 4.5.2015, o exequente impugnou os cálculos periciais e o perito se manifestou sobre as impugnações; b) em 10.7.2015, o exequente apresentou impugnação aos cálculos, tratando exatamente das mesmas questões, e o juiz proferiu decisão e homologou cálculos; c) após serem intimadas da decisão, as partes não se manifestaram; d) em 2.10.2015, foi determinada a liberação de numerário ao exequente; e) em 13.10.2015, o exequente interpôs impugnação à sentença de liquidação, oportunidade em que reiterou os pedidos anteriores; f) o juiz indeferiu os pedidos e registrou que as matérias já tinham sido objeto de divergência e de esclarecimento anterior pelo perito.2 -Estabelecido o contexto, não se constata violação do art. 5º, LV, da CF, haja vista que o exequente, ao ser intimado para se manifestar sobre a decisão que apreciou a impugnação aos cálculos quanto à incidência da indenização sobre diferenças salariais e verbas variáveis pagas durante o contrato de trabalho e homologou os cálculos, não se manifestou tempestivamente. Ademais, o pedido de reconsideração posterior não implica interrupção do prazo recursal para fins de interposição de agravo de petição, de maneira a ser intempestiva a interposição após o octídio legal.3 – Agravo de instrumento a que se nega provimento." (Ag-AIRR -107-92.2012.5.03.0041, Relatora Ministra: Kátia Magalhães Arruda, Data de Julgamento: 13/12/2017, 6ª Turma, Data de Publicação: DEJT 15/12/2017)

6.3. Preparo

– É necessário fazer o preparo para recorrer de agravo de petição?

O preparo dos recursos no Processo do Trabalho é composto de custas e depósito recursal.

6.3.1. Custas

A artigo 789-A da CLT prevê o pagamento de custas em caso de interposição de agravo de petição no valor de R$ 44,26, tais custas, serão pagas no final pelo recorrente se não estiver isento, sendo assim, não há necessidade de pagar custas no ato de interposição do agravo de petição.

> CLT, art. 789-A – No processo de execução são devidas custas, sempre de responsabilidade do executado e pagas ao final, de conformidade com a seguinte tabela:
>
> IV – agravo de petição: R$ 44,26 (quarenta e quatro reais e vinte e seis centavos);

A jurisprudência vem entendendo que não está deserto o agravo de petição por falta do recolhimento de custas processuais fixadas na sentença prolatada na fase de conhecimento, pois nos termos do art. 883 da CLT, o valor das custas da fase de conhecimento está incluso no cálculo da quantia a ser executada. Dessa forma, uma vez garantida a execução por depósito em dinheiro ou pela penhora de bens, não se pode falar em deserção do recurso de agravo de petição por ausência de recolhimento das custas processuais relativas à fase de conhecimento.

Nesse sentido:

> RECURSO DE REVISTA. PROCESSO EM FASE DE EXECUÇÃO DE SENTENÇA. ACÓRDÃO REGIONAL PUBLICADO NA VIGÊNCIA DA LEI Nº 13.015/2014. 1. DESERÇÃO DO AGRAVO DE PETIÇÃO. AUSÊNCIA DE RECOLHIMENTO DASCUSTAS PROCESSUAIS DAFASE DE CONHECIMENTO. PROVIMENTO. I. A Corte Regional entendeu estar deserto o agravo de petição,

por falta do recolhimento de custas processuais fixadas na sentença prolatada na fase de conhecimento. II. Nos termos do art. 883 da CLT, o valor das custas da fase de conhecimento está incluso no cálculo da quantia a ser executada. Dessa forma, uma vez garantida a execução por depósito em dinheiro ou pela constrição de bens, não se pode falar em deserção do agravo de petição por ausência de recolhimento das custas processuais relativas à fase de conhecimento. III. Esta Corte já firmou tese no sentido de que o não conhecimento do agravo de petição, por deserção, sob o argumento de que não foram pagas as custas fixadas na sentença, não obstante estar garantido o juízo, viola os princípios da ampla defesa e do devido processo legal (art. 5º, LIV e LV, da Constituição Federal). Precedentes. IV. Recurso de revista de que se conhece e a que se dá provimento. (RR nº 153800-91.2006.5.05.0028, 4ª Turma do TST, Rel. Alexandre Luiz Ramos. j. 27.03.2019, Publ. 29.03.2019).

"AGRAVO DE INSTRUMENTO.EXECUÇÃO AGRAVO DE PETIÇÃO. DESERÇÃO. RECOLHIMENTO DE CUSTAS RELATIVAS AO PROCESSO DE CONHECIMENTO. INEXIGIBILIDADE. PROVIMENTO. Por prudência, ante uma possível afronta ao artigo 5º, LV, da Constituição Federal, o destrancamento do recurso de revista é medida que se impõe. Agravo de instrumento a que se dá provimento. RECURSO DE REVISTA. EXECUÇÃO AGRAVO DE PETIÇÃO. DESERÇÃO. RECOLHIMENTO DE CUSTAS RELATIVAS AO PROCESSO DE CONHECIMENTO. INEXIGIBILIDADE. PROVIMENTO. O artigo 883 da CLT dispõe que o valor das custas da fase de conhecimento está incluso no cálculo da quantia a ser executada. Nessa esteira, se a execução já estiver garantida por depósito em dinheiro ou pela constrição de bens, não há falar em deserção do agravo de petição por ausência de recolhimento das custas processuais relativas à fase de conhecimento. Precedentes. Na hipótese, constata-se que a egrégia Corte Regional, ao não conhecer do agravo de petição interposto pela executada, ante o não recolhimento das custas processuais fixadas na sentença, não obstante o valor correspondente às referidas custas tenha sido objeto de garantia do juízo, violou o artigo 5º, LV, da Constituição Federal. Recurso de revista de que se conhece e a que se dá provimento" (RR -174200-78.2013.5.13.0022, Relator Ministro: Guilherme Augusto Caputo Bastos, Data de Julgamento: 05/09/2018, 4ª Turma, Data de Publicação: DEJT 14/09/2018).

> "I -AGRAVO DE INTRUMENTO. RECURSO DE REVISTA INTERPOSTO SOB A ÉGIDE DA LEI Nº 13.015/2014 -PROVIMENTO. EXECUÇÃO. AGRAVO DE PETIÇÃO. NÃO RECOLHIMENTO DAS CUSTAS PROCESSUAIS PREVISTAS NA FASE DE CONHECIMENTO. DESERÇÃO NÃO CONFIGURADA. Diante de potencial violação do art. 5º, LV, merece processamento o recurso de revista, na via do art. 896, § 2º, da CLT. Agravo de instrumento conhecido e provido. II -RECURSO DE REVISTA INTERPOSTO SOB A ÉGIDE DA LEI Nº 13.015/2014. EXECUÇÃO. AGRAVO DE PETIÇÃO. NÃO RECOLHIMENTO DAS CUSTAS PROCESSUAIS PREVISTAS NA FASE DE CONHECIMENTO. DESERÇÃO NÃO CONFIGURADA. É indevida a exigência de recolhimento das custas fixadas na fase de conhecimento para a interposição de agravo de petição, nas hipóteses em que já garantido o juízo. Precedentes. Recurso de revista conhecido e provido" (RR -180000-38.2013.5.13.0006,Relator Ministro: Alberto Luiz Bresciani de Fontan Pereira, Data de Julgamento: 20/04/2016, 3ª Turma, Data de Publicação: DEJT 29/04/2016).

6.3.2. Depósito recursal

A Súmula nº 128, II do TST, determina não ser necessário o depósito recursal para se interpor agravo de petição, bastando que o juízo esteja totalmente garantido.

> TST, SÚMULA Nº 128 – DEPÓSITO RECURSAL.
>
> II – Garantido o juízo, na fase executória, a exigência de depósito para recorrer de qualquer decisão viola os incisos II e LV do art. 5º da CF/1988. Havendo, porém, elevação do valor do débito, exige-se a complementação da garantia do juízo.

Segundo Miessa[14], "o depósito recursal será exigido nessa fase quando houver majoração do valor do débito, como ocorre, por exemplo, no julgamento de impugnação de liquidação de sentença que corrige a conta e amplia a condenação. Nessa hipótese, o depósito recursal será no valor integral da majoração, não tendo, portanto, teto

14. MIESSA, Élisson. **"Manual dos recursos trabalhistas: teoria e prática"**. 3. ed. Salvador. Juspodivm, 2018.

legal. Repete-se: nessa hipótese, não há teto legal, devendo o depósito ser no valor integral da majoração."

Exemplifica o mesmo autor: "Iniciada a execução, o juízo determina que a empresa X pague ou garanta a execução no valor liquidado de R$ 8.000,00. A empresa garante o juízo apresentando bens no valor da execução (R$ 8.000,00) e interpõe embargos à execução. O reclamante, por sua vez, impugna a sentença de liquidação, porque não levou em conta os parâmetros da condenação. No julgamento, o juiz julga improcedentes os embargos da empresa e procedente a impugnação do reclamante, majorando a execução em R$ 22.000,00, ou seja, define a execução no valor de R$ 30.000,00. Caso a empresa pretenda apresentar agravo de petição, deverá efetuar o depósito recursal no valor da majoração, isto é, de R$ 22.000,00."

– E se o juízo não estiver totalmente garantido?

Caso o juízo não esteja totalmente garantido, o agravo de petição não vai ser conhecido. Nesses termos:

> AGRAVO DE PETIÇÃO - DESERÇÃO - GARANTIA DO JUÍZO. À parte é facultada a utilização de remédio próprio a fim de questionar o acerto ou não do provimento jurisdicional. No caso, valeram-se os Executados de Agravo de Petição, medida cabível contra as decisões proferidas em execução, desde que se encontre satisfatoriamente garantido o Juízo, seja pela penhora ou depósito, nos exatos termos do art. 897, "a", c/c art. 884, caput, ambos da CLT. Sendo insuficiente a garantia do Juízo, considera-se deserto o Agravo de Petição, pelo que não se conhece do apelo. (AP nº 0134700-09.1995.5.03.0056, 4ª Turma do TRT da 3ª Região/MG, Rel. Denise Alves Horta. j. 18.12.2018).

> AGRAVO DE PETIÇÃO. AUSÊNCIA DE GARANTIA DO JUÍZO. Não se conhece do agravo de petição interposto sem a garantia integral do juízo (artigo 884 da CLT). (AP nº 0000741-77.2013.5.03.0001, 1ª Turma do TRT da 3ª Região/MG, Rel. José Eduardo Resende Chaves Jr. Publ. 24.08.2018).

> AGRAVO EM AGRAVO DE INSTRUMENTO EM RECURSO DE REVISTA. PROCESSO REGIDO PELA LEI 13.015/2014. EM FASE DE EXECUÇÃO. AGRAVO DE PETIÇÃO. NÃO

> CONHECIMENTO. GARANTIA DO JUÍZO. INSUFICIÊNCIA. As razões recursais não desconstituem os fundamentos da decisão agravada. Agravo não provido. (Ag-AIRR - 1345-14.2013.5.03.0009, Relatora Ministra: Delaíde Miranda Arantes, Data de Julgamento: 12/06/2018, 2ª Turma, Data de Publicação: DEJT 15/06/2018)

– Hamilton, a empresa em recuperação judicial precisa garantir o juízo para apresentar agravo de petição, já que a reforma trabalhista do ano de 2017 (CLT, art. 899, §10) dispensou tais empresas de pagar o deposito recursal na fase de conhecimento?

As empresas em recuperação judicial devem garantir o juízo para apresentar agravo de petição, pois, o § 6º art. 884, da CLT dispensou apenas as entidades filantrópicas e/ou àqueles que compõem ou compuseram a diretoria dessas instituições para apresentarem embargos à execução sem garantir o juízo. Assim, entende-se que elas devem garantir integralmente o juízo para apresentar agravo de petição.

Nesse sentido:

> AGRAVO DA EXECUTADA. AGRAVO DE INSTRUMENTO EM RECURSO DE REVISTA. LEI Nº 13.467/2017. EMBARGOS À EXECUÇÃO NÃO CONHECIDOS. DESERÇÃO. AUSÊNCIA DE GARANTIA DO JUÍZO. EMPRESA EM RECUPERAÇÃO JUDICIAL. 1. Conforme sistemática adotada na Sexta Turma à época da prolação da decisão monocrática, não foi conhecido o agravo de instrumento da executada, ficando prejudicada a análise da transcendência da causa quanto à matéria objeto do recurso de revista. 2. O TRT entendeu que a isenção da exigência de garantia do juízo para fins de conhecimento dos embargos à execução não alcança a empresa em recuperação judicial. 3. Com efeito, em se tratando de embargos à execução, a garantia da execução ou penhora está disciplinada no art. 884, § 6º, da CLT, introduzido pela Lei nº 13.467/2017, o qual excetua tão somente as entidades filantrópicas e/ou aqueles que compõem ou compuseram a diretoria dessas instituições. Julgados. 4. Registre-se, ainda, que o art. 899, § 10, da CLT, também incluído pela Lei nº 13.467/2017, dispõe sobre a isenção de depósito recursal em processos que tramitam na fase de conhecimento, não sendo, portanto, aplicável à

hipótese destes autos. 5. Agravo a que se nega provimento. (TST; Ag-AIRR 0002016-04.2013.5.03.0020; Sexta Turma; Relª Min. Kátia Magalhães Arruda; DEJT 22/05/2020; Pág. 5422)

AGRAVO DE INSTRUMENTO. RECURSO DE REVISTA. DESCABIMENTO. EXECUÇÃO. NÃO CONHECIMENTO DO AGRAVO DE PETIÇÃO. AUSÊNCIA DE GARANTIA DO JUÍZO. EMPRESA EM RECUPERAÇÃO JUDICIAL. 1. O art. 899, § 10, da CLT só se aplica aos processos em fase de conhecimento. Em execução, incide o disposto no art. 884, § 6º, da CLT, também instituído pela Lei nº 13.467/2017, em que se limitou a isenção de garantia do juízo às entidades filantrópicas. 2. A não repetição das empresas em recuperação judicial na Seção referente aos embargos à execução implica silêncio eloquente do legislador, não cabendo interpretação extensiva para limitar garantia de crédito trabalhista. Assim, não garantida a execução por empresa em recuperação judicial, é deserto o apelo. Agravo de instrumento conhecido e desprovido. (TST; AIRR 0000929-37.2015.5.03.0054; Terceira Turma; Rel. Min. Alberto Bresciani; DEJT 14/02/2020; Pág. 2964)

AGRAVO DE PETIÇÃO. AUSÊNCIA DE GARANTIA DO JUÍZO. EMPRESA EM RECUPERAÇÃO JUDICIAL. NÃO CONHECIMENTO. O art. 884, caput, da CLT é categórico no sentido de que, somente com a garantia integral do débito, podem ser validamente manejados os embargos à execução e, por via de consequência, o agravo de petição. Não comprovada a garantia total do Juízo no momento da interposição do agravo de petição, carece a agravante de lastro jurídico hábil a viabilizar o conhecimento do apelo. (TRT 3ª R.; AP 0011133-26.2015.5.03.0092; Sétima Turma; Rel. Des. Marcelo Lamego Pertence; Julg. 17/06/2020; DEJTMG 19/06/2020)

6.3.3. Dispensa da garantia do juízo no agravo de petição

– Existe alguma possibilidade de agravo de petição sem a garantia do juízo?

Não será necessário a garantia do juízo nos casos de decisão que acolher ou rejeitar a incidente desconsideração da personalidade jurídica prevista nos arts. 133 a 137 do CPC, nos termos do inciso II do § 1º do art. 855-A acrescentado pela Lei 13.467/2017.

> CLT, art. 855-A. Aplica-se ao processo do trabalho o incidente de desconsideração da personalidade jurídica previsto nos arts. 133 a 137 da Lei no 13.105, de 16 de março de 2015 - Código de Processo Civil.
>
> § 1º Da decisão interlocutória que acolher ou rejeitar o incidente:
>
> II - na fase de execução, cabe agravo de petição, independentemente de garantia do juízo;

Também não será exigido a garantia do juízo:

A) Quando a Massa Falida apresentar agravo de petição.

B) Nas decisões que indeferem / rejeitam a exceção de pré-executividade.

> [...] Não se pode olvidar que, nos termos do artigo 897, "a", da CLT, caberá agravo de petição contra as decisões do Juiz ou Presidente na fase de execução. Porém, tal preceito não faz nenhuma distinção quanto à sua natureza, seja interlocutória ou terminativa do feito. Afastado o óbice da irrecorribilidade imediata, caberia saber se para a interposição do agravo de petição contra a decisão que não conheceu ou rejeitou a exceção de pré-executividade seria exigível a garantia do juízo. Pois bem, como já realçado, a exceção de pré-executividade trata-se de uma construção doutrinária e, portanto, sem previsão expressa em lei, inexistindo para o manejo da referida demanda, diversamente do que ocorre com os embargos à execução, a necessidade do cumprimento da garantia do juízo. E se para o exame do mencionado incidente processual não há necessidade da garantia em comento, não se poderia estabelecê-la no momento em que a parte submeterá a decisão que rejeitou ou não conheceu da sua exceção à instância de segundo grau. A prevalecer o mencionado requisito, se estaria, por via transversa, obstaculizando o direito da parte ao contraditório e à ampla defesa, bem como ao devido processo legal, impedindo que a questão objeto da exceção de pré-executividade seja analisada pelo Colegiado Regional e, por conseguinte, por essa instância extraordinária, o que iria de encontro à própria finalidade do instituto processual. Ademais, se fosse cabível a garantia do juízo, o que não é o caso, ela deveria ser exigida desde o tempo do manejo da exceção de pré-executividade, não se justificando o seu cumprimento apenas quando da interposição do agravo de petição. Assim, tem-se como passível de reforma a decisão que impõe para o conhecimento do agravo de petição a

> garantia do juízo, na circunstância em que não acolhida a exceção de pré-executividade. Na hipótese, o Tribunal Regional não conheceu do agravo de petição da executada, sob o fundamento de que, sendo a decisão que não acolheu a exceção de pré-executividade de índole interlocutória, não caberia recurso imediato. Também por entender que para a interposição do agravo de petição seria necessária a garantia do juízo. Ao assim decidir, acabou por afrontar os princípios do contraditório, da ampla defesa e do devido processo legal, em violação do artigo 5º, LIV e LV, da Constituição Federal. Recurso de revista de que se conhece e a que se dá provimento" (ARR-19700-68.1986.5.02.0002, 4ª Turma, Relator Ministro Guilherme Augusto Caputo Bastos, DEJT 15/05/2020).

6.4. Requisitos específicos do agravo de petição

– Quais os requisitos específicos do agravo de petição, Hamilton?

Diz o §1º do art. 897 da CLT:

> CLT, Art. 897 – [...]
>
> § 1º – O agravo de petição só será recebido quando o agravante delimitar, justificadamente, as matérias e os valores impugnados, permitida a execução imediata da parte remanescente até o final, nos próprios autos ou por carta de sentença.

Portanto, são requisitos específicos do agravo de petição:

6.4.1. Delimitação de matérias

O agravo de petição não pode ser um recurso genérico, deve ser indicado pelo agravante, sob pena de não conhecimento, as matérias de irresignação. Segundo Bezerra Leite[15], *"se a matéria for exclusivamente de direito, pode ocorrer que não haja necessidade de impugnar valores, como, por exemplo, no agravo de petição contra decisão que determina a penhora de bem público."* Nesse sentido, a jurisprudência:

15. LEITE, Carlos Henrique Bezerra. Curso de direito processual do trabalho. 15. ed. São Paulo: Saraiva, 2017.

- AGRAVO DE PETIÇÃO DAS EXECUTADAS. NÃO CONHECIMENTO. AUSÊNCIA DE DELIMITAÇÃO DE VALORES. REQUISITO ESPECÍFICO. É pressuposto de admissibilidade do agravo de petição a indicação dos valores relativos à matéria impugnada, por força do disposto no § 1º do artigo 897 da CLT. Agravo de petição não conhecido. (TRT 1ª R.; APet 0100960-90.2018.5.01.0062; Quinta Turma; Rel. Des. Enoque Ribeiro dos Santos; Julg. 11/12/2019; DEJT 31/01/2020)

AGRAVO DE PETIÇÃO. AUSÊNCIA DE DELIMITAÇÃO DA MATÉRIA. NÃO CONHECIMENTO. Não deve ser conhecido agravo de petição quando não delimitada a matéria impugnada, eis que é requisito indispensável para admissibilidade do agravo de petição. (CLT, art. 897, § 1º). Agravo de petição não conhecido. (TRT 22ª R.; AP 0000795-23.2015.5.22.0105; Primeira Turma; Rel. Des. Wellington Jim Boavista; Julg. 02/09/2019; DEJTPI 04/09/2019; Pág. 310)

AGRAVO DE PETIÇÃO. CONHECIMENTO. DELIMITAÇÃO DA MATÉRIA IMPUGNADA. DESNECESSIDADE. MATÉRIA DE DIREITO. Sendo a matéria impugnada exclusivamente de direito, não demanda a delimitação de valores imposta no § 1º do art. 897 da CLT como requisito para conhecimento do agravo de petição Vistos, relatados e discutidos os presentes autos de AGRAVO DE PETIÇÃO, sendo partes as acima citadas. (AP nº 0165900-73.2013.5.17.0004, 3ª Turma do TRT da 17ª Região/ES, Rel. Ana Paula Tauceda Branco. DEJT 10.07.2017).

6.4.2. Delimitação de valores

No agravo de petição, a parte recorrente deve indicar o valor da matéria impugnada que entende devido, para que o juiz da execução, possa dar prosseguimento aos atos executórios.

Desta forma, cabe ao agravante delimitar justificadamente a matéria e os valores objeto de discordância, sobe pena de indeferimento do recurso.

PRELIMINAR DE NÃO CONHECIMENTO. AGRAVO DE PETIÇÃO DO EXECUTADO. AUSÊNCIA DE DELIMITAÇÃO DE VALORES. Impõe-se ao Executado não apenas o ônus de indicar precisamente a matéria impugnada, mas também de discriminar os valores que entende excessivos, a permitir o prosseguimento da execução quanto à parte incontroversa, o que não ocorreu. Houve apenas a delimitação da matéria. Assim, não enseja conhecimento o Agravo de Petição da Executada, por não ter sido cumprido o requisito legal de delimitação justificada dos valores globais objeto de discordância. Preliminar acolhida. Agravo de Petição do Executado não conhecido. (TRT 10ª R.; AP 0000527-37.2013.5.10.0019; Terceira Turma; Rel. Des. José Leone Cordeiro Leite; DEJTDF 20/04/2020; Pág. 3637)

AGRAVO DE PETIÇÃO. AUSÊNCIA DE DELIMITAÇÃO DE VALORES. NÃO CONHECIMENTO. I. Não delimitados os valores correspondentes à matéria impugnada no Agravo de Petição, resulta descumprida condição de admissibilidade, por força do disposto no § 1º do artigo 897 da CLT. Na verdade, a simples alegação de que não foram apuradas as contribuições previdenciárias devidas à PREVI, incidentes sobre as diferenças de benefícios, sem apontar os valores que reputa devidos a tal título, não supre a necessidade, que decorre de imposição legal. II. Não se conhece, pois, do Agravo de Petição da executada. (TRT 6ª R.; Rec. 0000210-18.2011.5.06.0020; Primeira Turma; Rel. Des. Ivan de Souza Valença Alves; Julg. 21/08/2019; DOEPE 10/09/2019)

AGRAVO DE PETIÇÃO. NÃO CONHECIMENTO. O § 1º do art. 897 da CLT estabelece que, visando o agravo de petição à impugnação de parte dos cálculos apurados em liquidação de sentença, necessária se faz a delimitação dos valores nele impugnados, com a indicação do montante que a agravante reputa ser devido, para, assim, permitir o prosseguimento da execução quanto ao valor incontroverso. Não observada a norma supra aludida, o agravo de petição não deve ser conhecido. (AP nº 1326/2008-022-03-00.0, 1ª Turma do TRT da 3ª Região/MG, Rel. José Eduardo Resende Chaves Jr. maioria, DEJT 02.05.2013).

NÃO CONHECIMENTO DO AGRAVO DE PETIÇÃO DA EXECUTADA. INDICAÇÃO DO VALOR INCONTROVERSO. O agravo de petição do devedor que não indica o valor incontroverso desatende ao pressuposto de admissibilidade do recurso previsto no art. 897, § 1º, da CLT, e enseja o seu não conhecimento. Aplicação da OJ nº 17 desta Seção Especializada em Execução. (AP nº 0021189-92.2014.5.04.0006, Seção Especializada em Execução do TRT da 4ª Região/RS, Rel. Cleusa Regina Halfen. j. 29.05.2018).

As matérias que não foram objeto de recurso, serão executadas de imediato. Nesse sentido, a Súmula nº 416 do TST e a parte final do §1º do art. 897 da CLT:

> TST, SUM 416 – MANDADO DE SEGURANÇA. EXECUÇÃO. LEI Nº 8.432/1992. ART. 897, § 1º, DA CLT. CABIMENTO – Devendo o agravo de petição delimitar justificadamente a matéria e os valores objeto de discordância, não fere direito líquido e certo o prosseguimento da execução quanto aos tópicos e valores não especificados no agravo.
>
> CLT, Art. 897 – [...]
>
> § 1º – O agravo de petição só será recebido quando o agravante delimitar, justificadamente, as matérias e os valores impugnados, permitida a execução imediata da parte remanescente até o final, nos próprios autos ou por carta de sentença.

6.4.2.1. *Desnecessidade de delimitação de valores*

– Quem não precisa delimitar os valores no agravo de petição?

O TST por meio do Informativo 171, entendeu que a delimitação de valores prevista no art. 897, § 1º, da CLT é inexigível do exequente, senão vejamos:

> Informativo 71 do TST – Execução. Agravo de petição do exequente. Delimitação de valores prevista no art. 897, § 1º, da CLT. Inexigibilidade. A delimitação dos valores impugnados a que alude o art. 897, § 1º, da CLT é pressuposto de admissibilidade do agravo de petição e visa a execução imediata da parte incontroversa, razão pela qual somente é exigível do executado. O exequente, via de regra, pretende obter um acréscimo ao valor já apurado, de modo que o descumprimento da referida norma não acarreta qualquer prejuízo ao prosseguimento da execução. Sob esse entendimento, a SBDI-I, por unanimidade, conheceu dos embargos, por divergência jurisprudencial, e, no mérito, por maioria, deu-lhes provimento para, afastada a necessidade de delimitação de valores, determinar o retorno dos autos ao TRT para que prossiga no exame do agravo de petição do exequente, como entender de direito. Vencidos os Ministros Cláudio Mascarenhas

> Brandão, Alexandre Agra Belmonte, Guilherme Augusto Caputo Bastos, Walmir Oliveira da Costa e Ives Gandra Martins Filho. TST-E-RR-143500-80.2004.5.01.0342, SBDI-I, rel. Min. Hugo Carlos Scheuermann, 8.2.2018

No mesmo sentido, a Súmula nº 17 do TRT da 6ª Região:

> TRT6, SUM 17 - AGRAVO DE PETIÇÃO - INCIDÊNCIA DO ARTIGO 897, § 1º, DA CLT - A exigência da delimitação justificada dos valores impugnados (artigo 897, § 1º, da CLT) dirige-se apenas ao executado, não se aplicando ao exequente, por ter como objetivo viabilizar a execução imediata da parte remanescente.

6.5. Efeitos do recurso

– Em quais efeitos o agravo de petição é recebido, Professor?

Os recursos no Processo do Trabalho, não têm o condão de suspender a eficácia da decisão recorrida, porque nos termos do art. 899 da CLT, eles possuem somente efeito devolutivo.

> CLT, art. 899 – Os recursos serão interpostos por simples petição e terão efeito meramente devolutivo, salvo as exceções previstas neste Título, permitida a execução provisória até a penhora.

Entretanto, a parte recorrente pode solicitar o efeito suspensivo quando a produção imediata dos feitos da decisão, puder causar risco de dano grave, de difícil ou impossível reparação, e ficar demonstrada a probabilidade de provimento do recurso, conforme preleciona o parágrafo único do art. 995 do CPC:

> CPC, art. 995. Os recursos não impedem a eficácia da decisão, salvo disposição legal ou decisão judicial em sentido diverso.
>
> Parágrafo único. A eficácia da decisão recorrida poderá ser suspensa por decisão do relator, se da imediata produção de seus efeitos houver risco de dano grave, de difícil ou impossível reparação, e ficar demonstrada a probabilidade de provimento do recurso.

Nesse sentido:

> AGRAVO DE PETIÇÃO. CONCESSÃO DE EFEITO SUSPENSIVO. A teor do disposto no artigo 995, parágrafo único, do CPC,

> aplicável subsidiariamente ao processo do trabalho, a concessão de efeito suspensivo ao agravo de petição só se revela possível em situações excepcionais, devidamente comprovadas, em que se vislumbre prejuízo irreversível para o agravante e a probabilidade de provimento do recurso. (AP nº 0000921-37.2010.5.03.0086, 6ª Turma do TRT da 3ª Região/MG, Rel. César Machado. Publ. 19.02.2018).

Se o agravante não demonstrar o risco de dano grave ou de difícil reparação (periculum in mora) e a probabilidade do provimento do recurso (fumus boni iuris), o efeito suspensivo vai ser indeferido. Nesse sentido:

> TUTELA CAUTELAR ANTECEDENTE. EFEITO SUSPENSIVO AO AGRAVO DE PETIÇÃO. PARCELAMENTO DO DÉBITO. Ausente o elemento quanto ao perigo de dano ou risco ao resultado útil do processo, é improcedente a medida cautelar que busca conferir efeito suspensivo ao agravo de petição interposto pela requerente quanto ao parcelamento do débito. (TRT 4ª R.; TutCautAnt 0020030-25.2020.5.04.0000; Seção Especializada em Execução; Rel. Des. João Batista de Matos Danda; Julg. 04/06/2020; DEJTRS 19/06/2020)

> AGRAVO DE PETIÇÃO. Efeito suspensivo. A teor do disposto no artigo 899 da CLT, os recursos trabalhistas terão efeito meramente devolutivo e, por ser infenso ao efeito recursal suspensivo, o processo do trabalho só o admite na hipótese de flagrante ilegalidade, que deverá ser aquilatada pela probabilidade do direito e do perigo de dano ou o risco ao resultado útil do processo (art. 300, caput, CPC), o que, in casu, não se configura. (TRT 3ª R.; AP 0001937-33.2014.5.03.0006; Terceira Turma; Relª Desª Emília Lima Facchini; Julg. 22/06/2020; DEJTMG 23/06/2020; Pág. 564)

> AGRAVO DE PETIÇÃO. EFEITO SUSPENSIVO. DESCABIMENTO. Nos termos dos arts. 899 da CLT e 995 do CPC/2015, o efeito suspensivo do Agravo de Petição é medida excepcional que somente seria possível diante de circunstância em que restassem demonstrados o risco de dano grave ou de difícil reparação (periculum in mora) e a probabilidade do provimento do recurso (fumus boni iuris). Nenhuma das alternativas, no entanto, foi satisfeita no caso em análise. (AP nº 0010270-05.2016.5.03.0070, 8ª Turma do TRT da 3ª Região/MG, Rel. Márcio Ribeiro do Valle. j. 04.04.2018).

Vale citar ainda, os ensinamentos do Professor Marinoni[16]:

> A suspensão da decisão recorrida por força de decisão judicial está subordinada à demonstração da probabilidade de provimento do recurso (probabilidade do direito alegado no recurso, o fumus boni iuris recursal) e do perigo na demora (periculum in mora). Como o direito brasileiro admite expressamente tutela contra o ilícito (art. 497, parágrafo único, CPC), é um equívoco imaginar que apenas a tutela de urgência contra o dano ("risco de dano grave, de difícil ou impossível reparação") justifica a concessão de efeito suspensivo ao recurso. Se há iminência da prática, reiteração ou continuação de um ato ilícito ou se é urgente a remoção do ilícito, esses fatos servem igualmente para evidenciar a necessidade de tutela de urgência capaz de justificar a concessão de efeito suspensivo. O que interessa para a concessão de efeito suspensivo, além da probabilidade de provimento recursal, é a existência de perigo na demora na obtenção do provimento recursal.

6.5.1. Qual o procedimento do pedido do efeito suspensivo

– Para quem deve ser feito o pedido de efeito suspensivo?

O pedido de concessão de efeito suspensivo a recurso deverá ser formulado por requerimento que comprove o risco de dano grave ou de difícil reparação (periculum in mora) e a probabilidade do provimento do recurso (fumus boni iuris), e dirigido ao:

A) Presidente do Tribunal Regional do Trabalho, no período compreendido entre a publicação da decisão que vai ser impugnada pelo agravo de petição e sua distribuição no TRT, ficando o relator designado para análise do requerimento do efeito suspensivo, prevento para julgar o agravo de petição;

B) Relator do recurso de agravo de petição, se já distribuído o recurso;

16. MARINONI, Luiz Guilherme; ARENHART, Sérgio Cruz; MITIDIERO, Daniel. **"Código de Processo Civil Comentado"** – 4ª ed. São Paulo. Revista dos Tribunais, 2018.

6.5.2. *Recurso cabível da decisão que denegar ou deferir o efeito suspensivo*

– Qual recurso cabe da decisão que denegar ou deferir o efeito suspensivo solicitado para o agravo de petição, Professor?

Cabe ao relator decidir por meio de decisão interlocutória se acata ou não o pedido de efeito suspensivo ao agravo de petição. Tal decisão é interlocutória, podendo ser impugnada por meio de agravo regimental ou agravo interno nos termos do item "b" da Súmula nº 214 do TST e da OJ nº 412 da SDI-12, *in verbis:*

> TST, SUM 214 – DECISÃO INTERLOCUTÓRIA. IRRECORRIBILIDADE – Na Justiça do Trabalho, nos termos do art. 893, § 1º, da CLT, as decisões interlocutórias não ensejam recurso imediato, salvo nas hipóteses de decisão:
>
> [...]
>
> b) suscetível de impugnação mediante recurso para o mesmo Tribunal;
>
> TST, OJ 412 da SDI-1 – AGRAVO INTERNO OU AGRAVO REGIMENTAL. INTERPOSIÇÃO EM FACE DE DECISÃO COLEGIADA. NÃO CABIMENTO. ERRO GROSSEIRO. INAPLICABILIDADE DO PRINCÍPIO DA FUNGIBILIDADE RECURSAL – É incabível agravo interno (art. 1.021 do CPC de 2015, art. 557, §1º, do CPC de 1973) ou agravo regimental (art. 235 do RITST) contra decisão proferida por Órgão colegiado. Tais recursos destinam-se, exclusivamente, a impugnar decisão monocrática nas hipóteses previstas. Inaplicável, no caso, o princípio da fungibilidade ante a configuração de erro grosseiro.

6.6. Competência para julgamento do agravo de petição

– Quem é o juízo competente para julgar o agravo de petição?

Diz o §3º do art. 897 da CLT:

> CLT, Art. 897 – [...]
>
> § 3º Na hipótese da alínea a deste artigo, o agravo será julgado pelo próprio tribunal, presidido pela autoridade recorrida, salvo se se tratar de decisão de Juiz do Trabalho de 1ª Instância ou de

> Juiz de Direito, quando o julgamento competirá a uma das Turmas do Tribunal Regional a que estiver subordinado o prolator da sentença, observado o disposto no art. 679, a quem este remeterá as peças necessárias para o exame da matéria controvertida, em autos apartados, ou nos próprios autos, se tiver sido determinada a extração de carta de sentença.

Portanto, se o agravo de petição for interposto de decisão do Presidente do Tribunal (nas ações de competência originária da Corte), a competência para julgá-lo é do Tribunal Pleno (ou Órgão Especial, conforme dispuser o regimento interno). Se a decisão agravada for proferida por Juiz do Trabalho (ou Juiz de Direito exercendo a competência do juiz trabalhista[17]), a competência será da Turma.

7. AGRAVO REGIMENTAL

7.1. Cabimento

– Quando cabe o agravo Regimental, Hamilton?

Cabe para recorrer das decisões monocráticas proferidas pelos relatores das turmas dos Tribunais Regionais do Trabalho e do TST.

– Tem previsão na CLT?

O agravo regimental tem previsão no art. 709, § 1º, da CLT, que determina que: "das decisões proferidas pelo Corregedor, nos casos do artigo, caberá o agravo regimental, para o Tribunal Pleno". Ainda tem previsão na Lei n. 7.701/88, nos arts. 2º, II, *d* e 3º, III, onde prevê a possibilidade de interposição de agravo regimental em face das decisões dos presidentes das Turmas que denegam recurso diante de decisão proferida em dissídio coletivo e do recurso de embargos para o TST.

Nos regimentos internos dos Tribunais Regionais do Trabalho, determinam que cabe agravo regimental para impugnar as liminares concedidas pelo relator em sede de:

17. **CF, art. 112.** A lei criará varas da Justiça do Trabalho, podendo, nas comarcas não abrangidas por sua jurisdição, atribuí-la aos juízes de direito, com recurso para o respectivo Tribunal Regional do Trabalho.

1) Tutela antecipada;

2) Em mandado de segurança;

Preveem, ainda, o cabimento do agravo regimental para decisões em que a lei não prevê recurso específico para impugnação.

– Para quem o recorrente deve endereçar o recurso?

O agravante deve apresentar o agravo regimental nos próprios autos do processo com a peça de interposição endereçada a autoridade que indeferiu a decisão, solicitando que essa autoridade reconsidere a decisão. As razões devem ser endereçadas ao órgão competente para julgar o recurso, conforme dispuser o regimento interno do Tribunal (Turma ou Pleno).

7.2. Prazo

– Qual prazo desse recurso?

O recorrente deve verificar o prazo no regimento interno do Tribunal do local onde ele vai apresentar o recurso.

7.3. Preparo

– É necessário efetuar o preparo para recorrer, Hamilton?

O agravo regimental não está sujeito a preparo (recolhimento de custas e depósito recursal).

7.4. Efeitos do Recurso

– Qual efeito o agravo regimental é recebido?

Assim como os demais recursos trabalhistas o agravo regimental é recebido apenas no efeito devolutivo, não impedindo assim, o início da execução provisória.

CAPÍTULO 18

Execução no Processo do Trabalho

1. INTRODUÇÃO

– Professor, quando vou ter a fase de execução no processo do trabalho?

Ensina Chiovenda[1]:

> Chama-se execução processual a atuação prática, da parte dos órgãos jurisdicionais, de uma vontade concreta da lei que garante a alguém um bem da vida e que resulta de uma verificação; e conhece-se por execução o complexo dos atos coordenados a esse objetivo."

O processo de execução é voltado para a efetivação do direito já reconhecido, e, para alcançar esse fim, se o devedor não adimplir voluntariamente a sua obrigação, é necessário realizar certos atos para transferir os bens do devedor para o credor, ou então transformá-los em dinheiro para o pagamento da quantia devida.[2]

2. PRINCÍPIOS DA EXECUÇÃO

– Quais os principais princípios da fase de execução?

Os principais são:

1. CHIOVENDA, Giuseppe. Instituições de Direito Processual Civil. São Paulo: Saraiva, 1969. vol. 1, pág. 285.
2. Processo Civil para concursos de técnico e analista dos Tribunais. 6ª Ed. Ano 2017, Juspodivm. Pág. 473.

2.1. Princípio da execução voltada para o interesse do exequente

A execução trabalhista se faz no interesse do credor. Nesse sentido, o art. 797 do CPC.

> CPC, Art. 797. Ressalvado o caso de insolvência do devedor, em que tem lugar o concurso universal, REALIZA-SE A EXECUÇÃO NO INTERESSE DO EXEQUENTE que adquire, pela penhora, o direito de preferência sobre os bens penhorados.

Nesse sentido:

> Ademais, o art. 797 do NCPC determina que a execução realiza-se no interesse do credor. Assim, ainda que seja possível uma quebra da ordem de preferência prevista no artigo 835 do CPC, esta deve ser justificada e capaz de satisfazer os interesses do credor. (AP nº 0000520-52.2013.5.03.0015, 8ª Turma do TRT da 3ª Região/MG, Rel. Convocado Luciana Alves Viotti. Publ. 10.11.2017).

Este princípio deve nortear toda a atividade interpretativa do Juiz do Trabalho na execução. Por isso, no conflito entre normas que disciplinam o procedimento executivo, deve-se preferir a interpretação que favoreça o exequente[3].

– Se a execução ocorre no interesse do exequente, ele pode desistir da execução, Hamilton?

Sim, segundo o art. 775 do CPC, o exequente tem o direito de desistir de toda a execução ou de apenas alguma medida executiva. Contudo, deve ser observado o seguinte:

A) A desistência da execução antes do oferecimento dos embargos independe de aceitação do executado.

B) Se já interposto os embargos à execução e se ele versar apenas sobre questões processuais, a extinção da execução

3. SCHIAVI, Mauro. Manual de direito processual do trabalho.13. ed. – São Paulo: LTr, 2018. Pág. 1.110

implica também a sua extinção, independentemente da vontade do embargante, arcando o embargado com as despesas processuais.

> CPC, Art. 775 – [...]
>
> Parágrafo único. Na desistência da execução, observar-se-á o seguinte:
>
> I – serão extintos a impugnação e os embargos que versarem apenas sobre questões processuais, pagando o exequente as custas processuais e os honorários advocatícios;

C) Se os embargos à execução venham a ter em sua defesa matéria de mérito, podendo resultar na extinção definitiva da execução, a desistência da execução depende de expressa concordância do executado-embargante.

> CPC, Art. 775 – [...]
>
> Parágrafo único. Na desistência da execução, observar-se-á o seguinte:
>
> II – nos demais casos, a extinção dependerá da concordância do impugnante ou do embargante.

2.2. Princípio da patrimonialidade

Diz o art. 5º, LXVII da CF:

> LXVII – Não haverá prisão civil por dívida, salvo a do responsável pelo inadimplemento voluntário e inescusável de obrigação alimentícia e a do depositário infiel."

A Súmula Vinculante nº 25 do STF, fixou a impossibilidade de decretação da prisão do depositário judicial infiel.

> STF, SÚMULA VINCULANTE Nº 25 – É ilícita a prisão civil de depositário infiel, qualquer que seja a modalidade do depósito.

A possibilidade de prisão civil por dívida, diante do previsto no Pacto de São José da Costa Rica do qual o Brasil é signatário, ficou restrita aos casos de inadimplemento voluntário e inescusável de obrigação alimentícia "stricto sensu", em cujo conceito não se inclui o crédito trabalhista.

– É possível a prisão do executado devedor?

Com base no art. 5º, LXVII da CF e no entendimento do STF, não é possível a prisão do devedor, exceto nos casos de dívidas de obrigação alimentícia da área de família. O artigo 789 do CPC, que diz que o devedor responde com todos os seus bens presentes e futuros para o cumprimento de suas obrigações, salvo as restrições estabelecidas em lei.

Desta forma, o executado responde apenas com seus bens. Nesse sentido:

> CLT, art. 883 – Não pagando o executado, nem garantindo a execução, seguir-se-á penhora dos bens, tantos quantos bastem ao pagamento da importância da condenação, acrescida de custas e juros de mora, sendo estes, em qualquer caso, devidos a partir da data em que for ajuizada a reclamação inicial.
>
> CC, Art. 391. Pelo inadimplemento das obrigações respondem todos os bens do devedor.

2.3. Princípio da utilidade

Por este princípio, nenhum ato inútil, a exemplo de penhora de bens de valor insignificante e incapazes de satisfazer o crédito, poderá ser consumado[4]. Nesse sentido, dispõe o art. 836 do CPC e a jurisprudência:

> CPC, art. 836 – Não se levará a efeito a penhora quando ficar evidente que o produto da execução dos bens encontrados será totalmente absorvido pelo pagamento das custas da execução.

4. SCHIAVI, Mauro. Manual de direito processual do trabalho.13. ed. – São Paulo: LTr, 2018. Pág. 1.115.

AGRAVO DE PETIÇÃO DO EXEQUENTE. PRINCÍPIO DA UTILIDADE PARA O CREDOR. INDEFERIMENTO DAS PROVIDÊNCIAS INÚTEIS AO PROSSEGUIMENTO DA EXECUÇÃO. A execução é regida pelo princípio da utilidade para o credor, cuja previsão encontra-se no artigo 836, do CPC, e artigo 40, parágrafo 3º, da Lei nº 6.830/80. Na hipótese em discussão, a despeito de a penhora no rosto dos autos estar prevista no artigo 860, do atual CPC, guardando compatibilidade procedimental e principiológica com o Processo do Trabalho, entendo que a constrição sobre o imóvel indicado pelo exequente não se mostraria capaz de satisfazer a presente execução. Isso porque, considerando o valor venal do bem de R$ 30.513,94 (trinta mil quinhentos e treze reais e noventa e quatro centavos), bem como a penhora R.5-M – 28.424, de 19.11.2014, oriunda da execução cível movida por João Lopes de Oliveira, no importe de R$ 1.436.598,69 (um milhão quatrocentos e trinta e seis mil quinhentos e noventa e oito reais e sessenta e nove centavos), resta evidente que não haveria qualquer saldo remanescente em prol do autor, no caso de realização de eventual hasta pública. Agravo de petição do exequente ao qual se nega provimento. (AP nº 00468006320085020022 (20170340150), 12ª Turma do TRT da 2ª Região/SP, Rel. Benedito Valentini. unânime, DOe 02.06.2017).

3. FORMAS DE EXECUÇÃO

– E quais as formas de execução no Processo do Trabalho?

Só há execução se houver um título executivo (documento a que a lei atribua a eficácia executiva), ok? Esse título pode ser um título judicial ou um título extrajudicial, desta forma, a execução pode ser judicial ou extrajudicial.

4. TÍTULOS EXECUTIVOS

– Ok, Professor. Agora me responde: quais os títulos executivos judiciais e quais os extrajudiciais?

São títulos judiciais:

A) As decisões transitadas em julgado;

B) As sentenças pendentes de recurso sem efeito suspensivo;

C) Os acordos judiciais não cumpridos.

A competência para executar tais títulos é do juízo onde iniciou o processo, conforme determinado pelo art. 877 da CLT:

> CLT, Art. 877 – É competente para a execução das decisões o Juiz ou Presidente do Tribunal que tiver conciliado ou julgado originariamente o dissídio.

Já os títulos extrajudiciais são:

A) O TAC – termo de compromisso de ajustamento de conduta firmado perante o Ministério Público do Trabalho;

B) O termo de conciliação firmados perante a comissão de conciliação prévia.

C) As multas inscritas na Dívida Ativa da União provenientes dos autos de infração lavrados pelos Auditores Fiscais do Trabalho[5].

D) O cheque e a nota promissória emitidos em reconhecimento de dívida inequivocamente de natureza trabalhista[6].

A competência para executar é do juiz que teria competência para o processo de conhecimento relativo à matéria, conforme determinado pelo art. 877-A da CLT.

> CLT, Art. 877-A – É competente para a execução de título executivo extrajudicial o juiz que teria competência para o processo de conhecimento relativo à matéria.

5. Art. 114, VII, da CF/1988
6. Art. 13, da IN 39/2016, do TST

5. OMISSÃO DA CLT E APLICAÇÃO SUBSIDIÁRIA DE OUTRAS NORMAS

– Professor, e se a CLT for omissa em relação à execução, como resolvo?

Olha o que diz o art. 899 da CLT e o art. 15 do CPC:

> CLT, Art. 889 – Aos trâmites e incidentes do processo da execução são aplicáveis, naquilo em que não contravierem ao presente Título, os preceitos que regem o processo dos executivos fiscais para a cobrança judicial da dívida ativa da Fazenda Pública Federal.
>
> CPC, Art. 15. Na ausência de normas que regulem processos eleitorais, trabalhistas ou administrativos, as disposições deste Código lhes serão aplicadas supletiva e subsidiariamente.

Em casos de omissão da CLT na fase de execução, deve ser aplicado primeiro a Lei dos Executivos Fiscais[7] e depois, se persistir a omissão, o CPC. Porém, cuidado! Muitos dispositivos do CPC não são aplicados por falta de compatibilidade ou por ausência de omissão da CLT.

– Professor, uma dúvida. Eu posso aplicar o parágrafo único do art. 516 do CPC no Processo do Trabalho?

O dispositivo determina que:

> CPC, Art. 516 – [...]
>
> Parágrafo único. Nas hipóteses dos incisos II e III, o exequente poderá optar pelo juízo do atual domicílio do executado, pelo juízo do local onde se encontrem os bens sujeitos à execução ou pelo juízo do local onde deva ser executada a obrigação de fazer ou de não fazer, casos em que a remessa dos autos do processo será solicitada ao juízo de origem.

7. Lei 6.830/80.

O TST, ao julgar o processo n. CC-9941-32.2012.5.00.0000. SBDI- II, rel. Min. Alberto Luiz Brescianide Fontan Pereira. 27.5.2014, decidiu que existindo previsão expressa no art. 877 da CLT a respeito da competência para a execução das decisões judiciais trabalhistas, a aplicação subsidiária ao Processo do Trabalho do parágrafo único do art. 475-P do CPC/73 (hoje tal dispositivo corresponde ao art. 516 do CPC/2015), no sentido de se permitir ao exequente optar pelo cumprimento da sentença pelo Juízo do local onde se encontram bens sujeitos à expropriação ou do atual domicílio do executado, implica contrariedade aos princípios da legalidade e do devido processo legal e respectiva ofensa ao art. 5º, II e LIV, da CF. Logo, não cabe a aplicação de tal dispositivo.

Aqui, trata-se de um caso de ausência de omissão da CLT como falamos acima.

6. INÍCIO DA FASE DE EXECUÇÃO X REFORMA TRABALHISTA DO ANO DE 2017

– Certo, agora se eu tenho uma decisão com trânsito em julgado e o devedor não cumpre espontaneamente a execução, o que eu faço?

Se o devedor não cumprir a obrigação de forma espontânea, você deve requer o início da execução.

– O juiz pode iniciar de ofício essa execução se eu esquecer de pedir?

Depende.

Olha o que diz o art. 878 da CLT, modificado com a reforma trabalhista do ano de 2017:

> CLT, Art. 878. A execução será promovida pelas partes, permitida a execução de ofício pelo juiz ou pelo Presidente do Tribunal apenas nos casos em que as partes não estiverem representadas por advogado.

– Então, Hamilton, o juiz não pode mais iniciar de ofício a execução se a parte estiver acompanhada de advogado?

Exatamente.

Agora o juiz vai iniciar de ofício a execução apenas nos casos em que as partes não estiverem representadas por advogado[8].

– Mas se o juiz iniciar de ofício, o que a parte pode fazer?

Como não cabe recurso de decisão interlocutória em regra no Processo do Trabalho, a parte prejudicada deve impetrar junto ao TRT, um mandado de segurança, pois a Lei, no caso, o art. 878 da CLT.

Nesse sentido, a decisão (MSCiv 0000325-80.2019.5.11.0000) do plantão judiciário do TRT da 11ª Região:

> DECISÃO
>
> PLANTÃO JUDICIÁRIO
>
> Trata-se de mandado de segurança, com pedido de liminar, impetrado perante o plantão judiciário contra ato do MM. Juízo da 1ª Vara do Trabalho de Manaus, objetivando, em síntese, a concessão de medida inaudita altera parte para obter a suspensão da execução em desfavor da impetrante nos autos nº 0001766-98.2016.5.11.0001, por suposta violação ao art. 878 da CLT.
>
> Examino.
>
> O plantão judiciário permanente, no âmbito do Tribunal Regional do Trabalho da 11ª Região, é instituído e regulamentado pela Resolução Administrativa nº 66/2018, a qual delimita a natureza das matérias objeto dos plantões judiciais em seu art. 2º, in verbis:
>
> Art. 2º O plantão judiciário é destinado, exclusivamente, para análise das seguintes matérias:

8. CLT, Art. 791 – Os empregados e os empregadores poderão reclamar pessoalmente perante a Justiça do Trabalho e acompanhar as suas reclamações até o final.

I – pedidos de habeas corpus e mandados de segurança em que figurar como coatora autoridade submetida à competência jurisdicional do magistrado plantonista;

II – medida liminar em dissídio coletivo de greve;

III – pedidos de busca e apreensão de pessoas, bens ou valores, desde que objetivamente comprovada a urgência;

IV – pedidos de concessão de tutela de urgência que não possam ser apresentados no horário normal de expediente ou nas hipóteses em que da demora possa resultar risco de grave prejuízo ou de difícil reparação.

§1º O plantão judiciário não se destina à reiteração de pedido já apreciado no órgão judicial de origem ou em plantão anterior, bem como a sua reconsideração ou reexame.

§2º Durante o plantão não serão apreciados pedidos de levantamento de importância em dinheiro ou valores e de liberação de bens apreendidos.

§3º Deverá a autoridade judiciária determinar todas as providências necessárias para dar efetividade ao provimento judicial que proferir.

§4º Caso entenda não se tratar de matéria objeto de plantão, o magistrado plantonista remeterá o processo ao juízo competente no primeiro dia útil subsequente ou, quando a apreciação do pedido revelar-se inviável por estar inadequadamente instruído, o extinguirá de plano.

O ato tido como coator está acostado aos autos eletrônicos sob id 9a1c427 – Pág. 68 (fl. 949). Segue transcrito:

DECISÃO

I – O Juízo homologa os cálculos de folhas (ID Nº. 868b038), para que produzam seus efeitos legais e jurídicos;

II – Fica citada a executada, por seus patronos, por meio do DEJT11 e/ou SISTEMA, para, no prazo de 48 (quarenta e oito) horas, nos termos do art. 880, da CLT, pagar o valor de R$ 45.024,37, sob pena de execução;

III – Caso não pague e/ou não garanta a execução, deverá a Secretaria da Vara proceder a consulta sobre a existência de ativos financeiros da(o) executada(o), nos termos do art. 838 do CPC, com a consequente penhora dos valores que forem encontrados em conta-corrente, poupança ou aplicações financeiras, com utilização do sistema BACEN JUD, nos termos do art. 83 da Consolidação dos Provimentos da Corregedoria-Geral da Justiça do Trabalho e do art. 1º do Capítulo "Dos Procedimentos Relativos ao Sistema BACEN JUD" da Consolidação das Normas da Corregedoria do E. TRT da 11ª Região, que determinam que o sistema BACEN JUD seja utilizado com precedência.

IV - Adverte-se que o prazo para interposição de EMBARGOS À EXECUÇÃO iniciar-se no primeiro dia útil após a efetivação do bloqueio.

V - Sendo ineficaz o referido procedimento, inclua-se a executada no BNDT e consulte-se o RENAJUD.

VI - Ainda sem êxito, expeça-se mandado de penhora.

Do que se vê, o pedido liminar formulado nos presentes autos se amolda às hipóteses de cabimento previstas para o plantão judiciário, eis que evidente sua subsunção ao previsto no art. 2º, IV, da RA nº 66/2018 transcrita acima, por conta do risco patrimonial decorrente da demora da análise do pleito em questão.

Superado tal ponto, entendo que assiste razão ao impetrante em seu pedido liminar.

É que, do que se vê da íntegra dos autos originários acostados ao presente mandamus pela impetrante, de fato houve o início de ofício da execução em seu desfavor, mediante decisão de lavra do MM. Juiz do Trabalho Titular da 1ª VTM. Restou evidente, ainda, que o exequente daqueles autos está assistido por advogado.

Neste contexto, tem-se que a Lei nº 13.467/2017 modificou a redação do art. 878 da CLT, de modo a prever que "a execução será promovida pelas partes, permitida a execução de ofício pelo juiz ou pelo Presidente do Tribunal apenas nos casos em que as partes não estiverem representadas por advogado".

Por conta disso, ao iniciar de ofício a execução em benefício de parte assistida por advogado, o magistrado tido como coator violou o art. 878 da CLT ora mencionado, motivo que impõe a suspensão dos efeitos de tal decisão.

Extrai-se, do art. 1º da Lei nº 12.016/2009, que o mandado de segurança será concedido para proteger direito líquido e certo, não amparado por habeas corpus ou habeas data, sempre que, ilegalmente ou com abuso de poder, qualquer pessoa física ou jurídica sofrer violação ou houver justo receio de sofre-la por parte de autoridade.

A situação fática está demonstrada, conforme documentos apresentados. O patrimônio da Impetrante está em condições de vulnerabilidade.

O ato atacado não está em conformidade com o direito objetivo.

A decisão judicial que determinou a execução de ofício não é impugnável por recurso.

Desse modo, não sendo a execução processada na forma do art. 878 da CLT e sendo essa uma faculdade da parte reclamante, assistida por advogado, fazê-lo, acolho a pretensão requerida.

Assim, defiro o pedido de tutela de urgência e concedo medida liminar, no sentido de determinar a imediata suspensão da execução movida em desfavor de V V REFEICOES LTDA - EPP nos autos nº 0001766-98.2016.5.11.0001, bem como declarar nulos eventuais atos constritivos já praticados, até que haja eventual impulso pela parte exequente.

Oficie-se ao Juízo da 1ª Vara do Trabalho de Manaus, ora impetrado, dando-lhe ciência desta decisão para cumprimento.

Cientifique-se o impetrante, por intermédio de seu patrono.

Após, sejam os autos distribuídos conforme previsto em lei e no regimento interno desta Corte.

Manaus, 10 de julho de 2019.

MÁRCIA NUNES DA SILVA BESSA

7. DECISÕES QUE NECESSITAM DA FASE DE EXECUÇÃO

– Professor, qualquer sentença transitada em julgado ensejará o processo de execução?

Calma, primeiro precisamos saber o conceito de sentença e sua classificação.

7.1. Conceito de sentença:

Segundo o § 1º do art. 203 do CPC, sentença é o pronunciamento do juízo singular que, com fundamento no art. 485 ou no art. 489 do CPC, põe fim à fase cognitiva do procedimento comum ou extingue a execução.

7.2. Classificação das sentenças:

O Professor Moacyr Amaral[9] escreve que: "*A sentença deve ser precisa, no sentido de certa, tradutora de certeza, de modo a tornar indubitável aquilo a que condena o réu (sentença condenatória) ou o que declara (sentença declaratória) ou o que constitui ou desconstitui (sentença constitutiva)*"

Assim, as sentenças podem ser: condenatórias, declaratórias e constitutivas.

A) Sentenças declaratórias: têm por objeto simplesmente a declaração da existência ou inexistência de relação jurídica, ou da autenticidade ou falsidade de documento (art. 19, I e II, CPC/2015).

B) Sentenças constitutivas: além da declaração do direito, há a constituição de novo estado jurídico, ou a criação ou a modificação de relação jurídica.

C) Sentenças condenatórias: reconhecem a existência de um direito e permitem a realização de atividade executiva no intuito de efetivar materialmente essa mesma prestação[10].

– Entendi! Mas eu quero a resposta da pergunta anterior, Hamilton!

Vamos lá. Somente as ações condenatórias, com pedidos julgados total ou parcialmente procedentes ensejarão o processo de execução. As sentenças declaratórias e constitutivas não comportam, em

9. (SANTOS, Moacyr Amaral. Comentários ao Código de Processo Civil. Rio de Janeiro: Forense, 1976, p. 443).
10. JÚNIOR, Fredie Didier. CURSO DE DIREITO PROCESSUAL CIVIL, VOL. 2. 12. Ed. Salvador: Juspodivm, 2017.

regra, execução. A sentença, por si, é suficiente para o exercício do direito declarado ou constituído.

8. FASES DA EXECUÇÃO

– Perfeito! Agora quais as fases da execução de título judicial?

A estrutura da execução trabalhista baseada em título judicial é integrada por cinco fases distintas e sequentes. São elas:

A) Fase de liquidação;

B) Fase de constrição;

C) Fase de expropriação;

D) Fase de defesa do executado;

E) Extinção da execução.

Passamos a estudar agora essas fases.

9. FASE DE LIQUIDAÇÃO

9.1. Introdução

– Inicialmente, o que eu preciso saber sobre a fase de liquidação, Hamilton?

Trata-se de fase intermediária que visa a complementar a fase de conhecimento e preparar a fase executiva. A liquidação tem por finalidade tornar líquida a obrigação de pagar prevista na sentença. Consiste num incidente processual inserido na fase de execução, pois a execução fundar-se-á sempre em título de obrigação líquida, certa e exigível. Nesse sentido, o art. 783 do CPC.

> CPC, Art. 783 A execução para cobrança de crédito fundar-se-á sempre em título de obrigação certa, líquida e exigível.

Desta forma, não é suficiente apenas o título executivo para o exequente iniciar a fase de execução. É necessário também, que a obrigação nele representada, se revista de certeza, liquidez e exigibilidade, como indicado no artigo 783 do CPC.

9.2. Violação da coisa julgada

– Posso inovar acrescentando algum pedido na fase de liquidação?

Você precisa saber, também, que na liquidação é vedado discutir de novo a lide ou modificar a sentença que a julgou. Nesse sentido, o art. 879, § 1º da CLT.

> CLT, art. 879 – [...]
>
> § 1º – Na liquidação, não se poderá modificar, ou inovar, a sentença liquidanda nem discutir matéria pertinente à causa principal.

A coisa julgada outorga proteção ao dispositivo da decisão de mérito transitada em julgado. Os motivos, ainda que importantes para determinar o alcance da decisão e a versão dada pela sentença aos fatos, adotada como seu fundamento, não fazem coisa julgada[11].

Nesse sentido, o art. 504 do CPC:

> CPC, art. 504. Não fazem coisa julgada:
>
> I – os motivos, ainda que importantes para determinar o alcance da parte dispositiva da sentença;
>
> II – a verdade dos fatos, estabelecida como fundamento da sentença.

Contudo, o TST firmou entendimento de que não viola a coisa julgada, quando o dispositivo da sentença é parcialmente remissivo e elenca partes das parcelas deferidas aos fundamentos/motivos da

11. MARINONI, Luiz Guilherme; ARENHART, Sérgio Cruz; MITIDIERO, Daniel. Código de Processo Civil Comentado – 4ª ed. São Paulo. Revista dos Tribunais, 2018.

decisão, assim, a remissão aos termos da fundamentação importa na sua integração ao dispositivo. Nesse sentido, o Informativo 31 da execução do TST:

> Informativo do TST – Execução – 31 – Execução. Fase de liquidação. Dispositivo de sentença que faz remissão aos termos da fundamentação. Integração de parcelas. Coisa julgada. A SBDI-I, por unanimidade, conheceu dos embargos, por divergência jurisprudencial, e, no mérito, deu-lhes provimento para reformar o acórdão do Regional que, em desatendimento à autoridade da coisa julgada, deixou de determinar, em fase de liquidação de sentença, a integração das horas extras em sábados, feriados e repousos semanais remunerados, nos moldes consignados na fundamentação. Na hipótese, restou demonstrado de forma categórica que o dispositivo da sentença e a fundamentação determinaram a integração de horas extras, tendo o julgador feito constar, no dispositivo, que a condenação se dava nos termos da fundamentação. Assim, embora a parte dispositiva tenha determinado a repercussão das horas extras apenas nas férias acrescidas do abono constitucional, décimo terceiro, gratificações semestrais, licenças-prêmios e verbas rescisórias, a repercussão nos sábados, feriados e repousos semanais remunerados integra a condenação porque determinada na fundamentação. Não se trata, portanto, de extensão da proteção da coisa julgada aos motivos da sentença, em desacordo com o disposto no art. 504 do CPC de 2015, mas de fundamentação que integra o dispositivo em razão da utilização da técnica de remissão. TST-E-ED-RR-44900-98.2002.5.04.0701, SBDI-I, rel. Min. Augusto César Leite de Carvalho. 18.5.2017

Para melhor compreensão da matéria, vale mencionar as razões de decidir do TST do processo mencionado acima (TST-E-ED-RR-44900-98.2002.5.04.0701):

> Conheço, pois do recurso de embargos por divergência jurisprudencial.
>
> Mérito.
>
> A controvérsia diz respeito aos limites da coisa julgada na fase de liquidação, especialmente por constar no dispositivo do título executivo a remissão aos termos da fundamentação, na qual foi

determinada a integração das horas extras nos sábados, feriados e repousos semanais remunerados nos cálculos de liquidação.

Conforme transcrição inserida no acórdão recorrido, na fundamentação da sentença exequenda constou:

"Resta devida a integração das horas extras nos sábados e feriados, por força de cláusula constante dos acordos normativos. Esta integração importa em aumento da média remuneratória que deve ser considerada para o cálculo de direitos como férias acrescidas do abono constitucional, natalinas, gratificações semestrais, licenças-prêmio e verbas rescisórias, que têm a remuneração como base de cálculo." (fl. 1.313)

Após o TRT registrar que a repercussão em licenças-prêmio foi excluída no julgamento dos embargos de declaração, acrescentou que o dispositivo da sentença condenou o "réu a pagar ao de cujus, consoante os fundamentos e critérios supra, com juros e correção monetária legais, observada a prescrição pronunciada e abatidos os valores pagos sob os mesmos títulos: (...) – horas extras e repercussões nas férias acrescidas do abono constitucional, natalinas, gratificações semestrais, licenças-prêmio e verbas rescisórias;" (fl. 1.313)

A fundamentação e o dispositivo do título exequendo demonstram de forma categórica que houve determinação de integração das horas extras.

Na fundamentação constou a integração das horas extras nos sábados e feriados e, na parte dispositiva, houve determinação de repercussão das horas extras nas férias acrescidas do abono constitucional, décimo terceiro, gratificações semestrais, licenças-prêmio e verbas rescisórias. Além disso, o julgador fez constar, no dispositivo da sentença, que a condenação se dava nos termos da fundamentação.

Não se está a estender a proteção da coisa julgada aos motivos da sentença em dissonância do disposto no artigo 504 do CPC de 2015.

No caso, o dispositivo de sentença além de determinar a repercussão das horas extras, utiliza a técnica de remissão aos termos da fundamentação. E ainda é forte e atual a lição de Pontes de Miranda: "se o motivo dispõe, é decisum". (MIRANDA, Pontes. "Comentários ao Código de Processo Civil". Tomo V. Rio de Janeiro: Editora Forense, 1974, p. 154.)

Nesse contexto, entende-se que o Tribunal Regional na fase de liquidação de sentença, ao deixar de determinar a integração das horas extras nos moldes como expressamente consignado na fundamentação, isto é, nos sábados, feriados e repousos semanais remunerados nos cálculos de liquidação, desatende a autoridade que torna imutável e indiscutível a decisão de mérito não mais sujeita a recurso.

Com efeito, dou provimento ao recurso de embargos para, reformando o acórdão recorrido, determinar a inclusão da repercussão das horas extras em sábados, feriados e repousos semanais remunerados.

9.2.1. *Exceção – Juros de mora, correção monetária e descontos fiscais*

– Certo, professor! Mas me tira uma dúvida: se eu esquecer de pedir a correção monetária e os juros de mora na petição inicial, vou poder acrescentar esses itens na fase de execução ou isso seria uma violação à coisa julgada prevista no § 1º do art. 879 da CLT?

Pelo princípio da adstrição, o juiz estará restrito aos pedidos feitos pelo autor da ação, ou seja, o juiz não pode decidir além ou permanecer aquém do pedido ou conceder o que não foi requerido, conforme determinação dos artigos 141 e 492 do CPC:

CPC, Art. 141. O juiz decidirá o mérito nos limites propostos pelas partes, sendo-lhe vedado conhecer de questões não suscitadas a cujo respeito a lei exige iniciativa da parte.

CPC, Art. 492. É vedado ao juiz proferir decisão de natureza diversa da pedida, bem como condenar a parte em quantidade superior ou em objeto diverso do que lhe foi demandado.

Entretanto, olha o que o TST escreveu na Súmula nº 211:

TST, SUM 211 – Os juros de mora e a correção monetária incluem-se na liquidação, ainda que omisso o pedido inicial ou a condenação.

No mesmo sentido, a Súmula nº 254 do STF e o § 1º do art. 322 do CPC:

> STF, SUM 254 – Incluem-se os juros moratórios na liquidação, embora omisso o pedido inicial ou a condenação.
>
> CPC, Art. 322. § 1º – Compreendem-se no principal os juros legais, a correção monetária e as verbas de sucumbência, inclusive os honorários advocatícios.

Portanto, ainda que omisso o pedido inicial ou a condenação judicial, deve ser incluído na liquidação os juros de mora e a correção monetária.

– Mais alguma exceção, Professor?

Sim, olha o entendimento do TST por meio da Súmula nº 401:

> TST, SUM 401 – Os descontos previdenciários e fiscais devem ser efetuados pelo juízo executório, ainda que a sentença exequenda tenha sido omissa sobre a questão, dado o caráter de ordem pública ostentado pela norma que os disciplina. A ofensa à coisa julgada somente poderá ser caracterizada na hipótese de o título exequendo, expressamente, afastar a dedução dos valores a título de imposto de renda e de contribuição previdenciária.

9.2.2. Dedução de valores sob o mesmo título/rubrica

– Acabou? Ou mais alguma coisa, mestre?

Só mais uma explicação.

A empresa executada não pode ser compelida a pagar duas vezes a mesma parcela, pois caso isso ocorra, o exequente estaria se enriquecendo ilicitamente. Tal fato é vedado pelo art. 884 do CC.

> CC, Art. 884. Aquele que, sem justa causa, se enriquecer à custa de outrem, será obrigado a restituir o indevidamente auferido, feita a atualização dos valores monetários.

Desta forma, é possível solicitar o abatimento/dedução das verbas que já foram pagas durante a relação de trabalho sob o mesmo título/rubrica, mesmo que a sentença e o acórdão não falem nada sobre a dedução. O TST, ao julgar o processo ED em EDcl em RR com Ag 445085-44.2000.5.12.0014, nas razões de decidir, escreveu que:

> [...]
>
> Vejamos.
>
> Ainda que não tenha constado em outras decisões a ressalva quanto à compensação de valores já pagos, esta providência é necessária como forma de evitar o enriquecimento sem causa do trabalhador. Ademais, havendo pagamento sob os mesmos títulos, não há razão técnica para penalizar a empresa com a sua repetição.
>
> Não há falar, neste caso, em ofensa à coisa julgada. A ofensa somente estaria caracterizada se a sentença tivesse expressamente vedado a dedução de valores.
>
> [...]
>
> Deste modo, considerando que a dedução de valores quitados não foi discutida na fase de conhecimento, não há o óbice da coisa julgada reconhecido no acórdão recorrido, sendo possível que se deduzam os valores pagos a título de progressão salarial por antiguidade e merecimento contemplados e quitados pelos acordos coletivos de trabalho.
>
> O novo pagamento de valor sob o mesmo título implicaria o descumprimento do título exequendo, o qual não determinou o duplo pagamento.
>
> [...]
>
> Assim, ante o exposto **dou provimento** aos embargos para restabelecer o acórdão do Tribunal Regional que determinou a **dedução** dos **valores** já **pagos** a **título** de progressão salarial por antiguidade e merecimento, computando-se para esse efeito as progressões já contempladas e quitadas pelos ACTs.

Após expor as razões de decidir do referido processo, transcrevo a ementa da decisão:

> RECURSO DE EMBARGOS REGIDO PELA LEI 13.015/2014. PROCESSO EM FASE DE EXECUÇÃO DE SENTENÇA.

PROGRESSÃO HORIZONTAL POR ANTIGUIDADE E MERECIMENTO. COISA JULGADA. Caso em que a Turma deste Tribunal conheceu do recurso de revista do autor, nos presentes autos de reclamação trabalhista em fase de execução e, no mérito, deu-lhe provimento por entender que ofende o disposto no art. 5º, incisos XXXVI, da CF/88, a decisão em que o juízo de execução determina a dedução dos valores já pagos a título de progressão salarial por antiguidade e merecimento contemplados em acordos coletivos de trabalho, sem que a decisão exequenda disponha sobre tal questão. Conforme mencionado no acórdão embargado, restou consignado pelo acórdão regional que "a rubrica, no caso, será a promoção por merecimento e antiguidade, e o período a ser analisado é o da implantação dos acordos coletivos, isto é, em 1995/1996 e 1997/1998. Mais especificamente, deverá ser observada a dedução dos avanços concedidos e quitados por meio dos acordos coletivos, correspondente a uma referência a cada aumento concedido pelo ACT para quitar as promoções de mérito e antiguidade." E que: "A verificação da existência ou não de valores a serem deduzidos em função das promoções já contempladas e quitadas pelos acordos coletivos deverá ser aferida pelo perito contábil, uma vez que ele detém o conhecimento técnico para proceder a essa análise." Nesse contexto, considerando que a dedução de valores quitados não foi discutida na fase de conhecimento, não há o óbice da coisa julgada reconhecido no acórdão recorrido, sendo possível sejam deduzidos os valores pagos a título de progressão salarial por antiguidade e merecimento, contemplados e quitados pelos acordos coletivos de trabalho. O novo pagamento de valor sob o mesmo título implicará o descumprimento do título exequendo, o qual não determinou o duplo pagamento. Recurso de embargos conhecido e provido. (TST - ED em EDcl em RR com Ag 445085-44.2000.5.12.0014 - Seção Especializada em Dissídios Individuais - j. 24/5/2018 - julgado por Augusto César Leite de Carvalho).

Nesse sentido, outros julgados:

"[...] 3 - AUXÍLIO-ALIMENTAÇÃO. VALORES PAGOS SOB O MESMO TÍTULO. COMPROVAÇÃO NA FASE DE LIQUIDAÇÃO. DEDUÇÃO. POSSIBILIDADE. A dedução de valores pagos sob o mesmo título tem por objetivo impedir o enriquecimento ilícito de uma das partes, devendo, por essa razão, ser autorizada até mesmo de ofício pelo juiz. Nesse passo, revela-se perfeitamente possível à parte interessada colacionar aos autos, quando da liquidação de sentença, os documentos hábeis a demonstrar a existência de valores já pagos sob idêntica rubrica, a fim de possibilitar ao julgador a correta apuração dos valores devidos. Recurso de revista conhecido e provido. [...] (RR-26600-33.2012.5.17.0004, 2ª Turma, Relatora Ministra Delaide Miranda Arantes, DEJT 23/11/2018).

DEDUÇÃO DE VALORES PAGOS. RUBRICAS SOB IDÊNTICO TÍTULO. O acórdão regional não merece reparos, porquanto destacou que a dedução de valores pagos ocorrerá tão somente no que se refere às rubricas sob idêntico título. Recurso de revista não conhecido. (RR nº 1293-72.2011.5.09.0671, 3ª Turma do TST, Rel. Alexandre de Souza Agra Belmonte. j. 22.11.2017, Publ. 24.11.2017).

REPERCUSSÕES DA FCT/GFE. DEDUÇÃO DE VALORES PAGOS A IDÊNTICO TÍTULO. PRINCÍPIO DO NON BIS IN IDEM. Devem ser deduzidos os valores pagos a idêntico título, no que toca às repercussões da gratificação FCT/GFE, sob pena de pagamento em duplicidade. Logo, somente constituem a condenação as diferenças eventualmente observadas. Tal medida destina-se a preservar a coisa julgada do erro da condenação em bis in idem. Agravo de petição provido, no particular. (Processo nº 0000363-98.2013.5.06.0014, 1ª Turma do TRT da 6ª Região/PE, Rel. Eduardo Pugliesi. j. 18.05.2017).

Ainda, é importante destacar que a doutrina, entende que não se confundem os institutos jurídicos da compensação e da dedução. Nesse sentido, o Professor Henrique Correia[12]:

A compensação, como aludido anteriormente, ocorre quando duas pessoas forem ao mesmo tempo credor e devedor uma da outra, sendo matéria de defesa, o que significa que depende da alegação do réu (reclamado), sob pena de operar a preclusão, ou seja, não poder argui-la em outra oportunidade. O exemplo clássico de compensação diz respeito à possibilidade de o empregador

12. MIESSA, Élisson; CORREIA, Henrique. Súmulas e Orientações Jurisprudenciais do TST: comentadas e organizadas por assunto. 5. ed. Salvador: Juspodivm, 2015.

compensar o aviso-prévio não concedido pelo empregado, quando este pedir demissão.

A dedução, por sua vez, é o abatimento das verbas que já foram pagas durante a relação de trabalho sob o mesmo título. Trata-se de matéria de ordem pública embasada no princípio do não enriquecimento sem causa, razão pela qual pode ser arguida em qualquer tempo e, principalmente, manifestada ex officio. É o que ocorre, por exemplo, na hipótese de a empresa ser condenada ao pagamento de horas extras, e o juiz determinar a dedução das horas extras já pagas. Percebe-se, nessa hipótese, que o empregador não é credor do empregado, mas simplesmente já pagou parte de sua obrigação contratual. Noutras palavras, a simples desoneração da obrigação do empregador não pode ser tida como crédito capaz de gerar a compensação, tratando-se, pois, de mera dedução.

Por fim, o TST por meio da OJ nº 415 da SDI-1 entende a dedução das horas extras comprovadamente pagas daquelas reconhecidas em juízo não pode ser limitada ao mês de apuração, devendo ser integral e aferida pelo total pago no período imprescrito.

TST, OJ 415 da SDI-1 – A dedução das horas extras comprovadamente pagas daquelas reconhecidas em juízo não pode ser limitada ao mês de apuração, devendo ser integral e aferida pelo total das horas extraordinárias quitadas durante o período imprescrito do contrato de trabalho.

Para tentar ficar mais claro, segue o exemplo:

A sentença condena a empresa a pagar 1 hora extra por dia de segunda a sexta-feira, dando uma média de 22 horas extras por mês (22 dias trabalhados). Nos contracheques da empresa, entretanto, dos meses de janeiro a abril, foi possível verificar o pagamento de 10 horas extras em janeiro, 30 em fevereiro, 12 em março e 25 em abril. Se a dedução fosse mês a mês, em janeiro, o empregado teria 12 horas extras, em fevereiro nenhuma, em março 10 horas extras e em abril nenhuma. O empregado, nessa hipótese, teria direito a 22 horas extras. As horas extras pagas além da condenação, neste caso, eram consideradas como pagamento por mera liberalidade. O entendimento, antes da OJ 415, era nesse sentido, porque eles utilizavam a mesma base cronológica que a do salário, ou seja, mês a mês, já que o salário deve ser pago a cada mês (art. 459 da CLT). Atualmente, com a OJ 415, se o empregado fez 88 horas extras (4 x 22h) e se o empregador já pagou 77 horas (10, 30, 12 e 25 como no exemplo), o trabalhador terá direito a apenas 11 horas extras (global) e não 22 horas extras, como no cálculo mês a mês. O TST, de forma acertada, entende dessa forma, com base no princípio da vedação do enriquecimento sem causa[13].

9.3. Modalidades de liquidação

– Perfeito! Agora quais as modalidades de liquidação que eu posso utilizar?

A liquidação da sentença pode ser realizada de três modos: por **cálculo**, por **arbitramento** ou por **artigos**.[14] Nesse sentido, o caput do art. 879 da CLT:

> CLT, Art. 879 – Sendo ilíquida a sentença exequenda, ordenar-se-á, previamente, a sua liquidação, que poderá ser feita por cálculo, por arbitramento ou por artigos.

Não é comum, entretanto, existe a possibilidade de a liquidação se processar, simultaneamente, por mais de uma das modalidades previstas em lei.

– Hamilton, se eu fizer a liquidação de forma diversa estabelecida na sentença, ofenderia a coisa julgada?

Não! Olha o que diz a Súmula nº 344 do STJ:

> STJ, SUM 344 – A liquidação por forma diversa estabelecida na sentença não ofende a coisa julgada.

Passo a explicar cada uma das modalidades de liquidação.

13. MIESSA, Élisson; CORREIA, Henrique. Súmulas e Orientações Jurisprudenciais do TST: comentadas e organizadas por assunto. 5. ed. Salvador: Juspodivm, 2015.
14. No CPC de 2015, a liquidação por artigos passou a se chamar liquidação pelo procedimento comum (art. 509, II, do CPC).

9.3.1. *Liquidação por cálculos*

A liquidação da sentença trabalhista por simples cálculo é admissível sempre que sua expressão pecuniária, mesmo oculta na conclusão do julgado, se revelar por meio de operações aritméticas possíveis com os dados já encartados no processo de conhecimento[15]. Nesse caso, os elementos necessários para a definição do montante devido encontram-se nos próprios autos.

A liquidação por cálculo é a mais utilizada e é realizada quando a determinação do valor da condenação depender apenas da matemática.

– Esses cálculos podem ser feitos em planilha de Excel?

Até dezembro de 2020, sim. Porém, a partir de janeiro de 2021, os cálculos devem ser apresentados pelo sistema PJE-CALC, conforme determinado pela resolução 185/2017 do CSJT:

> RESOLUÇÃO CSJT Nº 185, DE 24 DE MARÇO DE 2017 - Art. 22 - [...]
>
> § 6º Os cálculos de liquidação de sentença iniciada a partir de 1º de janeiro de 2021, apresentados por usuários internos e peritos designados pelo juiz, deverão ser juntados obrigatoriamente em PDF e com o arquivo "pjc" exportado pelo PJeCalc.

9.3.2. *Liquidação por arbitramento*

O arbitramento consiste em exame ou vistoria pericial de pessoas ou coisas, com a finalidade de apurar o quantum relativo à obrigação pecuniária que deverá ser adimplida pelo devedor, ou, em determinados casos, de individuar, com precisão, o objeto da condenação[16].

---

15. PINTO, José Augusto Rodrigues. Execução Trabalhista: estática – dinâmica – prática. 11. ed. São Paulo: LTr, 2006. p. 156.
16. FILHO, Manoel Antonio Teixeira. Execução no processo do trabalho. 9. ed. São Paulo: LTr, 2000, p. 369.

9.3.3. Liquidação por artigos

Denomina-se por artigos a essa modalidade de liquidação porque incumbe à parte (em geral, o credor) articular, em sua petição, aquilo que deve ser liquidado, ou seja, indicar, um a um os diversos pontos que constituirão objeto da quantificação, concluindo por pedir, segundo Leite Velho, 'quantia, quantidade e qualidade de certas[17].

9.4. Apresentação dos cálculos

– E quem pode apresentar os cálculos?

Os cálculos poderão ser elaborados e apresentados pelas partes (reclamante e reclamado), pelo contador judicial e, na hipótese de cálculos complexos, por um perito, a critério do juiz, conforme determinado pelos parágrafos 1º-B, 3º e 6º do art. 879 da CLT:

> CLT, art. 879 – [...]
>
> § 1º-B – As partes deverão ser previamente intimadas para a apresentação do cálculo de liquidação, inclusive da contribuição previdenciária incidente.
>
> § 3º – Elaborada a conta pela parte ou pelos órgãos auxiliares da Justiça do Trabalho, o juiz procederá à intimação da União para manifestação, no prazo de 10 (dez) dias, sob pena de preclusão.
>
> § 6º – Tratando-se de cálculos de liquidação complexos, o juiz poderá nomear perito para a elaboração e fixará, depois da conclusão do trabalho, o valor dos respectivos honorários com observância, entre outros, dos critérios de razoabilidade e proporcionalidade.

9.4.1. Aplicação da correção monetária

– Ao efetuar os cálculos, qual a correção monetária eu aplico?

17. FILHO, Manoel Antonio Teixeira. Execução no processo do trabalho. 9. ed. São Paulo: LTr, 2000, p. 371.

Olha o que diz o § 7º do art. 879 da CLT, acrescentado pela reforma trabalhista do ano de 2017:

> CLT, art. 879 – [...]
>
> § 7° A atualização dos créditos decorrentes de condenação judicial será feita pela Taxa Referencial (TR), divulgada pelo Banco Central do Brasil, conforme a Lei n° 8.177, de 1° de março de 1991.

Diante do novo balizamento jurídico dado à questão controvertida – parâmetros fixados no STF, o TST passou a adotar o posicionamento de que deverá ser aplicado o IPCA -E. Vejamos:

> [...] IPCA-E. CRÉDITOS TRABALHISTAS. CORREÇÃO MONETÁRIA. TRANSCENDÊNCIA JURÍDICA RECONHECIDA. Esta Corte Superior, em sua composição plenária, ao julgar o TST--ArgInc-479-60.2011.5.04.0231, declarou a inconstitucionalidade por arrastamento da expressão "equivalentes à TRD", contida no caput do art. 39 da Lei n° 8.177/91, observando a ratio decidendi do entendimento sufragado pelo STF nas ADIs n°s 4.357, 4.372, 4.400 e 4425 e Ação Cautelar n° 3764 MC/DF. Considerou esta Corte, ao fundamentar a decisão, que a expressão – equivalentes à TRD – estampada no dispositivo legal -impede que se restabeleça o direito à recomposição integral do crédito reconhecido pela sentença transitada em julgado –, concluindo que – ao permanecer essa regra, a cada dia o trabalhador amargará perdas crescentes resultantes da utilização de índice de atualização monetária do seu crédito que não reflete a variação da taxa inflacionária. Os embargos de declaração que se seguiram foram acolhidos, – atribuindo efeito modificativo ao julgado, no que toca aos efeitos produzidos pela decisão que acolheu a inconstitucionalidade, fixá-los a partir de 25 de março de 2015, coincidindo com a data estabelecida pelo Supremo Tribunal Federal – (destaquei). Com a devida vênia de compreensões divergentes, este relator entende que o novo critério, pela ausência de modulação, deve passar a nortear as decisões desta Corte Trabalhista, por compreender que, ao examinar embargos de declaração no Recurso Extraordinário (RE) 870947, com repercussão geral reconhecida (TEMA 810), o Supremo Tribunal Federal decidiu conferir eficácia retroativa à declaração de inconstitucionalidade do art. 1º-F da Lei nº 9.494/1997, com a

> redação dada pela Lei nº 11.960/2009, rejeitando o pedido de modulação dos efeitos da decisão. Ocorre que, em sessão realizada no dia 27/5/2020, a 5ª Turma desta Corte, vencido este relator, ao apreciar o Processo TST-RR-1451-97.2016.5.07.0028, decidiu por manter a modulação estipulada pelo Tribunal Pleno desta Corte, ou seja, fixar os seus efeitos somente a partir de 25 de março de 2015. Verifica-se, na hipótese, que a decisão agravada foi proferida em harmonia com a decisão do Pleno deste TST nos autos do Processo nº TST-ArgInc-479-60.2011.5.04.0231, inclusive no que diz respeito à modulação dos efeitos, razão pela qual não há como prosseguir o recurso. Agravo de instrumento não provido" (AIRR-727-04.2018.5.10.0008, 5ª Turma, Relator Ministro Breno Medeiros, DEJT 21/08/2020).

Contudo, o Supremo Tribunal Federal, em Sessão Plenária realizada em 18 de dezembro de 2020, ao julgar o mérito das Ações Diretas de Inconstitucionalidade nºs 5.867 e 6.021, em conjunto com as Ações Diretas de Constitucionalidade nºs 58 e 59, julgou parcialmente procedentes as ações, a fim de, emprestando interpretação conforme à Constituição aos artigos 879, § 7º, e 899, § 4º, da CLT, na redação dada pela Lei 13.467 de 2017, definir, com efeito vinculante, a tese de que *"à atualização dos créditos decorrentes de condenação judicial e à correção dos depósitos recursais em contas judiciais na Justiça do Trabalho deverão ser aplicados, até que sobrevenha solução legislativa, os mesmos índices de correção monetária e de juros que vigentes para as condenações cíveis em geral, quais sejam a incidência do IPCA-E na fase pré-judicial e, a partir da citação, a incidência da taxa SELIC (art. 406 do Código Civil)"*[18].

Desta forma, para os processos que iniciaram após a decisão do STF e aos processos que já estavam em curso (sem o trânsito em julgado), devem ser aplicados o IPCA-E na fase pré-judicial e, a partir da citação, a taxa Selic (juros e correção monetária).

– Essa decisão não afeta mesmo os processos já transitados em julgados?

18. (Ag-RR-101378-41.2017.5.01.0069, 5ª Turma, Relator Ministro Breno Medeiros, DEJT 02/07/2021).

O STF modulou os efeitos da decisão, fixando-se o entendimento segundo o qual todos os pagamentos realizados a tempo e modo, quaisquer que tenham sido os índices aplicados no momento do ato jurídico perfeito, assim como os processos alcançados pelo manto da coisa julgada, devem ter os seus efeitos mantidos, ou seja, nada vai mudar para eles.

Sendo assim, vai ser aplicado a taxa determinada na decisão que transitou em julgado, ou seja, a taxa TR ou o IPCA-e.

– Existe alguma possibilidade de aplicar a Selic para os processos que já transitaram em julgado, Hamilton?

Sim. Porém, será necessário a parte apresentar uma ação rescisória. Veja o que diz o § 5º do art. 884 da CLT:

> CLT. Art. 884, § 5º – Considera-se inexigível o título judicial fundado em lei ou ato normativo declarados inconstitucionais pelo Supremo Tribunal Federal ou em aplicação ou interpretação tidas por incompatíveis com a Constituição Federal.

Nesse mesmo sentido, o § 12º do art. 525 do CPC que é aplicado subsidiariamente ao Processo do Trabalho, veja:

> CPC, art. 525, §12. Para efeito do disposto no inciso III do § 1º deste artigo, considera-se também inexigível a obrigação reconhecida em título executivo judicial fundado em lei ou ato normativo considerado inconstitucional pelo Supremo Tribunal Federal, ou fundado em aplicação ou interpretação da lei ou do ato normativo tido pelo Supremo Tribunal Federal como incompatível com a Constituição Federal , em controle de constitucionalidade concentrado ou difuso.

Se a decisão do STF for proferida após o trânsito em julgado da decisão exequenda sem, contudo, ter ocorrido o pagamento da execução (débitos pendentes de quitação), caberá ação rescisória, cujo prazo de 2 anos, será contado do trânsito em julgado da decisão proferida pelo Supremo Tribunal Federal. Nesse sentido:

> CPC, art. 525, §15 – Se a decisão referida no § 12 for proferida após o trânsito em julgado da decisão exequenda, caberá ação

rescisória, cujo prazo será contado do trânsito em julgado da decisão proferida pelo Supremo Tribunal Federal.

– Professor, e se a decisão judicial não mencionar nada sobre a taxa a ser aplicada na correção monetária?

Quanto aos processos em fase de execução, com débitos pendentes de quitação, e que não tenham definido o índice de correção no título executivo, também devem seguir a nova orientação inaugurada pelo precedente[19].

– E como será feita a aplicação correção monetária?

A aplicação dos índices de correção monetária ocorre na forma da Súmula nº 381 do TST, ou seja, a correção monetária incide a partir do primeiro dia do mês subsequente ao da prestação dos serviços, veja:

> TST, SUM 381 – CORREÇÃO MONETÁRIA. SALÁRIO. ART. 459 DA CLT – O pagamento dos salários até o 5º dia útil do mês subsequente ao vencido não está sujeito à correção monetária. Se essa data limite for ultrapassada, incidirá o índice da correção monetária do mês subsequente ao da prestação dos serviços, a partir do dia 1º.
>
> JUROS E CORREÇÃO MONETÁRIA. A sentença determinou a incidência de juros, da data do ajuizamento da ação e a correção monetária, com base nos índices vigentes no mês subsequente ao da prestação laboral. A decisão se coaduna com o entendimento preconizado nas Súmulas nº 200 e nº 381, do TST, de modo que deve ser mantida. Recurso ordinário conhecido e desprovido. (Recurso Ordinário em Procedimento Sumaríssimo nº 0002881-72.2016.5.07.0032, 2ª Turma do TRT da 7ª Região/CE, Rel. Francisco José Gomes da Silva. j. 07.08.2017).

Já nos casos de condenações por dano moral e ou material, a atualização monetária é devida a partir da data da decisão de

19. (Ag-RR-101378-41.2017.5.01.0069, 5ª Turma, Relator Ministro Breno Medeiros, DEJT 02/07/2021).

arbitramento ou de alteração do valor, conforme determinado pela Súmula nº 439 do TST. Nesse sentido:

> TST, SUM 439 – DANOS MORAIS. JUROS DE MORA E ATUALIZAÇÃO MONETÁRIA. TERMO INICIAL – Nas condenações por dano moral, a atualização monetária é devida a partir da data da decisão de arbitramento ou de alteração do valor. Os juros incidem desde o ajuizamento da ação, nos termos do art. 883 da CLT.
>
> De outra parte, no que se refere ao marco inicial de incidência dos juros de mora e da atualização monetária sobre a indenização por dano material, este Colendo TST, por meio de inúmeros precedentes das Turmas, vem se posicionando no sentido de que, conquanto a Súmula/TST nº 439 trate do dano moral, este verbete sumular também encontra aplicabilidade, por analogia, no cálculo da indenização por dano material. Não tem incidência, portanto, o teor do art. 459 da CLT, visto que a parcela indenizatória não se confunde com as verbas de natureza salariais pagas fora do prazo de vencimento. É que a obrigação de reparar o dano emerge com a condenação imposta na decisão. Por tal motivo, revela-se inespecífica a indicação de contrariedade unicamente à Súmula/TST nº 381. Aplicabilidade da Súmula nº 296 do TST. Recurso de revista não conhecido. (RR-372-47.2010.5.04.0232, 7ª Turma, Relator Ministro Renato de Lacerda Paiva, DEJT 21/08/2020).
>
> "AGRAVO DE INSTRUMENTO EM RECURSO DE REVISTA DO AUTOR. LEI Nº 13.015/2014. CPC/1973. (...) INDENIZAÇÕES. JUROS DE MORA. TERMO INICIAL. SÚMULA Nº 439 DO TST. A discussão a respeito do marco inicial para a incidência de juros de mora e correção monetária já se encontra pacificada no âmbito desta Corte Superior, nos termos da Súmula nº 439 do TST. Não obstante o referido verbete trate apenas de danos morais, esta Corte pacificou o entendimento de que a orientação nele contida é também aplicável aos danos materiais. A decisão regional foi proferida em consonância com tal Súmula. Destarte, incide o disposto nos artigos 896, § 7º da CLT e 5º, do Ato nº 491/SEGJUD.GP/2014 do Tribunal Superior do Trabalho, bem como o entendimento consubstanciado na Súmula nº 333 desta Corte. Recurso de revista não conhecido. (...)" (RR-241300-30.2009.5.15.0056, 7ª Turma, Relator Ministro Claudio Mascarenhas Brandao, DEJT 06/03/2020).

– Hamilton, onde eu encontro esses índices de correção monetária na internet?

A taxa referencial você encontra no site:

> **http://www.tst.jus.br/tabela-unica-debitos-trabalhistas**

O IPCA-E, você encontra no site:

> **http://www.portalbrasil.net/ipca_e.htm**

E, a taxa SELIC, você encontra no site:

> **https://www.bcb.gov.br/controleinflacao/taxaselic**

– Mais alguma coisa que eu precise saber sobre a correção monetária?

Sim, olha o que diz a Súmula nº 187 do TST:

TST, SUM 187 – A correção monetária não incide sobre o débito do trabalhador reclamante.

Assim, do crédito do empregado exequente, será abatido o que já foi recebido por este e, após esse abatimento, será atualizado monetariamente o saldo remanescente, conforma já explicado anteriormente.

– Para que serve essa correção monetária mesmo, Hamilton?

A correção monetária tem como finalidade recompor o valor do capital devassado pela inflação.

9.4.2. Aplicação dos juros de mora

– E depois, Professor, o que tenho que fazer?

Depois de atualizado o crédito, você deve calcular os juros de mora, pois estes incidem sobre a importância da condenação já corrigida monetariamente. Nesse sentido, a Súmula nº 200 do TST:

> TST, SUM 200 – Os juros de mora incidem sobre a importância da condenação já corrigida monetariamente.

Os juros moratórios constituem indenização a ser paga pelo atraso no cumprimento da obrigação e utilização do capital alheio, sendo, pois, uma forma de composição das perdas e danos. Assim, atualize o cálculo e depois calcule os juros de mora.

– Qual o percentual desses juros, Hamilton?

Os juros de mora, em qualquer caso será devido a partir da data em que for ajuizada a reclamação trabalhista no percentual de 1% ao mês, em regra. Olha o que diz os art. 883 da CLT, o § 1º do art. 39 da Lei n. 8.177 /91 e a OJ nº 300 da SDI-1:

> CLT, Art. 883 – Não pagando o executado, nem garantindo a execução, seguir-se-á penhora dos bens, tantos quantos bastem ao pagamento da importância da condenação, acrescida de custas e juros de mora, sendo estes, em qualquer caso, devidos a partir da data em que for ajuizada a reclamação inicial.
>
> Lei n. 8.177 /91, Art. 39 – [...]
>
> § 1º – Aos débitos trabalhistas constantes de condenação pela Justiça do Trabalho ou decorrentes dos acordos feitos em reclamatória trabalhista, quando não cumpridos nas condições homologadas ou constantes do termo de conciliação, serão acrescidos, nos juros de mora previstos no caput, juros de um por cento ao mês, contados do ajuizamento da reclamatória e aplicados pro rata die, ainda que não explicitados na sentença ou no termo de conciliação.
>
> TST, OJ 300 da SDI-1 – Execução trabalhista. Correção monetária. Juros. Lei nº 8.177/1991, art. 39, e Lei nº 10.192/2001, art. 15. – Não viola norma constitucional (art. 5º, II e XXXVI) a determinação de aplicação da TRD como fator de correção monetária dos débitos trabalhistas, cumulada com juros de mora previstos no artigo 39 da Lei nº 8.177/1991 e convalidado pelo artigo 15 da Lei nº 10.192/2001.

Para melhor compreensão do assunto, olhe a tabela abaixo sobre a aplicação dos juros de mora:

Executados	Percentual	Fundamentação
Particulares	1% ao mês	LEI Nº 8.177/91 – Art. 39. – [...] § 1° Aos débitos trabalhistas constantes de condenação pela Justiça do Trabalho ou decorrentes dos acordos feitos em reclamatória trabalhista, quando não cumpridos nas condições homologadas ou constantes do termo de conciliação, **serão acrescidos, nos juros de mora previstos no caput, juros de um por cento ao mês, contados do ajuizamento da reclamatória** e aplicados *pro rata die*, ainda que não explicitados na sentença ou no termo de conciliação.
Fazenda Pública	Índice da caderneta de poupança	TST, OJ n. 7 do TP – JUROS DE MORA. CONDENAÇÃO DA FAZENDA PÚBLICA I – Nas condenações impostas à Fazenda Pública, incidem juros de mora segundo os seguintes critérios: a) 1% (um por cento) ao mês, até agosto de 2001, nos termos do § 1º do art. 39 da Lei nº 8.177, de 1.03.1991; b) 0,5% (meio por cento) ao mês, de setembro de 2001 a junho de 2009, conforme determina o art. 1º – F da Lei nº 9.494, de 10.09.1997, introduzido pela Medida Provisória nº 2.180-35, de 24.08.2001. II – A partir de 30 de junho de 2009, atualizam-se os débitos trabalhistas da Fazenda Pública, mediante a incidência dos índices oficiais de remuneração básica e juros aplicados à caderneta de poupança, por força do art. 5º da Lei nº 11.960, de 29.06.2009.
Fazenda Pública como litisconsorte (condenada nos termos da Súmula nº 331, V do TST)	1% ao mês	TST, OJ n 382 da SDI-1 – JUROS DE MORA. ART. 1º-F DA LEI Nº 9.494, DE 10.09.1997. INAPLICABILIDADE À FAZENDA PÚBLICA QUANDO CONDENADA SUBSIDIARIAMENTE – A Fazenda Pública, quando condenada subsidiariamente pelas obrigações trabalhistas devidas pela empregadora principal, não se beneficia da limitação dos juros, prevista no art. 1º-F da Lei nº 9.494, de 10.09.1997.

Contudo, como vimos acima o Supremo Tribunal Federal, em Sessão Plenária realizada em 18 de dezembro de 2020, ao julgar o mérito das Ações Diretas de Inconstitucionalidade nºs 5.867 e 6.021, em conjunto com as Ações Diretas de Constitucionalidade nºs 58 e 59, julgou parcialmente procedentes as ações, a fim de, emprestando interpretação conforme à Constituição aos artigos 879, § 7º, e 899, § 4º, da CLT, na redação dada pela Lei 13.467 de 2017, definir, com efeito vinculante, a tese de que *"à atualização dos créditos decorrentes de condenação judicial e à correção dos depósitos recursais em contas judiciais na Justiça do Trabalho deverão ser aplicados, até que sobrevenha solução legislativa, os mesmos índices de correção monetária e de juros que vigentes para as condenações cíveis em geral, quais sejam a incidência do IPCA-E na fase pré-judicial e, a partir da citação, a incidência da taxa SELIC (art. 406 do Código Civil)" que* já engloba os juros e correção monetária.

Desta forma, fica afastada a incidência dos juros de mora de 1% ao mês, previstos no §1º, da Lei 8177/91, pois a SELIC já engloba tanto correção monetária como juros.

– Se a execução já estiver garantida totalmente com dinheiro, ou com o depósito recursal, ou com o seguro-garantia judicial, ou com a nomeação de bens à penhora, vai cessar o cômputo dos juros e da correção monetária?

A jurisprudência já firmou entendimento de que a correção monetária e os juros de mora incidirem sobre o crédito trabalhista até a data do efetivo pagamento ao exequente, e não apenas até a realização do depósito em garantia do juízo. Veja os seguintes julgados sobre o tema:

> "AGRAVO DE INSTRUMENTO EM RECURSO DE REVISTA. EXECUÇÃO. JUROS DE MORA. A atualização do crédito trabalhista, que abrange a incidência dos juros de mora e correção monetária, deverá ocorrer até o seu efetivo pagamento, nos exatos termos do artigo 39, § 1º, da Lei nº 8.177/91, e o depósito efetuado na instituição bancária destina-se apenas à garantia do juízo, não exonerando o devedor de complementar a atualização do crédito. Agravo de instrumento conhecido e não provido" (AIRR-10714-27.2016.5.03.0009, 8ª Turma, Relatora Ministra Dora Maria da Costa, DEJT 05/06/2020).

"AGRAVO DE INSTRUMENTO EM RECURSO DE REVISTA INTERPOSTO PELA EXECUTADA. EXECUÇÃO. JUROS DE MORA. A atualização do crédito trabalhista, que abrange a incidência dos juros de mora e correção monetária, deverá ocorrer até o seu efetivo pagamento, nos exatos termos do artigo 39, § 1º, da Lei nº 8.177/91, e o depósito efetuado ante a instituição bancária destina-se apenas à garantia do juízo, não exonerando o devedor de complementar a atualização do crédito. Agravo de instrumento conhecido e não provido." (AIRR - 3067-64.2011.5.02.0047 Data de Julgamento: 25/09/2019, Relatora Ministra: Dora Maria da Costa, 8ª Turma, Data de Publicação: DEJT 27/09/2019)

AGRAVO DE PETIÇÃO. CÁLCULO DE LIQUIDAÇÃO. ATUALIZAÇÃO. A garantia do juízo, ainda que total, não cessa o cômputo dos juros e da correção monetária, nos termos da Súmula 15 deste Regional. Contudo, os efeitos da mora são verdadeiramente interrompidos a partir do depósito para efetivo pagamento, data que deve ser o marco final da atualização que visa verificar a existência de eventual saldo remanescente. (AP nº 0000392-70.2011.5.03.0025, 4ª Turma do TRT da 3ª Região/MG, Rel. Maria Lúcia Cardoso de Magalhães. j. 30.11.2017).

JUROS E CORREÇÃO MONETÁRIA - GARANTIA DO JUÍZO. RESPONSABILIDADE DO EXECUTADO - A garantia do juízo não se confunde com o efetivo pagamento do crédito apurado, sendo devidos juros e correção monetária, pelo executado, até o efetivo adimplemento do crédito trabalhista. (AP nº 0010658-41.2013.5.03.0092, 5ª Turma do TRT da 3ª Região/MG, Rel. Oswaldo Tadeu B. Guedes. j. 29.11.2017).

AGRAVO DE PETIÇÃO. JUROS DE MORA. APLICAÇÃO DA SÚMULA Nº 04 DESTE TRIBUNAL. Os juros moratórios na Justiça do Trabalho são devidos, do ajuizamento da ação até a garantia real da execução, independente da data em que estejam disponíveis ao autor, curvando-se à maioria desta e. Turma aplica-se os termos da Súmula nº 04 deste e. Tribunal do Trabalho da Sexta Região, devendo a correção monetária e os juros de mora incidirem sobre o crédito trabalhista até a data do efetivo pagamento ao exequente, e não apenas até a realização do depósito em garantia do juízo. Agravo de petição a que se nega provimento. (Processo nº 0073800-39.2007.5.06.0191, 1ª Turma do TRT da 6ª Região/PE, Rel. Maria do Socorro Silva Emerenciano. j. 20.04.2017).

9.4.2.1. *Juros de mora x astreinte*

– Os juros incidem sobre o valor das astreintes?

Considerando que a astreinte (multa cominatória) não possui caráter indenizatório e sim natureza jurídica de medida coercitiva e intimidatória, **não incidem juros de mora** sobre a multa imposta pelo descumprimento de obrigação de fazer, sob pena de configurar *bis in idem*. Nesse sentido:

> OBRIGAÇÃO DE FAZER. DESCUMPRIMENTO. JUROS DE MORA. A imposição de astreintes pelo descumprimento imotivado da obrigação possui a mesma natureza jurídica dos juros de mora, qual seja, penalidade. Assim, a incidência de juros sobre as astreintes configuraria bis in idem. (AP nº 0001736-31.2014.5.08.0126, 4ª Turma do TRT da 8ª Região/PA-AP, Rel. Georgenor de Sousa Franco Filho. DEJT 21.02.2020).
>
> "AGRAVO DE INSTRUMENTO. EXECUÇÃO. COISA JULGADA. OBRIGAÇÃO DE NÃO FAZER. MAJORAÇÃO DAS ASTREINTES. JUROS DE MORA E CORREÇÃO MONETÁRIA SOBRE A MULTA DIÁRIA. Deve ser provido o agravo de instrumento para determinar o processamento do recurso de revista por possível violação ao art. 5º, XXXVI, da CF. Agravo de instrumento de que se conhece e a que se dá provimento. RECURSO DE REVISTA. EXECUÇÃO. COISA JULGADA. OBRIGAÇÃO DE NÃO FAZER. JUROS DE MORA SOBRE AS ASTREINTES. O Tribunal Regional entendeu serem devidos os juros de mora e a correção monetária sobre as astreintes e não consta do título executivo transitado em julgado referida obrigação. O caso não se enquadra na hipótese de juros implícitos de que trata o art. 322, § 1º, do CPC. Além disso, não incidem juros de mora sobre as astreintes cominadas em decisão judicial pelo descumprimento de obrigação de não fazer. Recurso de revista de que se conhece e a que se dá provimento" (RR-38700-53.2002.5.14.0004, 6ª Turma, Relatora Desembargadora Convocada Cilene Ferreira Amaro Santos, DEJT 31/10/2018).
>
> CIVIL E PROCESSO CIVIL. DESCUMPRIMENTO DE OBRIGAÇÃO DE FAZER. MULTA DIÁRIA. NÃO INCIDÊNCIA DE JUROS MORATÓRIOS LEGAIS. INCIDÊNCIA DE

CORREÇÃO MONETÁRIA. ARTS. ANALISADOS: 461, § 4º, CPC; 395, CC/02; 1º, LEI 6.899/1981. 1. Ação de anulação e substituição de títulos, cujos autos foram restaurados em 1998, em fase de cumprimento de sentença, da qual foi extraído o presente recurso especial, concluso ao Gabinete em 05/12/2011. 2. A controvérsia reside em definir se sobre a multa prevista no § 4º do art. 461 do CPC incidem juros de mora legais e correção monetária e, em caso positivo, o termo inicial para sua exigibilidade. 3. O poder de intimidação refletido no valor arbitrado pelo Juiz a título de multa diária, nos termos do § 4º do art. 461 do CPC, deve ser preservado ao longo do tempo – e, portanto, corrigido – a fim de que corresponda, desde então, à expectativa de ser o suficiente para a obtenção da tutela específica. Assim, a partir de sua fixação, o contexto apresentado para o devedor tem de revelar, sempre, que lhe é mais interessante cumprir a obrigação principal que pagar a multa. 4. O termo inicial de incidência da correção monetária sobre a multa do § 4º do art. 461 do CPC deve ser a data do respectivo arbitramento, como ocorre nas hipóteses de dano moral (Súm. 362/STJ). 5. Não incidem juros de mora sobre a multa imposta pelo descumprimento de obrigação de fazer, sob pena de configurar bis in idem. 6. Recursos especiais conhecidos; provido parcialmente o do primeiro recorrente e desprovido o do segundo. (STJ – REsp: 1327199 RJ 2011/0281040-1, Relator: Ministra NANCY ANDRIGHI, Data de Julgamento: 22/04/2014, T3 – TERCEIRA TURMA, Data de Publicação: DJe 02/05/2014)

9.4.2.1.1. Explicação sobre o tema astreintes

– Professor, o que eu preciso saber sobre as astreintes?

Sobre o tema, cito o artigo do Professor Márcio André, retirado do site Buscador Dizer o Direito[20]:

"A multa cominatória constitui instrumento de direito processual criado para a efetivação da tutela específica perseguida, ou para a

20. CAVALCANTE, Márcio André Lopes. Disponível em: <https://www.buscadordizerodireito.com.br/jurisprudencia/detalhes/169582a799e5b6c46fdfd432379f60d8>. Acesso em: 07/08/2018.

obtenção de resultado prático equivalente, nas ações de obrigação de fazer ou não fazer, constituindo, portanto, medida de execução indireta.

Em virtude de sua natureza inibitória, destina-se a impedir a violação de um direito, de forma imediata e definitiva.

Ademais, por ser um meio de coerção indireta ao cumprimento do julgado, a decisão que arbitra astreintes não faz coisa julgada material, podendo, por isso mesmo, ser modificada, a requerimento da parte ou de ofício, seja para aumentar ou diminuir o valor da multa ou, ainda, para suprimi-la.

Verifica-se, assim, que as astreintes, sendo apenas um mecanismo coercitivo posto à disposição do Estado-Juiz para fazer cumprir as suas decisões, não ostentam caráter condenatório, tampouco transitam em julgado, o que as afastam da base de cálculo dos honorários advocatícios."

A astreintes, está disciplinada no CPC nos artigos 536 e 537 e seus parágrafos, e cabe nas decisões que reconheça a exigibilidade de obrigação de fazer ou de não fazer e de entrega de coisa.

CPC, Art. 498. Na ação que tenha por objeto a entrega de coisa, o juiz, ao conceder a tutela específica, fixará o prazo para o cumprimento da obrigação.

CPC, Art. 536. No cumprimento de sentença que reconheça a exigibilidade de obrigação de fazer ou de não fazer, o juiz poderá, de ofício ou a requerimento, para a efetivação da tutela específica ou a obtenção de tutela pelo resultado prático equivalente, determinar as medidas necessárias à satisfação do exequente.

§ 1º Para atender ao disposto no caput, o juiz poderá determinar, entre outras medidas, a imposição de multa, a busca e apreensão, a remoção de pessoas e coisas, o desfazimento de obras e o impedimento de atividade nociva, podendo, caso necessário, requisitar o auxílio de força policial.

§ 2º O mandado de busca e apreensão de pessoas e coisas será cumprido por 2 (dois) oficiais de justiça, observando-se o disposto no art. 846, §§ 1º a 4º, se houver necessidade de arrombamento.

§ 3º O executado incidirá nas penas de litigância de má-fé quando injustificadamente descumprir a ordem judicial, sem prejuízo de sua responsabilização por crime de desobediência.

§ 4º No cumprimento de sentença que reconheça a exigibilidade de obrigação de fazer ou de não fazer, aplica-se o art. 525, no que couber.

§5º O disposto neste artigo aplica-se, no que couber, ao cumprimento de sentença que reconheça deveres de fazer e de não fazer de natureza não obrigacional.

CPC, Art. 537. A multa independe de requerimento da parte e poderá ser aplicada na fase de conhecimento, em tutela provisória ou na sentença, ou na fase de execução, desde que seja suficiente e compatível com a obrigação e que se determine prazo razoável para cumprimento do preceito.

§ 1º O juiz poderá, de ofício ou a requerimento, modificar o valor ou a periodicidade da multa vincenda ou excluí-la, caso verifique que:

I – se tornou insuficiente ou excessiva;

II – o obrigado demonstrou cumprimento parcial superveniente da obrigação ou justa causa para o descumprimento.

§2º O valor da multa será devido ao exequente.

§3º A decisão que fixa a multa é passível de cumprimento provisório, devendo ser depositada em juízo, permitido o levantamento do valor após o trânsito em julgado da sentença favorável à parte. (Redação dada pela Lei nº 13.256, de 2016)

§4º A multa será devida desde o dia em que se configurar o descumprimento da decisão e incidirá enquanto não for cumprida a decisão que a tiver cominado.

§5º O disposto neste artigo aplica-se, no que couber, ao cumprimento de sentença que reconheça deveres de fazer e de não fazer de natureza não obrigacional.

9.4.2.1.1.1. Características da astreinte

Principais características da multa cominatória (astreinte)[21]

Essa multa coercitiva tornou-se conhecida no Brasil pelo nome de "astreinte" em virtude de ser semelhante (mas não idêntica) a

21. CAVALCANTE, Márcio André Lopes. Direito, Manaus. Disponível em: https://www.buscadordizerodireito.com.br/jurisprudencia/detalhes/c3395dd46c34fa7fd8d729d8cf88b7a8>. Acesso em: 07/08/2018

um instituto processual previsto no direito francês e que lá assim é chamado.

A finalidade dessa multa é coercitiva, isto é, pressionar o devedor a realizar a prestação. Trata-se de uma técnica judicial de coerção indireta.

Apresenta um caráter híbrido, possuindo traços de direito material e também de direito processual.

Não tem finalidade ressarcitória, tanto é que pode ser cumulada com perdas e danos.

Pode ser imposta pelo juiz de ofício ou a requerimento, na fase de conhecimento ou de execução.

Apesar de no dia-a-dia ser comum ouvirmos a expressão "multa diária", essa multa pode ser estipulada também em meses, anos ou até em horas. O CPC 2015, corrigindo essa questão, não fala mais em "multa diária", utilizando simplesmente a palavra "multa".

O valor da multa deve ser revertido em favor do credor, ou seja, o destinatário das astreintes é o autor da demanda (STJ REsp 949.509-RS / art. 537, § 2º do CPC 2015).

A parte beneficiada com a imposição das astreintes somente continuará tendo direito ao valor da multa se sagrar-se vencedora. Se no final do processo essa parte sucumbir, não terá direito ao valor da multa ou, se já tiver recebido, deverá proceder à sua devolução.

9.4.2.1.1.2. Limite da astreinte

– As astreintes devem ser limitadas ao valor da obrigação principal?

O TST tem entendimento pacífico no sentido de que a cominação de astreintes não deve ser limitada ao valor da obrigação principal, podendo o julgador fixá-las segundo os parâmetros que julgar adequados, tendo em vista que a limitação imposta pelo art. 412 do Código Civil não se aplica à essa multa cominatória. Nesse sentido, cito os seguintes precedentes:

(...) ASTREINTE. APLICABILIDADE. LIMITAÇÃO. Na esteira da jurisprudência desta Corte, embora a condenação ao pagamento de parcelas vencidas constitua obrigação de dar, a determinação de inclusão de quaisquer vantagens em folha de pagamento institui obrigação de fazer. No caso dos autos, ante a declaração de ilicitude da redução da gratificação de função da Reclamante, a Reclamada foi condenada ao pagamento das diferenças até então verificadas (obrigação de dar), como também a restabelecer, em folha de pagamento, a gratificação equivalente à jornada de trabalho de 8 (oito) horas diárias (obrigação de fazer). Logo, plenamente cabível a imposição da multa impugnada, não havendo falar em má aplicação do artigo 461 do CPC. Já quanto à invocação do artigo 412 do CCB, verifica-se a conformidade do acórdão regional com a atual, iterativa e notória jurisprudência do TST, que tem proclamado a inaplicabilidade da limitação ali prevista às astreintes. Recurso de Revista não conhecido. (RR-87000-48.2008.5.03.0002, 8ª Turma, Relator Ministro Márcio Eurico Vitral Amaro, DEJT 10/5/2013 – sublinhei)

2. LIMITAÇÃO TERRITORIAL. JULGAMENTO ULTRA PETITA.APLICAÇÃO DA OJ 130/SDI-2. Matéria pacificada na Corte (OJ 130/SDI-2). Na forma do art. 16 da Lei n.º 7.347/1985, os efeitos da sentença proferida devem se restringir ao âmbito da competência territorial do órgão prolator da decisão. Portanto, ajuizada a ação em uma Vara do Trabalho de João Pessoa, os efeitos da decisão devem abranger todo o Estado da Paraíba, como decidido pela instância de origem. Incidência da Súmula 333/TST. Recurso não conhecido. (RR-90600-38.2008.5.13.0022, 8ª Turma, Relator Ministro Carlos Alberto Reis de Paula, DEJT 16/5/2011)

ADICIONAL DE PERICULOSIDADE. INCLUSÃO EM FOLHA DE PAGAMENTO. ASTREINTES. LIMITAÇÃO DO ART. 412, DO CÓDIGO CIVIL. NATUREZA DIVERSA DA CLÁUSULA PENAL. 1. Encontra-se em conformidade com a OJ 172, da SDI-1, do TST, o acórdão regional que determina a inclusão do adicional de periculosidade em folha de pagamento. Incidência do óbice contido na Súmula 333, do TST. 2. Não viola o art. 412, do CC, a cominação de astreintes sem a sua limitação ao valor da obrigação principal. Esta 4ªTurma do TST tem se posicionado no sentido de que a fixação de multa diária, por força de sentença, nas obrigações de fazer e de não fazer, tem fundamento nos artigos 461, §

4º, e 644 do CPC, tratando-se de medida de natureza processual, a qual não se confunde com o instituto da cláusula penal, que, como obrigação contratual possui natureza jurídica material e submete-se ao regramento do art. 412 do Código Civil. 3. Agravo de instrumento de que se conhece e a que se nega provimento. (AIRR-433-08.2011.5.02.0464, 4ª Turma, Relatora Ministra Sueli Gil El Rafihi, DEJT 7/11/2014)

RECURSO DE REVISTA. (...) 7) ASTREINTES. LIMITAÇÃO AO VALOR DA OBRIGAÇÃO PRINCIPAL. ART. 412 DO CÓDIGO CIVIL. INAPLICABILIDADE. (...). Não demonstrados quaisquer dos pressupostos do art. 896 da CLT, consoante os fundamentos expostos pelo primeiro juízo de admissibilidade da revista, que se adotam como razões de decidir para deixar de conhecer do apelo. Recurso de revista não conhecido quanto aos temas. (RR-269100-52.2007.5.02.0060, 3ª Turma, Relator Ministro Mauricio Godinho Delgado, DEJT 5/9/2014)

NATUREZA JURÍDICA. CLÁUSULA PENAL. ASTREINTE. A cláusula penal é instituto de direito material vinculado a negócio jurídico, criado pelas partes com o duplo papel de estimular o cumprimento voluntário da obrigação, diante de sua força intimidativa, como também o de fixar, previamente, o valor das perdas e danos devidos à parte inocente, no caso de inexecução do contrato pelo outro contratante. Por sua vez, a astreinte é instituto de direito processual, criado com a finalidade de atribuir ao juiz poderosa ferramenta a serviço da efetividade da sentença condenatória, especificamente nas obrigações de dar, de fazer e de não-fazer, prevista nos arts. 461 e 461-A, do CPC. Portanto, somente pode ser fixada no âmbito do processo em andamento, no que se distancia daquele instituto. Apesar da semelhança nas finalidades, a primeira está sujeita à limitação concernente ao valor da obrigação principal, o que não se aplica à segunda. A multa cominatória (astreintes) objetiva alcançar a efetividade da decisão judicial em face do que se denomina, na esteira da melhor doutrina, de -direito fundamental à tutela específica-, que dá lugar não apenas à pretensão ressarcitória, mas também ao cumprimento de obrigação de fazer ou não fazer. É uma das ferramentas a ser utilizada pelo magistrado na concretização do direito fundamental do jurisdicionado -de obter do Poder Judiciário uma prestação jurisdicional efetiva, adequada e tempestiva, seja em decorrência do princípio do devido processo legal (art. 5º, LIV, CF), seja em decorrência do princípio da inafastabilidade da atividade jurisdicional (art. 5º, XXXV, CF) – (DIDIER Jr., Fredie, et al. Curso de processo civil. v. 5. 14ª ed. Salvador: Juspodivm, 2014. p. 437). Desse modo, o julgador pode fixá-la segundo parâmetros que julgar adequados a obter esse estímulo, na linha do que dispõem os arts. 273, § 3º e 461, § 4º, ambos do CPC. Agravo de instrumento a que se nega provimento. (AIRR-265600-70.2008.5.02.0018, 7ª Turma, Relator Ministro Cláudio Mascarenhas Brandão, DEJT 1/7/2014)

9.4.2.1.1.3. Redução do valor da astreinte de ofício

– E o juiz pode reduzir o valor da multa de ofício?

É perfeitamente possível o juiz reduzir o valor da multa de ofício ou a requerimento da parte executada, para evitar o enriquecimento sem causa do exequente, justificando a redução nos critérios da razoabilidade e da proporcionalidade, quando o valor da multa se tornou insuficiente ou excessivo ou o obrigado demonstrou cumprimento parcial superveniente da obrigação ou justa causa para o descumprimento. Nesse sentido, o art. 537 do CPC:

> CPC, Art. 537- [...]
>
> § 1º O juiz poderá, de ofício ou a requerimento, modificar o valor ou a periodicidade da multa vincenda ou excluí-la, caso verifique que:
>
> I - se tornou insuficiente ou excessiva;
>
> II - o obrigado demonstrou cumprimento parcial superveniente da obrigação ou justa causa para o descumprimento.

Neste sentido, encontra-se sedimentada a jurisprudência do TST:

> AGRAVO DE INSTRUMENTO EM RECURSO DE REVISTA. EXECUÇÃO. DESCUMPRIMENTO DE OBRIGAÇÃO DE FAZER. (MULTA). REDUÇÃO. POSSIBILIDADE. O ordenamento jurídico pátrio estabelece expressamente, nos artigos 644 e 461, § 6º, do CPC, que a multa pelo descumprimento de obrigação de

fazer ou não fazer poderá ser alterada, mesmo na fase de execução, caso o seu valor se mostre excessivo ou insuficiente, de modo que a astreinte não faz coisa julgada material. Nesse passo, não há falar em ofensa ao art. 5º, XXXVI, da CF. Agravo de instrumento conhecido e não provido. (AIRR-9700-75.2008.5.06.0018, 8ª Turma, Relatora Ministra Dora Maria da Costa, DEJT 7/1/2013)

RECURSO DE REVISTA. EXECUÇÃO. MULTA POR OBRIGAÇÃO DE FAZER. ALTERAÇÃO. INTERPRETAÇÃO DO ART. 461, § 6º, DO CPC. VIOLAÇÃO DA COISA JULGADA NÃO DEMONSTRADA. APLICAÇÃO DA SÚMULA Nº 266 DO TST. O recurso de revista em fase de execução só é viável se demonstrada violação direta ao texto da Constituição Federal, nos termos do art. 896, § 2º, da CLT e da Súmula nº 266 do TST. O Tribunal Regional manteve a decisão proferida nos embargos à execução que indeferiu o pedido de aplicação da multa por obrigação de fazer, sob o fundamento de que não houve prejuízos ao exequente e que foi cumprida a obrigação de fazer (para que a reclamada apresentasse os documentos requeridos pelo juízo em cinco dias) de forma satisfatória, finalidade precípua da multa cominada na origem, não existindo mais motivo para a sua manutenção. Para a solução da controvérsia a Corte Regional valeu-se da interpretação de dispositivos de natureza infraconstitucional, principalmente o art. 461, § 6º, do CPC, que prevê a possibilidade de modificação do valor das astréintes pelo juiz da execução, quando tiverem se tornado insuficiente ou excessiva, na forma da cláusula rebus sic stantibus. Violação do art. 5º, XXXVI, da CF não demonstrada. Recurso de revista de que não se conhece. (RR-58-03.2011.5.03.0036, 6ª Turma, Relatora Ministra Kátia Magalhães Arruda, DEJT 26/4/2013)

RECURSO DE REVISTA – EXECUÇÃO – COISA JULGADA – MULTA DIÁRIA – ALTERAÇÃO DO VALOR. A jurisprudência desta Corte firma-se no sentido de que, em caso de descumprimento da obrigação, o magistrado responsável pela execução do julgado pode adequar o valor da multa imposta às necessidades do contexto fático em que se encontra, quando excessiva ou insuficiente para sua finalidade, mediante redução ou majoração. Precedentes. Recurso de Revista não conhecido. (Processo: RR – 52200-18.2009.5.04.0006 Data de Julgamento: 19/11/2014, Relator Desembargador Convocado: João Pedro Silvestrin, 8ª Turma, Data de Publicação: DEJT 28/11/2014.)

> AGRAVO DE INSTRUMENTO EM RECURSO DE REVISTA. EXECUÇÃO. MULTA DIÁRIA PELO DESCUMPRIMENTO DE OBRIGAÇÃO DE FAZER. LIMITAÇÃO. POSSIBILIDADE. Ainda que em sede de execução, é lícita a modificação da multa diária por descumprimento de obrigação de fazer, consistente na baixa da CTPS, que alcançou a cifra de R$90.000,00, montante desproporcional ao descumprimento do comando sentencial. Não há que se cogitar em afronta ao art. 5º, inciso XXXVI, da Carta Magna, uma vez que o art. 461, §6º, do CPC autoriza a alteração da medida coercitiva imposta, quando esta se mostrar insuficiente ou excessiva à obtenção da tutela jurisdicional almejada. Agravo de instrumento a que se nega provimento. (Processo: AIRR – 154100-18.2009.5.02.0065 Data de Julgamento: 06/08/2014, Relator Ministro: André Genn de Assunção Barros, 7ª Turma, Data de Publicação: DEJT 15/08/2014.)

9.4.2.1.1.4. Analise se o valor da astreinte é excessivo

– Como é analisado se o valor da multa é excessivo?

O Professor Márcio André[22] explica que:

> Para saber se a multa é excessiva, deve-se analisar o seu valor no momento de sua fixação em comparação com o valor da obrigação principal. Assim, no momento em que a multa é estipulada, o seu valor não pode ser superior ao da obrigação principal. Isso porque não é razoável que o acessório (multa) seja maior que o principal. No entanto, se, no instante em que a multa é fixada, o seu valor é bem abaixo da quantia principal, mas o devedor demora muito para cumprir a determinação, podemos considerar que, neste caso, a multa não é excessiva, podendo ser cobrada mesmo que após longo tempo de atraso, ela já esteja maior que a obrigação principal.

22. CAVALCANTE, Márcio André Lopes. Direito, Manaus. Disponível em: https://www.buscadordizerodireito.com.br/jurisprudencia/detalhes/c3395dd46c34fa7fd8d729d8cf88b7a8>. Acesso em: 07/08/2018

Assim, é possível imaginar situações em que o valor de multa cominatória pode ser exigido em montante superior ao da obrigação principal.

Veja um precedente nesse sentido:

(...) 1. O art. 461 do Código de Processo Civil permite que o magistrado altere, de ofício ou a requerimento da parte, o valor da multa quando esse se tornar insuficiente ou excessivo, mesmo depois de transitada em julgado a sentença, não havendo preclusão.

2. Isso porque "a natureza jurídica das astreintes – medida coercitiva e intimidatória – não admite exegese que a faça assumir um caráter indenizatório, que conduza ao enriquecimento sem causa do credor. O escopo da multa é impulsionar o devedor a assumir um comportamento tendente à satisfação da sua obrigação frente ao credor, não devendo jamais se prestar a compensar este pela inadimplência daquele" (REsp n. 1.354.913/TO, Relatora a Ministra Nancy Andrighi, Terceira Turma, DJe 31/5/2013).

3. Consoante o entendimento da Segunda Seção, é admitida a redução do valor da astreinte quando a sua fixação ocorrer em valor muito superior ao discutido na ação judicial em que foi imposta, a fim de evitar possível enriquecimento sem causa. Todavia, se a apuração da razoabilidade e da proporcionalidade se faz entre o simples cotejo do valor da obrigação principal com o valor total fixado a título de astreinte, inquestionável que a redução do valor da última, pelo simples fato de ser muito superior à primeira, prestigiará a conduta de recalcitrância do devedor em cumprir as decisões judiciais, além do que estimulará os recursos com esse fim a esta Corte Superior, para a diminuição do valor devido, em total desprestígio da atividade jurisdicional das instâncias ordinárias, que devem ser as responsáveis pela definição da questão, e da própria efetividade da prestação jurisdicional.

(...)

5. Sob esse prisma, o valor total fixado a título de astreinte somente poderá ser objeto de redução se fixada a multa diária em valor desproporcional e não razoável à própria prestação que ela objetiva compelir o devedor a cumprir, nunca em razão do simples valor total da dívida, mera decorrência da demora e inércia do próprio devedor.

(...)

(STJ. 3ª Turma. REsp 1.475.157/SC, Rel. Min. Marco Aurélio Bellizze, julgado em 18/9/2014).

A apuração da razoabilidade e da proporcionalidade do valor da multa diária deve ser verificada no momento de sua fixação em cotejo com o valor da obrigação principal. Com efeito, a redução do montante total a título de astreinte, quando superior ao valor da obrigação principal, acaba por prestigiar a conduta de recalcitrância do devedor em cumprir as decisões judiciais, bem como estimula a interposição de recursos com esse fim, em total desprestígio da atividade jurisdicional das instâncias ordinárias. Em suma, deve-se ter em conta o valor da multa diária inicialmente fixada e não o montante total alcançado em razão da demora no cumprimento da decisão. Portanto, a fim de desestimular a conduta recalcitrante do devedor em cumprir decisão judicial, é possível se exigir valor de multa cominatória superior ao montante da obrigação principal.

9.4.2.1.1.5. Modificação do valor astreinte após o trânsito em julgado

– Essa modificação pode ocorrer mesmo após o trânsito em julgado da decisão?

Pode sim, pois a decisão impõe que a astreinte não preclui e não faz coisa julgada. Desta forma, mesmo na fase de execução, o juiz poderá alterar o valor da multa.

CPC, Art. 537- [...]

§ 1º O juiz poderá, de ofício ou a requerimento, modificar o valor ou a periodicidade da multa vincenda ou excluí-la, caso verifique que:

I – se tornou insuficiente ou excessiva;

II – o obrigado demonstrou cumprimento parcial superveniente da obrigação ou justa causa para o descumprimento.

Para embasar tal comentário, além do § 1º do art. 537 do CPC, cito dois precedentes do STJ:

> A jurisprudência do STJ entende que a redução do valor das astreintes, disposta no § 6º do art. 461 do CPC/1973, não faz coisa julgada material, podendo seu valor ser revisto, a qualquer tempo, caso se torne insuficiente ou excessivo. (...)STJ. 2ª Turma. AgRg no AREsp 485.780/RJ, Rel. Min. Humberto Martins, julgado em 06/05/2014.
>
> Em atendimento ao princípio da proporcionalidade e para se evitar o enriquecimento ilícito, é possível a redução do valor da multa cominatória sem que se incorra em violação à coisa julgada, podendo ser alterada, inclusive, na fase de execução. STJ. 4ª Turma. AgRg no AREsp 309.958/RS, Rel. Min. Luis Felipe Salomão, DJe 10/12/2013.

9.5. Desconto das contribuições fiscais

– Já devo apresentar os cálculos das contribuições fiscais nos cálculos?

Com certeza. Olha o que o § 1º-A do art. 879 determina:

> CLT, art. 879 – [...]
>
> § 1º-A – A liquidação abrangerá, também, o cálculo das contribuições previdenciárias devidas.

As decisões judiciais cognitivas ou homologatórias deverão sempre indicar a natureza jurídica das parcelas constantes da condenação ou do acordo homologado, inclusive o limite de responsabilidade de cada parte pelo recolhimento da contribuição previdenciária, se for o caso[23].

Contudo, você deve ter cuidado, pois deve ser levado em consideração o que diz a legislação e a jurisprudência pertinente a matéria. Cito algumas informações importantes:

23. CLT, art. 832, §3º.

9.5.1. Incompetência do Justiça do Trabalho

9.5.1.1. INSS do pacto Laboral – vínculo reconhecido em juízo

Com a reforma trabalhista do ano de 2017, foi modificado o parágrafo único do art. 876 da CLT, determinando que a Justiça do Trabalho só é competente para determinar o recolhimento das contribuições fiscais das sentenças condenatórias em pecúnia que proferir e aos valores, objeto de acordo homologado, que integrem o salário de contribuição. Veja:

> CLT, art. 876 – [...]
>
> Parágrafo único. A Justiça do Trabalho executará, de ofício, as contribuições sociais previstas na alínea a do inciso I e no inciso II do caput do art. 195 da Constituição Federal, e seus acréscimos legais, relativas ao objeto da condenação constante das sentenças que proferir e dos acordos que homologar.

Entretanto, o assunto não é novidade, pois a Súmula Vinculante nº 53 do STF e a Súmula nº 368, I do TST já tratavam do assunto.

> STF, SÚMULA VINCULANTE 53 – A competência da Justiça do Trabalho prevista no art. 114, VIII, da Constituição Federal alcança a execução de ofício das contribuições previdenciárias relativas ao objeto da condenação constante das sentenças que proferir e acordos por ela homologados.
>
> TST, SUM 368 – DESCONTOS PREVIDENCIÁRIOS. IMPOSTO DE RENDA. COMPETÊNCIA. RESPONSABILIDADE PELO RECOLHIMENTO. FORMA DE CÁLCULO. FATO GERADOR.
>
> I – A Justiça do Trabalho é competente para determinar o recolhimento das contribuições fiscais. A competência da Justiça do Trabalho, quanto à execução das contribuições previdenciárias, limita-se às sentenças condenatórias em pecúnia que proferir e aos valores, objeto de acordo homologado, que integrem o salário de contribuição.

Sobre o tema, transcrevo os comentários do Professor Márcio André do site Dizer o Direito[24].

24. CAVALCANTE. Márcio André Lopes. Dizer o direito. Extraído do sítio: http://www.dizerodireito.com.br

Competências da Justiça do Trabalho

As competências da Justiça do Trabalho estão elencadas no art. 114 da CF/88.

A mais comum e conhecida é a competência para julgar as reclamações trabalhistas. Esta se encontra prevista no inciso I. Veja:

> CF, Art. 114. Compete à Justiça do Trabalho processar e julgar:
>
> I – as ações oriundas da relação de trabalho, abrangidos os entes de direito público externo e da administração pública direta e indireta da União, dos Estados, do Distrito Federal e dos Municípios;

Competência para executar contribuições sociais

Uma competência menos conhecida, mas também muito importante é a atribuição que a Justiça do Trabalho possui para executar contribuições previdenciárias relacionadas com as sentenças que proferir. Confira a redação do dispositivo:

> CF, Art. 114. Compete à Justiça do Trabalho processar e julgar:
>
> (...)
>
> VIII – a execução, de ofício, das contribuições sociais previstas no art. 195, I, "a", e II, e seus acréscimos legais, decorrentes das sentenças que proferir;
>
> CF, Art. 195. A seguridade social será financiada por toda a sociedade, de forma direta e indireta, nos termos da lei, mediante recursos provenientes dos orçamentos da União, dos Estados, do Distrito Federal e dos Municípios, e das seguintes contribuições sociais:
>
> I – do empregador, da empresa e da entidade a ela equiparada na forma da lei, incidentes sobre:
>
> a) a folha de salários e demais rendimentos do trabalho pagos ou creditados, a qualquer título, à pessoa física que lhe preste serviço, mesmo sem vínculo empregatício;
>
> (...)

> II – do trabalhador e dos demais segurados da previdência social, não incidindo contribuição sobre aposentadoria e pensão concedidas pelo regime geral de previdência social de que trata o art. 201;

Assim, por exemplo, se o juiz do trabalho condena o empregador a pagar R$ 2 mil de salários atrasados, ele também já poderá reconhecer que é devido o pagamento da contribuição previdenciária que incide sobre essa verba, nos termos do art. 195, I, "a", e II, da CF/88 e cobrar do patrão condenado tanto as verbas trabalhistas (que serão destinadas ao trabalhador) quanto as previdenciárias (que reverterão aos cofres da Previdência).

SITUAÇÃO 1

Imagine agora a seguinte situação hipotética:

João trabalhou durante anos, com carteira assinada, para a empresa "XX" até que, certo dia, foi demitido. Insatisfeito com os valores recebidos na rescisão do contrato, o ex-empregado ajuíza ação trabalhista pedindo o pagamento de horas extras, adicional noturno e adicional de insalubridade.

Se a Justiça do Trabalho condenar o empregador a pagar as verbas trabalhistas, ela já poderá reconhecer que são devidas as contribuições previdenciárias relacionadas com o período e executá-las? SIM. Ao condenar o empregador a pagar determinadas verbas de natureza salarial que não foram quitadas, a Justiça do Trabalho já deverá reconhecer também, por via de consequência, que o empregador deveria ter recolhido, sobre essas verbas, as contribuições previdenciárias respectivas. Logo, é permitido que condene o reclamado a pagar tais contribuições, podendo executá-las, ou seja, cobrá-las, de ofício, do empregador.

Para o TST e o STF, essa situação se enquadra na competência da Justiça do Trabalho prevista no art. 114, VIII, da CF/88.

Tratando ainda sobre a 1ª situação. Se João e a empresa decidem fazer um acordo no qual a empresa reconhece que as verbas salariais são devidas e as aceita pagar. Neste caso, o juiz, no momento de homologar o acordo, deverá incluir as respectivas contribuições previdenciárias que deveriam incidir sobre tais verbas?

SIM. Mesmo tendo havido um acordo, o juiz, ao homologá-lo, já deverá fazer constar na sentença homologatória as contribuições previdenciárias que são devidas e poderá executá-las, de ofício, caso não sejam pagas.

SITUAÇÃO 2

Imagine agora outra situação hipotética:

Pedro prestava serviços para Ricardo, seu primo, e este, em troca pagava a ele R$ 1 mil por mês.

Não havia contrato de trabalho formalizado entre eles.

Essa situação perdurou por dois anos (fev/2012 a fev/2014) até que os primos brigaram e Pedro decidiu ingressar com ação na Justiça do Trabalho pedindo que fosse reconhecido que havia uma relação de emprego e cobrando 13º salário e férias que nunca foram pagos.

O juiz profere sentença julgado procedente o pedido para:

a) declarar que, entre fev/2012 a fev/2014, houve relação de emprego sendo Ricardo considerado empregador e Pedro empregado, nos termos da CLT. Como consequência, o juiz determinou que tal período fosse anotado na CTPS de Pedro, ou seja, na linguagem popular, mandou que Ricardo "assinasse a carteira" de Pedro; e

b) condenar Ricardo a pagar R$ 10 mil a título de 13º salário e férias e outras verbas rescisórias.

Observação importante: Ricardo (empregador) só foi condenado a pagar os R$ 10 mil reais. Ele não foi condenado a pagar nenhum salário referente ao período de fev/2012 a fev/2014 porque estes já tinham sido quitados.

Na sentença, o juiz deverá condenar o reclamado a pagar as contribuições previdenciárias, executando-as caso não sejam quitadas voluntariamente pelo devedor?

Depende:

a) Contribuições previdenciárias que devem ser pagas sobre os salários recebidos entre fev/2012 a fev/2014: NÃO.

b) Contribuições previdenciárias que devem ser pagas sobre as verbas salariais que o empregador foi condenado a pagar na sentença (contribuições previdenciárias sobre os R$ 10 mil): SIM.

Segundo o TST e o STF, a Justiça do Trabalho só tem competência para executar de ofício as contribuições sociais que se referiam às verbas que foram objeto da sentença condenatória ou do acordo homologado (em nosso exemplo, sobre os R$ 10 mil).

A Justiça do Trabalho não pode executar contribuições previdenciárias relacionadas com períodos que ela reconheceu como sendo relação de emprego, mas sobre os quais não houve condenação (em nosso exemplo, fev/2012 a fev/2014).

9.5.1.2. INSS de Terceiros

Segundo o TST, não cabe à Justiça do Trabalho dispor sobre as contribuições devidas a terceiros. Desta forma, a Justiça do Trabalho não tem competência para executar as contribuições sociais reservadas às entidades integrantes do Sistema S. (SENAI, SESI, SEST, SESC, SENAT e SEBRAC).

> "RECURSO DE REVISTA. PROCESSO SOB A ÉGIDE DA LEI Nº 13.015/2014 E ANTERIOR À LEI 13.467/2017. EXECUÇÃO. INCOMPETÊNCIA DA JUSTIÇA DO TRABALHO PARA A EXECUÇÃO DE CONTRIBUIÇÃO PREVIDENCIÁRIA DESTINADA A TERCEIROS (SISTEMA "S"). O artigo 114, VIII, da Constituição Federal fixou a competência da Justiça do Trabalho para executar de ofício as contribuições sociais previstas no artigo 195, I, "a", e II, e seus acréscimos legais, decorrentes das sentenças que proferir. Contudo, tais dispositivos não estendem essa competência às contribuições devidas a terceiros (que são destinadas a entidades de serviço social e de formação profissional), exclusão claramente explicitada no próprio Texto Constitucional (art. 240), a par de referida na lei ordinária (art. 3º, Lei 11.457/2007, por exemplo). Recurso de revista conhecido e provido " (RR-47500-22.2010.5.17.0161, 3ª Turma, Relator Ministro Mauricio Godinho Delgado, DEJT 03/04/2020).
>
> EXECUÇÃO. JUSTIÇA DO TRABALHO. CONTRIBUIÇÕES SOCIAIS DESTINADAS A TERCEIROS. A Emenda Constitucional n.º 20/1998, que acrescentou o § 3º ao artigo 114 da Carta Magna, transformado pela Emenda Constitucional n.º 45/2004 no atual inciso VIII desse mesmo dispositivo, atribuiu competência à Justiça do Trabalho para executar, de ofício, as contribuições sociais previstas no artigo 195, I, a, e II, da Constituição da República e seus acréscimos legais, mas não a estendeu às contribuições devidas a terceiros, cuja arrecadação e fiscalização, disciplinadas por regra especial prevista em lei ordinária, passaram a inserir-se nas atribuições da Secretaria da Receita Federal do Brasil, por força do que dispõe o artigo 3º da Lei n.º 11.457/2007. Recurso de Revista conhecido e provido. TST – RR 176600-81.2008.5.09.0659 – 1ª Turma – j. 13/12/2017 – julgado por Lelio Bentes Corrêa

Nesse sentido, também, a Súmula nº 27 do TRT da 8ª Região:

> SÚMULA Nº 27 - CONTRIBUIÇÕES SOCIAIS DE TERCEIROS. INCOMPETÊNCIA DA JUSTIÇA DO TRABALHO. A Justiça do Trabalho é incompetente para julgar a execução de contribuições sociais devidas ao sistema S.

9.5.2. Verbas que não são tributadas

9.5.2.1. Alimentação, prêmio, ajuda de custo, abonos e diárias para viagem

Não constituem base de incidência de qualquer encargo previdenciário as importâncias, pagas a título de ajuda de custo, auxílio-alimentação, diárias para viagem, prêmios e abonos. Nesse sentido, o §2º do art. 457 da CLT:

> CLT, art. 457 - [...]
>
> § 1º Integram o salário a importância fixa estipulada, as gratificações legais e as comissões pagas pelo empregador.
>
> § 2º - As importâncias, ainda que habituais, pagas a título de ajuda de custo, auxílio-alimentação, vedado seu pagamento em dinheiro, diárias para viagem, prêmios e abonos não integram a remuneração do empregado, não se incorporam ao contrato de trabalho e não constituem base de incidência de qualquer encargo trabalhista e previdenciário.

Sobre a ajuda de custo, olha o que diz ainda, o art. 75-D da CLT:

> CLT, Art. 75-D. As disposições relativas à responsabilidade pela aquisição, manutenção ou fornecimento dos equipamentos tecnológicos e da infraestrutura necessária e adequada à prestação do trabalho remoto, bem como ao reembolso de despesas arcadas pelo empregado, serão previstas em contrato escrito.
>
> Parágrafo único. As utilidades mencionadas no caput deste artigo não integram a remuneração do empregado.

9.5.2.2. Parcelas do §9º do art. 28 da Lei 8.212/91:

Diz o artigo:

> Lei 8.212/91, Art.28 – [...]
>
> § 9º – Não integram o salário-de-contribuição para os fins desta Lei, exclusivamente:
>
> a) os benefícios da previdência social, nos termos e limites legais, salvo o salário-maternidade;
>
> b) as ajudas de custo e o adicional mensal recebidos pelo aeronauta nos termos da Lei nº 5.929, de 30 de outubro de 1973;
>
> c) a parcela "in natura" recebida de acordo com os programas de alimentação aprovados pelo Ministério do Trabalho e da Previdência Social, nos termos da Lei nº 6.321, de 14 de abril de 1976;
>
> d) as importâncias recebidas a título de férias indenizadas e respectivo adicional constitucional, inclusive o valor correspondente à dobra da remuneração de férias de que trata o art. 137 da Consolidação das Leis do Trabalho-CLT;
>
> e) as importâncias:
>
> 1. previstas no inciso I do art. 10 do Ato das Disposições Constitucionais Transitórias;
>
> 2. relativas à indenização por tempo de serviço, anterior a 5 de outubro de 1988, do empregado não optante pelo Fundo de Garantia do Tempo de Serviço-FGTS;
>
> 3. recebidas a título da indenização de que trata o art. 479 da CLT;
>
> 4. recebidas a título da indenização de que trata o art. 14 da Lei nº 5.889, de 8 de junho de 1973;
>
> 5. recebidas a título de incentivo à demissão;
>
> 6. recebidas a título de abono de férias na forma dos arts. 143 e 144 da CLT;
>
> 7. recebidas a título de ganhos eventuais e os abonos expressamente desvinculados do salário;
>
> 8. recebidas a título de licença-prêmio indenizada;
>
> 9. recebidas a título da indenização de que trata o art. 9º da Lei nº 7.238, de 29 de outubro de;
>
> f) a parcela recebida a título de vale-transporte, na forma da legislação própria;

g) a ajuda de custo, em parcela única, recebida exclusivamente em decorrência de mudança de local de trabalho do empregado, na forma do art. 470 da CLT;

h) as diárias para viagens; (Redação dada pela Lei nº 13.467, de 2017)

i) a importância recebida a título de bolsa de complementação educacional de estagiário, quando paga nos termos da Lei nº 6.494, de 7 de dezembro de 1977;

j) a participação nos lucros ou resultados da empresa, quando paga ou creditada de acordo com lei específica;

l) o abono do Programa de Integração Social-PIS e do Programa de Assistência ao Servidor Público-PASEP;

m) os valores correspondentes a transporte, alimentação e habitação fornecidos pela empresa ao empregado contratado para trabalhar em localidade distante da de sua residência, em canteiro de obras ou local que, por força da atividade, exija deslocamento e estada, observadas as normas de proteção estabelecidas pelo Ministério do Trabalho;

n) a importância paga ao empregado a título de complementação ao valor do auxílio-doença, desde que este direito seja extensivo à totalidade dos empregados da empresa;

o) as parcelas destinadas à assistência ao trabalhador da agroindústria canavieira, de que trata o art. 36 da Lei nº 4.870, de 1º de dezembro de 1965;

p) o valor das contribuições efetivamente pago pela pessoa jurídica relativo a programa de previdência complementar, aberto ou fechado, desde que disponível à totalidade de seus empregados e dirigentes, observados, no que couber, os arts. 9º e 468 da CLT;

q) o valor relativo à assistência prestada por serviço médico ou odontológico, próprio da empresa ou por ela conveniado, inclusive o reembolso de despesas com medicamentos, óculos, aparelhos ortopédicos, próteses, órteses, despesas médico-hospitalares e outras similares; (Redação dada pela Lei n° 13.467, de 2017)

r) o valor correspondente a vestuários, equipamentos e outros acessórios fornecidos ao empregado e utilizados no local do trabalho para prestação dos respectivos serviços;

s) o ressarcimento de despesas pelo uso de veículo do empregado e o reembolso creche pago em conformidade com a legislação trabalhista, observado o limite máximo de seis anos de idade, quando devidamente comprovadas as despesas realizadas;

t) o valor relativo a plano educacional, ou bolsa de estudo, que vise à educação básica de empregados e seus dependentes e, desde que vinculada às atividades desenvolvidas pela empresa, à educação profissional e tecnológica de empregados, nos termos da Lei nº 9.394, de 20 de dezembro de 1996, e:

1. não seja utilizado em substituição de parcela salarial; e

2. o valor mensal do plano educacional ou bolsa de estudo, considerado individualmente, não ultrapasse 5% (cinco por cento) da remuneração do segurado a que se destina ou o valor correspondente a uma vez e meia o valor do limite mínimo mensal do salário-de-contribuição, o que for maior;

u) a importância recebida a título de bolsa de aprendizagem garantida ao adolescente até quatorze anos de idade, de acordo com o disposto no art. 64 da Lei nº 8.069, de 13 de julho de 1990;

v) os valores recebidos em decorrência da cessão de direitos autorais;

x) o valor da multa prevista no § 8º do art. 477 da CLT.

y) o valor correspondente ao vale-cultura.

z) os prêmios e os abonos. (Incluído pela Lei nº 13.467, de 2017)

aa) os valores recebidos a título de bolsa-atleta, em conformidade com a Lei nº 10.891, de 9 de julho de 2004. (Incluído pela Lei nº 13.756, de 2018)

– Professor, as parcelas previstas no § 9º do art. 28 da Lei nº 8.212 devem ser excluídas da base de cálculo da contribuição ao FGTS?

Sim, as verbas listadas no § 9º do art. 28 da Lei nº 8.212/1991, estão fora da base de cálculo da contribuição ao FGTS. Nesse sentido, o § 6º do art. 15 da Lei 8.036/1990, veja:

§ 6º Não se incluem na remuneração, para os fins desta Lei, as parcelas elencadas no § 9º do art. 28 da Lei nº 8.212, de 24 de julho de 1991.

Nesse sentido ainda, a súmula 646 do STJ:

> Súmula 646-STJ: É irrelevante a natureza da verba trabalhista para fins de incidência da contribuição ao FGTS, visto que apenas as verbas elencadas em lei (artigo 28, parágrafo 9º, da Lei 8.212/1991), em rol taxativo, estão excluídas da sua base de cálculo, por força do disposto no artigo 15, parágrafo 6º, da Lei 8.036/1990.

9.5.2.3. Indenização por Danos Morais e Materiais.

Em se tratando de indenização por dano moral, não há falar em incidência de contribuição previdenciária e nem de IR – Imposto de Renda, diante de seu indiscutível caráter indenizatório. Nesse sentido, decidiu o TST:

> DESCONTOS PREVIDENCIÁRIOS. COMPENSAÇÃO POR DANOS MORAIS. NÃO INCIDÊNCIA. PARCELA INDENIZATÓRIA. PROVIMENTO. Esta egrégia Corte Superior entende que a compensação por dano moral e material não se enquadra no conceito de rendimento, mas sim em reparação pelos danos ocasionados pela doença profissional, não fazendo parte, portanto, do salário de contribuição, conforme estabelecido no artigo 28, I, da Lei 8212/91, razão pela qual não incidem contribuição previdenciária e fiscal. Precedentes. Recurso de revista de que se conhece e a que se dá provimento (RR - 291600-43.2005.5.01.0341, Relator Ministro: Guilherme Augusto Caputo Bastos, Data de Julgamento: 30/05/2018, 4ª Turma, Data de Publicação: DEJT 08/06/2018)

No mesmo sentido, a Súmula nº 498 do STJ:

> STJ, SUM 498 – Não incide imposto de renda sobre a indenização por danos morais.

9.5.2.4. Indenização substitutiva do período estabilitário

A jurisprudência do TST é no sentido de ser indevida a contribuição previdenciária sobre a indenização substitutiva da estabilidade provisória do trabalhador, ante a natureza indenizatória da parcela.

Nesse sentido, os seguintes julgados do TST:

> RECURSO DE REVISTA DO HOSPITAL PARANAENSE DE OTORRINOLARINGOLOGIA LTDA. LEI 13.015/14. ESTABILIDADE PROVISÓRIA. NATUREZA INDENIZATÓRIA. CONTRIBUIÇÃO PREVIDENCIÁRIA. NÃO INCIDÊNCIA. Hipótese em que o Tribunal Regional considerou devido o recolhimento das contribuições previdenciárias sobre os valores resultantes da conversão do direito de reintegração em indenização. A jurisprudência do TST é no sentido de ser indevida a contribuição previdenciária sobre a indenização substitutiva da estabilidade provisória do trabalhador, ante a natureza indenizatória da parcela. Precedentes. Indenes citados artigos de lei. Recurso de revista conhecido por divergência jurisprudencial e provido. (ARR - 1529-86.2014.5.09.0002, Relator Ministro: Alexandre de Souza Agra Belmonte, Data de Julgamento: 25/04/2018, 3ª Turma, Data de Publicação: DEJT 27/04/2018)

> RECURSO DE REVISTA. CONTRIBUIÇÃO PREVIDENCIÁRIA. INDENIZAÇÃO DO PERÍODO DE ESTABILIDADE PROVISÓRIA. CIPA. NATUREZA INDENIZATÓRIA. Na linha de precedentes desta Corte, sobre o valor pago em face da não observância do período em que garantida a estabilidade provisória no emprego, não incide a contribuição previdenciária, dada a sua natureza de indenização substitutiva e não de contraprestação do trabalho ou do tempo à disposição. Precedentes. Recurso de revista conhecido e provido. (RR - 438-81.2010.5.09.0654, Relator Ministro Hugo Carlos Scheuermann, 1ª Turma, DEJT 17/5/2013)

9.5.2.5. Aviso prévio indenizado

A natureza jurídica do aviso prévio indenizado não se destina a remunerar trabalho prestado nem a retribuir o empregado pelo tempo à disposição do empregador, e sim a indenizar o empregado em razão da rescisão do contrato. A jurisprudência desta Corte tem se orientado no sentido de que os valores pagos a esse título não se enquadram no conceito de salário de contribuição, e, portanto, não estão sujeitos a recolhimento previdenciário.

Nesse sentido cita-se precedente da SBD-1 e outros julgados do TST:

> EMBARGOS INTERPOSTOS ANTERIORMENTE À VIGÊNCIA DA LEI Nº 11.496/2007. PUBLICAÇÃO DO ACÓRDÃO TURMÁRIO EM 30/03/2007 E CIÊNCIA PELO ENTE PÚBLICO EM 11/05/2007. ACORDO HOMOLOGADO EM JUÍZO. AVISO PRÉVIO INDENIZADO. CONTRIBUIÇÃO PREVIDENCIÁRIA. NÃO INCIDÊNCIA. 1. A despeito de o § 9º do artigo 28 da Lei n.º 8.212/91, em sua nova redação, não mais preconizar no rol de isenção da contribuição previdenciária o aviso prévio indenizado, permanece inalterada a impossibilidade de sua incidência sobre tal parcela, não só em face da natureza nitidamente indenizatória dessa última, mas, sobretudo, em virtude do que dispõe o artigo 214, § 9º, V, "f", do Decreto n.º 3.048/99, que, expressamente, excetua o Aviso prévio indenizado do salário de contribuição. Precedentes da SDI-1. Incidência da Súmula n.º 333. 2. Embargos de que não se conhece. (E-RR-44800-44.2005.5.04.0021 Data de Julgamento: 11/03/2010, Relator Ministro: Guilherme Augusto Caputo Bastos, Subseção I Especializada em Dissídios Individuais, Data de Publicação: DEJT 19/03/2010).

> AVISO – PRÉVIO INDENIZADO. NÃO INCIDÊNCIA DA CONTRIBUIÇÃO PREVIDENCIÁRIA. A parcela paga a título de Aviso prévio indenizado, por ostentar natureza indenizatória, é isenta da contribuição previdenciária. Recurso de revista conhecido e provido quanto ao tema. (RR-10220-48.2013.5.15.0070, Rel. Min. Mauricio Godinho Delgado, 3ª Turma, DEJT 08/05/2015).

> AGRAVO DE INSTRUMENTO EM RECURSO DE REVISTA – CONTRIBUIÇÃO PREVIDENCIÁRIA – AVISO – PRÉVIO INDENIZADO – NÃO INCIDÊNCIA. A indenização do aviso – prévio não constitui verba destinada a remunerar serviços prestados ou tempo à disposição do empregador, pois decorre da supressão do período de aviso-prévio por iniciativa do empregador. Logo, afigura-se descabida a incidência das contribuições previdenciárias sobre o aviso-prévio indenizado, em razão de sua natureza indenizatória. (AIRR-38200-28.2008.5.11.0014, Rel. Min. Luiz Philippe Vieira de Mello Filho, 7.ª Turma, DEJT 04/05/2015).

9.5.2.6. Juros de mora

A OJ nº 400 da SDI-I do TST, estabelece que:

> "os juros de mora decorrentes do inadimplemento de obrigação de pagamento em dinheiro não integram a base de cálculo do imposto de renda, independentemente da natureza jurídica da obrigação inadimplida, ante o cunho indenizatório conferido pelo art. 404 do Código Civil de 2002 aos juros de mora.

10. IMPUGNAÇÃO AOS CÁLCULOS

– Qual o próximo passo, Professor?

Com a reforma trabalhista do ano de 2017, juízo deverá (obrigação) abrir às partes prazo comum de oito dias úteis[25] para impugnação fundamentada, ou seja, deixou de ser uma faculdade e passou a ser uma obrigação. Nesse sentido, o § 2° do art. 879 da CLT:

> CLT, art. 879 – [...]
>
> § 2° Elaborada a conta e tornada líquida, o JUÍZO DEVERÁ abrir às partes prazo comum de oito dias para impugnação fundamentada com a indicação dos itens e valores objeto da discordância, sob pena de preclusão.

Em resumo:

Manifestação	Obrigatoriedade de abrir prazo para impugnação
Prazo para impugnação	Prazo comum de 8 dias úteis
A parte deve indicar	Itens e valores objeto da discordância, sob pena de preclusão

25. CLT, Art. 775. Os prazos estabelecidos neste Título serão contados em dias úteis, com exclusão do dia do começo e inclusão do dia do vencimento.

– Antes da Lei 13.467/2017:

Antes, eram adotados dois caminhos: **um com imediato contraditório** e **outro com contraditório postergado**.

O **primeiro** que tinha previsão no art. 879, § 2º, da CLT, segundo o qual abria-se vista imediata para manifestação pelas partes sobre os cálculos finalizados, em 10 dias, sob pena de preclusão.

O **procedimento com contraditório postergado**, por sua vez, baseia-se no §3º do art. 884 da CLT, no qual o **juiz homologava os cálculos e não abre vista imediata** para manifestação das partes, diferindo, então, **o contraditório para o momento dos embargos à execução**.

10.1. Impetração do mandado de segurança

– Qual procedimento tomar se o juiz não abrir prazo para as partes impugnarem os cálculos?

Se o juiz não abrir prazo para as partes fazerem a impugnação dos cálculos, cabe a impetração do mandado de segurança, por violação do § 2º do art. 879, da CLT. Nesse sentido:

> MANDADO DE SEGURANÇA. HOMOLOGAÇÃO DOS CÁLCULOS DE LIQUIDAÇÃO SEM A CONCESSÃO DE PRAZO PARA IMPUGNAÇÃO. ILEGALIDADE. A homologação dos cálculos de liquidação e o prosseguimento da execução sem prévia concessão ao executado de prazo para manifestação sobre os cálculos apresentados pela parte contrária afronta o regramento processual pertinente (artigos 879, § 2º, da CLT e 520 do CPC/15) e, por conseguinte, fere o direito líquido e certo do impetrante de impugnação, traduzindo ultraje ao princípio do contraditório e ao direito de defesa, consagrados no artigo 5º, inciso LV, da CF/88. Segurança concedida. (Processo nº 0000390-43.2019.5.05.0000, Subseção II da SEDI do TRT da 5ª Região/BA, Rel. Esequias de Oliveira. DJ 15.08.2019).

MANDADO DE SEGURANÇA - LIQUIDAÇÃO DE SENTENÇA INICIADA APÓS A VIGÊNCIA DA LEI 13.467/2017 - APLICAÇÃO DO ART. 879, § 2º, DA CLT - NOS TERMOS DA IN 41 DO TST. A Instrução Normativa 41/2018, no seu art. 14, dispõe que o prazo comum de oito dias para impugnação fundamentada da conta de liquidação não se aplica à liquidação do julgado iniciada antes de 11 de novembro de 2017, que não foi o caso dos autos. A liquidação do julgado iniciou em 27 de setembro de 2018, com a notificação do exequente para apresentar a conta de liquidação, a qual foi apresentada em 02.10.2018 e homologada em 23.10.2018. Ou seja, todo o processo de liquidação foi processado já na vigência da Lei nº 13.467/17, que alterou, dentre muito, o art. 879, § 2º, da CLT, segundo o qual, apresentada a conta de liquidação, será aberto prazo de oito dias para impugnação. Portanto aplicável ao caso. SEGURANÇA CONCEDIDA. (MS nº 0080282-61.2018.5.22.0000, TRT da 22ª Região/PI, Rel. Francisco Meton Marques de Lima. DEJT 09.08.2019).

ELABORAÇÃO DA CONTA DE LIQUIDAÇÃO. DEVER DO JUÍZO. OBSERVÂNCIA AO PRINCÍPIO DO CONTRADITÓRIO. ABERTURA DE PRAZO PARA A IMPUGNAÇÃO PELAS PARTES DOS CÁLCULOS APRESENTADOS. 1. A liquidação de sentença é uma fase preparatória da execução com o objetivo de aparelhar o título executivo, motivo pelo qual, com a nova sistemática processual - artigo 879, § 2º, da CLT -, o juízo, elaborada a conta e tornada líquida, deverá, observando o princípio do contraditório, abrir às partes o prazo comum de 8 dias para apresentarem impugnação fundamentada em relação à referida conta e proferir decisão fundamentada. 2. Direito líquido e certo reconhecido, o qual se encontra consubstanciado no dever e não mais na faculdade de dar vista às partes acerca dos cálculos apresentados e sem a necessidade de garantir a execução. 3. Mandado de segurança concedido. (MS nº 0024060-82.2019.5.24.0000, Tribunal Pleno do TRT da 24ª Região/MS, Rel. André Luis Moraes de Oliveira. DEJT 25.07.2019).

10.2. Impugnação específica

– Essa impugnação aos cálculos pode ser genérica, Hamilton?

Não! Conforme a parte final do §2º do art. 879 da CLT, a impugnação aos cálculos deve ser fundamentada e conter a indicação dos itens e valores objeto da discordância, sob pena de preclusão.

Nesse sentido, a jurisprudência:

> AGRAVO DE PETIÇÃO. IMPUGNAÇÃO GENÉRICA AOS CÁLCULOS DA PARTE CONTRÁRIA. PRECLUSÃO TEMPORAL. A CLT possui procedimento específico acerca da liquidação por cálculos, disciplinado no art. 879, § 2º. A interpretação do referido dispositivo legal permite inferir que, se a parte, apesar de devidamente intimada para impugnar a conta da qual teve vista, não se manifesta de forma fundamentada sobre os itens e valores objeto da discordância, opera-se a preclusão temporal, de modo que não mais poderá se insurgir sobre os valores homologados, em momento posterior. (TRT 1ª R.; APet 0010824-74.2015.5.01.0281; Sexta Turma; Rel. Des. Leonardo da Silveira Pacheco; Julg. 24/07/2020; DEJT 06/08/2020)

> CÁLCULOS DE LIQUIDAÇÃO. IMPUGNAÇÃO GENÉRICA. IMPOSSIBILIDADE. A impugnação à conta de liquidação deve ser fundamentada, com indicação dos itens e valores objeto da discordância, a teor do § 2º do art. 879 da CLT. ACÓRDÃO: O Tribunal Regional do Trabalho da Terceira Região, em Sessão Ordinária da Sexta Turma, hoje realizada, analisou o presente processo e, à unanimidade, conheceu do agravo de petição; no mérito, sem divergência, negou-lhe provimento. Custas pelo agravante no importe de R$44,26, isento. Jorge BERG DE MENDONÇA--Relator. Belo Horizonte/MG, 29 de julho de 2020. Maria BEATRIZ GOES DA Silva (TRT 3ª R.; AP 0010220-05.2019.5.03.0092; Sexta Turma; Rel. Des. Jorge Berg de Mendonça; Julg. 29/07/2020; DEJTMG 30/07/2020; Pág. 907)

> AGRAVO DE PETIÇÃO. CÁLCULOS DE LIQUIDAÇÃO. IMPUGNAÇÃO GENÉRICA. À parte insurgente cabe demonstrar, de forma especificada, pontual e fundamentada, onde residem os erros da conta homologada, ainda que por amostragem, não sendo acolhida impugnação genérica, fundada na mera afirmação da existência de equívocos nos valores apurados, desacompanhada da indicação da suposta imprecisão. (TRT 3ª R.; AP 0010005-65.2016.5.03.0017; Quarta Turma; Relª Desª Maria Lucia Cardoso de Magalhaes; Julg. 10/06/2020; DEJTMG 12/06/2020; Pág. 1233)

10.3. Preclusão

– Hamilton, a parte não se manifestou dos cálculos no prazo de 8 dias úteis conforme determinado pelo §2º do art. 879 da CLT, ela pode depois em sede de embargos à execução impugnar os cálculos?

Se a parte não se manifestar no prazo de 8 dias (úteis), ocorrerá a preclusão temporal, sendo assim, ela não vai poder discutir os cálculos nos Embargos à Execução – art. 884, parágrafo 3º da CLT). Nesse sentido, a jurisprudência:

> AGRAVO DE PETIÇÃO. IMPUGNAÇÃO AOS CÁLCULOS DE LIQUIDAÇÃO. MATÉRIA PRECLUSA. A MARCHA PROCESSUAL É CONSTITUÍDA DE PRAZOS E PRECLUSÕES PROCESSUAIS A SEREM OBEDECIDOS. Não tendo a parte se insurgido quanto ao acerto ou desacerto da decisão no momento oportuno, e não se tratando de erro material, possível de correção a qualquer momento, opera-se a preclusão. Agravo de petição conhecido e desprovido. (TRT 21ª R.; AP 0000222-33.2015.5.21.0001; Segunda Turma; Rel. Des. Ronaldo Medeiros de Souza; Julg. 19/08/2020; DEJTRN 24/08/2020; Pág. 1033)

> - IMPUGNAÇÃO AOS CÁLCULOS DE LIQUIDAÇÃO. INTIMAÇÃO. COMINAÇÃO EXPRESSA. PRECLUSÃO. Considerando que a Executada foi intimada a se manifestar acerca dos cálculos apresentados pela Perita Oficial, nos termos previstos no §2º do art. 879 da CLT, e permaneceu inerte, operou-se a preclusão, não mais podendo discutir os cálculos de liquidação. (TRT 3ª R.; AP 0011565-86.2016.5.03.0067; Oitava Turma; Relª Desª Cristina Adelaide Custodio; Julg. 20/08/2020; DEJTMG 21/08/2020; Pág. 1618)

> PRECLUSÃO TEMPORAL. ART. 879, § 2º, DA CLT. Sendo a parte intimada para se manifestar, nos termos do art. 879, § 2º, da CLT, a ausência de impugnação oportuna aos cálculos de liquidação leva à preclusão temporal. (AP nº 0001283-02.2012.5.04.0002, Seção Especializada em Execução do TRT da 4ª Região/RS, Rel. Cleusa Regina Halfen. j. 15.08.2017, unânime).

> AGRAVO DE PETIÇÃO – IMPUGNAÇÃO AOS CÁLCULOS DE LIQUIDAÇÃO – PRECLUSÃO. Nega-se provimento ao

agravo de petição quando se verifica que os Exequentes deixaram transcorrer in albis o prazo previsto no artigo 879, § 2º, da CLT sem impugnar os cálculos apresentados pela Reclamada, tornando assim precluso o seu direito de questioná-los nos Embargos à Execução e no Agravo de Petição. Sentença que se mantém. (Agravo de Petição nº 0118600-72.2006.5.20.0006, 2ª Turma do TRT da 20ª Região/SE, Rel. Rita de Cássia Pinheiro de Oliveira. unânime, Publ. 23.02.2017).

10.3.1. Erro material x preclusão

– Ocorre a preclusão do erro material nos cálculos?

Segundo a jurisprudência, existindo evidentes erros materiais nos cálculos, eles poderão ser corrigidos, a qualquer tempo, por requerimento das partes ou de ofício, sob pena de enriquecimento ilícito.

O erro material, que não faz coisa julgada e pode ser corrigido a qualquer tempo, é aquele perceptível de imediato, sem maiores investigações, ou seja, é aquele que salta aos olhos, assim entendidos o erro aritmético e a inclusão de parcelas indevidas ou a exclusão de parcelas devidas, por omissão ou equívoco.

Nesse sentido:

> ERRO MATERIAL. CÁLCULO DE LIQUIDAÇÃO. PRECLUSÃO. NÃO OCORRÊNCIA. Verificada a existência de evidente erro de cálculo, em dissonância com a coisa julgada, descabe falar em preclusão pois os cálculos de liquidação devem representar estritamente as diretrizes constantes do comando exequendo, nos termos do art. 879, § 1º, da CLT, sob pena de ofensa à coisa julgada. (AP nº 0000223-21.2012.5.03.0002, 8ª Turma do TRT da 3ª Região/MG, Rel. Sercio da Silva Pecanha. Publ. 22.01.2019).

> CÁLCULOS DE LIQUIDAÇÃO – ERRO MATERIAL – ADEQUAÇÃO AO COMANDO EXEQUENDO – POSSIBILIDADE – INEXISTÊNCIA DE PRECLUSÃO. Constatado erro material na conta homologada, caracterizado por inexatidão no cálculo das diferenças de adicional noturno, é mister declarar que esta seja retificada para se obedecer a coisa julgada. E, em se tratando de matéria

de ordem pública, a correção pode ocorrer em qualquer tempo, de ofício ou a requerimento da parte, a fim de se evitar o enriquecimento ilícito da parte, não se sujeitando ao instituto da preclusão. (AP nº 0000173-73.2015.5.03.0136, 6ª Turma do TRT da 3ª Região/MG, Rel. Jorge Berg de Mendonça. Publ. 17.09.2018).

ERRO MATERIAL. CONFIGURAÇÃO. CORREÇÃO A QUALQUER TEMPO. POSSIBILIDADE. Uma vez constatada a existência de erro material, independentemente de quem tenha sido a parte que apresentou os cálculos, cumpre ao julgador corrigi-lo a qualquer tempo, de modo a conferir lógica e congruência entre os fundamentos apresentados no comando exequendo, sob pena, até mesmo, de enriquecimento sem causa do 3º exequente, não se podendo falar, portanto, em preclusão lógica ou coisa julgada, em relação à matéria, pois, mesmo considerando que a coisa julgada torna imutável e indiscutível a sentença (art. 502 do CPC), ela pode, sim, ser alterada para corrigir evidentes erros ou enganos de escrita, de datilografia (leia-se de digitação) ou de cálculo (artigos 833 da CLT e 494, I, do CPC). (AP nº 0011604-42.2014.5.03.0168, 3ª Turma do TRT da 3ª Região/MG, Rel. Milton V. Thibau de Almeida. j. 20.07.2018).

AGRAVO DE PETIÇÃO. ERRO MATERIAL DE CÁLCULO. INEXISTÊNCIA DE PRECLUSÃO. A teor do artigo 833 da CLT, existindo evidentes erros materiais nos cálculos, eles poderão ser corrigidos, a qualquer tempo, por requerimento das partes ou de ofício, sob pena de enriquecimento ilícito. Registre-se que o erro material, que não faz coisa julgada e pode ser corrigido a qualquer tempo, é aquele perceptível de imediato, sem maiores investigações, ou seja, é aquele que salta aos olhos, assim entendidos o erro aritmético e a inclusão de parcelas indevidas ou a exclusão de parcelas devidas, por omissão ou equívoco. (Agravo de Petição nº 0106900-87.2009.5.01.0050, 6ª Turma do TRT da 1ª Região/RJ, Rel. Leonardo Pacheco. DOERJ 20.06.2018).

10.4. Irrecorribilidade da decisão

– Professor, é possível apresentar recurso da sentença que homologa os cálculos de liquidação após o procedimento do §2º do art. 879 CLT?

Não.

A decisão que homologa os cálculos de liquidação, não encerra o procedimento de liquidação, pois as impugnações podem ser renovadas nos embargos à execução apresentado pelo executado ou pela impugnação aos cálculos, apresentado pelo exequente, conforme §3º do art. 884, da CLT. Assim, uma vez homologados os cálculos, após a garantia do Juízo, o executado pode impugnar os cálculos de liquidação, no corpo dos embargos à execução, cabendo ao exequente tal direito, por meio de impugnação (art. 884, § 3º, da CLT).

> CLT, art. 884 – [...]
>
> § 3º – Somente nos embargos à penhora poderá o executado impugnar a sentença de liquidação, cabendo ao exequente igual direito e no mesmo prazo.

Sendo assim, somente a decisão proferida nos embargos à execução em que se questionam os cálculos, ou na impugnação do reclamante, é recorrível por meio do Agravo de Petição (art. 897, "a" da CLT).

Nesse sentido, a jurisprudência:

> DIREITO DO TRABALHO E PROCESSUAL DO TRABALHO. AGRAVO DE PETIÇÃO. NÃO CABIMENTO. NÃO CONHECIMENTO. Não se conhece do agravo de petição interposto contra decisão de impugnação aos cálculos, a qual tem cunho interlocutório, a teor do previsto no §1º do art. 893 da CLT e na Súmula nº 214 do C. TST. Agravo de petição não conhecido, por incabível, de ofício. Vistos etc. Trata-se de Agravo de Petição interposto por HORIZONTE EXPRESS TRANSPORTES Ltda em face de decisão proferida pelo Juízo da 3ª Vara do Trabalho de Olinda. PE, que, nos termos da fundamentação de fls. 1062/1065, julgou REJEITOU a impugnação aos cálculos de liquidação da reclamada e ACOLHEU a do reclamante. Em suas razões (fls. 1071/1077), diz a agravante se insurge contra a decisão de manter a incidência de juros moratórios sobre o valor atualizado da condenação antes da dedução da contribuição social devida pelo reclamante, o que, no seu entender, acarreta o enriquecimento ilícito dele. Combate, ainda, o cálculo relativo a dobra dos feriados determinada na sentença, eis que a Contadoria procedeu à apuração do referido

título em dobro, contrariando o comando legal. Por fim, discorda do índice de correção utilizado, argumentando ser descabida a atualizada pelo IPCA-E. Contraminuta apresentada (fls. 1092/1097). Desnecessária a remessa dos autos à d. Procuradoria, ante os termos do artigo 50 do Regimento Interno deste Regional. É o relatório. VOTO: Do não conhecimento do agravo de petição pelo seu não cabimento, suscitado de ofício. Suscito, de ofício, o não conhecimento do agravo de petição, por ser incabível, na espécie. Com efeito, verifico que, após a liquidação do julgado pela Contadoria do Juízo, às fls. 1017/1029, as partes apresentaram impugnações aos cálculos, juntadas às fls. 1033/1042 e 1043/1047, bem como ofertaram manifestação sobre as impugnações das partes adversas, às fls. 1051/1052, 1053/1054, 1055/1056 e 1056/1058. Na sequência, a Contadoria prestou informações, às fls. 1060/1061, à vista do que foi proferida decisão em sede de impugnação à sentença de liquidação, às fls. 1062/1065. Dessa decisão, sem a garantia integral da execução, foi interposto o presente agravo de petição pela empresa. Em face da nova redação do § 2º do art. 879 da CLT, com o advento da Lei nº. 13.467/2017, a qual estabelece a necessidade de impugnação dos cálculos, sob pena de preclusão, restou evidenciado que a decisão de impugnação de cálculos não é recorrível de imediato. As insatisfações do executado devem ser transportadas para o momento posterior à garantia da execução, através do adequado embargos à execução, os quais exigem a garantia da execução ou a penhora de bens, nos termos previsto no art. 884 da CLT. Veja-se que, para a interposição do agravo de petição é pressuposto de admissibilidade objetivo a garantia da execução. Nesta linha, Valentin Carrion, em "Comentários à Consolidação das Leis do Trabalho", do eminente, 27ª Edição, 2002, Editora Saraiva, fls. 697/698, já se pronunciava: "Elaborada a conta e tornada líquida, (...) se o juiz abrir prazo para impugnação, as partes deverão fazê-lo, sob pena de preclusão; ou seja, se se omitirem as partes, não se poderão valer dos embargos à execução (art. 884, § 3º). Entretanto, se a parte não for atendida, não há como impedir que renove seu inconformismo naqueles embargos. A impugnação da conta não invalida a restrição de que a sentença só pode ser impugnada nos embargos (art. 884, § 3º). O prazo sucessivo mencionado pela Lei concede ao executado o direito de manifestar-se somente após o exeqüente, e não simultaneamente. A parte da conta não devidamente impugnada é exeqüível após os embargos, mesmo que se interponha agravo (CLT, art. 897, § 1º)".E também Gustavo Filipe Barbosa Garcia, em seu Manual de Processo do Trabalho, 2ª ED, Salvador, Editora Juspodivm, 2017, p. 476:"Após serem elaborados os cálculos, o juiz pode abrir prazo para manifestação das partes, decidindo em seguida (art. 879, § 2º, da CLT). A decisão de liquidação pode ser impugnada pelas partes quando dos embargos à execução (art. 884, §§ 3º e 4º, da CLT).(...) A decisão de liquidação tem natureza interlocutória, pois apenas decide questão incidente relativa à fixação do valor devido. Embora a CLT utilize o termo sentença, não se trata de decisão definitiva, por não ser apta a por fim ao processo. Logo, não é cabível recurso imediato contra essa decisão interlocutória de liquidação (art. 893, § 1º, da CLT)".Assim, entendo que não cabe a interposição de agravo de petição contra ato judicial que decide a impugnação aos cálculos, por ter de cunho meramente interlocutório, cujo óbice encontra-se albergado no §1º do art. 893 da CLT, in verbis: "Os incidentes do processo são resolvidos pelo próprio Juízo ou Tribunal, admitindo-se a apreciação do merecimento das decisões interlocutórias somente em recursos de decisão definitiva". Nesse sentido o entendimento da Súmula nº 214 do C. TST, adiante transcrita: "Súmula Nº 214 do TST. DECISÃO INTERLOCUTÓRIA. IRRECORRIBILIDADE. Na Justiça do Trabalho, nos termos do art. 893, § 1º, da CLT, as decisões interlocutórias não ensejam recurso imediato, salvo nas hipóteses de decisão: a) de Tribunal Regional do Trabalho contrária à Súmula ou Orientação Jurisprudencial do Tribunal Superior do Trabalho; b) suscetível de impugnação mediante recurso para o mesmo Tribunal; c) que acolhe exceção de incompetência territorial, com a remessa dos autos para Tribunal Regional distinto daquele a que se vincula o juízo excepcionado, consoante o disposto no art. 799, § 2º, da CLT". No caso vertente, não se tratando de decisão de cunho terminativo, mas de decisão interlocutória, não restou configurada a situação prevista na alínea "a" do art. 897 da CLT, aplicando-se à hipótese, portanto, o teor da Súmula nº 214 do C. TST, segundo a qual é inviável o conhecimento do agravo, por se mostrar incabível. Nesta linha, vejam-se as seguintes decisões deste E. Regional: "AGRAVO DE PETIÇÃO. DECISÃO QUE REJEITA IMPUGNAÇÃO AOS CÁLCULOS DE LIQUIDAÇÃO. INTERLOCUTÓRIA. IRRECORRIBILIDADE. Decisão que rejeita impugnação aos cálculos de liquidação tem cunho interlocutório, portanto irrecorrível de imediato (Súmula nº 214/TST). A discussão da matéria ventilada, assim, apenas poderia ser procedida mediante prévia garantia, seguida da interposição do remédio cabível. Recurso de que não se conhece, por não cabimento". (Processo: AP. 0000269-53.2017.5.06.0292, Redator: Gisane Barbosa de Araujo, Data de julgamento: 08/11/2018, Quarta Turma, Data da assinatura: 08/11/2018)"AGRAVO DE PETIÇÃO. INCABIMENTO. IMPUGNAÇÃO AOS CÁLCULOS SOB A ÉGIDE DA Lei nº 13.467/2017 (ART. 879, § 2º, DA CLT). DECISÃO INTERLOCUTÓRIA. A decisão de impugnação aos cálculos prevista no art. 879, § 2º, da CLT (redação dada pela Lei nº 13.467/2017) é interlocutória, não comportando interposição de agravo de petição de imediato, na esteira do art. 893, § 1º, da CLT, e da Súmula nº 214 do TST, resultando incabível o agravo de petição interposto pelo reclamado. Com efeito, a decisão passível de agravo de petição é aquela prevista no art. 884, caput, da CLT, ou seja, a que resolve embargos à execução e/ou impugnação à sentença de liquidação, o que só acontece após a citação para pagamento e garantia do Juízo. Desta forma, cabe à devedora garantir o Juízo, a fim de poder embargar à execução para, só após, interpor o agravo de petição da decisão terminativa ou definitiva. Agravo de petição não conhecido". (Processo: AP. 0000764-02.2015.5.06.0411, Redator: Jose Luciano Alexo da Silva, Data de julgamento: 31/10/2018, Quarta Turma, Data da assinatura: 31/10/2018) "DECISÃO HOMOLOGATÓRIA DE CÁLCULOS. DELIBERAÇÃO DE NATUREZA INTERLOCUTÓRIA. OPOSIÇÃO DE RECURSO IMEDIATO. IMPOSSIBILIDADE. A deliberação hostilizada consiste em decisão homologatória de cálculos, de natureza eminentemente interlocutória, sem cunho terminativo, não comportando a oposição imediata de recurso, mesmo que, rejeite os ataques ao demonstrativo aritmético, postos pelo empregador no momento em que foi oportunizada a manifestação dos litigantes, em cumprimento ao disposto no artigo 879, parágrafo 2º, da CLT. Isso porque, os questionamentos inacolhidos poderão ser renovados, em processo de jurisdição mais ampla, após a garantia integral do débito exequendo, ainda não efetivada, por meio da oposição de embargos do devedor, ou por impugnação à liquidação, quando o interessado é o titular do crédito trabalhista ou previdenciário, e tão somente, sobre o que restar definitivamente decidido, pelo Juízo monocrático, caberá agravo de petição, medida própria da fase de execução, consoante previsões dos artigos 893, parágrafo 1º, 884, parágrafo 3º, e 897, alínea "a", do Texto Consolidado. Agravo de Petição a que não se conhece". (Processo: AP. 0000441-20.2016.5.06.0101, Redator: Maria das Graças de Arruda Franca, Data de julgamento: 21/06/2018, Terceira Turma, Data da assinatura: 25/06/2018) "AGRAVO DE PETIÇÃO. OPORTUNIDADE PARA DISCUSSÃO SOBRE AS CONTAS DO JUÍZO. §2º DO ART. 879 CONSOLIDADO. INÉRCIA PATRONAL. PRECLUSÃO. Apesar de a decisão, que trata da homologação dos cálculos de liquidação, ser irrecorrível, transportando a discussão, sobre as insatisfações das partes, via de regra, para o momento após a garantia da execução (art. 884 da CLT), na hipótese de os litigantes serem chamados a se pronunciar sobre a conta do Juízo, previamente, consoante faculdade conferida ao Magistrado, pelo art. 879, §2º, da CLT, a ausência de manifestação causa a preclusão, para aquele que deixou transcorrer, in albis, o seu prazo. Agravo de petição não conhecido". (Processo: AP. 0000063-39.2013.5.06.0014, Redator: Maria Clara Saboya A. Bernardino, Data de julgamento: 21/08/2017, Terceira Turma, Data de publicação: 25/08/2017). Sendo assim, de ofício, não conheço do agravo de petição empresarial, por ser incabível. Do prequestionamento. Acrescento, enfim, que os motivos expostos na fundamentação do presente julgado não violam nenhum dos dispositivos da Constituição Federal, tampouco preceitos legais, sendo desnecessária a menção expressa, a cada um deles, a teor do disposto na OJ nº 118, da SDI-1, do C. TST. Conclusão. Diante do exposto, de ofício, não conheço do agravo de petição empresarial, ante o seu não cabimento. (TRT 6ª R.; AP 0000909-20.2012.5.06.0102; Terceira Turma; Relª Juíza Conv. Ana Catarina Cisneiros Barbosa; Julg. 01/08/2019; DOEPE 28/08/2019)

INTERLOCUTÓRIA. IRRECORRIBILIDADE DE IMEDIATO. DESCABIMENTO DE AGRAVO DE PETIÇÃO. A decisão na qual se homologa o cálculo e se inicia a execução é meramente interlocutória, não tendo natureza terminativa. Apenas decide questão incidental, relativa à liquidação do título executivo, com as determinações de praxe para o processamento da execução. Logo, aludida decisão é irrecorrível de imediato, nos termos do art. 893, § 1º, da CLT e da Súmula n. 214 do TST, sendo incabível a interposição de agravo de petição. (TRT 18ª R.; AIAP 0010793-24.2018.5.18.0201; Terceira Turma; Relª Desª Rosa Nair da Silva Nogueira Reis; Julg. 20/09/2019; DJEGO 16/10/2019; Pág. 1613)

AGRAVO DE INSTRUMENTO EM RECURSO DE REVISTA. EXECUÇÃO. AGRAVO DE PETIÇÃO NÃO CONHECIDO PORQUE PREMATURO. AUSÊNCIA DE EMBARGOS À EXECUÇÃO E DE GARANTIA DO JUÍZO. Inviável o cabimento do agravo de petição, pois esse recurso, nos termos do artigo 897, "a", da CLT, é cabível das decisões do Juiz ou Presidente, nas execuções, o que não ocorreu no caso concreto, pois, à sentença de liquidação não foram interpostos embargos à execução, nos termos do artigo 884 da CLT. Ademais, o Regional assegurou que a execução não foi garantida. Nesse contexto, não se verifica afronta ao devido processo legal ou ao contraditório e à ampla defesa, permanecendo ileso o dispositivo constitucional invocado. Agravo de instrumento conhecido e não provido. (AIRR nº 10296-13.2016.5.03.0099, 8ª Turma do TST, Rel. Dora Maria da Costa. j. 20.06.2018, Publ. 22.06.2018).

AGRAVO DE INSTRUMENTO EM RECURSO DE REVISTA. RECURSO INTERPOSTO SOB A ÉGIDE DA LEI N.º 13.015/2014. EXECUÇÃO. SENTENÇA DE LIQUIDAÇÃO. IMPUGNAÇÃO DA EXECUTADA NÃO CONHECIDA POR INTEMPESTIVIDADE. AGRAVO DE PETIÇÃO. IRRECORRIBILIDADE IMEDIATA. Em que pese o artigo 884, § 3.º, da CLT se refira à sentença, a decisão que homologa os cálculos deve ser vista como decisão interlocutória. Isso porque a deliberação não põe fim ao trâmite da liquidação, tendo em vista a possibilidade de novas impugnações, que, no caso do devedor, se dará por meio dos Embargos à Execução. Registre-se, por oportuno, que, em casos específicos, doutrina e jurisprudência têm admitido a recorribilidade imediata da decisão que homologa os cálculos, como, por exemplo, em situações em que o comando decisório encerra o próprio processo. Ocorre que este não é o caso dos autos, visto que a sentença de liquidação apenas homologou os cálculos, sem apreciar o mérito da controvérsia. E, havendo a possibilidade de impugnação dos cálculos homologados nos Embargos à Execução, não há de se falar em violação dos princípios do contraditório e da ampla defesa. Agravo de Instrumento conhecido e não provido. (AIRR - 230-55.2010.5.05.0025, Relatora Ministra: Maria de Assis Calsing, Data de Julgamento: 29/04/2015, 4ª Turma, Data de Publicação: DEJT 08/05/2015)

10.5. Início do prazo para impugnação caso o executado não apresente embargos à execução

– E se o juiz homologa o cálculo do executado, este após citado para pagar em 48hs, efetua o pagamento e não apresenta embargos à execução, quando que vai iniciar o prazo para impugnação da sentença de liquidação previsto no § 3º do art. 884 da CLT para o exequente?

O prazo de 5 dias previsto no art. 884, § 3º da CLT para o exequente impugnar os cálculos, vai iniciar com o recebimento de alvará judicial. Nesse sentido, a jurisprudência:

AGRAVO DE PETIÇÃO. IMPUGNAÇÃO AOS CÁLCULOS. INTEMPESTIVIDADE. É intempestiva a impugnação aos cálculos apresentada após o decurso do prazo legal (art. 884, caput, da CLT). Comparecimento pessoal do advogado em cartório, com o recebimento de alvará, considera-se inconteste a ciência dos cálculos, com início do prazo para manifestação. Agravo de petição conhecido e não provido. (Processo nº 0000204-52.2013.5.06.0016, 2ª Turma do TRT da 6ª Região/PE, Rel. Fábio André de Farias. j. 16.08.2017).

AGRAVO DE PETIÇÃO. PRECLUSÃO AFASTADA. CONHECIMENTO DA IMPUGNAÇÃO. Não tendo sido o exequente notificado para que tomasse ciência da decisão de homologação dos cálculos, o seu prazo para impugnação nasceu no momento em que o causídico recebeu o alvará de honorários. Assim, apresentada a impugnação cinco dias após isso, tempestiva se encontrava a medida, merecendo pleno conhecimento. Agravo de petição provido para afastando a preclusão declarada na sentença, determinar o retorno dos autos à Vara de Origem, para que ali seja o mérito da impugnação devidamente apreciado, como o julgador entender de direito, ficando, assim, evitada a supressão de instância. (Processo nº 0000445-73.2011.5.06.0023, 3ª Turma do TRT da 6ª Região/PE, Rel. Virgínia Malta Canavarro. j. 21.08.2017).

AGRAVO DE PETIÇÃO. EMBARGOS À EXECUÇÃO INTEMPESTIVO. A impugnação aos cálculos da liquidação na primeira instância foi intempestiva. Observe que o autor teve a ciência inequívoca dos valores devidos no dia 22.06.2016, levantamento por meio de alvará, e somente em 01.08.2016 opôs a impugnação. O tempo decorrido supera o prazo previsto no art. 884 da CLT e, corretamente, impediu o conhecimento da impugnação. AGRAVO DE PETIÇÃO QUE SE NEGA PROVIMENTO. (AP nº 0000597-14.2015.5.19.0058, TRT da 19ª Região/AL, Rel. Eliane Aroxa Pereira Barbosa. DEJT 04.08.2017).

10.6. Impugnação aos cálculos de sentença líquida

– Quando a sentença de mérito do juiz, no processo de conhecimento for líquida, qual o momento para impugnar os cálculos?

Se a sentença do juízo de 1º grau já for líquida, os cálculos são parte integrante da sentença e, por isso, o meio adequado para se impugnar os cálculos é o recurso ordinário (art. 895, I, da CLT). Transitando em julgado a sentença líquida, não cabe mais discutir os cálculos em fase de execução, pois a parte já teve oportunidade de exaurir a questão na fase de conhecimento.

Nesse sentido, a jurisprudência:

> TRT13, SÚMULA Nº 18 – IMPUGNAÇÃO AOS CÁLCULOS. PRECLUSÃO – É preclusa a impugnação aos cálculos na fase de execução quando o título executivo se formou líquido na fase de conhecimento.
>
> TRT18, SÚMULA Nº 1 – SENTENÇA LÍQUIDA. IMPUGNAÇÃO AOS CÁLCULOS. MOMENTO OPORTUNO – Os cálculos são parte integrante da sentença líquida e, por isso, o meio adequado para se impugná-los é o recurso ordinário (art. 895, I, da CLT), sem prejuízo de anterior oposição de embargos de declaração contra a sentença nos casos previstos no art. 897-A da CLT. Dessa forma, não há supressão de grau de jurisdição, pois, ao prolatar a sentença líquida, o juiz julga corretos os valores que a integram, por refletirem o seu conteúdo. Consequentemente, transitando em julgado a sentença líquida, não cabe mais discutir os cálculos em fase de execução, pois a parte já teve oportunidade de exaurir a questão na fase de conhecimento.

EMBARGOS À EXECUÇÃO. IMPUGNAÇÃO DOS CÁLCULOS. SENTENÇA LÍQUIDA. MOMENTO INADEQUADO. PRECLUSÃO. Os cálculos integram a sentença líquida, motivo pelo qual sua impugnação deve ser objeto de recurso ordinário sob pena de preclusão, haja vista que tal hipótese se difere da regra prevista no Art. 884, § 3º, da CLT, pois esta última se presta ao caso de haver decisão acerca da liquidação do título executivo. (Processo nº 0010113-60.2013.5.05.0012, 1ª Turma do TRT da 5ª Região/BA, Rel. Edilton Meireles. DJ 20.10.2017).

AGRAVO DE PETIÇÃO. SENTENÇA COGNITIVA LÍQUIDA. DISCUSSÃO DOS CÁLCULOS NA FASE EXECUTÓRIA. MOMENTO PROCESSUAL IMPRÓPRIO. PRECLUSÃO DECORRENTE DOS EFEITOS DA COISA JULGADA. Em sendo líquida a sentença de conhecimento, a impugnação aos cálculos deve ocorrer quando da interposição de Recurso Ordinário, se houver, sob pena de preclusão temporal, por força da incidência dos efeitos da coisa julgada, exceção feita apenas à contagem posterior de juros e correção. (AP nº 0000241-88.2013.5.06.0013, 1ª Turma do TRT da 6ª Região/PE, Rel. Valéria Gondim Sampaio. j. 05.10.2017).

10.7. Ação de repetição de indébito

– E se ocorrer equívoco nos cálculos de liquidação, com isso, o exequente levantou valores maiores do que o realmente devido, ele vai ter que devolver nos próprios autos da execução?

Não, a parte prejudicada deve apresentar ação de repetição de indébito. Nesse sentido, o Informativo sobre execução de nº 31 do TST:

Execução. Equívoco nos cálculos de liquidação. Levantamento de valores a maior. Devolução nos próprios autos da execução. Impossibilidade. Necessidade do ajuizamento de ação de repetição de indébito. O meio processual idôneo para pleitear a devolução de valores levantados a maior em execução de sentença, decorrentes de equívoco nos cálculos realizados em liquidação, é a ação de repetição de indébito. A pretensão de restituição de tais valores nos próprios autos da execução é inviável, pois, nessa fase, a cognição é limitada e não proporciona ao exequente medidas capazes de assegurar o direito à ampla defesa e ao contraditório. Sob esses fundamentos, a SBDI-I, por unanimidade, conheceu dos embargos, por divergência jurisprudencial, e, no mérito, negou-lhes provimento, mantendo, portanto, a decisão turvaria que conhecera do recurso de revista dos exequentes por violação do art. 5º, LV, da CF e dera-lhe provimento para cassar a ordem de devolução de valores recebidos a maior expedida nos próprios autos. TST-E-ED-RR-59886-60.1993.5.05.0017, SBDI-I, rel. Min. José Roberto Freire Pimenta, 1º.6.2017.

10.8. Ação anulatória – não cabimento

– Cabe ação anulatória da sentença homologatória de cálculos de liquidação?

Segundo o TST, na Justiça do Trabalho, a ação anulatória constitui remédio processual próprio para desconstituir atos de jurisdição voluntária, nos termos do § 4º do art. 966 do Código de Processo Civil.

> CPC, art. 966 – [...]
>
> § 4º – Os atos de disposição de direitos, praticados pelas partes ou por outros participantes do processo e homologados pelo juízo, bem como os atos homologatórios praticados no curso da execução, estão sujeitos à anulação, nos termos da lei.

A ação rescisória, a seu turno, tem por objetivo desconstituir a coisa julgada, conforme se depreende do artigo 966, *caput*, do Código de Processo Civil. É corrente na jurisprudência do TST, o entendimento de que a ação rescisória pode ser ajuizada contra sentença de liquidação, visto que complementa a decisão proferida no processo de conhecimento, que não foi líquida, desta forma, não cabe o ajuizamento de ação anulatória para desconstituição de sentença homologatória de cálculos de liquidação. Nesse sentido os seguintes precedentes:

Informativo do TST – Execução – 13 – Ação anulatória. Pretensão de desconstituição de sentença homologatória de cálculos de liquidação. Não cabimento. Art. 486 do CPC. A pretensão de desconstituição de sentença homologatória de cálculos de liquidação apresentados pelo perito é incompatível com a ação anulatória, a qual, consoante o art. 486 do CPC, é cabível apenas contra os atos dispositivos praticados pelas partes, que não dependam de sentença, ou contra os atos processuais objeto de decisão meramente homologatória. Assim, tendo em conta que os cálculos apresentados por perito contábil não se caracterizam como atos dispositivos em que há declaração de vontade destinada a dispor da tutela jurisdicional, e que a sentença homologatória de cálculos de liquidação não se destina a jurisdicionalizar ato processual das partes, mas tornar líquida a prestação reconhecida na sentença exequenda, integrando-a, não há falar em cabimento da ação anulatória. Com esses fundamentos, e não vislumbrando afronta aos arts. 896 da CLT e 486 do CPC, a SBDI-I, por unanimidade, não conheceu do recurso de embargos interpostos pelo reclamante antes da vigência da Lei nº 11.496/2007. Registrou ressalva de fundamentação o Ministro Lelio Bentes Corrêa. TST-E-ED--RR-156700-08.2000.5.17.0001, SBDI-I, rel. Min. Guilherme Augusto Caputo Bastos, 9.4.2015

"AÇÃO ANULATÓRIA. SENTENÇA HOMOLOGATÓRIA DE CÁLCULO. CABIMENTO. Na hipótese vertente, o objetivo da ação é a nulidade da sentença, que homologou os cálculos de liquidação, em face de erro material detectado nos cálculos do perito do juízo, após transitada em julgado a decisão. A decisão, objeto da presente ação, constitui-se em decisão de mérito, que pode ser atacada por ação rescisória. Incólume, portanto, o art. 486 do CPC" (RR-610.791/1999, 3ª Turma, Rel. Juíza Convocada Eneida M. C. de Araújo, D.J.U. de 15/02/2002).

"AÇÃO RESCISÓRIA – SENTENÇA HOMOLOGATÓRIA DE CÁLCULO – CABIMENTO. A ação rescisória é o meio processual próprio para a desconstituição de decisão homologatória de cálculos, quando a homologação fixa os limites do aresto exeqüendo, resolvendo o contraditório instaurado com a impugnação aos cálculos" (ROAR-547461/99, SBDI-II, Rel. Min. Ives Gandra M. Filho, D.J.U. de 08/09/2000).

10.9. Ação Rescisória – cabimento

– Cabe ação rescisória da sentença homologatória de cálculos de liquidação?

Depende.

A) Se a decisão que homologa a conta, não proferiu juízo de valor, ou seja, decisão que não explicita os motivos que levaram o julgador a acolher os cálculos oferecidos por uma das partes ou pelo setor de cálculos, não cabe ação rescisória. Nesse sentido, o item IV da Súmula nº 298 do TST:

> TST, SUM 298 – AÇÃO RESCISÓRIA. VIOLAÇÃO A DISPOSIÇÃO DE LEI. PRONUNCIAMENTO EXPLÍCITO
>
> IV – A sentença meramente homologatória, que silencia sobre os motivos de convencimento do juiz, não se mostra rescindível, por ausência de pronunciamento explícito.

B) Se a decisão que homologa a conta, proferiu juízo de valor, ou seja, a decisão explicita os motivos que levaram o julgador a acolher os cálculos oferecidos por uma das partes ou pelo setor de cálculos, cabe ação rescisória. Nesse sentido, a Súmula nº 399, II do TST e os demais julgados dos Tribunais Regionais:

> TST, SUM 399 – AÇÃO RESCISÓRIA. CABIMENTO. SENTENÇA DE MÉRITO. DECISÃO HOMOLOGATÓRIA DE ADJUDICAÇÃO, DE ARREMATAÇÃO E DE CÁLCULOS – II – A decisão homologatória de cálculos apenas comporta rescisão quando enfrentar as questões envolvidas na elaboração da conta de liquidação, quer solvendo a controvérsia das partes quer explicitando, de ofício, os motivos pelos quais acolheu os cálculos oferecidos por uma das partes ou pelo setor de cálculos, e não contestados pela outra.
>
> SENTENÇA HOMOLOGATÓRIA DE CÁLCULOS. AUSÊNCIA DE FUNDAMENTAÇÃO. 1 – A natureza jurídica da sentença homologatória da liquidação não é constitutiva, nem condenatória, mas substancialmente declaratória, uma vez que se destina a

> declarar o quantum debeatur, tornando líquido o título executivo. 2 – Neste sentido a jurisprudência consolidada do TST, consubstanciada nas Súmulas 298, IV e 399, II, do TST dispõem que a decisão que homologa a conta, sem proferir juízo de valor, não é passível de ação rescisória, somente sendo cabível a ação rescisória quando a decisão homologatória dos cálculos analisar a controvérsia. (AP nº 0000002-38.2016.5.03.0183, 4ª Turma do TRT da 3ª Região/MG, Rel. Convocado Maria Cristina Diniz Caixeta. Publ. 14.03.2016).
>
> AÇÃO RESCISÓRIA. RESCISÃO DE SENTENÇA HOMOLOGATÓRIA DE CÁLCULOS. IMPRESCINDIBILIDADE DE ANÁLISE DE CUNHO MERITÓRIO. INTELIGÊNCIA DA SÚMULA 399, II, DO TST. 1. A decisão homologatória de cálculos apenas comporta rescisão quando, ao enfrentar as questões envolvidas na elaboração da conta de liquidação, revelar os motivos que ensejaram a conclusão do julgador, ou seja, quando adentrar ao mérito da controvérsia estabelecida entre as partes. 2. Sendo assim, a decisão que não explicita os motivos que levaram o julgador a determinar a retificação do cálculo da indenização por danos morais em relação à apuração dos juros e correção monetária não se submete ao corte rescisório. (AR nº 0000271-54.2016.5.17.0000, TRT da 17ª Região/ES, Rel. Claudia Cardoso de Souza. unânime, DEJT 07.11.2016).

Por fim, cito os ensinamentos do Professor Miessa[26] sobre o tema:

> A Corte Trabalhista, por sua vez, analisa a decisão que homologa os cálculos de liquidação sob dois enfoques: a) a que apenas homologa os cálculos, sem proferir juízo de valor; b) a que analisa controvérsia.
>
> No primeiro caso, entende o C. TST que, não havendo controvérsia acerca dos cálculos de liquidação, a decisão é meramente homologatória, o que significa que não é suscetível de ação rescisória. A propósito, para o TST "a sentença meramente homologatória, que silencia sobre os motivos de convencimento do juiz,

26. CORREIA, Henrique; MIESSA, Élisson. Súmulas e OJs do TST Comentadas. 8ª. ed. Salvador: Juspodivm, 2018

não se mostra rescindível, por ausência de pronunciamento explícito." (Súmula nº 298, IV).

Pode ocorrer, no entanto, de a decisão de homologação "enfrentar as questões envolvidas na elaboração da conta de liquidação, quer solvendo a controvérsia das partes quer explicitando, de ofício, os motivos pelos quais acolheu os cálculos oferecidos por uma das partes ou pelo setor de cálculos, e não contestados pela outra".

Nessa hipótese, o E. TST declina que a decisão é de mérito e não meramente homologatória, estando, portanto, suscetível ao corte rescisório.

11. RESUMO DO PROCEDIMENTO

– Tem como resumir esse procedimento, Professor?

Resumindo:

1. Apresentado o cálculo pelas partes, o juiz DEVERÁ (obrigação) abrir vista a parte contrária.
2. As partes têm prazo comum de 8 dias úteis para impugnar os cálculos.
3. A impugnação deve indicar itens e valores objeto da discordância.
4. No prazo de 8 dias (úteis), se a parte não se manifestar ocorrerá a preclusão (A parte que não impugnar os cálculos nesse momento, não vai poder discutir os cálculos nos Embargos à Execução, conforme determina o art. 884, parágrafo 3º da CLT).
5. Da sentença que homologa cálculos, não cabe recurso.
6. O juiz determinará que a executada efetue o pagamento dos cálculos homologados no prazo de 48 horas, conforme art. 880, caput da CLT.

7. Após efetuar o pagamento, a empresa tem o prazo de 5 dias para apresentar Embargos à Execução, podendo dentro dos Embargos, abrir um capítulo/tópico e rediscutir o cálculo novamente, conforme entendimento do art. 884, caput e parágrafo 3º da CLT.

   7.1 – Prazo para o exequente impugnar os cálculos é contado do recebimento do alvará judicial, caso o executado efetue o pagamento e não apresente embargos à execução.

8. Da sentença dos Embargos à Execução é que a parte pode apresentar Agravo de Petição, no prazo de 8 dias úteis (art. 897, alínea "a" da CLT).

12. FASE DE CONSTRIÇÃO

12.1. Introdução

– Depois de liquidado qual o próximo passo, Professor?

O devedor tem a chance de **cumprir voluntariamente a prestação**, caso não pague espontaneamente, o cumprimento da prestação é obtido por meio da prática de atos executivos pelo Estado.

Desta forma, será **expedido pelo juízo da execução um mandado de citação ao executado**, a fim de que este cumpra a decisão ou o acordo no prazo, pelo modo e sob as cominações estabelecidas ou, quando **se tratar de pagamento em dinheiro**, inclusive de contribuições sociais devidas à União, para que o **faça em 48 (quarenta e oito) horas ou garanta a execução**. Nesse sentido:

> CLT, Art. 880. Requerida a execução, o juiz ou presidente do tribunal mandará expedir mandado de citação do executado, a fim de que cumpra a decisão ou o acordo no prazo, pelo modo e sob as cominações estabelecidas ou, quando se tratar de pagamento em dinheiro, inclusive de contribuições sociais devidas à União, para que o faça em 48 (quarenta e oito) horas ou garanta a execução, sob pena de penhora.

12.2. Citação na execução

– E como o executado vai ser citado para cumprir a decisão?

O executado vai ser **citado para pagar em 48hs por mandado, cumprido por oficial de justiça**. Se o executado, procurado por 2 (duas) vezes no espaço de 48 horas, não for encontrado, far-se-á citação por edital, publicado no jornal oficial ou, na falta deste, afixado na sede da vara, durante 5 (cinco) dias. (CLT, Art. 880, §2º e 3º)

Contudo, nos processos de execução de título judicial, quem está **sendo citado é o advogado** através de publicação no DEJT – Diário Eletrônico da Justiça do Trabalho. Tal **citação, vem sendo considerada válida pela jurisprudência,** senão vejamos:

> NULIDADE DA EXECUÇÃO. INOCORRÊNCIA. CITAÇÃO ATRAVÉS DE PUBLICAÇÃO AO PROCURADOR NO DEJT. O processo trabalhista se rege por princípios próprios, entre os quais o da impessoalidade. Assim, para que a citação na fase ou processo de execução seja considerada válida, impõe-se que as decisões sejam informadas às pessoas que representam as partes. Destarte, é válida a intimação realizada exatamente na pessoa do procurador constituído, com poderes para o "foro em geral", não havendo nenhuma nulidade a ser declarada, mormente se o ato cumpriu efetivamente a sua finalidade, não ensejando qualquer prejuízo à parte (art. 794 da CLT), que além de garantir a execução tempestivamente, apresentou embargos à execução no prazo legal. (AP nº 0000017-45.2016.5.03.0138, 3ª Turma do TRT da 3ª Região/MG, Rel. Camilla G. Pereira Zeidler. Publ. 09.10.2017).

> NULIDADE DA EXECUÇÃO. INOCORRÊNCIA. CITAÇÃO ATRAVÉS DE PUBLICAÇÃO AO PROCURADOR NO DEJT. O processo trabalhista se rege por princípios próprios, entre os quais o da impessoalidade. Assim, para que a citação na fase ou processo de execução seja considerada válida, impõe-se que as decisões sejam informadas às pessoas que representam as partes. Destarte, é válida a intimação realizada exatamente na pessoa do procurador constituído, com poderes para o "foro em geral", não havendo nenhuma nulidade a ser declarada, mormente se o ato cumpriu efetivamente a sua finalidade, não ensejando qualquer prejuízo à

> parte (art. 794 da CLT), que além de garantir a execução tempestivamente, apresentou embargos à execução no prazo legal. (AP nº 0000017-45.2016.5.03.0138, 3ª Turma do TRT da 3ª Região/MG, Rel. Camilla G. Pereira Zeidler. Publ. 09.10.2017).

12.3. Do arresto cautelar

– Se o oficial de justiça não encontrar o executado, ele pode penhorar algum bem para garantir a execução?

O oficial de justiça pode penhorar bens do executado conforme art. 830 do CPC. Tal procedimento é conhecido como arresto cautelar.

> CPC, Art. 830. Se o oficial de justiça não encontrar o executado, arrestar-lhe-á tantos bens quantos bastem para garantir a execução.
>
> §1º Nos 10 (dez) dias seguintes à efetivação do arresto, o oficial de justiça procurará o executado 2 (duas) vezes em dias distintos e, havendo suspeita de ocultação, realizará a citação com hora certa, certificando pormenorizadamente o ocorrido.
>
> §2º Incumbe ao exequente requerer a citação por edital, uma vez frustradas a pessoal e a com hora certa.
>
> §3º Aperfeiçoada a citação e transcorrido o prazo de pagamento, o arresto converter-se-á em penhora, independentemente de termo.

Segundo Schiavi[27], *"o art. 830 do CPC é perfeitamente compatível com o processo do trabalho em razão de omissão e compatibilidade com os princípios deste (arts. 769 e 889 da CLT), não necessitando o Oficial de Justiça de ordem específica do Juiz do Trabalho para realizá-lo. Não obstante, caso repute necessário, o Oficial de Justiça poderá solicitar ao Juiz do Trabalho ordem específica para o arresto cautelar."*

27. SCHIAVI, Mauro. Manual de direito processual do trabalho.13. ed. – São Paulo: LTr, 2018. Pág. 1.314.

Ademais, o §2º do art. 855-B da CLT, permitiu o uso do arresto cautelar no incidente de desconsideração da personalidade jurídica, veja:

> CLT, Art. 855-B – [...]
>
> § 2º – A instauração do incidente suspenderá o processo, sem prejuízo de concessão da tutela de urgência de natureza cautelar de que trata o art. 301 da Lei no 13.105, de 16 de março de 2015 (Código de Processo Civil)

Nesse sentido, ainda:

> EXECUÇÃO. ARRESTO DE BENS DO SÓCIO DA DEVEDORA. ARTS. 855-A, § 2º DA CLT, 301 E 830 DO CPC. POSSIBILIDADE. INCIDENTE DE DESCONSIDERAÇÃO DA PERSONALIDADE JURÍDICA. A constrição de valores realizada nos autos se deu a título de arresto cautelar, com o objetivo de garantir a penhora de bens do sócio da devedora, ante a inércia desta no pagamento do quantum devido, o que encontra amparo nos arts. 855-A, § 2º da CLT, 301 e 830 do CPC. Inexiste, pois, ilegalidade no procedimento de origem. Ressalto, contudo, que o juízo da execução deve atentar -se que para a inclusão no polo passivo e direcionamento da execução em face de sócios e ex-sócios deve, diante do caráter cogente da norma e sob pena de nulidade, ser instaurado o correspondente incidente de desconsideração da personalidade jurídica previsto nos artigos 133 a 137 do CPC/2015, consoante orientação contida no art. 6º da IN nº 39 (Resolução nº 203 do Pleno do C. TST). (TRT 2ª R.; AP 1000259-03.2018.5.02.0313; Quarta Turma; Relª Desª Ivani Contini Bramante; DEJTSP 13/06/2019; Pág. 12600)

12.4. Início da fase de constrição

– O prazo para cumprimento voluntário de sentença deverá ser computado em dobro no caso de litisconsortes com procuradores distintos (art. 229 do CPC)?

O executado deve pagar a dívida em 48hs (CLT, Art. 880[28]), ou garantir a execução, sob pena de penhora dos bens, tantos quantos bastem ao pagamento da importância da condenação.

O prazo para cumprimento da decisão em 48hs não será computado em dobro no caso de litisconsortes com procuradores distintos, pois o TST, entende que a regra do art. 229 do CPC, não se aplica ao Processo do Trabalho, conforme determinado pela OJ nº 310 da SDI-1:

> TST, OJ 310 da SDI-1. LITISCONSORTES. PROCURADORES DISTINTOS. PRAZO EM DOBRO. ART. 229, CAPUT E §§ 1º E 2º, DO CPC DE 2015. ART. 191 DO CPC DE 1973. INAPLICÁVEL AO PROCESSO DO TRABALHO. Inaplicável ao processo do trabalho a norma contida no art. 229, caput e §§ 1º e 2º, do CPC de 2015 (art. 191 do CPC de 1973), em razão de incompatibilidade com a celeridade que lhe é inerente.

– Caso o executado não cumpra a decisão após 48hs, o que acontece?

O juiz pode utilizar os meios de execução direto e ou indireto.

12.4.1. Meios indiretos de execução

Sobre os meios indiretos de execução, o prof. Daniel Amorim[29] escreve que:

> Na execução indireta, o Estado-juiz não substitui a vontade do executado; pelo contrário, atua de forma a convencê-lo a cumprir sua obrigação, com o que será satisfeito o direito do exequente. O juiz atuará de forma a pressionar psicologicamente o executado

28. **CLT, Art. 880.** Requerida a execução, o juiz ou presidente do tribunal mandará expedir mandado de citação do executado, a fim de que cumpra a decisão ou o acordo no prazo, pelo modo e sob as cominações estabelecidas ou, quando se tratar de pagamento em dinheiro, inclusive de contribuições sociais devidas à União, para que o faça em 48 (quarenta e oito) horas ou garanta a execução, sob pena de penhora.
29. NEVES, Daniel Amorim Assumpção. Manual de direito processual civil – Volume único. 8. ed. – Salvador: Ed. Juspodivm, 2016.

> para que ele modifique sua vontade originária de ver frustrada a satisfação do direito do exequente.
>
> [...]
>
> Nos termos do art. 517 do Novo CPC, a decisão transitada em julgado poderá ser levada a protesto, nos termos da lei, desde que o executado não realize o pagamento no prazo de quinze dias previsto pelo art. 523 do mesmo diploma legal. Tal protesto, devidamente analisado no Capítulo 40, item 40.3., é forma de pressão psicológica pela imposição de piora na situação do recorrente.
>
> Outra forma de execução indireta na execução de pagar quantia certa vem prevista no art. 782, § 3º, do Novo CPC, que prevê que, a requerimento da parte, o juiz pode determinar a inclusão do nome do executado em cadastros de inadimplentes. Trata-se, evidentemente, de medida de execução coercitiva, que por meio de ameaça de piora na situação do executado busca convencê-lo a cumprir a obrigação.

A reforma trabalhista do ano de 2017, regulamentou os meios de execução indireta, senão vejamos:

> CLT, Art. 883-A. A decisão judicial transitada em julgado somente poderá ser levada a protesto, gerar inscrição do nome do executado em órgãos de proteção ao crédito ou no Banco Nacional de Devedores Trabalhistas (BNDT), nos termos da lei, depois de transcorrido o prazo de quarenta e cinco dias a contar da citação do executado, se não houver garantia do juízo.

Pelo artigo acima citado, podemos concluir que os requisitos para dar início a execução indireta são:

A) A existência de decisão judicial (sentença, acórdão ou acordo judicial não cumprido) condenatória ao pagamento de quantia certa.

B) O trânsito em julgado dessa decisão.

C) A citação do executado para o pagamento da dívida.

D) O decurso do prazo de quarenta e cinco dias, sem que o executado efetue o pagamento ou nomeie bens à penhora.

– Hamilton, se o juiz iniciar a execução indireta (por exemplo, protestar o título judicial) antes do prazo legal de 45 dias, o que executado pode fazer?

Como essa decisão é interlocutória e no Processo do Trabalho não cabe recurso de decisão interlocutória de imediato (CLT, art. 893, §1º), a parte prejudicada pode impetrar mandado de segurança, pois a atitude do juiz, violou a Lei, no caso, o art. 883-A da CLT.

Contudo, após transcorrido o prazo de 45 dias contados da citação do executado, sem que este tenha pago a execução ou garantido o juízo, pode:

12.4.1.1. Determinar a inclusão do executado no SPC\Serasa:

A requerimento da parte, o juiz pode determinar a inclusão do nome do executado em cadastros de inadimplentes. Nesse sentido, a jurisprudência:

> INCLUSÃO DOS EXECUTADOS NA SERASA E SPC. Há norma expressa aplicável nesta Justiça (art. 17 da IN 39/2016) que fundamenta o pedido de inclusão dos executados em cadastros de inadimplentes organizados por entidades independentes, como o SPC e a SERASA. (AP nº 00448002119965020472 (20170308604), 2ª Turma do TRT da 2ª Região/SP, Rel. Sônia Maria Forster do Amaral. Unânime, DOe 19.05.2017).
>
> EXECUÇÃO. INCLUSÃO DOS NOMES DOS EXECUTADOS NO SERASA. POSSIBILIDADE. APLICABILIDADE AO PROCESSO DO TRABALHO. A inclusão dos nomes dos executados no SERASA encontra amparo no art. 782, § 3º, do CPC/2015, o qual dispõe que "o juiz pode determinar a inclusão do nome do executado em cadastros de inadimplentes". Tal norma é plenamente compatível com o Processo do Trabalho, sendo aplicável às execuções em curso nesta Justiça Especial, nos termos do art. 17 da IN nº 39/2016 do c. TST, o qual prevê que "aplicam-se à execução trabalhista as normas dos artigos 495, 517 e 782, §§ 3º, 4º e 5º do CPC, que tratam respectivamente da hipoteca judiciária, do

protesto de decisão judicial e da inclusão do nome do executado em cadastros de inadimplentes". Tal medida é consentânea com o princípio da efetividade da execução trabalhista. (AP nº 0001538-69.2012.5.03.0104, 9ª Turma do TRT da 3ª Região/MG, Rel. Maria Laura Franco Lima de Faria. Publ. 18.10.2017).

EXECUÇÃO. INSCRIÇÃO DA EMPRESA EXECUTADA NA SERASA. O Novo Código de Processo Civil trouxe nova perspectiva à questão, ao possibilitar ao Juiz incluir o nome do executado em cadastro de inadimplentes, conforme § 3º do seu art. 782. A Instrução Normativa nº 39 do TST, em seu art. 17, entendeu aplicável ao processo do Trabalho tal dispositivo, o qual entendo compatível com os princípios da efetividade e da duração razoável do processo. (AP nº 0167500-56.2004.5.17.0001, TRT da 17ª Região/ES, Rel. Ana Paula Tauceda Branco. Unânime, DEJT 19.09.2016).

Ainda no mesmo sentido, o art. 17 da IN 39/2016 do TST:

TST, IN 39/2016 – Art. 17. Sem prejuízo da inclusão do devedor no Banco Nacional de Devedores Trabalhistas (CLT, art. 642-A), aplicam-se à execução trabalhista as normas dos artigos 495, 517 e 782, §§ 3º, 4º e 5º do CPC, que tratam respectivamente da hipoteca judiciária, do protesto de decisão judicial e da inclusão do nome do executado em cadastros de inadimplentes.

12.4.1.2. Determinar o protesto

Segundo o artigo 1 ° da Lei n º 9.492/97, protesto é "*o ato formal e solene pelo qual se prova a inadimplência e o descumprimento de obrigação originada em títulos e outros documentos de dívida*". Sobre o tema, Miessa[30] escreve que:

"A principal função de protestar a decisão judicial é ampliar a publicidade da decisão judicial. Embora a publicidade, em regra, esteja presente nos atos judiciais, no protesto pode atingir outras

30. MIESSA, Élisson. Processo do Trabalho para concurso. 5. ed. – Salvador: Ed. Juspodivm, 2017. Pág. 1.175.

> *dimensões. O tabelião pode, por exemplo, enviar a relação atualizada de títulos e documentos de dívida protestados para inscrição no cadastro dos órgãos de restrição ao crédito. Desse modo, pela exposição social gerada ao devedor, bem como pela restrição de diversos tipos de crédito, o protesto tem como objetivo o estímulo ao pagamento, protegendo, dessa forma, os direitos dos credores."*

O legislador certamente se impressionou com os números disponíveis sobre a eficiência do protesto como instrumento de cobrança de dívidas em geral. Há pesquisas a indicar que o índice de recuperação de títulos a protesto supera, ao menos na cidade de São Paulo, os 65%[31].

Deve ser aplicado supletivamente ao Processo do Trabalho, os parágrafos do art. 517 do CPC:

> CPC, art. 517 – [...]
>
> §1º Para efetivar o protesto, incumbe ao exequente apresentar certidão de teor da decisão.
>
> §2º A certidão de teor da decisão deverá ser fornecida no prazo de 3 (três) dias e indicará o nome e a qualificação do exequente e do executado, o número do processo, o valor da dívida e a data de decurso do prazo para pagamento voluntário.
>
> §3º O executado que tiver proposto ação rescisória para impugnar a decisão exequenda pode requerer, a suas expensas e sob sua responsabilidade, a anotação da propositura da ação à margem do título protestado.
>
> §4º A requerimento do executado, o protesto será cancelado por determinação do juiz, mediante ofício a ser expedido ao cartório, no prazo de 3 (três) dias, contado da data de protocolo do requerimento, desde que comprovada a satisfação integral da obrigação.

31. BUENO, Cassio Scarpinella. Manual de direito processual civil. 2. ed. São Paulo: Saraiva, 2016.

12.4.1.3. Determinar a inclusão do executado no Banco Nacional de Devedores Trabalhistas (BNDT)

O tema foi regulamentado pelo art. 642-A da CLT, que diz que:

> CLT, Art. 642-A. É instituída a Certidão Negativa de Débitos Trabalhistas (CNDT), expedida gratuita e eletronicamente, para comprovar a inexistência de débitos inadimplidos perante a Justiça do Trabalho.
>
> § 1º O interessado não obterá a certidão quando em seu nome constar:
>
> I – o inadimplemento de obrigações estabelecidas em sentença condenatória transitada em julgado proferida pela Justiça do Trabalho ou em acordos judiciais trabalhistas, inclusive no concernente aos recolhimentos previdenciários, a honorários, a custas, a emolumentos ou a recolhimentos determinados em lei; ou
>
> II – o inadimplemento de obrigações decorrentes de execução de acordos firmados perante o Ministério Público do Trabalho ou Comissão de Conciliação Prévia. (Incluído pela Lei nº 12.440, de 2011)
>
> § 2º Verificada a existência de débitos garantidos por penhora suficiente ou com exigibilidade suspensa, será expedida Certidão Positiva de Débitos Trabalhistas em nome do interessado com os mesmos efeitos da CNDT.
>
> § 3º A CNDT certificará a empresa em relação a todos os seus estabelecimentos, agências e filiais.
>
> § 4º O prazo de validade da CNDT é de 180 (cento e oitenta) dias, contado da data de sua emissão.

12.4.1.4. Bloqueio de CNH – Carteira Nacional de Habilitação dos proprietários da executada

O art. 139 do CPC diz que o juiz dirigirá o processo, incumbindo-lhe determinar todas as medidas indutivas, coercitivas, mandamentais ou sub-rogatórias necessárias para assegurar o cumprimento de ordem judicial, inclusive nas ações que tenham por objeto prestação pecuniária. Veja:

> CPC, art. 139. O juiz dirigirá o processo conforme as disposições deste Código, incumbindo-lhe:
>
> IV – determinar todas as medidas indutivas, coercitivas, mandamentais ou sub-rogatórias necessárias para assegurar o cumprimento de ordem judicial, inclusive nas ações que tenham por objeto prestação pecuniária;

Assim, após a desconsideração da personalidade jurídica nos casos dos executados pessoas jurídicas (tema abordado mais a frente) o juiz pode, com base no item IV do art. 139 do CPC, determinar o bloqueio temporário da CNH dos sócios das empresas executadas. Nesse sentido, a jurisprudência do TRT da 2ª Região:

> BLOQUEIO DE DOCUMENTOS DOS EXECUTADOS. TENTATIVA DE SATISFAÇÃO DO CRÉDITO TRABALHISTA. UTILIDADE. Esgotados os meios de localização de ativos passíveis de execução, é válida qualquer medida diversa daquelas previstas no art. 149 do Prov. GP/CR nº 13/06, caso consista em providência útil. A restrição de direitos dos sócios executados – tal como o bloqueio de CNH, passaporte e cartões de crédito – entretanto, deve ser analisada com bastante cautela, sendo imprescindível verificar a utilidade da medida, sob pena de ofensa ao direito constitucional da livre locomoção. (AP nº 00005227120125020019 (20170357184), 16ª Turma do TRT da 2ª Região/SP, Rel. Regina Duarte. Unânime, DOe 07.06.2017).

Entretanto, penso que a simples insolvência do devedor, sem prova de sua má-fé, não autoriza a apreensão da CNH, pois acarreta excessivo ônus à executada, sem garantia de que haja a efetiva satisfação do crédito, infringindo, assim, os princípios razoabilidade e proporcionalidade e execução menos gravosa ao devedor. Nesse sentido, o art. 8º do CPC e a jurisprudência:

> CPC, art. 8º – Ao aplicar o ordenamento jurídico, o juiz atenderá aos fins sociais e às exigências do bem comum, resguardando e promovendo a dignidade da pessoa humana e observando a proporcionalidade, a razoabilidade, a legalidade, a publicidade e a eficiência.".
>
> AGRAVO DE PETIÇÃO. MEDIDAS COERCITIVAS PREVISTAS NO ART. 139, VI, DO CPC 2015. ALCANCE. No estágio

atual dos autos, o direito do Exequente ao crédito reconhecido na r. sentença transitada em julgado não se mostra, por si só, como causa suficiente para deferimento das medidas drásticas postuladas atinentes à apreensão de CNH, suspensão de direitos políticos, suspensão de cartão de crédito, bloqueio definitivo de contas bancárias, por não se mostrarem proporcionais, tendo em vista que não há indícios de que os devedores estejam agindo com fraude ou outro subterfúgio para não quitar o débito. A simples insolvência do devedor, sem prova de má-fé, não autoriza a adoção de tais medidas, porquanto acarreta excessivo ônus à Executada, sem garantia de que haja a efetiva satisfação do crédito, infringindo, assim, os princípios da dignidade da pessoa humana, razoabilidade e proporcionalidade e execução menos gravosa ao devedor. Agravo de Petição conhecido e desprovido. (AP nº 0000443-41.2014.5.10.0006, 3ª Turma do TRT da 10ª Região/DF-TO, Rel. José Leone Cordeiro Leite. DEJT 09.11.2017).

MEDIDAS COERCITIVAS. ART. 139, INC. IV, DO CPC, APLICADO AO PROCESSO DO TRABALHO. ENTENDIMENTO PREDOMINANTE NA SEÇÃO ESPECIALIZADA DO TRT DO PARANÁ. ORIENTAÇÃO JURISPRUDENCIAL 47. PROVIMENTO AO PEDIDO DO EXEQUENTE DE BLOQUEIO DO CARTÃO DE CRÉDITO DOS EXEQUENTES. NÃO PROVIMENTO AO PEDIDO DE SUSPENSÃO DAS CNH E RETENÇÃO DOS PASSAPORTES. I – ASPECTOS FÁTICOS DO CASO. A ação tramita desde 2003. Correu a revelia contra a empresa e atualmente a execução pende contra os sócios. O seu valor é de pouco mais de cinco mil reais (atualizados em 2014). Todos os meios executivos típicos e usuais foram tentados (penhoras, BACEN JUD, inscrição no SERASA, CCS, CNIB, etc.). O Exequente tenta agora medidas coercitivas do art. 139, inc. IV, do CPC. II – BLOQUEIO DO CARTÃO DE CRÉDITO. A d. Maioria dessa Seção Especializada firmou o entendimento, cristalizado em sua OJ 47, de que o bloqueio de cartões de créditos dos executados é providência imperativa nesses casos. O não pagamento da execução de dívida trabalhista em execução, após tentados os meios típicos de execução e o concomitante uso de meio eletrônico diferido de pagamento viola o privilégio do crédito trabalhista. Além do que, o próprio crédito público de uma maneira geral (e não apenas o crédito trabalhista em execução) pode ser prejudicado. Os executados, ao se utilizarem de forma indiscriminada de cartões de crédito (ou mesmo outros meios eletrônicos de pagamento), sem que tenham pago primeiramente suas dívidas anteriores (especialmente aquelas em execução) põem em risco de contaminação todo o crédito público. Surge obviamente o indesejável perigo de sucessivas cadeias de inadimplências decorrentes. III. SUSPENSÃO DE CARTÃO DE CRÉDITO E RETENÇÃO DE PASSAPORTE. Também nos termos da OJ 47, apenas em caráter excepcional admite-se a suspensão da CNH e a retenção de passaporte, devidamente justificada nas circunstâncias do caso concreto. O quadro fático acima relatado não foi considerado suficiente. (Processo nº 01279-2003-022-09-00-8 (05509-2018), Seção Especializada do TRT da 9ª Região/PR, Rel. Nair Maria Lunardelli Ramos. DEJT 03.04.2018).

12.4.2. Meios diretos de execução

O executado não pagando a dívida em 48hs (CLT, Art. 880[32]), nem garantindo a execução, terá seus bens penhorados, conforme artigo 883 da CLT:

> CLT, Art. 883 – Não pagando o executado, nem garantindo a execução, seguir-se-á penhora dos bens, tantos quantos bastem ao pagamento da importância da condenação, acrescida de custas e juros de mora, sendo estes, em qualquer caso, devidos a partir da data em que for ajuizada a reclamação inicial.

Se o executado não tiver bens no foro do processo, não sendo possível a realização da penhora nos termos do § 1º, do art. 845 do CPC, a execução será feita por carta, penhorando-se, avaliando-se e alienando-se os bens no foro da situação. (art. 845, §2º, CPC)

12.4.2.1. Penhora – Conceito e efeitos

– Professor, o que é penhora e quais seus efeitos?

32. **CLT, Art. 880.** Requerida a execução, o juiz ou presidente do tribunal mandará expedir mandado de citação do executado, a fim de que cumpra a decisão ou o acordo no prazo, pelo modo e sob as cominações estabelecidas ou, quando se tratar de pagamento em dinheiro, inclusive de contribuições sociais devidas à União, para que o faça em 48 (quarenta e oito) horas ou garanta a execução, sob pena de penhora.

Segundo Francisco Antonio de Oliveira[33], *"a penhora traduz meio coercitivo do qual se vale o exequente para vencer a resistência de devedor inadimplente e renitente à implementação do comando judicial."*

Para Garjardoni[34], *"a penhora é o ato que localiza e indisponibiliza bens do patrimônio do executado para garantir a execução".*

A penhora implica a apreensão física dos bens, e será feita onde estes bens se encontrem, ainda que sob a posse, a detenção ou a guarda de terceiros, conforme art. 845 do CPC.

> CPC, Art. 845. Efetuar-se-á a penhora onde se encontrem os bens, ainda que sob a posse, a detenção ou a guarda de terceiros.

Esse dispositivo dá poderes ao oficial de justiça para efetivar a penhora dos bens onde quer que eles estejam, e não somente no efetivo endereço do executado.

– Tem limitações essa busca por bens pelo oficial de justiça?

Tem sim, no caso, a se refere aos limites territoriais da comarca onde se está a diligenciar. Assim, por exemplo, se há informações de que existem bens da executada outro local, porém na mesma cidade, deve o oficial de justiça se dirigir a referido local para proceder à penhora dos bens, contudo, se a informação é de que os bens estão em outra cidade, deverá o oficial de justiça certificar essa informação para que o juiz determine a execução por carta precatória. Nesse sentido:

> CPC, Art. 845 –[...]
>
> § 2° Se o executado não tiver bens no foro do processo, não sendo possível a realização da penhora nos termos do § 1 °, a execução será feita por carta, penhorando-se, avaliando-se e alienando-se os bens no foro da situação.

– Quais os efeitos da penhora, Professor?

33. OLIVEIRA, Francisco Antonio de. Execução na Justiça do Trabalho. 5. ed. São Paulo RT, 2006. p. 120.
34. GARJARDONI, Fernando da Fonseca. Processo civil para os concursos de técnico e analista dos tribunais e MPU. Ano 2017. Juspodivm.

A penhora tem como principais efeitos:

A) Individualizar os bens e garantir o juízo – Os bens penhorados são individualizados e especificados, ficando à disposição do juízo para satisfação do crédito do exequente e demais despensas processuais. Considera-se garantido o juízo quando são penhorados bens cujos valores igualam ou excedem o valor executado.

B) Gerar preferência ao exequente – Segundo o art. 797 do CPC, realiza-se a execução no interesse do exequente que adquire, pela penhora, o direito de preferência sobre os bens penhorados. Ainda, quando houver mais de uma penhora sobre o mesmo bem, o credor que, primeiramente, obteve a penhora tem preferência quanto aos demais. Nesse sentido, o §2º do art. 908 do CPC.

> CPC, Art. 908 – [...]
>
> § 2º – Não havendo título legal à preferência, o dinheiro será distribuído entre os concorrentes, observando-se a anterioridade de cada penhora.

C) Privar o devedor da posse dos bens – O tema é regulamentado pelo art. 840 do CPC que possui a seguinte redação:

> CPC, Art. 840. Serão preferencialmente depositados:
>
> I – as quantias em dinheiro, os papéis de crédito e as pedras e os metais preciosos, no Banco do Brasil, na Caixa Econômica Federal[35] ou em banco do qual o Estado ou o Distrito Federal possua mais da metade do capital social integralizado, ou, na falta desses estabelecimentos, em qualquer instituição de crédito designada pelo juiz;
>
> II – os móveis, os semoventes, os imóveis urbanos e os direitos aquisitivos sobre imóveis urbanos, em poder do depositário judicial;

35. TST, Sum 417 – Mandado de segurança. Penhora em dinheiro II – Havendo discordância do credor, em execução definitiva, não tem o executado direito líquido e certo a que os valores penhorados em dinheiro fiquem depositados no próprio banco, ainda que atenda aos requisitos do art. 840, I, do CPC de 2015.

> III – os imóveis rurais, os direitos aquisitivos sobre imóveis rurais, as máquinas, os utensílios e os instrumentos necessários ou úteis à atividade agrícola, mediante caução idônea, em poder do executado.

Sobre o tema, ensina o Professor Valentin Carrion[36]:

> "A penhora identifica os bens e lhes dá uma destinação específica, preparando a desapropriação. Por isso, o executado está impedido de qualquer ato que prejudique a execução ou desvalorize o objeto; não obstante não tenha perdido a propriedade, perde a disponibilidade naquilo que prejudicar a penhora, posto que seus atos não terão eficácia contra ela; poderá vendê-lo, mas o adquirente se sujeitará aos efeitos da penhora. O exequente obtém, pela penhora, a prioridade sobre os demais credores que não tenham melhor privilégio. A penhora é ato próprio do oficial de justiça com arrombamento, se necessário."

D) Passa a haver ineficácia dos atos de alienação do bem penhorado – nada impede que o executado possa alienar o bem penhorado, mas concede ao exequente o direito de requerer, por simples petição, a ineficácia da alienação (fraude à execução), que pode até mesmo ser reconhecida de ofício pelo magistrado.

12.4.2.1.1. Avaliação do bem penhorado

– Quem faz a avaliação do imóvel penhorado?

A avaliação será feita pelo oficial de justiça no próprio auto de penhora, conforme arts. 721, § 3º da CLT e 870 e 872 do CPC, *in verbis:*

> CLT, art. 721 – Incumbe aos Oficiais de Justiça e Oficiais de Justiça Avaliadores da Justiça do Trabalho a realização dos atos decorrentes da execução dos julgados das Juntas de Conciliação e Julgamento e dos Tribunais Regionais do Trabalho, que lhes forem cometidos pelos respectivos Presidentes.

36. CARRION, Valentin. Comentários à Consolidação das Leis do Trabalho. 30. ed. São Paulo: Saraiva, 2005.

> § 3º No caso de avaliação, terá o Oficial de Justiça Avaliador, para cumprimento da ato, o prazo previsto no art. 888.
>
> CPC, art. 870. A avaliação será feita pelo oficial de justiça.
>
> CPC, art. 872. A avaliação realizada pelo oficial de justiça constará de vistoria e de laudo anexados ao auto de penhora ou, em caso de perícia realizada por avaliador, de laudo apresentado no prazo fixado pelo juiz, devendo-se, em qualquer hipótese, especificar:
>
> I – os bens, com as suas características, e o estado em que se encontram;
>
> II – o valor dos bens.
>
> § 1º Quando o imóvel for suscetível de cômoda divisão, a avaliação, tendo em conta o crédito reclamado, será realizada em partes, sugerindo-se, com a apresentação de memorial descritivo, os possíveis desmembramentos para alienação.
>
> § 2º Realizada a avaliação e, sendo o caso, apresentada a proposta de desmembramento, as partes serão ouvidas no prazo de 5 (cinco) dias.

Pode ocorrer de a avaliação do bem exigir conhecimentos técnico-científicos, devendo assim, essa avaliação seguir, em linhas gerais, a disciplina da prova pericial.

12.4.2.1.2. Bens absorvidos pelas custas da execução

– Será realizada a penhora de bens que serão absorvidos pelas custas de execução?

Segundo o art. 836 do CPC, "não levará a efeito a penhora quando ficar evidente que o produto da execução dos bens encontrados será totalmente absorvido pelo pagamento das custas da execução".

Nessa linha, os julgados abaixo:

> PENHORA DE IMÓVEL. Evidenciado nos autos que o produto da execução do bem encontrado será totalmente absorvido pelo pagamento das custas da execução, não há cogitar da penhora.

Aplicação do art. 836 do CPC. Agravo de petição do exequente não provido. (AP nº 0020042-97.2015.5.04.0005, Seção Especializada em Execução *do TRT da 4ª Região/RS, Rel. João Batista de Matos Danda. j. 19.06.2018).*

CONSTRIÇÃO DE VALORES ÍNFIMOS. INOCUIDADE DA MEDIDA. Constrição de importância ínfima em relação ao montante total da dívida. Existência de posterior penhora de créditos em outro processo judicial, em montante que supre o crédito em execução. Inocuidade da manutenção da penhora em discussão. Liberação que se impõe. Aplicação, ainda que por analogia, do art. 659, §2º, do CPC. (TRT da 04ª Região, Seção Especializada Em Execução, 0078000-78.2005.5.04.0009 AP, em 15/01/2013, Juiz Convocado José Cesário Figueiredo Teixeira - Relator. Participaram do julgamento: Desembargador João Ghisleni Filho, Desembargador Luiz Alberto de Vargas, Desembargadora Maria da Graça Ribeiro Centeno, Desembargador Wilson Carvalho Dias, Desembargadora Lucia Ehrenbrink)

PENHORA SOBRE BEM IMÓVEL. VALOR ÍNFIMO. A penhora de valor correspondente a 7,6% do imóvel alienado pelos executados durante a execução é inviável, em razão do valor ínfimo a ser obtido em eventual expropriação, o que atrai a aplicação do artigo 659, § 2º, do CPC. (TRT da 04ª Região, Seção Especializada Em Execução, 0188000-93.2005.5.04.0382 AP, em 26/11/2013)

12.4.2.1.3. Bens penhoráveis – preferência

– Professor, qual a ordem preferencial que a penhora deve observar?

Diz o art. 835 da CPC:

CPC, Art. 835. A penhora observará, preferencialmente, a seguinte ordem:

I – dinheiro, em espécie ou em depósito ou aplicação em instituição financeira;

II – títulos da dívida pública da União, dos Estados e do Distrito Federal com cotação em mercado;

III – títulos e valores mobiliários com cotação em mercado;

IV – veículos de via terrestre;

V – bens imóveis;

VI – bens móveis em geral;

VII – semoventes;

VIII – navios e aeronaves;

IX – ações e quotas de sociedades simples e empresárias;

X – percentual do faturamento de empresa devedora;

XI – pedras e metais preciosos;

XII – direitos aquisitivos derivados de promessa de compra e venda e de alienação fiduciária em garantia;

XIII – outros direitos.

12.4.2.1.3.1. Preferência por penhora em dinheiro

– Essa ordem preferencial do art. 835 pode ser alterada?

Olha o que diz o §1º do art. 835 do CPC:

> CPC, art. 835 – [...]
>
> § 1º É prioritária a penhora em dinheiro, podendo o juiz, nas demais hipóteses, alterar a ordem prevista no caput de acordo com as circunstâncias do caso concreto.

Assim, o juiz sempre deve priorizar a penhora de dinheiro, pois o dinheiro é o primeiro dos bens a garantir a execução. Sobre o tema, o TST possui a Súmula nº 417, que no seu item I, dispõe que:

> TST, Sum 417 – Mandado de segurança. Penhora em dinheiro
>
> I – Não fere direito líquido e certo do impetrante o ato judicial que determina penhora em dinheiro do executado para garantir crédito exequendo, pois é prioritária e obedece à gradação prevista no art. 835 do CPC de 2015 (art. 655 do CPC de 1973).

Quando o executado não possuir dinheiro, pode o juiz, nas demais hipóteses (incisos II a XIII do art. 835), alterar a ordem prevista no caput de acordo com as circunstâncias do caso concreto, privilegiando assim, o princípio da execução menos gravosa, conforme art. 805 do CPC:

> CPC, Art. 805 – Quando por vários meios o exequente puder promover a execução, o juiz mandará que se faça pelo modo menos gravoso para o executado.
>
> Parágrafo único. Ao executado que alegar ser a medida executiva mais gravosa incumbe indicar outros meios mais eficazes e menos onerosos, sob pena de manutenção dos atos executivos já determinados.

Contudo, ainda que seja possível uma quebra da ordem de preferência prevista no artigo 835 do CPC, esta deve ser justificada e capaz de satisfazer os interesses do credor, conforme o julgado abaixo:

> AGRAVO DE PETIÇÃO. GARANTIA DA DÍVIDA. GRADAÇÃO LEGAL. Não há dúvidas de que vige no ordenamento jurídico pátrio o princípio da execução da forma menos gravosa ao devedor. Todavia, contrapõe-se a este o princípio da efetividade da prestação jurisdicional, de natureza constitucional (art. 5º, LXXVIII). Ademais, o art. 797 do NCPC determina que a execução realiza-se no interesse do credor. Assim, ainda que seja possível uma quebra da ordem de preferência prevista no artigo 835 do CPC, esta deve ser justificada e capaz de satisfazer os interesses do credor. (AP nº 0000520-52.2013.5.03.0015, 8ª Turma do TRT da 3ª Região/MG, Rel. Convocado Luciana Alves Viotti. Publ. 10.11.2017).

Cabe ao executado, quando alegar, o princípio da execução menos gravosa, ou seja, a existência de meio menos gravoso, provar a existência de outros meios tão eficazes quanto o empregado, mas menos oneroso para ele. Não havendo essa demonstração, o juiz pode rejeitar de plano a alegação.

O STJ, por meio do AgInt no REsp 1.456.204/PR, decidiu que *o princípio da menor onerosidade está subordinado ao princípio da eficiência da execução em favor do credor. Por isso, só se cogitará da menor onerosidade se houver mais de um meio identicamente idôneo a satisfazer o interesse do credor.*

Por fim, alerto que o princípio da execução menos gravosa é bem mitigado no Processo do Trabalho, face a interpretação sistemática com os demais dispositivos respeitantes à matéria. Veja:

> PRINCÍPIO DA EXECUÇÃO MENOS GRAVOSA PARA O DEVEDOR. PROCESSO DO TRABALHO. No processo do trabalho, o princípio da execução menos gravosa para o devedor deve ser interpretado de forma sistemática com os demais dispositivos respeitantes à matéria. Assim, também deve ser levada em consideração a norma disposta no art. 797 do CPC de 2015, no sentido de que a execução deve ocorrer no interesse do credor, mormente em se tratando de crédito de natureza alimentar, como ocorre com as verbas trabalhistas. (AP nº 0050021-42.2016.5.12.0007, 1ª Câmara do TRT da 12ª Região/SC, Rel. Viviane Colucci. j. 01.02.2017).

12.4.2.1.4. Penhora *on-line*

– Como vai ser feita a penhora em dinheiro, Hamilton?

O magistrado, no primeiro momento, utiliza o sistema BacenJud. O BacenJud é um sistema que interliga a Justiça ao Banco Central e às instituições bancárias, para agilizar a solicitação de informações e o envio de ordens judiciais ao Sistema Financeiro Nacional, via internet.

O CPC regulamentou a penhora on-line por meio do art. 854:

> CPC, Art. 854. Para possibilitar a penhora de dinheiro em depósito ou em aplicação financeira, o juiz, a requerimento do exequente, sem dar ciência prévia do ato ao executado, determinará às instituições financeiras, por meio de sistema eletrônico gerido pela autoridade supervisora do sistema financeiro nacional, que torne indisponíveis ativos financeiros existentes em nome do executado, limitando-se a indisponibilidade ao valor indicado na execução.
>
> §1º No prazo de 24 (vinte e quatro) horas a contar da resposta, de ofício, o juiz determinará o cancelamento de eventual indisponibilidade excessiva, o que deverá ser cumprido pela instituição financeira em igual prazo.

§2º Tornados indisponíveis os ativos financeiros do executado, este será intimado na pessoa de seu advogado ou, não o tendo, pessoalmente.

§3º Incumbe ao executado, no prazo de 5 (cinco) dias, comprovar que:

I - as quantias tornadas indisponíveis são impenhoráveis;

II - ainda remanesce indisponibilidade excessiva de ativos financeiros.

§ 4º Acolhida qualquer das arguições dos incisos I e II do § 3º, o juiz determinará o cancelamento de eventual indisponibilidade irregular ou excessiva, a ser cumprido pela instituição financeira em 24 (vinte e quatro) horas.

§5º Rejeitada ou não apresentada a manifestação do executado, converter-se-á a indisponibilidade em penhora, sem necessidade de lavratura de termo, devendo o juiz da execução determinar à instituição financeira depositária que, no prazo de 24 (vinte e quatro) horas, transfira o montante indisponível para conta vinculada ao juízo da execução.

§6º Realizado o pagamento da dívida por outro meio, o juiz determinará, imediatamente, por sistema eletrônico gerido pela autoridade supervisora do sistema financeiro nacional, a notificação da instituição financeira para que, em até 24 (vinte e quatro) horas, cancele a indisponibilidade.

§7º As transmissões das ordens de indisponibilidade, de seu cancelamento e de determinação de penhora previstas neste artigo far-se-ão por meio de sistema eletrônico gerido pela autoridade supervisora do sistema financeiro nacional.

§8º A instituição financeira será responsável pelos prejuízos causados ao executado em decorrência da indisponibilidade de ativos financeiros em valor superior ao indicado na execução ou pelo juiz, bem como na hipótese de não cancelamento da indisponibilidade no prazo de 24 (vinte e quatro) horas, quando assim determinar o juiz.

§9º Quando se tratar de execução contra partido político, o juiz, a requerimento do exequente, determinará às instituições financeiras, por meio de sistema eletrônico gerido por autoridade

> supervisora do sistema bancário, que tornem indisponíveis ativos financeiros somente em nome do órgão partidário que tenha contraído a dívida executada ou que tenha dado causa à violação de direito ou ao dano, ao qual cabe exclusivamente a responsabilidade pelos atos praticados, na forma da lei.

12.4.2.1.5. Programas para auxiliar o juiz na penhora de bens

– Quais outros programas de apoio à execução podem ser utilizados pelos Magistrados Trabalhistas?

Segundo informações retiradas do site do TRT da 3º Região[37], podem ser utilizados os seguintes programas para auxiliar o juiz na penhora de bens:

> Renajud – Esse sistema possibilita a pesquisa da propriedade de veículo em nome do executado, de modo que o juiz possa tomar as medidas para que o bem sirva como garantia da execução.
>
> Infojud – Esse sistema permite o acesso do magistrado ao cadastro de contribuintes na base de dados da Receita Federal, além de declarações de imposto de renda e de imposto territorial rural.
>
> Simba – Sistema de Movimentação Bancária – Esse sistema permite a quebra do sigilo bancário de empresas e sócios, efetivos ou ocultos, mediante autorização judicial, e organiza os dados relacionados às operações realizadas pelos investigados, apontando o fluxo monetário, os creditantes, os depositantes, o perfil e a constância das movimentações, entre outros dados financeiros que ficam disponíveis às autoridades solicitantes na forma de consultas e relatórios parametrizados.
>
> CCS – Cadastro de Clientes do Sistema Financeiro Nacional – Esse sistema permite indicar onde os clientes de instituições

37 https://portal.trt3.jus.br/internet/conheca-o-trt/comunicacao/noticias-juridicas/importadas-2017/
nj-especial-execucao-trabalhista-recorre-a-ferramentas-tecnologicas-para-garantir-efetividade
-da-justica- 07-02-2017-06-03-acs

financeiras mantêm contas de depósitos à vista, depósitos de poupança, depósitos a prazo e outros bens, direitos e valores, diretamente ou por intermédio de seus representantes legais e procuradores.

Infoseg – Rede de Integração Nacional de Informações de Segurança Pública e Justiça – Esse sistema congrega informações, em âmbito nacional, de dados de indivíduos criminalmente identificados, de armas de fogo, de veículos, de condutores, de empresas nas bases da Receita Federal do Brasil.

Srei – Sistema de Registro de Imóveis Eletrônico – A ferramenta tem como objetivo facilitar o intercâmbio de informações entre os ofícios de registro de imóveis, o Poder Judiciário, a administração pública e o público em geral.

Central Nacional de Indisponibilidade de Bens – A Central Nacional de Indisponibilidade de Bens (CNIB), instituída pelo Conselho Nacional de Justiça, por meio do Provimento nº 39/2014, tem, por finalidade, "a recepção e divulgação, aos usuários do sistema, das ordens de indisponibilidade que atinjam patrimônio imobiliário indistinto, assim como direitos sobre imóveis indistintos, e a recepção de comunicações de levantamento das ordens de indisponibilidades nela cadastradas" (art. 2º).

Sobre tema, cito os ensinamentos do Professor Marinoni[38]:

Embora o Bacenjud seja o instrumento mais conhecido de realização eletrônica de penhora de bem, ele não é o único. O Poder Judiciário tem-se utilizado de diversos outros instrumentos similares, a exemplo do Cadastro de Clientes do Sistema Financeiro Nacional (CCS), do Renajud, do Infojud e do Sistema de Registro Eletrônico de Imóveis (SREI). O CCS permite monitorar e descobrir onde os clientes de instituições financeiras mantêm depósitos à vista, depósitos em poupança, depósitos a prazo e outros bens, direitos e valores. O Renajud se presta para estabelecer comunicação com o Departamento Nacional de Trânsito, de modo a permitir penhora de veículos junto à Base Índice Nacional do Renavam. O Infojud é instrumento desenvolvido pela Secretaria da Receita

38. MARINONI, Luiz Guilherme; ARENHART, Sérgio Cruz; MITIDIERO, Daniel. Código de Processo Civil Comentado – 4ª ed. São Paulo. Revista dos Tribunais, 2018.

Federal, que permite ter acesso aos bens declarados pelas pessoas físicas e jurídicas nas bases de dados daquele órgão. Finalmente, o SREI, desenvolvido pelo Conselho Nacional de Justiça, se presta para dar conhecimento ao Judiciário de bens imóveis possuídos por pessoas naturais ou jurídicas.

12.4.2.1.6. Penhora de crédito do executado

– E a penhora de crédito, é possível?

Ensinam Bruno Garcia Redondo e Mário Vítor Suarez Lojo[39]:

> "a penhora de crédito torna-se mais útil ao processo nos casos em que o executado não dispõe, de imediato, de dinheiro ou de bens que possam ser convertidos rapidamente em pecúnia. O crédito que virá sofrer a penhora, representa a própria expressão pecuniária."

É possível a penhora de créditos futuros, desde que a relação jurídica entre a executada e o terceiro devedor, que dê origem ao crédito, já esteja constituída. No processo do trabalho, é muito comum solicitar do juízo da execução, para que seja bloqueado créditos da executada que estão em poder de um terceiro, estranho a lide. Este terceiro, geralmente tem ou vai ter valores para repassar para executada referente a algum produto, serviço prestado ou até mesmo, valores referentes a aluguel de imóveis.

O tema é regulamentado pelo art. 855 do CPC, que diz que:

> CPC, Art. 855. Quando recair em crédito do executado, enquanto não ocorrer a hipótese prevista no art. 856, considerar-se-á feita a penhora pela intimação:
>
> I – ao terceiro devedor para que não pague ao executado, seu credor;
>
> II – ao executado, credor do terceiro, para que não pratique ato de disposição do crédito.

39. REDONDO, Bruno Garcia; LOJO, Mário Vitor Suarez. Penhora. São Paulo: Método, 2007.

Sobre o tema, os julgados abaixo proferidos pela Justiça do Trabalho:

> MANDADO DE SEGURANÇA. BLOQUEIO DE CRÉDITO PERANTE TERCEIRO. Não fere direito líquido e certo da parte a determinação judicial de penhora de crédito dela perante terceiro quando não demonstrado que a constrição inviabilizaria suas atividades econômicas. (MS nº 0000044-30.2017.5.17.0000, Tribunal Pleno do TRT da 17ª Região/ES, Rel. Lino Faria Petelinkar. DEJT 18.08.2017).

> EMBARGOS DE TERCEIRO. PENHORA DE CRÉDITOS. ALUGUÉIS EM FAVOR DO EXECUTADO. A penhora de aluguéis devidos ao executado, decorrentes de contrato de locação de imóvel de sua propriedade, tem previsão legal nos arts. 855 a 860 do NCPC, e é viável na execução trabalhista, em razão da natureza alimentar do crédito perseguido. (AP nº 0000003-17.2016.5.04.0661, Seção Especializada em Execução do TRT da 4ª Região/RS, Rel. Cleusa Regina Halfen. j. 28.03.2017, unânime).

> EMBARGOS DE TERCEIRO. GRUPO ECONÔMICO. PENHORA DE ALUGUÉIS. Reconhecido que a empresa Commerce Desenvolvimento Mercantil Ltda. compõe grupo econômico com a reclamada, Commerce Importação e Comércio S.A. (Lojas Arapuã), está justificada a sua inclusão no polo passivo da execução. Sentença mantida também quanto à penhora que recaiu sobre aluguéis devidos pela empresa Semp Toshiba Amazonas S.A. em favor da agravante, ainda que antecipadamente compensados, dada a natureza alimentar e privilegiada do crédito trabalhista. Agravo de petição não provido. (AP 0001162-65.2013.5.04.0025. De: 24.03.2015. Relatora: Desembargadora Ana Rosa Pereira Zago Sagrilo. Participam: Desembargadores João Alfredo Borges Antunes De Miranda, Luiz Alberto De Vargas, Vania Mattos, Maria Da Graça Ribeiro Centeno, Rejane Souza Pedra, Lucia Ehrenbrink e Luis Carlos Pinto Gastal)

> PENHORA. CRÉDITO. APREENSÃO. TERCEIRO DEVEDOR. Conforme disposto no art. 855 do CPC, com a simples notificação do terceiro devedor para que não efetue o pagamento de sua dívida perante o executado, tem-se concretizada a penhora dos créditos. Logo, o terceiro devedor do executado se tornou verdadeiro depositário judicial dos créditos penhorados. (Processo nº

> 0000240-73.2017.5.05.0019, 1ª Turma do TRT da 5ª Região/BA, Rel. Edilton Meireles. DJ 14.05.2018).

– Professor, se o terceiro não respeitar a ordem judicial e pagar ao credor-executado, o que acontece?

Segundo Marinoni[40], se o terceiro devedor paga inadvertidamente ao credor-executado, nada obstante intimado, seu pagamento é ineficaz, ficando obrigado a pagar novamente ao exequente, ressalvado o seu direito de regresso contra aquele que recebeu o pagamento de maneira indevida (art. 312, CC).

12.4.2.1.7. Penhora no rosto dos autos

– Penhora no rosto dos autos, é possível?

Diz o art. 860 do CPC

> CPC, Art. 860. Quando o direito estiver sendo pleiteado em juízo, a penhora que recair sobre ele será averbada, com destaque, nos autos pertinentes ao direito e na ação correspondente à penhora, a fim de que esta seja efetivada nos bens que forem adjudicados ou que vierem a caber ao executado.

Tal penhora, pode ser utilizada no Processo do Trabalho quando o executado está processando alguém e este, vai possuir crédito ou bens em decorrência deste processo. Nessa hipótese, poderá o exequente do processo trabalhista, requerer a penhora no rosto dos autos do processo que o executado vai possuir crédito ou bens.

Alerto para o fato de que a jurisprudência não está considerando como garantia do juízo (TST, Sum 128, II) a penhora no rosto dos autos para fins de apresentação de agravo de petição.

---

40. MARINONI, Luiz Guilherme; ARENHART, Sérgio Cruz; MITIDIERO, Daniel. Código de Processo Civil Comentado – 4ª ed. São Paulo. Revista dos Tribunais, 2018.

> "PENHORA NO ROSTO DOS AUTOS. AUSÊNCIA DE GARANTIA DO JUÍZO. AGRAVO DE PETIÇÃO NÃO CONHECIDO. O conhecimento do agravo de petição da parte executada exige a prévia e integral garantia do Juízo da execução, mediante o competente depósito judicial ou a realização de penhora de bens suficiente à satisfação do crédito exequendo." (AP nº 00012184020125020203 (20170487363), 10ª Turma do TRT da 2ª Região/SP, Rel. Ana Maria Moraes Barbosa Macedo. unânime, DOe 09.08.2017).

12.4.2.1.8. Penhora de saldo remanescente

– Penhora sobre saldo remanescente, é possível?

A penhora sobre remanescentes é figura não prevista expressamente em lei, mas largamente utilizada na Justiça do Trabalho, sendo uma espécie de penhora de crédito futuro e incerto. Tal constrição visa a atingir uma expectativa de crédito do devedor, gerada por eventual saldo de numerário a favor do executado, após a satisfação integral dos débitos provenientes de outra ação ajuizada contra ele.[41]

Logo, é perfeitamente possível a penhora de saldo remanescente.

12.4.2.1.9. Penhora de imóveis ou de veículos

– Qual procedimento para a penhora de imóveis ou veículos automotores?

A penhora de imóveis ou de veículos automotores, vão ser realizadas por termo nos autos, conforme determinado pelo §1º do art. 845 do CPC, *in verbis:*

> CPC, art. 845. Efetuar-se-á a penhora onde se encontrem os bens, ainda que sob a posse, a detenção ou a guarda de terceiros.

41. Processo n. 0109700-10.1994.5.04.0122 (AP)

> §1º A penhora de imóveis, independentemente de onde se localizem, quando apresentada certidão da respectiva matrícula, e a penhora de veículos automotores, quando apresentada certidão que ateste a sua existência, serão realizadas por termo nos autos.

A penhora de bens imóveis independentemente de sua localização dar-se por termos nos autos diante da apresentação da certidão da respectiva matrícula foi estendida aos veículos automotores, caso em que é suficiente que seja apresentada certidão que ateste a sua existência.

Sobre o tema, segue um julgado do TRT3:

> PENHORA POR TERMO NO PROCESSO – INEXISTÊNCIA DE AVALIAÇÃO DO IMÓVEL – POSSIBILIDADE. A penhora de imóvel por termo no processo está prevista no parágrafo 1º artigo 845 CPC, que exige, para a sua validade, apenas a juntada da certidão da matrícula no Cartório de Registro de Imóveis, não ocorrendo a alegada imprescindibilidade da avaliação do bem. Esta providência deve ser adotada depois da penhora, para sua complementação, porque a eventual venda em hasta pública requer esse requisito. (AP nº 0213500-30.1998.5.03.0029, 2ª Turma do TRT da 3ª Região/MG, Rel. Jales Valadão Cardoso. j. 14.03.2018).

O auto de penhora deverá estar de acordo com o art. 838 do CPC, de seguinte teor:

> CPC, Art. 838. A penhora será realizada mediante auto ou termo, que conterá:
>
> I – a indicação do dia, do mês, do ano e do lugar em que foi feita;
>
> II – os nomes do exequente e do executado;
>
> III – a descrição dos bens penhorados, com as suas características;
>
> IV – a nomeação do depositário dos bens.

Deve observar ainda, a formalidade do art. 842 do CPC, se a penhora for sobre imóvel de pessoa casada, salvo se casamento for de separação absoluta de bens.

> CPC, art. 842. Recaindo a penhora sobre bem imóvel ou direito real sobre imóvel, será intimado também o cônjuge do executado, salvo se forem casados em regime de separação absoluta de bens.

12.4.2.1.10. Penhora de faturamento da empresa

– É possível penhorar o faturamento da empresa?

A jurisprudência do TST admite a penhora sobre a renda mensal ou faturamento da empresa. O CPC também permite a penhora conforme disposto no inciso X do art. 835. O tema foi e regulamentado pelo art. 866 do CPC. Essa penhora sobre o faturamento, deve ser limitada a determinado percentual que não comprometa o desenvolvimento regular das atividades econômicas.

> CPC, Art. 835. A penhora observará, preferencialmente, a seguinte ordem:
>
> X - percentual do faturamento de empresa devedora;
>
> CPC, Art. 866. Se o executado não tiver outros bens penhoráveis ou se, tendo-os, esses forem de difícil alienação ou insuficientes para saldar o crédito executado, o juiz poderá ordenar a penhora de percentual de faturamento de empresa.
>
> § 1º O juiz fixará percentual que propicie a satisfação do crédito exequendo em tempo razoável, mas que não torne inviável o exercício da atividade empresarial.
>
> § 2º O juiz nomeará administrador-depositário, o qual submeterá à aprovação judicial a forma de sua atuação e prestará contas mensalmente, entregando em juízo as quantias recebidas, com os respectivos balancetes mensais, a fim de serem imputadas no pagamento da dívida.
>
> §3º Na penhora de percentual de faturamento de empresa, observar-se-á, no que couber, o disposto quanto ao regime de penhora de frutos e rendimentos de coisa móvel e imóvel.

Se a determinação de bloqueio for para totalidade dos créditos existentes, cabe mandado de segurança, senão vejamos:

> MANDADO DE SEGURANÇA. DETERMINAÇÃO PARA BLOQUEIO DA TOTALIDADE DOS CRÉDITOS EXISTENTES EM NOME DAS IMPETRANTES. VIOLAÇÃO A DIREITO LÍQUIDO E CERTO. Nos termos da OJ nº 11 das Turmas deste

Regional, "admite-se a penhora de montante equivalente a até 30% do faturamento bruto ou renda bruta mensal do empreendimento, de modo a não comprometer o desenvolvimento regular da atividade econômica". Dessa feita, viola a literalidade do disposto no art. 805 do CPC a determinação para bloqueio de todos os créditos porventura existentes em favor das impetrantes, devendo-se liminar o bloqueio a 30% de tais créditos, mormente quando as impetrantes ofertam garantia real, já substituída por fiança bancária. Inteligência das OJs nº 11 da 1ª SDI deste Regional e 93 da SDI-II do col. TST. (MS nº 0010770-53.2017.5.03.0000, 1ª SDI do TRT da 3ª Região/MG, Rel. José Eduardo Resende Chaves Jr. j. 01.12.2017).

MANDADO DE SEGURANÇA. PENHORA SOBRE FATURAMENTO DE EMPRESA. LIMITAÇÃO. ORIENTAÇÃO JURISPRUDENCIAL Nº 93 DA SBDI-2 DO TST. É perfeitamente admissível a penhora sobre a renda mensal ou faturamento de empresa, limitada a determinado percentual, desde que não comprometa o desenvolvimento regular de suas atividades. Inteligência da OJ 93 da SBDI-2 do TST. (MS nº 0000007-84.2017.5.14.0000, Tribunal Pleno do TRT da 14ª Região/AC-RO, Rel. Carlos Augusto Gomes Lobo. DEJT 18.05.2017).

MANDADO DE SEGURANÇA. PENHORA EM DINHEIRO. CONVÊNIO. CENTRALIZAÇÃO DAS EXECUÇÕES. É admissível a penhora sobre a renda mensal ou faturamento de empresa, limitada a determinado percentual, desde que não comprometa o desenvolvimento regular de suas atividades. (Orientação Jurisprudencial nº 93 da SBDI 2 do TST). A celebração de convênio entre este Regional e a empresa executada, ora impetrante, promovendo a centralização das execuções perante Juízo único, tem o claro propósito de facilitar o adimplemento dos créditos reconhecidos judicialmente, bem como de evitar a prática de medidas coercitivas que acarretem transtornos às operações normais da empresa, em sintonia com a Orientação Jurisprudencial nº 93 da SBDI 2 do TST. (MSCOL nº 0000268-49.2017.5.14.0000, Tribunal Pleno do TRT da 14ª Região/AC-RO, Rel. Ilson Alves Pequeno Júnior. DEJT 04.12.2017).

O TST vem entendendo, que a penhora de 20% a 30% da renda bruta da empresa, não fere direito líquido e certo:

"RECURSO ORDINÁRIO. MANDADO DE SEGURANÇA. PENHORA SOBRE CRÉDITO TOTAL PERCEBIDO DE TERCEIRO. COMPROMETIMENTO DAS ATIVIDADES REGULARES. ORIENTAÇÃO JURISPRUDENCIAL N.º 93 DA SBDI-2 DO TST. Conforme disposto na Orientação Jurisprudencial nº 93, da SBDI-2 desta Corte, "Nos termos do art. 866 do CPC de 2015, é admissível a penhora sobre a renda mensal ou faturamento de empresa, limitada a percentual, que não comprometa o desenvolvimento regular de suas atividades, desde que não haja outros bens penhoráveis ou, havendo outros bens, eles sejam de difícil alienação ou insuficientes para satisfazer o crédito executado". A constrição integral do crédito dos impetrantes perante terceiro, sem delimitação do percentual a ser objeto de penhora, para efeito de permitir o desenvolvimento regular de suas atividades, ofende direito líquido e certo da parte, permitindo a concessão parcial da segurança. Recurso ordinário conhecido e desprovido" (RO-10179-40.2018.5.18.0000, Subseção II Especializada em Dissídios Individuais, Relator Ministro Renato de Lacerda Paiva, DEJT 28/08/2020).

[...] VII – Isso diante da Orientação Jurisprudencial nº 93 da SBDI-2, segundo a qual "É admissível à penhora sobre a renda mensal ou faturamento de empresa, limitada a determinado percentual, desde que não comprometa o desenvolvimento regular de suas atividades". VIII – Conforme alertado no parecer da Procuradoria-Geral do Trabalho, concedida parcialmente a segurança para limitar a penhora a 20% do faturamento mensal, não está a irresignação da recorrente amparada em nenhuma prova trazida com a inicial de que mesmo a constrição desse percentual trouxesse riscos às suas atividades, providência imprescindível no âmbito do mandamus, porque refratário a eventual dilação probatória. IX – Recurso a que se nega provimento. (RO nº 980-48.2015.5.09.0000, SBDI-2 do TST, Rel. Antônio José de Barros Levenhagen. j. 27.09.2016, Publ. 30.09.2016).

[...] RECURSO ORDINÁRIO EM MANDADO DE SEGURANÇA – TERCEIROS INTERESSADOS – EXECUÇÃO – PENHORA SOBRE A TOTALIDADE DA RENDA DOS JOGOS – DECISÃO RECORRIDA EM QUE REDUZIDO O PERCENTUAL PARA 10% – INCIDÊNCIA DA PARTE FINAL DA ORIENTAÇÃO JURISPRUDENCIAL Nº 93 DA SUBSEÇÃO II ESPECIALIZADA EM DISSÍDIOS INDIVIDUAIS DO TST. 1. A situação retratada nos autos do presente mandado de segurança evidencia a constrição sobre a totalidade da renda dos jogos auferida pela agremiação esportiva impetrante quando mandante dos jogos em seu estádio, o que repercute sobremaneira na saúde financeira da impetrante, inclusive na manutenção de empregos e pagamento aos credores, entre os quais se incluem os titulares de créditos trabalhistas. 2. Assim, apesar de legal a prática do ato, no caso concreto ela se afigurou excessiva quando observada a totalidade da renda auferida, daí imposta a redução ao percentual de 20%, inserindo-se a hipótese na parte final da Orientação Jurisprudencial nº 93 da Subseção II Especializada em Dissídios Individuais do Tribunal Superior do Trabalho, que reconhece como óbice a tal conduta a ocorrência de comprometimento do desenvolvimento regular das atividades do executado, ainda mais quando considerada a natureza social da agremiação desportiva. Recurso ordinário conhecido e desprovido. (RO nº 0028200-36.2009.5.16.0000, SBDI-2 do TST, Rel. Luiz Philippe Vieira de Mello Filho. unânime, DEJT 14.04.2016).

RECURSO ORDINÁRIO EM MANDADO DE SEGURANÇA. EXECUÇÃO DEFINITIVA. ATO COATOR CONSUBSTANCIADO NA DETERMINAÇÃO DE PENHORA "NA BOCA DO CAIXA". CONCESSÃO PARCIAL DA SEGURANÇA PARA LIMITAR A PENHORA A 30% DA IMPORTÂNCIA LÍQUIDA ARRECADADA. ORIENTAÇÃO JURISPRUDENCIAL Nº93 DA SBDI-2 DO TST. POSSIBILIDADE. Nos termos da Orientação Jurisprudencial nº 93 da SBDI-2, "é admissível a penhora sobre a renda mensal ou faturamento de empresa, limitada a determinado percentual, desde que não comprometa o desenvolvimento regular de suas atividades". Na hipótese, a limitação da constrição a 30% da arrecadação líquida determinada pelo acórdão recorrido, encontra-se em consonância com a supratranscrita Orientação Jurisprudencial desta Corte Superior. Ademais, consoante se depreende da leitura dos autos, a decisão impugnada, que estabeleceu a penhora integral na "boca do caixa" da renda obtida com a venda de ingresso nos jogos realizados pela impetrante, comprometeria o regular desenvolvimento das atividades do impetrante, ora recorrido. Dessa forma, a decisão recorrida que concedeu parcialmente a segurança deu-se em consonância com a jurisprudência desta Corte, motivo pelo qual não merece

> reparos. Ressalte-se que a penhora deve atender aos interesses do credor, de forma a eleger solução que alcance o melhor resultado à satisfação do crédito, sem, contudo, inviabilizar as atividades do executado. Precedentes desta SBDI-II. Recurso ordinário conhecido e não provido. (RO – 10371-75.2015.5.18.0000, Relatora Ministra: Maria Helena Mallmann, Data de Julgamento: 25/10/2016, Subseção II Especializada em Dissídios Individuais, Data de Publicação: DEJT 28/10/2016)

12.4.2.1.11. Penhora nos bens da empresa sucessora

– Quando vai ocorrer a sucessão trabalhista, Hamilton?

A sucessão trabalhista decorre da transferência da empresa, aqui entendida como foco de articulação de fatores de produção, para o exercício de atividade econômica organizada, entre empresários ou sociedades empresárias, operando-se a cessão de posições jurídicas ativas e passivas inerentes aos contratos de trabalho, tal como originalmente entabulados pela pessoa (física ou jurídica) titular do negócio, para exploração da atividade.[42]

A sucessão foi regulamentada pelos arts. 10 e 448 da CLT:

> CLT, art. 10. Qualquer alteração na estrutura jurídica da empresa não afetará os direitos adquiridos por seus empregados.
>
> CLT, art. 448. A mudança na propriedade ou na estrutura jurídica da empresa não afetará os contratos de trabalho dos respectivos empregados.

– É possível a penhora nos bens da empresa sucessora?

Imagine a seguinte situação:

42. (RO nº 0010121-67.2016.5.03.0180, 7ª Turma do TRT da 3ª Região/MG, Rel. Convocado Sabrina de Faria F. Leão. j. 21.06.2018).

A empresa BETA, possui 15 processos tramitando perante a justiça do trabalho. Em 2015, a empresa foi vendida para a empresa GAMA, ora sucessora. Em janeiro de 2016, o juiz da X Vara do Trabalho de Manaus, determinou a penhora de bens da empresa GAMA, pois a mesma após ser citada para pagar em 48hs a dívida de um dos processos da empresa BETA, não efetuou o pagamento, alegando não ser responsável pela dívida.

– A atitude do juiz está correta?

Sim, pois olha o que diz o art. 448-A da CLT:

> CLT, art. 448-A. Caracterizada a sucessão empresarial ou de empregadores prevista nos arts. 10 e 448 desta Consolidação, as obrigações trabalhistas, inclusive as contraídas à época em que os empregados trabalhavam para a empresa sucedida, são de responsabilidade do sucessor.
>
> Parágrafo único. A empresa sucedida responderá solidariamente com a sucessora quando ficar comprovada fraude na transferência.

Desta forma, o sucessor (quem comprou a empresa) responde inclusive pelas obrigações (direitos inadimplidos e processos judiciais em tramites) contraídas na época em que seus empregados trabalhavam para o sucedido (quem vendeu a empresa).

Essa regra já era prevista na OJ nº 261 do TST:

> TST, OJ 261 da SDI-1 – BANCOS. SUCESSÃO TRABALHISTA – As obrigações trabalhistas, inclusive as contraídas à época em que os empregados trabalhavam para o banco sucedido, são de responsabilidade do sucessor, uma vez que a este foram transferidos os ativos, as agências, os direitos e deveres contratuais, caracterizando típica sucessão trabalhista.

– Existe alguma possibilidade de a sucessora não responder pelas dívidas?

Sim, vamos as possibilidades:

12.4.2.1.11.1. Responsabilidade trabalhista e o contrato de concessão de serviço público

Imagine a seguinte situação:

A empresa X, perdeu a concessão de prestar serviço público de transporte coletivo na cidade de Manaus. A empresa Y, ganhou a concessão e vai assumir o posto da Empresa X, ou seja, vai prestar serviço público de transporte coletivo na cidade de Manaus.

– A empresa Y, vai ser sucessora da empresa X e ainda vai ter que pagar todos os problemas trabalhistas dessa empresa?

Depende.

Caso ocorra a rescisão do contrato de trabalho dos empregados da empresa X após a entrada em vigor da concessão, a empresa Y, na condição de sucessora, responde pelos direitos decorrentes do contrato de trabalho da empresa X, sem prejuízo da responsabilidade subsidiária da empresa X pelos débitos trabalhistas contraídos até a concessão. Nesse sentido, o item I da OJ nº 225 do TST:

> TST, OJ 225 da SDI-1 – CONTRATO DE CONCESSÃO DE SERVIÇO PÚBLICO. RESPONSABILIDADE TRABALHISTA
>
> I – em caso de rescisão do contrato de trabalho após a entrada em vigor da concessão, a segunda concessionária, na condição de sucessora, responde pelos direitos decorrentes do contrato de trabalho, sem prejuízo da responsabilidade subsidiária da primeira concessionária pelos débitos trabalhistas contraídos até a concessão;

Caso ocorra a rescisão do contrato de trabalho dos empregados da empresa X antes da entrada em vigor da concessão, a empresa Y não responde pelos direitos dos trabalhadores dos empregados da empresa X. Nesse sentido, o item II da OJ nº 225 do TST:

> TST, OJ 225 da SDI-1 – CONTRATO DE CONCESSÃO DE SERVIÇO PÚBLICO. RESPONSABILIDADE TRABALHISTA
>
> II – no tocante ao contrato de trabalho extinto antes da vigência da concessão, a responsabilidade pelos direitos dos trabalhadores será exclusivamente da antecessora.

12.4.2.1.11.2. Penhora nos bens do sucessor do cartório

Imagine a seguinte situação:

Hugo, titular do cartório de Registro de Títulos e Documentos, veio a falecer. Assim, o cartório ficou com a titularidade vaga. Após isso, foi realizado o concurso de provas e títulos e, Zico foi aprovado e vai assumir a titularidade.

– Zico vai ser considerado sucessor para fins trabalhistas?

Depende.

Se Zico aproveitar a unidade econômica jurídica utilizada antes por Hugo e, também ocorrer a continuidade da prestação de serviços, haverá sucessão trabalhista e Zico será responsabilizado pelas obrigações trabalhistas de Hugo, ora sucedido.

Contudo, se Zico não aproveitar a unidade econômica jurídica utilizada antes por Hugo e, não utilizar os empregados de Hugo, não será responsabilizado, pois não é sucessor. Nesse sentido, a jurisprudência:

> CARTÓRIO. SUCESSÃO TRABALHISTA. CONTINUIDADE DA PRESTAÇÃO DOS SERVIÇOS. RESPONSABILIDADE DO NOVO TITULAR AINDA QUE DE FORMA PRECÁRIA. In casu, é incontroversa a ocorrência de novação subjetiva em relação à titularidade do serviço notarial, ainda que de forma precária, com a correspondente transferência da unidade econômico-jurídica que integra o estabelecimento. Outrossim, não houve resilição do vínculo empregatício no caso em tela. **A jurisprudência desta Corte é no sentido de que, em se tratando de cartório, a sucessão de empregadores pressupõe não só a transferência da unidade econômica de um titular para outro, mas que a prestação de serviço pelo empregado do primeiro prossiga com o segundo**. Portanto, quando o sucessor no cartório aproveitar os empregados do titular sucedido, hipótese que se verifica nos autos, poderá ser reconhecida a sucessão (precedentes). Recurso de revista conhecido e provido. (TST-RR – 289-38.2013.5.03.0043, Data de Julgamento: 28/6/2017, Relator: Ministro José Roberto Freire Pimenta, 2.ª Turma, Data de Publicação: DEJT 30/6/2017.)

> AGRAVO DE INSTRUMENTO EM RECURSO DE REVISTA DO TERCEIRO RECLAMADO. SERVIÇOS NOTARIAIS. MUDANÇA DE TITULARIDADE. RESPONSABILIDADE. Havendo a mudança na titularidade de cartório extrajudicial que passa a pertencer a novo titular, este pode ser responsabilizado pelas obrigações trabalhistas do sucedido, desde que reconhecida a sucessão trabalhista, sendo essa caracterizada, em linhas gerais, quando demonstradas a transferência da unidade econômica jurídica pelo titular, além da continuidade da prestação de serviços, o que não ocorreu na hipótese dos autos. Agravo de Instrumento conhecido e não provido. AGRAVO DE INSTRUMENTO EM RECURSO DE REVISTA DA RECLAMANTE. SERVIÇOS NOTARIAIS. MUDANÇA DE TITULARIDADE. SUCESSÃO. A sucessão, na hipótese de cartórios extrajudiciais, pressupõe não só a transferência da titularidade da unidade, mas também a continuidade da prestação de serviços ao novo titular, o que não ocorreu na hipótese dos autos. Agravo de Instrumento conhecido e não provido. (AIRR nº 1001479-22.2015.5.02.0384, 4ª Turma do TST, Rel. Maria de Assis Calsing. j. 13.06.2018, Publ. 15.06.2018).

> CARTÓRIO. SUCESSÃO TRABALHISTA. AUSÊNCIA DE PRESTAÇÃO DE SERVIÇOS AO TITULAR SUCESSOR. Sendo certo que a relação de emprego nos serviços notariais se dá com o titular da serventia, em caso de sucessão na titularidade do cartório, somente se reconhece a sucessão trabalhista na hipótese da continuidade da prestação de serviços em favor do novo titular. Com efeito, não caracteriza sucessão trabalhista quando o empregado do titular anterior não prestou serviços ao novo titular do cartório. Recurso de Embargos de que conhece em parte e a que se nega provimento." (E-ED-RR-AIRR e RR-6613200-94.2002.5.09.0900, Relator Ministro João Batista Brito Pereira, Subseção I Especializada em Dissídios Individuais, DEJT de 8/10/2010)

– E o substituto provisório da titularidade do cartório, responde pelas dívidas do antecessor?

O TST entende que durante o interstício em que o gerenciamento do cartório se encontra aos cuidados de substituto provisório, designado na forma do artigo 39, § 2º, da Lei nº 8.935/94, em virtude da vacância do cargo por situação abrupta, pelo falecimento do Tabelião anterior, não se verificam as condições necessárias à aplicação dos efeitos da sucessão trabalhista, devendo a responsabilidade permanecer com o ex-empregador (ou de seu espólio) pela satisfação dos créditos trabalhistas do período em que a prestação de serviços lhe foi dirigida.

Assim, é razoável concluir que a responsabilidade do sucessor provisório, deve estar restrita ao período em que se beneficiou do serviço do empregado e esteve no comando da serventia notarial, em conformidade com o disposto no artigo 21 da Lei 8.935/94. Nesse sentido, a jurisprudência:

> RECURSO DE REVISTA EM FACE DE DECISÃO PUBLICADA ANTES DA VIGÊNCIA DA LEI Nº 13.015/2014. CARTÓRIO EXTRAJUDICIAL. FALECIMENTO DO TITULAR. DESIGNAÇÃO PROVISÓRIA DE SUBSTITUTO. AUSÊNCIA DE ÂNIMO DEFINITIVO A RESTINGIR OS PODERES DE GESTÃO. SUCESSÃO TRABALHISTA NÃO CARACTERIZADA. MANTIDA A RESPONSABILIDADE DO EX-EMPREGADOR (OU DE SEU ESPÓLIO) PELA SATISFAÇÃO DAS VERBAS TRABALHISTAS DO PERÍODO EM QUE A PRESTAÇÃO DE SERVIÇOS LHE FOI DIRIGIDA. Extrai-se da previsão contida no artigo 236, caput, da Constituição Federal, a natureza híbrida dos serviços notariais e de registro, os quais, embora ostentem características próprias de direito privado, também mantêm nuances relevantes de direito público. Por essa peculiaridade, ao contrário do que ocorre no campo privado, a assunção do serviço nos cartórios extrajudiciais se dá por delegação do Estado ao titular regularmente aprovado em concurso, ou à pessoa designada a título precário, para assumir provisoriamente a função, com vistas a atender o interesse público na continuidade da prestação dos serviços, sem vinculação com os lucros gerados durante a gestão do tabelião anterior. Nessas circunstâncias, a aplicação do instituto da sucessão trabalhista enseja indispensável adequação. Não se olvida a existência de jurisprudência já consolidada nesta Corte, quanto à sucessão por titular definitivo, quando há continuidade do contrato de trabalho, transferindo-se a responsabilidade integral pelas verbas devidas, nos exatos moldes dos artigos 10 e 448 da CLT. Todavia, mesmo para quem defende esse entendimento

há de se ter por necessária a presença do ânimo definitivo da titularidade do cartório. Mutatis mutandis, durante o interstício em que o gerenciamento do cartório se encontra aos cuidados de substituto provisório, designado na forma do artigo 39, § 2º, da Lei nº 8.935/94, em virtude da vacância do cargo por situação abrupta, caracterizada, nestes autos, pelo falecimento do Tabelião anterior, não se verificam as condições necessárias à aplicação dos efeitos da sucessão trabalhista. Nessa hipótese há de permanecer a responsabilidade do ex-empregador (ou de seu espólio) pela satisfação dos créditos trabalhistas do período em que a prestação de serviços lhe foi dirigida. Recurso de revista de que se conhece e a que se dá provimento. (RR – 213-59.2012.5.04.0871, Relator Ministro: Cláudio Mascarenhas Brandão, Data de Julgamento: 09.05.2018, 7ª Turma, Data de Publicação: DEJT 18.05.2018) (RR nº 213-59.2012.5.04.0871, 7ª Turma do TST, Rel. Cláudio Mascarenhas Brandão. j. 09.05.2018, Publ. 18.05.2018).

RECURSO DE REVISTA NÃO REGIDO PELA LEI 13.015/2014. CARTÓRIO EXTRAJUDICIAL. SUCESSÃO TRABALHISTA. INTERVENÇÃO. POSSIBILIDADE. LIMITAÇÃO AO PERÍODO EM INTERVENTOR SE BENEFICIOU DOS SERVIÇOS. O serviço notarial constitui prestação de serviços em benefício da sociedade, de natureza compulsória, caráter público e em constante fiscalização pelo Poder Judiciário, o que o eleva a patamar diferenciado das empresas privadas. Assim, em face da sua natureza híbrida, não é possível que se apliquem aos cartórios as disposições contidas nos artigos 10 e 448 da CLT, havendo que se promover a necessária adequação do instituto da sucessão trabalhista à hipótese em que há assunção, definitiva ou precária, no serviço notarial. No caso, os Reclamados assumiram, a título precário, a titularidade do cartório extrajudicial, na condição de interventores nomeados pelo Tribunal de Justiça do Estado do Paraná, com objetivo de manter a prestação de serviços enquanto a titular encontrava-se afastada para apuração de supostas irregularidades administrativas. A ocupação temporária das serventias está sempre permeada pela presença do Estado, responsável pela indicação de novo titular ou interventor provisório nas hipóteses em que há perda ou afastamento do titular do serviço. Ao assumir o cartório provisoriamente, o interventor aceita a determinação estatal de executar encargo público, sujeito às formalidades legais e fiscalização pelo Poder Judiciário. Frise-se, ainda, que ao interventor sequer subsiste o direito de auferir a integralidade da renda da serventia, estando limitado ao recebimento de metade da renda líquida e condicionado ao recebimento do montante remanescente à condenação do titular investigado. Assim, é razoável concluir que a responsabilidade do sucessor provisório, hipótese idêntica à dos autos, deve estar restrita ao período em que se beneficiou do serviço do empregado e esteve no comando da serventia notarial, em conformidade com o disposto no artigo 21 da Lei 8.935/94. Assim, reconhece-se a responsabilidade do Reclamado ALVARO QUADROS NETO, limitada ao período em que atuou como interventor na serventia e, quanto ao Reclamado MARCELO RODRIGO MARTINS SILVÉRIO, não procedem os pedidos uma vez que verificado que passou a desempenhar sua atividade após o desligamento do Reclamante. Recurso de revista conhecido e parcialmente provido." (RR – 558-19.2010.5.09.0010, Relator Ministro: Douglas Alencar Rodrigues, Data de Julgamento: 06/12/2017, 7ª Turma, Data de Publicação: DEJT 16/02/2018)

12.4.2.1.11.3. Penhora de bens da sucessora da empresa falida ou em recuperação judicial

– Ocorre sucessão quanto às obrigações trabalhistas no caso de compra de empresa em recuperação judicial?

A jurisprudência do TST, firmou-se no sentido de que o art. 60, parágrafo único, da Lei nº 11.101/2005 estabelece que no caso de recuperação judicial de empresas, a alienação de unidade produtiva isolada não enseja a caracterização de sucessão de empresa quanto às obrigações trabalhistas, conforme demonstram os seguintes julgados do TST:

> [...] 5 – A jurisprudência assente do TST, por sua vez, firmou-se no sentido de que o art. 60, parágrafo único, da Lei nº 11.101/2005 estabelece que no caso de recuperação judicial de empresas, a alienação de unidade produtiva isolada não enseja a caracterização de sucessão de empresa quanto às obrigações trabalhistas. 6 – Ressalte-se que o reconhecimento da formação de grupo econômico,

ainda que preexistente à alienação de ativos de empresa em recuperação judicial, não elide o afastamento da responsabilidade solidária daquela que adquiriu a unidade produtiva. Assim, deve ser afastada a responsabilidade solidária das reclamadas VRG. Linhas Aéreas S.A. e GOL. Linhas Aéreas Inteligentes S.A. Precedentes. 7 – Recurso de revista de que se conhece e a que se dá provimento. (ARR nº 89700-67.2008.5.01.0029, 6ª Turma do TST, Rel. Kátia Magalhães Arruda. j. 20.06.2018, Publ. 22.06.2018).

RECURSO DE REVISTA INTERPOSTO ANTES DA LEI 13.015/2014. RECUPERAÇÃO JUDICIAL DE EMPRESA. GRUPO ECONÔMICO. ARTIGO 60, PARÁGRAFO ÚNICO, DA LEI 11.101/2005. RESPONSABILIDADE SOLIDÁRIA. Em consonância com o art. 60, parágrafo único, da Lei 11.101/2005 e com a jurisprudência do Supremo Tribunal Federal, a alienação de empresa em processo de recuperação judicial não acarreta a sucessão pela arrematante. Precedentes. Recurso de revista conhecido e provido" (RR – 86200-70.2008.5.01.0068, Relatora Ministra Maria Helena Mallmann, Data de Julgamento: 03/05/2017, 2ª Turma, Data de Publicação: DEJT 12/05/2017).

RECURSO DE REVISTA. AQUISIÇÃO DE UNIDADE PRODUTIVA POR MEIO DE HASTA PÚBLICA. SUCESSÃO TRABALHISTA. GRUPO ECONÔMICO. RESPONSABILIDADE SOLIDÁRIA. No caso concreto, o TRT registrou que a condenação das empresas decorreu do reconhecimento da existência do grupo econômico. Foi registrado, ainda, que o fato de a VARIG S.A. estar submetida ao processo falimentar não enseja a sucessão trabalhista nos casos de arrematação, mas que não impede o reconhecimento de grupo econômico. Contudo, o artigo 60, parágrafo único, da Lei nº 11.101/2005 dispõe que, na recuperação judicial, o objeto da alienação estará livre de qualquer ônus e não haverá sucessão do arrematante nas obrigações do devedor. E o Supremo Tribunal Federal, na ADI nº 3.934/DF (Rel. Min. Ricardo Lewandowski, DJ de 6/11/2009), reconhecendo a adequação constitucional da referida norma, concluiu que a alienação de empresa em processo de recuperação judicial não acarreta a sucessão pela arrematante. Dessa feita, merece reparos a decisão do Tribunal Regional, uma vez que não há de se falar em responsabilidade em virtude da existência de grupo econômico, tendo em vista que não ocorreu a sucessão trabalhista. Recurso de revista conhecido por violação do artigo 60, parágrafo único, da Lei n° 11.101/2005 e provido. CONCLUSÃO: Agravo de instrumento conhecido e provido. Recurso de revista conhecido e provido (RR – 144700-79.2008.5.01.0020, Relator Ministro: Alexandre de Souza Agra Belmonte, Data de Julgamento: 08/03/2017, 3ª Turma, Data de Publicação: DEJT 10/03/2017).

RECURSO DE REVISTA. EMPRESA EM RECUPERAÇÃO JUDICIAL. ALIENAÇÃO. SUCESSÃO DE EMPREGADORES. RESPONSABILIDADE DAS ADQUIRENTES DAS UNIDADES PRODUTIVAS. GRUPO ECONÔMICO. I. Neste Tribunal Superior, prevalece o entendimento de que houve arrematação de unidades produtivas isoladas da Varig S.A., no âmbito do processo de recuperação judicial da empresa, e de que se aplica à hipótese o art. 60, parágrafo único, da Lei nº 11.101/2005. II. Desse modo, nos termos do referido dispositivo legal, não ocorre sucessão dos arrematantes nas obrigações do devedor em recuperação judicial, do qual adquiriram unidades produtivas. III. Assim, é indevida a atribuição de responsabilidade solidária à VRG LINHAS AÉREAS S.A. e à GOL LINHAS AÉREAS INTELIGENTES S.A., inclusive considerando eventual formação anterior de grupo econômico com as demais sucessoras das unidades produtivas, o que não se amolda à jurisprudência predominante nesta Corte Superior. IV. Recurso de revista de que se conhece e a que se dá provimento (RR – 2128-81.2010.5.02.0318, Relatora Desembargadora Convocada: Cilene Ferreira Amaro Santos, Data de Julgamento: 07/06/2017, 4ª Turma, Data de Publicação: DEJT 09/06/2017).

RESPONSABILIDADE SOLIDÁRIA. GRUPO ECONÔMICO. SUCESSÃO TRABALHISTA. RECUPERAÇÃO JUDICIAL. Nos termos da Lei nº 11.101/2005, aqueles que adquirem ativos de empresa em recuperação judicial não podem ter esse patrimônio afetado por obrigações trabalhistas exigidas de quem normalmente sucede o empregador. Estando o objeto da alienação judicial livre de qualquer ônus, por expressa disposição legal, não há de se falar em responsabilidade solidária das reclamadas pelas verbas trabalhistas deferidas na presente reclamação. Exegese do parágrafo único do artigo 60 da Lei nº 11.101/2005. Precedentes do c. Tribunal Superior do Trabalho. Recurso de revista conhecido e provido" (RR – 98600-27.2008.5.01.0033, Relator Ministro: Aloysio Corrêa da Veiga, Data de Julgamento: 08/03/2017, 6ª Turma, Data de Publicação: DEJT 10/03/2017).

Imagine a seguinte situação:

A faculdade BETA está passando por séria dificuldade financeira. Para contornar tal situação, resolve ir à justiça cível fazer pedido de recuperação judicial. O juiz da cível aprova o plano de recuperação judicial envolvendo, inclusive, alienação judicial de filiais ou de unidades produtivas isoladas da empresa em recuperação. Em seguida, a faculdade ALFA, compra a faculdade BETA, aproveitando a unidade e os professores.

A empresa ALFA não tem nenhuma responsabilidade quanto as obrigações trabalhistas da emprega BETA, pois a compra de empresa em recuperação judicial não enseja a caracterização de sucessão de empresa quanto às obrigações trabalhistas. Nesse sentido, o art. 60 e o art. 141, II da Lei 11.101/2005:

> Lei 11.101/2005, art. 60 – Se o plano de recuperação judicial aprovado envolver alienação judicial de filiais ou de unidades produtivas isoladas do devedor, o juiz ordenará a sua realização, observado o disposto no art. 142 desta Lei.
>
> Lei 11.101/2005, art. art. 141 – Na alienação conjunta ou separada de ativos, inclusive da empresa ou de suas filiais, promovida sob qualquer das modalidades de que trata o art. 142:
>
> II – o objeto da alienação estará livre de qualquer ônus e não haverá sucessão do arrematante nas obrigações do devedor, inclusive as de natureza tributária, as derivadas da legislação do trabalho e as decorrentes de acidentes de trabalho.

– O mesmo acontece no caso de compra de empresa falida?

Sim, conforme disciplinado pelo art. 141, II da Lei 11.101/2005.

> Lei 11.101/2005, art. 141. Na alienação conjunta ou separada de ativos, inclusive da empresa ou de suas filiais, promovida sob qualquer das modalidades de que trata o art. 142:
>
> II – o objeto da alienação estará livre de qualquer ônus e não haverá sucessão do arrematante nas obrigações do devedor, inclusive as de natureza tributária, as derivadas da legislação do trabalho e as decorrentes de acidentes de trabalho.

12.4.2.1.12. Penhora nos bens do sócio

– O sócio da empresa pode ter seus bens penhorados para quitar dívidas da empresa executada?

Em regra, os bens do sócio não respondem pelas da empresa executada. Olha o que diz o CPC:

> CPC, Art. 795 – Os bens particulares dos sócios não respondem pelas dívidas da sociedade, senão nos casos previstos em lei.

O sócio possui responsabilidade secundária, ou seja, primeiro se executa os bens da empresa devedora, para depois, o patrimônio do sócio poder ser atingido para arcar com o pagamento da dívida da pessoa jurídica.

> CPC, Art. 790. São sujeitos à execução os bens:
>
> II – do sócio, nos termos da lei;
>
> CPC, Art. 795 – [...]
>
> § 1º – O sócio réu, quando responsável pelo pagamento da dívida da sociedade, tem o direito de exigir que primeiro sejam excutidos os bens da sociedade.
>
> § 2º Incumbe ao sócio que alegar o benefício do § 1º nomear quantos bens da sociedade situados na mesma comarca, livres e desembargados, bastem para pagar o débito.
>
> § 3º O sócio que pagar a dívida poderá executar a sociedade nos autos do mesmo processo.

Entretanto, para isso acontecer, dever haver a desconsideração da personalidade jurídica, pois a pessoa jurídica não se confunde com a figura de seu sócio. No Processo do Trabalho, adota-se a teoria menor da desconsideração da personalidade jurídica, inspirada na norma do § 5º, do artigo 28, do CDC, ou seja, para que o sócio seja atingido, basta a constatação de que a pessoa jurídica não possui bens suficientes para o pagamento da dívida.

> CDC, Art. 28. O juiz poderá desconsiderar a personalidade jurídica da sociedade quando, em detrimento do consumidor, houver abuso de direito, excesso de poder, infração da lei, fato ou ato

ilícito ou violação dos estatutos ou contrato social. A desconsideração também será efetivada quando houver falência, estado de insolvência, encerramento ou inatividade da pessoa jurídica provocados por má administração.

§5º Também poderá ser desconsiderada a pessoa jurídica sempre que sua personalidade for, de alguma forma, obstáculo ao ressarcimento de prejuízos causados aos consumidores.

Nesses termos, a jurisprudência:

DESCONSIDERAÇÃO DA PERSONALIDADE JURÍDICA DA RECLAMADA. A desconsideração da personalidade jurídica da empresa, nesta Justiça do Trabalho, está fundada na aplicação da teoria menor, segundo a qual não se exige prova de ato ilícito praticado pelos sócios para sua responsabilização, bastando a simples insolvência da reclamada originária. Inteligência do artigo 28, parágrafo 5º, do Código de Defesa do Consumidor. Agravo de petição a que se dá provimento. (AP nº 00014364120105020073 (20170584180), 16ª Turma do TRT da 2ª Região/SP, Rel. Regina Duarte. unânime, DOe 25.09.2017).

AGRAVO DE PETIÇÃO. EXECUÇÃO. INSTITUIÇÃO SEM FINS LUCRATIVOS. DESCONSIDERAÇÃO DA PERSONALIDADE JURÍDICA. POSSIBILIDADE. Ainda que a Executada formalmente seja entidade sem fins lucrativos, conforme prevê seu Estatuto, é possível a desconsideração de sua personalidade jurídica, nos termos do artigo 50 do Código Civil. Justifica-se assim o redirecionamento da execução, uma vez que, no Processo do Trabalho, adota-se a teoria menor da desconsideração da personalidade jurídica, inspirada na norma do § 5º, do artigo 28, do CDC. (Agravo de Petição nº 0001398-57.2012.5.01.0244, 2ª Turma do TRT da 1ª Região/RJ, Rel. José Antônio Piton. DOERJ 20.10.2017).

12.4.2.1.12.1. Desconsideração da personalidade jurídica na fase de execução

– O que seria essa desconsideração da personalidade jurídica?

As pessoas jurídicas possuem personalidade jurídica distinta de seus sócios, sendo sujeitos de direitos, respondendo assim, por suas dívidas, logo, os bens particulares dos sócios não respondem pelas dívidas da sociedade, senão nos casos previstos em lei. O patrimônio dos sócios pode ser atingido por dívidas da empresa quando a personalidade jurídica servir de instrumentos a fraude e ao abuso. Para isso acontecer, deverá ocorrer a desconsideração da personalidade jurídica para que os bens do sócio possam ser atingidos pela execução judicial ou extrajudicial.

Sendo assim, desconsideração da personalidade jurídica é a suspensão temporária da personalidade jurídica da empresa para imputar responsabilidade patrimonial ao sócio.

– Qual a consequência da desconsideração da personalidade jurídica?

Após a desconsideração da personalidade jurídica o sócio torna-se responsável patrimonialmente por uma dívida que não era originariamente sua. Passa ainda, a ser parte principal no processo, podendo apresentar embargos à execução (CLT, art. 884) e não embargos de terceiro (CPC 674 ss).

– Essa responsabilidade tem previsão legal?

Sim, nos termos do art. 790, VII do CPC:

> CPC, Art. 790. São sujeitos à execução os bens:
>
> VII – do responsável, nos casos de desconsideração da personalidade jurídica.

– Como funciona a desconsideração da personalidade jurídica?

Segundo o art. 795 do CPC, os bens particulares dos sócios não respondem pelas dívidas da sociedade, senão nos casos previstos em lei. No caso de desconsideração da personalidade jurídica, não basta o requerimento do exequente por meio de petição, sendo necessária a instauração do incidente respectivo, na forma do art. 133 e seguintes do CPC. Nesse sentido:

> CPC, Art. 795, § 4º – Para a desconsideração da personalidade jurídica é obrigatória a observância do incidente previsto neste Código.

Segundo o art. 133 do CPC, o incidente de desconsideração da personalidade jurídica será instaurado a pedido da parte ou do Ministério Público, quando lhe couber intervir no processo.

– O juiz não pode iniciar o ofício?

Não. A lei exige a iniciativa da parte ou do Ministério Público. A desconsideração escapa aos poderes do juiz na condução do processo, somente sendo possível nos casos em que o exequente não esteja acompanhado de advogado. Nesse sentido, ainda:

> TST, IN 41/2018 - Art. 13. A partir da vigência da Lei nº 13.467/2017, a iniciativa do juiz na execução de que trata o art. 878 da CLT e no incidente de desconsideração da personalidade jurídica a que alude o art. 855-A da CLT ficará limitada aos casos em que as partes não estiverem representadas por advogado.

> AGRAVO DE PETIÇÃO. INCIDENTE DE DESCONSIDERAÇÃO DE PERSONALIDADE JURÍDICA. INSTAURAÇÃO DE OFÍCIO. NULIDADE. A Lei 13.467/2017 incluiu na CLT o art. 855-A, que determinou a aplicação ao processo do trabalho do incidente de desconsideração da personalidade jurídica previsto nos arts. 133 a 137 do CPC. De acordo com o art. 133 do CPC, "O incidente de desconsideração da personalidade jurídica será instaurado a pedido da parte ou do Ministério Público, quando lhe couber intervir no processo." Além disso, o artigo 13 da Instrução Normativa 41/2018 do c. TST dispõe que "A partir da vigência da Lei nº 13.467/2017, a iniciativa do juiz na execução de que trata o art. 878 da CLT e no incidente de desconsideração da personalidade jurídica a que alude o art. 855-A da CLT ficará limitada aos casos em que as partes não estiverem representadas por advogado". In casu, considerando que o exequente está representado por advogado, a instauração de ofício do incidente de

> desconsideração da personalidade jurídica é nula, por ofensa aos artigos 133 do CPC, 855 – A e 878 da CLT e 13 da Instrução Normativa 41/2018 do c. TST. (AP nº 0010117-08.2018.5.03.0003, 10ª Turma do TRT da 3ª Região/MG, Rel. Rosemary de O. Pires. j. 06.03.2020).

Sobre o tema, vale citar a doutrina do Professor Araken de Assis, ensina que:

> Ao órgão judiciário é vedado, de ofício, a integrar terceiro à relação processual, o que significa violar o princípio da demanda[43].

Ademais, é bom lembrar, que quem tomar essa iniciativa assumirá o risco financeiro de colocar o sócio na lide.

– O incidente vai ocorrer nos próprios autos do Processo Judicial Eletrônico em que foi suscitada?

Isso mesmo, pois não existe necessidade de ser ajuizada uma nova ação para a desconsideração da personalidade, nesse sentido, cito a doutrina do Professor Araken de Assis:

> Não há a menor necessidade de deduzir pretensão autônoma, formando relação processual própria, para desconsiderar a personalidade jurídica. Embora prevista no art. 134, § 2.º, o uso dessa via é eventual, pois contrariaria o postulado da efetividade, remetendo o interessado para o tortuoso, lento e oneroso caminho da via ordinária, tornando o pronunciamento futuro, na prática, completamente inútil. (ASSIS, Araken de. Manual da Execução. 2ª. ed. Em e-book. São Paulo: Revista dos Tribunais, 2016)

Ainda, considerando a necessidade de uma uniformização no entendimento dos tribunais, a Corregedoria-Geral da Justiça do Trabalho (CGJT), publicou o provimento 1, estabelecendo as regras para aplicação do incidente de desconsideração da personalidade jurídica, na Justiça do Trabalho.

43. ASSIS, Araken de. Manual da Execução. 2ª. ed. Em e-book. São Paulo: Revista dos Tribunais, 2016

Segundo esse provimento, será vedada a instauração de incidente de desconsideração da personalidade jurídica como processo autônomo, devendo ser processado como incidente processual, caso o incidente não seja suscitado na petição inicial.

> **PROVIMENTO CGJT Nº 1/2019 – Art. 1º** Não sendo requerida na petição inicial, a desconsideração da personalidade jurídica prevista no artigo 855-A da CLT **será processada como incidente processual**, tramitando nos próprios autos do Processo Judicial Eletrônico em que foi suscitada, vedada sua autuação como processo autônomo.

Nesse sentido também, a jurisprudência do TRT da 3ª Região:

> AGRAVO DE PETIÇÃO. DESCONSIDERAÇÃO DA PERSONALIDADE JURÍDICA. INSTAURAÇÃO E TRAMITAÇÃO. O incidente processual da desconsideração da personalidade jurídica a ser solucionado por decisão interlocutória, tratado nos artigos 855-A da CLT e 133 a 137 do CPC, ao ser suscitado pela parte interessada, há de tramitar no mesmo processo da execução principal e, não, em outro autônomo. Inteligência contida no Provimento CGJT/TST nº 01, de 08.02.2019. (AP nº 0010494-04.2015.5.03.0061, 4ª Turma do TRT da 3ª Região/MG, Rel. Maria Lúcia Cardoso de Magalhães. j. 05.03.2020).

– Nesse incidente, deve ser demonstrado que a pessoa jurídica não possui bens suficientes para o pagamento da dívida?

Segundo o § 4º do art. 134 do CPC, o requerimento deve demonstrar o preenchimento dos pressupostos legais específicos para desconsideração da personalidade jurídica.

Existem duas teses para o incidente de desconsideração, ou seja, existe a tese da teoria menor (basta o inadimplemento da dívida por parte da empresa executada, que isto já autoriza a eliminação do princípio da separação entre a pessoa jurídica e os respectivos sócios) e a tese da teoria maior (que nessa tese, para haver a desconsideração da personalidade, há de ser provado o intuito de fraudar o direito do credor).

Na seara trabalhista como já falamos, sempre foi aplicado a teoria menor, ou seja, a responsabilidade recai ao sócio, independentemente da sua participação nos negócios sociais, da sua constituição da dívida ou de abuso da personalidade jurídica, caracterizado pelo desvio de finalidade ou pela confusão patrimonial.

Nesse sentido, a doutrina[44] e jurisprudência pátria:

> Não é este, porém, o entendimento usual, quanto à dívida trabalhista. Em geral, a responsabilidade recai sobre qualquer sócio, independentemente da sua participação nos negócios sociais ou da data da constituição da dívida.
>
> AGRAVO EM AGRAVO DE INSTRUMENTO EM RECURSO DE REVISTA. PROCESSO EM FASE DE EXECUÇÃO. Da leitura da decisão regional, verifica-se que o TRT negou provimento ao agravo de petição para manter a desconsideração da personalidade jurídica da devedora originária (Miltrans Mil Transportes Limitada - EPP). Para tanto, foi registrado que "a teoria da desconsideração da personalidade jurídica é plenamente aplicável à hipótese dos autos, em que restou devidamente comprovada a impossibilidade/inviabilidade da execução de bens da devedora principal... a Reclamação trabalhista foi proposta em face da Reclamada (Miltrans) antes mesmo da exclusão do Agravante (José Artur Oliveira Ribeiro) de seu quadro societário". Patente, pois, que a decisão regional pautou-se na desconsideração da personalidade jurídica, matéria objeto dos artigos 50 e 1003 do CCB, 133 e seguintes do CPC e 28 do CDC, todos diplomas processuais de cunho infraconstitucional, mostrando-se, assim, irreparável a decisão quando se reporta aos óbices do artigo 896, § 2º, da CLT e da Súmula 636 do STF para denegar seguimento ao recurso de revista dos executados. Agravo conhecido e desprovido. (AG-AIRR nº 881-02.2013.5.03.0005, 3ª Turma do TST, Rel. Alexandre de Souza Agra Belmonte. j. 11.03.2020, Publ. 13.03.2020).
>
> A hipossuficiência de quem persegue o crédito é considerada o único pressuposto do afastamento da personalidade jurídica por aqueles que defendem a Teoria Menor, formalizada, no plano

44. ASSIS, Araken de. Manual da Execução. 2ª. ed. Em e-book. São Paulo: Revista dos Tribunais, 2016.

legislativo, pelos artigos 28, §5º, do CDC e 4º da Lei nº 9.605/1998. Por não encontrarem disciplina específica no âmbito da CLT, os trabalhadores são jurisprudencialmente equiparados aos atores hipossuficientes do microssistema consumerista. (ARR-3148-91.2014.5.05.0251, 3ª Turma, Relator Ministro Alexandre de Souza Agra Belmonte, DEJT 05/04/2019)

"AGRAVO DE INSTRUMENTO. RECURSO DE REVISTA. EXECUÇÃO. DESCONSIDERAÇÃO DA PERSONALIDADE JURÍDICA EM EXECUÇÃO DE SENTENÇA. DÉBITOS PREVIDENCIÁRIOS. RESPONSABILIDADE SUBSIDIÁRIA. VIOLAÇÃO DA CONSTITUIÇÃO FEDERAL NÃO CONFIGURADA. O TRT registra que, in casu, todas as medidas adotadas na execução resultaram infrutíferas há mais de 10 anos e ainda resta um débito pendente que totalizava R$ 73.528,78, em 24.11.2010 , fl. 1291, e que a responsabilização irrestrita e ilimitada decorre da aplicação analógica no âmbito do processo do trabalho do art. 28, caput e § 5º, do CDC, a qual está autorizada pelo art. 8º da CLT e pela sua compatibilização com os princípios norteadores deste ramo do direito, colmatando lacuna axiológica, em prestígio ao valor social do trabalho , fl. 1292. A admissibilidade do recurso de revista, em processo de execução, está condicionada à demonstração inequívoca de violação direta e literal de norma da Constituição Federal, na forma do § 2º do artigo 896 da CLT e da Súmula nº 266 desta Corte. Ausente tal demonstração, o recurso não pode ser processado. Indenes os artigos 5º, LIV, LV e 7º, XXIX, da Constituição da República. Agravo de instrumento não provido" (AIRR-92500-98.2005.5.04.0802, 3ª Turma, Relator Ministro Alexandre de Souza Agra Belmonte, DEJT 08/08/2014).

DESCONSIDERAÇÃO DA PERSONALIDADE JURÍDICA. EXECUÇÃO INFRUTÍFERA EM RELAÇÃO À DEVEDORA PRINCIPAL. POSSIBILIDADE. A execução do débito trabalhista deve, a princípio, ser direcionada única e exclusivamente contra o empregador, pessoa física ou jurídica, em relação ao qual se formou o título executivo, podendo, contudo, voltar-se contra os seus sócios ou ex-sócios, com a penhora de seus bens, se a execução se mostrar infrutífera em relação à devedora principal. Por aplicação da "Teoria da Desconsideração da Personalidade Jurídica", o artigo 28 do CDC permite que, demonstrada a incapacidade financeira da sociedade para arcar com suas dívidas,

> o sócio seja responsabilizado pelo cumprimento das obrigações inadimplidas. (AP nº 0001993-16.2013.5.03.0034, 5ª Turma do TRT da 3ª Região/MG, Rel. Convocado Danilo Siqueira de C. Faria. j. 12.02.2019).
>
> DESCONSIDERAÇÃO DA PERSONALIDADE JURÍDICA. A teoria da desconsideração da personalidade jurídica é plenamente aplicável ao processo Trabalhista, quando devidamente comprovada a impossibilidade/inviabilidade da execução de bens da devedora principal. A teoria em questão se baseia nas disposições contidas no artigo 28, § 5º, do CDC c/c artigo 50 do CC (subsidiariamente aplicáveis ao processo trabalhista por força dos arts. 8º e 769 da CLT), sendo certo que sua aplicação no âmbito da Justiça do Trabalho também decorre dos princípios protetivos que visam garantir, de forma célere, o pagamento do crédito alimentar. (AP nº 0001769-34.2013.5.03.0081, 8ª Turma do TRT da 3ª Região/MG, Rel. Sercio da Silva Pecanha. j. 12.12.2018).

Como visto nos julgados acima, a teoria menor tem respaldo no art. 28 do CDC, de seguinte teor:

> **CDC, Art. 28.** O juiz poderá desconsiderar a personalidade jurídica da sociedade quando, em detrimento do consumidor, houver abuso de direito, excesso de poder, infração da lei, fato ou ato ilícito ou violação dos estatutos ou contrato social. A desconsideração também será efetivada quando houver falência, estado de insolvência, encerramento ou inatividade da pessoa jurídica provocados por má administração.
>
> § 1° (Vetado).
>
> § 2° As sociedades integrantes dos grupos societários e as sociedades controladas, são subsidiariamente responsáveis pelas obrigações decorrentes deste código.
>
> § 3° As sociedades consorciadas são solidariamente responsáveis pelas obrigações decorrentes deste código.
>
> § 4° As sociedades coligadas só responderão por culpa.
>
> § 5° Também poderá ser desconsiderada a pessoa jurídica sempre que sua personalidade for, de alguma forma, obstáculo ao ressarcimento de prejuízos causados aos consumidores.

– Após a instauração do incidente, o juiz deve citar o sócio para apresentar defesa?

Com a instauração do incidente de desconsideração da personalidade jurídica, o juiz deve citar o sócio para integrar a lide e apresentar defesa no prazo de 15 dias. Nesse sentido:

> CPC, Art. 135. Instaurado o incidente, o sócio ou a pessoa jurídica será citado para manifestar-se e requerer as provas cabíveis no prazo de 15 (quinze) dias.
>
> **PROVIMENTO CGJT Nº 1/2019 – Art. 3º** – Instaurado o incidente, a parte contrária e os requeridos serão notificados para se manifestar e requerer as provas cabíveis no prazo de 15 (quinze) dias.

Em defesa, segundo o Professor Araken de Assis[45], o suscitado tem o ônus de impugnar precisamente os fatos alegados pelo suscitante (art. 341, caput), do contrário presumidos verdadeiros, salvo as exceções leais (art. 341, I a III, e parágrafo único).

Pode alegar, ainda, o *beneficium excussionis personalis*, ou seja, segundo o § 2º do art. 795 do CPC, o sócio, quando responsável pelo pagamento da dívida da sociedade, tem o direito de exigir que primeiro sejam executados os bens da sociedade. Nesse sentido:

> AGRAVO DE PETIÇÃO. EXECUÇÃO EM FACE DO RESPONSÁVEL SUBSIDIÁRIO. BENEFÍCIO DE ORDEM. Com efeito, o artigo 795 do CPC/2015 estabelece o benefício de ordem para o sócio (beneficium excussionis personalis) que vê seus bens submetidos à execução. E o parágrafo 2º do citado diploma processual complementa a regra, dispondo que cumpre ao próprio sócio, devidamente citado, alegar este benefício e nomear bens da sociedade, situados na mesma comarca (livres e desembaraçados) e suficientes para pagar a dívida. Todavia, aplicando-se a norma ao processo trabalhista, se condenação decorre do entendimento

45. ASSIS, Araken de. Manual da Execução. 2ª. ed. Em e-book. São Paulo: Revista dos Tribunais, 2016

da Súmula nº 331 do TST, não há previsão legal que determine o benefício de ordem, o qual não se confunde com a desconsideração da personalidade jurídica do devedor principal, para, só após, executar o responsável subsidiário. Nesse sentido, este egrégio já editou a Súmula nº 12 sobre a matéria. (Agravo de Petição nº 0100601-22.2016.5.01.0221, TRT da 1ª Região, Rel. Flavio Ernesto Rodrigues Silva. DOERJ 14.09.2018).

– O incidente suspenderá o processo principal?

Quando o incidente for solicitado na fase recursal ou na execução, ocorrerá a suspensão do processo principal. Veja:

CPC, Art. 134 – [...]

§3º A instauração do incidente suspenderá o processo, salvo na hipótese do § 2º.

CLT, art. 855-A – [...]

§2º A instauração do incidente suspenderá o processo, sem prejuízo de concessão da tutela de urgência de natureza cautelar de que trata o art. 301 da Lei no 13.105, de 16 de março de 2015 (Código de Processo Civil)

PROVIMENTO CGJT Nº 1/2019 – Art. 2º A instauração do incidente suspenderá o processo, sem prejuízo de concessão da tutela de urgência de natureza cautelar de que trata o artigo 301 da Lei nº 13.105, de 16 de março de 2015 (Código de Processo Civil).

– Após o prazo de defesa haverá a instrução processual do incidente?

Se houver necessidade de produção de prova oral, o juiz designará audiência para a produção da prova. Nesse sentido:

PROVIMENTO CGJT Nº 1/2019 – Art. 3º – [...]

Parágrafo único. Havendo necessidade de prova oral, o juiz designará audiência para sua coleta.

– Posteriormente, o juiz vai proferir decisão. Nessa decisão interlocutória, o juiz pode acolher ou rejeitar o incidente. Cabe recurso dessa decisão?

Segundo o art. 136 do CPC, após concluída a instrução, se necessária, o incidente será resolvido por decisão interlocutória.

> PROVIMENTO CGJT Nº 1/2019 – Art. 4º – Concluída a instrução, o incidente será resolvido por decisão interlocutória, da qual serão as partes e demais requeridos intimados.

Da decisão interlocutória que acolher ou rejeitar o incidente cabe os seguintes recursos:

(1) Se a decisão for na fase de cognição (a desconsideração foi solicitada na petição inicial), não cabe recurso de imediato, na forma do § 1º do artigo 893 da CLT, devendo a parte recorrer da sentença de mérito por meio do recurso ordinário. Contudo, se a decisão interlocutória da desconsideração proferida pelo juiz violar a lei ou for praticada com abuso, cabe Mandado de Segurança nos termos da Súmula nº 414, II do TST.

(2) Se a decisão que acolher ou rejeitar o incidente for na fase de execução, cabe agravo de petição, em 8 (oito) dias úteis, independentemente de garantia do juízo.

> CLT, Art. 855-A. Aplica-se ao processo do trabalho o incidente de desconsideração da personalidade jurídica previsto nos arts. 133 a 137 da Lei no 13.105, de 16 de março de 2015 – Código de Processo Civil.
>
> § 1º – Da decisão interlocutória que acolher ou rejeitar o incidente:
>
> II – na fase de execução, cabe agravo de petição, independentemente de garantia do juízo.

(3) Se a decisão que acolher ou rejeitar o incidente for na fase de recurso, ou seja, foi requerido no Tribunal (TRT ou TST) caberá Agravo Interno da decisão do relator.

> CLT, Art. 855-A – [...]
>
> § 1º – Da decisão interlocutória que acolher ou rejeitar o incidente:
>
> III – cabe agravo interno se proferida pelo relator em incidente instaurado originariamente no tribunal.
>
> PROVIMENTO CGJT Nº 1/2019 – Art. 5º Em se tratando de incidente requerido originariamente no tribunal, a competência para sua instauração, para decisão de pedidos de tutela provisória e para a instrução será do Relator.
>
> § 1º O Relator poderá decidir monocraticamente o incidente ou submetê-lo ao colegiado, juntamente com o recurso.
>
> § 2º Decidido o incidente monocraticamente pelo Relator, da decisão caberá agravo interno, nos termos do Regimento do Tribunal.

– Professor, caso o juiz determine o bloqueio nos bens do sócio sem desconsiderar a personalidade jurídica, qual medida tomar?

Desde a vigência do CPC de 2015, para o sócio ser responsabilizado no Processo do Trabalho, deve haver no processo o incidente de desconsideração da personalidade da pessoa jurídica conforme determinado pelos arts. 133 a 137 do CPC.

Caso o juiz não instaure o incidente, a parte pode impetrar Mandado de Segurança por violação da Lei. Senão vejamos o trecho da decisão exarada no processo RO – 406-27.2017.5.10.0000, julgado em 06/11/2018:

> No entanto, direcionada a execução provisória contra a pessoa física titular do empreendimento sem observância das normas dos arts. 133 a 137 do CPC de 2015, que disciplinam o incidente de desconsideração da personalidade da pessoa jurídica, deve ser permitida, na ação mandamental, a discussão acerca da possibilidade de, em execução ainda não definitiva, estender os efeitos da obrigação contida no título executivo aos bens particulares da administradora da pessoa jurídica.

Abaixo, segue a ementa completa:

> Informativo 185 do TST – RECURSO ORDINÁRIO EM MANDADO DE SEGURANÇA. DEVIDO PROCESSO LEGAL. NÃO INSTAURAÇÃO DO INCIDENTE DE DESCONSIDERAÇÃO DA PERSONALIDADE JURÍDICA PARA REDIRECIONAMENTO DA EXECUÇÃO CONTRA TITULAR DO EMPREENDIMENTO. CF, ART. 5º, LIV /C OS ARTS. 133 A 137 DO CPC DE 2015. ART. 6º DA IN 39/2016 DO TST. CABIMENTO DA AÇÃO MANDAMENTAL. 1. Cuida-se de mandado de segurança, com pedido liminar, impetrado em face de \ato mediante o qual o Juízo de primeira instância, em decisão exarada ainda em execução provisória (pendente de julgamento agravo de instrumento em recurso extraordinário), desconsiderou a personalidade da pessoa jurídica executada e incluiu a Impetrante no polo passivo da execução, determinando sua citação para pagamento da quantia apurada em liquidação. A decisão impugnada no *mandamus* foi exarada em 16/6/2017, ou seja, já na vigência do CPC de 2015.2. Ao apreciar o mandado de segurança, o TRT indeferiu a petição inicial e extinguiu o processo sem resolução do mérito, concluindo pelo não cabimento do mandado de segurança. 3. Na forma do artigo 5º, II, da Lei 12.016/2009, o mandado de segurança não representa a via processual adequada para a impugnação de decisões judiciais passíveis de retificação por meio de recurso, ainda que com efeito diferido (OJ 92 da SBDI-2 do TST). 4. No entanto, direcionada a execução provisória contra a pessoa física titular do empreendimento sem observância das normas dos arts. 133 a 137 do CPC de 2015, que disciplinam o incidente de desconsideração da personalidade da pessoa jurídica, deve ser permitida, na ação mandamental, a discussão acerca da possibilidade de, em execução ainda não definitiva, estender os efeitos da obrigação contida no título executivo aos bens particulares da administradora da pessoa jurídica. 5. A partir da vigência do CPC de 2015, a desconsideração da personalidade da pessoa jurídica deve ser levada a efeito, necessariamente, com a instauração do incidente de que cuidam os arts. 133 a 137 do referido diploma legal, conforme orienta, aliás, o art. 6º da IN 39/2016 do TST. 6. Não sendo possível examinar a pretensão mandamental, porquanto ainda não oficiada a autoridade apontada como coatora nem notificado o Litisconsorte passivo, determina-se o retorno dos autos à Corte

de origem a fim de que o mandado de segurança seja processado e julgado. Recurso ordinário conhecido e provido. Processo: RO – 406-27.2017.5.10.0000 Data de Julgamento: 06/11/2018, Relator Ministro: Douglas Alencar Rodrigues, Subseção II Especializada em Dissídios Individuais, Data de Publicação: DEJT 09/11/2018.

12.4.2.1.13. Responsabilidade do sócio oculto

– Pode haver penhora nos bens do sócio oculto?

A Justiça do Trabalho deve mandar incluir como devedor trabalhista os empresários que se retiram da sociedade empresarial, mas que, continuam atuando como "sócio oculto", sendo ele, o responsável legal pela empresa. Logo, o sócio oculto deve ser incluído na execução.

Nesse sentido:

EXECUÇÃO. SÓCIO DE FATO/OCULTO. CONSULTA AO CADASTRO DE (CCS[46]). A consulta ao cadastro de clientes do Sistema Financeiro Nacional, comprovando a existência de relacionamento bancário entre a pessoa física executada e pessoa jurídica estranha à lide, figurando àquela como responsável pela movimentação financeira da conta de titularidade desta, legitima a inclusão da empresa no polo passivo da execução. (AP nº 0010942-20.2016.5.03.0100, 3ª Turma do TRT da 3ª Região/MG, Rel. Camilla G. Pereira Zeidler, j. 07.11.2017).

A atuação como sócio oculto, viola o art. 9º da CLT:

CLT, art. 9º – Serão nulos de pleno direito os atos praticados com o objetivo de desvirtuar, impedir ou fraudar a aplicação dos preceitos contidos na presente Consolidação.

46. O CCS (Cadastro de Clientes do Sistema Financeiro Nacional) é um sistema informatizado que permite indicar onde os clientes de instituições financeiras mantêm contas de depósitos à vista, depósitos de poupança, depósitos a prazo e outros bens, direitos e valores, diretamente ou por intermédio de seus representantes legais e procuradores. (retirado do site: www.trt3.jus.br).

Deve ser provado que o sócio oculto continua sendo administrador, procurador ou que esteja, de alguma forma, se beneficiando da executada. Nesse sentido, a jurisprudência:

> INCLUSÃO DE SÓCIO OCULTO NO POLO PASSIVO. O art. 134 do CPC de 2015, aplicável ao processo do trabalho por força da Instrução Normativa nº 39/2016 (art. 6º), autoriza a desconsideração da personalidade jurídica da empresa devedora antes da execução, possibilitando a formulação do pedido já na petição inicial, envolvendo também a questão do sócio oculto. Entretanto, a autora não demonstrou de forma cabal a participação do Sr. Dimitry como sócio oculto da reclamada, nos termos dos arts. 818 da CLT e 373, I, do CPC/2015. Recurso conhecido e desprovido. (RO nº 0010972-27.2015.5.18.0018, 2ª Turma do TRT da 18ª Região/GO, Rel. Geraldo Rodrigues do Nascimento. DEJT 19.09.2017).

> AGRAVO DE PETIÇÃO. INCLUSÃO DE EMPRESA E SÓCIO NO POLO PASSIVO. Não havendo elementos, nos autos, que apontem que o executado atua como sócio oculto de empresa indicada pelo exequente, não há que se falar em inclusão das empresas filiais e seus sócios no polo passivo da demanda em questão. Vistos, relatados e discutidos os presentes autos de AGRAVO DE PETIÇÃO, sendo partes as acima citadas. (AP nº 0062400-84.2010.5.17.0007, 1ª Turma do TRT da 17ª Região/ES, Rel. José Luiz Serafini. DEJT 21.09.2017).

> CADASTRO DE CLIENTES DO SISTEMA FINANCEIRO NACIONAL (CCS). SÓCIO OCULTO. CARACTERIZAÇÃO. Nos termos do Enunciado nº 11 da Jornada Nacional sobre Execução na Justiça do Trabalho, "É instrumento eficaz, para identificar fraudes e tornar a execução mais efetiva, a utilização do Cadastro de Clientes no Sistema Financeiro Nacional (CCS), com o objetivo de busca de procurações outorgadas a administradores que não constam do contrato social das executadas". A consulta ao CCS se revela de grande importância para a configuração da ocorrência de confusão patrimonial, sócio oculto ou de fato. No caso, constatado por meio dessa consulta que o sócio retirante era capaz de continuar a praticar atos administrativos em nome da empresa executada, como "representante, responsável ou procurador", mas sem constar no contrato social a existência

da relação entre a pessoa jurídica e a pessoa física, nos termos do art. 1.012 do Código Civil, pelo qual a ausência de averbação dessa condição à margem da inscrição da sociedade impõe a sua responsabilidade pessoal e solidária com a sociedade, concluiu-se que o executado (pessoa física) é mero sócio aparente. Agravo de petição ao qual foi dado provimento, para determinar o prosseguimento da execução em relação ao sócio oculto. (AP nº 0000595-97.2012.5.03.0089, 10ª Turma do TRT da 3ª Região/MG, Rel. Taísa Maria M. de Lima. Publ. 06.03.2018)

12.4.2.1.14. Responsabilidade do sócio retirante

– O sócio retirante responde pela dívida trabalhista, Hamilton?

O tema foi regulamentado pela reforma trabalhista do ano de 2017, quando incluiu na CLT, o art. 10-A de seguinte teor:

> CLT, Art. 10-A. O sócio retirante responde subsidiariamente pelas obrigações trabalhistas da sociedade relativas ao período em que figurou como sócio, somente em ações ajuizadas até dois anos depois de averbada a modificação do contrato, observada a seguinte ordem de preferência:
>
> I – a empresa devedora;
>
> II – os sócios atuais; e
>
> III – os sócios retirantes.
>
> Parágrafo único. O sócio retirante responderá solidariamente com os demais quando ficar comprovada fraude na alteração societária decorrente da modificação do contrato.

Assim o sócio que se desliga da empresa não pode mais, após 2 anos da averbação de sua saída, continuar arcando com responsabilidades pecuniárias relativas a ela, **exceto quanto as ações ajuizadas até dois anos de averbada a modificação do contrato**.

Cabe alertar, se a ação for de obrigações trabalhistas da sociedade relativas ao período em que sócio não fazia mais parte da sociedade, não há mais que se falar em responsabilidade, mesmo antes do prazo de 2 anos. Nesse sentido, a jurisprudência:

> SÓCIO RETIRANTE - RESPONSABILIDADE TRABALHISTA - RETIRADA ANTES DA CONTRAÇÃO DO TRABALHADOR. O sócio retirante não responde solidariamente pelas obrigações da sociedade, se o obreiro foi contratado em período posterior a sua saída da empresa, porquanto não foi beneficiado pela prestação de trabalho do empregado. (AP nº 0010294-43.2016.5.03.0099, 1ª Turma do TRT da 3ª Região/MG, Rel. José Eduardo Resende Chaves Jr. j. 29.11.2017).

> EXECUÇÃO - RESPONSABILIDADE DO SÓCIO RETIRANTE. Se a prestação de serviços teve início após a saída do sócio retirante que, portanto, não se beneficiou dos serviços prestados pelo autor, não poderá aquele ser responsabilizado pelos créditos deferidos na presente ação. Inteligência do artigo 1.032 do Código Civil. (AP nº 0011194-40.2016.5.03.0062, 5ª Turma do TRT da 3ª Região/MG, Rel. Convocado João Bosco de Barcelos Coura. j. 29.11.2017).

> EXECUÇÃO. SÓCIO RETIRANTE. Não cabe atribuir ao sócio retirante responsabilidade pelo pagamento de crédito trabalhista devido a empregado contratado após a saída da sociedade. (AP nº 0010109-82.2015.5.03.0020, 7ª Turma do TRT da 3ª Região/MG, Rel. Cristiana M. Valadares Fenelon. j. 17.11.2017).

Segundo o Professor Schiavi[47], pela redação do novo art. 10-A da CLT, ficaram disciplinadas as seguintes regras:

> a) primeiramente responde a pessoa jurídica devedora;
>
> b) posteriormente respondem os sócios atuais pela integralidade da dívida;
>
> c) posteriormente respondem os sócios retirantes;
>
> d) o sócio retirante responderá subsidiariamente pelas obrigações trabalhistas da sociedade relativas ao período em que figurou como sócio;
>
> e) a responsabilidade do sócio retirante se restringe às ações ajuizadas até dois anos depois de averbada a modificação do contrato;

47. SCHIAVI, Mauro. Manual de direito processual do trabalho.13. ed. – São Paulo: LTr, 2018. Pág. 1.163.

f) o sócio retirante responderá solidariamente com os demais quando ficar comprovada fraude na alteração societária decorrente da modificação do contrato.

12.4.2.1.15. Penhora nos bens dos herdeiros

– Pode haver penhora nos bens dos herdeiros e sucessores?

Após a desconsideração da personalidade jurídica, os herdeiros e sucessores podem responder pela execução nos termos do art. 779 do CPC:

> CPC, art. 779. A execução pode ser promovida contra:
>
> II – o espólio, os herdeiros ou os sucessores do devedor;

Os herdeiros irão responder pela dívida do falecido, mas esta responsabilidade é *intra vires hereditatis*, ou seja, é proporcional à parte que lhe coube, pois os herdeiros e sucessores só respondem pelas dívidas do de cujus nos limites da herança, de forma que os bens de seu patrimônio que não vieram da herança jamais poderão ser atingidos por dívidas contraídas originariamente pelo de cujus.

O Código Civil, diz que:

> CC, Art. 1.997. A herança responde pelo pagamento das dívidas do falecido; mas, feita a partilha, só respondem os herdeiros, cada qual em proporção da parte que na herança lhe coube.

Essa mesma regra é trazida pelo CPC, veja:

> CPC – Art. 796. O espólio responde pelas dívidas do falecido, mas, feita a partilha, cada herdeiro responde por elas dentro das forças da herança e na proporção da parte que lhe coube.

Há, portanto, uma responsabilidade patrimonial limitada. Além dos dispositivos acima citados, isso fica claro também pela leitura da 1ª parte do art. 1.792 do CC:

> CC, Art. 1.792. O herdeiro não responde por encargos superiores às forças da herança; incumbe-lhe, porém, a prova do excesso, salvo se houver inventário que a escuse, demostrando o valor dos bens herdados.

Nesse sentido, a jurisprudência:

> EXECUÇÃO – PENHORA NO ROSTO DOS AUTOS DO INVENTÁRIO EM QUE FIGURAM OS SÓCIOS DA EMPRESA – PERTINÊNCIA. Resultando infrutíferas as tentativas de execução contra a reclamada, pertinente o redirecionamento contra os sócios e, consequentemente a penhora no rosto dos autos do inventário que alberga aquele falecido e seu herdeiro a teor do disposto nos artigos de 1997 do Código Civil e artigo 790, II do CPC. Sentença mantida. (Processo nº 1000090-90.2018.5.02.0062, 2ª Turma do TRT da 2ª Região/SP, Rel. Rosa Maria Villa. DJe 19.09.2018).

> EXECUÇÃO. PENHORA. VALORES HAVIDOS POR DIREITO HEREDITÁRIO. Em conformidade com o artigo 1.792 do Código Civil, o herdeiro responde até o limite das forças da herança, competindo a este ter havido excesso na constrição efetivada, em ação cujo patrimônio foi transmitido em vida pelo de cujus. (AP nº 0004400-20.1983.5.04.0001, Seção Especializada em Execução do TRT da 4ª Região/RS, Rel. Vania Maria Cunha Mattos. j. 05.06.2018).

> EMBARGOS DE TERCEIRO. PENHORA DE NUMERÁRIO EXISTENTE NA CONTA DO HERDEIRO DO EXECUTADO. NÃO COMPROVAÇÃO DE SUPERAÇÃO DOS LIMITES DA HERANÇA. INTELIGÊNCIA DO ART. 1.792 DO CÓDIGO CIVIL. Correta a decisão que mantém a penhora efetuada na conta bancária de propriedade do herdeiro do executado, constatando o juízo, na ausência de prova do herdeiro, não terem sido ultrapassados os limites da herança. (Agravo de Petição nº 0000009-81.2015.5.01.0551, 7ª Turma do TRT da 1ª Região/RJ, Rel. Rogerio Lucas Martins. DOERJ 15.02.2017).

12.4.2.1.16. Penhora sobre a meação do cônjuge

– Penhora sobre a meação do cônjuge, é possível?

O inciso IV do art. 790 do CPC, garante que os bens do cônjuge, ou companheiro, reservados ou de sua meação respondem pela dívida.

> CPC, art. 790. São sujeitos à execução os bens:
>
> IV – do cônjuge ou companheiro, nos casos em que seus bens próprios ou de sua meação respondem pela dívida;

Diz ainda o art. 842 do CPC:

> CPC, art. 842. Recaindo a penhora sobre bem imóvel ou direito real sobre imóvel, será intimado também o cônjuge do executado, salvo se forem casados em regime de separação absoluta de bens.

Desta forma, é possível a penhora de bem comum para pagamento de débito de um dos cônjuges desde que demonstrado:

1) O regime de bens (comunhão parcial) vigente; e
2) A aquisição do bem na constância do casamento.

Nesse sentido, o art. 1.658 do CC:

> CC, Art. 1.658. No regime de comunhão parcial, comunicam-se os bens que sobrevierem ao casal, na constância do casamento, com as exceções dos artigos seguintes.

Sobre o tema, Cairo[48] escreve que:

> Se o regime é o da comunhão parcial, os bens adquiridos na constância do casamento comunicam-se, inclusive aqueles: adquiridos na constância do casamento por título oneroso, ainda que só em nome de um dos cônjuges; os adquiridos por fato eventual, com ou sem o concurso de trabalho ou despesa anterior; os adquiridos por doação, herança ou legado, em favor de ambos os cônjuges; as benfeitorias em bens particulares de cada cônjuge; os frutos dos bens comuns, ou dos particulares de cada cônjuge, percebidos na constância do casamento, ou pendentes ao tempo de cessar a comunhão.
>
> Excepciona-se da comunhão os bens que: sobrevierem, na constância do casamento, por doação ou sucessão, e os sub-rogados em seu lugar; os adquiridos com valores exclusivamente pertencentes

48. JUNIOR, José Cairo. Curso de direito processual do trabalho. 11. ed. Salvador: Juspodivm, 2017.

a um dos cônjuges em sub-rogação dos bens particulares; as obrigações anteriores ao casamento; as obrigações provenientes de atos ilícitos, salvo reversão em proveito do casal; os bens de uso pessoal, os livros e instrumentos de profissão; os proventos do trabalho pessoal de cada cônjuge; as pensões, meios-soldos, montepios e outras rendas semelhantes.

Nesse sentido, a jurisprudência:

> BENS DE CONJUGE MEEIRA. PENHORA. A meação da esposa responde pela dívida contraída exclusivamente pelo marido, e vice-versa, vez que presumido o benefício da família, presunção essa que poderá ser elidida por prova em contrário. (AP nº 0047100-90.1994.5.03.0053, 9ª Turma do TRT da 3ª Região/MG, Rel. João Bosco Pinto Lara. Publ. 25.10.2017).
>
> AGRAVO DE PETIÇÃO. PENHORA. MEAÇÃO. Não tendo a Agravante provado que não se beneficiou dos lucros provenientes da atividade empresarial da Executada, mantém-se a penhora que recaiu sobre o imóvel, bem comum e indivisível. Agravo de petição a que se nega provimento. (Processo nº 0000997-25.2016.5.05.0012, 5ª Turma do TRT da 5ª Região/BA, Rel. Norberto Frerichs. DJ 06.09.2017).

Por fim, vale citar os ensinamentos de Miessa[49]:

> A partir desse dispositivo, entende-se que há presunção de que as dívidas contraídas pelo cônjuge ou companheiro ocorreram em benefício do casal.
>
> Essa presunção também se aplica nos casos de dívidas contraídas pela sociedade em que apenas um dos cônjuges é sócio, pois a atividade econômica, em regra, é realizada em benefício do casal.
>
> No entanto, essa presunção é relativa, podendo ser refutada pelo cônjuge por meio de embargos de terceiro para defender a posse de bens próprios ou de sua meação, com a ressalva do bem penhorado é indivisível (CPC/2015, arts. 674, § 2º, I e 843). Nesses casos, o cônjuge deverá demonstrar que a renda usufruída da sociedade não beneficiou o casal.

49. MIESSA, Élisson. Processo do Trabalho para concurso. 5. ed. – Salvador: Ed. Juspodivm, 2017. Pág. 1.161.

> – Qual o meio de defesa o cônjuge vai utilizar para defender a meação?

Equipara-se a terceiro, para efeito dos embargos, o cônjuge quando defende bens de sua meação. Assim, penhorado a meação do cônjuge ou companheiro, este deve apresentar embargos de terceiro. Nesse sentido, a Súmula nº 134 do STJ:

> STJ – Súmula 134 – Embora intimado da penhora em imóvel do casal, o cônjuge do executado pode opor embargos de terceiro para defesa de sua meação.

12.4.2.1.17. Penhora nos bens da empresa responsável subsidiariamente

> – Professor, é necessário esgotar todos os meios de execução para que esta seja direcionada ao responsável subsidiariamente?

Não é necessário o esgotamento de todos os meios de execução para que a execução seja direcionada a execução para o responsável subsidiário, sendo assim, é inexigível a execução prévia dos sócios do devedor principal inadimplente para o direcionamento da execução contra o responsável subsidiário. Nesse sentido, a jurisprudência.

> RESPONSABILIDADE SUBSIDIÁRIA. ESGOTAMENTO DA EXECUÇÃO FRENTE AO DEVEDOR PRINCIPAL. NECESSIDADE. Entendo que não há que se exigir do trabalhador a obrigação de se esgotar todos os caminhos possíveis na busca de bens do devedor principal, para que somente após verta suas intenções de percebimento do crédito sobre o patrimônio do devedor-subsidiário. Isso porque tal caminho atribuiria ao hipossuficiente tarefa árdua e implicaria numa protelação indefinida da execução. Não bastasse isso, certo é que a responsabilidade subsidiária gera a obrigação do corresponsável em pagar o débito exequendo, pela simples inadimplência do devedor principal. A justificativa tem amparo na natureza alimentar do crédito trabalhista que requer

a celeridade e efetividade na sua satisfação (CF/88, art. 5º, LXXVIII), garantindo eficiência na entrega da prestação jurisdicional. Nada a reparar. (AP nº 00015733820135020034 (20170566298), 4ª Turma do TRT da 2ª Região/SP, Rel. Ivani Contini Bramante. Unânime, DOe 21.09.2017).

RESPONSABILIDADE SUBSIDIÁRIA. BENEFÍCIO DE ORDEM. O benefício de ordem é estabelecido entre o devedor principal e o devedor subsidiário. O exequente não é obrigado, por isso, a esgotar a via executiva em face dos sócios daquele para, apenas após, redirecionar a execução em face deste. No âmbito trabalhista não há a chamada responsabilidade de terceiro grau, consoante a Orientação Jurisprudencial nº 18 das Turmas deste e. Regional. (AP nº 0010108-84.2015.5.03.0186, 7ª Turma do TRT da 3ª Região/MG, Rel. Cristiana M. Valadares Fenelon. j. 20.10.2017).

DESCONSIDERAÇÃO DA PERSONALIDADE JURÍDICA. BENEFÍCIO DE ORDEM. A iterativa, notória e atual jurisprudência desta Corte é no sentido de que os sócios da prestadora de serviços e a tomadora de serviços encontram-se, quanto à responsabilidade pelos encargos trabalhistas da terceirizada, no mesmo patamar, não sendo necessário o prévio esgotamento das tentativas de execução em face dos sócios da contratada para que, só então, se passe à constrição do patrimônio da contratante. Trata-se da responsabilidade jurídica em terceiro grau, não admitida no âmbito do TST. Precedentes. Recurso de revista não conhecido. (...) (Ag-RR – 10934-61.2014.5.03.0149, Relator Ministro: Márcio Eurico Vitral Amaro, Data de Julgamento: 22.03.2017, 8ª Turma, Data de Publicação: DEJT 24.03.2017) (gn) (AP nº 00014114620115020088 (20170566565), 4ª Turma do TRT da 2ª Região/SP, Rel. Ivani Contini Bramante. unânime, DOe 21.09.2017)

RESPONSABILIDADE SUBSIDIÁRIA. ESGOTAMENTO DOS BENS DO DEVEDOR PRINCIPAL. DESNECESSIDADE. Para que a execução seja revertida contra o devedor subsidiário, é mister que ele tenha participado da relação processual, que seu nome conste do título executivo judicial e que se mostrem infrutíferas as tentativas de cobrança do devedor principal. Portanto, não há necessidade de esgotar os bens do devedor principal para apenas depois executar-se o responsável subsidiário, vez que isso demandaria incidentes processuais na execução a retardar o adimplemento do título executivo judicial. Agravo de petição conhecido e não provido. (AP nº 0136200-22.2008.5.16.0015, TRT da 16ª Região/MA, Rel. Luiz Cosmo da Silva Júnior. Publ. 14.03.2017).

Lembre-se que para o tomador de serviço ser responsável pelos débitos trabalhistas da prestadora de serviço, este deve ser indicado como litisconsorte passivo, constar os motivos da condenação na causa de pedir e constar tal pleito no pedido, pois o TST já firmou entendimento de que o tomador não pode ser incluído na lide só na fase execução.

"EMBARGOS SUJEITOS À SISTEMÁTICA DA LEI Nº 11.496/2007 - CARÊNCIA DE AÇÃO - IMPOSSIBILIDADE JURÍDICA DO PEDIDO - RECLAMAÇÃO TRABALHISTA AUTÔNOMA AJUIZADA EM DESFAVOR DO TOMADOR DOS SERVIÇOS TERCEIRIZADOS - RESPONSABILIDADE SUBSIDIÁRIA - IMPOSSIBILIDADE - EXISTÊNCIA DE DECISÃO TRANSITADA EM JULGADO EM QUE FIGUROU NO PÓLO PASSIVO DA AÇÃO APENAS A EMPRESA PRESTADORA DOS SERVIÇOS. Há carência do direito de ação, por impossibilidade jurídica do pedido, quando o empregado ajuíza reclamação trabalhista autônoma em desfavor do tomador dos serviços terceirizados, pleiteando sua responsabilização subsidiária quanto à satisfação dos direitos trabalhistas reconhecidos em ação anterior, já cobertos pelo manto da coisa julgada material, em que figurou no pólo passivo apenas a empresa prestadora dos serviços, real empregadora. A responsabilização do tomador dos serviços está condicionada à sua integração no pólo passivo da reclamação trabalhista cujo título executivo judicial venha a assegurar ao obreiro a percepção de direitos trabalhistas não satisfeitos a tempo e modo pela empresa prestadora dos serviços, real empregadora. Seria impróprio reabrir a discussão em torno dos direitos trabalhistas pleiteados na primeira reclamação trabalhista, a fim de possibilitar, nesta segunda ação, que a empresa tomadora exercesse o direito constitucional a ampla defesa e contraditório, demonstrando o cumprimento das obrigações trabalhistas devidas pela real empregadora, pois, como se disse, tal controvérsia já fora dirimida pelo título executivo judicial transitado em julgado. A credibilidade da Justiça e dos provimentos jurisdicionais dela emanados não convive com decisões contraditórias a respeito da mesma relação jurídica, o que seria natural caso fosse admitida a pretensão em análise e possibilitado o ajuizamento de ação autônoma em desfavor do tomador dos serviços tratando da mesma matéria objeto de título executivo judicial devidamente aperfeiçoado. Embargos conhecidos e desprovidos" (E-RR-23100-67.2006.5.09.0011, Subseção I Especializada em Dissídios Individuais, Redator Ministro Luiz Philippe Vieira de Mello Filho, DEJT 13/11/2009).

"RECURSO DE REVISTA - IMPOSSIBILIDADE JURÍDICA DO PEDIDO - RECLAMAÇÃO TRABALHISTA AUTÔNOMA AJUIZADA EM DESFAVOR DO TOMADOR DOS SERVIÇOS TERCEIRIZADOS - RESPONSABILIDADE SUBSIDIÁRIA - IMPOSSIBILIDADE - EXISTÊNCIA DE DECISÃO TRANSITADA EM JULGADO EM QUE FIGUROU NO POLO PASSIVO DA AÇÃO APENAS A EMPRESA PRESTADORA DOS SERVIÇOS. Há carência do direito de ação, por impossibilidade jurídica do pedido, quando o empregado ajuíza reclamação trabalhista autônoma em desfavor do tomador dos serviços terceirizados, pleiteando sua responsabilização subsidiária quanto à satisfação dos direitos trabalhistas reconhecidos em ação anterior, já cobertos pelo manto da coisa julgada material, em que figurou no polo passivo apenas a empresa prestadora dos serviços, real empregadora. A responsabilização do tomador dos serviços está condicionada à sua integração no polo passivo da reclamação trabalhista cujo título executivo judicial venha a assegurar ao obreiro a percepção de direitos trabalhistas não satisfeitos a tempo e a modo pela empresa prestadora dos serviços, real empregadora. Seria impróprio reabrir a discussão em torno dos direitos trabalhistas pleiteados na primeira reclamação trabalhista, a fim de possibilitar, nesta segunda ação, que a empresa tomadora exercesse o direito constitucional à ampla defesa e ao contraditório, demonstrando o cumprimento das obrigações trabalhistas devidas pela real empregadora, pois, como se disse, tal controvérsia já fora dirimida pelo título executivo judicial transitado em julgado. A credibilidade da Justiça e dos provimentos jurisdicionais dela emanados não convive com decisões contraditórias a respeito da mesma relação jurídica, o que seria natural caso fosse admitida a pretensão em análise e possibilitado o ajuizamento de ação autônoma em desfavor do tomador dos serviços tratando da mesma matéria objeto de título executivo judicial devidamente aperfeiçoado. Recurso de

> revista conhecido e desprovido" (RR-1461400-16.2006.5.09.0011, 1ª Turma, Relator Ministro Luiz Philippe Vieira de Mello Filho, DEJT 23/09/2011).

Nesse sentido também, o § 5º do art. 513 do NCPC;

> CPC, Art. 513, § 5º – O cumprimento da sentença não poderá ser promovido em face do fiador, do coobrigado ou do corresponsável que não tiver participado da fase de conhecimento.

12.4.2.1.18. Penhora de bens de empresa do grupo econômico que não figurou na lide

– É possível a penhora de bens de empresa do grupo econômico que não figurou na lide?

Sim, pois a jurisprudência trabalhista entende que os integrantes do grupo econômico assumem a execução na fase em que se encontram, não precisando participar da fase de conhecimento e muito menos figurar no título executivo. Em seu livro, Godinho[50], ao tratar sobre o tema, escreve que:

> Afora o empregador típico, permite o Direito do Trabalho que também assuma essa posição a entidade componente de grupo econômico – ainda que não se tenha valido diretamente dos serviços efetivos do obreiro, contratado por outra entidade do mesmo grupo (Súmula 129, TST). Nesse caso, os integrantes do grupo serão responsáveis solidariamente pelas verbas resultantes do respectivo contrato de trabalho, em função da qualidade de empregador que lhes foi reconhecida pela ordem jurídica. (art. 2º, § 2º, CLT, art. 3º, § 2º, Lei n. 5.889/73)

Entretanto, com a reforma trabalhista do ano de 2017, não basta a mera identidade de sócios para que reste caracterizado o grupo econômico. A nova regra requer a comunhão de interesses, demonstração de interesse integrado e atuação conjunta das empresas que

50. DELGADO, Mauricio Godinho. Curso de direito do trabalho. 17. ed. São Paulo: LTr, 2018. p. 592/593.

pertençam ao mesmo conglomerado econômico. O art. 2º, §§ 2º e 3º, da CLT, com nova redação dada pela Lei n. 13.467/17, estabelece que:

> CLT, Art. 2º – [...]
>
> § 2º Sempre que uma ou mais empresas, tendo, embora, cada uma delas, personalidade jurídica própria, estiverem sob a direção, controle ou administração de outra, ou ainda quando, mesmo guardando cada uma sua autonomia, integrem grupo econômico, serão responsáveis solidariamente pelas obrigações decorrentes da relação de emprego.
>
> § 3º Não caracteriza grupo econômico a mera identidade de sócios, sendo necessárias, para a configuração do grupo, a demonstração do interesse integrado, a efetiva comunhão de interesses e a atuação conjunta das empresas dele integrantes.

Antes mesmo da reforma trabalhista, a jurisprudência do TST, inclusive em precedente da SBDI-1 (E-ED-RR-214940-39.2006.5.02.0472), julgado em 22.05.2014, ao interpretar o teor do artigo 2º, § 2º, da CLT, pacificou o entendimento de que a mera existência de sócios em comum e de relação de coordenação entre as empresas não constitui elemento suficiente para a caracterização do grupo econômico. Eis o teor da ementa do v. acórdão:

> RECURSO DE EMBARGOS EM RECURSO DE REVISTA. CONFIGURAÇÃO DE GRUPO ECONÔMICO. ART. 2º, § 2º, DA CLT. EXISTÊNCIA DE SÓCIOS EM COMUM. A interpretação do art. 2º, § 2º, da CLT conduz à conclusão de que, para a configuração de grupo econômico, não basta a mera situação de coordenação entre as empresas. É necessária a presença de relação hierárquica entre elas, de efetivo controle de uma empresa sobre as outras. O simples fato de haver sócios em comum não implica por si só o reconhecimento do grupo econômico. No caso, não há elementos fáticos que comprovem a existência de hierarquia ou de laços de direção entre as reclamadas que autorize a responsabilidade solidária. Recurso de Embargos conhecido por divergência jurisprudencial e desprovido. (E-ED-RR – 214940-39.2006.5.02.0472 Data de Julgamento: 22/05/2014, Relator Ministro Horácio Raymundo de Senna Pires, Subseção I Especializada em Dissídios Individuais, Data de Publicação: DEJT 15/08/2014)

Assim, para haver penhora sobre os bens do grupo econômico, deve ser provado nos autos o interesse integrado, a efetiva comunhão de interesses e a atuação conjunta das empresas do grupo econômico. Contudo, o ônus de provar a constituição do grupo econômico é do exequente. Nesse sentido:

> "I - AGRAVO DE INSTRUMENTO. RECURSO DE REVISTA. FASE DE EXECUÇÃO. RECLAMADOS. LEI Nº 13.467/2017. TRANSCENDÊNCIA EXECUÇÃO. RESPONSABILIDADE SOLIDÁRIA. CONSÓRCIO DE EMPRESAS. 1 - Deve ser reconhecida a transcendência jurídica para exame mais detido da controvérsia devido às peculiaridades do caso concreto. O enfoque exegético da aferição dos indicadores de transcendência em princípio deve ser positivo, especialmente nos casos de alguma complexidade, em que se torna aconselhável o debate mais aprofundado do tema. 2 - Está demonstrada a viabilidade do conhecimento do recurso de revista, porque possivelmente foi violado o artigo 5º, II, da Constituição Federal. 3 - Agravo de instrumento a que se dá provimento. II - RECURSO DE REVISTA. FASE DE EXECUÇÃO. RECLAMADOS. LEI Nº 13.467/2017. EXECUÇÃO. RESPONSABILIDADE SOLIDÁRIA. CONSÓRCIO DE EMPRESAS. 1 - A controvérsia dos autos se refere a período anterior à alteração do § 2º do art. 2º da CLT dada pela Lei nº 13.467/2017. 2 - Nos termos do art. 278, §1º, da Lei nº 6.404/76, o consórcio é um grupo de empresas que pode ser constituído sob o mesmo controle ou não e o tipo de responsabilidade entre elas é previsto contratualmente. 3 - No caso em exame, o TRT entendeu pela existência de consórcio entre as reclamadas, e assentou a tese de existência de grupo econômico por coordenação. No entanto, o TRT não demonstra a presença dos elementos configuradores da formação do grupo econômico entre as empresas - existência de efetivo controle de uma empresa sobre as outras, ou de responsabilidade contratual, amparando a sua conclusão quanto à caracterização de grupo econômico apenas na relação de coordenação entre as empresas. 4 - Destaque-se que, no acórdão recorrido, não há nenhuma informação acerca de expressa previsão de responsabilidade solidária entre as reclamadas no ajuste por elas celebrado. 5 - Nesse contexto, o reconhecimento de grupo econômico, com a consequente imputação de responsabilidade solidária, e não tendo o acórdão regional demonstrado a presença

dos elementos configuradores da formação do grupo econômico, ou responsabilidade contratual, amparando a sua conclusão, apenas, na existência relação de coordenação entre os executados, enseja imposição de obrigação não prevista em lei, o que configura ofensa direta ao princípio da legalidade previsto no art. 5º, II, da Constituição Federal. 6 – Destaque-se que a SBDI-1 desta Corte superior entende ser possível o conhecimento do recurso de revista em fase de execução de sentença por violação do art. 5º, II, da CF/88. Julgado: "EXECUÇÃO. RESPONSABILIDADE SOLIDÁRIA. GRUPO ECONÔMICO. CONFIGURAÇÃO. MERA PARTICIPAÇÃO SOCIETÁRIA. ARTIGO 5º, II, DA CONSTITUIÇÃO FEDERAL. VIOLAÇÃO DIRETA 1. Em execução, a configuração de afronta direta ao princípio da legalidade há que ser apreciada 'cum grano salis', de modo a permitir avaliar, caso a caso, a virtual possibilidade de afronta literal e direta ao artigo 5º, II, da Constituição Federal, não obstante se possa admitir, em alguma medida, a origem infraconstitucional da questão jurídica controvertida. Precedentes da SbDI-1 do TST. 2. O reconhecimento de grupo econômico e a consequente atribuição de responsabilidade solidária a empresa distinta daquela com a qual se estabeleceu o vínculo de emprego, com fundamento estritamente na presença de sócios em comum, sem a demonstração da existência de comando hierárquico de uma empresa sobre as demais, acarreta imposição de obrigação não prevista no artigo 2º, § 2º, da CLT. Decisão judicial desse jaez, ao atribuir responsabilidade solidária sem amparo legal, afronta diretamente o princípio da legalidade. 3. Não merece reparos acórdão de Turma do TST que afasta a responsabilidade solidária imputada à Terceira Embargante com fundamento em violação à norma do artigo 5º, II, da Constituição Federal. 4. Embargos interpostos pelo Exequente, em sede de embargos de terceiro, de que se conhece, por divergência jurisprudencial, e a que se nega provimento." (TST-E-ED-RR-92-21.2014.5.02.0029, Red. Min. João Oreste Dalazen, DEJT de 2/2/2018). 7 – Recurso de revista de que se conhece e a que se dá provimento" (RR-1486-87.2010.5.01.0043, 6ª Turma, Relatora Ministra Katia Magalhaes Arruda, DEJT 04/09/2020).

"I) AGRAVO DA SEGUNDA RECLAMADA. TRIÂNGULO DO SOL AUTO-ESTRADAS S.A. PROVIMENTO. Ante o equívoco no exame do agravo de instrumento, dá-se provimento ao agravo.

Agravo a que se dá provimento. II) AGRAVO DE INSTRUMENTO DA SEGUNDA RECLAMADA. TRIÂNGULO DO SOL AUTO-ESTRADAS S.A. EXECUÇÃO. GRUPO ECONÔMICO. RESPONSABILIDADE SOLIDÁRIA. PROVIMENTO. Ante possível ofensa ao artigo 5º, II, da Constituição Federal, o provimento do agravo de instrumento para o exame do recurso de revista é medida que se impõe. Agravo de instrumento a que se dá provimento. III) RECURSO DE REVISTA SEGUNDA RECLAMADA. TRIÂNGULO DO SOL AUTO-ESTRADAS S.A. EXECUÇÃO. GRUPO ECONÔMICO. RESPONSABILIDADE SOLIDÁRIA. PROVIMENTO. A jurisprudência desta Corte, inclusive em precedente da SBDI-1 (E-ED-RR-214940-39.2006.5.02.0472), julgado em 22.05.2014, ao interpretar o teor do artigo 2º, § 2º, da CLT, pacificou o entendimento de que a mera existência de sócios em comum e de relação de coordenação entre as empresas não constitui elemento suficiente para a caracterização do grupo econômico. Na hipótese, o egrégio Tribunal Regional considerou que as reclamadas integram o mesmo grupo econômico, pela simples relação de coordenação entre as empresas e a existência de interesses sociais integrados, ainda que ausentes o controle e a administração de uma empresa sobre as outras. E acrescentou que o grupo econômico não pressupõe, necessariamente, a existência de uma empresa controladora, sendo suficiente a atuação conjunta de ambas as empresas ou até a utilização da logística de uma das empresas por outra, mesmo sem haver uma relação jurídica formal de coordenação e subordinação entre elas. Assim, concluiu que se revelava escorreita a imputação de responsabilização solidária pelas parcelas deferidas na presente ação. Tal decisão contraria o entendimento desta Corte Superior sobre a matéria, que exige a existência de controle e fiscalização de uma empresa líder para a configuração do grupo econômico, circunstância não noticiada no acórdão recorrido. Precedentes. Recurso de revista conhecido e provido" (Ag-AIRR-10549-54.2016.5.03.0146, 4ª Turma, Relator Ministro Guilherme Augusto Caputo Bastos, DEJT 04/09/2020).

RESPONSABILIDADE SOLIDÁRIA. GRUPO ECONÔMICO. RELAÇÃO DE COORDENAÇÃO. PROVIMENTO. A jurisprudência desta Corte, inclusive em precedente da SBDI-1 (E-ED-RR-214940-39.2006.5.02.0472), julgado em 22.05.2014, ao interpretar o teor do artigo 2º, § 2º, da CLT, pacificou o entendimento de que a mera existência de sócios em comum e de relação de coordenação entre as empresas não constitui elemento suficiente para a caracterização do grupo econômico. Na hipótese, o egrégio Tribunal Regional considerou que a Via Uno é "controlada indiretamente pela Paquetá Calçados Ltda.", antiga razão social da reclamada Paquetá Calçados S.A, o que era suficiente para presumir a caracterização do grupo econômico, apto a autorizar a responsabilização solidária pelas parcelas deferidas na presente ação. Tal decisão contraria o entendimento desta Corte Superior sobre a matéria, que exige a existência de controle e fiscalização de uma empresa líder para a configuração do grupo econômico, circunstância não observada na espécie. Precedentes. Recurso de revista conhecido e provido. (ARR nº 20321-05.2014.5.04.0301, 5ª Turma do TST, Rel. Guilherme Augusto Caputo Bastos. j. 22.11.2017, Publ. 24.11.2017).

12.4.2.1.19. Penhora de bem indivisível

– Hamilton, é possível a penhora de bem indivisível?

Sim, é possível a alienação integral da propriedade compartilhada, com a devida e proporcional reserva aos coproprietários do valor correspondente ao resultado final da expropriação, conforme determinado pelo art. 843 do CPC:

> CPC, art. 843. Tratando-se de penhora de bem indivisível, o equivalente à quota-parte do coproprietário ou do cônjuge alheio à execução recairá sobre o produto da alienação do bem.
>
> § 1º É reservada ao coproprietário ou ao cônjuge não executado a preferência na arrematação do bem em igualdade de condições.
>
> § 2º Não será levada a efeito expropriação por preço inferior ao da avaliação na qual o valor auferido seja incapaz de garantir, ao coproprietário ou ao cônjuge alheio à execução, o correspondente à sua quota-parte calculado sobre o valor da avaliação.

Tendo em conta a situação pragmática de ser dificílima a alienação de fração ideal de bem indivisível, o que poderia levar tanto à frustração da expropriação por ausência de interessados na aquisição como à alienação por preço muito abaixo do mercado, hipóteses de evidente prejuízo aos fins da tutela jurisdicional, o art. 843, CPC, outorga solução ao problema da penhora de bem indivisível patrocinando a concordância prática do interesse do exequente de ver o seu crédito satisfeito com o interesse do cônjuge alheio à execução de não ter economicamente a sua esfera jurídica desamparada. O bem indivisível pode ser penhorado e alienado, servindo o produto de sua alienação em parte à satisfação do exequente e em parte ao resguardo da meação do cônjuge alheio à execução[51].

A expropriação do bem indivisível pode ser evitada pelos demais coproprietários, tendo em vista que o parágrafo único do art. 1.322 do Código Civil autoriza que estes exerçam o direito de adjudicação ou de preferência ao estranho, na arrematação do imóvel, evitando-se a venda forçada.

> CC, art. 1.322. Quando a coisa for indivisível, e os consortes não quiserem adjudicá-la a um só, indenizando os outros, será vendida e repartido o apurado, preferindo-se, na venda, em condições iguais de oferta, o condômino ao estranho, e entre os condôminos aquele que tiver na coisa benfeitorias mais valiosas, e, não as havendo, o de quinhão maior.
>
> Parágrafo único. Se nenhum dos condôminos tem benfeitorias na coisa comum e participam todos do condomínio em partes iguais, realizar-se-á licitação entre estranhos e, antes de adjudicada a coisa àquele que ofereceu maior lanço, proceder-se-á à licitação entre os condôminos, a fim de que a coisa seja adjudicada a quem afinal oferecer melhor lanço, preferindo, em condições iguais, o condômino ao estranho.

Nesse mesmo sentido, prevê o §1º do art. 843 do CPC:

> CPC, art. 843 – [...]
>
> § 1º É reservada ao coproprietário ou ao cônjuge não executado a preferência na arrematação do bem em igualdade de condições.

Ademais, a jurisprudência trabalhista vem decidindo nessa mesma linha, admitindo a alienação integral do bem indivisível, com

51. MARINONI, Luiz Guilherme; ARENHART, Sérgio Cruz; MITIDIERO, Daniel. Código de Processo Civil Comentado – 4ª ed. São Paulo. Revista dos Tribunais, 2018.

reserva do valor correspondente aos coproprietários que não integram o polo passivo da execução, conforme se extrai dos seguintes julgados:

> EMBARGOS DE TERCEIRO. BEM INDIVISÍVEL. PENHORA. CABIMENTO. Conforme disposto no 843 do CPC, "Tratando-se de penhora de bem indivisível, o equivalente à quota-parte do coproprietário ou do cônjuge alheio à execução recairá sobre o produto da alienação do bem." Dessa forma, não há impedimento para a alienação em hasta pública de bem imóvel indivisível. (AP nº 0010037-24.2018.5.03.0042, 1ª Turma do TRT da 3ª Região/MG, Rel. José Eduardo Resende Chaves Jr. j. 17.07.2018).

> PENHORA DO BEM INDIVISÍVEL. APREENSÃO DA TOTALIDADE DO IMÓVEL. POSSIBILIDADE. A penhora de imóvel indivisível tem previsão específica no art. 843 do CPC, que determina a apreensão de todo o bem e a reserva do produto da alienação proporcionalmente à quota-parte dos coproprietários. (AP nº 0002479-61.2013.5.03.0111, 9ª Turma do TRT da 3ª Região/MG, Rel. Convocado Ricardo Marcelo Silva. Publ. 20.06.2018).

> PENHORA DE IMÓVEL. INDIVISIBILIDADE DO BEM. COPROPRIETÁRIO. ALIENAÇÃO JUDICIAL. Embora seja característica do imóvel penhorado a sua indivisibilidade, isso, de per si, não constitui causa de impenhorabilidade, a teor do disposto no art. 843 do CPC, que prevê que "Tratando-se de penhora de bem indivisível, o equivalente à quota-parte do coproprietário ou do cônjuge alheio à execução recairá sobre o produto da alienação do bem", garantindo-se ao mesmo a reserva do seu crédito, ao final da execução, por meio da alienação do bem. Assim, não há impedimento legal para a alienação judicial e, por decorrência, inexiste violação aos princípios constitucionais do devido processo legal e do direito de propriedade. (AP nº 0010676-22.2016.5.03.0039, 5ª Turma do TRT da 3ª Região/MG, Rel. Oswaldo Tadeu B. Guedes. j. 30.04.2018).

> AGRAVO DE PETIÇÃO. EMBARGOS DE TERCEIRO. CONDOMÍNIO DE BEM INDIVISÍVEL. PENHORA. POSSIBILIDADE. A propriedade comum, ainda que de bem indivisível, está sujeita a penhora em ação de execução movida em face de um dos condôminos. Embora o bem não possa ser fracionado, os termos do artigo 1.332 do Código Civil permitem que o condomínio

voluntário de coisa indivisível possa ser extinto, mesmo quando um dos condôminos deseja receber o valor de sua fração ideal e os demais condôminos não desejam adjudicá-la. Além disso, o art. 843 do CPC/2015 estabelece que "tratando-se de penhora de bem indivisível, o equivalente à quota-parte do coproprietário ou do cônjuge alheio à execução recairá sobre o produto da alienação do bem" e o § 2º do citado artigo protege o condômino que não é parte na execução, ao lhe garantir o valor correspondente à respectiva quota-parte calculado sobre o valor da avaliação. Agravo de petição a que se nega provimento. (AP nº 0011501-17.2017.5.03.0043, 7ª Turma do TRT da 3ª Região/MG, Rel. Marcelo Lamego Pertence. j. 25.01.2018).

AGRAVO DE PETIÇÃO. EMBARGOS DE TERCEIRO. PENHORA DE IMÓVEL. COPROPRIEDADE. É viável a penhora de bem indivisível, a teor do disposto no art. 843 do CPC vigente, uma vez que a legislação resguarda a fração do coproprietário no produto da arrematação, além de lhe caber a preferência na aquisição do bem. Precedente desta Seção Especializada em Execução. Provimento negado. (AP nº 0021469-98.2015.5.04.0662, Seção Especializada em Execução do TRT da 4ª Região/RS, Rel. Ana Rosa Pereira Zago Sagrilo. j. 23.08.2018).

IMÓVEL DE PROPRIEDADE DE VÁRIOS PROPRIETÁRIOS. BEM INDIVISÍVEL. POSSIBILIDADE DE PENHORA APENAS DA FRAÇÃO IDEAL. Na penhora de bem imóvel indivisível deve ser respeitada a fração ideal correspondente aos executados, tal como procedido nos autos. Assim, a constrição judicial não pode incidir sobre a integralidade do bem. (AP nº 0011300-67.2009.5.03.0152, 10ª Turma do TRT da 3ª Região/MG, Rel. Taísa Maria M. de Lima. Publ. 04.11.2016).

Sobre o tema cito ainda, os ensinamentos do Professor Daniel Amorim[52]:

Na execução promovida contra executado que seja coproprietário de bem móvel, diferentemente do que ocorria na vigência do CPC/1973, a penhora não se limitará à cota parte do executado, sendo o imóvel integralmente penhorado e alienado

52. NEVES, Daniel Amorim Assumpção. Novo CPC para Advogados: perguntas e respostas para a prática profissional. 2. ed. – São Paulo: MÉTODO, 2018.

judicialmente. Do produto da alienação será entregue ao coproprietário não devedor metade do valor da avaliação do bem, sendo entregue ao exequente o excedente a esse valor gerado pela alienação judicial do bem (art. 843, § 2º, do Novo CPC).

12.4.2.2. *Bens impenhoráveis*

– Todos os bens do executado podem sofrer penhora?

É sabido que, se o executado não pagar e nem garantir a execução, seguir-se-á penhora dos seus bens, tantos quantos bastem ao pagamento da importância da condenação, acrescida de custas, juros de mora e honorários advocatícios.

Entretanto, alguns bens são impenhoráveis segundo o art. 833 do CPC, vejamos:

> I – os bens inalienáveis e os declarados, por ato voluntário, não sujeitos à execução;
>
> II – os móveis, os pertences e as utilidades domésticas que guarnecem a residência do executado, salvo os de elevado valor ou os que ultrapassem as necessidades comuns correspondentes a um médio padrão de vida;
>
> III – os vestuários, bem como os pertences de uso pessoal do executado, salvo se de elevado valor;
>
> IV – os vencimentos, os subsídios, os soldos, os salários, as remunerações, os proventos de aposentadoria, as pensões, os pecúlios e os montepios, bem como as quantias recebidas por liberalidade de terceiro e destinadas ao sustento do devedor e de sua família, os ganhos de trabalhador autônomo e os honorários de profissional liberal, ressalvado o § 2º;
>
> V – os livros, as máquinas, as ferramentas, os utensílios, os instrumentos ou outros bens móveis necessários ou úteis ao exercício da profissão do executado;
>
> VI – o seguro de vida;
>
> VII – os materiais necessários para obras em andamento, salvo se essas forem penhoradas;

> VIII – a pequena propriedade rural, assim definida em lei, desde que trabalhada pela família;
>
> IX – os recursos públicos recebidos por instituições privadas para aplicação compulsória em educação, saúde ou assistência social;
>
> X – a quantia depositada em caderneta de poupança, até o limite de 40 (quarenta) salários-mínimos;
>
> XI – os recursos públicos do fundo partidário recebidos por partido político, nos termos da lei;
>
> XII – os créditos oriundos de alienação de unidades imobiliárias, sob regime de incorporação imobiliária, vinculados à execução da obra.

12.4.2.2.1. Penhora do salário, da aposentaria, das remunerações, das pensões, da poupança e etc.

– Então, Professor, o salário, a aposentaria, as remunerações, as pensões, etc., não podem sofrer penhora?

Com a entrada em vigor do CPC de 2015, o salário, a aposentadoria, as remunerações e as pensões, passaram a ser penhoráveis em algumas situações, vejamos o que diz o § 2º do art. 833 do CPC:

> § 2º – O disposto nos incisos IV e X do caput não se aplica à hipótese de penhora para pagamento de prestação alimentícia, independentemente de sua origem, bem como às importâncias excedentes a 50 (cinquenta) salários-mínimos mensais, devendo a constrição observar o disposto no art. 528, § 8º, e no art. 529, § 3º.

Podemos concluir que:

1) Pode haver penhora para pagamento de prestação alimentícia da área de família;

2) Pode haver penhora para pagamento de prestação alimentícia da área trabalhista.

Até a entrada em vigor do novo CPC, ou seja, antes de 18 de março de 2016, não era possível a penhora de salários, remunerações, proventos de aposentadoria, pensões e etc., conforme determinado pelo art. 649, IV, do CPC de 1973, salvo para crédito alimentar da área de família. O TST segue esse entendimento conforme podemos observar pela redação da OJ nº 153 da SDI-2, de seguinte teor:

> TST, OJ 153 da SDI-2 – MANDADO DE SEGURANÇA. EXECUÇÃO. ORDEM DE PENHORA SOBRE VALORES EXISTENTES EM CONTA SALÁRIO. ART. 649, IV, DO CPC DE 1973. ILEGALIDADE. (atualizada em decorrência do CPC de 2015) – Res. 220/2017, DEJT divulgado em 21, 22 e 25.09.2017 – Ofende direito líquido e certo decisão que determina o bloqueio de numerário existente em conta salário, para satisfação de crédito trabalhista, ainda que seja limitado a determinado percentual dos valores recebidos ou a valor revertido para fundo de aplicação ou poupança, visto que o art. 649, IV, do CPC de 1973 contém norma imperativa que não admite interpretação ampliativa, sendo a exceção prevista no art. 649, § 2º, do CPC de 1973 espécie e não gênero de crédito de natureza alimentícia, não englobando o crédito trabalhista.

Entretanto, o § 2º do art. 833, permite a penhora dos salários, das remunerações, dos proventos de aposentadoria, das pensões, e etc.., para pagamento de prestação alimentícia, independentemente de sua origem, ou seja, independe se a verba alimentar é da área de família ou trabalhista. Nesse sentido, nesse sentido, o Informativo 168 do TST:

> Na hipótese em que o ato impugnado foi proferido na vigência do CPC de 2015, não ofende direito líquido e certo dos impetrantes a penhora de 15% dos proventos de aposentadoria para pagamento de créditos trabalhistas efetuada nos termos do art. 833, § 2º, do CPC de 2015. O entendimento consagrado na Orientação Jurisprudencial nº 153 da SBDI-II não se aplica ao caso em concreto porque a diretriz ali definida restringe-se às penhoras efetuadas quando em vigor o CPC de 1973. TST-RO-20605-38.2017.5.04.0000, SBDI-II, rel. Min. Delaíde Miranda Arantes, 17.10.2017.

Outros julgados do TST:

> "RECURSO ORDINÁRIO EM MANDADO DE SEGURANÇA. DECISÃO IMPUGNADA PROFERIDA NA VIGÊNCIA DO

CÓDIGO DE PROCESSO CIVIL DE 2015. BLOQUEIO DE SALDO DE PREVIDÊNCIA PRIVADA. POSSIBILIDADE. PERCENTUAL INFERIOR AO PREVISTO NO ARTIGO 529, § 3º DO CPC/2015. AUSÊNCIA DE ILEGALIDADE. O Tribunal Pleno desta Corte superior, mediante a Resolução nº 220, de 18 de setembro de 2017, decidiu modificar a Orientação Jurisprudencial nº 153 da SBDI-2 para limitar a aplicação da tese aos atos praticados na vigência do CPC de 1973, passando a dispor que "Ofende direito líquido e certo a decisão que determina o bloqueio de numerário existente em conta salário, para satisfação de crédito trabalhista, ainda que seja limitado a determinado percentual dos valores recebidos ou a valor revertido para fundo de aplicação ou poupança, visto que o art. 649, IV, do CPC de 1973 contém norma imperativa que não admite interpretação ampliativa, sendo a exceção prevista no art. 649, § 2º, do CPC de 1973 espécie e não gênero de crédito de natureza alimentícia, não englobando o crédito trabalhista". Nos termos do artigo 833, § 2º, do CPC/2015, a impenhorabilidade de vencimentos, subsídios, soldos, salários, remunerações, proventos de aposentadoria, pensões, pecúlios e montepios "não se aplica à hipótese de penhora para pagamento de prestação alimentícia, independentemente de sua origem". O disposto no artigo 539, § 3º, do mesmo diploma legal limita a constrição ao limite máximo de 50% sobre o montante líquido penhorado. A constatação de que a decisão impugnada foi proferida na vigência do CPC/2015, e não ultrapassou o percentual legalmente previsto, revela ausência de ilegalidade, bem como a inexistência de violação a direito líquido e certo do impetrante. Recurso ordinário conhecido e desprovido" (RO-11473-47.2018.5.03.0000, Subseção II Especializada em Dissídios Individuais, Relator Ministro Renato de Lacerda Paiva, DEJT 28/08/2020).

"RECURSO ORDINÁRIO EM MANDADO DE SEGURANÇA. PENHORA INCIDENTE SOBRE PERCENTUAL DOS SALÁRIOS RECEBIDOS PELO IMPETRANTE. DETERMINAÇÃO EXARADA NA VIGÊNCIA DO CPC DE 2015. ARTIGO 833, IV E § 2º, DO CPC DE 2015. OJ 153 DA SBDI-2 DO TST. LEGALIDADE. 1. Mandado de segurança impetrado contra ato judicial, exarado na vigência do CPC de 2015, em que determinado o bloqueio de numerário em conta corrente do Impetrante. A Corte Regional concedeu a segurança para anular a ordem de bloqueio de valores ao percentual mensal de 30% do salário do Impetrante. 2. Com o advento do CPC de 2015, o debate sobre a impenhorabilidade dos salários, subsídios e proventos de aposentadoria ganhou novos contornos, pois, nos termos do § 2º do artigo 833 do CPC de 2015, tal impenhorabilidade não se aplica "à hipótese de penhora para pagamento de prestação alimentícia, independentemente de sua origem, bem como às importâncias excedentes a 50 (cinquenta) salários-mínimos mensais". Em conformidade com a inovação legislativa, a par de viável a apreensão judicial mensal dos valores remuneratórios do executado que excederem 50 (cinquenta) salários mínimos mensais, tratando-se de execução de prestação alimentícia, qualquer que seja sua origem, também será cabível a penhora, limitado, porém, o desconto em folha de pagamento a 50% (cinquenta por cento) dos ganhos líquidos do devedor, por força da regra inserta no § 3º do artigo 529 do NCPC, compatibilizando-se os interesses legítimos de efetividade da jurisdição no interesse do credor e de não aviltamento ou da menor gravosidade ao devedor. A norma inscrita no referido § 2º do artigo 833 do CPC de 2015, ao excepcionar da regra da impenhorabilidade as prestações alimentícias, qualquer que seja sua origem, autoriza a penhora de percentual de salários e proventos de aposentadoria com o escopo de satisfazer créditos trabalhistas, dotados de evidente natureza alimentar. De se notar que foi essa a compreensão do Tribunal Pleno desta Corte ao alterar, em setembro de 2017, a redação da OJ 153 da SBDI-2, visando a adequar a diretriz ao CPC de 2015, mas sem interferir nos fatos ainda regulados pela legislação revogada. À luz dessas considerações, é de se concluir que a impenhorabilidade prevista no inciso IV do artigo 833 do CPC de 2015 não pode ser oposta na execução para satisfação do crédito trabalhista típico, devendo ser observado apenas que o desconto em folha de pagamento estará limitado a 50% (cinquenta por cento) dos ganhos líquidos do devedor, na forma do mencionado § 3º do artigo 529 do mesmo diploma legal. Precedentes da SBDI-2. 3. No caso, determinada pela decisão impugnada a realização de penhora, no percentual de 30%, sobre os salários recebidos pelo Impetrante, não há falar em ilegalidade ou abusividade do ato combatido no mandamus, sem prejuízo de uma reavaliação da pertinência da medida adotada pelo Juízo da execução na via processual adequada. 4. Recurso a que se dá provimento para reformar o acórdão regional recorrido e denegar a segurança pleiteada na exordial, restabelecendo a higidez da ordem de penhora constante do ato judicial impugnado. Recurso ordinário conhecido e provido" (RO-519-21.2019.5.06.0000, Subseção II Especializada em Dissídios Individuais, Relator Ministro Douglas Alencar Rodrigues, DEJT 06/03/2020).

"RECURSO ORDINÁRIO EM AGRAVO REGIMENTAL EM MANDADO DE SEGURANÇA. ATO DITO COATOR PROFERIDO NA VIGÊNCIA DO CÓDIGO DE PROCESSO CIVIL DE 2015. EXECUÇÃO. PENHORA SOBRE PERCENTUAL DE PROVENTOS DE APOSENTADORIA. LEGALIDADE. ARTIGOS 833, IV, E § 2º, E 529, § 3º, DO CÓDIGO DE PROCESSO CIVIL DE 2015. INAPLICABILIDADE DA ORIENTAÇÃO JURISPRUDENCIAL Nº 153 DA SBDI-II DO TST. CONHECIMENTO E NÃO PROVIMENTO. I – O artigo 833, IV, e § 2º, do Código de Processo Civil de 2015, ao permitir a penhora de parte de salários, proventos e pensões para pagamento de prestação alimentícia, seja qual for a sua origem, a admite para a satisfação do crédito trabalhista, de inequívoco caráter alimentar. Precedentes. II – No caso em exame, o ato dito coator, proferido na vigência do Código de Processo Civil de 2015, determinou o bloqueio mensal de 30% dos proventos líquidos dos impetrantes, ora recorrentes. III – Não se constata ilegalidade ou abusividade no ato impugnado, porquanto observado o disposto no artigo 833, IV, e § 2º, assim como no artigo 529, § 3º, do Código de Processo Civil de 2015, que limita o percentual de penhora a 50% dos ganhos líquidos da parte executada. IV – Recurso ordinário de que se conhece e a que se nega provimento" (RO-326-23.2018.5.21.0000, Subseção II Especializada em Dissídios Individuais, Relator Ministro Evandro Pereira Valadao Lopes, DEJT 25/10/2019).

"RECURSO ORDINÁRIO EM MANDADO DE SEGURANÇA. RECURSO DA LITISCONSORTE. PENHORA DE 50% DOS PROVENTOS DA APOSENTADORIA. ATO IMPUGNADO PRATICADO NA VIGÊNCIA DO CPC/15. ORIENTAÇÃO JURISPRUDENCIAL Nº 153 DA SBDI-2 INAPLICÁVEL. ABUSIVIDADE NÃO DEMONSTRADA. PREVISÃO LEGAL. ARTIGOS 529, § 3º, E 833, § 2º, DO CPC/15. REDUÇÃO DO PERCENTUAL DO BLOQUEIO. ATENDIMENTO AO PRINCÍPIO DA RAZOABILIDADE E DA PROPORCIONALIDADE. Conquanto não houvesse previsão legal no Código de Processo Civil de 1973, o novo Código de Processo Civil, em seu art. 833, ao prever a impenhorabilidade dos vencimentos, subsídios, soldos, salários, remunerações, proventos de aposentadoria, pensões, pecúlios e montepios, expressamente estabelece ressalva no § 2º relativamente "à hipótese de penhora para pagamento de prestação alimentícia, independentemente de sua origem", no que se incluem, portanto, os créditos de natureza trabalhista. O art. 529, §3º, também do CPC/15, por seu turno, limita o percentual de penhora a 50% do ganho líquido do executado, revelando, dessa forma, a preocupação do legislador em também não desprover o devedor de quantia minimamente necessária à sua subsistência. Diante da inovação legislativa trazida com o CPC/15, e com o fim de evitar aparente antinomia, o Tribunal Pleno, por meio da Resolução 220, de 18/9/2017, alterou a redação da Orientação Jurisprudencial nº 153 da SBDI-2, de modo a adequá-la, limitando sua aplicação aos atos praticados na vigência do CPC/73, o que não é o caso dos autos, haja vista que o ato inquinado de coator ocorreu em 5/12/2016, na vigência no CPC/15. No caso concreto, a penhora de 50% (cinquenta por cento) dos proventos de aposentadoria da impetrante, na vigência do CPC de 2015, está em sintonia com a nova ordem jurídica processual e com o princípio de direito intertemporal tempus regit actum. Todavia, o bloqueio de 50% mostra-se excessivo, criando dificuldades para o atendimento das necessidades básicas da impetrante, mormente em razão do valor módico dos proventos, da idade da impetrante (pág. 36) e da ausência de informações acerca da existência de outra fonte de renda. Desse modo, o percentual a ser bloqueado dos proventos da aposentadoria deve atender aos princípios da proporcionalidade e da razoabilidade, possibilitando o pagamento do débito trabalhista sem inviabilizar a sobrevivência da impetrante. Diante disso, com base na liberdade na apreciação da prova e das circunstâncias que envolvem a questão posta em juízo (art. 371 do CPC), dou parcial provimento ao recurso ordinário da litisconsorte para fixar o valor do bloqueio em 20% dos proventos da aposentadoria da impetrante, adequando-o aos contornos em que foi delineada a jurisprudência desta e. SBDI-II. Recurso ordinário conhecido e provido" (RO-101917-20.2017.5.01.0000, Subseção II Especializada em Dissídios Individuais, Relator Ministro Alexandre de Souza Agra Belmonte, DEJT 04/10/2019).

"RECURSO ORDINÁRIO EM MANDADO DE SEGURANÇA. PENHORA INCIDENTE SOBRE PERCENTUAL DOS SALÁRIOS RECEBIDOS PELA IMPETRANTE. DETERMINAÇÃO EXARADA NA VIGÊNCIA DO CPC DE 2015. ARTIGO 833, IV E § 2º, DO CPC DE 2015. OJ 153 DA SBDI-2 DO TST. LEGALIDADE. 1. Mandado de segurança impetrado contra ato judicial, exarado na vigência do CPC de 2015, em que determinado o bloqueio de numerário em conta corrente da Impetrante. A Corte Regional concedeu parcialmente a segurança para limitar a ordem de bloqueio de valores ao percentual mensal de 30% do salário da Impetrante. 2. Com o advento do CPC de 2015, o debate sobre a impenhorabilidade dos salários, subsídios e proventos de aposentadoria ganhou novos contornos, pois, nos termos do § 2º do artigo 833 do CPC de 2015, tal impenhorabilidade não se aplica " à hipótese de penhora para pagamento de prestação alimentícia, independentemente de sua origem, bem como às importâncias excedentes a 50 (cinquenta) salários-mínimos mensais ". Em conformidade com a inovação legislativa, a par de viável a apreensão judicial mensal dos valores remuneratórios do executado que excederem 50 (cinquenta) salários mínimos mensais, tratando-se de execução de prestação alimentícia, qualquer que seja sua origem, também será cabível a penhora, limitado, porém, o desconto em folha de pagamento a 50% (cinquenta por cento) dos ganhos líquidos do devedor, por força da regra inserta no § 3º do artigo 529 do NCPC, compatibilizando-se os interesses legítimos de efetividade da jurisdição no interesse do credor e de não aviltamento ou da menor gravosidade ao devedor. A norma inscrita no referido § 2º do artigo 833 do CPC de 2015, ao excepcionar da regra da impenhorabilidade as prestações alimentícias, qualquer que seja sua origem, autoriza a penhora de percentual de salários e proventos de aposentadoria com o escopo de satisfazer créditos trabalhistas, dotados de evidente natureza alimentar. De se notar que foi essa a compreensão do Tribunal Pleno desta Corte ao alterar, em setembro de 2017, a redação da OJ 153 da SBDI-2, visando a adequar a diretriz ao CPC de 2015, mas sem interferir nos fatos ainda regulados pela legislação revogada. À luz dessas considerações, é de se concluir que a impenhorabilidade prevista no inciso IV do artigo 833 do CPC de 2015 não pode ser oposta na execução para satisfação do crédito trabalhista típico, devendo ser observado apenas que o desconto em folha de pagamento

> estará limitado a 50% (cinquenta por cento) dos ganhos líquidos do devedor, na forma do mencionado § 3º do artigo 529 do mesmo diploma legal. 3. No caso, concedida parcialmente a segurança para limitar a penhora a 30% do salário líquido recebido pela Impetrante, não há falar em reforma do acórdão recorrido, pois o percentual do bloqueio encontra-se dentro do parâmetro legal (art. 529, §3º, do CPC de 2015). Recurso ordinário conhecido e não provido" (RO-102357-16.2017.5.01.0000, Subseção II Especializada em Dissídios Individuais, Relator Ministro Douglas Alencar Rodrigues, DEJT 23/08/2019).

Nesse sentido também, a Súmula nº 47 do TRT da 15ª Região:

> SÚMULA Nº 47 – INCIDENTE DE UNIFORMIZAÇÃO DE JURISPRUDÊNCIA. PENHORA DE SALÁRIOS E OUTROS PROVENTOS. INTERPRETAÇÃO DO ART. 833-IV E § 2º C/C ART. 529, § 3º, DO CPC/2015. POSSIBILIDADE. PENHORA LIMITADA A 20% DOS GANHOS LÍQUIDOS MENSAIS DO DEVEDOR. Com fundamento no art. 833, IV e § 2º, art. 529, § 3º, ambos do CPC/2015, é possível a penhora de "vencimentos", "subsídios", "soldos", "salários", "remunerações", "proventos de aposentadoria", "pensões", "pecúlios", "montepios", "bem como as quantias recebidas por liberalidade de terceiro e destinadas ao sustento do devedor e de sua família, os ganhos de trabalhador autônomo e os honorários de profissional liberal", para pagamento de débitos trabalhistas de natureza alimentar, desde que não ultrapasse 20% dos ganhos líquidos mensais do executado. (Resolução Administrativa nº 17/2017 – Divulgada no Diário Eletrônico do TRT da 5ª Região, edições de 16, 17 e 18.05.2017, de acordo com o disposto no art. 187-B do Regimento Interno do TRT da 5ª Região)

Desta forma, a partir de 18 de março de 2016, passou a ser possível a penhora de salários, aposentadorias, poupanças e etc., para pagamento de créditos de processos trabalhistas, desde que limitado a determinado percentual.

3) Pode haver penhora para pagamento de qualquer dívida, o valor do salário excedente a 50 (cinquenta) salários mínimos mensais.

4) Pode haver penhora para pagamento de qualquer dívida, o valor da poupança que excedente a 40 salários mínimos. Nesse sentido:

> "RECURSO ORDINÁRIO EM MANDADO DE SEGURANÇA DA IMPETRANTE. PENHORA DO MONTANTE INTEGRAL DA CONTA POUPANÇA. ATO COATOR PRATICADO NA VIGÊNCIA DO CPC/2015. ART. 833, X, DO CPC/2015. LIMITAÇÃO DO VALOR CONSTRITO. PARCIAL ILEGALIDADE. Em regra, nos termos do art. 833, X, do CPC/2015, são impenhoráveis "a quantia depositada em caderneta de poupança, até o limite de 40 (quarenta) salários-mínimos". Todavia, diante do disposto no art. 833, § 2.º, do CPC/2015, "o disposto nos incisos IV e X do caput não se aplica à hipótese de penhora para pagamento de prestação alimentícia, independentemente de sua origem, bem como às importâncias excedentes a 50 (cinquenta) salários-mínimos mensais, devendo a constrição observar o disposto no art. 528, § 8.º , e no art. 529, § 3.º" . In casu, a penhora determinada pelo ato coator, conquanto tenha sido praticada na vigência do CPC/2015, não observou a limitação imposta no ordenamento pátrio, visto que foi autorizada a constrição integral do montante depositado na conta poupança da impetrante. Assim, deve ser reconhecida a parcial ilegalidade do ato coator, de forma a se determinar o desbloqueio dos valores constritos, mas limitados a 40 (quarenta) salários mínimos, mantendo-se a constrição no valor que sobejar o aludido limite. Ademais, tem-se por inaplicável ao presente feito a diretriz da Orientação Jurisprudencial n.º 153 da SBDI-2. A nova redação conferida ao aludido verbete jurisprudencial estabelece que a impenhorabilidade da conta poupança, independentemente de percentual, está restrita aos atos praticados sob a égide do CPC/1973. Recurso Ordinário conhecido e parcialmente provido" (RO-101334-98.2018.5.01.0000, Subseção II Especializada em Dissídios Individuais, Relator Ministro Luiz Jose Dezena da Silva, DEJT 13/12/2019).

5) Pode haver penhora para pagamento de qualquer dívida, do valor da poupança, quando ela é utilizada para realizar transações inerentes a uma conta corrente.

Segundo o TST, a conta poupança possui função de economia futura, a fim de segurança pessoal do poupador. A conta corrente, ao contrário, está vinculada a transações do dia a dia, depósitos, transferências, pagamentos, entre outros. Assim, se o titular de conta poupança se utiliza dela para realizar transações inerentes a uma conta corrente, ou mesmo para, seguidamente, cobrir valores da corrente, resta desvirtuada a característica de economia futura, o que legitimaria sua constrição judicial. Portanto, não se pode pretender a prerrogativa da impenhorabilidade, prevista no inciso X do art. 833 do CPC, se a constrição recai sobre valores depositados em conta poupança, quando o intuito de seu titular era utilizá-la como conta corrente.

Nesse sentido, o Informativo 22 da execução do TST:

> Informativo do TST – Execução – 22 – Conta poupança utilizada como conta corrente. Valores passíveis de penhora. Art. 649, X,[53] do CPC. Não incidência. A impenhorabilidade de que trata o art. 649, X, do CPC não alcança valores depositados em conta poupança quando esta é utilizada como conta corrente, sem o cunho de economia futura e segurança pessoal. No caso, registrou-se que os valores em depósito eram empregados em necessidades corriqueiras ou como suporte a transações financeiras efetuadas na conta corrente. Sob esse entendimento, a SBDI-II, por unanimidade, conheceu do recurso ordinário e, no mérito, negou-lhe provimento. TST-RO-20598-85.2013.5.04.0000, SBDI-II, rel. Min. Luiz Philippe Vieira de Mello Filho, 16.2.2016

12.4.2.2.2. Impenhorabilidade do bem de família

– Perfeito, mas e o bem de família, ele pode ser penhorado?

O bem de família é um instituto de caráter social, cuja finalidade é assegurar a integridade dos bens indispensáveis à normal sobrevivência, não podendo ser penhorados. Nesse sentido, o art. 1º da Lei 8.009/90 e a jurisprudência:

53. O art. 649, X do CPC de 1973, corresponde ao art. 833, X do CPC de 2015.

Art. 1º O imóvel residencial próprio do casal, ou da entidade familiar, é impenhorável e não responderá por qualquer tipo de dívida civil, comercial, fiscal, previdenciária ou de outra natureza, contraída pelos cônjuges ou pelos pais ou filhos que sejam seus proprietários e nele residam, salvo nas hipóteses previstas nesta Lei.

Informativo TST nº 9 -EXECUÇÃO – Ação rescisória. Imóvel desocupado em razão de mudança provisória decorrente de problemas de saúde. Único imóvel da executada. Bem de família. Impenhorabilidade. Constitui-se bem de família o único imóvel residencial pertencente à executada e afetado à subsistência da entidade familiar, ainda que esteja desocupado em razão de mudança provisória para outra cidade decorrente de problemas de saúde. Com esse fundamento, a SBDI-II, por maioria, deu provimento ao recurso ordinário da executada para julgar procedente a ação rescisória, com fundamento no art. 485 966, V, do CPC. e desconstituir o acórdão rescindendo: e. em juízo rescisório, reconhecer a condição de bem de família do imóvel penhorado e declarar a nulidade da constrição. julgando procedentes os embargos à execução. Vencido o Ministro Cláudio Mascarenhas Brandão, relator, que negava provimento ao recurso por não vislumbrar violação literal dos arts. 1º e 5º da Lei nº 8.009/90. TST-RO-1059-48.2012.5.12.0000. SBDI-II, rei. Min. Cláudio Mascarenhas Brandão, red. p/ acórdão Min. Maria Cristina Irigoyen Peduzzi. 16.12.2014.

AGRAVO – AGRAVO DE INSTRUMENTO EM RECURSO DE REVISTA INTERPOSTO SOB A ÉGIDE DA LEI Nº 13.015/2014 – EXECUÇÃO – BEM DE FAMÍLIA – IMPENHORABILIDADE. O Eg. TRT, reportando-se ao conjunto probatório dos autos, assinalou que o bem controvertido é o único imóvel de propriedade da sócia executada, destinado a sua residência e de sua família, motivo por que é impenhorável, na forma da Lei nº 8.009/90. Desse modo, além de exigir interpretação da legislação infraconstitucional, entendimento diverso, como pretende o Sindicato-Exequente, demandaria o revolvimento de fatos e provas, o que é vedado nesta instância por força da Súmula nº 126 do TST. Agravo a que se nega provimento. (AgR-AIRR nº 168-73.2011.5.02.0086, 8ª Turma do TST, Rel. Maria Cristina Irigoyen Peduzzi. j. 08.11.2017, Publ. 10.11.2017).

> BEM DE FAMÍLIA. A Lei 8.009/90 tem como fim social a preservação da família através da proteção do local de sua moradia, declarando impenhorável o imóvel residencial próprio do casal ou da entidade familiar. Restando demonstrado nos autos do processo principal que o agravante e sua família residem no imóvel objeto do gravame de indisponibilidade, deve ser considerado como bem de família, o que obsta a penhora efetivada nos autos principais. (AP nº 0011090-91.2017.5.03.0101, 10ª Turma do TRT da 3ª Região/MG, Rel. Lucilde D'Ajuda Lyra de Almeida. j. 30.11.2017).

Segundo o STJ, vai ser impenhorável o bem de família das pessoas solteiras, separadas e viúvas e ainda, único imóvel residencial do devedor que esteja locado a terceiros, quando a renda do aluguel, for para a subsistência ou a moradia da sua família.

> STJ - SUM 364 - O conceito de impenhorabilidade de bem de família abrange também o imóvel pertencente a pessoas solteiras, separadas e viúvas.
>
> STJ, SUM 486 - É impenhorável o único imóvel residencial do devedor que esteja locado a terceiros, desde que a renda obtida com a locação seja revertida para a subsistência ou a moradia da sua família.

Caso a entidade familiar, possua vários imóveis utilizados como residência, a impenhorabilidade recairá sobre o de menor valor, salvo se outro tiver sido registrado, para esse fim, no Registro de Imóveis e na forma do artigo 70 do Código Civil, nesse sentido, o art. 5º da Lei 8.009/90:

> LEI n. 8.009/90 - Art. 5º Para os efeitos de impenhorabilidade, de que trata esta lei, considera-se residência um único imóvel utilizado pelo casal ou pela entidade familiar para moradia permanente.
>
> Parágrafo único. Na hipótese de o casal, ou entidade familiar, ser possuidor de vários imóveis utilizados como residência, a impenhorabilidade recairá sobre o de menor valor, salvo se outro tiver sido registrado, para esse fim, no Registro de Imóveis e na forma do art. 70 do Código Civil.

Por fim, vale alertar que segundo o STJ[54], se ficar reconhecida a fraude à execução, não prevalece a impenhorabilidade do bem de família.

12.4.2.2.2.1. Impenhorabilidade do imóvel de elevador valor

– O imóvel sendo de elevador valor, permanece a impenhorabilidade, Professor?

O TST já firmou entendimento que se o imóvel penhorado se constitui como bem de família, nos moldes da Lei nº 8.009/90, o simples fato de ser considerado suntuoso e de elevado valor não é capaz de afastar a proteção legal da impenhorabilidade, à luz das garantias constitucionais referidas. Para ilustrar esse entendimento, citam-se os seguintes precedentes:

> RECURSO DE REVISTA. EXECUÇÃO. PENHORA DE IMÓVEL. BEM DE FAMÍLIA. ELEVADO VALOR. IMPENHORABILIDADE. O Tribunal a quo afastou a natureza de bem de família do imóvel penhorado, concluindo que, embora utilizado para moradia dos executados, trata-se de propriedade imobiliária suntuosa e de vultoso valor. A jurisprudência vem evoluindo em torno da interpretação conferida aos arts. 1º e 5º da Lei nº 8.009/90 no tocante à impenhorabilidade do bem de família, visto que a moradia tem assento constitucional no artigo 6º da Carta Magna, como direito social e garantia fundamental do cidadão. Por sua vez, a Constituição Federal de 1988 tem como um dos princípios fundamentais a preservação da dignidade da pessoa humana (art. 1º, III) e assegura proteção especial à entidade familiar (art. 226, § 4º). Nessa linha, demonstrado que o imóvel penhorado constitui-se como bem de família, nos moldes da Lei nº 8.009/90, o simples fato de ser considerado suntuoso e de elevado valor não é capaz de afastar a proteção legal da impenhorabilidade, à luz

54. STJ, 4.ª Turma, AgInt no AREsp 1.097.404/RS, rel. Min. Luis Felipe Salomão, DJe 28.08.2017; STJ, 3.ª Turma, AgRg no REsp 1.293.150/SP, rel. Min. Marco Aurélio Bellizze, DJe 05.04.2016.

das garantias constitucionais referidas. Precedentes. Recurso de revista conhecido e provido. (RR – 1850700-90.2005.5.09.0029, Relatora Ministra: Dora Maria da Costa, Data de Julgamento: 20/06/2018, 8ª Turma, Data de Publicação: DEJT 22/06/2018)

"AGRAVO REGIMENTAL. RECURSO DE EMBARGOS REGIDO PELAS LEIS Nos 5.869/1973 E 13.015/2014. EXECUÇÃO. IMÓVEL DE ELEVADO VALOR. BEM DE FAMÍLIA. CARACTERIZAÇÃO. IMPENHORABILIDADE. 1. Diante da redação conferida ao art. 894, II, da CLT, pela Lei nº 13.015/2014, e considerando a função exclusivamente uniformizadora desta Subseção Especializada, não se admite a alegação de contrariedade a súmulas ou a orientações jurisprudenciais de índole processual, cujo conteúdo irradie questões relativas ao cabimento ou ao conhecimento dos recursos de natureza extraordinária (no caso, a Súmula 266/TST), salvo a constatação, na decisão embargada, de desacerto na eleição de tais óbices, exceção não materializada na hipótese dos autos. 2. Esta Corte admite o exame da matéria em fase de execução, quando a interpretação ampliativa atribuída a norma infraconstitucional venha a violar o direito à moradia. Nos termos do art. 1º da Lei nº 8.009/1990, "o imóvel residencial próprio do casal, ou da entidade familiar, é impenhorável e não responderá por qualquer tipo de dívida civil, comercial, fiscal, previdenciária ou de outra natureza, contraída pelos cônjuges ou pelos pais ou filhos que sejam seus proprietários e nele residam, salvo nas hipóteses previstas nesta lei". Na hipótese, a evidência de cuidar-se, o imóvel gravado, de bem de família, ainda que se o pretenda suntuoso, impede a constrição para a garantia de dívida. Óbice do art. 894, § 2º, da CLT. Agravo regimental conhecido e desprovido." (AgR-E-RR-1797100-11.2005.5.09.0012, Relator Ministro Alberto Luiz Bresciani de Fontan Pereira, SDI-1, DEJT 18/5/2018)

"AGRAVO CONTRA DECISÃO DE PRESIDENTE DE TURMA QUE NEGA SEGUIMENTO A RECURSO DE EMBARGOS. EXECUÇÃO. BEM DE FAMÍLIA. IMPENHORABILIDADE. MATÉRIA CONSTITUCIONAL. Cinge-se a controvérsia sobre a regra prevista no artigo 896, § 2º, da CLT em caso que foi reconhecida a violação direta do artigo 6º da Constituição Federal, porquanto o Tribunal Regional, não obstante tenha enquadrado o imóvel como bem de família, determinou a penhora em razão do seu elevado valor de mercado. Na esteira de precedentes desta

Subseção, a decisão de penhora de bem de família baseada exclusivamente no elevado valor do imóvel, de fato, implica violação direta do artigo 6º, caput, da Constituição Federal a autorizar o conhecimento do recurso de revista em fase de execução, em total observância à diretriz firmada na Súmula 266 do TST, na medida em que está atrelada diretamente à proteção constitucional aos bens jurídicos da família, especialmente o direito à vida, dignidade humana, propriedade e moradia, este último previsto expressamente entre os direitos sociais do artigo 6º da Carta Magna. Assim, inviável é o conhecimento do recurso de embargos a partir de tese superada pela jurisprudência iterativa e atual desta Corte, nos termos do artigo 894, § 2º, da CLT, sendo certo que a função uniformizadora deste Colegiado já foi cumprida. Decisão recorrida que se mantém. Agravo conhecido e não provido." (Ag-E-ED-RR-96200-72.2006.5.09.0652, Relator Ministro Augusto César Leite de Carvalho, SDI-1, DEJT 4/5/2018)

"(...) II - RECURSO DE REVISTA INTERPOSTO SOB A ÉGIDE DA LEI Nº 13.015/14. PROCESSO DE EXECUÇÃO. IMPENHORABILIDADE. BEM DE FAMÍLIA DE ELEVADO VALOR. O TST firmou entendimento no sentido de que a impenhorabilidade do bem de família independe do valor do imóvel, de modo que o fato de ele possuir alto valor não lhe retira a proteção atribuída ao bem de família. Recurso de revista conhecido e provido." (RR-160500-43.2006.5.09.0652, Relator Ministro Márcio Eurico Vitral Amaro, 8ª Turma, DEJT 31/3/2017)

12.4.2.2.2.2. Momento para alegar a impenhorabilidade do bem de família

– Qual o momento para ser alegada a impenhorabilidade do bem de família, professor?

Por ser matéria de ordem pública, a questão relativa à impenhorabilidade do bem de família pode ser alegada a qualquer momento, ou seja, até o fim da execução por simples petição. Precedentes:

AGRAVO DE INSTRUMENTO. RECURSO DE REVISTA. Execução. BEM DE FAMÍLIA COMPROVADO. IMPENHORABILIDADE. EMBARGOS À EXECUÇÃO. INEMPESTIVIDADE.

PRECLUSÃO NÃO CONFIGURADA. MATÉRIA DE ORDEM PÚBLICA. A admissibilidade de recurso de revista interposto em processo em fase de execução depende de demonstração inequívoca de ofensa direta e literal à Constituição da República, nos termos do art. 896, § 2º, da CLT e da Súmula 266 do TST. Agravo de Instrumento a que se nega provimento. (AIRR - 189500-97.1992.5.02.0030, Relator Ministro: João Batista Brito Pereira, Data de Julgamento: 25/10/2017, 5ª Turma, Data de Publicação: DEJT 27/10/2017)

"(...) III - RECURSO DE REVISTA. (...) 2 - EXECUÇÃO. BEM DE FAMÍLIA. IMPENHORABILIDADE. MATÉRIA DE ORDEM PÚBLICA. ARGUIÇÃO A QUALQUER TEMPO ATÉ O FIM DA EXECUÇÃO. Esta Corte Superior tem entendido que a impenhorabilidade do bem de família constitui matéria de ordem pública, que pode ser arguida a qualquer tempo até o fim da execução, independentemente do manejo dos Embargos à Execução, visto que pode ser veiculada até por meio de mera petição, não estando, portanto, sujeito à preclusão. Recurso de revista conhecido e provido" (RR-47700-76.2003.5.01.0013, Rel. Min. Maria Helena Mallmann, 5ª Turma, DEJT 19/08/2016)

"(...) II - RECURSO DE REVISTA. EXECUÇÃO. CERCEAMENTO DO DIREITO DE DEFESA. BEM DE FAMÍLIA. MATÉRIA DE ORDEM PÚBLICA. A figura jurídica do bem de família decorre precipuamente dos direitos constitucionais fundamentais de propriedade e de moradia (art. 5.º, XXII, e 6.º, caput), bem como da proteção especial dada à família (art. 226), motivo pelo qual se sobreleva a relevância de sua proteção na ordem jurídica. Assim, tendo o executado questionado a penhora do imóvel por se tratar de bem de família, tutelado pela Lei 8.009/90, a matéria deveria ter sido examinada pelas instâncias de origem, independentemente da intempestividade dos embargos à execução, por se tratar de matéria de ordem pública, que pode ser alegada a qualquer momento, de maneira que resta caracterizado o cerceamento do direito de defesa, e, por conseguinte, a violação do art. 5.º, LV, da Constituição Federal. Precedentes. Recurso de revista conhecido e provido" (RR-8900-27.2009.5.02.0211, Rel. Min. Delaíde Miranda Arantes, 2ª Turma, DEJT 01/07/2016)

"(...) II. RECURSO DE REVISTA. EXECUÇÃO. (...) 2. EXECUÇÃO. BEM DE FAMÍLIA. IMPENHORABILIDADE. MATÉRIA

DE ORDEM PÚBLICA. MOMENTO DE ARGUIÇÃO. PRECLUSÃO. NÃO OCORRÊNCIA. ART. 5º, LV, DA CONSTITUIÇÃO FEDERAL. O Tribunal Regional negou provimento ao agravo de petição da Executada, declarando preclusa a oportunidade de discutir, em embargos à arrematação, a caracterização do imóvel penhorado como bem de família. A jurisprudência majoritária desta Corte é no sentido de que o reconhecimento do bem de família, para fins de impenhorabilidade, por se tratar de matéria de ordem pública, não está sujeito à preclusão, podendo a arguição ocorrer enquanto não exaurida a fase de execução. Ofende a garantia constitucional da ampla defesa e do contraditório (5º, LV, CF) a decisão que obsta a análise da proteção prevista na Lei 8.009/90, razão por que se impõe o retorno dos autos à origem a fim de que seja examinada a incidência ou não da proteção de impenhorabilidade do imóvel de propriedade da Executada. Precedentes. Recurso de revista conhecido e provido" (RR- 319200-05.2009.5.02.0201, Rel. Min. Douglas Alencar Rodrigues, 7ª Turma, DEJT 20/03/2015)

12.4.2.2.2.3. Penhora de imóvel gravado com reserva de usufruto vitalício

– É possível a penhora de bem gravado com reserva de usufruto vitalício?

No tocante à cláusula de impenhorabilidade, o artigo 30 da Lei 6.830/80, aplicado subsidiariamente ao Processo do Trabalho (CLT, art. 889[55]), determina que:

> Lei 6.830/80, art. 30 – Sem prejuízo dos privilégios especiais sobre determinados bens, que sejam previstos em lei, responde pelo pagamento da Dívida Ativa da Fazenda Pública a totalidade dos bens e das rendas, de qualquer origem ou natureza, do sujeito passivo, seu espólio ou sua massa, inclusive os gravados por ônus real ou cláusula de inalienabilidade ou impenhorabilidade, seja qual for a data da constituição do ônus ou da cláusula, excetuados

55. **CLT, Art. 889** – Aos trâmites e incidentes do processo da execução são aplicáveis, naquilo em que não contravierem ao presente Título, os preceitos que regem o processo dos executivos fiscais para a cobrança judicial da dívida ativa da Fazenda Pública Federal.

> unicamente os bens e rendas que a lei declara absolutamente impenhoráveis."

A cláusula de usufruto não possui o condão de afastar a penhora sobre o bem imóvel, pois o bem de família só se configura em relação ao proprietário do bem, e não pela condição de usufrutuário, pois o usufruto de imóvel, embora tenha por característica a posse direta do bem, limita-se ao seu uso e gozo. Assim, é perfeitamente válida a penhora do bem com reserva de usufruto vitalício.

Nesse sentido, a jurisprudência do TST:

> AGRAVO DE INSTRUMENTO. RECURSO DE REVISTA. RECURSO INTERPOSTO ANTES DA LEI Nº 13.015/2014. EXECUÇÃO. IMPENHORABILIDADE. PENHORA DE IMÓVEL GRAVADO COM CLÁUSULA DE USUFRUTO. A impenhorabilidade dos bens do executado, em virtude de cláusulas de impenhorabilidade, inalienabilidade e incomunicabilidade, não determinadas por lei, não impedem a penhora judicial, frente ao disposto no art. 30 da Lei 6.830/80, de aplicação subsidiária ao Processo do Trabalho, nos termos do art. 889, da CLT. Precedentes. Nesse contexto, não vislumbro ofensa ao dispositivo constitucional (AIRR - 156600-93.2013.5.17.0002 - Ministra: Maria Helena Mallmann - Data de publicação: 01/07/2016)

> AGRAVO DE INSTRUMENTO. RECURSO DE REVISTA. EXECUÇÃO. NULIDADE DA PENHORA. BEM DE FAMÍLIA. CLÁUSULA DE USUFRUTO. VIOLAÇÃO AOS ARTIGOS 5º, XXIII, 6º,226/CF. NÃO DEMONSTRADA. Na hipótese dos autos, os Recorrentes não se conformam com a decisão que entendeu que a cláusula de usufruto não possui o condão de afastar a penhora sobre o bem imóvel. Corroborando o entendimento asseverado pela decisão agravada, verifica-se que os dispositivos constitucionais apontados (arts.5º,XXIII,6º,226) não guardam relação direta e específica com a matéria discutida - bem de família, cláusula de inalienabilidade e usufruto - quando muito apontam que a moradia é um direito fundamental assegurado ao ser humano, mas não denotam qualquer conclusão contrária ao entendimento adotado pelo Regional capaz de configurar a inequívoca violação à literalidade de preceito, nos termos do §2º, do art.896/ CLT e Súmula 266/TST. Agravo de Instrumento a que se nega

provimento. (Numeração Única: AIRR – 1057-50.2011.5.09.0662 – Desembargador Convocado: Américo Bedê Freire – Data de publicação: 31/03/2015 – Órgão Julgador: 6ª Turma)

AGRAVO DE INSTRUMENTO EM RECURSO DE REVISTA. EXECUÇÃO. USUFRUTO. BEM DE FAMÍLIA. PENHORABILIDADE. Conforme consignado no acórdão regional, o bem de família só se configura em relação ao proprietário do bem, e não pela condição de usufrutuário, pois o usufruto de imóvel, embora tenha por característica a posse direta do bem, limita-se ao seu uso e gozo, de maneira que não afasta a possibilidade de penhora. Agravo de instrumento conhecido e não provido. (Numeração Única: AIRR – 116300-52.1995.5.02.0030 – Ministra: Dora Maria da Costa – Data de julgamento: 12/03/2014 – Data de publicação: 14/03/2014 – Órgão Julgador: 8ª Turma)

A) AGRAVO DE INSTRUMENTO EM RECURSO DE REVISTA. EXECUÇÃO. EMBARGOS DE TERCEIRO. USUFRUTO VITALÍCIO. LEGITIMIDADE ATIVA. O presente agravo de instrumento merece provimento, com consequente processamento do recurso de revista, haja vista que o executado logrou demonstrar possível ofensa ao art. 5º, XXII, da CF. Agravo de instrumento conhecido e provido. B) RECURSO DE REVISTA. EXECUÇÃO. EMBARGOS DE TERCEIRO. USUFRUTO VITALÍCIO. LEGITIMIDADE ATIVA. O Regional consignou expressamente que a existência de usufruto vitalício no imóvel não é empecilho para que se proceda à penhora. Nesse contexto, não se pode impedir que os usufrutuários utilizem dos recursos e meios processuais existentes, para defender seu direito real, tal como previsto no artigo 1.225, IV, do Código Civil. Por conseguinte, verifica-se que o acórdão regional ofende o artigo 5º, XXII, da Constituição Federal, ao considerar os terceiros embargantes partes ilegítimas para questionarem penhora de bem imóvel, do qual detêm o usufruto vitalício. Recurso de revista conhecido e provido. (RR nº 11543-13.2015.5.18.0013, 8ª Turma do TST, Rel. Dora Maria da Costa. j. 23.11.2016, Publ. 25.11.2016).

12.4.2.2.2.4. Penhora da vaga de garagem com matrícula própria

– E a vaga de garagem com matrícula própria, pode ser considerada bem de família, Hamilton?

Em relação a penhora da vaga de garagem, a jurisprudência brasileira é pacífica no sentido de que a vaga de garagem que possua matrícula própria no Cartório de Registro de Imóveis, ainda que referenciada a apartamento específico, não constitui bem de família, mesmo que o apartamento tenha esse caráter. Desta forma, a vaga de garagem, com matrícula própria pode ser penhorada. Nesse sentido, a jurisprudência do TST e a Súmula nº 449 do STJ:

> STJ, SUM 449 – A vaga de garagem que possui matrícula própria no Registro de Imóveis não constitui bem de família para efeito de penhora.
>
> EXECUÇÃO. PENHORA DE VAGA NA GARAGEM. MATRÍCULA PRÓPRIA NO REGISTRO DE IMÓVEIS. BEM DE FAMÍLIA NÃO CONFIGURADO. SÚMULA Nº 449 DO SUPERIOR TRIBUNAL DE JUSTIÇA. APELO DESFUNDAMENTADO À LUZ DO ARTIGO 896, § 2º, DA CLT E DA SÚMULA Nº 266 DO TST. No tocante à insurgência do terceiro embargante contra a penhora de vaga na garagem que possui matrícula própria no Cartório de Registro de Imóveis, o apelo encontra-se desfundamentado, nos termos do artigo 896, § 2º, da CLT e da Súmula nº 266 do TST, tendo em vista a falta de arguição de afronta direta e literal a dispositivo da Constituição Federal. Agravo de instrumento desprovido. (AIRR – 3599-19.2015.5.02.0202, Relator Ministro: José Roberto Freire Pimenta, Data de Julgamento: 24/04/2018, 2ª Turma, Data de Publicação: DEJT 27/04/2018)
>
> AGRAVO DE INSTRUMENTO. RECURSO DE REVISTA. PROCESSO SOB A ÉGIDE DA LEI 13.015/2014 E ANTERIOR À LEI 13.467/2017. EXECUÇÃO. PENHORA DE VAGA DE GARAGEM. MATRÍCULA PRÓPRIA NO REGISTRO DE IMÓVEIS. EXAME DA LEGISLAÇÃO INFRACONSTITUCIONAL. ÓBICE DO ART. 896, § 2º, DA CLT C/C SÚMULA 266 DO TST. Tratando-se de recurso de revista, este estreito veículo só tem pertinência nas estritas hipóteses jurídicas do art. 896, "a", "b" e "c", da CLT (conhecimento, observado o seu § 9º), respeitados os limites ainda mais rigorosos do § 2º do citado artigo (execução de sentença). Nesse quadro lógico de veiculação necessariamente restrita do recurso de revista, não há como realizar seu destrancamento, pelo agravo de instrumento, se não ficou demonstrada inequívoca violação direta à CF. É que, na lide em apreço, a revisão do julgado

sob perspectiva diversa depende da interpretação da legislação infraconstitucional. Óbice da Súmula 266 do TST. De todo modo, a jurisprudência desta Corte é pacífica no sentido de que a vaga de garagem que possua matrícula própria no Cartório de Registro de Imóveis, ainda que referenciada a apartamento específico, não constitui bem de família, mesmo que o apartamento tenha esse caráter, podendo, assim, ser penhorada. Nessa linha, a Súmula 449 do STJ. Agravo de instrumento desprovido. (AIRR - 1530-43.2011.5.02.0076, Relator Ministro: Mauricio Godinho Delgado, Data de Julgamento: 28/02/2018, 3ª Turma, Data de Publicação: DEJT 09/03/2018)

AGRAVO DE INSTRUMENTO EM RECURSO DE REVISTA. EXECUÇÃO. APELO INTERPOSTO NA VIGÊNCIA DA LEI N.º 13.015/2014. VAGA DE GARAGEM COM MATRÍCULA PRÓPRIA NO REGISTRO DE IMÓVEIS. BEM DE FAMÍLIA. NÃO CARACTERIZAÇÃO. PENHORA. POSSIBILIDADE. NÃO COMPROVAÇÃO DE VIOLAÇÃO DIRETA DE PRECEITO DE NATUREZA CONSTITUCIONAL. A jurisprudência desta Corte segue no sentido da possibilidade de penhora de vaga de garagem que possua matrícula própria, autônoma, no registro de imóveis, em relação ao bem de família. Agravo de Instrumento conhecido e não provido. (AIRR - 209200-74.1994.5.02.0261, Relatora Ministra: Maria de Assis Calsing, Data de Julgamento: 16/11/2016, 4ª Turma, Data de Publicação: DEJT 18/11/2016)

12.4.2.2.3. Impenhorabilidade do veículo alienado fiduciariamente

– Professor, o veículo alienado fiduciariamente pode sofrer penhora?

O TST e o STJ vêm entendendo que não ser possível a penhora do bem alienado fiduciariamente[56], pois tal bem, não integra o patrimônio do devedor. Na vigência do contrato de alienação fiduciária, o

56. A alienação fiduciária consiste em propriedade resolúvel, cuja posse direta fica com o devedor e a propriedade e a posse indireta permanecem com o credor, afastando, dessa maneira, a possibilidade de constrição judicial sobre o bem (Lei 4.728/65, art. 66).

real proprietário do bem é o credor fiduciário, que é terceiro estranho a lide e, como já estudamos, a constrição deve recair sobre bens do executado, livres e desembaraçados, e que estejam em sua esfera patrimonial.

Contudo, não há qualquer óbice que os direitos do devedor fiduciante oriundos do contrato sejam penhorados. Nos termos Código Civil Brasileiro, nas hipóteses de propriedade fiduciária, o fiduciante mesmo não tendo a propriedade plena enquanto não quitar a dívida, terá direitos sobre o que já se tiver sido pago.

Ademais, assim dispõe o art. 11, VIII da Lei 6.830/80, e o art. 835, XII do CPC, *in verbis:*

> Lei 6.830/80, art. 11 – A penhora ou arresto de bens obedecerá à seguinte ordem:
>
> VIII – direitos e ações.
>
> CPC, art. 835. A penhora observará, preferencialmente, a seguinte ordem:
>
> XII – direitos aquisitivos derivados de promessa de compra e venda e de alienação fiduciária em garantia;

Neste mesmo sentido os seguintes precedentes:

> I – AGRAVO DE INSTRUMENTO. RECURSO DE REVISTA INTERPOSTO ANTES DA LEI Nº 13.015/2014. EXECUÇÃO FISCAL. INDISPONIBILIDADE DE BENS. PENHORA DE VEÍCULO ALIENADO FIDUCIARIAMENTE. IMPOSSIBILIDADE DE PENHORA DO BEM. POSSIBILIDADE DE PENHORA DOS DIREITOS DO EXECTUADO ADVINDOS DO CONTRATO DE ALIENAÇÃO FIDUCIÁRIA. Ante a possível violação ao artigo 11, VIII da Lei 6.830/80, deve ser provido o agravo de instrumento. II – RECURSO DE REVISTA. INTERPOSTO ANTES DA LEI Nº 13.015/2014. EXECUÇÃO FISCAL. INDISPONIBILIDADE DE BENS. PENHORA DE VEÍCULO ALIENADO FIDUCIARIAMENTE. IMPOSSIBILIDADE DE PENHORA DO BEM. POSSIBILIDADE DE PENHORA DOS DIREITOS DO EXECTUADO ADVINDOS DO CONTRATO DE ALIENAÇÃO FIDUCIÁRIA. O bem alienado fiduciariamente, na medida em

que não integra o patrimônio do devedor não pode ser objeto de penhora. Entretanto, não há qualquer óbice que os direitos do devedor fiduciante oriundos do contrato sejam constritos. Precedentes do TST e do STJ. Recurso de revista conhecido e provido. (RR - 202100-09.2009.5.02.0434, Relatora Ministra: Maria Helena Mallmann, Data de Julgamento: 15/06/2016, 2ª Turma, Data de Publicação: DEJT 24/06/2016)

RECURSO DE REVISTA DA UNIÃO - EXECUÇÃO FISCAL DE PENALIDADE ADMINISTRATIVA APLICADA PELA FISCALIZAÇÃO DO TRABALHO - BEM ALIENADO FIDUCIARIAMENTE - IMPOSSIBILIDADE DE PENHORA DO BEM - POSSIBILIDADE DE PENHORA DOS DIREITOS DO EXECUTADO NO CONTRATO DE ALIENAÇÃO FIDUCIÁRIA. O bem alienado fiduciariamente não integra a propriedade do devedor, não podendo, por isso mesmo, ser objeto da execução. Entretanto, tratamento diverso merecem os direitos que o executado ostenta em razão do contrato de alienação fiduciária e do eventual adimplemento das obrigações inerentes a esse contrato. A penhora, nesse caso, incide sobre -direitos e ações-, tal como autorizado pelo art. 11, VIII, da Lei nº 6.830/80. Aplica-se o disposto no art. 591, do CPC, segundo a qual o -devedor responde, para o cumprimento de suas obrigações, com todos os seus bens presentes e futuros-. Precedentes do Superior Tribunal de Justiça. Recurso de revista conhecido e provido. (RR - 574-73.2011.5.03.0084, Relator Ministro: Luiz Philippe Vieira de Mello Filho, Data de Julgamento: 08/04/2014, 7ª Turma, Data de Publicação: DEJT 15/04/2014)

PROCESSUAL CIVIL. PENHORA. ALIENAÇÃO FIDUCIÁRIA. CONTRATO. DIREITOS. POSSIBILIDADE. INTELIGÊNCIA DO ARTIGO 655, XI, DO CPC. RECURSO ESPECIAL CONHECIDO E PROVIDO. 1. "O bem alienado fiduciariamente, por não integrar o patrimônio do devedor, não pode ser objeto de penhora. Nada impede, contudo, que os direitos do devedor fiduciante oriundos do contrato sejam constritos." (REsp 679821/DF, Rel. Min. Felix Fisher, Quinta Turma, unânime, DJ 17/12/2004 p. 594) 2. Recurso especial conhecido e provido. (REsp 1171341 / DF - RECURSO ESPECIAL 2009/0243850-3; Relator(a) Ministra MARIA ISABEL GALLOTTI (1145); Órgão Julgador: T4 - QUARTA TURMA; Data do Julgamento: 06/12/2011; Data da Publicação/ Fonte DJe 14/12/2011)

12.4.2.2.4. Impenhorabilidade do veículo utilizado como táxi

– Professor, o veículo utilizado pelo executado pode sofrer penhora?

Não, com base não art. 833, V, do CPC, *in verbis:*

> CPC, art. 833. São impenhoráveis:
>
> V – os livros, as máquinas, as ferramentas, os utensílios, os instrumentos ou outros bens móveis necessários ou úteis ao exercício da profissão do executado;

Imagine a seguinte situação hipotética:

Romário responde um processo na justiça do trabalho. Tal processo, encontra-se na fase de execução. Romário foi citado para pagar em 48hs a importância de R$ 20.000,00 e permaneceu inerte, ou seja, após citado não pagou e não indicou bens para garantir a execução. O juiz, tentou bloquear as contas do Romário via BACEN e não teve sucesso, após isso, o juiz determinou a penhora do Táxi que Romário trabalha diariamente.

– O juiz agiu de forma correta?

Não, pois conforme inciso V do art. 833 do CPC, não pode haver penhora de bens necessários ao exercício da profissão do executado. Nesse sentido, a jurisprudência:

> AGRAVO DE PETIÇÃO DO EXEQUENTE. IMPENHORABILIDADE DE VEÍCULO UTILIZADO COMO TÁXI. ART. 833, V, DO CPC. A penhora de automóvel utilizado como táxi pelo executado configura afronta ao comando legal do art. 833, V, do CPC, porquanto comprovada a utilização do bem constrito para o exercício da atividade profissional. Provimento negado. (AP nº 0020745-07.2014.5.04.0282, Seção Especializada em Execução do TRT da 4ª Região/RS, Rel. João Batista de Matos Danda. j. 20.02.2018, unânime).
>
> PENHORA DE VEÍCULO. UTILIZAÇÃO COMO TÁXI. IMPENHORABILIDADE. Em recaindo a penhora sobre veículo

utilizado como táxi, incide o disposto no inciso V do art. 649 do supletivo CPC, considerando absolutamente impenhoráveis os "bens móveis necessários ou úteis ao exercício de qualquer profissão". (AP nº 0123100-06.1997.5.05.0463 (231419/2015), 1ª Turma do TRT da 5ª Região/BA, Rel. Luiz Roberto Mattos. DJe 06.03.2015).

12.4.2.3. *Modificação da penhora*

Para que haja a substituição do bem penhorado é essencial, nos termos do art. 829, § 2º, do CPC, a demonstração da inexistência de prejuízo para o exequente.

> CPC, art. 829 – O executado será citado para pagar a dívida no prazo de 3 (três) dias, contado da citação.
>
> § 2º A penhora recairá sobre os bens indicados pelo exequente, salvo se outros forem indicados pelo executado e aceitos pelo juiz, mediante demonstração de que a constrição proposta lhe será menos onerosa e não trará prejuízo ao exequente.

Nesse sentido:

> EXCESSO DE PENHORA. SUBSTITUIÇÃO DE BEM PENHORADO. Não se configura excesso de penhora pela simples constrição de bem cujo valor é superior ao valor da execução, porquanto a importância que sobrar será restituída à executada, nos termos do art. 907 do CPC. Ademais, para que haja a substituição do bem penhorado é essencial, nos termos do art. 829, § 2º, do CPC, a demonstraçao da inexistência de prejuízo para o exequente. (AP nº 0112200-20.2008.5.03.0079, 2ª Turma do TRT da 3ª Região/MG, Rel. Sebastião Geraldo de Oliveira. j. 15.06.2018).

13. FASE DE EXPROPRIAÇÃO

13.1. Introdução

– O que seria a expropriação, Professor?

A expropriação consiste no ato pelo qual o Estado-juízo, para satisfação do direito de crédito (CPC, art. 824), desapossa o devedor de seus bens, converte esses bens em dinheiro ou simplesmente transfere o domínio ou a posse deles ao credor[57].

Sobre a fase de expropriação, os artigos 824 e 825 do CPC determinam que:

> CPC, Art. 824. A execução por quantia certa realiza-se pela expropriação de bens do executado, ressalvadas as execuções especiais.
>
> CPC, Art. 825. A expropriação consiste em:
>
> I - adjudicação;
>
> II - alienação;
>
> III - apropriação de frutos e rendimentos de empresa ou de estabelecimentos e de outros bens.

Assim, a fase de expropriação consiste no momento em que o Estado retira, coercitivamente, o bem do devedor, entregando-o ao credor ou ao terceiro para a quitação da execução. A doutrina estabelece a seguinte ordem de preferência:

1) Alienação antecipada dos bens;
2) Remição da execução;
3) Adjudicação;
4) Alienação por iniciativa particular;
5) Arrematação.

13.2. Alienação antecipada dos bens

– É possível a alienação antecipada dos bens penhorados?

Sim, o art. 852 do CPC estabelece que o juiz determinará a alienação antecipada dos bens penhorados quando:

57. DONIZETTI, Elpídio Nunes. Curso Didático de Processo Civil. 11° ed. Rio de Janeiro: Lúmen Júris, 2009. P. 692.

1) Se tratar de veículos automotores, de pedras e metais preciosos e de outros bens móveis sujeitos à depreciação ou à deterioração; ou

2) Houver manifesta vantagem.

Nesse sentido, a jurisprudência:

> EXECUÇÃO FISCAL. ALIENAÇÃO ANTECIPADA DOS BENS PENHORADOS. ART. 670[58] DO CPC. A alienação antecipada dos bens penhorados, com base o art. 670 do CPC, tem cabimento quando há possibilidade de depreciação ou deterioração do bem, e ainda no caso de manifesta vantagem, o que não ficou caracterizado no caso dos autos. (AP nº 0001098-67.2012.5.03.0106, 9ª Turma do TRT da 3ª Região/MG, Rel. João Bosco Pinto Lara. Publ. 14.10.2015).

– Quem pode requerer a alienação antecipada dos bens?

A alienação antecipada pode ser requerida pelas partes, pelo depositário ou mesmo por iniciativa judicial.

– Esse procedimento tem contraditório?

Tem sim, pois, quando for ocorrer a alienação antecipada dos bens penhorados, o juiz ouvirá sempre a outra parte, no prazo de 3 (três) dias, antes de decidir. Nesse sentido, o art. 853 do CPC:

> CPC, art. 853. Quando uma das partes requerer alguma das medidas previstas nesta Subseção, o juiz ouvirá sempre a outra, no prazo de 3 (três) dias, antes de decidir.
>
> Parágrafo único. O juiz decidirá de plano qualquer questão suscitada.

Apenas se a coisa estiver na iminência de ser deteriorada ou depreciada de modo significativo é que se possibilita a decisão sobre a

58. O art.670 do CPC de 1973, corresponde ao art. 852 do CPCP de 2015.

alienação antecipada sem prévio contraditório, porque aí a necessidade de participação deve ser postergada a fim de que não se frustre a própria finalidade da tutela executiva (art. 5.º, XXXV, CF)[59].

13.3. Remição da dívida

– O executado pode fazer algo para não perder o bem penhorado?

Antes de adjudicados ou alienados os bens, o executado pode, a todo tempo, remir a execução, pagando ou consignando a importância atualizada da dívida, acrescida de juros, custas e honorários advocatícios.[60]

A remição da execução é prevista nos arts. 826 do CPC/2015 e 13 da Lei 5.584/70. Ela permite ao executado pagar o valor monetário cobrado acrescida de juros, custas e honorários advocatícios.

> CPC, art. 826. Antes de adjudicados ou alienados os bens, o executado pode, a todo tempo, remir a execução, pagando ou consignando a importância atualizada da dívida, acrescida de juros, custas e honorários advocatícios.
>
> Lei 5.584/70, art. 13 – A remição só será deferível ao executado se este oferecer preço igual ao valor da condenação.

13.3.1. Momento para solicitar a remição da dívida

– Em qual momento o executado pode remir a dívida?

Na forma dos artigos 826, 901 e 903 do CPC/2015, de aplicação subsidiária, ao Processo do Trabalho, o devedor tem direito de remir

59. MARINONI, Luiz Guilherme; ARENHART, Sérgio Cruz; MITIDIERO, Daniel. Código de Processo Civil Comentado – 4ª ed. São Paulo. Revista dos Tribunais, 2018.
60. CPC, Art. 826.

a execução até a alienação do bem, sendo imprescindível ao aperfeiçoamento do ato alienatório a assinatura do auto de arrematação e a expedição da respectiva carta[61]. Nesse sentido, a jurisprudência:

> Informativo TST n° 19 do TST – Execução – REMIÇÃO DA EXECUÇÃO PELO DEVEDOR REALIZADA ANTES DA ASSINATURA DO AUTO DE ARREMATAÇÂO. POSSIBILIDADE. INTERPRETAÇÃO CONJUNTA DOS ARTS. ~~651~~ 826 E ~~694~~ 903 DO CPC. Consoante o art. ~~651~~ 826 do CPC. interpretado conjuntamente com o art. ~~694~~ 903 do mesmo diploma, o depósito, pelo próprio devedor, do valor integral da condenação antes da assinatura do auto de arrematação é válido e tem como consequência a extinção da execução, mostrando-se abusiva a retenção da penhora. Outrossim, ofende a garantia constitucional do devido processo legal a evocação dos arts. 787 a 790 do CPC, revogados pela Lei n° 11.382/2006. como óbice à remição da execução pelo devedor, pois tais preceitos disciplinavam a remição do bem por cônjuge, ascendente ou descendente do executado. Sob esses fundamentos, a SBDI-II. à unanimidade, conheceu do recurso ordinário e. no mérito, negou-lhe provimento. TST-RO-2003-75.2010.5.10.0000. SBDI-II. rei. Min. Alberto Luiz Bresciani de Fontan Pereira, 10.11.2015.
>
> AGRAVO DE PETIÇÃO. REMIÇÃO ANTERIOR À ARREMATAÇÃO. A teor do art. 903 do CPC/2015, a arrematação somente será considerada perfeita, acabada e irretratável, na hipótese em que o auto é assinado pelo Juiz, pelo arrematante e pelo leiloeiro. Constatando-se que essa não era a situação dos autos, há de prevalecer a remição da execução levada a efeito pela terceira interessada, porquanto constitui incontestável forma de pagamento. (AP nº 0000602-62.2014.5.03.0043, 10ª Turma do TRT da 3ª Região/MG, Rel. Rosemary de O. Pires. Publ. 25.05.2018).
>
> REMIÇÃO. O artigo 826 do CPC de 2015 prevê a possibilidade de remição, antes de alienados os adjudicados os bens. Depósito posterior não tem o condão de desconstituir a arrematação, ainda que sustados os efeitos da hasta pública. (AP nº 00001125620135020252 (20170211384), 11ª Turma do TRT da 2ª

61. Agravo de Petição nº 0135100-40.2003.5.01.0010, 2ª Turma do TRT da 1ª Região/RJ, Rel. Maria das Graças Cabral Viegas Paranhos. DOERJ 10.10.2017

Região/SP, Rel. Wilma Gomes da Silva Hernandes. unânime, DOe 11.04.2017).

ARREMATAÇÃO DO BEM. REMIÇÃO DA DÍVIDA ANTES DA ASSINATURA DO AUTO DE ARREMATAÇÃO. POSSIBILIDADE. A arrematação somente se torna perfeitta após o cumprimento das formalidades previstas no art. 903, CPC, especialmente com a assinatura do auto pelo juiz, podendo o executado remir a dívida antes daquele momento. (AP nº 0010370-95.2016.5.03.0025, 8ª Turma do TRT da 3ª Região/MG, Rel. Convocado Luciana Alves Viotti. j. 13.10.2017).

ARREMATAÇÃO. REMIÇÃO. POSSIBILIDADE. Nos termos do artigo 826 do CPC vigente "Antes de adjudicados ou alienados os bens, o executado pode, a todo tempo, remir a execução pagando ou consignando a importância atualizada da dívida, acrescida de juros, custas e honorários advocatícios". Da exegese do mencionado preceito conclui-se que, enquanto a arrematação não se torna perfeita, acabada e irretratável, é possível a remição do bem objeto da constrição judicial. E a arrematação somente se torna perfeita, acabada e irretratável, após a assinatura do auto respectivo, sendo possível a remição em momento anterior a essa assinatura. (AP nº 0000973-39.2014.5.03.0071, 3ª Turma do TRT da 3ª Região/MG, Rel. Milton V. Thibau de Almeida. Publ. 19.06.2017).

COMISSÃO DO LEILOEIRO. REMIÇÃO DA DÍVIDA. Realizada a remição da dívida, após a realização do leilão público, é devida a comissão do leiloeiro, a ser quitada pelo executado, pois os encargos da execução devem ser suportados pelo devedor que lhe deu causa (artigo 789-A da CLT). (AP nº 0010494-28.2014.5.03.0032, 6ª Turma do TRT da 3ª Região/MG, Rel. Jorge Berg de Mendonça. j. 08.02.2018).

Diz ainda, o parágrafo terceiro do art. 877 do CPC:

CPC, art. 877 – [...]

§3º No caso de penhora de bem hipotecado, o executado poderá remi-lo até a assinatura do auto de adjudicação, oferecendo preço igual ao da avaliação, se não tiver havido licitantes, ou ao do maior lance oferecido.

13.3.2. Legitimidade para solicitar a remição da dívida

– Além do executado, mais alguém pode remir a dívida?

O TST por meio do Informativo 09 – execução –, entendeu que em homenagem ao princípio da execução menos gravosa, tem legitimidade os familiares do sócio para remir bens em execução, em face do caráter familiar da sociedade.

> Informativo TST nº 9 do TST – EXECUÇÃO – AÇÃO RESCISÓRIA. EXECUÇÃO. REMIÇÃO DE BEM IMÓVEL PELO FILHO DO SÓCIO DA EMPRESA EXECUTADA. PREVALÊNCIA SOBRE A ARREMATAÇÃO. EFEITOS DA PRAÇA SUSTADOS. TEMPESTIVIDADE DA REMIÇÃO. LEGITIMIDADE DO REMITENTE. Na espécie, o filho do sócio diretor da empresa proprietária de imóvel contra o qual foi dirigida a execução trabalhista matriz requereu a remição do bem que, em hasta pública, fora penhorado e arrematado. Deferida a remição, o arrematante interpôs agravo de petição, que foi provido para reconhecer a validade da arrematação. Em sede de recurso de revista, restabeleceu-se a sentença que deferiu o pedido de remição, tendo tal decisão sido reformada no julgamento de embargos à SBDII, conhecidos por divergência jurisprudencial, e que diante da má aplicação do art. 5º, LIV, da CF, conferiu prevalência à arrematação. Todavia, restou consignado no quadro fático delineado nos autos que em razão do ajuizamento de embargos de terceiro, a execução estava suspensa (art. 1.052 do CPC), de modo que os efeitos da praça estavam sustados no momento em que houve o pedido de remição do bem, o que confere tempestividade aos atos praticados pelo remitente. Ademais, nos termos do art. 788, I, do CPC, com redação vigente à época, o termo final para remir é a assinatura do auto de arrematação, o qual não foi sequer lavrado na hipótese, em razão do acolhimento do pedido de remição pelo juiz de primeiro grau. De outra sorte, em homenagem ao princípio da execução menos gravosa (art. 620 do CPC) resta patente a legitimidade do filho de sócio para remir bens em execução proposta contra a pessoa jurídica, pois assentado o caráter familiar da sociedade. Com esses fundamentos, a SBDI-II, por maioria, rejeitou a preliminar suscitada de ofício a respeito da incidência da Orientação Jurisprudencial nº 70 da SBDI-II, vencidos os Ministros Alberto Luiz Bresciani de Fontan

> Pereira, revisor, Cláudio Mascarenhas Brandão e Douglas Alencar Rodrigues. E, ainda por maioria, julgou procedente o pedido de corte rescisório, alicerçado no art. 485, V, do CPC, por violação literal dos arts. 5º, LIV, da CF e 620 e 788 do CPC (redação anterior à Lei nº 11.382/2006) para, em juízo rescindente, desconstituir acórdão proferido pela SBDI-I que julgou improcedente o pedido de remição e, em juízo rescisório, declarar a prevalência da remição sobre a arrematação. Vencido, no ponto, o Ministro Cláudio Mascarenhas Brandão. TST-AR-877329.2011.5.00.0000, SBDI-II, rel. Min. Emmanoel Pereira, 2.12.2014

Ademais, o §5° do art. 876, do CPC/2015, passou a permitir que a adjudicação seja realizada, além do exequente, pelos credores concorrentes que hajam penhorado o mesmo bem, pelo cônjuge, pelo companheiro, pelos descendentes ou pelos ascendentes do executado, senão vejamos:

> CPC, art. 876 – [...]
>
> § 5º Idêntico direito pode ser exercido por aqueles indicados no art. 889, incisos II a VIII, pelos credores concorrentes que hajam penhorado o mesmo bem, pelo cônjuge, pelo companheiro, pelos descendentes ou pelos ascendentes do executado.

Assim, todos os familiares previstos no §5° do art. 876, do CPC/2015, podem remir a dívida antes de adjudicados ou alienados os bens, pagando ou consignando a importância atualizada da dívida, acrescida de juros, custas e honorários advocatícios.

13.4. Adjudicação

– O que é adjudicação?

A adjudicação é o ato processual de expropriação judicial por meio do qual o juiz, por sentença e atendendo ao requerimento do credor, lhe faz a entrega do bem penhorado.[62] Assim, adjudicação é a transferência do bem penhorado ao patrimônio do exequente, para

62. JÚNIOR, José Cairo. Curso de Direito Processual do Trabalho. E ed. São Paulo; Juspodivm, 2010. P. 782/783.

a satisfação de seu crédito. Foi regulamentado pelo art. 876 do CPC que é aplicado subsidiariamente ao Processo do Trabalho.

> CPC, art. 876. É lícito ao exequente, oferecendo preço não inferior ao da avaliação, requerer que lhe sejam adjudicados os bens penhorados.

Desta forma, se não for encontrado dinheiro no patrimônio do executado, mais outros bens, esses bens podem ser de interesse do exequente, sendo assim, ele solicita ao juiz da execução a adjudicação dos referidos bens.

O § 1º do art. 888 da CLT determina que a adjudicação tem preferência sobre a arrematação, vejamos:

> CLT, art. 888 - [...]
>
> §1º - A arrematação far-se-á em dia, hora e lugar anunciados e os bens serão vendidos pelo maior lance, tendo o exequente preferência para a adjudicação.

Se a adjudicação for de bem imóvel, será expedida a carta de adjudicação e o mandado de imissão na posse. Se for de bem móvel, será expedida a ordem de entrega ao adjudicatário, como determinado pelo art. 877 do CPC:

> CPC, art. 877. Transcorrido o prazo de 5 (cinco) dias, contado da última intimação, e decididas eventuais questões, o juiz ordenará a lavratura do auto de adjudicação.
>
> §1º Considera-se perfeita e acabada a adjudicação com a lavratura e a assinatura do auto pelo juiz, pelo adjudicatário, pelo escrivão ou chefe de secretaria, e, se estiver presente, pelo executado, expedindo-se:
>
> I – a carta de adjudicação e o mandado de imissão na posse, quando se tratar de bem imóvel;
>
> II – a ordem de entrega ao adjudicatário, quando se tratar de bem móvel.
>
> §2º A carta de adjudicação conterá a descrição do imóvel, com remissão à sua matrícula e aos seus registros, a cópia do auto de adjudicação e a prova de quitação do imposto de transmissão.
>
> §3º No caso de penhora de bem hipotecado, o executado poderá remi-lo até a assinatura do auto de adjudicação, oferecendo

> preço igual ao da avaliação, se não tiver havido licitantes, ou ao do maior lance oferecido.
>
> §4º Na hipótese de falência ou de insolvência do devedor hipotecário, o direito de remição previsto no § 3º será deferido à massa ou aos credores em concurso, não podendo o exequente recusar o preço da avaliação do imóvel.

13.4.1. Divergência do valor da execução com o valor do bem penhorado

– E se ocorrer divergência do valor da execução com o valor do bem penhorado, pode ocorrer a adjudicação?

O § 4º do art. 876 tratou sobre o tema, assim, se o valor do crédito for inferior ao dos bens, o requerente da adjudicação depositará de imediato a diferença, que ficará à disposição do executado. Entretanto, se o valor do crédito for superior ao dos bens, a execução prosseguirá pelo saldo remanescente.

> CPC, art. 876 – [...]
>
> § 4º Se o valor do crédito for:
>
> I – inferior ao dos bens, o requerente da adjudicação depositará de imediato a diferença, que ficará à disposição do executado;
>
> II – superior ao dos bens, a execução prosseguirá pelo saldo remanescente.

13.4.2. Momento para adjudicar o bem

– Qual o momento oportuno para ser solicitada a adjudicação do bem penhorado, Hamilton?

O exequente tem direito à adjudicação, desde a penhora do bem até antes da assinatura do respectivo auto de arrematação, se o bem já tiver sido arrematado por outrem. Nesse sentido, Wolney[63]:

63. CORDEIRO, Wolney de Macedo. Execução no processo do trabalho. 4. ed. Salvador: Ed. Juspodivm, 2017. Pág. 335/336.

Nesse ponto, surge a primeira questão controvertida concernente à aplicação da adjudicação ao processo do trabalho. Pelos termos da CLT, art. 888, § 3°, o requerimento da adjudicação só poderá ser realizado durante a hasta pública. Poder-se-ia argumentar a impossibilidade de, no processo do trabalho, haver adjudicação antes da arrematação. Essa tese, entretanto, não encontra eco nem na doutrina, tampouco na jurisprudência contemporânea. Conclui-se, portanto, que o credor poderá requerer a adjudicação tão logo a penhora tenha sido integralizada. Nesse caso, o pedido adjudicatório submete-se exclusivamente às normas processuais civis, devendo o preço mínimo da operação ser o valor da avaliação do bem.

Segue a jurisprudência sobre o tema:

AGRAVO DE PETIÇÃO – ADJUDICAÇÃO – DIREITO PREFERENCIAL DO EXEQUENTE – MOMENTO OPORTUNO. O artigo 888 da CLT é expresso em seu parágrafo 1º no sentido de ter o Exequente preferência para a adjudicação. E a interpretação que se extrai da norma é a de que o momento oportuno para o requerimento dessa medida expropriatória é após a realização da praça e antes da assinatura do auto de arrematação, não havendo referência ao fato de que deva ocorrer no momento da hasta pública. (AP nº 0010396-91.2017.5.03.0079, 4ª Turma do TRT da 3ª Região/MG, Rel. Denise Alves Horta. j. 31.01.2018).

AGRAVO DE PETIÇÃO. EXECUÇÃO. ADJUDICAÇÃO PELO EXEQUENTE. PRAZO. De acordo com o art. 888, § 1º, da CLT, A arrematação far-se-á em dia, hora e lugar anunciados e os bens serão vendidos pelo maior lance, tendo o exequente preferência para a adjudicação. Como se vê, não há na CLT qualquer regra que estabeleça a necessidade do credor estar presente no momento da praça/leilão para a adjudicação ou que afirme que a adjudicação só possa ser requerida antes da arrematação por terceiro. Sabe-se que a execução trabalhista é regida pelas disposições contidas na CLT e, de modo sucessivo, havendo omissão e compatibilidade, pela lei de execução fiscal (CLT, art. 889) e, por fim, pela legislação processual comum (CLT, artigo 769). Assim, após o leilão, mesmo havendo licitante, o credor tem o direito de adjudicar o bem, em igualdade de condições com a melhor oferta, no prazo de 30 (trinta) dias (art. 24 da Lei nº 6.830/1980). (Agravo de Petição nº

> 0036800-98.2006.5.01.0281, 1ª Turma do TRT da 1ª Região/RJ, Rel. Ana Maria Moraes. DOERJ 21.05.2018).
>
> ADJUDICAÇÃO DE BENS ARREMATADOS. REQUERIMENTO PROTOCOLADO APÓS ASSINATURA DO AUTO DE ARREMATAÇÃO. IMPOSSIBILIDADE. Realizada a praça ou leilão, com licitante, a adjudicação do bem arrematado deve ser requerida, pelo exequente, que goza de preferência, a partir daquele momento, como estabelece o artigo 888, parágrafo 1º, da CLT. Todavia, o Texto Consolidado não fixou o termo final para o credor promover sua manifestação de interesse pela transferência da propriedade do bem penhorado ao seu patrimônio, forma especial de satisfação do crédito exequendo, devendo assim, ser observado como limite temporal a assinatura do auto de arrematação pelo juiz, arrematante e leiloeiro, quando se considera perfeito, acabado e irretratável o ato expropriatório, nos termos do artigo 903 do CPC, fonte subsidiária do direito processual do trabalho. No caso concreto, verifica-se que o auto de arrematação foi devidamente assinado em 19.07.2016, enquanto o recorrente só veio a carrear aos fólios pedido de adjudicação dos bens arrematados, em 27.07.2016, quando já ultrapassado, em muito, o prazo hábil à prática do ato. Agravo de Petição improvido, no aspecto. (Processo nº 0000490-55.2013.5.06.0331, 3ª Turma do TRT da 6ª Região/PE, Rel. Maria das Graças de Arruda França. j. 03.04.2017).

13.5. Alienação por iniciativa particular

– O que é alienação por iniciativa particular?

É o ato processual de expropriação judicial por meio do qual credor toma a iniciativa de promover a venda judicial de um bem penhorado. Assim, se não houver a adjudicação do bem penhorado, o exequente faz o requerimento ao juiz da execução, para fazer a alienação do bem, ficando responsável para oferecer o bem no mercado e conseguir um particular interessado na sua aquisição. Nesse sentido, o art. 880 do CPC:

> CPC, art. 880. Não efetivada a adjudicação, o exequente poderá requerer a alienação por sua própria iniciativa ou por intermédio

de corretor ou leiloeiro público credenciado perante o órgão judiciário.

Sobre o tema, Wolney[64] entende que:

> A alienação por iniciativa particular foi introduzida no CPC anterior por intermédio da Lei n.º 11.382, de 06.12.2006 e mantida pelo atual CPC apenas com algumas modificações pontuais (art. 878). Não há qualquer tipo de incompatibilidade dessa modalidade de alienação com a sistemática da execução trabalhista, até porque a matéria relacionada à expropriação de bens acha-se circunscrita aos tímidos limites da CLT, art. 888. Além do mais, o eventual dinamismo obtido por uma forma de alienação mais simples, menos burocratizada e mais voltada para a realidade do mercado só contribui para a efetividade de jurisdição executiva trabalhista.

A jurisprudência, entende ser perfeitamente possível a aplicação da alienação por iniciativa particular no Processo do Trabalho, veja:

> ALIENAÇÃO POR INICIATIVA PRIVADA. A execução trabalhista, como instituto de efetivação das decisões judiciais, se sustenta em vários princípios, dentre os quais se destacam dois princípios primordiais, quais sejam, o da utilidade para o credor e o da não prejudicialidade do devedor. A execução trabalhista é disciplinada nos artigos 876 a 892 da CLT e também se socorre, subsidiariamente, de outras leis, como o Código de Processo Civil (artigo 769 da CLT) e a Lei de Execuções Fiscais (artigo 889 da CLT). Pelo caráter protetivo do direito do trabalho, busca-se, nas execuções, atender ao que foi estabelecido na decisão judicial transitada em julgado. Assim, a alienação particular é um dos meios para satisfação da decisão judicial, podendo propiciar um melhor aproveitamento dos recursos disponibilizados para a execução. Cabendo ressaltar que a possibilidade da alienação por iniciativa particular está prevista nos artigos 148 e 256 do Provimento Geral Consolidado do TRT/3ª Região. (AP nº 0011068-15.2016.5.03.0183, 3ª Turma do TRT da 3ª Região/MG, Rel. Milton V. Thibau de Almeida. j. 06.08.2018).

64. CORDEIRO, Wolney de Macedo. Execução no processo do trabalho. 4. ed. Salvador: Ed. Juspodivm, 2017. Pág. 341.

PROCESSO DO TRABALHO - EXECUÇÃO - ALIENAÇÃO POR INICIATIVA PARTICULAR. A alienação por iniciativa particular foi incluída no Código de Processo Civil pela Lei nº 11.382/2006. A partir da vigência do novo diploma processual, é possível ao credor tomar a iniciativa de promover a venda judicial de um bem penhorado. O objetivo dessa inovação é garantir a efetividade da prestação jurisdicional, de forma mais rápida, para atender o princípio do inciso LXXVIII artigo 5º da Constituição Federal. Pela regra do artigo 880 CPC, quando "não efetivada a adjudicação, o exequente poderá requerer a alienação por sua própria iniciativa ou por intermédio de corretor ou leiloeiro público credenciado perante o órgão Judiciário." Neste egrégio Tribunal, o instituto foi regulamentado pelo Provimento nº 2, de 02.08.2012. (AP nº 0001292-47.2010.5.03.0006, 2ª Turma do TRT da 3ª Região/MG, Rel. Jales Valadão Cardoso. Publ. 08.02.2017).

1. ADJUDICAÇÃO E/OU ALIENAÇÃO POR INICIATIVA PARTICULAR ANTECEDENTE A LEILÃO JUDICIAL. INEXISTÊNCIA DE VEDAÇÃO LEGAL. AUSÊNCIA DE PREJUÍZO AOS EXECUTADOS. EFETIVIDADE DO CRÉDITO TRABALHISTA. A execução deve se processar no interesse do exequente, de sorte que ao executado incumbe o pagamento do crédito reconhecido. Enfatiza-se, portanto, que o direito à efetividade e à tempestividade da tutela jurisdicional é constitucionalmente garantido, sendo que o direito de acesso à justiça, albergado no inc. XXXV do art. 5º da CRFB, revela que a todos deve ser dado o direito à tutela jurisdicional efetiva, adequada e tempestiva e não meramente o sentido de que todos têm direito a recorrer ao Poder Judiciário. Dessa forma, não se divisa ilegalidade no ato judicial atacado, que permitiu aos exequentes a possibilidade de adjudicar os bens ou mesmo aliená-los por iniciativa particular, ao mesmo tempo em que franqueou fossem realizados leilões para fins de satisfação dos créditos trabalhistas reconhecidos. 2. Agravo de petição conhecido e desprovido. (AP nº 0002153-58.2012.5.10.0009, 2ª Turma do TRT da 10ª Região/DF-TO, Rel. Gilberto Augusto Leitão Martins. DEJT 07.11.2017).

– Quem pode vender os bens por meio da alienação por iniciativa particular?

Os bens podem ser vendidos pelo próprio exequente ou por intermédio de corretor ou leiloeiro público credenciado perante o órgão judiciário, conforme determina o art. 880 do CPC:

> CPC, art. 880. Não efetivada a adjudicação, o exequente poderá requerer a alienação por sua própria iniciativa ou por intermédio de corretor ou leiloeiro público credenciado perante o órgão judiciário.

A venda do bem por corretor ou leiloeiro público não credenciado perante o órgão judiciário, não invalida o negócio jurídico, salvo se o executado comprovar que teve prejuízo, conforme entendimento do art. 794 da CLT e o enunciado 192 do FPPC.

> CLT, art. 794 – Nos processos sujeitos à apreciação da Justiça do Trabalho só haverá nulidade quando resultar dos atos inquinados manifesto prejuízo às partes litigantes.

> FPPC, Enunciado 192: Alienação por iniciativa particular realizada por corretor ou leiloeiro não credenciado perante o órgão judiciário não invalida o negócio jurídico, salvo se o executado comprovar prejuízo.

13.6. Arrematação

– O que é arrematação?

A arrematação consiste na maior e última ou única oferta à vista feita pela pessoa que participa da praça ou do leilão, que passa a denominar-se licitante, o que lhe confere o direito de adquirir a propriedade do bem sob constrição judicial[65].

Segundo Carlos Henrique Bezerra Leite[66], arrematação *"é o ato processual que implica a transferência coercitiva dos bens penhorados*

65. JÚNIOR, José Cairo. Curso de Direito Processual do Trabalho. E ed. São Paulo; Juspodivm, 2010. p. 775.
66. LEITE, Carlos Henrique Bezerra. Curso de direito processual do trabalho. 3. ed. São Paulo: LTr, 2005.p. 770.

do devedor a um terceiro. Trata-se, em linhas gerais, de uma venda do patrimônio do devedor realizada pelo Estado, por intermédio de praça ou leilão, àquele que maior lanço (preço) oferecer. A arrematação, a rigor, tem caráter dúplice. Para o devedor, constitui verdadeira expropriação. Para o terceiro adquirente, caracteriza-se como modo de aquisição da propriedade."

Pode oferecer lance e arrematar os bens em leilão, quem estiver na livre administração de seus bens.

– É necessário dar publicidade a arrematação?

Como a arrematação é uma venda pública, é necessário a publicidade conforme o art. 888 da CLT. Assim, será anunciando a arrematação em edital afixado na sede do juízo ou tribunal e publicando no jornal local, se houver, com antecedência de 20 dias, sob pena de nulidade.

> CLT, art. 888 – Concluída a avaliação, dentro de 10 (dez) dias, contados da data da nomeação do avaliador, seguir-se-á a arrematação que será anunciada por edital afixado na sede do Juízo ou Tribunal e publicado no jornal local, se houver, com a antecedência de 20 (vinte) dias.

– Quem não pode arrematar bens no leilão?

Segundo o art. 890 do CPC, pode oferecer lance quem estiver na livre administração de seus bens, com exceção:

1) dos tutores, dos curadores, dos testamenteiros, dos administradores ou dos liquidantes, quanto aos bens confiados à sua guarda e à sua responsabilidade;

2) dos mandatários, quanto aos bens de cuja administração ou alienação estejam encarregados;

3) do juiz, do membro do Ministério Público e da Defensoria Pública, do escrivão, do chefe de secretaria e dos demais servidores e auxiliares da justiça, em relação aos bens e

direitos objeto de alienação na localidade onde servirem ou a que se estender a sua autoridade;

4) dos servidores públicos em geral, quanto aos bens ou aos direitos da pessoa jurídica a que servirem ou que estejam sob sua administração direta ou indireta;

5) dos leiloeiros e seus prepostos, quanto aos bens de cuja venda estejam encarregados;

6) dos advogados de qualquer das partes.

– Alguém tem preferência para arrematar os bens no leilão?

Segundo o art. 893 do CPC, se o leilão for de diversos bens e houver mais de um lançador, terá preferência aquele que se propuser a arrematá-los todos, em conjunto, oferecendo, para os bens que não tiverem lance, preço igual ao da avaliação e, para os demais, preço igual ao do maior lance que, na tentativa de arrematação individualizada, tenha sido oferecido para eles.

– Como será feito o lance na arrematação?

O § 1º, do art. 888, da CLT, esclarece que arrematação será realizada no dia, hora e lugar anunciados, e os bens serão vendidos pelo maior lance. Entretanto, não será aceito qualquer proposta formulada pelos licitantes, pois não será aceito o chamado lance vil. Nesse sentido, o art. 891 do CPC:

> CPC, art. 891. Não será aceito lance que ofereça preço vil.

– O que significa lance vil?

Segundo o parágrafo único do art. 891, *considera-se vil o preço inferior ao mínimo estipulado pelo juiz e constante do edital, e, não tendo sido fixado preço mínimo, considera-se vil o preço inferior a cinquenta por cento do valor da avaliação.*

Assim, se for fixado o preço mínimo pelo juiz, será considerado vil qualquer valor oferecido abaixo deste montante e, se não for estabelecido o preço mínimo pelo juiz, considerar-se-á vil o preço inferior a 50% da avaliação.

O § 1º do art. 903 do CPC, determina que a arrematação poderá, no entanto, ser invalidada, quando realizada por preço vil, *in verbis:*

> CPC, art. 903 – [...]
>
> §1º Ressalvadas outras situações previstas neste Código, a arrematação poderá, no entanto, ser:
>
> I – invalidada, quando realizada por preço vil ou com outro vício;

Segue a jurisprudência sobre o tema:

> AGRAVO DE PETIÇÃO. ARREMATAÇÃO A PREÇO VIL. OCORRÊNCIA. O novo Código de Processo Civil é expresso ao estabelecer critério objetivo para determinar o valor mínimo a ser aceito na arrematação, definindo como preço vil todo valor inferior a 50% da avaliação. (Agravo de Petição nº 0159900-30.2008.5.01.0052, 10ª Turma do TRT da 1ª Região/RJ, Rel. Flavio Ernesto Rodrigues Silva. DOERJ 16.03.2018).
>
> AGRAVO DE PETIÇÃO. PREÇO VIL. NÃO CONFIGURAÇÃO. O parágrafo único do art. 891 do CPC, de aplicação subsidiária no processo do trabalho (art. 769 da CLT), dispõe que se considera vil o preço inferior ao mínimo estipulado pelo juiz e constante do edital, e, não tendo sido fixado preço mínimo, considera-se vil o preço inferior a cinquenta por cento do valor da avaliação. Não havendo preço mínimo e sendo o lanço superior a 50% da avaliação, afasta-se a hipótese de preço vil. (AP nº 0010800-66.2016.5.03.0051, 1ª Turma do TRT da 3ª Região/MG, Rel. José Eduardo Resende Chaves Jr. j. 21.08.2018).
>
> "ARREMATAÇÃO. PREÇO VIL. O procedimento de alienação judicial deve pautar-se pela observância ao princípio de que a execução deve ser a menos gravosa possível ao executado, sem deixar de perseguir a finalidade de satisfação ao credor, em obediência ao comando da sentença condenatória. Todavia, não se pode exigir que a venda judicial alcance o valor da avaliação. Neste passo, não é vil o lanço que atinge 50% (cinquenta por cento) do valor

da avaliação. Destaco que a agravante não quis fazer uso do seu direito de remir a execução, nos termos do art. 788, I, do CPC, ante a discordância com a arrematação de seu bem. Nego provimento ao agravo de petição." (AP-01665-2002-005-18-00-4, Rel: Juiz Geraldo Rodrigues do Nascimento, DJE-GO 05.12.2003) (AP nº 0180301-47.1999.5.18.0002, 3ª Turma do TRT da 18ª Região/GO, Rel. Platon Teixeira de Azevedo Filho. DEJT 05.12.2017).

– Como funciona o pagamento da arrematação?

O § 2º, do art. 888, da CLT determina que o arrematante deve, no ato da arrematação, garantir um sinal de 20% do valor do lance e depositar o restante em 24 horas (§ 4º, do art. 888, da CLT), sob consequência de perder o valor do sinal em benefício da execução. Contudo, se preferir, pode o arrematante pagar o valor total do bem no ato da arrematação.

Sobre o tema, o Professor Manoel Antonio Teixeira Filho[67] escreve:

> "A arrematação será feita com dinheiro, devendo o licitante garantir o lanço com o sinal correspondente a, pelo menos, 20% do seu valor (CLT, art. 888, § 2º); se o arrematante, ou seu fiador, não pagar (=complementar) dentro de 24 horas o preço da arrematação, perderá, em prol da execução, o sinal dado, retornando à praça os bens penhorados (ibidem, § 4º)."

No Informativo 83, o TST entendeu que viola o art. 888, § 4º da CLT, o pagamento dos 80% remanescentes fora do prazo de 24hs, mesmo que o leiloeiro tenha concedido prazo maior, senão vejamos:

> Informativo 83 do TST – AÇÃO RESCISÓRIA. EXECUÇÃO. HASTA PÚBLICA. ARREMATAÇÃO JUDICIAL. COMPLEMENTAÇÃO DO VALOR DO SINAL APÓS O PRAZO DE 24 HORAS. VIOLAÇÃO DO ART. 888, § 4º, DA CLT. CONFIGURAÇÃO. A CLT determina que o arrematante de bem levado à hasta pública deve garantir seu lance com sinal correspondente

67. FILHO, Manoel Antonio Teixeira. Execução no Processo do Trabalho", 11ª ed., São Paulo: LTr, 2014, p. 442

a 20% do valor da arrematação. Arrematado o bem, o valor deve ser complementado em 24 horas, sob pena de perda do valor do sinal em favor da execução, bem como do retorno do bem executado à praça ou leilão. Assim sendo, reputa-se violado o art. 888, § 4º, da CLT, na hipótese em que o pagamento dos 80% remanescentes ocorreu mais de um ano após a arrematação, em razão de prazo concedido pelo próprio leiloeiro. Com esse entendimento, a SBDIII, por unanimidade, conheceu do recurso ordinário dos réus, e, no mérito, negou-lhes provimento, mantendo, portanto, a decisão do Regional que julgara procedente a ação rescisória para desconstituir o acórdão proferido em agravo de petição em que homologada a arrematação do bem levado a leilão, não obstante o pagamento tenha ocorrido fora do prazo de 24 horas previsto no art. 888, § 4º, da CLT. TST-RO-219900-37.2009.5.04.0000, SBDI-II, rel. Min. Alberto Luiz Bresciani de Fontan Pereira, 20.5.2014

– É possível o pagamento parcelado da arrematação?

O TST entende ser possível o pagamento parcelado da arrematação, pois ao regulamentar a aplicação do CPC/15 no Processo do Trabalho disse, por meio do art. 3º, inciso XX da IN 39/2015, que o art. 895 é aplicado ao Processo do Trabalho, *in verbis:*

> TST, IN 39/2015 - art. 3º Sem prejuízo de outros, aplicam-se ao Processo do Trabalho, em face de omissão e compatibilidade, os preceitos do Código de Processo Civil que regulam os seguintes temas:
>
> XX - art. 895 (pagamento parcelado do lanço);

Diz o art. 895 do CPC:

> CPC, art. 895. O interessado em adquirir o bem penhorado em prestações poderá apresentar, por escrito:
>
> I - até o início do primeiro leilão, proposta de aquisição do bem por valor não inferior ao da avaliação;
>
> II - até o início do segundo leilão, proposta de aquisição do bem por valor que não seja considerado vil.

§1º A proposta conterá, em qualquer hipótese, oferta de pagamento de pelo menos vinte e cinco por cento do valor do lance à vista e o restante parcelado em até 30 (trinta) meses, garantido por caução idônea, quando se tratar de móveis, e por hipoteca do próprio bem, quando se tratar de imóveis.

§2º As propostas para aquisição em prestações indicarão o prazo, a modalidade, o indexador de correção monetária e as condições de pagamento do saldo.

§3º (VETADO).

§4º No caso de atraso no pagamento de qualquer das prestações, incidirá multa de dez por cento sobre a soma da parcela inadimplida com as parcelas vincendas.

§5º O inadimplemento autoriza o exequente a pedir a resolução da arrematação ou promover, em face do arrematante, a execução do valor devido, devendo ambos os pedidos ser formulados nos autos da execução em que se deu a arrematação.

§6º A apresentação da proposta prevista neste artigo não suspende o leilão.

§7º A proposta de pagamento do lance à vista sempre prevalecerá sobre as propostas de pagamento parcelado.

§8º Havendo mais de uma proposta de pagamento parcelado:

I – em diferentes condições, o juiz decidirá pela mais vantajosa, assim compreendida, sempre, a de maior valor;

II – em iguais condições, o juiz decidirá pela formulada em primeiro lugar.

§9º No caso de arrematação a prazo, os pagamentos feitos pelo arrematante pertencerão ao exequente até o limite de seu crédito, e os subsequentes, ao executado.

– Se o arrematante arrematou um carro, como fica a dívida de IPVA atrasado?

Prevalece na jurisprudência do TST, que a arrematação é forma originária de aquisição da propriedade, rompendo a cadeia anterior de relações jurídicas, desta forma, o adquirente do veículo em hasta pública não responde por qualquer ônus, inclusive tributo em atraso, que recaia sobre o bem arrematado, o qual deve ser entregue, livre e desembaraçado de qualquer encargo tributário, já que as dívidas anteriores sub-rogam-se no preço, nos termos do art. 130 do CTN, aplicado a bens móveis por analogia. Diz o art. 130 do CTN:

> CTN, art. 130. Os créditos tributários relativos a impostos cujo fato gerador seja a propriedade, o domínio útil ou a posse de bens imóveis, e bem assim os relativos a taxas pela prestação de serviços referentes a tais bens, ou a contribuições de melhoria, subrogam-se na pessoa dos respectivos adquirentes, salvo quando conste do título a prova de sua quitação.

Nesse sentido, o Informativo 19 sobre execução do TST:

> Informativo 19 do TST – Execução. ARREMATAÇÃO EM HASTA PÚBLICA. VEÍCULO COM DÉBITO DE IPVA. SUB-ROGAÇÃO NO PREÇO PAGO. AUSÊNCIA DE ÔNUS PARA O ADQUIRENTE. O adquirente do veículo em hasta pública não responde por qualquer ônus, inclusive tributo em atraso, que recaia sobre o bem arrematado, o qual deve ser entregue, livre e desembaraçado de qualquer encargo tributário, já que as dívidas anteriores sub-rogam-se no preço, nos termos do art. 130 do CTN, aplicado a bens móveis por analogia. Assim, a Fazenda Pública não tem direito líquido e certo à cassação da decisão que determinou a baixa das dívidas de IPVA que recaíam sobre o veículo arrematado, devendo exigir do antigo proprietário o pagamento do tributo. TST-RO-6626-42.2013.5.15.0000, SBDI-II, rel. Min. Douglas Alencar Rodrigues, 18.8.2015

A jurisprudência, contudo, principalmente, a trabalhista, tem entendido que se o valor da arrematação não for suficiente para pagamento das dívidas que gravam o bem, o próprio executado continuará por elas responsável de forma pessoal, ou seja: as dívidas de natureza real se convolam em dívidas de ordem pessoal. O arrematante receberá o bem livre e desembargado de qualquer ônus[68]. No mesmo

68. SCHIAVI, Mauro. Manual de direito processual do trabalho.13. ed. – São Paulo: LTr, 2018. Pág. 1.366.

sentido, o Enunciado n. 35 da 1ª Jornada Nacional de Execução e a jurisprudência do TRT da 3ª Região, *in verbis:*

> Enunciado n. 35 – EXPROPRIAÇÃO JUDICIAL PREFERÊNCIA DO CRÉDITO TRABALHISTA. INTERPRETAÇÃO EXTENSIVA DO ART. 130, PARÁGRAFO ÚNICO C/C ART. 186 DO CÓDIGO TRIBUTÁRIO NACIONAL (CTN). I- Na execução trabalhista, aplica-se o art. 130, parágrafo único, do Código Tributário Nacional, dando-se preferência ao crédito trabalhista (art. 186, caput, CTN) e, em seguida, à satisfação dos créditos tributários. II-O adquirente receberá o bem livre e desembaraçado de ônus fiscais, condição que ficará expressa no edital. III -Satisfeitos os créditos trabalhistas, em caso de remanescerem débitos tributários, persiste a responsabilidade do devedor originário."
>
> ARREMATAÇÃO DE BEM MÓVEL EM HASTA PÚBLICA. VEÍCULO. EXISTÊNCIA DE ATRASO DE IPVA E TAXA DE LICENCIAMENTO. DÍVIDAS PREEXISTENTES. RESPONSABILIDADE PELO PAGAMENTO. ARTIGO 130, CTN. De acordo com o artigo 130, parágrafo único, do Código Tributário Nacional, no caso de arrematação de bens em hasta pública, a sub-rogação ocorre sobre o respectivo preço. Ou seja, a sub-rogação opera-se sobre o preço pertinente, isto é, os débitos tributários integram o lance oferecido à arrematação e deve, pois, o bem móvel, ser transmitido à arrematante independentemente de quaisquer ônus tributários. Em suma, a dívida incidente sobre o veículo está inserta no valor pago quando da arrematação do bem, devendo o imposto em atraso ser saldado com o valor arrecadado, após quitado integralmente o crédito trabalhista, ante a sua natureza alimentar. (AP nº 0002482-04.2013.5.03.0018, 10ª Turma do TRT da 3ª Região/MG, Rel. Convocado Ana Maria Espi Cavalcanti. Publ. 14.08.2015).

– Após a arrematação, é necessário intimar o executado?

A CLT não prevê a necessidade de intimação do executado da realização da hasta pública. Desse modo, parte da doutrina tem se inclinado pela aplicação do art. 889, I, do CPC/2015, que impõe a intimação do executado, com pelo menos 5 dias de antecedência, dando-lhe ciência da alienação judicial por intermédio de seu advogado ou, se não tiver procurador constituído nos autos, por meio de mandado, carta registrada, edital ou outro meio idôneo[69].

14. DEFESAS DO EXECUTADO

14.1. Embargos à execução

– Professor, como o executado vai se defender na fase de execução?

Nessa fase, o executado vai poder utilizar os embargos à execução, regulamentado no art. 884 da CLT. Tal medida judicial, serve para desconstituir o título executivo, declarar a inexigibilidade da obrigação ou a nulidade da execução.

Segundo o Professor Jose Cairo[70], "os embargos à execução é uma medida judicial autônoma, incidental ao processo de execução, destinada a desconstituir o título executivo judicial ou extrajudicial, no que diz respeito à sua existência, liquidez ou exigibilidade".

14.1.1. Prazo dos embargos à execução

– Qual prazo para interposição dos embargos à execução?

Os embargos à execução devem ser interpostos no prazo de 5 dias úteis conforme determinado pelo art. 884 caput e art. 775 ambos da CLT.

> CLT, Art. 884 – Garantida a execução ou penhorados os bens, terá o executado 5 (cinco) dias para apresentar embargos, cabendo igual prazo ao exequente para impugnação.

69. MIESSA, Élisson. Processo do Trabalho para concurso. 5. ed. – Salvador: Ed. Juspodivm, 2017. Pág. 1.217.
70. JUNIOR, José Cairo. Curso de direito processual do trabalho. 11. ed. Salvador: Juspodivm, 2017.

> CLT, Art. 775. Os prazos estabelecidos neste Título serão contados em dias úteis, com exclusão do dia do começo e inclusão do dia do vencimento.

A Fazenda Pública possui prazo de 30 dias úteis para apresentar embargos, conforme decisão do STF abaixo:

> O Plenário do STF julgou improcedente a ADI 2418, ajuizada pelo Conselho Federal da OAB contra o artigo 4º da Medida Provisória 2.102-27/2001 que acrescentou o art. 1º-B à Lei nº 9.494/97, aumentando para 30 dias o prazo para a interposição dos embargos à execução pela Fazenda Pública. Dessa forma, o dispositivo foi considerado como constitucional, por não violara isonomia e o devido processo legal (STF, ADI 2418. Min. Relator: Teori Zavascki, Data de Julgamento: 04.05.2016).

14.1.1.1. *Início do prazo dos embargos à execução*

– Quando se inicia o prazo de 5 dias para apresentar os embargos à execução, professor?

Depende.

Se forem penhorados bens, o prazo inicial é a data da intimação da penhora que garantiu o juízo (CLT, art. 884), conforme determinado pelo art. 841 do CPC, que é aplicado subsidiariamente ao Processo do Trabalho (IN 39/2016, art. 3°, XVIII[71])

> CPC, Art. 841. Formalizada a penhora por qualquer dos meios legais, dela será imediatamente intimado o executado.
>
> §1º A intimação da penhora será feita ao advogado do executado ou à sociedade de advogados a que aquele pertença.
>
> §2º Se não houver constituído advogado nos autos, o executado será intimado pessoalmente, de preferência por via postal.

71. Art. 3º. Sem prejuízo de outros, aplicam-se ao Processo do Trabalho, em face de omissão e compatibilidade, os preceitos do Código de Processo Civil que regulam os seguintes temas: (...) XVIII – art. 841, §§ 1º e 2° (intimação da penhora).

> §3º O disposto no § 1º não se aplica aos casos de penhora realizada na presença do executado, que se reputa intimado.
>
> §4º Considera-se realizada a intimação a que se refere o § 2º quando o executado houver mudado de endereço sem prévia comunicação ao juízo, observado o disposto no parágrafo único do art. 274.

Contudo, se a garantia do juízo é realizada através de depósito do valor devido, a contagem do prazo se inicia no primeiro dia útil subsequente ao da efetivação do depósito, não havendo necessidade de se intimar a executada. Nesse sentido, a jurisprudência do TST:

> AGRAVO DE INSTRUMENTO EM RECURSO DE REVISTA – LEI Nº 13.015/2014 – EXECUÇÃO – GARANTIA DA EXECUÇÃO – DEPÓSITO ESPONTÂNEO – PRAZO PARA EMBARGOS À EXECUÇÃO – INTIMAÇÃO PESSOAL. A tese exarada pelo Tribunal Regional foi de que "se a garantia do juízo é realizada através de depósito do valor devido, a contagem do prazo se inicia no primeiro dia útil subsequente ao da efetivação do depósito, não havendo necessidade de se intimar a executada". A discussão envolve o prazo para oposição de embargos à execução nas hipóteses em que efetuada a garantia da execução por meio de depósito voluntário do executado, matéria de cunho eminentemente infraconstitucional. Somente após o prévio exame da legislação infraconstitucional utilizada como fundamento pelo Tribunal Regional (arts. 835 do CPC, 882, 883 e 884 da CLT) seria possível vislumbrar afronta ao art. 5º, XXXV, da Constituição Federal, o que não se coaduna com o art. 896, § 2º, da CLT. Agravo de instrumento desprovido. (AIRR nº 123200-98.2012.5.17.0010, 7ª Turma do TST, Rel. Luiz Philippe Vieira de Mello Filho. j. 06.09.2017, Publ. 11.09.2017).
>
> Registra-se que o prazo para a apresentação dos embargos à execução, nos termos do artigo 884 da CLT, conta-se a partir do momento em que é garantida a execução, e não a partir da ciência do executado quanto à homologação dos novos cálculos, como entendeu o Regional. Portanto, sendo incontroverso que o depósito foi efetuado no dia 15.07.2016 (sexta-feira) e considerando-se que o início do prazo é a data do depósito, não há falar em intempestividade dos embargos à execução do reclamado, visto

que apresentados em 22.07.2016, dentro, portanto, do prazo de 5 dias previsto no artigo 884 da CLT. Assim, tendo sido comprovada a tempestividade dos embargos à execução do reclamado, tem-se que na decisão recorrida feriu-se o princípio da ampla defesa, consubstanciado no artigo 5º, inciso LV, da Constituição Federal. Recurso de revista conhecido e provido. (RR nº 71700-40.2005.5.04.0029, 2ª Turma do TST, Rel. José Roberto Freire Pimenta. j. 25.10.2017, Publ. 27.10.2017).

14.1.2. *Garantia do juízo para embargar*

– A parte pode embargar sem garantir o juízo?

Depende.

Se os embargos à execução forem apresentados pela Fazenda Pública, pela empresa Falida[72] e pelas entidades filantrópicas, não haverá necessidade de garantir a execução.

> CLT, Art. 884 – [...]
>
> § 6º – A exigência da garantia ou penhora não se aplica às entidades filantrópicas e/ou àqueles que compõem ou compuseram a diretoria dessas instituições.

Para as demais empresas executadas, a segurança do juízo, no Processo do Trabalho, constitui requisito para a oposição dos embargos à execução, de acordo com o disposto no art. 884 da CLT: *"Garantida a execução ou penhorados os bens, terá o executado cinco dias para apresentar embargos, cabendo igual prazo ao exequente para impugnação".*

---

72. AGRAVO DE PETIÇÃO DOS EXECUTADOS. FALÊNCIA. GARANTIA DO JUÍZO. Não se exige a garantia do Juízo como pressuposto de admissibilidade dos embargos à execução quando se tratar de executada cuja falência tenha sido decretada, uma vez que nesse caso a empresa não tem disponibilidade sobre os valores. No caso, a empresa agravante não comprovou estar em falência, visto que essa não foi decretada pelo Juízo competente. Negado provimento ao Agravo de Petição, mantendo a decisão de origem que não recebeu os Embargos à Execução por ausência de garantia do Juízo. (AP nº 0021038-50.2016.5.04.0332, Seção Especializada em Execução do TRT da 4ª Região/RS, Rel. Ana Rosa Pereira Zago Sagrilo. j. 17.07.2018).

Caso seja apresentado os embargos à execução antes de estar o juízo estar totalmente seguro, os embargos serão rejeitados liminarmente.

– As empresas em recuperação judicial devem garantir o juízo para embargar?

A jurisprudência vem entendendo que o fato de a empresta estar em recuperação judicial, não é motivo para a mesma ficar isenta da garanta do juízo para apresentar embargos à execução, pois a empresa não perde a administração de seus bens, ao contrário do que ocorre na falência. Nesse sentido, os julgados abaixo:

> EMBARGOS À EXECUÇÃO – EMPRESA EM RECUPERAÇÃO JUDICIAL – GARANTIA DO JUÍZO. O fato de a empresa encontrar-se em recuperação judicial não leva à dispensa da prévia garantia do juízo para fins de oferecimento de embargos à execução. A empresa não perde a administração de seus bens, ao contrário do que ocorre na falência. Reforçando essa convicção, com o advento da Lei nº 13.467/2017, o novo § 6º no artigo 884 da CLT dispõe que a exigência da garantia ou penhora não se aplica somente às entidades filantrópicas e/ou àqueles que compõem ou compuseram a diretoria dessas instituições, não incluindo as empresas em recuperação judicial. (AP nº 0010498-83.2017.5.03.0186, 2ª Turma do TRT da 3ª Região/MG, Rel. Sebastião Geraldo de Oliveira. j. 03.08.2018).

> EMBARGOS À EXECUÇÃO. GARANTIA DO JUÍZO. EMPRESA EM RECUPERAÇÃO JUDICIAL. A garantia do Juízo é pressuposto extrínseco indispensável para a interposição de recursos nos processos em fase de execução. E o fato de executada encontrar-se em recuperação judicial não constitui óbice a tal exigência, pois, embora o art. 899 da CLT, parágrafo 10, acrescentado pela Lei 13.467/2017, a dispense do depósito recursal, o art. 884 do mesmo Diploma Legal permanece inalterado no que concerne à obrigatoriedade da garantia do Juízo para fins de oposição dos embargos à execução, excluindo apenas, consoante parágrafo 6º, também acrescentado pela citada Lei, as entidades filantrópicas. Conclui-se, assim, que a intenção do legislador não foi a de dispensar as

empresas em recuperação judicial da garantia do Juízo para interposição de agravo de petição, nem mesmo para oposição de embargos à execução, pois, quando assim pretendeu fazer, o fez de forma expressa. À míngua de dispositivo legal que assegure à empresa em recuperação judicial a inexigibilidade da garantia do juízo, de concluir-se que a executada está obrigada a fazê-lo para opor embargos à execução. (AP nº 0000387-45.2015.5.03.0013, 5ª Turma do TRT da 3ª Região/MG, Rel. Convocado Jessé Cláudio Franco de Alencar. j. 14.06.2018).

– A exigência da garantia do juízo viola os princípios do contraditório e da ampla defesa?

O TST entende que não se constata ofensa ao art. 5º, LIV e LV, da CF, pois a garantia constitucional assegurada em tal dispositivo não isenta a parte de observar o cumprimento da legislação processual vigente, *in casu*, a garantia do juízo prevista no art. 884 da CLT.

Nesse sentido:

> AGRAVO DE INSTRUMENTO EM RECURSO DE REVISTA. EXECUÇÃO. EMBARGOS À EXECUÇÃO NÃO CONHECIDO. AUSÊNCIA DE GARANTIA INTEGRAL DO JUÍZO. Não se constata ofensa ao art. 5º, LIV e LV, da CF, à luz do art. 896, § 2º, da CLT e da Súmula nº 266 do TST, porquanto a garantia constitucional assegurada em tal dispositivo não isenta a parte de observar o cumprimento da legislação processual vigente, in casu, a garantia do juízo prevista no art. 884 da CLT. Agravo de instrumento conhecido e não provido. (AIRR nº 1548-15.2012.5.09.0018, 8ª Turma do TST, Rel. Dora Maria da Costa. j. 29.08.2018, Publ. 31.08.2018).

– Como pode ser feita a garantida do juízo?

Segundo o art. 882 da CLT, que teve a redação alterada pela Lei nº 13.467, de 2017 (Lei da Reforma Trabalhista) o executado poderá garantir a execução mediante:

(1) Depósito da quantia correspondente da conta judicial;

(2) Apresentação de seguro-garantia judicial; ou

(3) Nomeando bens à penhora, obedecendo a ordem preferencial estabelecida no art. 835 do CPC.

(4) Apresentação carta de fiança bancária.

Veja o que diz o art. 882 da CLT:

> CLT, art. 882. O executado que não pagar a importância reclamada poderá garantir a execução mediante depósito da quantia correspondente, atualizada e acrescida das despesas processuais, apresentação de seguro-garantia judicial ou nomeação de bens à penhora, observada a ordem preferencial estabelecida no art. 835 da Lei n. 13.105, de 16 de março de 2015 – Código de Processo Civil.

O CPC, por meio do art. 835, § 2º, determina que: *"Para fins de substituição da penhora, equiparam-se a dinheiro a fiança bancária e o seguro garantia judicial, desde que em valor não inferior ao do débito constante da inicial, acrescido de trinta por cento."*

No mesmo sentido, a Orientação Jurisprudencial 59 da SBDI-2: *"A carta de fiança bancária e o seguro garantia judicial, desde que em valor não inferior ao do débito em execução, acrescido de trinta por cento, equivalem a dinheiro para efeito da gradação dos bens penhoráveis, estabelecida no art. 835 do CPC de 2015."*

A atual jurisprudência do TST, vem aplicando a OJ nº 59 da SDI-2:

> RECURSO ORDINÁRIO EM AGRAVO REGIMENTAL EM MANDADO DE SEGURANÇA. EXECUÇÃO PROVISÓRIA. GARANTIA DA EXECUÇÃO POR CARTA DE FIANÇA BANCÁRIA. POSSIBILIDADE. 1 – A carta de fiança bancária equivale a dinheiro para efeito da gradação dos bens penhoráveis, previsto no art. 835 do CPC de 2015, consoante a Orientação Jurisprudencial 59 da SBDI-2. 2 – Na hipótese, constata-se ofensa a direito líquido e certo do impetrante à aplicação do disposto no art. 805 do CPC de 2015, tendo em vista que a carta de fiança indicada à penhora, apesar de constar prazo determinado, se

mostrou eficaz à garantia da execução. 3 – Precedentes. Recurso ordinário conhecido e provido. (RO – 21205-59.2017.5.04.0000, Relatora Ministra: Delaíde Miranda Arantes, Data de Julgamento: 06/11/2018, Subseção II Especializada em Dissídios Individuais, Data de Publicação: DEJT 09/11/2018)

RECURSO ORDINÁRIO EM MANDADO DE SEGURANÇA. INDEFERIMENTO DE GARANTIA DO JUÍZO POR MEIO DE APÓLICE DE SEGURO GARANTIA. EXECUÇÃO. PENHORA EM DINHEIRO. SUBSTITUIÇÃO POR SEGURO GARANTIA. EXISTÊNCIA DE DIREITO LÍQUIDO E CERTO DA EXECUTADA-IMPETRANTE. PRAZO DE VIGÊNCIA DETERMINADO DO SEGURO. Trata-se, a hipótese, de mandado de segurança impetrado contra decisão proferida na reclamação trabalhista matriz, em fase de execução, que rejeitou a oferta formulada pela executada de garantia do juízo por meio de seguro garantia. Observe-se que nos termos do art. 835 do CPC/2015, a garantia da execução por meio de seguro fiança bancário é eficaz. Nesse contexto, ainda que o seguro ofertado tenha data de validade, a rejeição da oferta de seguro garantia, em execução, fere direito líquido e certo de que a execução seja processada da forma menos gravosa ao executado. Incide à hipótese o óbice contido na Orientação Jurisprudencial 59 da SBDI-2, do TST. Dessa forma, constata-se que a decisão proferida pelo Tribunal Regional, que denegou a segurança, afrontou direito líquido e certo do impetrante. Precedentes desta SBDI-2. A SBDI-2 tem admitido o mandado de segurança, mitigando a aplicação da Orientação Jurisprudencial 92 da SBDI-2, nos casos de ordem de penhora de numerário. Recurso ordinário conhecido e provido. (RO-1604-74.2016.5.05.0000, Rel. Min. Maria Helena Mallmann, DEJT 30/10/2018)

EMBARGOS DE DECLARAÇÃO. RECURSO ORDINÁRIO EM MANDADO DE SEGURANÇA. EXECUÇÃO PROVISÓRIA. REJEIÇÃO DA APÓLICE DE SEGURO COMO GARANTIA DA EXECUÇÃO. DETERMINAÇÃO DE PENHORA EM DINHEIRO. CABIMENTO DO MANDADO DE SEGURANÇA. 1. Erro material evidenciado no acórdão embargado, uma vez que na ementa, na parte dispositiva e em determinados trechos da sua fundamentação ora se faz referência à carta de fiança, ora se declara a validade da "nomeação da carta de fiança bancária" para efeito de garantia da execução, quando, na realidade, cabia menção à apólice de seguro ofertada ou à declaração de validade da oferta do "seguro garantia judicial" para esse fim. 2. Embargos de declaração que se acolhem para a correção desse equívoco, sem alteração do resultado do julgamento, estabelecendo-se que onde se lê no acórdão embargado "carta de fiança", leia-se "seguro garantia judicial", e onde se lê "nomeação da carta de fiança bancária", leia-se "oferta do seguro garantia judicial". 3. Por consequência, cabível a determinação para que se realize nova comunicação ao Desembargador Presidente do Tribunal Regional do Trabalho da 4ª Região e à Autoridade Coatora do inteiro teor desta decisão retificadora, visto que a determinação anterior nesse sentido foi cumprida com base em acórdão que continha o erro material ora corrigido. 4. Embargos de declaração de que se conhece e a que se dá provimento, sem alteração do decidido. (ED-RO - 22239-06.2016.5.04.0000, Relator Ministro: Alexandre Luiz Ramos, Data de Julgamento: 22/05/2018, Subseção II Especializada em Dissídios Individuais, Data de Publicação: DEJT 25/05/2018)

14.1.3. Competência para julgamento dos embargos à execução

– Quem tem competência para julgar os embargos à execução?

A competência em regra é do juízo da execução. Contudo, quando a execução for por carta precatória executória[73] o art. 20 da Lei 6.830/80, determina que os embargos do executado serão oferecidos no Juízo deprecado (juízo que vai receber a carta precatória executória), que os remeterá ao Juízo deprecante (juízo que enviou a carta precatória executória) para instrução e julgamento. Mas, quando os embargos tiverem por objeto vícios ou irregularidades de atos do próprio Juízo deprecado, caber-lhe -á unicamente o julgamento dessa matéria.

73. A penhora será feita por meio de carta precatória, quando os bens do executado não se encontrarem no local da execução, assim, o juízo deprecante (onde processa a execução) expedirá a carta precatória para que o juízo deprecado (onde estão os bens do executado) realize a penhora.

> Lei 6.830/80, art. 20 – Na execução por carta, os embargos do executado serão oferecidos no Juízo deprecado, que os remeterá ao Juízo deprecante, para instrução e julgamento.
>
> Parágrafo Único – Quando os embargos tiverem por objeto vícios ou irregularidades de atos do próprio Juízo deprecado, caber-lhe-á unicamente o julgamento dessa matéria.

14.1.4. *Efeito suspensivo dos embargos à execução*

– Esses embargos possuem efeito suspensivo?

Não em regra, entretanto, o embargante pode solicitar nos embargos tal efeito, demonstrando que o prosseguimento da execução é capaz de causar grave dano de difícil ou incerta reparação, conforme determinado pelo § 6º do art. 525 do CPC:

> CPC, Art. 525 – [...]
>
> § 6º A apresentação de impugnação não impede a prática dos atos executivos, inclusive os de expropriação, podendo o juiz, a requerimento do executado e desde que garantido o juízo com penhora, caução ou depósito suficientes, atribuir-lhe efeito suspensivo, se seus fundamentos forem relevantes e se o prosseguimento da execução for manifestamente suscetível de causar ao executado grave dano de difícil ou incerta reparação.

14.1.5. *Principais teses de defesa dos embargos à execução*

– Quais as principais teses de defesa que podem ser utilizadas em sede de embargos à execução?

Na fase de execução, somente é possível alegar as matérias relacionadas no 884, §1°, da CLT e art. 525 do CPC. A executada, apenas pode alegar vícios, defeitos ou questões da própria execução e, ainda, suscitar causas impeditivas, modificativas ou extintivas da obrigação, desde que supervenientes à sentença.

Exceto a falta ou nulidade de citação, se o processo correu à revelia, e a chamada coisa julgada inconstitucional (CPC, art. 884, § 5º), não é permitido alegar questões anteriores à sentença, devendo a parte suscitar matéria que diga respeito à própria execução ou que seja superveniente ao trânsito em julgado da sentença. E isso porque as questões anteriores à sentença já foram alcançadas pela preclusão ou pela coisa julgada, não devendo mais ser revistas na execução, porque as questões anteriores à sentença já foram alcançadas pela preclusão ou pela coisa julgada, não devendo mais ser revistas na execução.

Segundo o art. 884, §1°, da CLT: *"A matéria de defesa será restrita às alegações de cumprimento da decisão ou do acordo, quitação ou prescrição da dívida"*. Além dessas defesas o art. 525 do novo CPC, utilizado subsidiariamente no Processo do Trabalho, prevê outras, que podem ser arguidas em sede de embargos à execução, senão vejamos:

> CPC, Art. 525 – [...]
>
> § 1º Na impugnação, o executado poderá alegar:
>
> I – falta ou nulidade da citação se, na fase de conhecimento, o processo correu à revelia;
>
> II – ilegitimidade de parte;
>
> III – inexequibilidade do título ou inexigibilidade da obrigação;
>
> IV – penhora incorreta ou avaliação errônea;
>
> V – excesso de execução ou cumulação indevida de execuções;
>
> VI – incompetência absoluta ou relativa do juízo da execução;
>
> VII – qualquer causa modificativa ou extintiva da obrigação, como pagamento, novação, compensação, transação ou prescrição, desde que supervenientes à sentença.

O executado pode, ainda, impugnar a decisão de liquidação, como estabelece o art. 884, § 3°, da CLT:

> CLT, art. 884 – [...]
>
> § 3º – Somente nos embargos à penhora poderá o executado impugnar a sentença de liquidação, cabendo ao exequente igual direito e no mesmo prazo.

Passamos a analisar as principais defesas:

14.1.5.1. Prescrição intercorrente

– O que seria essa prescrição intercorrente, Professor?

Prescrição intercorrente é a prescrição que se dá após o trânsito em julgado do processo. Ela tem previsão no § 1° do art. 884 da CLT. Não podemos confundir com a prescrição da pretensão da ação que deve ser arguida pelo reclamado no curso da fase de conhecimento conforme determinado pela Súmula nº 153 do TST[74].

– Qual prazo dessa prescrição?

Ela tem prazo de dois anos, veja o que diz o caput do art. 11-A da CLT:

> CLT, Art. 11-A. Ocorre a prescrição intercorrente no processo do trabalho no prazo de dois anos.

– Quando vai iniciar a contagem desse prazo de dois anos?

A fluência do prazo prescricional intercorrente inicia-se quando o exequente deixa de cumprir determinação judicial no curso da execução. A IN 41 do TST por meio do art. 2º regulamentou que: "O fluxo da prescrição intercorrente conta-se a partir do descumprimento da determinação judicial a que alude o § 1º do art. 11-A da CLT, desde que feita após 11 de novembro de 2017".

Segundo o art. 1º e 2º da recomendação nº 3/GCGJT (Gabinete da Corregedoria-Geral da Justiça do Trabalho), a prescrição intercorrente prevista no artigo 11-A da CLT somente deverá ser reconhecida após expressa intimação do exequente para cumprimento de determinação judicial no curso da execução. Essa intimação deverá conter a determinação que deverá ser cumprida pelo exequente e as

74. TST, SUM 153 – PRESCRIÇÃO – Não se conhece de prescrição não arguida na instância ordinária.

consequências do seu descumprimento, no caso, aplicação da prescrição intercorrente.

– Se na fase da execução não for encontrado bens do executado e o juiz intimar o exequente para que ele indique onde estão os bens, porém, como ele também não sabe, fica inerte, vai correr o prazo de 2 anos da prescrição intercorrente?

Não correrá o prazo de prescrição intercorrente nas hipóteses em que não for localizado o devedor ou encontrados bens sobre os quais possa recair a penhora, devendo o juiz, nesses casos, suspender o processo, conforme art. 5º da recomendação nº 3/GCGJT.

Veja o que diz o art. 40 da Lei n.º 6.830/80:

> Lei 6.830/40 – Art. 40 – O Juiz suspenderá o curso da execução, enquanto não for localizado o devedor ou encontrados bens sobre os quais possa recair a penhora, e, nesses casos, não correrá o prazo de prescrição.

Quando ocorrer essa situação, o processo poderá ser remetido ao arquivo provisório (artigo 85 da Consolidação dos Provimentos da Corregedoria-Geral da Justiça do Trabalho), assegurando-se ao credor o desarquivamento oportuno com vistas a dar seguimento à execução. Nesse sentido o § 3º do artigo 40 da Lei n.º 6.830/80.

> § 3º – Encontrados que sejam, a qualquer tempo, o devedor ou os bens, serão desarquivados os autos para prosseguimento da execução.

Decidindo o juízo da execução pelo arquivamento definitivo do feito, expedirá Certidão de Crédito Trabalhista, sem extinção da execução (artigos 86 e 87 da Consolidação dos Provimentos da CGJT).

Contudo, não se determinará o arquivamento dos autos, provisório ou definitivo, antes da realização dos atos de Pesquisa Patrimonial, com uso dos sistemas eletrônicos, como o BACENJUD, o INFOJUD, o RENAJUD e o SIMBA, dentre outros disponíveis aos órgãos do Poder Judiciário; e da desconsideração da personalidade jurídica da sociedade reclamada, quando pertinente.

Ainda, antes do arquivamento, provisório ou definitivo, o juízo da execução determinará a inclusão do nome do(s) executado(s) no Banco Nacional dos Devedores Trabalhistas – BNDT e nos cadastros de inadimplentes, e promoverá o protesto extrajudicial da decisão judicial, observado o disposto no artigo 883-A da CLT e o artigo 15 da IN-TST n.º 41/2018. Uma vez incluído(s) o(s) nome(s) do(s) executado(s) no BNDT e nos cadastros de inadimplentes, sua exclusão só ocorrerá em caso de extinção da execução, conforme as hipóteses do artigo 86 da Consolidação dos Provimentos da CGJT.

– O juiz pode conhecer de ofício?

Diferente da prescrição do processo de conhecimento que o TST já firmou entendimento de que o juiz não pode conhecer de ofício, a prescrição intercorrente pode ser conhecida de ofício por determinação legal, veja o que diz o § 2º do art. 11-A da CLT:

> § 2º A declaração da prescrição intercorrente pode ser requerida ou declarada de ofício em qualquer grau de jurisdição.

Reconhecida a prescrição intercorrente, nos termos desta Recomendação, será promovida a extinção da execução, consoante dispõe o artigo 924, V, do CPC.

– Quando o juiz for acolher a prescrição, ele deve dar chance de manifestação ao exequente?

Antes de decidir sobre a ocorrência da prescrição intercorrente, o juiz ou o relator deverá conceder prazo à parte interessada para se manifestar sobre o tema, nos termos dos artigos 9º, 10 e 921, § 5º, do Código de Processo Civil, conforme art. 4º da recomendação nº 3/ GCGJT

14.1.5.2. Falta ou nulidade de notificação

Quando o executado não foi notificado (citado) regularmente no processo de conhecimento e o processo foi julgado à sua revelia, pode em sede de embargos à execução, alegar tal erro, pois trata-se matéria de ordem pública.

> CPC, Art. 525 – [...]
>
> § 1º Na impugnação, o executado poderá alegar:
>
> I – falta ou nulidade da citação se, na fase de conhecimento, o processo correu à revelia;

A citação[75] constitui requisito de validade para os atos processuais praticados contra o réu. Logo, a validade da sentença de procedência depende da citação do réu. Quando ocorrer a ausência ou a nulidade da citação, o executado deve postular a nulidade da sentença, a fim de que seja reiniciada a fase de conhecimento.

Nesse sentido, a jurisprudência:

> [...] PROCESSO DE EXECUÇÃO – ALEGAÇÃO DE INEXISTÊNCIA DE CITAÇÃO NO PROCESSO DE CONHECIMENTO – PRECLUSÃO – NÃO OCORRÊNCIA 1. A realização de citação válida é elemento de formação da relação processual, ou seja, é condição necessária à triangulação do processo. Sem ela, não há falar em existência do processo ou de qualquer de seus frutos. Uma sentença havida de um processo inexistente carece de energia jurídica, sendo mera expressão de fato. 2. A inexistência é vício do processo que não se convalida em tempo algum, endo ou exoprocessualmente, não sendo atingida nem mesmo pelo prazo decadencial próprio da pretensão rescisória. 3. Na espécie, o Eg. Tribunal Regional, em execução, entendeu preclusa a oportunidade da parte em arg3. Na espécie, o Eg. Tribunal Regional, em execução, entendeu preclusa a oportunidade da parte em argüir, nos Embargos à Execução, a inexistência da citação no processo de conhecimento, por não identificar a ocasião com a primeira oportunidade da parte se manifestar nos autos, nos termos do artigo 795 da CLT. 4. Verifica-se, pois, que o Eg. Tribunal Regional, ao entender submetida à preclusão matéria relativa à própria existência

75. A citação é ato de cientificação pelo qual o sujeito passivo da demanda toma conhecimento de que contra si há ação em curso, a fim de que venha defender-se, querendo (CPC, art. 213).

do processo, ofendeu o direito à ampla defesa da parte, em afronta ao artigo 5º, inciso LV, da Constituição da República. CARACTERIZAÇÃO DE BEM DE FAMÍLIA. Tema prejudicado em face da determinação de retorno dos autos ao Eg. Tribunal Regional. Precedente da C. SBDI-1, TST-E-RR-7.905/2002-900-03-00.8, Relª Designada Minª Maria Cristina Irigoyen Peduzzi, DJ 12.08.2005. Recurso de Revista conhecido e provido. (TST, Processo: RR 37640-48.1999.5.02.0242, 3ª Turma, Ministra Relatora: Maria Cristina Irigoyen Peduzzi, DJ 01.11.2006)

[...] RECURSO DE REVISTA. INEXISTÊNCIA DE CITAÇÃO DO PROCESSO DE CONHECIMENTO PRONUNCIADA PELO JUÍZO DA EXECUÇÃO. POSSIBILIDADE. A exegese do artigo 741, inciso I, do CPC deixa clara a possibilidade de o juiz da execução pronunciar-se a respeito da falta de citação no processo de conhecimento, visto que neste caso não incide a regra do artigo 463 do CPC, por se tratar de ato inexistente e este não transita em julgado, podendo ser declarado a qualquer tempo, inclusive no processo de execução. Recurso conhecido e provido. (RR - 428840-51.2001.5.12.0004, Relator Juiz Convocado: Luiz Carlos Gomes Godoi, Data de Julgamento: 21/09/2005, 2ª Turma, Data de Publicação: 11/11/2005) A ementa retro foi extraída da obra Júris Síntese IOB, em CD- ROM, N° 81, Jan-Fev/2010.

14.1.5.3. Excesso de execução

– Quando a parte executada vai alegar excesso de execução?

Ocorre o excesso de execução quando se postula mais do que é devido, além das demais causas previstas pelo art. 917, § 2° do CPC, veja:

CPC, art. 917 – [...]

§ 2º Há excesso de execução quando:

I – o exequente pleiteia quantia superior à do título;

II – ela recai sobre coisa diversa daquela declarada no título;

III – ela se processa de modo diferente do que foi determinado no título;

> IV – o exequente, sem cumprir a prestação que lhe corresponde, exige o adimplemento da prestação do executado;
>
> V – o exequente não prova que a condição se realizou.

Toda vez que o executado alegar excesso de execução, o executado deve indicar o valor que entende ser devido, por meio de memória de cálculo circunstanciada, sob pena de rejeição liminar e não conhecimento desse fundamento da sua pretensão (art. 525, §4º e art. 917, §3º do CPC).

O TST vem entendendo que se o executado foi devidamente intimado para juntar aos autos os comprovantes da evolução salarial do exequente, mas manteve-se inerte, deixando de apresentar, no momento processual oportuno, a documentação, não pode ele, em embargos à execução, alegar excesso de execução, pois ocorreu a preclusão de questionar a ausência da evolução salarial no cálculo da parcela. Nesse sentido, os precedentes:

> AGRAVO DE INSTRUMENTO EM RECURSO DE REVISTA. EXECUÇÃO. RECURSO DE REVISTA REGIDO PELO CPC/2015 E PELA IN Nº 40/2016 DO TST. CÁLCULOS DE LIQUIDAÇÃO. APURAÇÃO DO FGTS. EXECUTADO DEVIDAMENTE INTIMADO PARA JUNTAR DOCUMENTAÇÃO A FIM DE COMPROVAR A EVOLUÇÃO SALARIAL DO AUTOR. INÉRCIA DA PARTE. PRECLUSÃO. No caso, o ente público defende a tese de que ficou configurado excesso de execução, pois não teria sido observada a evolução salarial do autor, para fins de apuração do FGTS devido. Entretanto, consta do acórdão regional que o executado foi devidamente intimado para juntar aos autos os comprovantes da evolução salarial do reclamante, mas manteve-se inerte, deixando de apresentar, no momento processual oportuno, a documentação pertinente. Portanto, nos termos do artigo 879, § 2º, da CLT, observa-se que precluiu a oportunidade do reclamado de impugnar os critérios aplicados pelo perito contador referentes aos depósitos fundiários. Nesse contexto, não se constata violação do artigo 5º, inciso LIV, da Constituição Federal, na medida em que foi devidamente dada a oportunidade ao executado manifestar-se sobre os cálculos de liquidação, resguardando-se, assim, o contraditório e a ampla defesa. Agravo de instrumento desprovido. (AIRR – 1356-58.2012.5.22.0103,

Relator Ministro: José Roberto Freire Pimenta, Data de Julgamento: 02/05/2018, 2ª Turma, Data de Publicação: DEJT 04/05/2018)

"AGRAVO DE INSTRUMENTO EM RECURSO DE REVISTA. EXECUÇÃO. RECURSO DE REVISTA INTERPOSTO NA VIGÊNCIA DA LEI Nº 13.015/2014. CÁLCULOS DE LIQUIDAÇÃO. APURAÇÃO DO FGTS. EXECUTADO DEVIDAMENTE INTIMADO PARA JUNTAR DOCUMENTAÇÃO A FIM DE COMPROVAR A EVOLUÇÃO SALARIAL DA AUTORA NO PERÍODO DA CONDENAÇÃO. INÉRCIA DA PARTE. PRECLUSÃO. No caso, o executado defende a tese de que ficou configurado excesso de execução, pois não se observou a evolução salarial da autora, durante o período da condenação, para fins de apuração do FGTS devido. Entretanto, consta do acórdão regional que o reclamado foi devidamente intimado para juntar aos autos os comprovantes da evolução salarial da reclamante, mas manteve-se inerte, deixando de apresentar, no momento processual oportuno, a documentação pertinente. Dessa forma, a Corte a quo entendeu que "o juízo a quo, não tinha outra alternativa senão determinar que fosse calculado os haveres trabalhistas com base na documentação juntada na inicial", motivo pelo qual manteve a sentença em que se julgaram improcedentes os embargos à execução interpostos pelo reclamado. Portanto, nos termos do artigo 879, § 2º, da CLT, observa-se que precluiu a oportunidade do reclamado de impugnar os critérios aplicados pelo perito contador referentes aos depósitos fundiários. Não se mostra razoável permitir que a parte busque, a qualquer momento, compatibilizar os cálculos de liquidação com o título executivo judicial, de forma que devem ser observadas as regras processuais atinentes ao processo de execução, sob pena de se perpetuar a lide, o que vai contra o postulado de celeridade intrínseco ao processo trabalhista, uma vez que é buscada a tutela de crédito de natureza alimentar. Nesse contexto, não se constata violação do artigo 5º, inciso LIV, da Constituição Federal, na medida em que foi devidamente dada a oportunidade ao executado manifestar-se sobre os cálculos de liquidação, resguardando-se, assim, o contraditório e a ampla defesa. Agravo de instrumento desprovido". (AIRR – 1343-59.2012.5.22.0103, Relator Ministro: José Roberto Freire Pimenta, Data de Julgamento: 16/08/2017, 2ª Turma, Data de Publicação: DEJT 18/08/2017)

– A penhora de imóvel de valor superior ao débito exequendo configura excesso de execução?

Se o executado deixa de indicar outros bens livres e desembaraçados para garantia da execução, não se configura excesso de execução a penhora de imóvel de valor superior ao débito exequendo. Nesse sentido:

> EXECUÇÃO. EXCESSO DE EXECUÇÃO. Não se configura como excesso de execução a constrição sobre bem imóvel de valor superior ao débito exequendo quando o executado deixa de indicar outros bens livres e desembaraçados para garantia da execução. (AP nº 0011374-09.2017.5.03.0034, 5ª Turma do TRT da 3ª Região/MG, Rel. Luiz Ronan Neves Koury. j. 11.06.2018).
>
> PENHORA SOBRE IMÓVEL DA EMPRESA. EXCESSO DE EXECUÇÃO. NÃO CONFIGURAÇÃO. O princípio da execução da forma menos gravosa ao devedor, insculpido no art. 805 do CPC, deve ser interpretado conjuntamente com o princípio da efetividade da execução, disposto no art. 883 da CLT. (AP nº 0095600-30.2006.5.03.0131, 11ª Turma do TRT da 3ª Região/MG, Rel. Marco Antônio Paulinelli Carvalho. Publ. 01.06.2018).
>
> EXCESSO DE PENHORA. Não há falar em desconstituição de penhora em razão do valor superior do bem penhorado em relação ao crédito exequendo, pois o que é vedado por lei é o excesso de execução, não o excesso de penhora, porquanto, neste último caso, o excedente será devolvido, depois da quitação integral do débito. (AP nº 0011287-41.2016.5.03.0017, 3ª Turma do TRT da 3ª Região/MG, Rel. Milton V. Thibau de Almeida. j. 09.04.2018).
>
> AGRAVO DE PETIÇÃO. EXCESSO DE EXECUÇÃO NÃO CONFIGURADO. A constrição judicial de bem de valor superior à dívida não se traduz, necessariamente, em excesso de penhora, principalmente quando o executado, mesmo alegando o pequeno valor da dívida, não cumpriu o acordo por ele mesmo proposto, ou efetuou a quitação do débito antes da realização do leilão. Agravo de petição interposto pelo executado a que se nega provimento. (AP nº 0000142-59.2014.5.04.0104, Seção Especializada em Execução do TRT da 4ª Região/RS, Rel. João Alfredo Borges Antunes de Miranda. j. 09.08.2018).

14.1.5.4. *Inexequibilidade do título ou inexigibilidade da obrigação*

Diz o art. 525, § 1º, III do CPC:

> CPC, Art. 525 – [...]
>
> § 1º Na impugnação, o executado poderá alegar:
>
> III – inexequibilidade do título ou inexigibilidade da obrigação;

– Tem um exemplo, Professor?

Ocorre a inexequibilidade do título ou inexigibilidade da obrigação quando o exequente por exemplo, valer-se de sentença submetida a recurso com efeito suspensivo.

Lembre-se que no Processo do Trabalho em regra, os recursos não possuem efeito suspensivo. Nesse sentido, o art. 899 da CLT:

> CLT, art. 899 – Os recursos serão interpostos por simples petição e terão efeito meramente devolutivo, salvo as exceções previstas neste Título, permitida a execução provisória até a penhora.

Contudo, é possível a obtenção de efeito suspensivo mediante requerimento dirigido ao relator, por aplicação subsidiária do artigo 1.029, § 5º, do CPC/15, conforme entendimento consolidado na Súmula nº 414, I, do TST.

> TST, SUM 414 – MANDADO DE SEGURANÇA. TUTELA PROVISÓRIA CONCEDIDA ANTES OU NA SENTENÇA
>
> I – A tutela provisória concedida na sentença não comporta impugnação pela via do mandado de segurança, por ser impugnável mediante recurso ordinário. É admissível a obtenção de efeito suspensivo ao recurso ordinário mediante requerimento dirigido ao tribunal, ao relator ou ao presidente ou ao vice-presidente do tribunal recorrido, por aplicação subsidiária ao processo do trabalho do artigo 1.029, § 5º, do CPC de 2015.
>
> CPC, art. 1.029 – [...]

> § 5º O pedido de concessão de efeito suspensivo a recurso extraordinário ou a recurso especial poderá ser formulado por requerimento dirigido:
>
> I – ao tribunal superior respectivo, no período compreendido entre a publicação da decisão de admissão do recurso e sua distribuição, ficando o relator designado para seu exame prevento para julgá-lo
>
> II – ao relator, se já distribuído o recurso;
>
> III – ao presidente ou ao vice-presidente do tribunal recorrido, no período compreendido entre a interposição do recurso e a publicação da decisão de admissão do recurso, assim como no caso de o recurso ter sido sobrestado, nos termos do art. 1.037.

Sendo assim, se a parte recorrente conseguiu o efeito suspensivo ao recurso, não pode ser iniciada a execução provisória. Caso seja iniciada, pode ser alegado em sede de embargos a inexequibilidade do título ou inexigibilidade da obrigação.

Outro exemplo de inexequibilidade do título ou inexigibilidade da obrigação, ocorre quando a parte requer a execução de sentença rescindida. Alerto que, o mero ajuizamento de ação rescisória não é suficiente para obstar o regular prosseguimento da execução definitiva da decisão rescindenda, ainda que naquela ação haja pedido de concessão de tutela provisória[76]. Apenas com a concessão da tutela provisória no âmbito da ação rescisória proposta é que pode se dar a suspensão da execução definitiva da ação rescindenda. Nesse sentido, o art. art. 969 do CPC/2015:

> CPC, art. 969 – A propositura da ação rescisória não impede o cumprimento da decisão rescindenda, ressalvada a concessão de tutela provisória.

76. **TST, SUM 405 – AÇÃO RESCISÓRIA. TUTELA PROVISÓRIA –** Em face do que dispõem a MP 1.984-22/2000 e o art. 969 do CPC de 2015, é cabível o pedido de tutela provisória formulado na petição inicial de ação rescisória ou na fase recursal, visando a suspender a execução da decisão rescindenda.

14.1.5.5. Decisão fundada em lei ou ato normativo considerado inconstitucional pelo Supremo Tribunal Federal

Diz o art. 884, § 5º da CLT:

> CLT, art. 884 – [...]
>
> §5º Considera-se inexigível o título judicial fundado em lei ou ato normativo declarados inconstitucionais pelo Supremo Tribunal Federal ou em aplicação ou interpretação tidas por incompatíveis com a Constituição Federal.

Para poder ser alegado tal tese em sede de embargos à execução é preciso que:

(1) O título executivo judicial deve ter se fundado em lei ou ato normativo considerado inconstitucional pelo Supremo Tribunal Federal, ou fundado em aplicação ou interpretação da lei ou do ato normativo tido pelo Supremo Tribunal Federal como incompatível com a Constituição Federal. Nesse sentido:

> CPC, art. 525 – [...]
>
> §12. Para efeito do disposto no inciso III do § 1º deste artigo, considera-se também inexigível a obrigação reconhecida em título executivo judicial fundado em lei ou ato normativo considerado inconstitucional pelo Supremo Tribunal Federal, ou fundado em aplicação ou interpretação da lei ou do ato normativo tido pelo Supremo Tribunal Federal como incompatível com a Constituição Federal, em controle de constitucionalidade concentrado ou difuso.

(2) O controle de constitucionalidade deve ser feito pelo STF em controle concentrado ou difuso.

(3) Não pode o STF ter modulados os efeitos. Nesse sentido:

> CPC, art. 525 – [...]
>
> § 13. No caso do § 12, os efeitos da decisão do Supremo Tribunal Federal poderão ser modulados no tempo, em atenção à segurança jurídica.

(4) A decisão do STF que declara a lei ou ato normativo considerado inconstitucional ou incompatível com a Constituição Federal, deve ser deve ser anterior ao trânsito em julgado da decisão exequenda. Nesse sentido:

> CPC, art. 525 – [...]
>
> § 14. A decisão do Supremo Tribunal Federal referida no § 12 deve ser anterior ao trânsito em julgado da decisão exequenda.
>
> § 15. Se a decisão referida no § 12 for proferida após o trânsito em julgado da decisão exequenda, caberá ação rescisória, cujo prazo será contado do trânsito em julgado da decisão proferida pelo Supremo Tribunal Federal.

14.1.5.6. Impenhorabilidade do bem de família

Segundo o art. 1º da Lei 8.009/90 o bem de família é impenhorável. Sendo assim, caso haja penhora do bem de família, o embargante pode em sede de embargos, alegar que tal bem, não pode sofrer constrição.

> Lei 8.009/90, art. 1º O imóvel residencial próprio do casal, ou da entidade familiar, é impenhorável e não responderá por qualquer tipo de dívida civil, comercial, fiscal, previdenciária ou de outra natureza, contraída pelos cônjuges ou pelos pais ou filhos que sejam seus proprietários e nele residam, salvo nas hipóteses previstas nesta Lei.

No mesmo sentido, as decisões do TST:

> AGRAVO – AGRAVO DE INSTRUMENTO EM RECURSO DE REVISTA INTERPOSTO SOB A ÉGIDE DA LEI Nº 13.015/2014 – EXECUÇÃO – BEM DE FAMÍLIA – IMPENHORABILIDADE. O Eg. TRT, reportando-se ao conjunto probatório dos autos, assinalou que o bem controvertido é o único imóvel de propriedade da sócia executada, destinado a sua residência e de sua família, motivo por que é impenhorável, na forma da Lei nº 8.009/90. Desse modo, além de exigir interpretação da legislação infraconstitucional, entendimento diverso, como pretende o Sindicato-Exequente, demandaria o revolvimento de fatos e

provas, o que é vedado nesta instância por força da Súmula nº 126 do TST. Agravo a que se nega provimento. (AgR-AIRR nº 168-73.2011.5.02.0086, 8ª Turma do TST, Rel. Maria Cristina Irigoyen Peduzzi. j. 08.11.2017, Publ. 10.11.2017).

BEM DE FAMÍLIA. A Lei 8.009/90 tem como fim social a preservação da família através da proteção do local de sua moradia, declarando impenhorável o imóvel residencial próprio do casal ou da entidade familiar. Restando demonstrado nos autos do processo principal que o agravante e sua família residem no imóvel objeto do gravame de indisponibilidade, deve ser considerado como bem de família, o que obsta a penhora efetivada nos autos principais. (AP nº 0011090-91.2017.5.03.0101, 10ª Turma do TRT da 3ª Região/MG, Rel. Lucilde D'Ajuda Lyra de Almeida. j. 30.11.2017).

14.1.5.7. Não aplicação da multa de 10% prevista no art. 523, §1º do CPC

– A multa de 10% prevista no art. 523, §1º do CPC cabe no Processo do Trabalho?

No julgamento de incidente de recurso repetitivo (IRR-1786-24.2015.5.04.0000), o TST entendeu que a multa do art. 523, §1º do CPC, não é aplicada ao Processo do Trabalho, pois a CLT, possui regra própria prevista no art. 880:

Tese do TST: "A multa coercitiva do artigo 523, parágrafo 1º do CPC (antigo artigo 475-J do CPC de 1973) não é compatível com as normas vigentes da CLT por que se rege o processo do trabalho, ao qual não se aplica". (IRR-1786-24.2015.5.04.0000)

Outros precedentes:

MULTA DO ARTIGO 475-J DO CPC. INAPLICABILIDADE AO PROCESSO DO TRABALHO. A controvérsia não demanda mais discussões nesta Corte Superior, que resolveu, mediante decisão do Tribunal Pleno, em incidente de recursos repetitivos, IRR-1786-24.2015.5.04.0000, em sessão realizada no dia 21.08.2017, que "A multa coercitiva do artigo do artigo 523, parágrafo 1º do

CPC (antigo artigo 475-J do CPC de 1973) não é compatível com as normas vigentes da CLT por que se rege o processo do trabalho, ao qual não se aplica". Recurso de revista conhecido por violação do art. 475-J do CPC, atual artigo 523 do NCPC, e provido. Conclusão: Recurso de revista parcialmente conhecido e provido. (RR nº 58-11.2012.5.05.0004, 3ª Turma do TST, Rel. Alexandre de Souza Agra Belmonte. j. 08.08.2018, Publ. 10.08.2018).

TEMA REPETITIVO Nº 0004. MULTA DO ARTIGO 523, § 1º, DO CPC (ARTIGO 475-J DO CPC DE 1973). INCOMPATIBILIDADE COM O PROCESSO DO TRABALHO. Ao julgar o IRR-1786-24.2015.5.04.0000, esta Corte decidiu que a multa coercitiva prevista no artigo 523, § 1º, do CPC não se aplica ao processo do trabalho, por ser incompatível com as normas da CLT. Assim, deve ser reformado o acórdão regional para adequá-lo aos parâmetros acima definidos, de observância obrigatória, nos termos dos artigos 896-C, § 11, da CLT e 927 do CPC. Recurso de revista conhecido e provido. (RR nº 643-14.2011.5.22.0105, 7ª Turma do TST, Rel. Cláudio Mascarenhas Brandão. j. 26.06.2018, Publ. 10.08.2018).

14.1.5.8. Impugnação à sentença de liquidação

14.1.5.8.1. Pela executada

Diz o § 3°, art. 884, da CLT:

> CLT, art. 884 – [...]
>
> § 3º – Somente nos embargos à penhora poderá o executado impugnar a sentença de liquidação, cabendo ao exequente igual direito e no mesmo prazo.

Com fundamento no dispositivo acima, os embargos à execução também podem ser utilizados para impugnar a sentença de liquidação, desde que não tenha operado a preclusão, ou seja, deve o executado ter impugnado os cálculos na fase de liquidação de sentença, como deteria o § 2º do art. 879 da CLT. Veja a jurisprudência sobre o tema:

> EMBARGOS A EXECUÇÃO - PRECLUSÃO - FALTA DE APRESENTAÇÃO DE IMPUGNAÇÃO AOS CÁLCULOS DE LIQUIDAÇÃO. A matéria deste recurso está preclusa, porque os Recdos foram regularmente intimados para impugnar os cálculos de liquidação, sob pena de preclusão, nos termos do parágrafo 2º artigo 879 CLT, mas assim não procederam, razão pela qual foram homologados os cálculos apresentados pela parte contrária. (AP nº 0011385-06.2017.5.03.0077, 2ª Turma do TRT da 3ª Região/MG, Rel. Jales Valadão Cardoso. j. 01.08.2018).
>
> PRECLUSÃO - PRAZO PARA IMPUGNAÇÃO DOS CÁLCULOS - Se a parte uma vez regularmente notificada para se manifestar sobre os novos cálculos da contadoria quedou-se inerte, nos termos do artigo 879 § 2º da Consolidação das Leis do Trabalho, tenho por operados os efeitos da preclusão. (Agravo de Petição nº 0000992-18.2012.5.01.0056, 4ª Turma do TRT da 1ª Região/RJ, Rel. César Marques Carvalho. DOERJ 03.07.2018).

14.1.5.8.2. Pelo exequente

– O exequente também pode impugnar os cálculos?

O exequente também pode impugnar os cálculos de liquidação, desde que não tenha ocorrido a preclusão, ou seja, tenha se manifestado após a determinação do juiz da execução nos termos do parágrafo 2º artigo 879 CLT.

O momento oportuno para o exequente impugnar os cálculos da sentença de liquidação, é no mesmo prazo que o executado tem para embargar, ou seja, quando o exequente for responder os embargos à execução do executado, nessa resposta, ele já faz a impugnação a sentença de liquidação.

– E se o executado não apresentar embargos?

Caso o executado não presente os embargos à execução, o prazo de 5 dias úteis para impugnar a sentença de liquidação, passa a contar a partir do recebimento do alvará judicial, com a exclusão do dia do início e a inclusão do dia do vencimento.

EXECUÇÃO. IMPUGNAÇÃO TARDIA DOS CÁLCULOS. PRECLUSÃO TEMPORAL. Compete ao exequente indicar as diferenças que entende devidas a título de correção monetária e juros de mora, no prazo de 05 dias a partir do recebimento do alvará judicial. Não tendo assim procedido, verifica-se o descumprimento do prazo estipulado no art. 884 da CLT, o que enseja o reconhecimento da preclusão temporal. (AP nº 0000276-95.2013.5.03.0089, 8ª Turma do TRT da 3ª Região/MG, Rel. José Marlon de Freitas. Publ. 07.08.2018).

EXECUÇÃO. IMPUGNAÇÃO TARDIA DOS CÁLCULOS. PRECLUSÃO TEMPORAL. Não apresentando a parte exequente impugnação pela não incidência de correção monetária no prazo de 05 dias a partir do recebimento do alvará judicial, verifica-se o descumprimento do prazo estipulado no art. 884 da CLT, o que enseja o reconhecimento da preclusão temporal. (AP nº 0001853-02.2010.5.03.0029, 4ª Turma do TRT da 3ª Região/MG, Rel. Maria Lúcia Cardoso de Magalhães. j. 13.12.2017).

14.1.6. Rejeição liminar dos embargos

– Hamilton, o art. 918 do CPC que fala de rejeição liminar dos embargos à execução é aplicado ao Processo do Trabalho?

O TST entende que sim. Olha o que diz o inciso XXII do art. 3º da IN 39/2016

IN 39/2016, Art. 3º – Sem prejuízo de outros, aplicam-se ao Processo do Trabalho, em face de omissão e compatibilidade, os preceitos do Código de Processo Civil que regulam os seguintes temas:

XXII – art. 918 e parágrafo único (rejeição liminar dos embargos à execução);

Conforme art. 918 do CPC, a petição inicial dos embargos do executado poderá ser indeferida liminarmente quando os embargos forem:

1) Intempestivos;

> Embargos intempestivos são aqueles oferecidos fora do prazo legal – 5 dias (art. 884, CLT).

2) Manifestamente protelatórios; ou

> Embargos manifestamente protelatórios são aqueles em que, diante da manifesta fragilidade da argumentação do embargante, pode o juiz desde logo e com segurança visualizar a manifesta improcedência do pedido neles contido. Embargos manifestamente protelatórios desafiam multa sancionatória em valor não superior a 20% (vinte por cento) do valor em execução a favor do exequente (art. 774, parágrafo único, CPC).

3) Quando for o caso de indeferimento da petição inicial ou de improcedência liminar do pedido.

Os embargos do executado poderão ser indeferidos liminarmente ainda quando o executado alegue matéria estranha aos embargos (por exemplo, fora do rol do art. 917, CPC ou incompatíveis com a espécie de título a ser executado), vale dizer, quando amplexivos, e quando fundados em excesso de execução sem a devida indicação do valor que o embargante entende devido e correlata memória de cálculo (art. 917, §§ 3.º e 4.º, CPC)[77].

14.2. Exceção de pré-executividade

– Professor, além dos embargos à execução, existe outro meio de defesa que o executado pode utilizar?

Sim, o executado pode utilizar a exceção de pré-executividade.

77. MARINONI, Luiz Guilherme; ARENHART, Sérgio Cruz; MITIDIERO, Daniel. Código de Processo Civil Comentado – 4ª ed. São Paulo. Revista dos Tribunais, 2018.

14.2.1. Introdução

– O que significa essa exceção de pré-executividade?

É defesa executiva atípica, criada por Pontes de Miranda em 1966. Não tem previsão legal. Pontes, defendeu a possibilidade de o executado alegar incidentalmente no processo de execução, por meio de mera petição, matérias de ordem pública que o juiz deveria conhecer de ofício.

Sobre a exceção de pré-executividade, escreve os doutrinadores Mauro Schiavi e Wolney de Macedo:

> Mauro Schiavi[78] – No nosso sentir, a exceção de pré-executividade caracteriza-se como meio de resistência à execução, por parte do devedor, sem constrição patrimonial, invocando matérias de ordem pública, ou outras matérias que neutralizam a execução (cumprimento da obrigação, quitação, novação, prescrição e decadência) que não necessitam de dilação probatória. Somente se admite na exceção de pré-executividade a prova documental e pré-constituída.
>
> Wolney de Macedo[79] – Nessa perspectiva, poderíamos apresentar uma proposta de conceito para a chamada objeção de pré-executividade, levando em consideração seus principais elementos constitutivos, como sendo a seguinte: instituto, sem categorização autônoma, destinado a impedir o processamento de execuções que não reúnem os pressupostos de admissibilidade, mediante provocação de cognição exauriente do juízo executório, independentemente de qualquer garantia do juízo.

14.2.2. Suspensão da execução

– A apresentação da exceção de pré-executividade suspende a execução, Hamilton?

78. SCHIAVI, Mauro. Manual de direito processual do trabalho.13. ed. – São Paulo: LTr, 2018. Pág. 1.349
79. CORDEIRO, Wolney de Macedo. Execução no processo do trabalho. 4. ed. Salvador: Ed. Juspodivm, 2017. Pág. 450

Não, a simples apresentação da exceção de pré-executividade não suspende a execução. Contudo, o peticionante pode solicitar a suspensão da execução, desde que, consiga provar a probabilidade de êxito da exceção e risco de dano de incerta reparação se a execução prosseguir.

Nesse sentido, ensina Felipe Bernardes[80]:

> A exceção de pré-executividade, via de regra, não tem o condão de suspender o processo de execução, providência que conduziria a desproporcional prejuízo ao exequente, dada a inexistência de garantia do juízo. No entanto, nada impede que, excepcionalmente, o juiz suspenda a execução, se estiverem presentes os requisitos para concessão de tutela de urgência em favor do réu (probabilidade de êxito do executado e risco de dano de incerta reparação).

14.2.3. *Matérias alegadas na exceção de pré-executividade*

– O que o executado pode alegar na exceção de pré-executividade?

Como dito anteriormente, o executado vai poder alegar matérias de ordem pública que o juiz deveria conhecer de ofício. O CPC, por meio do art. 518 diz que o executado pode alegar todas as questões relativas à validade do procedimento de cumprimento da sentença e dos atos executivos subsequentes.

> CPC, art. 518. Todas as questões relativas à validade do procedimento de cumprimento da sentença e dos atos executivos subsequentes poderão ser arguidas pelo executado nos próprios autos e nestes serão decididas pelo juiz.

Na fase de execução, segundo Schiavi[81], "*podem surgir arbitrariedades praticadas por parte da Justiça, pois, muitas vezes, a execução*

80. BERNARDES, Felipe. Manual de Processo do Trabalho. Salvador: Juspodivm, 2018. Pág. 909.
81. SCHIAVI, Mauro. Manual de direito processual do trabalho.13. ed. – São Paulo: LTr, 2018. Pág. 1.347.

se inicia sem nenhuma viabilidade de prosseguimento, ou em razão da nulidade do título, falta de interesse processual, prescrição da dívida, quitação da obrigação, dentre outras hipóteses que trancam o processo executivo."

Já Wolney[82], escreve que "não há um rol taxativo dos temas que podem ser manejados pelo instituto, mas é possível intuir seu cabimento nas seguintes situações: a) existência de quitação inequívoca das obrigações executadas; b) falta de implemento do termo ou da condição estipulados no título executivo judicial ou extrajudicial, como requisito de exigibilidade da obrigação; c) ilegitimidade manifesta, diante da homonímia; d) execução sem título executivo correspondente; d) erros grosseiros e manifestos nos cálculos de liquidação; e) prescrição da pretensão executiva; entre outras. Todas as hipóteses destacadas exigem a inexistência de dúvidas quanto à configuração do vício apontado, podendo ser conhecidas independentemente de qualquer dilação probatória. Ora, nessa perspectiva, a ilegitimidade do executado não é, em regra, matéria a ser processada na objeção de pré-executividade, mas poderá sê-lo quando o interessado demonstrar que é homônimo do devedor (letra c). Os cálculos só podem ser discutidos em sede de embargos à execução (CLT, art. 884, §3°), no entanto não se afasta a provocação de flagrante erro material ou inequívoca distorção na conta elaborada pelo juízo.

As alegações mais comuns são:

1) Prescrição intercorrente;

2) Pagamento da execução.[83]e

3) Ausência ou nulidade de citação.

---

82. CORDEIRO, Wolney de Macedo. Execução no processo do trabalho. 4. ed. Salvador: Ed. Juspodivm, 2017. Pág. 450/451.
83. O pagamento é matéria de interesse exclusivo do devedor, mas os requisitos da obrigação exequenda são matérias de ordem pública e, assim, podem ser reconhecidas de ofício pelo juiz.

14.2.4. Requisitos para apresentar exceção de pré-executividade

– Quais os requisitos da exceção de pré-executividade?

Diz a Súmula nº 393 do STJ:

> STJ, SUM 393 – A exceção de pré-executividade é admissível na execução fiscal relativamente às matérias conhecíveis de ofício que não demandem dilação probatória.

Apesar da Súmula nº 393 do STJ falar sobre execução fiscal, ela é perfeitamente aplicável as outras formas de execução.

O juiz, por intermédio da objeção de pré-executividade, será instado a exercer a cognição na execução e analisará a procedência das alegações do devedor. Para que assim proceda, a matéria exposta pelo interessado deverá ser de ordem pública ou incontroversa em relação à sua existência. Questões controvertidas ou dependentes de dilação probatória não podem ser solucionadas por intermédio da objeção de pré-executividade, especialmente na sistemática do processo do trabalho[84].

Assim, para apresentar a exceção de pré-executividade é necessário que:

1) Matéria alegada deve ser de direito ou de fato com prova pré-constituída nos autos. Não cabe em regra, qualquer espécie de produção de provas, pois só é possível alegar por meio da exceção de pré-executividade, matéria de direito, que independem de dilação probatória. É possível, entretanto, a alegação de matéria de fato, desde que haja prova pré-constituída (prova documental) para convencer o juiz da verdade dos fatos narrados na exceção.

2) Matérias que o juiz pode conhecer de ofício, como por exemplo a prescrição intercorrente, o reconhecimento de

84. CORDEIRO, Wolney de Macedo. Execução no processo do trabalho. 4. ed. Salvador: Ed. Juspodivm, 2017. Pág. 451.

pagamento da execução, a ausência ou nulidade de citação, a dedução, etc.

3) Não é necessário garantir a execução. Essa possibilidade de defesa, não necessita de constrição patrimonial, ou seja, não há necessidade de garantir o juízo para apresentar a exceção de pré-executividade.

4) Prazo para apresentar a exceção de pré-executividade. Não existe prazo para apresentar a exceção de pré-executividade ao juízo da execução, podendo a exceção ser apresentada a qualquer momento na fase de execução. Nesse sentido, ensina Wolney[85]:

> Inexiste prazo para a provocação da objeção, pois, é lícito ao devedor e aos terceiros apontarem o vício em qualquer momento da execução, salvo a ocorrência de preclusão quanto à própria matéria discutida. Assim, por exemplo, não se conhece da objeção de pré-executividade que alega a existência de erro grosseiro nos cálculos, caso a matéria já tenha sido apreciada em sede de impugnação, na forma da CLT, art. 879, § 2º.

14.2.5. Processamento da exceção de pré-executividade

– Como ocorre o processamento da exceção de pré-executividade?

A exceção de pré-executividade vai ser apresentada por simples petição ao juízo da execução, não sendo necessário garantir a execução. Nessa simples petição, o interessado deve manifestar sua irresignação de maneira fundamentada, requerendo a extinção da execução ou reformulação de determinado ato processual. Após o protocolo da exceção de pré-executividade, o juiz determinará a intimação do

85. CORDEIRO, Wolney de Macedo. Execução no processo do trabalho. 4. ed. Salvador: Ed. Juspodivm, 2017. Pág. 456.

exequente, para que o mesmo tome ciência e apresente manifestação[86]. Após a manifestação do exequente, o juiz proferirá sentença.

14.2.6. *Possibilidade de recurso da exceção de pré-executividade*

– Da sentença da exceção de pré-executividade, cabe recurso?

Depende da decisão, veja:

O TST, ao julgar o processo ARR-19700-68.1986.5.02.0002, decidiu que, nos termos do artigo 897, "a", da CLT, caberá agravo de petição contra as decisões do Juiz ou Presidente na fase de execução. Entendeu que tal preceito não faz nenhuma distinção quanto à sua natureza, seja interlocutória ou terminativa do feito e permitiu a interposição do agravo de petição contra a decisão que não conheceu ou rejeitou a exceção de pré-executividade. Veja:

> RECURSO DE REVISTA. 1. APELO INTERPOSTO NA VIGÊNCIA DA LEI Nº 13.467/2017. TRANSCENDÊNCIA. Embora a questão relativa à não recorribilidade imediata da decisão que rejeita ou não conhece da exceção de pré-executividade não seja efetivamente nova, é possível encontrar entendimento dissonante em julgados desta Corte Superior, segundo os quais o agravo de petiçao se mostra como meio processual adequado para atacar o decisum que não acolhe o incidente em epígrafe. Assim, reconhece-se a transcendência jurídica da causa, nos termos do artigo 896-A, § 1º, II, da CLT. 2. EXCEÇÃO DE PRÉ-EXECUTIVIDADE. DECISÃO QUE REJEITA O INCIDENTE. RECORRIBILIDADE IMEDIATA. PROVIMENTO. No que diz respeito ao recurso cabível para impugnação da decisão em que se julga a exceção de pré-executividade, a jurisprudência deste Tribunal Superior tem sido tranquila em admitir o agravo de petição, porém, apenas para as hipóteses em que o juiz acolhe o referido

86. **CPC, art. 10** – O juiz não pode decidir, em grau algum de jurisdição, com base em fundamento a respeito do qual não se tenha dado às partes oportunidade de se manifestar, ainda que se trate de matéria sobre a qual deva decidir de ofício.

incidente. Isso porque, nesse caso, não haveria dúvida de que se trata de uma decisão terminativa. A controvérsia surge quando se discute qual o recurso viável para impugnar o ato do juiz que rejeita ou não conhece da exceção de pré-executividade. Para a circunstância, tem sido adotado entendimento de que não seria possível a interposição imediata do agravo de petição, por se tratar de decisão interlocutória, cabendo à parte impugnar a matéria no apelo que será interposto contra a decisão definitiva, ou seja, contra a decisão que examinou os embargos à execução. O referido posicionamento tem como base o artigo 893, § 1º, da CLT, segundo o qual as decisões interlocutórias somente serão examinadas quando do recurso contra a decisão definitiva. Do mencionado preceito extrai-se o princípio da irrecorribilidade imediata das decisões interlocutórias. A regra contida no dispositivo em epígrafe não é absoluta, uma vez que a Súmula nº 214 enumera algumas circunstâncias nas quais não incidirá o princípio da irrecorribilidade imediata. Diante desse cenário, questiona-se em que momento a parte poderia provocar a manifestação do Tribunal Regional competente sobre os termos da decisão que rejeitou ou não conheceu a exceção de pré-executividade. Segundo a jurisprudência desta Corte Superior, rejeitada a exceção de pré-executiva, a parte poderia se valer dos embargos à execução, com a garantia do juízo, onde discutiria a questão trazida no incidente não acolhido e, somente depois de proferida essa sentença definitiva, poderia interpor agravo de petição. Sucede que, tendo a parte se valido da exceção de pré-executividade, como poderia, em momento posterior, se utilizar de outro meio processual para impugnar a questão levantada anteriormente no incidente, se já ultrapassado o prazo para apresentar os embargos à execução? Certamente haveria preclusão temporal, ante o transcurso do prazo para a apresentação dos embargos à execução. Além disso, com o julgamento do citado incidente, haveria preclusão pro judicato da matéria nela deduzida, de modo que não poderia ser renovada em sede de embargos à execução. Frise-se que na Justiça Comum é pacífico o entendimento de que ocorre a preclusão da análise da matéria em embargos à execução, quando previamente examinada em sede de exceção de pré-executividade. Precedentes do STJ. Desse modo, a aplicação do princípio da irrecorribilidade imediata das decisões interlocutórias à hipótese configura-se em verdadeiro princípio da irrecorribilidade, tendo em vista que não será permitida a análise da matéria pelos Tribunais em momento posterior. Não se pode olvidar que, nos termos do artigo 897, "a", da CLT, caberá agravo de petição contra as decisões do Juiz ou Presidente na fase de execução. Porém, tal preceito não faz nenhuma distinção quanto à sua natureza, seja interlocutória ou terminativa do feito. Afastado o óbice da irrecorribilidade imediata, caberia saber se para a interposição do agravo de petição contra a decisão que não conheceu ou rejeitou a exceção de pré-executividade seria exigível a garantia do juízo. Pois bem, como já realçado, a exceção de pré-executividade trata-se de uma construção doutrinária e, portanto, sem previsão expressa em lei, inexistindo para o manejo da referida demanda, diversamente do que ocorre com os embargos à execução, a necessidade do cumprimento da garantia do juízo. E se para o exame do mencionado incidente processual não há necessidade da garantia em comento, não se poderia estabelecê-la no momento em que a parte submeterá a decisão que rejeitou ou não conheceu da sua exceção à instância de segundo grau. A prevalecer o mencionado requisito, se estaria, por via transversa, obstaculizando o direito da parte ao contraditório e à ampla defesa, bem como ao devido processo legal, impedindo que a questão objeto da exceção de pré-executividade seja analisada pelo Colegiado Regional e, por conseguinte, por essa instância extraordinária, o que iria de encontro à própria finalidade do instituto processual. Ademais, se fosse cabível a garantia do juízo, o que não é o caso, ela deveria ser exigida desde o tempo do manejo da exceção de pré-executividade, não se justificando o seu cumprimento apenas quando da interposição do agravo de petição. Assim, tem-se como passível de reforma a decisão que impõe para o conhecimento do agravo de petição a garantia do juízo, na circunstância em que não acolhida a exceção de pré-executividade. Na hipótese, o Tribunal Regional não conheceu do agravo de petição da executada, sob o fundamento de que, sendo a decisão que não acolheu a exceção de pré-executividade de índole interlocutória, não caberia recurso imediato. Também por entender que para a interposição do agravo de petição seria necessária a garantia do juízo. Ao assim decidir, acabou por afrontar os princípios do contraditório, da ampla defesa e do devido processo legal, em violação do artigo 5º, LIV e LV, da Constituição Federal. Recurso de revista de que se conhece e a que se dá provimento"

> (ARR-19700-68.1986.5.02.0002, 4ª Turma, Relator Ministro Guilherme Augusto Caputo Bastos, DEJT 15/05/2020).

Por esta decisão, se o juiz rejeitar ou julgar improcedente a exceção de pré-executividade cabe agravo de petição. Contudo, esse entendimento não é pacífico no TST, pois temos muitas decisões em sentido contrário, ou seja, inadmitindo o recurso de agravo de petição nos casos de rejeição da exceção de pré-executividade, veja as decisões abaixo:

> [...] 2. NÃO CONHECIMENTO DO AGRAVO DE PETIÇÃO. EXCEÇÃO DE PRÉ-EXECUTIVIDADE. REJEIÇÃO. DECISÃO DE NATUREZA INTERLOCUTÓRIA. Conforme concluiu o Tribunal Regional, a decisão que rejeita a exceção de pré-executividade ou dela não conhece possui natureza interlocutória e, assim, não é recorrível de imediato, devendo ser atacada por meio de embargos à execução, observada a garantia do juízo, sendo impugnável posteriormente por meio de agravo de petição. 3. MULTA APLICADA EM SEDE DE EMBARGOS DE DECLARAÇÃO PROTELATÓRIOS. Não se vislumbra ofensa ao art. 5°, LV, da CF, nos moldes delineados pela Súmula n° 266 do TST e pelo § 2° do art. 896 da CLT, na medida em que a multa foi aplicada porque não foram demonstrados os vícios de omissão, obscuridade ou contradição, os quais justificariam a oposição dos declaratórios, nos termos determinados pelos arts. 897-A da CLT e 1.022 do CPC. Agravo de instrumento conhecido e não provido" (AIRR-134000-90.1989.5.01.0026, 8ª Turma, Relatora Ministra Dora Maria da Costa, DEJT 28/08/2020).

> "AGRAVO DE INSTRUMENTO EM RECURSO DE REVISTA REGIDO PELA LEI 13.467/2017. EXECUÇÃO. DECISÃO QUE REJEITA EXCEÇÃO DE PRÉ-EXECUTIVIDADE. NATUREZA MERAMENTE INTERLOCUTÓRIA. IRRECORRIBILIDADE DE IMEDIATO. MATÉRIA ARGUIDA EM AGRAVO DE PETIÇÃO PASSÍVEL DE APRECIAÇÃO EM EMBARGOS À EXECUÇÃO APÓS A GARANTIA DO JUÍZO. APELO DESFUNDAMENTADO (SÚMULA 422, I, DO TST). A decisão agravada aponta dois óbices ao processamento do apelo: a inexistência de indicação de que o julgado teria contrariado dispositivo da Constituição Federal, não podendo ser admitido para reexame por

falta de enquadramento no permissivo legal (art. 896, § 2.º, da CLT); e a incidência da Súmula 297 desta Corte Superior, pois, como o agravo de petição não foi conhecido pelo Tribunal de origem, as questões aduzidas no mérito do apelo (grupo econômico e responsabilidade subsidiária) não foram abordadas no acórdão. Ocorre que a agravante em nenhum momento impugna o óbice fundado na Súmula 297 do TST, limitando-se a renovar a discussão de mérito contida no recurso de revista e a afirmar que deve ser excluída do polo passivo da presente execução trabalhista. Incidência da Súmula 422, I, do TST. Agravo de instrumento não conhecido" (AIRR-243400-39.2006.5.02.0471, 2ª Turma, Relatora Ministra Delaide Miranda Arantes, DEJT 28/08/2020).

"AGRAVO DE INSTRUMENTO. RECURSO DE REVISTA – DESCABIMENTO. EXECUÇÃO. AGRAVO DE PETIÇÃO EM FACE DE DECISÃO QUE REJEITOU EXCEÇÃO DE PRÉ-EXECUTIVIDADE. Em face da decisão que rejeita a exceção de pré-executividade, não cabe recurso de imediato, nos termos do artigo 893, § 1º, da CLT e da Súmula 214 do TST. Agravo de instrumento conhecido e desprovido " (AIRR-79100-47.2008.5.01.0009, 3ª Turma, Relator Ministro Alberto Luiz Bresciani de Fontan Pereira, DEJT 21/08/2020).

Ainda nesse sentido, Felipe Bernardes[87] escreve que:

> Já se a exceção de pré-executividade for rejeitada, ter-se-á típica decisão interlocutória, que decide questão incidente. Logo, no Processo do Trabalho, de acordo com o entendimento prevalecente, não caberá recurso de imediato, em virtude do princípio da irrecorribilidade imediata das interlocutórias (CLT, art. 893, § 1º).

– A parte poderia utilizar Mandado de Segurança dessa decisão que rejeita ou julga improcedente a exceção de pré-executividade se ela entender que não cabe recurso?

Da decisão que rejeita ou que julga improcedente a exceção de pré-executividade não cabe a impetração de mandado de segurança.

87. BERNARDES, Felipe. Manual de Processo do Trabalho. Salvador: Juspodivm, 2018. Pág. 932.

Nesse sentido, o Enunciado n. 48 da 1ª Jornada Nacional de Execução Trabalhista, *in verbis:*

> Enunciado n. 48 – EXCEÇÃO DE PRÉ-EXECUTIVIDADE. MANDADO DE SEGURANÇA. INCABIMENTO. Incabível mandado de segurança da decisão que rejeita ou que não admite exceção de pré-executividade.

– E se o juiz acolher a exceção de pré-executividade?

Se o juiz acolher as alegações da exceção de pré-executividade colocando fim ao processo de execução, cabe a interposição do agravo de petição. Nesse sentido, o enunciado n. 47 da 1ª Jornada Nacional de Execução Trabalhista e a jurisprudência pátria:

> Enunciado n. 47 – EXCEÇÃO DE PRÉ-EXECUTIVIDADE. AGRAVO DE PETIÇÃO. HIPÓTESE DE CABIMENTO. Cabe agravo de petição de decisão que acolhe exceção de pré-executividade (CLT, art. 897, "a"). Não cabe, porém, da decisão que a rejeita ou que não a admite, por possuir natureza interlocutória, que não comporta recurso imediato."

> AGRAVO DE INSTRUMENTO. EXCEÇÃO DE PRÉ-EXECUTIVIDADE. NÃO CONHECIMENTO OU IMPROCEDÊNCIA. IRRECORRIBILIDADE. A decisão que não conhece da exceção de pré-executividade ou a julga improcedente é irrecorrível, por se tratar de decisão interlocutória, consoante o disposto no art. 893, § 1º, da CLT e na Súmula 214 do c. TST. Apenas a decisão que acolhe a referida medida é que possui caráter definitivo, colocando fim ao processo de execução e, por via de consequência, dando ensejo à interposição do agravo de petição. (AIAP nº 0000830-25.2012.5.03.0102, 3ª Turma do TRT da 3ª Região/MG, Rel. Convocado Delane Marcolino Ferreira. Publ. 17.08.2018).

> AGRAVO DE PETIÇÃO. EXCEÇÃO DE PRÉ-EXECUTIVIDADE. IRRECORRIBILIDADE IMEDIATA. Considera-se incabível o agravo de petição nos casos de rejeição ou improcedência do incidente de exceção de pré-executividade, por constituir-se decisão interlocutória e, portanto, irrecorrível de imediato, nos exatos termos do entendimento jurisprudencial consagrado na Súmula 214

> do c. TST. Isso porque o pronunciamento judicial interlocutório não extingue a execução e, assim, apenas a decisão que acolhe a referida medida possui caráter definitivo, findando o processo e, por consequência, autoriza a interposição de agravo de petição, sequencialmente. Aplicação do entendimento consagrado na Orientação Jurisprudencial 28 das Turmas deste Regional. (AP nº 0010650-50.2016.5.03.0095, 5ª Turma do TRT da 3ª Região/MG, Rel. Júlio Bernardo do Carmo. j. 31.07.2018).

Nesse mesmo sentido, escreve Felipe Bernardes[88]:

> A natureza da decisão da exceção de pré-executividade depende de seu próprio conteúdo. Se a exceção for acolhida, o resultado será a extinção total ou parcial da execução. Logo, tratar-se-á de sentença, impugnável por agravo de petição, no Processo do trabalho.

14.2.7. Penalidade por apresentar exceção de pré-executividade com intuito protelatório

– Caso o executado apresente a exceção de pré-executividade com intuito protelatório, ele sofrerá alguma penalidade?

Se o juiz verificar que a apresentação da exceção de pré-executividade foi maliciosa, ou seja, se for verificado que a medida foi apresentada com pretensões vazias e desprovidas de fundamentação, sendo utilizada apenas para tumultuar ou protelar a execução, tal ato pode ser enquadrado como ato atentatório à dignidade da justiça (CPC, art. 774, II), gerando ao executado, multa não superior a vinte por cento do valor atualizado do débito em execução, conforme o parágrafo único do art. 774 do CPC:

> CPC, Art. 774. Considera-se atentatória à dignidade da justiça a conduta comissiva ou omissiva do executado que:
>
> II – se opõe maliciosamente à execução, empregando ardis e meios artificiosos;

88. BERNARDES, Felipe. Manual de Processo do Trabalho. Salvador: Juspodivm, 2018. Pág. 932.

> Parágrafo único. Nos casos previstos neste artigo, o juiz fixará multa em montante não superior a vinte por cento do valor atualizado do débito em execução, a qual será revertida em proveito do exequente, exigível nos próprios autos do processo, sem prejuízo de outras sanções de natureza processual ou material.

Nesse sentido, ensina Wolney:[89]

> O uso inadequado da objeção de pré-executividade, mediante a formulação de pretensões vazias e desprovidas de fundamentação tipifica o devedor como incurso na conduta prevista no CPC, art. 774, II e abre a possibilidade da aplicação das sanções de índole pecuniária previstas no CPC, art. 774, parágrafo único.

14.3. Impugnação da expropriação

A CLT não prevê os meios de impugnação da expropriação, motivo pelo qual são aplicáveis, subsidiariamente, os arts. 877 e 903, § 2°, ambos do CPC/2015. Antigamente, falava-se em embargos à adjudicação ou embargos à arrematação, os quais foram abolidos pelo CPC de 2015. Atualmente, a impugnação será por simples petição nos autos, podendo-se alegar que a arrematação deverá ser:

1) Invalidada, quando realizada por preço vil ou com outro vício;

2) Considerada ineficaz, se não observado o disposto no art. 804 do CPC/2015;

3) Resolvida, se não for pago o preço ou se não for prestada a caução (CPC/2015, art. 903, § 1°).

O prazo de apresentação será:

1) 10 dias após o aperfeiçoamento da arrematação (CPC/2015, art. 903, §2°).

89. CORDEIRO, Wolney de Macedo. Execução no processo do trabalho. 4. ed. Salvador: Ed. Juspodivm, 2017. Pág. 459.

2) 5 dias a contar da cientificação do devedor quanto ao acolhimento da adjudicação (CPC/2015, art. 877).

Se não for apresentada a impugnação da expropriação nos prazos acima mencionados, será:

- Lavrado o auto de adjudicação devendo ser expedida a respectiva carta.
- Expedida carta de arrematação ou a será determinada a ordem de entrega ou mandado de imissão na posse.

Segundo entendimento do TST por meio do item I da Súmula nº 399, não cabe ação rescisória para impugnar decisão homologatória de adjudicação ou arrematação. Nesse sentido também, o art. 966, § 4° do CPC.

> CPC, art. 966 – [...]
>
> § 4º Os atos de disposição de direitos, praticados pelas partes ou por outros participantes do processo e homologados pelo juízo, bem como os atos homologatórios praticados no curso da execução, estão sujeitos à anulação, nos termos da lei.

Ainda, por meio da OJ nº 66 da SDI-II do TST, é incabível o mandado de segurança contra sentença homologatória de adjudicação, pois existe meio de impugnação adequado, ou seja, por meio de petição simples.

15. EXTINÇÃO DA EXECUÇÃO

15.1. Possibilidades de extinção da execução

– Professor, quando vai ocorrer a extinção da execução?

Segundo o art. 924 do CPC, ocorre a extinção da execução quando:

1) A petição inicial for indeferida;

2) A obrigação for satisfeita[90];

3) O executado obtiver, por qualquer outro meio, a extinção total da dívida;

4) O exequente renunciar ao crédito;

5) Ocorrer a prescrição intercorrente.

As hipóteses que determinam a extinção da execução só produzem o efeito de efetivamente extingui-la quando declaradas por sentença conforme art. 925 do CPC.

> CPC, art. 925. A extinção só produz efeito quando declarada por sentença.

Enquanto não proferida a sentença de extinção, conserva o juiz jurisdição sobre a causa e a execução não finda.

15.1.1. Desistência da execução

– O exequente pode desistir da execução?

Sim, conforme disciplinado pelo art. 775 do CPC, o exequente pode desistir de toda ou de apenas alguma medida executiva.

> CPC, art. 775. O exequente tem o direito de desistir de toda a execução ou de apenas alguma medida executiva.

Caso ocorra o pedido de desistência de toda a execução, ocorrerá a extinção da execução, conforme disciplinado pelo art. 924 do CPC, pois o exequente estaria renunciando o crédito. Vale mencionar que o pedido de desistência deve ser expresso. Nesse sentido, a jurisprudência:

90. Expropriado o patrimônio do executado, a entrega do dinheiro leva à extinção da execução.

> O desinteresse pela continuidade da execução somente restaria configurado caso houvesse expressa desistência ou renúncia ao crédito por parte do autor. (Agravo de Petição nº 0000162-97.2012.5.01.0041, 4ª Turma do TRT da 1ª Região/RJ, Rel. Luiz Alfredo Mafra Lino. DOERJ 30.06.2017).

Sobre a desistência de um ato processual, escreve Wolney[91]:

> Partindo-se dessa premissa, é lícito ao devedor desistir de um ato processual em particular, como, por exemplo, a penhora sobre determinado bem (CPC, 851, III) e a forma de expropriação dos bens penhorados (CPC, art. 876; CLT, art. 888). Logicamente, tratando-se de uma prerrogativa atribuída ao credor, após a desistência parcial dos atos executivos, deverá arcar com o ônus do eventual insucesso da pretensão executiva.

15.1.1.1. Anuência do executado

– Na desistência da execução é necessário a aceitação do executado?

A desistência da execução antes do oferecimento dos embargos independe de aceitação do executado, haja vista o fato de que a execução se realiza no interesse do exequente.

Entretanto se o executado já estiver apresentado embargos à execução e se esses embargos versam apenas questões processuais, a extinção da execução implica também a sua extinção, independentemente da vontade do embargante, arcando o embargado com as despesas processuais. Tratando os embargos de matéria de mérito, podendo resultar na extinção definitiva da execução, a desistência da execução depende de expressa concordância do executado-embargante. Nesse sentido, o art. 775, parágrafo único, do CPC:

91. CORDEIRO, Wolney de Macedo. Execução no processo do trabalho. 4. ed. Salvador: Ed. Juspodivm, 2017. Pág. 58.

> CPC, art. 775 - [...]
>
> Parágrafo único. Na desistência da execução, observar-se-á o seguinte:
>
> I - serão extintos a impugnação e os embargos que versarem apenas sobre questões processuais, pagando o exequente as custas processuais e os honorários advocatícios;
>
> II - nos demais casos, a extinção dependerá da concordância do impugnante ou do embargante.

– O exequente desistindo da execução, tal fato prejudica a execução de contribuições previdenciárias?

A desistência do exequente em relação aos créditos trabalhistas não prejudica a execução de outros créditos resultantes do mesmo título executivo, dentre eles o previdenciário. De outro lado, no processo do trabalho às custas são sempre pagas pelo executado (art. 789-A da CLT)[92].

16. OUTROS TEMAS RELEVANTES

16.1. Acordo na fase de execução

– As partes podem fazer acordo na fase de execução?

Sim, é perfeitamente possível a celebração de acordo que ponha termo ao processo, ainda mesmo depois de encerrado o juízo conciliatório, ou seja, na fase de execução.

16.1.1. Faculdade do juiz na homologação do acordo

– O juiz é obrigado a homologar o acordo?

92. ALMEIDA, Cleber Lúcio de. Direito processual do trabalho. 6. ed. São Paulo: LTr, 2016.

A conciliação é um ato é celebrado perante o juiz e depende de sua homologação. Entretanto, o juiz não está obrigado a homologar a conciliação, conforme determinado pela Súmula nº 418 do TST:

> TST, SUM 418 - MANDADO DE SEGURANÇA VISANDO À HOMOLOGAÇÃO DE ACORDO - A homologação de acordo constitui faculdade do juiz, inexistindo direito líquido e certo tutelável pela via do mandado de segurança.

16.1.2. INSS sobre o valor do acordo

- E como ficam os valores do INSS caso seja homologado o acordo na fase de execução definitiva?

De acordo com o § 6º do art. 832 da CLT, o acordo celebrado após o trânsito em julgado da sentença ou após a elaboração dos cálculos de liquidação de sentença não prejudicará os créditos da União. Sendo assim, o valor do INSS será calculado com base no valor do acordo homologado, segundo o art. 43, § 5º da Lei n. 8.212/91:

> Lei n. 8.212/91, art. 43 - [...]
>
> § 5º Na hipótese de acordo celebrado após ter sido proferida decisão de mérito, a contribuição será calculada com base no valor do acordo.

Desta forma, o valor do INSS será calculado com base no valor do acordo homologado na fase de execução, devendo ser respeitado a proporcionalidade de valores entre as parcelas de natureza salarial e indenizatória deferidas na decisão condenatória e as parcelas objeto do acordo, conforme entendimento do TST por meio da OJ nº 376 da SDI-1 do TST, *in verbis:*

> TST, OJ 376 da SDI-1 - CONTRIBUIÇÃO PREVIDENCIÁRIA. ACORDO HOMOLOGADO EM JUÍZO APÓS O TRÂNSITO EM JULGADO DA SENTENÇA CONDENATÓRIA. INCIDÊNCIA SOBRE O VALOR HOMOLOGADO. É devida a contribuição previdenciária sobre o valor do acordo celebrado e

> homologado após o trânsito em julgado de decisão judicial, respeitada a proporcionalidade de valores entre as parcelas de natureza salarial e indenizatória deferidas na decisão condenatória e as parcelas objeto do acordo.

Assim, caso a decisão judicial seja, por exemplo, de R$ 10.000,00, sendo R$ 6.000,00 (60%) de verbas de natureza remuneratória e R$ 4.000,00 (40%) de verba indenizatória, havendo acordo judicial após o trânsito em julgado no importe de R$ 5.000,00, as partes deveriam observar a mesma proporção da natureza das parcelas, ou seja, R$ 3.000,00 de verbas remuneratórias (mesmos 60%) e R$ 2.000,00 de verbas indenizatórias (mesmos 40%)[93].

16.1.3. Não aplicação da OJ 376 da SDI1 do TST na execução provisória

– A OJ nº 376 da SDI-1 do TST tem aplicabilidade no caso de execução provisória?

O TST por meio do Informativo 60, decidiu que a OJ nº 376 não tem aplicação nos casos de acordo em execução provisória. Assim, caso seja celebrado um acordo antes do trânsito em julgado da sentença, as contribuições previdenciárias devem incidir sobre a totalidade do valor acordado, não havendo falar em observância da proporcionalidade entre as parcelas de natureza salarial e aquelas de caráter indenizatório deferidas na decisão condenatória, veja:

> TST, Informativo 60 – CONTRIBUIÇÃO PREVIDENCIÁRIA. EXECUÇÃO PROVISÓRIA. ACORDO FIRMADO APÓS A ELABORAÇÃO DOS CÁLCULOS DE LIQUIDAÇÃO E ANTES DO TRÂNSITO EM JULGADO DA SENTENÇA. INAPLICABILIDADE DA ORIENTAÇÃO JURISPRUDENCIAL Nº376 DA SBDI-1. Firmado acordo em sede de execução provisória, após a elaboração dos cálculos em liquidação, mas antes do trânsito em julgado da sentença, as contribuições previdenciárias devem incidir

93. CORREIA, Henrique; MIESSA, Élisson. Súmulas e OJs do TST Comentadas. 8ª. ed. Salvador: Juspodivm, 2018. Pág. 2.018

sobre a totalidade do valor acordado, não havendo falar em observância da proporcionalidade entre as parcelas de natureza salarial e aquelas de caráter indenizatório deferidas na decisão condenatória. A aplicabilidade da Orientação Jurisprudencial nº 376 da SBDI-I é restrita às hipóteses de homologação do acordo após o trânsito em julgado da sentença. TST-E-RR-264300- 36.2002.5.02.0066, SBDI--L rei. Min. Delaíde Miranda Arantes- 26.9.2013.

16.2. Reunião de execuções

– Quando pode ocorrer a reunião de processos na fase de execução?

Olha o que diz o art. 28 da LEF – Lei 6.830/80 e o art. 780 do CPC:

Lei 6.830/80, art. 28. O juiz, a requerimento das partes, poderá, por conveniência da unidade da garantia da execução, ordenar a reunião de processos contra o mesmo devedor.

CPC, art. 780. O exequente pode cumular várias execuções, ainda que fundadas em títulos diferentes, quando o executado for o mesmo e desde que para todas elas sejam competente o mesmo juízo e idêntico o procedimento.

Parágrafo único. Na hipótese deste artigo, os processos serão distribuídos ao juízo da primeira distribuição.

Após a leitura dos dispositivos acima, conclui-se que é perfeitamente possível a reunião de processos na fase de execução de processos trabalhistas ou de processos de execução fiscal. Nesse sentido, a jurisprudência:

AGRAVO DE INSTRUMENTO EM RECURSO DE REVISTA. RECURSO DE REVISTA REGIDO PELO CPC/2015 E PELA IN Nº 40/2016 DO TST. EXECUÇÃO FISCAL. AGRUPAMENTO DE EXECUÇÕES MOVIDAS PELA UNIÃO CONTRA UM MESMO DEVEDOR. POSSIBILIDADE. LEI Nº 6.830/80. Trata-se de execução fiscal de dívida ativa da União. No caso, o Regional manteve a decisão que determinou, de ofício, o agrupamento de execuções requeridas pela União contra a mesma devedora, com o objetivo de dar celeridade e efetividade à prestação jurisdicional. A decisão recorrida está em conformidade com a iterativa, notória e atual jurisprudência do TST de que o artigo 28 da Lei nº 6.830/80 não impede a determinação de ofício do agrupamento de execuções movidas pela União contra o mesmo executado. A correção do procedimento é corroborada ainda pela Súmula nº 515 do STJ, segundo a qual "a reunião de execuções fiscais contra o mesmo devedor constitui faculdade do Juiz". Trata-se, portanto, de medida administrativa com o fito de prestigiar a celeridade processual, insculpida no art. 5º, inciso LXXVIII, da Constituição Federal, sem resultar em prejuízo à União. Precedentes. Agravo de instrumento desprovido. (AIRR nº 2119-30.2012.5.15.0014, 2ª Turma do TST, Rel. José Roberto Freire Pimenta. j. 26.06.2018, Publ. 29.06.2018).

REUNIÃO DE EXECUÇÕES. PROCESSO PILOTO. CONCENTRAÇÃO DE ATOS DE CONSTRIÇÃO PATRIMONIAL – A reunião das execuções, além de evitar a prática de atos de constrição patrimonial idênticos em processos diferentes, sendo observados, assim, os princípios da economia processual e da celeridade, bem como o princípio da isonomia, dispensa tratamento igualitário a todos os credores trabalhistas, os quais não podem ser distinguidos pela importância ou pela preferência de seu crédito. Assim, as buscas patrimoniais devem ser concentradas no processo piloto, a fim de garantir, da melhor forma possível, a satisfação dos créditos da coletividade de credores trabalhistas. (AP nº 0010391-85.2017.5.03.0009, 2ª Turma do TRT da 3ª Região/MG, Rel. Convocado Helder Vasconcelos Guimarães. j. 30.05.2018).

REUNIÃO DE EXECUÇÕES – LIBERAÇÃO DE VALORES – Atende aos princípios da economia e da celeridade processual a reunião das execuções contra o mesmo executado em um único processo, permitindo-se a concentração das buscas patrimoniais, com maior probabilidade de satisfação do crédito. (AP nº 0000815-95.2010.5.03.0047, 3ª Turma do TRT da 3ª Região/MG, Rel. Luis Felipe Lopes Boson. Publ. 11.07.2018).

AGRAVO DE PETIÇÃO DA EXECUTADA METALÚRGICA METALCIN LTDA. REUNIÃO DE EXECUÇÕES. EMPRESA EM RECUPERAÇÃO JUDICIAL. Não há falar em nulidade da decisão que determina a reunião das execuções, quando não demonstrado qualquer prejuízo da parte nas negociações de parcelamentos dos débitos trabalhistas. Contrariamente, poderá a executada tratar a dívida de forma global, em relação ao todos os seus credores na execução reunida, sem beneficiar ou prejudicar individualmente qualquer exequente. (AP nº 0021642-20.2015.5.04.0405, Seção Especializada em Execução do TRT da 4ª Região/RS, Rel. Maria da Graça Ribeiro Centeno. j. 29.06.2018).

REUNIÃO DE EXECUÇÕES. A reunião de processos para a execução conjunta está prevista no art. 28 da Lei 6.830/1980 e art. 780 do CPC/2015, estando em consonância com os princípios da celeridade e da economia processual. (AP nº 0002600-69.2011.5.12.0027, 5ª Câmara do TRT da 12ª Região/SC, Rel. José Ernesto Manzi. j. 26.07.2016).

16.3. Parcelamento da dívida – art. 916 do CPC

– É possível o parcelamento da dívida pelo executado, Professor?

Olha o que diz o art. 916 do CPC:

CPC, art. 916. No prazo para embargos, reconhecendo o crédito do exequente e comprovando o depósito de trinta por cento do valor em execução, acrescido de custas e de honorários de advogado, o executado poderá requerer que lhe seja permitido pagar o restante em até 6 (seis) parcelas mensais, acrescidas de correção monetária e de juros de um por cento ao mês.

16.3.1. Aplicação ao Processo do Trabalho

– Perfeito, mas esse parcelamento é aplicado ao Processo do Trabalho?

Depende, as regras do art. 916 do COC/2015 são aplicáveis ao processo de execução de título extrajudicial, mas em regra, não são aplicáveis às execuções trabalhistas de títulos judiciais, conforme o dito pelo § 7º do art. 916 do CPC:

> CPC, art. 916 – [...]
>
> § 7º – O disposto neste artigo não se aplica ao cumprimento da sentença.

Nesse sentido, a jurisprudência:

> AGRAVO DE PETIÇÃO. PARCELAMENTO DO CRÉDITO EXEQUENDO. ART. 916 DO CPC/2015. O parcelamento previsto no art. 916 do CPC/2015, aplicado subsidiariamente ao processo do trabalho, nos termos do art. 3º, XXI, Instrução Normativa nº 39/2016 do TST, refere-se apenas a execução fundada em título extrajudicial, em face do que dispõe o § 7º do próprio art. 916 do Diploma Processual Civil, a saber: "O disposto neste artigo não se aplica ao cumprimento da sentença". Assim, o parcelamento do crédito exequendo, no caso de cumprimento de decisão judicial, só merece acolhida na hipótese de conciliação das partes em tal sentido, o que não se verifica in casu, porquanto o autor discordou expressamente da medida. O parcelamento também pode vir a ser adotado quando se verifique que não haja outro meio de garantir a satisfação do crédito, o que ainda não se apurou nestes autos, em que tentativas de expropriação patrimonial ainda não foram empreendidas. (AP nº 0010815-30.2014.5.03.0043, 4ª Turma do TRT da 3ª Região/MG, Rel. Paula Oliveira Cantelli. j. 03.08.2018).

Entretanto, nada impede de a executada solicitar o parcelamento da execução de título judicial e o exequente aceitar, entendimento esse, que se extrai dos julgados abaixo:

> EXECUÇÃO – PARCELAMENTO DO DÉBITO EXEQUENDO. O art. 916 do CPC de 2015 é aplicável ao Processo do Trabalho, por força do art. 889 da CLT (art. 3º, XXI, da IN 39 do TST). Todavia, por expressa vedação do § 7º do referido artigo, não é cabível o parcelamento no cumprimento de sentença, salvo se houver expressa concordância do exequente. (AP nº 0011154-80.2016.5.03.0184, 8ª Turma do TRT da 3ª Região/MG, Rel. Convocado Antônio Carlos R. Filho. j. 19.07.2018).
>
> CUMPRIMENTO DE SENTENÇA – EXECUÇÃO – PARCELAMENTO DO DÉBITO EM EXECUÇÃO. O artigo 916 CPC é aplicável ao processo do trabalho, em razão das regras do

respectivo artigo 15 e do artigo 889 CLT, além do item XXI artigo 3º da Instrução Normativa nº 39 do colendo TST. Entretanto, há de ter anuência da parte contrária para sua aceitação, o que não ocorreu nos autos. (AP nº 0010010-95.2017.5.03.0003, 2ª Turma do TRT da 3ª Região/MG, Rel. Convocado Helder Vasconcelos Guimarães. j. 13.06.2018).

AGRAVO DE PETIÇÃO. PARCELAMENTO DO CRÉDITO EXEQUENDO. ART. 916 DO CPC/2015. O parcelamento previsto no art. 916 do CPC/2015, aplicado subsidiariamente ao processo do trabalho, nos termos do art. 3º, XXI, Instrução Normativa nº 39/2016 do TST, refere-se apenas a execução fundada em título extrajudicial, em face do que dispõe o § 7º do próprio art. 916 do Diploma Processual Civil, a saber: "O disposto neste artigo não se aplica ao cumprimento da sentença". Assim, o parcelamento do crédito exequendo, no caso de cumprimento de decisão judicial, só merece acolhida na hipótese de conciliação das partes em tal sentido, o que não se verifica in casu, porquanto o autor discordou expressamente da medida. O parcelamento também pode vir a ser adotado quando se verifique que não haja outro meio de garantir a satisfação do crédito, o que ainda não se apurou nestes autos, em que tentativas de expropriação patrimonial ainda não foram empreendidas. (AP nº 0010618-84.2016.5.03.0179, 4ª Turma do TRT da 3ª Região/MG, Rel. Paula Oliveira Cantelli. j. 22.02.2018).

Os Tribunais do Trabalho vêm decidindo que também cabe o parcelamento quando se verifique que não haja outro meio de garantir a satisfação do crédito após tentativas de expropriação patrimonial frustradas. Nesse sentido, o julgado abaixo:

PARCELAMENTO DO DÉBITO TRABALHISTA. APLICAÇÃO DO ARTIGO 916 DO CPC/15. SITUAÇÕES INDICADAS. Não há dúvida de que o parcelamento tem clara indicação para dar efetividade na execução, quando se tratar de um título judicial sem executividade prática e em casos que o responsável pela dívida não possua condições de arcar com a integralidade do débito exequendo de uma só vez, sem prejuízo de sua atividade econômica, pois prestigia os princípios da economia e celeridade processual e representa a possibilidade do executado garantir a sua subsistência, mas este não é o caso dos autos. (AP nº

> 0010442-50.2017.5.03.0186, 5ª Turma do TRT da 3ª Região/MG, Rel. Manoel Barbosa da Silva. j. 19.07.2018).

Vale mencionar ainda, que o TST por meio do art. 3°, XXI, da IN 39/2016, entende ser aplicado ao Processo do Trabalho, o parcelamento do débito pelo executado previsto no art. 916 e parágrafos.

> TST, IN39/2016 – art. 3º – Sem prejuízo de outros, aplicam-se ao Processo do Trabalho, em face de omissão e compatibilidade, os preceitos do Código de Processo Civil que regulam os seguintes temas:
>
> XXI – art. 916 e parágrafos (parcelamento do crédito exequendo)

Nesse sentido, também é o Enunciado 39 da 1º Jornada Nacional de Execução Trabalhista, *in verbis*:

> Enunciado 39 – RECONHECIMENTO DO CRÉDITO DO EXEQUENTE POR PARTE DO EXECUTADO. PARCELAMENTO DO ART. 745-A DO CÓDIGO DE PROCESSO CIVIL (CPC). É compatível com o Processo do Trabalho o parcelamento previsto na norma do art. 745-A do Código de Processo Civil[94].

16.3.2. Requisitos do parcelamento

– Quais os requisitos para o parcelamento?

Os requisitos são:

1) O requerimento do executado antes de findar o prazo para o ajuizamento dos embargos à execução;

2) Reconhecendo o crédito do exequente[95];

3) Pagamento de trinta por cento do valor em execução;

94. O art. 745-A do CPC de 1973, corresponde ao art. 916 do CPCP de 2015.

95. CPC, art. 916, § 6º A opção pelo parcelamento de que trata este artigo importa renúncia ao direito de opor embargos.

4) Pedido de parcelamento do restante em até 6 (seis) parcelas mensais, acrescidas de correção monetária e de juros de um por cento ao mês.

5) No caso de pedido de parcelamento de título executivo judicial, intimação prévia do exequente para manifestar sua concordância com o parcelamento, ou quando se verifique que não haja outro meio de garantir a satisfação do crédito após tentativas de expropriação patrimonial frustradas.

Deferido o pedido de parcelamento, o exequente levantará a quantia depositada, e serão suspensos os atos executivos, e se indeferido pedido, seguir-se-ão os atos executivos, mantido o depósito, que será convertido em penhora. Nesse sentido, os parágrafos 3º e 4º do art. 916 do CPC:

> CPC, art. 916 – [...]
>
> §3º Deferida a proposta, o exequente levantará a quantia depositada, e serão suspensos os atos executivos.
>
> §4º Indeferida a proposta, seguir-se-ão os atos executivos, mantido o depósito, que será convertido em penhora.

Enquanto não apreciado o requerimento, o executado terá de depositar as parcelas vincendas, facultado ao exequente seu levantamento[96].

16.3.3. Consequência pelo inadimplemento

– Caso o executado não pague uma das parcelas, o que ocorre?

Segundo o § 5º do art. 916, o não pagamento de qualquer das prestações acarretará cumulativamente o vencimento das prestações subsequentes e o prosseguimento do processo, com o imediato

96. CPC, art. 916, §2º

reinício dos atos executivos e a imposição ao executado de multa de dez por cento sobre o valor das prestações não pagas.

16.4. Execução de empresa em recuperação judicial ou de empresa falida

– Como ocorre a execução de empresa que teve deferida a sua recuperação judicial?

A recuperação judicial é instituto destinado a permitir que a empresa possa organizar suas obrigações para com terceiros, mediante a suspensão temporária do pagamento das obrigações[97].

Nesse sentido, o art. 47 da Lei nº 11.101/2005.

> Lei nº 11.101/2005, art. 47. A recuperação judicial tem por objetivo viabilizar a superação da situação de crise econômico-financeira do devedor, a fim de permitir a manutenção da fonte produtora, do emprego dos trabalhadores e dos interesses dos credores, promovendo, assim, a preservação da empresa, sua função social e o estímulo à atividade econômica.

Agora, imagine a seguinte situação:

A empresa BETA está passando por uma crise financeira severa. Entretanto, pretende superar tal situação e para isso, procura um advogado especialista para tentar a recuperação judicial. Após ajuizar o pedido de recuperação no juízo cível, conseguiu o deferimento de tal pedido.

– Todos os processos trabalhistas serão encaminhados para o juiz que deferiu o pedido de recuperação judicial?

97. CORDEIRO, Wolney de Macedo. Execução no processo do trabalho. 4. ed. Salvador: Ed. Juspodivm, 2017. Pág. 361.

O § 2º do art. 6º da Lei 11.101/2005 assegura a competência da Justiça do Trabalho para o processamento de ações de conhecimento em que figure como reclamada empresa em recuperação judicial, até a apuração do crédito, que será inscrito no quadro geral de credores pelo valor determinado em sentença.

> Lei nº 11.101/2005, art. 6º A decretação da falência ou o deferimento do processamento da recuperação judicial suspende o curso da prescrição e de todas as ações e execuções em face do devedor, inclusive aquelas dos credores particulares do sócio solidário.
>
> § 2º É permitido pleitear, perante o administrador judicial, habilitação, exclusão ou modificação de créditos derivados da relação de trabalho, mas as ações de natureza trabalhista, inclusive as impugnações a que se refere o art. 8º desta Lei, serão processadas perante a justiça especializada até a apuração do respectivo crédito, que será inscrito no quadro-geral de credores pelo valor determinado em sentença.

Sobre o tema, Miessa[98] entende que:

> Da mesma forma que na falência, a competência da justiça laboral é até a decisão de liquidação. Assim, estando liquidado, o valor será encaminhado à recuperação judicial para habilitação do crédito.

Assim, a reclamação trabalhista deve ser processada na Justiça do Trabalho até a apuração do respectivo crédito (fase de liquidação de sentença prevista no art. 879 da CLT), o qual, deverá ser inscrito no quadro – geral de credores, não tendo a justiça do trabalho competência para executar a empresa falida ou o processamento da recuperação judicial.

Desta forma, após a apuração do valor, será expedida certidão em favor do credor e seu crédito trabalhista será habilitado perante o quadro geral de credores no juízo falimentar. No mesmo sentido são os precedentes:

98. MIESSA, Élisson. Processo do Trabalho para concurso. 5. ed. – Salvador: Ed. Juspodivm, 2017. Pág. 1.225.

Precedentes do STF:

> CONFLITO NEGATIVO DE COMPETÊNCIA. EXECUÇÃO DE CRÉDITOS TRABALHISTAS EM PROCESSOS DE RECUPERAÇÃO JUDICIAL. COMPETÊNCIA DA JUSTIÇA ESTADUAL COMUM, COM EXCLUSÃO DA JUSTIÇA DO TRABALHO. INTERPRETAÇÃO DO DISPOSTO NA LEI 11.101/05, EM FACE DO ART. 114 DA CF. RECURSO EXTRAORDINÁRIO CONHECIDO E IMPROVIDO. I – A questão central debatida no presente recurso consiste em saber qual o juízo competente para processar e julgar a execução dos créditos trabalhistas no caso de empresa em fase de recuperação judicial. II – Na vigência do Decreto-lei 7.661/1945 consolidou-se o entendimento de que a competência para executar os créditos ora discutidos é da Justiça Estadual Comum, sendo essa também a regra adotada pela Lei 11.101/05. III – O inc. IX do art. 114 da Constituição Federal apenas outorgou ao legislador ordinário a faculdade de submeter à competência da Justiça Laboral outras controvérsias, além daquelas taxativamente estabelecidas nos incisos anteriores, desde que decorrentes da relação de trabalho. IV – O texto constitucional não o obrigou a fazê-lo, deixando ao seu alvedrio a avaliação das hipóteses em que se afigure conveniente o julgamento pela Justiça do Trabalho, à luz das peculiaridades das situações que pretende regrar. V – A opção do legislador infraconstitucional foi manter o regime anterior de execução dos créditos trabalhistas pelo juízo universal da falência, sem prejuízo da competência da Justiça Laboral quanto ao julgamento do processo de conhecimento. VI – Recurso extraordinário conhecido e improvido (STF-RE 583955/RJ, Rel. Min. Ricardo Lewandowski. Repercussão Geral. Acórdão divulgado no DJE de 27-8-2009 e publicado em 28-8-2009).

Precedentes do TST:

> AGRAVO DE INSTRUMENTO. RECURSO DE REVISTA INTERPOSTO NA VIGÊNCIA DA LEI 13.015/2014. EMPRESA EM RECUPERAÇÃO JUDICIAL. COMPETÊNCIA DA JUSTIÇA DO TRABALHO. As Turmas do TST têm posicionamento uniforme quanto à competência desta Especializada para o processamento de ações de conhecimento em que figure como reclamada empresa em recuperação judicial, até a apuração do

crédito, que será inscrito no quadro geral de credores pelo valor determinado em sentença, pois o contido no art. 6º, § 2º, da Lei 11.101/2005 não especifica competência diversa daquela prevista no art. 114 da CF. Precedentes. Óbice da Súmula 333/TST. (AIRR – 937-48.2015.5.02.0084, Relatora Ministra: Maria Helena Mallmann, Data de Julgamento: 23/05/2018, 2ª Turma, Data de Publicação: DEJT 10/08/2018)

RECURSO DE REVISTA. EXECUÇÃO FISCAL. EMPRESA EM RECUPERAÇÃO JUDICIAL. EXAURIMENTO DA COMPETÊNCIA DA JUSTIÇA DO TRABALHO. HABILITAÇÃO DO CRÉDITO PERANTE O JUÍZO DA RECUPERAÇÃO JUDICIAL. Decretada a falência ou deferido o processamento da recuperação judicial, a competência da Justiça do Trabalho para executar créditos contra a massa falida ou empresa em recuperação judicial estende-se até a individualização e quantificação do crédito, após o que cabe ao credor habilitá-lo no Juízo Universal da Falência. Inteligência do art. 6º, caput e § 2º, da Lei nº 11.101/2005. Nesse contexto, escorreita se mostra a decisão recorrida que determinou a expedição de certidão de crédito, referente à multa administrativa aplicada à executada por descumprimento da legislação trabalhista, para habilitação no Juízo da Recuperação Judicial. Recurso de revista não conhecido. (RR – 11723-91.2016.5.15.0105, Relatora Ministra: Dora Maria da Costa, Data de Julgamento: 09.05.2018, 8ª Turma, Data de Publicação: DEJT 11.05.2018) (RR nº 11723-91.2016.5.15.0105, 8ª Turma do TST, Rel. Dora Maria da Costa. j. 09.05.2018, Publ. 11.05.2018).

RECURSO DE REVISTA DA RECLAMADA VRG LINHAS AÉREAS S.A. COMPETÊNCIA DA JUSTIÇA DO TRABALHO. A jurisprudência do TST, em atenção aos arts. 6º, § 2º, da Lei 11.101/05 e 114, I, da CF/88, pacificou-se no sentido de ter a Justiça do Trabalho competência material para processar e julgar as reclamações trabalhistas em que figure como reclamada empresa em recuperação judicial até a apuração de eventuais créditos derivados da relação de trabalho. Precedentes. Recurso de revista não conhecido. (RR – 2500-68.2007.5.02.0016, Relator Ministro: Augusto César Leite de Carvalho, 6ª Turma, Data de Publicação: DEJT 06/04/2018)

AGRAVO DE INSTRUMENTO EM RECURSO DE REVISTA. ACÓRDÃO PUBLICADO NA VIGÊNCIA DA LEI 13.015/2014.

> EXECUÇÃO. ARTIGO 896, § 2º, DA CLT. CRÉDITO PREVIDENCIÁRIO. EMPRESA EM RECUPERAÇÃO JUDICIAL. COMPETÊNCIA. A reiterada jurisprudência desta Corte Superior já firmou o entendimento de que, uma vez decretada falência ou deferido o processamento da recuperação judicial, a competência da Justiça do Trabalho estende-se apenas até a individualização do crédito, devendo, posteriormente, sua execução prosseguir no juízo falimentar. Precedentes. Revelando-se a decisão recorrida em sintonia com tal entendimento, não se concebe violação dos dispositivos constitucionais invocados. Agravo de instrumento não provido. (AIRR – 10029-43.2015.5.03.0142, Relator Ministro: Breno Medeiros, 5ª Turma, Data de Publicação: DEJT 23/03/2018)
>
> AGRAVO. AGRAVO DE INSTRUMENTO. RECURSO DE REVISTA. COMPETÊNCIA. FALÊNCIA DA EMPRESA EXECUTADA. HABILITAÇÃO DO CRÉDITO NO JUÍZO FALIMENTAR. Esta Corte Superior entende que, uma vez deferido o processamento da recuperação judicial, a competência da Justiça do Trabalho estende-se até a apuração do crédito previdenciário, devendo sua habilitação e execução ocorrer no juízo falimentar. Precedentes. Agravo não provido. (AG-AIRR nº 1815-23.2013.5.03.0081, 2ª Turma do TST, Rel. Maria Helena Mallmann. j. 29.11.2017, Publ. 07.12.2017).

Tratando do tema, a Consolidação dos Provimentos da Corregedoria-Geral da Justiça do Trabalho do ano de 2016, prevê que:

> Normas Procedimentais Referentes à Execução contra Empresas em Recuperação Judicial
>
> Art. 80. Deferida a recuperação judicial, caberá ao juiz do trabalho, que entender pela cessação da competência para prosseguimento da execução trabalhista, determinar a expedição de Certidão de Habilitação de Crédito para ser submetida à apreciação do administrador judicial. Parágrafo único. Da Certidão de Habilitação de Crédito deverá constar:
>
> I – nome do exequente, data da distribuição da reclamação trabalhista, da sentença condenatória e a de seu trânsito em julgado;
>
> II – a especificação dos títulos e valores integrantes da sanção jurídica, das multas, dos encargos fiscais e sociais (imposto de renda

> e contribuição previdenciária), dos honorários advocatícios e periciais, se houver, e demais despesas processuais;
>
> III - data da decisão homologatória dos cálculos e do seu trânsito em julgado;
>
> IV - o nome do advogado que o exequente tiver constituído, seu endereço, para eventual intimação, e número de telefone a fim de facilitar possível contato direto pelo administrador judicial.
>
> Art. 81. Expedida a Certidão de Habilitação de Crédito, os juízes do trabalho deverão se abster de encaminhar diretamente às secretarias dos juízes de direito ou dos juízes das varas especializadas em recuperações judiciais e falências ou mesmo ao administrador judicial os autos das execuções trabalhistas e/ou Certidões de Créditos Trabalhistas.
>
> Art. 82. Os juízes do trabalho manterão em seus arquivos os autos das execuções trabalhistas que tenham sido suspensas em decorrência do deferimento da recuperação judicial, de modo que, com o seu encerramento ou com o encerramento da quebra em que ela tenha sido convolada (art. 156 e seguintes da Lei 11.101/2005), seja retomado o seu prosseguimento, para cobrança dos créditos que não tenham sido totalmente satisfeitos.
>
> Art. 83. O juiz do trabalho contrário à cessação da competência para prosseguimento da execução trabalhista contra a empresa recuperanda, deverá proferir decisão fundamentada, da qual dará ciência aos juízes de direito das comarcas ou aos juízes das varas especializadas, que tenham deferido o pedido de recuperação judicial, para adoção de medida judicial pertinente.
>
> Art. 84. As disposições desta Subseção não se aplicam no caso de o juiz do trabalho determinar o direcionamento da execução contra sócio ou sócios da empresa, na esteira da teoria da desconsideração da personalidade jurídica, ou determinar o seu direcionamento à empresa que integre grupo econômico do qual faça parte a empresa recuperanda.

O deferimento do processamento da recuperação judicial suspende o curso da prescrição e de todas as ações e execuções em face do devedor. (Lei nº 11.101/05, art. 6°). Findo o prazo improrrogável de 180 dias contado do deferimento do processamento da recuperação, volta o tramite normal das ações e execuções, independentemente de pronunciamento judicial (Lei nº 11.101/05, art. 6°, § 4°).

> Lei nº 11.101/05, art. 6º – [...]
>
> § 4º – Na recuperação judicial, as suspensões e a proibição de que tratam os incisos I, II e III do caput deste artigo perdurarão pelo prazo de 180 (cento e oitenta) dias, contado do deferimento do processamento da recuperação, prorrogável por igual período, uma única vez, em caráter excepcional, desde que o devedor não haja concorrido com a superação do lapso temporal.

Com efeito, para o STJ a competência da justiça laboral fica limitada à decisão de liquidação, de modo que, em seguida, deverá determinar a habilitação do crédito no juízo universal. Ademais, mesmo depois do prazo de 180 dias, deverá ser mantida a competência do juízo universal, não restabelecendo a competência da justiça do trabalho, vez que o patrimônio da empresa em recuperação não pode ser atingido por decisões prolatadas em juízo diverso daquele da recuperação, sob pena de comprometer o funcionamento da empresa e o sucesso do plano de recuperação[99].

– O mesmo procedimento se aplica à empresa falida?

O mesmo procedimento é aplicado a empresa Falida, conforme dispões o art. 6º, § 2º, da Lei nº 11.101/2005.

> Lei nº 11.101/2005, art. 6º A decretação da falência ou o deferimento do processamento da recuperação judicial implica:
>
> I – suspensão do curso da prescrição das obrigações do devedor sujeitas ao regime desta Lei;
>
> II – suspensão das execuções ajuizadas contra o devedor, inclusive daquelas dos credores particulares do sócio solidário, relativas a créditos ou obrigações sujeitos à recuperação judicial ou à falência;

99. MIESSA, Élisson. Processo do Trabalho para concurso. 5. ed. – Salvador: Ed. Juspodivm, 2017. Pág. 1.240.

> III – proibição de qualquer forma de retenção, arresto, penhora, sequestro, busca e apreensão e constrição judicial ou extrajudicial sobre os bens do devedor, oriunda de demandas judiciais ou extrajudiciais cujos créditos ou obrigações sujeitem-se à recuperação judicial ou à falência.
>
> (...)
>
> § 2º É permitido pleitear, perante o administrador judicial, habilitação, exclusão ou modificação de créditos derivados da relação de trabalho, mas as ações de natureza trabalhista, inclusive as impugnações a que se refere o art. 8º desta Lei, serão processadas perante a justiça especializada até a apuração do respectivo crédito, que será inscrito no quadro-geral de credores pelo valor determinado em sentença.

16.4.1. Execução dos sócios da empresa falida ou em recuperação judicial

– O processo vai continuar na área trabalhista quando for desconsiderado a personalidade jurídica da empresa em recuperação judicial ou falida e, a execução for dirigida aos sócios?

Sim[100], pois como a execução não está sendo realizada contra a empresa falida ou em recuperação judicial, mas em face de um dos seus sócios, em decorrência da desconsideração da personalidade jurídica, a competência será da justiça do trabalho.

Nesse sentido, Bezerra Leite[101]:

> Impende salientar, por último, que a decretação da falência não impede que a ação trabalhista continue a tramitar na Justiça do Trabalho em face dos sócios da empresa falida, desde que o juiz

100. **Consolidação dos Provimentos da Corregedoria-Geral da Justiça do Trabalho – Art. 84.** As disposições desta Subseção não se aplicam no caso de o juiz do trabalho determinar o direcionamento da execução contra sócio ou sócios da empresa, na esteira da teoria da desconsideração da personalidade jurídica, ou determinar o seu direcionamento à empresa que integre grupo econômico do qual faça parte a empresa recuperanda

101. LEITE, Carlos Henrique Bezerra. Curso de direito processual do trabalho. 15. ed. – São Paulo: Saraiva, 2017.

adote a teoria de desconsideração da personalidade jurídica da empresa devedora (ou executada).

Desta forma, é possível o redirecionamento da execução ao patrimônio dos sócios ou integrantes do mesmo grupo econômico da empresa falida ou em recuperação judicial, hipótese em que subsistirá a competência da Justiça do Trabalho para processar os atos executórios, à medida que eventual constrição não recairá sobre bens da empresa, o que atrairia a competência do juízo universal. No mesmo sentido, os seguintes precedentes do TST:

> CONFLITO NEGATIVO DE COMPETÊNCIA. EXTENSÃO DOS EFEITOS DA DECRETAÇÃO DE FALÊNCIA DA VASP SOBRE AS DEMAIS EMPRESAS PERTENCENTES AO MESMO GRUPO ECONÔMICO E SEUS SÓCIOS, PARA FINS DE FIXAÇÃO DA COMPETÊNCIA EXECUTIVA. O Juízo da execução reconheceu a solidariedade do grupo econômico e dos sócios do grupo Canhedo. Sendo a decretação de falência restrita à VASP, a mesma não tem o condão de atingir as outras empresas, ainda que integrantes de um mesmo grupo econômico, nem os sócios que, não obstante falidos em relação à VASP, não o são quanto às demais empresas. Portanto, não voltada a execução contra patrimônio da massa falida, mas, sim, contra o patrimônio de pessoas que foram consideradas como responsáveis solidários pelo Juízo da execução, deve a execução prosseguir no Juízo trabalhista. Precedentes desta C. Corte. Conflito negativo de competência julgado improcedente. (CC - 2014-84.2012.5.15.0133, Relator Ministro Hugo Carlos Scheuermann, Data de Julgamento: 21/05/2013, Subseção II Especializada em Dissídios Individuais, Data de Publicação: 01/07/2013)
>
> I - AGRAVO DE INSTRUMENTO EM RECURSO DE REVISTA - REGÊNCIA PELA LEI Nº 13.015/2014 - EXECUÇÃO - COMPETÊNCIA DA JUSTIÇA DO TRABALHO. EMPRESA EM RECUPERAÇÃO JUDICIAL. REDIRECIONAMENTO DA EXECUÇÃO CONTRA O PATRIMÔNIO DOS SÓCIOS. Constatada possível ofensa ao artigo 114, I, da Constituição da República, merece provimento o agravo de instrumento para determinar o processamento do recurso de revista. Agravo de instrumento a que se dá provimento. II - RECURSO DE REVISTA

- REGÊNCIA PELA LEI Nº 13.015/2014 - EXECUÇÃO - NULIDADE DO ACÓRDÃO REGIONAL POR NEGATIVA DE PRESTAÇÃO JURISDICIONAL. Com fundamento no artigo 282, § 2º, do CPC e em observância ao princípio da economia processual, deixa-se de analisar a preliminar arguida pela exequente. COMPETÊNCIA DA JUSTIÇA DO TRABALHO. EMPRESA EM RECUPERAÇÃO JUDICIAL. REDIRECIONAMENTO DA EXECUÇÃO CONTRA O PATRIMÔNIO DOS SÓCIOS. O TST firmou o entendimento de que é possível o redirecionamento da execução ao patrimônio dos sócios da empresa falida ou em recuperação judicial, hipótese em que subsistirá a competência da Justiça do Trabalho para processar os atos executórios, à medida que eventual constrição não recairá sobre bens da empresa, a atrair a competência do juízo universal. Recurso de revista conhecido e provido. (RR - 20767-27.2015.5.04.0251, Relator Ministro: Márcio Eurico Vitral Amaro, Data de Julgamento: 03/10/2018, 8ª Turma, Data de Publicação: DEJT 05/10/2018)

AGRAVO. AGRAVO DE INSTRUMENTO EM RECURSO DE REVISTA INTERPOSTO NA VIGÊNCIA DA LEI 13.015/2014. FALÊNCIA DA DEVEDORA. REDIRECIONAMENTO DA EXECUÇÃO CONTRA SÓCIO. COMPETÊNCIA. OFENSA A DISPOSITIVOS DA CONSTITUIÇÃO FEDERAL NÃO CONFIGURADA. Não se vislumbra demonstração inequívoca de afronta direta à Constituição Federal relativamente à alegada incompetência da Justiça do Trabalho e irregularidade no redirecionamento da execução contra o sócio da empresa devedora, cuja falência foi decretada. Afinal, é irrepreensível a conclusão do Tribunal Regional a respeito do prosseguimento da execução nesta Justiça especializada. Vale lembrar que o STJ tem decidido, em julgamentos de conflitos de competência, que os bens de sócios de empresas falidas ou em recuperação judicial, tal como no caso em exame, não ficam imunes à execução trabalhista. Não há falar, pois, em incompetência da Justiça do Trabalho e tampouco afronta aos arts. 109, 114 e 125, da Constituição Federal. Precedentes. Agravo não provido. (Processo: Ag-AIRR - 735-43.2015.5.03.0052 Data de Julgamento: 17/05/2017, Relator Ministro: Douglas Alencar Rodrigues, 7ª Turma, Data de Publicação: DEJT 19/05/2017).

16.5. Execução de empresas em liquidação extrajudicial

– Quais as empresas que vão entrar em liquidação extrajudicial?

Segundo o art. 1º da Lei 6.024/74, vão entrar em liquidação extrajudicial:

(1) as instituições financeiras privadas;

(2) as instituições financeiras públicas não federais; e

(3) as cooperativas de créditos.

– A competência para executar a empresa em liquidação extrajudicial será da justiça do trabalho?

Segundo a OJ nº 143 da SDI-1 do TST, a execução deve prosseguir normalmente na Justiça do Trabalho mesmo após a decretação da liquidação extrajudicial.

> OJ 143. EMPRESA EM LIQUIDAÇÃO EXTRAJUDICIAL. EXECUÇÃO. CRÉDITOS TRABALHISTAS. LEI Nº 6.024/74. A execução trabalhista deve prosseguir diretamente na Justiça do Trabalho mesmo após a decretação da liquidação extrajudicial. Lei nº 6.830/80, arts. 5º e 29, aplicados supletivamente (CLT art. 889 e CF/1988, art. 114)
>
> LIQUIDAÇÃO EXTRAJUDICIAL. SUSPENSÃO DO PROCESSO - EFEITO NÃO PRODUZIDO - O art. 18, alínea "a", da Lei 6.024/74 não se estende ao processo do trabalho, porquanto o crédito trabalhista possui natureza alimentar, devendo ser aplicada, no caso, a OJ 143 da SDI-1 do TST, a qual dispõe sobre o prosseguimento da execução mesmo após a decretação da liquidação extrajudicial. (AP nº 0000844-02.2014.5.03.0114, 5ª Turma do TRT da 3ª Região/MG, Rel. Oswaldo Tadeu B. Guedes. j. 29.11.2017).

– Preciso saber de mais alguma coisa, Hamilton?

Sim, precisa saber que sobre os débitos da empresa em liquidação extrajudicial não vão incidir juros de mora, devendo incidir apenas a correção monetária, conforme determinado pela Súmula nº 304 da SDI-1 do TST.

> TST, SUM 304 CORREÇÃO MONETÁRIA. EMPRESAS EM LIQUIDAÇÃO. Art. 46 do ADCT/CF – Os débitos trabalhistas das entidades submetidas aos regimes de intervenção ou liquidação extrajudicial estão sujeitos a correção monetária desde o respectivo vencimento até seu efetivo pagamento, sem interrupção ou suspensão, não incidindo, entretanto, sobre tais débitos, juros de mora.

Contudo, incide juros de mora em relação aos débitos trabalhistas de empresa em liquidação extrajudicial sucedida nos moldes dos arts. 10, 448 e 448-A da CLT, pois o sucessor (comprador) responde pela obrigação do sucedido (vendedor). Nesse sentido, a OJ nº 408 da SDI-1 do TST.

> TST, OJ 408 – SDI-1 – É devida a incidência de juros de mora em relação aos débitos trabalhistas de empresa em liquidação extrajudicial sucedida nos moldes dos arts. 10 e 448 da CLT. O sucessor responde pela obrigação do sucedido, não se beneficiando de qualquer privilégio a este destinado.

16.6. Prisão por dívida de natureza trabalhista

– É possível a prisão por dívida de natureza trabalhista?

Diz o § 7º do art. 528 do CPC:

> CPC, Art. 528 (...)
>
> § 7º O débito alimentar que autoriza a prisão civil do alimentante é o que compreende até as 3 (três) prestações anteriores ao ajuizamento da execução e as que se vencerem no curso do processo.

Embora o crédito trabalhista se revista de natureza alimentar, nos termos do art. 100, § 1º, da CF/88[102], A possibilidade de prisão

102. **CF, art. 100, § 1º** Os débitos de natureza alimentícia compreendem aqueles decorrentes de salários, vencimentos, proventos, pensões e suas complementações, benefícios previdenciários e indenizações por morte ou por invalidez, fundadas em responsabilidade

civil por dívida, está restrita aos casos de inadimplemento voluntário e inescusável de obrigação alimentícia stricto sensu, em cujo conceito não se inclui o crédito trabalhista. Nesse sentido, o art. 7º, 7, do Pacto de São José da Costa Rica, do qual o Brasil é signatário:

> CONVENÇÃO AMERICANA SOBRE DIREITOS HUMANOS
>
> Artigo 7. Direito à liberdade pessoal
>
> 1. Toda pessoa tem direito à liberdade e à segurança pessoais.
>
> 2. Ninguém pode ser privado de sua liberdade física, salvo pelas causas e nas condições previamente fixadas pelas constituições políticas dos Estados Partes ou pelas leis de acordo com elas promulgadas.
>
> 3. Ninguém pode ser submetido a detenção ou encarceramento arbitrários.
>
> 4. Toda pessoa detida ou retida deve ser informada das razões da sua detenção e notificada, sem demora, da acusação ou acusações formuladas contra ela.
>
> 5. Toda pessoa detida ou retida deve ser conduzida, sem demora, à presença de um juiz ou outra autoridade autorizada pela lei a exercer funções judiciais e tem direito a ser julgada dentro de um prazo razoável ou a ser posta em liberdade, sem prejuízo de que prossiga o processo. Sua liberdade pode ser condicionada a garantias que assegurem o seu comparecimento em juízo.
>
> 6. Toda pessoa privada da liberdade tem direito a recorrer a um juiz ou tribunal competente, a fim de que este decida, sem demora, sobre a legalidade de sua prisão ou detenção e ordene sua soltura se a prisão ou a detenção forem ilegais. Nos Estados Partes cujas leis preveem que toda pessoa que se vir ameaçada de ser privada de sua liberdade tem direito a recorrer a um juiz ou tribunal competente a fim de que este decida sobre a legalidade de tal ameaça, tal recurso não pode ser restringido nem abolido. O recurso pode ser interposto pela própria pessoa ou por outra pessoa.

---

civil, em virtude de sentença judicial transitada em julgado, e serão pagos com preferência sobre todos os demais débitos, exceto sobre aqueles referidos no § 2º deste artigo.

> 7. Ninguém deve ser detido por dívidas. Este princípio não limita os mandados de autoridade judiciária competente expedidos em virtude de inadimplemento de obrigação alimentar.

No mesmo sentido, a Súmula Vinculante nº 25 do STF e a jurisprudência trabalhista:

> STF, súmula vinculante n. 25 – É ilícita a prisão civil de depositário infiel, qualquer que seja a modalidade do depósito.
>
> RECURSO ORDINÁRIO. PRISÃO CIVIL POR DÉBITO TRABALHISTA. OBRIGAÇÃO ALIMENTAR. ALCANCE. A possibilidade de prisão civil por dívida, ante o previsto no Pacto de São José da Costa Rica do qual o Brasil é signatário, ficou restrita aos casos de inadimplemento voluntário e inescusável de obrigação alimentícia "stricto sensu", em cujo conceito não se inclui o crédito trabalhista. Esse é a mensagem passada pela Súmula Vinculante nº 25 do STF. Recurso não provido. (RO nº 0000522-47.2016.5.19.0055, TRT da 19ª Região/AL, Rel. João Leite de Arruda Alencar. DEJT 24.08.2017).
>
> DÍVIDA TRABALHISTA. PRISÃO DO DEVEDOR. A possibilidade de prisão civil por dívida, ante o previsto no art. 7º, 7, do Pacto de São José da Costa Rica, do qual o Brasil é signatário, ficou restrita aos casos de inadimplemento voluntário e inescusável de obrigação alimentícia stricto sensu, em cujo conceito não se inclui o crédito trabalhista. (TRT-5 – AP: 0061000-20.2005.5.05.0015, Relator: MARAMA CARNEIRO, 1ª. TURMA, Data de Publicação: DJ 14/10/2009)

16.7. Execução da multa imposta à testemunha

– O que acontece com a testemunha que alterar verdade dos fatos ou omitir fatos essenciais ao julgamento da causa?

A testemunha que alterar a verdade dos fatos ou omitir fatos essenciais ao julgamento da causa, será condenada a pagar uma multa que deverá ser superior a 1% (um por cento) e inferior a 10% (dez por cento) do valor corrigido da causa, esse valor servirá de indenização para a parte que foi prejudicada com o depoimento da testemunha. Nesse sentido, o art. 793-D e o 793-C da CLT:

> CLT, art. 793-D. Aplica-se a multa prevista no art. 793-C desta Consolidação à testemunha que intencionalmente alterar a verdade dos fatos ou omitir fatos essenciais ao julgamento da causa.
>
> CLT, art. 793-C. De ofício ou a requerimento, o juízo condenará o litigante de má-fé a pagar multa, que deverá ser superior a 1% (um por cento) e inferior a 10% (dez por cento) do valor corrigido da causa, a indenizar a parte contrária pelos prejuízos que esta sofreu e a arcar com os honorários advocatícios e com todas as despesas que efetuou.
>
> §1° Quando forem dois ou mais os litigantes de má-fé, o juízo condenará cada um na proporção de seu respectivo interesse na causa ou solidariamente aqueles que se coligaram para lesar a parte contrária.
>
> §2° Quando o valor da causa for irrisório ou inestimável, a multa poderá ser fixada em até duas vezes o limite máximo dos benefícios do Regime Geral de Previdência Social.
>
> §3° O valor da indenização será fixado pelo juízo ou, caso não seja possível mensurá-lo, liquidado por arbitramento ou pelo procedimento comum, nos próprios autos.

O TST, por meio da IN 41/2018, entendeu que a multa aplicada a testemunha, só será aplicada aplicável às ações ajuizadas a partir de 11 de novembro de 2017.

> TST, IN 41/2018 – Art. 10. O disposto no caput do art. 793-D será aplicável às ações ajuizadas a partir de 11 de novembro de 2017 (Lei nº 13.467/2017).
>
> Parágrafo único. Após a colheita da prova oral, a aplicação de multa à testemunha dar-se-á na sentença e será precedida de instauração de incidente mediante o qual o juiz indicará o ponto ou os pontos controvertidos no depoimento, assegurados o contraditório, a defesa, com os meios a ela inerentes, além de possibilitar a retratação.

– Como será feita a execução da multa imposta a testemunha?

A parte prejudicada com o depoimento da testemunha, deverá requerer a execução da multa, pois assim determina o art. 878 da CLT após a reforma trabalhista de 2017[103].

> CLT, art. 878. A execução será promovida pelas partes, permitida a execução de ofício pelo juiz ou pelo Presidente do Tribunal apenas nos casos em que as partes não estiverem representadas por advogado.

Após o requerimento da parte prejudicada, será seguido o trâmite da execução de quantia certa contra devedor solvente, ou seja, liquidação da dívida, citação da testemunha para pagar em 48hs, penhora de bens caso não haja o pagamento voluntário, etc.

16.8. Fraude à execução

– O que eu preciso saber inicialmente sobre fraude à execução, Professor?

A fraude à execução constitui ato atentatório à dignidade da Justiça (art. 774, I, CPC) e ilícito penal (art. 179, CP) e corresponde a um instituto de ordem processual que busca, em caráter imediato, conferir efetividade a processo de execução, impedindo que sejam alienados bens, sobre o qual a pretensão executória deverá recair.

Há várias maneiras de tumultuar a execução, quando se nota que o final está próximo e que já se perdeu a razão. A mais grave delas, evidentemente, é dilapidar o patrimônio, a fim de frustrar qualquer tentativa de apreensão ou de penhora, dispersando os bens em nome de pessoas interpostas, que a gíria popular chama de "laranjas" e "testas de ferro"[104].

O tema está disciplinado pelo art. 792 do CPC, *in verbis*:

103. Lei 13.467/2017.
104. SILVA, Homero Batista Mateus da. Curso de Direito do Trabalho Aplicado – vol.10. 3 ed. São Paulo: Revista dos Tribunais, 2017.

CPC, art. 792. A alienação ou a oneração de bem é considerada fraude à execução:

I – quando sobre o bem pender ação fundada em direito real ou com pretensão reipersecutória, desde que a pendência do processo tenha sido averbada no respectivo registro público, se houver;

II – quando tiver sido averbada, no registro do bem, a pendência do processo de execução, na forma do art. 828;

III – quando tiver sido averbado, no registro do bem, hipoteca judiciária ou outro ato de constrição judicial originário do processo onde foi arguida a fraude;

IV – quando, ao tempo da alienação ou da oneração, tramitava contra o devedor ação capaz de reduzi-lo à insolvência;

V – nos demais casos expressos em lei.

§ 1.º A alienação em fraude à execução é ineficaz em relação ao exequente.

§ 2.º No caso de aquisição de bem não sujeito a registro, o terceiro adquirente tem o ônus de provar que adotou as cautelas necessárias para a aquisição, mediante a exibição das certidões pertinentes, obtidas no domicílio do vendedor e no local onde se encontra o bem.

§ 3.º Nos casos de desconsideração da personalidade jurídica, a fraude à execução verifica-se a partir da citação da parte cuja personalidade se pretende desconsiderar.

§ 4.º Antes de declarar a fraude à execução, o juiz deverá intimar o terceiro adquirente, que, se quiser, poderá opor embargos de terceiro, no prazo de 15 (quinze) dias.

Sua configuração independe de conluio entre os envolvidos e pode ser reconhecida existente até mesmo de ofício pelo magistrado, após o regular contraditório exigido na forma do § 4º do art. 792.

CPC, art. 792 – [...]

§ 4.º Antes de declarar a fraude à execução, o juiz deverá intimar o terceiro adquirente, que, se quiser, poderá opor embargos de terceiro, no prazo de 15 (quinze) dias.

Assim, se reconhecida pelo juízo a alienação ou oneração de bens realizada em fraude à execução, tal venda considera-se ineficaz com relação ao exequente.

16.8.1. Principais fraudes à execução

– Quais as principais fraudes à execução na seara trabalhista?

As principais são:

1) Quando, ao tempo da alienação ou da oneração, tramitava contra o devedor ação capaz de reduzi-lo à insolvência.

2) Quando tiver sido averbado, no registro do bem, hipoteca judiciária ou outro ato de constrição judicial originário do processo onde foi arguida a fraude.

Passamos a analisar as principais.

16.8.1.1. Alienação de bens após a citação válida no processo

– É considerado fraude à execução a venda de bens após o ajuizamento da ação trabalhista?

A alienação ou a oneração de bem é considerada fraude à execução conforme o inciso IV do art. 792 do CPC, quando ao tempo da alienação ou da oneração, tramitava contra o devedor ação capaz de reduzi-lo à insolvência. Segundo Daniel Amorim[105]:

> "A exigência da insolvência resta limitada à hipótese de fraude à execução descrita no art. 792, IV, do Novo CPC."

105. NEVES, Daniel Amorim Assumpção. Novo CPC para Advogados: perguntas e respostas para a prática profissional. 2. ed. – São Paulo: MÉTODO, 2018.

O marco temporal para a presunção de fraude fixado pelo inciso IV do art. 792 do CPC, é a existência da "demanda capaz de reduzi-lo à insolvência". O devedor deve ter ciência da demanda, através da citação válida[106], ou seja, é imprescindível que o reclamado tenha sido citado validamente para processo em curso. Nesse sentido, são os ensinamentos de Homero Batista[107]:

> Em primeiro lugar, convencionou-se dizer que a palavra "demanda" significa a existência de citação válida, ou seja, uma demanda conhecida e sábia, e não meramente uma demanda em estudos ou já distribuída, mas ainda não participada ao devedor. Embora haja consenso a respeito da citação válida como desencadeador da teoria da fraude à execução, aos poucos foram sendo desbravadas algumas exceções, normalmente associadas com situações em que o devedor, conquanto ainda não citado, sabidamente já tinha noção da demanda.

Da mesma forma, vem decidindo a jurisprudência:

> AGRAVO DE PETIÇÃO. PENHORA DE IMÓVEL. FRAUDE À EXECUÇÃO NÃO CARACTERIZADA. O requisito para a caracterização da fraude à execução é a alienação de bens por parte do devedor quando existia demanda capaz de reduzi-lo à insolvência (art. 792, IV, do CPC). No caso, comprovado que a alienação do imóvel que a exequente tenta ver constrito foi feita antes do ajuizamento da ação, não se reconhece a ocorrência de fraude, pois à época da celebração daquele negócio jurídico o bem estava livre de qualquer restrição. (AP nº 0002921-62.2014.5.03.0185, 7ª Turma do TRT da 3ª Região/MG, Rel. Paulo Roberto de Castro. j. 23.07.2018).

Ademais, não é qualquer venda de bens pela empresa que configura a fraude à execução, pois o inciso IV do art. 792 do CPC, entende

106. **CLT, art. 841 – [...] – § 1º –** A notificação será feita em registro postal com franquia. Se o reclamado criar embaraços ao seu recebimento ou não for encontrado, far-se-á a notificação por edital, inserto no jornal oficial ou no que publicar o expediente forense, ou, na falta, afixado na sede da Junta ou Juízo.

107. SILVA, Homero Batista Mateus da. Curso de Direito do Trabalho Aplicado – vol.10. 3 ed. São Paulo: Revista dos Tribunais, 2017.

que a venda efetuada, tem que levar o devedor ação a insolvência[108], ou seja, com a venda dos bens, a empresa não vai mais ter condições financeiras para pagar a ação.

16.8.1.1.1. Ônus de provar a boa-fé do terceiro que adquiriu o bem

– Quando o terceiro deve provar que estava de boa-fé quando adquiriu o bem?

Depende. Vamos as hipóteses

1) Bens não sujeitos a registro – Quando o terceiro adquirir bens não sujeitos a registro, cabe a este terceiro, provar sua boa-fé, ou seja, deve este terceiro por meio de embargos de terceiro[109] demonstrar que tomou todas as cautelas para a aquisição, como por exemplo, demonstrar por meio de certidões de inexistência de ônus sobre o bem na hora da aquisição.

2) Bens sujeitos a registro – Se o bem é sujeito a registro, ao contrário, o ônus da prova é do exequente, de que providenciou o registro da penhora, da demanda ou de outro ato de oneração, sob pena de presumir-se a boa-fé. Nesse sentido, a Súmula nº 375 do STJ:

> STJ, SUM 375 – O reconhecimento da fraude à execução depende do registro da penhora do bem alienado ou da prova de má-fé do terceiro adquirente.

Decisões do TST sobre o tema:

> Informativo do TST – Execução – 31 – Execução. Aquisição de bem imóvel por meio de alvará expedido pelo Juízo da

108. Haverá insolvência quando o patrimônio do devedor for inferior ao valor de suas dívidas.
109. **CPC, art. 792 –[...] – § 4º** Antes de declarar a fraude à execução, o juiz deverá intimar o terceiro adquirente, que, se quiser, poderá opor embargos de terceiro, no prazo de 15 (quinze) dias.

> concordata. Terceiro adquirente de boa-fé. Fraude à execução. Inexistência. Para o reconhecimento de fraude à execução é imprescindível que haja má-fé por parte do terceiro comprador, o que se evidencia pela ciência da existência de processo judicial contra o alienante ou de constrição judicial sobre o bem objeto da transação. Na hipótese dos autos, todavia, a boa-fé do adquirente ficou demonstrada em razão de a aquisição do bem constrito ter ocorrido mediante a expedição de alvará judicial pelo Juízo da concordata, o que confere presunção de validade e eficácia à alienação perpetrada. Com esse entendimento, a SBDI-I, por unanimidade, conheceu do recurso de embargos no tópico e, no mérito, negou-lhe provimento para manter a decisão turmária que desconstituíra a penhora sobre o bem imóvel adquirido. TST-E-E-D-RR-154900-19.2004.5.15.0046, SBDI-I, rel. Min. José Roberto Freire Pimenta. 18.5.2017

16.8.1.2. Alienação de bens quando já tiver sido averbado no registro de imóveis ou de veículos a execução trabalhista

– É considerado fraude à execução a venda de bens após tiver sido averbado no registro de imóveis ou de veículos a execução trabalhista?

A alienação ou a oneração de bem é considerada fraude à execução conforme o inciso III do art. 792 do CPC, quando tiver sido averbado, no registro do bem, hipoteca judiciária ou outro ato de constrição judicial originário do processo onde foi arguida a fraude.

A averbação está regulamentada pelo art. 828 do CPC, *in verbis:*

> CPC, art. 828. O exequente poderá obter certidão de que a execução foi admitida pelo juiz, com identificação das partes e do valor da causa, para fins de averbação no registro de imóveis, de veículos ou de outros bens sujeitos a penhora, arresto ou indisponibilidade.
>
> § 1º No prazo de 10 (dez) dias de sua concretização, o exequente deverá comunicar ao juízo as averbações efetivadas.

> § 2º Formalizada penhora sobre bens suficientes para cobrir o valor da dívida, o exequente providenciará, no prazo de 10 (dez) dias, o cancelamento das averbações relativas àqueles não penhorados.
>
> § 3º O juiz determinará o cancelamento das averbações, de ofício ou a requerimento, caso o exequente não o faça no prazo.
>
> § 4º Presume-se em fraude à execução a alienação ou a oneração de bens efetuada após a averbação.
>
> § 5º O exequente que promover averbação manifestamente indevida ou não cancelar as averbações nos termos do § 2º indenizará a parte contrária, processando-se o incidente em autos apartados.

Marinoni[110] explica que, "*é possível averbar no registro de imóveis, no registro de veículos ou no registro de quaisquer outros bens sujeitos à penhora e ao arresto a propositura de ação cuja concessão da tutela do direito pode levar o demandado ao estado de insolvência, a fim de que se caracterize como fraude à execução a alienação ou oneração de bens posteriores à averbação. A inscrição no registro competente da existência de demanda capaz de levar o demandado ao estado de insolvência deve ser feita à vista de certidão judicial em que se mencionem o nome das partes e o valor da causa. A finalidade evidente do art. 828, CPC, é antecipar o marco a partir do qual se pode considerar em fraude à execução alienações ou onerações realizadas pelo demandado, fazendo-o coincidir com a data da averbação no registro competente da admissão do processamento da ação.*"

Sendo a execução averbada, realizada a hipoteca judiciária da sentença, ou averbada qualquer constrição judicial, o ato de alienação ou oneração será considerado fraude à execução, independentemente da insolvência do executado.

O exequente solicita a certidão para efetuar a averbação junto aos órgãos responsáveis por petição ao juízo da execução. A certidão deve conter a identificação das partes, a natureza do feito e o valor da causa.

110. MARINONI, Luiz Guilherme; ARENHART, Sérgio Cruz; MITIDIERO, Daniel. Código de Processo Civil Comentado – 4ª ed. São Paulo. Revista dos Tribunais, 2018.

Sobre o tema, segue a jurisprudência do TST:

> Informativo do TST – Execução – 22 – Ação rescisória. Penhora não inscrita no registro imobiliário ao tempo da alienação do imóvel. Terceiro de boa-fé. Fraude à execução. Não ocorrência. Para a caracterização da fraude à execução, quando inexistente penhora inscrita no registro imobiliário, não basta a mera constatação de que o negócio jurídico se operou quando corria processo em desfavor do alienante capaz de reduzi-lo à insolvência (requisito objetivo), sendo necessária a demonstração de má-fé do terceiro adquirente (requisito subjetivo). Na hipótese, o TRT, nos autos do processo matriz, negou provimento a agravo de petição ao fundamento de que o preenchimento do requisito objetivo (alienação no curso de processo pendente) cumulado com a ausência/dispensa de pesquisa quanto aos débitos capazes de conduzir o alienante à insolvência caracterizaram a fraude à execução, porque denotada a má-fé do adquirente. Todavia, documento constante dos autos revelou que em 23.1.2007, a penhora ocorrida em 28.1.2003 não estava registrada junto ao cartório de registro de imóveis. Assim, o Tribunal Regional, ao afastar a boa-fé do adquirente, mesmo diante da realização de pesquisa de eventual óbice à transação imobiliária, violou o art. 593, II, do CPC. Sob esses fundamentos, a SBDI-II, por unanimidade, conheceu do recurso ordinário em ação rescisória e, no mérito, deu-lhe provimento para desconstituir o acórdão do TRT prolatado nos autos de embargos de terceiro e, em juízo rescisório, dar provimento ao agravo de petição da embargante para desconstituir a penhora. TST-RO-239-94.2012.5.06.0000, SBDI-II, rel. Min. Alberto Luiz Bresciani de Fontan Pereira, 2.2.2016

> Informativo do TST – Execução – 02 – Execução. Embargos de terceiro. Bem imóvel alienado mediante alvará judicial e antes do reconhecimento do grupo econômico e inclusão das empresas na lide. Adquirente de boa-fé. Fraude à execução. Não caracterização. Age de boa-fé o terceiro adquirente de imóvel alienado judicialmente, mediante alvará regularmente expedido em processo de concordata, e em momento anterior ao reconhecimento judicial do grupo econômico e à inclusão de todas as empresas na lide. Assim, ausente o registro da prova

da má-fé do adquirente, requisito imprescindível à caracterização da fraude à execução, conforme preconiza a Súmula n.º 375 do STJ, não há falar em declaração de ineficácia do negócio jurídico celebrado entre as partes. Com esse entendimento, a SBDI-I, à unanimidade, conheceu dos embargos interpostos pela Anthares Técnicas Construtivas e Comércio Ltda., por divergência jurisprudencial, e, no mérito, deu-lhes provimento para julgar procedente o pedido deduzido na ação de embargos de terceiro, a fim de desconstituir a penhora realizada sobre o imóvel adquirido pela embargante. TST-E-ED-RR-155100-26.2004.5.15.0046, SBDI-I, rel. Min. Luiz Philippe Vieira de Mello Filho, 5.6.2014

A) AGRAVO DE INSTRUMENTO EM RECURSO DE REVISTA. EXECUÇÃO. PENHORA DE VEÍCULO. ADQUIRENTE DE BOA-FÉ. FRAUDE À EXECUÇÃO. NÃO CONFIGURAÇÃO. AFRONTA AO DIREITO DE PROPRIEDADE. Em face de possível ofensa ao artigo 5º, XXII, da Constituição, dá-se provimento ao agravo de instrumento para determinar o processamento do recurso de revista. Agravo de instrumento conhecido e provido. B) RECURSO DE REVISTA. EXECUÇÃO. PENHORA DE VEÍCULO. ADQUIRENTE DE BOA-FÉ. FRAUDE À EXECUÇÃO. NÃO CONFIGURAÇÃO. AFRONTA AO DIREITO DE PROPRIEDADE. Conforme se depreende do acórdão regional, quando o terceiro embargante adquiriu o bem móvel objeto da penhora não havia nenhuma restrição de transferência de propriedade. Portanto, a venda do bem móvel foi anterior à constrição judicial. Especificamente quanto aos veículos automotores, o STJ possui entendimento semelhante ao adotado para os bens imóveis, de que não é presumível a fraude a partir da mera transferência da propriedade do veículo após a citação da execução, mas, sim, quando houver o registro da pendência de ação contra o proprietário no registro do veículo no Detran. Considerando o desconhecimento pelo terceiro embargante da existência de gravames quanto à indisponibilidade do veículo penhorado, não há como presumir a fraude, sob pena de afronta ao direito de propriedade insculpido no art. 5º, XXII, da Constituição Federal. Recurso de revista conhecido e provido. (RR nº 1209-28.2016.5.12.0052, 8ª Turma do TST, Rel. Dora Maria da Costa. j. 06.06.2018, Publ. 08.06.2018).

16.8.1.3. *Fraude à execução sem averbação*

– Se não ocorrer a averbação não vai haver fraude à execução, Hamilton?

É perfeitamente possível a caracterização de fraude à execução sem que tenha o demandante averbado a propositura da demanda como determina o art. 828 do CPC. Nesse sentido decidiu a 4.ª Turma do STJ ao julgar o processo Ag 956.278/DF.

16.8.1.4. *Compra de bens do sócio antes de desconsiderar a personalidade jurídica da empresa*

– Vai ser considerado fraude à execução a compra de bens do sócio antes de ser desconsiderada a personalidade jurídica da empresa?

Diz o art. 137 do CPC:

> CPC, art. 137. Acolhido o pedido de desconsideração, a alienação ou a oneração de bens, havida em fraude de execução, será ineficaz em relação ao requerente.

Marinoni[111], ao escrever sobre o artigo, esclarece que:

> Embora, em regra geral, a fraude à execução só se caracterize quando o devedor aliena bens na pendência da demanda, porque na desconsideração de personalidade jurídica bens de terceiros (sócio ou sociedade) são atingidos, responsabilizando-os pela dívida do devedor original, a fraude de execução também pode atingir esses terceiros.

Diz ainda, o art. 792, §3º do CPC:

111. MARINONI, Luiz Guilherme; ARENHART, Sérgio Cruz; MITIDIERO, Daniel. Código de Processo Civil Comentado – 4ª ed. São Paulo. Revista dos Tribunais, 2018.

> § 3º Nos casos de desconsideração da personalidade jurídica, a fraude à execução verifica-se a partir da citação da parte cuja personalidade se pretende desconsiderar.

A jurisprudência exige que o terceiro adquirente ou beneficiado com o ônus real tenha ciência da demanda para caracterização da fraude à execução, protegendo-se por aí a boa-fé do terceiro (STJ, CE, REsp 956.943/PR, rel. Min. Nancy Andrighi, j. 20.08.14, DJe 01.12.14, julgado como recurso repetitivo).

Sendo assim, se o terceiro não tem ciência da demanda judicial, a fraude à execução não se caracteriza, sendo existente, válida e eficaz a alienação ou oneração realizada pelo demandado.

O STJ[112] já se pronunciou quanto à impossibilidade de se considerar fraude à execução na hipótese em que o sócio-gerente aliena bens antes do redirecionamento, por ser inconcebível considerá-lo devedor até aquele momento.

No mesmo sentido, as decisões trabalhistas:

> Informativo do TST – Execução – 13 – Ação rescisória. Venda de imóvel de sócio da empresa anterior à desconsideração da personalidade jurídica da devedora. Terceiro de boa-fé. Fraude à execução. Não ocorrência. Não ocorre fraude à execução quando a alienação do imóvel do sócio da empresa é anterior à desconsideração da personalidade jurídica da devedora e não há provas da má-fé do terceiro adquirente. Na espécie, restou demonstrado que os terceiros não tinham conhecimento de qualquer embargo sobre o imóvel objeto da transação e que nenhuma certidão da Justiça do Trabalho os informaria da positivação do nome da proprietária do bem, pois, à época da alienação, o nome dela ainda não constava no polo passivo da execução. Assim, reputando válido e eficaz o negócio jurídico celebrado entre as partes, a SBDI-II, por unanimidade, conheceu do recurso ordinário e, no mérito, deu-lhe provimento para, reconhecendo violação do disposto nos arts. 593, II, do CPC e 5º, XXII e XXXVI, da CF, julgar

112. AgInt no Recurso Especial nº 1.550.622/PR (2015/0206471-9), 1ª Turma do STJ, Rel. Napoleão Nunes Maia Filho. DJe 26.03.2018

procedente a ação rescisória para, em juízo rescindendo, rescindir o acórdão proferido nos autos de agravo de petição em embargos de terceiro e, em juízo rescisório, julgar procedentes os referidos embargos para desconstituir a penhora efetivada sobre o imóvel em questão. TST-RO-6370-96.2012.5.02.0000, SBDI-II, rel. Min. Luiz Philippe Vieira de Mello Filho, 7.4.2015

Informativo do TST – Execução – 10 – Ação rescisória. Desconstituição da penhora efetivada sobre bem imóvel. Aquisição ocorrida em momento anterior ao redirecionamento da execução ao sócio da reclamada. Adquirente de boa-fé. Fraude à execução não configurada. Violação dos arts. 472 e 615-A do CPC. Para a caracterização da fraude à execução, quando inexistente penhora inscrita no registro imobiliário, não basta a constatação de que o negócio jurídico se operou no curso de processo distribuído em desfavor do devedor (requisito objetivo), mas também a demonstração de má-fé do terceiro adquirente (requisito subjetivo), sob pena de desrespeito ao princípio da segurança jurídica. No caso, a autora adquiriu o imóvel em 23.12.2005, antes do direcionamento da execução em desfavor do sócio da executada, em 24.4.2006, o que revela sua condição de adquirente de boa-fé. Com esse entendimento, a SBDI-II, à unanimidade, conheceu do recurso ordinário interposto pelo réu, e, no mérito, negou-lhe provimento, mantendo incólume a decisão rescindenda que, entendendo configurada a violação dos arts. 472 e 615-A, § 3º, do CPC, desconstituiu a penhora efetivada nos autos da reclamação trabalhista. TST-RO-5875-32.2011.5.04.0000, SBDI-II, rel. Min. Alberto Luiz Bresciani de Fontan Pereira, 16.12.2014

AGRAVO DE PETIÇÃO – BEM DE SÓCIO – ALIENAÇÃO DE IMÓVEL APÓS A DESCONSIDERAÇÃO DA PERSONALIDADE JURÍDICA DA EMPRESA – FRAUDE À EXECUÇÃO CARACTERIZADA – ART. 792 DO NCPC. Conforme preceitua o art. 792, IV, do NCPC, subsidiariamente aplicável ao processo trabalhista, implica fraude à execução a alienação de bens pelo executado capaz de reduzi-lo à insolvência. O § 3º desse mesmo dispositivo prevê que "Nos casos de desconsideração da personalidade jurídica, a fraude à execução verifica-se a partir da citação da parte cuja personalidade se pretende desconsiderar". Demonstrado nos autos que o sócio executado alienou bem imóvel após a desconsideração da personalidade jurídica da empresa e sua

> inclusão no polo passivo, resta caracterizada a fraude à execução. Agravo de petição a que se nega provimento. (AP nº 0010235-71.2017.5.03.0050, 10ª Turma do TRT da 3ª Região/MG, Rel. Rosemary de O. Pires. j. 23.11.2017).
>
> EXECUÇÃO CONTRA BEM DO SÓCIO DA EMPRESA DEMANDADA, TRANSFERIDO À OUTRA EMPRESA E ALIENADO A TERCEIRO DE BOA-FÉ - DESCONSIDERAÇÃO DA PERSONALIDADE JURÍDICA DA EMPRESA - DESCONHECIMENTO DA EXISTÊNCIA DE AÇÃO EXECUTIVA CONTRA A EMPRESA ALIENANTE, QUE SEQUER INTEGROU O POLO PASSIVO DA RECLAMATÓRIA TRABALHISTA - EFICÁCIA DA TRANSAÇÃO IMOBILIÁRIA. Recaindo a execução em bem de empresa de propriedade do sócio, estranha ao polo passivo da reclamação trabalhista em que tramita a execução de sentença, em face da desconsideração da personalidade jurídica da empresa executada a fim de expropriar bens dos sócios, agem de boa-fé os terceiros adquirentes, sobretudo quando nem sequer tinham conhecimento da existência de qualquer embargo sobre o imóvel objeto da transação, conforme consignado na decisão rescindenda, devendo ser reputado válido e eficaz o negócio jurídico celebrado entre as partes. Recurso ordinário em ação rescisória conhecido e provido. (Processo TST-RO-84000-04.2007.5.09.0909, Rel. Min. Vieira de Mello Filho, Subseção II Especializada em Dissídios Individuais, DEJT de 15/6/2012)

Por fim, sobre o tema vale citar os ensinamentos do Professor Daniel Amorim[113]:

> "O art. 792, § 3º, do Novo CPC prevê que nos casos de desconsideração da personalidade jurídica a fraude à execução verifica-se a partir da citação da parte cuja personalidade se pretende desconsiderar, de forma que, mesmo antes da citação daqueles que poderão ter seu patrimônio invadido em razão da desconsideração, a alienação ou oneração de seus bens configurará fraude à execução se criar ou piorar sua insolvência. O legislador aparentemente criou uma ficção jurídica – ou presunção absoluta –no

113. NEVES, Daniel Amorim Assumpção. Novo CPC para Advogados: perguntas e respostas para a prática profissional. 2. ed. – São Paulo: MÉTODO, 2018.

sentido de o sócio já ter ciência da existência do processo contra a sociedade mesmo antes de ter sido citado no incidente de desconsideração da personalidade jurídica. Observa-se tal circunstância, inclusive, quando o credor formar litisconsórcio inicial com sociedade e sócios (art. 134, § 2º, do Novo CPC) e aquela for citada antes destes. Nesse caso, entendo que o terceiro de boa-fé deve ser protegido, já que a presunção absoluta de ciência dos sócios do processo envolvendo a sociedade não se estende a terceiros."

– Tem algum exemplo de como ocorre na prática, Hamilton?

Imagine a seguinte situação:

Marcos comprou um veículo no dia 01/02/2018, do Sr. Geraldo, sócio da empresa BETA. A empresa BETA, está respondendo processo na Justiça do Trabalho, e tal processo encontra-se na fase de execução. O juízo da execução após tentar executar bens da empresa BETA, não teve sucesso, assim, desconsiderou a personalidade jurídica e incluiu o Sr. Geraldo na lide para que o mesmo fosse responsável pela execução trabalhista. Foi declarada a fraude à execução em relação a venda do veículo que foi comprado pelo Marcos e, de imediato foi determinado a penhora do veículo.

– A decisão do juízo da execução foi certa?

Não, pois no momento da venda do veículo, o Sr. Geraldo ainda não fazia parte da execução trabalhista, ou seja, inexistia, execução direcionada contra o patrimônio do sócio na época da alienação do bem por meio da desconsideração da personalidade jurídica da empresa-executada, não havendo como se vislumbrar a hipótese da existência de ação capaz de reduzi-la à insolvência.

Assim, tendo a alienação do veículo do sócio ocorrido em momento anterior à desconsideração da personalidade jurídica da devedora, o reconhecimento no sentido da fraude à execução ocorre em desalinho com os termos do §3º do art. 792 do CPC.

Ademais, o reconhecimento da fraude à execução depende, também, da prova de má-fé do terceiro adquirente, conforme orientação da Súmula nº 375 do Superior Tribunal de Justiça. Marcos, terceiro de boa-fé, sequer tinha conhecimento da existência de qualquer embargo sobre o veículo objeto da transação, pois nenhuma certidão da Justiça do Trabalho o informaria da positivação do nome do sócio proprietária do bem em lide trabalhista, pelo fato de que na época da alienação, o nome do Sr. Geraldo não constava do polo passivo da execução,

Desta forma, deve ser reputado como válido e eficaz o negócio jurídico celebrado entre Marcos e o Sr. Geraldo.

16.9. Fraude contra credores

– O que é necessário saber sobre a fraude contra credores?

A fraude contra credores permite ao credor prejudicado requerer ao Estado-juiz a anulação do negócio jurídico (arts. 158 a 165 do CC). Diz o art. 158 e 159 do CC:

> CC, art. 158. Os negócios de transmissão gratuita de bens ou remissão de dívida, se os praticar o devedor já insolvente, ou por eles reduzido à insolvência, ainda quando o ignore, poderão ser anulados pelos credores quirografários, como lesivos dos seus direitos.
>
> CC, art. 159. Serão igualmente anuláveis os contratos onerosos do devedor insolvente, quando a insolvência for notória, ou houver motivo para ser conhecida do outro contratante.

Sobre o tema, cito os ensinamentos dos Professores Nelson Nery Junior[114] e Sebastião de Assis Neto[115]:

> Nelson Nery Junior: "é vicio social do negócio jurídico. A fraude pauliana ocorre quando houver ato de liberalidade, alienação ou

114. NERY JUNIOR, Nelson. Código de Processo Civil comentado. 10. ed. São Paulo: RT, 2007.
115. NETO, Sebastião de Assis; Jesus, Marcelo de; MELO, Maria Izabel de. Manual de direito civil. 6. ed. Salvador: Juspodivm, 2017.

> oneração de bens ou direitos, capaz de levar o devedor à insolvência, desde que: a) o credor seja quirografário; b) o crédito seja anterior ao ato de alienação ou oneração (anterioridade do crédito); c) tenha havido dano ao direito do credor (eventus damni); d) que a alienação ou oneração tenha levado o devedor à insolvência."
>
> Sebastião de Assis Neto: A fraude contra credores é a transmissão de bens ou de direitos, por parte de devedor insolvente ou reduzido à insolvência pelo negócio, em prejuízo de seus credores. Diz-se que essa transferência prejudica os credores porque é no patrimônio do devedor que eles irão buscar a garantia para a satisfação das obrigações. Pode ocorrer em dois casos:
>
> a) transmissão gratuita de bens ou remissão de dívida (art. 158): este caso se destina aos credores quirografários (sem garantia, como hipoteca, penhor, anticrese, alienação fiduciária etc.) e aos credores cuja garantia se tornar insuficiente diante da fraude. Exigem-se, nesse caso, os seguintes requisitos:
>
> a.1) transmissão gratuita de bens ou remissão de dívida: nesse caso, o devedor transmite seus bens gratuitamente a terceiros, por doação, ou perdoa créditos que tem em desfavor de outrem. Em ambos os casos há prejuízo para os credores, pois o patrimônio ativo do devedor se torna menor e insuficiente para satisfazer o passivo, ou seja, os débitos;
>
> a.2) eventus damni: prejuízo para o credor quirografário, caracterizado pela ausência de bens a garantir o pagamento do débito (insolvência);
>
> a.3) anterioridade do crédito: o credor já deve ser titular do crédito antes do negócio fraudulento, mas o terceiro que venha adquirir esse crédito (por cessão de crédito, por exemplo) também pode invocar a fraude, desde que a obrigação já exista antes da alienação dos bens.
>
> b) contratos onerosos que reduzam o devedor à insolvência (art. 159): ocorre quando, em qualquer outro contrato oneroso, reduza-se o devedor à insolvência. São exigidos os requisitos acima arrolados (eventos damni e anterioridade do crédito).

Na ação pauliana cabe ao autor da ação o ônus de provar os pressupostos da anulação do ato inquinado de fraudulento. Oneroso o contrato, é preciso que seja notória a insolvência do alienante, ou haja motivo para ser conhecida do adquirente.

16.9.1. *Diferença entre fraude contra credores e fraude à execução*

– Qual a diferença entre fraude contra credores e fraude à execução?

Segundo o Professor Mauro Schiavi[116]:

> "a fraude de execução se assemelha à fraude contra credores, uma vez que ambas têm por objeto a proteção do credor contra atos do devedor que visam a tornar ineficaz o pagamento da dívida.
>
> No entanto, podemos elencar as seguintes distinções:
>
> a) a fraude de execução é instituto de natureza processual. É ato atentatório à dignidade da justiça. A fraude contra credores é instituto de natureza civil, sendo uma espécie dos defeitos dos negócios jurídicos;
>
> b) na fraude contra credores, o prejudicado é o devedor, na fraude de execução é o estado e, reflexamente, o exequente;
>
> c) na fraude de execução, o negócio jurídico é ineficaz. Não há necessidade de ação autônoma para declaração da nulidade do negócio jurídico. Já a fraude contra credores exige ação própria para declaração da nulidade do ato, sendo o ato anulável."

16.9.1.1. *Incompetência da justiça do trabalho*

– De quem é a competência para julgar a ação pauliana?

É necessária a ação revocatória ou pauliana para anulação de ato praticado em fraude contra credores, não podendo o juiz pronunciá-la incidentalmente, no curso do processo, conforme a Súmula nº 195 de sua jurisprudência, *in verbis:*

116. SCHIAVI, Mauro. Manual de direito processual do trabalho.13. ed. – São Paulo: LTr, 2018. Pág. 1.182

> "Em embargos de terceiro não se anula ato jurídico, por fraude contra credores."

Nesse sentido, a decisão do processo n. RO-322000.63.2010.5.03.0000, que foi disponibilizado no Informativo 71 do TST, de seguinte teor:

> Informativo 71 do TST – Ação rescisória. Incompetência do Juízo da execução trabalhista para, de forma incidental, reconhecer a fraude contra credores. Necessidade de ajuizamento de ação própria. Violação dos arts. 114 da CF, 159 e 161 do CC. Nos termos do art. 161 do CC, o reconhecimento da fraude contra credores pressupõe o ajuizamento de ação revocatória, de modo que o Juízo da execução trabalhista não tem competência para, de forma incidental, declarar a nulidade do negócio jurídico que reduziu o devedor à insolvência. Com esses fundamentos, a SBDI-II, por unanimidade, conheceu do recurso ordinário e deu-lhe provimento para, reconhecendo a violação literal dos arts. 114 da CF, 159 e 161 do CC, julgar procedente o pedido de corte rescisório e, em juízo rescisório, negar provimento ao agravo de petição interposto pela exequente, mantendo a decisão que indeferira a penhora de bens transferidos antes do ajuizamento da reclamação trabalhista. TST-RO-322000.63.2010.5.03.0000, SBDI-II, rel. Min. Emmanoel Pereira, 4.2.2014

Ademais, o TST já firmou entendimento que a Justiça do Trabalho não tem competência para processar e julgar a ação pauliana, senão vejamos os precedentes:

> RECURSO DE REVISTA. AÇÃO PAULIANA. INCOMPETÊNCIA MATERIAL DA JUSTIÇA DO TRABALHO. FRAUDE CONTRA CREDORES. AÇÃO DE NATUREZA CIVIL. O pedido de anulação de alienação de bem imóvel, negócio jurídico bilateral, praticado em fraude contra credores, com o objetivo de resguardar bens para o pagamento de créditos trabalhistas supostamente devidos, não está inserido na competência desta Justiça Especializada, por não se tratar de controvérsia decorrente de relação de trabalho. Precedentes. Recurso de Revista não conhecido. (RR nº 1068-21.2016.5.09.0657, 4ª Turma do TST, Rel. Maria de Assis Calsing. j. 07.03.2018, Publ. 09.03.2018).

> AGRAVO DE INSTRUMENTO. RECURSO DE REVISTA. PROCESSO EM FASE DE EXECUÇÃO DE SENTENÇA. FRAUDE CONTRA CREDORES. INCOMPETÊNCIA DA JUSTIÇA DO TRABALHO. I. Ao entender que a Justiça do Trabalho é incompetente para processar e julgar controvérsia em que se discute fraude contra credores, sob o fundamento de que "a competência para processar e julgar a ação revocatória ou pauliana é da Justiça Comum, e não desta Justiça Especializada" (fl. 1.209), o Tribunal Regional decidiu em conformidade com a jurisprudência dominante no âmbito do Tribunal Superior do Trabalho em relação ao tema. Precedentes. II. Uma vez uniformizada a jurisprudência pelo Tribunal Superior do Trabalho, não há mais razão para o recebimento de novos recursos de revista sobre a matéria, quer por divergência jurisprudencial, quer por violação de lei federal ou da Constituição da República, nos termos da Súmula nº 333 do TST e dos arts. 896, § 7º, da CLT e 557, caput, do CPC. III. Agravo de instrumento de que se conhece e a que se nega provimento. (AIRR - 171500-83.1995.5.01.0026, Relator Ministro: Fernando Eizo Ono, Data de Julgamento: 15/04/2015, 4ª Turma, Data de Publicação: DEJT 24/04/2015)

Desta forma, a fraude contra credores não pode ser declarada incidentalmente, ou seja, somente pode ser declarada em ação revocatória ou pauliana, cuja competência para processar e julgar é da Justiça Comum, e não desta Justiça do Trabalho.

16.10. Execução provisória

– Quando vai ocorrer a execução provisória?

Execução provisória ocorre toda vez que for solicitado o início da execução de uma decisão judicial pendente de recurso sem efeito suspensivo. Lembro que no Processo do Trabalho, os recursos são recebidos apenas no efeito devolutivo, podendo ser solicitado de imediato, a execução provisória. Nesse sentido:

> CLT, art. 899 – Os recursos serão interpostos por simples petição e terão efeito meramente devolutivo, salvo as exceções previstas neste Título, permitida a execução provisória até a penhora.

Nesse sentido:

> AGRAVO DE PETIÇÃO. EXECUÇÃO PROVISÓRIA. CABIMENTO. Pendente recurso de revista junto ao TST, que não possui efeito suspensivo, não é crível impor ao exequente que aguarde o trânsito em julgado da decisão para liquidar os créditos. Execução provisória que se mostra adequada e coerente com o contexto fático e com os princípios da efetividade e duração razoável do processo. Agravo de petição interposto pelo exequente a que se dá provimento. (AP nº 0021520-57.2017.5.04.0010, Seção Especializada em Execução do TRT da 4ª Região/RS, Rel. João Alfredo Borges Antunes de Miranda. j. 23.08.2018).

> AGRAVO DE PETIÇÃO. EXECUÇÃO PROVISÓRIA. CABIMENTO. Como regra, os recursos trabalhistas têm efeito meramente devolutivo, razão pela qual é plenamente cabível a execução provisória da sentença ainda pendente de recurso. Ao indeferir o pleito executório do autor, sem qualquer amparo legal, o juízo a quo acabou por atribuir efeito suspensivo ao apelo patronal, em hipótese não prevista em lei. Inteligência dos arts. 876 e 899 da CLT. Agravo a que se dá provimento. (AP nº 0001395-51.2013.5.18.0129, 1ª Turma do TRT da 18ª Região/GO, Rel. Kathia Maria Bomtempo de Albuquerque. j. 13.12.2016, unânime, DJe 15.12.2016).

Tal execução, tem como finalidade antecipar/adiantar a atividade jurisdicional satisfativa.

– É necessário formar autos suplementares para solicitar a execução provisória?

Segundo o art. 26 da RESOLUÇÃO Nº 94/CSJT/2012, a partir da implantação do PJe na segunda instância das Regiões da Justiça do Trabalho, será dispensada a formação de autos suplementares para solicitar a execução provisória.

> Art. 26. A partir da implantação do PJe na segunda instância das Regiões da Justiça do Trabalho, será dispensada a formação de autos suplementares em casos como de agravos de instrumento, precatórios, agravos regimentais e execução provisória.

Assim, basta uma peça simples ao juízo do processo. Se o processo não for eletrônico, segundo o art. 522 do CPC, a peça deve conter a decisão exequenda, a certidão de interposição do recurso não dotado de efeito suspensivo, as procurações outorgadas pelas partes, a decisão de habilitação, se for o caso e facultativamente, outras peças processuais consideradas necessárias para demonstrar a existência do crédito.

– O juiz pode iniciar de ofício a execução provisória?

Não cabe ao Juiz trabalhista iniciar de ofício a execução provisória, essa modalidade só é possível quando o interessado peticionar ao juiz requerendo o seu início, pois tal execução, corre por iniciativa, conta e risco do exequente. Caso a execução cause algum dano ao executado, a responsabilidade do exequente será objetiva, uma vez que o executado não precisará provar a culpa do exequente.

– Cabe a penhora em dinheiro em execução provisória?

Segundo o atual entendimento do TST por meio do item I da Súmula nº 417, é permitido a penhora em dinheiro em execução provisória, pois a penhora em dinheiro é prioritária e obedece à gradação prevista no art. 835 do CPC de 2015.

> TST, SUM 417 -MANDADO DE SEGURANÇA. PENHORA EM DINHEIRO
>
> I – Não fere direito líquido e certo do impetrante o ato judicial que determina penhora em dinheiro do executado para garantir crédito exequendo, pois é prioritária e obedece à gradação prevista no art. 835 do CPC de 2015

– Na execução provisória o exequente pode levantar valores depositados em juízo?

O TST possui entendimento de que a liberação dos valores depositados em juízo, prevista no art. 520 do CPC de 2015 (art. 475-O do CPC de 1973), não é aplicável ao Processo do Trabalho, haja vista a incompatibilidade com as disposições dos arts. 769 e 899, caput, § 1º, da CLT, na medida em que essa norma apresenta regramento específico incidente ao Processo do Trabalho, em que se autoriza a execução provisória até a penhora, sendo inaplicáveis, portanto, as disposições do Código de Processo Civil.

Nesse sentido, os seguintes precedentes da Subseção I Especializada em Dissídios Individuais do TST:

> RECURSO DE EMBARGOS. REGÊNCIA DA LEI Nº 11.496/2007. EXECUÇÃO PROVISÓRIA. LEVANTAMENTO DOS VALORES DEPOSITADOS EM JUÍZO. ART. 475-O DO CPC/73. INAPLICABILIDADE AO PROCESSO DO TRABALHO. Consoante a jurisprudência esta Corte Superior, a liberação dos valores depositados em juízo, prevista no art. 475-O do CPC/73, não é aplicável ao Processo do Trabalho, haja vista a incompatibilidade com as disposições dos arts. 769 e 899, "caput", § 1º, da CLT, em que se autoriza a execução provisória até a penhora. Recurso de embargos conhecido e provido. (E-RR – 527-26.2010.5.03.0152, Relator Ministro: Walmir Oliveira da Costa, Data de Julgamento: 29/11/2018, Subseção I Especializada em Dissídios Individuais, Data de Publicação: DEJT 07/12/2018)

> EMBARGOS – ARTIGO 475-O DO CPC – LEVANTAMENTO DO DEPÓSITO RECURSAL – INAPLICABILIDADE AO PROCESSO DO TRABALHO – O procedimento tratado pelo artigo 475-O do CPC possui disciplina própria na lei processual trabalhista – artigo 899 da CLT –, que limita a execução provisória à penhora. Assim, não há falar, na espécie, em aplicação supletiva da norma processual comum. Precedentes das 2ª, 3ª, 4ª, 5ª, 7ª e 8ª Turmas do TST. Embargos conhecidos e providos. (TST-E-ED-RR – 34500-47.2007.5.03.0064, Rel. Min.: Maria Cristina Irigoyen Peduzzi, Subseção I Especializada em Dissídios Individuais, DEJT 01/07/2011).

Outros julgados do TST:

> AGRAVOS DE INSTRUMENTO DOS EXECUTADOS. ANÁLISE CONJUNTA. EXECUÇÃO PROVISÓRIA. LIBERAÇÃO DE VALORES. ARTIGO 475-O DO CPC/1973. PROCESSO DO

TRABALHO. INCOMPATIBILIDADE. PROVIMENTO. Ante possível violação do artigo 5º, LIV, da Constituição Federal, o provimento dos agravos de instrumento é medida que se impõe. Agravos de instrumento a que se dá provimento. RECURSOS DE REVISTA DOS EXECUTADOS. ANÁLISE CONJUNTA. EXECUÇÃO PROVISÓRIA. LIBERAÇÃO DE VALORES. ARTIGO 475-O DO CPC/1973. PROCESSO DO TRABALHO. INCOMPATIBILIDADE. PROVIMENTO. A aplicação do artigo 475-O do CPC/1973 no Processo do Trabalho encontra óbice intransponível em normas próprias por que se rege a execução trabalhista. Dessa forma, a decisão do Tribunal Regional que autoriza o levantamento de valores disponíveis em juízo antes do trânsito em julgado da decisão final do processo, até o montante de sessenta salários-mínimos, ofende ao devido processo legal preconizado no artigo 5º, LIV, da Constituição Federal. Há norma processual expressa (artigo 899, § 1º, da CLT), que regula de modo específico e distinto a matéria. Recursos de revista de que se conhece e a que se dá provimento. (RR – 137800-18.2008.5.08.0010, Relator Ministro: Guilherme Augusto Caputo Bastos, Data de Julgamento: 12/09/2018, 4ª Turma, Data de Publicação: DEJT 14/09/2018)

RECURSO DE REVISTA. EXECUÇÃO PROVISÓRIA. LEVANTAMENTO DOS VALORES DEPOSITADOS EM JUÍZO. ART. 475-O DO CPC/73. INAPLICABILIDADE AO DIREITO PROCESSUAL DO TRABALHO. Consoante a jurisprudência predominante desta Corte Superior, a liberação dos valores depositados em juízo, prevista no art. 475-O do CPC/73, não é aplicável ao Processo do Trabalho, haja vista a incompatibilidade com as disposições dos arts. 769 e 899, "caput", § 1º, da CLT, na medida em que essa norma traz regramento específico, incidente ao Processo do Trabalho, em que se autoriza a execução provisória somente até a penhora. Recurso de revista parcialmente conhecido e provido. (RR – 2208-94.2010.5.03.0131, Relator Ministro: Walmir Oliveira da Costa, Data de Julgamento: 29/08/2018, 1ª Turma, Data de Publicação: DEJT 31/08/2018)

– Cabe execução provisória contra a Fazenda Pública para pagamento de quantia certa?

Em regra, não cabe execução provisória contra a Fazenda Pública (União, Estados, DF e Municípios – administração direta – autarquias, fundações públicas de direito público e as empresas públicas prestadoras de serviço público – ex.: Correios) para pagamento de quantia certa, pois a jurisprudência, ao interpretar o art. 100 da CF/88, entende que o precatório somente pode ser expedido após o trânsito em julgado da sentença que condenou a Fazenda Pública ao pagamento da quantia certa.

Diz o art. 100 da CF:

> Art. 100. Os pagamentos devidos pelas Fazendas Públicas Federal, Estaduais, Distrital e Municipais, em virtude de sentença judiciária, far-se-ão exclusivamente na ordem cronológica de apresentação dos precatórios e à conta dos créditos respectivos, proibida a designação de casos ou de pessoas nas dotações orçamentárias e nos créditos adicionais abertos para este fim.

O art. 2º-B da Lei nº 9.494/97, também veda a execução provisória, senão vejamos:

> Lei nº 9.494/97, art. 2º-B. A sentença que tenha por objeto a liberação de recurso, inclusão em folha de pagamento, reclassificação, equiparação, concessão de aumento ou extensão de vantagens a servidores da União, dos Estados, do Distrito Federal e dos Municípios, inclusive de suas autarquias e fundações, somente poderá ser executada após seu trânsito em julgado. (Incluído pela MP 2.180-35/2001)

O STF, por meio do processo RE 463936 ED, de Relatoria do Min. Joaquim Barbosa, julgado em 23/05/2006, entendeu que não se admite, assim, execução provisória de débitos da Fazenda Pública.

A exceção fica por conta das execuções de parcelas incontroversas, ou seja, parcelas que não houve discordância da Fazenda Pública. Nesse sentido: STJ. 1ª Turma. AgInt no REsp 1598706/RS, Rel. Min. Sérgio Kukina, julgado em 13/09/2016.

– Hamilton, e se for uma obrigação de fazer, é cabível a execução provisória em face da Fazenda Pública?

Sim, quando a execução provisória for uma obrigação de fazer, não fazer ou entregar coisa diferente de dinheiro. Isso só é possível, pois nestes casos, não será utilizado o regime de precatório, não havendo assim, incompatibilidade com a Constituição Federal.

Nesse sentido:

> A execução provisória de obrigação de fazer em face da Fazenda Pública não atrai o regime constitucional dos precatórios. STF. Plenário. RE 573872/RS, Rel. Min. Edson Fachin, julgado em 24/5/2017 (repercussão geral) (Info 866).

16.11. Cessão de crédito trabalhista

– O que é cessão de crédito, Professor?

Olha o que diz o art. 286 do CC/02:

> "O credor pode ceder o seu crédito, se a isso não se opuser a natureza da obrigação, a lei, ou a convenção com o devedor; a cláusula proibitiva da cessão não poderá ser oposta ao cessionário de boa-fé, se não constar do instrumento da obrigação".

A cessão é uma forma de alienação, ou seja, é a transferência de um direito a outrem, por vontade do titular do direito. A cessão tem esse caráter duplo, de perda pelo cedente e de aquisição pelo cessionário de um direito. É uma forma de sucessão da titularidade de uma relação obrigacional.

Segundo Schiavi[117], *"cessão do crédito trabalhista significa a transferência pelo credor trabalhista (empregado ou prestador de serviços) de seu crédito a um terceiro que não tem relação com o processo, tampouco figurou na relação jurídica de trabalho".*

117. SCHIAVI, Mauro. Manual de direito processual do trabalho.13. ed. – São Paulo: LTr, 2018. Pág. 1.139

16.11.1. Cabimento na Justiça do Trabalho

– Cabe a cessão de crédito na Justiça do Trabalho?

O art. 778, § 1.º, III, do CPC/2015, diz que: "podem promover a execução forçada ou nela prosseguir, em sucessão ao exequente originário – o cessionário, quando o direito resultante do título executivo lhe for transferido por ato entre vivos.

O art. 100 da Consolidação dos Provimentos da Corregedoria-Geral da Justiça do Trabalho dizia que: *"A cessão de crédito prevista no artigo 286 do Código Civil não se aplica na Justiça do Trabalho". Acontece, que a Consolidação de 2008 foi atualizada por uma nova, editada em 2012, que nada falou sobre este tema.*

O CNJ, ao julgar o processo administrativo 0000781-66.2011.2.00.0000, entendeu ser aplicável ao Processo do Trabalho, a cessão dos créditos, vejamos:

> RECURSO ADMINISTRATIVO. PEDIDO DE PROVIDÊNCIAS. APLICAÇÃO DO ARTIGO 100 DA CONSOLIDAÇÃO DOS PROVIMENTOS DA CORREGEDORIA-GERAL DA JUSTIÇA DO TRABALHO ANTE O ADVENTO DA EMENDA CONSTITUCIONAL Nº 62/2009. O artigo 100 da Consolidação dos Provimentos da Corregedoria, o qual dispõe que: "A cessão de crédito prevista no artigo 286 do Código Civil não se aplica na Justiça do Trabalho", não mais prevalece ante o advento da Emenda Constitucional nº 62, de 9 de dezembro de 2009, que acresceu os §§ 13 e 14 ao artigo 100 da CRBF/88. A nova sistemática autoriza a cessão dos créditos decorrentes de precatórios, sejam alimentares ou não. (CNJ - RA - Recurso Administrativo em PP - Pedido de Providências - Conselheiro - 0000781-66.2011.2.00.0000 - Rel. CARLOS ALBERTO REIS DE PAULA - 136ª Sessão - j. 11/10/2011).

Entendo que a cessão de crédito trabalhista é admitida desde que preenchidos seus requisitos legais, mas uma vez formalizada a Justiça do Trabalho, o crédito cedido pelo trabalhador a terceiro perde sua natureza alimentar, deixando de ser um crédito trabalhista propriamente dito, o que afasta a competência da justiça do trabalho para a sua execução.

A doutrina diverge sobre a aplicação da cessão de crédito na Justiça do Trabalho, senão vejamos:

Francisco Antonio de Oliveira:[118]

> "A cessão de crédito no processo trabalhista não encontra óbice legal, desde que presentes os requisitos dos arts. 221 e 286 e ss. do CC e Lei n. 6.015, de 31.12.1973 (Lei dos Registros Públicos). A substituição do cedente (empregado) pelo cessionário (terceiro) não modifica a competência da justiça do Trabalho (art. 87, CPC)."

Felipe Bernardes:[119]

> A alienação do direito litigioso, por implicar transferência da titularidade do direito (cessão do crédito), não se aplica no âmbito do Processo do Trabalho, já que não é possível, em princípio, cessão de créditos trabalhistas. Pág. 234
>
> [...]
>
> O grande perigo envolvendo a cessão de créditos trabalhistas é que, diante da usual hipossuficiência e estado de necessidade do trabalhador, a aplicação de deságios excessivos resultaria em contratos leoninos de cessão de créditos, em nítido prejuízo ao trabalhador. Além disso, a Convenção 95 da OIT, ratificada pelo Brasil, veda a cessão de verbas salariais em geral.
>
> Por tal razão, o posicionamento tradicional do TST sempre foi no sentido de não admitir a operacionalização da cessão de crédito no âmbito da Justiça do Trabalho. Contudo, há, na Corte, algumas decisões admitindo a cessão de crédito após a vigência da Emenda Constitucional 30/2000, já que o art. 78 do ADCT passou a reconhecer a possibilidade de cessão de créditos consignados em precatório, independentemente de sua origem.
>
> Além disso, o art. 83, § 4°, da Lei nº 11.101/2005, admite a cessão de créditos trabalhistas na situação específica de falência, determinando que se tornam, nessa hipótese, quirografários.

118. OLIVEIRA, Francisco Antonio de. Execução na justiça do trabalho. 5. ed. São Paulo RT, 2006. p. 470.
119. BERNARDES, Felipe. Manual de Processo do Trabalho. Salvador: Juspodivm, 2018. Pág. 234 – 855/856.

Ressalvadas tais hipóteses, legalmente autorizadas (precatórios e falência), deve-se entender pela impossibilidade de cessão de créditos trabalhistas, tendo em vista passou a reconhecer a possibilidade de cessão de créditos consignados em precatório, independentemente de sua origem.

Nas situações em que se admita a cessão de créditos trabalhistas, deixa de existir competência da Justiça do Trabalho para processar a causa e praticar qualquer ato executivo, já que o crédito perde sua natureza de crédito decorrente de relação de trabalho, bem como todos os privilégios que a lei lhe assegura.

Por fim, embora o tema também seja controvertido, não há legitimação do credor sub-rogado para promover execução trabalhista, pelos mesmos motivos expostos quanto à cessão de crédito. Pela sub-rogação, alguém que paga a dívida de terceiro – em hipóteses legalmente previstas – se investe dos mesmos direitos e prerrogativas titularizadas pelo credor originário. Sucede que, se um terceiro quitar o débito trabalhista do executado, por se tratar de pessoa alheia à relação de trabalho, cessa a competência da Justiça do Trabalho para processar a causa. Assim, o credor sub-rogado deverá postular seus direitos na Justiça Comum.

Élisson Miessa:[120]

A cessão de crédito trabalhista consiste na transferência pelo credor trabalhista de seu crédito a um terceiro não integrante da relação processual e da relação material (trabalho) que deu origem ao crédito.

A doutrina e a jurisprudência divergem acerca do cabimento dessa cessão.

1ª tese: admite a cessão desde que preenchido os requisitos impostos nos arts. 286 e seguintes do CC para sua formação.

2ª tese (majoritária): a cessão é admitida desde que preenchidos seus requisitos legais, mas uma vez formalizada a Justiça do Trabalho deixa de ter competência para a execução. Noutras palavras, ocorrida a cessão o crédito perderá sua natureza trabalhista, passando a ser considerado um crédito de natureza cível,

120. MIESSA, Élisson. Processo do Trabalho para concurso. 5. ed. – Salvador: Ed. Juspodivm, 2017. Pág. 1.141/1.142.

desvinculando de sua origem (relação de trabalho). Desse modo, ocorrida a cessão, a Justiça do Trabalho torna-se incompetente para sua execução. Esse entendimento estava estampado no Provimento nº 6 da CGJT. Embora atualmente revogado, ainda é o entendimento predominante.

Wolney de Macedo Cordeiro:[121]

Não vislumbramos nenhum impedimento a priori para o reconhecimento dos efeitos jurídicos da cessão na execução trabalhista, desde que não se identifiquem vícios de vontade em relação ao titular do crédito trabalhista. A natureza alimentar do crédito trabalhista não é capaz de interferir na disponibilidade negocial do crédito, especialmente quando o cessionário disponha de meios para suportar uma execução mais demorada. Assim sendo, é possível o reconhecimento da legitimação superveniente do cessionário. Observe-se, por outro lado, que a Corregedoria Geral da Justiça do Trabalho revogou a antiga determinação no sentido de vedar a cessão do crédito trabalhista.

Homero Batista Mateus da Silva:[122]

A cessão tem diversos objetivos, inclusive de possibilitar a aglutinação de várias execuções numa só e oferecer liquidez a créditos de difícil obtenção – alguns podem esperar mais pela resolução do litígio, enquanto outros se acham premidos pelas contingências da vida. Inicialmente havia tolerância maior no que diz respeito à cessão do crédito trabalhista, por se entender que em certas circunstâncias haveria vantagem para o trabalhador, que se safava, por exemplo, de ficar na longa fila de espera do precatório judicial em caso de execução contra a Fazenda Pública.

Abaixo, colaciono jurisprudência sobre o tema:

CESSÃO DO CRÉDITO TRABALHISTA A TERCEIRO. PROSSEGUIMENTO DA EXECUÇÃO EM RELAÇÃO AO CRÉDITO

121. CORDEIRO, Wolney de Macedo. Execução no processo do trabalho. 4. ed. Salvador: Ed. Juspodivm, 2017. Pág. 139.
122. SILVA, Homero Batista Mateus da. Curso de Direito do Trabalho Aplicado – vol.10. São Paulo. Revista dos Tribunais, 2017

DO CESSIONÁRIO. IMPOSSIBILIDADE. PERDA DA NATUREZA ALIMENTAR. Em se tratando o débito trabalhista uma obrigação de natureza nitidamente alimentar, tem-se que este é incompatível com o instituto civil da cessão de créditos, o que se infere do Provimento nº 6/2000 da Corregedoria-Geral da Justiça do Trabalho, cujo art. 100 dispõe que "A cessão de crédito prevista em lei (artigo 1.065 do Código Civil) é juridicamente possível, não podendo, porém, ser operacionalizada no âmbito da Justiça do Trabalho, sendo como é um negócio jurídico entre empregado e terceiro que não se coloca em quaisquer dos polos da relação processual trabalhista", bem como do art. 100 da atualização da Consolidação dos Provimentos da Corregedoria-Geral da Justiça do Trabalho, datada de 28.10.2008, o qual prevê que "A cessão de crédito prevista no artigo 286 do Código Civil não se aplica na Justiça do Trabalho". Destarte, ainda que comprovada a realização extrajudicial do negócio jurídico (cessão de crédito), este não pode ser oposto a esta Justiça Especializada, para efeito de execução do crédito do cessionário. Com efeito, mesmo se considerando que, a partir da atualização da Consolidação dos Provimentos da Corregedoria-Geral da Justiça do Trabalho, de 17.08.2012, esta não mais abordou a questão relativa à cessão de crédito, ainda assim se impõe a conclusão de que a cessão do crédito trabalhista não é oponível a esta Especializada. Isto porque, por se tratar a cessão de crédito de negócio particular, firmado extrajudicialmente, com terceiro estranho ao contrato de trabalho, o crédito cedido pelo trabalhador a terceiro perde sua natureza alimentar e, com ela, a própria natureza de crédito trabalhista propriamente dito, o que afasta a competência desta Especializada para a sua execução. De fato, a teor do disposto no art. 114, inciso I, da CF/1988, compete à Justiça do Trabalho processar e julgar as ações oriundas da relação de trabalho. E, no caso do crédito cedido pelo trabalhador a terceiro, este deixa de ser diretamente decorrente do contrato de trabalho, passando a se tratar de crédito oriundo de contrato particular de cessão de crédito, firmado entre o trabalhador e terceiro estranho à lide, o que afasta a competência desta Especializada para dar continuidade à execução, atraindo a competência da Justiça Comum. (AP nº 0020800-77.1999.5.03.0001, 5ª Turma do TRT da 3ª Região/MG, Rel. Convocado Mauro César Silva. Publ. 02.07.2018).

AGRAVO DE PETIÇÃO. CESSÃO DE CRÉDITO. ARTIGOS 286 E SEGUINTES, DO CÓDIGO CIVIL. APLICAÇÃO CONTROVERTIDA NO DIREITO DO TRABALHO. A cessão de crédito prevista nos artigos 286 e seguintes, do Código Civil, possui aplicação controvertida no âmbito do Direito do Trabalho, considerando que o crédito trabalhista é dotado de natureza alimentar e privilégios que dizem respeito tão somente ao trabalhador, titular do direito de ação, e cuja sentença gera o crédito em discussão. Consequentemente, não comporta a cessão para terceiros, seja a título gratuito ou oneroso. Nessa esteira, conforme bem destacado na Origem, entendo que a terceira agravante não pode ser admitida como substituta processual do exequente, no polo ativo da presente demanda, em razão da incompatibilidade do instituto com o processo laboral. Agravo de petição ao qual se nega provimento. (AP nº 01616001119995020446 (20160555110), 12ª Turma do TRT da 2ª Região/SP, Rel. Benedito Valentini. unânime, DOe 11.08.2016).

CESSÃO DO CRÉDITO TRABALHISTA A TERCEIRO. PROSSEGUIMENTO DA EXECUÇÃO EM RELAÇÃO AO CRÉDITO DO CESSIONÁRIO. IMPOSSIBILIDADE. PERDA DA NATUREZA ALIMENTAR. Em se tratando o débito trabalhista uma obrigação de natureza nitidamente alimentar, tem-se que este é incompatível com o instituto civil da cessão de créditos, o que se infere do Provimento nº 6/2000 da Corregedoria-Geral da Justiça do Trabalho, cujo art. 100 dispõe que "A cessão de crédito prevista em lei (artigo 1.065 do Código Civil) é juridicamente possível, não podendo, porém, ser operacionalizada no âmbito da Justiça do Trabalho, sendo como é um negócio jurídico entre empregado e terceiro que não se coloca em quaisquer dos polos da relação processual trabalhista", bem como do art. 100 da atualização da Consolidação dos Provimentos da Corregedoria-Geral da Justiça do Trabalho, datada de 28.10.2008, o qual prevê que "A cessão de crédito prevista no artigo 286 do Código Civil não se aplica na Justiça do Trabalho". Destarte, ainda que comprovada a realização extrajudicial do negócio jurídico (cessão de crédito), este não pode ser oposto a esta Justiça Especializada, para efeito de execução do crédito do cessionário. Com efeito, mesmo se considerando que, a partir da atualização da Consolidação dos Provimentos da Corregedoria-Geral da Justiça do Trabalho, de 17.08.2012, esta não mais abordou a questão relativa à cessão de crédito, ainda assim se impõe a conclusão de que a cessão do crédito trabalhista não é oponível a esta Especializada. Isto porque, por se tratar a cessão de crédito de negócio particular, firmado extrajudicialmente, com terceiro estranho ao contrato de trabalho, o crédito cedido pelo trabalhador a terceiro perde sua natureza alimentar e, com ela, a própria natureza de crédito trabalhista propriamente dito, o que afasta a competência desta Especializada para a sua execução. De fato, a teor do disposto no art. 114, inciso I, da CF/1988, compete à Justiça do Trabalho processar e julgar as ações oriundas da relação de trabalho. E, no caso do crédito cedido pelo trabalhador a terceiro, este deixa de ser diretamente decorrente do contrato de trabalho, passando a se tratar de crédito oriundo de contrato particular de cessão de crédito, firmado entre o trabalhador e terceiro estranho à lide, o que afasta a competência desta Especializada para dar continuidade à execução, atraindo a competência da Justiça Comum. (AP nº 0020800-77.1999.5.03.0001, 5ª Turma do TRT da 3ª Região/MG, Rel. Convocado Mauro César Silva. Publ. 02.07.2018).

AGRAVO DE PETIÇÃO DO EXECUTADO. CESSÃO DE CRÉDITO. INAPLICABILIDADE NA JUSTIÇA DO TRABALHO. A cessão de crédito prevista no artigo 286 do Código Civil não é aplicável na Justiça do Trabalho. A cessão importaria na transferência de um crédito de natureza alimentar a terceiro estranho à relação de emprego e aos polos da relação processual estabelecida nesta Justiça Especializada. Conflita no âmbito trabalhista, portanto, com o princípio da irrenunciabilidade, não sendo compatível com esse ramo do direito nem podendo ser operacionalizada na Justiça do Trabalho. Provimento negado. (AP nº 0001322-94.2011.5.04.0402, Seção Especializada em Execução do TRT da 4ª Região/RS, Rel. Ana Rosa Pereira Zago Sagrilo. j. 31.01.2017, unânime).

16.12. Preclusão *pro judicato*

– O que significa preclusão?

Preclusão decorre da própria lógica do processo, que é o "andar para a frente". Nesse sentido, o art. 507 do CPC:

> CPC, art. 507. É vedado à parte discutir no curso do processo as questões já decididas a cujo respeito se operou a preclusão.

Segundo Luiz Machado Guimarães[123], a preclusão pode ser conceituada como um *"expediente técnico, que se exaure no mesmo processo em que ocorreu, visando assegurar uma sequência ordenada e lógica das etapas procedimentais, e para resguardar a economia e a boa-fé processuais"*

A preclusão pode ser:

1) Consumativa: Ocorre com a própria prática do ato processual, isto é, uma vez praticado o ato, não poderá a parte fazê-lo novamente. (Ex.: após a interposição do recurso não pode a parte aditar as razões recursais)

2) Temporal: Ocorre quando a parte não pratica um ato processual no prazo legalmente previsto. (Ex.: apresentação de recurso após o prazo legal de 8 dias úteis)

> CPC, art. 223. Decorrido o prazo, extingue-se o direito de praticar ou de emendar o ato processual, independentemente de declaração judicial, ficando assegurado, porém, à parte provar que não o realizou por justa causa.
>
> CLT, art. 795 – As nulidades não serão declaradas senão mediante provocação das partes, as quais deverão argui-las à primeira vez em que tiverem de falar em audiência ou nos autos.

3) Lógica: Ocorre quando a parte pratica um ato incompatível com o já praticado. (Ex.: a parte aceita o resultado da sentença e efetua o pagamento do valor devido e, logo em seguida, interpõe recurso da decisão).

> CPC, Art. 1.000. A parte que aceitar expressa ou tacitamente a decisão não poderá recorrer.
>
> Parágrafo único. Considera-se aceitação tácita a prática, sem nenhuma reserva, de ato incompatível com a vontade de recorrer.

---

123. GUIMARÃES. Luiz Machado. Preclusão, coisa julgada e efeito preclusivo. Estudos de Direito Processual Civil. Rio de Janeiro: jurídica e universitária, 1969, p. 25.

4) Ordinária: Ocorre quando existe a obrigatoriedade da prática de um ato processual antecedente como requisito para a prática de ato consequente. (Ex.: a parte interpõe embargos à execução antes de garantido o juízo como determina o art. 884 da CLT).

> CLT, art. 884 – Garantida a execução ou penhorados os bens, terá o executado 5 (cinco) dias para apresentar embargos, cabendo igual prazo ao exequente para impugnação.

– A preclusão é aplicada aos juízes?

Sim, ela é conhecida como preclusão *pro judicato*, pois proíbe à reanálise de questões já decidas pelo mesmo juiz. O novo CPC preza pela estabilidade das decisões proferidas pelos Tribunais pátrios que devem "uniformizar sua jurisprudência e mantê-la estável, íntegra e coerente" (CPC, art. 926). Desta forma, quando o juiz praticar um ato decisório, não pode ficar modificando ou novamente decidindo nos autos, sem que exista qualquer erro material ou fato novo.

Nesse sentido, o art. 505 do CPC:

> CPC, art. 505. Nenhum juiz decidirá novamente as questões já decididas relativas à mesma lide, salvo:
>
> I – se, tratando-se de relação jurídica de trato continuado, sobreveio modificação no estado de fato ou de direito, caso em que poderá a parte pedir a revisão do que foi estatuído na sentença;
>
> II – nos demais casos prescritos em lei.

Nesse sentido, o STJ:

> [...] 3. Tendo a matéria da desconsideração da personalidade jurídica sido analisada em momento anterior, é incabível sua rediscussão em face da preclusão "pro judicato". 4. Agravo interno a que se nega provimento. (AgRg no Agravo em Recurso Especial nº 530.524/SP (2014/0132542-7), 4ª Turma do STJ, Rel. Raul Araújo. j. 24.05.2016, DJe 10.06.2016).

Na mesma linha, vem decidindo a jurisprudência trabalhista:

> RECURSO ORDINÁRIO EM MANDADO DE SEGURANÇA. IMPUGNAÇÃO DE DECISÃO EXARADA APÓS A HOMOLOGAÇÃO DE ACORDO. CONCESSÃO DO BENEFÍCIO DA JUSTIÇA GRATUITA À IMPETRANTE (RECLAMANTE) COM ISENÇÃO DO PAGAMENTO DOS HONORÁRIOS PERICIAIS. DECISÃO EXARADA EM MOMENTO POSTERIOR, COM ARBITRAMENTO DE NOVO VALOR PARA OS HONORÁRIOS E DETERMINAÇÃO DE PAGAMENTO PELA IMPETRANTE. MODIFICAÇÃO DA COISA JULGADA, NA FORMA DO ART. 831, PARÁGRAFO ÚNICO, DA CLT. POSSÍVEL VIOLAÇÃO DO DEVIDO PROCESSO LEGAL. CABIMENTO DO MANDADO DE SEGURANÇA. 1. Trata-se de mandado de segurança impetrado contra ato do Juízo de primeiro grau, que determinou o pagamento dos honorários periciais pela Impetrante (reclamante), não obstante a concessão anterior do benefício da justiça gratuita. 2. O TRT denegou a segurança por entender que a matéria é passível de discussão por meio de recurso específico, conforme diretriz da OJ 92 da SBDI-2 do TST. 3. No caso, na reclamação trabalhista originária, as partes celebraram acordo de modo a encerrar a controvérsia instaurada na fase de conhecimento, tendo o Juízo deferido à Impetrante o benefício da justiça gratuita, com expressa isenção do pagamento dos honorários periciais. Contudo, em decisão posterior, o Juízo arbitrou novo valor para os honorários periciais e fixou prazo para a Impetrante realizar o pagamento. 4. Conforme previsão do artigo 831, parágrafo único, da CLT e a diretriz das Súmulas nº 100, V, e 259 do TST, a decisão de homologação do acordo judicial tem natureza de sentença com trânsito em julgado. 5. Os efeitos da coisa julgada da sentença em que homologado o acordo alcançam as partes e também o julgador, nos termos do artigo 836 da CLT (preclusão "pro judicato"). 6. Nesse cenário, a decisão judicial posterior, em que fixado novo valor para os honorários periciais e atribuída a responsabilidade da Impetrante por seu pagamento, a despeito do anterior deferimento da gratuidade judiciária, não se compatibiliza com o devido processo legal (artigo 5º, LIV, da CF e artigos 831, parágrafo único, e 836 da CLT). 7. Em que pese a possibilidade de rediscussão da decisão impugnada por meio de instrumento processual específico (embargos à execução e agravo de petição, após

garantido o juízo), é certo que o prejuízo causado à Impetrante e ao próprio ordenamento jurídico, em face do possível desrespeito ao devido processo legal e à amplitude da justiça gratuita como ferramenta de acesso ao Judiciário (CF, artigo 5º, XXXV, LIV e LXXIV), justifica a mitigação da OJ 92 da SBDI-2 do TST, autorizando o manejo excepcional do mandado de segurança no caso concreto. 8. Fixada a tese do cabimento do mandado de segurança e não sendo possível examinar o mérito respectivo, porquanto não oficiada a autoridade apontada como coatora, tampouco citados os Litisconsortes, impõe-se restituir os autos à Corte de origem, para que prossiga como entender de direito. Recurso ordinário conhecido e provido. (RO nº 1001379-84.2017.5.02.0000, SBDI-2 do TST, Rel. Douglas Alencar Rodrigues. j. 27.11.2018, Publ. 30.11.2018).

III. AGRAVO DE INSTRUMENTO EM RECURSO DE REVISTA DA SEGUNDA RECLAMADA (PETROS). NÃO REGIDO PELA LEI 13.015/2014. PRESCRIÇÃO. AUSÊNCIA DE IMPUGNAÇÃO AOS FUNDAMENTOS DA DECISÃO AGRAVADA. O Tribunal Regional denegou seguimento ao recurso de revista da segunda Reclamada, fundamentando que "da análise do excerto decisório, constata-se que o c. TST já analisou a matéria pertinente à prescrição total, por meio da decisão de fls. 739/746, incidindo, na espécie, a preclusão ' pro judicato' ". Ocorre que a segunda Ré, no agravo de instrumento, não investe contra o óbice adotado pela Corte Regional para denegar seguimento ao recurso de revista. De fato, a Demandada limita-se a reprisar os argumentos articulados no recurso de revista. O princípio da dialeticidade impõe à parte o ônus de se contrapor à decisão recorrida, esclarecendo seu desacerto e fundamentando as razões de sua reforma, o que não ocorreu no caso em apreço. Nesse contexto, uma vez que a Recorrente não se insurge, fundamentadamente, contra a decisão que deveriam impugnar, nos termos dos arts. 524, II, do CPC/73 e 1016, III, do CPC/2015, o recurso se encontra desfundamentado. Agravo de instrumento não provido. (AIRR nº 139700-84.2008.5.07.0003, 5ª Turma do TST, Rel. Douglas Alencar Rodrigues. j. 21.11.2018, Publ. 30.11.2018).

NEGATIVA DE PRESTAÇÃO JURISDICIONAL. INEXISTÊNCIA. Não houve negativa de prestação jurisdicional, uma vez que a sentença, assim como a decisão de embargos de declaração estão devidamente fundamentadas. PRECLUSÃO PRO JUDICATO. AUSÊNCIA DE PREJUÍZO. De fato, o juízo de origem já havia emitido pronunciamento sobre a validade da venda do imóvel, objeto de penhora, a terceiro, exaurindo, por regra, seu poder de voltar ao assunto. Neste caso, o recurso próprio para atacar a r. decisão é o agravo de petição, e não o pedido de reconsideração apresentado pelo exequente, que além de não se mostrar como meio adequado de expressar a sua insatisfação com a decisão proferida à fl. 622, os motivos da divergência deveriam ser submetidos à análise do Juízo ad quem. No entanto, não houve prejuízo que recomende a invalidade do ato, conforme exegese do artigo 794 da CLT, visto que o executado efetuou a garantia do juízo por depósito em dinheiro, substituindo a penhora efetivada. (Agravo de Petição nº 0215200-33.1997.5.01.0061, 9ª Turma do TRT da 1ª Região/RJ, Rel. Volia Bomfim Cassar. DOERJ 08.06.2018).

PRECLUSÃO "PRO JUDICATO". IMPOSSIBILIDADE DE REEXAME DE QUESTÕES JÁ DECIDIDAS. Nos termos do art. 505, do Novo Código de Processo Civil, é vedado ao juiz decidir novamente acerca de matéria já enfrentada. (Processo nº 0010555-26.2013.5.05.0012, 4ª Turma do TRT da 5ª Região/BA, Rel. Ana Lúcia Bezerra Silva. DJ 10.02.2017).

[...] O instituto da preclusão "pro judicato" é reconhecido pela jurisprudência, para a qual a ocorrência da preclusão em face de uma das partes do processo judicial gera também uma consequência jurídica para o Juízo, consistente na impossibilidade de alterar sua decisão. Em outras palavras, nesses casos o próprio juiz sofre uma limitação no processo, sendo impedido pelo ordenamento jurídico de mudar o seu comando decisório de forma válida. (AP nº 0001502-42.2012.5.03.0099, 6ª Turma do TRT da 3ª Região/MG, Rel. Convocado Carlos Roberto Barbosa. Publ. 18.04.2016).

PRECLUSÃO PRO JUDICATO. Veda-se ao Julgador, em regra, reapreciar questões já decididas, em face da denominada preclusão pro judicato, consoante o disposto nos arts. 836 da CLT e 471 do CPC. (RO nº 0001909-11.2013.5.03.0003, 3ª Turma do TRT da 3ª Região/MG, Rel. Camilla G. Pereira Zeidler. Publ. 16.11.2015).

NÃO CONHECIMENTO DE RECURSO DA RECLAMADA. OPERADA PRECLUSÃO "PRO JUDICATO". Aos poderes do Juiz também recaem os efeitos da preclusão. Não pode o julgador decidir novamente questões já resolvidas, consoante instituto da preclusão "pro judicato". A toda evidência, questões já decididas não podem mais ser submetidas a exame perante este Juízo ad quem, por preclusão, nos termos do art. 836 da CLT, cabendo à parte inconformada, oportunamente, submeter à controvérsia ao exame do órgão jurisdicional hierarquicamente superior. Vistos etc. (Processo nº 0000546-45.2013.5.06.0313, 4ª Turma do TRT da 6ª Região/PE, Rel. Paulo Alcântara. j. 20.08.2015).

Bibliografia

AMADO, Frederico. Curso de direito e processo previdenciário. 9. Ed. Salvador: Ed. Juspodivm, 2017

ALMEIDA, Ísis de. "Manual de Direito Processual do Trabalho: Introdução ao Processo Judiciário do Trabalho – 1º Volume". 10. Ed. São Paulo: LTr, 2002.

ALMEIDA. Ísis de. Manual de direito processual do trabalho. 2. Vol., 9. Ed. São Paulo: LTr, 1998

ALMEIDA, Cleber Lúcio de. Direito processual do trabalho. 6. Ed. — São Paulo: LTr, 2016

ASSIS, Araken de. Manual da Execução. 2ª. ed. Em e-book. São Paulo: Revista dos Tribunais, 2016

ASSIS NETO, Sebastião de; JESUS, Marcelo de; MELO, Maria Izabel de. Manual de direito civil. 6. ed. Salvador: Juspodivm, 2017.

ARRUDA ALVIM. Manual de direito processual civil. V. 1. Parte Geral. 9. ed. São Paulo RT, 2005

BEBBER, Júlio César. "Recursos no processo do trabalho". 2. ed. São Paulo: LTr, 2009

BEBBER, Júlio César. "Recursos no processo do trabalho". 4. ed. São Paulo: LTr, 2014.

BERNARDES, Felipe. Manual de Processo do Trabalho. Salvador: Juspodivm, 2018.

BUENO, Cassio Scarpinella. Manual de direito processual civil. 2. ed. São Paulo: Saraiva, 2016.

CAIRO JUNIOR, José. Curso de direito processual do trabalho. 11. ed. Salvador: Juspodivm, 2017.

CASTRO, Carlos Alberto Pereira de. Manual de direito previdenciário. 20. Ed. Rio de Janeiro: Forense, 2017

CARNELUTTI, Francesco. A prova civil. 4 ed. Campinas: Bookseller, 2005, p. 190.

CARRION, Valentin. Comentários à Consolidação das Leis do Trabalho. 30. ed. São Paulo: Saraiva, 2005.

CARRION, Valentin. Comentários à Consolidação das Leis do Trabalho. 41. ed. São Paulo: Saraiva, 2017.

CHIOVENDA, Giuseppe. Instituições de Direito Processual Civil. São Paulo: Saraiva, 1969.

CORDEIRO, Wolney de Macedo. Execução no processo do trabalho. 4. ed. Salvador: Ed. Juspodivm, 2017

CINTRA, Antônio Carlos de Araújo; GRINOVER, Ada Pellegrini; DINAMARCO, Cândido Rangel. Teoria geral do processo. 12ª ed. São Paulo: Malheiros, 1996.

CUNHA, Maurício Ferreira; ROSSATO, Luciano Alves. Processo civil para concursos. Salvador: Editora Juspodivm, 2019.

DALLEGRAVE NETO, José Affonso. Responsabilidade civil no direito do trabalho. 5. Ed. São Paulo: LTr, 2014.

DALLEGRAVE NETO, José Affonso. Responsabilidade Civil no Direito do Trabalho. 6. ed. São Paulo, 2017.

DELGADO, Maurício Godinho. Curso de direito do trabalho. 17. São Paulo: LTr, 2018.

DIDIER JR., Fredie. Curso de Direita processual civil. v. 1: Introdução ao Direito processual civil e processo de conhecimento. 17ª ed. Salvador: Juspodivm, 2015

DIDIER JR., Fredie, BRAGA, Paula Sarno e OLIVEIRA, Rafael. "Curso de direito processual civil". 10. ed. Salvador: Juspodivm, 2015. v. 2.

DIDIER JUNIOR, Fredie; BRAGA, Paula Sarna; DE OLIVEIRA, Rafael Alexandria. Curso de direito processual civil: teoria da prova, direito probatório, decisão, precedente, coisa julgada e tutela provisória. 14. Ed. – Salvador: Ed. Juspodivm, 2019.

DIDIER JUNIOR, Fredie; CUNHA, Leonardo Carneiro da. Curso de direito processual civil: o processo civil nos tribunais, recursos, ações de competência originária de tribunal e querela nullitatis, incidentes de competência originária de tribunal. 16. ed. Salvador: Juspodivm, 2019.

DONIZETTI, Elpídio Nunes. Curso Didático de Processo Civil. 11º ed. Rio de Janeiro: Lúmen Júris, 2009. P. 692.

DONIZETTI, Elpídio. Curso didático de direito processual civil. São Paulo: Atlas, 2017.

FENECH, Miguel. El Processo Penal. Agesa, Madrid, 4ª edição, 1982.

GARJARDONI, Fernando da Fonseca. Processo civil para os concursos de técnico e analista dos tribunais e MPU. Salvador: Juspodivm, 2017.

GARCIA, Gustavo Filipe Barbosa. Manual de processo do trabalho – Salvador: Editora Juspodivm, 2016.

GUIMARÃES. Luiz Machado. Preclusão, coisa julgada e efeito preclusivo. Estudos de Direito Processual Civil. Rio de Janeiro: jurídica e universitária, 1969,

LEITE, Carlos Henrique Bezerra. Curso de direito processual do trabalho. 15. ed. São Paulo: Saraiva, 2017.

LEITE, Carlos Henrique Bezerra. Curso de direito processual do trabalho. 17. ed. São Paulo: Saraiva Educação, 2019

MARINONI, Luiz Guilherme; ARENHART, Sérgio Cruz; MITIDIERO, Daniel. "Código de Processo Civil Comentado" – 4ª ed. São Paulo. Revista dos Tribunais, 2018.

MARANHÃO, Ney; JÚNIOR. Antonio Umberto de Souza; SOUZA. Fabiano Coelho de; NETO Platon Teixeira de Azevedo. Manual prático elas audiências trabalhistas. São Paulo. Thomson Reuters Brasil, 2018

MARQUES, José Frederico. Instituições de direito processual civil. v. II. Campinas: Millennium, 2000.

MARTINS, Sérgio Pinto. "Direito processual do trabalho". 34. Ed. São Paulo: Atlas, 2013.

MEIRELLES, Hely Lopes. "Direito administrativo brasileiro". São Paulo: Malheiros,2011.

MIESSA, Élisson. Processo do Trabalho para concursos. 5ª ed. Salvador. Juspodivm, 2018.

MIESSA, Élisson; CORREIA, Henrique. Súmulas e Orientações Jurisprudenciais do TST: comentadas e organizadas por assunto. 5. ed. Salvador: Juspodivm, 2015.

MIESSA, Élisson; CORREIA, Henrique. Súmulas e Orientações do TST Comentadas e organizadas por assunto. 8ª ed. Salvador. Juspodivm, 2018.

MIESSA, Élisson. "Manual dos recursos trabalhistas: teoria e prática".3. ed. Salvador: Juspodivm, 2018.

MIESSA, Élisson. "Manual dos recursos trabalhistas: teoria e prática" 4. ed. Salvador. Juspodivm, 2020.

MINHARRO, Erotilde Ribeiro S. In: CLT interpretada: artigo por artigo, parágrafo por parágrafo. Organizador: Costa Machado. Coordenador: Domingos Sávio Zainaghi. São Paulo: Manole, 2007.

MONTENEGRO FILHO, Misael. "Novo Código de Processo Civil comentado. 3. ed. São Paulo: Atlas, 2018.

MOREIRA, José Carlos Barbosa. Comentários ao Código de Processo Civil. 11 ª ed. Rio de Janeiro: Forense, 2003.

MOURA, Marcelo. "Consolidação das Leis do Trabalho para concursos" – 6. Ed. Salvador. Juspodivm, Ano 2016.

NERY JUNIOR, Nelson. Código de Processo Civil comentado. 10. ed. São Paulo: RT, 2007.

NEVES, Daniel Amorim Assumpção. Novo CPC para Advogados: perguntas e respostas para a prática profissional. 2. ed. – São Paulo: MÉTODO, 2018.

NEVES, Daniel Amorim Assumpção. "Novo Código de Processo Civil Comentado". Salvador: Ed. Juspodivm, 2016.

NEVES, Daniel Amorim Assumpção. Manual de direito processual civil – Volume único. 8. ed. – Salvador: Ed. Juspodivm, 2016.

OLIVEIRA, Francisco Antonio de. Execução na Justiça do Trabalho. 5. ed. São Paulo RT, 2006

PAMPLONA FILHO, Rodolfo; SOUZA, Tercio Roberto Peixoto. Curso de direito processual do trabalho. 2. ed. – São Paulo: Saraiva, 2020.

PINTO, Raymundo Antonio Carneiro. "Súmulas da TST comentadas". 10. ed. São Paulo: Ltr, 2008.

PINTO, José Augusto Rodrigues. Execução Trabalhista: estática – dinâmica – prática. 11. ed. São Paulo: LTr, 2006.

REDONDO, Bruno Garcia; LOJO, Mário Vitor Suarez. Penhora. São Paulo: Método, 2007.

RODRIGUES, Marcelo Abelha. Manual de Direito Processual Civil. 5. ed. São Paulo: Revista dos Tribunais, 2010.

SANTOS, Ernani Fidélis dos. Sistema probatório do processo civil brasileiro. In: FIUZA, César Augusto de Castro; FREIRE DE SÁ, Maria de Fátima; DIAS, Ronaldo Bretas C. (coords.). Temas atuais de Direito processual civil. Belo Horizonte: Dei Rey, 2001.

SANTOS, Moacyr Amaral. Primeiras linhas de direito processual civil. São Paulo: Saraiva, 1981.

SANTOS, Moacyr Amaral. Comentários ao Código de Processo Civil. Rio de Janeiro: Forense, 1976, p. 443.

SARAIVA, Renato. Curso de direito processual do trabalho. 4. ed. São Paulo: Método, 2007.

SARAIVA, Renato; LINHARES, Aryanna. Curso de Direito Processual do Trabalho. 15. Ed. Salvador: Juspodivm, 2018.

TALAMINI, Eduardo. "A prova emprestada no processo civil ou penal". Revista de Processo. São Paulo: RT, 1998, n. 91, p. 93.

TEIXEIRA FILHO, Manoel Antonio. O processo do trabalho e a reforma trabalhista: as alterações introduzidas no processo do trabalho pela Lei n. 13.467/2017. São Paulo: LTr, 2017

TEIXEIRA FILHO, Manoel Antonio. Execução no processo do trabalho. 9. ed. São Paulo: LTr, 2000, p. 369.

TEIXEIRA FILHO, Manoel Antonio. Execução no Processo do Trabalho", 11ª ed., São Paulo: LTr, 2014,

SCHIAVI, Mauro. Manual de direito processual do trabalho. 2. ed. São Paulo: LTr, 2009.

SCHIAVI, Mauro. Manual de Direito Processual do Trabalho. São Paulo: LTr, 2013.

SCHIAVI, Mauro. Manual de direito processual do trabalho. 13. ed. São Paulo. LTr, 2018.

SILVA, Homero Batista Mateus da. "CLT Comentada". 2. Ed. São Paulo: RT, 2019.

SILVA, Homero Batista Mateus da. Curso de Direito do Trabalho Aplicado – vol.10. 3 ed. São Paulo: Revista dos Tribunais, 2017.

SILVA, Homero Batista Mateus da. Curso de Direito do Trabalho Aplicado – vol.10. São Paulo. Revista dos Tribunais, 2017

SOUTO Maior, "Jorge Luiz. Direito processual do trabalho". São Paulo: LTr, 2018.

TEIXEIRA FILHO, Manoel Antonio. Manual da audiência na Justiça do Trabalho. São Paulo: LTr, 2010.

ZANGRANDO, Carlos Henrique da Silva. Processo do trabalho: processo de conhecimento. vol. II. São Paulo: LTr, 2009.

WAMBIER, Luiz Rodrigues; TALAMINI, Eduardo. Curso Avançado de Processo Civil, Vol. 1, Teoria Geral de Processo e Processo de Conhecimento, 15ª Edição, Revista dos Tribunais, p. 487.

Sites:

- www.stf.jus.br
- http://www.tst.jus.br
- www.stj.jus.br
- https://portal.trt3.jus.br/internet
- www.buscadordizerodireito.com.br
- www.dizerodireito.com.br
- www.conjur.com.br
- https://www.unifacs.br/revistajuridica/arquivo/edicao_junho2001/corpodocente/recurso.htm

ANEXOS

Figura 1: Procedimento ordinário

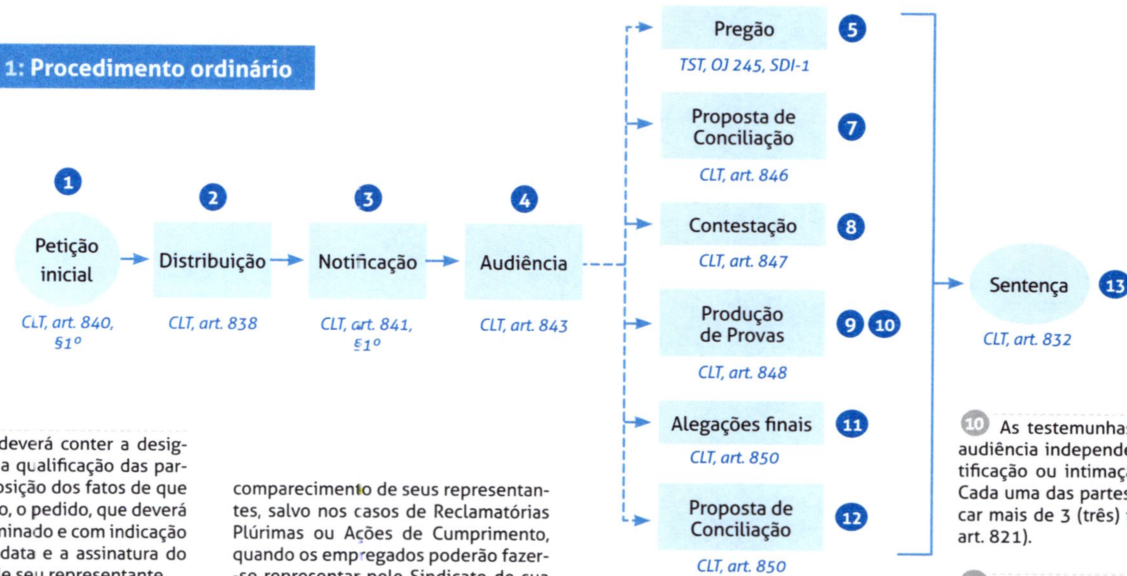

(1) A Petição deverá conter a designação do juízo, a qualificação das partes a breve exposição dos fatos de que resulte o dissídio, o pedido, que deverá ser certo, determinado e com indicação de seu valor, a data e a assinatura do reclamante ou de seu representante.

(2) Nas localidades em que houver mais de 1 (uma) Vara, a reclamação será, preliminarmente, sujeita à distribuição.

(3) A notificação será feita em registro postal com franquia. Se o reclamado criar embaraços ao seu recebimento ou não for encontrado, far-se-á a notificação por edital.

(4) Na audiência de julgamento deverão estar presentes o reclamante e o reclamado, independentemente do comparecimento de seus representantes, salvo nos casos de Reclamatórias Plúrimas ou Ações de Cumprimento, quando os empregados poderão fazer-se representar pelo Sindicato de sua categoria.

(5) Inexiste previsão legal tolerando atraso no horário de comparecimento da parte na audiência.

(6) Aberta a audiência, o juiz ou presidente proporá a conciliação.

(7) Não havendo acordo, o reclamado terá vinte minutos para aduzir sua defesa. A parte poderá apresentar defesa escrita pelo sistema de processo judicial eletrônico até a audiência.

(8) Oferecida a contestação, ainda que eletronicamente, o reclamante não poderá, sem o consentimento do reclamado, desistir da ação. (CLT, art. 841, § 3º)

(9) Juiz irá ouvir os litigantes, depois as testemunhas, os peritos e os técnicos, se houver. Os Juízes terão ampla liberdade na direção do processo e velarão pelo andamento rápido das causas, podendo determinar qualquer diligência necessária ao esclarecimento delas (CLT, art. 765)

(10) As testemunhas comparecerão à audiência independentemente de notificação ou intimação (CLT, art. 825). Cada uma das partes não poderá indicar mais de 3 (três) testemunhas (CLT, art. 821).

(11) Terminada a instrução, poderão as partes aduzir razões finais, em prazo não excedente de 10 (dez) minutos para cada uma.

(12) Após as razões finais, o juiz renovará a proposta de conciliação, e não se realizando esta, será proferida a decisão.

(13) Da decisão deverão constar o nome das partes, o resumo do pedido e da defesa, a apreciação das provas, os fundamentos da decisão e a respectiva conclusão.

Figura 2: Procedimento sumaríssimo

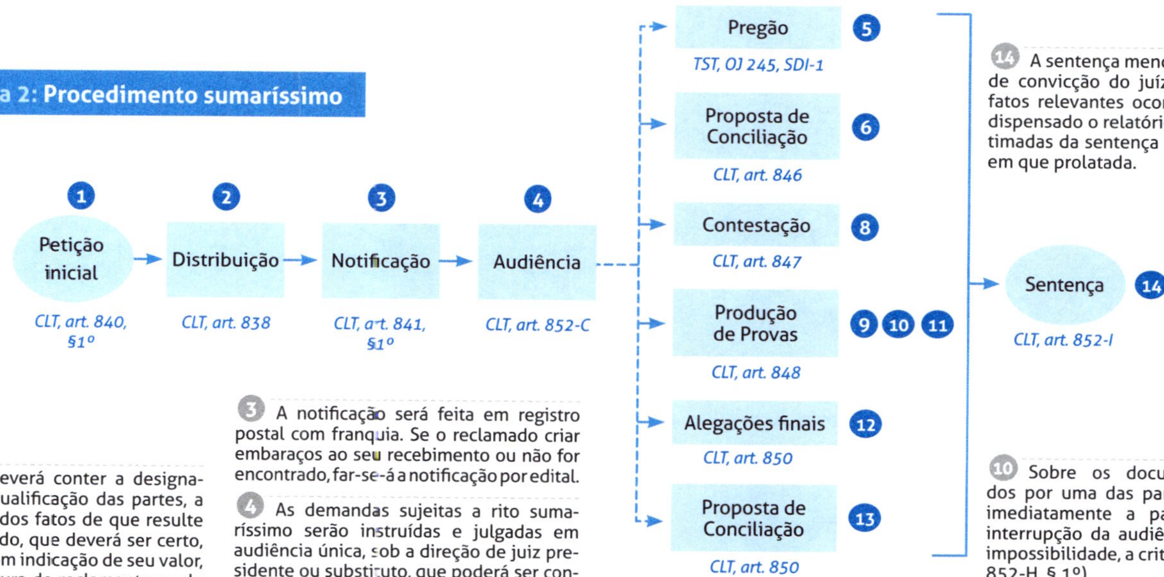

(1) A Petição deverá conter a designação do juízo, a qualificação das partes, a breve exposição dos fatos de que resulte o dissídio, o pedido, que deverá ser certo, determinado e com indicação de seu valor, a data e a assinatura do reclamante ou de seu representante.

Estão excluídas do procedimento sumaríssimo:

- Causas cujo valor não exceda a quarenta vezes o salário mínimo vigente na data do ajuizamento da reclamação (CLT, Art. 852-A)
- As demandas em que é parte a Administração Pública direta, autárquica e fundacional. (CLT, Art. 852-A, § único)
- Causas que necessitam de citação por edital. (CLT, Art. 852-B, II)
- Causas pedidos com pedidos sem indicação do valor (CLT, Art. 852-B,I)

(2) Nas localidades em que houver mais de 1 (uma) Vara, a reclamação será, preliminarmente, sujeita a distribuição.

(3) A notificação será feita em registro postal com franquia. Se o reclamado criar embaraços ao seu recebimento ou não for encontrado, far-se-á a notificação por edital.

(4) As demandas sujeitas a rito sumaríssimo serão instruídas e julgadas em audiência única, sob a direção de juiz presidente ou substituto, que poderá ser convocado para atuar simultaneamente com o titular. A apreciação da reclamação deverá ocorrer no prazo máximo de quinze dias do seu ajuizamento, podendo constar de pauta especial, se necessário, de acordo com o movimento judiciário de Conciliação e Julgamento. (CLT, Art. 852-B,I11)

(5) Inexiste previsão legal tolerando atraso no horário de comparecimento da parte na audiência.

(6) Aberta a audiência, o juiz ou presidente proporá a conciliação.

(7) Não havendo acordo, o reclamado terá vinte minutos para aduzir sua defesa. A parte poderá apresentar defesa escrita pelo sistema de processo judicial eletrônico até a audiência

(8) Oferecida a contestação, ainda que eletronicamente, o reclamante não poderá, sem o consentimento do reclamado, desistir da ação. (CLT, art. 841, § 3º)

(9) Juiz irá ouvir os litigantes, depois as testemunhas, os peritos e os técnicos, se houver. O juiz dirigirá o processo com liberdade para determinar as provas a serem produzidas, considerado o ônus probatório cie cada litigante, podendo limitar ou excluir as que considerar excessivas, impertinentes ou protelatórias, bem como para apreciá-las e dar especial valor às regras de experiência comum ou técnica (CLT, art. 852-D).

(10) Sobre os documentos apresentados por uma das partes manifestar-se-á imediatamente a parte contrária, sem interrupção da audiência, salvo absoluta impossibilidade, a critério do juiz. (CLT, art. 852-H, § 1º)

(11) As testemunhas, até o máximo de duas para cada parte, comparecerão à audiência de instrução e julgamento independentemente de intimação. (CLT, art. 852-H, § 2º).

O juiz designará prova pericial se for necessário (CLT, art. 852-H, § 4º). As partes serão intimadas a manifestar-se sobre o laudo, no prazo comum de cinco dias.

(12) Terminada a instrução, poderão as partes aduzir razões finais, em prazo não excedente de 10 (dez) minutos para cada uma.

(13) Após as razões finais, o juiz renovará a proposta de conciliação, e não se realizando esta, será proferida a decisão.

(14) A sentença mencionará os elementos de convicção do juízo, com resumo dos fatos relevantes ocorridos em audiência, dispensado o relatório. As partes serão intimadas da sentença na própria audiência em que prolatada.

Figura 3: Recurso ordinário no procedimento ordinário

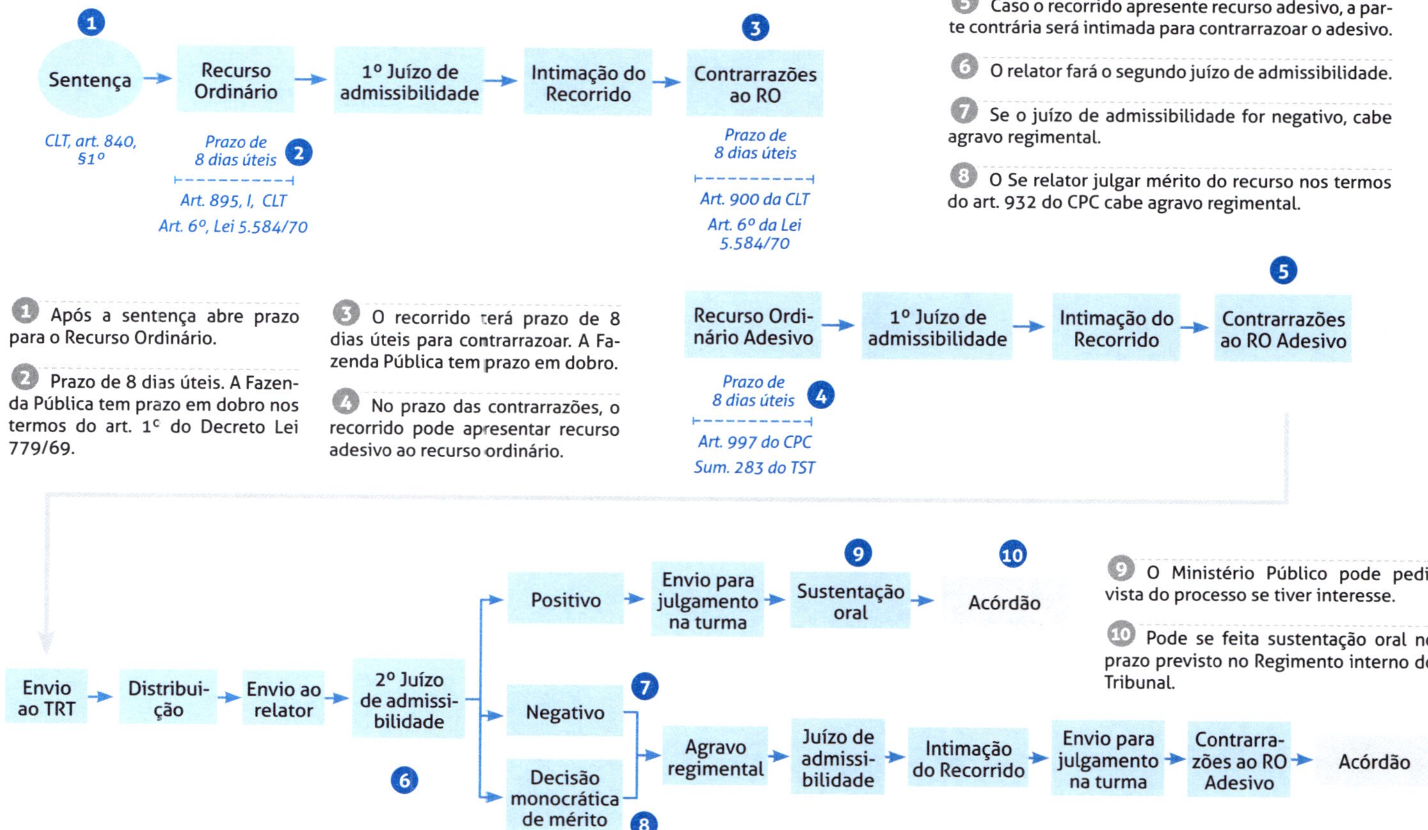

1 Após a sentença abre prazo para o Recurso Ordinário.

2 Prazo de 8 dias úteis. A Fazenda Pública tem prazo em dobro nos termos do art. 1º do Decreto Lei 779/69.

3 O recorrido terá prazo de 8 dias úteis para contrarrazoar. A Fazenda Pública tem prazo em dobro.

4 No prazo das contrarrazões, o recorrido pode apresentar recurso adesivo ao recurso ordinário.

5 Caso o recorrido apresente recurso adesivo, a parte contrária será intimada para contrarrazoar o adesivo.

6 O relator fará o segundo juízo de admissibilidade.

7 Se o juízo de admissibilidade for negativo, cabe agravo regimental.

8 O Se relator julgar mérito do recurso nos termos do art. 932 do CPC cabe agravo regimental.

9 O Ministério Público pode pedir vista do processo se tiver interesse.

10 Pode se feita sustentação oral no prazo previsto no Regimento interno do Tribunal.

Figura 4: Recurso ordinário no procedimento sumaríssimo

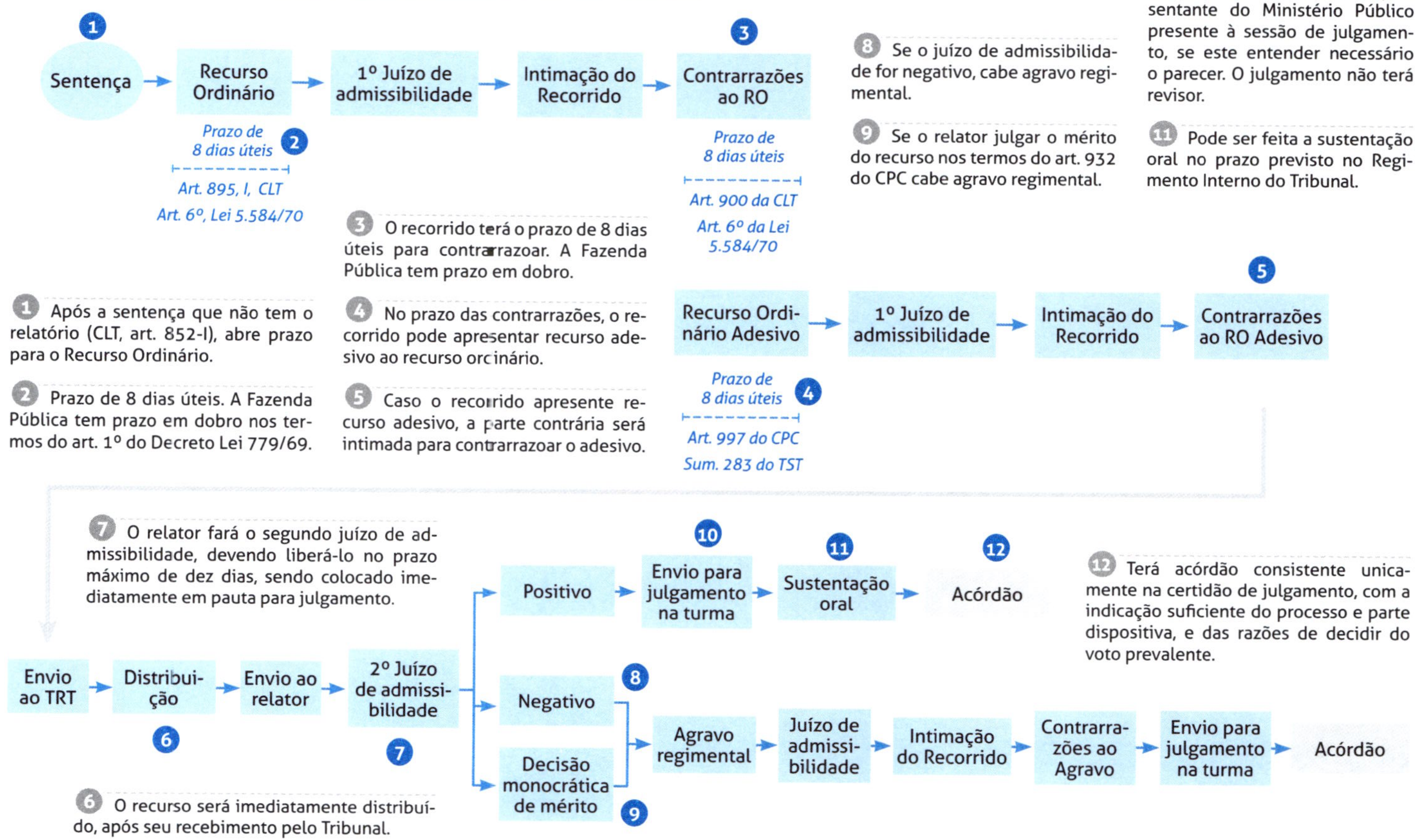

(1) Após a sentença que não tem o relatório (CLT, art. 852-I), abre prazo para o Recurso Ordinário.

(2) Prazo de 8 dias úteis. A Fazenda Pública tem prazo em dobro nos termos do art. 1º do Decreto Lei 779/69.

(3) O recorrido terá o prazo de 8 dias úteis para contrarrazoar. A Fazenda Pública tem prazo em dobro.

(4) No prazo das contrarrazões, o recorrido pode apresentar recurso adesivo ao recurso ordinário.

(5) Caso o recorrido apresente recurso adesivo, a parte contrária será intimada para contrarrazoar o adesivo.

(6) O recurso será imediatamente distribuído, após seu recebimento pelo Tribunal.

(7) O relator fará o segundo juízo de admissibilidade, devendo liberá-lo no prazo máximo de dez dias, sendo colocado imediatamente em pauta para julgamento.

(8) Se o juízo de admissibilidade for negativo, cabe agravo regimental.

(9) Se o relator julgar o mérito do recurso nos termos do art. 932 do CPC cabe agravo regimental.

(10) Terá parecer oral do representante do Ministério Público presente à sessão de julgamento, se este entender necessário o parecer. O julgamento não terá revisor.

(11) Pode ser feita a sustentação oral no prazo previsto no Regimento Interno do Tribunal.

(12) Terá acórdão consistente unicamente na certidão de julgamento, com a indicação suficiente do processo e parte dispositiva, e das razões de decidir do voto prevalente.

Figura 5: Execução Trabalhista – Cumprimento de sentença

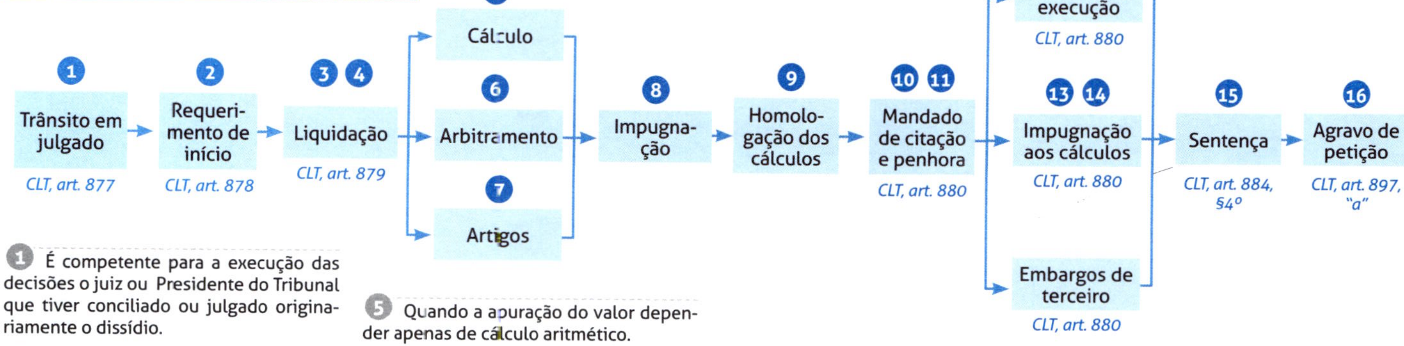

1 É competente para a execução das decisões o juiz ou Presidente do Tribunal que tiver conciliado ou julgado originariamente o dissídio.

2 A execução será promovida pelas partes, permitida a execução de ofício pelo juiz ou pelo Presidente do Tribunal apenas nos casos em que as partes não estiverem representadas por advogado.

Tratando-se de cálculos de liquidação complexos, o juiz, poderá nomear perito para a elaboração e fixará, depois da conclusão do trabalho, o valor dos respectivos honorários com observância, entre outro, dos critérios de razoabilidade e proporcionalidade (CLT, art. 879, § 6º).

3 Sendo ilíquida a sentença exequenda, ordenar-se-á, previamente, a sua liquidação, que poderá ser feita por cálculo, por arbitramento ou por artigos.

4 Na liquidação, não se poderá modificar, ou inovar, a sentença liquidanda nem discutir matéria pertinente à causa principal.

5 Quando a apuração do valor depender apenas de cálculo aritmético.

6 Quando determinado pela sentença, convencionado pelas partes ou exigido pela natureza do objeto da liquidação.

7 Quando houver necessidade de alegar e provar fato novo.

8 Elaborada a conta e tornada líquida, o juízo deverá abrir às partes prazo comum de oito dias para impugnação fundamentada com a indicação dos itens e valores objeto da discordância, sob pena de preclusão.

9 Não cabe recurso.

10 Após a homologação dos cálculos, mandará expedir mandado de citação do executado, a fim de que cumpra a decisão ou o acordo no prazo, pelo modo e sob as cominações estabelecidas ou, quando se tratar de pagamento em dinheiro, inclusive de contribuições sociais devidas à União, para que o faça em 48 (quarenta e oito) horas ou garanta a execução, sob pena de penhora.

11 A citação será feita pelos oficiais cie diligência. Se o executado, procurado por 2 (duas) vezes no espaço de 48 (quarenta e oito) horas, não for encontrado, far-se-á citação por edital, publicado no jornal oficial ou, na falta deste, afixado na sede da Junta ou Juízo, durante 5 (cinco) dias.

12 Garantida a execução ou penhorados os bens, terá o executado 5 (cinco) dias para apresentar embargos, cabendo igual prazo ao exequente para impugnação. A exigência da garantia ou penhora não se aplica às entidades filantrópicas e/ou àqueles que compõem ou compuseram a diretoria dessas instituições.

13 Poderá o executado impugnar a sentença de liquidação nos embargos à penhora, cabendo ao exequente igual direito e no mesmo prazo.

14 Se o executado efetuar o pagamento e não apresenta embargos à execução, o prazo de 5 dias previsto no art. 884, § 3º da CLT para o exequente impugnar os cálculos, vai iniciar com o recebimento de alvará judicial.

15 Julgar-se-ão na mesma sentença os embargos e as impugnações à liquidação apresentadas.

16 Da sentença dos embargos à execução cabe agravo de petição.

EDITORA JusPODIVM
www.editorajuspodivm.com.br

ar fernandez
Pensando em você e no futuro do planeta.